여러분의 합격을 응원하는
해커스PSAT의 특별 혜택

KB093664

해커스PSAT

7급+민경채
PSAT
16개년 기출문제집

언어논리

해커스

조은정

이력

- 이화여자대학교 사회과학대학 졸업
- (현) 해커스 7급 공채 PSAT 언어논리 대표강사
- (현) 베리타스에듀 5급 공채 PSAT 언어논리 대표강사
- (현) 베리타스에듀 7급 지역인재 PSAT 언어논리 대표강사
- (현) 상상로스쿨 언어이해 대표강사
- (전) 한상준 PSAT 전문학원 언어논리 대표강사

저서

- 해커스공무원 7급 PSAT 유형별 기출 200제 언어논리
- 해커스PSAT 7급+민경채 PSAT 16개년 기출문제집 언어논리
- 해커스공무원 7급 PSAT 기출문제집
- 해커스PSAT 7급 PSAT 기본서 언어논리
- 해커스공무원 7급 PSAT 입문서
- 5급 공채 PSAT 조은정 언어논리 입문서
- 5급 공채 PSAT 조은정 언어논리 기본서
- 112 PSAT 조은정의 떠먹는 언어논리
- PSAT 퀴즈99
- 112 민간경력자 PSAT 기출 유형분석 총정리
- PSAT 조은정 언어논리 실전모의고사

7급 PSAT, 민간경력자 PSAT,
어떻게 준비해야 하나요?

PSAT은 종합적 사고력, 문제해결력을 필요로하는 시험이기 때문에 분석적인 접근과 풀이전략에 대한 충분한 훈련이 필요합니다.
따라서 충분히 많은 분량의 기출문제를 풀고, 문제 분석 및 경향을 익히고, 자신의 취약점을 파악해 보완하는 것이 가장 중요합니다.

전 개년의 7급 PSAT, 민간경력자 PSAT 기출문제를 통해 효과적으로 실전에 대비할 수 있도록,
정확한 문제 분석으로 보다 빠르고 효율적으로 문제를 풀 수 있도록,
본인의 약점을 확실히 파악하고 시험 전까지 완벽하게 극복할 수 있도록,

해커스는 수많은 고민을 거듭한 끝에
「**해커스PSAT 7급+민경채 PSAT 16개년 기출문제집 언어논리**」를 출간하게 되었습니다.

「해커스PSAT 7급+민경채 PSAT 16개년 기출문제집 언어논리」는

1. 7급(2024~2020년) 및 민간경력자(2021~2011년) PSAT 기출문제를 전개년 수록하여
   7급 및 민간경력자 PSAT 기출 경향과 출제 유형을 확실하게 파악할 수 있습니다.

2. 상세한 분석과 꼼꼼한 해설을 통해 실전에 전략적으로 대비하고, 취약 유형 분석표와 취약 유형 공략 포인트를 통해
   본인의 취약점을 효과적으로 진단하고 학습할 수 있습니다.

3. 7급 및 민간경력자 PSAT 출제 유형에 맞게 5급 PSAT 기출문제에서 엄선한 5급 기출 재구성 모의고사를 통해
   실전 감각을 키우고 고득점을 달성할 수 있습니다.

「해커스PSAT 7급+민경채 PSAT 16개년 기출문제집 언어논리」를 통해
7급 및 민간경력자 PSAT에 대비하는 수험생 모두 합격의 기쁨을 누리시기 바랍니다.

조은정

목차

7급 기출문제

민경채 기출문제

[부록]

5급 기출 재구성 모의고사

SPEED CHECK 답안지

[책 속의 책]

약점 보완 해설집

합격을 위한 **이 책의 활용법**

1 **전 개년 기출문제 풀이**로 문제풀이 능력을 향상시킨다.

· 7급 및 민간경력자 PSAT 기출문제 전 문항을 풀고 분석하면서 문제풀이 능력을 향상시키고 실전 감각을 끌어올릴 수 있습니다.

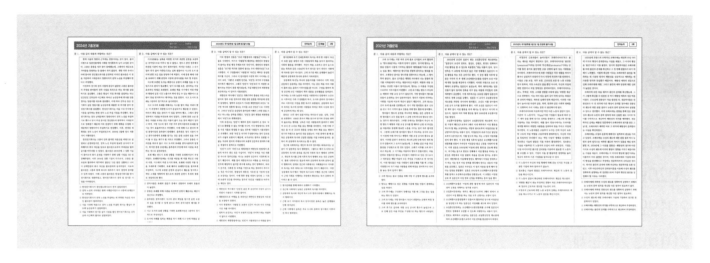

2 **꼼꼼한 기출 분석**으로 출제 경향을 파악하고, **취약 유형 분석**으로 약점을 파악한다.

· PSAT 전문가의 연도별 기출 총평을 통해 출제 경향을 정확히 파악하여 시험에 효과적으로 대비할 수 있습니다.
· 유형별로 맞힌 문제 개수와 정답률을 체크하며 약점을 진단할 수 있습니다.

3 상세한 해설로 기출문제를 완벽 정리하고, 취약 유형 공략 포인트로 약점을 극복한다.

· 모든 문제에 제시된 유형과 난이도로 문제의 특성을 확인하며 실력을 점검할 수 있습니다.

· 효과적인 문제 접근법과 문제를 빠르게 해결할 수 있는 TIP을 얻을 수 있습니다.

· 해설을 완벽히 정리한 후에는 취약 유형 공략 포인트로 취약 유형 극복 전략을 학습할 수 있습니다.

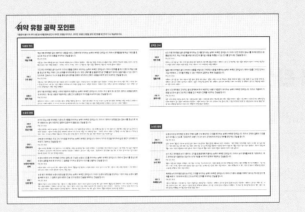

4 추가로 제공되는 자료를 활용하여 학습 효율을 높인다.

· 7급 및 민간경력자 PSAT의 출제 유형에 맞게 엄선된 5급 기출 재구성 모의고사를 통해 실력을 점검하고 고난도 문제에 대비할 수 있습니다.

· SPEED CHECK 답안지로 실제 시험처럼 마킹하며 문제를 풀어봄으로써 실전 감각을 극대화하고 시간 관리 연습도 할 수 있습니다.

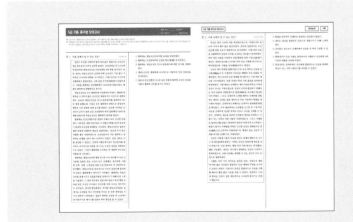
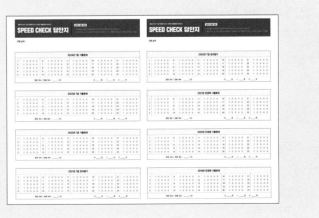

학습 타입별 맞춤 학습 플랜

자신이 원하는 학습 타입에 맞는 학습 플랜을 선택하여 계획을 수립하고, 계획에 따라 그날에 해당하는 분량을 공부합니다. 여러 번 반복하여 학습하고 싶은 경우 회독별 학습 가이드를 참고하여 효과적으로 학습할 수 있습니다.

실전 집중 대비 학습 플랜

· 실제 시험처럼 SPEED CHECK 답안지에 마킹하며 제한 시간에 따라 기출문제를 풀어봅니다.
· 채점 후 틀린 문제와 풀지 못한 문제를 중심으로 해설을 꼼꼼히 읽으며 정답과 오답의 이유를 분석하고, 유형별 취약점을 복습하며 마무리합니다.

5일 완성 플랜

👍 이런 분에게 추천합니다!

· 시간이 부족하여 단기간에 기출학습을 끝내야 하는 분
· 실전 감각을 높이고 싶은 분

1일	2일	3일	4일	5일
___월___일	___월___일	___월___일	___월___일	___월___일
2024~2020년 7급 풀이	2021~2018년 민경채 풀이	2017~2014년 민경채 풀이	· 2013~2011년 민경채 풀이 · 5급 기출 재구성 풀이	취약 유형 복습

10일 완성 플랜

👍 이런 분에게 추천합니다!

· 연도별 기출문제를 꼼꼼히 학습하고 싶은 분
· 자신의 취약점을 찾아 집중적으로 보완하고 싶은 분

1일	2일	3일	4일	5일
___월___일	___월___일	___월___일	___월___일	___월___일
2024~2021년 7급 풀이	2024~2021년 7급 복습	· 2020년 7급 풀이 · 2021~2019년 민경채 풀이	· 2020년 7급 복습 · 2021~2019년 민경채 복습	2018~2015년 민경채 풀이
6일	**7일**	**8일**	**9일**	**10일**
___월___일	___월___일	___월___일	___월___일	___월___일
2018~2015년 민경채 복습	2014~2011년 민경채 풀이	2014~2011년 민경채 복습	5급 기출 재구성 풀이 및 복습	취약 유형 복습

유형 중점 대비 학습 플랜

· 시간을 정해 놓고 한 문제를 꼼꼼히 풀어봅니다.
· 틀린 문제와 풀지 못한 문제를 확인하며 취약한 유형을 파악하고, 빠르고 정확한 풀이 전략을 정리하며 유형별 취약점을 중점적으로 학습합니다.

15일 완성 플랜

👍 이런 분에게 추천합니다!

· 기출문제를 유형별로 학습하고 싶은 분
· 출제 유형부터 풀이 전략까지 차근차근 학습하고 싶은 분

1일	2일	3일	4일	5일
___월___일	___월___일	___월___일	___월___일	___월___일
2024년 7급 풀이	2023년 7급 풀이	2022년 7급 풀이	2021~2020년 7급 풀이	2024~2020년 7급 취약 유형 복습
6일	**7일**	**8일**	**9일**	**10일**
___월___일	___월___일	___월___일	___월___일	___월___일
2021년 민경채 풀이	2020년 민경채 풀이	2019년 민경채 풀이	2018년 민경채 풀이	2021~2018년 민경채 취약 유형 복습
11일	**12일**	**13일**	**14일**	**15일**
___월___일	___월___일	___월___일	___월___일	___월___일
2017~2016년 민경채 풀이	2015~2014년 민경채 풀이	2013~2012년 민경채 풀이	· 2011년 민경채 풀이 · 5급 기출 재구성 풀이	· 2017~2011년 민경채 취약 유형 복습 · 5급 기출 재구성 취약 유형 복습

📖 회독별 학습 가이드

1회독 "실전 감각 익히기"	2회독 "문제 풀이 전략 심화 학습"	3회독 "취약 유형 보완 및 고득점 달성"
· 정해진 시간 내에 SPEED CHECK 답안지에 마킹하며 실전처럼 풀이한다. · 틀린 문제와 풀지 못한 문제를 확인하며 취약한 부분을 파악하고, 풀이법을 숙지한다.	· 취약 유형 분석표와 취약 유형 공략 포인트를 바탕으로 취약한 부분을 꼼꼼히 복습한다. · 기출 분석과 해설을 꼼꼼히 학습하고, 정답과 오답의 이유를 분석하여 더 빠르고 정확한 문제풀이 전략을 정리한다.	· 회독별 점수와 정답률 등을 분석하여 반복적으로 틀리는 문제를 파악한다. · 문제풀이 핵심 포인트를 적용하여 취약한 유형의 문제를 중점적으로 풀어보고, 취약점을 극복한다.

7급+민경채 PSAT 알아보기

7급 공채 소개

1. 7급 공채란?

7급 공채는 인사혁신처에서 학력, 경력에 관계없이 7급 행정직 및 기술직 공무원으로 임용되기를 원하는 불특정 다수인을 대상으로 실시하는 공개경쟁채용을 말합니다. 신규 7급 공무원 채용을 위한 균등한 기회 보장과 보다 우수한 인력의 공무원을 선발하는 데에 시험의 목적이 있습니다. 경력경쟁채용이나 지역인재채용과 달리 18세 이상의 연령이면서 국가공무원법 제33조에서 정한 결격사유에 저촉되지 않는 한, 누구나 학력 제한이나 응시상한연령 없이 시험에 응시할 수 있습니다.

> · **경력경쟁채용**: 공개경쟁채용시험에 의하여 충원이 곤란한 분야에 대해 채용하는 제도로서 다양한 현장 경험과 전문성을 갖춘 민간전문가를 공직자로 선발합니다.
> · **지역인재채용**: 자격요건을 갖춘 자를 학교별로 추천받아 채용하는 제도로서 일정 기간의 수습 근무를 마친 후 심사를 거쳐 공직자로 선발합니다.

2. 7급 공채 채용 프로세스

시험 공고 》 응시원서 접수 》 1차 PSAT 시험 》 합격자 발표

최종합격자 발표 《 3차 면접 시험 《 합격자 발표 《 2차 전공 시험

* 2024년 국가직 7급 공채 기준이며, 1차 PSAT 시험에서는 최종 선발 예정 인원의 약 7배수를 선발함
* 최신 시험의 상세 일정은 사이버국가고시센터(www.gosi.kr) 참고

▌민간경력자 채용 소개

1. 민간경력자 채용이란?

민간경력자 채용은 경력경쟁채용의 일종으로 다양한 현장 경험과 전문성을 갖춘 민간전문가를 공직자로 선발하는 제도입니다. 정부는 민간경력자 채용을 통해 공직사회 개방을 촉진하고 현장의 경험을 정책에 접목하여 공직의 전문성과 경쟁력을 높이기 위해 해당 제도를 운영하고 있습니다.

> **공개경쟁채용과의 차이점**
> 공개경쟁채용은 일반적으로 응시연령 외에 특별한 제한이 없고, 인사혁신처에서 시험을 주관합니다. 그러나 민간경력자 채용은 경력, 자격증, 학위 등 일정한 자격 요건이 있으며, 인사혁신처뿐 아니라 각 부처에서 임용을 담당하기도 합니다.

2. 민간경력자 채용 프로세스

선발단계	적격성평가		면접시험
	1차 필기시험(PSAT)	2차 서류전형	
평가내용	기본 적격성+경력과 전문성+업무역량과 종합적 자질		

7급+민경채 PSAT **알아보기**

▌PSAT 소개

1. PSAT란?

PSAT(Public Service Aptitude Test, 공직적격성평가)는 공직과 관련된 상황에서 발생하는 여러 가지 문제에 신속히 대처할 수 있는 문제해결의 잠재력을 가진 사람을 선발하기 위해 도입된 시험입니다. 즉, 특정 과목에 대한 전문 지식 보유 수준을 평가하는 대신, 공직자로서 지녀야 할 기본적인 자질과 능력 등을 종합적으로 평가하는 시험입니다. 이에 따라 PSAT는 이해력, 추론 및 분석능력, 문제해결능력 등을 평가하는 언어논리, 상황판단, 자료해석 세 가지 영역으로 구성됩니다. 2022년 시험부터 7급 공채와 민간경력자 채용의 시험 구성이 동일해지면서, 서로 완전히 동일한 문항 수와 문제가 출제됩니다.

2. 시험 구성 및 평가 내용

과목	시험 구성	평가 내용
언어논리	각 25문항/120분	글의 이해, 표현, 추론, 비판과 논리적 사고 등의 능력을 평가함
상황판단		제시문과 표를 이해하여 상황 및 조건에 적용하고, 판단과 의사결정을 통해 문제를 해결하는 능력을 평가함
자료해석	25문항/60분	표, 그래프, 보고서 형태로 제시된 수치 자료를 이해하고 계산하거나 자료 간의 연관성을 분석하여 정보를 도출하는 능력을 평가함

* 본 시험 구성은 2022년 시험부터 적용

▌시험장 Tip

1. 시험장 준비물

- **필수 준비물**: 신분증(주민등록증, 운전면허증, 여권, 주민등록번호가 포함된 장애인등록증 등), 응시표, 컴퓨터용 사인펜
- **기타**: 수정테이프(수정액 사용 불가), 손목시계, 무음 스톱워치, 클리어 파일, 풀이용 필기구(연필, 지우개) 등

2. 시험 시간표

시험 시간	단계	내용
13:00~13:30 (30분)	1교시 응시자 교육	13:00까지 시험실 입실 소지품 검사, 답안지 배부 등
13:30~15:30 (120분)	1교시 시험	언어논리영역 · 상황판단영역 * 2개 영역(언어논리, 상황판단)이 1개의 문제책으로 배부되며, 과목별 문제풀이 시간은 구분되지 않음
15:30~16:00 (30분)	휴식시간	16:00까지 시험실 입실
16:00~16:30 (30분)	2교시 응시자 교육	소지품 검사, 답안지 배부 등
16:30~17:30 (60분)	2교시 시험	자료해석영역

3. 시험장 실전 전략

- 시험 종료 후에는 별도의 OCR 답안지 작성 시간이 주어지지 않으므로 시험 시간 내에 OCR 답안지 작성을 완료할 수 있도록 답안지 작성 시간을 고려하여 문제 풀이 시간을 조절합니다.
- 시험 시간 중 화장실 사용은 지정된 시간(시험 시작 20분 이후 ~ 시험 종료 10분 전)에 1회에 한하여 사용할 수 있습니다.
  - 지정된 화장실만 사용 가능하고 사용 전·후 소지품 검사를 실시하며, 소지품 검사, 대기시간 등 화장실 사용과 관련된 모든 시간은 시험시간에 포함되므로 시험시간 관리에 유념해야 함

7급+민경채 PSAT 언어논리 출제 경향 및 출제 유형

▌영역 분석

언어논리는 글을 정확하게 이해하는 능력과 논리적으로 분석하고 비판적으로 사고하는 능력을 평가하기 위한 영역입니다. 이에 따라 문학이나 어법 등의 암기적 지식을 평가하는 문제는 출제되지 않으며, 제시된 지문을 읽고 이해·추론·분석하는 문제가 출제됩니다.

▌출제 경향

· **유형**: 5급 및 민간경력자 PSAT 시험에 출제되었던 유형이 거의 동일하게 출제되고 있으며, 7급 PSAT 시험에서만 출제되는 유형이 모의평가 이후 꾸준히 출제되고 있습니다. 2024년 시험은 기존 기출에서 출제된 유형들이 그대로 출제되어 익숙한 문제들로 구성되었으나 유형별 비중에 변화가 있었습니다. 지문 내용을 단순히 파악하는 문제의 비중이 늘었고, 논증의 방향을 판단하는 문제의 비중은 줄었습니다. 문맥 문제의 경우 실무 소재 문제의 비중이 2021년 기출 이후 가장 낮았습니다. 논리 문제는 2023년 시험보다 비중이 늘었습니다.

· **난도**: 2024년 시험은 2023년 시험보다 높은 난도로 출제되었습니다. 독해 문제는 2022년, 2023년과 유사하게 평이한 난도로 출제되었습니다. 실험 추리 문제가 출제되었지만, 2023년과 동일한 형태여서 어렵지 않았습니다. 2024년 시험에서 변별력 높은 문제는 논리와 논증 파트에서 주로 출제되어 논리 논증 문제는 2023년에 비해 난도가 높았습니다. 특히 논증 문제에 논리 이론이 접목되는 논리 논증 통합형 문제가 출제되어 체감 난도가 더 높았습니다. 실무 소재 문제는 비중이 줄었으나 기존에 출제되었던 유형이 응용된 형태로 출제되어 2023년에 비해 난도가 높아졌습니다.

· **소재**: 인문, 사회, 역사, 과학, 철학, 법조문 등 다양한 소재가 출제됩니다. 특히 실험 소재가 각 유형별로 난도 높은 소재로 활용되고 있습니다. 또한 7급 PSAT에서만 출제되는 실무 소재 역시 꾸준히 출제되고 있습니다.

▌출제 유형

언어논리는 크게 네 가지 유형으로 나눌 수 있으며, 네 유형 모두 기본적인 독해력이 필수적으로 요구되므로 주어진 시간 내에 긴 길이의 지문을 빠르고 정확하게 이해하는 능력이 필요합니다.

		2~5단락 정도의 지문을 제시하고, 내용을 정확히 이해했는지, 지문의 내용을 바탕으로 지문에 제시되지 않은 정보를 올바르게 추론할 수 있는지, 제시된 내용을 새로운 상황에 적용할 수 있는지 묻는 유형
독해의 원리	개념 이해	특정 개념의 정의와 특성 등이 제시된 지문을 읽고, 지문의 내용을 바탕으로 선택지의 내용이 일치하는지, 선택지의 내용을 알 수 있는지의 여부를 판단하는 유형
	구조 판단	지문의 내용뿐만 아니라 지문의 구조를 파악하여 이를 바탕으로 선택지의 내용이 적절한지 여부를 판단하는 유형
	원칙 적용	지문에 제시된 원리나 원칙을 선택지나 〈보기〉에 적용하여 적절하게 추론하거나 판단하는 유형

논증의 방향	1~3단락 정도의 논증 또는 여러 사람의 견해가 포함된 지문을 제시하고, 논증의 주장이나 견해를 올바르게 이해했는지, 논증의 주장이나 견해에 대한 평가가 제시되었을 때 그 평가가 논증이나 견해를 지지하거나 약화하는지 등을 정확히 평가할 수 있는지를 묻는 유형	
	논지와 중심 내용	제시된 지문에서 필자가 말하고자 하는 가장 중요한 주장·논지·결론을 찾거나 일반적인 지문에서 다루는 내용 중 가장 중요한 내용을 찾는 유형
	견해 분석	여러 명의 견해가 제시된 지문에서 각각의 견해를 비교하고 선택지나 〈보기〉에서 올바르게 분석한 내용을 고르는 유형
	논증의 비판과 반박	지문으로 제시된 논증의 결론을 비판·반박하는 선택지나 〈보기〉를 제시하여 논증의 결론을 적절하게 반박하는 내용을 찾는 유형
	논증 평가	지문으로 제시된 논증의 내용을 파악하고, 선택지나 〈보기〉에 제시되는 사례가 논증의 결론이 참이 될 가능성을 높이는 진술(강화하는 진술)인지, 반대로 논증의 결론이 참이 될 가능성을 낮추는 진술(약화하는 진술)인지를 판단하는 유형
문맥과 단서	중간에 빈칸이나 밑줄이 있는 1~3단락 정도의 지문을 제시하고, 내용의 흐름을 파악하여 빈칸에 들어갈 내용을 적절하게 추론할 수 있는지, 밑줄 그어진 구절의 의미를 올바르게 판단할 수 있는지를 묻는 유형	
	빈칸 추론	일반적인 줄글 형태의 지문이나 대화체 지문의 중간에 빈칸이 한 개 이상 제시되고, 문맥에 따라 그 빈칸에 들어갈 가장 적절한 내용을 선택지나 〈보기〉에서 고르는 유형
	밑줄 추론	지문의 특정 단어나 구절에 밑줄을 긋고, 밑줄 그어진 단어나 구절이 지문에서 나타내는 의미를 문맥에 따라 파악하여 선택지나 〈보기〉의 옳고 그름을 판단하는 유형
	글의 수정	지문의 특정 구절이나 문장에 밑줄을 긋고, 전체 글의 흐름에 맞지 않는 부분을 찾아 수정하는 유형
논리의 체계	1~3단락 정도의 비교적 짧은 길이의 지문 또는 퀴즈를 해결하는 데 필요한 3~5개 정도의 명제나 조건을 제시하고, 제시된 명제나 조건의 참·거짓 여부를 판단할 수 있는지, 명제나 조건 간의 관계를 고려하여 논증에서 빠진 전제 또는 결론을 추론할 수 있는지를 묻는 유형	
	논증의 타당성	지문에서 논증의 전제가 참일 때 결론이 반드시 참인지 여부를 판단하는 유형
	논리 퀴즈	여러 개의 조건으로 제시된 논리 명제를 통해 선택지나 〈보기〉에 제시된 정보의 참 또는 거짓 여부를 판단하는 유형
	독해형 논리	'이 글의 내용이 모두 참일 때'를 가정하여 선택지나 〈보기〉에 제시된 정보가 반드시 참이 되는지 여부를 판단하는 유형

PSAT 언어논리 예시문제 분석

7급 PSAT 시험은 2019년에 인사혁신처에서 공개한 예시문제를 기반으로 문제가 출제되고 있으며, 민간경력자 PSAT 시험도 이와 동일한 문제가 출제됩니다. 실제 기출문제를 풀기 전에 예시문제를 꼼꼼히 분석해서 출제 유형을 학습해 봅시다.

1. 다음 (가)에 제시된 〈작성 원칙〉에 따라 (나)의 〈A시 보도자료〉를 수정하거나 보완하고자 할 때, 가장 적절한 것은?

(가) 〈작성 원칙〉
- 보도자료의 제목 및 부제는 전체 내용을 압축적으로 제시하는 내용을 담아야 한다.
- 첫 단락인 '리드'에서 '누가, 언제, 무엇을, 어떻게, 왜'의 핵심정보를 제시해야 한다.
- 제목과 부제에서 드러내고 있는 핵심 정보를 본문에서 빠짐없이 제시해야 한다.
- 불필요한 잉여 정보를 포함하거나 동일 정보를 필요 이상 반복해서는 안 된다.
- 정보 전개에 필요한 표, 그래프, 그림 등을 적절하게 제공해야 한다.

(나) 〈A시 보도자료〉
㉠ 봄철 불청객 '황사' 이렇게 대처하겠습니다!
- 대응 체계 강화와 시민 행동 요령 안내 등 철저한 대비로 황사 피해 최소화 -

　㉡A시는 매년 봄철(3~5월) 불청객으로 찾아오는 황사 피해를 최소화하기 위해 적극적인 대처 방안을 마련했다. 이에 따라 A시는 황사 대응 체계를 신속하게 가동하고, 시민 행동 요령을 적극적으로 안내할 예정이다. 또 관련부서 및 유관기관과 유기적으로 협조하기로 했다.

　매년 봄철이면 반갑지 않은 손님인 황사가 찾아온다. 황사는 우리 인체에 악영향을 주기 때문에, 시민들의 건강 피해 예방을 위해 철저한 대비가 필요하다. A시의 최근 10년간 연평균 황사 관측일수는 6.1일이며, 이 중 5.1일(83%)이 봄철(3~5월)에 집중 발생하는 것으로 나타났다.

㉢

　기상청의 기상 전망에 따르면 A시의 황사 발생 일수는 4월에는 평년(1.9일)과 비슷하겠으나, 5월에는 평년(2.5일)보다 많을 것으로 전망된다. 특히 ㉣최근 중국 북부지역의 가뭄으로 평년보다 더 강한 황사가 발생할 가능성이 있어 철저하게 대비해야 한다.

　A시에서는 황사 발생시 관련부서 및 유관기관과 유기적으로 협조하여 기후 상황 전파, 도로변과 대규모 공사장 물 뿌리기, 진공청소차를 활용한 청소 등 체계적인 대응을 신속하게 실시하여 황사 피해를 최소화할 계획이다.

㉤

① ㉠을 '불청객 황사, 봄철 국민 건강을 위협하는 주범입니다'로 수정한다.

② ㉡은 아래 부분에서 반복적으로 설명되는 내용이므로 삭제한다.

③ ㉢에 최근 30년간 한국의 황사 발생 관측일수를 도표로 제공한다.

④ ㉣에 이어 중국 북부지역 가뭄 원인과 중국 정부의 대처 방안을 추가한다.

⑤ ㉤에 시민들이 황사 피해를 최소화할 수 있는 행동 요령과 그 안내 계획을 추가한다.

문제 특징

지문의 흐름을 파악하여 빈칸에 들어갈 내용을 찾거나 밑줄 친 내용을 문맥에 맞게 수정하는 문제이다. 인문, 사회, 과학, 철학 등의 일반적인 소재뿐 아니라 실무와 관련된 소재의 글이 제시된다.

문제풀이 핵심 포인트

밑줄 친 부분을 전체 흐름에 맞게 수정하는 것 외에 문맥에 맞게 빈칸에 들어갈 내용까지도 판단해야 하므로 글의 전체적인 흐름을 잡는 것이 중요하다. 따라서 지문을 처음부터 읽으면서 밑줄을 치거나, 빈칸이 나올 때마다 선택지의 내용이 전체 맥락에 맞는지를 확인한다.

정답 ⑤

보도자료의 부제에 '시민 행동 요령 안내'에 대한 언급이 있는데도 불구하고 본문 내용에는 이에 대한 언급이 없으므로, ㉤에 시민들이 황사 피해를 최소화할 수 있는 행동 요령과 그 안내 계획을 추가하는 것은 적절한 보완이 된다.

오답 분석

① 보도자료의 제목은 전체 내용을 압축적으로 제시해야 하므로, ㉠을 '불청객 황사, 봄철 국민 건강을 위협하는 주범입니다'로 수정하는 것은 적절하지 않다.

② 〈작성 원칙〉에 따르면 첫 단락인 '리드'에서 '누가, 언제, 무엇을, 어떻게, 왜'의 핵심정보를 제시해야 한다. 따라서 ㉡이 아래 부분에서 반복적으로 설명되는 내용이므로 삭제한다는 것은 적절하지 않다.

③ A시의 최근 10년간 연평균 황사 관측일수가 중요하므로 ㉢에 최근 30년간 한국의 황사 발생 관측일수를 도표로 제공하는 것은 적절하지 않다.

④ 지문은 A시에 대한 내용이므로 ㉣에 이어 중국 북부지역 가뭄 원인과 중국 정부의 대처 방안을 추가하는 것은 불필요한 잉여 정보를 포함하는 것이 해당된다. 따라서 적절하지 않다.

2. 다음 대화의 빈칸에 들어갈 내용으로 가장 적절한 것은?

> 갑: 2019년 7월 17일 학술연구자정보망에서 학술연구자 A의 기본 정보는 조회할 수 있는데, A의 연구 업적 정보는 조회가 되지 않는다는 민원이 있었습니다. 어떻게 답변해야 할까요?
>
> 을: 학술연구자가 학술연구자정보망에 기본 정보를 제공하는 데 동의하였으나, 연구 업적 정보 공개에 추가로 동의하지 않았을 경우, 민원인은 학술연구자의 연구 업적 정보를 조회할 수 없어요. 또한 동의했다고 하더라도 해당 학술연구자의 업적 정보의 집적이 완료되지 않았을 경우에도 그는 연구 업적 정보를 조회할 수 없습니다.
>
> 갑: 학술연구자가 연구 업적 정보 공개에 추가로 동의하지 않았다면 조회 화면에 무슨 문구가 표시되나요?
>
> 을: 조회 화면에 "해당 연구자가 상기 정보의 공개에 동의하지 않았습니다"라는 문구가 표시됩니다. 해당 연구자의 업적 정보의 집적이 완료되지 않은 경우에는 조회 화면에 "업적 정보 집적 중"이라는 문구가 표시되고요. 해당 민원인께서는 무슨 문구가 표시되었다고 말씀하시나요?
>
> 갑: 문구 표시에 대한 말씀은 듣지 못했어요. 아마 문구를 읽지 못한 것 같아요. 근데 학술연구자의 업적 정보 제공 동의율과 업적 정보 집적률은 현재 얼마만큼 되나요?
>
> 을: 2019년 7월 18일 오늘 기준으로 학술연구자의 연구 업적 정보 제공 동의율은 약 92%입니다. 동의자 대상 업적 정보 집적률은 약 88%고요. 동의한 학술연구자가 10여만 명에 이르러 자료를 집적하는 데 시간이 많이 걸려요. 하지만 2019년 8월 말까지는 정보 집적이 끝날 겁니다.
>
> 갑: 그렇군요. 그러면 제가 민원인에게 [   ]라고 답변 드리면 되겠네요. 고맙습니다.

① 지금은 조회할 수 없지만 2019년 8월 말이 되면 학술연구자 A의 연구 업적 정보가 조회될 것이다

② 학술연구자 A가 연구 업적 정보 공개에 동의하지 않았거나 그의 업적 정보가 현재 집적 중이기 때문에 그렇다

③ 현재 학술연구자 A는 연구 업적 정보 공개에 동의한 상태지만 그의 업적 정보가 현재 집적 중이기 때문에 그렇다

④ 지금은 조회할 수 없지만 만일 학술연구자 A가 연구 업적 정보 공개에 동의했다면 한 달 안에는 그의 연구 업적 정보를 조회할 수 있다

⑤ 오늘 다시 학술연구자 A의 연구 업적 정보를 조회한다면 "해당 연구자가 상기 정보의 공개에 동의하지 않았습니다"라는 문구가 나올 것이다

문제 특징

지문의 전체적인 흐름을 파악하여 글에 직접적으로 제시되지 않은 내용을 추론하는 문제이다.

문제풀이 핵심 포인트

빈칸에 들어갈 내용을 추론하기 위해 빈칸 주변에서 단서를 잡는 것이 필요하다. 민원의 내용이 무엇인지 찾고 그 답변이 무엇이 될 수 있는지 지문을 전체적으로 읽으면서 찾아야 한다. 빈칸이 들어간 문장이 '그러면 제가 민원인에게 ~라고 답변 드리면 되겠네요.'이므로 민원의 내용이 무엇인지 찾고 그 답변이 무엇이 될 수 있는지 파악한다.

정답 ②

민원의 내용은 학술연구자정보망에서 학술연구자 A의 기본 정보는 조회할 수 있는데, A의 연구 업적 정보는 조회가 되지 않는다는 것이다. 이에 대해 을은 학술연구자가 학술연구자정보망에 기본 정보를 제공하는 데 동의하였으나 연구 업적 정보 공개에 추가로 동의하지 않았을 경우, 민원인은 학술연구자의 연구 업적 정보를 조회할 수 없으며 정보 공개에 동의하더라도 해당 학술연구자의 업적 정보의 집적이 완료되지 않았을 경우에는 연구 업적 정보를 조회할 수 없다고 답변하고 있다. 따라서 빈칸에 들어갈 내용으로 가장 적절한 것은 '학술연구자 A가 연구 업적 정보 공개에 동의하지 않았거나 그의 업적 정보가 현재 집적 중이기 때문에 그렇다'이다.

오답 분석

① 지금은 조회할 수 없지만 2019년 8월 말이 되면 학술연구자 A의 연구 업적 정보가 조회될 것이라고 볼 수도 있으나, 이것이 민원에 대한 답변이 되지는 않으므로 빈칸에 들어갈 내용으로 적절하지 않다.

③ 현재 학술연구자 A가 연구 업적 정보 공개에 동의한 상태인지는 알 수 없으므로 빈칸에 들어갈 내용으로 적절하지 않다.

④ 민원의 날짜는 2019년 7월 17일이고, 정보 집적이 끝날 것으로 예상되는 시점은 2019년 8월 말이다. 따라서 만일 학술연구자 A가 연구 업적 정보 공개에 동의했더라도 한 달 안에 그의 연구 업적 정보를 조회할 수 있는지는 명확하지 않으므로 빈칸에 들어갈 내용으로 적절하지 않다.

⑤ 학술연구자 A가 상기 정보의 공개에 동의하지 않았다는 것이 확정되지 않았으므로 오늘 다시 학술연구자 A의 연구 업적 정보를 조회한다면 "해당 연구자가 상기 정보의 공개에 동의하지 않았습니다"라는 문구가 나올 것이라는 내용은 적절한 답변이 될 수 없다.

3. 다음 글의 ㉠의 내용으로 적절한 것은?

> ○○시에 주민등록을 두고 있으며 무직인 갑은 만 3세인 손녀의 돌봄을 위해 ○○시육아종합지원센터에서 운영하는 장난감 대여 서비스를 이용하려고 하였다. 하지만 ○○시육아종합지원센터는 다음의 ○○시육아종합지원센터 운영규정 (이하 '운영규정'이라 한다)에 따라 갑이 장난감 대여 서비스를 이용할 수 없다고 안내하였다.
>
> ---
>
> 「○○시육아종합지원센터 운영규정」
> 제95조(회원) ① 본 센터의 각종 서비스를 이용하려는 자는 회원으로 등록되어 있어야 한다.
> ② 회원이 될 수 있는 자는 만 5세 이하 자녀를 둔 ○○시에 주민등록을 두고 있는 자와 ○○시 소재 직장 재직자이다.
> ③ 회원등록을 위해 제출해야 하는 구비서류는 별도로 정한다.
>
> ---
>
> 그러자 갑은 ○○시가 제정한 다음의 ○○시육아종합지원센터 설치 및 운영 조례 (이하 '조례'라 한다)에 근거하여 장난감 대여 서비스를 이용하게 해달라는 민원을 제기하였다.
>
> ---
>
> 「○○시육아종합지원센터 설치 및 운영 조례」
> 제5조(회원) ① 회원은 본 센터에 개인정보를 제공하여 회원등록을 한 자로서 본 센터의 모든 서비스를 이용할 수 있는 자를 말한다.
> ② 회원이 되려는 자는 다음 각 호의 요건을 모두 갖추어야 한다.
> 1. ○○시에 주민등록을 두고 있는 자 또는 ○○시 소재 직장 재직자
> 2. 만 5세 이하 아동의 직계존속 또는 법정보호자
>
> ---
>
> 갑의 민원을 검토한 ○○시는 운영규정과 조례가 불일치함을 발견하고 ㉠갑과 같은 조건의 사람들도 장난감 대여 서비스를 이용할 수 있도록 운영규정 또는 조례의 일부를 개정하였다.

① 운영규정 제95조 제1항의 '회원으로 등록되어 있어야 한다'를 '본 센터에 개인정보를 제공하여 회원으로 등록되어 있어야 한다'로 개정한다.

② 운영규정 제95조 제2항의 '만 5세 이하 자녀를 둔'을 '만 5세 이하 아동의 직계존속 또는 법정보호자로서'로 개정한다.

③ 조례 제5조 제1항의 '서비스를 이용할 수 있는 자'를 '서비스를 이용할 수 있는 자의 직계존속 또는 법정보호자'로 개정한다.

④ 조례 제5조 제2항 제1호를 '○○시에 주민등록을 두고 있는 자'로 개정한다.

⑤ 조례 제5조 제2항 제2호를 '만 5세 이하 아동의 부모 또는 법정보호자'로 개정한다.

문제 특징

밑줄 친 특정 단어나 구절이 지문에서 나타내는 의미를 문맥에 따라 올바르게 추론하는 문제이다. 인문, 사회, 과학, 철학 등의 일반적인 소재뿐 아니라 실무와 관련된 소재의 글이 제시된다.

문제풀이 핵심 포인트

지문에서 핵심어나 중심 문장을 체크하면서 읽어야 한다. 이 문제에서는 밑줄 친 부분의 내용이 '갑과 같은 조건의 사람들도 장난감 대여 서비스를 이용할 수 있도록 운영규정 또는 조례의 일부를 개정'이다. 따라서 '갑과 같은 조건'이 무엇인지 파악하여 이를 바탕으로 장난감 대여 서비스의 내용을 개정하는 데 주목한다.

정답 ②

갑은 ○○시에 주민등록을 두고 있으나 만 3세인 손녀를 두고 있다. 따라서 운영규정 제95조 제2항의 '만 5세 이하 자녀를 둔'을 '만 5세 이하 아동의 직계존속 또는 법정보호자로서'로 개정하면 갑이 회원에 해당될 수 있으므로 ㉠의 내용으로 적절하다.

오답 분석

① 운영규정 제95조 제1항의 '회원으로 등록되어 있어야 한다'를 '본 센터에 개인정보를 제공하여 회원으로 등록되어 있어야 한다'로 개정하더라도 갑이 서비스를 이용할 수 있는 조건과 관련성이 없으므로 ㉠의 내용으로 적절하지 않다.

③ 조례 제5조 제1항의 '서비스를 이용할 수 있는 자'를 '서비스를 이용할 수 있는 자의 직계존속 또는 법정보호자'로 개정하더라도 운영규정에 의하여 갑이 서비스를 이용할 수 있는 자가 아니므로 ㉠의 내용으로 적절하지 않다.

④ 갑은 ○○시에 주민등록을 두고 있으므로 조례 제5조 제2항 제1호를 '○○시에 주민등록을 두고 있는 자'로 개정하는 것은 ㉠의 내용으로 적절하지 않다.

⑤ 갑은 만 3세인 손녀를 돌보고 있는 직계존속이므로 조례 제5조 제2항 제2호를 '만 5세 이하 아동의 부모 또는 법정보호자'로 개정하는 것은 ㉠의 내용으로 적절하지 않다.

4. 다음 글의 ㉠~㉤에서 전체 흐름과 맞지 않는 한 곳을 찾아 수정할 때, 가장 적절한 것은?

> '거짓말'을 어떻게 정의해야 하는가는 혼란을 일으킬 수 있는 물음입니다. 어떤 사람의 말을 '거짓말'로 만드는 것은 거짓말을 하려는 그 사람의 의도일까요? 아니면 그 말이 사실과 일치하는가의 여부일까요? ㉠자신이 거짓이라고 믿는 것을 의도적으로 말하는 사람을 두고 거짓말을 한다고 말하는 것은 당연합니다. 문제는, 자신이 참이라고 믿는 것을 믿는 대로 말했는데 그 말이 사실은 거짓인 경우, 이를 두고 거짓말을 한다고 할 수 있는가 하는 것입니다. 예를 들어서 이런 말을 듣곤 하지 않습니까? "거짓말을 하려고 한 게 아니라 어쩌다 보니 거짓말이 되고 말았다." 참이라고 생각하고 말했는데, 내가 참이라고 생각한 것이 사실과 달라 거짓이 되었다는 의미입니다. 이 경우에는 ㉡거짓말을 만드는 것은 말하는 사람의 의도라기보다는 사실과의 일치 여부가 되겠지요. 이런 의미에서 거짓말을 하는 것은 정직하지 않은 것과는 상관없는 일이 됩니다. ㉢사실과 일치하는 내용을 참이라고 믿고 말했지만, 결과적으로 거짓말을 하게 되는 셈이니까요. 이런 거짓말을 '결과적 거짓말'이라고 한다면, 자신이 믿는 것과는 반대로 말하는 것을 '의도적 거짓말'이라고 할 수 있을 것입니다. '거짓말'을 결과적 거짓말로 정의할 것인가, 의도적 거짓말로 정의할 것인가는 맥락에 따라서 다를 수 있지만, ㉣우리가 '거짓말'에 대해서 갖고 있는 개념에 더 잘 맞는 것은 의도적 거짓말이라고 생각합니다.
>
> '단순히 거짓인 말'과 '거짓말'은 서로 구별되어야 하는 말입니다. 마찬가지로 '우연히 참이 된 말'과 '참말'도 구별되어야겠지요. 가령, 모든 것을 자신이 믿는 바와는 정반대로 말하는 사람을 생각해 봅시다. 만일 이 사람이 '서울은 대한민국의 수도가 아니다.'라고 믿는다면, '서울은 대한민국의 수도이다.'라고 말할 것입니다. 이 경우 그는 사실과의 일치 여부로 보면 참말을 한 셈이지만, 사실과 일치하는 내용을 자신의 믿음대로 말한 사람과는 다른 의미에서 참말을 했다고 해야 하지 않을까요? 다시 말해서, ㉤그는 우연히 진실을 말했을 뿐입니다. 이런 사람과, 자신이 믿는 바대로 말하려고 했고 그 결과 진실을 말한 사람은 구별되어야 한다고 생각합니다.

① ㉠을 '자신이 참이라고 믿는 것을 의도적으로 말하는 사람을 두고 거짓말을 한다고 말하는 것은 당연합니다'로 수정한다.

② ㉡을 '거짓말을 만드는 것은 사실과의 일치 여부가 아니라 말하는 사람의 의도가 되겠지요'로 수정한다.

③ ㉢을 '사실과 일치하지 않는 내용을 참이라고 믿고 말했지만, 결과적으로 거짓말을 하게 되는 셈이니까요'로 수정한다.

④ ㉣을 '이 두 가지 거짓말이 모두 참말과 구분된다는 점에서는 동일한 거짓말이라고 생각합니다'로 수정한다.

⑤ ㉤을 '그는 의도적으로 진실을 말하고 있는 것입니다'로 수정한다.

문제 특징

밑줄 친 특정 문장 중에서 지문의 전체 흐름에 맞지 않는 부분을 찾아 문맥에 맞게 수정하는 문제이다.

문제풀이 핵심 포인트

밑줄 친 ㉠~㉤을 전체 흐름에 맞게 고쳐야 하므로 지문 전체적인 흐름을 잡는 것이 중요하다. 지문을 처음부터 읽으면서 밑줄 친 ㉠~㉤ 부분을 읽을 때는 전체 맥락에 맞는지 선택지를 확인한다.

정답 ③

㉢의 앞 내용은 자신이 참이라고 믿는 것을 믿는 대로 말했는데 그 말이 사실은 거짓인 경우에 해당되는 것이다. 따라서 ㉢을 '사실과 일치하는 내용'이 아니라, '사실과 일치하지 않는 내용을 참이라고 믿고 말했지만, 결과적으로 거짓말을 하게 되는 셈이니까요'로 수정하는 것이 적절하다.

오답 분석

① ㉠을 '자신이 참이라고 믿는 것을 의도적으로 말하는 사람을 두고 거짓말을 한다고 말하는 것은 당연합니다'로 수정하면, 뒤에서 이어지는 내용에 부합하지 않으므로 적절하지 않다.

② ㉡을 '거짓말을 만드는 것은 사실과의 일치 여부가 아니라 말하는 사람의 의도가 되겠지요'로 수정하면 앞에서 '참이라고 생각하고 말했는데'라고 언급한 내용에 부합하지 않으므로 적절하지 않다.

④ 전체적인 글의 내용 상 ㉣은 '우리가 '거짓말'에 대해서 갖고 있는 개념에 더 잘 맞는 것은 의도적 거짓말이라고 생각합니다'로 두는 것이 적합하다. 따라서 '이 두 가지 거짓말이 모두 참말과 구분된다는 점에서는 동일한 거짓말이라고 생각합니다'로 수정하는 것은 적절하지 않다.

⑤ ㉤을 '그는 의도적으로 진실을 말하고 있는 것입니다'로 수정하면, 앞에서 언급한 '우연히 한 참말'에 해당되지 않으므로 적절하지 않다.

7급 기출문제

2024년 기출문제   2021년 기출문제

2023년 기출문제   2020년 모의평가

2022년 기출문제

✔ 문제풀이 시작과 종료 시각을 정하여 실전처럼 기출문제를 모두 푼 뒤, 문제풀이 시작 페이지 상단에 실제로 문제풀이에 소요된 시간과 맞힌 문항 수를 기록하여 시간 관리 연습을 하고, 약점 보완 해설집의 '취약 유형 분석표'로 자신의 취약한 유형을 파악해 보시기 바랍니다.

✔ 2021년 7급 PSAT는 2021년 민간경력자 PSAT와 15문항이 동일하게 출제되었습니다. 1~15번 문제는 2021년 민간경력자 PSAT의 11~25번 문제와 동일한 문제이니, 문제풀이에 참고하시기 바랍니다.

문 1. 다음 글의 내용과 부합하는 것은?

현재 서울의 청량리 근처에는 홍릉이라는 곳이 있다. 을미사변으로 일본인들에게 시해된 명성황후의 능이 조성된 곳이다. 고종은 홍릉을 자주 찾아 참배했는데, 그때마다 대규모로 가마꾼을 동원하는 등 불편이 작지 않았다. 개항 직후 우리나라에 들어와 경인철도회사를 운영하던 미국인 콜브란은 이 점을 거론하며 서대문에서 청량리까지 전차 노선을 부설해야 한다고 주장했다.

이전부터 전기와 전차 사업에 관심이 많았던 고종은 콜브란의 주장을 받아들여 전차 사업을 목적으로 하는 회사를 설립하기로 결심했다. 고종은 황실이 직접 회사를 설립하는 대신 민간인인 김두승과 이근배로 하여금 농상공부에 회사를 만들겠다는 청원서를 내도록 권유했다. 이에 따라 김두승 등은 전기회사 설립 청원서를 농상공부에 제출한 뒤 허가를 받아 한성전기회사를 설립했다. 한성전기회사는 서울 시내 각지에 전기등을 설치하는 한편 전차 노선 부설 사업을 추진했다. 한성전기회사는 당초 남대문에서 청량리까지 전차 노선을 부설하기로 했으나 당시 부설 중이던 경인철도의 종착역이 서대문역으로 정해졌기 때문에 이와 연결하기 위해 계획을 수정해 서대문에서 청량리까지 부설하기로 변경했다. 이후, 변경된 계획대로 전차 노선이 부설되었으며, 1899년 5월에 정식 개통식이 거행되었다.

한성전기회사는 고종이 단독 출자한 자본금을 바탕으로 설립되고 운영되었지만, 전차 노선 부설에 필요한 공사비가 부족해지자 회사 재산을 담보로 콜브란으로부터 부족분을 빌려 공사를 마무리할 수 있었다. 콜브란은 1902년에 그 상환 기일이 돌아오자 회사 운영을 지원하기 위해 상환 기일을 2년 연장해주었다. 이후 1904년 상환 기일이 다가오자, 고종은 콜브란과 협의하여 채무액의 절반인 75만 원만 상환하고 나머지 금액만큼의 회사 자산을 콜브란에게 넘겨주었다. 이로써 콜브란은 고종과 함께 회사의 대주주가 되어 경영에 참여할 수 있게 되었다. 이때 고종과 콜브란은 한성전기회사를 한미전기회사로 재편하였고, 한미전기회사가 전차 및 전기등 사업을 이어받았다.

① 한성전기회사가 경인철도회사보다 먼저 설립되었다.
② 전차 노선의 시작점은 원래 서대문이었으나 나중에 남대문으로 바뀌었다.
③ 한성전기회사가 전차 노선을 부설하는 데 부족한 자금은 미국인 콜브란이 빌려주었다.
④ 서울 시내에 처음으로 전차 노선을 부설한 회사는 황실이 주도해 농상공부가 설립하였다.
⑤ 서울 시내에서 전기등 설치 사업을 벌인 한미전기회사는 김두승과 이근배의 출자로 설립되었다.

문 2. 다음 글에서 알 수 있는 것은?

사고(史庫)는 실록을 비롯한 국가의 귀중한 문헌을 보관하는 곳이었으므로 아무나 열 수 없었고, 반드시 중앙 정부에서 파견된 사관이 여는 것이 원칙이었다. 하지만 사관은 그 수가 얼마 되지 않아 사관만으로는 실록 편찬이나 사고의 도서 관리에 관한 모든 일을 담당하기에 벅찼다. 이에 중종 때에 사관을 보좌하기 위해 중앙과 지방에 겸직사관을 여러 명 두었다.

사고에 보관된 도서는 해충이나 곰팡이 피해를 입을 수 있었으므로 관리가 필요했다. 당시 도서를 보존, 관리하는 가장 효과적인 방법은 포쇄였다. 포쇄란 책을 서가에서 꺼내 바람과 햇볕에 일정 시간 노출시켜 책에 생길 수 있는 해충이나 곰팡이 등을 방지하거나 제거하는 것을 말한다. 사고 도서의 포쇄는 3년마다 정기적으로 실시되었다.

사고 도서의 포쇄를 위해서는 사고를 열어 책을 꺼내야 했고, 이 과정에서 귀중한 도서가 분실되거나 훼손될 수 있었다. 따라서 책임 있는 관리가 이 일을 맡아야 했고, 그래서 중앙 정부에서 사관을 파견토록 되어 있었다. 그런데 중종 14년 중종은 사관을 보내는 것은 비용이 많이 드는 등의 폐단이 있다고 하며, 지방 사고의 경우 지방 거주 겸직사관에게 포쇄를 맡기는 것이 효율적이라고 주장했다. 이에 대해 사고 관리의 책임 관청이었던 춘추관이 반대했다. 춘추관은 정식 사관이 아닌 겸직사관에게 포쇄를 맡기는 것은 문헌 보관의 일을 가벼이 볼 수 있는 계기가 될 거라고 주장했다. 그러나 중종은 이 의견을 따르지 않고 사고 도서의 포쇄를 겸직사관에게 맡겼다. 하지만 중종 23년에는 춘추관의 주장에 따라 사관을 파견하는 것으로 결정되었다.

포쇄 때는 반드시 포쇄 상황을 기록한 포쇄형지안이 작성되었다. 포쇄형지안에는 사고를 여닫을 때 이를 책임진 사람의 이름, 사고에서 꺼낸 도서의 목록, 포쇄에 사용한 약품 등을 자세하게 기록했다. 포쇄 때마다 포쇄형지안을 철저하게 작성하여, 사고에 보관된 문헌의 분실이나 훼손을 방지하고 책임 소재를 명확하게 함으로써 귀중한 문헌이 후세에 제대로 전달되도록 했다.

① 겸직사관은 포쇄의 전문가 중에서 선발되어 포쇄의 효율성이 높았다.
② 중종은 포쇄를 위해 사관을 파견하면 문헌이 훼손되는 폐단이 생긴다고 주장했다.
③ 춘추관은 겸직사관이 사고의 관리 책임을 맡으면 문헌 보관의 일을 경시할 수 있게 된다고 하며 겸직사관의 폐지를 주장했다.
④ 사고 도서의 포쇄 상황을 기록한 포쇄형지안은 3년마다 정기적으로 작성되었다.
⑤ 도서에 피해를 입히는 해충을 막기 위해 사고 안에 약품을 살포했다.

문 3. 다음 글에서 알 수 있는 것은?

　　미국 헌법의 전문은 "우리 미합중국의 사람들은"이라는 구절로 시작한다. 여기서 '사람들'에 해당하는 대한민국 헌법상의 용어는 헌법 제정 주체로서의 '국민'이다. 대한민국 헌법의 전문은 "유구한 역사와 전통에 빛나는 우리 대한국민은"으로 시작한다. 이 구절들에서 '사람들'과 '국민'은 맥락상 동일한 의미를 지닌다. 그러나 이 단어들의 사전적 의미 사이에는 간극이 크다. '사람'은 보편적 인간을, '국민'은 국가의 구성원을 의미하기 때문이다. 그래서 '인민'이 '국민'보다 더 적절한 표현이라는 주장이 종종 제기되는데, 사실 대한민국의 제헌헌법 초안에서는 이 단어가 사용되었다.

　　대한민국 역사에서 '인민'은 개화기부터 통용된 자연스러운 말이며 정부 수립 전까지의 헌법 관련 문헌들 대부분에 빈번히 등장한다. 법학자 유진오가 기초한 제헌헌법의 초안도 "유구한 역사와 전통에 빛나는 우리들 조선 인민은"으로 시작한다. 그러나 '인민'은 공산당의 용어인데 어째서 그러한 말을 쓰려고 하느냐는 공박을 당했고, '인민'은 결국 제정된 제헌헌법에서 '국민'으로 대체되었다.

　　이에 유진오는 '인민'이 예부터 흔히 사용되어 온 말로 '국민'으로 환원될 수 없는 의미를 지니며, 미국 헌법에서도 국적을 가진 자들로 한정될 수 없는 경우에 '사람들'이 사용되었다고 지적했다. 또한 '국민'은 국가의 구성원이라는 점이 강조된 국가 우월적 표현이기 때문에, 국가조차도 함부로 침범할 수 없는 자유와 권리의 주체로서의 보편적 인간까지 함의하기에는 적절하지 못하다고 비판했다.

　　'인민'이 모두 '국민'으로 대체되면서 대한민국 헌법에서 혼란의 여지가 생긴 것은 사실이다. '국민'이 국적을 가진 자뿐만 아니라 천부인권을 지니는 보편적 인간까지 지칭하게 되었기 때문이다. 예를 들어 대한민국으로 여행을 온 외국인은 전자에 해당하지 않지만 후자에 속하는 것이 명백하다. 따라서 선거권, 사회권 등 국적을 기반으로 하는 권리까지 주어지는 것은 아니지만, 헌법상의 평등권, 자유권 등 기본적 인권은 보장되는 것이다. 이에 향후 헌법 개정이 있다면 그 기회에 보편적 인간을 의미하는 경우의 '국민'을 '사람들'로 바꾸자는 제안도 있다.

① 대한민국 역사에서 '인민'은 분단 후 공산주의 사상이 금기시되면서 사용되기 시작한 말이다.

② 대한민국으로 여행을 온 외국인은 대한민국 헌법상의 자유권을 보장받지 못한다.

③ 미국 헌법에서 '사람들'은 보편적 인간이 아니라 미국 국적을 가진 자를 의미한다.

④ 법학자 유진오는 '국민'이 보편적 인간을 의미하기에는 적절하지 않다고 비판했다.

⑤ 대한민국 제헌헌법에서는 '인민'이 사용되었으나 비판을 받아 이후의 개정을 통해 헌법에서 삭제되었다.

문 4. 다음 글에서 알 수 있는 것은?

　　필사문화와 초기 인쇄문화에서 독서는 대개 한 사람이 자신이 속한 집단 내에서 다른 사람들에게 책을 읽어서 들려주는 사회적 활동을 의미했다. 개인이 책을 소유하고 혼자 눈으로 읽는 묵독과 같은 오늘날의 독서 방식은 당시 내대수 사람에게 익숙한 일이 아니었다. 근대 초기만 해도 문맹률이 높았기 때문에 공동체적 독서와 음독이 지속되었다.

　　'공동체적 독서'는 하나의 읽을거리를 가족이나 지역·직업 공동체가 공유하는 것을 의미한다. 이는 같은 책을 여러 사람이 돌려 읽는 윤독이 이루어졌을 뿐 아니라, 구연을 통하여 특정 공간에 모인 사람들이 책의 내용을 공유했음을 알려준다. 여기에는 도시와 농촌의 여염집 사랑방이나 안방에서 소규모로 이루어진 가족 구성원들의 독서, 도시와 촌락의 장시에서 주로 이루어진 구연을 통한 독서가 포함된다. 공동체적 독서의 목적은 독서에 참여한 사람들로 하여금 책의 사상과 정서에 공감하게 하는 데 있다.

　　음독은 '소리 내어 읽음'이라는 의미로서 낭송, 낭독, 구연을 포함한다. 낭송은 혼자서 책을 읽으며 암기와 감상을 위하여 읊조리는 행위를, 낭독은 다른 사람들에게 들려주기 위하여 보다 큰 소리로 책을 읽는 행위를 의미한다. 이에 비해 구연은 좀 더 큰 규모의 청중을 상대로 하며 책을 읽는 행위가 연기의 차원으로 높아진 것을 일컫는다. 이런 점에서 볼 때 음독은 공동체적 독서와 긴밀한 연관을 가질 수밖에 없지만, 음독이 꼭 공동체적 독서라고는 할 수 없다.

　　전근대 사회에서는 개인적 독서의 경우에도 묵독보다는 낭송이 더 일반적인 독서 형태였다. 그렇다고 해서 도식적으로 공동체적 독서와 음독을 전근대 사회의 독서 형태라 간주하고, 개인적 독서를 근대 이후의 독서 형태라 보는 것은 곤란하다. 현대 사회에서도 필요에 따라 공동체적 독서와 음독이 많이 행해지며, 반대로 전근대 사회에서도 지배계급이나 식자층의 독서는 자주 묵독으로 이루어졌을 것이기 때문이다. 다만 '공동체적 독서'에서 '개인적 독서'로의 이행은 전근대 사회에서 근대 사회로 이행하는 과정에서 확인되는 독서 문화의 추이라고 볼 수 있다.

① 필사문화를 통해 묵독이 유행하기 시작했다.

② 전근대 사회에서 낭송은 공동체적 독서를 의미한다.

③ 공동체적 독서와 개인적 독서 모두 현대사회에서 행해지는 독서 형태이다.

④ 근대 초기 식자층의 독서 방식이었던 음독은 높은 문맹률로 인해 생겨났다.

⑤ 근대 사회에서 윤독은 주로 도시와 촌락의 장시에서 이루어진 독서 형태였다.

문 5. 다음 글에서 알 수 없는 것은?

의학적 원리만을 놓고 볼 때 '인두법'과 '우두법'은 전혀 차이가 없다. 둘 다 두창을 이미 앓은 개체에서 미량의 딱지나 고름을 취해서 앓지 않은 개체에게 접종하는 방식이다. 그렇지만 인두법 저작인 정약용의 『종두요지』와 우두법 저작인 지석영의 『우두신설』을 비교하면 접종대상자의 선정, 사후 관리, 접종 방식 등 세부적인 측면에서 적지 않은 차이가 발견된다.

먼저, 접종대상자의 선정 과정을 보면 인두법이 훨씬 까다롭다. 접종대상자는 반드시 생후 12개월이 지난 건강한 아이여야 했다. 중병을 앓고 얼마 되지 않은 아이, 몸이 허약한 아이, 위급한 증세가 있는 아이는 제외되었다. 이렇게 접종대상자의 몸 상태에 세심하게 신경을 쓰는 까닭은 비록 소량이라고 하더라도 사람에게서 취한 두(痘)의 독이 강력했기 때문이다. 한편, 『우두신설』에서는 생후 70~100일 정도의 아이를 접종대상자로 하며, 아이의 몸 상태에 특별히 신경을 쓰지 않는다. 이는 우두의 독력이 인두보다 약한 데서 기인한다. 우두법은 접종 시기를 크게 앞당김으로써 두창 감염에 따른 위험을 줄였고, 아이의 몸 상태에 크게 좌우되지 않는다는 장점이 있었다.

인두와 우두의 독력 차이로 사후 관리 또한 달랐음을 위 저작들에서 발견할 수 있다. 정약용은 접종 후에 나타나는 각종 후유증을 치료하기 위한 처방을 상세히 기재하고 있는 데 반해, 지석영은 그런 처방을 매우 간략하게 제시하거나 전혀 언급하지 않는다.

접종 방식의 차이도 두드러진다. 『종두요지』의 대표적인 접종 방식으로 두의 딱지를 말려 코 안으로 불어넣는 한묘법, 두의 딱지를 적셔 코 안에 접종하는 수묘법이 있다. 한묘법은 위험성이 높아서 급하게 효과를 보려고 할 때만 쓴 반면, 수묘법은 일반적으로 통용되었고 안전성 면에서도 보다 좋은 방법이었다. 이에 반해 우두 접종은 의료용 칼을 사용해서 팔뚝 부위에 일부러 흠집을 내어 접종했다. 종래의 인두법에서 코의 점막에 불어넣거나 묻혀서 접종하는 방식은 기도를 통한 발병 위험이 매우 높았기 때문이다.

① 우두법은 접종을 시작할 수 있는 나이가 인두법보다 더 어리다.
② 인두 접종 방식 가운데 수묘법이 한묘법보다 일반적으로 통용되는 접종 방식이었다.
③ 『종두요지』에는 접종 후 나타나는 후유증을 치료하기 위한 처방이 제시되어 있었다.
④ 인두법은 의료용 칼을 사용하여 팔뚝 부위에 흠집을 낸 후 접종하는 방식이었다.
⑤ 『우두신설』에 따르면 몸이 허약한 아이에게도 접종할 수 있었다.

문 6. 다음 글에서 알 수 있는 것은?

과학자가 고안한 새로운 이론이 과학적 진보에 기여하는지를 평가할 때, 다음의 세 가지 조건이 고려된다.

첫째는 통합적 설명 조건이다. 새로운 이론은 여러 현상들을 통합하여 설명할 수 있는 단순한 개념 틀을 제공해야 한다. 예컨대 뉴턴의 새로운 이론은 오랫동안 서로 다르다고 여겨졌던 지상계의 운동과 천상계의 운동을 단지 몇 가지 개념을 통해 설명할 방법을 제시하였다. 하지만 통합적 설명 조건만을 만족한다고 해서 과학적 진보에 기여한다고 보기는 어렵다.

둘째는 새로운 현상의 예측 조건이다. 새로운 이론은 기존의 이론이 예측할 수 없는 새로운 현상을 예측해야 한다. 새로운 현상을 예측하면, 과학자들은 그 예측이 맞는지 확인하기 위해 다양한 반증 시도를 하게 된다. 그 과정에서 과학자들은 기존에 관심을 두지 않았던 영역을 탐구하게 되고 새로운 관측 방법을 개발한다. 통합적 설명 조건을 만족하면서 동시에 새로운 현상을 예측하여 반증 시도를 허용하는 이론이 과학적 진보에 기여하게 되는 것이다.

셋째는 통과 조건이다. 이 조건은 위 두 조건을 모두 만족하는 이론이 제시한 새로운 예측이 실제 관측이나 실험 결과에 들어맞아야 한다는 것을 뜻한다. 혹자는 통과 조건을 만족하지 못하고 반증된 이론은 실패한 이론이고 과학적 진보에 기여하지 못한다고 생각하지만, 그렇지 않다. 그런 이론도 새로운 이론을 고안하도록 과학자를 추동하는 역할을 하기 때문이다. 따라서 통과 조건을 만족하지 못하더라도 통합적 설명 조건과 새로운 현상의 예측 조건을 모두 만족하는 이론은 과학적 진보에 기여하는 것으로 평가할 수 있다.

① 단순하면서 통합적인 개념 틀을 제공하는 이론은 통과 조건을 만족한다.
② 통과 조건을 만족하지 못하더라도 과학적 진보에 기여하는 이론이 있을 수 있다.
③ 반증된 이론은 과학자들이 새로운 이론을 고안하도록 추동하는 역할을 하지 못한다.
④ 새로운 현상의 예측 조건을 만족하지 못하는 이론은 통합적 설명 조건을 만족하지 못한다.
⑤ 통합적 설명 조건과 새로운 현상의 예측 조건 중 하나만 만족하는 이론도 과학적 진보에 기여한다.

문 7. 다음 글의 ㉠~㉢을 문맥에 맞게 수정한 것으로 가장 적절한 것은?

『논어』「자한」편 첫 문장은 일반적으로 "공자께서는 이익, 천명, 인(仁)에 대해서 드물게 말씀하셨다."라고 해석된다. 그런데 『논어』 전체에서 인이 총 106회 언급되었다는 사실과 이 문장 안에 포함된 '드물게(罕)'라는 말은 상충하는 것처럼 보인다. 이러한 충돌을 해결하기 위한 시도는 크게 두 가지 방향에서 이루어졌다. 먼저 해당 한자의 의미를 ㉠ 기존과 다르게 해석하여 이 문장에 대한 일반적 해석을 변경하는 방식으로 이를 해결하려는 시도가 있다. 하지만 이와 다른 방식으로 충돌을 해결할 수 있다고 믿었던 이들도 있다. 그들은 이 문장의 일반적 해석을 바꾸지 않고 다음과 같은 방법들로 문제를 풀려고 시도했다.

첫째, 어떤 이들은 정도를 나타내는 표현이 상대성을 가질 수 있다는 점에 주목했다. 사실, '드물게'라는 것이 과연 어느 정도의 횟수를 의미하는지는 분명하지 않다. '드물다'는 표현은 동일 선상에 있는 다른 것과의 비교를 염두에 둔 것이다. 따라서 ㉡ 인이 106회 언급되었다고 해도 다른 것에 비해서는 드물다고 평가할 수 있다.

둘째, 다른 이들은 텍스트의 형성 과정에 주목했다. 『논어』는 발화자와 기록자가 서로 다른데, 공자 사후 공자의 제자들은 각자가 기억하는 스승의 말이나 스승에 대한 그간의 기록을 모아서 『논어』를 편찬하였다. 이를 염두에 둔다면 다음과 같은 상황을 상상할 수 있다. 공자는 인에 대해 실제로 드물게 말했다. 공자가 인을 중시하면서도 그에 대해 드물게 언급하다 보니 제자들이 자주 물을 수밖에 없었다. 그 대화의 결과들을 끌어모은 것이 『논어』인 까닭에, 『논어』에는 ㉢ 인에 대한 기록이 많아질 수밖에 없었다.

셋째, ㉣ 이 문장을 기록한 제자의 개별적 특성에 주목했던 이들도 있다. 즉, 다른 제자들은 인에 대해 여러 차례 들었지만, 이 문장의 기록자만 드물게 들었을 수 있다. 공자는 질문하는 제자가 어떤 사람인지에 따라 각 제자에게 주는 가르침을 달리했다. 그렇다면 '드물게'는 이 문장을 기록한 제자의 어떤 특성 때문에 나타난 결과일 수 있다.

넷째, 어떤 이들은 시간의 변수를 도입했다. 기록자가 공자의 가르침을 돌아보면서 ㉤ 이 문장을 기록한 시점 이후에 공자는 정말로 인에 대해 드물게 말했는지도 모른다. 그리고 그 뒤 어느 시점부터 공자가 빈번하게 인에 대해 설파하기 시작했으며, 『논어』에 보이는 인에 대한 106회의 언급은 그 결과일 수 있다.

① ㉠을 "기존과 동일하게 해석하여 이 문장에 대한 일반적 해석을 준수하는 방식"으로 고친다.

② ㉡을 "인이 106회 언급되었다면 다른 어떤 것에 비해서도 드물다고 평가할 수 없다"로 고친다.

③ ㉢을 "인에 대한 기록이 적어질 수밖에 없었다"로 고친다.

④ ㉣을 "『논어』를 편찬한 공자 제자들의 공통적 특성"으로 고친다.

⑤ ㉤을 "이 문장을 기록했던 시점까지"로 고친다.

문 8. 다음 글의 (가)와 (나)에 들어갈 말을 짝지은 것으로 가장 적절한 것은?

> 오늘날 우리는 끊임없이 무엇인가를 전시하고 이에 대한 주변인의 반응을 기다린다. 특히 전시의 공간이 온라인 플랫폼으로 확장되면서 우리의 삶 자체가 전시물이 되는 시대에 살고 있다. 전시된 삶에 공감하는 익명의 사람들은 '좋아요' 버튼을 누른다. '좋아요'의 수가 많을수록 전시된 콘텐츠의 가치가 높아진다. 이제 얼마나 많은 수의 '좋아요'를 확보하느냐가 관건이 된다.
>
> 그러다 보니 우리는 손에 잡히지 않지만 눈으로 확인할 수 있는 누군가의 '좋아요'를 좇게 된다. '좋아요'는 전시된 콘텐츠에 대한 공감의 표현 방식이었지만, 어느 순간 관계가 역전되어 '좋아요'를 얻기 위해 콘텐츠를 가상 공간에 전시하기 시작한다. 이제 우리는 '좋아요'를 많이 얻을 수 있는 콘텐츠를 만들어내는 데 최선의 노력을 기울이게 된다.
>
> 이 관계의 역전은 문제를 일으킨다. '좋아요'의 선택을 받기 위해 노력하다 보면 어느 순간 현실에 존재하는 '나'가 사라지고 만다. 타인이 좋아할 만한 일상과 콘텐츠를 선별하거나 심지어 만들어서라도 전시하기 때문이다. <u>(가)</u>. 타인의 '좋아요'를 얻기 위해 현실에 존재하는 내가 사라지고 마는 아이러니를 직면하는 순간이다.
>
> '좋아요'의 공동체 안에서는 타자도 존재하지 않는다. 이 공동체는 '좋아요'를 매개로 모인 서로 '같음'을 공유하는 사람들로 구성된다. 그래서 같은 것을 좋아하고 긍정하는 '좋아요'의 공동체 안에서 각자의 '다름'은 점차 사라진다. <u>(나)</u>. 이제 공동체에서 그러한 타자를 환대하거나 그의 말을 경청하려는 사람은 점점 줄어들고, '다름'은 '좋아요'가 용납하지 않는 별개의 언어가 된다.
>
> '좋아요'는 그 특유의 긍정성 덕분에 뿌리치기 힘든 유혹으로 다가온다. 하지만 '좋아요'에 함몰되는 순간 나와 타자를 동시에 잃어버릴 수 있다. 우리는 '좋아요'를 거부하는 타자들을 인정하고 그들의 말에 귀를 기울여야 한다. 이렇게 '좋아요'가 축출한 '다름'의 언어를 되찾아오기 시작할 때 '좋아요'의 아이러니에서 벗어날 수 있을 것이다.

① (가): '좋아요'를 얻기 위해 현실의 나와 다른 전시용 나를 제작하는 셈이다
   (나): '좋아요'를 거부하고 다른 의견을 내는 사람은 불편한 대상이자 배제의 대상이 된다

② (가): '좋아요'를 얻기 위해 현실의 나와 다른 전시용 나를 제작하는 셈이다
   (나): '좋아요'의 공동체에서는 어떠한 갈등이나 의견 대립도 발생하지 않는다

③ (가): '좋아요'를 얻기 위해 나의 내면과 사생활까지도 타인에게 적극적으로 개방한다
   (나): '좋아요'를 거부하고 다른 의견을 내는 사람은 불편한 대상이자 배제의 대상이 된다

④ (가): '좋아요'를 얻기 위해 나의 내면과 사생활까지도 타인에게 적극적으로 개방한다
   (나): '좋아요'의 공동체에서는 어떠한 갈등이나 의견 대립도 발생하지 않는다

⑤ (가): '좋아요'를 얻기 위해 현실의 내가 가진 매력적 콘텐츠를 더욱 많이 발굴하는 것이다
   (나): '좋아요'의 공동체에서는 어떠한 갈등이나 의견 대립도 발생하지 않는다

문 9. 다음 글의 빈칸에 들어갈 내용으로 가장 적절한 것은?

　여행가들은 종종 여행으로 세계에 대한 새로운 지식을 얻었을 뿐만 아니라 차별과 편견을 제거할 수 있었다고 말한다. 이 깨달음은 신경과학자들 덕분에 사실로 입증되었다. 신경과학자들은 여행이 뇌의 전측대상피질(ACC)을 자극한다는 것을 알아냈다. ACC는 자신이 가진 세계 모델을 기초로 앞으로 들어올 지각 정보의 기대치를 결정하고 새로 들어오는 지각 정보들을 추적한다. 새로 들어온 정보가 기대치에 맞지 않으면 ACC는 경보를 발령하고, 이 정보에 대한 판단을 지연시켜 새로운 정보를 분석할 시간을 제공한다. 정보에 대한 판단이 지연되면, 그에 대한 말과 행동 또한 미뤄진다. ACC의 경보가 발령되면 우리는 어색함을 느끼고 멈칫한다. 결국 ACC는 주변 환경을 더 면밀히 관찰하라고 촉구한다.

　우리의 뇌는 의식적으로든 반사적으로든 끊임없이 판단을 내린다. 이와 관련하여 인지과학자들은 판단을 늦출수록 판단의 정확성이 높아진다는 사실을 발견했다. 오랜 시간을 들여 더 많은 관련 정보를 파악하는 것이 정확한 판단의 핵심이기 때문이다. 최후의 순간까지 정보에 대한 판단을 유보할수록 정확한 판단을 내릴 가능성이 커진다.

　낯선 장소를 방문할 때 우리는 늘 어색함을 느낀다. 음식, 지리, 날씨 등 모든 게 기존의 세계 모델과 일치하지 않기 때문이다. 여행은 ACC를 자극하고, ACC의 경보 발령으로 우리는 신속한 판단이나 반사적 행동을 자제하게 된다. 따라서 더 이질적인 문화를 경험하면, 우리의 뇌는 _____.

① ACC를 덜 활성화시킨다
② 더 적은 정보를 처리한다
③ 주변 환경에 더 친숙해진다
④ 기존의 세계 모델을 더 확신한다
⑤ 정보에 대한 판단을 더 지연시킨다

문 10. 다음 글의 빈칸에 들어갈 내용으로 가장 적절한 것은?

　갑은 이번에 들어온 신입 사원 민철에 대해서 '그는 결혼하지 않았다.'라는 정보와 '그는 비혼이다.'라는 정보를 획득했다. 한편 을은 민철에 대해서 '그는 결혼하지 않았다.'라는 정보와 '그에게는 아이가 있다.'라는 정보를 획득했다. 갑이 획득한 정보 집합과 을이 획득한 정보 집합 중에서 무엇이 더 정합적인가? 다르게 말해 어떤 집합 내 정보들이 서로 더 잘 들어맞는가? 갑의 정보 집합이 더 정합적이라고 여기는 것이 상식적이다.

　그렇다면 이런 정보 집합의 정합성은 어떻게 측정할 수 있을까? 그 방법 중 하나인 C는 확률을 이용해 그 정합성의 정도, 즉 정합도를 측정한다. 여러 정보로 이루어진 정보 집합 S가 있다고 해보자. 방법 C에 따르면, S의 정합도는 _____으로 정의된다.

　그 정의에 따라 정합도를 측정하면, 위 갑과 을이 획득한 정보 집합의 정합성을 우리의 상식에 맞춰 비교할 수 있다. 갑이 획득한 정보에서 '그가 결혼하지 않았으며 비혼일 확률'과 '그가 결혼하지 않았거나 비혼일 확률'은 모두 '그가 비혼일 확률'과 같다. 왜냐하면 결혼하지 않았다는 것과 비혼이라는 것은 서로 같은 말이기 때문이다. 따라서 방법 C에 따르면 갑이 획득한 정보 집합의 정합도는 1이다.

　한편, '그가 결혼하지 않았으며 아이가 있을 확률'은 '그가 결혼하지 않았거나 아이가 있을 확률'보다 낮다. 왜냐하면 그가 결혼하지 않았거나 아이가 있는 경우에 비해, 그가 결혼하지 않고 아이가 있는 경우는 드물기 때문이다. 따라서 방법 C에 따르면 을의 정보 집합의 정합도는 1보다 작다. 이런 식으로 방법 C는 갑의 정보 집합의 정합도가 을의 정보 집합의 정합도보다 크다고 말해 준다. 그리고 그 점에서 갑의 정보 집합이 을의 정보 집합보다 더 정합적이라고 판단한다. 이는 우리 상식에 부합하는 결과이다.

① S의 정보 중 적어도 하나가 참일 확률을 S의 모든 정보가 참일 확률로 나눈 값
② S의 모든 정보가 참일 확률을 S의 정보 중 적어도 하나가 참일 확률로 나눈 값
③ S의 정보 중 기껏해야 하나가 참일 확률을 S의 모든 정보가 참일 확률로 나눈 값
④ S의 모든 정보가 참일 확률을 S의 정보 중 기껏해야 하나가 참일 확률로 나눈 값
⑤ S의 정보 중 기껏해야 하나가 참일 확률을 S의 정보 중 적어도 하나가 참일 확률로 나눈 값

문 11. 다음 글의 ㉠을 이끌어내기 위해 추가해야 할 전제로 가장 적절한 것은?

우리는 보고, 듣고, 냄새를 맡는 등 지각적 경험을 한다. 우리가 지각적 경험이 가능한 이유는 이러한 지각을 야기하는 원인이 존재하기 때문이다. 나는 ㉠신의 마음이 바로 나의 지각을 야기하는 원인임을 논증을 통해 보이고자 한다.

이 세상에 존재하는 모든 것은 지각되는 것이고, 그러한 지각을 야기하는 원인이 존재한다. 그러한 원인이 존재한다면 그 원인은 내 마음속 관념이거나 나의 마음이거나 나 이외의 다른 마음 중 하나일 것이다. 하지만 나의 지각을 야기하는 원인은 내 마음속 관념이 아니다. 왜냐하면 지각이 관념의 원인이 될 수는 있지만 관념이 지각을 야기할 수는 없기 때문이다.

나의 지각을 야기하는 원인은 내 마음도 아니다. 왜냐하면 내 마음이 내 지각의 원인이라면 나는 내가 지각하는 바를 조종할 수 있어야 한다. 예를 들어, 내가 내 앞의 빨간 사과를 보고 있다고 해보자. 나는 이 사과를 빨간색으로 지각할 수밖에 없다. 아무리 내가 이 사과 색깔을 빨간색 대신 노란색으로 지각하려고 안간힘을 쓰더라도 이를 내 마음대로 바꿀 수는 없다. 그러므로 나의 지각을 야기하는 원인은 나 이외의 다른 마음이다.

나 이외의 다른 마음은 나 이외의 다른 사람의 마음이거나 사람이 아닌 다른 존재의 마음이다. 다른 사람의 마음이 내 지각을 야기하는 원인이 될 수 없다. 그들이 내가 지각하는 바를 조종할 수는 없기 때문이다. 그러므로 나의 지각을 야기하는 원인은 사람이 아닌 다른 존재의 마음이다.

① 내 마음속 관념이 곧 신이다.

② 사람과 신 이외에 마음을 지닌 존재는 없다.

③ 신의 마음은 나의 마음을 야기하는 원인이다.

④ 감각기관을 통한 지각적 경험은 신뢰할 수 있다.

⑤ 나 이외의 다른 마음만이 내가 지각하는 바를 조종할 수 있다.

문 12. 다음 글의 내용이 참일 때 반드시 참인 것은?

A부서에서는 새로 시작된 프로젝트에 다섯 명의 주무관 가은, 나은, 다은, 라은, 마은의 참여 여부를 점검하고 있다. 주무관들의 업무 전문성을 고려할 때, 다음과 같은 예측을 할 수 있었고 그 예측들은 모두 옳은 것으로 밝혀졌다.

○ 가은이 프로젝트에 참여하면 나은과 다은도 프로젝트에 참여한다.

○ 나은이 프로젝트에 참여하지 않으면 라은이 프로젝트에 참여한다.

○ 가은이 프로젝트에 참여하거나 마은이 프로젝트에 참여한다.

① 가은이 프로젝트에 참여하지 않으면 나은이 프로젝트에 참여한다.

② 다은이 프로젝트에 참여하면 마은이 프로젝트에 참여한다.

③ 다은이 프로젝트에 참여하거나 마은이 프로젝트에 참여한다.

④ 라은이 프로젝트에 참여하면 마은이 프로젝트에 참여한다.

⑤ 라은이 프로젝트에 참여하거나 마은이 프로젝트에 참여한다.

문 13. 다음 글의 내용이 참일 때 반드시 참인 것은?

> 가훈은 모든 게임에서 2인 1조로 다른 조를 상대해야 한다. 게임은 구슬치기, 징검다리 건너기, 줄다리기, 설탕 뽑기 순으로 진행되며 다른 게임은 없다. 이에 가훈은 남은 참가자 갑, 을, 병, 정, 무 중 각각의 게임에 적합한 서로 다른 인물을 한 명씩 선택하여 조를 구성할 계획을 세웠다. 게임의 총괄 진행자는 가훈의 선택에 대해 다음과 같이 예측하였다.
>
> ○ 갑은 설탕 뽑기에 선택되고 무는 징검다리 건너기에 선택된다.
> ○ 을이 구슬치기에 선택되거나 정이 줄다리기에 선택된다.
> ○ 을은 구슬치기에 선택되지 않고 무는 징검다리 건너기에 선택되지 않는다.
> ○ 병은 어떤 게임에도 선택되지 않고 정은 줄다리기에 선택된다.
> ○ 무가 징검다리 건너기에 선택되거나 정이 줄다리기에 선택되지 않는다.
>
> 가훈의 조 구성 결과 이 중 네 예측은 옳고 나머지 한 예측은 그른 것으로 밝혀졌다.

① 갑이 어느 게임에도 선택되지 않았다.
② 을이 구슬치기에 선택되었다.
③ 병이 줄다리기에 선택되었다.
④ 정이 징검다리 건너기에 선택되었다.
⑤ 무가 설탕 뽑기에 선택되었다.

문 14. 다음 글의 빈칸에 들어갈 말로 적절한 것은?

> 문 주무관과 공 주무관은 하나의 팀을 이루어 문공 팀 제안서를 제출하였다. 이와 관련하여 공 주무관은 자신이 수집, 정리한 인사 관련 정보를 문 주무관과 다음과 같이 공유하였다. "강 주무관이 업무 평가에서 S등급을 받았다고 가정하면, 남 주무관이 업무 평가에서 S등급을 받은 경우 문공 팀 제안서가 폐기될 것입니다. 그런데 문공 팀 제안서가 폐기되는 일과 도 주무관이 전보 발령 대상이 되는 일, 둘 중 적어도 하나는 일어날 것입니다. 강 주무관과 남 주무관 둘 중 적어도 한 사람은 S등급을 받은 것이 분명합니다. 그런데 강 주무관만 S등급을 받고 남 주무관은 못 받는 그런 일은 없습니다. 다행히도, 문공 팀 제안서가 폐기되지 않고 심층 검토될 예정이라는 소식입니다."
>
> 그러나 공 주무관이 공유한 정보를 살펴보던 문 주무관은 자신이 입수한 정보를 공유하면서 공 주무관에게 말하였다. "공 주무관님, 그런데 조금 전 확인된 바로, [   ]. 그렇다고 보면, 공 주무관님이 말씀하신 정보는 내적 일관성이 없고 따라서 전부 참일 수는 없습니다. 어딘가 최소한 한 군데는 잘못된 정보라는 말이지요. 지금으로선 어느 부분이 문제인지 알 수 없으니, 수고스럽더라도 어느 부분에 문제가 있는지 다시 확인해주셔야 하겠습니다."

① 남 주무관은 업무 평가에서 S등급을 받았습니다
② 강 주무관은 업무 평가에서 S등급을 받지 못했습니다
③ 도 주무관이 전보 발령 대상이 아닌 경우, 문공 팀 제안서가 폐기됩니다
④ 남 주무관이 업무 평가에서 S등급을 받은 경우, 도 주무관은 전보 발령 대상이 아닙니다
⑤ 강 주무관이 업무 평가에서 S등급을 받은 경우, 남 주무관도 업무 평가에서 S등급을 받습니다

문 15. 다음 글에서 추론할 수 있는 것만을 〈보기〉에서 모두 고르면?

종이와 같이 전류가 흐르지 않는 성질을 가진 물질을 절연체라 한다. 절연체는 전기적으로 중성이며 전하를 띠지 않는다. 그러나 어떤 상황에서는 전하 사이에 작용하는 힘인 전기력에 의한 운동이 가능하다. 어떻게 이러한 절연체의 운동이 가능한가를 알아보자.

절연체는 전기적으로 중성이지만 그 안에는 무수히 많은 전하가 존재한다. 다만, 음전하와 양전하가 똑같은 숫자로 존재하며 물체에 균일하게 분포되어 있다. 이들에게 외부의 전하가 작용할 때 발생하는 전기력인 척력과 인력이 서로 상쇄되어 아무런 힘이 작용하지 않을 것처럼 보인다.

그런데 외부에서 전기력이 작용하면 절연체 내부의 전하들은 개별적으로 그 힘에 반응한다. 가령, 양으로 대전된 물체에 의해서 절연체에 전기력이 작용하는 경우, 절연체 내부의 음전하는 대전된 물체 방향으로 끌려가는 힘인 인력을 받고, 양전하는 밀려나는 힘인 척력을 받는다.

절연체 내부의 전하들은 이러한 전기력에 의해 미세하게 이동할 수 있는데, 음전하는 양으로 대전된 물체와 가까워지는 방향으로, 양전하는 멀어지는 방향으로 이동하게 된다. 그 결과 대전된 물체의 양전하와 절연체의 음전하 간의 인력이 대전된 물체의 양전하와 절연체의 양전하 간의 척력보다 커져 절연체는 대전된 물체 방향으로 끌려가게 된다. 전기력은 전하 간 거리가 멀수록 작아지는 특성이 있기 때문이다. 다만 절연체의 무게가 충분히 작아야만 이러한 전기력이 절연체의 무게를 극복하고 절연체를 끌어당길 수 있다.

〈보기〉

ㄱ. 절연체 내부 전하의 위치는 절연체 외부의 영향에 의해서 변할 수 있다.

ㄴ. 대전된 물체는 절연체 내 음전하와 양전하의 구성 비율을 변화시킬 수 있다.

ㄷ. 음으로 대전된 물체를 특정 무게 이하의 절연체에 가까이 함으로써 절연체를 밀어내는 것이 가능하다.

① ㄱ

② ㄴ

③ ㄱ, ㄷ

④ ㄴ, ㄷ

⑤ ㄱ, ㄴ, ㄷ

문 16. 다음 글에서 추론할 수 있는 것은?

사람의 근육 운동은 근육 세포의 수축과 이완이 반복되면서 일어나며, 근육 세포의 수축과 이완이 정상적으로 일어나지 않으면 근육 마비가 일어난다. 근육 세포의 수축과 이완은 근육 세포와 인접해 있는 운동 신경 세포에서 아세틸콜린의 방출을 조절함으로써 일어날 수 있다.

운동 신경 세포에 작용하는 신호에 의해 운동 신경 세포에서 아세틸콜린이 방출된다. 방출된 아세틸콜린은 근육 세포의 막에 있는 아세틸콜린 결합 단백질에 결합하고 이 근육 세포가 수축되게 한다. 뇌의 운동피질에서 유래한 신호가 운동 신경 세포에 작용하여 이와 같은 현상을 일으킬 수 있다.

운동 신경 세포에서 아세틸콜린의 방출은 운동 신경 세포와 접하고 있는 억제성 신경 세포에 의해서도 조절될 수 있다. 억제성 신경 세포는 글리신을 방출하는데, 이 글리신은 운동 신경 세포에 작용하여 아세틸콜린의 방출을 막음으로써 근육 세포가 이완되게 한다.

사람의 근육 운동에 영향을 미치는 물질 중에는 보툴리눔 독소와 파상풍 독소가 있다. 두 독소는 각각 병원균인 보툴리눔균과 파상풍균이 분비하는 독성 단백질이다. 보툴리눔 독소는 운동 신경 세포에 작용하여 아세틸콜린이 방출되는 것을 막아 근육 세포가 이완된 상태로 있게 하여 근육 마비를 일으킨다. 파상풍 독소는 억제성 신경 세포에 작용하여 글리신이 방출되는 것을 막아 근육 세포가 수축된 상태로 있게 하여 근육 마비를 일으킨다.

① 근육 세포의 막에는 글리신 결합 단백질이 있다.

② 보툴리눔 독소는 근육 세포의 수축이 일어나지 않게 하여 근육 마비를 일으킨다.

③ 운동 신경 세포에서 방출된 아세틸콜린은 억제성 신경 세포에서 글리신의 방출을 막는다.

④ 뇌의 운동피질에서 유래된 신호는 운동 신경 세포에서 아세틸콜린의 방출을 막아서 근육의 수축을 일으킨다.

⑤ 파상풍 독소는 운동 신경 세포에서 방출된 아세틸콜린이 근육 세포의 막에 있는 결합 단백질에 결합할 수 없게 한다.

문 17. 다음 글의 (가)와 (나)에 들어갈 말을 짝지은 것으로 가장 적절한 것은?

진공 상태에서 금속이나 반도체 물질에 높은 전압을 가하면 그 표면에서 전자가 방출된다. 방출된 전자가 형광체에 충돌하면 빛이 발생하는데, 이 빛을 이용하여 디스플레이를 만들 수 있다. 이런 디스플레이를 만들기 위해, 금속이나 반도체 물질로 만들어진 원기둥 형태의 나노 구조체가 기판에 고밀도로 존재하도록 제작하는 기술이 개발되고 있다.

고밀도의 나노 구조체가 있는 기판을 제작하려는 것은 나노 구조체의 밀도가 높을수록 단위 면적당 더 많은 양의 전자가 방출될 것이라는 가설 H1에 근거하고 있다. 그러나 기판의 단위 면적당 방출되는 전자의 양은 나노 구조체의 밀도가 일정 수준 이상으로 높아지면 오히려 줄어들게 될 것이라는 가설 H2를 주장하는 과학자들의 수가 많아지고 있다. 이는 나노 구조체가 너무 조밀하게 모여 있으면 나노 구조체 각각에 가해지는 실제 전압이 오히려 감소한다는 사실에 기반을 두고 있다.

과학자 L은 가설 H1과 가설 H2를 확인하기 위한 원기둥 형태의 금속 재질의 나노 구조체 X가 있는 기판을 제작하였다. 이 기판에 동일 거리에서 동일 전압을 가하여 다음의 실험을 수행하였다.

〈실험〉

실험 1: X가 있는 기판 A와 A보다 면적이 두 배이고 X의 개수가 네 배인 기판 B를 제작하였다. 이때 단위 면적당 방출된 전자의 양은 기판 A와 기판 B가 같았다.

실험 2: 단위 면적당 방출된 전자의 양은, 기판 C에 10,000개의 X가 있을 때보다 20,000개의 X가 있을 때 더 많았고, 기판 C에 20,000개의 X가 있을 때보다 30,000개의 X가 있을 때 더 적었다.

두 실험 중 실험 1은 가설 H1을 　(가)　, 실험 2는 가설 H2를 　(나)　.

	(가)	(나)
①	강화하고	강화한다
②	강화하고	약화한다
③	약화하지 않고	약화한다
④	약화하고	약화한다
⑤	약화하고	강화한다

문 18. 다음 글의 실험 결과를 가장 잘 설명하는 것은?

광검출기는 빛을 흡수하고 이를 전기 신호인 광전류로 변환하여 빛의 세기를 측정하는 장치로, 얼마나 넓은 범위의 세기를 측정할 수 있는지가 광검출기의 성능을 결정하는 주요 지표이다.

광검출기에서는 빛이 조사되지 않아도 열에너지의 유입 등 외부 요인에 의해 미세한 전류가 발생할 수 있는데, 이러한 전류를 암전류라 한다. 그런데 어떤 광검출기에 세기가 매우 작은 빛이 입력되어 암전류보다 작은 광전류가 발생한다면, 발생한 전류가 암전류에 의한 것인지 빛의 조사에 의한 것인지 구분할 수 없다. 따라서 이 빛의 세기는 이 광검출기에서 측정할 수 없다.

한편, 광검출기에는 광포화 현상이 발생하는데, 이는 광전류의 크기가 빛의 세기에 따라 증가하다가 특정 세기 이상의 빛이 입력되어도 광전류의 크기가 더 이상 증가하지 않고 일정하게 유지되는 것을 뜻한다. 광포화가 일어나기 위한 빛의 최소 세기를 광포화점이라 하고, 광검출기는 광포화점 이상의 세기를 갖는 서로 다른 빛에 대해서는 각각의 세기를 측정할 수 없다. 결국, 어떤 광검출기가 측정할 수 있는 빛의 최소 세기를 결정하는 암전류의 크기와 빛의 최대 세기를 결정하는 광포화점의 크기는 광검출기의 성능을 결정하는 주요 지표이다.

한 과학자는 세기가 서로 다른 빛 A~D를 이용하여 광검출기 I과 II의 성능 비교 실험을 하였다. 이때 빛의 세기는 A>B>C이며 D>C이다. 광검출기 I과 II로 A~D 각각의 빛의 세기를 측정할 수 있는 경우를 ○, 측정할 수 없는 경우를 ×로 정리하여 실험 결과를 아래 표에 나타내었다.

광검출기 ＼ 빛	A	B	C	D
I	○	○	×	×
II	×	○	×	○

① 두 광검출기가 각각 검출할 수 있는 빛의 최소 세기는 I과 II가 같고, 광포화점은 I이 II보다 작다.

② 두 광검출기가 각각 검출할 수 있는 빛의 최소 세기는 I이 II보다 크고, 광포화점은 I이 II보다 작다.

③ 두 광검출기가 각각 검출할 수 있는 빛의 최소 세기는 I이 II보다 작고, 광포화점은 I이 II보다 작다.

④ 두 광검출기가 각각 검출할 수 있는 빛의 최소 세기는 I이 II보다 작고, 광포화점은 I이 II보다 크다.

⑤ 두 광검출기가 각각 검출할 수 있는 빛의 최소 세기는 I이 II보다 크고, 광포화점은 I이 II보다 크다.

※ 다음 글을 읽고 물음에 답하시오. [문 19.~문 20.]

우리가 임의의 명제 p를 지지하는 증거를 지니면 p에 대한 우리의 믿음은 인식적으로 정당화되고, p를 지지하는 증거를 지니지 않으면 p에 대한 우리의 믿음은 인식적으로 정당화되지 않는다. p에 대한 믿음이 인식적으로 정당화된 상황에서 p를 믿는 것은 우리의 인식적 의무일까? p를 믿는 것이 우리의 인식적 의무라면 이와 관련해 발생하는 문제는 없을까? 이 질문들과 관련해 의무론 논제, 비의지성 논제, 자유주의 논제를 고려해보자.

○ 의무론 논제: ㉠ 만약 우리가 p를 믿는다는 것이 인식적으로 정당화된다면 그것을 믿어야 하고, 만약 우리가 p를 믿는다는 것이 인식적으로 정당화되지 않는다면 그것을 믿어야 하는 것은 아니다. 즉 우리가 p를 믿어야 한다는 것은 우리가 p를 믿는다는 것이 인식적으로 정당화되기 위한 필요충분조건이다. 이것이 의무론 논제라 불리는 이유는 '우리가 p를 믿어야 한다.'는 것을 인식적 의무로 간주하기 때문이다.

○ 비의지성 논제: ㉡ 우리가 p를 믿는다는 것은 자유롭게 선택할 수 있는 것이 아니다. 즉 믿음은 선택의 대상이 아니다. 예를 들어, 갑이 창밖에 있는 나무를 바라보며 창밖에 나무가 있다는 것을 믿는다고 해보자. 이때 갑이 이를 믿지 않으려고 해도 그는 그럴 수 없다.

○ 자유주의 논제: ㉢ 만약 우리가 p를 믿는다는 것이 자유롭게 선택할 수 있는 것이 아니라면, 우리에게 p를 믿어야 할 인식적 의무는 없다. 예를 들어, 창밖에 나무가 있다는 갑의 믿음이 비의지적이라면, 갑에게는 창밖에 나무가 있다는 것을 믿어야 할 인식적 의무가 없다.

그런데 의무론 논제, 비의지성 논제, 자유주의 논제를 모두 받아들이면 ㉣ 우리가 p를 믿는다는 것은 인식적으로 정당화되지 않는다는 받아들이기 힘든 결론을 얻는다. 왜 그러한가? 이 논증은 다음과 같이 구성된다. 우선 우리가 p를 믿는다는 것이 자유롭게 선택할 수 있는 것이 아니라고, 즉 우리의 p에 대한 믿음이 비의지적이라고 하자. 그렇다면 자유주의 논제에 따라, 우리에게 p를 믿어야 할 인식적 의무는 없다. 그리고 의무론 논제에 따라, 우리가 p를 믿는다는 것은 인식적으로 정당화되지 않는다. 이러한 결론을 거부하려면 위 세 논제 중 적어도 하나를 거부해야 한다.

철학자 A는 자유주의 논제와 비의지성 논제는 받아들이면서 의무론 논제를 거부하여 위 논증의 결론을 거부한다. A에 따르면 위 논증에서 우리에게 p를 믿어야 할 인식적 의무가 없다는 것은 성립하지만, 우리에게 인식적 의무가 없더라도 그 믿음이 인식적으로 정당화될 수 있는 그런 경우가 있다. 위 예처럼 창밖에 나무가 있다는 것을 믿어야 할 인식적 의무가

없더라도, 창밖의 나무를 실제로 보고 있다는 것으로부터 그 믿음은 충분히 인식적으로 정당화될 수 있다. 따라서 위 논증의 결론은 거부된다.

철학자 B는 의무론 논제와 비의지성 논제는 받아들이면서 자유주의 논제를 거부하여 위 논증의 결론을 거부한다. B에 따르면 위 논증에서 우리의 p에 대한 믿음이 비의지적이더라도 그 믿음에 대한 인식적 의무는 있을 수 있다. 비유적으로 생각해 보자. 돈이 없어서 빚을 갚을지 말지에 대해 선택의 여지가 없다고 하더라도 빚을 갚아야 한다는 의무는 있다. B에 따르면 이러한 방식으로 비의지적인 믿음에 대한 인식적 의무에 대해 말할 수 있다.

문 19. 위 글의 ㉠~㉣에 대한 분석으로 적절한 것만을 〈보기〉에서 모두 고르면?

〈보기〉

ㄱ. ㉠과 ㉢만으로는 ㉣이 도출되지 않는다.

ㄴ. ㉡의 부정으로부터 ㉢의 부정이 도출된다.

ㄷ. ㉢과 "'지금 비가 오고 있다.'를 믿는다는 것이 비의지적이다."라는 전제로부터 "우리에게 '지금 비가 오고 있다.'를 믿어야 할 인식적 의무가 없다."는 것이 도출된다.

① ㄱ

② ㄴ

③ ㄱ, ㄷ

④ ㄴ, ㄷ

⑤ ㄱ, ㄴ, ㄷ

문 20. 위 글에 대한 평가로 적절한 것만을 〈보기〉에서 모두 고르면?

〈보기〉

ㄱ. "우리가 p를 믿는다는 것은 자유롭게 선택할 수 있는 것이다."는 것이 사실이면, 철학자 A의 입장은 약화된다.

ㄴ. "우리에게 p를 믿어야 할 인식적 의무가 있다면 우리의 p에 대한 믿음이 인식적으로 정당화된다."는 것이 사실이면, 철학자 B의 입장은 강화된다.

ㄷ. "우리가 p를 믿는다는 것이 자유롭게 선택할 수 있는 것이 아니더라도 우리에게 p를 믿어야 할 인식적 의무가 있다."는 것이 사실이면, 철학자 A와 B의 입장은 약화된다.

① ㄱ

② ㄷ

③ ㄱ, ㄴ

④ ㄴ, ㄷ

⑤ ㄱ, ㄴ, ㄷ

문 21. 다음 대화의 ㉠으로 적절한 것만을 〈보기〉에서 모두 고르면?

> 갑: 현재 지방자치단체들에서는 아동학대 피해자들을 위해 아동보호 전문기관과 연계하여 적극적인 보호조치를 취하는 대응체계를 구축하고 있는데요. 그럼에도 불구하고 아동학대로부터 제대로 보호 받지 못하는 피해자들이 여전히 많은 이유는 무엇일까요?
>
> 을: 제 생각에는 신속한 보호조치가 미흡한 것 같습니다. 현행 대응체계에서는 신고가 접수된 이후부터 실제 아동학대로 판단되어 보호조치가 취해지기까지 긴 시간이 소요됩니다. 신고를 해 놓고 보호조치를 기다리는 동안 또다시 학대를 받는 아동이 많은 것은 아닐까요?
>
> 병: 글쎄요. 저는 다른 이유가 있다고 생각합니다. 현행 대응체계에서는 일단 아동학대 신고가 접수되면 실제 아동학대로 판단될 수 있는 사례인지를 조사합니다. 그 결과 아동학대로 판단되지 않은 사례에 대해서는 보호조치가 취해지지 않는데요. 당장은 직접적인 학대 정황이 포착되지 않아 아동학대로 판단되지 않았으나, 실제로는 아동학대였던 경우가 많았을 것이라고 생각합니다.
>
> 정: 옳은 지적이긴 합니다. 하지만 저는 더 근본적인 문제가 있다고 생각합니다. 아동학대가 가까운 친인척에 의해 발생한다는 점, 그리고 피해자가 아동이라는 점 등으로 인해 신고 자체가 어려운 경우가 많습니다. 애당초 신고를 하기 어려우니 보호조치가 취해질 가능성 또한 낮은 것이지요.
>
> 갑: 모두들 좋은 의견 감사합니다. 오늘 회의에서 제시하신 의견을 뒷받침할 수 있는 ㉠자료 조사를 수행해 주세요.

〈보기〉

ㄱ. 을의 주장을 뒷받침하기 위해, 신고가 접수된 시점과 아동학대 판단 후 보호조치가 시행된 시점 사이에 아동학대가 재발한 사례의 수를 조사한다.

ㄴ. 병의 주장을 뒷받침하기 위해, 아동학대로 판단되지 않은 신고 사례 가운데 보호조치가 취해지지 않은 사례가 차지하는 비중을 조사한다.

ㄷ. 정의 주장을 뒷받침하기 위해, 아동학대 피해자 가운데 친인척과 동거하지 않으며 보호조치를 받지 못한 사례의 수를 조사한다.

① ㄱ

② ㄴ

③ ㄱ, ㄷ

④ ㄴ, ㄷ

⑤ ㄱ, ㄴ, ㄷ

문 22. 다음 글에서 추론할 수 있는 것은?

> 현재 갑국의 소매업자가 상품을 판매할 수 있는 방식을 정리하면 〈표〉와 같다.

〈표〉 판매 유형 및 방법에 따른 구분

유형 ＼ 방법	주문 방법	결제 방법	수령 방법
대면	영업장 방문	영업장 방문	영업장 방문
예약 주문	온라인	영업장 방문	영업장 방문
스마트 오더	온라인	온라인	영업장 방문
완전 비대면	온라인	온라인	배송

> 갑국은 주류에 대하여 국민 건강 증진 및 청소년 보호를 이유로 스마트 오더 및 완전 비대면 방식으로 판매하는 것을 금지해 왔다. 단, 전통주 제조자가 관할 세무서장의 사전 승인을 받은 경우, 그리고 음식점을 운영하는 음식업자가 주문 받은 배달 음식과 함께 소량의 주류를 배달하는 경우에 예외적으로 주류의 완전 비대면 판매가 가능했다.
>
> 그러나 IT 기술 발전으로 인터넷 상점이나 휴대전화 앱 등을 이용한 재화 및 서비스의 구매 비중이 커져 주류 판매 관련 규제도 변해야 한다는 각계의 요청이 있었다. 이에 갑국 국세청은 관련 고시를 최근 개정하여 주류 소매업자가 이전과 다른 방식으로 주류를 판매하는 것도 허용했다.
>
> 이전에는 슈퍼마켓, 편의점 등을 운영하는 주류 소매업자는 대면 및 예약 주문 방식으로만 주류를 판매할 수 있었다. 그러나 개정안에 따르면 주류 소매업자가 스마트 오더 방식으로도 소비자에게 주류를 판매할 수 있게 되었다. 다만 완전 비대면 판매는 이전처럼 예외적인 경우에만 허용된다.

① 고시 개정과 무관하게 음식업자는 주류만 완전 비대면으로 판매할 수 있다.

② 고시 개정 이전에는 슈퍼마켓을 운영하는 주류 소매업자는 온라인으로 주류 주문을 받을 수 없었다.

③ 고시 개정 이전에는 주류를 구매하는 소비자는 반드시 영업장을 방문하여 상품을 대면으로 수령해야 했다.

④ 고시 개정 이전에는 편의점을 운영하는 주류 소매업자는 주류 판매 대금을 온라인으로 결제 받을 수 없었다.

⑤ 고시 개정 이후에는 전통주를 구매하는 소비자는 전통주 제조자의 영업장에 방문하여 주류를 구입할 수 없다.

문 23. 다음 글의 〈표〉에 대한 판단으로 적절한 것만을 〈보기〉에서 모두 고르면?

갑 부처는 민감정보 및 대규모 개인정보를 처리하는 공공기관에 대해 매년 「공공기관 개인정보 보호수준 평가」(이하 '보호수준 평가')를 실시한다. 갑 부처는 공공기관의 개인정보 보호 업무에 대한 관심도와 관리 수준을 평가하여 우수기관은 표창하고 취약기관에는 과태료를 부과할 수 있다.

보호수준 평가는 접근권한 관리, 암호화 조치, 접속기록 점검의 총 세 항목에 대해서 이루어진다. 각 항목에 대해 '상', '중', '하' 중 하나의 등급을 부여하며, 평가 대상 기관이 세 항목 모두 하 등급을 받으면 취약기관으로 지정된다. 평가 대상 기관이 두 항목에서 하 등급을 받는다면, 그것만으로는 취약기관으로 지정되지 않는다. 그러나 하 등급을 받은 항목의 수가 2년 연속 둘이라면, 그 기관은 취약기관으로 지정된다.

우수기관으로 지정되기 위해서는 당해 연도와 전년도에 각각 둘 이상의 항목에서 상 등급을 받고 당해 연도에는 하 등급을 받은 항목이 없어야 한다.

A기관과 B기관은 2023년과 2024년에 보호수준 평가를 받았으며, 각 항목에 대한 평가 결과는 〈표〉와 같다.

〈표〉 2023년과 2024년 보호수준 평가 결과

기관	항목 연도	접근권한 관리	암호화 조치	접속기록 점검
A	2023	㉠	중	㉡
	2024	㉢	하	상
B	2023	㉣	상	하
	2024	중	㉤	㉥

〈보기〉

ㄱ. ㉠과 ㉢이 다르면 A기관은 2024년에 우수기관으로도 취약기관으로도 지정되지 않는다.

ㄴ. ㉤과 ㉥이 모두 '하'라면 B기관은 2024년에 취약기관으로 지정된다.

ㄷ. 2024년에 A기관은 취약기관으로 지정되었고 B기관은 우수기관으로 지정되었다면, ㉡과 ㉣은 같지 않다.

① ㄱ

② ㄴ

③ ㄱ, ㄷ

④ ㄴ, ㄷ

⑤ ㄱ, ㄴ, ㄷ

문 24. 다음 갑~무의 대화에 대한 분석으로 적절하지 않은 것은?

갑: 2017년부터 우리 A시에 주민등록을 하여 거주해 오는 주민이 출산 직후인 2024년 4월 22일에 출산장려금과 산후관리비의 지원을 신청했습니다. 그런데 그 주민은 2023년 8월 30일부터 2023년 9월 8일까지 다른 지역으로 주민등록을 옮겨서 거주한 일이 있어서, 지원 대상이 될 수 없다고 통보하자 민원을 제기했습니다.

을: 안타까운 일이군요. 민원인은 요건상의 기간 중에 배우자의 직장 문제로 열흘 정도 다른 지역에 계셨을 뿐, 줄곧 우리 A시에 살고 계십니다.

갑: 「A시 산후관리비 및 출산장려금 지원에 관한 조례」(이하 'A시 조례') ㉠제3조의 산후관리비 지원 자격 요건은 "출산일 기준으로 12개월 전부터 신청일 현재까지 계속하여 A시에 주민등록을 둔 산모"라고 규정합니다. 어쩔 수 없습니다.

을: ㉡제7조의 출산장려금 지원 자격 요건은 제3조에서와 동일하게 규정되어 있는데 "계속하여"라는 문구는 없습니다. 그러니 출산장려금은 지급했어야 하는 것 아닙니까?

병: 그것도 또한 계속성을 요구한다고 해석해야 합니다. 우리와 인접한 B시의 「B시 출산장려금 지원 조례」(이하 'B시 조례') ㉢제2조의 출산장려금 지원 자격 요건은 A시 조례 제7조와 같은 취지와 형식의 문구로 되어 있으면서 계속성을 명시합니다. 다른 지방자치단체들의 조례도 마찬가지입니다.

정: 그러나 B시 조례를 잘 보면 출산 전 주민등록의 기간은 우리의 절반밖에 되지 않습니다. 이 점을 고려하면, 둘을 동일 선상에 놓고 보아서는 안 됩니다.

무: 판례를 고려하여 해석하는 것이 적절해 보입니다. 갱신되거나 반복된 근로계약에서는 그 사이 일부 공백 기간이 있더라도 근로관계의 계속성을 인정해야 한다는 판결이 있습니다. 근로자를 보호하는 취지인데요, 자녀를 두는 가정을 보호하려는 A시 조례의 두 지원 사업은 그와 일맥상통합니다. 계속성은 유연하게 해석합시다.

① 갑은 민원인이 ㉠을 갖추었는지 여부에 대한 판단에서 병과는 같고 무와는 다르다.

② 을은 ㉠에 관한 조항에 나오는 "계속하여"라는 문구의 의미를 갑, 병과 달리 이해한다.

③ 병은 ㉢에서처럼 주민등록의 계속성을 명시하는 것이 ㉡과 같은 경우보다 일반적이라고 이해한다.

④ 정은 조문의 해석에서 ㉢에서의 주민등록 기간이 ㉡에서와 다르다는 점을 고려할 수 있다고 본다.

⑤ 무는 ㉠과 관련하여 일시적인 단절이 있어도 계속성의 요건이 충족될 수 있다고 본다.

문 25. 다음 글의 〈논쟁〉에 대한 분석으로 적절한 것만을 〈보기〉에서 모두 고르면?

> K국의 「형법」 제7조(이하 '현행 조항')는 다음과 같다.
>
> > 제7조 죄를 지어 외국에서 형의 전부 또는 일부가 집행된 사람에 대해서는 선고하는 형을 감경 또는 면제할 수 있다.
>
> 최근 K국 의회에서는 현행 조항에서 "할 수 있다"의 문구를 "해야 한다"(이하 '개정 문구')로 개정하려 한다. 이에 대하여 갑과 을이 논쟁한다.
>
> 〈논쟁〉
>
> 쟁점 1: 갑은, 이중처벌 금지의 원칙에 따르면 외국에서 받은 형 집행은 K국에서 반드시 반영되어야 하는 것인데도 현행 조항은 법관이 그것을 아예 반영하지 않을 수 있는 재량까지 부여하기 때문에 어떻게든 개정은 해야 한다고 주장한다. 그러나 을은, 현행 조항은 이중처벌 금지의 원칙과 무관하기 때문에 개정 문구가 타당한지를 따질 것도 없이 그 원칙을 개정의 논거로 삼을 수 없다고 주장한다.
>
> 쟁점 2: 갑은, 현행 조항은 신체의 자유를 과도하게 제한하는 위헌적 조문이라서 향후 국민 기본권의 침해를 피할 수 없으므로 개정이 필요하다고 주장한다. 그러나 을은, 현재 K국 법원은 법률상의 재량을 합리적으로 행사하여 위헌의 사례 없이 사실상 개정 문구대로 운영하므로 현행 조항을 유지해도 된다고 맞선다.

〈보기〉

ㄱ. 쟁점 1과 관련하여, 을은 이중처벌 금지가 하나의 범죄행위에 대해 동일한 국가가 형벌권을 거듭 행사해서는 안 된다는 의미라고 해석하는 것이라면, 갑과 을 사이의 주장 불일치를 설명할 수 있다.

ㄴ. 쟁점 2와 관련하여, 갑은 현행 조항으로 말미암아 헌법상 신체의 자유가 침해될 것이라고 전망하지만, 을은 그러한 전망에 동의하지 않는다.

ㄷ. '외국에서 형의 집행을 받은 피고인에게 K국 법원이 형을 선고할 때에는 이미 집행된 형량을 공제해야 한다.'는 내용으로 K국 의회가 현행 조항을 개정한다면, 갑과 을은 개정에 반대할 것이다.

① ㄱ

② ㄷ

③ ㄱ, ㄴ

④ ㄴ, ㄷ

⑤ ㄱ, ㄴ, ㄷ

문 1. 다음 글에서 알 수 있는 것은?

고려 정부는 범죄를 예방하고 사회질서를 유지하기 위하여 여러 가지 방책을 마련하였다. 특히, 수도인 개경은 국왕을 위시하여 정부 관료 등 주요 인사들이 거주하고 있을 뿐 아니라 중요 기관이 밀집된 가장 핵심적인 곳이었다. 그래서 고려 정부는 개경의 중요한 기관과 거점을 지키기 위한 군사 조직을 두었다. 도성 안의 관청과 창고를 지키는 간수군, 도성의 여러 성문을 방어하는 위숙군, 시장이나 시가의 주요 장소에 배치되는 검점군이 그것이다. 간수군을 포함한 이들 세 군사 조직은 본연의 업무뿐 아니라 순찰을 비롯한 도성 안의 치안 활동까지 담당하였다.

하지만 개경의 도시화가 진전됨에 따라 전문적인 치안 기구의 필요성이 증대되었다. 이에 성종은 개경 시내를 순찰하고 검문을 실시하는 전문적인 치안 조직인 순검군을 조직하였다. 순검군의 설치는 도성을 방위하고 국왕을 지키는 군대의 기능과 도성의 치안 유지를 위한 경찰의 기능이 분리되고 전문화된 것을 의미한다. 기존 군사 조직은 본연의 업무만을 담당하게 되었으며, 순검군은 치안과 질서 유지를 위하여 도성 안에서 순찰 활동, 도적 체포, 비행이나 불법을 저지르는 사람에 대한 단속 등의 활동을 담당하게 되었다.

그런데 범죄 행위나 정치적 음모, 범죄자의 도피 등은 주로 야간에 많이 일어났다. 이에 정부는 야간 통행을 금지하고 날이 저물면 성문을 닫게 하였으며, 급한 공무나 질병, 출생 등 부득이한 경우에만 사전 신고를 받고 야간에 통행하도록 하였다. 야간 통행이 금지되는 매일 저녁부터 새벽까지 도성 내를 순찰하는 활동, 즉 야경은 순검군의 중요한 업무가 되었다. 순검군은 도성 내의 군사 조직인 간수군, 위숙군, 검점군과 함께 개경의 안전을 책임지는 핵심적인 역할을 수행하였던 것이다.

① 개경은 고려의 다른 어떤 지역보다 범죄 행위가 많이 발생한 곳이었다.

② 순검군이 설치된 이후에도 도성의 성문을 지키는 임무는 위숙군에게 있었다.

③ 야간에 급한 용무로 시내를 통행하려는 사람은 먼저 시가지를 담당하는 검점군에 신고를 하였다.

④ 순검군은 야간 통행이 금지되는 저녁부터 새벽 시간까지 순찰 활동을 하며 성문 방어에도 투입되었다.

⑤ 순검군의 설치 이후에 간수군을 비롯한 개경의 세 군사 조직은 군대의 기능과 경찰의 기능을 모두 수행하였다.

문 2. 다음 글의 내용과 부합하는 것은?

고려 숙종 9년에 여진이 고려 동북면에 있는 정주성을 공격하였다. 고려는 윤관을 보내 여진을 막게 하였으며, 윤관이 이끄는 군대는 정주성 북쪽의 벽등수라는 곳에서 여진과 싸워 이겼다. 이에 여진은 사신을 보내 화의를 요청하였고, 고려는 이를 받아들였다. 그러나 윤관은 전투 과정에서 여진의 기병을 만나 고전하였기 때문에 대책을 세워야 한다고 생각하고, 숙종의 허락을 받아 별무반을 창설하였다. 별무반에는 기병인 신기군과 보병인 신보군, 적의 기병을 활로 막아내는 경궁군 등 다양한 부대가 편성되어 있었다.

윤관은 숙종의 뒤를 이은 예종 2년에 별무반을 이끌고 여진 정벌에 나섰다. 그는 정주성 북쪽으로 밀고 올라가 여진의 영주, 웅주, 복주, 길주를 점령하고 그곳에 성을 쌓았다. 이듬해 윤관은 정예 병사 8,000여 명을 이끌고 가한촌이라는 곳으로 나아갔다. 그런데 가한촌은 병목 지형이어서 병력을 지휘하기 어려웠다. 여진은 이러한 지형을 이용하여 길 양쪽에 매복하고 있다가 고려군을 기습하였다. 이때 윤관은 큰 위기를 맞이하였지만 멀리서 이를 본 척준경이 10여 명의 결사대를 이끌고 분전한 덕분에 영주로 탈출할 수 있었다. 이후 윤관은 여진의 끈질긴 공격을 물리치면서 함주, 공험진, 의주, 통태진, 평융진에도 성을 쌓아 총 9개의 성을 완성하였다. 윤관이 별무반을 이끌고 출정한 후 여진 지역에 쌓은 성이 모두 9개였기 때문에 그 지역을 동북 9성이라고 부른다.

하지만 여진은 이후 땅을 되찾기 위하여 여러 차례 웅주와 길주 등을 공격하였다. 윤관이 이끄는 고려군은 가까스로 이를 물리쳤지만, 여진이 성을 둘러싸고 길을 끊는 바람에 고립되는 일이 잦았다. 고려는 윤관 외에도 오연총 등을 파견하여 동북 9성에 대한 방비를 강화하였지만, 전투가 거듭될수록 병사들이 계속 희생되었고 물자 소비도 점점 많아졌다. 그래서 예종 4년에 여진이 자세를 낮추며 강화를 요청했을 때 고려는 이를 받아들이고 여진에 동북 9성 지역을 돌려주기로 하였다.

① 고려는 동북 9성을 방어하는 과정에서 병사들이 계속 희생되고 물자 소비도 늘어났기 때문에 여진의 강화 요청을 받아들였다.

② 오연총은 웅주에 있던 윤관이 여진군에 의해 고립된 사실을 알고 길주로부터 출정하여 그를 구출하였다.

③ 윤관은 여진군과의 끈질긴 전투 끝에 가한촌을 점령하고 그곳에 성을 쌓아 동북 9성을 완성하였다.

④ 척준경은 가한촌 전투에서 패배한 고려군을 이끌고 길주로 후퇴하였다.

⑤ 예종이 즉위하고 다음 해에 신기군과 신보군, 경궁군이 창설되었다.

문 3. 다음 글의 핵심 논지로 가장 적절한 것은?

우리는 보통 먹거리의 생산에 대해서는 책임을 묻는 것이 자연스럽다고 생각하면서도 먹거리의 소비는 책임져야 하는 행위로 생각하지 않는다. 우리는 무엇을 먹을 때 좋아하고 익숙한 것 그리고 싸고, 빠르고, 편리한 것을 찾아서 먹을 뿐이다. 그런데 먹는 일에도 윤리적 책임이 동반된다고 생각해 볼 수 있지 않을까?

먹는 행위를 두고 '잘 먹었다' 혹은 '잘 먹는다'고 말할 때 '잘'을 평가하는 기준은 무엇일까? 신체가 요구하는 영양분을 골고루 섭취하는 것은 생물학적 차원에서 잘 먹는 것이고, 섭취하는 음식을 통해 다양한 감각들을 만족시키며 개인의 취향을 계발하는 것은 문화적인 차원에서 잘 먹는 것이다. 그런데 이 경우들의 '잘'은 윤리적 의미를 띠고 있는 것 같지 않다. 이 두 경우는 먹는 행위를 개인적 경험의 차원으로 축소하기 때문이다.

'잘 먹는다'는 것의 윤리적 차원은 우리의 먹는 행위가 그저 개인적 차원에서 일어나는 일이 아니라, 다른 사람들, 동물들, 식물들, 서식지, 토양 등과 관계를 맺는 행위임을 인식하기 시작할 때 비로소 드러난다. 오늘날 먹거리의 전 지구적인 생산·유통·소비 체계 속에서, 우리는 이들을 경제적 자원으로만 간주하는 특정한 방식으로 이들과 관계를 맺고 있다. 그러한 관계의 방식은 공장식 사육, 심각한 동물 학대, 농약과 화학비료 사용에 따른 토양과 물의 오염, 동식물의 생존에 필수적인 서식지 파괴, 전통적인 농민 공동체의 파괴, 불공정한 노동 착취 등을 동반한다.

우리가 무엇을 어떻게 먹는가 하는 것은 결국 우리가 그런 관계망에 속한 인간이나 비인간 존재를 어떻게 대우하고 있는가를 드러내며, 불가피하게 이러한 관계망의 형성이나 유지 혹은 변화에 기여하게 된다. 우리의 먹는 행위에 따라 이런 관계망의 모습은 바뀔 수도 있다. 그렇기에 이러한 관계들은 먹는 행위를 윤리적 반성의 대상으로 끌어 올린다.

① 윤리적으로 잘 먹기 위해서는 육식을 지양해야 한다.

② 먹는 행위에 대해서도 윤리적 차원을 고려하여야 한다.

③ 건강 증진이나 취향 만족을 위한 먹는 행위는 개인적 차원의 평가 대상일 뿐이다.

④ 먹는 행위는 동물, 식물, 토양 등의 비인간 존재와 인간 사이의 관계를 만들어낸다.

⑤ 먹는 행위를 평가할 때에는 먹거리의 소비자보다 생산자의 윤리적 책임을 더 고려하여야 한다.

문 4. 다음 글의 핵심 논지로 가장 적절한 것은?

지방분권화 시대를 맞아 지역의 균형 발전과 경제 활성화를 함께 도모할 수 있는 방안으로 지역문화콘텐츠의 역할이 강조되고 있다. 이와 관련하여 생태환경, 문화재, 유적지 등의 지역 자원을 이용해 지역에 생명을 불어넣고 지역의 특화된 가치를 창출하는 사례가 늘고 있다. 지역문화콘텐츠의 성공은 지역 산업의 동력이 될 뿐 아니라 지역민의 문화향유권 확장에 이바지한다는 점에서도 주목할 만하다.

그러나 지역문화콘텐츠의 전망이 밝기만 한 것은 아니다. 지역 내부의 문제로 우수한 문화자원이 빛을 보지 못하거나 특정 축제를 서로 자기 지역에 유치하기 위한 과잉 경쟁으로 지방자치단체가 몸살을 앓기도 한다. 또한, 불필요한 시설과 인프라 구축, 유사한 콘텐츠의 양산 및 미흡한 활용 등의 문제로 지역 예산을 헛되이 낭비한 사례도 적지 않다.

이러한 문제들이 많아지자, ○○부는 유사·중복 축제 행사를 통폐합하는 지방재정법 시행령과 심사 규칙 개정안을 내놓았다. 이 개정안은 특색 없는 콘텐츠를 정리하고 경쟁력 있는 콘텐츠 개발을 장려하는 것이 주목적이다. 하지만 이러한 방식만으로는 지역문화콘텐츠의 성공을 기대하기 어렵다.

그동안 지역문화 정책과 사업이 새로운 콘텐츠를 발굴·제작하는 데만 주력해 온 탓에 향유의 지속성 측면을 고려하지 못했다. 이로 인해, 관련 사업은 일부 향유자만을 대상으로 하거나 단발적인 제작 지원에 그쳐 지역민의 문화자원 향유가 지속되는 데 어려움이 있었다. 향유자에 초점을 둔 실효성 있는 정책을 실현하려면, 향유의 지속성까지 염두에 두어야 한다. 콘텐츠와 향유자를 잇고, 향유자의 향유 경험을 지속시킬 때 콘텐츠는 영속할 수 있다. 향유자에 의한 콘텐츠의 공유와 확산이 활발하게 이루어지는 향유, 아울러 향유자가 콘텐츠의 소비·매개·재생산의 주체가 되는 향유를 위한 방안이 개발되어야 한다. 이러한 방안을 통해 이미 만들어진 우수한 지역문화콘텐츠의 생명력을 연장하고 콘텐츠 향유의 활성화를 꾀할 수 있다.

① 중앙정부와 지방자치단체의 협력을 통해 지역문화콘텐츠의 경쟁력을 강화해야 한다.

② 새로운 콘텐츠의 발굴과 제작을 통해 지역문화콘텐츠의 생명력을 연장하고 활성화해야 한다.

③ 지역문화콘텐츠를 향유자와 연결하고 향유자의 향유 경험을 지속하게 할 방안을 마련해야 한다.

④ 지역문화콘텐츠 향유자 스스로 자신이 콘텐츠의 소비·매개·재생산의 주체임을 인식해야 한다.

⑤ 지역문화콘텐츠가 지역 산업의 발전과 지역민의 문화 향유 기회 확대에 기여할 수 있도록 중앙정부의 경제적 지원이 증대되어야 한다.

문 5. 다음 글의 내용과 부합하지 않는 것은?

정부는 공공사업 수립·추진 과정에서 사회적 갈등이 예상되는 경우 갈등영향분석을 통해 해결책을 마련하여야 한다. 갈등은 다양한 요인 및 양태 그리고 복잡한 이해관계를 갖고 있다. 따라서 갈등영향분석의 실시 여부는 공공사업의 규모, 유형, 사업 관련 이해집단의 분포 등 다양한 지표들을 고려하여 판단하여야 한다.

갈등영향분석 실시 여부의 대표적인 판단 지표 중 하나는 실시 대상 사업의 경제적 규모이다. 해당 사업을 수행하는 기관장은 예비타당성 조사 실시 기준인 총사업비를 판단 지표로 활용하여 갈등영향분석의 실시 여부를 판단하되, 그 경제적 규모가 실시 기준 이상이라도 갈등 발생 여지가 없거나 미미한 경우에는 갈등관리심의위원회 심의를 거쳐 갈등영향분석을 실시하지 않을 수 있다.

실시 대상 사업의 유형도 갈등영향분석 실시 여부의 판단 지표가 된다. 쓰레기 매립지, 핵폐기물처리장 등 기피 시설의 입지 선정은 지역사회 갈등을 유발하는 대표적 유형이다. 이러한 사업 유형은 경제적 규모와 관계없이 반드시 갈등영향분석이 이루어져야 한다. 해당 사업을 수행하는 기관장은 대상 시설이 기피 시설인지 여부를 판단할 때, 단독으로 판단하지 말고 지역 주민 관점에서 검토할 수 있도록 민간 갈등관리전문가 등의 자문을 거쳐야 한다.

갈등영향분석을 시행하기로 결정했다면, 해당 사업을 수행하는 기관장 주관으로, 갈등관리심의위원회의 자문을 거쳐 해당 사업과 관련된 주요 이해당사자들이 중립적이라고 인정하는 전문가가 갈등영향분석서를 작성하여야 한다. 이렇게 작성된 갈등영향분석서는 반드시 모든 이해당사자들의 회람 후에 해당 기관장에게 보고되고 갈등관리심의위원회에서 심의되어야 한다.

① 정부가 갈등영향분석 실시 여부를 판단할 때 예비타당성 조사 실시 기준인 총사업비를 판단 지표로 활용한다.

② 기피 시설 여부를 판단할 때 해당 사업을 수행하는 기관장이 별도 절차 없이 단독으로 판단해서는 안 된다.

③ 갈등영향분석서는 정부가 주관하여 중립적 전문가의 자문하에 해당 기관장이 작성하여야 한다.

④ 갈등영향분석서를 작성한 후에는 이해당사자가 회람하는 절차가 있어야 한다.

⑤ 갈등관리심의위원회는 갈등영향분석 실시 여부의 판단에 관여할 수 있다.

문 6. 다음 글에서 알 수 있는 것은?

○○시 교육청은 초·중학교 기초학력 부진학생의 기초학력 향상을 위해 3단계의 체계적인 지원체계를 구축하였다. 이는 학습 사각지대에 놓여있는 학생들을 조기에 발견하고, 학생 여건과 특성에 맞는 서비스를 제공하여 기초학력 부진을 해결하기 위한 조치이다.

1단계 지원은 기초학력 부진 판정을 받은 모든 학생을 대상으로 하며, 해당 학생에 대한 지도는 학교 내에서 담임교사가 담당한다. 학교 내에서 교사가 특별학습 프로그램을 진행하는 것이다.

2단계 지원은 기초학력 부진 판정을 받은 학생 중 복합적인 요인으로 어려움을 겪는 것으로 판정된 학생인 복합요인 기초학력 부진학생을 대상으로 권역학습센터에서 이루어진다. 권역학습센터는 권역별 1곳씩 총 5곳에 설치되어 있으며, 이곳에서 학습멘토 프로그램을 운영한다. 이 프로그램에 참여하는 지원 인력은 ○○시의 인증을 받은 학습상담사이며, 기초학력 부진학생의 학습멘토 역할을 담당하게 된다.

3단계 지원은 복합요인 기초학력 부진학생 중 주의력결핍 과잉행동장애 또는 난독증 등의 문제로 학습에 어려움을 겪는 학생을 대상으로 ○○시 학습종합클리닉센터에서 이루어진다. ○○시 학습종합클리닉센터는 교육청 차원에서 지역사회 교육 전문가를 초빙하여 해당 학생들을 위한 전문학습클리닉 프로그램을 운영한다. 이에 더해 소아정신과 전문의 등으로 이루어진 의료지원단을 구성하여 의료적 도움을 줄 수 있도록 한다.

① ○○시 학습종합클리닉센터는 ○○시에 총 5곳에 설치되어 있다.

② 기초학력 부진학생으로 판정된 학생은 학습멘토 프로그램에 참여할 수 없다.

③ 복합요인 기초학력 부진학생으로 판정된 학생 중 의료지원단의 의료적 도움을 받는 학생이 있을 수 있다.

④ 학습멘토 프로그램 및 전문학습클리닉 프로그램에 참여하는 지원 인력은 ○○시의 인증을 받지 않아도 된다.

⑤ 난독증이 있는 학생은 기초학력 부진 판정을 받지 않았더라도 ○○시 학습종합클리닉센터에서 운영하는 프로그램에 참여할 수 있다.

문 7. 다음 대화의 ㉠에 따라 〈안내〉를 수정한 것으로 적절하지 않은 것은?

갑: 지금부터 회의를 시작하겠습니다. 이 자리는 A시 시민안전보험의 안내문을 함께 검토하기 위한 자리입니다. A시 시민안전보험의 내용을 시민들에게 효과적으로 전달하기 위해서 수정 및 보완이 필요한 부분이 있다면 자유롭게 말씀해주시기 바랍니다.

을: 시민안전보험의 혜택을 누릴 수 있는 대상이 더 정확하게 표현되면 좋겠습니다. 단순히 A시에서 생활하는 사람이 아닌 A시에 주민으로 등록한 사람이라는 점이 명확하게 드러나야 한다고 생각합니다.

병: 2024년도부터는 시민안전보험의 보장 항목이 기존의 8종에서 10종으로 확대되었습니다. 보장 항목을 안내하면서 새롭게 추가된 두 가지 항목인 개 물림 사고와 사회재난 사망 사고를 포함하면 좋겠습니다.

정: 시민안전보험의 보험 기간뿐만 아니라 청구 기간에 대한 정보도 필요합니다. 보험 기간 내에 발생한 사고에 대해서 사고 발생 시점을 기준으로 할 때 보험금을 언제까지 청구할 수 있는지에 대한 안내가 추가되면 좋을 것 같습니다.

무: 보험금을 어디로 그리고 어떻게 청구할 수 있는지에 대한 구체적 정보도 부족합니다. 시민안전보험에 관심을 가진 시민이라면 연락처 정보만으로는 부족하다고 여길 것 같습니다. 안내문에 보험금 청구에 필요한 대표적인 서류들을 제시하면 어떨까요?

갑: 좋은 의견을 개진해주셔서 감사합니다. 참고로 최근 민간기업과의 업무 협약을 통해 A시 누리집뿐만 아니라 코리아톡 앱을 통해서도 A시 시민안전보험에 관한 정보를 확인할 수 있게 되어 이 점 역시 이번에 안내할 계획입니다. 그럼 ㉠오늘 회의에서 논의된 내용을 반영하여 안내문을 수정하도록 하겠습니다. 감사합니다.

---〈안내〉---

우리 모두의 안전은 2024년 A시 시민안전보험 가입으로!

○ 가입 대상: A시 구성원 누구나

○ 보험 기간: 2024. 1. 1.~2024. 12. 31.

○ 보장 항목: 대중교통 이용 중 상해·후유장애 등 총 8종의 사고 보장

○ 청구 방법: B보험사 통합상담센터로 문의

○ 참고 사항: 자세한 관련 내용은 A시 누리집을 통해서도 확인 가능

① 가입 대상을 'A시에 주민으로 등록한 사람 누구나'로 수정한다.

② 보험 기간을 '2024. 1. 1.~2024. 12. 31. (보험 기간 내 사고발생일로부터 3년 이내 보험금 청구 가능)'로 수정한다.

③ 보장 항목을 '대중교통 이용 중 상해·후유장애, 개 물림 사고, 사회재난 사망 사고 등 총 10종의 사고 보장'으로 수정한다.

④ 청구 방법을 '청구 절차 및 필요 서류는 B보험사 통합상담센터(Tel. 15××－××××)로 문의'로 수정한다.

⑤ 참고 사항을 '자세한 관련 내용은 A시 누리집 및 코리아톡 앱을 통해서도 확인 가능'으로 수정한다.

문 8. 다음 대화의 ㉠으로 적절한 것만을 〈보기〉에서 모두 고르면?

> 갑: 최근 전동킥보드, 전동휠 등 개인형 이동장치 사고가 급증하고 있습니다. 도대체 무엇 때문에 이러한 현상이 나타나는 것일까요? 이에 대해 여러분은 어떤 의견을 가지고 있나요?
>
> 을: 원동기 면허만 있으면 19세 미만 미성년자도 개인형 이동장치를 이용할 수 있습니다. 하지만 원동기 면허가 없는 사람들도 많이 이용하고 있습니다. 안전 의식이 부족한 이용자가 증가해 사고가 더 많이 발생하는 것이지요.
>
> 병: 저는 개인형 이동장치의 경음기 부착 여부가 사고 발생 확률에 유의미한 영향을 미친다고 생각합니다. 현재 상당수의 개인형 이동장치는 경고음을 낼 수 있는 경음기가 부착되어 있지 않기 때문에 개인형 이동장치가 빠른 속도로 달려와도 주변에서 이를 인지하지 못하는 경우가 많습니다. 이것이 사고가 발생하는 주요한 원인이라고 생각합니다.
>
> 정: 저는 개인형 이동장치를 이용할 수 있는 인프라가 부족하다는 점이 가장 큰 원인이라고 생각합니다. 개인형 이동장치 이용자들은 안전한 운행이 가능한 도로를 원하고 있으나, 그러한 개인형 이동장치 전용도로를 갖춘 지역은 드뭅니다. 이처럼 인프라 수요를 공급이 따라가지 못해 사고가 발생하는 것입니다.
>
> 갑: 여러분 좋은 의견 제시해주셔서 감사합니다. 그렇다면 말씀하신 의견을 검증하기 위해 ㉠ 필요한 자료를 조사해 주세요.

─────── 〈보기〉 ───────
ㄱ. 미성년자 중 원동기 면허 취득 비율과 19세 이상 성인 중 원동기 면허 취득 비율

ㄴ. 경음기가 부착된 개인형 이동장치 1대당 평균 사고 발생 건수와 경음기가 부착되지 않은 개인형 이동장치 1대당 평균 사고 발생 건수

ㄷ. 개인형 이동장치 등록 대수가 가장 많은 지역의 개인형 이동장치 사고 발생 건수와 개인형 이동장치 등록 대수가 가장 적은 지역의 개인형 이동장치 사고 발생 건수

① ㄱ
② ㄴ
③ ㄱ, ㄷ
④ ㄴ, ㄷ
⑤ ㄱ, ㄴ, ㄷ

문 9. 다음 글의 (가)와 (나)에 들어갈 말을 적절하게 짝지은 것은?

> 갑은 국민 개인의 삶의 질을 1부터 10까지의 수치로 평가하고 이 수치를 모두 더해 한 국가의 행복 정도를 정량화한다. 예를 들어, 삶의 질이 모두 5인 100명의 국민으로 구성된 국가의 행복 정도는 500이다.
>
> 갑은 이제 국가의 행복 정도가 클수록 더 행복한 국가라고 하면서 어느 국가가 더 행복한 국가인지까지도 서로 비교하고 평가할 수 있다고 주장한다. 하지만 갑의 주장은 받아들이기 어렵다. 행복한 국가라면 그 국가의 대다수 국민이 높은 삶의 질을 누리고 있다고 보는 것이 일반적인 직관인데, 이 직관과 충돌하는 결론이 나오기 때문이다. 예를 들어, A국과 B국의 행복 정도를 비교하는 다음의 경우를 생각해 보자. (가) , B국에서 가장 높은 삶의 질을 지닌 국민이 A국에서 가장 낮은 삶의 질을 지닌 국민보다 삶의 질 수치가 낮다. 그러면 갑은 (나) . 그러나 이러한 결론에 동의할 사람은 거의 없을 것이다.

① (가): A국의 행복 정도가 B국의 행복 정도보다 더 크지만
　 (나): B국이 A국보다 더 행복한 국가라고 말해야 할 것이다
② (가): A국의 행복 정도가 B국의 행복 정도보다 더 크지만
　 (나): A국이 B국보다 더 행복한 국가라고 말해야 할 것이다
③ (가): A국의 행복 정도와 B국의 행복 정도가 같지만
　 (나): B국이 A국보다 더 행복한 국가라고 말해야 할 것이다
④ (가): B국의 행복 정도가 A국의 행복 정도보다 더 크지만
　 (나): B국이 A국보다 더 행복한 국가라고 말해야 할 것이다
⑤ (가): B국의 행복 정도가 A국의 행복 정도보다 더 크지만
　 (나): A국이 B국보다 더 행복한 국가라고 말해야 할 것이다

문 10. 다음 글의 (가)와 (나)에 들어갈 말을 〈보기〉에서 골라 적절하게 짝지은 것은?

> 고대 철학자 A가 궁극적인 목적으로 삼았던 것은 행복한 삶이었다. 그런데 A가 가진 행복 개념은 현대인들이 가지고 있는 행복 개념과 다소 차이가 있다. 우리가 일상적으로 '행복'이라는 말을 사용할 때는 단순히 주관적 심리 상태를 지칭하는 경우가 많다. 하지만 A는 행복이 주관적 심리 상태만으로는 충분하지 않고, 그런 심리 상태를 뒷받침하는 객관적 조건이 반드시 갖추어져 있어야 한다고 생각했다. 요컨대, A가 사용한 행복 개념에 따르면, ＿＿(가)＿＿. 그러나 A는 행복이 주관적 심리 상태만으로는 충분하지 않다고 하더라도, 주관적 심리 상태가 행복의 필수 조건임은 부정할 수 없다고 보았다. 따라서 A에게는 ＿＿(나)＿＿.

〈보기〉

ㄱ. 자신이 행복하다고 느끼고 있으면서도 행복하지 않은 경우란 있을 수 없다

ㄴ. 자신이 행복하다고 느끼고 있으면서도 행복하지 않은 경우가 있을 수 있다

ㄷ. 자신이 행복하지 않다고 느끼고 있으면서도 행복한 경우란 있을 수 없다

	(가)	(나)
①	ㄱ	ㄴ
②	ㄱ	ㄷ
③	ㄴ	ㄱ
④	ㄴ	ㄷ
⑤	ㄷ	ㄴ

문 11. 다음 글에서 추론할 수 있는 것만을 〈보기〉에서 모두 고르면?

> 진수는 병원에서 급성 중이염을 진단 받고, 항생제 투여 결과 이틀 만에 크게 호전되었다. 진수의 중이염 증상이 빠르게 호전된 것을 '항생제 투여 때문'이라고 답하는 것은 자연스러운 설명이다. 그런데 이것이 좋은 설명이 되려면, 그러한 증상의 치유에 항생제의 투여가 관련되어 있음을 보여 줄 필요가 있다.
>
> 확률의 차이는 이러한 관련성을 보여 주는 한 가지 방식이다. 예컨대 급성 중이염 증상에 대해 항생제 투여 없이 그대로 자연 치유에 맡기는 경우, 그 증상이 치유될 확률이 20%라고 하자. 이를 기준으로 삼아서 항생제 투여가 급성 중이염의 치유에 대해 갖는 긍정적 효과와 부정적 효과를 구분할 수 있다. 가령 항생제 투여를 할 경우에 그 확률이 80%라면, 이는 항생제 투여가 급성 중이염의 치유에 긍정적 효과가 있음을 보여 주는 것이다. 거꾸로, 급성 중이염의 치유를 위해 개발 과정에 있는 신약을 투여했더니 그 확률이 10%라는 조사 결과가 있다면, 이는 신약 투여가 급성 중이염의 치유에 부정적 효과가 있음을 보여 주는 것이다. 물론 두 경우 모두, 급성 중이염의 치유에 투여된 약 이외의 다른 요인이 개입하지 않았다는 점이 보장되어야 한다.

〈보기〉

ㄱ. 투여된 약이 증상의 치유에 어떠한 효과도 없다는 것을 보이기 위해서는, 약을 투여하더라도 증상이 치유될 확률에 변화가 없을 뿐 아니라 약의 투여 이외의 다른 요인이 개입되지 않았다는 것이 밝혀져야 한다.

ㄴ. 투여된 약이 증상의 치유에 긍정적인 효과가 있다는 것을 보이기 위해서는 증상이 치유될 확률이 약의 투여 이전보다 이후에 더 높아지는 것을 보이는 것으로 충분하다.

ㄷ. 약 투여 이외의 다른 요인이 개입되지 않았다고 전제할 경우에, 투여된 약이 증상의 치유에 긍정적인 효과가 없다는 것을 보이기 위해서는 증상이 치유될 확률이 약의 투여 이전보다 이후에 더 낮아지는 것을 보이는 것이 필요하다.

① ㄱ
② ㄴ
③ ㄱ, ㄷ
④ ㄴ, ㄷ
⑤ ㄱ, ㄴ, ㄷ

문 12. 다음 갑~정의 논쟁에 대한 분석으로 적절한 것만을 〈보기〉에서 모두 고르면?

> 갑: 우리는 보통 인간이나 동물이 어떤 특성을 지니고 있어서 그에 부합하는 도덕적 지위를 갖는다고 생각한다. 의식이 바로 그런 특성이다. 나는 인공지능 로봇도 같은 방식으로 그 도덕적 지위를 결정해야 한다고 생각한다. 그래서 우리는 그런 로봇에게 의식이 있는지를 따져 봐야 할 것이다. 나는 인공지능 로봇이 의식을 갖는다고 생각한다.
>
> 을: 도덕적 지위를 결정하는 기준에 대해서는 나도 갑과 생각이 같다. 하지만 나는 바로 그런 이유에서 인공지능 로봇에게 도덕적 지위를 부여할 수 없다고 생각한다. 로봇은 기계이므로 의식을 갖는 것이 가능하지 않기 때문이다.
>
> 병: 나는 인공지능 로봇에게 의식이 있는지 없는지가 그것에게 도덕적 지위를 부여하느냐 마느냐를 결정하는 근거가 될 수 없다고 생각한다. 인공지능 로봇에게 의식이 있을 수도 있겠지만, 인간의 필요에 의해서 만든 도구적 존재에게 도덕적 지위를 부여하는 것은 말이 안 된다.
>
> 정: 어떤 존재의 도덕적 지위는 우리가 그 존재와 어떤 관계를 맺고 있는지에 따라 결정된다. 우리가 로봇과 가족이나 친구와 같은 유의미한 관계를 맺고 있다면, 인공지능 로봇이 의식을 갖지 않는 경우라 해도, 로봇에게 도덕적 지위를 부여해야 한다.

― 〈보기〉 ―

ㄱ. 을과 정은 인공지능 로봇에게는 의식이 없다고 생각한다.

ㄴ. 인공지능 로봇에게 의식이 있어도 도덕적 지위를 부여할 수 없다고 생각하는 사람이 있다.

ㄷ. 인공지능 로봇에게 실제로 의식이 있다고 밝혀진다면, 네 명 중 한 명은 인공지능 로봇에게 도덕적 지위를 부여해야 하는가에 대한 입장을 바꿔야 한다.

① ㄱ
② ㄴ
③ ㄱ, ㄷ
④ ㄴ, ㄷ
⑤ ㄱ, ㄴ, ㄷ

문 13. 다음 글에서 추론할 수 있는 것만을 〈보기〉에서 모두 고르면?

> ○○부는 올여름 폭염으로 국가적 전력 부족 사태가 예상됨에 따라 '공공기관 에너지 절약 세부 실천대책'을 발표하였다. 이에 따르면 공공기관은 냉방설비를 가동할 때 냉방 온도를 25℃ 이상으로 설정하여야 한다. 또한 14~17시에는 불필요한 전기 사용을 자제하여야 한다.
>
> ○○부는 추가적으로, 예비전력을 기준으로 전력수급 위기단계를 준비단계(500만 kW 미만 400만 kW 이상), 관심단계(400만 kW 미만 300만 kW 이상), 주의단계(300만 kW 미만 200만 kW 이상), 경계단계(200만 kW 미만 100만 kW 이상), 심각단계(100만 kW 미만) 순의 5단계로 설정하였다. 전력수급 상황에 따라 위기단계가 통보되면 공공기관은 아래 〈표〉에 따라 각 위기단계의 조치 사항을 이행하여야 한다. 이때의 조치 사항에는 그 전 위기단계까지의 조치 사항이 포함되어야 한다.

〈표〉 전력수급 위기단계별 조치 사항

위기단계	조치 사항
준비단계	실내조명과 승강기 사용 자제
관심단계	냉방 온도 28℃ 이상으로 조정
주의단계	냉방기 사용 중지, 실내조명 50% 이상 소등
경계단계	필수 기기를 제외한 모든 사무기기 전원 차단
심각단계	실내조명 완전 소등, 승강기 가동 중지

> 다만 장애인 승강기는 전력수급 위기단계와 관계없이 상시 가동하여야 한다. 또한 의료기관, 아동 및 노인 등 취약계층 보호시설은 냉방 온도 제한 예외 시설로서 자체적으로 냉방 온도를 설정하여 운영할 수 있다.

― 〈보기〉 ―

ㄱ. 예비전력이 50만 kW일 때 모든 공공기관은 실내조명을 완전 소등하여야 하며, 예비전력이 180만 kW일 때는 50% 이상 소등하여야 한다.

ㄴ. 취약계층 보호시설에 해당하지 않는 공공기관은 예비전력이 280만 kW일 때 냉방 온도를 24℃로 설정할 수 없으나, 예비전력이 750만 kW일 때는 설정할 수 있다.

ㄷ. 전력수급 위기단계가 심각단계일 때 취약계층 보호시설에 해당하는 공공기관은 장애인 승강기를 가동할 수 있으나 취약계층 보호시설에 해당하지 않는 공공기관은 장애인 승강기 가동을 중지하여야 한다.

① ㄱ　　　　② ㄷ　　　　③ ㄱ, ㄴ
④ ㄴ, ㄷ　　　　⑤ ㄱ, ㄴ, ㄷ

문 14. 다음 글의 내용이 참일 때, 반드시 참인 것만을 〈보기〉에서 모두 고르면?

> 갑은 〈공직 자세 교육과정〉, 〈리더십 교육과정〉, 〈글로벌 교육과정〉, 〈직무 교육과정〉, 〈전문성 교육과정〉의 다섯 개 과정으로 이루어진 공직자 교육 프로그램에 참여할 것을 고려하고 있다. 갑이 〈공직 자세 교육과정〉을 이수한다면 〈리더십 교육과정〉도 이수한다. 또한 갑이 〈글로벌 교육과정〉을 이수한다면 〈직무 교육과정〉과 〈전문성 교육과정〉도 모두 이수한다. 그런데 갑은 〈리더십 교육과정〉을 이수하지 않거나 〈전문성 교육과정〉을 이수하지 않는다.

〈보기〉

ㄱ. 갑은 〈공직 자세 교육과정〉을 이수하지 않거나 〈글로벌 교육과정〉을 이수하지 않는다.

ㄴ. 갑이 〈직무 교육과정〉을 이수하지 않는다면 〈글로벌 교육과정〉도 이수하지 않는다.

ㄷ. 갑은 〈공직 자세 교육과정〉을 이수하지 않는다.

① ㄱ

② ㄷ

③ ㄱ, ㄴ

④ ㄴ, ㄷ

⑤ ㄱ, ㄴ, ㄷ

문 15. 다음 글에서 갑이 새롭게 입수한 '정보'로 적절한 것은?

> 월요일부터 목요일까지 하루에 한 차례씩 시험 출제 회의가 열렸다. 회의에 참석한 시험위원들에 관한 자료를 정리하던 주무관 갑은 다음의 사실을 파악하였다.
> ○ 월요일에 참석한 시험위원은 모두 수요일에도 참석했다.
> ○ 화요일에 참석한 시험위원은 누구도 수요일에는 참석하지 않았다.
> ○ 수요일에 참석한 시험위원 중 적어도 한 사람은 목요일에도 참석했다.
> 갑은 이 사실에 새롭게 입수한 '정보'를 더하여 "월요일에는 참석하지 않았지만 목요일에는 참석한 시험위원이 적어도 한 사람은 있다."는 것을 알아내었다.

① 월요일에 참석하지 않은 시험위원이 적어도 한 사람은 있다.

② 화요일에 참석하지 않은 시험위원이 적어도 한 사람은 있다.

③ 수요일에 참석한 시험위원 중 적어도 한 사람은 목요일에 참석하지 않았다.

④ 목요일에는 참석하지 않았지만 월요일에는 참석한 시험위원이 적어도 한 사람은 있다.

⑤ 월요일에 참석한 시험위원 중에는 목요일에 참석한 시험위원은 없다.

문 16. 다음 글의 내용이 참일 때, 반드시 참인 것만을 〈보기〉에서 모두 고르면?

　　국제해양환경회의에 5명의 대표자가 참석하여 A, B, C, D 4개 정책을 두고 토론회를 열었다. 대표자들은 모두 각 정책에 대해 찬반 중 하나의 입장을 분명하게 표명했으며, 각자 하나 이상의 정책에 찬성하고 하나 이상의 정책에 반대한 것으로 드러났다. 그들의 입장을 정리한 결과는 다음과 같다.

○ A에 찬성하는 대표자는 2명이다.
○ A에 찬성하는 대표자는 모두 B에 찬성한다.
○ B에 찬성하는 대표자 중에 C에 찬성하는 사람과 반대하는 사람은 동수이다.
○ B와 D에 모두 찬성하는 대표자는 아무도 없다.
○ D에 찬성하는 대표자는 2명이다.
○ D에 찬성하는 대표자는 모두 C에 찬성한다.

〈보기〉
ㄱ. 3개 정책에 반대하는 대표자가 있다.
ㄴ. B에 찬성하는 대표자는 2명이다.
ㄷ. C에 찬성하는 대표자가 가장 많다.

① ㄱ
② ㄴ
③ ㄱ, ㄷ
④ ㄴ, ㄷ
⑤ ㄱ, ㄴ, ㄷ

문 17. 다음 글에서 추론할 수 있는 것만을 〈보기〉에서 모두 고르면?

　　포유동물의 발생 과정에서 폐는 가장 늦게 그 기능을 발휘하는 기관 중 하나이다. 폐 내부의 폐포는 숨을 들이마시면 부풀어 오르는데 이때 폐포로 들어온 공기와 폐포를 둘러싸고 있는 모세혈관의 혈액 사이에 기체교환이 일어난다. 즉 공기 중의 산소를 혈액으로 전달하고 혈액에 있는 이산화탄소가 폐포 내에 있는 공기로 배출된다. 폐포가 정상적으로 기능을 발휘하려면 폐포가 접촉해도 서로 들러붙지 않도록 하는 충분한 양의 계면 활성제가 필요하다. 폐포 세포가 분비하는 이 계면 활성제는 임신 기간이 거의 끝날 때쯤, 즉 사람의 경우 임신 약 34주째쯤, 충분히 폐포에 분비되어 비로소 호흡할 수 있는 폐가 형성된다.

　　태아의 폐가 정상 기능을 하게 되면 곧이어 출산이 일어난다. 쥐 실험을 통해 호흡이 가능한 폐의 형성과 출산이 어떻게 연동되는지 확인되었다. 임신한 실험 쥐의 출산일이 다가오면, 쥐의 태아 폐포에서는 충분한 양의 계면 활성제가 분비되고 그중 일부가 양수액으로 이동하여 양수액에 있는 휴면 상태의 대식세포를 활성화시킨다. 활성화된 대식세포는 양수액에서 모태 쥐의 자궁 근육 안으로 이동하여, 자궁 근육 안에서 물질 A를 분비하게 한다. 물질 A는 비활성 상태의 효소 B에 작용하여 그것을 활성 상태로 바꾸고 활성화된 효소 B는 자궁 근육 안에서 물질 C가 만들어지게 하는데, 물질 C는 효소 B가 없으면 만들어지지 않는다. 이렇게 만들어진 물질 C가 일정 수준의 농도가 되면 자궁 근육을 수축하게 하여 쥐의 출산이 일어나게 하는데, 물질 C가 일정 수준의 농도에 이르지 않으면 자궁 근육의 수축이 일어나지 않는다.

〈보기〉
ㄱ. 태아 시기 쥐의 폐포에서 물질 A가 충분히 발견되지 않는다면, 그 쥐의 폐는 정상적으로 기능을 발휘할 수 없다.
ㄴ. 임신 초기부터 효소 B가 모두 제거된 상태로 유지된 암쥐는 출산 시기가 되어도 자궁 근육의 수축이 일어나지 않는다.
ㄷ. 출산을 며칠 앞둔 암쥐의 자궁 근육에 물질 C를 주입하여 물질 C가 일정 수준의 농도에 이르게 되면 출산이 유도된다.

① ㄱ
② ㄴ
③ ㄱ, ㄷ
④ ㄴ, ㄷ
⑤ ㄱ, ㄴ, ㄷ

문 18. 다음 글에서 추론할 수 없는 것은?

　　물속에서 눈을 뜨면 물체를 뚜렷하게 볼 수 없다. 이는 공기에 대한 각막의 상대 굴절률이 물에 대한 각막의 상대 굴절률과 달라서 물속에서는 상이 망막에 선명하게 맺히기 힘들기 때문이다. 그런데 수경을 쓰면 빛이 공기에서 각막으로 굴절되어 망막에 들어오므로 상이 망막에 선명하게 맺혀서 물체를 뚜렷하게 볼 수 있다.

　　초기 형태의 수경은 덮개 형태의 두 부분으로 구성되어 있고 두 부분은 각각 오른쪽 눈과 왼쪽 눈을 덮고 있다. 한쪽 부분 안의 공기량이 약 7.5mL인 이 수경을 쓸 경우 3m 이상 잠수하면 결막 출혈이 생길 수 있다. 이런 현상은 다음과 같은 이유로 나타난다. 잠수를 하면 몸은 물의 압력인 수압을 받게 되는데, 수압은 잠수 깊이가 깊어질수록 커진다. 잠수 시 수압에 의해 신체가 압박되어 신체의 부피가 줄어들면서 체내 압력이 커져 수압과 같아지게 되는 반면, 수경 내부 공기의 부피는 변하지 않으므로 수경 내의 공기압인 수경 내압은 변하지 않는다. 이때 체내 압력이 수경 내압보다 일정 수준 이상 커지면 안구 안팎에 큰 압력 차이가 나타나 눈의 혈관이 압력차를 견디지 못하고 파열되어 결막 출혈이 일어난다. 초기 형태의 수경을 사용하던 해녀들은 깊이 잠수해 들어갈 때 흔히 이러한 결막 출혈을 경험하였다.

　　이러한 문제를 극복할 수 있도록 만들어진 수경 '부글래기'는 기존 수경에 공기가 담긴 고무주머니를 추가한 것인데 이 고무주머니는 수경 내부와 연결되어 있다. 이 수경은 잠수 시 수압에 의해 고무주머니가 압축되면, 고무주머니 내의 공기가 수압과 수경 내압이 같아질 때까지 수경 내로 이동하여 안구 안팎에 압력 차이가 나타나는 것을 막아 잠수 시 나타날 수 있는 결막 출혈을 방지한다. 우리나라에서는 모슬포 지역의 해녀들이 부글래기를 사용한 적이 있다.

　　오늘날 해녀들은 '큰눈' 또는 '왕눈'으로 불리는, 눈뿐만 아니라 코까지 덮는 수경을 사용한다. 이런 수경을 쓰면 잠수 시 수압에 의하여 폐가 압축되어 수압과 수경 내압이 같아질 때까지 폐의 공기가 기도와 비강을 거쳐 수경 내로 들어온다. 따라서 잠수 시 결막 출혈이 일어나지 않는다.

① 부글래기를 쓰고 잠수하면 빛이 공기에서 각막으로 굴절되어 망막에 들어와 물체를 뚜렷하게 볼 수 있다.

② 수경 내압은 큰눈을 쓰고 잠수했을 때보다 초기 형태의 수경을 쓰고 잠수했을 때가 더 크다.

③ 잠수 시 결막 출혈을 방지할 수 있는 수경이 모슬포 지역에서 사용된 적이 있다.

④ 왕눈을 쓰고 잠수하면 수경 내압과 체내 압력이 같아진다.

⑤ 체내 압력은 잠수하기 전보다 잠수했을 때가 더 크다.

문 19. 다음 글의 〈실험〉의 결과를 가장 잘 설명하는 것은?

　　소자 X는 전류가 흐르게 되면 빛을 발생시키는 반도체 소자로, p형 반도체와 n형 반도체가 접합된 구조를 가지고 있다. X에 전류가 흐르게 되면, p형 반도체 부분에 정공이 주입되고 n형 반도체 부분에 전자가 주입된다. 이때 p형 반도체와 n형 반도체의 접합 부분에서는 정공과 전자가 서로 만나 광자, 즉 빛이 발생한다. 그런데 X에 주입되는 모든 정공과 전자가 빛을 발생시키지는 않는다. 어떤 정공과 전자는 서로 만나지 못하기도 하고, 이떤 정공과 전자는 서로 만나더라도 빛을 발생시키지 못한다. 내부 양자효율은 주입된 정공－전자 쌍 중 광자로 변환된 것의 비율을 의미한다. 예를 들어, X에 정공－전자 100쌍이 주입되었을 때 이 소자 내부에서 60개의 광자가 발생하였다면, 내부 양자효율은 0.6으로 계산된다. 이는 X의 성능을 나타내는 중요한 지표 중 하나로, X의 불순물 함유율에 의해서만 결정되고, 불순물 함유율이 낮을수록 내부 양자효율은 높아진다.

　　X의 성능을 나타내는 또 하나의 지표로 외부 양자효율이 있다. 외부 양자효율은 X 내에서 발생한 광자가 X 외부로 방출되는 정도와 관련된 지표이다. X 내에서 발생한 광자가 X를 벗어나는 과정에서 일부는 반사되어 외부로 나가지 못한다. X 내에서 발생한 광자 중 X 외부로 벗어난 광자의 비율이 외부 양자효율로, 예를 들어 X 내에서 발생한 광자가 100개인데 40개의 광자만이 X 외부로 방출되었다면, 외부 양자효율은 0.4인 것이다. 외부 양자효율은 X의 굴절률에 의해서만 결정되며, 굴절률이 클수록 외부 양자효율은 낮아진다. 같은 개수의 정공－전자 쌍이 주입될 경우, X에서 방출되는 광자의 개수는 외부 양자효율과 내부 양자효율을 곱한 값이 클수록 많아진다.

　　한 연구자는 X의 세 종류 A, B, C에 대해 다음과 같은 실험을 수행하였다. A와 B의 굴절률은 서로 같았지만, 모두 C의 굴절률보다는 작았다.

〈실험〉

　　같은 개수의 정공－전자 쌍이 주입되는 회로에 A, B, C를 각각 연결하고 방출되는 광자의 개수를 측정하였다. 실험 결과, 방출되는 광자의 개수는 A가 가장 많았고 B와 C는 같았다.

① 불순물 함유율은 B가 가장 높고, A가 가장 낮다.

② 불순물 함유율은 C가 가장 높고, A가 가장 낮다.

③ 내부 양자효율은 C가 가장 높고, A가 가장 낮다.

④ 내부 양자효율은 A가 B보다 높고, C가 B보다 높다.

⑤ 내부 양자효율은 C가 A보다 높고, C가 B보다 높다.

문 20. 다음 글의 논증에 대한 평가로 적절한 것만을 〈보기〉에서 모두 고르면?

사람의 특징 중 하나는 옷을 입는다는 것이다. 그렇다면 사람은 언제부터 옷을 입기 시작했을까? 사람이 옷을 입기 시작한 시점을 추정하기 위해 몇몇 생물학자들은 사람에 기생하는 이에 주목하였다. 사람을 숙주로 삼아 기생하는 이에는 두 종이 있는데, 하나는 옷에서 살아가며 사람 몸에서 피를 빨아 먹는 '사람 몸니'이고 다른 하나는 사람 두피에서 피를 빨아 먹으며 사는 '사람 머릿니'이다.

사람 몸니가 의복류에 적응한 것을 볼 때, 그것들은 아마 사람이 옷을 입기 시작했던 무렵에 사람 머릿니에서 진화적으로 분기되었을 것이다. 생물의 DNA 염기서열은 시간이 지나면서 조금씩 무작위적으로 변하는데 특정한 서식 환경에서 특정한 염기서열이 선택되면서 해당 서식 환경에 적응한 새로운 종이 생겨난다. 그러므로 현재 사람 몸니와 사람 머릿니의 염기서열의 차이를 이용하여 두 종의 이가 공통 조상에서 분기된 시점을 추정할 수 있다. 이를 위해 우선 두 종의 염기서열을 분석하여 두 종 간의 염기서열에 차이가 나는 비율을 산출한다. 그러나 이것만으로 두 종이 언제 분기되었는지 결정할 수는 없다.

사람 몸니와 사람 머릿니의 분기 시점을 추정하기 위해 침팬지의 털에서 사는 침팬지 이와 사람 머릿니를 이용할 수 있다. 우선 침팬지 이와 사람 머릿니의 염기서열을 비교하여 두 종 간의 염기서열에 차이가 나는 비율을 산출한다. 침팬지와 사람이 공통 조상에서 분기되면서 침팬지 이와 사람 머릿니도 공통 조상에서 분기되었다고 볼 수 있고, 화석학적 증거에 따르면 침팬지와 사람의 분기 시점이 약 550만 년 전이므로, 침팬지 이와 사람 머릿니 사이의 염기서열 차이는 550만 년 동안 누적된 변화로 볼 수 있다. 이로부터 1만 년당 이의 염기서열이 얼마나 변화하는지 계산할 수 있다. 이렇게 계산된 이의 염기서열의 변화율을 사람 머릿니와 사람 몸니의 염기서열의 차이에 적용하면, 사람이 옷을 입기 시작한 시점을 설득력 있게 추정할 수 있다. 연구 결과, 사람이 옷을 입기 시작한 시점은 약 12만 년 전 이후인 것으로 추정된다.

〈보기〉
ㄱ. 염기서열의 변화가 일정한 속도로 축적되는 것이 사실이라면 이 논증은 강화된다.
ㄴ. 침팬지 이와 사람 머릿니의 염기서열의 차이가 사람 몸니와 사람 머릿니의 염기서열의 차이보다 작다면 이 논증은 약화된다.
ㄷ. 염기서열 비교를 통해 침팬지와 사람의 분기 시점이 침팬지 이와 사람 머릿니의 분기 시점보다 50만 년 뒤였음이 밝혀진다면, 이 논증은 약화된다.

① ㄴ　　　　② ㄷ　　　　③ ㄱ, ㄴ
④ ㄱ, ㄷ　　　⑤ ㄱ, ㄴ, ㄷ

※ 다음 글을 읽고 물음에 답하시오. [문 21.~문 22.]

공리주의에 따르면, 행복은 쾌락의 총량에서 고통의 총량을 뺀 값으로 수치화하여 나타낼 수 있고, 어떤 행위에 대한 도덕적 판단은 그 행위가 산출하는 행복의 증감에 의존하고, 더 큰 행복을 낳는 선택을 하는 것이 옳은 행위이다.

공리주의자 A는 한 개체로 인한 행복의 증감을 다른 개체로 인한 행복의 증감으로 대체할 수 있다는 대체가능성 논제를 받아들여, 육식이 도덕적으로 옳은 행위가 될 수 있다고 주장한다. 예를 들어, 닭고기를 먹는 일은 닭에게 죽음을 발생시키지만, 더 많은 닭의 탄생에도 기여한다. 태어나는 닭의 수를 고려하면 육식을 위한 도축은 거기 연루된 고통까지 고려하더라도 닭 전체의 행복의 총량을 증진한다. 왜냐하면 한 동물이 일생 동안 누릴 쾌락의 총량은 고통의 총량보다 크기 때문이다.

공리주의자 B는 A의 주장이 틀렸다고 비판한다. A가 받아들이는 대체가능성 논제가 존재하지 않는 대상의 고통과 쾌락을 도덕적 판단의 근거로 삼기 때문이다.

이에 A는 두 여인의 임신에 관한 다음의 사고실험을 토대로 B의 주장을 반박한다. 갑은 임신 3개월 때 의사로부터 태아에게 심각하지만 쉽게 치유 가능한 건강 문제가 있다는 진단을 받았다. 갑이 부작용 없는 약 하나만 먹으면 아이의 건강 문제는 사라진다. 을은 의사로부터 만일 지금 임신하면 아이가 심각한 건강 문제를 갖게 되지만, 3개월 후에 임신하면 아무런 문제가 없을 것이라는 진단을 받았다. 이 상황에서 갑은 약을 먹지 않아서, 을은 기다리지 않고 임신해서 둘 다 심각한 건강 문제를 가진 아이를 낳았다고 하자. B의 주장에 따르면 둘 사이에는 중요한 차이가 있다. 갑의 경우에는 태어난 아이에게 해악을 끼쳤다고 할 수 있는 반면, 을의 경우는 그렇지 않다. 을이 태어난 아이에게 해악을 끼쳤다고 평가하려면 그 아이가 건강하게 태어날 수도 있었다는 전제가 필요한데, 만일 을이 3개월을 기다려 임신했다면 그 아이가 아닌 다른 아이가 잉태되었을 것이기 때문이다. 그러나 A에 따르면, 갑과 마찬가지로 을도 도덕적 잘못을 저질렀다는 것이 일반적인 직관이므로 이에 반하는 B의 주장은 수용하기 어렵다.

A는 B의 주장을 수용하기 어려운 이유를 미래세대에 대한 도덕적 책임 문제에서도 찾을 수 있다고 말한다. 만일 현세대가 지금과 같은 삶의 방식을 고수한다면, 온난화가 가속되어 지구 환경은 나빠질 것이다. 그 결과 미래세대의 고통이 증가되었다면 현세대는 이에 대한 도덕적 책임이 있다는 것이 일반적인 직관이다. 그러나 B의 주장에 따르면 그렇게 평가할 수 없다. 왜냐하면 현세대가 미래세대를 고려하여 기존과 다른 삶의 방식을 취하게 되면, 현세대가 기존 방식을 고수했을 때와는 다른 구성원으로 이루어진 미래세대가 생겨나기 때문이다. 그래서 을이 태어난 아이에게 잘못을 저질렀다고 말할

수 없는 것과 마찬가지로, 현세대도 미래세대가 겪는 고통에 대해 도덕적 책임이 없다고 말해야 한다. 그러나 A가 보기에 ㉠ 이는 수용하기 어렵다.

문 21. 위 글에 대한 분석으로 적절한 것만을 〈보기〉에서 모두 고르면?

─〈보기〉─

ㄱ. A의 주장에 따르면, 을의 행위는 도덕적으로 옳은 행위가 아니다.

ㄴ. 갑의 행위에 대한 B의 도덕적 평가는 대체가능성 논제의 수용 여부에 따라 달라지지 않는다.

ㄷ. B의 주장에 따르면, 을의 행위에 대한 도덕적 평가를 할 때 잉태되지 않은 존재의 쾌락이나 고통을 고려해서는 안 된다.

① ㄱ

② ㄷ

③ ㄱ, ㄴ

④ ㄴ, ㄷ

⑤ ㄱ, ㄴ, ㄷ

문 22. 위 글의 ㉠에 대한 평가로 적절한 것만을 〈보기〉에서 모두 고르면?

─〈보기〉─

ㄱ. 미래세대 구성원이 달라질 경우 미래세대가 누릴 행복의 총량이 변한다면, ㉠은 약화되지 않는다.

ㄴ. 아직 현실에 존재하지 않는다는 이유로 미래세대를 도덕적 고려에서 배제하는 것이 불합리하다면, ㉠은 약화된다.

ㄷ. 일반적인 직관에 반하는 결론이 도출된다고 해도 그러한 직관이 옳은지의 여부가 별도로 평가되어야 한다면, ㉠은 약화된다.

① ㄱ

② ㄴ

③ ㄱ, ㄷ

④ ㄴ, ㄷ

⑤ ㄱ, ㄴ, ㄷ

문 23. 다음 글의 〈표〉에 대한 판단으로 적절한 것만을 〈보기〉에서 모두 고르면?

주무관 갑은 국민이 '적극행정 국민신청'을 하는 경우, '적극행정 국민신청제'의 두 기준을 충족하는지 검토한다. 이때 두 기준을 모두 충족한 신청안에만 적극행정 담당자를 배정하고, 두 기준 중 하나라도 충족하지 못한 신청안은 반려한다.

우선 신청안에 대해 '신청인이 같은 내용으로 민원이나 국민제안을 제출한 적이 있는지 여부'를 기준으로 하여 '제출한 적 있음'과 '제출한 적 없음'을 판단한다. 그리고 '신청인이 이전에 제출한 민원의 거부 또는 국민제안의 불채택 사유가 근거 법령의 미비나 불명확에 해당하는지 여부'를 기준으로 '해당함'과 '해당하지 않음'을 판단한다. 각각의 기준에서 '제출한 적 있음'과 '해당함'을 충족하는 신청안에만 적극행정 담당자가 배정된다.

최근에 접수된 안건 (가)는 신청인이 같은 내용의 민원을 제출한 적이 있으나, 근거 법령의 미비나 불명확 때문이 아니라 민원의 내용이 사인(私人) 간의 권리관계에 관한 것이어서 거부되었다. (나)는 신청인이 같은 내용의 국민제안을 제출한 적이 있으나, 근거 법령이 불명확하다는 이유로 불채택되었다. (다)는 신청인이 같은 내용으로 민원을 제출한 적이 있으나 근거 법령의 미비를 이유로 거부되었다. (라)는 신청인이 같은 내용으로 민원이나 국민제안을 제출한 적이 없었다.

접수된 안건 (가)~(라)에 대해 두 기준 및 그것의 충족 여부를 위의 내용을 바탕으로 다음과 같은 형식의 〈표〉로 나타내었다.

〈표〉 적극행정 국민신청안 처리 현황

기준＼안건	(가)	(나)	(다)	(라)
A	㉠	㉡	㉢	㉣
B	㉤	㉥	㉦	㉧

─〈보기〉─

ㄱ. A에 '신청인이 같은 내용의 민원이나 국민제안을 제출한 적이 있는지 여부'가 들어가면 ㉠과 ㉡이 같다.

ㄴ. ㉠과 ㉢이 서로 다르다면, B에 '신청인이 이전에 제출한 민원의 거부 또는 국민제안의 불채택 사유가 근거 법령의 미비나 불명확에 해당하는지 여부'가 들어간다.

ㄷ. ㉤과 ㉥이 같다면 ㉦과 ㉧이 같다.

① ㄱ

② ㄴ

③ ㄱ, ㄷ

④ ㄴ, ㄷ

⑤ ㄱ, ㄴ, ㄷ

문 24. 다음 대화의 빈칸에 들어갈 말로 가장 적절한 것은?

> 갑: 안녕하세요. 저는 A도의회 사무처에 근무하는 ○○○입니다. 「재난안전법」 제25조의2제5항에 따라, 재난 상황에 대비하여 기능연속성계획을 수립해야 한다는 말씀을 듣고 문의드립니다. A도의회도 기능연속성계획을 수립해야 하는지, 만일 수립해야 한다면 그 업무는 A도의회 의장의 업무인지 궁금합니다.
>
> 을: 「재난안전법」상 기능연속성계획을 수립하도록 규정된 기관에는 재난관리책임기관인 중앙행정기관·지방자치단체, 그리고 국회·법원·헌법재판소·중앙선거관리위원회가 있습니다. 재난관리책임기관에서는 해당 기관의 장인 장관이나 시·도지사가, 국회·법원·헌법재판소·중앙선거관리위원회에서는 해당 기관의 행정사무를 처리하는 조직의 장이 기능연속성계획을 수립해야 합니다.
>
> 갑: 그러면 도의회는 성격상 유사한 의결기관인 국회의 경우에 준하여 도의회 사무처장이 기능연속성계획을 수립하면 될까요?
>
> 을: 도의회가 국회와 같은 의결기관이기는 하지만 국회에 준하여 판단해서는 안 됩니다. 「재난안전법」은 재난관리책임기관을 제3조제5호의 각 목에서 규정하고 있습니다. 가목에서는 중앙행정기관 및 지방자치단체를, 그리고 나목에서는 지방행정기관·공공기관·공공단체 및 재난관리의 대상이 되는 중요 시설의 관리기관 등으로서 대통령령으로 정하는 기관을 규정하고 있습니다. 그리고 「지방자치법」 제37조에 따르면 "지방자치단체에 주민의 대의기관인 의회를 둔다."라고 규정하여 도의회는 지방자치단체의 기관이기 때문에 도의회는 그 자체로 「재난안전법」에 명시된 재난관리책임기관이 아닙니다.
>
> 갑: 그렇다면 도의회에 관한 기능연속성계획은 수립되지 않아도 되는 것인가요?
>
> 을: 재난 발생 상황에서도 도의회가 연속성 있게 수행할 필요가 있는 핵심 기능이 있다고 판단되는지가 관건이겠습니다. 「재난안전법」상 그것을 판단할 권한은 해당 지방자치단체의 장에게 있습니다.
>
> 갑: 예, 그러면 ＿＿＿＿＿＿＿＿＿＿＿.

① 재난 상황이 발생하면 A도의회의 핵심 기능 유지를 위해 A도지사의 판단을 거쳐 신속하게 기능연속성계획을 수립해야 하겠군요

② A도의회는 재난 발생 시에도 수행해야 할 핵심 기능이 있기에 자체적으로 기능연속성계획을 수립해야 하겠군요

③ A도의회는 재난관리책임기관이므로 A도의회 의장이 재난에 대비한 기능연속성계획을 수립해야 하겠군요

④ A도의회는 국회 같은 차원의 의결기능을 갖고 있지 않으므로 기능연속성계획을 수립할 일이 없겠군요

⑤ A도의회에 관한 기능연속성계획이 수립되어야 하는지 여부는 A도지사의 판단에 따라 결정되겠군요

문 25. 다음 글의 ㉠의 내용으로 적절한 것만을 〈보기〉에서 모두 고르면?

A시에 주민등록을 두고 거주하는 갑은 B시 관내에 있는 고등학교에, B시에 주민등록을 두고 거주하는 을은 A시 관내에 있는 고등학교에 신입생으로 입학하게 되었다. 갑과 을이 입학할 예정인 고등학교는 모두 교복을 입는 학교이다. 갑과 을은 A시와 B시에서 교복 구입비 지원사업을 시행하는 것을 확인하고, 교복 구입비 지원을 받을 수 있을 것으로 기대하였다. 그러나 확인 결과, 둘 중 한 명은 A시와 B시 어느 곳에서도 교복 구입비 지원을 받을 수 없다는 문제가 드러났다. A시와 B시는 ㉠이 학생의 문제를 해결하기 위해 조례의 일부를 개정하려 한다.

「A시 교복 지원 조례」

제2조(정의) 이 조례에서 사용하는 용어의 뜻은 다음과 같다.
　1. "학교"란 「초·중등교육법」 제2조에 따른 학교 중 A시 관내 중·고등학교를 말한다.

제4조(지원대상) 교복 구입비 지원 대상은 다음 각 호의 어느 하나에 해당하는 사람으로 한다.
　1. 교복을 입는 학교에 신입생으로 입학하는 1학년 학생
　2. 다른 시·도 또는 국외에서 제1호의 학교로 전입학하거나 편입학한 학생

「B시 교복 지원 조례」

제2조(정의) 이 조례에서 사용하는 용어의 정의는 다음과 같다.
　1. "학교"란 「초·중등교육법」 제2조 규정에 해당하는 학교를 말한다.

제4조(지원대상) ① 교복 구입비 지원 대상은 B시에 주민등록이 되어 있고, 중·고등학교에 입학하는 학생을 대상으로 한다.
② 제1항에 따른 입학생은 당해년도 신입생으로 한다.

〈보기〉

ㄱ. 「A시 교복 지원 조례」 제2조제1호의 '학교 중 A시 관내 중·고등학교'를 '학교'로, 제4조제1호의 '교복을 입는 학교에 신입생으로 입학하는 1학년 학생'을 'A시에 주민등록이 되어 있고, 교복을 입는 A시 관내 학교에 입학하는 신입생'으로 개정한다.

ㄴ. 「A시 교복 지원 조례」 제4조제1호의 '교복을 입는 학교에 신입생으로 입학하는 1학년 학생'을 'A시에 주민등록이 되어 있고, 교복을 입는 학교에 신입생으로 입학하는 1학년 학생'으로 개정한다.

ㄷ. 「B시 교복 지원 조례」 제4조제1항의 'B시에 주민등록이 되어 있고, 중·고등학교에 입학하는 학생'을 'B시 관내 중·고등학교에 입학하는 학생'으로 개정한다.

① ㄱ
② ㄷ
③ ㄱ, ㄴ
④ ㄴ, ㄷ
⑤ ㄱ, ㄴ, ㄷ

약점 보완 해설집 p.14

2023 해커스PSAT 7급+민경채 PSAT 16개년 기출문제집 언어논리

문 1. 다음 글의 내용과 부합하는 것은?

979년 송 태종은 거란을 공격하러 가는 길에 고려에 원병을 요청했다. 거란은 고려가 참전할 수도 있다는 염려에서 크게 동요했다. 하지만 고려는 송 태종의 요청에 응하지 않았다. 이후 거란은 송에 보복할 기회를 엿보는 한편, 송과 다시 싸우기 전에 고려를 압박해 앞으로도 송을 군사적으로 돕지 않겠다는 약속을 받아내고자 했다.

당시 거란과 고려 사이에는 압록강이 있었는데, 그 하류 유역에는 여진족이 살고 있었다. 이 여진족은 발해의 지배를 받았었지만, 발해가 거란에 의해 멸망한 후에는 어느 나라에도 속하지 않은 채 독자적 세력을 이루고 있었다. 거란은 이 여진족이 사는 땅을 여러 차례 침범해 대군을 고려로 보내는 데 적합한 길을 확보했다. 이후 993년에 거란 장수 소손녕은 군사를 이끌고 고려에 들어와 몇 개의 성을 공격했다. 이때 소손녕은 "고구려 옛 땅은 거란의 것인데 고려가 감히 그 영역을 차지하고 있으니 군사를 일으켜 그 땅을 찾아가고자 한다."라는 내용의 서신을 보냈다. 이 서신이 오자 고려 국왕 성종과 대다수 대신은 "옛 고구려의 영토에 해당하는 땅을 모두 내놓아야 군대를 거두겠다는 뜻이 아니냐?"라며 놀랐다. 하지만 서희는 소손녕이 보낸 서신의 내용은 핑계일 뿐이라고 주장했다. 그는 고려가 병력을 동원해 거란을 치는 일이 없도록 하겠다는 언질을 주면 소손녕이 철군할 것이라고 말했다. 이렇게 논의가 이어지고 있을 때 안융진에 있는 고려군이 소손녕과 싸워 이겼다는 보고가 들어왔다.

패배한 소손녕은 진군을 멈추고 협상을 원한다는 서신을 보내왔다. 이 서신을 받은 성종은 서희를 보내 협상하게 했다. 소손녕은 서희가 오자 "실은 고려가 송과 친하고 우리와는 소원하게 지내고 있어 침입하게 되었다."라고 했다. 이에 서희는 압록강 하류의 여진족 땅을 고려가 지배할 수 있게 묵인해 준다면, 거란과 국교를 맺을 뿐 아니라 거란과 송이 싸울 때 송을 군사적으로 돕지 않겠다는 뜻을 내비쳤다. 이 말을 들은 소손녕은 서희의 요구를 수용하기로 하고 퇴각했다. 이후 고려는 북쪽 국경 너머로 병력을 보내 압록강 하류의 여진족 땅까지 밀고 들어가 영토를 넓혔으며, 그 지역에 강동 6주를 두었다.

① 거란은 압록강 유역에 살던 여진족이 고려의 백성이라고 주장하였다.

② 여진족은 발해의 지배에서 벗어나기 위해 거란과 함께 고려를 공격하였다.

③ 소손녕은 압록강 유역의 여진족 땅을 빼앗아 강동 6주를 둔 후 그곳을 고려에 넘겼다.

④ 고려는 압록강 하류 유역에 있는 여진족의 땅으로 세력을 확대한 거란을 공격하고자 송 태종과 군사동맹을 맺었다.

⑤ 서희는 고려가 거란에 군사적 적대 행위를 하지 않겠다고 약속하면 소손녕이 군대를 이끌고 돌아갈 것이라고 보았다.

문 2. 다음 글에서 알 수 있는 것은?

세종이 즉위한 이듬해 5월에 대마도의 왜구가 충청도 해안에 와서 노략질하는 일이 벌어졌다. 이 왜구는 황해도 해주 앞바다에도 나타나 조선군과 교전을 벌인 후 명의 땅인 요동반도 방향으로 북상했다. 세종에게 왕위를 물려주고 상왕으로 있던 태종은 이종무에게 "북상한 왜구가 본거지로 되돌아가기 전에 대마도를 정벌하라!"라고 명했다. 이에 따라 이종무는 군사를 모아 대마도 정벌에 나섰다.

남북으로 긴 대마도에는 섬을 남과 북의 두 부분으로 나누는 중간에 아소만이라는 곳이 있는데, 이 만의 초입에 두지포라는 요충지가 있었다. 이종무는 이곳을 공격한 후 귀순을 요구하면 대마도주가 응할 것이라 보았다. 그는 6월 20일 두지포에 상륙해 왜인 마을을 불사른 후 계획대로 대마도주에게 서신을 보내 귀순을 요구했다. 하지만 대마도주는 이에 반응을 보이지 않았다. 분노한 이종무는 대마도주를 사로잡아 항복을 받아내기로 하고, 니로라는 곳에 병력을 상륙시켰다. 하지만 그곳에서 조선군은 매복한 적의 공격으로 크게 패했다. 이에 이종무는 군사를 거두어 거제도 견내량으로 돌아왔다.

이종무가 견내량으로 돌아온 다음 날, 태종은 요동반도로 북상했던 대마도의 왜구가 그곳으로부터 남하하던 도중 충청도에서 조운선을 공격했다는 보고를 받았다. 이 사건이 일어난 지 며칠 지나지 않았음을 알게 된 태종은 왜구가 대마도에 당도하기 전에 바다에서 격파해야 한다고 생각하고, 이종무에게 그들을 공격하라고 명했다. 그런데 이 명이 내려진 후에 새로운 보고가 들어왔다. 대마도의 왜구가 요동반도에 상륙했다가 크게 패배하는 바람에 살아남은 자가 겨우 300여 명에 불과하다는 것이었다. 이 보고를 접한 태종은 대마도주가 거느린 병사가 많이 죽어 그 세력이 꺾였으니 그에게 다시금 귀순을 요구하면 응할 것으로 판단했다. 이에 그는 이종무에게 내린 출진 명령을 취소하고, 측근 중 적임자를 골라 대마도주에게 귀순을 요구하는 사신으로 보냈다. 이 사신을 만난 대마도주는 고심 끝에 조선에 귀순하기로 했다.

① 해주 앞바다에 나타나 조선군과 싸운 대마도의 왜구가 요동반도를 향해 북상한 뒤 이종무의 군대가 대마도로 건너갔다.

② 조선이 왜구의 본거지인 대마도를 공격하기로 하자 명의 군대도 대마도까지 가서 정벌에 참여하였다.

③ 이종무는 세종이 대마도에 보내는 사절단에 포함되어 대마도를 여러 차례 방문하였다.

④ 태종은 대마도 정벌을 준비하였지만, 세종의 반대로 뜻을 이루지 못하였다.

⑤ 조선군이 대마도주를 사로잡기 위해 상륙하였다가 패배한 곳은 견내량이다.

문 3. 다음 글에서 알 수 없는 것은?

인간에 대한 혐오의 감정을 긍정적으로 바라보는 인식을 바탕으로, 이를 사회 안정의 도구로 활용해야 한다거나 법적 판단의 근거로 삼아야 한다는 주장은 영미법의 오래된 역사에서 그리 낯설지 않다. 그러나 혐오의 감정이 특정 개인과 집단을 배척하기 위한 강력한 무기로 이용되었다는 사실을 고려하면 이러한 주장이 얼마나 그릇된 것인지 이해할 수 있다.

일반적으로 우리는 분비물이나 배설물, 악취 등에 대해 그리고 시체와 같이 부패하고 퇴화하는 것들에 내해 혐오의 감정을 갖는다. 인간은 타자를 공격하는 데 이러한 오염물의 이미지를 사용한다. 이때 혐오는 특정 집단을 오염물인 것처럼 취급하고 자신은 오염되지 않은 쪽에 속함으로써 얻게 되는 심리적인 우월감 및 만족감과 연결되어 있다. 역사적으로 볼 때 이런 과정을 거쳐 오염물로 취급된 집단 중 하나가 유대인이다.

중세 이후 반유대주의 세력이 유대인에게 부여한 부정적 이미지는 점액성, 악취, 부패, 불결함과 같은 혐오스러운 것들과 결부되어 있다. 히틀러는 유대인을 깨끗하고 건강한 독일 민족의 몸속에 숨겨진, 썩어 가는 시체 속의 구더기라고 표현했다. 혐오스러운 적대자를 설정함으로써 자신의 야욕을 달성하려 했던 것이다. 불행하게도 대다수의 독일인은 이러한 야만적인 정치적 선동에 동의를 표했다. 심지어 유대인을 암세포, 종양, 세균 등으로 묘사하면서 이들을 비인간적 존재로 전락시키는 의학적 담론이 유행하기도 했다. 비인간적으로 묘사되는 유대인의 이미지는 나치가 만든 허상이었음에도 불구하고, 유대인과 연관된 혐오의 이미지는 아이들이 보는 당대의 동화 속에 담겨 있을 정도로 널리 퍼져 있었다.

① 혐오는 정치적 선동의 도구로 이용되지 않았다.
② 개인뿐만 아니라 집단도 혐오의 대상이 될 수 있다.
③ 혐오의 대상이 되는 집단은 비인간적으로 묘사되기도 한다.
④ 혐오의 감정을 법적 판단의 근거로 삼아야 한다는 입장이 있었다.
⑤ 인간에 대한 혐오의 감정은 타자를 혐오함으로써 주체가 얻을 수 있는 심리적인 만족감과 연관되어 있다.

문 4. 다음 글에서 알 수 없는 것은?

'계획적 진부화'는 의도적으로 수명이 짧은 제품이나 서비스를 생산함으로써 소비자들이 새로운 제품을 구매하도록 유도하는 마케팅 전략 중 하나이다. 여기에는 단순히 부품만 교체하는 것이 가능함에도 불구하고 새로운 제품을 구매하도록 유도하는 것도 포함된다.

계획적 진부화의 이유는 무엇일까? 첫째, 기업이 기존 제품의 가격을 인상하기 곤란한 경우, 신제품을 출시한 뒤 여기에 인상된 가격을 매길 수 있기 때문이다. 특히 제품의 기능은 거의 변함없이 디자인만 약간 개선한 신제품을 내놓고 가격을 인상하는 경우도 쉽게 볼 수 있다. 둘째, 중고품 시장에서 거래되는 기존 제품과의 경쟁을 피할 수 있기 때문이다. 자동차처럼 사용 기간이 긴 제품의 경우, 기업은 동일 유형의 제품을 팔고 있는 중고품 판매 업체와 경쟁해야만 한다. 그러나 기업이 새로운 제품을 출시하면, 중고품 시장에서 판매되는 기존 제품은 진부화되고 그 경쟁력도 하락한다. 셋째, 소비자들의 취향이 급속히 변화하는 상황에서 계획적 진부화로 소비자들의 만족도를 높일 수 있기 때문이다. 전통적으로 제품의 사용 기간을 결정짓는 요인은 기능적 특성이나 노후화·손상 등 물리적 특성이 주를 이루었지만, 최근에는 심리적 특성에도 많은 영향을 받고 있다. 이처럼 소비자들의 요구가 다양해지고 그 변화 속도도 빨라지고 있어, 기업들은 이에 대응하기 위해 계획적 진부화를 수행하기도 한다.

기업들은 계획적 진부화를 통해 매출을 확대하고 이익을 늘릴 수 있다. 기존 제품이 사용 가능한 상황에서도 신제품에 대한 소비자들의 수요를 자극하면 구매 의사가 커지기 때문이다. 반면, 기존 제품을 사용하는 소비자 입장에서는 크게 다를 것 없는 신제품 구입으로 불필요한 지출과 실질적인 손실이 발생할 수 있다는 점에서 계획적 진부화는 부정적으로 인식된다. 또한 환경이나 생태를 고려하는 거시적 관점에서도, 계획적 진부화는 소비자들에게 제공하는 가치에 비해 에너지나 자원의 낭비가 심하다는 비판을 받고 있다.

① 계획적 진부화로 소비자들은 불필요한 지출을 할 수 있다.
② 계획적 진부화는 기존 제품과 동일한 중고품의 경쟁력을 높인다.
③ 계획적 진부화는 소비자들의 요구에 대응하기 위하여 수행되기도 한다.
④ 계획적 진부화를 통해 기업은 기존 제품보다 비싼 신제품을 출시할 수 있다.
⑤ 계획적 진부화로 인하여 제품의 실제 사용 기간은 물리적으로 사용 가능한 수명보다 짧아질 수 있다.

문 5. 다음 글에서 알 수 없는 것은?

　　재화나 용역 중에는 비경합적이고 비배제적인 방식으로 소비되는 것들이 있다. 먼저 재화나 용역이 비경합적으로 소비된다는 말은, 그것에 대한 누군가의 소비가 다른 사람의 소비 가능성을 줄어들게 하지 않는다는 것을 뜻한다. 예컨대 10개의 사탕이 있는데 내가 8개를 먹어 버리면 다른 사람이 그 사탕을 소비할 가능성은 그만큼 줄어들게 된다. 반면에 라디오 방송 서비스 같은 경우는 내가 그것을 이용한다고 해서 다른 사람의 소비 가능성이 줄어들게 되지 않는다는 점에서 비경합적이다.

　　재화나 용역이 비배제적으로 소비된다는 말은, 그것이 공급되었을 때 누군가 그 대가를 지불하지 않았다고 해서 그 사람이 그 재화나 용역을 소비하지 못하도록 배제할 수 없다는 것을 뜻한다. 이러한 의미에서 국방 서비스는 비배제적으로 소비된다. 정부가 국방 서비스를 제공받는 모든 국민에게 그 비용을 지불하도록 하는 정책을 채택했다고 하자. 이때 어떤 국민이 이런 정책에 불만을 표하며 비용 지불을 거부한다고 해도 정부는 그를 국방 서비스의 수혜에서 배제하기 어렵다. 설령 그를 구속하여 감옥에 가두더라도 그는 국방 서비스의 수혜자 범위에서 제외되지 않는다.

　　비경합적이고 비배제적인 방식으로 소비되는 재화와 용역의 생산과 배분이 시장에서 제대로 이루어질 수 있을까? 국방의 예를 이어나가 보자. 대부분의 국민은 자신의 생명과 재산을 보호받고자 하는 욕구가 있고 국방 서비스에 대한 수요도 있기 마련이다. 그러나 만약 국방 서비스를 시장에서 생산하여 판매한다면, 경제적으로 합리적인 국민은 국방 서비스를 구매하지 않을 것이다. 왜냐하면 다른 이가 구매하는 국방 서비스에 자신도 무임승차할 수 있기 때문이다. 결과적으로 국방 서비스는 과소 생산되는 문제가 발생하고, 그 피해는 모든 국민에게 돌아가게 될 것이다. 따라서 이와 같은 유형의 재화나 용역을 사회적으로 필요한 만큼 생산하기 위해서는 국가가 개입해야 하기에 이런 재화나 용역에는 공공재라는 이름을 붙이는 것이다.

① 유료 공연에서 일정한 돈을 지불하지 않은 사람의 공연장 입장을 차단한다면, 그 공연은 배제적으로 소비될 수 있다.
② 국방 서비스를 소비하는 모든 국민에게 그 비용을 지불하도록 한다면, 그 서비스는 비경합적으로 소비될 수 없다.
③ 이용할 수 있는 수가 한정된 여객기 좌석은 경합적으로 소비될 수 있다.
④ 무임승차를 쉽게 방지할 수 없는 재화나 용역은 과소 생산될 수 있다.
⑤ 라디오 방송 서비스는 여러 사람이 비경합적으로 소비할 수 있다.

문 6. 다음 글의 핵심 논지로 가장 적절한 것은?

　　독일 통일을 지칭하는 '흡수 통일'이라는 용어는 동독이 일방적으로 서독에 흡수되었다는 인상을 준다. 그러나 통일 과정에서 동독 주민들이 보여준 행동을 고려하면 흡수 통일은 오해의 여지를 주는 용어일 수 있다.

　　1989년에 동독에서는 지방선거 부정 의혹을 둘러싼 내부 혼란이 발생했다. 그 과정에서 체제에 환멸을 느낀 많은 동독 주민들이 서독으로 탈출했고, 동독 곳곳에서 개혁과 개방을 주장하는 시위의 물결이 일어나기 시작했다. 초기 시위에서 동독 주민들은 여행·신앙·언론의 자유를 중심에 둔 내부 개혁을 주장했지만 이후 "우리는 하나의 민족이다!"라는 구호와 함께 동독과 서독의 통일을 요구하기 시작했다. 그렇게 변화하는 사회적 분위기 속에서 1990년 3월 18일에 동독 최초이자 최후의 자유총선거가 실시되었다.

　　동독 자유총선거를 위한 선거운동 과정에서 서독과 협력하는 동독 정당들이 생겨났고, 이들 정당의 선거운동에 서독 정당과 정치인들이 적극적으로 유세 지원을 하기도 했다. 초반에는 서독 사민당의 지원을 받으며 점진적 통일을 주장하던 동독 사민당이 우세했지만, 실제 선거에서는 서독 기민당의 지원을 받으며 급속한 통일을 주장하던 독일동맹이 승리하게 되었다. 동독 주민들이 자유총선거에서 독일동맹을 선택한 것은 그들 스스로 급속한 통일을 지지한 것이라고 할 수 있다. 이후 동독은 서독과 1990년 5월 18일에 「통화·경제·사회보장동맹의 창설에 관한 조약」을, 1990년 8월 31일에 「통일조약」을 체결했고, 마침내 1990년 10월 3일에 동서독 통일을 이루게 되었다.

　　이처럼 독일 통일의 과정에서 동독 주민들의 주체적인 참여를 확인할 수 있다. 독일 통일을 단순히 흡수 통일이라고 부른다면, 통일 과정에서 중요한 역할을 담당했던 동독 주민들을 배제한다는 오해를 불러일으킬 수 있다. 독일 통일의 과정을 온전히 이해하기 위해서는 동독 주민들의 활동에도 주목할 필요가 있다.

① 자유총선거에서 동독 주민들은 점진적 통일보다 급속한 통일을 지지하는 모습을 보여주었다.
② 독일 통일은 동독이 일방적으로 서독에 흡수되었다는 점에서 흔히 흡수 통일이라고 부른다.
③ 독일 통일은 분단국가가 합의된 절차를 거쳐 통일을 이루었다는 점에서 의의가 있다.
④ 독일 통일 전부터 서독의 정당은 물론 개인도 동독의 선거에 개입할 수 있었다.
⑤ 독일 통일의 과정에서 동독 주민들의 주체적 참여가 큰 역할을 하였다.

문 7. 다음 글의 (가)와 (나)에 들어갈 말을 적절하게 나열한 것은?

　　서양 사람들은 옛날부터 신이 자연 속에 진리를 감추어 놓았다고 믿고 그 진리를 찾기 위해 노력했다. 그들은 숨겨진 진리가 바로 수학이며 자연물 속에 비례의 형태로 숨어 있다고 생각했다. 또한 신이 자연물에 숨겨 놓은 수많은 진리 중에서도 인체 비례야말로 가장 아름다운 진리의 정수로 여겼다. 그래서 서양 사람들은 예로부터 이러한 신의 진리를 드러내기 위해서 완벽한 인체를 구현하는 데 몰두했다. 레오나르도 다 빈치의 「인체 비례도」를 보면, 원과 정사각형을 배치하여 사람의 몸을 표현하고 있다. 가장 기본적인 기하 도형이 인체 비례와 관련 있다는 점에 착안하였던 것이다. 르네상스 시대 건축가들은 이러한 기본 기하 도형으로 건축물을 디자인하면 　(가)　 위대한 건물을 지을 수 있다고 생각했다.

　　건축에서 미적 표준으로 인체 비례를 활용하는 조형적 안목은 서양뿐 아니라 동양에서도 찾을 수 있다. 고대부터 중국이나 우리나라에서도 인체 비례를 건축물 축조에 활용하였다. 불국사의 청운교와 백운교는 3:4:5 비례의 직각삼각형으로 이루어져 있다. 이와 같은 비례로 건축하는 것을 '구고현(勾股弦)법'이라 한다. 뒤꿈치를 바닥에 대고 무릎을 직각으로 구부린 채 누우면 바닥과 다리 사이에 삼각형이 이루어지는데, 이것이 구고현법의 삼각형이다. 짧은 변인 구(勾)는 넓적다리에, 긴 변인 고(股)는 장딴지에 대응하고, 빗변인 현(弦)은 바닥의 선에 대응한다. 이 삼각형은 고대 서양에서 신성불가침의 삼각형이라 불렀던 것과 동일한 비례를 가지고 있다. 동일한 비례를 아름다움의 기준으로 삼았다는 점에서 　(나)　 는 것을 알 수 있다.

① (가): 인체 비례에 숨겨진 신의 진리를 구현한
　 (나): 조형미에 대한 동서양의 안목이 유사하였다

② (가): 신의 진리를 넘어서는 인간의 진리를 구현한
　 (나): 인체 실측에 대한 동서양의 계산법이 동일하였다

③ (가): 인체 비례에 숨겨진 신의 진리를 구현한
　 (나): 건축물에 대한 동서양의 공간 활용법이 유사하였다

④ (가): 신의 진리를 넘어서는 인간의 진리를 구현한
　 (나): 조형미에 대한 동서양의 안목이 유사하였다

⑤ (가): 인체 비례에 숨겨진 신의 진리를 구현한
　 (나): 인체 실측에 대한 동서양의 계산법이 동일하였다

문 8. 다음 글의 ㉠~㉤에서 문맥에 맞지 않는 곳을 찾아 적절하게 수정한 것은?

　　반세기 동안 지속되던 냉전 체제가 1991년을 기점으로 붕괴되면서 동유럽 체제가 재편되었다. 동유럽에서는 연방에서 벗어나 많은 국가들이 독립하였다. 이 국가들은 자연스럽게 자본주의 시장경제를 받아들였는데, 이후 몇 년 동안 공통적으로 극심한 경제 위기를 경험하게 되었다. 급기야 IMF(국제통화기금)의 자금 지원을 받게 되는데, 이는 ㉠ 갑작스럽게 외부로부터 도입한 자본주의 시스템에 적응하는 일이 결코 쉽지 않다는 점을 보여준다.

　　이 과정에서 해당 국가 국민의 평균 수명이 급격하게 줄어들었는데, 이는 같은 시기 미국, 서유럽 국가들의 평균 수명이 꾸준히 늘었다는 것과 대조적이다. 이러한 현상에 대해 ㉡ 자본주의 시스템 도입을 적극적으로 지지했던 일부 경제학자들은 오래전부터 이어진 ㉢ 동유럽 지역 남성들의 과도한 음주와 흡연, 폭력과 살인 같은 비경제적 요소를 주된 원인으로 꼽았다. 즉 경제 체제의 변화와는 관련이 없다는 것이다.

　　이러한 주장에 의문을 품은 영국의 한 연구자는 해당 국가들의 건강 지표가 IMF의 자금 지원 전후로 어떻게 달라졌는지를 살펴보았다. 여러 사회적 상황을 고려하여 통계 모형을 만들고, ㉣ IMF의 자금 지원을 받은 국가와 다른 기관에서 자금 지원을 받은 국가를 비교하였다. 같은 시기 독립한 동유럽 국가 중 슬로베니아만 유일하게 IMF가 아닌 다른 기관에서 돈을 빌렸다. 이때 두 곳의 차이는, IMF는 자금을 지원받은 국가에게 경제와 관련된 구조조정 프로그램을 실시하게 한 반면, 슬로베니아를 지원한 곳은 그렇게 하지 않았다는 점이다. IMF 구조조정 프로그램을 실시한 국가들은 ㉤ 실시 이전부터 결핵 발생률이 크게 증가했던 것으로 나타났다. 그러나 슬로베니아는 같은 기간에 오히려 결핵 사망률이 감소했다. IMF 구조조정 프로그램의 실시 여부는 국가별 결핵 사망률과 일정한 상관관계가 있었던 것이다.

① ㉠을 "자본주의 시스템을 갖추지 않고 지원을 받는 일"로 수정한다.

② ㉡을 "자본주의 시스템 도입을 적극적으로 반대했던"으로 수정한다.

③ ㉢을 "수출입과 같은 국제 경제적 요소"로 수정한다.

④ ㉣을 "IMF의 자금 지원 직후 경제 성장률이 상승한 국가와 하락한 국가"로 수정한다.

⑤ ㉤을 "실시 이후부터 결핵 사망률이 크게 증가했던 것"으로 수정한다.

문 9. 다음 글에서 추론할 수 없는 것은?

감염병 우려로 인해 △△시험 관리본부가 마련한 대책은 다음과 같다. 먼저 모든 수험생을 확진, 자가격리, 일반 수험생의 세 유형으로 구분한다. 그리고 수험생 유형별로 시험 장소를 안내하고 마스크 착용 규정을 준수하도록 한다.

〈표〉 수험생 유형과 증상에 따른 시험장의 구분

수험생	시험장	증상	세부 시험장
확진 수험생	생활치료센터	유·무 모두	센터장이 지정한 센터 내 장소
자가격리 수험생	특별 방역 시험장	유	외부 차단 1인용 부스
		무	회의실
일반 수험생	최초 공지한 시험장	유	소형 강의실
		무	중대형 강의실

모든 시험장에 공통적으로 적용되는 마스크 착용 규정은 다음과 같다. 첫째, 모든 수험생은 입실부터 퇴실 시점까지 의무적으로 마스크를 착용해야 한다. 둘째, 마스크는 KF99, KF94, KF80의 3개 등급만 허용한다. 마스크 등급을 표시하는 숫자가 클수록 방역 효과가 크다. 셋째, 마스크 착용 규정에서 특정 등급의 마스크 의무 착용을 명시한 경우, 해당 등급보다 높은 등급의 마스크 착용은 가능하지만 낮은 등급의 마스크 착용은 허용되지 않는다.

시험장에 따라 달리 적용되는 마스크 착용 규정은 다음과 같다. 첫째, 생활치료센터에서는 각 센터장이 내린 지침을 의무적으로 따라야 한다. 둘째, 특별 방역 시험장에서는 KF99 마스크를 의무적으로 착용해야 한다. 셋째, 소형 강의실과 중대형 강의실에서는 각각 KF99와 KF94 마스크 착용을 권장하지만 의무 사항은 아니다.

① 일반 수험생 중 유증상자는 KF80 마스크를 착용하고 시험을 치를 수 없다.

② 일반 수험생 중 무증상자는 KF80 마스크를 착용하고 시험을 치를 수 있다.

③ 자가격리 수험생 중 유증상자는 KF99 마스크를 착용하고 시험을 치를 수 있다.

④ 자가격리 수험생 중 무증상자는 KF94 마스크를 착용하고 시험을 치를 수 없다.

⑤ 확진 수험생은 생활치료센터장이 허용하는 경우 KF80 마스크를 착용하고 시험을 치를 수 있다.

문 10. 다음 글의 〈표〉를 수정한 것으로 적절한 것만을 〈보기〉에서 모두 고르면?

○○부는 철새로 인한 국내 야생 조류 및 가금류 조류인플루엔자(Avian Influenza, AI) 바이러스 감염 확산 여부를 추적 조사하고 있다. AI 바이러스는 병원성 정도에 따라 고병원성과 저병원성 AI 바이러스로 구분한다. 발표 자료에 따르면, 2020년 10월 25일 충남 천안시에서는 야생 조류 분변에서 고병원성 AI 바이러스가 검출되었으며 이는 2018년 2월 1일 충남 아산시에서 검출된 이래 2년 8개월 만의 검출 사례였다.

최근 야생 조류 고병원성 AI 바이러스 검출 사례는 2020년 10월 25일부터 11월 21일까지 경기도에서 3건, 충남에서 2건이 발표되었고, 가금류 고병원성 AI 바이러스 검출 사례는 전국에서 총 3건이 발표되었다. 같은 기간에 야생 조류 저병원성 AI 바이러스 검출 후 발표된 사례는 전국에 총 8건이다. 또한 채집된 의심 야생 조류의 분변 검사 결과, 고병원성·저병원성 AI 바이러스 모두에 해당하지 않아 바이러스 미분리로 분류된 사례는 총 7건이다. 야생 조류 AI 바이러스 검출 현황은 고병원성 AI, 저병원성 AI, 검사 중으로 분류하고 바이러스 미분리는 야생 조류 AI 바이러스 검출 현황에 포함하지 않는다. 야생 조류 AI 바이러스가 검출되고 나서 고병원성 여부를 확인하기 위해 정밀 검사를 하는 데 상당한 기간이 소요되므로, 아직 검사 중인 것이 9건이다. 그중 하나인 제주도 하도리의 경우 11월 22일 고병원성 AI 바이러스 검출 여부를 발표할 예정이다.

○○부 주무관 갑은 2020년 10월 25일부터 11월 21일까지 발표된 야생 조류 AI 바이러스 검출 현황을 아래와 같이 〈표〉로 작성하였으나 검출 현황을 적절히 반영하지 않아 수정이 필요하다.

〈표〉 야생 조류 AI 바이러스 검출 현황

(기간: 2020년 10월 25일~2020년 11월 21일)

고병원성 AI	저병원성 AI	검사 중	바이러스 미분리
8건	8건	9건	7건

─〈보기〉─

ㄱ. 고병원성 AI 항목의 "8건"을 "5건"으로 수정한다.

ㄴ. 검사 중 항목의 "9건"을 "8건"으로 수정한다.

ㄷ. "바이러스 미분리" 항목을 삭제한다.

① ㄱ

② ㄴ

③ ㄱ, ㄷ

④ ㄴ, ㄷ

⑤ ㄱ, ㄴ, ㄷ

문 11. 다음 글의 A~C에 대한 평가로 적절한 것만을 〈보기〉에서 모두 고르면?

> 인간 존엄성은 모든 인간이 단지 인간이기 때문에 갖는 것으로서, 인간의 숭고한 도덕적 지위나 인간에 대한 윤리적 대우의 근거로 여겨진다. 다음은 인간 존엄성 개념에 대한 A~C의 비판이다.
>
> A: 인간 존엄성은 그 의미가 무엇인지에 대해 사람마다 생각이 달라서 불명료할 뿐 아니라 무용한 개념이다. 가령 존엄성은 존엄사를 옹호하거나 반대하는 논증 모두에서 각각의 주장을 정당화하는 데 사용된다. 어떤 이는 존엄성이란 말을 '자율성의 존중'이라는 뜻으로, 어떤 이는 '생명의 신성함'이라는 뜻으로 사용한다. 결국 쟁점은 존엄성이 아니라 자율성의 존중이나 생명의 가치에 관한 문제이며, 존엄성이란 개념 자체는 그 논의에서 실질적으로 중요한 기여를 하지 않는다.
>
> B: 인간의 권리에 대한 문서에서 존엄성이 광범위하게 사용되는 것은 기독교 신학과 같이 인간 존엄성을 언급하는 많은 종교적 문헌의 영향으로 보인다. 이러한 종교적 뿌리는 어떤 이에게는 가치 있는 것이지만, 다른 이에겐 그런 존엄성 개념을 의심할 근거가 되기도 한다. 특히 존엄성을 신이 인간에게 부여한 독특한 지위로 생각함으로써 인간이 스스로를 지나치게 높게 보도록 했다는 점은 비판을 받아 마땅하다. 이는 인간으로 하여금 인간이 아닌 종과 환경에 대해 인간 자신들이 원하는 것을 마음대로 해도 된다는 오만을 낳았다.
>
> C: 인간 존엄성은 인간이 이성적 존재임을 들어 동물이나 세계에 대해 인간 중심적인 견해를 옹호해 온 근대 휴머니즘의 유산이다. 존엄성은 인간종이 그 자체로 다른 종이나 심지어 환경 자체보다 더 큰 가치가 있다고 생각하는 종족주의의 한 표현에 불과하다. 인간 존엄성은 우리가 서로를 가치 있게 여기도록 만들기도 하지만, 인간 외의 다른 존재에 대해서는 그 대상이 인간이라면 결코 용납하지 않았을 폭력적 처사를 정당화하는 근거로 활용된다.

― 〈보기〉 ―

ㄱ. 많은 논란에도 불구하고 존엄사를 인정한 연명의료결정법의 시행은 A의 주장을 약화시키는 사례이다.

ㄴ. C의 주장은 화장품의 안전성 검사를 위한 동물실험의 금지를 촉구하는 캠페인의 근거로 활용될 수 있다.

ㄷ. B와 C는 인간에게 특권적 지위를 부여하는 인간 중심적인 생각을 비판한다는 점에서 공통적이다.

① ㄱ　　　　② ㄷ　　　　③ ㄱ, ㄴ

④ ㄴ, ㄷ　　　　⑤ ㄱ, ㄴ, ㄷ

문 12. 다음 글의 〈논증〉에 대한 분석으로 적절한 것만을 〈보기〉에서 모두 고르면?

> 우리는 죽음이 나쁜 것이라고 믿는다. 죽고 나면 우리가 존재하지 않기 때문이다. 루크레티우스는 우리가 존재하지 않기 때문에 죽음이 나쁜 것이라면 우리가 태어나기 이전의 비존재도 나쁘다고 말해야 한다고 생각했다. 그러나 우리는 태어나기 이전에 우리가 존재하지 않았다는 사실에 대해서 애석해 하지 않는다. 따라서 루크레티우스는 죽음 이후의 비존재에 대해서도 애석해 할 필요가 없다고 주장했다. 다음은 이러한 루크레티우스의 주장을 반박하는 논증이다.

〈논증〉

> 우리는 죽음의 시기가 뒤로 미루어짐으로써 더 오래 사는 상황을 상상해 볼 수 있다. 예를 들어, 50살에 교통사고로 세상을 떠난 누군가를 생각해 보자. 그 사고가 아니었다면 그는 70살이나 80살까지 더 살 수도 있었을 것이다. 그렇다면 50살에 그가 죽은 것은 그의 인생에 일어날 수 있는 여러 가능성 중에 하나였다. 그런데 ⊙ 내가 더 일찍 태어나는 것은 상상할 수 없다. 물론, 조산이나 제왕절개로 내가 조금 더 일찍 세상에 태어날 수도 있었을 것이다. 하지만 여기서 고려해야 할 것은 나의 존재의 시작이다. 나를 있게 하는 것은 특정한 정자와 난자의 결합이다. 누군가는 내 부모님이 10년 앞서 임신할 수 있었다고 주장할 수도 있다. 그러나 그랬다면 내가 아니라 나의 형제가 태어났을 것이다. 그렇기 때문에 '더 일찍 태어났더라면'이라고 말해도 그것이 실제로 내가 더 일찍 태어났을 가능성을 상상한 것은 아니다. 나의 존재는 내가 수정된 바로 그 특정 정자와 난자의 결합에 기초한다. 그러므로 ⓒ 내가 더 일찍 태어나는 일은 불가능하다. 나의 사망 시점은 달라질 수 있지만, 나의 출생 시점은 그렇지 않다. 그런 의미에서 출생은 내 인생 전체를 놓고 볼 때 하나의 필연적인 사건이다. 결국 죽음의 시기를 뒤로 미뤄 더 오래 사는 것은 가능하지만, 출생의 시기를 앞당겨 더 오래 사는 것은 불가능하다. 따라서 내가 더 일찍 태어나지 않은 것은 나쁜 일이 될 수 없다. 즉 죽음 이후와는 달리 ⓒ 태어나기 이전의 비존재는 나쁘다고 말할 수 없다.

― 〈보기〉 ―

ㄱ. 냉동 보관된 정자와 난자가 수정되어 태어난 사람의 경우를 고려하면, ⊙은 거짓이다.

ㄴ. ⊙에 "어떤 사건이 가능하면, 그것의 발생을 상상할 수 있다."라는 전제를 추가하면, ⓒ을 이끌어 낼 수 있다.

ㄷ. ⓒ에 "태어나기 이전의 비존재가 나쁘다면, 내가 더 일찍 태어나는 것이 가능하다."라는 전제를 추가하면, ⓒ의 부정을 이끌어 낼 수 있다.

① ㄱ　　　　② ㄷ　　　　③ ㄱ, ㄴ

④ ㄴ, ㄷ　　　　⑤ ㄱ, ㄴ, ㄷ

※ 다음 글을 읽고 물음에 답하시오. [문 13.~문 14.]

　　인간은 지구상의 생명이 대량 멸종하는 사태를 맞이하고 있지만, 다른 한편으로는 실험실에서 인공적으로 새로운 생명체를 창조하고 있다. 이런 상황에서, 자연적으로 존재하는 종을 멸종으로부터 보존해야 한다는 생물 다양성의 보존 문제를 어떤 시각으로 바라보아야 할까? A는 생물 다양성을 보존해야 한다고 주장한다. 이를 위해 A는 다음과 같은 도구적 정당화를 제시한다. 우리는 의학적, 농업적, 경제적, 과학적 측면에서 이익을 얻기를 원한다. '생물 다양성 보존'은 이를 위한 하나의 수단으로 간주될 수 있다. 바로 그 수단이 우리가 원하는 이익을 얻는 최선의 수단이라는 것이 A의 첫 번째 전제이다. 그리고 　(가)　는 것이 A의 두 번째 전제이다. 이 전제들로부터 우리에게는 생물 다양성을 보존할 의무와 필요성이 있다는 결론이 나온다.

　　이에 대해 B는 생물 다양성 보존이 우리가 원하는 이익을 얻는 최선의 수단이 아님을 지적한다. 특히 합성 생물학은 자연에 존재하는 DNA, 유전자, 세포 등을 인공적으로 합성하고 재구성해 새로운 생명체를 창조하는 것을 목표로 한다. B는 우리가 원하는 이익을 얻고자 한다면, 자연적으로 존재하는 생명체들을 대상으로 보존에 애쓰는 것보다는 합성 생물학을 통해 원하는 목표를 더 합리적이고 체계적으로 성취할 수 있을 것이라고 주장한다. 인공적인 생명체의 창조가 우리가 원하는 이익을 얻는 더 좋은 수단이므로, 생물 다양성 보존을 지지하는 도구적 정당화는 설득력을 잃는다는 것이다. 그래서 B는 A가 제시하는 도구적 정당화에 근거하여 생물 다양성을 보존하자고 주장하는 것은 옹호될 수 없다고 말한다.

　　한편 C는 모든 종은 보존되어야 한다고 주장하면서 생물 다양성 보존을 옹호한다. C는 대상의 가치를 평가할 때 그 대상이 갖는 도구적 가치와 내재적 가치를 구별한다. 대상의 도구적 가치란 그것이 특정 목적을 달성하는 데 얼마나 쓸모가 있느냐에 따라 인정되는 가치이며, 대상의 내재적 가치란 그 대상이 그 자체로 본래부터 갖고 있다고 인정되는 고유한 가치를 말한다. C에 따르면 생명체는 단지 도구적 가치만을 갖는 것이 아니다. 생명체를 오로지 도구적 가치로만 평가하는 것은 생명체를 그저 인간의 목적을 위해 이용되는 수단으로 보는 인간 중심적 태도이지만, C는 그런 태도는 받아들일 수 없다고 본다. 생명체의 내재적 가치 또한 인정해야 한다는 것이다. 그 생명체들이 속한 종 또한 그 쓸모에 따라서만 가치가 있는 것이 아니다. 그리고 내재적 가치를 지니는 것은 모두 보존되어야 한다. 이로부터 모든 종은 보존되어야 한다는 결론에 다다른다. 왜냐하면 　(나)　 때문이다.

문 13. 위 글의 (가)와 (나)에 들어갈 내용을 적절하게 나열한 것은?

① (가): 어떤 것이 우리가 원하는 이익을 얻는 최선의 수단이라면 우리에게는 그것을 실행할 의무와 필요성이 있다
　(나): 생명체의 내재적 가치는 종의 다양성으로부터 비롯되기

② (가): 어떤 것이 우리가 원하는 이익을 얻는 최선의 수단이 아니라면 우리에게는 그것을 실행할 의무와 필요성이 없다
　(나): 생명체의 내재적 가치는 종의 다양성으로부터 비롯되기

③ (가): 어떤 것이 우리가 원하는 이익을 얻는 최선의 수단이라면 우리에게는 그것을 실행할 의무와 필요성이 있다
　(나): 모든 종은 그 자체가 본래부터 고유의 가치를 지니기

④ (가): 어떤 것이 우리가 원하는 이익을 얻는 최선의 수단이 아니라면 우리에게는 그것을 실행할 의무와 필요성이 없다
　(나): 모든 종은 그 자체가 본래부터 고유의 가치를 지니기

⑤ (가): 우리에게 이익을 제공하는 수단 가운데 생물 다양성의 보존보다 더 나은 수단은 없다
　(나): 모든 종은 그 자체가 본래부터 고유의 가치를 지니기

문 14. 위 글에 대한 분석으로 적절한 것만을 <보기>에서 모두 고르면?

──────────〈보기〉──────────
ㄱ. A는 생물 다양성을 보존해야 한다고 주장하지만, B는 보존하지 않아도 된다고 주장한다.

ㄴ. B는 A의 두 전제가 참이더라도 A의 결론이 반드시 참이 되지는 않는다고 비판한다.

ㄷ. 자연적으로 존재하는 생명체가 도구적 가치를 가지느냐에 대한 A와 C의 평가는 양립할 수 있다.
────────────────────────

① ㄱ
② ㄷ
③ ㄱ, ㄴ
④ ㄴ, ㄷ
⑤ ㄱ, ㄴ, ㄷ

문 15. 다음 논쟁에 대한 분석으로 적절한 것만을 〈보기〉에서 모두 고르면?

갑: 입증은 증거와 가설 사이의 관계에 대한 것이다. 내가 받아들이는 입증에 대한 입장은 다음과 같다. 증거 발견 후 가설의 확률 증가분이 있다면, 증거가 가설을 입증한다. 즉 증거 발견 후 가설이 참일 확률에서 증거 발견 전 가설이 참일 확률을 뺀 값이 0보다 크다면, 증거가 가설을 입증한다. 예를 들어보자. 사건 현장에서 용의자 X의 것과 유사한 발자국이 발견되었다. 그럼 발자국이 발견되기 전보다 X가 해당 사건의 범인일 확률은 높아질 것이다. 그렇다면 발자국 증거는 X가 범인이라는 가설을 입증한다. 그리고 증거 발견 후 가설의 확률 증가분이 클수록, 증거가 가설을 입증하는 정도가 더 커진다.

을: 증거가 가설이 참일 확률을 높인다고 하더라도, 그 증거가 해당 가설을 입증하지 못할 수 있다. 가령, X에게 강력한 알리바이가 있다고 해보자. 사건이 일어난 시간에 사건 현장과 멀리 떨어져 있는 X의 모습이 CCTV에 포착된 것이다. 그러면 발자국 증거가 X가 범인일 확률을 높인다고 하더라도, 그가 범인일 확률은 여전히 높지 않을 것이다. 그럼에도 불구하고 갑의 입장은 이러한 상황에서 발자국 증거가 X가 범인이라는 가설을 입증한다고 보게 만드는 문제가 있다. 이 문제는 내가 받아들이는 입증에 대한 다음 입장을 통해 해결될 수 있다. 증거 발견 후 가설의 확률 증가분이 있고 증거 발견 후 가설이 참일 확률이 1/2보다 크다면, 그리고 그런 경우에만 증거가 가설을 입증한다. 가령, 발자국 증거가 X가 범인일 확률을 높이더라도 증거 획득 후 확률이 1/2보다 작다면 발자국 증거는 X가 범인이라는 가설을 입증하지 못한다.

〈보기〉

ㄱ. 갑의 입장에서, 증거 발견 후 가설의 확률 증가분이 없다면 그 증거가 해당 가설을 입증하지 못한다.

ㄴ. 을의 입장에서, 어떤 증거가 주어진 가설을 입증할 경우 그 증거 획득 이전 해당 가설이 참일 확률은 1/2보다 크다.

ㄷ. 갑의 입장에서 어떤 증거가 주어진 가설을 입증하는 정도가 작더라도, 을의 입장에서 그 증거가 해당 가설을 입증할 수 있다.

① ㄴ
② ㄷ
③ ㄱ, ㄴ
④ ㄱ, ㄷ
⑤ ㄱ, ㄴ, ㄷ

문 16. 다음 글에서 추론할 수 있는 것은?

국제표준도서번호(ISBN)는 전세계에서 출판되는 각종 도서에 부여하는 고유한 식별 번호이다. 2007년부터는 13자리의 숫자로 구성된 ISBN인 ISBN – 13이 부여되고 있지만, 2006년까지 출판된 도서에는 10자리의 숫자로 구성된 ISBN인 ISBN – 10이 부여되었다.

ISBN – 10은 네 부분으로 되어 있다. 첫 번째 부분은 책이 출판된 국가 또는 언어 권역을 나타내며 1~5자리를 가질 수 있다. 예를 들면, 대한민국은 89, 영어권은 0, 프랑스어권은 2, 중국은 7 그리고 부탄은 99936을 쓴다. 두 번째 부분은 국가별 ISBN 기관에서 그 국가에 있는 각 출판사에 할당한 번호를 나타낸다. 세 번째 부분은 출판사에서 그 책에 임의로 붙인 번호를 나타낸다. 마지막 네 번째 부분은 확인 숫자이다. 이 숫자는 0에서 10까지의 숫자 중 하나가 되는데, 10을 써야 할 때는 로마 숫자인 X를 사용한다. 부여된 ISBN – 10이 유효한 것이라면 이 ISBN – 10의 열 개 숫자에 각각 순서대로 10, 9, …, 2, 1의 가중치를 곱해서 각 곱셈의 값을 모두 더한 값이 반드시 11로 나누어 떨어져야 한다. 예를 들어, 어떤 책에 부여된 ISBN – 10인 '89 – 89422 – 42 – 6'이 유효한 것인지 검사해 보자. $(8 \times 10) + (9 \times 9) + (8 \times 8) + (9 \times 7) + (4 \times 6) + (2 \times 5) + (2 \times 4) + (4 \times 3) + (2 \times 2) + (6 \times 1) = 352$이고, 이 값은 11로 나누어 떨어지기 때문에 이 ISBN – 10은 유효한 번호이다. 만약 어떤 ISBN – 10의 숫자 중 어느 하나를 잘못 입력했다면 서점에 있는 컴퓨터는 즉시 오류 메시지를 화면에 보여줄 것이다.

① ISBN – 10의 첫 번째 부분에 있는 숫자가 같으면 같은 나라에서 출판된 책이다.

② 임의의 책의 ISBN – 10에 숫자 3자리를 추가하면 그 책의 ISBN – 13을 얻는다.

③ ISBN – 10이 '0 – 285 – 00424 – 7'인 책은 해당 출판사에서 424번째로 출판한 책이다.

④ ISBN – 10의 두 번째 부분에 있는 숫자가 같은 서로 다른 두 권의 책은 동일한 출판사에서 출판된 책이다.

⑤ 확인 숫자 앞의 아홉 개의 숫자에 정해진 가중치를 곱하여 합한 값이 11의 배수인 ISBN – 10이 유효하다면 그 확인 숫자는 반드시 0이어야 한다.

2022 해커스PSAT 7급+민경채 PSAT 16개년 기출문제집 언어논리

문 17. 다음 글의 내용이 참일 때, 갑이 반드시 수강해야 할 과목은?

> 갑은 A~E 과목에 대해 수강신청을 준비하고 있다. 갑이 수강하기 위해 충족해야 하는 조건은 다음과 같다.
> ○ A를 수강하면 B를 수강하지 않고, B를 수강하지 않으면 C를 수강하지 않는다.
> ○ D를 수강하지 않으면 C를 수강하고, A를 수강하지 않으면 E를 수강하지 않는다.
> ○ E를 수강하지 않으면 C를 수강하지 않는다.

① A
② B
③ C
④ D
⑤ E

문 18. 다음 글의 내용이 참일 때, 반드시 참인 것만을 〈보기〉에서 모두 고르면?

> △△처에서는 채용 후보자들을 대상으로 A, B, C, D 네 종류의 자격증 소지 여부를 조사하였다. 그 결과 다음과 같은 사실이 밝혀졌다.
> ○ A와 D를 둘 다 가진 후보자가 있다.
> ○ B와 D를 둘 다 가진 후보자는 없다.
> ○ A나 B를 가진 후보자는 모두 C는 가지고 있지 않다.
> ○ A를 가진 후보자는 모두 B는 가지고 있지 않다는 것은 사실이 아니다.

〈보기〉

> ㄱ. 네 종류 중 세 종류의 자격증을 가지고 있는 후보자는 없다.
> ㄴ. 어떤 후보자는 B를 가지고 있지 않고, 또 다른 후보자는 D를 가지고 있지 않다.
> ㄷ. D를 가지고 있지 않은 후보자는 누구나 C를 가지고 있지 않다면, 네 종류 중 한 종류의 자격증만 가지고 있는 후보자가 있다.

① ㄱ
② ㄷ
③ ㄱ, ㄴ
④ ㄴ, ㄷ
⑤ ㄱ, ㄴ, ㄷ

문 19. 다음 글의 내용이 참일 때, 반드시 참인 것만을 〈보기〉에서 모두 고르면?

신입사원을 대상으로 민원, 홍보, 인사, 기획 업무에 대한 선호를 조사하였다. 조사 결과 민원 업무를 선호하는 신입사원은 모두 홍보 업무를 선호하였지만, 그 역은 성립하지 않았다. 모든 업무 중 인사 업무만을 선호하는 신입사원은 있었지만, 민원 업무와 인사 업무를 모두 선호하는 신입사원은 없었다. 그리고 넷 중 세 개 이상의 업무를 선호하는 신입사원도 없었다. 신입사원 갑이 선호하는 업무에는 기획 업무가 포함되어 있었으며, 신입사원 을이 선호하는 업무에는 민원 업무가 포함되어 있었다.

〈보기〉

ㄱ. 어떤 업무는 갑도 을도 선호하지 않는다.

ㄴ. 적어도 두 명 이상의 신입사원이 홍보 업무를 선호한다.

ㄷ. 조사 대상이 된 업무 중에, 어떤 신입사원도 선호하지 않는 업무는 없다.

① ㄱ

② ㄷ

③ ㄱ, ㄴ

④ ㄴ, ㄷ

⑤ ㄱ, ㄴ, ㄷ

문 20. 다음 글에서 추론할 수 있는 것만을 〈보기〉에서 모두 고르면?

식물의 잎에 있는 기공은 대기로부터 광합성에 필요한 이산화탄소를 흡수하는 통로이다. 기공은 잎에 있는 세포 중 하나인 공변세포의 부피가 커지면 열리고 부피가 작아지면 닫힌다.

그렇다면 무엇이 공변세포의 부피에 변화를 일으킬까? 햇빛이 있는 낮에, 햇빛 속에 있는 청색광이 공변세포에 있는 양성자 펌프를 작동시킨다. 양성자 펌프의 작동은 공변세포 밖에 있는 칼륨이온과 염소이온이 공변세포 안으로 들어오게 한다. 공변세포 안에 이 이온들의 양이 많아짐에 따라 물이 공변세포 안으로 들어오고, 그 결과로 공변세포의 부피가 커져서 기공이 열린다. 햇빛이 없는 밤이 되면, 공변세포에 있는 양성자 펌프가 작동하지 않고 공변세포 안에 있던 칼륨이온과 염소이온은 밖으로 빠져나간다. 이에 따라 공변세포 안에 있던 물이 밖으로 나가면서 세포의 부피가 작아져서 기공이 닫힌다.

공변세포의 부피는 식물이 겪는 수분스트레스 반응에 의해 조절될 수도 있다. 식물 안의 수분량이 줄어듦으로써 식물이 수분스트레스를 받는다. 수분스트레스를 받은 식물은 호르몬 A를 분비한다. 호르몬 A는 공변세포에 있는 수용체에 결합하여 공변세포 안에 있던 칼륨이온과 염소이온이 밖으로 빠져나가게 한다. 이에 따라 공변세포 안에 있던 물이 밖으로 나가면서 세포의 부피가 작아진다. 결국 식물이 수분스트레스를 받으면 햇빛이 있더라도 기공이 열리지 않는다.

또한 기공의 여닫힘은 미생물에 의해 조절되기도 한다. 예를 들면, 식물을 감염시킨 병원균 α는 공변세포의 양성자 펌프를 작동시키는 독소 B를 만든다. 이 독소 B는 공변세포의 부피를 늘려 기공이 닫혀 있어야 하는 때에도 열리게 하고, 결국 식물은 물을 잃어 시들게 된다.

〈보기〉

ㄱ. 한 식물의 동일한 공변세포 안에 있는 칼륨이온의 양은, 햇빛이 있는 낮에 햇빛의 청색광만 차단하는 필름으로 식물을 덮은 경우가 덮지 않은 경우보다 적다.

ㄴ. 수분스트레스를 받은 식물에 양성자 펌프의 작동을 못하게 하면 햇빛이 있는 낮에 기공이 열린다.

ㄷ. 호르몬 A를 분비하는 식물이 햇빛이 있는 낮에 보이는 기공 개폐 상태와 병원균 α에 감염된 식물이 햇빛이 없는 밤에 보이는 기공 개폐 상태는 다르다.

① ㄱ　　　　　　② ㄴ　　　　　　③ ㄱ, ㄷ

④ ㄴ, ㄷ　　　　⑤ ㄱ, ㄴ, ㄷ

문 21. 다음 글의 ㉠과 ㉡에 대한 평가로 적절한 것만을 〈보기〉에서 모두 고르면?

진화론에 따르면 개체는 배우자 선택에 있어서 생존과 번식에 유리한 개체를 선호할 것으로 예측된다. 그런데 생존과 번식에 유리한 능력은 한 가지가 아니므로 합리적 선택은 단순하지 않다. 예를 들어 배우자 후보 α와 β가 있는데, 사냥 능력은 α가 우수한 반면, 위험 회피 능력은 β가 우수하다고 하자. 이 경우 개체는 더 중요하다고 판단하는 능력에 기초하여 배우자를 선택하는 것이 합리적이다. 이를테면 사냥 능력에 가중치를 둔다면 α를 선택하는 것이 합리적이라는 것이다. 그런데 α와 β보다 사냥 능력은 떨어지나 위험 회피 능력은 β와 α의 중간쯤 되는 새로운 배우자 후보 γ가 나타난 경우를 생각해 보자. 이때 개체는 애초의 판단 기준을 유지할 수도 있고 변경할 수도 있다. 즉 애초의 판단 기준에 따르면 선택이 바뀔 이유가 없음에도 불구하고, 새로운 후보의 출현에 의해 판단 기준이 바뀌어 위험 회피 능력이 우수한 β를 선택할 수 있다.

한 과학자는 동물의 배우자 선택에 있어 새로운 배우자 후보가 출현하는 경우, ㉠ 애초의 판단 기준을 유지한다는 가설과 ㉡ 판단 기준에 변화가 발생한다는 가설을 검증하기 위해 다음과 같은 실험을 수행하였다.

〈실험〉

X 개구리의 경우, 암컷은 두 가지 기준으로 수컷을 고르는데, 수컷의 울음소리 톤이 일정할수록 선호하고 울음소리 빈도가 높을수록 선호한다. 세 마리의 수컷 A~C는 각각 다른 소리를 내는데, 울음소리 톤은 C가 가장 일정하고 B가 가장 일정하지 않다. 울음소리 빈도는 A가 가장 높고 C가 가장 낮다. 과학자는 A~C의 울음소리를 발정기의 암컷으로부터 동일한 거리에 있는 서로 다른 위치에서 들려주었다. 상황 1에서는 수컷 두 마리의 울음소리만을 들려주었으며, 상황 2에서는 수컷 세 마리의 울음소리를 모두 들려주고 각 상황에서 암컷이 어느 쪽으로 이동하는지 비교하였다. 암컷은 들려준 울음소리 중 가장 선호하는 쪽으로 이동한다.

〈보기〉

ㄱ. 상황 1에서 암컷에게 들려준 소리가 A, B인 경우 암컷이 A로, 상황 2에서는 C로 이동했다면, ㉠은 강화되지 않지만 ㉡은 강화된다.

ㄴ. 상황 1에서 암컷에게 들려준 소리가 B, C인 경우 암컷이 B로, 상황 2에서는 A로 이동했다면, ㉠은 강화되지만 ㉡은 강화되지 않는다.

ㄷ. 상황 1에서 암컷에게 들려준 소리가 A, C인 경우 암컷이 C로, 상황 2에서는 A로 이동했다면, ㉠은 강화되지 않지만 ㉡은 강화된다.

① ㄱ　　　　② ㄷ　　　　③ ㄱ, ㄴ

④ ㄴ, ㄷ　　　⑤ ㄱ, ㄴ, ㄷ

문 22. 다음 글의 ㉠과 ㉡에 대한 평가로 적절한 것만을 〈보기〉에서 모두 고르면?

18세기에는 빛의 본성에 관한 두 이론이 경쟁하고 있었다. ㉠ 입자이론은 빛이 빠르게 운동하고 있는 아주 작은 입자들의 흐름으로 구성되어 있다고 설명한다. 이에 따르면, 물속에서 빛이 굴절하는 것은 물이 빛을 끌어당기기 때문이며, 공기 중에서는 이런 현상이 발생하지 않기 때문에 결과적으로 물속에서의 빛의 속도가 공기 중에서보다 더 빠르다. 한편 ㉡ 파동이론은 빛이 매질을 통하여 파동처럼 퍼져 나간다는 가설에 기초한다. 이에 따르면, 물속에서 빛이 굴절하는 것은 파동이 전파되는 매질의 밀도가 달라지기 때문이며, 밀도가 높아질수록 파동의 속도는 느려지므로 결과적으로 물속에서의 빛의 속도가 공기 중에서보다 더 느리다.

또한 파동이론에 따르면 빛의 색깔은 파장에 따라 달라진다. 공기 중에서는 파장에 따라 파동의 속도가 달라지지 않지만, 물속에서는 파장에 따라 파동의 속도가 달라진다. 반면 입자이론에 따르면 공기 중에서건 물속에서건 빛의 속도는 색깔에 따라 달라지지 않는다.

두 이론을 검증하기 위해 다음과 같은 실험이 고안되었다. 두 빛이 같은 시점에 발진하여 경로 1 또는 경로 2를 통과한 뒤 빠른 속도로 회전하는 평면거울에 도달한다. 두 개의 경로에서 빛이 진행하는 거리는 같으나, 경로 1에서는 물속을 통과하고, 경로 2에서는 공기만을 통과한다. 평면거울에서 반사된 빛은 반사된 빛이 향하는 방향에 설치된 스크린에 맺힌다. 평면거울에 도달한 빛 중 속도가 빠른 빛은 먼저 도달하고 속도가 느린 빛은 나중에 도달하게 되는데, 평면거울이 빠르게 회전하고 있으므로 먼저 도달한 빛과 늦게 도달한 빛은 반사 각도에 차이가 생기게 된다. 따라서 두 빛이 서로 다른 속도를 가진다면 반사된 두 빛이 도착하는 지점이 서로 달라지며, 더 빨리 평면거울에 도달한 빛일수록 스크린의 오른쪽에, 더 늦게 도달한 빛일수록 스크린의 왼쪽에 맺히게 된다.

〈보기〉

ㄱ. 색깔이 같은 두 빛이 각각 경로 1과 2를 통과했을 때, 경로 1을 통과한 빛이 경로 2를 통과한 빛보다 스크린의 오른쪽에 맺힌다면 ㉠은 강화되고 ㉡은 약화된다.

ㄴ. 색깔이 다른 두 빛 중 하나는 경로 1을, 다른 하나는 경로 2를 통과했을 때, 경로 1을 통과한 빛이 경로 2를 통과한 빛보다 스크린의 왼쪽에 맺힌다면 ㉠은 약화되고 ㉡은 강화된다.

ㄷ. 색깔이 다른 두 빛이 모두 경로 1을 통과했을 때, 두 빛이 스크린에 맺힌 위치가 다르다면 ㉠은 약화되고 ㉡은 강화된다.

① ㄱ　　　　② ㄴ　　　　③ ㄱ, ㄷ

④ ㄴ, ㄷ　　　⑤ ㄱ, ㄴ, ㄷ

문 23. 다음 대화의 빈칸에 들어갈 내용으로 가장 적절한 것은?

> 갑: 2022년에 A보조금이 B보조금으로 개편되었다고 들었습니다. 2021년에 A보조금을 수령한 민원인이 B보조금의 신청과 관련하여 문의하였습니다. 민원인이 중앙부처로 바로 연락하였다는데 B보조금 신청 자격을 알 수 있을까요?
>
> 을: B보조금 신청 자격은 A보조금과 같습니다. 해당 지자체에 농업경영정보를 등록한 농업인이어야 하고 지급 대상 토지도 해당 지자체에 등록된 농지 또는 초지여야 합니다.
>
> 갑: 네. 민원인의 자격 요건에 변동 사항은 없다는 것을 확인했습니다. 그 외에 다른 제한 사항은 없을까요?
>
> 을: 대상자 및 토지 요건을 모두 충족하더라도 전년도에 A보조금을 부정한 방법으로 수령했다고 판정된 경우에는 B보조금을 신청할 수가 없어요. 다만 부정한 방법으로 수령했다고 해당 지자체에서 판정하더라도 수령인은 일정 기간 동안 중앙부처에 이의를 제기할 수 있습니다. 이의 제기 심의 기간에는 수령인이 부정한 방법으로 수령하지 않은 것으로 봅니다.
>
> 갑: 우리 중앙부처의 2021년 A보조금 부정 수령 판정 현황이 어떻게 되죠?
>
> 을: 2021년 A보조금 부정 수령 판정 이의 제기 신청 기간은 만료되었습니다. 부정 수령 판정이 총 15건이 있었는데, 그중 11건에 대한 이의 제기 신청이 들어왔고 1건은 심의 후 이의 제기가 받아들여져 인용되었습니다. 9건은 이의 제기가 받아들여지지 않아 기각되었고 나머지 1건은 아직 이의 제기 심의 절차가 진행 중입니다.
>
> 갑: 그렇다면 제가 추가로 [   ]만 확인하고 나면 다른 사유를 확인하지 않고서도 민원인이 현재 B보조금 신청 자격이 되는지를 바로 알 수 있겠네요.

① 민원인의 부정 수령 판정 여부, 민원인의 이의 제기 여부, 이의 제기 심의 절차 진행 중인 건이 민원인이 제기한 건인지 여부

② 민원인의 부정 수령 판정 여부, 민원인의 이의 제기 여부, 이의 제기 기각 건에 민원인이 제기한 건이 포함되었는지 여부

③ 민원인의 농업인 및 농지 등록 여부, 민원인의 이의 제기 여부, 이의 제기 심의 절차 진행 중인 건의 심의 완료 여부

④ 민원인의 부정 수령 판정 여부, 민원인의 이의 제기 여부, 이의 제기 인용 건이 민원인이 제기한 건인지 여부

⑤ 민원인의 농업인 및 농지 등록 여부, 민원인의 부정 수령 판정 여부, 민원인의 이의 제기 여부

문 24. 다음 대화의 빈칸에 들어갈 내용으로 가장 적절한 것은?

> 갑: 안녕하십니까? 저는 공립학교인 A 고등학교 교감입니다. 우리 학교의 교육 방침을 명확히 밝히는 조항을 학교 규칙(이하 '학칙')에 새로 추가하려고 합니다. 이때 준수해야 할 것이 무엇입니까?
>
> 을: 네. 학교에서 학칙을 제정하고자 할 때에는 「초·중등교육법」(이하 '교육법')에 어긋나지 않는 범위에서 제정이 이루어져야 합니다.
>
> 갑: 그렇군요. 그래서 교육법 제8조제1항의 학교의 장은 '법령'의 범위에서 학칙을 제정할 수 있다는 규정에 근거해서 학칙을 만들고 있습니다. 그런데 최근 우리 도(道) 의회에서 제정한 「학생인권조례」의 내용을 보니, 우리 학교에서 만들고 있는 학칙과 어긋나는 것이 있습니다. 이러한 경우에 법적 판단은 어떻게 됩니까?
>
> 을: [   ].
>
> 갑: 교육법 제8조제1항에서는 '법령'이라는 용어를 사용하고, 제10조제2항에서는 '조례'라는 용어를 사용하고 있으니 교육법에서는 법령과 조례를 구분하는 것으로 보입니다.
>
> 을: 그것은 다른 문제입니다. 교육법 제10조제2항의 조례는 법령의 위임을 받아 제정되는 위임 입법입니다. 제8조제1항에서의 법령에는 조례가 포함된다고 해석하고 있으며, 이 경우에 제10조제2항의 조례와는 그 성격이 다르다고 할 수 있습니다.
>
> 갑: 교육법 제8조제1항은 초·중등학교 운영의 자율과 책임을 위한 것인데 이러한 조례로 인해서 오히려 학교 교육과 운영이 침해당하는 것 아닙니까?
>
> 을: 교육법 제8조제1항의 목적은 학교의 자율과 책임을 당연히 존중하는 것입니다. 다만 학칙을 제정할 때에도 국가나 지자체에서 반드시 지킬 것을 요구하는 최소한의 한계를 법령의 범위라는 말로 표현한 것입니다. 더욱이 학생들의 학습권, 개성을 실현할 권리 등은 헌법에서 보장된 기본권에서 나오고 교육법 제18조의4에서도 학생의 인권을 보장하도록 규정하고 있습니다. 최근 「학생인권조례」도 이러한 취지에서 제정되었습니다.

① 학칙의 제정을 통하여 학교 운영의 자율과 책임뿐 아니라 학생들의 학습권과 개성을 실현할 권리가 제한될 수 있습니다

② 법령에 조례가 포함된다고 해석할 여지는 없지만 교육법의 체계상 「학생인권조례」를 따라야 합니다

③ 교육법 제10조제2항에 따라 조례는 입법 목적이나 취지와 관계없이 법령에 포함됩니다

④ 「학생인권조례」에는 교육법에 어긋나는 규정이 있지만 학칙은 이 조례를 따라야 합니다

⑤ 법령의 범위에 있는 「학생인권조례」의 내용에 반하는 학칙은 교육법에 저촉됩니다

문 25. 다음 글의 〈논쟁〉에 대한 분석으로 적절한 것만을 〈보기〉에서 모두 고르면?

> 갑과 을은 △△국「주거법」제○○조의 해석에 대해 논쟁하고 있다. 그 조문은 다음과 같다.
>
> > 제○○조(비거주자의 구분) ① 다음 각 호에 해당하는 △△국 국민은 비거주자로 본다.
> > 　1. 외국에서 영업활동에 종사하고 있는 사람
> > 　2. 2년 이상 외국에 체재하고 있는 사람. 이 경우 일시 귀국하여 3개월 이내의 기간 동안 체재한 경우 그 기간은 외국에 체재한 기간에 포함되는 것으로 본다.
> > 　3. 외국인과 혼인하여 배우자의 국적국에 6개월 이상 체재하는 사람
> > ② 국내에서 영업활동에 종사하였거나 6개월 이상 체재하였던 외국인으로서 출국하여 외국에서 3개월 이상 체재 중인 사람의 경우에도 비거주자로 본다.

〈논쟁〉

쟁점 1: △△국 국민인 A는 일본에서 2년 1개월째 학교에 다니고 있다. A는 매년 여름방학과 겨울방학 기간에 일시 귀국하여 2개월씩 체재하였다. 이에 대해, 갑은 A가 △△국 비거주자로 구분된다고 주장하는 반면, 을은 그렇지 않다고 주장한다.

쟁점 2: △△국과 미국 국적을 모두 보유한 복수 국적자 B는 △△국 C 법인에서 임원으로 근무하였다. B는 올해 C 법인의 미국 사무소로 발령받아 1개월째 영업활동에 종사 중이다. 이에 대해, 갑은 B가 △△국 비거주자로 구분된다고 주장하는 반면, 을은 그렇지 않다고 주장한다.

쟁점 3: △△국 국민인 D는 독일 국적의 E와 결혼하여 독일에서 체재 시작 직후부터 5개월째 길거리 음악 연주를 하고 있다. 이에 대해, 갑은 D가 △△국 비거주자로 구분된다고 주장하는 반면, 을은 그렇지 않다고 주장한다.

〈보기〉

ㄱ. 쟁점 1과 관련하여, 일시 귀국하여 체재한 '3개월 이내의 기간'이 귀국할 때마다 체재한 기간의 합으로 확정된다면, 갑의 주장은 옳고 을의 주장은 그르다.

ㄴ. 쟁점 2와 관련하여, 갑은 B를 △△국 국민이라고 생각하지만 을은 외국인이라고 생각하기 때문이라고 하면, 갑과 을 사이의 주장 불일치를 설명할 수 있다.

ㄷ. 쟁점 3과 관련하여, D의 길거리 음악 연주가 영업활동이 아닌 것으로 확정된다면, 갑의 주장은 그르고 을의 주장은 옳다.

① ㄱ
② ㄷ
③ ㄱ, ㄴ
④ ㄴ, ㄷ
⑤ ㄱ, ㄴ, ㄷ

약점 보완 해설집 p.24

문 1. 다음 글에서 알 수 있는 것은?

> 우리나라 국기인 태극기에는 태극 문양과 4괘가 그려져 있는데, 중앙에 있는 태극 문양은 만물이 음양 조화로 생장한다는 것을 상징한다. 또 태극 문양의 좌측 하단에 있는 이괘는 불, 우측 상단에 있는 감괘는 물, 좌측 상단에 있는 건괘는 하늘, 우측 하단에 있는 곤괘는 땅을 각각 상징한다. 4괘가 상징하는 바는 그것이 처음 만들어질 때부터 오늘날까지 변함이 없다.
>
> 태극 문양을 그린 기는 개항 이전에도 조선 수군이 사용한 깃발 등 여러 개가 있는데, 태극 문양과 4괘만 사용한 기는 개항 후에 처음 나타났다. 1882년 5월 조미수호조규 체결을 위한 전권대신으로 임명된 이응준은 회담 장소에 내걸 국기가 없어 곤란해 하다가 회담 직전 태극 문양을 활용해 기를 만들고 그것을 회담장에 걸어두었다. 그 기에 어떤 문양이 담겼는지는 오랫동안 알려지지 않았다. 그런데 2004년 1월 미국 어느 고서점에서 미국 해군부가 조미수호조규 체결 한 달 후에 만든 『해상 국가들의 깃발들』이라는 책이 발견되었다. 이 책에는 이응준이 그린 것으로 짐작되는 '조선의 기'라는 이름의 기가 실려 있다. 그 기의 중앙에는 태극 문양이 있으며 네 모서리에 괘가 하나씩 있는데, 좌측 상단에 감괘, 우측 상단에 건괘, 좌측 하단에 곤괘, 우측 하단에 이괘가 있다.
>
> 조선이 국기를 공식적으로 처음 정한 것은 1883년의 일이다. 1882년 9월에 고종은 박영효를 수신사로 삼아 일본에 보내면서, 그에게 조선을 상징하는 기를 만들어 사용해본 다음 귀국하는 즉시 제출하게 했다. 이에 박영효는 태극 문양이 가운데 있고 4개의 모서리에 각각 하나씩 괘가 있는 기를 만들어 사용한 후 그것을 고종에게 바쳤다. 고종은 이를 조선 국기로 채택하고 통리교섭사무아문으로 하여금 각국 공사관에 배포하게 했다. 이 기는 일본에 의해 강제 병합되기까지 국기로 사용되었는데, 언뜻 보기에 『해상 국가들의 깃발들』에 실린 '조선의 기'와 비슷하다. 하지만 자세히 보면 두 기는 서로 다르다. 조선 국기 좌측 상단에 있는 괘가 '조선의 기'에는 우측 상단에 있고, '조선의 기'의 좌측 상단에 있는 괘는 조선 국기의 우측 상단에 있다. 또 조선 국기의 좌측 하단에 있는 괘는 '조선의 기'의 우측 하단에 있고, '조선의 기'의 좌측 하단에 있는 괘는 조선 국기의 우측 하단에 있다.

① 미국 해군부는 통리교섭사무아문이 각국 공사관에 배포한 국기를 『해상 국가들의 깃발들』에 수록하였다.

② 조미수호조규 체결을 위한 회담 장소에서 사용하고자 이응준이 만든 기는 태극 문양이 담긴 최초의 기다.

③ 통리교섭사무아문이 배포한 기의 우측 상단에 있는 괘와 '조선의 기'의 좌측 하단에 있는 괘가 상징하는 것은 같다.

④ 오늘날 태극기의 우측 하단에 있는 괘와 고종이 조선 국기로 채택한 기의 우측 하단에 있는 괘는 모두 땅을 상징한다.

⑤ 박영효가 그린 기의 좌측 상단에 있는 괘는 물을 상징하고 이응준이 그린 기의 좌측 상단에 있는 괘는 불을 상징한다.

문 2. 다음 대화의 빈칸에 들어갈 내용으로 가장 적절한 것은?

> 갑: 국회에서 법률들을 제정하거나 개정할 때, 법률에서 조례를 제정하여 시행하도록 위임하는 경우가 있습니다. 그리고 이런 위임에 따라 지방자치단체에서는 조례를 새로 제정하게 됩니다. 각 지방자치단체가 법률의 위임에 따라 몇 개의 조례를 제정했는지 집계하여 '조례 제정 비율'을 계산하는데, 이 지표는 작년에 이어 올해도 지방자치단체의 업무 평가 기준에 포함되었습니다.
>
> 을: 그렇군요. 그 평가 방식이 구체적으로 어떻게 되고, A시의 작년 평가 결과는 어땠는지 말씀해 주세요.
>
> 갑: 먼저 그 해 1월 1일부터 12월 31일까지 법률에서 조례를 제정하도록 위임한 사항이 몇 건인지 확인한 뒤, 그 중 12월 31일까지 몇 건이나 조례로 제정되었는지로 평가합니다. 작년에는 법률에서 조례를 제정하도록 위임한 사항이 15건이었는데, 그 중 A시에서 제정한 조례는 9건으로 그 비율은 60%였습니다.
>
> 을: 그러면 올해는 조례 제정 상황이 어떻습니까?
>
> 갑: 1월 1일부터 7월 10일 현재까지 법률에서 조례를 제정하도록 위임한 사항은 10건인데, A시는 이 중 7건을 조례로 제정하였으며 조례로 제정하기 위하여 입법 예고 중인 것은 2건입니다. 현재 시의회에서 조례로 제정되기를 기다리며 계류 중인 것은 없습니다.
>
> 을: 모든 조례는 입법 예고를 거친 뒤 시의회에서 제정되므로, 현재 입법 예고 중인 2건은 입법 예고 기간이 끝나야만 제정될 수 있겠네요. 이 2건의 제정 가능성은 예상할 수 있나요?
>
> 갑: 어떤 조례는 신속히 제정되기도 합니다. 그러나 때로는 시의회가 계속 파행하기도 하고 의원들의 입장에 차이가 커 공전될 수도 있기 때문에 현재 시점에서 조례 제정 가능성을 단정하기는 어렵습니다.
>
> 을: 그러면 A시의 조례 제정 비율과 관련하여 알 수 있는 것은 무엇이 있을까요?
>
> 갑: A시는 ⬚⬚⬚⬚⬚⬚⬚⬚⬚

① 현재 조례로 제정하기 위하여 입법 예고가 필요한 것이 1건입니다.

② 올 한 해의 조례 제정 비율이 작년보다 높아집니다.

③ 올 한 해 총 9건의 조례를 제정하게 됩니다.

④ 현재 시점을 기준으로 평가를 받으면 조례 제정 비율이 90%입니다.

⑤ 올 한 해 법률에서 조례를 제정하도록 위임 받은 사항이 작년보다 줄어듭니다.

문 3. 다음 글의 A~C에 대한 판단으로 가장 적절한 것은?

> 정책 네트워크는 다원주의 사회에서 정책 영역에 따라 실질적인 정책 결정권을 공유하고 있는 집합체이다. 정책 네트워크는 구성원 간의 상호 의존성, 외부로부터 다른 사회 구성원들의 참여 가능성, 의사설정의 합의 효율성, 지속성의 특징을 고려할 때 다음 세 가지 모형으로 분류될 수 있다.
>
> | 특징
모형 | 상호
의존성 | 외부 참여
가능성 | 합의
효율성 | 지속성 |
> |---|---|---|---|---|
> | A | 높음 | 낮음 | 높음 | 높음 |
> | B | 보통 | 보통 | 보통 | 보통 |
> | C | 낮음 | 높음 | 낮음 | 낮음 |
>
> A는 의회의 상임위원회, 행정 부처, 이익집단이 형성하는 정책 네트워크로서 안정성이 높아 마치 소정부와 같다. 행정부 수반의 영향력이 작은 정책 분야에서 집중적으로 나타나는 형태이다. A에서는 참여자 간의 결속과 폐쇄적 경계를 강조하며, 배타성이 매우 강해 다른 이익집단의 참여를 철저하게 배제하는 것이 특징이다.
>
> B는 특정 정책과 관련해 이해관계를 같이하는 참여자들로 구성된다. B가 특정 이슈에 대해 유기적인 연계 속에서 기능하면, 전통적인 관료제나 A의 방식보다 더 효과적으로 정책 목표를 달성할 수 있다. B의 주요 참여자는 정치인, 관료, 조직화된 이익집단, 전문가 집단이며, 정책 결정은 주요 참여자 간의 합의와 협력에 의해 일어난다.
>
> C는 특정 이슈를 중심으로 이해관계나 전문성을 가진 이익집단, 개인, 조직으로 구성되고, 참여자는 매우 자율적이고 주도적인 행위자이며 수시로 변경된다. 배타성이 강한 A만으로 정책을 모색하면 정책 결정에 영향을 미칠 수 있는 C와 같은 개방적 참여자들의 네트워크를 놓치기 쉽다. C는 관료제의 영향력이 작고 통제가 약한 분야에서 주로 작동하는데, 참여자가 많아 합의가 어려워 결국 정부가 위원회나 청문회를 활용하여 의견을 조정하려는 경우가 종종 발생한다.

① 외부 참여 가능성이 높은 모형은 관료제의 영향력이 작고 통제가 약한 분야에서 나타나기 쉽다.

② 상호 의존성이 보통인 모형에서는 배타성이 강해 다른 이익집단의 참여를 철저하게 배제한다.

③ 합의 효율성이 높은 모형이 가장 효과적으로 정책 목표를 달성할 수 있다.

④ A에 참여하는 이익집단의 정책 결정 영향력이 B에 참여하는 이익집단의 정책 결정 영향력보다 크다.

⑤ C에서는 참여자의 수가 많아질수록 네트워크의 지속성이 높아진다.

문 4. 다음 글에서 추론할 수 있는 것만을 〈보기〉에서 모두 고르면?

두 입자만으로 이루어지고 이들이 세 가지의 양자 상태 1, 2, 3 중 하나에만 있을 수 있는 계(system)가 있다고 하자. 여기서 양자 상태란 입자가 있을 수 있는 구별 가능한 어떤 상태를 지시하며, 입자는 세 가지 양자 상태 중 하나에 반드시 있어야 한다. 이때 그 계에서 입자들이 어떻게 분포할 수 있는지 경우의 수를 세는 문제는, 각 양자 상태에 대응하는 세 개의 상자 ①②③ 에 두 입자가 있는 경우의 수를 세는 것과 같다. 경우의 수는 입자들끼리 서로 구별 가능한지와 여러 개의 입자가 하나의 양자 상태에 동시에 있을 수 있는지에 따라 달라진다.

두 입자가 구별 가능하고, 하나의 양자 상태에 여러 개의 입자가 있을 수 있다고 가정하자. 이것을 'MB 방식'이라고 부르며, 두 입자는 각각 a, b로 표시할 수 있다. a가 1의 양자 상태에 있는 경우는 |ab|　|　|, |a|b|　|, |a|　|b|의 세 가지이고, a가 2의 양자 상태에 있는 경우와 a가 3의 양자 상태에 있는 경우도 각각 세 가지이다. 그러므로 MB 방식에서 경우의 수는 9이다.

두 입자가 구별되지 않고, 하나의 양자 상태에 여러 개의 입자가 있을 수 있다고 가정하자. 이것을 'BE 방식'이라고 부른다. 이때에는 두 입자 모두 a로 표시하게 되므로 |aa|　|　|, |　|aa|　|, |　|　|aa|, |a|a|　|, |a|　|a|, |　|a|a|가 가능하다. 그러므로 BE 방식에서 경우의 수는 6이다.

두 입자가 구별되지 않고, 하나의 양자 상태에 하나의 입자만 있을 수 있다고 가정하자. 이것을 'FD 방식'이라고 부른다. 여기에서는 BE 방식과 달리 하나의 양자 상태에 두 개의 입자가 동시에 있는 경우는 허용되지 않으므로 |a|a|　|, |a|　|a|, |　|a|a|만 가능하다. 그러므로 FD 방식에서 경우의 수는 3이다.

양자 상태의 가짓수가 다를 때에도 MB, BE, FD 방식 모두 위에서 설명한 대로 입자들이 놓이게 되고, 이때 경우의 수는 달라질 수 있다.

─〈보기〉─

ㄱ. 두 개의 입자에 대해, 양자 상태가 두 가지이면 BE 방식에서 경우의 수는 2이다.

ㄴ. 두 개의 입자에 대해, 양자 상태의 가짓수가 많아지면 FD 방식에서 두 입자가 서로 다른 양자 상태에 각각 있는 경우의 수는 커진다.

ㄷ. 두 개의 입자에 대해, 양자 상태가 두 가지 이상이면 경우의 수는 BE 방식에서보다 MB 방식에서 언제나 크다.

① ㄱ
② ㄷ
③ ㄱ, ㄴ
④ ㄴ, ㄷ
⑤ ㄱ, ㄴ, ㄷ

문 5. 다음 글에서 추론할 수 있는 것은?

생쥐가 새로운 소리 자극을 받으면 이 자극 신호는 뇌의 시상에 있는 청각시상으로 전달된다. 청각시상으로 전달된 자극 신호는 뇌의 편도에 있는 측핵으로 전달된다. 측핵에 전달된 신호는 편도의 중핵으로 전달되고, 중핵은 신체의 여러 기관에 전달할 신호를 만들어서 반응이 일어나게 한다.

연구자 K는 '공포' 또는 '안정'을 학습시켰을 때 나타나는 신경생물학적 특징을 탐구하기 위해 두 개의 실험을 수행했다.

첫 번째 실험에서 공포를 학습시켰다. 이를 위해 K는 생쥐에게 소리 자극을 준 뒤에 언제나 공포를 일으킬 만한 충격을 가하여, 생쥐에게 이 소리가 충격을 예고한다는 것을 학습시켰다. 이렇게 학습된 생쥐는 해당 소리 자극을 받으면 방어적인 행동을 취했다. 이 생쥐의 경우, 청각시상으로 전달된 소리 자극 신호는 학습을 수행하기 전 상태에서 전달되는 것보다 훨씬 센 강도의 신호로 증폭되어 측핵으로 전달된다. 이 증폭된 강도의 신호는 중핵을 거쳐 신체의 여러 기관에 전달되고 이는 학습된 공포 반응을 일으킨다.

두 번째 실험에서는 안정을 학습시켰다. 이를 위해 K는 다른 생쥐에게 소리 자극을 준 뒤에 항상 어떤 충격도 주지 않아서, 생쥐에게 이 소리가 안정을 예고한다는 것을 학습시켰다. 이렇게 학습된 생쥐는 이 소리를 들어도 방어적인 행동을 전혀 취하지 않았다. 이 경우 소리 자극 신호를 받은 청각시상에서 만들어진 신호가 측핵으로 전달되는 것이 억제되기 때문에 측핵에 전달된 신호는 매우 미약해진다. 대신 청각시상은 뇌의 선조체에서 반응을 일으킬 수 있는 자극 신호를 만들어서 선조체에 전달한다. 선조체는 안정 상태와 같은 긍정적이고 좋은 느낌을 느낄 수 있게 하는 것에 관여하는 뇌 영역인데, 선조체에서 반응이 세게 나타나면 안정감을 느끼게 되어 학습된 안정 반응을 일으킨다.

① 중핵에서 만들어진 신호의 세기가 강한 경우에는 학습된 안정 반응이 나타난다.

② 학습된 공포 반응을 일으키지 않는 소리 자극은 선조체에서 약한 반응이 일어나게 한다.

③ 학습된 공포 반응을 일으키는 소리 자극은 청각시상에서 선조체로 전달되는 자극 신호를 억제한다.

④ 학습된 안정 반응을 일으키는 청각시상에서 받는 소리 자극 신호는 학습된 공포 반응을 일으키는 청각시상에서 받는 소리 자극 신호보다 약하다.

⑤ 학습된 안정 반응을 일으키는 경우와 학습된 공포 반응을 일으키는 경우 모두, 청각시상에서 측핵으로 전달되는 신호의 세기가 학습하기 전과 달라진다.

문 6. 다음 글의 빈칸에 들어갈 내용으로 가장 적절한 것은?

민간 문화 교류 증진을 목적으로 열리는 국제 예술 공연의 개최가 확정되었다. 이번 공연이 민간 문화 교류 증진을 목적으로 열린다면, 공연 예술단의 수석대표는 정부 관료가 맡아서는 안 된다. 만일 공연이 민간 문화 교류 증진을 목적으로 열리고 공연 예술단의 수석대표는 정부 관료가 맡아서는 안 된다면, 공연 예술단의 수석대표는 고전음악 지휘자나 대중음악 제작자가 맡아야 한다. 현재 정부 관료 가운데 고전음악 지휘자나 대중음악 제작자는 없다. 예술단에 수석대표는 반드시 있어야 하며 두 사람 이상이 공동으로 맡을 수도 있다. 전체 세대를 아우를 수 있는 사람이 아니라면 수석대표를 맡아서는 안 된다. 전체 세대를 아우를 수 있는 사람이 극히 드물기에, 위에 나열된 조건을 다 갖춘 사람은 모두 수석대표를 맡는다.

누가 공연 예술단의 수석대표를 맡을 것인가와 더불어, 참가하는 예술인이 누구인가도 많은 관심의 대상이다. 그런데 아이돌 그룹 A가 공연 예술단에 참가하는 것은 분명하다. 왜냐하면 만일 갑이나 을이 수석대표를 맡는다면 A가 공연 예술단에 참가하는데, [   ] 때문이다.

① 갑은 고전음악 지휘자이며 전체 세대를 아우를 수 있기

② 갑이나 을은 대중음악 제작자 또는 고전음악 지휘자이기

③ 갑과 을은 둘 다 정부 관료가 아니며 전체 세대를 아우를 수 있기

④ 을이 대중음악 제작자가 아니라면 전체 세대를 아우를 수 없을 것이기

⑤ 대중음악 제작자나 고전음악 지휘자라면 누구나 전체 세대를 아우를 수 있기

2021

해커스PSAT 7급+민경채 PSAT 16개년 기출문제집 언어논리

문 7. 다음 글의 내용이 참일 때, 반드시 참인 것만을 〈보기〉에서 모두 고르면?

A기술원 해수자원화기술 연구센터는 2014년 세계 최초로 해수전지 원천 기술을 개발한 바 있다. 연구센터는 해수전지 상용화를 위한 학술대회를 열었는데 학술대회로 연구원들이 자리를 비운 사이 누군가 해수전지 상용화를 위한 핵심 기술이 들어 있는 기밀 자료를 훔쳐 갔다. 경찰은 수사 끝에 바다, 다은, 은경, 경아를 용의자로 지목해 학술대회 당일의 상황을 물으며 이들을 심문했는데 이들의 답변은 아래와 같았다.

바다: 학술대회에서 발표된 상용화 아이디어 중 적어도 하나는 학술대회에 참석한 모든 사람들의 관심을 받았어요. 다은은 범인이 아니에요.

다은: 학술대회에 참석한 사람들은 누구나 학술대회에서 발표된 하나 이상의 상용화 아이디어에 관심을 가졌어요. 범인은 은경이거나 경아예요.

은경: 학술대회에 참석한 몇몇 사람은 학술대회에서 발표된 상용화 아이디어 중 적어도 하나에 관심이 있었어요. 경아는 범인이 아니에요.

경아: 학술대회에 참석한 모든 사람들이 어떤 상용화 아이디어에도 관심이 없었어요. 범인은 바다예요.

수사 결과 이들은 각각 참만을 말하거나 거짓만을 말한 것으로 드러났다. 그리고 네 명 중 한 명만 범인이었다는 것이 밝혀졌다.

〈보기〉

ㄱ. 바다와 은경의 말이 모두 참일 수 있다.

ㄴ. 다은과 은경의 말이 모두 참인 것은 가능하지 않다.

ㄷ. 용의자 중 거짓말한 사람이 단 한 명이면, 은경이 범인이다.

① ㄱ

② ㄴ

③ ㄱ, ㄷ

④ ㄴ, ㄷ

⑤ ㄱ, ㄴ, ㄷ

문 8. 다음 글의 내용이 참일 때, 반드시 참인 것만을 〈보기〉에서 모두 고르면?

최근 두 주 동안 직원들은 다음 주에 있을 연례 정책 브리핑을 준비해 왔다. 브리핑의 내용과 진행에 관해 알려진 바는 다음과 같다. 개인건강정보 관리 방식 변경에 관한 가안이 정책제안에 포함된다면, 보건정보의 공적 관리에 관한 가안도 정책제안에 포함될 것이다. 그리고 정책제안을 위해 구성되었던 국민건강 2025팀이 재편된다면, 앞에서 언급한 두 개의 가안이 모두 정책제안에 포함될 것이다. 개인건강정보 관리 방식 변경에 관한 가안이 정책제안에 포함되고 국민건강 2025팀 리더인 최팀장이 다음 주 정책 브리핑을 총괄한다면, 프레젠테이션은 국민건강 2025팀의 팀원인 손공정씨가 맡게 될 것이다. 그런데 보건정보의 공적 관리에 관한 가안이 정책제안에 포함될 경우, 국민건강 2025팀이 재편되거나 다음 주 정책 브리핑을 위해 준비한 보도자료가 대폭 수정될 것이다. 한편, 직원들 사이에서는, 최팀장이 다음 주 정책 브리핑을 총괄하면 팀원 손공정씨가 프레젠테이션을 담당한다는 말이 돌았는데 그 말은 틀린 것으로 밝혀졌다.

〈보기〉

ㄱ. 개인건강정보 관리 방식 변경에 관한 가안과 보건정보의 공적 관리에 관한 가안 중 어느 것도 정책제안에 포함되지 않는다.

ㄴ. 국민건강 2025팀은 재편되지 않고, 이 팀의 최팀장이 다음 주 정책 브리핑을 총괄한다.

ㄷ. 보건정보의 공적 관리에 관한 가안이 정책제안에 포함된다면, 다음 주 정책 브리핑을 위해 준비한 보도자료가 대폭 수정될 것이다.

① ㄱ

② ㄴ

③ ㄱ, ㄷ

④ ㄴ, ㄷ

⑤ ㄱ, ㄴ, ㄷ

문 9. 다음 글의 내용이 참일 때, 반드시 참인 것은?

> A, B, C, D를 포함해 총 8명이 학회에 참석했다. 이들에 관해서 알려진 정보는 다음과 같다.
>
> ○ 아인슈타인 해석, 많은 세계 해석, 코펜하겐 해석, 보른 해석 말고도 다른 해석들이 있고, 학회에 참석한 이들은 각각 하나의 해석만을 받아들인다.
> ○ 상태 오그라듦 가설을 받아들이는 이들은 모두 5명이고, 나머지는 이 가설을 받아들이지 않는다.
> ○ 상태 오그라듦 가설을 받아들이는 이들은 코펜하겐 해석이나 보른 해석을 받아들인다.
> ○ 코펜하겐 해석이나 보른 해석을 받아들이는 이들은 상태 오그라듦 가설을 받아들인다.
> ○ B는 코펜하겐 해석을 받아들이고, C는 보른 해석을 받아들인다.
> ○ A와 D는 상태 오그라듦 가설을 받아들인다.
> ○ 아인슈타인 해석을 받아들이는 이가 있다.

① 적어도 한 명은 많은 세계 해석을 받아들인다.

② 만일 보른 해석을 받아들이는 이가 두 명이면, A와 D가 받아들이는 해석은 다르다.

③ 만일 A와 D가 받아들이는 해석이 다르다면, 적어도 두 명은 코펜하겐 해석을 받아들인다.

④ 만일 오직 한 명만이 많은 세계 해석을 받아들인다면, 아인슈타인 해석을 받아들이는 이는 두 명이다.

⑤ 만일 코펜하겐 해석을 받아들이는 이가 세 명이면, A와 D 가운데 적어도 한 명은 보른 해석을 받아들인다.

문 10. 다음 글의 〈실험 결과〉에서 추론할 수 있는 것은?

> 연구자 K는 동물의 뇌 구조 변화가 일어나는 방식을 규명하기 위해 다음의 실험을 수행했다. 실험용 쥐를 총 세 개의 실험군으로 나누었다. 실험군1의 쥐에게는 운동은 최소화하면서 학습을 시키는 '학습 위주 경험'을 하도록 훈련시켰다. 실험군2의 쥐에게는 특별한 기술을 학습할 필요 없이 수행할 수 있는 쳇바퀴 돌리기를 통해 '운동 위주 경험'을 하도록 훈련시켰다. 실험군3의 쥐에게는 어떠한 학습이나 운동도 시키지 않았다.
>
> 〈실험 결과〉
> ○ 뇌 신경세포 한 개당 시냅스의 수는 실험군1의 쥐에서 크게 증가했고 실험군2와 3의 쥐에서는 거의 변하지 않았다.
> ○ 뇌 신경세포 한 개당 모세혈관의 수는 실험군 2의 쥐에서 크게 증가했고 실험군1과 3의 쥐에서는 거의 변하지 않았다.
> ○ 실험군1의 쥐에서는 대뇌 피질의 지각 영역에서 구조 변화가 나타났고, 실험군2의 쥐에서는 대뇌 피질의 운동 영역과 더불어 운동 활동을 조절하는 소뇌에서 구조 변화가 나타났다. 실험군3의 쥐에서는 뇌 구조 변화가 거의 나타나지 않았다.

① 대뇌 피질의 구조 변화는 학습 위주 경험보다 운동 위주 경험에 더 큰 영향을 받는다.

② 학습 위주 경험은 뇌의 신경세포당 시냅스의 수에, 운동 위주 경험은 뇌의 신경세포당 모세혈관의 수에 영향을 미친다.

③ 학습 위주 경험과 운동 위주 경험은 뇌의 특정 부위에 있는 신경세포의 수를 늘려 그 부위의 뇌 구조를 변하게 한다.

④ 특정 형태의 경험으로 인해 뇌의 특정 영역에 발생한 구조 변화가 뇌의 신경세포당 모세혈관 또는 시냅스의 수를 변화시킨다.

⑤ 뇌가 영역별로 특별한 구조를 갖는 것이 그 영역에서 신경세포당 모세혈관 또는 시냅스의 수를 변화시켜 특정 형태의 경험을 더 잘 수행할 수 있게 한다.

문 11. 다음 글의 〈실험 결과〉에 대한 판단으로 적절한 것만을 〈보기〉에서 모두 고르면?

박쥐 X가 잡아먹을 수컷 개구리의 위치를 찾기 위해 사용하는 방법에는 두 가지가 있다. 하나는 수컷 개구리의 울음소리를 듣고 위치를 찾아내는 '음탐지' 방법이다. 다른 하나는 X가 초음파를 사용하여, 울음소리를 낼 때 커졌다 작아졌다 하는 울음주머니의 움직임을 포착하여 위치를 찾아내는 '초음파탐지' 방법이다. 울음주머니의 움직임이 없으면 이 방법으로 수컷 개구리의 위치를 찾을 수 없다.

〈실험〉

한 과학자가 수컷 개구리를 모방한 두 종류의 로봇개구리를 제작했다. 로봇개구리 A는 수컷 개구리의 울음소리를 내고, 커졌다 작아졌다 하는 울음주머니도 가지고 있다. 로봇개구리 B는 수컷 개구리의 울음소리만 내고, 커졌다 작아졌다 하는 울음주머니는 없다. 같은 수의 A 또는 B를 크기는 같지만 서로 다른 환경의 세 방 안에 같은 위치에 두었다. 세 방의 환경은 다음과 같다.

○ 방 1: 로봇개구리 소리만 들리는 환경
○ 방 2: 로봇개구리 소리뿐만 아니라, 로봇개구리가 있는 곳과 다른 위치에서 로봇개구리 소리와 같은 소리가 추가로 들리는 환경
○ 방 3: 로봇개구리 소리뿐만 아니라, 로봇개구리가 있는 곳과 다른 위치에서 로봇개구리 소리와 전혀 다른 소리가 추가로 들리는 환경

각 방에 같은 수의 X를 넣고 실제로 로봇개구리를 잡아먹기 위해 공격하는 데 걸리는 평균 시간을 측정했다. X가 로봇개구리의 위치를 빨리 알아낼수록 공격하는 데 걸리는 시간은 짧다.

〈실험 결과〉

○ 방 1: A를 넣은 경우는 3.4초였고 B를 넣은 경우는 3.3초로 둘 사이에 유의미한 차이는 없었다.
○ 방 2: A를 넣은 경우는 8.2초였고 B를 넣은 경우는 공격하지 않았다.
○ 방 3: A를 넣은 경우는 3.4초였고 B를 넣은 경우는 3.3초로 둘 사이에 유의미한 차이는 없었다.

〈보기〉

ㄱ. 방 1과 2의 〈실험 결과〉는, X가 음탐지 방법이 방해를 받는 환경에서는 초음파탐지 방법을 사용한다는 가설을 강화한다.
ㄴ. 방 2와 3의 〈실험 결과〉는, X가 소리의 종류를 구별할 수 있다는 가설을 강화한다.
ㄷ. 방 1과 3의 〈실험 결과〉는, 수컷 개구리의 울음소리와 전혀 다른 소리가 들리는 환경에서는 X가 초음파탐지 방법을 사용한다는 가설을 강화한다.

① ㄱ   ② ㄷ   ③ ㄱ, ㄴ
④ ㄴ, ㄷ   ⑤ ㄱ, ㄴ, ㄷ

문 12. 다음 글에 대한 분석으로 적절한 것만을 〈보기〉에서 모두 고르면?

'자연화'란 자연과학의 방법론에 따라 자연과학이 수용하는 존재론을 토대 삼아 연구를 수행한다는 의미이다. 심리학을 자연과학의 하나라고 생각하는 철학자 A는, 인식론의 자연화를 주장하기 위해 다음의 〈논증〉을 제시하였다.

〈논증〉

(1) 전통적 인식론은 적어도 다음의 두 가지 목표를 가진다. 첫째, 세계에 관한 믿음을 정당화하는 것이고, 둘째, 세계에 관한 믿음을 나타내는 문장을 감각 경험을 나타내는 문장으로 번역하는 것이다.
(2) 전통적 인식론은 첫째 목표도 달성할 수 없고 둘째 목표도 달성할 수 없다.
(3) 만약 전통적 인식론이 이 두 가지 목표 중 어느 하나라도 달성할 수가 없다면, 전통적 인식론은 폐기되어야 한다.
(4) 전통적 인식론은 폐기되어야 한다.
(5) 만약 전통적 인식론이 폐기되어야 한다면, 인식론자는 전통적 인식론 대신 심리학을 연구해야 한다.
(6) 인식론자는 전통적 인식론 대신 심리학을 연구해야 한다.

〈보기〉

ㄱ. 전통적 인식론의 목표에 (1)의 '두 가지 목표' 외에 "세계에 관한 믿음이 형성되는 과정을 규명하는 것"이 추가된다면, 위 논증에서 (6)은 도출되지 않는다.
ㄴ. (2)를 "전통적 인식론은 첫째 목표를 달성할 수 없거나 둘째 목표를 달성할 수 없다."로 바꾸어도 위 논증에서 (6)이 도출된다.
ㄷ. (4)는 논증 안의 어떤 진술들로부터 나오는 결론일 뿐만 아니라 논증 안의 다른 진술의 전제이기도 하다.

① ㄱ   ② ㄷ   ③ ㄱ, ㄴ
④ ㄴ, ㄷ   ⑤ ㄱ, ㄴ, ㄷ

문 13. 다음 글에 대한 분석으로 적절한 것만을 〈보기〉에서 모두 고르면?

어떤 사람이 당신에게 다음과 같이 제안했다고 하자. 당신은 호화 여행을 즐기게 된다. 다만 먼저 10만 원을 내야 한다. 여기에 하나의 추가 조건이 있다. 그것은 제안자의 말인 아래의 (1)이 참이면 그는 10만 원을 돌려주지 않고 약속대로 호화 여행은 제공하는 반면, (1)이 거짓이면 그는 10만 원을 돌려주고 약속대로 호화 여행도 제공한다는 것이다.

(1) 나는 당신에게 10만 원을 돌려주거나 ⓐ 당신은 나에게 10억 원을 지불한다.

당신은 이 제안을 받아들였고 10만 원을 그에게 주었다.

이때 어떤 결과가 따를지 검토해 보자. (1)은 참이거나 거짓일 것이다. (1)이 거짓이라고 가정해 보자. 그러면 추가 조건에 따라 그는 당신에게 10만 원을 돌려준다. 또한 가정상 (1)이 거짓이므로, ㉠ 그는 당신에게 10만 원을 돌려주지 않는다. 결국 (1)이 거짓이라고 가정하면 그는 당신에게 10만 원을 돌려준다는 것과 돌려주지 않는다는 것이 모두 성립한다. 이는 가능하지 않다. 따라서 ㉡ (1)은 참일 수밖에 없다. 그런데 (1)이 참이라면 추가 조건에 따라 그는 당신에게 10만 원을 돌려주지 않는다. 따라서 ⓐ가 반드시 참이어야 한다. 즉, ㉢ 당신은 그에게 10억 원을 지불한다.

─────〈보기〉─────

ㄱ. ㉠을 추론하는 데는 'A이거나 B'의 형식을 가진 문장이 거짓이면 A도 B도 모두 반드시 거짓이라는 원리가 사용되었다.

ㄴ. ㉡을 추론하는 데는 어떤 가정 하에서 같은 문장의 긍정과 부정이 모두 성립하는 경우 그 가정의 부정은 반드시 참이라는 원리가 사용되었다.

ㄷ. ㉢을 추론하는 데는 'A이거나 B'라는 형식의 참인 문장에서 A가 거짓인 경우 B는 반드시 참이라는 원리가 사용되었다.

① ㄱ

② ㄷ

③ ㄱ, ㄴ

④ ㄴ, ㄷ

⑤ ㄱ, ㄴ, ㄷ

문 14. 다음 글의 ㉠과 ㉡에 대한 평가로 적절한 것만을 〈보기〉에서 모두 고르면?

연역과 귀납, 이 두 종류의 방법은 지적 작업에서 사용될 수 있는 모든 추론을 포괄한다. 철학과 과학을 비롯한 모든 지적 작업에 연역적 방법이 필수적이라는 것을 부정하는 사람은 아무도 없다. 귀납적 방법의 경우 사정은 크게 다르다. 귀납적 방법이 철학적 작업에 들어설 여지가 없다고 믿는 사람이 있는가 하면, 한 걸음 더 나아가 어떠한 지적 작업에도 귀납적 방법이 불필요하다고 주장하는 사람들도 있다.

㉠ 귀납적 방법이 철학이라는 지적 작업에서 불필요하다는 견해는 독단적인 철학관에 근거한다. 이런 견해에 따르면 철학적 주장의 정당성은 선험적인 것으로, 경험적 지식을 확장하기 위해 사용되는 귀납적 방법에 의존할 수 없다. 그러나 이런 견해는 철학적 주장이 경험적 가설에 의존해서는 안 된다는 부당하게 편협한 철학관과 '귀납적 방법'의 모호성을 딛고 서 있다. 실제로 철학사에 나타나는 목적론적 신 존재 증명이나 외부 세계의 존재에 관한 형이상학적 논증 가운데는 귀납적 방법인 유비 논증과 귀추법을 교묘히 적용하고 있는 것도 있다.

㉡ 모든 지적 작업에서 귀납적 방법의 필요성을 부정하는 견해는 중요한 철학적 성과를 낳기도 하였다. 포퍼의 철학이 그런 사례 가운데 하나이다. 포퍼는 귀납적 방법의 정당화 가능성에 관한 회의적 결론을 받아들이고, 과학의 탐구가 귀납적 방법으로 진행된다는 견해는 근거가 없음을 보인다. 그에 따르면, 과학의 탐구 과정은 연역 논리 법칙에 따라 전개되는 추측과 반박의 작업으로 이루어진다. 이런 포퍼의 이론은 귀납적 방법의 필요성에 대한 전면적인 부정이 낳을 수 있는 흥미로운 결과 가운데 하나라고 할 수 있다.

─────〈보기〉─────

ㄱ. 과학의 탐구가 귀납적 방법에 의해 진행된다는 주장은 ㉠을 반박한다.

ㄴ. 철학의 일부 논증에서 귀추법의 사용이 불가피하다는 주장은 ㉡을 반박한다.

ㄷ. 연역 논리와 경험적 가설 모두에 의존하는 지적 작업이 있다는 주장은 ㉠과 ㉡을 모두 반박한다.

① ㄱ

② ㄴ

③ ㄱ, ㄷ

④ ㄴ, ㄷ

⑤ ㄱ, ㄴ, ㄷ

2021 해커스PSAT 7급+민경채 PSAT 16개년 기출문제집 언어논리

문 15. 다음 글의 갑~병에 대한 판단으로 적절한 것만을 〈보기〉에서 모두 고르면?

> 다음 두 삼단논법을 보자.
> (1) 모든 춘천시민은 강원도민이다.
> 　　모든 강원도민은 한국인이다.
> 　　따라서 모든 춘천시민은 한국인이다.
> (2) 모든 수학 고득점자는 우등생이다.
> 　　모든 과학 고득점자는 우등생이다.
> 　　따라서 모든 수학 고득점자는 과학 고득점자이다.
>
> 　(1)은 타당한 삼단논법이지만 (2)는 부당한 삼단논법이다. 하지만 어떤 사람들은 (2)도 타당한 논증이라고 잘못 판단한다. 왜 이런 오류가 발생하는지 설명하기 위해 세 가지 입장이 제시되었다.
>
> 갑: 사람들은 '모든 A는 B이다'를 '모든 B는 A이다'로 잘못 바꾸는 경향이 있다. '어떤 A도 B가 아니다'나 '어떤 A는 B이다'라는 형태에서는 A와 B의 자리를 바꾸더라도 아무런 문제가 없다. 하지만 '모든 A는 B이다'라는 형태에서는 A와 B의 자리를 바꾸면 논리적 오류가 생겨난다.
> 을: 사람들은 '모든 A는 B이다'를 약한 의미로 이해해야 하는데도 강한 의미로 이해하는 잘못을 저지르는 경향이 있다. 여기서 약한 의미란 그것을 'A는 B에 포함된다'로 이해하는 것이고, 강한 의미란 그것을 'A는 B에 포함되고 또한 B는 A에 포함된다'는 뜻에서 'A와 B가 동일하다'로 이해하는 것이다.
> 병: 사람들은 전제가 모두 '모든 A는 B이다'라는 형태의 명제로 이루어진 것일 경우에는 결론도 그런 형태이기만 하면 타당하다고 생각하고, 전제 가운데 하나가 '어떤 A는 B이다'라는 형태의 명제로 이루어진 것일 경우에는 결론도 그런 형태이기만 하면 타당하다고 생각하는 경향이 있다.

〈보기〉

ㄱ. 대다수의 사람이 "어떤 과학자는 운동선수이다. 어떤 철학자도 과학자가 아니다."라는 전제로부터 "어떤 철학자도 운동선수가 아니다."를 타당하게 도출할 수 있는 결론이라고 응답했다는 심리 실험 결과는 갑에 의해 설명된다.

ㄴ. 대다수의 사람이 "모든 적색 블록은 구멍이 난 블록이다. 모든 적색 블록은 삼각 블록이다."라는 전제로부터 "모든 구멍이 난 블록은 삼각 블록이다."를 타당하게 도출할 수 있는 결론이라고 응답했다는 심리 실험 결과는 을에 의해 설명된다.

ㄷ. 대다수의 사람이 "모든 물리학자는 과학자이다. 어떤 컴퓨터 프로그래머는 과학자이다."라는 전제로부터 "어떤 컴퓨터 프로그래머는 물리학자이다."를 타당하게 도출할 수 있는 결론이라고 응답했다는 심리 실험 결과는 병에 의해 설명된다.

① ㄱ
② ㄷ
③ ㄱ, ㄴ
④ ㄴ, ㄷ
⑤ ㄱ, ㄴ, ㄷ

문 16. 다음 대화의 ㉠에 따라 〈계획안〉을 수정한 것으로 적절하지 않은 것은?

갑: 나눠드린 'A시 공공 건축 교육 과정' 계획안을 다 보셨죠? 이제 계획안을 어떻게 수정하면 좋을지 각자의 의견을 자유롭게 말씀해 주십시오.

을: 코로나19 상황을 고려해 대면 교육보다 온라인 교육이 좋겠습니다. 그리고 방역 활동에 모범을 보이는 차원에서 온라인 강의로 진행한다는 점을 강조하는 것이 좋겠습니다. 온라인 강의는 편안한 시간에 접속하여 수강하게 하고, 수강 가능한 기간을 명시해야 합니다. 게다가 온라인으로 진행하면 교육 대상을 A시 시민만이 아닌 모든 희망자로 확대하는 장점이 있습니다.

병: 좋은 의견입니다. 여기에 덧붙여 교육 대상을 공공 건축 업무 관련 공무원과 일반 시민으로 구분하는 것이 좋겠습니다. 관련 공무원과 일반 시민은 기반 지식에서 차이가 커 같은 내용으로 교육하기에 적합하지 않습니다. 업무와 관련된 직무 교육 과정과 일반 시민 수준의 교양 교육 과정으로 따로 운영하는 것이 좋겠습니다.

을: 교육 과정 분리는 좋겠습니다만, 공무원의 직무 교육은 참고할 자료가 많아 온라인 교육이 비효율적입니다. 직무 교육 과정은 다음에 논의하고, 이번에는 시민 대상 교양 과정으로만 진행하는 것이 좋겠습니다. 그리고 A시의 유명 공공 건축물을 활용해서 A시를 홍보하고 관심을 끌 수 있는 주제의 강의가 있으면 좋겠습니다.

병: 그게 좋겠네요. 마지막으로 덧붙이면 신청 방법이 너무 예전 방식입니다. 시 홈페이지에서 신청 게시판을 찾아가는 방법을 안내할 필요는 있지만, 요즘 같은 모바일 시대에 이것만으로는 부족합니다. A시 공식 어플리케이션에서 바로 신청서를 작성하고 제출할 수 있도록 하면 좋겠습니다.

갑: ㉠오늘 회의에서 나온 의견을 반영하여 계획안을 수정하도록 하겠습니다. 감사합니다.

〈계획안〉
A시 공공 건축 교육 과정

○ 강의 주제: 공공 건축의 미래 / A시의 조경

○ 일시: 7. 12.(월) 19:00~21:00 / 7. 14.(수) 19:00~21:00

○ 장소: A시 청사 본관 5층 대회의실

○ 대상: A시 공공 건축에 관심 있는 A시 시민 누구나

○ 신청 방법: A시 홈페이지 → '시민참여' → '교육' → '공공 건축 교육 신청 게시판'에서 신청서 작성

① 강의 주제에 "건축가협회 선정 A시의 유명 공공 건축물 TOP3"를 추가한다.

② 일시 항목을 "○ 기간: 7. 12.(월) 06:00~7. 16.(금) 24:00"으로 바꾼다.

③ 장소 항목을 "○ 교육방식: 코로나19 확산 방지를 위해 온라인 교육으로 진행"으로 바꾼다.

④ 대상을 "A시 공공 건축에 관심 있는 사람 누구나"로 바꾼다.

⑤ 신청 방법을 "A시 공식 어플리케이션을 통한 A시 공공 건축 교육 과정 간편 신청"으로 바꾼다.

2021 해커스PSAT 7급+민경채 PSAT 16개년 기출문제집 언어논리

문 17. 다음 글의 ㉠~㉩에 들어갈 내용에 대한 설명으로 가장 적절한 것은?

> ○○도는 2022년부터 '공공 기관 통합 채용' 시스템을 운영하여 공공 기관의 채용에 대한 체계적 관리와 비리 발생 예방을 도모할 계획이다. 기존에는 ○○도 산하 공공 기관들이 채용 전(全) 과정을 각기 주관하여 시행하였으나, 2022년부터는 ○○도가 채용 과정에 참여하기로 하였다. ○○도와 산하 공공 기관들이 '따로, 또 같이'하는 통합 채용을 통해 채용 과정의 투명성을 확보하고 기관별 특성에 맞는 인재 선발을 용이하게 하려는 것이다.
>
> ○○도는 채용 공고와 원서 접수를 하고 필기시험을 주관한다. 나머지 절차는 ○○도 산하 공공 기관이 주관하여 서류 심사 후 면접시험을 거쳐 합격자를 발표한다. 기존 채용 절차에서 서류 심사에 이어 필기시험을 치던 순서를 맞바꾸었는데, 이는 지원자에게 응시 기회를 확대 제공하기 위해서이다. 절차 변화에 대한 지원자의 혼란을 줄이기 위해 기존의 나머지 채용 절차는 그대로 유지하였다. 또 ○○도는 기존의 필기시험 과목인 영어·한국사·일반상식을 국가직무능력표준 기반 평가로 바꾸어 기존과 달리 실무 능력을 평가해서 인재를 선발할 수 있도록 제도를 보완하였다. ○○도는 이런 통합 채용 절차를 알기 쉽게 기존 채용 절차와 개선 채용 절차를 비교해서 도표로 나타내었다.

〈기존〉

| 주관 기관 | ㉠ | | | | | |
| 채용 절차 | 채용 공고 → 원서 접수 → ㉡ → ㉢ → ㉣ → 합격자 발표 |

〈개선〉

| 주관 기관 | ㉤ | | ㉥ |
| 채용 절차 | 채용 공고 → 원서 접수 → ㉦ → ㉧ → ㉨ → 합격자 발표 |

① 개선 이후 ㉠에 해당하는 기관이 주관하는 채용 업무의 양은 이전과 동일할 것이다.

② ㉠과 같은 주관 기관이 들어가는 것은 ㉥이 아니라 ㉤이다.

③ ㉡과 ㉧에는 같은 채용 절차가 들어간다.

④ ㉢과 ㉦에서 지원자들이 평가받는 능력은 같다.

⑤ ㉣을 주관하는 기관과 ㉨을 주관하는 기관은 다르다.

문 18. 다음 글의 〈표〉에 대한 판단으로 적절한 것만을 〈보기〉에서 모두 고르면?

> 법제처 주무관 갑은 지방자치단체를 대상으로 조례 입안을 지원하고 있다. 갑은 지방자치단체가 조례 입안 지원 신청을 하는 경우, 두 가지 기준에 따라 나누어 신청 안들을 정리하고 있다. 해당 조례안의 입법 예고를 완료하였는지 여부를 기준으로 '완료'와 '미완료'로 나누고, 과거에 입안을 지원하였던 조례안 중에 최근에 접수된 조례안과 내용이 유사한 사례가 있는지를 판단하여 유사 사례 '있음'과 '없음'으로 나눈다. 유사 사례가 존재하지 않는 경우에만 갑은 팀장인 을에게 그 접수된 조례안의 주요 내용을 보고해야 한다.
>
> 최근 접수된 조례안 (가)는 지난 분기에 지원하였던 조례안과 많은 부분 유사한 내용을 담고 있다. 입법 예고는 현재 진행 중이다. 조례안 (나)의 경우는 입법 예고가 완료된 후에 접수되었고, 그 주요 내용이 지난해에 지원한 조례안의 주요 내용과 유사하다. 조례안 (다)는 주요 내용이 기존에 지원하였던 조례안과 유사성이 전혀 없는 새로운 내용을 규정하고 있으며, 입법 예고가 진행되지 않았다.
>
> 이상의 내용을 다음과 같은 형식으로 나타낼 수 있다.

〈표〉 입안 지원 신청 조례안별 분류

기준 \ 조례안	(가)	(나)	(다)
A	㉠	㉡	㉢
B	㉣	㉤	㉥

〈보기〉

ㄱ. A에 유사 사례의 유무를 따지는 기준이 들어가면, ㉣과 ㉥이 같다.

ㄴ. B에 따라 을에 대한 갑의 보고 여부가 결정된다면, ㉠과 ㉢은 같다.

ㄷ. ㉣과 ㉤이 같으면, ㉠과 ㉡이 같다.

① ㄱ

② ㄷ

③ ㄱ, ㄴ

④ ㄴ, ㄷ

⑤ ㄱ, ㄴ, ㄷ

문 19. 다음 대화의 ㉠으로 적절한 것만을 〈보기〉에서 모두 고르면?

갑: 우리 지역 장애인의 체육 활동을 지원하기 위한 '장애인 스포츠강좌 지원사업'의 집행 실적이 저조하다고 합니다. 지원 바우처를 제대로 사용하지 못하고 있다는 의미인데요. 비장애인을 대상으로 하는 '일반 스포츠강좌 지원사업'은 인기가 많아 예산이 금방 소진된다고 합니다. 과연 어디에 문제점이 있는 것일까요?

을: 바우처를 수월하게 사용하려면 사용 가능한 가맹 시설이 많이 있어야 합니다. 우리 지역의 '장애인 스포츠강좌 지원사업' 가맹 시설은 10개소이며 '일반 스포츠강좌 지원사업' 가맹 시설은 300개소입니다. 그런데 장애인들은 비장애인들에 비해 바우처를 사용하기 훨씬 어렵습니다. 혹시 장애인의 수에 비해 장애인 대상 가맹 시설의 수가 비장애인의 경우보다 턱없이 적어서 그런 것 아닐까요?

병: 글쎄요, 제 생각은 조금 다릅니다. 바우처 지원액이 너무 적은 것은 아닐까요? 장애인을 대상으로 하는 스포츠강좌는 보조인력 비용 등 추가 비용으로 인해, 비장애인 대상 강좌보다 수강료가 높을 수 있습니다. 바우처를 사용한다 해도 자기 부담금이 여전히 크다면 장애인들은 스포츠강좌를 이용하기 어려울 것입니다.

정: 하지만 제가 보기엔 장애인들의 주요 연령대가 사업에서 제외된 것 같습니다. 현재 본 사업의 대상 연령은 만 12세에서 만 49세까지인데, 장애인 인구의 고령자 인구 비율이 비장애인 인구에 비해 높다는 사실을 고려하면, 대상 연령의 상한을 적어도 만 64세까지 높여야 한다고 생각합니다.

갑: 모두들 좋은 의견 감사합니다. 오늘 회의에서 논의된 내용을 확인하기 위해 ㉠ 필요한 자료를 조사해 주세요.

〈보기〉

ㄱ. 장애인 및 비장애인 각각의 인구 대비 '스포츠강좌 지원사업' 가맹 시설 수

ㄴ. 장애인과 비장애인 각각 '스포츠강좌 지원사업'에 참여하기 위해 본인이 부담해야 하는 금액

ㄷ. 만 50세에서 만 64세까지의 장애인 중 스포츠강좌 수강을 희망하는 인구와 만 50세에서 만 64세까지의 비장애인 중 스포츠강좌 수강을 희망하는 인구

① ㄴ
② ㄷ
③ ㄱ, ㄴ
④ ㄱ, ㄷ
⑤ ㄱ, ㄴ, ㄷ

문 20. 다음 글에서 추론할 수 있는 것만을 〈보기〉에서 모두 고르면?

갑: 조(粗)출생률은 인구 1천 명당 출생아 수를 의미합니다. 조출생률은 인구 규모가 상이한 지역이나 시점 간의 출산 수준을 간편하게 비교할 때 유용한 지표입니다. 예를 들어, 2016년에 세종시보다 인구 규모가 훨씬 큰 경기도의 출생아 수는 10만 5천 명으로 세종시의 3천 명보다 많지만, 조출생률은 경기도가 8.4명이고 세종시는 14.6명입니다. 출산 수준은 세종시가 더 높다는 의미입니다.

을: 그렇군요. 그럼 합계 출산율은 무엇인가요?

갑: 합계 출산율은 여성 한 명이 평생 동안 낳을 것으로 예상되는 출생아 수를 의미합니다. 여성이 실제 평생 동안 낳은 아이 수를 측정하는 것은 가임 기간 35년이 지나야 산출할 수 있다는 문제가 있습니다. 이에 비해 합계 출산율은 여성 1명이 출산 가능한 시기를 15세부터 49세까지로 가정하고 그 사이의 각 연령대 출산율을 모두 합해서 얻습니다. 15~19세 연령대 출산율은 한 해 동안 15~19세 여성에게서 태어난 출생아 수를 15~19세 여성의 수로 나눈 수치인데, 15~19세부터 45~49세까지 7개 구간 각각의 연령대 출산율을 모두 합한 것이 합계 출산율입니다. 합계 출산율은 한 여성이 가임 기간 내내 특정 시기의 연령대 출산율 패턴을 그대로 따른다는 가정을 전제로 산출하므로 실제 출산 현실과 차이가 있을 수 있습니다.

을: 그렇다면 조출생률과 합계 출산율을 구별하는 이유가 뭐죠?

갑: 조출생률과 달리 합계 출산율은 성비 및 연령 구조에 따른 출산 수준의 차이를 표준화할 수 있는 장점이 있습니다. 예를 들어, 이스라엘의 합계 출산율은 3.0인 반면 남아프리카공화국은 2.5 가량입니다. 하지만 조출생률은 거의 비슷하지요. 이것은 남아프리카공화국의 경우 전체 인구 대비 젊은 여성의 비율이 이스라엘보다 높기 때문입니다.

〈보기〉

ㄱ. 조출생률을 계산할 때는 전체 인구 대비 여성의 비율은 고려하지 않는다.

ㄴ. 두 나라가 인구수와 조출생률에 차이가 없다면 각 나라의 합계 출산율에는 차이가 없다.

ㄷ. 합계 출산율은 한 명의 여성이 일생 동안 출산한 출생아의 수를 집계한 자료를 바탕으로 산출한다.

① ㄱ
② ㄴ
③ ㄱ, ㄷ
④ ㄴ, ㄷ
⑤ ㄱ, ㄴ, ㄷ

2021　해커스PSAT 7급+민경채 PSAT 16개년 기출문제집 언어논리

※ 다음 글을 읽고 물음에 답하시오. [문 21.~문 22.]

　　미국의 일부 주에서 판사는 형량을 결정하거나 가석방을 허가하는 판단의 보조 자료로 양형 보조 프로그램 X를 활용한다. X는 유죄가 선고된 범죄자를 대상으로 그 사람의 재범 확률을 추정하여 그 결과를 최저 위험군을 뜻하는 1에서 최고 위험군을 뜻하는 10까지의 위험지수로 평가한다.

　　2016년 A는 X를 활용하는 플로리다 주 법정에서 선고받았던 7천여 명의 초범들을 대상으로 X의 예측 결과와 석방 후 2년간의 실제 재범 여부를 조사했다. 이 조사 결과를 토대로 한 ㉠A의 주장은 X가 흑인과 백인을 차별한다는 것이다. 첫째 근거는 백인의 경우 위험지수 1로 평가된 사람이 가장 많고 10까지 그 비율이 차츰 감소한 데 비하여 흑인의 위험지수는 1부터 10까지 고르게 분포되었다는 관찰 결과이다. 즉 고위험군으로 분류된 사람의 비율이 백인보다 흑인이 더 크다는 것이었다. 둘째 근거는 예측의 오류와 관련된 것이다. 2년 이내 재범을 　(가)　 사람 중에서 　(나)　으로 잘못 분류되었던 사람의 비율은 흑인의 경우 45%인 반면 백인은 23%에 불과했고, 2년 이내 재범을 　(다)　 사람 중에서 　(라)　으로 잘못 분류되었던 사람의 비율은 흑인의 경우 28%인 반면 백인은 48%로 훨씬 컸다. 종합하자면, 재범을 저지른 사람이든 그렇지 않은 사람이든, 흑인은 편파적으로 고위험군으로 분류된 반면 백인은 편파적으로 저위험군으로 분류된 것이다.

　　X를 개발한 B는 A의 주장을 반박하는 논문을 발표하였다. B는 X의 목적이 재범 가능성에 대한 예측의 정확성을 높이는 것이며, 그 정확성에는 인종 간에 차이가 나타나지 않는다고 주장했다. B에 따르면, 예측의 정확성을 판단하는 데 있어 중요한 것은 고위험군으로 분류된 사람 중 2년 이내 재범을 저지른 사람의 비율과 저위험군으로 분류된 사람 중 2년 이내 재범을 저지르지 않은 사람의 비율이다. B는 전자의 비율이 백인 59%, 흑인 63%, 후자의 비율이 백인 71%, 흑인 65%라고 분석하고, 이 비율들은 인종 간에 유의미한 차이를 드러내지 않는다고 주장했다. 또 B는 X에 의해서 고위험군 혹은 저위험군으로 분류되기 이전의 흑인과 백인의 재범률, 즉 흑인의 기저재범률과 백인의 기저재범률 간에는 이미 상당한 차이가 있었으며, 이런 애초의 차이가 A가 언급한 예측의 오류 차이를 만들어 냈다고 설명한다. 결국 ㉡B의 주장은 X가 편파적으로 흑인과 백인의 위험지수를 평가하지 않는다는 것이다.

　　하지만 기저재범률의 차이로 인종 간 위험지수의 차이를 설명하여, X가 인종차별적이라는 주장을 반박하는 것은 잘못이다. 기저재범률에는 미국 사회의 오래된 인종차별적 특징, 즉 흑인이 백인보다 범죄자가 되기 쉬운 사회 환경이 반영되어 있기 때문이다. 처음 범죄를 저질러서 재판을 받아야 하는 흑인을 생각해 보자. 그의 위험지수를 판정할 때 사용되는 기저

재범률은 그와 전혀 상관없는 다른 흑인들이 만들어 낸 것이다. 그런 기저재범률이 전혀 상관없는 사람의 형량이나 가석방 여부에 영향을 주는 것은 잘못이다. 더 나아가 이런 식으로 위험지수를 평가받아 형량이 정해진 흑인들은 더 오랜 기간 교도소에 있게 될 것이며, 향후 재판받을 흑인들의 위험지수를 더욱 높이는 결과를 가져오게 될 것이다. 따라서 ㉢X의 지속적인 사용은 미국 사회의 인종차별을 고착화한다.

문 21. 위 글의 (가)~(라)에 들어갈 말을 적절하게 나열한 것은?

	(가)	(나)	(다)	(라)
①	저지르지 않은	고위험군	저지른	저위험군
②	저지르지 않은	고위험군	저지른	고위험군
③	저지르지 않은	저위험군	저지른	저위험군
④	저지른	고위험군	저지르지 않은	저위험군
⑤	저지른	저위험군	저지르지 않은	고위험군

문 22. 위 글의 ㉠~㉢에 대한 평가로 적절한 것만을 〈보기〉에서 모두 고르면?

〈보기〉
ㄱ. 강력 범죄자 중 위험지수가 10으로 평가된 사람의 비율이 흑인과 백인 사이에 차이가 없다면, ㉠은 강화된다.
ㄴ. 흑인의 기저재범률이 높을수록 흑인에 대한 X의 재범 가능성 예측이 더 정확해진다면, ㉡은 약화된다.
ㄷ. X가 특정 범죄자의 재범률을 평가할 때 사용하는 기저재범률이 동종 범죄를 저지른 사람들로부터 얻은 것이라면, ㉢은 강화되지 않는다.

① ㄱ
② ㄷ
③ ㄱ, ㄴ
④ ㄴ, ㄷ
⑤ ㄱ, ㄴ, ㄷ

문 23. 다음 글의 빈칸에 들어갈 내용으로 가장 적절한 것은?

> 갑: 안녕하십니까. 저는 시청 토목정책과에 근무합니다. 부정 청탁을 받은 때는 신고해야 한다고 들었습니다.
>
> 을: 예, 「부정청탁 및 금품등 수수의 금지에 관한 법률」(이하 '청탁금지법')에서는, 공직자가 부정 청탁을 받았을 때는 명확히 거절 의사를 표현해야 하고, 그랬는데도 상대방이 이후에 다시 동일한 부정 청탁을 해 온다면 소속 기관의 장에게 신고해야 한다고 규정합니다.
>
> 갑: '금품등'에는 접대와 같은 향응도 포함되지요?
>
> 을: 물론이지요. 청탁금지법에 따르면, 공직자는 동일인으로부터 명목에 상관없이 1회 100만 원 혹은 매 회계연도에 300만 원을 초과하는 금품이나 접대를 받을 수 없습니다. 직무 관련성이 있는 경우에는 100만 원 이하라도 대가성 여부와 관계없이 처벌을 받습니다.
>
> 갑: '동일인'이라 하셨는데, 여러 사람이 청탁을 하는 경우는 어떻게 되나요?
>
> 을: 받는 사람을 기준으로 하여 따지게 됩니다. 한 공직자에게 여러 사람이 동일한 부정 청탁을 하며 금품을 제공하려 하였을 때에도 이들의 출처가 같다고 볼 수 있다면 '동일인'으로 해석됩니다. 또한 여러 행위가 계속성 또는 시간적·공간적 근접성이 있다고 판단되면, 합쳐서 1회로 간주될 수 있습니다.
>
> 갑: 실은, 연초에 있었던 지역 축제 때 저를 포함한 우리 시청 직원 90명은 행사에 참여한다는 차원으로 장터에 들러 1인당 8천 원씩을 지불하고 식사를 했는데, 이후에 그 식사는 X회사 사장인 A의 축제 후원금이 1인당 1만 2천 원씩 들어간 것이라는 사실을 알게 되었습니다. 이에 대하여는 결국 대가성 있는 접대도 아니고 직무 관련성도 없는 것으로 확정되었으며, 추가된 식사비도 축제 주최 측에 돌려주었습니다. 그리고 이달 초에는 Y회사의 임원인 B가 관급 공사 입찰을 도와달라고 청탁하면서 100만 원을 건네려 하길래 거절한 적이 있습니다. 그런데 어제는 고교 동창인 C가 찾아와 X회사 공장 부지의 용도 변경에 힘써 달라며 200만 원을 주려고 해서 단호히 거절하였습니다.
>
> 을: 그러셨군요. 말씀하신 것을 바탕으로 설명드리겠습니다.
>
> _____

① X회사로부터 받은 접대는 시간적·공간적 근접성으로 보아 청탁금지법을 위반한 향응을 받은 것이 됩니다.

② Y회사로부터 받은 제안의 내용은 청탁금지법상의 금품이라고는 할 수 없지만 향응에는 포함될 수 있습니다.

③ 청탁금지법상 A와 C는 동일인으로서 부정 청탁을 한 것이 됩니다.

④ 직무 관련성이 없다면 B와 C가 제시한 금액은 청탁금지법상의 허용 한도를 벗어나지 않습니다.

⑤ 현재는 청탁금지법상 C의 청탁을 신고할 의무가 생기지 않지만, C가 같은 청탁을 다시 한다면 신고해야 합니다.

문 24． 다음 글의 ㉠에 해당하는 내용으로 가장 적절한 것은?

> A시에 거주하면서 1세, 2세, 4세의 세 자녀를 기르는 갑은 육아를 위해 집에서 15km 떨어진 키즈 카페인 B카페에 자주 방문한다. B카페는 지역 유일의 키즈 카페라서 언제나 50여 구획의 주차장이 꽉 찰 정도로 성업 중이다. 최근 자동차를 교체하게 된 갑은 친환경 추세에 부응하여 전기차로 구매하였는데, B카페는 전기차 충전시설이 없었다. 세 자녀를 돌보느라 거주지에서의 자동차 충전 시기를 놓치는 때가 많은 갑은 이러한 불편함을 호소하며 B카페에 전기차 충전시설 설치를 요청하였다. 하지만 B카페는, 충전시설을 설치하고 싶지만 비용이 문제라서 A시의 「환경 친화적 자동차의 보급 및 이용 활성화를 위한 조례」(이하 '조례')에 따른 지원금이라도 받아야 간신히 설치할 수 있는 상황인데, 아래의 조문에서 보듯이 B카페는 그에 해당하지 않는다고 설명하였다.

> > 「환경 친화적 자동차의 보급 및 이용 활성화를 위한 조례」
> > 제9조(충전시설 설치대상) ① 주차단위구획 100개 이상을 갖춘 다음 각호의 시설은 전기자동차 충전시설을 설치하여야 한다.
> > 　1. 판매·운수·숙박·운동·위락·관광·휴게·문화시설
> > 　2. 500세대 이상의 아파트, 근린생활시설, 기숙사
> > ② 시장은 제1항의 설치대상에 대하여는 설치비용의 반액을 지원하여야 한다.
> > ③ 시장은 제1항의 설치대상에 해당하지 않는 사업장에 대하여도 전기자동차 충전시설의 설치를 권고할 수 있다.

> 갑은 영유아와 같이 보호가 필요한 이들이 많이 이용하는 키즈 카페 등과 같은 사업장에도 전기차 충전시설의 설치를 지원해 줄 수 있는 근거를 조례에 마련해 달라는 민원을 제기하였다. 갑의 민원을 검토한 A시 의회는 관련 규정의 보완이 필요하다고 인정하여, ㉠조례 제9조를 개정하였고, B카페는 이에 근거한 지원금을 받아 전기차 충전시설을 설치하게 되었다.

① 제1항 제3호로 "다중이용시설(극장, 음식점, 카페, 주점 등 불특정다수인이 이용하는 시설을 말한다)"을 신설

② 제1항 제3호로 "교통약자(장애인·고령자·임산부·영유아를 동반한 사람, 어린이 등 일상생활에서 이동에 불편을 느끼는 사람을 말한다)를 위한 시설"을 신설

③ 제4항으로 "시장은 제2항에 따른 지원을 할 때 교통약자(장애인·고령자·임산부·영유아를 동반한 사람, 어린이 등 일상생활에서 이동에 불편을 느끼는 사람을 말한다)를 위한 시설을 우선적으로 지원하여야 한다."를 신설

④ 제4항으로 "시장은 제3항의 권고를 받아들이는 사업장에 대하여는 설치비용의 60퍼센트를 지원하여야 한다."를 신설

⑤ 제4항으로 "시장은 전기자동차 충전시설의 의무 설치대상으로서 조기 설치를 희망하는 사업장에는 설치 비용의 전액을 지원할 수 있다."를 신설

문 25． 다음 글의 〈논쟁〉에 대한 분석으로 적절한 것만을 〈보기〉에서 모두 고르면?

> 갑과 을은 「위원회의 운영에 관한 규정」 제8조에 대한 해석을 놓고 논쟁하고 있다. 그 조문은 다음과 같다.

> > 제8조(위원장 및 위원) ① 위원장은 위촉된 위원들 중에서 투표로 선출한다.
> > ② 위원장과 위원은 한 차례만 연임할 수 있다.
> > ③ 위원장의 사임 등으로 보선된 위원장의 임기는 전임 위원장 임기의 남은 기간으로 한다.

> 〈논쟁〉
> 쟁점1: A는 위원을 한 차례 연임하던 중 그 임기의 마지막 해에 위원장으로 선출되어, 2년에 걸쳐 위원장으로 활동하고 있다. 이에 대해, 갑은 A가 규정을 어기고 있다고 주장하지만, 을은 그렇지 않다고 주장한다.
> 쟁점2: B가 위원장을 한 차례 연임하여 활동하던 중에 연임될 때의 투표 절차가 적법하지 않다는 이유로 위원장의 직위가 해제되었는데, 이후의 보선에 B가 출마하였다. 이에 대해, 갑은 B가 선출되면 규정을 어기게 된다고 주장하지만, 을은 그렇지 않다고 주장한다.
> 쟁점3: C는 위원장을 한 차례 연임하였고, 다음 위원장으로 선출된 D는 임기 만료 직전에 사퇴하였는데, 이후의 보선에 C가 출마하였다. 이에 대해, 갑은 C가 선출되면 규정을 어기게 된다고 주장하지만, 을은 그렇지 않다고 주장한다.

> 〈보기〉
> ㄱ. 쟁점1과 관련하여, 갑은 위원으로서의 임기가 종료되면 위원장으로서의 자격도 없는 것으로 생각하지만, 을은 위원장이 되는 경우에는 그 임기나 연임 제한이 새롭게 산정된다고 생각하기 때문이라고 하면, 갑과 을 사이의 주장 불일치를 설명할 수 있다.
> ㄴ. 쟁점2와 관련하여, 갑은 위원장이 부적법한 절차로 당선되었더라도 그것이 연임 횟수에 포함된다고 생각하지만, 을은 그렇지 않다고 생각하기 때문이라고 하면, 갑과 을 사이의 주장 불일치를 설명할 수 있다.
> ㄷ. 쟁점3과 관련하여, 위원장 연임 제한의 의미가 '단절되는 일 없이 세 차례 연속하여 위원장이 되는 것만을 막는다'는 것으로 확정된다면, 갑의 주장은 옳고, 을의 주장은 그르다.

① ㄱ　　　　② ㄷ　　　　③ ㄱ, ㄴ
④ ㄴ, ㄷ　　　　⑤ ㄱ, ㄴ, ㄷ

약점 보완 해설집 p.34

풀이 시간: _____분/60분
맞힌 문항 수: _____문항/25문항

문 1. 다음 글에서 알 수 있는 것은?

3·1운동 직후 상하이에 모여든 독립운동가들은 임시정부를 만들기 위한 첫걸음으로 조소앙이 기초한 대한민국임시헌장을 채택했다. 대한민국임시헌장을 기초할 때 조소앙은 국호를 '대한민국'으로 하고 정부 명칭도 '대한민국 임시정부'로 하자고 했다. 그 제안이 받아들여졌기 때문에 대한민국임시헌장 제1조에 "대한민국은 민주공화제로 함."이라는 문구가 담기게 된 것이다.

'대한민국'이란 한국인들이 만든 '민국'이라는 뜻이다. 여기서 '민국'이란 국민이 주인인 나라라는 의미가 담긴 용어다. 조소앙은 3·1운동이 일어나기 전, 대한제국 황제가 국민의 동의 없이 마음대로 국권을 일제에 넘겼다고 말하면서 국민은 국권을 포기한 적이 없다고 밝힌 대동단결선언을 발표한 적이 있다. 이 선언에는 "구한국 마지막 날은 신한국 최초의 날"이라는 문구가 담겨 있다. '신한국'이란 말 그대로 '새로운 한국'을 의미한다. 조소앙은 대한제국을 대신할 '새로운 한국'이란 다름 아닌 한국 국민이 주인인 나라라고 말했다.

조소앙의 주장은 대한민국 임시정부에 참여한 독립운동가들로부터 열렬한 지지를 받았다. 독립운동가들은 황제나 일본 제국주의자들이 지배하는 나라가 아니라 국민이 주권을 가진 나라를 만들어야 한다는 데 뜻을 모았다. 1941년에 대한민국 임시정부는 이러한 의지를 보다 선명하게 드러낸 건국강령을 발표하기도 했다. 1948년에 소집된 제헌국회도 대한민국임시헌장에 담긴 정신을 계승했다. 잘 알려진 것처럼 제헌국회는 제헌헌법을 만들었는데, 이 헌법에 우리나라의 명칭을 '대한민국'이라고 한 내용이 있다.

① 대한민국 임시정부는 건국강령을 통해 대한민국임시헌장을 공포했다.
② 조소앙은 대한민국 임시정부의 요청을 받아들여 대동단결선언을 만들었다.
③ 대한민국임시헌장이 공포되기 전에는 '한국'이라는 명칭을 사용한 독립운동가가 없었다.
④ 제헌국회는 대한제국의 정치 제도를 계승하기 위해 '대한민국'이라는 국호를 사용했다.
⑤ 대한민국 임시정부를 만드는 데 참여한 독립운동가들은 민주공화제를 받아들이는 데 합의했다.

문 2. 다음 글에서 알 수 있는 것은?

인조가 남한산성에서 청군에 포위되어 있을 때, 신하들은 척화론과 주화론으로 나뉘어 서로 대립했다. 척화론을 주장한 김상헌은 청에 항복하는 것은 있을 수 없는 일이라며 끝까지 저항하자고 했다. 그는 중화인 명을 버리고 오랑캐와 화의를 맺는 일은 군신의 의리를 버리는 것이라고 말했다. 그와 달리 주화론을 주장한 최명길은 "나아가 싸워 이길 수도 없고 물러나 지킬 수도 없으면 타협하는 수밖에 없다."라고 했다. 그는 명을 섬겨야 한다는 김상헌의 주장에는 동의하지만, 그보다 나라를 보존하는 것이 우선이라고 말했다. 나라가 없어지면 명을 섬기는 것도 불가능하므로 일단 항복한 후 후일을 기약하자는 것이었다.

주화론과 척화론 사이에서 고심하던 인조는 결국 최명길의 입장을 받아들여 청에 항복하는 길을 선택했다. 청군이 물러난 후에 척화론자들은 국왕이 항복의 수모를 당한 것이 모두 주화론자들 탓이라며 비난했다. 그들은 주화론자들을 배신자라고 공격하는 한편 김상헌을 절개 있는 인물이라고 추켜세웠다.

인조 때에는 척화론을 주장했던 사람들이 정국을 주도하지 못했기 때문에 주화론을 내세웠던 사람들이 정계에서 쫓겨나가는 일은 벌어지지 않았다. 그러나 인조의 뒤를 이은 효종이 청에 복수하겠다는 북벌론을 내세우고, 예전에 척화론을 주장했던 자들을 중용하면서 최명길의 편에 섰던 사람들의 입지가 좁아졌다. 효종에 의해 등용되어 정계에 진출할 수 있었던 송시열은 인조가 남한산성에 피신해 있을 때 주화론을 주장했던 사람들과 그 후손들을 정계에서 배제해야 한다고 했다. 송시열 사후에 나타난 노론 세력은 최명길의 주장에 동조했던 사람들의 후손이 요직에 오르지 못하게 막았다. 이는 송시열의 뜻에 따른 것이었다. 이로써 김상헌의 가문인 안동 김씨들은 정계의 요직을 차지할 수 있었다.

① 최명길은 중화 중심의 세계관에서 벗어나야 한다는 생각에서 주화론을 주장했다.
② 효종은 송시열의 주장에 따라 청군의 항복 요구를 받아들이지 않기로 결정했다.
③ 김상헌은 명에 대한 군신의 의리를 지켜야 한다고 주장하면서 주화론에 맞섰다.
④ 인조는 청에 항복한 후 척화론을 받아들여 주화론자들을 정계에서 내쫓았다.
⑤ 노론 세력은 주화론을 받아들여야 한다고 인조를 설득했으나 뜻을 이루지 못했다.

문 3. 다음 글의 논지로 가장 적절한 것은?

사람들은 보통 질병이라고 하면 병균이나 바이러스를 떠올리고, 병에 걸리는 것은 개인적 요인 때문이라고 생각하곤 한다. 어떤 사람이 바이러스에 노출되었다면 그 사람이 평소에 위생 관리를 철저히 하지 않았기 때문이라고 여기는 것이다. 이는 발병 책임을 전적으로 질병에 걸린 사람에게 묻는 생각이다. 꾸준히 건강을 관리하지 않은 사람이나 비만, 허약 체질인 사람이 더 쉽게 병균에 노출된다고 생각하는 경향도 강하다. 그러나 발병한 사람들 전체를 고려하면, 성별, 계층, 직업 등의 사회적 요인에 따라 건강 상태나 질병 종류 및 그 심각성 등이 다르게 나타난다. 따라서 어떤 질병의 성격을 파악할 때 질병의 발생이 개인적 요인뿐만 아니라 계층이나 직업 등의 요인과도 관련될 수 있음을 고려해야 한다.

질병에 대처할 때도 사회적 요인을 고려해야 한다. 물론 어떤 사람들에게는 질병으로 인한 고통과 치료에 대한 부담이 가장 심각한 문제일 수 있다. 그러나 또 다른 사람들에게는 질병에 대한 사회적 편견과 낙인이 오히려 더 심각한 문제일 수 있다. 그들에게는 그러한 편견과 낙인이 더 큰 고통을 안겨주기 때문이다. 질병이 나타나는 몸은 개인적 영역이면서 동시에 가족이나 직장과도 연결된 사회적인 것이다. 질병의 치료 역시 개인의 문제만으로 그치지 않고 가족과 사회의 문제로 확대되곤 한다. 나의 질병은 내 삶의 위기이자 가족의 근심거리가 되며 나아가 회사와 지역사회에도 긴장을 조성하기 때문이다. 요컨대 질병의 치료가 개인적 영역을 넘어서서 사회적 영역과 관련될 수밖에 없다는 것은 질병의 대처 과정에서 사회적 요인을 반드시 고려해야 한다는 점을 잘 보여준다.

① 병균이나 바이러스로 인한 신체적 이상 증상은 가정이나 지역사회에 위기를 야기할 수 있기에 중요한 사회적 문제이다.

② 한 사람의 몸은 개인적 영역인 동시에 사회적 영역이기에 발병의 책임을 질병에 걸린 사람에게만 묻는 것은 옳지 않다.

③ 질병으로 인한 신체적 고통보다 질병에 대한 사회적 편견으로 인한 고통이 더 크므로 이에 대한 사회적 대책이 필요하다.

④ 질병의 성격을 파악하고 질병에 대처하기 위해서는 사회적인 측면을 고려해야 한다.

⑤ 질병의 치료를 위해서는 개인적 차원보다 사회적 차원의 노력이 더 중요하다.

문 4. 다음 글의 빈칸에 들어갈 내용으로 가장 적절한 것은?

어떤 사람이 오존층을 파괴하는 냉각제를 사용하는 경우를 고려해보자. 오존층 파괴로 인해 무수히 많은 사람이 해악을 입었다고 하더라도, 이 한 사람의 행위가 어떤 특정 개인에게 미친 해악은 매우 미미하다고 말할 수 있을 것이다. 이때 그 사람은 그다지 죄책감을 느끼지 않을 수 있고, 따라서 자신에게 도덕적 책임이 있다는 것을 쉽게 인정하지 않을 수 있다. 이는 다음과 같은 사례를 통해 잘 설명된다.

〈사례〉

가난한 마을에 갑훈을 포함한 산적 100명이 들이닥쳐 약탈을 저질렀다. 을훈을 포함한 주민 100명에게는 각각 콩 100알씩이 있었는데 산적들은 각자 주민 한 명을 맡아 그 사람의 콩을 몽땅 빼앗았다. 그 결과 모든 주민이 굶주리게 되었다. 이때 갑훈이 콩을 빼앗은 상대가 을훈이었다. 각자가 특정 개인에게 큰 해악을 입혔다는 사실에 죄책감을 느낀 산적들은 두 번째 약탈에서는 방법을 바꾸기로 하였다. 갑훈을 포함한 산적 100명은 이번에는 각자가 을훈을 포함한 모든 주민 100명에게서 각각 콩 한 알씩만 빼앗기로 했다. 콩 한 알의 손실은 미미한 해악에 지나지 않으므로 이번에는 어떤 산적도 특정 주민에게 큰 고통을 준 것은 아니었다. 결과적으로 모든 주민은 이번에도 굶주리게 되었지만, 산적들은 별로 죄책감을 느끼지 않았다.

하지만 이른바 '공범 원리'를 받아들이는 사람들은, 타인의 악행에 가담한 경우 결과에 얼마나 영향을 주었는지와 무관하게 도덕적 책임이 있다고 주장한다. 냉각제의 집단적 사용에서 한 사람의 가담 여부가 특정 개인에게 단지 미미한 해악만을 보탠 것이라서 별로 죄책감이 느껴지지 않는다고 하더라도, 그 사람은 단지 그 해악의 공범이라는 이유만으로 그에 따른 도덕적 책임을 져야 한다는 것이다. 그러므로 '공범 원리'에 따른다면, _____.

① 갑훈은 두 번째 저지른 약탈 행위에 대해서 더 큰 죄책감을 느껴야 한다.

② 전체 해악의 크기가 커질수록 해악에 가담한 사람들의 도덕적 책임도 커진다.

③ 첫 번째 약탈과 두 번째 약탈에서 갑훈이 을훈에게 입힌 해악에는 차이가 없다.

④ 갑훈에게 도덕적 책임이 있다는 점에서 첫 번째 약탈과 두 번째 약탈은 차이가 없다.

⑤ 두 차례 약탈에서 갑훈이 빼앗은 전체 콩알의 수가 같기 때문에 갑훈이 져야 할 도덕적 책임에는 차이가 없다.

문 5. 다음 글에서 알 수 있는 것은?

> 갑: 사전연명의료의향서를 제출하여 연명의료 거부 의사를 표명한 사람에 대해서 병원이 연명의료를 실행하지 않는다는 제도가 2018년 2월부터 도입되었습니다. 이 제도 도입 후에 실제로 사전연명의료의향서를 내는 사람이 날로 늘어나고, 민원을 제기하는 사람도 많아지는 것 같습니다. 어떤 민원들이 들어오고 있습니까?
>
> 을: 자신이 사는 곳에 사전연명의료의향서를 접수하는 곳이 없어 불편하다는 민원이 많았습니다. 연명의료 전문 상담사의 수가 적어 접수 현장에서 너무 오래 기다렸다고 불만을 표시하는 사람도 많습니다. 이러한 민원에 대응해 2020년 1월 1일부터 전화로 상담을 예약할 수 있는 시스템을 도입해 지금까지 원활하게 운영하고 있으며, 2020년 4월 1일부터 전국 모든 보건소에서 사전연명의료의향서를 받도록 조치했습니다. 더 말씀드리자면, 어떤 사람은 연명의료 전문 상담사로부터 상담을 받지 않아도 사전연명의료의향서를 낼 수 있게 해달라고 요청했습니다.
>
> 갑: 연명의료를 거부하는 것은 중대한 사안이니 신중히 사전연명의료의향서를 작성하게 해야 합니다. 지금까지 한 것처럼 연명의료 전문 상담사의 상담을 받게 하는 조치를 유지해 주시기 바랍니다. 한 가지 더 확인하고자 합니다. 전국 모든 보건소에서 사전연명의료의향서를 받기로 했지만, 연명의료 전문 상담사를 모든 보건소에 배치할 수 있는 것은 아니라고 합니다. 혹시 그에 대한 대책을 마련했습니까?
>
> 을: 연명의료 전문 상담사 배치가 어려운 보건소의 직원들을 대상으로 연명의료 관련 기본 필수교육을 실시하고, 그 교육을 이수한 직원이 민원인에게 연명의료에 대해 간단히 설명하게 할 방침입니다. 민원인들이 보건소 직원으로부터 설명을 들은 후 그 자리에서 전화로 연명의료 전문 상담사로부터 구체적인 내용을 상담받을 수 있도록 하겠습니다.

① 2018년 2월부터 전국 모든 보건소에서 연명의료 전문 상담사가 사전연명의료의향서를 접수하기 시작했다.

② 2020년 4월부터 연명의료를 실행하지 않고자 하는 병원은 보건소에 사전연명의료의향서를 제출해야 한다.

③ 연명의료를 받고자 하는 사람은 주소지 관할 보건소가 지정한 연명의료 전문 상담사로부터 기본 필수교육을 받아야 한다.

④ 사전연명의료의향서 접수기관이 있는 곳의 거주자 중 연명의료 전문 상담사의 상담을 받으려는 사람은 전화예약 시스템을 이용해야 한다.

⑤ 연명의료 거부 의사가 있는 사람이 연명의료 전문 상담사의 상담을 받지 않은 상태에서 작성한 사전연명의료의향서는 받아들여지지 않는다.

문 6. 다음 대화의 빈칸에 들어갈 내용으로 가장 적절한 것은?

> 갑: 아시는 바와 같이 코로나19로 인한 위기 상황 속에서 어려움을 겪는 국민의 생계를 지원하기 위해 정부가 지난 5월에 전 국민을 대상으로 긴급재난지원금을 지급했습니다. 그런데 정부는 코로나19로 영업이 어려워진 소상공인 및 자영업자, 생계가 어려운 가구 등을 대상으로 지원금을 다시금 지급하기로 8월에 결정했습니다. 이 소식을 듣고 지원금 수령 가능 여부를 문의하는 민원인들이 많습니다. 문구점을 운영하는 A씨는 소상공인 및 자영업자에게 주는 지원금을 신청할 수 있는지 문의했습니다.
>
> 을: 이번에는 소상공인 및 자영업자의 일부, 생계 위기 가구 등에 지원금을 주게 되어 있습니다. 사회적 거리두기 2단계의 실시로 출입이 금지된 집합금지 및 집합제한업종의 자영업자는 특별한 증빙서류 없이 소상공인 및 자영업자 대상 지원금을 받을 수 있습니다. 또 사회적 거리두기 2.5단계부터 운영이 제한된 수도권의 카페나 음식점 등도 집합제한업종에 해당하여 지원금을 받을 수 있습니다. 집합금지 및 집합제한업종에 속하지 않더라도 연 매출 4억 원이하라는 사실을 증명할 수 있는 자료와 함께 코로나19 확산으로 매출이 감소했음을 증빙하는 자료를 제출하면 지원금을 받을 수도 있습니다. A씨가 운영하는 가게가 집합금지 및 집합제한업종에 해당하는지 확인하셨습니까?
>
> 갑: 네, A씨가 운영하는 문구점은 집합금지 및 집합제한업종에 해당하지 않는 것으로 확인되었습니다.
>
> 을: 그렇다면 제가 말씀드린 내용을 바탕으로 A씨에게 적절한 답변을 해주시기 바랍니다.
>
> 갑: 잘 알겠습니다. 민원인 A씨에게 [　　　　　　　] 고 말씀드리겠습니다.

① 문구점은 일반 업종에 해당하지 않으므로 긴급재난지원금을 신청할 수 없다

② 지난 5월에 긴급재난지원금을 받았다는 사실을 증명하는 서류를 제출해야 한다

③ 문구점은 집합금지 및 집합제한업종에 해당하지 않는 것으로 확인되었기 때문에 지원금을 받을 수 없다

④ 사회적 거리두기 2.5단계부터 운영이 제한되거나 금지된 업종이 아니면 긴급재난지원금을 받을 수 없다

⑤ 연 매출 4억 원에 미치지 못하고 코로나19로 매출이 감소한 자영업자라면 증빙서류를 갖추어 신청할 수 있다

문 7. 다음 대화의 ㉠에 따라 〈계획안〉을 수정한 것으로 적절하지 않은 것은?

갑: 지금부터 회의를 시작하겠습니다. 이 자리는 '보고서 작성법 특강'의 개최계획 검토를 위한 자리입니다. 특강을 성공적으로 개최하기 위해서 어떻게 해야 하는지 각자의 의견을 자유롭게 말씀해주시기 바랍니다.

을: 특강 참석 대상을 명확하게 정하고 그에 따라 개최 일시가 조정되었으면 좋겠습니다. 주중에 계속 근무하는 현직 공무원인 경우, 아무래도 주말에는 특강 참석률이 저조합니다. 특강을 평일에 개최하되 참석 시간을 근무시간으로 인정해 준다면 참석률이 높아질 것 같습니다.

병: 공무원이 되기 위해 준비하고 있는 예비공무원들에게는 서울이 더 낫겠지만, 중앙부처 소속 공무원에게는 세종시가 접근성이 더 좋습니다. 특강 참석 대상이 누구인가에 따라 장소를 조정할 필요가 있습니다.

정: 주제가 너무 막연하게 표현되어 있습니다. 보고서의 형식이나 내용은 누구에게 보고하느냐에 따라 크게 달라집니다. 보고 대상이 명시적으로 드러날 수 있도록 주제를 더 구체적으로 표현하면 좋겠습니다.

무: 특강과 관련된 정보가 부족합니다. 강의에 관심이 있는 사람이라면 별도 비용이 있는지, 있다면 구체적으로 금액은 어떠한지 등이 궁금할 겁니다.

갑: 얼마 전에 비슷한 특강이 서울에서 개최되었으니 이번 특강은 현직 중앙부처 소속 공무원을 대상으로 진행하도록 하겠습니다. 참고로 특강 수강 비용은 무료입니다. ㉠ 오늘 회의에서 논의된 내용을 반영하여 특강 계획을 수정하도록 하겠습니다. 감사합니다.

―――――――〈계획안〉―――――――

보고서 작성법 특강

○ 주제: 보고서 작성 기법
○ 일시: 2021. 11. 6.(토) 10 : 00 ~ 12 : 00
○ 장소: 정부서울청사 본관 5층 대회의실
○ 대상: 현직 공무원 및 공무원을 꿈꾸는 누구나

① 주제를 '효율적 정보 제시를 위한 보고서 작성 기법'으로 변경한다.
② 일시를 '2021. 11. 10.(수) 10 : 00 ~ 12 : 00(특강 참여 시 근무시간으로 인정)'으로 변경한다.
③ 장소를 '정부세종청사 6동 대회의실'로 변경한다.
④ 대상을 '보고서 작성 능력을 키우고 싶은 현직 중앙부처 공무원'으로 변경한다.
⑤ 특강을 듣기 위한 별도 부담 비용이 없다고 안내하는 항목을 추가한다.

문 8. 다음 글의 〈표〉에 대한 판단으로 옳은 것만을 〈보기〉에서 모두 고르면?

우리 몸에는 세 종류의 중요한 근육이 있는데 이것들은 서로 다른 두 기준에 따라 각각 두 종류로 분류될 수 있다. 두 기준은 근육을 구성하는 근섬유에 줄무늬가 있는지의 여부와 근육의 움직임을 우리가 의식적으로 통제할 수 있는지의 여부이다.

세 종류의 중요한 근육 중 뼈대근육은 우리가 의식적으로 통제하여 사용할 수 있기 때문에 수의근이라고 하며 뼈에 부착되어 있다. 이 근육에 있는 근섬유에는 줄무늬가 있어서 줄무늬근으로 분류된다. 뼈대근육은 달리기, 들어 올리기와 같은 신체적 동작을 일으킨다. 우리가 신체적 운동을 통해 발달시키고자 하는 근육이 바로 뼈대근육이다.

뼈대근육과 다른 종류로서 내장근육이 있는데, 이 근육은 소화기관, 혈관, 기도에 있는 근육으로서 의식적인 통제하에 있는 것이 아니다. 내장근육에 있는 근섬유에는 줄무늬가 없어서 민무늬근으로 분류된다. 위나 다른 소화기관에 있는 근육은 꿈틀운동을 일으킨다. 혈관에 있는 근육은 혈관의 직경을 변화시켜서 피의 흐름을 촉진시킨다. 기도에 있는 근육은 기도의 직경을 변화시켜서 공기의 움직임을 촉진시킨다.

심장근육은 심장에서만 발견되는데 심장근육에 있는 근섬유에는 줄무늬가 있다. 심장근육은 심장벽을 구성하고 있고 심장을 수축시키는 역할을 하는데, 이 근육은 우리가 의식적으로 통제할 수 있는 것이 아니기 때문에 불수의근으로 분류된다.

지금까지 기술한 내용을 정리하면 다음과 같다.

〈표〉 근육의 종류와 특징

기준＼종류	뼈대근육	내장근육	심장근육
A	㉠	㉡	㉢
B	㉣	㉤	㉥

―――――――〈보기〉―――――――

ㄱ. ㉡과 ㉢이 같은 특징이라면, A에는 근섬유에 줄무늬가 있는지를 따지는 기준이 들어간다.
ㄴ. ㉣과 ㉥이 다른 특징이라면, B에는 근육의 움직임을 의식적으로 통제할 수 있는지를 따지는 기준이 들어간다.
ㄷ. ㉠에 '수의근'이 들어간다면, ㉤에는 '민무늬근'이 들어가야 한다.

① ㄱ
② ㄷ
③ ㄱ, ㄴ
④ ㄴ, ㄷ
⑤ ㄱ, ㄴ, ㄷ

2020 해커스PSAT 7급+민경채 PSAT 16개년 기출문제집 언어논리

문 9. 다음 글의 ㉠~㉤에 대한 설명으로 가장 적절한 것은?

세균은 산소에 대한 요구성과 내성에 따라 구분된다. '절대 호기성 세균'은 산소에 대한 내성이 있고 대사 과정에서 산소 호흡을 하기 때문에 산소의 농도가 높은 곳에서 잘 자랄 수 있다. 반면에 '미세 호기성 세균'은 산소 호흡을 하지만 산소에 대한 내성이 '절대 호기성 세균'보다 낮아서 '절대 호기성 세균'이 살아가는 환경의 산소 농도보다 낮은 농도의 산소에서만 살 수 있다. 두 종류의 세균은 모두 산소를 이용하는 호흡이 필수적이므로 산소가 없거나 너무 낮은 농도에서는 살 수 없다. '통성 세균'은 산소에 대한 내성이 있고, 산소가 있는 곳에서는 산소 호흡을 하고 산소가 없거나 너무 낮은 농도에서는 산소 호흡 대신 발효 과정을 통해 에너지를 만들어낼 수 있기 때문에 산소가 있는 환경과 없는 환경 모두에서 자랄 수 있다. 그러나 산소 호흡이 발효 과정보다 많은 에너지를 만들어 내기 때문에 산소 농도가 높은 환경에서 더 잘 자란다. '혐기성 세균'은 산소 호흡을 할 수 없는 세균으로 발효 과정만을 통해 에너지를 만들어낸다. '혐기성 세균'은 산소에 대한 내성을 가지고 있어 산소가 있어도 자랄 수 있는 '내기 혐기성 세균'과 산소에 대한 내성이 없어 일정 농도 이상의 산소에 노출되면 사멸하는 '절대 혐기성 세균'으로 나뉜다. '내기 혐기성 세균'의 생장은 산소 농도와는 무관하다.

티오글리콜레이트 배양액을 담고 있는 시험관에서 배양액의 위쪽은 공기와 접하고 있어 산소가 충분하다. 시험관 배양액의 산소 농도는 시험관 아래쪽으로 갈수록 감소하며, 시험관의 맨 아래쪽에는 산소가 거의 없다. 아래 그림은 티오글리콜레이트 배양액을 담고 있는 5개의 시험관(㉠~㉤)에 '절대 호기성 세균', '미세 호기성 세균', '통성 세균', '내기 혐기성 세균', '절대 혐기성 세균' 중 하나를 배양한 결과를 나타내며, 각 시험관에는 서로 다른 세균이 배양되었다. 그림에서 검은색 점 각각은 살아있는 하나의 세균을 나타낸다.

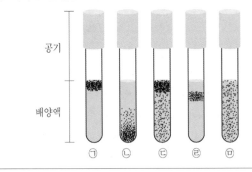

① ㉠은 '통성 세균'이 자란 시험관이다.
② ㉡에서 자란 세균은 발효 과정으로 에너지를 만들어 낸다.
③ ㉢에서 자란 세균은 산소에 대한 내성이 없다.
④ ㉣에서 자란 세균은 산소 호흡을 할 수 없다.
⑤ ㉣과 ㉤은 모두 '혐기성 세균'이 자란 시험관이다.

문 10. 다음 글의 ㉠과 ㉡에 들어갈 진술로 가장 적절한 것은?

A학파의 가장 큰 특징은 토지 문제를 토지 시장에 국한시키지 않고 경제 전체의 흐름과 밀접하게 연결해서 파악한다는 점이다. A학파의 주장에 따르면, 토지 문제는 이용의 효율에만 관련되는 단순한 문제가 아니라 경제 성장, 실업, 물가 등의 거시경제적 변수를 함께 고려해야만 하는 복잡한 문제이다. 그런 점에서 A학파는 토지 문제가 경기 변동과 직결될 뿐만 아니라 사회 정의와도 관련되는 것이라고 주장한다.

이와 달리 B학파는 다른 모든 종류의 상품과 마찬가지로 토지 문제 역시 수요·공급의 법칙에 따라 시장이 자율적으로 조정하도록 맡겨 두면 된다고 주장한다. B학파의 관점에 따르면, 　㉠　 토지는 귀금속, 주식, 채권, 은행 예금만큼이나 좋은 투자 대상이다. 부동산의 자본 이득이 충분히 클 경우, 좋은 투자 대상이 되어 막대한 자금이 금융권으로부터 부동산 시장으로 흘러 들어간다. 반대로 자본 이득이 떨어지면 부동산에 투입되었던 자금이 금융권을 통해 회수되어 다른 시장으로 흘러 들어간다. 이와 같이 부동산의 자본 이득은 부동산 시장과 금융권 사이의 연결고리 역할을 한다.

A학파는 B학파와 달리 상품 투자와 토지 투자를 엄격히 구분한다. 상품 투자는 해당 상품의 가격을 상승시켜 상품 공급을 증가시킨다. 공급 증가는 다시 상품 투자의 억제 요인으로 작용하기 때문에 상품 투자에는 내재적 한계가 있기 마련이다. 그러나 　㉡　 그러므로 토지 투자의 경우에는 지가 상승이 투자를 조장하고 투자는 지가 상승을 더욱 부채질하는 악순환이 반복된다. A학파는 이런 악순환의 결과로 토지를 포함한 부동산 가격에 거품이 잔뜩 끼게 된다고 주장한다.

① ㉠: 토지에 대한 투자는 상품 투자의 일종으로 이해된다.
　㉡: 토지 공급은 한정되어 있으므로 토지 투자는 상품 투자의 경우와는 달리 제어장치가 없다.
② ㉠: 토지에 대한 투자는 상품 투자의 일종으로 이해된다.
　㉡: 토지 투자는 다른 상품의 생산 비용을 상승시켜 상품의 가격 상승으로 이어진다.
③ ㉠: 토지에 대한 투자는 상품 생산의 수단으로 활용된다.
　㉡: 토지 공급은 한정되어 있으므로 토지 투자는 상품 투자의 경우와는 달리 제어장치가 없다.
④ ㉠: 토지 투자와 상품 투자는 거시경제적인 관점에서 상호 보완적 역할을 수행한다.
　㉡: 토지 투자는 다른 상품의 생산 비용을 상승시켜 상품의 가격 상승으로 이어진다.
⑤ ㉠: 토지 투자와 상품 투자는 거시경제적인 관점에서 상호 보완적 역할을 수행한다.
　㉡: 토지 공급은 한정되어 있으므로 토지 투자는 상품 투자의 경우와는 달리 제어장치가 없다.

문 11. 다음 글로부터 추론할 수 있는 것은?

> 사람의 혈액은 적혈구, 백혈구, 혈소판처럼 혈액 내에 존재하는 세포인 혈구 성분과 이러한 혈구 성분을 제외한 나머지 액상 성분인 혈장으로 나뉜다. 사람의 혈액을 구별하는 대표적인 방법은 혈액의 성분을 기준으로 삼는 ABO형 방법이다. 이에 따르면, 혈액은 적혈구의 표면에 붙어 있는 응집원과 혈장에 들어 있는 응집소의 유무 또는 종류를 기준으로 다음 표와 같이 구분할 수 있다.
>
> | 혈액형 | 응집원 | 응집소 |
> |---|---|---|
> | A | A형 응집원 | 응집소 β |
> | B | B형 응집원 | 응집소 α |
> | AB | A형 응집원 및 B형 응집원 | 없음 |
> | O | 없음 | 응집소 α 및 응집소 β |
>
> 이때, A형 응집원이 응집소 α와 결합하거나 B형 응집원이 응집소 β와 결합하면, 응집 반응이 일어난다. 이 반응은 혈액의 응고를 일으키는데, 혈액이 응고되면 혈액의 정상적인 흐름이 방해되어 심각한 문제가 발생할 수 있다. 혈액의 이러한 특성을 활용하면 수혈도를 작성할 수 있다.

① A형 응집원만을 선택적으로 제거한 A형 적혈구를 B형인 사람에게 수혈해도 응집 반응이 일어나지 않는다.

② B형 응집원만을 선택적으로 제거한 AB형 적혈구를 A형인 사람에게 수혈하면 응집 반응이 일어난다.

③ 응집소 β를 선택적으로 제거한 O형 혈장을 A형인 사람에게 수혈해도 응집 반응이 일어나지 않는다.

④ AB형인 사람은 어떤 혈액을 수혈 받아도 응집 반응이 일어나지 않는다.

⑤ O형인 사람은 어떤 적혈구를 수혈 받아도 응집 반응이 일어나지 않는다.

문 12. 다음 글의 ㉠을 이끌어내기 위해 추가해야 할 전제로 가장 적절한 것은?

> A국에서는 교육 제도 개선을 추진하고 있다. 이와 관련하여 현재 거론되고 있는 방안 중 다음 네 조건을 모두 충족시키는 방안이 있다면, 정부는 그 방안을 추진해야 한다. 첫째, 공정한 기회 균등과 교육의 수월성을 함께 이룩할 수 있는 방안이어야 한다. 둘째, 신뢰할 수 있는 설문 조사에서 가장 많은 국민이 선호하는 방안으로 선택한 것이어야 한다. 셋째, 정부의 기존 교육 재정만으로 실행될 수 있는 방안이어야 한다. 넷째, 가계의 교육 부담을 줄일 수 있는 방안이어야 한다.
>
> 현재 거론되고 있는 방안들 중 선호하는 것에 대하여 국민 2,000명을 대상으로 한 설문 조사 결과, 300명이 대학교 평준화 도입을 꼽았고, 400명이 고등학교 자체 평가 확대를 꼽았으며, 600명이 대입 정시 확대와 수시 축소를 꼽았고, 700명이 고교 평준화 강화를 꼽았다. 이 설문 조사는 표본을 치우치지 않게 잡아 신뢰할 수 있다.
>
> 현재 거론된 방안들 가운데 정부의 기존 교육 재정만으로 실행될 수 없는 것은 대학교 평준화 도입 방안뿐이다. 대입 정시 확대와 수시 축소 방안은 가계의 교육 부담을 감소시키지 못하지만 다른 방안들은 그렇지 않다. 고교 평준화 강화 방안은 공정한 기회 균등을 이룰 수 있는 방안임이 분명하다. 따라서 ㉠ 정부는 고교 평준화 강화 방안을 추진해야 한다.

① 고교 평준화 강화는 가장 많은 국민이 선호하는 방안이다.

② 고교 평준화 강화는 교육의 수월성을 이룩할 수 있는 방안이다.

③ 고교 평준화 강화는 가계의 교육 부담을 줄일 수 있는 방안이다.

④ 고교 평준화 강화는 정부의 기존 교육 재정만으로도 실행될 수 있는 방안이다.

⑤ 정부가 고교 평준화 강화 방안을 추진하지 않아도 된다면, 그 방안은 공정한 기회 균등과 교육의 수월성을 함께 이룩할 수 없는 방안이다.

※ 다음 글을 읽고 물음에 답하시오. [문 13. ~ 문 14.]

　　개정 근로기준법이 적용되면서 일명 '52시간 근무제'에 사람들이 큰 관심을 보였다. 하지만 개정 근로기준법에는 1주 최대 근로시간을 52시간으로 규정하는 조문이 명시적으로 추가된 것이 아니다. 다만, 기존 근로기준법에 '1주'란 휴일을 포함한 7일을 말한다'는 문장 하나가 추가되었을 뿐이다. 이 문장이 말하는 바는 상식처럼 보이는데, 이를 추가해서 어떻게 52시간 근무제를 확보할 수 있었을까?

　　월요일에서 금요일까지 1일 8시간씩 소정근로시간 동안 일하는 근로자를 생각해보자. 여기서 '소정근로시간'이란 근로자가 사용자와 합의하여 정한 근로시간을 말한다. 사실 기존 근로기준법에서도 최대 근로시간은 52시간으로 규정되어 있는 것처럼 보인다. 1일의 최대 소정근로시간이 8시간, 1주의 최대 소정근로시간이 40시간이고, 연장근로는 1주에 12시간까지만 허용되어 있으므로, 이를 단순 합산하면 총 52시간이 되기 때문이다. 그러나 기존 근로기준법에서는 최대 근로시간이 68시간이었다. 이는 휴일근로의 성격을 무엇으로 보느냐에 달려 있다. 기존 근로기준법에서 휴일근로는 소정근로도 아니고 연장근로도 아닌 것으로 간주되었다. 그래서 소정근로 40시간과 연장근로 12시간을 시키고 나서 추가로 휴일근로를 시키더라도 법 위반이 아니었다.

　　그런데 일요일은 휴일이지만, 토요일은 휴일이 아니라 근로의무가 없는 휴무일이기에 특별한 규정이 없는 한 근로를 시킬 수가 없다. 따라서 기존 근로기준법하에서 더 근로를 시키고 싶던 기업들은 단체협약 등으로 '토요일을 휴일로 한다'는 특별규정을 두는 일종의 꼼수를 쓰는 경우가 많았다. 이렇게 되면 토요일과 일요일, 2일 간 휴일근로를 추가로 시킬 수 있기에 최대 근로시간이 늘어나게 된다. 이것이 기존 판례의 입장이었다.

　　개정 근로기준법과 달리 왜 기존 판례는 [　　　　　] 그 이유는 연장근로를 소정근로의 연장으로 보았고, 1주의 최대 소정근로시간을 정할 때 기준이 되는 1주를 5일에 입각하여 보았기 때문이다. 즉, 1주 중 소정근로일을 월요일부터 금요일까지의 5일로 보았기에 이 기간에 하는 근로만이 근로기준법상 소정근로시간의 한도에 포함된다고 본 것이다. 다만 이 입장에 따르더라도, 연장근로가 아닌 한 1일의 근로시간은 8시간을 초과할 수 없다고 기존 근로기준법에 규정되어 있기 때문에, 이미 52시간을 근로한 근로자에게 휴일에 1일 8시간을 넘는 근로를 시킬 수 없다. 그 결과 휴일근로로 가능한 시간은 16시간이 되어, 1주 68시간이 최대 근로시간이 된 것이다.

문 13. 위 글의 빈칸에 들어갈 내용으로 가장 적절한 것은?

① 휴일근로가 연장근로가 아니라고 보았을까?
② 토요일에 연장근로를 할 수 있다고 보았을까?
③ 1주의 최대 소정근로시간을 40시간으로 인정하였을까?
④ 1일의 최대 소정근로시간은 8시간을 초과할 수 없다고 보았을까?
⑤ 휴일에는 근로자의 합의가 없는 한 연장근로를 할 수 없다고 보았을까?

문 14. 위 글의 내용을 바르게 적용한 사람만을 〈보기〉에서 모두 고르면?

―――〈보기〉―――

갑: 개정 근로기준법에 의하면, 1주 중 3일 동안 하루 15시간씩 일한 사람의 경우, 총 근로시간이 45시간으로 52시간보다 적으니 법에 어긋나지 않아.

을: 개정 근로기준법에 의하면, 월요일부터 목요일까지 매일 10시간씩 일한 사람의 경우, 금요일에 허용되는 최대 근로시간은 12시간이야.

병: 기존 근로기준법에 의하면, 일요일 12시간을 일했으면 12시간 전부가 휴일근로시간이지, 연장근로시간이 아니야.

① 갑
② 을
③ 갑, 병
④ 을, 병
⑤ 갑, 을, 병

문 15. 다음 글의 내용이 참일 때, 반드시 참인 것은?

> 갑돌과 정순은 매일 커피를 마시는 흡연자이다. 을순과 병돌은 매년 치석을 없앤다. 그리고 치아의 색깔에 관한 다음의 사실이 알려져 있다.
>
> ○ 치석을 매년 없애지 않고 매일 커피를 마시는 사람의 경우, 그의 이가 노랄 확률은 60% 이상이다.
>
> ○ 치석을 매년 없애지 않는 흡연자의 경우, 그의 이가 노랄 확률은 80% 이상이다.
>
> ○ 치석을 매년 없애지 않고 매일 커피를 마시는 흡연자의 경우, 그의 이가 노랄 확률은 90% 이상이다.
>
> ○ 치석을 매년 없애는 사람의 경우, 그의 이가 노랄 확률은 그의 커피 섭취 및 흡연 여부와 무관하게 20% 미만이다.

① 갑돌의 이가 노랄 확률은 80% 이상이다.

② 을순의 이가 노랗지 않을 확률은 80% 미만이다.

③ 병돌이 흡연자라면, 그의 이가 노랄 확률은 20% 이상이다.

④ 병돌이 매일 커피를 마신다면, 그의 이가 노랄 확률은 20% 이상이다.

⑤ 정순이 치석을 매년 없애지 않는다면, 그의 이가 노랄 확률은 90% 이상이다.

문 16. 다음 글의 내용이 참일 때, 반드시 참인 것만을 〈보기〉에서 모두 고르면?

> 인접한 지방자치단체인 ○○군을 △△시에 통합하는 안건은 △△시의 5개 구인 A, B, C, D, E 중 3개 구 이상의 찬성으로 승인된다. 안건에 관한 입장은 찬성하거나 찬성하지 않거나 둘 중 하나이다. 각 구의 입장은 다음과 같다.
>
> ○ A가 찬성한다면 B와 C도 찬성한다.
>
> ○ C는 찬성하지 않는다.
>
> ○ D가 찬성한다면 A와 E 중 한 개 이상의 구는 찬성한다.

〈보기〉

ㄱ. B가 찬성하지 않는다면, 안건은 승인되지 않는다.

ㄴ. B가 찬성하는 경우 E도 찬성한다면, 안건은 승인된다.

ㄷ. E가 찬성하지 않는다면, D도 찬성하지 않는다.

① ㄱ　　　　　　② ㄴ　　　　　　③ ㄱ, ㄷ

④ ㄴ, ㄷ　　　　⑤ ㄱ, ㄴ, ㄷ

문 17. 다음 글의 내용이 참일 때, 반드시 참인 것만을 〈보기〉에서 모두 고르면?

> 일반행정 직렬 주무관으로 새로 채용된 갑진, 을현, 병천은 행정안전부, 고용노동부, 보건복지부에 한 명씩 배치되는 것으로 정해졌다. 가인, 나운, 다은, 라연은 배치 결과를 궁금해 하며 다음과 같이 예측했는데, 이 중 한 명의 예측만 틀렸음이 밝혀졌다.
>
> 가인: 을현은 행정안전부에, 병천은 보건복지부에 배치될 거야.
>
> 나운: 을현이 행정안전부에 배치되면, 갑진은 고용노동부에 배치될 거야.
>
> 다은: 을현이 행정안전부에 배치되지 않으면, 병천이 행정안전부에 배치될 거야.
>
> 라연: 갑진은 고용노동부에, 병천은 행정안전부에 배치될 거야.

〈보기〉

ㄱ. 갑진은 고용노동부에 배치된다.

ㄴ. 을현은 행정안전부에 배치된다.

ㄷ. 라연의 예측은 틀렸다.

① ㄱ

② ㄴ

③ ㄱ, ㄷ

④ ㄴ, ㄷ

⑤ ㄱ, ㄴ, ㄷ

문 18. 다음 글의 ⊙에 대한 판단으로 적절한 것만을 〈보기〉에서 모두 고르면?

어떤 회사가 소비자들을 A부터 H까지 8개의 동질적인 집단으로 나누어, 이들을 대상으로 마케팅 활동의 효과를 살펴보는 실험을 하였다. 마케팅 활동은 구매 전 활동과 구매 후 활동으로 구성되는데, 구매 전 활동에는 광고와 할인 두 가지가 있고 구매 후 활동은 사후 서비스 한 가지뿐이다. 구매 전 활동이 끝난 뒤 구매율을 평가하고, 구매 후 활동까지 모두 마친 뒤 구매 전과 구매 후의 마케팅 활동을 종합하여 마케팅 만족도를 평가하였다. 구매율과 마케팅 만족도는 모두 a, b, c, d로 평가하였는데, a가 가장 높고 d로 갈수록 낮다. 이 회사가 수행한 ⊙ 실험의 결과는 다음과 같다.

○ A와 B를 대상으로는 구매 전 활동을 실시하지 않았는데 구매율은 d였다. 이 중 A에 대해서는 사후 서비스를 하였고 B에 대해서는 하지 않았는데, 마케팅 만족도는 각각 c와 d였다.

○ C와 D를 대상으로 구매 전 활동 중 광고만 하였더니 구매율은 c였다. 이 중 C에 대해서는 사후 서비스를 하였고 D에 대해서는 하지 않았는데, 마케팅 만족도는 각각 b와 c였다.

○ E와 F를 대상으로 구매 전 활동 중 할인 기회만 제공하였더니 구매율은 b였다. 이 중 E에 대해서는 사후 서비스를 하였고 F에 대해서는 하지 않았는데, 마케팅 만족도는 모두 b였다.

○ G와 H를 대상으로 구매 전 활동으로 광고와 함께 할인 기회를 제공하였더니 구매율은 b였다. 이 중 G에 대해서는 사후 서비스를 하였고 H에 대해서는 하지 않았는데, 마케팅 만족도는 각각 a와 b였다.

〈보기〉

ㄱ. 할인 기회를 제공한 경우가 제공하지 않은 경우보다 구매율이 높다.

ㄴ. 광고를 할 때, 사후 서비스를 한 경우가 하지 않은 경우보다 마케팅 만족도가 낮지 않다.

ㄷ. 사후 서비스를 하지 않을 때, 광고를 한 경우가 하지 않은 경우보다 마케팅 만족도가 높다.

① ㄱ
② ㄷ
③ ㄱ, ㄴ
④ ㄴ, ㄷ
⑤ ㄱ, ㄴ, ㄷ

문 19. 다음 글의 갑~병의 견해에 대한 분석으로 적절한 것만을 〈보기〉에서 모두 고르면?

우리는 'A라는 성질을 가진 대상이 모두 B라는 성질을 가진다.'고 주장할 때 'A는 모두 B이다.'라는 형식의 진술 U를 사용한다. A라는 성질을 가진 대상이 존재할 때, U가 언제 참이고 언제 거짓인지에 대한 어떤 의견 차이도 없다. 즉 A라는 성질을 가진 대상이 존재할 때, 그 대상들이 모두 B라는 성질을 가진다면 U는 참이고, 그 대상들 중 B라는 성질을 가지지 않는 대상이 있다면 U는 거짓이다. 하지만 A라는 성질을 가진 대상이 존재하지 않을 때, U가 언제 참이고 언제 거짓인지를 둘러싸고 여러 견해가 있다.

갑: U는 'A이면서 B가 아닌 대상은 하나도 없다.'는 주장으로 이해해야 한다. 만약 A인 대상이 존재하지 않는다면, A이면서 B가 아닌 대상은 당연히 존재하지 않는다. 따라서 A인 대상이 존재하지 않는 경우, U는 참이다.

을: U에는 'A이면서 B가 아닌 대상은 하나도 없다.'는 주장과 더불어 'A인 대상이 존재한다.'는 주장까지 담겨 있다. 그러므로 A인 대상이 존재하지 않는다면, 후자의 주장이 거짓이 되므로 U 역시 거짓이다.

병: A인 대상이 존재하지 않는다는 사실만 갖고 U가 참이라거나 거짓이라고 말해서는 안 된다. 오히려 A인 대상이 존재해야 한다는 것은 U를 참이나 거짓으로 판단하기 위해 먼저 성립해야 할 조건이다. 그러므로 A인 대상이 존재하지 않는다면, 이 조건을 충족하지 못한 것이므로 U는 참도 거짓도 아니다.

〈보기〉

ㄱ. 갑과 을은 'A인 대상이 존재하지만 B인 대상이 존재하지 않는다면, U는 거짓이다.'라는 것에 동의한다.

ㄴ. 을과 병은 'U가 참이라면, A인 대상이 존재한다.'는 것에 동의한다.

ㄷ. 갑과 병은 'U가 거짓이라면, A인 대상이 존재한다.'는 것에 동의한다.

① ㄱ
② ㄷ
③ ㄱ, ㄴ
④ ㄴ, ㄷ
⑤ ㄱ, ㄴ, ㄷ

문 20. 다음 글의 내용을 적용한 것으로 가장 적절한 것은?

연역논증은 전제를 통해 결론이 참이라는 사실을 100% 보장하려는 논증인데, 이 가운데 결론의 참을 100% 보장하는 논증을 '타당한 논증'이라 한다. 반면 귀납논증은 전제를 통해 결론을 개연적으로 뒷받침하려는 논증이다. 귀납논증 중에는 뒷받침하는 정도가 강한 것도 있고 약한 것도 있다. 귀납논증은 형식의 측면에서도 여러 가지로 분류될 수 있는데, 이 중 우리가 자주 쓰는 귀납논증은 다음과 같은 것이다.

○ 보편적 일반화: 유형 I에 속하는 n개의 개체를 조사해 보니 이들 모두에서 속성 P를 발견하였다. 따라서 유형 I에 속하는 모든 개체들은 속성 P를 가질 것이다.

○ 통계적 일반화: 유형 I에 속하는 n개의 개체를 조사해 보니 이들 가운데 m개에서 속성 P를 발견하였다. 따라서 유형 I에 속하는 모든 개체 중 m/n이 속성 P를 가질 것이다. 단, m/n은 0보다 크고 1보다 작다.

○ 통계적 삼단논법: 유형 I에 속하는 개체 중 m/n에서 속성 P를 발견하였다. 개체 α는 유형 I에 속한다. 따라서 개체 α는 속성 P를 가질 것이다. 단, m/n은 0보다 크고 1보다 작다.

○ 유비추론: 유형 I에 속하는 개체 α가 속성 P_1, P_2, P_3을 갖고, 유형 II에 속하는 개체 β도 똑같이 속성 P_1, P_2, P_3을 갖는다. 개체 α가 속성 P_4를 가진다는 사실이 발견되었다. 따라서 개체 β는 속성 P_4를 가질 것이다.

① '우리나라 공무원 중 여행과 음악을 모두 좋아하는 이들의 비율은 전체의 80%를 넘지 않는다. 따라서 우리나라 공무원 중 여행을 좋아하는 이들의 비율은 전체의 80%를 넘지 않을 것이다.'는 타당한 논증으로 분류된다.

② '우리나라 전체 공무원 중 100명을 조사해 보니 이들은 업무의 70% 이상을 효과적으로 수행하고 있다. 따라서 우리나라 전체 공무원들은 업무의 70% 이상을 효과적으로 수행하고 있을 것이다.'는 보편적 일반화로 분류된다.

③ '우리나라 공무원 중 30%가 운동을 좋아한다. 따라서 우리나라 20대 공무원 중 30%는 운동을 좋아할 것이다.'는 통계적 일반화로 분류된다.

④ '해외연수를 다녀온 공무원의 95%가 정부 정책을 지지한다. 공무원 갑은 정부 정책을 지지하고 있다. 따라서 갑은 해외연수를 다녀왔을 것이다.'는 통계적 삼단논법으로 분류된다.

⑤ '임신과 출산으로 태어난 을과 그를 복제하여 만든 병은 유전자와 신경 구조가 똑같다. 따라서 을과 병은 둘 다 80세 이상 살 것이다.'는 유비추론으로 분류된다.

문 21. 다음 글의 실험 결과가 강화하는 것만을 〈보기〉에서 모두 고르면?

한 연구진은 자극 X가 뇌에 미치는 영향을 밝히기 위한 실험을 수행하였다. 그들은 자극 X가 있는 환경에서 성장한 동물과 자극 X가 없는 환경에서 성장한 동물을 비교했을 때 뇌에 차이가 있을 것이라고 추측했다.

실험을 위해 동일한 조건의 연구용 쥐 100마리를 절반씩 나누어 각각 A와 B 그룹으로 배정하였다. A 그룹의 쥐는 자극 X에 노출된 반면, B 그룹의 쥐는 자극 X에 노출되지 않았다. 자극 X를 제외한 다른 조건은 두 그룹에서 동일하였다. 일정 기간이 지나고 두 그룹 쥐의 뇌에 대해서 부위별로 무게 측정과 화학 분석이 이루어졌다. 그 결과 A 그룹의 쥐는 B 그룹의 쥐와 다른 점을 보여주었다.

두 그룹에서 나타난 가장 두드러진 차이점은 전체 뇌 무게에 대한 대뇌피질의 무게 비율이었다. 대뇌피질은 경험에 반응하고 운동, 기억, 학습, 감각적 입력을 관장하는 뇌의 한 부위이다. A 그룹 쥐의 대뇌피질은 B 그룹 쥐의 대뇌피질보다 더 무겁고 더 치밀했지만, 뇌의 나머지 부위의 무게에는 차이가 없었다.

또한 B 그룹의 쥐의 뇌보다 A 그룹의 쥐의 뇌에서는 크기가 큰 신경세포뿐만 아니라 신경교세포도 더 많이 발견되었다. 신경교세포는 뇌의 신경세포를 성장시켜 크기를 키우는 역할을 하는 세포이다. 세포의 DNA에 대한 RNA의 비율은 세포가 성장하지 않을 때보다 세포가 성장하여 크기가 커질 때 높아진다. 두 그룹의 쥐의 뇌를 분석한 결과, DNA에 대한 RNA의 비율이 높아진 뇌 신경세포가 B 그룹보다 A 그룹에 더 많이 있다는 사실이 확인되었다. A 그룹의 쥐의 뇌에서는 신경전달물질 α가 더 많이 분비되었는데, 신경전달물질 α의 양은 A 그룹 쥐의 뇌보다 B 그룹 쥐의 뇌에서 약 30% 이상 더 적은 것으로 확인되었다.

〈보기〉

ㄱ. 자극 X가 있으면 없을 때보다 신경교세포의 수와 신경전달물질 α의 분비량이 많아진다.

ㄴ. 자극 X가 있으면 없을 때보다 전체 뇌 무게에 대한 대뇌피질의 무게 비율이 높아지고 대뇌피질이 촘촘해진다.

ㄷ. 자극 X가 없으면 있을 때보다 뇌 신경세포의 크기와 수가 늘어난다.

① ㄱ

② ㄷ

③ ㄱ, ㄴ

④ ㄴ, ㄷ

⑤ ㄱ, ㄴ, ㄷ

문 22. 다음 글의 ⊙을 강화하는 것만을 〈보기〉에서 모두 고르면?

1977년 캐나다의 실험에서 연구진은 인공 조미료 사카린이 인간에게 암을 일으킬 수 있는지를 밝히려고 약 200마리의 쥐를 사용해 실험했다. 실험 결과가 발표되자 그 활용의 타당성에 관해 비판이 제기되었다. 투여된 사카린의 양이 쥐가 먹는 음식의 5%로 너무 많다는 것이었다. 인간에게 그 양은 음료수 800병에 함유된 사카린 양인데, 누가 하루에 음료수를 800병이나 마시겠느냐는 비판이었다.

일리가 없는 말은 아니지만 ⊙ 이것은 합당한 비판이 아니다. 물론 인간에게 적용할 실험 결과를 얻으려면 인간이 사카린에 노출되는 상황을 그대로 재현하여 실험하는 것이 바람직하다. 그러나 일상적인 환경에서 대개의 발암물질은 유효성이 아주 낮아서 수천 명 중 한 명 정도의 비율로만 그 효과를 확인할 수 있다. 발암물질의 유효성은 몸에 해당 물질을 받아들인 개체들 가운데 암에 걸리는 개체의 비율에 의존하는데, 이 비율이 낮을수록 발암물질의 유효성이 낮아진다. 물론 발암물질의 유효성이 낮아도 그 피해는 클 수 있다. 예를 들어 유효성이 매우 낮은 경우라도, 관련 모집단이 수천만 명이라면 그로 인해 암에 걸리는 사람은 수만 명에 이를 수 있다. 이런 상황에서 발암물질의 효과를 확인하려는 동물 실험은 최소한 수만 마리의 쥐를 이용한 실험을 해야 유의미한 결과를 얻을 수 있다. 하지만 그렇게 많은 쥐를 이용해서 실험하는 것은 불가능하다.

이럴 때 택하는 전형적인 전략은 실험 대상의 수를 줄이고 발암물질의 투여량을 늘리는 것이다. 예를 들어 어떤 발암물질을 통상적인 수준에서 투여한다면 200마리의 쥐 가운데 암이 발생한 것은 거의 없을 것이다. 하지만 그 발암물질을 전체 음식의 5%로 늘리게 되면 200마리의 쥐 가운데에서도 암이 발생한 쥐의 수는 제법 늘어나게 될 것이다. 이렇게 발암물질의 투여량을 늘리면 실험 대상의 수를 줄이더라도 유의미한 실험 결과를 확보할 수 있는 것이다. 결국 사카린과 암 사이의 인과관계를 밝히려 한 1977년 실험과 그 활용의 타당성에 근본적인 잘못이 있다고 할 수 없다.

〈보기〉

ㄱ. 인간이든 쥐든 암이 발생하는 사례의 수는 발암물질의 섭취량에 비례한다.

ㄴ. 쥐에게 다량 투입하였을 때 암을 일으킨 물질 중에는 인간에게 발암물질이 아닌 것이 있다.

ㄷ. 발암물질의 유효성이 클수록 더 많은 수의 실험 대상을 확보해야 유의미한 실험 결과를 얻을 수 있다.

① ㄱ 　　　　② ㄷ 　　　　③ ㄱ, ㄴ

④ ㄴ, ㄷ 　　　　⑤ ㄱ, ㄴ, ㄷ

문 23. 다음 논쟁을 분석한 것으로 적절한 것만을 〈보기〉에서 모두 고르면?

A: 종 차별주의란 인간 종이 다른 생물 종과 생김새가 다르다는 이유만으로 특별한 대우를 받아야 한다는 주장이다. 이런 종 차별주의가 옳지 않다는 주장은 모든 종을 동등하게 대우해야 한다는 종 평등주의가 옳다는 말과 같다. 하지만 종 평등주의는 너무나 비상식적인 견해이다.

B: 종 차별주의를 거부하는 것과 종 평등주의를 받아들이는 것은 별개다. 모든 생명체를 동등하게 대우해야 한다는 종 평등주의는 이웃 사람을 죽이는 것이 그른 만큼 양배추를 뽑아 버리는 것도 그르다는 것을 암시한다. 그러나 양배추는 신경계와 뇌가 없으므로 어떠한 경험을 할 수도 어떠한 의식을 가질 수도 없다. 그런 양배추를 뽑아 버리는 것이, 의식을 가지고 높은 수준의 경험을 누리는 이웃 사람을 죽이는 행위와 같을 수 없다. 종 차별주의에 대한 거부는 생김새가 아닌 의식에 의한 차별적 대우를 부정하지 않는다.

C: 의식에 의한 차별이 정당하다는 주장이 옳다면, 각 인간이 가진 가치도 달라야 한다. 왜냐하면 인간마다 의식적 경험의 정도가 다르기 때문이다. 그러나 모든 인간이 동일한 존엄성과 무한한 생명 가치를 가진다는 것은 거부할 수 없는 윤리의 대전제이다. 따라서 의식을 이용하여 종 사이의 차별을 정당화한다면 이런 윤리의 대전제를 부정할 수밖에 없다.

〈보기〉

ㄱ. A는 종 차별주의와 종 평등주의가 서로 모순된다고 보지만 B는 그렇지 않다.

ㄴ. B와 C는 모든 인간이 동일한 존엄성과 무한한 생명 가치를 가진다는 견해에 동의한다.

ㄷ. C는 인간과 인간이 아닌 것 사이의 차별적 대우를 정당화하는 근거가 있다는 것에 동의하지만, A는 그렇지 않다.

① ㄱ

② ㄴ

③ ㄱ, ㄷ

④ ㄴ, ㄷ

⑤ ㄱ, ㄴ, ㄷ

문 24. 다음 글의 ㉠의 내용으로 가장 적절한 것은?

2020년 7월 2일이 출산 예정일이었던 갑은 2020년 6월 28일 아이를 출산하여, 2020년 7월 10일에 ○○구 건강관리센터 산모·신생아 건강관리 서비스를 신청하였다. 2020년 1월 1일에 ○○구에 주민등록이 된 이후 갑은 주민등록지를 변경하지 않았으며, 실제로 ○○구에 거주하였다. 갑의 신청을 검토한 ○○구는 「○○구 산모·신생아 건강관리 지원에 관한 조례」(이하 "조례"라 한다)와 「○○구 건강관리센터 운영규정」(이하 "운영규정"이라 한다)이 불일치한다는 문제를 발견하였다. 이에 ㉠ 운영규정과 조례 중 무엇도 위반하지 않고 갑이 30만 원 이하의 본인 부담금만으로 해당 서비스를 이용할 수 있도록 조례 또는 운영규정을 일부 개정하였다.

「○○구 산모·신생아 건강관리 지원에 관한 조례」
제8조(산모·신생아 건강관리 지원) ① 구청장은 출산 예정일 또는 출산일을 기준으로 6개월 전부터 계속하여 ○○구에 주민등록을 두고 있는 산모와 출산 예정일 또는 출산일을 기준으로 1년 전부터 계속하여 ○○구를 국내 체류지로 하여 외국인 등록을 하고 ○○구에 체류하는 외국인 산모에게 산모·신생아 건강관리 서비스를 제공할 수 있다.
② 구청장은 제1항에 따른 서비스의 본인 부담금을 이용금액 기준에 따라 30만 원 한도 내에서 서비스 수급자에게 부과할 수 있다.

「○○구 건강관리센터 운영규정」
제21조(산모·신생아 건강관리 지원) ① 다음 각 호의 어느 하나에 해당하는 사람은 산모·신생아 건강관리 서비스를 이용할 수 있다.
  1. 출산일을 기준으로 6개월 전부터 계속하여 ○○구에 주민등록을 두고 실제로 ○○구에 거주하고 있는 산모
  2. 출산일을 기준으로 6개월 전부터 ○○구를 국내 체류지로 하여 외국인 등록을 하고 실제로 ○○구에 체류하고 있는 외국인 산모
② 제1항에 따른 서비스를 이용하는 경우 서비스 수급자에게 본인 부담금이 부과될 수 있다. 그 산정은 「○○구 산모·신생아 건강관리 지원에 관한 조례」의 기준에 따른다.

① 운영규정 제21조제3항과 조례 제8조제3항으로 '신청일은 출산일 기준 10일을 경과할 수 없다.'를 신설한다.
② 운영규정 제21조제1항의 '실제로 ○○구에 거주하고'와 '실제로 ○○구에 체류하고'를 삭제한다.
③ 운영규정 제21조제2항의 '본인 부담금'을 '30만 원 이하의 본인 부담금'으로 개정한다.
④ 운영규정 제21조제1항의 '출산일'을 모두 '출산 예정일 또는 출산일'로 개정한다.
⑤ 조례 제8조제1항의 '1년'을 '6개월'로 개정한다.

문 25. 다음 글의 〈논쟁〉에 대한 분석으로 적절한 것만을 〈보기〉에서 모두 고르면?

> 갑과 을은 M국의 손해사정을 업으로 하는 법인 A, B의 「보험업법」 위반 여부에 대해 논쟁하고 있다. 이 논쟁은 「보험업법」의 일부 규정 속 손해사정사가 상근인지 여부, 그리고 각 법인의 손해사정사가 상근인지 여부가 불분명함에서 비롯되었다. 해당 법의 일부 조항은 다음과 같다.
>
> ――――――――――――――――――――
> 「보험업법」
>
> 제00조(손해사정업의 영업기준) ① 손해사정을 업으로 하려는 법인은 2명 이상의 상근 손해사정사를 두어야 한다. 이 경우 총리령으로 정하는 손해사정사의 구분에 따라 수행할 업무의 종류별로 1명 이상의 상근 손해사정사를 두어야 한다.
>
> ② 제1항에 따른 법인이 지점 또는 사무소를 설치하려는 경우에는 각 지점 또는 사무소별로 총리령으로 정하는 손해사정사의 구분에 따라 수행할 업무의 종류별로 1명 이상의 손해사정사를 두어야 한다.
> ――――――――――――――――――――
>
> 〈논쟁〉
>
> 쟁점 1: 법인 A는 총리령으로 정하는 손해사정사의 구분에 따른 업무의 종류가 4개이고 각 종류마다 2명의 손해사정사를 두고 있는데, 갑은 법인 A가 「보험업법」 제00조제1항을 어기고 있다고 주장하지만 을은 그렇지 않다고 주장한다.
>
> 쟁점 2: 법인 B의 지점 및 사무소 각각은 총리령으로 정하는 손해사정사의 구분에 따른 업무의 종류가 2개씩이고 각 종류마다 1명의 손해사정사를 두고 있는데, 갑은 법인 B가 「보험업법」 제00조제2항을 어기고 있다고 주장하지만 을은 그렇지 않다고 주장한다.

――――――――――――〈보기〉――――――――――――
ㄱ. 쟁점 1과 관련하여, 법인 A에는 비상근 손해사정사가 2명 근무하고 있지만 이들이 수행하는 업무의 종류가 다르다는 사실이 밝혀진다면 갑의 주장은 옳지만 을의 주장은 옳지 않다.
ㄴ. 쟁점 2와 관련하여, 법인 B의 지점에 근무하는 손해사정사가 비상근일 경우에, 갑은 제00조제2항의 '손해사정사'가 반드시 상근이어야 한다고 생각하지만 을은 비상근이어도 무방하다고 생각한다는 사실은 법인 B에 대한 갑과 을 사이의 주장 불일치를 설명할 수 있다.
ㄷ. 법인 A 및 그 지점 또는 사무소에 근무하는 손해사정사와 법인 B 및 그 지점 또는 사무소에 근무하는 손해사정사가 모두 상근이라면, 을의 주장은 쟁점 1과 쟁점 2 모두에서 옳지 않다.
――――――――――――――――――――――――――

① ㄱ
② ㄴ
③ ㄱ, ㄷ
④ ㄴ, ㄷ
⑤ ㄱ, ㄴ, ㄷ

약점 보완 해설집 p.44

민경채 기출문제

2021년 기출문제   2015년 기출문제

2020년 기출문제   2014년 기출문제

2019년 기출문제   2013년 기출문제

2018년 기출문제   2012년 기출문제

2017년 기출문제   2011년 기출문제

2016년 기출문제

✔ 문제풀이 시작과 종료 시각을 정하여 실전처럼 기출문제를 모두 푼 뒤, 문제풀이 시작 페이지 상단에
  실제로 문제풀이에 소요된 시간과 맞힌 문항 수를 기록하여 시간 관리 연습을 하고, 약점 보완 해설
  집의 '취약 유형 분석표'로 자신의 취약한 유형을 파악해 보시기 바랍니다.

✔ 2021년 민간경력자 PSAT는 2021년 7급 PSAT와 15문항이 동일하게 출제되었습니다. 11~25번
  문제는 2021년 7급 PSAT의 1~15번 문제와 동일한 문제이니, 문제풀이에 참고하시기 바랍니다.

문 1. 다음 글의 내용과 부합하는 것은?

고려 초기에는 지방 여러 곳에 불교 신자들이 모여 활동하는 '향도(香徒)'라는 이름의 단체가 있었다. 당시에 향도는 석탑을 만들어 사찰에 기부하는 활동과 '매향(埋香)'이라고 불리는 일을 했다. 매향이란 향나무를 갯벌에 묻어두는 행위를 뜻한다. 오랫동안 묻어둔 향나무를 침향이라고 하는데, 그 향이 특히 좋았다. 불교 신자들은 매향한 자리에서 나는 침향의 향기를 미륵불에게 바치는 제물이라고 여겼다. 매향과 석탑 조성에는 상당한 비용이 들어갔는데, 향도는 그 비용을 구성원으로부터 거두어들여 마련했다. 고려 초기에는 향도가 주도하는 매향과 석탑 조성 공사가 많았으며, 지방 향리들이 향도를 만들어 운영하는 것이 일반적이었다. 향리가 지방에 거주하는 사람들 가운데 비교적 재산이 많았기 때문이다. 고려 왕조는 건국 초에 불교를 진흥했는데, 당시 지방 향리들도 불교 신앙을 갖고 자기 지역의 불교 진흥을 위해 향도 활동에 참여했다.

향리들이 향도의 운영을 주도하던 때에는 같은 군현에 속한 향리들이 모두 힘을 합쳐 그 군현 안에 하나의 향도만 만드는 경우가 대다수였다. 그러한 곳에서는 향리들이 자신이 속한 향도가 매향과 석탑 조성 공사를 할 때마다 군현 내 주민들을 마음대로 동원해 필요한 노동을 시키는 일이 자주 벌어졌다. 그런데 12세기에 접어들어 향도가 주도하는 공사의 규모가 이전에 비해 작아지고 매향과 석탑 조성 공사의 횟수도 줄었다. 이러한 분위기 속에서도 하나의 군현 안에 여러 개의 향도가 만들어져 그 숫자가 늘었는데, 그 중에는 같은 마을 주민들만을 구성원으로 한 것도 있었다. 13세기 이후를 고려 후기라고 하는데, 그 시기에는 마을마다 향도가 만들어졌다. 마을 단위로 만들어진 향도는 주민들이 자발적으로 만든 것으로서 그 대부분은 해당 마을의 모든 주민을 구성원으로 한 것이었다. 이런 향도들은 마을 사람들이 관혼상제를 치를 때 그것을 지원했으며 자기 마을 사람들을 위해 하천을 정비하거나 다리를 놓는 등의 일까지 했다.

① 고려 왕조는 불교 진흥을 위해 지방 각 군현에 향도를 조직하였다.

② 향도는 매향으로 얻은 침향을 이용해 향을 만들어 판매하는 일을 하였다.

③ 고려 후기에는 구성원이 장례식을 치를 때 그것을 돕는 일을 하는 향도가 있었다.

④ 고려 초기에는 지방 향리들이 자신이 관할하는 군현의 하천 정비를 위해 향도를 조직하였다.

⑤ 고려 후기로 갈수록 석탑 조성 공사의 횟수가 늘었으며 그로 인해 같은 마을 주민을 구성원으로 하는 향도가 나타났다.

문 2. 다음 글에서 알 수 있는 것은?

1883년에 조선과 일본이 맺은 조일통상장정 제41관에는 "일본인이 조선의 전라도, 경상도, 강원도, 함경도 연해에서 어업 활동을 할 수 있도록 허용한다."라는 내용이 있다. 당시 양측은 이 조항에 적시되지 않은 지방 연해에서 일본인이 어업 활동을 하는 것은 금하기로 했다. 이 장정 체결 직후에 일본은 자국의 각 부·현에 조선해통어조합을 만들어 조선 어장에 대한 정보를 제공하기 시작했다. 이러한 지원으로 조선 연해에서 조업하는 일본인이 늘었는데, 특히 제주도에는 일본인들이 많이 들어와 전복을 마구 잡는 바람에 주민들의 전복 채취량이 급감했다. 이에 제주목사는 1886년 6월에 일본인의 제주도 연해 조업을 금했다. 일본은 이 조치가 조일통상장정 제41관을 위반한 것이라며 항의했고, 조선도 이를 받아들여 조업 금지 조치를 철회하게 했다. 이후 조선은 일본인이 아무런 제약 없이 어업 활동을 하게 해서는 안 된다고 여기게 되었으며, 일본과 여러 차례 협상을 벌여 1889년에 조일통어장정을 맺었다.

조일통어장정에는 일본인이 조일통상장정 제41관에 적시된 지방의 해안선으로부터 3해리 이내 해역에서 어업 활동을 하고자 할 때는 조업하려는 지방의 관리로부터 어업준단을 발급받아야 한다는 내용이 있다. 어업준단의 유효기간은 발급일로부터 1년이었으며, 이를 받고자 하는 자는 소정의 어업세를 먼저 내야 했다. 이 장정 체결 직후에 일본은 조선해통어조합연합회를 만들어 자국민의 어업준단 발급 신청을 지원하게 했다. 이후 일본은 1908년에 '어업에 관한 협정'을 강요해 맺었다. 여기에는 앞으로 한반도 연해에서 어업 활동을 하려는 일본인은 대한제국 어업 법령의 적용을 받도록 한다는 조항이 있다. 대한제국은 이듬해에 한반도 해역에서 어업을 영위하고자 하는 자는 먼저 어업 면허를 취득해야 한다는 내용의 어업법을 공포했고, 일본은 자국민도 이 법의 적용을 받게 해야 한다는 입장을 관철했다. 일본은 1902년에 조선해통어조합연합회를 없애고 조선해수산조합을 만들었는데, 이 조합은 어업법 공포 후 일본인의 어업 면허 신청을 대행하는 등의 일을 했다.

① 조선해통어조합은 '어업에 관한 협정'에 따라 일본인의 어업 면허 신청을 대행하는 업무를 보았다.

② 조일통어장정에는 제주도 해안선으로부터 3해리 밖에서 조선인이 어업 활동을 하는 것을 모두 금한다는 조항이 있다.

③ 조선해통어조합연합회가 만들어져 활동하던 당시에 어업준단을 발급받고자 하는 일본인은 어업세를 내도록 되어 있었다.

④ 조일통상장정에는 조선해통어조합연합회를 조직해 일본인이 한반도 연해에서 조업할 수 있도록 지원한다는 내용이 있다.

⑤ 한반도 해역에서 조업하는 일본인은 조일통상장정 제41관에 따라 조선해통어조합으로부터 어업 면허를 발급받아야 하였다.

문 3. 다음 글에서 알 수 있는 것은?

비정규직 근로자들이 늘어나면서 '프레카리아트'라고 불리는 새로운 계급이 형성되고 있다. 프레카리아트란 '불안한(precarious)'이라는 단어와 '무산계급(proletariat)'이라는 단어를 합친 용어로 불안정한 고용 상태에 놓여 있는 사람들을 의미한다. 프레카리아트에 속한 사람들은 직장 생활을 하다가 쫓겨나 실업자가 되었다가 다시 직장에 복귀하기를 반복한다. 이들은 고용 보장, 직무 보장, 근로안전 보장 등 노동 보장을 받지 못하며, 직장 소속감도 없을 뿐만 아니라, 자신의 직업에 대한 전망이나 직업 정체성도 결여되어있다. 프레카리아트는 분노, 무력감, 걱정, 소외를 경험할 수밖에 없는 '위험한 계급'으로 전락한다. 이는 의미 있는 삶의 길이 막혀 있다는 좌절감과 상대적 박탈감, 계속된 실패의 반복 때문이다. 이러한 사람들이 늘어나면 자연히 갈등, 폭력, 범죄와 같은 사회적 병폐들이 성행하여 우리 사회는 점점 더 불안해지게 된다.

프레카리아트와 비슷하지만 약간 다른 노동자 집단이 있다. 이른바 '긱 노동자'다. '긱(gig)'이란 기업들이 필요에 따라 단기 계약 등을 통해 임시로 인력을 충원하고 그때그때 대가를 지불하는 것을 의미한다. 예를 들어 방송사에서는 드라마를 제작할 때마다 적합한 사람들을 섭외하여 팀을 꾸리고 작업에 착수한다. 긱 노동자들은 고용주가 누구든 간에 자신이 보유한 고유의 직업 역량을 고용주에게 판매하면서, 자신의 직업을 독립적인 '프리랜서' 또는 '개인 사업자' 형태로 인식한다. 정보통신 기술의 발달은 긱을 더욱더 활성화한다. 정보통신 기술을 이용하면 긱 노동자의 모집이 아주 쉬워진다. 기업은 사업 아이디어만 좋으면 인터넷을 이용하여 필요한 긱 노동자를 모집할 수 있다. 기업이 긱을 잘 활용하면 경쟁력을 높여 정규직 위주의 기존 기업들을 앞서나갈 수 있다.

① 긱 노동자가 자신의 직업 형태에 대해 갖는 인식은 자신을 고용한 기업에 따라 달라지지 않는다.

② 정보통신 기술의 발달은 프레카리아트 계급과 긱 노동자 집단을 확산시킨다.

③ 긱 노동자 집단이 확산하면 프레카리아트 계급은 축소된다.

④ '위험한 계급'이 겪는 부정적인 경험이 적은 프레카리아트일수록 정규직 근로자로 변모할 가능성이 크다.

⑤ 비정규직 근로자에 대한 노동 보장의 강화는 프레카리아트 계급을 축소시키고 긱 노동자 집단을 확산시킨다.

문 4. 다음 글에서 알 수 없는 것은?

1859년에 프랑스의 수학자인 르베리에는 태양과 수성 사이에 미지의 행성이 존재한다는 가설을 세웠고, 그 미지의 행성을 '불칸'이라고 이름 붙였다. 당시의 천문학자들은 르베리에를 따라 불칸의 존재를 확신하고 그 첫 번째 관찰자가 되기 위해서 노력했다. 이렇게 확신한 이유는 르베리에가 불칸을 예측하는 데 사용한 방식이 해왕성을 성공적으로 예측하는 데 사용한 방식과 동일했기 때문이다. 해왕성 예측의 성공으로 인해 르베리에에 대한, 그리고 불칸의 예측 방법에 대한 신뢰가 높았던 것이다.

르베리에 또한 죽을 때까지 불칸의 존재를 확신했는데, 그가 그렇게 확신할 수 있었던 것 역시 해왕성 예측의 성공 덕분이었다. 1781년에 천왕성이 처음 발견된 뒤, 천문학자들은 천왕성보다 더 먼 위치에 다른 행성이 존재할 경우에만 천왕성의 궤도에 대한 관찰 결과가 뉴턴의 중력 법칙에 따라 설명될 수 있다고 생각했다. 이에 르베리에는 관찰을 통해 얻은 천왕성의 궤도와 뉴턴의 중력 법칙에 따라 산출한 궤도 사이의 차이를 수학적으로 계산하여 해왕성의 위치를 예측했다. 천문학자인 갈레는 베를린 천문대에서 르베리에의 편지를 받은 그날 밤, 르베리에가 예측한 바로 그 위치에 해왕성이 존재한다는 사실을 확인하였다.

르베리에는 수성의 운동에 대해서도 일찍부터 관심을 가지고 있었다. 르베리에는 수성의 궤도에 대한 관찰 결과 역시 뉴턴의 중력 법칙으로 예측한 궤도와 차이가 있음을 제일 먼저 밝힌 뒤, 1859년에 그 이유를 천왕성 – 해왕성의 경우와 마찬가지로 수성의 궤도에 미지의 행성이 영향을 끼치기 때문이라는 가설을 세운다. 르베리에는 이 미지의 행성에 '불칸'이라는 이름까지 미리 붙였던 것이며, 마침 르베리에의 가설에 따라 이 행성을 발견했다고 주장하는 천문학자까지 나타났던 것이다. 하지만 불칸의 존재에 대해 의심하는 천문학자들 또한 있었고, 이후 아인슈타인의 상대성이론을 이용해 수성의 궤도를 정확하게 설명하는 데 성공함으로써 가상의 행성인 불칸을 상정해야 할 이유는 사라졌다.

① 르베리에에 의하면 수성의 궤도를 정확하게 설명하기 위해서는 뉴턴의 중력 법칙을 대신할 다른 법칙이 필요하지 않다.

② 르베리에에 의하면 천왕성의 궤도를 정확하게 설명하기 위해서는 뉴턴의 중력 법칙을 대신할 다른 법칙이 필요하다.

③ 수성의 궤도에 대한 르베리에의 가설에 기반하여 연구한 천문학자가 있었다.

④ 르베리에는 해왕성의 위치를 수학적으로 계산하여 추정하였다.

⑤ 르베리에는 불칸의 존재를 수학적으로 계산하여 추정하였다.

문 5. 다음 글의 빈칸에 들어갈 말로 가장 적절한 것은?

　　서구사회의 기독교적 전통 하에서 이 전통에 속하는 이들은 자신들을 정상적인 존재로, 이러한 전통에 속하지 않는 이들을 비정상적인 존재로 구별하려 했다. 후자에 해당하는 대표적인 것이 적그리스도, 이교도들, 그리고 나병과 흑사병에 걸린 환자들이었는데, 그들에게 부과한 비정상성을 구체적인 형상을 통해 재현함으로써 그들이 전통 바깥의 존재라는 사실을 명확히 했다.

　　당연하게도 기독교에서 가장 큰 적으로 꼽는 것은 사탄의 대리자인 적그리스도였다. 기독교 초기, 몽티에랑데르나 힐데가르트 등이 쓴 유명한 저서뿐만 아니라 적그리스도의 얼굴이 묘사된 모든 종류의 텍스트들에서 그의 모습은 충격적일 정도로 외설스러울 뿐만 아니라 받아들이기 힘들 정도로 추악하게 나타난다.

　　두 번째는 이교도들이었는데, 서유럽과 동유럽의 기독교인들이 이교도들에 대해 사용했던 무기 중 하나가 그들을 추악한 얼굴의 악마로 묘사하는 것이었다. 또한 이교도들이 즐겨 입는 의복이나 진미로 여기는 음식을 끔찍하게 묘사하여 이교도들을 자신들과는 분명히 구분되는 존재로 만들었다.

　　마지막으로, 나병과 흑사병에 걸린 환자들을 꼽을 수 있다. 당시의 의학 수준으로 그런 병들은 치료가 불가능했으며, 전염성이 있다고 믿어졌다. 때문에 자신을 정상적 존재라고 생각하는 사람들은 해당 병에 걸린 불행한 사람들을 신에게서 버림받은 죄인이자 공동체에서 추방해야 할 공공의 적으로 여겼다. 그들의 외모나 신체 또한 실제 여부와 무관하게 항상 뒤틀어지고 지극히 흉측한 모습으로 형상화되었다.

　　정리하자면, ＿＿＿＿＿＿＿＿＿＿＿＿

① 서구의 종교인과 예술가들은 이방인을 추악한 이미지로 각인시키는 데 있어 중심적인 역할을 하였다.

② 서구의 기독교인들은 자신들보다 강한 존재를 추악한 존재로 묘사함으로써 심리적인 우월감을 확보하였다.

③ 정상적 존재와 비정상적 존재의 명확한 구별을 위해 추악한 형상을 활용하는 것은 동서고금을 막론하고 지속되어 왔다.

④ 서구의 기독교적 전통 하에서 추악한 형상은 그 전통에 속하지 않는 이들을 전통에 속한 이들과 구분짓기 위해 활용되었다.

⑤ 서구의 기독교인들이 자신들과는 다른 타자들을 추악하게 묘사했던 것은 다른 종교에 의해 자신들의 종교가 침해되는 것을 두려워했기 때문이다.

문 6. 다음 글의 흐름에 맞지 않는 곳을 ㉠~㉤에서 찾아 수정할 때 가장 적절한 것은?

　　에르고딕 이론에 따르면 그룹의 평균을 활용해 개인에 대한 예측치를 이끌어낼 수 있는데, 이를 위해서는 다음의 두 가지 조건을 먼저 충족해야 한다. 첫째는 그룹의 모든 구성원이 ㉠ 질적으로 동일해야 하며, 둘째는 그 그룹의 모든 구성원이 미래에도 여전히 동일해야 한다는 것이다. 특정 그룹이 이 두 가지 조건을 충족하면 해당 그룹은 '에르고딕'으로 인정되면서, ㉡ 그룹의 평균적 행동을 통해 해당 그룹에 속해 있는 개인에 대한 예측을 이끌어낼 수 있다.

　　그런데 이 이론에 대해 심리학자 몰레나는 다음과 같은 설명을 덧붙였다. "그룹 평균을 활용해 개인을 평가하는 것은 인간이 모두 동일하고 변하지 않는 냉동 클론이어야만 가능하겠지요? 그런데 인간은 냉동 클론이 아닙니다." 그런데도 등급화와 유형화 같은 평균주의의 결과물들은 정책 결정의 과정에서 중요한 근거로 쓰였다. 몰레나는 이와 같은 위험한 가정을 '에르고딕 스위치'라고 명명했다. 이는 평균주의의 유혹에 속아 집단의 평균에 의해 개인을 파악함으로써 ㉢ 실재하는 개인적 특성을 모조리 무시하게 되는 것을 의미한다.

　　지금 타이핑 실력이 뛰어나지 않은 당신이 타이핑 속도의 변화를 통해 오타를 줄이고 싶어 한다고 가정해 보자. 평균주의식으로 접근할 경우 여러 사람의 타이핑 실력을 측정한 뒤에 평균 타이핑 속도와 평균 오타 수를 비교하게 된다. 그 결과 평균적으로 타이핑 속도가 더 빠를수록 오타 수가 더 적은 것으로 나타났다고 하자. 이때 평균주의자는 당신이 타이핑의 오타 수를 줄이고 싶다면 ㉣ 타이핑을 더 빠른 속도로 해야 한다고 말할 것이다. 바로 여기가 '에르고딕 스위치'에 해당하는 지점인데, 사실 타이핑 속도가 빠른 사람들은 대체로 타이핑 실력이 뛰어난 편이며 그만큼 오타 수는 적을 수밖에 없다. 더구나 ㉤ 타이핑 실력이라는 요인이 통제된 상태에서 도출된 평균치를 근거로 당신에게 내린 처방은 적절하지 않을 가능성이 높다.

① ㉠을 '질적으로 다양해야 하며'로 고친다.

② ㉡을 '개인의 특성을 종합하여 집단의 특성에 대한 예측'으로 고친다.

③ ㉢을 '실재하는 그룹 간 편차를 모조리 무시'로 고친다.

④ ㉣을 '타이핑을 더 느린 속도로 해야 한다'로 고친다.

⑤ ㉤을 '타이핑 실력이라는 요인이 통제되지 않은 상태에서'로 고친다.

문 7. 다음 대화의 빈칸에 들어갈 내용으로 가장 적절한 것은?

> 갑: 이번 프로젝트는 정보 보안이 매우 중요해서 1인당 2대의 업무용 PC를 사용하기로 하였습니다. 원칙적으로, 1대는 외부 인터넷 접속만 할 수 있는 외부용 PC이고 다른 1대는 내부 통신망만 이용할 수 있는 내부용 PC입니다. 둘 다 통신을 제외한 다른 기능을 사용하는 데는 아무런 제한이 없습니다.
>
> 을: 외부용 PC와 내부용 PC는 각각 별도의 저장 공간을 사용하나요?
>
> 갑: 네, 맞습니다. 그러나 두 PC 간 자료를 공유하려면 두 가지 방법만 쓰도록 되어 있습니다. 첫 번째 방법은 이메일을 이용하는 것입니다. 본래 내부용 PC는 내부 통신망용이라 이메일 계정에 접속할 수 없지만, 프로젝트 팀장의 승인을 받아 ○○메일 계정에 접속한 뒤 자신의 ○○메일 계정으로 자료를 보내는 것만 허용하였습니다.
>
> 을: 그러면 첫 번째 방법은 내부용 PC에서 외부용 PC로 자료를 보낼 때만 가능하겠군요. 두 번째 방법을 이용하면 외부용 PC에서 내부용 PC로도 자료를 보낼 수 있나요?
>
> 갑: 물론입니다. 두 번째 방법은 내부용 PC와 외부용 PC에 설치된 자료 공유 프로그램을 이용하는 것인데, 이를 이용하면 두 PC 간 자료의 상호 공유가 가능합니다.
>
> 을: 말씀하신 자료 공유 프로그램을 이용하면 두 PC 사이에 자료를 자유롭게 공유할 수 있는 건가요?
>
> 갑: 파일 개수, 용량, 공유 횟수에는 제한이 없습니다. 다만, 이 프로그램을 사용할 때는 보안을 위해 프로젝트 팀장이 비밀번호를 입력해 주어야만 합니다.
>
> 을: 그렇군요. 그런데 외부용 PC로 ○○메일이 아닌 일반 이메일 계정에도 접속할 수 있나요?
>
> 갑: 아닙니다. 원칙적으로는 외부용 PC에서 자료를 보내거나 받기 위하여 사용 가능한 이메일 계정은 ○○메일뿐입니다. 그러나 예외적으로 필요한 경우에 한해 보안 부서에 공문으로 요청하여 승인을 받으면, 일반 이메일 계정에 접속하여 자료를 보내거나 받을 수 있습니다.
>
> 을: 아하! 외부 자문위원의 자료를 전달 받아 내부용 PC에 저장하기 위해서는 _____

① 굳이 프로젝트 팀장이 비밀번호를 입력할 필요가 없겠군요.

② 사전에 보안 부서에 요청하여 외부용 PC로 일반 이메일 계정에 접속할 수 있는 권한을 부여받는 방법밖에 없겠네요.

③ 외부 자문위원의 PC에서 ○○메일 계정으로 자료를 보낸 뒤, 내부용 PC로 ○○메일 계정에 접속하여 자료를 내려받으면 되겠군요.

④ 외부 자문위원의 PC에서 일반 이메일 계정으로 자료를 보낸 뒤, 사전에 보안 부서의 승인을 받아 내부용 PC로 일반 이메일 계정에 접속하여 자료를 내려받으면 되겠네요.

⑤ 외부 자문위원의 PC에서 ○○메일 계정으로 자료를 보낸 뒤, 외부용 PC로 ○○메일 계정에 접속해 자료를 내려받아 자료 공유 프로그램을 이용하여 내부용 PC로 보내면 되겠네요.

문 8. 다음 글에 비추어 볼 때, 아래 〈그림〉의 ㉠~㉣에 들어갈 말을 적절하게 나열한 것은?

　도시재생 사업의 목표는 지역 역량의 강화와 지역 가치의 제고라는 두 마리 토끼를 잡는 것이다. 그 결과, 아래 〈그림〉에서 지역의 상태는 A에서 A′으로 변화한다. 둘 중 하나라도 이루어지지 않는다면 도시재생 사업의 목표가 달성되었다고 볼 수 없다. 그러한 실패 사례의 하나가 젠트리피케이션이다. 이는 지역 역량이 강화되지 않은 채 지역 가치만 상승하는 현상을 의미한다.

　도시재생 사업의 모범적인 양상은 지역 자산화이다. 지역 자산화는 두 단계로 이루어진다. 첫 번째 단계는 공동체 역량 강화 과정이다. 이는 지역 문제 해결을 위한 프로그램 및 정책 수립, 물리적 시설의 개선, 운영 관리 등으로 구성된 공공 주도 과정이다. 이를 통해 지역 가치와 지역 역량이 모두 낮은 상태에서 일단 지역 역량을 키워 지역 기반의 사회적 자본을 형성하게 된다. 그 다음 두 번째 단계로 전문화 과정이 이어진다. 전문화는 민간의 전문성과 창의성을 적극적으로 활용함으로써, 강화된 지역 역량의 토대 위에서 지역 가치 제고를 이끌어낸다. 이 과정에서 주민과 민간 조직의 전문성에 대한 신뢰를 바탕으로, 공유 시설이나 공간의 설계, 관리, 운영 등 많은 권한이 시민단체를 비롯한 중간 지원 조직에 통합적으로 위임된다.

〈그림〉

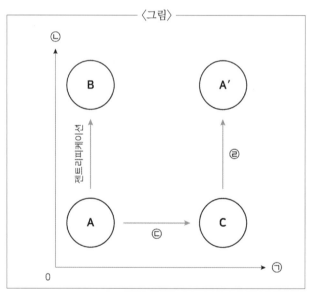

	㉠	㉡	㉢	㉣
①	지역 역량	지역 가치	공동체 역량 강화	전문화
②	지역 역량	지역 가치	공동체 역량 강화	지역 자산화
③	지역 역량	지역 가치	지역 자산화	전문화
④	지역 가치	지역 역량	공동체 역량 강화	지역 자산화
⑤	지역 가치	지역 역량	지역 자산화	전문화

문 9. 다음 글의 (가)와 (나)에 대한 판단으로 적절한 것만을 〈보기〉에서 모두 고르면?

　확률적으로 가능성이 희박한 사건이 우리 주변에서 생각보다 자주 일어나는 것처럼 보인다. 왜 이러한 현상이 발생하는지를 설명하는 다음과 같은 두 입장이 있다.

(가) 만일 당신이 가능한 모든 결과들의 목록을 완전하게 작성한다면, 그 결과들 중 하나는 반드시 나타난다. 표준적인 정육면체 주사위를 던지면 1에서 6까지의 수 중 하나가 나오거나 어떤 다른 결과, 이를테면 주사위가 탁자 아래로 떨어져 찾을 수 없게 되는 일 등이 벌어질 수 있다. 동전을 던지면 앞면 또는 뒷면이 나오거나, 동전이 똑바로 서는 등의 일이 일어날 수 있다. 아무튼 가능한 결과 중 하나가 일어나리라는 것만큼은 확실하다.

(나) 한 사람에게 특정한 사건이 발생할 확률이 매우 낮더라도, 충분히 많은 사람에게는 그 사건이 일어날 확률이 매우 높을 수 있다. 예컨대 어떤 불행한 사건이 당신에게 일어날 확률은 낮을지 몰라도, 지구에 현재 약 70억 명이 살고 있으므로, 이들 중 한두 사람이 그 불행한 일을 겪고 있다는 것은 이상한 일이 아니다.

〈보기〉

ㄱ. 로또 복권 1장을 살 경우 1등에 당첨될 확률은 낮지만, 모든 가능한 숫자의 조합을 모조리 샀을 때 추첨이 이루어진다면 무조건 당첨된다는 사례는 (가)로 설명할 수 있다.

ㄴ. 어떤 사람이 교통사고를 당할 확률은 매우 낮지만, 대한민국에서 교통사고는 거의 매일 발생한다는 사례는 (나)로 설명할 수 있다.

ㄷ. 주사위를 수십 번 던졌을 때 1이 연속으로 여섯 번 나올 확률은 매우 낮지만, 수십만 번 던졌을 때는 이런 사건을 종종 볼 수 있다는 사례는 (가)로 설명할 수 있으나 (나)로는 설명할 수 없다.

① ㄱ
② ㄷ
③ ㄱ, ㄴ
④ ㄴ, ㄷ
⑤ ㄱ, ㄴ, ㄷ

문 10. 다음 논쟁에 대한 평가로 적절한 것만을 〈보기〉에서 모두 고르면?

> A: 현실적으로 과학 연구를 위해서는 상당한 규모의 연구비가 필요하기 때문에, 연구자들에게 공공 자원을 배분하는 역할을 하는 사람들은 자신들의 결정이 해당 분야의 발전에 큰 영향을 미친다는 사실을 유념해야 한다. 그들의 의사결정에서 가장 중요한 문제는 공공 자원을 어떤 원칙에 따라 배분할 것인가이다. 각 분야의 주류 견해를 형성하고 있는 연구자들에게만 자원이 편중되어 비주류 연구들이 고사된다면, 그 결과 해당 분야 전체의 발전은 저해될 것이다.
>
> B: 과학 연구에 공공 자원을 배분하는 기준으로는 무엇보다 연구 성과가 우선되어야 한다. 객관적으로 드러난 연구 성과가 가장 우수한 연구자에게 자원을 우선 배분하는 것이 공정성에도 부합할 뿐 아니라, 투자의 사회적 효율성도 높일 수 있다.
>
> A: 그와 같은 원칙으로는 한 분야의 주류 연구자들이 자원을 독점하게 될 가능성이 높다. 비주류 연구에서 우수한 연구 성과가 나오는 일은 상대적으로 드물거나 오랜 시간이 걸리기 때문이다. 특정 분야 내에 상충되는 내용을 가진 연구들이 많을수록 그 분야의 발전 가능성도 커진다. 이는 한 연구의 문제점을 파악하는 것이 자체 시각만으로는 쉽지 않으며, 문제가 감지되더라도 다른 연구자의 관점이 개입되어야 그 문제의 성격이 명확히 파악될 수 있다는 것을 뜻한다.
>
> B: 우수한 연구에 자원을 집중하는 것이 효율성 측면에서 바람직하다. 최근의 과학 연구에서는 연구비 규모가 큰 과제일수록 더 우수한 성과를 얻는 경향이 강해지고 있기 때문이다. 과학의 발전을 위해 성과가 저조한 연구자들이 난립하는 것보다 우수한 연구자에게 자원을 집중적으로 투입하는 것이 낫다.

〈보기〉

ㄱ. 공공 자원을 연구 성과에 따라 배분하지 않으면 도덕적 해이가 발생할 가능성이 커진다는 사실은 A의 주장을 강화한다.

ㄴ. 연구 성과에 대한 평가가 시간이 지나 뒤집히는 경우가 자주 있다는 사실은 B의 주장을 강화한다.

ㄷ. 성과만을 기준으로 연구자들을 차등 대우하면 연구자들의 사기가 저하되어 해당 분야 전체의 발전이 저해된다는 사실은 A의 주장을 강화하지만 B의 주장은 강화하지 않는다.

① ㄴ ② ㄷ ③ ㄱ, ㄴ
④ ㄱ, ㄷ ⑤ ㄱ, ㄴ, ㄷ

문 11. 다음 글에서 알 수 있는 것은?

우리나라 국기인 태극기에는 태극 문양과 4괘가 그려져 있는데, 중앙에 있는 태극 문양은 만물이 음양 조화로 생장한다는 것을 상징한다. 또 태극 문양의 좌측 하단에 있는 이괘는 불, 우측 상단에 있는 감괘는 물, 좌측 상단에 있는 건괘는 하늘, 우측 하단에 있는 곤괘는 땅을 각각 상징한다. 4괘가 상징하는 바는 그것이 처음 만들어질 때부터 오늘날까지 변함이 없다.

태극 문양을 그린 기는 개항 이전에도 조선 수군이 사용한 깃발 등 여러 개가 있는데, 태극 문양과 4괘만 사용한 기는 개항 후에 처음 나타났다. 1882년 5월 조미수호조규 체결을 위한 전권대신으로 임명된 이응준은 회담 장소에 내걸 국기가 없어 곤란해 하다가 회담 직전 태극 문양을 활용해 기를 만들고 그것을 회담장에 걸어두었다. 그 기에 어떤 문양이 담겼는지는 오랫동안 알려지지 않았다. 그런데 2004년 1월 미국 어느 고서점에서 미국 해군부가 조미수호조규 체결 한 달 후에 만든『해상 국가들의 깃발들』이라는 책이 발견되었다. 이 책에는 이응준이 그린 것으로 짐작되는 '조선의 기'라는 이름의 기가 실려 있다. 그 기의 중앙에는 태극 문양이 있으며 네 모서리에 괘가 하나씩 있는데, 좌측 상단에 감괘, 우측 상단에 건괘, 좌측 하단에 곤괘, 우측 하단에 이괘가 있다.

조선이 국기를 공식적으로 처음 정한 것은 1883년의 일이다. 1882년 9월에 고종은 박영효를 수신사로 삼아 일본에 보내면서, 그에게 조선을 상징하는 기를 만들어 사용해본 다음 귀국하는 즉시 제출하게 했다. 이에 박영효는 태극 문양이 가운데 있고 4개의 모서리에 각각 하나씩 괘가 있는 기를 만들어 사용한 후 그것을 고종에게 바쳤다. 고종은 이를 조선 국기로 채택하고 통리교섭사무아문으로 하여금 각국 공사관에 배포하게 했다. 이 기는 일본에 의해 강제 병합되기까지 국기로 사용되었는데, 언뜻 보기에『해상 국가들의 깃발들』에 실린 '조선의 기'와 비슷하다. 하지만 자세히 보면 두 기는 서로 다르다. 조선 국기 좌측 상단에 있는 괘가 '조선의 기'에는 우측 상단에 있고, '조선의 기'의 좌측 상단에 있는 괘는 조선 국기의 우측 상단에 있다. 또 조선 국기의 좌측 하단에 있는 괘는 '조선의 기'의 우측 하단에 있고, '조선의 기'의 좌측 하단에 있는 괘는 조선 국기의 우측 하단에 있다.

① 미국 해군부는 통리교섭사무아문이 각국 공사관에 배포한 국기를『해상 국가들의 깃발들』에 수록하였다.

② 조미수호조규 체결을 위한 회담 장소에서 사용하고자 이응준이 만든 기는 태극 문양이 담긴 최초의 기다.

③ 통리교섭사무아문이 배포한 기의 우측 상단에 있는 괘와 '조선의 기'의 좌측 하단에 있는 괘가 상징하는 것은 같다.

④ 오늘날 태극기의 우측 하단에 있는 괘와 고종이 조선 국기로 채택한 기의 우측 하단에 있는 괘는 모두 땅을 상징한다.

⑤ 박영효가 그린 기의 좌측 상단에 있는 괘는 물을 상징하고 이응준이 그린 기의 좌측 상단에 있는 괘는 불을 상징한다.

문 12. 다음 대화의 빈칸에 들어갈 내용으로 가장 적절한 것은?

갑: 국회에서 법률들을 제정하거나 개정할 때, 법률에서 조례를 제정하여 시행하도록 위임하는 경우가 있습니다. 그리고 이런 위임에 따라 지방자치단체에서는 조례를 새로 제정하게 됩니다. 각 지방자치단체가 법률의 위임에 따라 몇 개의 조례를 제정했는지 집계하여 '조례 제정 비율'을 계산하는데, 이 지표는 작년에 이어 올해도 지방자치단체의 업무 평가 기준에 포함되었습니다.

을: 그렇군요. 그 평가 방식이 구체적으로 어떻게 되고, A시의 작년 평가 결과는 어땠는지 말씀해 주세요.

갑: 먼저 그 해 1월 1일부터 12월 31일까지 법률에서 조례를 제정하도록 위임한 사항이 몇 건인지 확인한 뒤, 그 중 12월 31일까지 몇 건이나 조례로 제정되었는지로 평가합니다. 작년에는 법률에서 조례를 제정하도록 위임한 사항이 15건이었는데, 그 중 A시에서 제정한 조례는 9건으로 그 비율은 60%였습니다.

을: 그러면 올해는 조례 제정 상황이 어떻습니까?

갑: 1월 1일부터 7월 10일 현재까지 법률에서 조례를 제정하도록 위임한 사항은 10건인데, A시는 이 중 7건을 조례로 제정하였으며 조례로 제정하기 위하여 입법 예고 중인 것은 2건입니다. 현재 시의회에서 조례로 제정되기를 기다리며 계류 중인 것은 없습니다.

을: 모든 조례는 입법 예고를 거친 뒤 시의회에서 제정되므로, 현재 입법 예고 중인 2건은 입법 예고 기간이 끝나야만 제정될 수 있겠네요. 이 2건의 제정 가능성은 예상할 수 있나요?

갑: 어떤 조례는 신속히 제정되기도 합니다. 그러나 때로는 시의회가 계속 파행하기도 하고 의원들의 입장에 차이가 커 공전될 수도 있기 때문에 현재 시점에서 조례 제정 가능성을 단정하기는 어렵습니다.

을: 그러면 A시의 조례 제정 비율과 관련하여 알 수 있는 것은 무엇이 있을까요?

갑: A시는 [   ]

① 현재 조례로 제정하기 위하여 입법 예고가 필요한 것이 1건입니다.

② 올 한 해의 조례 제정 비율이 작년보다 높아집니다.

③ 올 한 해 총 9건의 조례를 제정하게 됩니다.

④ 현재 시점을 기준으로 평가를 받으면 조례 제정 비율이 90%입니다.

⑤ 올 한 해 법률에서 조례를 제정하도록 위임 받은 사항이 작년보다 줄어듭니다.

문 13. 다음 글의 A~C에 대한 판단으로 가장 적절한 것은?

정책 네트워크는 다원주의 사회에서 정책 영역에 따라 실질적인 정책 결정권을 공유하고 있는 집합체이다. 정책 네트워크는 구성원 간의 상호 의존성, 외부로부터 다른 사회 구성원들의 참여 가능성, 의사결정의 합의 효율성, 지속성의 특징을 고려할 때 다음 세 가지 모형으로 분류될 수 있다.

특징\모형	상호 의존성	외부 참여 가능성	합의 효율성	지속성
A	높음	낮음	높음	높음
B	보통	보통	보통	보통
C	낮음	높음	낮음	낮음

A는 의회의 상임위원회, 행정 부처, 이익집단이 형성하는 정책 네트워크로서 안정성이 높아 마치 소정부와 같다. 행정부 수반의 영향력이 작은 정책 분야에서 집중적으로 나타나는 형태이다. A에서는 참여자 간의 결속과 폐쇄적 경계를 강조하며, 배타성이 매우 강해 다른 이익집단의 참여를 철저하게 배제하는 것이 특징이다.

B는 특정 정책과 관련해 이해관계를 같이하는 참여자들로 구성된다. B가 특정 이슈에 대해 유기적인 연계 속에서 기능하면, 전통적인 관료제나 A의 방식보다 더 효과적으로 정책 목표를 달성할 수 있다. B의 주요 참여자는 정치인, 관료, 조직화된 이익집단, 전문가 집단이며, 정책 결정은 주요 참여자 간의 합의와 협력에 의해 일어난다.

C는 특정 이슈를 중심으로 이해관계나 전문성을 가진 이익집단, 개인, 조직으로 구성되고, 참여자는 매우 자율적이고 주도적인 행위자이며 수시로 변경된다. 배타성이 강한 A만으로 정책을 모색하면 정책 결정에 영향을 미칠 수 있는 C와 같은 개방적 참여자들의 네트워크를 놓치기 쉽다. C는 관료제의 영향력이 작고 통제가 약한 분야에서 주로 작동하는데, 참여자가 많아 합의가 어려워 결국 정부가 위원회나 청문회를 활용하여 의견을 조정하려는 경우가 종종 발생한다.

① 외부 참여 가능성이 높은 모형은 관료제의 영향력이 작고 통제가 약한 분야에서 나타나기 쉽다.

② 상호 의존성이 보통인 모형에서는 배타성이 강해 다른 이익집단의 참여를 철저하게 배제한다.

③ 합의 효율성이 높은 모형이 가장 효과적으로 정책 목표를 달성할 수 있다.

④ A에 참여하는 이익집단의 정책 결정 영향력이 B에 참여하는 이익집단의 정책 결정 영향력보다 크다.

⑤ C에서는 참여자의 수가 많아질수록 네트워크의 지속성이 높아진다.

2021 해커스PSAT 7급+민경채 PSAT 16개년 기출문제집 언어논리

문 14. 다음 글에서 추론할 수 있는 것만을 <보기>에서 모두 고르면?

두 입자만으로 이루어지고 이들이 세 가지의 양자 상태 1, 2, 3 중 하나에만 있을 수 있는 계(system)가 있다고 하자. 여기서 양자 상태란 입자가 있을 수 있는 구별 가능한 어떤 상태를 지시하며, 입자는 세 가지 양자 상태 중 하나에 반드시 있어야 한다. 이때 그 계에서 입자들이 어떻게 분포할 수 있는지 경우의 수를 세는 문제는, 각 양자 상태에 대응하는 세 개의 상자 [1][2][3]에 두 입자가 있는 경우의 수를 세는 것과 같다. 경우의 수는 입자들끼리 서로 구별 가능한지와 여러 개의 입자가 하나의 양자 상태에 동시에 있을 수 있는지에 따라 달라진다.

두 입자가 구별 가능하고, 하나의 양자 상태에 여러 개의 입자가 있을 수 있다고 가정하자. 이것을 'MB 방식'이라고 부르며, 두 입자는 각각 a, b로 표시할 수 있다. a가 1의 양자 상태에 있는 경우는 [ab][ ][ ], [a][b][ ], [a][ ][b]의 세 가지이고, a가 2의 양자 상태에 있는 경우와 a가 3의 양자 상태에 있는 경우도 각각 세 가지이다. 그러므로 MB 방식에서 경우의 수는 9이다.

두 입자가 구별되지 않고, 하나의 양자 상태에 여러 개의 입자가 있을 수 있다고 가정하자. 이것을 'BE 방식'이라고 부른다. 이때에는 두 입자 모두 a로 표시하게 되므로 [aa][ ][ ], [ ][aa][ ], [ ][ ][aa], [a][a][ ], [a][ ][a], [ ][a][a]가 가능하다. 그러므로 BE 방식에서 경우의 수는 6이다.

두 입자가 구별되지 않고, 하나의 양자 상태에 하나의 입자만 있을 수 있다고 가정하자. 이것을 'FD 방식'이라고 부른다. 여기에서는 BE 방식과 달리 하나의 양자 상태에 두 개의 입자가 동시에 있는 경우는 허용되지 않으므로 [a][a][ ], [a][ ][a], [ ][a][a]만 가능하다. 그러므로 FD 방식에서 경우의 수는 3이다.

양자 상태의 가짓수가 다를 때에도 MB, BE, FD 방식 모두 위에서 설명한 대로 입자들이 놓이게 되고, 이때 경우의 수는 달라질 수 있다.

─── <보기> ───

ㄱ. 두 개의 입자에 대해, 양자 상태가 두 가지이면 BE 방식에서 경우의 수는 2이다.

ㄴ. 두 개의 입자에 대해, 양자 상태의 가짓수가 많아지면 FD 방식에서 두 입자가 서로 다른 양자 상태에 각각 있는 경우의 수는 커진다.

ㄷ. 두 개의 입자에 대해, 양자 상태가 두 가지 이상이면 경우의 수는 BE 방식에서보다 MB 방식에서 언제나 크다.

① ㄱ   ② ㄷ   ③ ㄱ, ㄴ

④ ㄴ, ㄷ   ⑤ ㄱ, ㄴ, ㄷ

문 15. 다음 글에서 추론할 수 있는 것은?

생쥐가 새로운 소리 자극을 받으면 이 자극 신호는 뇌의 시상에 있는 청각시상으로 전달된다. 청각시상으로 전달된 자극 신호는 뇌의 편도에 있는 측핵으로 전달된다. 측핵에 전달된 신호는 편도의 중핵으로 전달되고, 중핵은 신체의 여러 기관에 전달할 신호를 만들어서 반응이 일어나게 한다.

연구자 K는 '공포' 또는 '안정'을 학습시켰을 때 나타나는 신경생물학적 특징을 탐구하기 위해 두 개의 실험을 수행했다.

첫 번째 실험에서 공포를 학습시켰다. 이를 위해 K는 생쥐에게 소리 자극을 준 뒤에 언제나 공포를 일으킬 만한 충격을 가하여, 생쥐에게 이 소리가 충격을 예고한다는 것을 학습시켰다. 이렇게 학습된 생쥐는 해당 소리 자극을 받으면 방어적인 행동을 취했다. 이 생쥐의 경우, 청각시상으로 전달된 소리 자극 신호는 학습을 수행하기 전 상태에서 전달되는 것보다 훨씬 센 강도의 신호로 증폭되어 측핵으로 전달된다. 이 증폭된 강도의 신호는 중핵을 거쳐 신체의 여러 기관에 전달되고 이는 학습된 공포 반응을 일으킨다.

두 번째 실험에서는 안정을 학습시켰다. 이를 위해 K는 다른 생쥐에게 소리 자극을 준 뒤에 항상 어떤 충격도 주지 않아서, 생쥐에게 이 소리가 안정을 예고한다는 것을 학습시켰다. 이렇게 학습된 생쥐는 이 소리를 들어도 방어적인 행동을 전혀 취하지 않았다. 이 경우 소리 자극 신호를 받은 청각시상에서 만들어진 신호가 측핵으로 전달되는 것이 억제되기 때문에 측핵에 전달된 신호는 매우 미약해진다. 대신 청각시상은 뇌의 선조체에서 반응을 일으킬 수 있는 자극 신호를 만들어서 선조체에 전달한다. 선조체는 안정 상태와 같은 긍정적이고 좋은 느낌을 느낄 수 있게 하는 것에 관여하는 뇌 영역인데, 선조체에서 반응이 세게 나타나면 안정감을 느끼게 되어 학습된 안정 반응을 일으킨다.

① 중핵에서 만들어진 신호의 세기가 강한 경우에는 학습된 안정 반응이 나타난다.

② 학습된 공포 반응을 일으키지 않는 소리 자극은 선조체에서 약한 반응이 일어나게 한다.

③ 학습된 공포 반응을 일으키는 소리 자극은 청각시상에서 선조체로 전달되는 자극 신호를 억제한다.

④ 학습된 안정 반응을 일으키는 청각시상에서 받는 소리 자극 신호는 학습된 공포 반응을 일으키는 청각시상에서 받는 소리 자극 신호보다 약하다.

⑤ 학습된 안정 반응을 일으키는 경우와 학습된 공포 반응을 일으키는 경우 모두, 청각시상에서 측핵으로 전달되는 신호의 세기가 학습하기 전과 달라진다.

문 16. 다음 글의 빈칸에 들어갈 내용으로 가장 적절한 것은?

민간 문화 교류 증진을 목적으로 열리는 국제 예술 공연의 개최가 확정되었다. 이번 공연이 민간 문화 교류 증진을 목적으로 열린다면, 공연 예술단의 수석대표는 정부 관료가 맡아서는 안 된다. 만일 공연이 민간 문화 교류 증진을 목적으로 열리고 공연 예술단의 수석대표는 정부 관료가 맡아서는 안 된다면, 공연 예술단의 수석대표는 고전음악 지휘자나 대중음악 제작자가 맡아야 한다. 현재 정부 관료 가운데 고전음악 지휘자나 대중음악 제작자는 없다. 예술단에 수석대표는 반드시 있어야 하며 두 사람 이상이 공동으로 맡을 수도 있다. 전체 세대를 아우를 수 있는 사람이 아니라면 수석대표를 맡아서는 안 된다. 전체 세대를 아우를 수 있는 사람이 극히 드물기에, 위에 나열된 조건을 다 갖춘 사람은 모두 수석대표를 맡는다.

누가 공연 예술단의 수석대표를 맡을 것인가와 더불어, 참가하는 예술인이 누구인가도 많은 관심의 대상이다. 그런데 아이돌 그룹 A가 공연 예술단에 참가하는 것은 분명하다. 왜냐하면 만일 갑이나 을이 수석대표를 맡는다면 A가 공연 예술단에 참가하는데, ☐☐☐☐☐☐ 때문이다.

① 갑은 고전음악 지휘자이며 전체 세대를 아우를 수 있기

② 갑이나 을은 대중음악 제작자 또는 고전음악 지휘자이기

③ 갑과 을은 둘 다 정부 관료가 아니며 전체 세대를 아우를 수 있기

④ 을이 대중음악 제작자가 아니라면 전체 세대를 아우를 수 없을 것이기

⑤ 대중음악 제작자나 고전음악 지휘자라면 누구나 전체 세대를 아우를 수 있기

문 17. 다음 글의 내용이 참일 때, 반드시 참인 것만을 〈보기〉에서 모두 고르면?

A기술원 해수자원화기술 연구센터는 2014년 세계 최초로 해수전지 원천 기술을 개발한 바 있다. 연구센터는 해수전지 상용화를 위한 학술대회를 열었는데 학술대회로 연구원들이 자리를 비운 사이 누군가 해수전지 상용화를 위한 핵심 기술이 들어 있는 기밀 자료를 훔쳐 갔다. 경찰은 수사 끝에 바다, 다은, 은경, 경아를 용의자로 지목해 학술대회 당일의 상황을 물으며 이들을 심문했는데 이들의 답변은 아래와 같았다.

바다: 학술대회에서 발표된 상용화 아이디어 중 적어도 하나는 학술대회에 참석한 모든 사람들의 관심을 받았어요. 다은은 범인이 아니에요.

다은: 학술대회에 참석한 사람들은 누구나 학술대회에서 발표된 하나 이상의 상용화 아이디어에 관심을 가졌어요. 범인은 은경이거나 경아예요.

은경: 학술대회에 참석한 몇몇 사람은 학술대회에서 발표된 상용화 아이디어 중 적어도 하나에 관심이 있었어요. 경아는 범인이 아니에요.

경아: 학술대회에 참석한 모든 사람들이 어떤 상용화 아이디어에도 관심이 없었어요. 범인은 바다예요.

수사 결과 이들은 각각 참만을 말하거나 거짓만을 말한 것으로 드러났다. 그리고 네 명 중 한 명만 범인이었다는 것이 밝혀졌다.

〈보기〉

ㄱ. 바다와 은경의 말이 모두 참일 수 있다.

ㄴ. 다은과 은경의 말이 모두 참인 것은 가능하지 않다.

ㄷ. 용의자 중 거짓말한 사람이 단 한 명이면, 은경이 범인이다.

① ㄱ

② ㄴ

③ ㄱ, ㄷ

④ ㄴ, ㄷ

⑤ ㄱ, ㄴ, ㄷ

문 18. 다음 글의 내용이 참일 때, 반드시 참인 것만을 〈보기〉에서 모두 고르면?

최근 두 주 동안 직원들은 다음 주에 있을 연례 정책 브리핑을 준비해 왔다. 브리핑의 내용과 진행에 관해 알려진 바는 다음과 같다. 개인건강정보 관리 방식 변경에 관한 가안이 정책제안에 포함된다면, 보건정보의 공적 관리에 관한 가안도 정책제안에 포함될 것이다. 그리고 정책제안을 위해 구성되었던 국민건강 2025팀이 재편된다면, 앞에서 언급한 두 개의 가안이 모두 정책제안에 포함될 것이다. 개인건강정보 관리 방식 변경에 관한 가안이 정책제안에 포함되고 국민건강 2025팀 리더인 최팀장이 다음 주 정책 브리핑을 총괄한다면, 프레젠테이션은 국민건강 2025팀의 팀원인 손공정씨가 맡게 될 것이다. 그런데 보건정보의 공적 관리에 관한 가안이 정책제안에 포함될 경우, 국민건강 2025팀이 재편되거나 다음 주 정책 브리핑을 위해 준비한 보도자료가 대폭 수정될 것이다. 한편, 직원들 사이에서는, 최팀장이 다음 주 정책 브리핑을 총괄하면 팀원 손공정씨가 프레젠테이션을 담당한다는 말이 돌았는데 그 말은 틀린 것으로 밝혀졌다.

〈보기〉

ㄱ. 개인건강정보 관리 방식 변경에 관한 가안과 보건정보의 공적 관리에 관한 가안 중 어느 것도 정책제안에 포함되지 않는다.

ㄴ. 국민건강 2025팀은 재편되지 않고, 이 팀의 최팀장이 다음 주 정책 브리핑을 총괄한다.

ㄷ. 보건정보의 공적 관리에 관한 가안이 정책제안에 포함된다면, 다음 주 정책 브리핑을 위해 준비한 보도자료가 대폭 수정될 것이다.

① ㄱ
② ㄴ
③ ㄱ, ㄷ
④ ㄴ, ㄷ
⑤ ㄱ, ㄴ, ㄷ

문 19. 다음 글의 내용이 참일 때, 반드시 참인 것은?

A, B, C, D를 포함해 총 8명이 학회에 참석했다. 이들에 관해서 알려진 정보는 다음과 같다.

○ 아인슈타인 해석, 많은 세계 해석, 코펜하겐 해석, 보른 해석 말고도 다른 해석들이 있고, 학회에 참석한 이들은 각각 하나의 해석만을 받아들인다.

○ 상태 오그라듦 가설을 받아들이는 이들은 모두 5명이고, 나머지는 이 가설을 받아들이지 않는다.

○ 상태 오그라듦 가설을 받아들이는 이들은 코펜하겐 해석이나 보른 해석을 받아들인다.

○ 코펜하겐 해석이나 보른 해석을 받아들이는 이들은 상태 오그라듦 가설을 받아들인다.

○ B는 코펜하겐 해석을 받아들이고, C는 보른 해석을 받아들인다.

○ A와 D는 상태 오그라듦 가설을 받아들인다.

○ 아인슈타인 해석을 받아들이는 이가 있다.

① 적어도 한 명은 많은 세계 해석을 받아들인다.
② 만일 보른 해석을 받아들이는 이가 두 명이면, A와 D가 받아들이는 해석은 다르다.
③ 만일 A와 D가 받아들이는 해석이 다르다면, 적어도 두 명은 코펜하겐 해석을 받아들인다.
④ 만일 오직 한 명만이 많은 세계 해석을 받아들인다면, 아인슈타인 해석을 받아들이는 이는 두 명이다.
⑤ 만일 코펜하겐 해석을 받아들이는 이가 세 명이면, A와 D 가운데 적어도 한 명은 보른 해석을 받아들인다.

문 20. 다음 글의 〈실험 결과〉에서 추론할 수 있는 것은?

> 연구자 K는 동물의 뇌 구조 변화가 일어나는 방식을 규명하기 위해 다음의 실험을 수행했다. 실험용 쥐를 총 세 개의 실험군으로 나누었다. 실험군1의 쥐에게는 운동은 최소화하면서 학습을 시키는 '학습 위주 경험'을 하도록 훈련시켰다. 실험군2의 쥐에게는 특별한 기술을 학습할 필요 없이 수행할 수 있는 쳇바퀴 돌리기를 통해 '운동 위주 경험'을 하도록 훈련시켰다. 실험군3의 쥐에게는 어떠한 학습이나 운동도 시키지 않았다.
>
> 〈실험 결과〉
>
> ○ 뇌 신경세포 한 개당 시냅스의 수는 실험군1의 쥐에서 크게 증가했고 실험군2와 3의 쥐에서는 거의 변하지 않았다.
>
> ○ 뇌 신경세포 한 개당 모세혈관의 수는 실험군2의 쥐에서 크게 증가했고 실험군1과 3의 쥐에서는 거의 변하지 않았다.
>
> ○ 실험군1의 쥐에서는 대뇌 피질의 지각 영역에서 구조 변화가 나타났고, 실험군2의 쥐에서는 대뇌 피질의 운동 영역과 더불어 운동 활동을 조절하는 소뇌에서 구조 변화가 나타났다. 실험군3의 쥐에서는 뇌 구조 변화가 거의 나타나지 않았다.

① 대뇌 피질의 구조 변화는 학습 위주 경험보다 운동 위주 경험에 더 큰 영향을 받는다.

② 학습 위주 경험은 뇌의 신경세포당 시냅스의 수에, 운동 위주 경험은 뇌의 신경세포당 모세혈관의 수에 영향을 미친다.

③ 학습 위주 경험과 운동 위주 경험은 뇌의 특정 부위에 있는 신경세포의 수를 늘려 그 부위의 뇌 구조를 변하게 한다.

④ 특정 형태의 경험으로 인해 뇌의 특정 영역에 발생한 구조 변화가 뇌의 신경세포당 모세혈관 또는 시냅스의 수를 변화시킨다.

⑤ 뇌가 영역별로 특별한 구조를 갖는 것이 그 영역에서 신경세포당 모세혈관 또는 시냅스의 수를 변화시켜 특정 형태의 경험을 더 잘 수행할 수 있게 한다.

문 21. 다음 글의 〈실험 결과〉에 대한 판단으로 적절한 것만을
〈보기〉에서 모두 고르면?

박쥐 X가 잡아먹을 수컷 개구리의 위치를 찾기 위해 사용하는 방법에는 두 가지가 있다. 하나는 수컷 개구리의 울음소리를 듣고 위치를 찾아내는 '음탐지' 방법이다. 다른 하나는 X가 초음파를 사용하여, 울음소리를 낼 때 커졌다 작아졌다 하는 울음주머니의 움직임을 포착하여 위치를 찾아내는 '초음파탐지' 방법이다. 울음주머니의 움직임이 없으면 이 방법으로 수컷 개구리의 위치를 찾을 수 없다.

〈실험〉

한 과학자가 수컷 개구리를 모방한 두 종류의 로봇개구리를 제작했다. 로봇개구리 A는 수컷 개구리의 울음소리를 내고, 커졌다 작아졌다 하는 울음주머니도 가지고 있다. 로봇개구리 B는 수컷 개구리의 울음소리만 내고, 커졌다 작아졌다 하는 울음주머니는 없다. 같은 수의 A 또는 B를 크기는 같지만 서로 다른 환경의 세 방 안에 같은 위치에 두었다. 세 방의 환경은 다음과 같다.

○ 방1: 로봇개구리 소리만 들리는 환경

○ 방2: 로봇개구리 소리뿐만 아니라, 로봇개구리가 있는 곳과 다른 위치에서 로봇개구리 소리와 같은 소리가 추가로 들리는 환경

○ 방3: 로봇개구리 소리뿐만 아니라, 로봇개구리가 있는 곳과 다른 위치에서 로봇개구리 소리와 전혀 다른 소리가 추가로 들리는 환경

각 방에 같은 수의 X를 넣고 실제로 로봇개구리를 잡아먹기 위해 공격하는 데 걸리는 평균 시간을 측정했다. X가 로봇개구리의 위치를 빨리 알아낼수록 공격하는 데 걸리는 시간은 짧다.

〈실험 결과〉

○ 방1: A를 넣은 경우는 3.4초였고 B를 넣은 경우는 3.3초로 둘 사이에 유의미한 차이는 없었다.

○ 방2: A를 넣은 경우는 8.2초였고 B를 넣은 경우는 공격하지 않았다.

○ 방3: A를 넣은 경우는 3.4초였고 B를 넣은 경우는 3.3초로 둘 사이에 유의미한 차이는 없었다.

〈보기〉

ㄱ. 방1과 2의 〈실험 결과〉는, X가 음탐지 방법이 방해를 받는 환경에서는 초음파탐지 방법을 사용한다는 가설을 강화한다.

ㄴ. 방2와 3의 〈실험 결과〉는, X가 소리의 종류를 구별할 수 있다는 가설을 강화한다.

ㄷ. 방1과 3의 〈실험 결과〉는, 수컷 개구리의 울음소리와 전혀 다른 소리가 들리는 환경에서는 X가 초음파탐지 방법을 사용한다는 가설을 강화한다.

① ㄱ
② ㄷ
③ ㄱ, ㄴ
④ ㄴ, ㄷ
⑤ ㄱ, ㄴ, ㄷ

문 22. 다음 글에 대한 분석으로 적절한 것만을 〈보기〉에서 모두 고르면?

'자연화'란 자연과학의 방법론에 따라 자연과학이 수용하는 존재론을 토대 삼아 연구를 수행한다는 의미이다. 심리학을 자연과학의 하나라고 생각하는 철학자 A는, 인식론의 자연화를 주장하기 위해 다음의 〈논증〉을 제시하였다.

〈논증〉

(1) 전통적 인식론은 적어도 다음의 두 가지 목표를 가진다. 첫째, 세계에 관한 믿음을 정당화하는 것이고, 둘째, 세계에 관한 믿음을 나타내는 문장을 감각 경험을 나타내는 문장으로 번역하는 것이다.

(2) 전통적 인식론은 첫째 목표도 달성할 수 없고 둘째 목표도 달성할 수 없다.

(3) 만약 전통적 인식론이 이 두 가지 목표 중 어느 하나라도 달성할 수가 없다면, 전통적 인식론은 폐기되어야 한다.

(4) 전통적 인식론은 폐기되어야 한다.

(5) 만약 전통적 인식론이 폐기되어야 한다면, 인식론자는 전통적 인식론 대신 심리학을 연구해야 한다.

(6) 인식론자는 전통적 인식론 대신 심리학을 연구해야 한다.

〈보기〉

ㄱ. 전통적 인식론의 목표에 (1)의 '두 가지 목표' 외에 "세계에 관한 믿음이 형성되는 과정을 규명하는 것"이 추가된다면, 위 논증에서 (6)은 도출되지 않는다.

ㄴ. (2)를 "전통적 인식론은 첫째 목표를 달성할 수 없거나 둘째 목표를 달성할 수 없다."로 바꾸어도 위 논증에서 (6)이 도출된다.

ㄷ. (4)는 논증 안의 어떤 진술들로부터 나오는 결론일 뿐만 아니라 논증 안의 다른 진술의 전제이기도 하다.

① ㄱ

② ㄷ

③ ㄱ, ㄴ

④ ㄴ, ㄷ

⑤ ㄱ, ㄴ, ㄷ

문 23. 다음 글에 대한 분석으로 적절한 것만을 〈보기〉에서 모두 고르면?

어떤 사람이 당신에게 다음과 같이 제안했다고 하자. 당신은 호화 여행을 즐기게 된다. 다만 먼저 10만 원을 내야 한다. 여기에 하나의 추가 조건이 있다. 그것은 제안자의 말인 아래의 (1)이 참이면 그는 10만 원을 돌려주지 않고 약속대로 호화 여행은 제공하는 반면, (1)이 거짓이면 그는 10만 원을 돌려주고 약속대로 호화 여행도 제공한다는 것이다.

(1) 나는 당신에게 10만 원을 돌려주거나 ⓐ 당신은 나에게 10억 원을 지불한다.

당신은 이 제안을 받아들였고 10만 원을 그에게 주었다.

이때 어떤 결과가 따를지 검토해 보자. (1)은 참이거나 거짓일 것이다. (1)이 거짓이라고 가정해 보자. 그러면 추가 조건에 따라 그는 당신에게 10만 원을 돌려준다. 또한 가정상 (1)이 거짓이므로, ㉠ 그는 당신에게 10만 원을 돌려주지 않는다. 결국 (1)이 거짓이라고 가정하면 그는 당신에게 10만 원을 돌려준다는 것과 돌려주지 않는다는 것이 모두 성립한다. 이는 가능하지 않다. 따라서 ㉡ (1)은 참일 수밖에 없다. 그런데 (1)이 참이라면 추가 조건에 따라 그는 당신에게 10만 원을 돌려주지 않는다. 따라서 ⓐ가 반드시 참이어야 한다. 즉, ㉢ 당신은 그에게 10억 원을 지불한다.

〈보기〉

ㄱ. ㉠을 추론하는 데는 'A이거나 B'의 형식을 가진 문장이 거짓이면 A도 B도 모두 반드시 거짓이라는 원리가 사용되었다.

ㄴ. ㉡을 추론하는 데는 어떤 가정 하에서 같은 문장의 긍정과 부정이 모두 성립하는 경우 그 가정의 부정은 반드시 참이라는 원리가 사용되었다.

ㄷ. ㉢을 추론하는 데는 'A이거나 B'라는 형식의 참인 문장에서 A가 거짓인 경우 B는 반드시 참이라는 원리가 사용되었다.

① ㄱ

② ㄷ

③ ㄱ, ㄴ

④ ㄴ, ㄷ

⑤ ㄱ, ㄴ, ㄷ

문 24. 다음 글의 ㉠과 ㉡에 대한 평가로 적절한 것만을 〈보기〉에서 모두 고르면?

연역과 귀납, 이 두 종류의 방법은 지적 작업에서 사용될 수 있는 모든 추론을 포괄한다. 철학과 과학을 비롯한 모든 지적 작업에 연역적 방법이 필수적이라는 것을 부정하는 사람은 아무도 없다. 귀납적 방법의 경우 사정은 크게 다르다. 귀납적 방법이 철학적 작업에 들어설 여지가 없다고 믿는 사람이 있는가 하면, 한 걸음 더 나아가 어떠한 지적 작업에도 귀납적 방법이 불필요하다고 주장하는 사람들도 있다.

㉠ 귀납적 방법이 철학이라는 지적 작업에서 불필요하다는 견해는 독단적인 철학관에 근거한다. 이런 견해에 따르면 철학적 주장의 정당성은 선험적인 것으로, 경험적 지식을 확장하기 위해 사용되는 귀납적 방법에 의존할 수 없다. 그러나 이런 견해는 철학적 주장이 경험적 가설에 의존해서는 안 된다는 부당하게 편협한 철학관과 '귀납적 방법'의 모호성을 딛고 서 있다. 실제로 철학사에 나타나는 목적론적 신 존재 증명이나 외부 세계의 존재에 관한 형이상학적 논증 가운데는 귀납적 방법인 유비 논증과 귀추법을 교묘히 적용하고 있는 것도 있다.

㉡ 모든 지적 작업에서 귀납적 방법의 필요성을 부정하는 견해는 중요한 철학적 성과를 낳기도 하였다. 포퍼의 철학이 그런 사례 가운데 하나이다. 포퍼는 귀납적 방법의 정당화 가능성에 관한 회의적 결론을 받아들이고, 과학의 탐구가 귀납적 방법으로 진행된다는 견해는 근거가 없음을 보인다. 그에 따르면, 과학의 탐구 과정은 연역 논리 법칙에 따라 전개되는 추측과 반박의 작업으로 이루어진다. 이런 포퍼의 이론은 귀납적 방법의 필요성에 대한 전면적인 부정이 낳을 수 있는 흥미로운 결과 가운데 하나라고 할 수 있다.

─────〈보기〉─────

ㄱ. 과학의 탐구가 귀납적 방법에 의해 진행된다는 주장은 ㉠을 반박한다.

ㄴ. 철학의 일부 논증에서 귀추법의 사용이 불가피하다는 주장은 ㉡을 반박한다.

ㄷ. 연역 논리와 경험적 가설 모두에 의존하는 지적 작업이 있다는 주장은 ㉠과 ㉡을 모두 반박한다.

① ㄱ
② ㄴ
③ ㄱ, ㄷ
④ ㄴ, ㄷ
⑤ ㄱ, ㄴ, ㄷ

문 25. 다음 글의 갑~병에 대한 판단으로 적절한 것만을 〈보기〉에서 모두 고르면?

다음 두 삼단논법을 보자.

(1) 모든 춘천시민은 강원도민이다.
모든 강원도민은 한국인이다.
따라서 모든 춘천시민은 한국인이다.

(2) 모든 수학 고득점자는 우등생이다.
모든 과학 고득점자는 우등생이다.
따라서 모든 수학 고득점자는 과학 고득점자이다.

(1)은 타당한 삼단논법이지만 (2)는 부당한 삼단논법이다. 하지만 어떤 사람들은 (2)도 타당한 논증이라고 잘못 판단한다. 왜 이런 오류가 발생하는지 설명하기 위해 세 가지 입장이 제시되었다.

갑: 사람들은 '모든 A는 B이다'를 '모든 B는 A이다'로 잘못 바꾸는 경향이 있다. '어떤 A도 B가 아니다'나 '어떤 A는 B이다'라는 형태에서는 A와 B의 자리를 바꾸더라도 아무런 문제가 없다. 하지만 '모든 A는 B이다'라는 형태에서는 A와 B의 자리를 바꾸면 논리적 오류가 생겨난다.

을: 사람들은 '모든 A는 B이다'를 약한 의미로 이해해야 하는데도 강한 의미로 이해하는 잘못을 저지르는 경향이 있다. 여기서 약한 의미란 그것을 'A는 B에 포함된다'로 이해하는 것이고, 강한 의미란 그것을 'A는 B에 포함되고 또한 B는 A에 포함된다'는 뜻에서 'A와 B가 동일하다'로 이해하는 것이다.

병: 사람들은 전제가 모두 '모든 A는 B이다'라는 형태의 명제로 이루어진 것일 경우에는 결론도 그런 형태이기만 하면 타당하다고 생각하고, 전제 가운데 하나가 '어떤 A는 B이다'라는 형태의 명제로 이루어진 것일 경우에는 결론도 그런 형태이기만 하면 타당하다고 생각하는 경향이 있다.

─────〈보기〉─────

ㄱ. 대다수의 사람이 "어떤 과학자는 운동선수이다. 어떤 철학자도 과학자가 아니다."라는 전제로부터 "어떤 철학자도 운동선수가 아니다."를 타당하게 도출할 수 있는 결론이라고 응답했다는 심리 실험 결과는 갑에 의해 설명된다.

ㄴ. 대다수의 사람이 "모든 적색 블록은 구멍이 난 블록이다. 모든 적색 블록은 삼각 블록이다."라는 전제로부터 "모든 구멍이 난 블록은 삼각 블록이다."를 타당하게 도출할 수 있는 결론이라고 응답했다는 심리 실험 결과는 을에 의해 설명된다.

ㄷ. 대다수의 사람이 "모든 물리학자는 과학자이다. 어떤 컴퓨터 프로그래머는 과학자이다."라는 전제로부터 "어떤 컴퓨터 프로그래머는 물리학자이다."를 타당하게 도출할 수 있는 결론이라고 응답했다는 심리 실험 결과는 병에 의해 설명된다.

① ㄱ
② ㄷ
③ ㄱ, ㄴ
④ ㄴ, ㄷ
⑤ ㄱ, ㄴ, ㄷ

문 1. 다음 글의 내용과 부합하지 않는 것은?

> 우리나라 헌법상 정부는 대통령과 행정부로 구성된다. 행정부에는 국무총리, 행정각부, 감사원 등이 있으며, 이들은 모두 대통령 소속 하에 있다. 이외에도 행정부에는 국무회의와 각종 대통령 자문기관들이 있다.
>
> 우리나라 국무회의는 정부의 중요 정책에 대한 최고 심의기관으로, 그 설치를 헌법에서 규정하고 있다. 미국 대통령제의 각료회의는 헌법에 규정이 없는 편의상의 기구라는 점에서, 영국 의원내각제의 내각은 의결기관이라는 점에서 우리나라의 국무회의는 이들과 법적 성격이 다르다.
>
> 대통령이 국무회의 심의 결과에 구속되지 않는다는 점에서 국무회의는 자문기관과 큰 차이가 없다. 그러나 일반 대통령 자문기관들은 대통령이 임의적으로 요청하는 사항에 응하여 자문을 개진하는 것과 달리 국무회의는 심의 사항이 헌법에 명시되어 있으며 해당 심의는 필수적이라는 점에서 단순한 자문기관도 아니다.
>
> 행정각부의 장은 대통령, 국무총리와 함께 국무회의를 구성하는 국무위원임과 동시에 대통령이 결정한 정책을 집행하는 행정관청이다. 그러나 행정각부의 장이 국무위원으로서 갖는 지위와 행정관청으로서 갖는 지위는 구별된다. 국무위원으로서 행정각부의 장은 대통령, 국무총리와 법적으로 동등한 지위를 갖지만, 행정관청으로서 행정각부의 장은 대통령은 물론 상급행정관청인 국무총리의 지휘와 감독에 따라야 한다.

① 감사원은 대통령 소속 하에 있는 기관이다.

② 국무회의는 의결기관도 단순 자문기관도 아닌 심의기관이다.

③ 국무회의 심의 결과는 대통령을 구속한다는 점에서 국가의사를 표시한다.

④ 우리나라 헌법은 국무회의에서 반드시 심의하여야 할 사항을 규정하고 있다.

⑤ 국무총리와 행정각부의 장은 국무회의 심의 석상에서는 국무위원으로서 법적으로 동등한 지위를 갖는다.

문 2. 다음 글의 내용과 부합하는 것은?

> 조선 시대에는 각 고을에 '유향소'라는 기구가 있었다. 이 기구는 해당 지역의 명망가들로 구성되어 있었으며, 지방관을 보좌하고 아전을 감독하는 역할을 했다. 유향소는 그 회원들의 이름을 '향안'이라는 책자에 기록해 두었다. 향안에 이름이 오른 사람은 유향소의 장(長)인 좌수 혹은 별감을 선출하는 선거에 참여할 수 있었고, 유향소가 개최하는 회의에 참석해 지방행정에 관한 의견을 개진할 수 있었다. 또 회원 자격을 획득한 후 일정한 기간이 지나면 좌수와 별감으로 뽑힐 수도 있었다.
>
> 향안에 이름이 오르는 것을 '입록'이라고 불렀다. 향안에 입록되는 것은 당시로서는 큰 영예였다. 16세기에 대부분의 유향소는 부친, 모친, 처가 모두 그 지역 출신이어야 향안에 입록될 수 있도록 했는데, 이 조건을 '삼향'이라고 불렀다. 그런데 당시에는 멀리 떨어진 고을의 가문과 혼인 관계를 맺는 일이 잦아 삼향의 조건을 갖춘 사람은 드물었다. 유향소가 이 조건을 고수한다면 전국적인 명망가라고 하더라도 유향소 회원이 되기 어려웠다. 이런 까닭에 삼향이라는 조건을 거두어들이는 유향소가 늘어났다. 그 결과 17세기에는 삼향의 조건을 갖추지 않았다는 이유로 향안 입록을 거부하는 유향소가 크게 줄었다.
>
> 한편 서얼이나 상민과 혼인한 사람은 어떤 경우라도 향안에 입록될 수 없었고, 이 규정이 사라진 적도 없었다. 향안에 들어가고자 하는 사람은 기존 유향소 회원들의 동의도 받아야 했다. 향안 입록 신청자가 생기면 유향소 회원들은 한 곳에 모여 투표를 해 허용 여부를 결정했다. 입록 신청자를 받아들일지 결정하는 투표를 '권점'이라고 불렀다. 권점을 통과하기 위해서는 일정한 비율 이상의 찬성표가 나와야 했다. 이 때문에 향안에 이름을 올리려는 자는 평소 나쁜 평판이 퍼지지 않게 행실에 주의를 기울였다.

① 향안에 입록된 사람은 해당 지역 유향소의 별감이나 좌수를 뽑는 데 참여할 수 있었다.

② 각 지역 유향소들은 아전의 부정행위를 막기 위해 17세기에 향안 입록 조건을 완화하였다.

③ 유향소 회의에 참여할 자격을 얻기 위해서는 향안에 입록된 후에 다시 권점을 통과해야 하였다.

④ 16세기에는 서얼 가문과 혼인한 사람이 향안에 입록될 수 없었으나, 17세기에는 입록될 수 있었다.

⑤ 17세기에 새로이 유향소 회원이 된 사람들은 모두 삼향의 조건을 갖추고 권점을 통과한 인물이었다.

문 3. 다음 글에서 알 수 있는 것은?

부처의 말씀을 담은 경장과 그 해설서인 논장, 수행자의 계율을 담은 율장 외에 여러 가지 불교 관련 자료들을 모아 펴낸 것을 대장경이라고 부른다. 고려는 몇 차례 대장경 간행 사업을 벌였는데, 처음 대장경 간행에 돌입한 것은 거란의 침입을 받았던 현종 때 일이다. 당시 고려는 대장경을 만드는 데 필요한 자료들을 확보하지 못해 애를 먹다가 거란에서 만든 대장경을 수입해 분석한 후 선종 때 이를 완성했다. 이 대장경을 '초조대장경'이라고 부른다.

한편 고려는 몽골이 침략해 들어오자 불교 신앙으로 국난을 극복하겠다는 뜻에서 다시 대장경 제작 사업에 돌입했다. 이 대장경은 두 번째로 만든 것이라고 해서 '재조대장경'이라 불렸다. 고려는 재조대장경을 활자로 인쇄하기로 하고, 전국 각지에서 나무를 베어 경판을 만들었다. 완성된 경판의 숫자가 8만여 개에 이르기 때문에 이 대장경을 '팔만대장경'이라고도 부른다. 재조대장경을 찍어내기 위해 만든 경판은 현재까지 남아 있는데, 이는 전세계에 남아 있는 대장경 인쇄용 경판 가운데 가장 오래된 것이다. 재조대장경판은 그 규모가 무척 커서 제작을 시작한 지 16년 만에 완성할 수 있었다.

재조대장경을 찍어내고자 수많은 경판을 만들었다는 사실에서 알 수 있듯이 한반도에서는 인쇄술이 일찍부터 발달해 있었다. 이를 잘 보여주는 유물이 불국사에서 발견된 『무구정광대다라니경』이다. 분석 결과, 이 유물은 통일신라 경덕왕 때 목판으로 찍어낸 것으로 밝혀졌다. 『무구정광대다라니경』은 목판으로 인쇄되어 전하는 자료 가운데 세계에서 가장 오래된 것이다. 금속활자를 이용한 인쇄술도 일찍부터 발달했다. 몽골의 1차 고려 침략이 시작된 해에 세계 최초로 금속활자를 이용한 『상정고금예문』이 고려에서 발간되었다고 알려져 있다. 이처럼 고려 사람들은 선진 인쇄술을 바탕으로 문화를 발전시켜 나갔다.

① 재조대장경판의 제작이 완료되기 전에 금속활자로 『상정고금예문』을 발간한 일이 있었던 것으로 전해진다.

② 재조대장경은 고려 현종 때 외적의 침입을 막고자 거란에서 들여온 대장경을 참고해 만든 것이다.

③ 고려 시대에 만들어진 대장경판으로서 현재 남아있는 것 중 가장 오래된 것은 초조대장경판이다.

④ 『무구정광대다라니경』은 목판으로 인쇄되었으며, 재조대장경은 금속활자로 인쇄되었다.

⑤ 불교 진흥을 위해 고려 시대에 만들어진 최초의 대장경은 팔만대장경이다.

문 4. 다음 글에서 알 수 있는 것은?

많은 국가들의 소년사법 제도는 영국의 관습법에서 유래한다. 영국 관습법에 따르면 7세 이하 소년은 범죄 의도를 소유할 능력이 없는 것으로 간주되고, 8세 이상 14세 미만의 소년은 형사책임을 물을 수 없고, 14세 이상의 소년에 대해서는 형사책임을 물을 수 있다.

우리나라의 소년사법 역시 소년의 나이에 따라 세 그룹으로 구분하여 범죄 의도 소유 능력 여부와 형사책임 여부를 결정한다. 다만 그 나이의 기준을 9세 이하, 10세 이상 14세 미만, 그리고 14세 이상 19세 미만으로 구분할 뿐이다. 우리나라 『소년법』은 10세 이상 14세 미만의 소년 중 형벌 법령에 저촉되는 행위를 한 자를 촉법소년으로 규정하여 소년사법의 대상으로 하고 있다. 또한, 10세 이상 19세 미만의 소년 중 이유 없는 가출을 하거나 술을 마시는 행동을 하는 등 그대로 두면 장래에 범법행위를 할 우려가 있는 소년을 우범소년으로 규정하여 소년사법의 대상으로 하고 있다. 일부에서는 단순히 불량성이 있을 뿐 범죄를 저지르지 않았음에도 소년사법의 대상이 되는 우범소년 제도에 의문을 품기도 한다.

소년사법은 범죄를 저지르지 않은 소년까지도 사법의 대상으로 한다는 점에서 자기책임주의를 엄격히 적용하는 성인사법과 구별된다. 소년사법의 이러한 특징은 국가가 궁극적 보호자로서 아동을 양육하고 보호해야 한다는 국친 사상에 근거를 둔다. 과거 봉건 국가 시대에는 친부모가 자녀에 대한 양육·보호를 제대로 하지 못하는 경우 왕이 양육·보호책임을 진다고 믿었다. 이런 취지에서 오늘날에도 비록 죄를 범하지는 않았지만 그대로 둔다면 범행을 할 가능성이 있는 소년까지 소년사법의 대상으로 보는 것이다. 이처럼 소년사법의 철학적 기초에는 국친 사상이 있다.

① 국친 사상은 소년사법의 대상 범위를 축소하는 철학적 기초이다.

② 성인범도 국친 사상의 대상이 되어 범행할 가능성이 있으면 처벌을 받는다.

③ 우리나라 소년법상 촉법소년은 범죄 의도를 소유할 수 없는 것으로 간주된다.

④ 영국의 관습법상 7세의 소년은 범죄 의도는 소유할 수 있지만, 형사책임이 없는 것으로 간주된다.

⑤ 우리나라 소년법상 10세 이상 19세 미만의 소년은 범죄를 저지를 우려가 있으면 범죄를 저지르지 않아도 소년사법의 적용을 받을 수 있다.

문 5. 다음 글에서 알 수 있는 것은?

바르트는 언어를 '랑그', '스틸', '에크리튀르'로 구분해서 파악했다. 랑그는 영어의 'language'에 해당한다. 인간은 한국어, 중국어, 영어 등 어떤 언어를 공유하는 집단에서 태어난다. 그때 부모나 주변 사람들이 이야기하는 언어가 '모어(母語)'이고 그것이 랑그이다.

랑그에 대해 유일하게 말할 수 있는 사실은, 태어날 때부터 부모가 쓰는 언어여서 우리에게 선택권이 없다는 것이다. 인간은 '모어 속에 던져지는' 방식으로 태어나기 때문에 랑그에는 관여할 수 없다. 태어나면서 쉼 없이 랑그를 듣고 자라기 때문에 어느새 그 언어로 사고하고, 그 언어로 숫자를 세고, 그 언어로 말장난을 하고, 그 언어로 신어(新語)를 창조한다.

스틸의 사전적인 번역어는 '문체'이지만 실제 의미는 '어감'에 가깝다. 이는 언어에 대한 개인적인 호오(好惡)의 감각을 말한다. 누구나 언어의 소리나 리듬에 대한 호오가 있다. 글자 모양에 대해서도 사람마다 취향이 다르다. 이는 좋고 싫음의 문제이기 때문에 어쩔 도리가 없다. 따라서 스틸은 기호에 대한 개인적 호오라고 해도 좋다. 다시 말해 스틸은 몸에 각인된 것이어서 주체가 자유롭게 선택할 수 없다.

인간이 언어기호를 조작할 때에는 두 가지 규제가 있다. 랑그는 외적인 규제, 스틸은 내적인 규제이다. 에크리튀르는 이 두 가지 규제의 중간에 위치한다. 에크리튀르는 한국어로 옮기기 어려운데, 굳이 말하자면 '사회방언'이라고 할 수 있다. 방언은 한 언어의 큰 틀 속에 산재하고 있으며, 국소적으로 형성된 것이다. 흔히 방언이라고 하면 '지역방언'을 떠올리는데, 이는 태어나 자란 지역의 언어이므로 랑그로 분류된다. 하지만 사회적으로 형성된 방언은 직업이나 생활양식을 선택할 때 동시에 따라온다. 불량청소년의 말, 영업사원의 말 등은 우리가 선택할 수 있다.

① 랑그는 선택의 여지가 없지만, 스틸과 에크리튀르는 자유로운 선택이 가능하다.

② 방언에 대한 선택은 언어에 대한 개인의 호오 감각에 기인한다.

③ 동일한 에크리튀르를 사용하는 사람들은 같은 지역 출신이다.

④ 같은 모어를 사용하는 형제라도 스틸은 다를 수 있다.

⑤ 스틸과 에크리튀르는 언어 규제상 성격이 같다.

문 6. 다음 글에서 알 수 있는 것은?

도덕에 관한 이론인 정서주의는 언어 사용의 세 가지 목적에 주목한다. 첫째, 화자가 청자에게 정보를 전달하는 목적이다. 예를 들어, "세종대왕은 조선의 왕이다."라는 문장은 참 혹은 거짓을 판단할 수 있는 정보를 전달하고 있다. 둘째, 화자가 청자에게 행위를 하도록 요구하는 목적이다. "백성을 사랑하라."라는 명령문 형식의 문장은 청자에게 특정한 행위를 요구한다. 셋째, 화자의 태도를 청자에게 표현하는 목적이다. "세종대왕은 정말 멋져!"라는 감탄문 형식의 문장은 세종대왕에 대한 화자의 태도를 표현하고 있다.

정서주의자들은 도덕적 언어를 정보 전달의 목적으로 사용하는 것이 아니라, 사람의 행위에 영향을 주거나 자신의 태도를 표현하는 목적으로 사용한다고 말한다. "너는 거짓말을 해서는 안 된다."라고 말한다면, 화자는 청자가 그러한 행위를 하지 못하게 하려는 것이다. 따라서 이러한 진술은 정보를 전달하는 것이 아니라, "거짓말을 하지 마라."라고 명령하는 것이다.

정서주의자들에 따르면 태도를 표현하는 목적으로 도덕적 언어를 사용하는 것은 태도를 보고하는 것이 아니다. 만약 "나는 세종대왕을 존경한다."라고 말한다면 이 말은 화자가 세종대왕에 대해 긍정적인 태도를 지니고 있다는 사실을 보고하는 것이다. 즉, 이는 참 혹은 거짓을 판단할 수 있는 정보를 전달하는 문장이다. 반면, "세종대왕은 정말 멋져!"라고 외친다면 화자는 결코 어떤 종류에 관한 사실을 전달하거나, 태도를 갖고 있다고 보고하는 것이 아니다. 이는 화자의 세종대왕에 대한 태도를 표현하고 있는 것이다.

① 정서주의에 따르면 화자의 태도를 표현하는 문장은 참이거나 거짓이다.

② 정서주의에 따르면 도덕적 언어는 화자의 태도를 보고하는 데 사용된다.

③ 정서주의에 따르면 "세종대왕은 한글을 창제하였다."는 참도 거짓도 아니다.

④ 정서주의에 따르면 언어 사용의 가장 중요한 목적은 정보를 전달하는 것이다.

⑤ 정서주의에 따르면 도덕적 언어의 사용은 명령을 하거나 화자의 태도를 표현하기 위한 것이다.

문 7. 다음 글의 빈칸에 들어갈 내용으로 가장 적절한 것은?

텔레비전이라는 단어는 '멀리'라는 뜻의 그리스어 '텔레'와 '시야'를 뜻하는 라틴어 '비지오'에서 왔다. 원래 텔레비전은 우리가 멀리서도 볼 수 있도록 해주는 기기로 인식됐다. 하지만 조만간 텔레비전은 멀리에서 우리를 보이게 해 줄 것이다. 오웰의 『1984』에서 상상한 것처럼, 우리가 텔레비전을 보는 동안 텔레비전이 우리를 감시할 것이다. 우리는 텔레비전에서 본 내용을 대부분 잊어버리겠지만, 텔레비전에 영상을 공급하는 기업은 우리가 만들어낸 데이터를 기반으로 하여 알고리즘을 통해 우리 입맛에 맞는 영화를 골라 줄 것이다. 나아가 인생에서 중요한 것들, 이를테면 어디서 일해야 하는지, 누구와 결혼해야 하는지도 대신 결정해 줄 것이다.

그들의 답이 늘 옳지는 않을 것이다. 그것은 불가능하다. 데이터 부족, 프로그램 오류, 삶의 근본적인 무질서 때문에 알고리즘은 실수를 범할 수밖에 없다. 하지만 완벽해야 할 필요는 없다. 평균적으로 우리 인간보다 낫기만 하면 된다. 그 정도는 그리 어려운 일이 아니다. 왜냐하면 대부분의 사람은 자신을 잘 모르기 때문이다. 사람들은 인생의 중요한 결정을 내리면서도 끔찍한 실수를 저지를 때가 많다. 데이터 부족, 프로그램 오류, 삶의 근본적인 무질서로 인한 고충도 인간이 알고리즘보다 훨씬 더 크게 겪는다.

우리는 알고리즘을 둘러싼 많은 문제들을 열거하고 나서, 그렇기 때문에 사람들은 결코 알고리즘을 신뢰하지 않을 거라고 결론 내릴 수도 있다. 하지만 그것은 민주주의의 모든 결점들을 나열한 후에 '제정신인 사람이라면 그런 체제는 지지하려 들지 않을 것'이라고 결론짓는 것과 비슷하다. 처칠의 유명한 말이 있지 않은가? "민주주의는 세상에서 가장 나쁜 정치 체제다. 다른 모든 체제를 제외하면." 알고리즘에 대해서도 마찬가지로 다음과 같은 결론을 내릴 수 있다.

① 알고리즘의 모든 결점을 제거하면 최선의 선택이 가능할 것이다.
② 우리는 자신이 무엇을 원하는지를 알기 위해서 점점 더 알고리즘에 의존한다.
③ 데이터를 가진 기업이 다수의 사람을 은밀히 감시하는 사례는 더 늘어날 것이다.
④ 실수를 범하기는 하지만 현실적으로 알고리즘보다 더 신뢰할 만한 대안을 찾기 어렵다.
⑤ 알고리즘이 갖는 결점이 지금은 보이지 않지만, 어느 순간 이 결점 때문에 우리의 질서가 무너질 것이다.

문 8. 다음 글에서 추론할 수 없는 것은?

아이를 엄격하게 키우는 것은 부모와 다른 사람들에 대해 반감과 공격성을 일으킬 수 있고, 그 결과 죄책감과 불안감을 낳으며, 결국에는 아이의 창조적인 잠재성을 해치게 된다. 반면에 아이를 너그럽게 키우는 것은 그와 같은 결과를 피하고, 더 행복한 인간관계를 만들며, 풍요로운 마음과 자기신뢰를 고취하고, 자신의 잠재력을 발전시킬 수 있도록 한다. 이와 같은 진술은 과학적 탐구의 범위에 속하는 진술이다. 논의의 편의상 이 두 주장이 실제로 강력하게 입증되었다고 가정해보자. 그렇다면 우리는 이로부터 엄격한 방식보다는 너그러운 방식으로 아이를 키우는 것이 더 좋다는 점이 과학적 연구에 의해 객관적으로 확립되었다고 말할 수 있을까?

위의 연구를 통해 확립된 것은 다음과 같은 조건부 진술일 뿐이다. 만약 우리의 아이를 죄책감을 지닌 혼란스러운 영혼이 아니라 행복하고 정서적으로 안정된 창조적인 개인으로 키우고자 한다면, 아이를 엄격한 방식보다는 너그러운 방식으로 키우는 것이 더 좋다. 이와 같은 진술은 상대적인 가치판단을 나타낸다. 상대적인 가치판단은 특정한 목표를 달성하려면 어떤 행위가 좋다는 것을 진술하는데, 이런 종류의 진술은 경험적 진술이고, 경험적 진술은 모두 관찰을 통해 객관적인 과학적 테스트가 가능하다. 반면 "아이를 엄격한 방식보다는 너그러운 방식으로 키우는 것이 더 좋다."라는 문장은 가령 "살인은 악이다."와 같은 문장처럼 절대적인 가치판단을 표현한다. 그런 문장은 관찰에 의해 테스트할 수 있는 주장을 표현하지 않는다. 오히려 그런 문장은 행위의 도덕적 평가기준 또는 행위의 규범을 표현한다. 절대적인 가치판단은 과학적 테스트를 통한 입증의 대상이 될 수 없다. 왜냐하면 그와 같은 판단은 주장을 표현하는 것이 아니라 행위의 기준이나 규범을 나타내기 때문이다.

① 아이를 엄격한 방식보다는 너그러운 방식으로 키우는 것이 더 좋다는 것은 경험적 진술이 아니다.
② 아이를 엄격한 방식보다는 너그러운 방식으로 키우는 것이 더 좋다는 것은 상대적인 가치판단이다.
③ 아이를 엄격한 방식보다는 너그러운 방식으로 키우는 것이 더 좋다는 것은 과학적 연구에 의해 객관적으로 입증될 수 있는 주장이 아니다.
④ 정서적으로 안정된 창조적 개인으로 키우려면, 아이를 엄격한 방식보다는 너그러운 방식으로 키우는 것이 더 좋다는 것은 상대적인 가치판단이다.
⑤ 정서적으로 안정된 창조적 개인으로 키우려면, 아이를 엄격한 방식보다는 너그러운 방식으로 키우는 것이 더 좋다는 것은 과학적으로 테스트할 수 있다.

2020 해커스PSAT 7급+민경채 PSAT 16개년 기출문제집 언어논리

문 9. 다음 글의 실험 결과를 가장 잘 설명하는 가설은?

> 한 무리의 개미들에게 둥지에서 먹이통 사이를 오가는 왕복 훈련을 시킨 후 120마리를 포획하여 20마리씩 6그룹으로 나눴다.
>
> 먼저 1~3그룹의 개미들을 10m 거리에 있는 먹이통으로 가게 한 후, 다음처럼 일부 그룹의 다리 길이를 조절하는 처치를 했다. 1그룹은 모든 다리의 끝 분절을 제거하여 다리 길이를 줄이고, 2그룹은 모든 다리에 돼지의 거친 털을 붙여 다리 길이를 늘이고, 3그룹은 다리 길이를 그대로 둔 것이다. 이렇게 처치를 끝낸 1~3그룹의 개미들을 둥지로 돌아가게 한 결과, 1그룹 개미들은 둥지에 훨씬 못 미쳐 멈췄고, 2그룹 개미들은 둥지를 훨씬 지나 멈췄으며, 3그룹 개미들만 둥지에서 멈췄다.
>
> 이제 4~6그룹의 개미들은 먹이통으로 출발하기 전에 미리 앞서와 같은 방식으로 일부 그룹의 다리 길이를 조절하는 처치를 했다. 즉, 4그룹은 다리 길이를 줄이고, 5그룹은 다리 길이를 늘이고, 6그룹은 다리 길이를 그대로 두었다. 이 개미들을 10m 거리에 있는 먹이통까지 갔다 오게 했더니, 4~6그룹의 개미 모두가 먹이통까지 갔다가 되돌아와 둥지에서 멈췄다. 4~6그룹의 개미들은 그룹별로 이동 거리의 차이가 없었다.

① 개미의 이동 거리는 다리 길이에 비례한다.

② 개미는 걸음 수에 따라서 이동 거리를 판단한다.

③ 개미의 다리 끝 분절은 개미의 이동에 필수적인 부위이다.

④ 개미는 다리 길이가 조절되고 나면 이동 거리를 측정하지 못한다.

⑤ 개미는 먹이를 찾으러 갈 때와 둥지로 되돌아올 때, 이동 거리를 측정하는 방법이 다르다.

문 10. 다음 글의 ㉠~㉢에 들어갈 일반 원칙을 바르게 나열한 것은?

> 우리가 하는 주장 가운데 어떤 것은 도덕적 주장이고 어떤 것은 도덕과 무관한 주장이다. 가령 아래의 (1)은 도덕적 주장인 반면 (2)는 도덕과 무관한 주장이라는 데 모두 동의할 것이다.
>
> (1) 갑은 선한 사람이다.
>
> (2) 을은 병을 싫어한다.
>
> 이런 종류의 주장과 관련한 일반 원칙으로 우리가 다음 세 가지를 받아들인다고 하자.
>
> A: 어떤 주장이 도덕적 주장이라면, 그 주장의 부정도 도덕적 주장이다.
>
> B: 어떤 주장이 도덕과 무관한 주장이라면, 그 주장의 부정도 도덕과 무관한 주장이다.
>
> C: 도덕과 무관한 주장으로부터 도출된 것은 모두 도덕과 무관한 주장이다.
>
> 나아가 어떠한 주장이든지 그것은 도덕적 주장이거나 도덕과 무관한 주장이라고 해보자. 이때 우리는 다음의 (3)이 도덕적 주장이라는 것을 증명할 수 있다.
>
> (3) 갑은 선한 사람이거나 을은 병을 싫어한다.
>
> 이를 위해 먼저 (3)이 도덕과 무관한 주장이라고 가정해보자. 우리는 이런 가정이 모순을 초래한다는 사실을 보일 것이다. (3)이 도덕과 무관한 주장이므로 일반 원칙 [㉠]에 따라 우리는 다음의 (4)도 도덕과 무관한 주장이라고 해야 한다.
>
> (4) 갑은 선한 사람이 아니고 을은 병을 싫어하지 않는다.
>
> (4)가 도덕과 무관한 주장이므로 일반 원칙 [㉡]에 따라 우리는 (4)로부터 도출되는 다음의 (5)도 도덕과 무관한 주장이라고 해야 한다.
>
> (5) 갑은 선한 사람이 아니다.
>
> 하지만 우리는 애초에 (1)이 도덕적 주장이라는 점을 받아들였다. 그러므로 일반 원칙 [㉢]에 따라 우리는 (1)을 부정한 것인 (5)가 도덕적 주장이라고 해야 한다. 마침내 우리는 (5)가 도덕과 무관한 주장이면서 또한 도덕적 주장이라는 모순된 결과에 다다르게 되었다. (3)이 도덕과 무관한 주장이라는 가정은 이처럼 모순을 초래하므로, 결국 우리는 (3)이 도덕적 주장이라고 결론내려야 한다.

	㉠	㉡	㉢
①	A	B	C
②	A	C	B
③	B	A	C
④	B	C	A
⑤	C	B	A

문 11. 다음 대화의 ㉠과 ㉡에 들어갈 말을 적절하게 짝지은 것은?

> 갑: 신입직원 가운데 일부가 봉사활동에 지원했습니다. 그리고 [㉠   ]
>
> 을: 지금 하신 말씀에 따르자면, 제 판단으로는 하계연수에 참여하지 않은 사람 중에 신입직원이 있다는 결론이 나오는군요.
>
> 갑: 그렇게 판단하신 게 정확히 맞습니다. 아니, 잠깐만요. 아차, 제가 앞에서 말씀드린 부분 중에 오류가 있었군요. 죄송합니다. 신입직원 가운데 일부가 봉사활동에 지원했다는 것은 맞는데, 그 다음이 틀렸습니다. 봉사활동 지원자는 전부 하계연수에도 참여했다고 말씀드렸어야 했습니다.
>
> 을: 알겠습니다. 그렇다면 아까와 달리 "[㉡   ]"라는 결론이 나오는 것이로군요.
>
> 갑: 바로 그렇습니다.

① ㉠: 하계연수 참여자 가운데는 봉사활동에 지원했던 사람이 없습니다.
　 ㉡: 신입직원 가운데 하계연수 참여자가 있다.

② ㉠: 하계연수 참여자 가운데는 봉사활동에 지원했던 사람이 없습니다.
　 ㉡: 신입직원 가운데 하계연수 참여자는 한 명도 없다.

③ ㉠: 하계연수 참여자는 모두 봉사활동에도 지원했던 사람입니다.
　 ㉡: 신입직원 가운데 하계연수 참여자는 한 명도 없다.

④ ㉠: 하계연수 참여자 가운데 봉사활동에도 지원했던 사람이 있습니다.
　 ㉡: 신입직원 가운데 하계연수 참여자가 있다.

⑤ ㉠: 하계연수 참여자 가운데 봉사활동에도 지원했던 사람이 있습니다.
　 ㉡: 신입직원은 모두 하계연수 참여자이다.

문 12. 다음 글의 내용이 참일 때, 대책회의에 참석하는 전문가의 최대 인원 수는?

> 8명의 전문가 A~H를 대상으로 코로나19 대책회의 참석 여부에 관해 조사한 결과 다음과 같은 정보를 얻었다.
>
> ○ A, B, C 세 사람이 모두 참석하면, D나 E 가운데 적어도 한 사람은 참석한다.
>
> ○ C와 D 두 사람이 모두 참석하면, F도 참석한다.
>
> ○ E는 참석하지 않는다.
>
> ○ F나 G 가운데 적어도 한 사람이 참석하면, C와 E 두 사람도 참석한다.
>
> ○ H가 참석하면, F나 G 가운데 적어도 한 사람은 참석하지 않는다.

① 3명
② 4명
③ 5명
④ 6명
⑤ 7명

문 13. 다음 글의 내용과 부합하는 것은?

조선 시대에는 왕실과 관청이 필요로 하는 물품을 '공물'이라는 이름으로 백성들로부터 수취하는 제도가 있었다. 조선 왕조는 각 지역의 특산물이 무엇인지 조사한 후, 그 결과를 바탕으로 백성들이 내야 할 공물의 종류와 양을 지역마다 미리 규정해두었다. 그런데 시간이 지남에 따라 환경 변화 등으로 그 물품이 생산되지 않는 곳이 많아졌다. 이에 백성들은 부과된 공물을 상인으로 하여금 생산지에서 구매해 대납하게 했는데, 이를 '방납'이라고 부른다.

방납은 16세기 이후 크게 성행했다. 그런데 방납을 의뢰받은 상인들은 대개 시세보다 높은 값을 부르거나 품질이 떨어지는 물품을 대납해 부당 이익을 취했다. 이런 폐단이 날로 심해지자 "공물을 면포나 쌀로 거둔 후, 그것으로 필요한 물품을 관청이 직접 구매하자."라는 주장이 나타났다. 이런 주장은 임진왜란이 끝난 후 거세졌다. 한백겸과 이원익 등은 광해군 즉위 초에 경기도에 한해 '백성들이 소유한 토지의 다과에 따라 쌀을 공물로 거두고, 이렇게 수납한 쌀을 선혜청으로 운반해 국가가 필요로 하는 물품을 구매'하는 정책, 즉 '대동법'을 시행하자고 했다. 광해군이 이를 받아들이자 경기도민들은 크게 환영했다. 광해군은 이 정책에 대한 반응이 좋다는 것을 알고 경기도 외에 다른 곳으로 확대 시행할 것을 고려했으나 그렇게 하지는 못했다.

광해군을 몰아내고 왕이 된 인조는 김육의 주장을 받아들여 강원도, 충청도, 전라도까지 대동법을 확대 시행했다. 그런데 그 직후 전국에 흉년이 들어 농민들이 제대로 쌀을 구하지 못할 정도가 되었다. 이에 인조는 충청도와 전라도에 대동법을 시행한다는 결정을 철회했다. 인조의 뒤를 이은 효종은 전라도 일부 지역과 충청도가 흉년에서 벗어났다고 생각해 그 지역들에 대동법을 다시 시행했고, 효종을 이은 현종도 전라도 전역에 대동법을 확대 시행했다. 이처럼 대동법 시행 지역은 조금씩 늘어났다.

① 현종은 방납의 폐단을 없애기 위해 대동법을 전국 모든 지역에 시행하였다.
② 효종은 김육의 요청대로 충청도, 전라도, 경상도에 대동법을 적용하였다.
③ 광해군이 국왕으로 재위할 때 공물을 쌀로 내게 하는 조치가 경기도에 취해졌다.
④ 인조는 이원익 등의 제안대로 방납이라는 방식으로 공물을 납부하는 행위를 전면 금지하였다.
⑤ 한백겸은 상인이 관청의 의뢰를 받아 특산물을 생산지에서 구매해 대납하는 것은 부당하다고 하였다.

문 14. 다음 글에서 알 수 있는 것은?

불교가 이 땅에 전래된 후 불교신앙을 전파하고자 신앙결사를 만든 승려가 여러 명 나타났다. 통일신라 초기에 왕실은 화엄종을 후원했는데, 화엄종 계통의 승려들은 수도에 대규모 신앙결사를 만들어 놓고 불교신앙에 관심을 가진 귀족들을 대상으로 불교 수행법을 전파했다. 통일신라가 쇠퇴기에 접어든 신라 하대에는 지방에도 신앙결사가 만들어졌다. 신라 하대에 나타난 신앙결사는 대부분 미륵신앙을 지향하는 정토종 승려들이 만든 것이었다.

신앙결사 운동이 더욱 확장된 것은 고려 때의 일이다. 고려 시대 가장 유명한 신앙결사는 지눌의 정혜사다. 지눌은 명종 때 거조사라는 절에서 정혜사라는 이름의 신앙결사를 만들었다. 그는 돈오점수 사상을 내세우고, 조계선이라는 수행 방법을 강조했다. 지눌이 만든 신앙결사에 참여해 함께 수행하는 승려가 날로 늘었다. 그 가운데 가장 유명한 사람이 요세라는 승려다. 요세는 무신집권자 최충헌이 명종을 쫓아내고 신종을 국왕으로 옹립한 해에 지눌과 함께 순천으로 근거지를 옮기는 도중에 따로 독립했다. 순천으로 옮겨 간 지눌은 그곳에서 정혜사라는 명칭을 수선사로 바꾸어 활동했고, 요세는 강진에서 백련사라는 결사를 새로 만들어 활동했다.

지눌의 수선사는 불교에 대한 이해가 높은 사람들을 대상으로 다소 난해한 돈오점수 사상을 전파하는 데 주력했다. 그 때문에 대중적이지 않다는 평을 받았다. 요세는 지눌과 달리 불교 지식을 갖추지 못한 평민도 쉽게 수행할 수 있도록 간명하게 수행법을 제시한 천태종을 중시했다. 또 그는 평민들이 백련사에 참여하는 것을 당연하다고 여겼다. 백련사가 세워진 후 많은 사람들이 참여하자 권력층도 관심을 갖고 후원하기 시작했다. 명종 때부터 권력을 줄곧 독차지하고 있던 최충헌을 비롯해 여러 명의 고위 관료들이 백련사에 토지와 재물을 헌납해 그 활동을 도왔다.

① 화엄종은 돈오점수 사상을 전파하고자 신앙결사를 만들어 활동하였다.
② 백련사는 수선사와는 달리 조계선이라는 수행 방법을 고수해 주목받았다.
③ 요세는 무신이 권력을 잡고 있던 시기에 불교 신앙결사를 만들어 활동하였다.
④ 정혜사는 강진에서 조직되었던 반면 백련사는 순천에 근거지를 두고 활동하였다.
⑤ 지눌은 정토종 출신의 승려인 요세가 정혜사에 참여하자 그를 설득해 천태종으로 끌어들였다.

문 15. 다음 글의 빈칸에 들어갈 내용으로 가장 적절한 것은?

대안적 분쟁해결절차(ADR)는 재판보다 분쟁을 신속하게 해결한다고 알려져 있다. 그러나 재판이 서면 심리를 중심으로 진행되는 반면, ADR은 당사자 의견도 충분히 청취하기 때문에 재판보다 더 많은 시간이 소요된다. 그럼에도 불구하고 ADR이 재판보다 신속하다고 알려진 이유는 법원에 지나치게 많은 사건이 밀려 있어 재판이 더디게 이루어지기 때문이다.

법원행정처는 재판이 너무 더디다는 비난에 대응하기 위해 일선 법원에서도 사법형 ADR인 조정제도를 적극적으로 활용할 것을 독려하고 있다. 그러나 이는 법관이 신속한 조정안 도출을 위해 사건 당사자에게 화해를 압박하는 부작용을 낳을 수 있다. 사법형 ADR 활성화 정책은 법관의 증원 없이 과도한 사건 부담 문제를 해결하려는 미봉책일 뿐이다. 결국, 사법형 ADR 활성화 정책은 사법 불신으로 이어져 재판 정당성에 대한 국민의 인식을 더욱 떨어뜨리게 한다.

또한 사법형 ADR 활성화 정책은 민간형 ADR이 활성화되는 것을 저해한다. 분쟁 당사자들이 민간형 ADR의 조정안을 따르도록 하려면, 재판에서도 거의 같은 결과가 나온다는 확신이 들게 해야 한다. 그러기 위해서는 법원이 확고한 판례를 제시하여야 한다. 그런데 사법형 ADR 활성화 정책은 새롭고 복잡한 사건을 재판보다는 ADR로 유도하게 된다. 이렇게 되면 새롭고 복잡한 사건에 대한 판례가 만들어지지 않고, 민간형 ADR에서 분쟁을 해결할 기준도 마련되지 않게 된다. 결국 판례가 없는 수많은 사건들이 끊임없이 법원으로 밀려들게 된다.

따라서 [   ] 먼저 법원은 본연의 임무인 재판을 통해 당사자의 응어리를 풀어주겠다는 의식으로 접근해야 할 것이다. 그것이 현재 법원의 실정으로 어렵다고 판단되면, 국민의 동의를 구해 예산과 인력을 확충하는 방향으로 나아가는 것이 옳은 방법이다. 법원의 인프라를 확충하고 판례를 충실히 쌓아가면, 민간형 ADR도 활성화될 것이다.

① 분쟁 해결에 대한 사회적 관심을 높이도록 유도해야 한다.

② 재판이 추구하는 목표와 ADR이 추구하는 목표는 서로 다르지 않다.

③ 법원으로 폭주하는 사건 수를 줄이기 위해 시민들의 준법의식을 강화하여야 한다.

④ 법원은 재판에 주력하여야 하며 그것이 결과적으로 민간형 ADR의 활성화에도 도움이 된다.

⑤ 민간형 ADR 기관의 전문성을 제고하여 분쟁 당사자들이 굳이 법원에 가지 않더라도 신속하게 분쟁을 해결할 수 있게 만들어야 한다.

문 16. 다음 글의 흐름에 맞지 않는 곳을 ㉠~㉤에서 찾아 수정할 때 가장 적절한 것은?

경제적 차원에서 가장 불리한 계층, 예컨대 노예와 날품팔이는 ㉠ 특정한 종교 세력에 편입되거나 포교의 대상이 된 적이 없었다. 기독교 등 고대 종교의 포교활동은 이들보다는 소시민층, 즉 야심을 가지고 열심히 노동하며 경제적으로 합리적인 생활을 하는 계층을 겨냥하였다. 고대사회의 대농장에서 일하던 노예들에게 관심을 갖는 종교는 없었다.

모든 시대의 하층 수공업자 대부분은 ㉡ 독특한 소시민적 종교 경향을 지니고 있었다. 이들은 특히 공인되지 않은 종파적 종교성에 기우는 경우가 매우 흔하였다. 곤궁한 일상과 불안정한 생계 활동에 시달리며 동료의 도움에 의존해야 하는 하층 수공업자층은 공인되지 않은 신흥 종교집단이나 비주류 종교집단의 주된 포교 대상이었다.

근대에 형성된 프롤레타리아트는 ㉢ 종교에 우호적이며 관심이 많았다. 이들은 자신의 처지가 자신의 능력과 업적에 의존한다는 의식이 약하고 그 대신 사회적 상황이나 경기 변동, 법적으로 보장된 권력관계에 종속되어 있다는 의식이 강하였다. 이에 반해 자신의 처지가 주술적 힘, 신이나 우주의 섭리와 같은 것에 종속되어 있다는 견해에는 부정적이었다.

프롤레타리아트가 스스로의 힘으로 ㉣ 특정 종교 이념을 창출하는 것은 쉽지 않았다. 이들에게는 비종교적인 이념들이 삶을 지배하는 경향이 훨씬 우세했기 때문이다. 물론 프롤레타리아트 가운데 경제적으로 불안정한 최하위 계층과 지속적인 곤궁으로 인해 프롤레타리아트화의 위험에 처한 몰락하는 소시민계층은 ㉤ 종교적 포교의 대상이 되기 쉬웠다. 특히 이들을 포섭한 많은 종교는 원초적 주술을 사용하거나, 아니면 주술적·광란적 은총 수여에 대한 대용물을 제공했다. 이 계층에서 종교 윤리의 합리적 요소보다 감정적 요소가 훨씬 더 쉽게 성장할 수 있었다.

① ㉠을 "고대 종교에서는 주요한 세력이자 포섭 대상이었다."로 수정한다.

② ㉡을 "종교나 정치와는 괴리된 삶을 살았다."로 수정한다.

③ ㉢을 "종교에 우호적이지도 관심이 많지도 않았다."로 수정한다.

④ ㉣을 "특정 종교 이념을 창출한 경우가 많았다."로 수정한다.

⑤ ㉤을 "종교보다는 정치집단의 포섭 대상이 되었다."로 수정한다.

문 17. 다음 글의 빈칸에 들어갈 내용으로 가장 적절한 것은?

A는 말벌이 어떻게 둥지를 찾아가는지 알아내고자 했다. 이에 A는 말벌이 둥지에 있을 때, 둥지를 중심으로 솔방울들을 원형으로 배치했는데, 그 말벌은 먹이를 찾아 둥지를 떠났다가 다시 둥지로 잘 돌아왔다. 이번에는 말벌이 먹이를 찾아 둥지를 떠난 사이, A가 그 솔방울들을 수거하여 둥지 부근 다른 곳으로 옮겨 똑같이 원형으로 배치했다. 그랬더니 돌아온 말벌은 솔방울들이 치워진 그 둥지로 가지 않고 원형으로 배치된 솔방울들의 중심으로 날아갔다.

이러한 결과를 관찰한 A는 말벌이 방향을 찾을 때 솔방울이라는 물체의 재질에 의존한 것인지 혹은 솔방울들로 만든 모양에 의존한 것인지를 알아내고자 하였다. 그래서 이번에는 말벌이 다시 먹이를 찾아 둥지를 떠난 사이, 앞서 원형으로 배치했던 솔방울들을 치우고 그 자리에 돌멩이들을 원형으로 배치했다. 그리고 거기 있던 솔방울들을 다시 가져와 둥지를 중심으로 삼각형으로 배치했다. 그러자 A는 돌아온 말벌이 원형으로 배치된 돌멩이들의 중심으로 날아가는 것을 관찰할 수 있었다.

이 실험을 통해 A는 먹이를 찾으러 간 말벌이 둥지로 돌아올 때, [   ]는 결론에 이르렀다.

① 물체의 재질보다 물체로 만든 모양에 의존하여 방향을 찾는다
② 물체로 만든 모양보다 물체의 재질에 의존하여 방향을 찾는다
③ 물체의 재질과 물체로 만든 모양 모두에 의존하여 방향을 찾는다
④ 물체의 재질이나 물체로 만든 모양에 의존하지 않고 방향을 찾는다
⑤ 경우에 따라 물체의 재질에 의존하기도 하고 물체로 만든 모양에 의존하기도 하면서 방향을 찾는다

문 18. 다음 글의 ㉠에 대한 진술로 적절하지 않은 것은?

해녀들이 고무 잠수복을 받아들일 때 잠수복 바지, 저고리, 모자, 버선은 받아들였으나 흥미롭게도 장갑은 제외시켰다. 손은 부피당 표면적이 커서 수중에서 열손실이 쉽게 일어나는 부위이다. 손의 온도가 떨어지면 움직임이 둔해지고 정확도가 떨어지므로 물속에서의 작업 수행 능력이 감소된다. 이런 점을 고려할 때 장갑 착용은 작업 능률을 향상시킬 것으로 생각되는데 수온이 낮은 겨울철에도 해녀들이 잠수 장갑을 끼지 않는 데는 어떤 이유가 있을 것이다. 그 이유를 알아보기 위하여 ㉠ 겨울철 해녀의 작업 시 장갑 착용이 손의 열손실에 어떤 영향을 미치는지 연구하였다.

겨울철에 해녀가 작업을 할 때, 장갑을 끼는 경우와 끼지 않는 경우에 손의 열손실을 측정하였다. 열손실은 단위시간당 손실되는 열의 양으로 측정하였다. 입수 초기에는 장갑을 낄 때나 안 낄 때나 손의 열손실이 증가하는데 장갑을 낄 때보다 안 낄 때 더 빠르게 증가한다. 그런데 입수 초기가 지나면 손의 열손실은 시간에 따라 점차 감소하는데 장갑을 낄 때보다 안 낄 때 더 빠르게 감소한다. 그래서 입수 후 약 20분이 지나면 손의 열손실이 장갑을 낄 때보다 안 낄 때 더 작아지는 기현상이 생긴다.

이러한 현상은 입수 시 나타나는 손의 열절연도 변화로 설명할 수 있다. 물체의 열손실은 그 물체의 열절연도에 의해 좌우되는데 열절연도가 커질수록 열손실이 작아진다. 입수 후 손의 열절연도는 장갑을 낄 때보다 안 낄 때 더 빠르게 증가하여 입수 후 약 20분이 지나면 손의 열손실이 장갑을 낄 때보다 안 낄 때 더 작아진다. 또한 팔의 열절연도도 입수 후 시간이 지남에 따라 장갑을 낄 때보다 안 낄 때 더 빠르게 증가하여 팔의 열손실은 장갑을 낄 때보다 안 낄 때 더 빠르게 감소한다.

① 손의 온도는 해녀의 작업 수행 능력에 영향을 준다.
② 장갑 착용 여부는 손과 팔의 열손실에 영향을 준다.
③ 입수 초기에는 장갑을 낄 때보다 안 낄 때 손의 열손실이 더 빠르게 증가한다.
④ 입수 후 시간이 지남에 따라 손의 열절연도는 장갑을 낄 때보다 안 낄 때 더 빠르게 증가한다.
⑤ 입수 후 장갑을 안 낄 때는 손의 열손실이 시간이 지남에 따라 증가한 후 감소하지만 장갑을 낄 때는 그렇지 않다.

문 19. 다음 글의 내용이 참일 때, 반드시 참인 것만을 〈보기〉에서 모두 고르면?

A, B, C, D, E는 스키, 봅슬레이, 컬링, 쇼트트랙, 아이스하키 등 총 다섯 종목 중 각자 한 종목을 관람하고자 한다. 스키와 봅슬레이는 산악지역에서 열리며, 나머지 종목은 해안지역에서 열린다. 다섯 명의 관람 종목에 대한 조건은 다음과 같다.

○ A, B, C, D, E는 서로 다른 종목을 관람한다.

○ A와 B는 서로 다른 지역에서 열리는 종목을 관람한다.

○ C는 스키를 관람한다.

○ B가 쇼트트랙을 관람하면, D가 봅슬레이를 관람한다.

○ E가 쇼트트랙이나 아이스하키를 관람하면, A는 봅슬레이를 관람한다.

〈보기〉

ㄱ. A가 봅슬레이를 관람하면, D는 아이스하키를 관람한다.

ㄴ. B는 쇼트트랙을 관람하지 않는다.

ㄷ. E가 쇼트트랙을 관람하면, B는 컬링이나 아이스하키를 관람한다.

① ㄱ

② ㄴ

③ ㄱ, ㄷ

④ ㄴ, ㄷ

⑤ ㄱ, ㄴ, ㄷ

문 20. 다음 글의 내용이 참일 때, 반드시 참인 것은?

도시발전계획의 하나로 관할 지역 안에 문화특화지역과 경제특화지역을 지정하여 활성화하는 정책을 추진하고 있는 A시와 관련하여 다음 사항이 알려졌다.

○ A시의 관할 지역은 동구와 서구로 나뉘어 있고 갑, 을, 병, 정, 무는 이 시에 거주하는 주민이다.

○ A시는 문화특화지역과 경제특화지역을 곳곳에 지정하였으나, 두 지역이 서로 겹치는 경우는 없다.

○ 문화특화지역으로 지정된 곳에서는 모두 유물이 발견되었다.

○ 동구에서 경제특화지역으로 지정된 곳의 주민은 모두 부유하다.

○ 서구에 거주하는 주민은 모두 아파트에 산다.

① 갑이 유물이 발견된 지역에 거주한다면, 그는 부유하지 않다.

② 을이 부유하다면, 그는 경제특화지역에 거주하고 있다.

③ 병이 아파트에 살지는 않지만 경제특화지역에 거주한다면, 그는 부유하다.

④ 정이 아파트에 살지 않는다면, 그는 유물이 발견되지 않은 지역에 거주한다.

⑤ 무가 문화특화지역에 거주한다면, 그는 아파트에 살지 않는다.

문 21. 다음 글의 ㉠으로 적절한 것은?

> 규범윤리학의 핵심 물음은 "무엇이 도덕적으로 올바른 행위인가?"이다. 이에 답하기 위해서는 '도덕 규범'이라고 불리는 도덕적 판단 기준에 대한 논의가 필요하다. 도덕적 판단 기준이 개개인의 주관적 판단에 의존한다고 여기는 사람들이 다수 있지만 이는 옳지 않은 생각이다. 도덕 규범은 그것이 무엇이든 우리의 주관적 판단에 의존하지 않는다. 이러한 주장이 반드시 참임은 다음 논증을 통해 보일 수 있다.
>
> 도덕 규범이면서 우리의 주관적 판단에 의존하는 규범이 있다고 가정하면, 문제가 생긴다. 우리는 다음 명제들을 의심의 여지없이 참이라고 받아들이기 때문이다. 첫째, 주관적 판단에 의존하는 규범은 모두 우연적 요소에 좌우된다. 둘째, 우연적 요소에 좌우되는 규범은 어느 것도 보편적으로 적용되지 않는다. 셋째, 보편적으로 적용되지 않는 규범은 그것이 무엇이든 객관성이 보장되지 않는다. 이 세 명제에 ㉠ 하나의 명제를 추가하기만 하면 주관적 판단에 의존하는 규범은 어느 것도 도덕 규범이 아니라는 것을 이끌어낼 수 있다. 이는 앞의 가정과 모순된다. 따라서 도덕 규범은 어느 것도 우리의 주관적 판단에 의존하지 않는다.

① 우연적 요소에 좌우되는 도덕 규범이 있다.

② 객관성이 보장되지 않는 규범은 어느 것도 도덕 규범이 아니다.

③ 객관성이 보장되는 규범은 그것이 무엇이든 보편적으로 적용된다.

④ 보편적으로 적용되는 규범은 어느 것도 우연적 요소에 좌우되지 않는다.

⑤ 주관적 판단에 의존하면서 보편적으로 적용되지 않는 도덕 규범이 있다.

문 22. 다음 갑~병의 주장에 대한 평가로 적절한 것만을 〈보기〉에서 모두 고르면?

> 갑: 어떤 나라의 법이 불공정하거나 악법이라고 해도 그 나라의 시민은 그것을 준수해야 한다. 그 나라의 시민으로 살아간다는 것이 법을 준수하겠다는 암묵적인 합의를 한 것이나 마찬가지이기 때문이다. 우리에게는 약속을 지켜야 할 의무가 있다. 만일 우리의 법이 마음에 들지 않았다면 처음부터 이 나라를 떠나 이웃 나라로 이주할 수 있는 자유가 언제나 있었던 것이다. 이 나라에서 시민으로 일정 기간 이상 살았다면 법을 그것의 공정 여부와 무관하게 마땅히 지켜야만 하는 것이 우리 시민의 의무이다.
>
> 을: 법을 지키겠다는 암묵적 합의는 그 법이 공정한 것인 한에서만 유효한 것이다. 만일 어떤 법이 공정하지 않다면 그런 법을 지키는 것은 오히려 타인의 인권을 침해할 소지가 있고, 따라서 그런 법의 준수를 암묵적 합의의 일부로 간주해서는 안 될 것이다. 그러므로 공정한 법에 대해서만 선별적으로 준수의 의무를 부과하는 것이 타당하다.
>
> 병: 법은 정합적인 체계로 구성되어 있어서 어떤 개별 법 조항도 다른 법과 무관하게 독자적으로 주어질 수 없다. 모든 법은 상호 의존적이어서 어느 한 법의 준수를 거부하면 반드시 다른 법의 준수 여부에도 영향을 미칠 수밖에 없다. 예를 들어, 조세법이 부자에게 유리하고 빈자에게 불리한 불공정한 법이라고 해서 그것 하나만 따로 떼어내어 선별적으로 거부한다는 것은 불가능하다. 그렇게 했다가는 결국 아무 문제가 없는 공정한 법의 준수 여부에까지 영향을 미치게 될 것이다. 따라서 법의 선별적 준수는 전체 법체계의 유지에 큰 혼란을 불러올 우려가 있으므로 받아들여서는 안 된다.

〈보기〉

ㄱ. 예외적인 경우에 약속을 지키지 않아도 된다면 갑의 주장은 강화된다.

ㄴ. 법의 공정성을 판단하는 별도의 기준이 없다면 을의 주장은 약화된다.

ㄷ. 이민자를 차별하는 법이 존재한다면 병의 주장은 약화된다.

① ㄱ

② ㄴ

③ ㄱ, ㄷ

④ ㄴ, ㄷ

⑤ ㄱ, ㄴ, ㄷ

문 23. 다음 글에 비추어 볼 때, 〈실험〉에 대한 분석으로 적절한 것만을 〈보기〉에서 모두 고르면?

통계학자들은 오직 두 가설, 즉 영가설과 대립가설만을 고려하는 경우가 있다. 여기서 영가설이란 취해진 조치가 조치의 대상에 아무런 영향을 주지 않는다는 가설이고, 대립가설이란 영향을 준다는 가설이다. 예컨대 의사의 조치가 특정 질병 치료에 아무런 효과도 없다는 가설은 영가설이고, 의사의 조치가 그 질병을 치료하는 데 효과가 있다는 가설은 대립가설이다.

〈실험〉

A는 다음의 두 가설과 관련하여 아래 실험을 수행하였다.
○가설 1: 쥐가 동일한 행동을 반복할 때 이전 행동에서 이루어진 강제조치가 다음 번 행동에 영향을 준다.
○가설 2: 쥐가 동일한 행동을 반복할 때 이전 행동에서 이루어진 강제조치가 다음 번 행동에 영향을 주지 않는다.

왼쪽 방향 또는 오른쪽 방향으로 갈 수 있는 갈림길이 있는 미로가 있다. 실험자는 쥐 1마리를 이 미로의 입구에 집어넣었다. 미로에 들어간 쥐가 갈림길에 도달하면 실험자가 개입하여 쥐가 한 쪽 방향으로 가도록 강제조치했다. 그런 다음 실험자는 미로의 출구 부분에서 쥐를 꺼내 다시 미로의 입구에 집어넣고 쥐가 갈림길에서 어느 방향으로 가는지를 관찰하였다. 100마리의 쥐를 대상으로 이러한 실험을 실시한 결과 대부분의 쥐들은 이전에 가지 않았던 방향으로 갔다.

〈보기〉

ㄱ. 가설 1은 대립가설이고 가설 2는 영가설이다.

ㄴ. 〈실험〉의 결과는 대립가설을 강화한다.

ㄷ. 〈실험〉에서 미로에 처음 들어간 쥐들에게 갈림길에서 50마리의 쥐들은 왼쪽 방향으로, 나머지 50마리의 쥐들은 오른쪽 방향으로 가도록 실험자가 강제조치하였다는 사실이 밝혀진다면 영가설은 강화된다.

① ㄱ
② ㄷ
③ ㄱ, ㄴ
④ ㄴ, ㄷ
⑤ ㄱ, ㄴ, ㄷ

문 24. 다음 글의 ㉠을 강화하는 것만을 〈보기〉에서 모두 고르면?

동물의 감각이나 반응을 일으키는 최소한의 자극을 '식역'이라고 한다. 인간의 경우 일반적으로 40밀리 초 이하의 시각적 자극은 '보았다'고 답하는 경우가 거의 없다. 그렇다면 식역 이하의 시각적 자극은 우리에게 아무런 영향도 주지 않는 것일까?

연구자들은 사람들에게 식역 이하의 짧은 시간 동안 문자열을 먼저 제시한 후 뒤이어 의식적으로 지각할 수 있을 만큼 문자열을 제시하는 실험을 진행했다. 이 실험에서 연구자들은 먼저 제시된 문자열을 '프라임'으로, 뒤이어 제시된 문자열을 '타깃'으로 불렀다. 프라임을 식역 이하로 제시한 후 뒤이어 타깃을 의식적으로 볼 수 있을 만큼 제시했을 때 피험자들은 타깃 앞에 프라임이 있었다는 사실조차 알아차리지 못했다.

거듭된 실험을 통해 밝혀진 사실 가운데 하나는 피험자가 비록 보았다고 의식하지 못한 낱말일지라도 제시된 프라임이 타깃과 동일한 낱말인 경우 처리속도가 빨라진다는 것이었다. 예컨대 'radio' 앞에 'house'가 제시되었을 때보다 'radio'가 제시되었을 때 반응이 빨라졌다. 동일한 낱말의 반복이 인지 반응을 촉진한 것이었다. 식역 이하로 제시된 낱말임에도 불구하고 뒤이어 나온 낱말의 처리속도에 영향을 미친 이런 효과를 가리켜 '식역 이하의 반복 점화'라고 부른다.

흥미로운 점은, 프라임이 소문자로 된 낱말 'radio'이고 타깃이 대문자로 된 낱말 'RADIO'일 때 점화 효과가 나타났다는 것이다. 시각적으로 그 둘의 외양은 다르다. 그렇다면 두 종류의 표기에 익숙한 언어적, 문화적 관습에 따라 'radio'와 'RADIO'를 같은 낱말로 인지한 것으로 볼 수 있다. 이에 비추어 볼 때, ㉠식역 이하의 반복 점화는 추상적인 수준에서 나타나는 것으로 보인다.

〈보기〉

ㄱ. 같은 낱말을 식역 이하로 반복하여 여러 번 눈앞에 제시해도 피험자들은 그 낱말을 인지하지 못하였다.

ㄴ. 샛별이 금성이라는 것을 아는 사람에게 프라임으로 '금성'을 식역 이하로 제시한 후 타깃으로 '샛별'을 의식적으로 볼 수 있을 만큼 제시했을 때, 점화 효과가 나타나지 않았다.

ㄷ. 한국어와 영어에 능숙한 사람에게 'five'만을 의식적으로 볼 수 있을 만큼 제시한 경우보다 프라임으로 '다섯'을 식역 이하로 제시한 후 타깃으로 'five'를 의식적으로 볼 수 있을 만큼 제시했을 때, 'five'에 대한 반응이 더 빨랐다.

① ㄱ
② ㄷ
③ ㄱ, ㄴ
④ ㄴ, ㄷ
⑤ ㄱ, ㄴ, ㄷ

문 25. 다음 글에 대한 분석으로 적절한 것만을 〈보기〉에서 모두 고르면?

> 갑: 우리는 예전에 몰랐던 많은 과학 지식을 가지고 있다. 예를 들어, 과거에는 물이 산소와 수소로 구성된다는 것을 몰랐지만 현재는 그 사실을 알고 있다. 과거에는 어떤 기준 좌표에서 관찰하더라도 빛의 속도가 일정하다는 것을 몰랐지만 현재의 우리는 그 사실을 알고 있다. 이처럼 우리가 알게 된 과학 지식의 수는 누적적으로 증가하고 있으며, 이 점에서 과학은 성장한다고 말할 수 있다.
>
> 을: 과학의 역사에서 과거에 과학 지식이었던 것이 더 이상 과학 지식이 아닌 것으로 판정된 사례는 많다. 예를 들어, 과거에 우리는 플로지스톤 이론이 옳다고 생각했지만 현재 그 이론이 옳다고 생각하는 사람은 아무도 없다. 이런 점에서 과학 지식의 수는 누적적으로 증가하고 있지 않다.
>
> 병: 그렇다고 해서 과학이 성장한다고 말할 수 없는 것은 아니다. 과학에서 해결해야 할 문제들은 정해져 있으며, 그 중 해결된 문제의 수는 증가하고 있다. 예를 들어 과거의 뉴턴 역학은 수성의 근일점 이동을 정확하게 예측할 수 없었지만 현재의 상대성 이론은 정확하게 예측할 수 있다. 따라서 해결된 문제의 수가 증가하고 있다는 이유에서 과학은 성장한다고 말할 수 있다.
>
> 정: 그렇게 말할 수 없다. 우리가 어떤 과학 이론을 받아들이냐에 따라서 해결해야 할 문제가 달라지고, 해결된 문제의 수가 증가했는지 판단할 수도 없기 때문이다. 서로 다른 이론을 받아들이는 사람들이 해결한 문제의 수는 서로 비교할 수 없다.

──── 〈보기〉 ────

ㄱ. 갑과 병은 모두 과학의 성장 여부를 평가할 수 있는 어떤 기준이 있다는 것을 인정한다.

ㄴ. 을은 과학 지식의 수가 실제로 누적적으로 증가하지 않는다는 이유로 갑을 비판한다.

ㄷ. 정은 과학의 성장 여부를 말할 수 있는 근거의 진위를 판단할 수 없다는 점을 들어 병을 비판한다.

① ㄱ

② ㄷ

③ ㄱ, ㄴ

④ ㄴ, ㄷ

⑤ ㄱ, ㄴ, ㄷ

약점 보완 해설집 p.64

문 1. 다음 글의 문맥상 (가)~(마)에 들어갈 내용으로 적절하지 않은 것은?

'방언(方言)'이라는 용어는 표준어와 대립되는 개념으로 사용될 수 있다. 이때 방언이란 '교양 있는 사람들이 두루 쓰는 현대 서울말'로서의 표준어가 아닌 말, 즉 비표준어라는 뜻을 갖는다. 가령 ___(가)___ 는 생각에는 방언을 비표준어로서 낮잡아 보는 인식이 담겨 있다. 이러한 개념으로서의 방언은 '사투리'라는 용어로 바뀌어 쓰이는 수가 많다. '충청도 사투리', '평안도 사투리'라고 할 때의 사투리는 대개 이러한 개념으로 쓰이는 경우이다. 이때의 방언이나 사투리는, 말하자면 표준어인 서울말이 아닌 어느 지역의 말을 가리키거나, 더 나아가 ___(나)___ 을 일컫는다. 이러한 용법에는 방언이 표준어보다 열등하다는 오해와 편견이 포함되어 있다. 여기에는 표준어보다 못하다거나 세련되지 못하고 규칙에 엄격하지 않다와 같은 부정적 평가가 담겨 있는 것이다. 그런가 하면 사투리는 한 지역의 언어 체계 전반을 뜻하기보다 그 지역의 말 가운데 표준어에는 없는, 그 지역 특유의 언어 요소만을 일컫기도 한다. ___(다)___ 고 할 때의 사투리가 그러한 경우에 해당된다.

언어학에서의 방언은 한 언어를 형성하고 있는 하위 단위로서의 언어 체계 전부를 일컫는 말로 사용된다. 가령 한국어를 예로 들면 한국어를 이루고 있는 각 지역의 말 하나하나, 즉 그 지역의 언어 체계 전부를 방언이라 한다. 서울말은 이 경우 표준어이면서 한국어의 한 방언이다. 그리고 나머지 지역의 방언들은 ___(라)___. 이러한 의미에서의 '충청도 방언'은, 충청도에서만 쓰이는, 표준어에도 없고 다른 도의 말에도 없는 충청도 특유의 언어 요소만을 가리키는 것이 아니다. '충청도 방언'은 충청도의 토박이들이 전래적으로 써 온 한국어 전부를 가리킨다. 이 점에서 한국어는 ___(마)___.

① (가): 바른말을 써야 하는 아나운서가 방언을 써서는 안 된다
② (나): 표준어가 아닌, 세련되지 못하고 격을 갖추지 못한 말
③ (다): 사투리를 많이 쓰는 사람과는 의사소통이 어렵다
④ (라): 한국어라는 한 언어의 하위 단위이기 때문에 방언이다
⑤ (마): 표준어와 지역 방언의 공통부분을 지칭하는 개념이다

문 2. 다음 글에서 알 수 있는 것은?

고려의 수도 개경 안에는 궁궐이 있고, 그 주변으로 가옥과 상점이 모여 시가지를 형성하고 있었다. 이 궁궐과 시가지를 둘러싼 성벽을 개경 도성이라고 불렀다. 개경 도성에는 여러 개의 출입문이 있었는데, 서쪽에 있는 문 가운데 가장 많은 사람이 드나든 곳은 선의문이었다. 동쪽에는 숭인문이라는 문도 있었다. 도성 안에는 선의문과 숭인문을 잇는 큰 도로가 있었다. 이 도로는 궁궐의 출입문인 광화문으로부터 도성 남쪽 출입문 방향으로 나 있는 다른 도로와 만나는데, 두 도로의 교차점을 십자가라고 불렀다.

고려 때에는 개경의 십자가로부터 광화문까지 난 거리를 남대가라고 불렀다. 남대가 양편에는 관청의 허가를 받아 영업하는 상점인 시전들이 도로를 따라 나란히 위치해 있었다. 이 거리는 비단이나 신발을 파는 시전, 과일 파는 시전 등이 밀집한 번화가였다. 고려 정부는 이 거리를 관리하기 위해 남대가의 남쪽 끝 지점에 경시서라는 관청을 두었다.

개경에는 남대가에만 시전이 있는 것이 아니었다. 십자가에서 숭인문 방향으로 몇백 미터를 걸어가면 그 도로 북쪽 편에 자남산이라는 조그마한 산이 있었다. 이 산은 도로에서 불과 몇십 미터 떨어져 있지 않은데, 그 산과 남대가 사이의 공간에 기름만 취급하는 시전들이 따로 모인 유시 골목이 있었다. 또 십자가에서 남쪽으로 이어진 길로 백여 미터만 가도 그 길에 접한 서쪽면에 돼지고기만 따로 파는 저전들이 있었다. 이외에도 십자가와 선의문 사이를 잇는 길의 중간 지점에 수륙교라는 다리가 있었는데, 그 옆에 종이만 파는 저시 골목이 있었다.

① 남대가의 북쪽 끝에 궁궐의 출입문이 자리잡고 있었다.
② 수륙교가 있던 곳으로부터 서북쪽 방향에 자남산이 있다.
③ 숭인문과 경시서의 중간 지점에 저시 골목이 위치해 있었다.
④ 선의문과 십자가를 연결하는 길의 중간 지점에 저전이 모여 있었다.
⑤ 십자가에서 유시 골목으로 가는 길의 중간 지점에 수륙교가 위치해 있었다.

문 3. 다음 글에서 알 수 없는 것은?

A효과란 기업이 시장에 최초로 진입하여 무형 및 유형의 이익을 얻는 것을 의미한다. 반면 뒤늦게 뛰어든 기업이 앞서 진출한 기업의 투자를 징검다리로 이용하여 성공적으로 시장에 안착하는 것을 B효과라고 한다. 물론 B효과는 후발진입기업이 최초진입기업과 동등한 수준의 기술 및 제품을 보다 낮은 비용으로 개발할 수 있을 때만 가능하다.

생산량이 증가할수록 평균생산비용이 감소하는 규모의 경제 효과 측면에서, 후발진입기업에 비해 최초진입기업이 유리하다. 즉, 대량 생산, 인프라 구축 등에서 우위를 조기에 확보하여 효율성 증대와 생산성 향상을 꾀할 수 있다. 반면 후발진입기업 역시 연구개발 투자 측면에서 최초진입기업에 비해 상대적으로 유리한 면이 있다. 후발진입기업의 모방 비용은 최초진입기업이 신제품 개발에 투자한 비용 대비 65% 수준이기 때문이다. 최초진입기업의 경우, 규모의 경제 효과를 얼마나 단기간에 이룰 수 있는가가 성공의 필수 요건이 된다. 후발진입기업의 경우, 절감된 비용을 마케팅 등에 효과적으로 투자하여 최초진입기업의 시장 점유율을 단기간에 빼앗아 오는 것이 성공의 핵심 조건이다.

규모의 경제 달성으로 인한 비용상의 이점 이외에도 최초진입기업이 누릴 수 있는 강점은 강력한 진입 장벽을 구축할 수 있다는 것이다. 시장에 최초로 진입했기에 소비자에게 우선적으로 인식된다. 그로 인해 후발진입기업에 비해 적어도 인지도 측면에서는 월등한 우위를 확보한다. 또한 기술적 우위를 확보하여 라이센스, 특허 전략 등을 통해 후발진입기업의 시장 진입을 방해하기도 한다. 뿐만 아니라 소비자들이 후발진입기업의 브랜드로 전환하려고 할 때 발생하는 노력, 비용, 심리적 위험 등을 마케팅에 활용하여 후발진입기업이 시장에 진입하기 어렵게 할 수도 있다. 결국 A효과를 극대화할 수 있는지는 규모의 경제 달성 이외에도 얼마나 오랫동안 후발주자가 진입하지 못하도록 할 수 있는가에 달려 있다.

① 최초진입기업은 후발진입기업에 비해 매년 더 많은 마케팅 비용을 사용한다.

② 후발진입기업의 모방 비용은 최초진입기업이 신제품 개발에 투자한 비용보다 적다.

③ 최초진입기업이 후발진입기업에 비해 인지도 측면에서 우위에 있다는 것은 A효과에 해당한다.

④ 후발진입기업이 성공하려면 절감된 비용을 효과적으로 투자하여 최초진입기업의 시장점유율을 단기간에 빼앗아 와야 한다.

⑤ 후발진입기업이 최초진입기업과 동등한 수준의 기술 및 제품을 보다 낮은 비용으로 개발할 수 없다면 B효과를 얻을 수 없다.

문 4. 다음 글에서 알 수 있는 것은?

1996년 미국, EU 및 캐나다는 일본에서 위스키의 주세율이 소주에 비해 지나치게 높다는 이유로 일본을 WTO에 제소했다. WTO 패널은 제소국인 미국, EU 및 캐나다의 손을 들어주었다. 이 판정을 근거로 미국과 EU는 한국에 대해서도 소주와 위스키의 주세율을 조정해줄 것을 요구했는데, 받아들여지지 않자 한국을 WTO에 제소했다. 당시 소주의 주세율은 증류식이 50%, 희석식이 35%였는데, 위스키의 주세율은 100%로 소주에 비해 크게 높았다. 한국에 위스키 원액을 수출하던 EU는 1997년 4월에 한국을 제소했고, 5월에는 미국도 한국을 제소했다. 패널은 1998년 7월에 한국의 패소를 결정했다.

패널의 판정은, 소주와 위스키가 직접적인 경쟁 관계에 있고 동시에 대체 관계가 존재하므로 국산품인 소주에 비해 수입품인 위스키에 높은 주세율을 적용하고 있는 한국의 주세 제도가 WTO 협정의 내국민대우 조항에 위배된다는 것이었다. 그리고 3개월 후 한국이 패널의 판정에 대해 상소했으나 상소 기구에서 패널의 판정이 그대로 인정되었다. 따라서 한국은 소주와 위스키 간 주세율의 차이를 해소해야 했는데, 그 방안은 위스키의 주세를 낮추거나 소주의 주세를 올리는 것이었다. 당시 어느 것이 옳은가에 대한 논쟁이 적지 않았다. 결국 소주의 주세율은 올리고 위스키의 주세율은 내려서, 똑같이 72%로 맞추는 방식으로 2000년 1월 주세법을 개정하여 차이를 해소했다.

① WTO 협정에 따르면, 제품 간 대체 관계가 존재하면 세율이 같아야 한다.

② 2000년 주세법 개정 결과 희석식 소주가 증류식 소주보다 주세율 상승폭이 컸다.

③ 2000년 주세법 개정 이후 소주와 위스키의 세금 총액은 개정 전에 비해 증가하였다.

④ 미국, EU 및 캐나다는 일본과의 WTO 분쟁 판정 결과를 근거로 한국에서도 주세율을 조정하고자 했다.

⑤ 한국의 소주와 위스키의 주세율을 일본과 동일하게 하라는 권고가 WTO 패널의 판정에 포함되어 있다.

문 5. 다음 글에서 추론할 수 있는 것은?

종자와 농약을 생산하는 대기업들은 자신들이 유전자 기술로 조작한 종자가 농약을 현저히 적게 사용해도 되기 때문에 농부들이 더 많은 이윤을 낼 수 있다고 주장하였다. 그러나 미국에서 유전자 변형 작물을 재배한 16년(1996년~2011년) 동안의 농약 사용량을 살펴보면, 이 주장은 사실이 아님을 알 수 있다.

유전자 변형 작물은 해충에 훨씬 더 잘 견디는 장점이 있다. 유전자 변형 작물이 해충을 막기 위해 자체적으로 독소를 만들어내기 때문이다. 독소를 함유한 유전자 변형 작물을 재배함으로써 일반 작물 재배와 비교하여 16년 동안 살충제 소비를 약 56,000톤 줄일 수 있었다. 그런데 제초제의 경우는 달랐다. 처음 4~5년 동안에는 제초제의 사용이 감소하였다. 그렇지만 전체 재배 기간을 고려하면 일반 작물 재배와 비교할 때 약 239,000톤이 더 소비되었다. 늘어난 제초제의 양에서 줄어든 살충제의 양을 빼면 일반 작물 재배와 비교하여 농약 사용이 재배 기간 16년 동안 183,000톤 증가했다.

M사의 제초제인 글리포세이트에 내성을 가진 유전자 변형 작물을 재배하기 시작한 농부들은 그 제초제를 매년 반복해서 사용했다. 이로 인해 그 지역에서는 글리포세이트에 대해 내성을 가진 잡초가 생겨났다. 이와 같이 제초제에 내성을 가진 잡초를 슈퍼잡초라고 부른다. 유전자 변형 작물을 재배하는 농지는 대부분 이러한 슈퍼잡초로 인해 어려움을 겪게 되었다. 슈퍼잡초를 제거하기 위해서는 제초제를 더 자주 사용하거나 여러 제초제를 섞어서 사용하거나 아니면 새로 개발된 제초제를 사용해야 한다. 이로 인해 농부들은 더 많은 비용을 지불할 수밖에 없었다.

① 유전자 변형 작물을 재배하는 지역에서는 모든 종류의 농약 사용이 증가했다.
② 유전자 변형 작물을 도입한 해부터 그 작물을 재배하는 지역에 슈퍼잡초가 나타났다.
③ 유전자 변형 작물을 도입한 후 일반 작물 재배의 경우에도 살충제의 사용이 증가했다.
④ 유전자 변형 작물 재배로 슈퍼잡초가 발생한 지역에서는 작물 생산 비용이 증가했다.
⑤ 유전자 변형 작물을 재배하는 지역과 일반 작물을 재배하는 지역에서 슈퍼잡초의 발생 정도가 비슷했다.

문 6. 다음 글의 빈칸에 들어갈 내용으로 가장 적절한 것은?

알레르기는 도시화와 산업화가 진행되는 지역에서 매우 빠르게 증가하고 있는데, 알레르기의 발병 원인에 대한 20세기의 지배적 이론은 알레르기는 병원균의 침입에 의해 발생하는 감염성 질병이라는 것이다. 하지만 1989년 영국 의사 S는 이 전통적인 이론에 맞서 다음 가설을 제시했다.

S는 1958년 3월 둘째 주에 태어난 17,000명 이상의 영국 어린이를 대상으로 그들이 23세가 될 때까지 수집한 개인 정보 데이터베이스를 분석하여, 이 가설을 뒷받침하는 증거를 찾았다. 이들의 가족 관계, 사회적 지위, 경제력, 거주 지역, 건강 등의 정보를 비교 분석한 결과, 두 개 항목이 꽃가루 알레르기와 상관관계를 가졌다. 첫째, 함께 자란 형제자매의 수이다. 외동으로 자란 아이의 경우 형제가 서넛인 아이에 비해 꽃가루 알레르기에 취약했다. 둘째, 가족 관계에서 차지하는 서열이다. 동생이 많은 아이보다 손위 형제가 많은 아이가 알레르기에 걸릴 확률이 낮았다.

S의 주장에 따르면 가족 구성원이 많은 집에 사는 아이들은 가족 구성원, 특히 손위 형제들이 집안으로 끌고 들어오는 온갖 병균에 의한 잦은 감염 덕분에 장기적으로는 알레르기 예방에 오히려 유리하다. S는 유년기에 겪은 이런 감염이 꽃가루 알레르기를 비롯한 알레르기성 질환으로부터 아이들을 보호해 왔다고 생각했다.

① 알레르기는 유년기에 병원균 노출의 기회가 적을수록 발생 확률이 높아진다.
② 알레르기는 가족 관계에서 서열이 높은 가족 구성원에게 더 많이 발생한다.
③ 알레르기는 성인보다 유년기의 아이들에게 더 많이 발생한다.
④ 알레르기는 도시화에 따른 전염병의 증가로 인해 유발된다.
⑤ 알레르기는 형제가 많을수록 발생 확률이 낮아진다.

문 7. 다음 글에 대한 평가로 적절하지 않은 것은?

당신은 '행복 기계'에 들어갈 것인지 망설이고 있다. 만일 들어간다면 그 순간 당신은 기계에 들어왔다는 것을 완전히 잊게 되고, 이 기계를 만나기 전에는 맛보기 힘든 멋진 시간을 가상현실 기술을 통해 경험하게 된다. 단, 누구든 한 번 그 기계에 들어가면 삶을 마칠 때까지 거기서 나올 수 없다. 이 기계에는 고장도 오작동도 없다. 당신은 이 기계에 들어가겠는가? 우리의 삶은 고난과 좌절로 가득 차 있지만, 우리는 그것들이 실제로 사라지기를 원하지 그저 사라졌다고 믿기를 원하지 않는다. 이러한 사실은, 참인 믿음이 우리에게 아무런 이익이 되지 않거나 심지어 손해를 가져오는 경우에도 우리가 거짓인 믿음보다 참인 믿음을 가지기를 선호한다는 견해를 뒷받침한다.

돈의 가치는 숫자가 적힌 종이 자체에 있지 않다. 돈이 가치를 지니는 것은 그것이 좋은 것들을 얻는 도구로 기능하기 때문이다. 참인 믿음을 가지는 것이 유용한 경우가 많은 것은 사실이지만, 다른 것들을 얻기 위한 수단인 돈과 달리 참인 믿음은 그 자체로 가치가 있다. 그리고 행복 기계에 관한 우리의 태도는 이를 분명하게 보여준다.

다른 것에 대한 선호로는 설명될 수 없는 원초적인 선호를 '기초 선호'라고 부른다. 가령 신체의 고통을 피하려는 것은 기초 선호로 보인다. 참인 믿음은 어떤가? 만약 참인 믿음이 기초 선호의 대상이 아니라면, 참인 믿음과 거짓인 믿음이 실용적 손익에서 동등할 경우 전자를 후자보다 더 선호해야 할 이유는 없다. 여기서 확인하게 되는 결론은, 참인 믿음이 기초 선호의 대상이라는 것이다. 그렇지 않다면, 사람들이 행복 기계에 들어가 행복한 거짓 믿음 속에 사는 편을 택하지 않을 이유가 없을 것이다.

① 대부분의 사람이 행복 기계에 들어가는 편을 택할 경우, 논지는 강화된다.

② 행복 기계가 현실에 존재하지 않는다는 사실이 논지를 약화하지는 않는다.

③ 치료를 위해 신체의 고통을 기꺼이 견디는 사람들이 있다고 해도 논지는 약화되지 않는다.

④ 행복 기계에 들어가지 않는 유일한 이유가 참과 무관한 실용적 이익임이 확인될 경우, 논지는 약화된다.

⑤ 실용적 이익이 없음에도 불구하고 우리가 수학적 참인 정리를 믿는 것을 선호한다는 사실은 논지를 강화한다.

문 8. 다음 글에 대한 분석으로 적절하지 않은 것은?

공포영화에 자주 등장하는 좀비는 철학에서도 자주 논의된다. 철학적 논의에서 좀비는 '의식을 갖지는 않지만 겉으로 드러나는 행동에서는 인간과 구별되지 않는 존재'로 정의된다. 이를 '철학적 좀비'라고 하자. ㉠인간은 고통을 느끼지만, 철학적 좀비는 고통을 느끼지 못한다. 즉 고통에 대한 의식을 가질 수 없는 존재라는 것이다. 그러나 ㉡철학적 좀비도 압정을 밟으면 인간과 마찬가지로 비명을 지르며 상처 부위를 부여잡을 것이다. 즉 행동 성향에서는 인간과 차이가 없다. 그렇기 때문에 겉으로 드러나는 모습만으로는 철학적 좀비와 인간을 구별할 수 없다. 그러나 ㉢인간과 철학적 좀비는 동일한 존재가 아니다. ㉣인간이 철학적 좀비와 동일한 존재라면, 인간도 고통을 느끼지 못하는 존재여야 한다.

물론 철학적 좀비는 상상의 산물이다. 그러나 우리가 철학적 좀비를 모순 없이 상상할 수 있다는 사실은 마음에 관한 이론인 행동주의에 문제가 있다는 점을 보여준다. 행동주의는 마음을 행동 성향과 동일시하는 입장이다. 이에 따르면, ㉤마음은 특정 자극에 따라 이러저러한 행동을 하려는 성향이다. ㉥행동주의가 옳다면, 인간이 철학적 좀비와 동일한 존재라는 점을 인정할 수밖에 없다. 그러나 인간과 달리 철학적 좀비는 마음이 없어서 어떤 의식도 가질 수 없는 존재다. 따라서 ㉦행동주의는 옳지 않다.

① ㉠과 ㉡은 동시에 참일 수 있다.

② ㉠과 ㉣이 모두 참이면, ㉢도 반드시 참이다.

③ ㉡과 ㉥이 모두 참이면, ㉤도 반드시 참이다.

④ ㉢과 ㉥이 모두 참이면, ㉦도 반드시 참이다.

⑤ ㉤과 ㉦은 동시에 거짓일 수 없다.

문 9. 다음 글의 내용이 참일 때, 참인지 거짓인지 알 수 있는 것만을 〈보기〉에서 모두 고르면?

머신러닝은 컴퓨터 공학에서 최근 주목 받고 있는 분야이다. 이 중 샤펠식 과정은 성공적인 적용 사례들로 인해 우리에게 많이 알려진 학습 방법이다. 머신러닝의 사례 가운데 샤펠식 과정에 해당하면서 의사결정트리 방식을 따르지 않는 경우는 없다.

머신러닝은 지도학습과 비지도학습이라는 두 배타적 유형으로 나눌 수 있고, 모든 머신러닝의 사례는 이 두 유형 중 어디엔가 속한다. 샤펠식 과정은 모두 전자에 속한다. 머신러닝에서 새로 떠오르는 방법은 강화학습인데, 강화학습을 활용하는 모든 경우는 후자에 속한다. 그리고 의사결정트리 방식을 적용한 사례들 가운데 강화학습을 활용하는 머신러닝의 사례도 있다.

〈보기〉
ㄱ. 의사결정트리 방식을 적용한 모든 사례는 지도학습의 사례이다.
ㄴ. 샤펠식 과정의 적용 사례가 아니면서 의사결정트리 방식을 적용한 경우가 존재한다.
ㄷ. 강화학습을 활용하는 머신러닝 사례들 가운데 의사결정트리 방식이 적용되지 않은 경우는 없다.

① ㄴ
② ㄷ
③ ㄱ, ㄴ
④ ㄱ, ㄷ
⑤ ㄱ, ㄴ, ㄷ

문 10. 다음 글의 내용이 참일 때, 반드시 참인 것만을 〈보기〉에서 모두 고르면?

전통문화 활성화 정책의 일환으로 일부 도시를 선정하여 문화관광특구로 지정할 예정이다. 특구 지정 신청을 받아본 결과, A, B, C, D, 네 개의 도시가 신청하였다. 선정과 관련하여 다음 사실이 밝혀졌다.
○ A가 선정되면 B도 선정된다.
○ B와 C가 모두 선정되는 것은 아니다.
○ B와 D 중 적어도 한 도시는 선정된다.
○ C가 선정되지 않으면 B도 선정되지 않는다.

〈보기〉
ㄱ. A와 B 가운데 적어도 한 도시는 선정되지 않는다.
ㄴ. B도 선정되지 않고 C도 선정되지 않는다.
ㄷ. D는 선정된다.

① ㄱ
② ㄴ
③ ㄱ, ㄷ
④ ㄴ, ㄷ
⑤ ㄱ, ㄴ, ㄷ

문 11. 다음 글의 내용과 부합하지 않는 것은?

기원전 3천 년쯤 처음 나타난 원시 수메르어 문자 체계는 두 종류의 기호를 사용했다. 한 종류는 숫자를 나타냈고, 1, 10, 60 등에 해당하는 기호가 있었다. 다른 종류의 기호는 사람, 동물, 사유물, 토지 등을 나타냈다. 두 종류의 기호를 사용하여 수메르인들은 많은 정보를 보존할 수 있었다.

이 시기의 수메르어 기록은 사물과 숫자에 한정되었다. 쓰기는 시간과 노고를 요구하는 일이었고, 기호를 읽고 쓸 줄 아는 사람은 얼마 되지 않았다. 이런 고비용의 기호를 장부 기록 이외의 일에 활용할 이유가 없었다. 현존하는 원시 수메르어 문서 가운데 예외는 하나뿐이고, 그 내용은 기록하는 일을 맡게 된 견습생이 교육을 받으면서 반복해서 썼던 단어들이다. 지루해진 견습생이 자기 마음을 표현하는 시를 적고 싶었더라도 그는 그렇게 할 수 없었다. 원시 수메르어 문자 체계는 완전한 문자 체계가 아니었기 때문이다. 완전한 문자 체계란 구어의 범위를 포괄하는 기호 체계, 즉 시를 포함하여 사람들이 말하는 것은 무엇이든 표현할 수 있는 체계이다. 반면에 불완전한 문자 체계는 인간 행동의 제한된 영역에 속하는 특정한 종류의 정보만 표현할 수 있는 기호 체계이다. 라틴어, 고대 이집트 상형문자, 브라유 점자는 완전한 문자 체계이다. 이것들로는 상거래를 기록하고, 상법을 명문화하고, 역사책을 쓰고, 연애시를 쓸 수 있다. 이와 달리 원시 수메르어 문자 체계는 수학의 언어나 음악 기호처럼 불완전했다. 그러나 수메르인들은 불편함을 느끼지 않았다. 그들이 문자를 만들어 쓴 이유는 구어를 고스란히 베끼기 위해서가 아니라 거래 기록의 보존처럼 구어로는 하지 못할 일을 하기 위해서였기 때문이다.

① 원시 수메르어 문자 체계는 구어를 보완하는 도구였다.

② 원시 수메르어 문자 체계는 감정을 표현하는 일에 적합하지 않았다.

③ 원시 수메르어 문자를 당시 모든 구성원이 사용할 줄 아는 것은 아니었다.

④ 원시 수메르어 문자는 사물과 숫자를 나타내는 데 상이한 종류의 기호를 사용하였다.

⑤ 원시 수메르어 문자와 마찬가지로 고대 이집트 상형문자는 구어의 범위를 포괄하지 못했다.

문 12. 다음 글에서 알 수 있는 것은?

조선 왕조가 개창될 당시에는 승려에게 군역을 부과하지 않는 것이 상례였는데, 이를 노리고 승려가 되어 군역을 피하는 자가 많았다. 태조 이성계는 이를 막기 위해 국왕이 되자마자 앞으로 승려가 되려는 자는 빠짐없이 일종의 승려 신분증인 도첩을 발급 받으라고 명했다. 그는 도첩을 받은 자만 승려가 될 수 있으며 도첩을 신청할 때는 반드시 면포 150필을 내야 한다는 규정을 공포했다. 그런데 평범한 사람이 면포 150필을 마련하기란 쉽지 않았다. 이 때문에 도첩을 위조해 승려 행세하는 자들이 생겨났다.

태종은 이 문제를 해결하고자 즉위한 지 16년째 되는 해에 담당 관청으로 하여금 도첩을 위조해 승려 행세하는 자를 색출하게 했다. 이처럼 엄한 대응책 탓에 도첩을 위조해 승려 행세하는 사람은 크게 줄어들었다. 하지만 정식으로 도첩을 받은 후 승려 명부에 이름만 올려놓고 실제로는 승려 생활을 하지 않는 부자가 많은 것이 드러났다. 이런 자들은 불교 지식도 갖추지 않은 것으로 나타났다. 태종과 태종의 뒤를 이은 세종은 태조가 세운 방침을 준수할 뿐 이 문제에 대해 특별한 대책을 내놓지 않았다.

세조는 이 문제를 해결하기 위해 즉위하자마자 담당 관청에 대책을 세우라고 명했다. 그는 수 년 후 담당 관청이 작성한 방안을 바탕으로 새 규정을 시행하였다. 이 방침에는 도첩을 신청한 자가 내야 할 면포 수량을 30필로 낮추되 불교 경전인 심경, 금강경, 살달타를 암송하는 자에게만 도첩을 준다는 내용이 있었다. 세조의 뒤를 이은 예종은 규정을 고쳐 도첩 신청자가 납부해야 할 면포 수량을 20필 더 늘리고, 암송할 불경에 법화경을 추가하였다. 이처럼 기준이 강화되자 도첩 신청자 수가 줄어들었다. 이에 성종 때에는 세조가 정한 규정으로 돌아가자는 주장이 나왔다. 하지만 성종은 이를 거부하고, 예종 때 만들어진 규정을 그대로 유지했다.

① 태종은 도첩을 위조해 승려가 된 자를 색출한 후 면포 30필을 내게 했다.

② 태조는 자신이 국왕이 되기 전부터 승려였던 자들에게 면포 150필을 일괄적으로 거두어들였다.

③ 세조가 즉위한 해부터 심경, 금강경, 살달타를 암송한 자에게만 도첩을 발급한다는 규정이 시행되었다.

④ 성종은 법화경을 암송할 수 있다는 사실을 인정받은 자가 면포 20필을 납부할 때에만 도첩을 내주게 했다.

⑤ 세종 때 도첩 신청자가 내도록 규정된 면포 수량은 예종 때 도첩 신청자가 내도록 규정된 면포 수량보다 많았다.

문 13. 다음 글에서 알 수 있는 것은?

> 대부분의 미국 경찰관은 총격 사건을 경험하지 않고 은퇴하지만, 그럼에도 매년 약 600명이 총에 맞아 사망하고, 약 200명은 부상당한다. 미국에서 총격 사건 중 총기 발사 경험이 있는 경찰관 대부분이 심리적 문제를 보인다.
>
> 총격 사건을 겪은 경찰관을 조사한 결과, 총격 사건이 일어나는 동안 발생하는 중요한 심리현상 중의 하나가 시간·시각·청각왜곡을 포함하는 지각왜곡이었다. 83%의 경찰관이 총격이 오가는 동안 시간왜곡을 경험했는데, 그들 대부분은 한 시점에서 시간이 감속하여 모든 것이 느려진다고 느꼈다. 또한 56%가 시각왜곡을, 63%가 청각왜곡을 겪었다. 시각왜곡 중에서 가장 빈번한 증상은 한 가지 물체에만 주의가 집중되고 그 밖의 장면은 무시되는 것이다. 청각왜곡은 권총 소리, 고함 소리, 지시 사항 등의 소리를 제대로 듣지 못하는 것이다.
>
> 총격 사건에서 총기를 발사한 경찰관은 사건 후 수많은 심리증상을 경험한다. 가장 일반적인 심리증상은 높은 위험 지각, 분노, 불면, 고립감 등인데, 이러한 반응은 특히 총격 피해자 사망 시에 잘 나타난다. 총격 사건을 겪은 경찰관은 이전에 생각했던 것보다 자신의 직업이 더욱 위험하다고 지각하게 된다. 그들은 총격 피해자, 부서, 동료, 또는 사회에 분노를 느끼기도 하는데, 이는 자신을 누군가에게 총을 쏴야만 하는 상황으로 몰아넣었다는 생각 때문에 발생한다. 이러한 심리증상은 그 정도에서 큰 차이를 보였다. 37%의 경찰관은 심리증상이 경미했고, 35%는 중간 정도이며, 28%는 심각했다. 이러한 심리증상의 정도는 총격 사건이 발생한 상황에서 경찰관 자신의 총기 사용이 얼마나 정당했는가와 반비례하는 것으로 보인다. 수적으로 열세인 것, 권총으로 강력한 자동화기를 상대해야 하는 것 등의 요소가 총기 사용의 정당성을 높여준다.

① 총격 사건 중에 경험하는 지각왜곡 중에서 청각왜곡이 가장 빈번하게 나타난다.

② 전체 미국 경찰관 중 총격 사건을 경험하는 사람이 경험하지 않는 사람보다 많다.

③ 총격 피해자가 사망했을 경우 경찰관이 경험하는 청각왜곡은 그렇지 않은 경우보다 심각할 것이다.

④ 총격 사건 후 경찰관이 느끼는 높은 위험 지각, 분노 등의 심리증상은 지각왜곡의 정도에 의해 영향을 받는다.

⑤ 범죄자가 경찰관보다 강력한 무기로 무장했을 경우 경찰관이 총격 사건 후 경험하는 심리증상은 반대의 경우보다 약할 것이다.

문 14. 다음 글에서 알 수 있는 것은?

> 탁주는 혼탁한 술이다. 탁주는 알코올 농도가 낮고, 맑지 않아 맛이 텁텁하다. 반면 청주는 탁주에 비해 알코올 농도가 높고 맑은 술이다. 그러나 얼마만큼 맑아야 청주이고 얼마나 흐려야 탁주인가 하는 질문에는 명쾌하게 답을 내리기가 쉽지 않다. 탁주의 정의 자체에 혼탁이라는 다소 불분명한 용어가 쓰이기 때문이다. 과학적이라고 볼 수는 없지만, 투명한 병에 술을 담고 그 병 뒤에 작은 물체를 두었을 경우 그 물체가 희미하게 보이거나 아예 보이지 않으면 탁주라고 부른다. 술을 담은 병 뒤에 둔 작은 물체가 '희미하게 보일 때 이 술의 탁도는 350ebc 정도이다. 청주의 탁도는 18ebc 이하이며, 탁주 중에 막걸리는 탁도가 1,500ebc 이상인 술이다.
>
> 막걸리를 만들기 위해서는 찹쌀, 보리, 밀가루 등을 시루에 쪄서 만든 지에밥이 필요하다. 적당히 말린 지에밥에 누룩, 효모와 물을 섞어 술독에 넣고 나서 며칠 지나면 막걸리가 만들어진다. 술독에서는 미생물에 의한 당화과정과 발효과정이 거의 동시에 일어나며, 이 두 과정을 통해 지에밥의 녹말이 알코올로 바뀌게 된다. 효모가 녹말을 바로 분해하지 못하므로, 지에밥에 들어있는 녹말을 엿당이나 포도당으로 분해하는 당화과정에서는 누룩곰팡이가 중요한 역할을 한다. 누룩곰팡이가 갖고 있는 아밀라아제는 녹말을 잘게 잘라 엿당이나 포도당으로 분해한다. 이 당화과정에서 만들어진 엿당이나 포도당을 효모가 알코올로 분해하는 과정을 발효과정이라 한다. 당화과정과 발효과정 중에 나오는 에너지로 인하여 열이 발생하게 되며, 이 열로 술독 내부의 온도인 품온(品溫)이 높아진다. 품온은 막걸리의 질과 풍미를 결정하기에 적정 품온이 유지되도록 술독을 관리해야 하는데, 일반적인 적정 품온은 23~28℃이다.

※ ebc: 유럽양조협회에서 정한 탁도의 단위

① 청주와 막걸리의 탁도는 다르지만 알코올 농도는 같다.

② 지에밥의 녹말이 알코올로 변하면서 발생하는 열이 품온을 높인다.

③ 누룩곰팡이가 지닌 아밀라아제는 엿당이나 포도당을 알코올로 분해한다.

④ 술독에 넣는 효모의 양을 조절하면 청주와 막걸리를 구분하여 만들 수 있다.

⑤ 막걸리를 만들 때, 술독 안의 당화과정은 발효과정이 완료된 이후에 시작된다.

문 15. 다음 글에서 추론할 수 있는 것만을 〈보기〉에서 모두 고르면?

생산자가 어떤 자원을 투입물로 사용해서 어떤 제품이나 서비스 등의 산출물을 만드는 생산과정을 생각하자. 산출물의 가치에서 생산하는 데 소요된 모든 비용을 뺀 것이 '순생산가치'이다. 생산자가 생산과정에서 투입물 1단위를 추가할 때 순생산가치의 증가분이 '한계순생산가치'이다. 경제학자 P는 이를 ⓐ'사적(私的) 한계순생산가치'와 ⓑ'사회적 한계순생산가치'로 구분했다.

사적 한계순생산가치란 한 기업이 생산과정에서 투입물 1단위를 추가할 때 그 기업에 직접 발생하는 순생산가치의 증가분이다. 사회적 한계순생산가치란 한 기업이 투입물 1단위를 추가할 때 발생하는 사적 한계순생산가치에 그 생산에 의해 부가적으로 발생하는 사회적 비용을 빼고 편익을 더한 것이다. 여기서 이 생산과정에서 부가적으로 발생하는 사회적 비용이나 편익에는 그 기업의 사적 한계순생산가치가 포함되지 않는다.

〈보기〉

ㄱ. ⓐ의 크기는 기업의 생산이 사회에 부가적인 편익을 발생시키는지의 여부와 무관하게 결정된다.

ㄴ. 어떤 기업이 투입물 1단위를 추가할 때 사회에 발생하는 부가적인 편익이나 비용이 없는 경우, 이 기업이 야기하는 ⓐ와 ⓑ의 크기는 같다.

ㄷ. 기업 A와 기업 B가 동일한 투입물 1단위를 추가했을 때 각 기업에 의해 사회에 부가적으로 발생하는 비용이 같을 경우, 두 기업이 야기하는 ⓑ의 크기는 같다.

① ㄱ
② ㄷ
③ ㄱ, ㄴ
④ ㄴ, ㄷ
⑤ ㄱ, ㄴ, ㄷ

문 16. 다음 글의 ⓐ와 ⓑ에 들어가기에 적절한 것을 〈보기〉에서 골라 알맞게 짝지은 것은?

귀납주의란 과학적 탐구 방법의 핵심이 귀납이라는 입장이다. 즉, 과학적 이론은 귀납을 통해 만들어지고, 그 정당화 역시 귀납을 통해 이루어진다는 것이다. 그러나 실제 과학의 역사를 고려하면 귀납주의는 문제에 처하게 된다. 이러한 문제 상황은 다음과 같은 타당한 논증을 통해 제시될 수 있다.

만약 귀납이 과학의 역사에서 사용된 경우가 드물다면, 과학의 역사는 바람직한 방향으로 발전하지 않았거나 또는 귀납주의는 실제로 행해진 과학적 탐구 방법의 특징을 드러내는 데 실패했다고 보아야 한다. 과학의 역사가 바람직한 방향으로 발전하지 않았다면, 귀납주의에서는 수많은 과학적 지식을 정당화되지 않은 것으로 간주해야 한다. 그리고 귀납주의가 실제로 행해진 과학적 탐구 방법의 특징을 드러내는 데 실패했다면, 귀납주의는 과학적 탐구 방법에 대한 잘못된 이론이다. 그런데 우리는 과학의 역사가 바람직한 방향으로 발전하지 않았거나, 귀납주의가 실제로 행해진 과학적 탐구 방법의 특징을 드러내는 데 실패했다고 보아야 한다. 그 이유는 ⓐ 는 것이다. 그리고 이로부터 우리는 다음 결론을 도출하게 된다. ⓑ .

〈보기〉

ㄱ. 과학의 역사에서 귀납이 사용된 경우는 드물다

ㄴ. 과학의 역사에서 귀납 외에도 다양한 방법들이 사용되었다

ㄷ. 귀납주의는 과학적 탐구 방법에 대한 잘못된 이론이고, 귀납주의에서는 수많은 과학적 지식을 정당화되지 않은 것으로 간주해야 한다

ㄹ. 귀납주의가 과학적 탐구 방법에 대한 잘못된 이론이라면, 귀납주의에서는 수많은 과학적 지식을 정당화되지 않은 것으로 간주해야 한다

ㅁ. 귀납주의가 과학적 탐구 방법에 대한 잘못된 이론이 아니라면, 귀납주의에서는 수많은 과학적 지식을 정당화되지 않은 것으로 간주해야 한다

	ⓐ	ⓑ
①	ㄱ	ㄷ
②	ㄱ	ㄹ
③	ㄱ	ㅁ
④	ㄴ	ㄹ
⑤	ㄴ	ㅁ

문 17. 다음 글의 ㉠에 대한 비판으로 가장 적절한 것은?

> "프랑스 수도가 어디지?"라는 가영의 물음에 나정이 "프랑스 수도는 로마지."라고 대답했다고 하자. 나정이 가영에게 제공한 것을 정보라고 할 수 있을까? 정보의 일반적 정의는 '올바른 문법 형식을 갖추어 의미를 갖는 자료'다. 이 정의에 따르면 나정의 대답은 정보를 담고 있다. 다음 진술은 이런 관점을 대변하는 진리 중립성 논제를 표현한다. "정보를 준다는 것이 반드시 그 내용이 참이라는 것을 의미하지는 않는다." 이 논제의 관점에서 보자면, 올바른 문법 형식을 갖추어 의미를 해석할 수 있는 자료는 모두 정보의 자격을 갖는다. 그 내용이 어떤 사태를 표상하든, 참을 말하든, 거짓을 말하든 상관없다.
>
> 그러나 이 조건만으로는 불충분하다는 지적이 있다. 철학자 플로리디는 전달된 자료를 정보라고 하려면 그 내용이 참이어야 한다고 주장한다. 즉, 정보란 올바른 문법 형식을 갖춘, 의미 있고 참인 자료라는 것이다. 이를 ㉠ 진리성 논제라고 한다. 그라이스는 이렇게 말한다. "거짓 '정보'는 저급한 종류의 정보가 아니다. 그것은 아예 정보가 아니기 때문이다." 이 점에서 그 역시 이 논제를 받아들이고 있다.
>
> 이런 논쟁은 용어법에 관한 시시한 언쟁처럼 보일 수도 있지만, 두 진영 간에는 정보 개념이 어떤 역할을 해야 하는가에 대한 근본적인 견해 차이가 있다. 진리성 논제를 비판하는 사람들은 틀린 '정보'도 정보로 인정되어야 한다고 말한다. 자료의 내용이 그것을 이해하는 주체의 인지 행위에서 분명한 역할을 수행한다는 이유에서다. '프랑스 수도가 로마'라는 말을 토대로 가영은 이런저런 행동을 할 수 있다. 가령, 프랑스어를 배우기 위해 로마로 떠날 수도 있고, 프랑스 수도를 묻는 퀴즈에서 오답을 낼 수도 있다. 거짓인 자료는 정보가 아니라고 볼 경우, '정보'라는 말이 적절하게 사용되는 사례들의 범위를 부당하게 제한하는 꼴이 된다.

① '정보'라는 표현이 일상적으로 사용되는 사례가 모두 적절한 것은 아니다.

② 올바른 문법 형식을 갖추지 못한 자료는 정보라는 지위에 도달할 수 없다.

③ 사실과 다른 내용의 자료를 숙지하고 있는 사람은 정보를 안다고 볼 수 없다.

④ 내용이 거짓인 자료를 토대로 행동을 하는 사람은 자신이 의도한 결과에 도달할 수 없다.

⑤ 거짓으로 밝혀질 자료도 그것을 믿는 사람의 인지 행위에서 분명한 역할을 한다면 정보라고 볼 수 있다.

문 18. 다음 글의 논증을 약화하는 것만을 〈보기〉에서 모두 고르면?

> 인간 본성은 기나긴 진화 과정의 결과로 생긴 복잡한 전체다. 여기서 '복잡한 전체'란 그 전체가 단순한 부분들의 합보다 더 크다는 의미이다. 인간을 인간답게 만드는 것, 즉 인간에게 존엄성을 부여하는 것은 인간이 갖고 있는 개별적인 요소들이 아니라 이것들이 모여 만들어내는 복잡한 전체이다. 또한 인간 본성이라는 복잡한 전체를 구성하고 있는 하부 체계들은 상호 간에 극단적으로 밀접하게 연관되어 있다. 따라서 그중 일부라도 인위적으로 변경하면, 이는 불가피하게 전체의 통일성을 무너지게 한다. 이 때문에 과학기술을 이용해 인간 본성을 인위적으로 변경하여 지금의 인간을 보다 향상된 인간으로 만들려는 시도는 금지되어야 한다. 이런 시도를 하는 사람들은 인간이 가져야 할 훌륭함이 무엇인지 스스로 잘 안다고 생각하며, 거기에 부합하지 않는 특성들을 선택해 이를 개선하고자 한다. 그러나 인간 본성의 '좋은' 특성은 '나쁜' 특성과 밀접하게 연결되어 있기 때문에, 후자를 개선하려는 시도는 전자에 대해서도 영향을 미칠 수밖에 없다. 예를 들어, 우리가 질투심을 느끼지 못한다면 사랑 또한 느끼지 못하게 된다는 것이다. 사랑을 느끼지 못하는 인간들이 살아가는 사회에서 어떤 불행이 펼쳐질지 우리는 가늠조차 할 수 없다. 즉 인간 본성을 선별적으로 개선하려 들면, 복잡한 전체를 무너뜨리는 위험성이 불가피하게 발생하게 된다. 따라서 우리는 인간 본성을 구성하는 어떠한 특성에 대해서도 그것을 인위적으로 개선하려는 시도에 반대해야 한다.

〈보기〉

ㄱ. 인간 본성은 인간이 갖는 도덕적 지위와 존엄성의 궁극적 근거이다.

ㄴ. 모든 인간은 자신을 포함하여 인간 본성을 지닌 모든 존재가 지금의 상태보다 더 훌륭하게 되길 희망한다.

ㄷ. 인간 본성의 하부 체계는 상호 분리된 모듈들로 구성되어 있기 때문에 인간 본성의 특정 부분을 인위적으로 변경하더라도 그 변화는 모듈 내로 제한된다.

① ㄱ

② ㄷ

③ ㄱ, ㄴ

④ ㄴ, ㄷ

⑤ ㄱ, ㄴ, ㄷ

문 19. 다음 글의 내용이 참일 때, 반드시 참인 것만을 〈보기〉에서 모두 고르면?

공군이 차기 전투기 도입에서 고려해야 하는 사항은 비행시간이 길어야 한다는 것, 정비시간이 짧아야 한다는 것, 폭탄 적재량이 많아야 한다는 것, 그리고 공대공 전투능력이 높아야 한다는 것, 이상 네 가지이다. 그리고 이 네 가지는 각각 그런 경우와 그런 경우의 반대 둘 중의 하나이며 그 중간은 없다.

전투기의 폭탄 적재량이 많거나 공대공 전투능력이 높다면, 정비시간은 길다. 반면에 비행시간이 길면 공대공 전투능력은 낮다. 공군은 네 가지 고려사항 중에서 최소한 두 가지 이상을 통과한 기종을 선정해야 한다. 그런데 공군은 위 고려사항 중에서 정비시간이 짧아야 한다는 조건만큼은 결코 포기할 수 없다는 입장이다. 따라서 정비시간이 짧아야 한다는 것은 차기 전투기로 선정되기 위한 필수적인 조건이다.

한편, 이번 전투기 도입 사업에 입찰한 업체들 중 하나인 A사는 비행시간이 길고 폭탄 적재량이 많은 기종을 제안했다. 언론에서는 A사의 기종이 선정될 것이라고 예측하였다. 이후 공군에서는 선정 조건에 맞게 네 고려사항 중 둘 이상을 통과한 기종의 전투기를 도입하였는데 그것이 A사의 기종이었는지는 아직 알려지지 않았다.

───── 〈보기〉 ─────

ㄱ. 언론의 예측은 옳았다.

ㄴ. 공군이 도입한 기종은 비행시간이 길다.

ㄷ. 입찰한 업체의 기종이 공대공 전투능력이 높다면, 그 기종은 비행시간이 짧다.

① ㄱ

② ㄴ

③ ㄱ, ㄷ

④ ㄴ, ㄷ

⑤ ㄱ, ㄴ, ㄷ

문 20. 다음 대화 내용이 참일 때, ⊙으로 적절한 것은?

서희: 우리 회사 전 직원을 대상으로 A, B, C 업무 중에서 자신이 선호하는 것을 모두 고르라는 설문 조사를 실시했는데, A와 B를 둘 다 선호한 사람은 없었어.

영민: 나도 그건 알고 있어. 그뿐만 아니라 C를 선호한 사람은 A를 선호하거나 B를 선호한다는 것도 이미 알고 있지.

서희: A는 선호하지 않지만 B는 선호하는 사람이 있다는 것도 이미 확인된 사실이야.

영민: 그럼, ⊙ 종범이 말한 것이 참이라면, B만 선호한 사람이 적어도 한 명 있겠군.

① A를 선호하는 사람은 모두 C를 선호한다.

② A를 선호하는 사람은 누구도 C를 선호하지 않는다.

③ B를 선호하는 사람은 모두 C를 선호한다.

④ B를 선호하는 사람은 누구도 C를 선호하지 않는다.

⑤ C를 선호하는 사람은 모두 B를 선호한다.

문 21. 다음 글에서 알 수 있는 것은?

무신 집권자 최우는 몽골이 침입하자 항복하고, 매년 공물을 보내기로 약속하였다. 그러나 그는 약속을 어기고, 강화도로 수도를 옮겼다. 이에 몽골은 살리타를 대장으로 삼아 두 번째로 침입하였다. 몽골군은 한동안 고려의 여러 지방을 공격하다가 살리타가 처인성에서 전사하자 퇴각하였다. 몽골은 이후 몇 차례 고려에 개경 복귀를 요구하였다. 당시 대신 중에는 이를 받아들이자고 주장하는 사람이 많았다. 하지만 최우는 몽골이 결국 자기의 권력을 빼앗을 것이라고 걱정해 이를 묵살하였다. 이에 몽골은 1235년에 세 번째로 침입하였다. 이때 최우는 강화도를 지키는 데 급급할 뿐 항전을 하지 않았다. 아무런 저항을 받지 않은 몽골군은 고려에 무려 4년 동안 머물며 전국을 유린하다가 철군하였다. 몽골은 이후 한동안 침입하지 않다가 1247년에 다시 침입해 약탈을 자행하다가 2년 후 돌아갔다. 그 직후에 최우가 죽고, 뒤를 이어 최항이 집권하였다.

몽골은 1253년에 예쿠라는 장수를 보내 또 침입해 왔다. 몽골군은 고려군의 저항을 쉽사리 물리치며 남하해 충주성까지 공격했다. 충주성의 천민들은 관군의 도움 없이 몽골군에 맞서 끝까지 성을 지켜냈다. 남하를 멈춘 몽골군이 개경 인근으로 되돌아온다는 소식을 들은 최항은 강화 협상에 나서기로 했으나 육지로 나오라는 요구는 묵살했다. 몽골은 군대를 일단 철수했다가 이듬해인 1254년에 잔인하기로 이름난 자랄타이로 하여금 다시 침입하게 했다. 그는 무려 20만 명을 포로로 잡아 그해 말 돌아갔다.

거듭된 전란에도 아랑곳하지 않고 강화도에서 권력을 휘두르던 최항은 집권한 지 9년 만에 죽었다. 그해에 자랄타이는 다시금 고려를 침입했는데, 최항의 뒤를 이은 최의가 집권 11개월 만에 김준, 유경에 의해 죽자 고려가 완전히 항복할 것이라 보고 군대를 모두 철수하였다. 실제로 고려 정부는 항복 의사를 전달했으며, 이로써 장기간 고려를 괴롭힌 전쟁은 끝날 수 있게 되었다.

① 몽골군은 최우가 집권한 이후 모두 다섯 차례 고려를 침입하였다.

② 자랄타이가 고려를 처음으로 침입하기 직전에 최의가 집권하였다.

③ 김준과 유경은 무신 집권자 최의를 죽이고 고려 국왕에게 권력을 되돌려 주었다.

④ 최항이 집권한 시기에 예쿠가 이끄는 몽골군은 충주성을 공격했으나 점령하지 못했다.

⑤ 고려를 침입한 살리타가 처인성에서 사망하자 최우는 개경에서 강화도로 수도를 옮겼다.

문 22. 다음 글의 ㉠과 ㉡에 대한 평가로 적절하지 않은 것은?

미국 수정헌법 제1조는 국가가 시민들에게 진리에 대한 권위주의적 시각을 강제하는 일을 금지함으로써 정부가 다양한 견해들에 중립적이어야 한다는 중립성 원칙을 명시하였다. 특히 표현에 관한 중립성 원칙은 지난 수십 년에 걸쳐 발전해 왔다. 이 발전 과정의 초기에 미국 연방대법원은 표현의 자유를 부르짖는 급진주의자들의 요구에 선동적 표현의 위험성을 근거로 내세우며 맞섰다. 1940~50년대에 연방대법원은 수정헌법 제1조가 보호하는 표현과 그렇지 않은 표현을 구분하는 ㉠ 이중기준론을 표방하면서, 수정헌법 제1조의 보호 대상이 아닌 표현들이 있다고 판결했다. 추잡하고 음란한 말, 신성 모독적인 말, 인신공격이나 타인을 모욕하는 말, 즉 발언만으로도 누군가에게 해를 입히거나 사회의 양속을 해칠 말이 이에 포함되었다.

이중기준론의 비판자들은 연방대법원이 표현의 범주를 구분하는 과정에서 표현의 내용에 관한 가치 판단을 내림으로써 실제로 표현의 자유를 침해했다고 공격하였다. 1960~70년대를 거치며 연방대법원은 점차 비판자들의 견해를 수용했다. 1976년 연방대법원이 상업적 표현도 수정헌법 제1조의 보호 범위에 포함된다고 판결한 데 이어, 인신 비방 발언과 음란성 표현 등도 표현의 자유에 포함되기에 이르렀다.

정부가 모든 표현에 대해 중립적이어야 한다는 원칙은 1970~80년대에 ㉡ 내용중립성 원칙을 통해 한층 더 또렷이 표명되었다. 내용중립성 원칙이란, 정부가 어떤 경우에도 표현되는 내용에 대한 평가에 근거하여 표현을 제한해서는 안 된다는 것이다. 다시 말해 정부는 표현되는 사상이나 주제나 내용을 이유로 표현을 제한할 수 없다. 이렇게 해석된 수정헌법 제1조에 따르면, 미국 정부는 특정 견해를 편들 수 없을 뿐만 아니라 어떤 문제가 공공의 영역에서 토론하거나 논쟁할 가치가 있는지 없는지 미리 판단하여 선택해서도 안 된다.

① 시민을 보호하기 위해 제한해야 할 만큼 저속한 표현의 기준을 정부가 정하는 것은 ㉠과 상충하지 않는다.

② 음란물이 저속하고 부도덕하다는 이유에서 음란물 유포를 금하는 법령은 ㉠과 상충한다.

③ 어떤 영화의 주제가 나치즘 찬미라는 이유에서 상영을 금하는 법령은 ㉡에 저촉된다.

④ 경쟁 기업을 비방하는 내용의 광고라는 이유로 광고의 방영을 금지하는 법령은 ㉡에 저촉된다.

⑤ 인신공격하는 표현으로 특정 정치인을 힐난하는 내용의 기획물이라는 이유로 TV 방송을 제재할 것인지에 관해 ㉠과 ㉡은 상반되게 답할 것이다.

문 23. 다음 글에서 알 수 없는 것은?

휴대전화를 뜻하는 '셀룰러폰'은 이동 통신 서비스에서 하나의 기지국이 담당하는 지역을 셀이라고 말한 것에서 유래하였다. 이동 통신은 주어진 총 주파수 대역폭을 다수의 사용자가 이용하므로 통화 채널당 할당된 주파수 대역을 재사용하는 기술이 무엇보다 중요하다. 이동 통신 회사들은 제한된 주파수 자원을 보다 효율적으로 사용하기 위하여 넓은 지역을 작은 셀로 나누고, 셀의 중심에 기지국을 만든다. 각 기지국마다 특정 주파수 대역을 사용해 서비스를 제공하는데, 일정 거리 이상 떨어진 기지국은 동일한 주파수 대역을 다시 사용함으로써 주파수 재사용률을 높인다. 예를 들면, 아래 그림은 특정 지역에 이동 통신 서비스를 제공하기 위하여 네 종류의 주파수 대역(F_1, F_2, F_3, F_4)을 사용하고 있다. 주파수 간섭 문제를 피하기 위해 인접한 셀들은 서로 다른 주파수 대역을 사용하지만, 인접하지 않은 셀에서는 이미 사용하고 있는 주파수 대역을 다시 사용하는 것을 볼 수 있다. 이렇게 셀을 구성하여 방대한 지역을 제한된 몇 개의 주파수 대역으로 서비스할 수 있다.

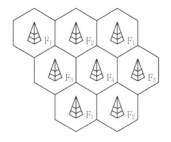

하나의 기지국이 감당할 수 있는 최대 통화량은 일정하다. 평지에서 기지국이 전파를 발사하면 전파의 장은 기지국을 중심으로 한 원 모양이지만, 서비스 지역에 셀을 배치하는 시스템 설계자는 해당 지역을 육각형의 셀로 디자인하여 중심에 기지국을 배치한다. 기지국의 전파 강도를 조절하여 셀의 반지름을 반으로 줄이면 면적은 약 1/4로 줄어들게 된다. 따라서 셀의 반지름을 반으로 줄일 경우 동일한 지역에는 셀의 수가 약 4배가 되고, 수용 가능한 통화량도 약 4배로 증가하게 된다. 이를 이용하여 시스템 설계자는 평소 통화량이 많은 곳은 셀의 반지름을 줄이고 통화량이 적은 곳은 셀의 반지름을 늘려 서비스 효율성을 높인다.

① 주파수 재사용률을 높이기 위해 기지국의 전파 강도를 높여 이동 통신 서비스를 제공한다.
② 제한된 수의 주파수 대역으로 넓은 지역에 이동 통신 서비스를 제공할 수 있다.
③ 인접 셀에서 같은 주파수 대역을 사용하면 주파수 간섭 문제가 발생할 수 있다.
④ 시스템 설계자는 서비스 지역의 통화량에 따라 셀의 반지름을 정한다.
⑤ 기지국 수를 늘리면 수용 가능한 통화량이 증가한다.

문 24. 다음 글에서 알 수 있는 것만을 〈보기〉에서 모두 고르면?

코페르니쿠스 체계에 대한 당대의 부정적 평가는, 일반적으로 그 당시 천문학자들이 가지고 있었던 비합리적인 종교적 편견에서 비롯되었다고 이해된다. 그러나 그들이 코페르니쿠스 체계를 거부한 데에는 나름 합리적인 이유가 있었다. 그들은 당대 최고의 천문학자였던 티코 브라헤가 코페르니쿠스 체계를 반증했다고 믿었기 때문이다.

티코 브라헤는, 코페르니쿠스 체계가 옳다면 공전 궤도상 서로 마주 보는 두 지점에서 한 별을 관찰했을 때 서로 다른 각도로 관찰된다는 점에 주목했다. 이처럼 지구가 공전 궤도에서 차지하는 상대적 위치에 따라 달라지는 별의 겉보기 각도 차이를 '연주시차'라고 한다. 티코 브라헤는 이 연주시차가 관찰되는지를 오랜 시간에 걸쳐 꼼꼼하게 조사했는데, 연주시차는 전혀 관찰되지 않았다. 티코 브라헤는 논리적 절차에 따라 코페르니쿠스 체계를 반증했다.

그러나 티코 브라헤의 반증은 후일 오류로 판명되었다. 현재 알려진 사실은 가장 가까운 별조차 연주시차가 너무 작아서 당시의 천문학 기술로는 누구도 연주시차를 관측할 수 없었다는 것이다. 이는 별이 태양계로부터 아주 멀리 떨어져 있다는 것을 의미한다. 흥미로운 점은 티코 브라헤가 자신이 관찰한 별이 너무 멀리 떨어져 있어서 당시의 관측 기술로는 연주시차가 관찰되지 않을 가능성을 고려했다는 사실이다. 그러나 티코 브라헤는 이런 가능성을 부정했다. 당시, 천체의 운동을 설명하는 유일한 이론은 아리스토텔레스의 자연학이었다. 그러나 연주시차가 관찰될 수 없을 만큼 별들이 멀리 떨어져 있다는 생각은 아리스토텔레스의 자연학과 양립할 수 없었다. 천체 운동에 대한 설명을 포기할 수 없었던 티코 브라헤는 결국 별이 그토록 멀리 떨어져 있다는 가능성을 부정할 수밖에 없었다.

〈보기〉
ㄱ. 티코 브라헤는 기술적 한계 때문에 연주시차가 관찰되지 않았을 가능성을 당시 천체 운동을 설명하던 이론에 근거하여 부정하였다.
ㄴ. 티코 브라헤는 반증 과정에서 관찰 내용에 대한 최선의 이론적 설명이 아니라 종교적 편견에 따른 비합리적 설명을 선택함으로써 오류에 빠지게 되었다.
ㄷ. 티코 브라헤의 반증은, '코페르니쿠스 체계가 옳다면 연주시차가 관찰된다. 연주시차는 관찰되지 않았다. 따라서 코페르니쿠스 체계는 옳지 않다.'의 절차로 재구성할 수 있다.

① ㄱ　　　　　　② ㄴ　　　　　　③ ㄱ, ㄷ
④ ㄴ, ㄷ　　　　⑤ ㄱ, ㄴ, ㄷ

문 25. 다음 글의 빈칸에 들어갈 내용으로 가장 적절한 것은?

> 노랑초파리에 있는 Ir75a 유전자는 시큼한 냄새가 나는 아세트산을 감지하는 후각수용체 단백질을 만들 수 있다. 하지만 세이셸 군도의 토착종인 세셸리아초파리는 Ir75a 유전자를 가지고 있지만 아세트산 냄새를 못 맡는다. 따라서 이 세셸리아초파리의 Ir75a 유전자는 해당 단백질을 만들지 못하는 '위유전자(pseudogene)'라고 여겨졌다. 세셸리아초파리는 노니의 열매만 먹고 살기 때문에 아세트산의 시큼한 냄새를 못 맡아도 별 문제가 없다. 그런데 스위스 로잔대 연구진은 세셸리아초파리가 땀 냄새가 연상되는 프로피온산 냄새를 맡을 수 있다는 사실을 발견했다.
>
> 이 발견이 중요한 이유는 [   ] 그렇다면 세셸리아초파리의 Ir75a 유전자도 후각수용체 단백질을 만든다는 것인데, 왜 세셸리아초파리는 아세트산 냄새를 못 맡을까? 세셸리아초파리와 노랑초파리의 Ir75a 유전자가 만드는 후각수용체 단백질의 아미노산 서열을 비교한 결과, 냄새 분자가 달라붙는 걸로 추정되는 부위에서 세 군데가 달랐다. 단백질의 구조가 바뀌어 감지할 수 있는 냄새 분자의 목록이 달라진 것이다. 즉 노랑초파리의 Ir75a 유전자가 만드는 후각수용체는 아세트산과 프로피온산에 반응하고, 세셸리아초파리의 이것은 프로피온산과 들쩍지근한 다소 불쾌한 냄새가 나는 부티르산에 반응한다.
>
> 흥미롭게도 세셸리아초파리의 주식인 노니의 열매는 익으면서 부티르산이 연상되는 냄새가 강해진다. 연구자들은 세셸리아초파리의 Ir75a 유전자는 위유전자가 아니라 노랑초파리와는 다른 기능을 하는 후각수용체 단백질을 만드는 유전자로 진화한 것이라 주장하며, 세셸리아초파리의 Ir75a 유전자를 '위-위유전자(pseudo-pseudogene)'라고 불렀다.

① 세셸리아초파리가 주로 먹는 노니의 열매는 프로피온산 냄새가 나지 않기 때문이다.

② 프로피온산 냄새를 담당하는 후각수용체 단백질은 Ir75a 유전자와 상관이 없기 때문이다.

③ 노랑초파리에서 프로피온산 냄새를 담당하는 후각수용체 유전자는 위유전자가 되었기 때문이다.

④ 세셸리아초파리와 노랑초파리에서 Ir75a 유전자가 만드는 후각수용체 단백질이 똑같기 때문이다.

⑤ 노랑초파리에서 프로피온산 냄새를 담당하는 후각수용체 단백질을 만드는 것이 Ir75a 유전자이기 때문이다.

약점 보완 해설집 p.74

문 1. 다음 글의 빈칸에 들어갈 진술로 가장 적절한 것은?

조선 후기에는 이앙법이 전국적으로 확산되었다. 이앙법을 수용하면 잡초 제거에 드는 시간과 노동력이 줄어든다. 상당수 역사학자들은 조선 후기 이앙법의 확대 수용 결과 광작(廣作)이 확산되고 상업적 농업 경영이 가능하게 되었다고 생각한다. 즉 한 사람이 경작할 수 있는 면적이 늘어남은 물론 많은 양의 다양한 농작물 수확이 가능하게 되어 판매까지 활성화되었다는 것이다. 그 결과 양반과 농민 가운데 다수의 부농이 나타나게 되었다고 주장한다.

그런데 A는 조선 후기에 다수의 양반이 광작을 통해 부농이 되었다는 주장을 근거가 없다고 비판한다. 그에 의하면 조선 전기에는 자녀 균분 상속이 일반적이었다. 그런데 균분 상속을 하게 되면 자식들이 소유하게 될 땅의 면적이 선대에 비해 줄어들게 된다. 이에 조선 후기 양반들은 가문의 경제력을 보전해야 한다고 생각해 대를 이을 장자에게만 전답을 상속해 주기 시작했고, 그 결과 장자를 제외한 사람들은 영세한 소작인으로 전락했다는 것이 그의 주장이다.

또한 A는 조선 후기의 대다수 농민이 소작인이었으며, 그나마 이들이 소작할 수 있는 땅도 적었다고 주장한다. 그는 반복된 자연재해로 전답의 상당수가 황폐해져 전체적으로 경작지가 줄어들었기 때문에 이앙법 확산의 효과를 기대하기 어려운 여건이었다고 하였다. 이런 여건에서 정부의 재정 지출 증가로 농민의 부세 부담 또한 늘어났고, 늘어난 부세를 부담하기 위해 한정된 경작지에 되도록 많은 작물을 경작하려 한 결과 집약적 농업이 성행하게 되었다고 보았다. 그런데 집약적으로 농사를 짓게 되면 농업 생산력이 높아질 리 없다는 것이 그의 주장이다. 가령 면화를 재배하면서도 동시에 다른 작물을 면화 사이에 심어 기르는 경우가 많았는데, 이렇듯 제한된 면적에 한꺼번에 많은 양의 작물을 재배하면 지력이 떨어지고 수확량은 줄어들어 자연히 시장에 농산물을 내다 팔 여력이 거의 없게 된다는 것이다.

요컨대 A의 주장은 [   ]는 것이다.

① 이앙법의 확산 효과는 시기별, 신분별로 다르게 나타났다
② 자녀 균분 상속제가 사라져 농작물 수확량이 급속히 감소하였다
③ 집약적 농업이 성행하였기 때문에 이앙법의 확산을 기대하기 어려웠다
④ 조선 후기에는 양반이든 농민이든 부농으로 성장할 수 있는 가능성이 높지 않았다
⑤ 대다수 농민이 광작과 상업적 농업에 주력했음에도 불구하고 자연재해로 인해 생산력은 오히려 낮아졌다

문 2. 다음 글의 ㉠~㉤에서 전체 흐름과 맞지 않는 한 곳을 찾아 수정할 때, 가장 적절한 것은?

상업적 농업이란 전통적인 자급자족 형태의 농업과 달리 ㉠판매를 위해 경작하는 농업을 일컫는다. 농업이 상업화된다는 것은 산출할 수 있는 최대의 수익을 얻기 위해 경작이 이루어짐을 뜻한다. 이를 위해 쟁기질, 제초작업 등과 같은 생산 과정의 일부를 인간보다 효율이 높은 기계로 작업하게 되고, 농장에서 일하는 노동자도 다른 산업 분야처럼 경영상의 이유에 따라 쉽게 고용되고 해고된다. 이처럼 상업적 농업의 도입은 근대 사회의 상업화를 촉진한 측면이 있다.

홉스봄은 18세기 유럽에 상업적 농업이 도입되면서 일어난 몇 가지 변화에 주목했다. 중세 말기 장원의 해체로 인해 지주와 소작인 간의 인간적이었던 관계가 사라진 것처럼, ㉡농장주와 농장 노동자의 친밀하고 가까웠던 관계가 상업적 농업의 도입으로 인해 사라졌다. 토지는 삶의 터전이라기보다는 수익의 원천으로 여겨지게 되었고, 농장 노동자는 시세대로 고용되어 임금을 받는 존재로 변화하였다. 결국 대량 판매 시장을 위한 ㉢대규모 생산이 점점 더 강조되면서 기계가 인간을 대체하기 시작했다.

또한 상업적 농업의 도입은 중요한 사회적 결과를 가져왔다. 점차적으로 ㉣중간 계급으로의 수렴현상이 나타난 것이다. 저임금 구조의 고착화로 농장주와 농장 노동자 간의 소득 격차는 갈수록 벌어졌고, 농장 노동자의 처지는 위생과 복지의 양 측면에서 이전보다 더욱 열악해졌다.

나아가 상업화로 인해 그 동안 호혜성의 원리가 적용되어왔던 대상들의 성격이 변화하였는데, 특히 돈과 관련된 것, 즉 재산권이 그러했다. 수익을 얻기 위한 토지 매매가 본격화되면서 ㉤재산권은 공유되기보다는 개별화되었다. 이에 따라 이전에 평등주의 가치관이 우세했던 일부 유럽 국가에서조차 자원의 불평등한 분배와 사회적 양극화가 심화되었다.

① ㉠을 "개인적인 소비를 위해 경작하는 농업"으로 고친다.
② ㉡을 "농장주와 농장 노동자의 이질적이고 사용 관계에 가까웠던 관계"로 고친다.
③ ㉢을 "기술적 전문성이 점점 더 강조되면서 인간이 기계를 대체"로 고친다.
④ ㉣을 "계급의 양극화가 나타난 것이다."로 고친다.
⑤ ㉤을 "재산권은 개별화되기보다는 사회 구성원 내에서 공유되었다."로 고친다.

문 3. 다음 글에서 알 수 있는 것은?

공동의 번영과 조화를 뜻하는 공화(共和)에서 비롯된 공화국이라는 용어는 국가라는 정치 공동체 전체를 위해 때로는 개인의 양보가 필요할 수 있음을 전제하고 있다는 점에서 사회적 공공성 개념과 연결된다. 이미 1919년 임시정부가 출범하면서 '민주공화국'이라는 표현이 등장하였고 헌법 제1조에도 '대한민국은 민주공화국'이라고 명시되어 있지만, 분단 이후 북한도 '공화국'이라는 용어를 사용함에 따라 한국에서는 이 용어의 사용이 기피되었다. 냉전 체제의 고착화로 인해 반공이 국시가 되면서 '공화국'보다는 오히려 '자유민주주의'라는 용어가 훨씬 더 널리 사용되었는데, 이때에도 민주주의보다는 자유가 강조되었다.

그런데 해방 이후 한국 사회에 널리 유포된 자유의 개념은 대체로 서구의 고전적 자유주의 전통에서 비롯된 것이다. 이 전통에서 보자면, 자유란 '국가의 강제에 대립하여 자신의 사유 재산권을 자기 마음대로 행사할 수 있는 것'을 의미한다. 이 같은 자유 개념에 기초하고 있는 자유민주주의에서는 개인의 자유를 강조할수록 사회적 공공성은 약화될 수밖에 없다.

자유민주주의가 1960년대 이후 급속히 팽배하기 시작한 개인주의와 결합하면서 사회적 공공성은 더욱 후퇴하였다. 이 시기 군사정권이 내세웠던 "잘 살아보세."라는 표어는 우리 공동체 전체가 다 함께 잘 사는 것이라기보다는 사실상 나 또는 내 가족만큼은 잘 살아보자는 개인적 욕망의 합리화를 의미했다. 그 결과 공동체 전체의 번영을 위한 사회 전반의 공공성이 강화되기보다는 사유 재산의 증대를 위해 국가의 간섭을 배제해야 한다는 논리가 강화되었던 것이다.

① 한국 사회에서 자유민주주의라는 용어는 공화국의 이념을 충실하게 수용한 것이다.

② 임시 정부에서 민주공화국이라는 용어를 사용한 것은 자유주의 전통에 따른 것이다.

③ 고전적 자유주의에서 비롯된 자유 개념을 강조할수록 사회적 공공성이 약화될 수 있다.

④ 반공이 국시가 된 이후 국가 공동체에 대한 충성을 강조한 결과 공공성에 대한 관심이 증대되었다.

⑤ 1960년대 이후 개인주의와 자유민주주의의 결합은 공동체 전체의 번영이라는 사회적 결과를 낳았다.

문 4. 다음 글에서 알 수 있는 것은?

구글의 디지털도서관은 출판된 모든 책을 디지털화하여 온라인을 통해 제공하는 프로젝트이다. 이는 전 세계 모든 정보를 취합하여 정리한다는 목표에 따라 진행되며, 이미 1,500만 권의 도서를 스캔하였다. 덕분에 셰익스피어 저작집 등 저작권 보호 기간이 지난 책들이 무료로 서비스되고 있다.

이에 대해 미국 출판업계가 소송을 제기하였고, 2008년에 구글이 1억 2,500만 달러를 출판업계에 지급하는 것으로 양자 간 합의안이 도출되었다. 그러나 연방법원은 이 합의안을 거부하였다. 디지털도서관은 많은 사람들에게 혜택을 줄 수 있지만, 이는 구글의 시장독점을 초래할 우려가 있으며, 저작권 침해의 소지도 있기에 저작권자도 소송에 참여하라고 주문하였다.

구글의 지식 통합 작업은 많은 이점을 가져오겠지만, 모든 지식을 한곳에 집중시키는 것이 옳은 방향인가에 대해서는 숙고가 필요하다. 문명사회를 지탱하고 있는 사회계약이란 시민과 국가 간의 책임과 권리에 관한 암묵적 동의이며, 집단과 구성원 간, 또는 개인 간의 계약을 의미한다. 이러한 계약을 위해서는 쌍방이 서로에 대해 비슷한 정도의 지식을 가지고 있어야 한다는 전제조건이 충족되어야 한다. 그런데 지식 통합 작업을 통한 지식의 독점은 한쪽 편이 상대방보다 훨씬 많은 지식을 가지는 지식의 비대칭성을 강화한다. 따라서 사회계약의 토대 자체가 무너질 수 있다. 또한 지식 통합 작업은 지식을 수집하여 독자들에게 제공하고자 하는 것이지만, 더 나아가면 지식의 수집뿐만 아니라 선별하고 배치하는 편집 권한까지 포함하게 된다. 이에 따라 사람들이 알아도 될 것과 그렇지 않은 것을 결정하는 막강한 권력을 구글이 갖게 되는 상황이 초래될 수 있다.

① 구글과 저작권자의 갈등은 소송을 통해 해결되었다.

② 구글의 지식 통합 작업은 사회계약의 전제조건을 더 공고하게 할 것이다.

③ 구글의 지식 통합 작업은 독자들과 구글 사이에 평등한 권력 관계를 확대할 것이다.

④ 구글의 디지털도서관은 지금까지 스캔한 1,500만 권의 책을 무료로 서비스하고 있다.

⑤ 구글의 지식 통합 작업은 지식의 수집에서 편집권을 포함하는 것까지 확대될 수 있다.

문 5. 다음 글에서 알 수 있는 것은?

　　체험사업을 운영하는 이들은 아이들에게 다양한 직업의 현장과 삶의 실상, 즉 현실을 체험하게 해준다고 홍보한다. 직접 겪지 못하는 현실을 잠시나마 체험함으로써 미래에 더 좋은 선택을 할 수 있게 한다는 것이다. 체험은 생산자에게는 홍보와 돈벌이 수단이 되고, 소비자에게는 교육의 연장이자 주말 나들이 거리가 된다. 이런 필요와 전략이 맞물려 체험사업이 번성한다. 그러나 이때의 현실은 체험하는 사람의 필요와 여건에 맞추어 미리 짜놓은 현실, 치밀하게 계산된 현실이다. 다른 말로 하면 가상현실이다. 아이들의 상황을 고려해서 눈앞에 보일 만한 것, 손에 닿을 만한 것, 짧은 시간에 마칠 수 있는 것을 잘 계산해서 마련해 놓은 맞춤형 가상현실인 것이다. 눈에 보이지 않는 구조, 손에 닿지 않는 제도, 장기간 반복되는 일상은 체험행사에서는 제공될 수 없다.

　　여기서 주목해야 할 것은 경험과 체험의 차이이다. 경험은 타자와의 만남이다. 반면 체험 속에서 인간은 언제나 자기 자신만을 볼 뿐이다. 타자들로 가득한 현실을 경험함으로써 인간은 스스로 변화하는 동시에 현실을 변화시킬 동력을 얻는다. 이와 달리 가상현실에서는 그것을 체험하고 있는 자신을 재확인하는 것으로 귀결되기 마련이다. 경험 대신 체험을 제공하는 가상현실은 실제와 가상의 경계를 모호하게 할 뿐만 아니라 우리를 현실에 순응하도록 이끈다. 요즘 미래 기술로 각광받는 디지털 가상현실 기술은 경험을 체험으로 대체하려는 오랜 시도의 결정판이다. 버튼 하나만 누르면 3차원으로 재현된 세계가 바로 앞에 펼쳐진다. 한층 빠르고 정교한 계산으로 구현한 가상현실은 우리에게 필요한 모든 것을 눈앞에서 체험할 수 있는 본격 체험사회를 예고하는 것만 같다.

① 체험사업은 장기간의 반복적 일상을 가상현실을 통해 경험하도록 해준다.

② 현실을 변화시킬 수 있는 동력은 체험이 아닌 현실을 경험함으로써 얻게 된다.

③ 가상현실은 실제와 가상 세계의 경계를 구분하여 자기 자신을 체험할 수 없도록 한다.

④ 체험사업은 아이들에게 타자와의 만남을 경험하게 해줌으로써 경제적 이윤을 얻고 있다.

⑤ 디지털 가상현실 기술은 아이들에게 현실을 경험하게 함으로써 미래에 더 좋은 선택을 하도록 돕는다.

문 6. 다음 글에서 알 수 없는 것은?

　　고대에는 별이 뜨고 지는 것을 통해 방위를 파악했다. 최근까지 서태평양 캐롤라인 제도의 주민은 현대식 항해 장치 없이도 방위를 파악하여 카누 하나만으로 드넓은 열대 바다를 항해하였다. 인류학자들에 따르면, 그들은 별을 나침반처럼 이용하여 여러 섬을 찾아다녔고 이때의 방위는 북쪽의 북극성, 남쪽의 남십자성, 그 밖에 특별히 선정한 별이 뜨고 지는 것에 따라 정해졌다.

　　캐롤라인 제도는 적도의 북쪽에 있어서 그 주민들은 북쪽 수평선의 바로 위쪽에서 북극성을 볼 수 있다. 북극성은 천구의 북극점으로부터 매우 가까운 거리에서 작은 원을 그리며 공전한다. 천구의 북극점은 지구 자전축의 북쪽 연장선상에 있기 때문에 천구의 북극점에 있는 별은 공전을 하지 않고 정지된 것처럼 보인다. 이처럼 천구의 북극점에 있는 별을 제외하고 북극성을 포함한 별이 천구의 북극점을 중심으로 공전하는 것처럼 보이는 것은 지구가 자전하기 때문이다.

　　캐롤라인 제도의 주민이 북쪽을 찾기 위해 이용했던 북극성은 자기(磁氣) 나침반보다 더 정확하게 천구의 북극점을 가리킨다. 이는 나침반의 바늘이 지구의 자전축으로부터 거리가 멀리 떨어져 있는 지구자기의 북극점을 향하기 때문이다. 또한 천구의 남극점 근처에서 쉽게 관측할 수 있는 고정된 별은 없으므로 캐롤라인 제도의 주민은 남극점 자체를 볼 수 없다. 그러나 남십자성이 천구의 남극점 주위를 돌고 있으므로 남쪽을 파악하는 데는 큰 어려움이 없다.

① 고대에 사용되었던 방위 파악 방법 중에는 최근까지 이용된 것도 있다.

② 캐롤라인 제도의 주민은 밤하늘에 있는 남십자성을 이용하여 남쪽을 알아낼 수 있었다.

③ 지구 자전축의 연장선상에 별이 있다면, 밤하늘을 보았을 때 그 별은 정지된 것처럼 보인다.

④ 자기 나침반을 이용하면 북극성을 이용할 때보다 더 정확히 천구의 북극점을 찾을 수 있다.

⑤ 캐롤라인 제도의 주민이 관찰한 별이 천구의 북극점을 중심으로 공전하는 것처럼 보이는 이유는 지구가 자전하기 때문이다.

문 7. 다음 글의 ⓐ와 ⓑ에 들어갈 말을 〈보기〉에서 골라 적절하게 나열한 것은?

> 갈릴레오는 망원경으로 목성을 항상 따라다니는 네 개의 위성을 관찰하였다. 이 관찰 결과는 지동설을 지지해 줄 수 있는 것이었다. 당시 지동설에 대한 반대 논증 중 하나는 다음과 같은 타당한 논증이었다.
>
> > (가) _____ ⓐ _____.
> > (나) 달은 지구를 항상 따라다닌다.
>
> 따라서 (다) 지구는 공전하지 않는다.
>
> 갈릴레오의 관찰 결과는 이 논증의 (가)를 반박할 수 있는 것이었다. 왜냐하면 목성이 공전한다는 것은 당시 천동설 학자들도 받아들이고 있었고 그의 관찰로 인해 위성들이 공전하는 목성을 따라다닌다는 것이 밝혀지는 셈이기 때문이다. 그런데 문제는 당시의 학자들이 망원경을 통한 관찰을 신뢰하지 않는다는 데 있었다. 당시 학자들 대부분은 육안을 통한 관찰로만 실제 존재를 파악할 수 있다고 믿었다. 따라서 갈릴레오는 망원경을 통한 관찰이 육안을 통한 관찰만큼 신뢰할 만하다는 것을 입증해야 했다. 이를 보이기 위해 그는 '빛 번짐 현상'을 활용하였다.
>
> 빛 번짐 현상이란, 멀리 떨어져 있는 작고 밝은 광원을 어두운 배경에서 볼 때 실제 크기보다 광원이 크게 보이는 현상이다. 육안으로 금성을 관찰할 경우, 금성이 주변 환경에 비해 더 밝게 보이는 밤에 관찰하는 것보다 낮에 관찰하는 것이 더 정확하다. 그런데 낮에 관찰한 결과는 연중 금성의 외견상 크기가 변한다는 것을 보여준다.
>
> 그렇다면 망원경을 통한 관찰이 신뢰할 만하다는 것은 어떻게 보일 수 있었을까? 갈릴레오는 밤에 금성을 관찰할 때 망원경을 사용하면 빛 번짐 현상을 없앨 수 있다는 것을 강조하면서 다음과 같은 논증을 펼쳤다.
>
> > (라) _____ ⓑ _____ 면, 망원경에 의한 관찰 자료를 신뢰할 수 있다.
> > (마) _____ ⓑ _____.
>
> 따라서 (바) 망원경에 의한 관찰 자료를 신뢰할 수 있다.
>
> 결국 갈릴레오는 (마)를 입증함으로써, (바)를 보일 수 있었다.

〈보기〉
ㄱ. 지구가 공전한다면, 달은 지구를 따라다니지 못한다
ㄴ. 달이 지구를 따라다니지 못한다면, 지구는 공전한다
ㄷ. 낮에 망원경을 통해 본 금성의 크기 변화와 낮에 육안으로 관찰한 금성의 크기 변화가 유사하다
ㄹ. 낮에 망원경을 통해 본 금성의 크기 변화와 밤에 망원경을 통해 본 금성의 크기 변화가 유사하다
ㅁ. 낮에 육안으로 관찰한 금성의 크기 변화와 밤에 망원경을 통해 본 금성의 크기 변화가 유사하다

	ⓐ	ⓑ
①	ㄱ	ㄷ
②	ㄱ	ㅁ
③	ㄴ	ㄷ
④	ㄴ	ㄹ
⑤	ㄴ	ㅁ

문 8. 다음 글에 대한 분석으로 적절한 것만을 〈보기〉에서 모두 고르면?

우리는 흔히 행위를 윤리적 관점에서 '해야 하는 행위'와 '하지 말아야 하는 행위'로 구분한다. 그리고 전자에는 '윤리적으로 옳음'이라는 가치 속성을, 후자에는 '윤리적으로 그름'이라는 가치 속성을 부여한다. 그런데 윤리적 담론의 대상이 되는 행위 중에는 윤리적으로 권장되는 행위나 윤리적으로 허용되는 행위도 존재한다.

윤리적으로 권장되는 행위는 자선을 베푸는 것과 같이 윤리적인 의무는 아니지만 윤리적으로 바람직하다고 판단되는 행위를 의미한다. 이와 달리 윤리적으로 허용되는 행위는 윤리적으로 그르지 않으면서 정당화 가능한 행위를 의미한다. 예를 들어, 응급환자를 태우고 병원 응급실로 달려가던 중 신호를 위반하고 질주하는 행위는 맥락에 따라 윤리적으로 정당화 가능한 행위라고 판단될 것이다. 우리가 윤리적으로 권장되는 행위나 윤리적으로 허용되는 행위에 대해 옳음이나 그름이라는 윤리적 가치 속성을 부여한다면, 이 행위들에는 윤리적으로 옳음이라는 속성이 부여될 것이다.

이런 점에서 '윤리적으로 옳음'이란 윤리적으로 해야 하는 행위, 권장되는 행위, 허용되는 행위 모두에 적용되는 매우 포괄적인 용어임에 유의할 필요가 있다. '윤리적으로 옳은 행위가 무엇인가?'라는 질문에 답할 때, 이러한 포괄성을 염두에 두지 않고, 윤리적으로 해야 하는 행위, 즉 적극적인 윤리적 의무에 대해서만 주목하는 경향이 있다. 하지만 구체적인 행위에 대해 '윤리적으로 옳은가?'라는 질문을 할 때에는 위와 같은 분류를 바탕으로 해당 행위가 해야 하는 행위인지, 권장되는 행위인지, 혹은 허용되는 행위인지 따져볼 필요가 있다.

─────〈보기〉─────

ㄱ. 어떤 행위는 그 행위가 이루어진 맥락에 따라 윤리적으로 허용되는지의 여부가 결정된다.

ㄴ. '윤리적으로 옳은 행위가 무엇인가?'라는 질문에 답하기 위해서는 적극적인 윤리적 의무에만 주목해야 한다.

ㄷ. 윤리적으로 권장되는 행위와 윤리적으로 허용되는 행위에 대해서는 윤리적으로 옳음이라는 가치 속성이 부여될 수 있다.

① ㄱ

② ㄴ

③ ㄱ, ㄷ

④ ㄴ, ㄷ

⑤ ㄱ, ㄴ, ㄷ

문 9. 다음 글에서 추론할 수 없는 것은?

동물의 행동을 선하다거나 악하다고 평가할 수 없는 이유는 동물이 단지 본능적 욕구에 따라 행동할 뿐이기 때문이다. 오직 인간만이 욕구와 감정에 맞서서 행동할 수 있다. 인간만이 이성을 가지고 있다. 그러나 인간이 전적으로 이성적인 존재는 아니다. 다른 동물과 마찬가지로 인간 또한 감정과 욕구를 가진 존재다. 그래서 인간은 이성과 감정의 갈등을 겪게 된다.

그러한 갈등에도 불구하고 인간이 도덕적 행위를 할 수 있는 까닭은 이성이 우리에게 도덕적인 명령을 내리기 때문이다. 도덕적 명령에 따를 때에야 비로소 우리는 의무에서 비롯된 행위를 한 것이다. 만약 어떤 행위가 이성의 명령에 따른 것이 아닐 경우 그것이 결과적으로 의무와 부합할지라도 의무에서 나온 행위는 아니다. 의무에서 나온 행위가 아니라면 심리적 성향에서 비롯된 행위가 되는데, 심리적 성향에서 비롯된 행위는 도덕성과 무관하다. 불쌍한 사람을 보고 마음이 아파서 도움을 주었다면 이는 결국 심리적 성향에 따라 행동한 것이다. 그것은 감정과 욕구에 따른 것이기 때문에 도덕적 행위일 수가 없다.

감정이나 욕구와 같은 심리적 성향에 따른 행위가 도덕적일 수 없는 또 다른 이유는, 그것이 상대적이기 때문이다. 감정이나 욕구는 주관적이어서 사람마다 다르며, 같은 사람이라도 상황에 따라 변하기 마련이다. 때문에 이는 시공간을 넘어 모든 인간에게 적용될 수 있는 보편적인 도덕의 원리가 될 수 없다. 감정이나 욕구가 어떠하든지 간에 이성의 명령에 따르는 것이 도덕이다. 이러한 입장이 사랑이나 연민과 같은 감정에서 나온 행위를 인정하지 않는다거나 가치가 없다고 평가하는 것은 아니다. 단지 사랑이나 연민은 도덕적 차원의 문제가 아닐 뿐이다.

① 동물의 행위는 도덕적 평가의 대상이 아니다.

② 감정이나 욕구는 보편적인 도덕의 원리가 될 수 없다.

③ 심리적 성향에서 비롯된 행위는 도덕적 행위일 수 없다.

④ 이성의 명령에 따른 행위가 심리적 성향에 따른 행위와 일치하는 경우는 없다.

⑤ 인간의 행위 중에는 심리적 성향에서 비롯된 것도 있고 의무에서 나온 것도 있다.

문 10. 다음 글의 내용이 참일 때, 최종 선정되는 단체는?

○○부는 우수 문화예술 단체A, B, C, D, E 중 한 곳을 선정하여 지원하려 한다. ○○부의 금번 선정 방침은 다음 두 가지다. 첫째, 어떤 형태로든 지원을 받고 있는 단체는 최종 후보가 될 수 없다. 둘째, 최종 선정 시 올림픽 관련 단체를 엔터테인먼트 사업(드라마, 영화, K-pop) 단체보다 우선한다.

A단체는 자유무역협정을 체결한 갑국에 드라마 컨텐츠를 수출하고 있지만 올림픽과 관련된 사업은 하지 않는다. B는 올림픽의 개막식 행사를, C는 폐막식 행사를 각각 주관하는 단체다. E는 오랫동안 한국 음식문화를 세계에 보급해 온 단체다. A와 C 중 적어도 한 단체가 최종 후보가 되지 못한다면, 대신 B와 E 중 적어도 한 단체는 최종 후보가 된다. 반면 게임 개발로 각광을 받은 단체인 D가 최종 후보가 된다면, 한국과 자유무역협정을 체결한 국가와 교역을 하는 단체는 모두 최종 후보가 될 수 없다. 후보 단체들 중 가장 적은 부가가치를 창출한 단체는 최종 후보가 될 수 없고, 최종 선정은 최종 후보가 된 단체 중에서만 이루어진다.

○○부의 조사 결과, 올림픽의 개막식 행사를 주관하는 모든 단체는 이미 □□부로부터 지원을 받고 있다. 그리고 위 문화예술 단체 가운데 한국 음식문화 보급과 관련된 단체의 부가가치 창출이 가장 저조하였다.

① A
② B
③ C
④ D
⑤ E

문 11. 다음 글에서 알 수 있는 것은?

불교가 삼국에 전래될 때 대개 불경과 불상 그리고 사리가 들어왔다. 이에 예불을 올리고 불상과 사리를 모실 공간으로 사찰이 건립되었다. 불교가 전래된 초기에는 불상보다는 석가모니의 진신사리를 모시는 탑이 예배의 중심이 되었다.

불교에서 전하기를, 석가모니가 보리수 아래에서 열반에 든 후 화장(火葬)을 하자 여덟 말의 사리가 나왔다고 한다. 이것이 진신사리이며 이를 모시는 공간이 탑이다. 탑은 석가모니의 분신을 모신 곳으로 간주되어 사찰의 중심에 놓였다. 그러나 진신사리는 그 수가 한정되어 있었기 때문에 삼국시대 말기에는 사리를 대신하여 작은 불상이나 불경을 모셨다. 이제 탑은 석가모니의 분신을 모신 곳이 아니라 사찰의 상징적 건축물로 그 의미가 변했고, 예배의 중심은 탑에서 불상을 모신 금당으로 자연스럽게 옮겨갔다.

삼국시대 사찰은 탑을 중심으로 하고 그 주위를 회랑※으로 두른 다음 부속 건물들을 정연한 비례에 의해 좌우대칭으로 배치하는 구성을 보였다. 그리하여 이 시기 사찰에서는 기본적으로 남문·중문·탑·금당·강당·승방 등이 남북으로 일직선상에 놓였다. 그리고 반드시 중문과 강당 사이를 회랑으로 연결하여 탑을 감쌌다. 동서양을 막론하고 모든 고대국가의 신전에는 이러한 회랑이 공통적으로 보이는데, 이는 신전이 성역임을 나타내기 위한 건축적 장치가 회랑이기 때문이다. 특히 삼국시대 사찰은 후대의 산사와 달리 도심 속 평지 사찰이었기 때문에 회랑이 필수적이었다.

※ 회랑: 종교 건축이나 궁궐 등에서 중요 부분을 둘러싸고 있는 지붕 달린 복도

① 삼국시대의 사찰에서 탑은 중문과 강당 사이에 위치한다.
② 진신사리를 모시는 곳은 탑에서 금당의 불상으로 바뀌었다.
③ 삼국시대 말기에는 진신사리가 부족하여 탑 안을 비워두었다.
④ 삼국시대 이후에는 평지 사찰과 산사를 막론하고 회랑을 세우지 않았다.
⑤ 탑을 사찰의 중심에 세웠던 것은 사찰이 성역임을 나타내기 위해서였다.

문 12. 다음 글의 내용 흐름상 가장 적절한 문단 배열의 순서는?

> (가) 회전문의 축은 중심에 있다. 축을 중심으로 통상 네 짝의 문이 계속 돌게 되어 있다. 마치 계속 열려 있는 듯한 착각을 일으키지만, 사실은 네 짝의 문이 계속 안 또는 밖을 차단하도록 만든 것이다. 실질적으로는 열려 있는 순간 없이 계속 닫혀 있는 셈이다.
>
> (나) 문은 열림과 닫힘을 위해 존재한다. 이 본연의 기능을 하지 못한다는 점에서 계속 닫혀 있는 문이 무의미하듯이, 계속 열려 있는 문 또한 그 존재 가치와 의미가 없다. 그런데 현대 사회의 문은 대부분의 경우 닫힌 구조로 사람들을 맞고 있다. 따라서 사람들을 환대하는 것이 아니라 박대하고 있다고 할 수 있다. 그 대표적인 예가 회전문이다. 가만히 회전문의 구조와 그 기능을 머릿속에 그려보라. 그것이 어떤 식으로 열리고 닫히는지 알고는 놀랄 것이다.
>
> (다) 회전문은 인간이 만들고 실용화한 문 가운데 가장 문명적이고 가장 발전된 형태로 보일지 모르지만, 사실상 열림을 가장한 닫힘의 연속이기 때문에 오히려 가장 야만적이며 가장 미개한 형태의 문이다.
>
> (라) 또한 회전문을 이용하는 사람들은 회전문의 구조와 운동 메커니즘에 맞추어야 실수 없이 문을 통과해 안으로 들어가거나 밖으로 나올 수 있다. 어린아이, 허약한 사람, 또는 민첩하지 못한 노인은 쉽게 그것에 맞출 수 없다. 더구나 휠체어를 탄 사람이라면 더 말할 나위도 없다. 이들에게 회전문은 문이 아니다. 실질적으로 닫혀 있는 기능만 하는 문은 문이 아니기 때문이다.

① (가) - (나) - (라) - (다)
② (가) - (라) - (나) - (다)
③ (나) - (가) - (라) - (다)
④ (나) - (다) - (라) - (가)
⑤ (다) - (가) - (라) - (나)

문 13. 다음 글의 내용과 부합하는 것은?

> 유교 전통에서는 이상적 정치가 군주 개인의 윤리적 실천에 의해 실현된다고 보았을 뿐 윤리와 구별되는 정치 그 자체의 독자적 영역을 설정하지는 않았다. 달리 말하면 유교 전통에서는 통치자의 윤리만을 문제 삼았을 뿐, 갈등하는 세력들 간의 공존을 위한 정치나 정치제도에는 관심을 두지 않았다. 유교 전통의 이런 측면은 동아시아에서의 민주주의의 실현 가능성을 제한하였다.
>
> '조화(調和)'를 이상으로 생각하는 유교의 전통 또한 차이와 갈등을 긍정하는 서구의 민주주의 정치 전통과는 거리가 있다. 유교 전통에 따르면, 인간의 행위와 사회 제도는 모두 자연의 운행처럼 조화를 이루어야 한다. 조화를 이루지 못하는 것은 근본적으로 그릇된 것이기 때문에 모든 것은 계절이 자연스럽게 변화하듯 조화를 실현해야 한다. 그러나 서구의 개인주의적 맥락에서 보자면 정치란 서로 다른 개인들 간의 갈등을 조정하는 제도적 장치를 마련하는 과정이었다. 그 결과 서구의 민주주의 사회에서는 다양한 정치적 입장들이 독자적인 형태를 취하면서 경쟁하며 공존할 수 있었다.
>
> 물론 유교 전통 하에서도 다양한 정치적 입장들이 존재했다고 주장할 수 있다. 군주 절대권이 인정되었다고 해도, 실질적 국가운영을 맡았던 것은 문사(文士) 계층이었고 이들은 다양한 정치적 견해를 군주에게 전달할 수 있었다. 문사 계층은 윤리적 덕목을 군주가 실천하도록 함으로써 갈등 자체가 발생하지 않도록 힘썼다. 또한 이들은 유교 윤리에서 벗어난 군주의 그릇된 행위를 비판하기도 하였다. 그렇다고 하더라도 이들이 서구의 계몽사상가들처럼 기존의 유교적 질서와 다른 정치적 대안을 제시할 수는 없었다. 이들에게 정치는 윤리와 구별되는 독자적 영역으로 인식되지 못하였다.

① 유교 전통에서 사회적 갈등을 원활히 관리하지 못하는 군주는 교체될 수 있었다.
② 유교 전통에서 문사 계층은 기존 유교적 질서와 다른 정치적 대안을 제시하지는 못했다.
③ 조화를 강조하는 유교 전통에서는 서구의 민주주의와 다른 새로운 유형의 민주주의가 등장하였다.
④ 유교 전통에서는 조화의 이상에 따라 군주의 주도로 갈등하는 세력이 공존하는 정치가 유지될 수 있었다.
⑤ 군주의 통치 행위에 대해 다양하게 비판할 수 있었던 유교 전통으로 인해 동아시아에서 민주주의가 발전하였다.

문 14. 다음 글에서 알 수 없는 것은?

루머는 구전과 인터넷을 통해 확산되고, 그 과정에서 여러 사람들의 의견이 더해진다. 루머는 특히 사회적 불안감이 형성되었을 때 빠르게 확산되는데, 이는 사람들이 사회적·개인적 불안감을 해소하기 위한 수단으로 루머에 의지하기 때문이다.

나아가 루머가 확산되는 데는 사회적 동조가 중요한 영향을 미친다. 사회적 동조란 '다수의 의견이나 사회적 규범에 개인의 의견과 행동을 맞추거나 동화시키는 경향'을 뜻한다. 사회적 동조는 루머가 사실로 인식되고 대중적으로 수용되는 과정에서도 큰 영향력을 행사한다.

사회적 동조는 개인이 어떤 정보에 대해 판단하거나 그에 대한 태도를 결정하는 데 정당성을 제공한다. 다수의 의견을 따름으로써 어떤 정보를 믿는 것에 대한 합리적 이유를 갖게 되는 것이다. 실제로 루머에 대한 지지 댓글을 많이 본 사람들은 루머에 대한 반박 댓글을 많이 본 사람들에 비해 루머를 사실로 믿는 경향이 더욱 강한 것으로 나타났다. 또한 사회적 동조가 있는 상태에서는 개인의 성향과 상관없이 루머를 사실이라고 믿는 경우가 많았다.

사회적 동조의 또 다른 역할은 사람들이 자신의 의견을 제시할 때 사회적 분위기를 고려하게 하는 것이다. 소속된 집단으로부터 소외되지 않기 위해서 다수에 의해 지지되는 의견을 따라가는 현상이 발생하기도 한다. 이와 같은 현상은 개인주의 문화권보다는 집단주의 문화권에 있는 사람들에게서 더 잘 나타난다. 집단주의 문화권 사람들은 루머를 믿는 사람들로부터 루머에 대한 정보를 얻고 그것을 근거로 하여 판단하며, 다른 사람들의 의견에 개인의 생각을 일치시키는 경향이 두드러진다.

① 사람들은 루머를 사회적 불안감을 해소하기 위한 수단으로 삼기도 한다.

② 사회적 동조는 개인이 루머를 사실로 받아들이는 결정을 함에 있어 정당성을 제공한다.

③ 집단주의 문화권에서는 개인주의 문화권보다 사회적 동조가 루머의 확산에 미치는 영향이 더 크게 나타난다.

④ 루머에 대한 반박 댓글을 많이 본 사람들이 지지 댓글을 많이 본 사람들보다 루머를 사실로 믿는 경향이 더 약하다.

⑤ 사회적 동조가 있을 때, 충동적인 사람들은 충동적이지 않은 사람들에 비해 루머를 사실로 믿는 경향이 더 강하다.

문 15. 다음 (가)~(다)에 대한 평가로 적절한 것만을 〈보기〉에서 모두 고르면?

(가) 기술의 발전 덕분에 더 풍요로운 세계를 만들 수 있다. 원료, 자본, 노동 같은 생산요소의 투입량을 줄이면서 산출량은 더 늘릴 수 있는 세계 말이다. 디지털 기술의 발전은 경외감을 불러일으키는 개선과 풍요의 엔진이 된다. 반면 그것은 시간이 흐를수록 부, 소득, 생활수준, 발전 기회 등에서 점점 더 큰 격차를 만드는 엔진이기도 하다. 즉 기술의 발전은 경제적 풍요와 격차를 모두 가져온다.

(나) 기술의 발전에 따른 풍요가 더 중요한 현상이며, 격차도 풍요라는 기반 위에 있기 때문에 모든 사람의 삶이 풍요로워지는 데 초점을 맞추어야 한다. 고도로 숙련된 노동자와 나머지 사람들과의 격차가 벌어지고 있다는 것을 인정하지만, 모든 사람들의 경제적 삶이 나아지고 있기에 누군가의 삶이 다른 사람보다 더 많이 나아지고 있다는 사실에 관심을 둘 필요가 없다.

(다) 중산층들이 과거에 비해 경제적으로 더 취약해졌기 때문에 기술의 발전에 따른 풍요보다 격차에 초점을 맞추어야 한다. 실제로 주택, 보건, 의료 등과 같이 그들의 삶에서 중요한 항목에 들어가는 비용의 증가율은 시간이 흐르면서 가계 소득의 증가율에 비해 훨씬 더 높아지고 있다. 설상가상으로 소득 분포의 밑바닥에 속한 가정에서 태어난 아이가 상층으로 이동할 기회는 점점 더 줄어들고 있다.

〈보기〉

ㄱ. 현재의 정보기술은 덜 숙련된 노동자보다 숙련된 노동자를 선호하고, 노동자보다 자본가에게 돌아가는 수익을 늘린다는 사실은 (가)의 논지를 약화한다.

ㄴ. 기술의 발전이 전 세계의 가난한 사람들에게도 도움을 주며, 휴대전화와 같은 혁신사례들이 모든 사람들의 소득과 기타 행복의 수준을 개선한다는 연구결과는 (나)의 논지를 강화한다.

ㄷ. 기술의 발전이 가져온 경제적 풍요가 엄청나게 벌어진 격차를 보상할 만큼은 아니라는 것을 보여주는 자료는 (다)의 논지를 약화한다.

① ㄱ

② ㄴ

③ ㄱ, ㄷ

④ ㄴ, ㄷ

⑤ ㄱ, ㄴ, ㄷ

문 16. 다음 글에서 알 수 있는 것만을 〈보기〉에서 모두 고르면?

　　사람은 사진이나 영상만 보고도 어떤 사물의 이미지인지 아주 쉽게 분별하지만 컴퓨터는 매우 복잡한 과정을 거쳐야만 분별할 수 있다. 이를 해결하기 위해 컴퓨터가 스스로 학습하면서 패턴을 찾아내 분류하는 기술적 방식인 '기계학습'이 고안됐다. 기계학습을 통해 컴퓨터가 입력되는 수많은 데이터 중에서 비슷한 것들끼리 분류할 수 있도록 학습시킨다. 데이터 분류 방식을 컴퓨터에게 학습시키기 위해 많은 기계학습 알고리즘이 개발되었다.

　　기계학습 알고리즘은 컴퓨터에서 사용되는 사물 분별 방식에 기반하고 있는데, 이러한 사물 분별 방식은 크게 '지도 학습'과 '자율 학습' 두 가지로 나뉜다. 초기의 기계 학습 알고리즘들은 대부분 지도 학습에 기초하고 있다. 지도 학습 방식에서는 컴퓨터에 먼저 '이런 이미지가 고양이야'라고 학습시키면, 컴퓨터는 학습된 결과를 바탕으로 고양이 사진을 분별하게 된다. 따라서 사전 학습 데이터가 반드시 제공되어야 한다. 사전 학습 데이터가 적으면 오류가 커지므로 데이터의 양도 충분해야만 한다. 반면 지도 학습 방식보다 진일보한 방식인 자율 학습에서는 이 과정이 생략된다. '이런 이미지가 고양이야'라고 학습시키지 않아도 컴퓨터는 자율적으로 '이런 이미지가 고양이군'이라고 학습하게 된다. 이러한 자율 학습 방식을 응용하여 '심화신경망' 알고리즘을 활용한 기계학습 분야를 '딥러닝'이라고 일컫는다.

　　그러나 딥러닝 작업은 고도의 연산 능력이 요구되기 때문에, 웬만한 컴퓨팅 능력으로는 이를 시도하기 쉽지 않았다. A교수가 1989년에 필기체 인식을 위해 심화신경망 알고리즘을 도입했을 때 연산에만 3일이 걸렸다는 사실은 잘 알려져 있다. 하지만 고성능 CPU가 등장하면서 연산을 위한 시간의 문제는 자연스럽게 해소되었다. 딥러닝 기술의 활용 범위는 RBM과 드롭아웃이라는 새로운 알고리즘이 개발된 후에야 비로소 넓어졌다.

─────── 〈보기〉 ───────
ㄱ. 지도 학습 방식을 사용하여 컴퓨터가 사물을 분별하기 위해서는 사전 학습 데이터가 주어져야 한다.
ㄴ. 자율 학습은 지도 학습보다 학습의 단계가 단축되었기에 낮은 연산 능력으로도 수행 가능하다.
ㄷ. 딥러닝 기술의 활용 범위는 새로운 알고리즘 개발보다는 고성능 CPU 등장 때문에 넓어졌다.

① ㄱ
② ㄷ
③ ㄱ, ㄴ
④ ㄴ, ㄷ
⑤ ㄱ, ㄴ, ㄷ

문 17. 다음 글의 주장을 강화하는 것만을 〈보기〉에서 모두 고르면?

　　우리는 물체까지의 거리 자체를 직접 볼 수는 없다. 거리는 눈과 그 물체를 이은 직선의 길이인데, 우리의 망막에는 직선의 한쪽 끝 점이 투영될 뿐이기 때문이다. 그러므로 물체까지의 거리 판단은 경험을 통한 추론에 의해서 이루어진다고 보아야 한다. 예컨대 우리는 건물, 나무 같은 친숙한 대상들의 크기가 얼마나 되는지, 이들이 주변 배경에서 얼마나 공간을 차지하는지 등을 경험을 통해 이미 알고 있다. 우리는 물체와 우리 사이에 혹은 물체 주위에 이런 친숙한 대상들이 어느 정도 거리에 위치해 있는지를 우선 지각한다. 이로부터 우리는 그 물체가 얼마나 멀리 떨어져 있는지를 추론하게 된다. 또한 그 정도 떨어진 다른 사물들이 보이는 방식에 대한 경험을 토대로, 그보다 작고 희미하게 보이는 대상들은 더 멀리 떨어져 있다고 판단한다. 거리에 대한 이런 추론은 과거의 경험에 기초하는 것이다.

　　반면에 물체가 손이 닿을 정도로 아주 가까이 있는 경우, 물체까지의 거리를 지각하는 방식은 이와 다르다. 우리의 두 눈은 약간의 간격을 두고 서로 떨어져 있다. 이에 우리는 두 눈과 대상이 위치한 한 점을 연결하는 두 직선이 이루는 각의 크기를 감지함으로써 물체까지의 거리를 알게 된다. 물체를 바라보는 두 눈의 시선에 해당하는 두 직선이 이루는 각은 물체까지의 거리가 멀어질수록 필연적으로 더 작아진다. 대상까지의 거리가 몇 미터만 넘어도 그 각의 차이는 너무 미세해서 우리가 감지할 수 없다. 하지만 팔 뻗는 거리 안의 가까운 물체에 대해서는 그 각도를 감지하는 것이 가능하다.

─────── 〈보기〉 ───────
ㄱ. 100미터 떨어진 지점에 민수가 한 번도 본 적이 없는 대상만 보이도록 두고 다른 사물들은 보이지 않도록 민수의 시야 나머지 부분을 가리는 경우, 민수는 그 대상을 보고도 얼마나 떨어져 있는지 판단하지 못한다.
ㄴ. 아무것도 보이지 않는 캄캄한 밤에 안개 속의 숲길을 걷다가 앞쪽 멀리서 반짝이는 불빛을 발견한 태훈이가 불빛이 있는 곳까지의 거리를 어렵잖게 짐작한다.
ㄷ. 태어날 때부터 한쪽 눈이 실명인 영호가 30센티미터 거리에 있는 낯선 물체 외엔 어떤 것도 보이지 않는 상황에서 그 물체까지의 거리를 옳게 판단한다.

① ㄱ
② ㄷ
③ ㄱ, ㄴ
④ ㄴ, ㄷ
⑤ ㄱ, ㄴ, ㄷ

문 18. 다음 글의 '나'의 견해와 부합하는 것만을 〈보기〉에서 모두 고르면?

이제 '나'는 사람들이 동물실험의 모순적 상황을 직시하기를 바랍니다. 생리에 대한 실험이건, 심리에 대한 실험이건, 동물을 대상으로 하는 실험은 동물이 어떤 자극에 대해 반응하고 행동하는 양상이 인간과 유사하다는 것을 전제합니다. 동물실험을 옹호하는 측에서는 인간과 동물이 유사하기 때문에 실험결과에 실효성이 있다고 주장합니다. 그런데 설령 동물실험을 통해 아무리 큰 성과를 얻을지라도 동물실험 옹호론자들은 중대한 모순을 피할 수 없습니다. 그들은 인간과 동물이 다르다는 것을 실험에서 동물을 이용해도 된다는 이유로 제시하고 있기 때문입니다. 이것은 명백히 모순적인 상황이 아닐 수 없습니다.

이러한 모순적 상황은 영장류의 심리를 연구할 때 확연히 드러납니다. 최근 어느 실험에서 심리 연구를 위해 아기 원숭이를 장기간 어미 원숭이와 떼어놓아 정서적으로 고립시켰습니다. 사람들은 이 실험이 우울증과 같은 인간의 심리적 질환을 이해하기 위한 연구라는 구실을 앞세워 이 잔인한 행위를 합리화하고자 했습니다. 즉 이 실험은 원숭이가 인간과 유사하게 고통과 우울을 느끼는 존재라는 사실을 가정하고 있습니다. 인간과 동물이 심리적으로 유사하다는 사실을 인정하면서도 사람에게는 차마 하지 못할 잔인한 행동을 동물에게 하고 있는 것입니다.

또 동물의 피부나 혈액을 이용해서 제품을 실험할 때, 동물실험 옹호론자들은 이 실험이 오로지 인간과 동물 사이의 '생리적 유사성'에만 바탕을 두고 있을 뿐이라고 변명합니다. 이처럼 인간과 동물이 오로지 '생리적'으로만 유사할 뿐이라고 생각한다면, 이는 동물실험의 모순적 상황을 외면하는 것입니다.

〈보기〉
ㄱ. 동물실험은 동물이 인간과 유사하면서도 유사하지 않다고 가정하는 모순적 상황에 놓여 있다.
ㄴ. 인간과 동물 간 생리적 유사성에도 불구하고 심리적 유사성이 불확실하기 때문에 동물실험은 모순적 상황에 있다.
ㄷ. 인간과 원숭이 간에 심리적 유사성이 존재하기 때문에 인간의 우울증 연구를 위해 아기 원숭이를 정서적으로 고립시키는 실험은 윤리적으로 정당화된다.

① ㄱ
② ㄴ
③ ㄱ, ㄷ
④ ㄴ, ㄷ
⑤ ㄱ, ㄴ, ㄷ

문 19. 다음 글의 빈칸에 들어갈 진술로 가장 적절한 것은?

모두가 서로를 알고 지내는 작은 규모의 사회에서는 거짓이나 사기가 번성할 수 없다. 반면 그렇지 않은 사회에서는 누군가를 기만하여 이득을 보는 경우가 많이 발생한다. 이런 현상이 발생하는 이유를 확인하는 연구가 이루어졌다. A교수는 그가 마키아벨리아니즘이라고 칭한 성격 특성을 지닌 사람을 판별하는 검사를 고안해냈다. 이 성격 특성은 다른 사람을 교묘하게 이용하고 기만하는 능력을 포함한다. 그의 연구는 사람들 중 일부는 다른 사람들을 교묘하게 이용하거나 기만하여 자기 이익을 챙긴다는 사실을 보여준다. 수백 명의 학생을 대상으로 한 조사에서, 마키아벨리아니즘을 갖는 것으로 분류된 학생들은 대체로 대도시 출신임이 밝혀졌다.

위 연구들이 보여주는 바를 대도시 사람들의 상호작용을 이해하기 위해 확장시켜 보자. 일반적으로 낯선 사람들이 모여 사는 대도시에서는 자기 이익을 위해 다른 사람을 이용하는 성향을 지닌 사람이 많다고 생각하기 쉽다. 대도시 사람들은 모두가 사기꾼처럼 보인다는 주장이 일리 있게 들리기도 한다. 그러나 다른 사람들의 협조 성향을 이용하여 도움을 받으면서도 다른 사람에게 도움을 주지 않는 사람이 존재하기 위해서는 일정한 틈새가 만들어져 있어야 한다. _____ 때문에 이 틈새가 존재할 수 있는 것이다. 이는 기생 식물이 양분을 빨아먹기 위해서는 건강한 나무가 있어야 하는 것과 같다. 나무가 건강을 잃게 되면 기생 식물 또한 기생할 터전을 잃게 된다. 그렇다면 어떤 의미에서는 모든 사람들이 사기꾼이라는 냉소적인 견해는 낯선 사람과의 상호작용을 잘못 이해한 것이다. 모든 사람들이 사기꾼이라면 사기를 칠 가능성도 사라지게 된다고 이해하는 것이 맞다.

① 대도시라는 환경적 특성
② 인간은 사회를 필요로 하기
③ 많은 사람들이 진정으로 협조하기
④ 많은 사람들이 이기적 동기에 따라 행동하기
⑤ 누가 마키아벨리아니즘을 갖고 있는지 판별하기 어렵기

문 20. 다음 글의 내용이 참일 때, 반드시 거짓인 것은?

　　사무관 갑, 을, 병, 정, 무는 정책조정부서에 근무하고 있다. 이 부서에서는 지방자치단체와의 업무 협조를 위해 지방의 네 지역으로 사무관들을 출장 보낼 계획을 수립하였다. 원활한 업무 수행을 위해서, 모든 출장은 위 사무관들 중 두 명 또는 세 명으로 구성된 팀 단위로 이루어진다. 네 팀이 구성되어 네 지역에 각각 한 팀씩 출장이 배정된다. 네 지역 출장 날짜는 모두 다르며, 모든 사무관은 최소한 한 번 출장에 참가한다. 이번 출장 업무를 총괄하는 사무관은 단 한 명밖에 없으며, 그는 네 지역 모두의 출장에 참가한다. 더불어 업무 경력을 고려하여, 단 한 지역의 출장에만 참가하는 것은 신임 사무관으로 제한한다. 정책조정부서에 근무하는 신임 사무관은 한 명밖에 없다. 이런 기준 아래에서 출장 계획을 수립한 결과, 을은 갑과 단둘이 가는 한 번의 출장 이외에 다른 어떤 출장도 가지 않으며, 병과 정이 함께 출장을 가는 경우는 단 한 번밖에 없다. 그리고 네 지역 가운데 광역시가 두 곳인데, 단 두 명의 사무관만이 두 광역시 모두에 출장을 간다.

① 갑은 이번 출장 업무를 총괄하는 사무관이다.

② 을은 광역시에 출장을 가지 않는다.

③ 병이 갑, 무와 함께 출장을 가는 지역이 있다.

④ 정은 총 세 곳에 출장을 간다.

⑤ 무가 출장을 가는 지역은 두 곳이고 그 중 한 곳은 정과 함께 간다.

문 21. 다음 글에서 추론할 수 없는 것은?

　　미국과 영국은 1921년 워싱턴 강화회의를 기점으로 태평양 및 중국에 대한 일본의 침략을 견제하기 시작하였다. 가중되는 외교적 고립으로 인해 일본은 광물과 곡물을 수입하는 태평양 경로를 상실할 위험에 처하였다. 이에 대처하기 위해 일본은 식민지 조선의 북부 지역에서 광물과 목재 등 군수산업 원료를 약탈하는 데 주력하게 되었다. 콩 또한 확보해야 할 주요 물자 중 하나였는데, 콩은 당시 일본에서 선호하던 식량일 뿐만 아니라 군수산업을 위한 원료이기도 하였다.

　　일본은 확보된 공업 원료와 식량 자원을 자국으로 수송하는 물류 거점으로 함경도를 주목하였다. 특히 청진·나진·웅기 등 대륙 종단의 시발점이 되는 항구와 조선의 최북단 지역이던 무산·회령·종성·온성을 중시하였다. 또한 조선의 남부 지방에서는 면화, 북부 지방에서는 양모 생산을 장려하였던 조선총독부의 정책에 따라 두만강을 통해 바로 만주로 진출할 수 있는 회령·종성·온성은 양을 목축하는 축산 거점으로 부상하였다. 일본은 만주와 함경도에서 생산된 광물자원과 콩, 두만강변 원시림의 목재를 일본으로 수송하기 위해 함경선, 백무선 등의 철도를 잇따라 부설하였다. 더불어 무산과 회령, 경흥에서는 석탄 및 철광 광산을 본격적으로 개발하였다. 이에 따라 오지의 작은 읍이었던 무산·회령·종성·온성의 개발이 촉진되어 근대적 도시로 발전하였다. 일본의 정책들은 함경도를 만주와 같은 경제권으로 묶음으로써 조선의 다른 지역과 경제적으로 분리시켰다.

　　철도 부설 및 광산 개발을 위해 일본은 조선 노동자들을 강제 동원하였고, 수많은 조선 노동자들이 강제 노동 끝에 산록과 땅 속 깊은 곳에서 비참한 삶을 마쳤다. 1935년 회령의 유선탄광에서 폭약이 터져 800여 명의 광부가 매몰돼 사망했던 사건은 그 단적인 예이다. 영화 〈아리랑〉의 감독 겸 주연이었던 나운규는 그의 고향 회령에서 청진까지 부설되었던 철도 공사에 조선인 노동자들이 강제 동원되어 잔혹한 노동에 혹사되는 참상을 목도하였다. 그때 그는 노동자들이 부르던 아리랑의 애달픈 노랫가락을 듣고 영화 〈아리랑〉의 기본 줄거리를 착상하였다.

① 영화 〈아리랑〉 감독의 고향에서 탄광 폭발사고가 발생하였다.

② 조선 최북단 지역의 몇몇 작은 읍들은 근대적 도시로 발전하였다.

③ 축산 거점에서 대륙 종단의 시발점이 되는 항구까지 부설된 철도가 있었다.

④ 군수산업 원료를 일본으로 수송하는 것이 함경선 부설의 목적 중 하나였다.

⑤ 일본은 함경도를 포함하여 한반도와 만주를 같은 경제권으로 묶는 정책을 폈다.

문 22. 다음 글에서 추론할 수 있는 것만을 〈보기〉에서 모두 고르면?

우리가 가진 믿음들은 때때로 여러 방식으로 표현된다. 예를 들어, 영희가 일으킨 교통사고 현장을 목격한 철수를 생각해보자. 영희는 철수가 아는 사람이므로, 현장을 목격한 철수는 영희가 사고를 일으켰다는 믿음을 가지게 되었다. 철수의 이런 믿음을 표현하는 한 가지 방법은 "철수는 영희가 교통사고를 일으켰다고 믿는다."라고 표현하는 것이다. 이것을 진술A라고 하자. 진술A의 의미를 분명히 생각해보기 위해서, "영희는 민호의 아내다."라고 가정해보자. 그럼 진술A로부터 "철수는 민호의 아내가 교통사고를 일으켰다고 믿는다."가 참이라는 것이 반드시 도출되는가? 그렇지 않다. 왜냐하면 철수는 영희가 민호의 아내라는 것을 모를 수도 있고, 다른 사람의 아내로 잘못 알 수도 있기 때문이다.

한편 철수의 믿음은 "교통사고를 일으켰다고 철수가 믿고 있는 사람은 영희다."라고도 표현될 수 있다. 이것을 진술B라고 하자. 다시 "영희는 민호의 아내다."라고 가정해보자. 그리고 진술B로부터 "교통사고를 일으켰다고 철수가 믿고 있는 사람은 민호의 아내다."가 도출되는지 생각해보자. 진술B는 '교통사고를 일으켰다고 철수가 믿고 있는 사람'이 가리키는 것과 '영희'가 가리키는 것이 동일하다는 것을 의미한다. 그리고 '영희'가 가리키는 것은 '민호의 아내'가 가리키는 것과 동일하다. 그러므로 '교통사고를 일으켰다고 철수가 믿고 있는 사람'이 가리키는 것은 '민호의 아내'가 가리키는 것과 동일하다. 따라서 진술B로부터 "교통사고를 일으켰다고 철수가 믿고 있는 사람은 민호의 아내다."가 도출된다. 이처럼 철수의 믿음을 표현하는 두 방식 사이에는 차이가 있다.

〈보기〉

ㄱ. "영희는 민호의 아내가 아니다."라고 가정한다면, 진술A로부터 "철수는 민호의 아내가 교통사고를 일으켰다고 믿지 않는다."가 도출된다.

ㄴ. "영희가 초보운전자이고 철수가 이 사실을 알고 있다."라고 가정한다면, 진술A로부터 "철수는 어떤 초보운전자가 교통사고를 일으켰다고 믿는다."가 도출된다.

ㄷ. "영희가 동철의 엄마이지만 철수는 이 사실을 모르고 있다."라고 가정한다면, 진술B로부터 "교통사고를 일으켰다고 철수가 믿고 있는 사람은 동철의 엄마다."가 도출된다.

① ㄱ

② ㄴ

③ ㄱ, ㄷ

④ ㄴ, ㄷ

⑤ ㄱ, ㄴ, ㄷ

문 23. 다음 글에서 알 수 있는 것은?

주주 자본주의는 주주의 이윤을 극대화하는 것을 회사 경영의 목표로 하는 시스템을 말한다. 이 시스템은 자본가 계급을 사업가와 투자가로 나누어 놓았다. 그런데 주주 자본주의가 바꿔놓은 것이 하나 더 있다. 그것은 바로 노동자의 지위다. 주식회사가 생기기 이전에는 노동자가 생산수단들을 소유할 수 없었지만 이제는 거의 모든 생산수단이 잘게 쪼개져 누구나 그 일부를 구입할 수 있다. 노동자는 사업가를 위해서 일하고 사업가는 투자가를 위해 일하지만, 투자가들 중에는 노동자도 있는 것이다.

주주 자본주의를 비판하는 사람들은 기업이 주주의 이익만을 고려한다면, 다수의 사람들이 이익을 얻는 것이 아니라 소수의 독점적인 투자가들만 이익을 보장받는다고 지적한다. 또한 그들은 주주의 이익뿐만 아니라 기업과 연계되어 있는 이해관계자들 전체, 즉 노동자, 소비자, 지역사회 등을 고려해야 한다고 주장한다. 이러한 입장을 이해관계자 자본주의라고 한다.

주주 자본주의와 이해관계자 자본주의는 '기업이 존재하는 목적이 무엇인가?'라는 물음에 대한 답변이라고 할 수 있다. 물론 오늘날의 기업들은 극단적으로 한 가지 형태를 띠는 것이 아니라 양자가 혼합된 모습을 보인다. 기업은 주주의 이익을 최우선적으로 고려하지만, 노조 활동을 인정하고, 지역과 환경에 투자하며, 기부와 봉사 등 사회적 활동을 위해 노력하기도 한다.

① 주주 자본주의에서 주주의 이익과 사회적 공헌이 상충할 때 기업은 사회적 공헌을 우선적으로 선택한다.

② 주주 자본주의에서는 과거에 생산수단을 소유할 수 없었던 이들이 그것을 부분적으로 소유할 수 있게 되었다.

③ 이해관계자 자본주의에서는 지역사회의 일반 주민까지도 기업 경영의 전반적 영역에서 주도적인 역할을 담당한다.

④ 주주 자본주의와 이해관계자 자본주의가 혼합되면 기업의 사회적 공헌활동은 주주 자본주의에서보다 약화될 것이다.

⑤ 주주 자본주의와 이해관계자 자본주의가 혼합된 형태의 기업은 지역사회의 이익을 높이는 것을 최우선적으로 고려한다.

문 24. 다음 ㉠과 ㉡에 들어갈 말을 가장 적절하게 나열한 것은?

> 음향학에 관련된 다음의 두 가지 명제는 세 개의 원형 판을 가지고 실험함으로써 입증될 수 있다. 하나의 명제는 "지름과 모양이 같은 동일 재질의 원형 판이 진동할 때 발생하는 진동수는 두께에 비례한다."이고 다른 명제는 "모양과 두께가 같은 동일 재질의 원형 판이 진동할 때 발생하는 진동수는 판 지름의 제곱에 반비례한다."이다. 이를 입증하기 위해 모양이 같은 동일 재질의 원형 판 A, B 그리고 C를 준비하되 A와 B는 두께가 같고 C는 두께가 A의 두께의 두 배이며, A와 C는 지름이 같고 B의 지름은 A의 지름의 절반이 되도록 한다. 판을 때려서 발생하는 음을 듣고 B는 A보다 ㉠ 음을 내고, C는 A보다 ㉡ 음을 내는 것을 확인한다. 진동수가 두 배가 될 때 한 옥타브 높은 음이 나므로 두 명제는 입증이 된다.

	㉠	㉡
①	한 옥타브 낮은	두 옥타브 낮은
②	한 옥타브 높은	두 옥타브 높은
③	두 옥타브 낮은	한 옥타브 높은
④	두 옥타브 높은	한 옥타브 낮은
⑤	두 옥타브 높은	한 옥타브 높은

문 25. 다음 글의 내용이 참일 때, 가해자인 것이 확실한 사람(들)과 가해자가 아닌 것이 확실한 사람(들)의 쌍으로 적절한 것은?

> 폭력 사건의 용의자로 A, B, C가 지목되었다. 조사 과정에서 A, B, C가 각각 〈아래〉와 같이 진술하였는데, 이들 가운데 가해자는 거짓만을 진술하고 가해자가 아닌 사람은 참만을 진술한 것으로 드러났다.

> ─────〈아래〉─────
> A: 우리 셋 중 정확히 한 명이 거짓말을 하고 있다.
> B: 우리 셋 중 정확히 두 명이 거짓말을 하고 있다.
> C: A, B 중 정확히 한 명이 거짓말을 하고 있다.

	가해자인 것이 확실	가해자가 아닌 것이 확실
①	A	C
②	B	없음
③	B	A, C
④	A, C	B
⑤	A, B, C	없음

약점 보완 해설집 p.84

문 1. 다음 글에서 알 수 있는 것은?

1937년 중일전쟁 이후 일제가 앞세운 내선일체(內鮮一體)와 황국신민화(皇國臣民化)의 구호는 조선인의 민족의식과 저항정신을 상실케 하려는 기만적 통치술이었다. 일제는 조선인이 일본인과의 차이를 극복하고 혼연일체가 된 것이 내선일체이고 그 혼연일체 상태가 심화되면 조선인 또한 황국의 신민이 될 수 있다고 주장하였다. 조선인이 황국의 진정한 신민으로 거듭난다면 일왕과 신민의 관계가 군신 관계에서 부자 관계로 변화하여 일대가족국가를 이루게 된다는 것이 그들이 획책한 황국신민화의 논리였다. 이를 위해 일제는 조선인에게 '국가 총동원령'에 충실히 부응함으로써 대동아공영권(大東亞共榮圈) 건설에 복무하고 일왕에 충심을 다함으로써 내선의 차이를 해소하는 데 총력을 기울일 것을 강요하였다.

그러나 일제의 황국신민화 정책은 현실과 필연적으로 괴리될 수밖에 없었다. 일본인이 중심부를 형성하고 조선인이 주변부에 위치하는 엄연한 현실 속에서 그들이 내세우는 황국신민화의 논리는 허구에 불과했다. 일제는 황국신민화 정책을 통해 조선인을 명목상의 일본 국민으로 삼아 제국주의 전쟁에 동원하고자 하였다. 일제는 1945년 4월부터 조선인의 참정권을 허용한다고 하였으나 실제 선거는 한 번도 시행되지 않았다. 그럼에도 불구하고 조선의 친일파는 황국신민화가 그리는 모호한 이상과 미래를 적극적으로 내면화하여 자신들의 친일 행위를 합리화하였다. 그들은 황국신민화의 이상이 실현되면 조선인과 일본인 그 누구도 우월한 지위를 가질 수 없다는 일제의 주장을 맹신하였다. 그리고 이러한 단계에 도달하기 위해서는 먼저 조선인 스스로 진정한 '일본인'이 되기 위한 노력을 다해야 한다고 선동하였다. 어리석게도 친일파는 일제의 내선차별은 문명화가 덜 된 조선인에게 원인이 있으며, 제국의 황민으로 인정받겠다는 조선인의 자각과 노력이 우선될 때 그 차별이 해소될 수 있다고 보았던 것이다. 이와 같은 헛된 믿음으로 친일파는 일제의 강제 징용과 징병에 적극적으로 응하도록 조선인을 독려했다.

① 황국신민화의 이상이 실현되면 일왕과 신민의 군신 관계가 강화된다.

② 친일파는 조선인들이 노력하기에 따라 일본인과 같은 황민이 될 수 있다고 믿었다.

③ 황국신민화 정책은 친일파를 제외한 조선인이 독립운동의 필요성을 자각하는 계기가 되었다.

④ 친일파는 내선의 차별을 해소하기 위해 먼저 일본이 조선인에게 참정권을 허용해야 한다고 주장하였다.

⑤ 일제는 황국신민화의 논리로써 일본인과 조선인이 중심부와 주변부의 관계로 위계화된 현실을 극복하고자 하였다.

문 2. 다음 글에서 알 수 있는 것은?

내가 어렸을 때만 하더라도 원래 북아메리카에는 100만 명 가량의 원주민밖에 없었다고 배웠다. 이렇게 적은 수라면 거의 빈 대륙이라고 할 수 있으므로 백인들의 아메리카 침략은 정당해 보였다. 그러나 고고학 발굴과 미국의 해안 지방을 처음 밟은 유럽 탐험가들의 기록을 자세히 검토한 결과 원주민들이 처음에는 수천만 명에 달했다는 것을 알게 되었다. 아메리카 전체를 놓고 보았을 때 콜럼버스가 도착한 이후 한두 세기에 걸쳐 원주민 인구는 최대 95%가 감소한 것으로 추정된다.

그런데 유럽의 총칼에 의해 전쟁터에서 목숨을 잃은 아메리카 원주민보다 유럽에서 온 전염병에 의해 목숨을 잃은 원주민 수가 훨씬 많았다. 이 전염병은 대부분의 원주민들과 그 지도자들을 죽이고 생존자들의 사기를 떨어뜨림으로써 그들의 저항을 약화시켰다. 예를 들자면 1519년에 코르테스는 인구 수천만의 아스텍 제국을 침탈하기 위해 멕시코 해안에 상륙했다. 코르테스는 단 600명의 스페인 병사를 이끌고 아스텍의 수도인 테노치티틀란을 무모하게 공격했지만 병력의 3분의 2만 잃고 무사히 퇴각할 수 있었다. 여기에는 스페인의 군사적 강점과 아스텍족의 어리숙함이 함께 작용했다. 코르테스가 다시 쳐들어왔을 때 아스텍인들은 더 이상 그렇게 어리숙하지 않았고 몹시 격렬한 싸움을 벌였다. 그런데도 스페인이 우위를 점할 수 있었던 것은 바로 천연두 때문이었다. 이 병은 1520년에 스페인령 쿠바에서 감염된 한 노예와 더불어 멕시코에 도착했다. 그때부터 시작된 유행병은 거의 절반에 가까운 아스텍족을 몰살시켰으며 거기에는 쿠이틀라우악 아스텍 황제도 포함되어 있었다. 이 수수께끼의 질병은 마치 스페인인들이 무적임을 알리려는 듯 스페인인은 내버려 두고 원주민만 골라 죽였다. 그리하여 처음에는 약 2,000만에 달했던 멕시코 원주민 인구가 1618년에는 약 160만으로 곤두박질치고 말았다.

① 전염병에 대한 유럽인의 면역력은 그들의 호전성을 높여주었다.

② 스페인의 군사력이 아스텍 제국의 저항을 무력화하는 원동력이 되었다.

③ 아메리카 원주민의 수가 급격히 감소한 주된 원인은 전염병 감염이다.

④ 유럽인과 아메리카 원주민의 면역력 차이가 스페인과 아스텍 제국의 1519년 전투 양상을 변화시켰다.

⑤ 코르테스가 다시 침입했을 때 아스텍인들이 격렬히 저항한 것은 아스텍 황제의 죽음에 분노했기 때문이다.

문 3. 다음 글의 중심 내용으로 가장 적절한 것은?

2015년 한국직업능력개발원 보고서에 따르면 전체 대졸 취업자의 전공 불일치 비율이 6년 간 3.6%p 상승했다. 이는 우리 대학교육이 취업 환경의 급속한 변화를 따라가지 못하고 있음을 보여준다. 기존의 교육 패러다임으로는 오늘 같은 직업생태계의 빠른 변화에 대응하기 어려워 보인다. 중고등학교 때부터 직업을 염두에 둔 맞춤 교육을 하는 것이 어떨까? 그것은 두 가지 점에서 어리석은 방안이다. 한 사람의 타고난 재능과 역량이 가시화되는 데 훨씬 더 오랜 시간과 경험이 필요하다는 것이 첫 번째 이유이고, 사회가 필요로 하는 직업 자체가 빠르게 변하고 있다는 것이 두 번째 이유이다.

그렇다면 학교는 우리 아이들에게 무엇을 가르쳐야 할까? 교육이 아이들의 삶뿐만 아니라 한 나라의 미래를 결정한다는 사실을 고려하면 이것은 우리 모두의 운명을 좌우할 물음이다. 문제는 세계의 환경이 급속히 변하고 있다는 것이다. 2030년이면 현존하는 직종 가운데 80%가 사라질 것이고, 2011년에 초등학교에 입학한 어린이 중 65%는 아직 존재하지도 않는 직업에 종사하게 되리라는 예측이 있다. 이런 상황에서 교육이 가장 먼저 고려해야 할 것은 변화하는 직업 환경에 성공적으로 대응하는 능력에 초점을 맞추는 일이다.

이미 세계 여러 나라가 이런 관점에서 교육을 개혁하고 있다. 핀란드는 2020년까지 학교 수업을 소통, 창의성, 비판적 사고, 협동을 강조하는 내용으로 개편한다는 계획을 발표했다. 이와 같은 능력들은 빠르게 현실화되고 있는 '초연결 사회'에서의 삶에 필수적이기 때문이다. 말레이시아의 학교들은 문제해결 능력, 네트워크형 팀워크 등을 교과과정에 포함시키고 있고, 아르헨티나는 초등학교와 중학교에서 코딩을 가르치고 있다. 우리 교육도 개혁을 생각하지 않으면 안 된다.

① 한 국가의 교육은 당대의 직업구조의 영향을 받는다.

② 미래에는 현존하는 직업 중 대부분이 사라지는 큰 변화가 있을 것이다.

③ 세계 여러 국가는 변화하는 세상에 대응하여 전통적인 교육을 개편하고 있다.

④ 빠르게 변하는 불확실성의 세계에서는 미래의 유망 직업을 예측하는 일이 중요하다.

⑤ 교육은 다음 세대가 사회 환경의 변화에 대응하는 데 필요한 역량을 함양하는 방향으로 변해야 한다.

문 4. 다음 글에서 알 수 없는 것은?

현대 심신의학의 기초를 수립한 연구는 1974년 심리학자 애더에 의해 이루어졌다. 애더는 쥐의 면역계에서 학습이 가능하다는 주장을 발표하였는데, 그것은 면역계에서는 학습이 이루어지지 않는다고 믿었던 당시의 과학적 견해를 뒤엎는 발표였다. 당시까지는 학습이란 뇌와 같은 중추 신경계에서만 일어날 수 있을 뿐 면역계에서는 일어날 수 없다고 생각했다.

애더는 시클로포스파미드가 면역세포인 T세포의 수를 감소시켜 쥐의 면역계 기능을 억제한다는 사실을 알고 있었다. 어느 날 그는 구토를 야기하는 시클로포스파미드를 투여하기 전 사카린 용액을 먼저 쥐에게 투여했다. 그러자 그 쥐는 이후 사카린 용액을 회피하는 반응을 일으켰다. 그 원인을 찾던 애더는 쥐에게 시클로포스파미드는 투여하지 않고 단지 사카린 용액만 먹어도 쥐의 혈류 속에서 T세포의 수가 감소된다는 것을 알아내었다. 이것은 사카린 용액이라는 조건자극이 T세포 수의 감소라는 반응을 일으킨 것을 의미한다.

심리학자들은 자극-반응 관계 중 우리가 태어날 때부터 가지고 있는 것을 '무조건자극-반응'이라고 부른다. '음식물-침 분비'를 예로 들 수 있고, 애더의 실험에서는 '시클로포스파미드-T세포 수의 감소'가 그 예이다. 반면에 무조건자극이 새로운 조건자극과 연결되어 반응이 일어나는 과정을 '파블로프의 조건형성'이라고 부른다. 애더의 실험에서 쥐는 조건형성 때문에 사카린 용액만 먹어도 시클로포스파미드를 투여 받았을 때처럼 T세포 수의 감소 반응을 일으킨 것이다. 이런 조건형성 과정은 경험을 통한 행동의 변화라는 의미에서 학습과정이라 할 수 있다.

이 연구 결과는 몇 가지 점에서 중요하다고 할 수 있다. 심리적 학습은 중추신경계의 작용으로 이루어진다. 그런데 면역계에서도 학습이 이루어진다는 것은 중추신경계와 면역계가 독립적이지 않으며 어떤 방식으로든 상호작용한다는 것을 말해준다. 이 발견으로 연구자들은 마음의 작용이나 정서 상태에 의해 중추신경계의 뇌세포에서 분비된 신경전달물질이나 호르몬이 우리의 신체 상태에 어떠한 영향을 끼치게 되는지를 더 면밀히 탐구하게 되었다.

① 쥐에게 시클로포스파미드를 투여하면 T세포 수가 감소한다.

② 애더의 실험에서 사카린 용액은 새로운 조건자극의 역할을 한다.

③ 애더의 실험은 면역계가 중추신경계와 상호작용할 수 있음을 보여준다.

④ 애더의 실험 이전에는 중추신경계에서 학습이 가능하다는 것이 알려지지 않았다.

⑤ 애더의 실험에서 사카린 용액을 먹은 쥐의 T세포 수가 감소하는 것은 면역계의 반응이다.

문 5. 다음 글에 비추어 ㉠이 적절하게 이루어진 사례만을 〈보기〉에서 모두 고르면?

국제·외교관계에서 조약은 국가 간, 국제기구 간, 국가와 국제기구 간 서면형식으로 체결되며 국제법에 의해 규율되는 합의이다. 반면, ㉠기관 간 약정은 국가를 제외한 정부기관이 동일 또는 유사 업무를 수행하는 외국의 정부기관과 체결하는 합의로 법적 구속력이 없다. 이때 기관 간 약정의 서명은 해당 기관의 장이 하는 것이 원칙이다. 다만 해당 기관의 장이 사정상 직접 서명할 수 없는 경우에는 그의 위임을 받은 해당 기관의 고위직 인사가 서명을 할 수도 있다. 만일 기관 간 약정을 조속히 체결할 필요성이 있으나 양국 관계부처 간의 방문 계획이 없어서 체결이 지연되고 이로 인해 양국 관계부처 간 불편이 야기될 가능성이 있는 등의 경우에는, 우편으로 서명문서를 교환하거나 외교통상부 재외공관을 통하여 서명문서를 교환하는 방법으로 그 체결을 행할 수 있다.

해당 기관의 장이 사정상 직접 서명할 수 없어서 그의 위임을 받은 고위직 인사가 서명을 대신할 때, 정부기관장 명의의 전권위임장을 만들어 제출하는 경우가 있는데, 이는 적절하지 않다. 전권위임장이란 국가 간 조약문안의 교섭·채택이나 인증을 위하여 또는 조약에 대한 국가의 기속적 동의를 표시하기 위하여 어떤 사람으로 하여금 국가를 대표하도록 임명하는 문서이기 때문이다. 만약 상대국에서 굳이 서명 위임에 대한 인증 문건의 제출을 요구한다면, 위임장을 제출하는 방향으로 검토해 볼 수 있을 것이다. 또한 기관 간 약정에 서명을 할 때 양국 정상이 임석하는 경우가 있는데, 이는 기관 간 약정이 양국 간의 조약으로 오해될 소지가 있으므로 부적절하다.

〈보기〉
ㄱ. A국 산업통상자원부 장관 명의의 전권위임장을 제출한 산업통상자원부 차관과 B국 기업에너지산업전략부 장관 간에 '에너지산업협력 약정'이 체결된 사례
ㄴ. 국외출장이 어려운 상황에서 시급한 약정의 조속한 체결을 위해 A국 산업통상자원부 장관과 B국 자원개발부 장관 간에 우편으로 서명문서를 교환한 사례
ㄷ. A국 대통령의 B국 방문을 계기로 양국 정상의 임석 하에 A국 기술무역부 장관과 B국 과학기술부 장관 간에 '과학기술협력에 관한 약정'이 체결된 사례

① ㄱ
② ㄴ
③ ㄱ, ㄷ
④ ㄴ, ㄷ
⑤ ㄱ, ㄴ, ㄷ

문 6. 다음 글의 내용이 참일 때, 반드시 참인 것만을 〈보기〉에서 모두 고르면?

교수 갑~정 중에서 적어도 한 명을 국가공무원 5급 및 7급 민간경력자 일괄채용 면접위원으로 위촉한다. 위촉 조건은 아래와 같다.
○ 갑과 을 모두 위촉되면, 병도 위촉된다.
○ 병이 위촉되면, 정도 위촉된다.
○ 정은 위촉되지 않는다.

〈보기〉
ㄱ. 갑과 병 모두 위촉된다.
ㄴ. 정과 을 누구도 위촉되지 않는다.
ㄷ. 갑이 위촉되지 않으면, 을이 위촉된다.

① ㄱ
② ㄷ
③ ㄱ, ㄴ
④ ㄴ, ㄷ
⑤ ㄱ, ㄴ, ㄷ

문 7. 다음 글에서 추론할 수 있는 것만을 〈보기〉에서 모두 고르면?

전전두엽 피질에는 뇌의 중요한 기제가 있는데, 이 기제는 당신이 다른 사람과 실시간으로 대화하고 있는 동안 당신과 그 사람을 동시에 감시한다. 이는 상대에게 적절하고 부드럽게 응답하도록 하며, 무례하게 행동하거나 분노를 표출하려는 충동을 억제하는 역할을 한다.

이 조절 기제가 잘 작동하기 위해서는 얼굴을 맞대고 대화하면서 실시간으로 피드백을 받을 수 있어야 한다. 하지만 인터넷은 그러한 피드백을 허용하지 않는다. 이는 전전두엽에 있는 충동억제회로를 당황하게 만든다. 서로를 바라보며 대화 상대방의 반응을 관찰할 수 없기 때문이다. 이로 인해 '탈억제' 현상, 즉 충동이 억제에서 풀려나는 현상이 나타날 수 있다.

탈억제는 사람들이 긍정적이거나 중립적인 감정 상태에 있는 동안에는 잘 일어나지 않는 경향이 있다. 인터넷에서 의사소통이 원활하게 이루어지는 경우는 이러한 경향 때문이다. 탈억제는 사람들이 부정적인 감정을 강하게 느낄 때 훨씬 더 잘 일어난다. 그 결과 충동이 억제되지 못하고 화를 내거나 감정적으로 거친 메시지를 보내는 현상이 나타난다. 만약 상대방을 마주 보고 있었더라면 쓰지 않았을 말을 인터넷상에서 쓰는 식이다. 충동억제회로가 제대로 작동하면 인터넷상에서는 물론 오프라인과 일상생활에서도 조심스러운 매너로 상대를 대하게 된다. 그런 경우 상호교제는 더 매끄럽게 진행될 수 있다.

─────〈보기〉─────

ㄱ. 부정적인 감정을 조절하는 교육 프로그램은 탈억제 현상을 감소시키는 데 도움이 될 것이다.

ㄴ. 전전두엽의 충동억제회로에 이상이 생기면 상대방에게 무례한 응답을 할 가능성이 높아질 것이다.

ㄷ. 기술의 발전으로 인터넷상에서도 면대면 실시간 대화의 효과를 낼 수 있다면, 인터넷상에서 탈억제 현상이 감소할 수 있다.

① ㄱ

② ㄴ

③ ㄱ, ㄷ

④ ㄴ, ㄷ

⑤ ㄱ, ㄴ, ㄷ

문 8. 다음 글의 (가)~(다)에 대한 분석으로 옳은 것만을 〈보기〉에서 모두 고르면?

바람직한 목적을 지닌 정책을 달성하기 위해 옳지 않은 수단을 사용하는 것이 정당화될 수 있는가? 공동선의 증진을 위해 일반적인 도덕률을 벗어난 행동을 할 수밖에 없을 때, 공직자들은 이러한 문제에 직면한다. 이에 대해서 다음과 같은 세 가지 주장이 제기되었다.

(가) 공직자가 공동선을 증진하기 위해 전문적 역할을 수행할 때는 일반적인 도덕률이 적용되어서는 안 된다. 공직자의 비난받을 만한 행동은 그 행동의 결과에 의해서 정당화될 수 있다. 즉 공동선을 증진하는 결과를 가져온다면 일반적인 도덕률을 벗어난 공직자의 행위도 정당화될 수 있다.

(나) 공직자의 행위를 평가함에 있어 결과의 중요성을 과장해서는 안 된다. 일반적인 도덕률을 어긴 공직자의 행위가 특정 상황에서 최선의 것이었다고 하더라도, 그가 잘못된 행위를 했다는 것은 부정할 수 없다. 공직자 역시 일반적인 도덕률을 공유하는 일반 시민 중 한 사람이며, 이에 따라 일반 시민이 가지는 도덕률에서 자유로울 수 없다.

(다) 민주사회에서 권력은 선거를 통해 일반 시민들로부터 위임 받은 것이고, 이에 의해 공직자들이 시민들을 대리한다. 따라서 공직자들의 공적 업무 방식은 일반 시민들의 의지를 반영한 것일 뿐만 아니라 동의를 얻은 것이다. 그러므로 민주사회에서 공직자의 모든 공적 행위는 정당화될 수 있다.

─────〈보기〉─────

ㄱ. (가)와 (나) 모두 공직자가 공동선의 증진을 위해 일반적인 도덕률을 벗어난 행위를 하는 경우는 사실상 일어날 수 없다는 것을 전제하고 있다.

ㄴ. 어떤 공직자가 일반적인 도덕률을 어기면서 공적 업무를 수행하여 공동선을 증진했을 경우, (가)와 (다) 모두 그 행위는 정당화될 수 있다고 주장할 것이다.

ㄷ. (나)와 (다) 모두 공직자도 일반 시민이라는 것을 주요 근거로 삼고 있다.

① ㄱ

② ㄴ

③ ㄱ, ㄷ

④ ㄴ, ㄷ

⑤ ㄱ, ㄴ, ㄷ

2017　해커스PSAT 7급+민경채 PSAT 16개년 기출문제집 언어논리

문 9. 다음 글에서 추론할 수 있는 것은?

> 인간이 부락집단을 형성하고 인간의 삶 전체가 반영된 이야기가 시작되었을 때부터 설화가 존재하였다. 설화에는 직설적인 표현도 있지만, 풍부한 상징성을 가진 것이 많다. 이 이야기들에는 민중이 믿고 숭상했던 신들에 관한 신성한 이야기인 신화, 현장과 증거물을 중심으로 엮은 역사적인 이야기인 전설, 민중의 욕망과 가치관을 보여주는 허구적 이야기인 민담이 있다. 설화 속에는 원(願)도 있고 한(恨)도 있으며, 아름답고 슬픈 사연도 있다. 설화는 한 시대의 인간들의 삶과 문화이며 바로 그 시대에 살았던 인간의식 그 자체이기에 설화 수집은 중요한 일이다.
>
> 상주지방에 전해오는 '공갈못설화'를 놓고 볼 때 공갈못의 생성은 과거 우리의 농경사회에서 중요한 역사적 사건으로서 구전되고 인식되었지만, 이에 관한 당시의 문헌 기록은 단 한 줄도 전해지지 않고 있다. 이는 당시 신라의 지배층이나 관의 입장에서 공갈못 생성에 관한 것이 기록할 가치가 있는 정치적 사건은 아니라는 인식을 보여준다. 공갈못 생성은 다만 농경생활에 필요한 농경민들의 사건이었던 것이다.
>
> 공갈못 관련 기록은 조선시대에 와서야 발견된다. 이에 따르면 공갈못은 삼국시대에 형성된 우리나라 3대 저수지의 하나로 그 중요성이 인정되었다. 당대에 기록되지 못하고 한참 후에서야 단편적인 기록들만이 전해진 것이다. 일본은 고대 역사를 제대로 정리한 기록이 없는데도 주변에 흩어진 기록과 구전(口傳)을 모아 『일본서기』라는 그럴싸한 역사책을 완성하였다. 이 점을 고려할 때 역사성과 현장성이 있는 전설을 가볍게 취급해서는 결코 안 된다. 이러한 의미에서 상주지방에 전하는 지금의 공갈못에 관한 이야기도 공갈못 생성의 증거가 될 수 있는 역사성을 가진 귀중한 자료인 것이다.

① 공갈못설화는 전설에 해당한다.

② 설화가 기록되기 위해서는 원이나 한이 배제되어야 한다.

③ 삼국의 사서에는 농경생활 관련 사건이 기록되어 있지 않다.

④ 한국의 3대 저수지 생성 사건은 조선시대에 처음 기록되었다.

⑤ 조선과 일본의 역사기술 방식의 차이는 전설에 대한 기록 여부에 있다.

문 10. 다음 글의 ㉠~㉢을 〈정보〉로 평가한 것으로 적절한 것은?

> '사람 한 명당 쥐 한 마리', 즉 지구상에 사람 수만큼의 쥐가 있다는 통계에 대한 믿음은 1백 년쯤 된 것이지만 잘못된 믿음이다. 이 가설은 1909년 뵐터가 쓴 『문제』라는 책에서 비롯되었다. 영국의 지방을 순회하던 뵐터에게 문득 이런 생각이 떠올랐다. "1에이커(약 4천 제곱미터)에 쥐 한 마리쯤 있다고 봐도 별 무리가 없지 않을까?" 이것은 근거가 박약한 단순한 추측에 불과했지만, 그는 무심코 떠오른 이런 추측에서 추론을 시작했다. 뵐터는 이 추측을 ㉠첫 번째 전제로 삼고 영국의 국토 면적이 4천만 에이커 정도라는 사실을 추가 전제로 고려하여 영국에 쥐가 4천만 마리쯤 있으리라는 ㉡중간 결론에 도달했다. 그런데 마침 당시 영국의 인구가 약 4천만 명이었고, 이런 우연한 사실을 발판 삼아 그는 세상 어디에나 인구 한 명당 쥐도 한 마리쯤 있을 것이라는 ㉢최종 결론을 내렸다. 이것은 논리적 관점에서 타당성이 의심스러운 추론이었지만, 사람들은 이 결론을 이상하리만큼 좋아했다. 쥐의 개체 수를 실제로 조사하는 노고도 없이 '한 사람당 쥐 한 마리'라는 어림값은 어느새 사람들의 믿음으로 굳어졌다. 이 믿음은 국경마저 뛰어넘어, 미국의 방역업체나 보건을 담당하는 정부 기관이 이를 참고하기도 했다. 지금도 인구 약 900만인 뉴욕시에 가면 뉴욕시에 900만 마리쯤의 쥐가 있다고 믿는 사람을 어렵잖게 만날 수 있다.

─────〈정보〉─────

(가) 최근 조사에 의하면 뉴욕시에는 약 30만 마리의 쥐가 있는 것으로 추정된다.

(나) 20세기 초의 한 통계조사에 의하면 런던의 주거 밀집 지역에는 가구당 평균 세 마리의 쥐가 있었다.

(다) 사람들이 자기 집에 있다고 생각하는 쥐의 수는 실제 조사를 통해 추정된 쥐의 수보다 20% 정도 더 많다.

(라) 쥐의 개체수 조사에는 특정 건물을 표본으로 취해 쥐구멍을 세고 쥐 배설물 같은 통행 흔적을 살피는 방법과 일정 면적마다 설치한 쥐덫을 활용하는 방법 등이 있는데, 다양한 방법으로 조사한 결과가 서로 높은 수준의 일치를 보인다.

① (가)는 ㉢을 약화한다.

② (나)는 ㉠을 강화한다.

③ (다)는 ㉢을 강화한다.

④ (라)는 ㉡을 약화한다.

⑤ (나)와 (다)가 참인 경우, ㉡은 참일 수 없다.

문 11. 다음 글에서 알 수 없는 것은?

무인정변 이후 집권자들의 권력 쟁탈로 지방에 대한 통제력이 이완되고 지배층의 수탈이 더욱 심해지자 백성들은 이에 저항하는 민란을 일으켰다. 이들은 당시 사료에 '산적'이나 '화적', 또는 '초적'이라는 이름의 도적으로 일컬어졌다. 최우는 집권 후 야별초를 만들어 이들을 진압하려 했다. 야별초는 집권자의 사병처럼 이용되어 주로 민란을 진압하고 정적을 제거하는 데 동원되었다. 이들은 그 대가로 월등한 녹봉이나 상여금과 함께 진급에서 특혜를 누렸고, 최씨 정권은 안팎의 위협으로부터 안전할 수 있었다. 이후 규모가 방대해진 야별초는 좌별초와 우별초로 나뉘었고 여기에 신의군이 합해져 삼별초로 계승되었다.

1231년 몽고의 공격이 시작되자 최우를 중심으로 한 무인 정권은 항전을 주장하였으나, 왕과 문신관료들은 왕권회복을 희망하여 몽고와의 강화(講和)를 바랐다. 대몽항전을 정권 유지를 위한 방책으로 활용하려 했던 최우는 다수의 반대를 무릅쓰고 강화도 천도를 결행하였으나 이는 지배세력 내의 불만을 증폭시켰으며 백성들에게는 권력자들의 안전만을 도모하는 일종의 배신행위로 받아들여졌다.

이후 무인 정권이 붕괴되자 그 주력부대였던 삼별초는 개경으로 환도한 고려 정부에 불복해 강화도에서 반란을 일으켰다. 삼별초의 난이 일어나자 전쟁 중에 몽고 침략 및 지배층의 과중한 수탈에 맞서 싸워 왔던 일반 백성들의 호응이 뒤따랐다. 1270년 봉기하여 1273년 진압될 때까지 약 3년에 걸쳐 진행된 삼별초의 난에는 서로 다른 두 가지 성격이 양립하고 있었다. 하나는 지배층 내부의 정쟁에서 패배한 무인 정권의 잔존세력이 일으킨 정치적 반란이고, 다른 하나는 민란의 전통과 대몽 항쟁의 전통을 계승한 백성들의 항쟁이다. 전자는 무너진 무인 정권을 회복하고 눈앞에 닥친 정치적 보복에서 벗어나기 위해 몽고와 고려 정부에 항쟁하던 삼별초의 반란이었다. 후자는 새로운 권력층과 침략자의 결탁 속에서 가중되는 수탈에 저항하던 백성들이 때마침 삼별초의 난을 만나 이에 합류하는 형태로 일으킨 민란이었다.

① 최우의 강화도 천도는 국왕과 문신 및 백성들의 지지를 얻지 못하였다.

② 야별초가 주로 상대한 도적은 지배층의 수탈에 저항하던 백성들이었다.

③ 삼별초의 난에서 삼별초와 일반 백성들은 항전의 대상과 목적이 같았다.

④ 설립 이후 진압될 때까지 삼별초는 무인 정권을 옹호하는 성격을 지닌 집단이었다.

⑤ 삼별초는 개경의 중앙 정부에 반대하고 몰락한 무인 정권을 회복하기 위해 반란을 일으켰다.

문 12. 다음 글에서 알 수 있는 것은?

우리들 대부분이 당연시하지만 세상을 이해하는 데 필요한 몇몇 범주는 표준화를 위해 노력한 국가적 사업에 그 기원이 있다. 성(姓)의 세습이 대표적인 사례이다.

부계(父系) 성의 고착화는 대부분의 경우 국가적 프로젝트였으며, 관리가 시민들의 신원을 분명하게 확인할 수 있도록 설계되었다. 이 프로젝트의 성공은 국민을 '읽기 쉬운' 대상으로 만드는 데 달려 있다. 개개인의 신원을 확보하고 이를 친족 집단과 연결시키는 방법 없이는 세금 징수, 소유권 증서 발행, 징병 대상자 목록 작성 등은 어렵기 때문이다. 여기서 짐작할 수 있는 것처럼 부계 성을 고착화하려는 노력은 한층 견고하고 수지맞는 재정 시스템을 구축하려는 국가의 의도에서 비롯되었다.

국민을 효율적으로 통치하기 위한 성의 세습은 시기적으로 일찍 발전한 국가에서 나타났다. 이 점과 관련해 중국은 인상적인 사례이다. 대략 기원전 4세기에 진(秦)나라는 세금 부과, 노역, 징집 등에 이용하기 위해 백성 대다수에게 성을 부여한 다음 그들의 호구를 파악한 것으로 알려져 있다. 이러한 시도가 '라오바이싱'[老百姓]이라는 용어의 기원이 되었으며, 이는 문자 그대로 '오래된 100개의 성'이란 뜻으로 중국에서 '백성'을 의미하게 되었다.

예로부터 중국에 부계전통이 있었지만 진나라 이전에는 몇몇 지배 계층의 가문 및 그 일족을 제외한 백성은 성이 없었다. 그들은 성이 없었을 뿐만 아니라 지배 계층을 따라 성을 가질 생각도 하지 않았다. 부계 성을 따르도록 하는 진나라의 국가 정책은 가족 내에서 남편에게 우월한 지위를 부여하고, 부인, 자식, 손아랫사람에 대한 법적인 지배권을 주면서 가족 전체에 대한 재정적 의무를 지도록 했다. 이러한 정책은 모든 백성에게 인구 등록을 요구했다. 아무렇게나 불리던 사람들의 이름에 성을 붙여 분류한 다음, 아버지의 성을 후손에게 영구히 물려주도록 한 것이다.

① 부계전통의 확립은 중국에서 처음 이루어졌다.

② 진나라는 모든 백성에게 새로운 100개의 성을 부여하였다.

③ 중국의 부계전통은 진나라가 부계 성 정책을 시행함에 따라 만들어졌다.

④ 진나라의 부계 성 정책은 몇몇 지배 계층의 기존 성을 확산하려는 시도였다.

⑤ 진나라가 백성에게 성을 부여한 목적은 통치의 효율성을 높이고자 한 것이었다.

문 13. 다음 글에서 추론할 수 있는 것은?

조선후기 숙종 때 서울 시내의 무뢰배가 검계를 결성하여 무술훈련을 하였다. 좌의정 민정중이 '검계의 군사훈련 때문에 한양의 백성들이 공포에 떨고 있으니 이들을 처벌해야 한다.'고 상소하자 임금이 포도청에 명하여 검계 일당을 잡아들이게 하였다. 포도대장 장봉익은 몸에 칼자국이 있는 자들을 잡아들였는데, 이는 검계 일당이 모두 몸에 칼자국을 내어 자신들과 남을 구별하는 징표로 삼았기 때문이다.

검계는 원래 향도계에서 비롯하였다. 향도계는 장례를 치르기 위해 결성된 계였다. 비용이 많이 소요되는 장례에 대비하기 위해 계를 구성하여 평소 얼마간 금전을 갹출하고, 구성원 중에 상을 당한 자가 있으면 갹출한 금전에 얼마를 더하여 비용을 마련해주는 방식이었다. 향도계는 서울 시내 백성들에게 널리 퍼져 있었으며, 양반들 중에도 가입하는 이들이 있었다. 향도계를 관리하는 조직을 도가라 하였는데, 도가는 점차 죄를 지어 법망을 피하려는 자들을 숨겨주는 소굴이 되었다. 이 도가 내부의 비밀조직이 검계였다.

검계의 구성원들은 스스로를 왈짜라 부르고 있었다. 왈짜는 도박장이나 기생집, 술집 등 도시의 유흥공간을 세력권으로 삼아 활동하는 이들이었다. 하지만 모든 왈짜가 검계의 구성원이었던 것은 아니다. 왈짜와 검계는 모두 폭력성을 지녔고 활동하는 주 무대도 같았지만 왈짜는 검계와 달리 조직화된 집단은 아니었다. 부유한 집안의 아들이었던 김홍연은 대과를 준비하다가 너무 답답하다는 이유로 중도에 그만두고 무과 공부를 하였다. 그는 무예에 탁월했지만 지방 출신이라는 점이 출세하는 데 장애가 될 것을 염려하여 무과 역시 포기하고 왈짜가 되었다. 김홍연은 왈짜였지만 검계의 일원은 아니었다.

① 도가의 장은 향도계의 장을 겸임하였다.
② 향도계의 구성원 중에는 검계 출신이 많았다.
③ 향도계는 공공연한 조직이었지만 검계는 비밀조직이었다.
④ 몸에 칼자국이 없으면서 검계의 구성원인 왈짜도 있었다.
⑤ 김홍연이 검계의 일원이 되지 못하고 왈짜에 머물렀던 것은 지방 출신이었기 때문이다.

문 14. 다음 글의 (가)~(다)에 들어갈 진술을 〈보기〉에서 골라 짝지은 것으로 가장 적절한 것은?

비어즐리는 '제도론적 예술가'와 '낭만주의적 예술가'의 개념을 대비시킨다. 낭만주의적 예술가는 사회의 모든 행정과 교육의 제도로부터 독립하여 작업하는 사람이다. 그는 자기만의 상아탑에 칩거하며, 혼자 캔버스 위에서 일하고, 자신의 돌을 깎고, 자신의 소중한 서정시의 운율을 다듬는다.

그러나 사회와 동떨어져 혼자 작업하더라도 예술가는 작품을 만드는 동안 예술 제도로부터 단절될 수 없다. (가) 즉 예술가는 특정 예술 제도 속에서 예술의 사례들을 경험하고, 예술적 기술의 훈련이나 교육을 받음으로써 예술에 대한 배경지식을 얻게 된다. 그리고 이와 같은 배경지식이 예술가의 작품 활동에 반영된다.

낭만주의적 예술가 개념은 예술 창조의 주도권이 완전히 개인에게 있으며 예술가가 문화의 진공 상태 안에서 작품을 창조할 수 있다고 가정한다. 하지만 그런 낭만주의적 예술가는 사실상 존재하기 어렵다. 심지어 어린 아이들의 그림이나 놀이조차도 문화의 진공 상태에서 이루어지지 않는다. (나)

어떤 사람이 예술작품을 전혀 본 적 없는 상태에서 진흙으로 어떤 형상을 만들어냈다고 가정해 보자. 이것이 지금까지 본 적이 없던 새로운 형상이라 하더라도, 그 사람은 예술작품을 창조한 것이라 볼 수 없다. (다) 비어즐리의 주장과는 달리 예술가는 아무 맥락 없는 진공 상태에서 창작하지 않는다. 예술은 어떤 사람이 문화적 역할을 수행한 산물이며, 언제나 문화적 주형(鑄型) 안에 존재한다.

〈보기〉
ㄱ. 왜냐하면 어떤 사람이 예술작품을 창조하였다고 하기 위해서는 그는 예술작품이 무엇인가에 대한 개념을 가지고 있어야 하기 때문이다.
ㄴ. 왜냐하면 사람은 두세 살만 되어도 인지구조가 형성되고, 이 과정에서 문화의 영향을 받을 수밖에 없기 때문이다.
ㄷ. 왜냐하면 예술가들은 예술작품을 만들 때 의식적이든 무의식적이든 예술교육을 받으면서 수용한 가치 등을 고려하는데, 그러한 교육은 예술 제도 안에서 이루어지기 때문이다.

	(가)	(나)	(다)
①	ㄱ	ㄴ	ㄷ
②	ㄴ	ㄱ	ㄷ
③	ㄴ	ㄷ	ㄱ
④	ㄷ	ㄱ	ㄴ
⑤	ㄷ	ㄴ	ㄱ

문 15. 다음 글에서 알 수 있는 것은?

아리스토텔레스는 정치체제를 세 가지로 구분하는데, 군주정, 귀족정, 제헌정이 그것이다. 세 번째 정치체제는 재산의 등급에 기초한 정치체제로서, 금권정으로 불러야 마땅하지만, 대부분의 사람들은 제헌정이라고 부른다. 이것들 가운데 최선은 군주정이며 최악은 금권정이다.

또한 그는 세 가지 정치체제가 각기 타락한 세 가지 형태를 제시한다. 참주정은 군주정의 타락한 형태이다. 양자 모두 일인 통치 체제이긴 하지만 그 차이는 엄청나다. 군주는 모든 좋은 점에 있어서 다른 사람들을 능가하기 때문에 자신을 위해 어떤 것도 필요로 하지 않는다. 그래서 군주는 자기 자신에게 이익이 되는 것이 아니라 다스림을 받는 사람에게 이익이 되는 것을 추구한다. 반면 참주는 군주의 반대이다. 못된 군주가 참주가 된다. 참주는 자신에게만 이익이 되는 것을 추구하기에, 참주정은 최악의 정치체제이다.

귀족정이 과두정으로 타락하는 것은 지배자 집단의 악덕 때문이다. 그 지배자 집단은 도시의 소유물을 올바르게 배분하지 않으며, 좋은 것들 전부 혹은 대부분을 자신들에게 배분하고 공직은 항상 자신들이 차지한다. 그들이 가장 중요하게 생각하는 것은 부를 축적하는 일이다. 과두정에서는 소수만이 다스리는데, 훌륭한 사람들이 아니라 못된 사람들이 다스린다.

민주정은 다수가 통치하는 체제이다. 민주정은 금권정으로부터 나온다. 금권정 역시 다수가 통치하는 체제인데, 일정 재산 이상의 자격 요건을 갖춘 사람들은 모두 동등하기 때문이다. 타락한 정치체제 중에서는 민주정이 가장 덜 나쁜 것이다. 제헌정의 기본 틀에서 약간만 타락한 것이기 때문이다.

① 정치체제의 형태는 일곱 가지이다.
② 군주정은 민주정보다 나쁜 정치체제이다.
③ 제헌정, 참주정, 귀족정, 과두정 중에서 최악의 정치체제는 제헌정이다.
④ 금권정에서 타락한 형태의 정치체제가 과두정보다 더 나쁜 정치체제이다.
⑤ 군주정과 참주정은 일인 통치 체제이지만, 제헌정과 민주정은 다수가 통치하는 체제이다.

문 16. 다음 글의 결론을 이끌어내기 위해 추가해야 할 전제만을 〈보기〉에서 모두 고르면?

젊고 섬세하고 유연한 자는 아름답다. 아테나는 섬세하고 유연하다. 아름다운 자가 모두 훌륭한 것은 아니다. 덕을 가진 자는 훌륭하다. 아테나는 덕을 가졌다. 아름답고 훌륭한 자는 행복하다. 따라서 아테나는 행복하다.

〈보기〉

ㄱ. 아테나는 젊다.
ㄴ. 아테나는 훌륭하다.
ㄷ. 아름다운 자는 행복하다.

① ㄱ
② ㄷ
③ ㄱ, ㄴ
④ ㄴ, ㄷ
⑤ ㄱ, ㄴ, ㄷ

문 17. 다음 글의 논지를 지지하는 진술로 적절한 것만을 〈보기〉에서 모두 고르면?

　　과학과 예술이 무관하다는 주장의 첫 번째 근거는 과학과 예술이 인간의 지적 능력의 상이한 측면을 반영한다는 것이다. 즉 과학은 주로 분석·추론·합리적 판단과 같은 지적 능력에 기인하는 반면에, 예술은 종합·상상력·직관과 같은 지적 능력에 기인한다고 생각한다. 두 번째 근거는 과학과 예술이 상이한 대상을 다룬다는 것이다. 과학은 인간 외부에 실재하는 자연의 사실과 법칙을 다루기에 과학자는 사실과 법칙을 발견하지만, 예술은 인간의 내면에 존재하는 심성을 탐구하며, 미적 가치를 창작하고 구성하는 활동이라고 본다. 그러나 이렇게 과학과 예술을 대립시키는 태도는 과학과 예술의 특성을 지나치게 단순화하는 것이다. 과학이 단순한 발견의 과정이 아니듯이 예술도 순수한 창조와 구성의 과정이 아니기 때문이다. 과학에는 상상력을 이용하는 주체의 창의적 과정이 개입하며, 예술 활동은 전적으로 임의적인 창작이 아니라 논리적 요소를 포함하는 창작이다. 과학 이론이 만들어지기 위해 필요한 것은 냉철한 이성과 객관적 관찰만이 아니다. 새로운 과학 이론의 발견을 위해서는 상상력과 예술적 감수성이 필요하다. 반대로 최근의 예술적 성과 중에는 과학기술의 발달에 의해 뒷받침된 것이 많다.

〈보기〉

ㄱ. 과학자 왓슨과 크릭이 없었더라도 누군가 DNA 이중나선 구조를 발견하였겠지만, 셰익스피어가 없었다면『오셀로』는 결코 창작되지 못하였을 것이다.

ㄴ. 물리학자 파인만이 주장했듯이 과학에서 이론을 정립하는 과정은 가장 아름다운 그림을 그려나가는 예술가의 창작 작업과 흡사하다.

ㄷ. 입체파 화가들은 수학자 푸앵카레의 기하학 연구를 자신들의 그림에 적용하고자 하였으며, 이런 의미에서 피카소는 "내 그림은 모두 연구와 실험의 산물이다."라고 말하였다.

① ㄱ

② ㄷ

③ ㄱ, ㄴ

④ ㄴ, ㄷ

⑤ ㄱ, ㄴ, ㄷ

문 18. 다음 글의 ⊙을 지지하는 것만을 〈보기〉에서 모두 고르면?

　　카나리아의 수컷과 암컷은 해부학적으로 동일한 구조의 발성기관을 가지고 있다. 또 새끼 때 모든 카나리아는 종 특유의 지저귀는 소리를 들으며 자란다. 그러나 성체가 되면 수컷만이 종 특유의 소리로 지저귄다. 수컷 카나리아는 다른 수컷들과 경쟁하거나 세력권을 주장할 때 이 소리를 낸다. 수컷은 암컷을 유혹할 때도 이 소리를 내는데, 이는 암컷이 종 특유의 소리를 내지는 못해도 그것을 알고 있음을 시사한다.

　　아비의 울음소리를 들으며 자라던 어린 카나리아는 둥지를 떠나 서식지를 이동하면서 다른 종의 새들과도 만나게 된다. 둥지를 떠난 후에도 어린 카나리아는 한동안 그들 종 특유의 울음소리를 내지 못할뿐만 아니라 지저귀지도 않는다. 그러나 이듬해 봄이 가까워 오고 낮이 차츰 길어지면서 어린 수컷 카나리아의 몸에서는 수컷에만 있는 기관A가 발달해 커지기 시작하고, 기관A에서 분비되는 물질B의 분비량도 증가한다. 이로 인해 수컷의 몸에서 물질B의 혈중 농도가 높아지고, 그에 따라 수컷은 지저귀는 소리를 내려고 하기 시작한다. 수컷 카나리아가 처음 내는 소리는 종 특유의 울음소리가 아니다. 그러나 다른 수컷들에게서 그 소리를 배울 수 없는 상황에서도 수컷 카나리아가 내는 소리는 종 특유의 소리에 점점 가까워지고 결국 종 특유의 소리가 된다.

　　과학자들은 왜 카나리아의 수컷만 종 특유의 소리로 지저귀는지를 연구하였다. 그리고 ⊙ 그 이유가 수컷의 몸에서만 분비되는 물질B가 종 특유의 소리를 내는 데 필요한 뇌의 특정 부분을 발달시키기 때문이라는 것을 알아냈다.

〈보기〉

ㄱ. 봄이 시작될 무렵부터 조금씩 양을 늘려가면서 어린 암컷 카나리아에게 물질B를 주사하였더니 결국 종 특유의 소리로 지저귀게 되었다.

ㄴ. 어린 수컷 카나리아의 뇌에 물질B의 효과를 억제하는 성분의 약물을 꾸준히 투여하였더니 성체가 되어도 종 특유의 울음소리를 내지 못하였다.

ㄷ. 둥지를 떠나기 직전에 어린 수컷 카나리아의 기관A를 제거하였지만 다음 봄에는 종 특유의 소리로 지저귈 수 있었다.

① ㄱ

② ㄷ

③ ㄱ, ㄴ

④ ㄴ, ㄷ

⑤ ㄱ, ㄴ, ㄷ

문 19. 다음 글의 ㉠의 의미로 가장 적절한 것은?

이스라엘 공군 소속 장교들은 훈련생들이 유난히 비행을 잘 했을 때에는 칭찬을 해봤자 비행 능력 향상에 도움이 안 된다고 믿는다. 실제로 훈련생들은 칭찬을 받고 나면 다음 번 비행이 이전 비행보다 못했다. 그렇지만 장교들은 비행을 아주 못한 훈련생을 꾸짖으면 비판에 자극받은 훈련생이 거의 항상 다음 비행에서 향상된 모습을 보여준다고 생각한다. 그래서 장교들은 상급 장교에게 저조한 비행 성과는 비판하되 뛰어난 성과에 대해서는 칭찬하지 않는 게 바람직하다고 건의했다. 하지만 이런 추론의 이면에는 ㉠ 오류가 있다.

유난히 비행을 잘하거나 유난히 비행을 못하는 경우는 둘 다 흔치 않다. 따라서 칭찬과 비판 여부에 상관없이 어느 조종사가 유난히 비행을 잘하거나 못했다면 그 다음 번 비행에서는 평균적인 수준으로 돌아갈 확률이 높다. 평균적인 수준의 비행은 극도로 뛰어나거나 떨어지는 비행보다는 훨씬 빈번하게 나타난다. 그러므로 어쩌다 뛰어난 비행을 한 조종사는 아마 다음 번 비행에서는 그보다 못할 것이다. 어쩌다 실력을 발휘하지 못한 조종사는 아마 다음 번 비행에서 훨씬 나은 모습을 보여줄 것이다.

어떤 사건이 극단적일 때에 같은 종류의 다음 번 사건은 그만큼 극단적이지 않기 마련이다. 예를 들어, 지능 지수가 아주 높은 부모가 있다고 하자. 그 부모는 예외적으로 유전자들이 잘 조합되어 그렇게 태어났을 수도 있고 특별히 지능을 계발하기에 유리한 환경에서 자랐을 수도 있다. 이 부모는 극단적인 사례이기 때문에 이들은 자기보다 지능이 낮은 자녀를 둘 확률이 높다.

① 비행 이후보다는 비행 이전에 칭찬을 해야 한다는 점을 깨닫지 못하는 오류

② 비행을 잘한 훈련생에게는 칭찬보다는 비판이 유효하다는 점을 깨닫지 못하는 오류

③ 훈련에 충분한 시간을 투입하면 훈련생의 비행 실력은 향상된다는 점을 깨닫지 못하는 오류

④ 훈련생의 비행에 대한 과도한 칭찬과 비판이 역효과를 낼 수 있다는 점을 깨닫지 못하는 오류

⑤ 뛰어난 비행은 평균에서 크게 벗어난 사례라서 연속해서 발생하기 어렵다는 점을 깨닫지 못하는 오류

문 20. 다음 논쟁에 대한 분석으로 적절한 것만을 〈보기〉에서 모두 고르면?

갑: 17세기 화가 페르메르의 작품을 메헤렌이 위조한 사건은 세상을 떠들썩하게 했지. 메헤렌의 그 위조품이 지금도 높은 가격에 거래된다고 하는데, 이 일은 예술 감상에서 무엇이 중요한지를 생각하게 만들어.

을: 눈으로 위조품과 진품을 구별할 수 없다고 하더라도 위조품은 결코 예술적 가치를 가질 수 없어. 예술품이라면 창의적이어야 하는데 위조품은 창의적이지 않기 때문이지. 예술적 가치는 진품만이 가질 수 있어.

병: 메헤렌의 작품이 페르메르의 작품보다 반드시 예술적으로 못하다고 할 수 있을까? 메헤렌의 작품이 부정적으로 평가되는 것은 메헤렌이 사람들을 속였기 때문이지 그의 작품이 예술적으로 열등해서가 아니야.

갑: 예술적 가치는 시각적으로 식별할 수 있는 특성으로 결정돼. 그런데 많은 사람들이 위조품과 진품을 식별할 수 없다고 해서 식별이 불가능한 것은 아니야. 전문적인 훈련을 받은 사람은 두 작품에서 시각적으로 식별 가능한 차이를 찾아내겠지.

을: 위작이라고 알려진 다음에도 그 작품을 칭송하는 것은 이해할 수 없는 일이야. 왜 많은 사람들이 〈모나리자〉의 원작을 보려고 몰려들겠어? 〈모나리자〉를 완벽하게 복제한 작품이라면 분명히 그렇게 많은 사람들의 관심을 끌지는 못할 거야.

병: 사람들이 〈모나리자〉에서 감상하는 것이 무엇이겠어? 그것이 원작이라는 사실은 감상할 수 있는 대상이 아니야. 결국 사람들은 〈모나리자〉가 갖고 있는 시각적 특징에 예술적 가치를 부여하는 것이지.

〈보기〉

ㄱ. 예술적 가치로서의 창의성은 시각적 특성으로 드러나야 한다는 데 갑과 을은 동의할 것이다.

ㄴ. 시각적 특성만으로는 그 누구도 진품과 위조품을 구별할 수 없다면 이 둘의 예술적 가치가 같을 수 있다는 데 갑과 병은 동의할 것이다.

ㄷ. 메헤렌의 위조품이 고가에 거래되는 이유가 그 작품의 예술적 가치에 있다는 데 을과 병은 동의할 것이다.

① ㄱ

② ㄴ

③ ㄱ, ㄷ

④ ㄴ, ㄷ

⑤ ㄱ, ㄴ, ㄷ

문 21. 다음 글의 ㉠을 약화하는 증거로 가장 적절한 것은?

1966년 석가탑 해체 보수 작업은 뜻밖에도 엄청난 보물을 발견하는 계기가 되었다. 이때 발견된 다라니경은 한국뿐만 아니라 전 세계의 이목을 끌었다. 이 놀라운 발견 이전에는 770년에 목판 인쇄된 일본의 불경이 세계사에서 최고(最古)의 현존 인쇄본으로 여겨졌다. 그러나 이 한국의 경전을 조사한 결과, 일본의 것보다 앞서 만들어진 것으로 밝혀졌다.

불국사가 751년에 완공된 것이 알려져 있으므로 석가탑의 축조는 같은 시기이거나 그 이전일 것임에 틀림없다. 이 경전의 연대 확정에 도움을 준 것은 그 문서가 측천무후가 최초로 사용한 12개의 특이한 한자를 포함하고 있다는 사실이었다. 측천무후는 690년에 제위에 올랐고 705년 11월에 죽었다. 측천무후가 만든 한자들이 그녀의 사후에 중국에서 사용된 사례는 발견되지 않았다. 그러므로 신라에서도 그녀가 죽은 뒤에는 이 한자들을 사용하지 않았을 것이라는 추정이 가능하다. 이러한 증거로 다라니경이 늦어도 705년경에 인쇄되었다고 판단할 수 있다.

그러나 이 특이한 한자들 때문에 몇몇 중국의 학자들은 ㉠ '다라니경이 신라에서 인쇄된 것이 아니라 중국 인쇄물이다.' 라고 주장하였다. 그들은 신라가 그 당시 중국과 독립적이었기 때문에 신라인들이 측천무후 치세 동안 사용된 특이한 한자들을 사용하지는 않았을 것이라고 주장한다. 그러나 중국인들의 이 견해는 『삼국사기』에서 얻을 수 있는 명확한 반대 증거로 인해 반박된다. 『삼국사기』는 신라가 695년에 측천무후의 역법을 도입하는 등 당나라의 새로운 정책을 자발적으로 수용하고 있었음을 보여준다. 그러므로 신라인들이 당시에 중국의 역법 개정을 채택했다면 마찬가지로 측천무후에 의해 도입된 특이한 한자들도 채용했을 것이라고 추정하는 것이 합리적이다.

① 서역에서 온 다라니경 원전을 처음으로 한역(漢譯)한 사람은 측천무후 시대의 중국의 국사(國師)였던 법장임이 밝혀졌다.

② 측천무후 사후에 나온 신라의 문서들에 측천무후가 발명한 한자가 쓰이지 않았음이 밝혀졌다.

③ 측천무후 즉위 이후 중국의 문서에 쓸 수 없었던 글자가 다라니경에서 쓰인 것이 발견되었다.

④ 705년경에 중국에서 제작된 문서들이 다라니경과 같은 종이를 사용한 것이 발견되었다.

⑤ 다라니경의 서체는 705년경부터 751년까지 중국에서 유행하였던 것으로 밝혀졌다.

문 22. 다음 글의 장치 A에 대하여 바르게 판단한 것만을 〈보기〉에서 모두 고르면?

신용카드 거래가 사기 거래일 확률은 1,000분의 1이다. 신용카드 사기를 감별하는 장치 A는 정당한 거래의 99%를 정당한 거래로 판정하지만 1%는 사기 거래로 오판한다. 또한 A는 사기 거래의 99%를 사기 거래로 판정하지만 1%는 정당한 거래로 오판한다. A가 어떤 거래를 사기 거래라고 판단하면, 신용카드 회사는 해당 카드를 정지시켜 후속 거래를 막는다. A에 의해 카드 사용이 정지된 사례가 오판에 의한 카드 정지 사례일 확률이 50%보다 크면, A는 폐기되어야 한다.

〈보기〉

ㄱ. A가 정당한 거래로 판정한 거래는 모두 정당한 거래이다.

ㄴ. 무작위로 10만 건의 거래를 검사했을 때, A가 사기 거래를 정당한 거래라고 오판하는 건수는 정당한 거래를 사기 거래라고 오판하는 건수보다 적을 것이다.

ㄷ. A는 폐기되어야 한다.

① ㄱ

② ㄴ

③ ㄱ, ㄷ

④ ㄴ, ㄷ

⑤ ㄱ, ㄴ, ㄷ

문 23. 다음 글에서 알 수 없는 것은?

갈릴레오는 『두 가지 주된 세계 체계에 관한 대화』에서 등장인물인 살비아티에게 자신을 대변하는 역할을 맡겼다. 심플리치오는 아리스토텔레스의 자연철학을 대변하는 인물로서 살비아티의 대화 상대역을 맡고 있다. 또 다른 등장인물인 사그레도는 건전한 판단력을 지닌 자로서 살비아티와 심플리치오 사이에서 중재자 역할을 맡고 있다.

이 책의 마지막 부분에서 사그레도는 나흘간의 대화를 마무리하며 코페르니쿠스의 지동설을 옳은 견해로 인정한다. 그리고 그는 그 견해를 지지하는 세 가지 근거를 제시한다. 첫째는 행성의 겉보기 운동과 역행 운동에서, 둘째는 태양이 자전한다는 것과 그 흑점들의 운동에서, 셋째는 조수 현상에서 찾아낸다.

이에 반해 살비아티는 지동설의 근거로서 사그레도가 언급하지 않은 항성의 시차(視差)를 중요하게 다룬다. 살비아티는 지구의 공전을 입증하기 위한 첫 번째 단계로 지구의 공전을 전제로 한 코페르니쿠스의 이론이 행성의 겉보기 운동을 얼마나 간단하고 조화롭게 설명할 수 있는지를 보여준다. 그런 다음 그는 지구의 공전을 전제로 할 때, 공전 궤도의 두 맞은편 지점에서 관측자에게 보이는 항성의 위치가 달라지는 현상, 곧 항성의 시차를 기하학적으로 설명한다.

그렇다면 사그레도는 왜 이 중요한 사실을 거론하지 않았을까? 그것은 세 번째 날의 대화에서 심플리치오가 아리스토텔레스의 이론을 옹호하면서 지동설에 대한 반박 근거로 공전에 의한 항성의 시차가 관측되지 않음을 지적한 것과 관련이 있다. 당시 갈릴레오는 자신의 망원경을 통해 별의 시차를 관측하지 못했다. 그는 그 이유가 항성이 당시 알려진 것보다 훨씬 멀리 있기 때문이라고 주장하였지만, 반대자들에게 그것은 임기응변적인 가설로 치부될 뿐이었다. 결국 그 작은 각도가 나중에 더 좋은 망원경에 의해 관측되기까지 항성의 시차는 지동설의 옹호자들에게 '불편한 진실'로 남아 있었다.

① 아리스토텔레스의 철학을 따르는 심플리치오는 지구가 공전하지 않음을 주장한다.

② 사그레도는 항성의 시차에 관한 기하학적 예측에 근거하여 코페르니쿠스의 지동설을 받아들인다.

③ 사그레도와 살비아티는 둘 다 행성의 겉보기 운동을 근거로 하여 코페르니쿠스의 지동설을 옹호한다.

④ 심플리치오는 관측자에게 항성의 시차가 관측되지 않았다는 사실에 근거하여 코페르니쿠스의 지동설을 반박한다.

⑤ 살비아티는 지구가 공전한다면 공전궤도상의 지구의 위치에 따라 항성의 시차가 존재할 수밖에 없다고 예측한다.

문 24. 다음 세 진술이 모두 거짓일 때, 유물 A~D 중에서 전시되는 유물의 총 개수는?

○ A와 B 가운데 어느 하나만 전시되거나, 둘 중 어느 것도 전시되지 않는다.

○ B와 C 중 적어도 하나가 전시되면, D도 전시된다.

○ C와 D 어느 것도 전시되지 않는다.

① 0개

② 1개

③ 2개

④ 3개

⑤ 4개

문 25. 다음 글의 A의 가설을 약화하는 것만을 〈보기〉에서 모두 고르면?

　얼룩말의 얼룩무늬가 어떻게 생겨났는지는 과학계의 오랜 논쟁거리다. 월러스는 "얼룩말이 물을 마시러 가는 해 질 녘에 보면 얼룩무늬가 위장 효과를 낸다."라고 주장했지만, 다윈은 "눈에 잘 띌 뿐"이라며 그 주장을 일축했다. 검은 무늬는 쉽게 더워져 공기를 상승시키고 상승한 공기가 흰 무늬 부위로 이동하면서 작은 소용돌이가 일어나 체온조절을 돕는다는 가설도 있다. 위험한 체체파리나 사자의 눈에 얼룩무늬가 잘 보이지 않는다거나, 고유의 무늬 덕에 얼룩말들이 자기 무리를 쉽게 찾는다는 견해도 있다.

　최근 A는 실험을 토대로 새로운 가설을 제시했다. 그는 얼룩말과 같은 속(屬)에 속하는 검은 말, 갈색 말, 흰 말을 대상으로 몸통에서 반사되는 빛의 특성을 살펴보았다. 검정이나 갈색처럼 짙은 색 몸통에서 반사되는 빛은 수평 편광으로 나타났다. 수평 편광은 물 표면에서 반사되는 빛의 특성이기도 한데, 물에서 짝짓기를 하고 알을 낳는 말파리가 아주 좋아하는 빛이다. 편광이 없는 빛을 반사하는 흰색 몸통에는 말파리가 훨씬 덜 꼬였다. A는 몸통 색과 말파리의 행태 간에 상관관계가 있다고 생각하고, 말처럼 생긴 일정 크기의 모형에 검은색, 흰색, 갈색, 얼룩무늬를 입힌 뒤 끈끈이를 발라 각각에 말파리가 얼마나 꼬이는지를 조사했다. 이틀간의 실험 결과 검은색 말 모형에는 562마리, 갈색에는 334마리, 흰색에 22마리의 말파리가 붙은 데 비해 얼룩무늬를 가진 모형에는 8마리가 붙었을 뿐이었다. 이것은 실제 얼룩말의 무늬와 유사한 얼룩무늬가 말파리를 가장 덜 유인한다는 결과였다. A는 이를 바탕으로 얼룩말의 얼룩무늬가 말의 피를 빠는 말파리를 피하는 방향으로 진행된 진화의 결과라는 가설을 제시했다.

─────── 〈보기〉 ───────

ㄱ. 실제 말에 대한 말파리의 행동반응이 말 모형에 대한 말파리의 행동반응과 다르다는 연구결과

ㄴ. 말파리가 실제로 흡혈한 피의 99% 이상이 검은색이나 진한 갈색 몸통을 가진 말의 것이라는 연구결과

ㄷ. 얼룩말 고유의 무늬 때문에 초원 위의 얼룩말이 사자같은 포식자 눈에 잘 띈다는 연구결과

① ㄱ
② ㄷ
③ ㄱ, ㄴ
④ ㄴ, ㄷ
⑤ ㄱ, ㄴ, ㄷ

약점 보완 해설집 p.94

문 1. 다음 글의 내용과 부합하는 것은?

'청렴(淸廉)'은 현대 사회에서 좁게는 반부패와 동의어로 사용되며 넓게는 투명성과 책임성 등을 포괄하는 통합적 개념으로 사용되고 있다. 유학자들은 청렴을 효제와 같은 인륜의 덕목보다는 하위에 두었지만 군자라면 마땅히 지켜야 할 일상의 덕목으로 중시하였다. 조선의 대표적 유학자였던 이황과 이이는 청렴을 사회 규율이자 개인 처세의 지침으로 강조하였다. 특히 공적 업무에 종사하는 사람이라면 사회 규율로서의 청렴이 개인의 처세와 직결된다는 점에 유념해야 한다고 보았다.

청렴에 대한 논의는 정약용의 『목민심서』에서 본격적으로 나타난다. 정약용은 청렴이야말로 목민관이 지켜야 할 근본적인 덕목이며 목민관의 직무는 청렴이 없이는 불가능하다고 강조하였다. 정약용은 청렴을 당위의 차원에서 주장하는 기존의 학자들과 달리 행위자 자신에게 실질적 이익이 된다는 점을 들어 설득하고자 한다. 그는 청렴은 큰 이득이 남는 장사라고 말하면서, 지혜롭고 욕심이 큰 사람은 청렴을 택하지만 지혜가 짧고 욕심이 작은 사람은 탐욕을 택한다고 설명한다. 정약용은 "지자(知者)는 인(仁)을 이롭게 여긴다."라는 공자의 말을 빌려 "지혜로운 자는 청렴함을 이롭게 여긴다."라고 하였다. 비록 재물을 얻는 데 뜻이 있더라도 청렴함을 택하는 것이 결과적으로는 지혜로운 선택이라고 정약용은 말한다. 목민관의 작은 탐욕은 단기적으로 보면 눈 앞의 재물을 취하여 이익을 얻을 수 있겠지만 궁극에는 개인의 몰락과 가문의 불명예를 가져올 수 있기 때문이다.

정약용은 청렴을 지키는 것은 두 가지 효과가 있다고 보았다. 첫째, 청렴은 다른 사람에게 긍정적 효과를 미친다. 목민관이 청렴할 경우 백성을 비롯한 공동체 구성원에게 좋은 혜택이 돌아갈 것이다. 둘째, 청렴한 행위를 하는 것은 목민관 자신에게도 좋은 결과를 가져다준다. 청렴은 그 자신의 덕을 높이는 것일 뿐 아니라 자신의 가문에 빛나는 명성과 영광을 가져다줄 것이다.

① 정약용은 청렴이 목민관이 반드시 지켜야 할 덕목임을 당위론 차원에서 정당화하였다.
② 정약용은 탐욕을 택하는 것보다 청렴을 택하는 것이 이롭다는 공자의 뜻을 계승하였다.
③ 정약용은 청렴한 사람은 욕심이 작기 때문에 재물에 대한 탐욕에 빠지지 않는다고 보았다.
④ 정약용은 청렴이 백성에게 이로움을 줄 뿐 아니라 목민관 자신에게도 이로운 행위라고 보았다.
⑤ 이황과 이이는 청렴을 개인의 처세에 있어 주요 지침으로 여겼으나 사회 규율로는 보지 않았다.

문 2. 다음 글에서 알 수 있는 것은?

중국에서는 기원전 8~7세기 이후 주나라에서부터 청동전이 유통되었다. 이후 진시황이 중국을 통일하면서 화폐를 통일해 가운데 네모난 구멍이 뚫린 원형 청동 엽전이 등장했고, 이후 중국 통화의 주축으로 자리 잡았다. 하지만 엽전은 가치가 낮고 금화와 은화는 아직 주조되지 않았기 때문에 고액 거래를 위해서는 지폐가 필요했다. 결국 11세기경 송나라에서 최초의 법정 지폐인 교자(交子)가 발행되었다. 13세기 원나라에서는 강력한 국가 권력을 통해 엽전을 억제하고 교초(交鈔)라는 지폐를 유일한 공식 통화로 삼아 재정 문제를 해결했다.

아시아와 유럽에서 지폐의 등장과 발달 과정은 달랐다. 우선 유럽에서는 금화가 비교적 자유롭게 사용되어 대중들 사이에서 널리 유통되었다. 반면에 아시아의 통치자들은 금의 아름다움과 금이 상징하는 권력을 즐겼다는 점에서는 서구인들과 같았지만, 비천한 사람들이 화폐로 사용하기에는 금이 너무 소중하다고 여겼다. 대중들 사이에서 유통되도록 금을 방출하면 권력이 약화된다고 본 것이다. 대신에 일찍부터 지폐가 널리 통용되었다.

마르코 폴로는 쿠빌라이 칸이 모든 거래를 지폐로 이루어지게 하는 것을 보고 깊은 인상을 받았다. 사실상 종잇조각에 불과한 지폐가 그렇게 널리 통용되었던 이유는 무엇 때문일까? 칸이 만든 지폐에 찍힌 그의 도장은 금이나 은과 같은 권위가 있었다. 이것은 지폐의 가치를 확립하고 유지하는 데 국가 권력이 핵심 요소라는 사실을 보여준다.

유럽의 지폐는 그 초기 형태가 민간에서 발행한 어음이었으나, 아시아의 지폐는 처음부터 국가가 발행권을 갖고 있었다. 금속 주화와는 달리 내재적 가치가 없는 지폐가 화폐로 받아들여지고 사용되기 위해서는 신뢰가 필수적이다. 중국은 강력한 왕권이 이 신뢰를 담보할 수 있었지만, 유럽에서 지폐가 사람들의 신뢰를 얻기까지는 그보다 오랜 시간과 성숙된 환경이 필요했다. 유럽의 왕들은 종이에 마음대로 숫자를 적어 놓고 화폐로 사용하라고 강제할 수 없었다. 그래서 서로 잘 아는 일부 동업자들끼리 신뢰를 바탕으로 자체 지폐를 만들어 사용해야 했다. 하지만 민간에서 발행한 지폐는 신뢰 확보가 쉽지 않아 주기적으로 금융 위기를 초래했다. 정부가 나서기까지는 오랜 시간이 걸렸고, 17~18세기에 지폐의 법정화와 중앙은행의 설립이 이루어졌다. 중앙은행은 금을 보관하고 이를 바탕으로 금 태환(兌換)을 보장하는 증서를 발행해 화폐로 사용하기 시작했고, 그것이 오늘날의 지폐로 이어졌다.

① 유럽에서 금화의 대중적 확산은 지폐가 널리 통용되는 결정적인 계기가 되었다.

② 유럽에서는 민간 거래의 신뢰를 기반으로 지폐가 중국에 비해 일찍부터 통용되었다.

③ 중국에서 청동으로 만든 최초의 화폐는 네모난 구멍이 뚫린 원형 엽전의 형태였다.

④ 중국에서 지폐 거래의 신뢰를 확보할 수 있었던 것은 강력한 국가 권력이 있었기 때문이다.

⑤ 아시아와 유럽에서는 금화의 사용을 권력의 상징으로 여겨 금화의 제한적인 유통이 이루어졌다.

문 3. 다음 글에서 알 수 없는 것은?

광장의 기원은 고대 그리스의 아고라에서 찾을 수 있다. '아고라'는 사람들이 모이는 곳이란 뜻을 담고 있다. 호메로스의 작품에 처음 나오는 이 표현은 물리적 장소만이 아니라 사람들이 모여서 하는 각종 활동과 모임도 의미한다. 아고라는 사람들이 모이는 도심의 한복판에 자리 잡되 그 주변으로 사원, 가게, 공공시설, 사교장 등이 자연스럽게 둘러싸고 있는 형태를 갖는다. 물론 그 안에 분수도 있고 나무도 있어 휴식 공간이 되기는 하지만 그것은 부수적 기능일 뿐이다. 아고라 곧 광장의 주요 기능은 시민들이 모여 행하는 다양한 활동 그 자체에 있다.

르네상스 이후 광장은 유럽의 여러 제후들이 도시를 조성할 때 일차적으로 고려하는 사항이 된다. 광장은 제후들이 권력 의지를 실현하는 데 중요한 역할을 할 수 있었기 때문이다. 이 시기 유럽의 도시에서는 고대 그리스 이후 자연스럽게 발전해 온 광장이 의식적으로 조성되기 시작한다. 도시를 설계할 때 광장의 위치와 넓이, 기능이 제후들의 목적에 따라 결정된다.

『광장』을 쓴 프랑코 만쿠조는 유럽의 역사가 곧 광장의 역사라고 말한다. 그에 따르면, 유럽인들에게 광장은 일상생활의 통행과 회합, 교환의 장소이자 동시에 권력과 그 의지를 실현하는 장이고 프랑스 혁명 이후 근대 유럽에서는 저항하는 대중의 연대와 소통의 장이라는 의미도 갖게 된다. 우리나라의 역사적 경험에서도 광장은 그와 같은 공간이었다. 우리의 마당이나 장터는 유럽과 형태는 다를지라도 만쿠조가 말한 광장의 기능과 의미를 담당해 왔기 때문이다.

이처럼 광장은 인류의 모든 활동이 수렴되고 확산되는 공간이며 문화 마당이고 예술이 구현되는 장이며 더 많은 자유를 향한 열정이 집결하는 곳이다. 특히 근대 이후 광장을 이런 용도로 사용하는 것은 시민의 정당한 권리가 된다. 광장은 권력의 의지가 발현되는 공간이면서 동시에 시민에게는 그것을 넘어서고자 하는 자유의 열망이 빚어지는 장이다.

① 근대 이후 광장은 시민의 자유에 대한 열망이 모이는 장이었다.

② 고대 그리스의 아고라는 사람들이 모이는 장소 이상의 의미를 갖는다.

③ 유럽의 여러 제후들이 광장을 중요시한 것은 거주민의 의견을 반영하기 위해서였다.

④ 프랑스 혁명 이후 유럽에서 광장은 저항하는 이들의 소통 공간이라는 의미도 갖는다.

⑤ 우리나라의 역사적 경험에서도 광장은 권력과 그 의지를 실현하는 장이자 저항하는 대중의 연대와 소통의 장이었다.

문 4. 다음 글의 빈 칸에 들어갈 내용으로 가장 적절한 것은?

현상의 원인을 찾는 방법들 가운데 최선의 설명을 이용하는 방법이 있다. 우리는 주어진 현상을 일으키는 원인을 찾아 이 원인이 그 현상을 일으켰다고 말함으로써 현상을 설명하곤 한다. 우리는 여러 가지 가능한 설명들 중에서 가장 좋은 설명에 나오는 원인이 현상의 진정한 원인이라고 결론 내릴 수 있다.

지구에 조수 현상이 있는데 이 현상의 원인은 무엇일까? 우리는 조수 현상을 일으킬 수 있는 원인들을 일종의 가설로서 설정할 수 있다. 만일 지구의 물과 달 사이에 중력이나 자기력 같은 인력이 작용한다면, 이런 인력은 지구에 조수 현상을 일으키는 원인일 수 있다. 지구와 달 사이에 유동 물질이 있고 그 물질이 지구를 누른다면, 이런 누름은 지구에 조수 현상을 일으키는 원인일 수 있다. 지구가 등속도로 자전하지 않아 지구 전체가 흔들거린다면, 이런 지구의 흔들거림은 지구에 조수 현상을 일으키는 원인일 수 있다.

우리는 이런 설명들을 견주어 어떤 것이 다른 것보다 낫다는 것을 언제든 주장할 수 있으며, 나은 순으로 줄을 세워 가장 좋은 설명을 찾을 수 있다. 우리는 조수 현상에 대한 설명들로, 지구의 물과 달 사이에 인력 때문에 조수가 생긴다는 설명, 지구와 달 사이의 물질이 지구를 누르기 때문에 조수가 생긴다는 설명, 지구 전체의 흔들거림 때문에 조수가 생긴다는 설명을 갖고 있다. 이 설명들 가운데 지구 전체의 흔들거림 때문에 조수가 생긴다는 설명보다 지구와 달 사이의 물질이 지구를 누르기 때문에 조수가 생긴다는 설명이 더 낫다. _____. 따라서 우리는 조수 현상의 원인이 지구의 물과 달 사이에 작용하는 인력이라고 결론 내릴 수 있다.

① 지구 전체의 흔들거림 때문에 조수가 생긴다는 설명보다 지구와 달 사이에 인력 때문에 조수가 생긴다는 설명이 더 낫다

② 지구의 물과 달 사이에 인력 때문에 조수가 생긴다는 설명보다 지구 전체의 흔들거림 때문에 조수가 생긴다는 설명이 더 낫다

③ 지구와 달 사이의 물질이 지구를 누르기 때문에 조수가 생긴다는 설명보다 지구 전체의 흔들거림 때문에 조수가 생긴다는 설명이 더 낫다

④ 지구의 물과 달 사이에 인력 때문에 조수가 생긴다는 설명보다 지구와 달 사이의 물질이 지구를 누르기 때문에 조수가 생긴다는 설명이 더 낫다

⑤ 지구와 달 사이의 물질이 지구를 누르기 때문에 조수가 생긴다는 설명보다 지구의 물과 달 사이에 인력 때문에 조수가 생긴다는 설명이 더 낫다

문 5. 다음 글에서 추론할 수 있는 것만을 〈보기〉에서 모두 고르면?

'독재형' 어머니는 아이가 실제로 어떠한 욕망을 지니고 있는지에 무관심하며, 자신의 욕망을 아이에게 공격적으로 강요한다. 독재형 어머니는 자신의 규칙과 지시에 아이가 순응하기를 기대하며, 그것을 따르지 않을 경우 폭력을 행사하는 경우가 많다. 독재형 어머니 밑에서 자란 아이들은 공격적 성향과 파괴적 성향을 많이 보이는 것이 특징이다. 또한, 어린 시절 받은 학대로 인해 상상이나 판타지 속에 머무르는 시간이 많고, 이것은 심각한 망상으로 나타나기도 한다.

'허용형' 어머니는 오로지 아이의 욕망에만 관심을 지니면서, '아이의 욕망을 내가 채워 주고 싶다'는 식으로 자기 욕망을 형성한다. 허용형 어머니는 자녀가 요구하는 것은 무엇이든 해주기 때문에 이런 어머니 밑에서 양육된 아이들은 자아통제가 부족하기 쉽다. 따라서 이 아이들은 충동적이고 즉흥적인 성향이 강하며, 도덕적 책임 의식이 결여된 경우가 많다.

한편, '방임형' 어머니의 경우 아이와 정서적으로 차단되어 있기 때문에 아이의 욕망에 무관심할 뿐만 아니라, 아이 입장에서도 어머니의 욕망을 전혀 파악할 수 없다. 방치된 아이들은 자신의 욕망도 모르고 어머니의 욕망도 파악하지 못하기 때문에, 어떤 방식으로든 오직 어머니의 관심을 끄는 것만이 아이의 유일한 욕망이 된다. 이 아이들은 "엄마, 제발 나를 봐주세요.", "엄마, 내가 나쁜 짓을 해야 나를 볼 것인가요?", "엄마, 내가 정말 잔인한 짓을 할지도 몰라요." 라면서 어머니의 관심을 끊임없이 요구한다.

〈보기〉

ㄱ. 허용형 어머니는 방임형 어머니에 비해 아이의 욕망에 높은 관심을 갖는다.

ㄴ. 허용형 어머니의 아이는 독재형 어머니의 아이보다 도덕적 의식이 높은 경우가 많다.

ㄷ. 방임형 어머니의 아이는 독재형 어머니의 아이보다 어머니의 욕망을 더 잘 파악한다.

① ㄱ

② ㄴ

③ ㄱ, ㄷ

④ ㄴ, ㄷ

⑤ ㄱ, ㄴ, ㄷ

문 6. 다음을 참이라고 가정할 때, 회의를 반드시 개최해야 하는 날의 수는?

○ 회의는 다음 주에 개최한다.

○ 월요일에는 회의를 개최하지 않는다.

○ 화요일과 목요일에 회의를 개최하거나 월요일에 회의를 개최한다.

○ 금요일에 회의를 개최하지 않으면, 화요일에도 회의를 개최하지 않고 수요일에도 개최하지 않는다.

① 0

② 1

③ 2

④ 3

⑤ 4

문 7. 다음 글에서 추론할 수 있는 것은?

두뇌 연구는 지금까지 뉴런을 중심으로 진행되어 왔다. 뉴런 연구로 노벨상을 받은 카얄은 뉴런이 '생각의 전화선'이라는 이론을 확립하여 사고와 기억 등 두뇌에서 일어나는 모든 현상을 뉴런의 연결망과 뉴런 간의 전기 신호로 설명했다. 그러나 두뇌에는 뉴런 외에도 신경교 세포가 존재한다. 신경교 세포는 뉴런처럼 그 수가 많지만 전기 신호를 전달하지 못한다. 이 때문에 과학자들은 신경교 세포가 단지 두뇌 유지에 필요한 영양 공급과 두뇌 보호를 위한 전기 절연의 역할만을 가진다고 여겼다.

최근 과학자들은 신경교 세포에서 그 이상의 기능을 발견했다. 신경교 세포 중에도 '성상세포'라 불리는 별 모양의 세포는 자신만의 화학적 신호를 가진다는 것이 밝혀졌다. 성상세포는 뉴런처럼 전기를 이용하지는 않지만, '뉴런송신기'라고 불리는 화학물질을 방출하고 감지한다. 과학자들은 이러한 화학적 신호의 연쇄반응을 통해 신경교 세포가 전체 뉴런을 조정한다고 추론했다.

A연구팀은 신경교 세포가 전체 뉴런을 조정하면서 기억력과 사고력을 향상시킨다고 예상하고서, 이를 확인하기 위해 인간의 신경교 세포를 갓 태어난 생쥐의 두뇌에 주입했다. 쥐가 자라면서 주입된 인간의 신경교 세포도 성장했다. 이 세포들은 쥐의 뉴런들과 완벽하게 결합되어 쥐의 두뇌 전체에 걸쳐 퍼지게 되었다. 심지어 어느 두뇌 영역에서는 쥐의 뉴런의 숫자를 능가하기도 했다. 뉴런과 달리 쥐와 인간의 신경교 세포는 비교적 쉽게 구별된다. 인간의 신경교 세포는 매우 길고 무성한 섬유질을 가지기 때문이다. 쥐에 주입된 인간의 신경교 세포는 그 기능을 그대로 간직한다. 그렇게 성장한 쥐들은 다른 쥐들과 잘 어울렸고, 다른 쥐들의 관심을 끄는 것에 흥미를 보였다. 이 쥐들은 미로를 통과해 치즈를 찾는 테스트에서 더 뛰어났다. 보통의 쥐들은 네다섯 번의 시도 끝에 올바른 길을 배웠지만, 인간의 신경교 세포를 주입받은 쥐들은 두 번 만에 학습했다.

① 인간의 신경교 세포를 쥐에게 주입하면, 쥐의 뉴런은 전기 신호를 전달하지 못할 것이다.

② 인간의 뉴런 세포를 쥐에게 주입하면, 쥐의 두뇌에는 화학적 신호의 연쇄 반응이 더 활발해질 것이다.

③ 인간의 뉴런 세포를 쥐에게 주입하면, 그 뉴런 세포는 쥐의 두뇌 유지에 필요한 영양을 공급할 것이다.

④ 인간의 신경교 세포를 쥐에게 주입하면, 그 신경교 세포는 쥐의 뉴런을 보다 효과적으로 조정할 것이다.

⑤ 인간의 신경교 세포를 쥐에게 주입하면, 그 신경교 세포는 쥐의 신경교 세포의 기능을 갖도록 변화할 것이다.

문 8. 다음 글의 〈가설〉을 강화하는 사례가 아닌 것만을 〈보기〉에서 모두 고르면?

> 성염색체만이 개체의 성(性)을 결정하는 요소는 아니다. 일부 파충류의 경우에는 알이 부화되는 동안의 주변 온도에 의해 개체의 성이 결정된다. 예를 들어, 낮은 온도에서는 일부 종은 수컷으로만 발달하고, 일부 종은 암컷으로만 발달한다. 또 어떤 종에서는 낮은 온도와 높은 온도에서 모든 개체가 암컷으로만 발달하는 경우도 있다. 그 사이의 온도에서는 특정 온도에 가까워질수록 수컷으로 발달하는 개체의 비율이 증가하다가 결국 그 특정 온도에 이르러서는 모든 개체가 수컷으로 발달하기도 한다.
>
> 다음은 온도와 성 결정 간의 상관관계를 설명하기 위해 제시된 가설이다.
>
> 〈가설〉
>
> 파충류의 성 결정은 물질 B를 필요로 한다. 물질 B는 단백질 '가'에 의해 물질 A로, 단백질 '나'에 의해 물질 C로 바뀐다. 이때 물질 A와 물질 C의 비율은 단백질 '가'와 단백질 '나'의 비율과 동일하다. 파충류의 알은 단백질 '가'와 '나' 모두를 가지고 있지만 온도에 따라 각각의 양이 달라진다. 암컷을 생산하는 온도에서 배양된 알에서는 물질 A의 농도가 더 높고, 수컷을 생산하는 온도에서 배양된 알에서는 물질 C의 농도가 더 높다. 온도의 차에 의해 알의 내부에 물질 A와 C의 상대적 농도 차이가 발생하고, 이것이 파충류 성을 결정하는 것이다.

> ───────── 〈보기〉 ─────────
>
> ㄱ. 수컷만 생산하는 온도에서 부화되고 있는 알은 단백질 '가'보다 훨씬 많은 양의 단백질 '나'를 가지고 있다.
>
> ㄴ. 물질 B의 농도는 수컷만 생산하는 온도에서 부화되고 있는 알보다 암컷만 생산하는 온도에서 부화되고 있는 알에서 더 높다.
>
> ㄷ. 수컷만 생산하는 온도에서 부화되고 있는 알에 고농도의 물질 A를 투여하여 물질 C보다 그 농도를 높였더니 암컷이 생산되었다.

① ㄱ

② ㄴ

③ ㄷ

④ ㄱ, ㄷ

⑤ ㄴ, ㄷ

문 9. 다음 글의 논지를 비판하는 진술로 가장 적절한 것은?

> 자신의 스마트폰 없이는 도무지 일과를 진행하지 못하는 K의 경우를 생각해 보자. 그의 일과표는 전부 그의 스마트폰에 저장되어 있어서 그의 스마트폰은 적절한 때가 되면 그가 해야 할 일을 알려줄 뿐만 아니라 약속 장소로 가기 위해 무엇을 타고 어떻게 움직여야 할지까지 알려준다. K는 어릴 때 보통 사람보다 기억력이 매우 나쁘다는 진단을 받았지만 스마트폰 덕분에 어느 동료에게도 뒤지지 않는 업무 능력을 발휘하고 있다. 이와 같은 경우, K는 스마트폰 덕분에 인지 능력이 보강된 것으로 볼 수 있는데, 그 보강된 인지 능력을 K 자신의 것으로 볼 수 있는가? 이 물음에 대한 답은 긍정이다. 즉 우리는 K의 스마트폰이 그 자체로 K의 인지 능력 일부를 실현하고 있다고 보아야 한다. 그런 판단의 기준은 명료하다. 스마트폰의 메커니즘이 K의 손바닥 위나 책상 위가 아니라 그의 두뇌 속에서 작동하고 있다고 가정해 보면 된다. 물론 사실과 다른 가정이지만 만일 그렇게 가정한다면 우리는 필경 K 자신이 모든 일과를 정확하게 기억하고 있고 또 약속 장소를 잘 찾아간다고 평가할 것이다. 이처럼 '만일 K의 두뇌 속에서 일어난다면'이라는 상황을 가정했을 때 그것을 K 자신의 기억이나 판단이라고 인정할 수 있다면, 그런 과정은 K 자신의 인지 능력이라고 평가해야 한다.

① K가 자신이 미리 적어 놓은 메모를 참조해서 기억력 시험 문제에 답한다면 누구도 K가 그 문제의 답을 기억한다고 인정하지 않는다.

② K가 종이 위에 연필로 써가며 253×87 같은 곱셈을 할 경우 종이와 연필의 도움을 받은 연산 능력 역시 K 자신의 인지 능력으로 인정해야 한다.

③ K가 집에 두고 나온 스마트폰에 원격으로 접속하여 거기 담긴 모든 정보를 알아낼 수 있다면 그는 그 스마트폰을 손에 가지고 있는 것과 다름없다.

④ 스마트폰의 모든 기능을 두뇌 속에서 작동하게 하는 것이 두뇌 밖에서 작동하게 하는 경우보다 우리의 기억력과 인지 능력을 향상시키지 않는다.

⑤ 전화번호를 찾으려는 사람의 이름조차 기억이 나지 않을 때에도 스마트폰에 저장된 전화번호 목록을 보면서 그 사람의 이름을 상기하고 전화번호를 알아낼 수 있다.

문 10. 다음 논증에 대한 평가로 적절한 것만을 〈보기〉에서 모두 고르면?

> 합리적 판단과 윤리적 판단의 관계는 무엇일까? 나는 합리적 판단만이 윤리적 판단이라고 생각한다. 즉, 어떤 판단이 합리적인 것이 아닐 경우 그 판단은 윤리적인 것도 아니라는 것이다. 그 이유는 다음과 같다. 일단 ㉠ 보편적으로 수용될 수 있는 판단만이 윤리적 판단이다. 즉 개인이나 사회의 특성에 따라 수용 여부에서 차이가 나는 판단은 윤리적 판단이 아니라는 것이다. 그리고 ㉡ 모든 이성적 판단은 보편적으로 수용될 수 있는 판단이다. 예를 들어, "모든 사람은 죽는다."와 "소크라테스는 사람이다."라는 전제들로부터 "소크라테스는 죽는다."라는 결론으로 나아가는 이성적인 판단은 보편적으로 수용될 수 있는 것이다. 이러한 판단이 나에게는 타당하면서, 너에게 타당하지 않을 수는 없다. 이것은 이성적 판단이 갖는 일반적 특징이다. 따라서 ㉢ 보편적으로 수용될 수 있는 판단만이 합리적 판단이다. ㉣ 모든 합리적 판단은 이성적 판단이다라는 것은 부정할 수 없기 때문이다. 결국 우리는 ㉤ 합리적 판단만이 윤리적 판단이다라는 결론에 도달할 수 있다.

― 〈보기〉 ―

ㄱ. ㉠은 받아들일 수 없는 것이다. '1+1=2'와 같은 수학적 판단은 보편적으로 수용될 수 있는 것이지만, 수학적 판단이 윤리적 판단은 아니기 때문이다.

ㄴ. ㉡과 ㉣이 참일 경우 ㉢은 반드시 참이 된다.

ㄷ. ㉠과 ㉢이 참이라고 할지라도 ㉤이 반드시 참이 되는 것은 아니다.

① ㄱ
② ㄴ
③ ㄱ, ㄷ
④ ㄴ, ㄷ
⑤ ㄱ, ㄴ, ㄷ

문 11. 다음 글의 중심 주제로 가장 적절한 것은?

> 맹자는 다음과 같은 이야기를 전한다. 송나라의 한 농부가 밭에 나갔다 돌아오면서 처자에게 말한다. "오늘 일을 너무 많이 했다. 밭의 싹들이 빨리 자라도록 하나하나 잡아당겨 줬더니 피곤하구나." 아내와 아이가 밭에 나가보았더니 싹들이 모두 말라 죽어 있었다. 이렇게 자라는 것을 억지로 돕는 일, 즉 조장(助長)을 하지 말라고 맹자는 말한다. 싹이 빨리 자라기를 바란다고 싹을 억지로 잡아 올려서는 안 된다. 목적을 이루기 위해 가장 빠른 효과를 얻고 싶겠지만 이는 도리어 효과를 놓치는 길이다. 억지로 효과를 내려고 했기 때문이다. 싹이 자라기를 바라 싹을 잡아당기는 것은 이미 시작된 과정을 거스르는 일이다. 효과가 자연스럽게 나타날 가능성을 방해하고 막는 일이기 때문이다. 당연히 싹의 성장 가능성은 땅속의 씨앗에 들어있는 것이다. 개입하고 힘을 쏟고자 하는 대신에 이 잠재력을 발휘할 수 있도록 하는 것이 중요하다.
>
> 피해야 할 두 개의 암초가 있다. 첫째는 싹을 잡아당겨서 직접적으로 성장을 이루려는 것이다. 이는 목적성이 있는 적극적 행동주의로서 성장의 자연스러운 과정을 존중하지 않는 것이다. 달리 말하면 효과가 숙성되도록 놔두지 않는 것이다. 둘째는 밭의 가장자리에 서서 자라는 것을 지켜보는 것이다. 싹을 잡아당겨서도 안 되고 그렇다고 단지 싹이 자라는 것을 지켜만 봐서도 안 된다. 그렇다면 무엇을 해야 하는가? 싹 밑의 잡초를 뽑고 김을 매주는 일을 해야 하는 것이다. 경작이 용이한 땅을 조성하고 공기를 통하게 함으로써 성장을 보조해야 한다. 기다리지 못함도 삼가고 아무것도 안 함도 삼가야 한다. 작동 중에 있는 자연스런 성향이 발휘되도록 기다리면서도 전력을 다할 수 있도록 돕는 노력도 멈추지 말아야 한다.

① 인류사회는 자연의 한계를 극복하려는 인위적 노력에 의해 발전해 왔다.
② 싹이 스스로 성장하도록 그대로 두는 것이 수확량을 극대화하는 방법이다.
③ 어떤 일을 진행할 때 가장 중요한 것은 명확한 목적성을 설정하는 것이다.
④ 자연의 순조로운 운행을 방해하는 인간의 개입은 예기치 못한 화를 초래할 것이다.
⑤ 잠재력을 발휘하도록 하려면 의도적 개입과 방관적 태도 모두를 경계해야 한다.

2016 해커스PSAT 7급+민경채 PSAT 16개년 기출문제집 언어논리

문 12. 다음 글에서 알 수 있는 것은?

우리가 조선의 왕을 부를 때 흔히 이야기하는 태종, 세조 등의 호칭은 묘호(廟號)라고 한다. 왕은 묘호뿐 아니라 시호(諡號), 존호(尊號) 등도 받았으므로 정식 칭호는 매우 길었다. 예를 들어 선조의 정식 칭호는 '선조소경정륜입극성덕홍렬지성대의격천희운현문의무성예달효대왕(宣祖昭敬正倫立極盛德洪烈至誠大義格天熙運顯文毅聖睿達孝大王)'이다. 이 중 '선조'는 묘호, '소경'은 명에서 내려준 시호, '정륜입극성덕홍렬'은 1590년에 올린 존호, '지성대의격천희운'은 1604년에 올린 존호, '현문의무성예달효대왕'은 신하들이 올린 시호다.

묘호는 왕이 사망하여 삼년상을 마친 뒤 그 신주를 종묘에 모실 때 사용하는 칭호이다. 묘호에는 왕의 재위 당시의 행적에 대한 평가가 담겨 있다. 시호는 왕의 사후 생전의 업적을 평가하여 붙여졌는데, 중국 천자가 내린 시호와 조선의 신하들이 올리는 시호 두 가지가 있었다. 존호는 왕의 공덕을 찬양하기 위해 올리는 칭호이다. 기본적으로 왕의 생전에 올렸지만 경우에 따라서는 '추상존호(追上尊號)'라 하여 왕의 승하 후 생전의 공덕을 새롭게 평가하여 존호를 올리는 경우도 있었다.

왕실의 일원들을 부르는 호칭도 경우에 따라 달랐다. 왕비의 아들은 '대군'이라 부르고, 후궁의 아들은 '군'이라 불렸다. 또한 왕비의 딸은 '공주'라 하고, 후궁의 딸은 '옹주'라 했으며, 세자의 딸도 적실 소생은 '군주', 부실 소생은 '현주'라 불렸다. 왕실에 관련된 다른 호칭으로 '대원군'과 '부원군'도 있었다. 비슷한 듯 보이지만 크게 차이가 있었다. 대원군은 왕을 낳아준 아버지, 즉 생부를 가리키고, 부원군은 왕비의 아버지를 가리키는 말이었다. 조선시대에 선조, 인조, 철종, 고종은 모두 방계에서 왕위를 계승했기 때문에 그들의 생부가 모두 대원군의 칭호를 얻게 되었다. 그런데 이들 중 살아 있을 때 대원군의 칭호를 받은 이는 고종의 아버지 흥선대원군 한 사람뿐이었다. 왕비의 아버지를 부르는 호칭인 부원군은 경우에 따라 책봉된 공신(功臣)에게도 붙여졌다.

① 세자가 왕이 되면 적실의 딸은 옹주로 호칭이 바뀔 것이다.
② 조선시대 왕의 묘호에는 명나라 천자로부터 부여받은 것이 있다.
③ 왕비의 아버지가 아님에도 부원군이라는 칭호를 받은 신하가 있다.
④ 우리가 조선시대 왕을 지칭할 때 사용하는 일반적인 칭호는 존호이다.
⑤ 흥선대원군은 왕의 생부이지만 고종이 왕이 되었을 때 생존하지 않았더라면 대원군이라는 칭호를 부여받지 못했을 것이다.

문 13. 다음 글에서 알 수 있는 것은?

경제학자들은 환경자원을 보존하고 환경오염을 억제하는 방편으로 환경세 도입을 제안했다. 환경자원을 이용하거나 오염물질을 배출하는 제품에 환경세를 부과하면 제품 가격 상승으로 인해 그 제품의 소비가 감소함에 따라 환경자원을 아낄 수 있고 환경오염을 줄일 수 있다.

일부에서는 환경세가 소비자의 경제적 부담을 늘리고 소비와 생산의 위축을 가져올 수 있다고 우려한다. 그러나 많은 경제학자들은 환경세 세수만큼 근로소득세를 경감하는 경우 환경보존과 경제성장이 조화를 이룰 수 있다고 본다.

환경세는 환경오염을 유발하는 상품의 가격을 인상시킴으로써 가계의 경제적 부담을 늘려 실질소득을 떨어뜨리는 측면이 있다. 하지만 환경세 세수만큼 근로소득세를 경감하게 되면 근로자의 실질소득이 증대되고, 그 증대효과는 환경세 부과로 인한 상품가격 상승효과를 넘어설 정도로 크다. 왜냐하면 상품가격 상승으로 인한 경제적 부담은 연금생활자나 실업자처럼 고용된 근로자가 아닌 사람들 사이에도 분산되는 반면, 근로소득세 경감의 효과는 근로자에게 집중되기 때문이다. 근로자의 실질소득 증대는 사실상 근로자의 실질임금을 높이고, 이것은 대체로 노동공급을 증가시키는 경향이 있다.

또한, 환경세가 부과되더라도 노동수요가 늘어날 수 있다. 근로소득세 경감은 기업의 입장에서 노동이 그만큼 저렴해지는 효과가 있다. 더욱이 환경세는 노동자원보다는 환경자원의 가격을 인상시켜 상대적으로 노동을 저렴하게 하는 효과가 있다. 이렇게 되면 기업의 노동수요가 늘어난다.

결국 환경세 세수를 근로소득세 경감으로 재순환시키는 조세구조 개편은 한편으로는 노동의 공급을 늘리고, 다른 한편으로는 노동에 대한 수요를 늘린다. 이것은 고용의 증대를 낳고, 결국 경제 활성화를 가져온다.

① 환경세의 환경오염 억제 효과는 근로소득세 경감에 의해 상쇄된다.
② 환경세를 부과하더라도 그만큼 근로소득세를 경감할 경우, 근로자의 실질소득은 늘어난다.
③ 환경세를 부과할 경우 근로소득세 경감이 기업의 고용 증대에 미치는 효과가 나타나지 않는다.
④ 환경세를 부과하더라도 노동집약적 상품의 상대가격이 낮아진다면 기업의 고용은 늘어나지 않는다.
⑤ 환경세 부과로 인한 상품가격 상승효과는 근로소득세 경감으로 인한 근로자의 실질소득 상승효과보다 크다.

문 14. 다음 글의 ㉠과 ㉡에 들어갈 말을 가장 적절하게 나열한 것은?

아담 스미스의 '보이지 않는 손'이라는 가정은 시장에서 개인의 이익추구 활동을 제한하지 않는 것이 전체 이윤을 극대화하는 최선의 방책임을 보여주는 것으로 간주되었다. 그렇다면 다음의 경우는 어떠한가?

공동 소유의 목초지에 양을 치기에 알맞은 풀이 자라고 있다고 생각해 보자. 일정 넓이의 목초지에 방목할 수 있는 가축 두수에는 일정한 한계가 있기 마련이다. 즉 '수용 한계'가 존재하는 것이다. 그 목초지에 한 마리를 더 방목시킨다고 해서 다른 가축들이 갑자기 죽거나 병에 걸리는 것은 아니다. 하지만 목초지의 수용 한계를 넘어 양을 키울 경우, 목초가 줄어들어 그 목초지에서 양을 키워 얻을 수 있는 전체 생산량이 줄어든다. 나아가 수용 한계를 과도하게 초과할 정도로 사육 두수가 늘어날 경우 목초지 자체가 거의 황폐화된다.

예를 들어 수용 한계가 양 20마리인 공동 목초지에서 4명의 농부가 각각 5마리의 양을 키우고 있다고 해 보자. 그 목초지의 수용 한계에 이미 도달한 상태이지만, 그중 한 농부가 자신의 이익을 늘리고자 방목하는 양의 두수를 늘리려 한다. 그러면 5마리를 키우고 있는 농부들은 목초지의 수용 한계로 인하여 기존보다 이익이 줄어들지만, 두수를 늘린 농부의 경우 그의 이익이 기존보다 조금 늘어난다. 손실을 만회하기 위해 다른 농부들도 사육 두수를 늘리고자 할 것이다. 이러한 상황이 장기화될 경우, ___㉠___

이와 같이 아담 스미스의 '보이지 않는 손'에 시장을 맡겨 둘 경우 ___㉡___ 결과가 나타날 것이다.

① ㉠: 농부들의 총이익은 기존보다 증가할 것이다.
　 ㉡: 한 사회의 공공 영역이 확장되는

② ㉠: 농부들의 총이익은 기존보다 감소할 것이다.
　 ㉡: 한 사회의 전체 이윤이 감소하는

③ ㉠: 농부들의 총이익은 기존보다 감소할 것이다.
　 ㉡: 한 사회의 전체 이윤이 유지되는

④ ㉠: 농부들의 총이익은 기존과 동일하게 될 것이다.
　 ㉡: 한 사회의 전체 이윤이 유지되는

⑤ ㉠: 농부들의 총이익은 기존과 동일하게 될 것이다.
　 ㉡: 한 사회의 공공 영역이 보호되는

문 15. 다음 글의 ㉠과 ㉡이 모방하는 군집 현상의 특성을 가장 적절하게 짝지은 것은?

다양한 생물체의 행동 원리를 관찰하여 모델링한 알고리즘을 생체모방 알고리즘이라 한다. 날아다니는 새 떼, 야생 동물 떼, 물고기 떼, 그리고 박테리아 떼 등과 같은 생물 집단에서 쉽게 관찰할 수 있는 군집 현상에 관한 연구가 최근 활발히 진행되고 있다. 군집 현상은 무질서한 개체들이 외부 작용 없이 스스로 질서화된 상태로 변해가는 현상을 총칭하며, 분리성, 정렬성, 확장성, 결합성의 네 가지 특성을 나타낸다. 첫째, 분리성은 각 개체가 서로 일정한 간격을 유지하여 독립적 공간을 확보하는 특성을 의미하고 둘째, 정렬성은 각 개체가 다수의 개체들이 선택하는 경로를 이용하여 자신의 이동 방향을 결정하는 특성을 의미하며 셋째, 확장성은 개체수가 증가해도 군집의 형태를 유지하는 특성을 의미한다. 마지막으로 결합성은 각 개체가 주변 개체들과 동일한 행동을 하는 특성을 의미한다.

㉠ 알고리즘A는 시력이 없는 개미 집단이 개미집으로부터 멀리 떨어져 있는 먹이를 가장 빠른 경로를 통해 운반하는 행위로부터 영감을 얻어 개발된 알고리즘이다. 개미가 먹이를 발견하면 길에 남아 있는 페로몬을 따라 개미집으로 먹이를 운반하게 된다. 이러한 방식으로 개미 떼가 여러 경로를 통해 먹이를 운반하다 보면 개미집과 먹이와의 거리가 가장 짧은 경로에 많은 페로몬이 쌓이게 된다. 개미는 페로몬이 많은 쪽의 경로를 선택하여 이동하는 특징이 있어 일정 시간이 지나면 개미 떼는 가장 짧은 경로를 통해서 먹이를 운반하게 된다. 이 알고리즘은 통신망 설계, 이동체 경로 탐색, 임무 할당 등의 다양한 최적화 문제에 적용되어 왔다.

㉡ 알고리즘B는 반딧불이들이 반짝거릴 때 초기에는 각자의 고유한 진동수에 따라 반짝거리다가 점차 시간이 지날수록 상대방의 반짝거림에 맞춰 결국엔 한 마리의 거대한 반딧불이처럼 반짝거리는 것을 지속하는 현상에서 영감을 얻어 개발된 알고리즘이다. 개체들이 초기 상태에서는 각자 고유의 진동수에 따라 진동하지만, 점차 상호 작용을 통해 그 고유 진동수에 변화가 생기고 결국에는 진동수가 같아지는 특성을 반영한 것이다. 이 알고리즘은 집단 동기화 현상을 효과적으로 모델링하는 데 적용되어 왔다.

	㉠	㉡
①	정렬성	결합성
②	확장성	정렬성
③	분리성	결합성
④	결합성	분리성
⑤	정렬성	확장성

문 16. 다음 대화의 ㉠과 ㉡에 들어갈 말을 가장 적절하게 나열한 것은?

> 갑: A와 B 모두 회의에 참석한다면, C도 참석해.
>
> 을: C는 회의 기간 중 해외 출장이라 참석하지 못해.
>
> 갑: 그럼 A와 B 중 적어도 한 사람은 참석하지 못하겠네.
>
> 을: 그래도 A와 D 중 적어도 한 사람은 참석해.
>
> 갑: 그럼 A는 회의에 반드시 참석하겠군.
>
> 을: 너는 _____㉠_____ 고 생각하고 있구나?
>
> 갑: 맞아. 그리고 우리 생각이 모두 참이면, E와 F 모두 참석해.
>
> 을: 그래. 그 까닭은 _____㉡_____ 때문이지.

① ㉠: B와 D가 모두 불참한다
　㉡: E와 F 모두 회의에 참석하면 B는 불참하기

② ㉠: B와 D가 모두 불참한다
　㉡: E와 F 모두 회의에 참석하면 B도 참석하기

③ ㉠: B가 회의에 불참한다
　㉡: B가 회의에 참석하면 E와 F 모두 참석하기

④ ㉠: D가 회의에 불참한다
　㉡: B가 회의에 불참하면 E와 F 모두 참석하기

⑤ ㉠: D가 회의에 불참한다
　㉡: E와 F 모두 회의에 참석하면 B도 참석하기

문 17. 다음 글의 ㉠과 ㉡에 들어갈 말을 가장 적절하게 짝지은 것은?

> 칼로리 섭취를 줄이는 소식이 장수의 비결이라는 것을 입증하기 위해 A연구팀은 붉은털원숭이를 대상으로 20년에 걸친 칼로리 섭취를 제한한 연구결과를 발표하였으며, 그 결과는 예상대로 칼로리 제한군이 대조군에 비해 수명이 긴 것으로 나타났다.
>
> 그런데 A연구팀의 발표 이후, 곧이어 B연구팀은 붉은털원숭이를 대상으로 25년 동안 비교 연구한 결과를 발표하였으며, 그들의 연구결과는 칼로리 제한군과 대조군의 수명에 별 차이가 없다는 것을 보여주었다. A연구팀과 다른 결과가 도출된 것에 대해 B연구팀은 A연구팀의 실험 설계가 잘못되었기 때문이라고 주장했다. 즉 영양분을 정확하게 맞추기 위해 칼로리가 높은 사료를 먹인데다가 대조군은 식사 제한이 없어 사실상 칼로리 섭취량이 높아 건강한 상태가 아니기 때문에 칼로리 제한군이 건강하게 오래 사는 건 당연하다는 것이다.
>
> B연구팀의 연구결과 발표 이후, A연구팀은 처음 발표한 연구결과에 대한 후속 연구의 결과를 발표하였다. 처음 연구결과를 발표한 지 5년이 경과하였기 때문에 25년에 걸친 연구결과를 정리한 것이다. 이번 연구결과도 5년 전과 마찬가지로 역시 칼로리 제한군이 더 오래 사는 것으로 나타났다.
>
> 이 연구결과를 바탕으로 A연구팀은 자신들의 결론과 다른 B연구팀의 연구결과는 B연구팀이 실험설계를 잘못 했기 때문이라고 주장하면서 역공을 펼쳤다. B연구팀은 대조군에게 마음대로 먹게 하는 대신 정량을 줬는데, 그 양이 보통 원숭이가 섭취하는 칼로리보다 낮기 때문에 사실상 대조군도 칼로리 제한을 약하게라도 한 셈이라는 것이다. 즉 B연구팀은 칼로리 제한을 심하게 한 집단과 약하게 한 집단을 비교한 셈이었고, 그 결과로 인해 유의미한 차이가 없는 것으로 나타났다는 것이다.
>
> A연구팀은 자신들의 주장을 입증하기 위해 각지의 연구소에 있는 붉은털원숭이 총 878마리의 체중 데이터를 입수해 자신들의 대조군 원숭이 체중과 B연구팀의 대조군 원숭이 체중을 비교하였다. 그 결과 총 878마리 붉은털원숭이의 평균 체중은 A연구팀의 대조군 원숭이의 평균 체중 [㉠], B연구팀의 대조군 원숭이의 평균 체중 [㉡]. 따라서 체중과 칼로리 섭취량이 비례한다는 사실에 입각했을 때, 서로의 대조군 설계에 대한 A연구팀과 B연구팀의 비판이 모두 설득력이 있는 것으로 밝혀진 셈이다.

	㉠	㉡
①	보다 더 나갔고	보다 덜 나갔다
②	보다 덜 나갔고	보다 더 나갔다
③	과 차이가 없었고	과 차이가 없었다
④	보다 더 나갔고	보다 더 나갔다
⑤	보다 덜 나갔고	보다 덜 나갔다

문 18. 다음 정보를 따를 때 추론할 수 없는 것은?

> ○ 혈당이 낮아지면 혈중L의 양이 줄어들고, 혈당이 높아지면 그 양이 늘어난다.
>
> ○ 혈중L의 양이 늘어나면 시상하부 알파 부분에서 호르몬A가 분비되고, 혈중L의 양이 줄어들면 시상하부 알파 부분에서 호르몬B가 분비된다.
>
> ○ 시상하부 알파 부분에서 호르몬A가 분비되면, 시상하부 베타 부분에서 호르몬C가 분비되고 시상하부 감마 부분의 호르몬D의 분비가 억제된다.
>
> ○ 시상하부 알파 부분에서 호르몬B가 분비되면, 시상하부 감마 부분에서 호르몬D가 분비되고 시상하부 베타 부분의 호르몬C의 분비가 억제된다.
>
> ○ 시상하부 베타 부분에서 분비되는 호르몬C는 물질대사를 증가시키고, 이 호르몬의 분비가 억제될 경우 물질대사가 감소한다.
>
> ○ 시상하부 감마 부분에서 분비되는 호르몬D는 식욕을 증가시키고, 이 호르몬의 분비가 억제될 경우 식욕이 감소한다.

① 혈당이 낮아지면, 식욕이 증가한다.

② 혈당이 높아지면, 식욕이 감소한다.

③ 혈당이 높아지면, 물질대사가 증가한다.

④ 혈당이 낮아지면, 시상하부 감마 부분에서 호르몬의 분비가 억제된다.

⑤ 혈당이 높아지면, 시상하부 알파 부분과 베타 부분에서 각각 분비되는 호르몬이 있다.

문 19. 다음 논증에 대한 평가로 적절한 것만을 〈보기〉에서 모두 고르면?

> 집단 내지 국가의 청렴도를 평가하는 잣대로 종종 공공 물품을 사적으로 사용하는 정도가 활용된다. 이와 관련하여 M시의 경우 회사원들이 사내용 물품을 개인적인 용도로 사용하는 정도가 꽤 높은 것으로 밝혀졌다. 이는 M시의 대표적 회사A에서 직원 200명을 대상으로 회사물품을 사적인 용도로 사용한 적이 있는지를 설문조사해 본 결과에 따른 것이다. 조사 결과 '늘 그랬다'는 직원은 5%, '종종 그랬다'는 직원은 15%, '가끔 그랬다'는 직원은 35%, '어쩌다 한두 번 그랬다'는 직원은 25%, '전혀 그런 적이 없다'는 직원은 10%, 응답을 거부한 직원은 10%였다. 설문조사에 응한 직원들 중에서 가끔이라도 사용한 적이 있다고 답한 직원의 비율이 절반을 넘었다. 따라서 M시의 회사원들은 낮은 청렴도를 가졌다고 평가할 수 있다.

---〈보기〉---

> ㄱ. 설문조사에 응한 회사A의 직원들 중 회사물품에 대한 사적 사용 정도를 실제보다 축소하여 답한 직원들이 많다는 사실은 위 논증의 결론을 강화한다.
>
> ㄴ. M시에 있는 또 다른 대표적 회사B에서 동일한 설문 조사를 했는데 회사A에서와 거의 비슷한 결과가 나왔다는 사실은 위 논증의 결론을 강화한다.
>
> ㄷ. M시에 있는 대부분의 회사들에 비해 회사A의 직원들이 회사물품을 사적으로 사용한 정도가 심했던 것으로 밝혀졌다는 사실은 위 논증의 결론을 약화한다.

① ㄱ

② ㄷ

③ ㄱ, ㄴ

④ ㄴ, ㄷ

⑤ ㄱ, ㄴ, ㄷ

문 20. 갑~병의 주장의 관계에 대한 평가로 적절한 것만을 〈보기〉에서 모두 고르면?

> 갑: 어떠한 경우에도 자살은 옳지 않은 행위이다. 신의 뜻에 어긋날 뿐만 아니라 공동체에 해악을 끼치기 때문이다. 자살은 사회로부터 능력 있는 사람들을 빼앗아 가는 행위이다. 물론 그러한 행위는 공동체에 피해를 주는 것이다. 따라서 자살은 죄악이다.
>
> 을: 자살하는 사람은 사회에 해악을 끼치는 것이 아니다. 그는 단지 선을 행하는 것을 멈추는 것일 뿐이다. 사회에 선을 행해야 한다는 우리의 모든 의무는 상호성을 함축한다. 즉 나는 사회로부터 혜택을 얻으므로 사회의 이익을 증진시켜야 한다. 그러나 내가 만약 사회로부터 완전히 물러난다면 그러한 의무를 계속 짊어져야 하는 것은 아니다.
>
> 병: 인간의 행위는 자신에게만 관련된 것과 타인이 관련된 것으로 구분될 수 있다. 원칙적으로 인간은 타인에게 해가 되지 않는 한 원하는 것은 무엇이든지 행할 수 있다. 다만 타인에게 해악을 주는 행위만이 도덕적 비판의 대상이 된다고 할 수 있다. 이러한 원칙은 자살의 경우에도 적용된다.

─── 〈보기〉 ───
ㄱ. 갑의 주장은 을의 주장과 양립할 수 없다.
ㄴ. 을의 주장은 병의 주장과 양립할 수 있다.
ㄷ. 자살이 타인이 아닌 자신에게만 관련된 행위일 경우 병은 갑의 주장에 찬성할 것이다.

① ㄱ
② ㄷ
③ ㄱ, ㄴ
④ ㄴ, ㄷ
⑤ ㄱ, ㄴ, ㄷ

문 21. (가)~(라)에 대한 설명으로 적절한 것만을 〈보기〉에서 모두 고르면?

> 최근 우리 사회에는 인문학 열풍이 불고 있는데, 이 열풍을 바라보는 여러 다른 시각이 존재한다. 다음은 그러한 사례들의 일부이다.
>
> (가) 한 방송국 PD는 인문학 관련 대중 강좌가 인기를 끌고 있는 현상에 대해 교양 있는 삶에 대한 열망을 원인으로 꼽는다. 그는 "직장 내 교육 프로그램은 어학이나 컴퓨터 활용처럼 직능 향상을 위한 것으로, 노동시간의 연장이다. 삶이 온통 노동으로 채워지는 상황에서 정신적 가치에 대한 성찰의 기회를 박탈당한 직장인들의 갈증을 인문학 관련 대중 강좌가 채워주고 있다."고 한다.
>
> (나) 한 문학평론가는 인문학 열풍이 인문학을 시장 논리와 결부시켜 상품화하고 있다고 본다. 그는 "삶의 가치에 대해 근본적인 문제제기를 함으로써 정치적 시민의 복권을 이루는 것이 인문학의 본질적인 과제 중 하나인데, 인문학이 시장의 영역에 포섭됨으로써 오히려 말랑말랑한 수준으로 전락하고 있다."고 주장한다.
>
> (다) A구청 공무원은 최근 불고 있는 인문학 열풍에 따라 '동네 인문학'이라는 개념을 주민자치와 연결시키고 있다. 그는 "동네 인문학은 동네라는 공간에서 지역 주민들이 담당 강사의 지속적인 지도 아래 자기 성찰의 기회를 얻고, 삶에 대한 지혜를 얻어 동네를 살기 좋은 공동체로 만드는 과정이다."라고 말한다.
>
> (라) B대학에서는 세계적인 기업인, 정치인들 중에 인문학 마니아가 많이 탄생해야 한다는 취지로 CEO 인문학 최고위 과정을 개설했다. 한 교수는 이를 인문학 열풍의 하나로 보고, "진정한 인문학적 성찰을 바탕으로 다양한 학문 분야에 몰두해야 할 대학이 오히려 인문학의 대중화를 내세워 인문학을 상품화한다."고 평가한다.

─── 〈보기〉 ───
ㄱ. (가)의 PD와 (나)의 평론가는 인문학 열풍이 교양 있는 삶에 대한 동경을 지닌 시민들 중심으로 일어난 자발적 현상이라 보고 있다.
ㄴ. (가)의 PD와 (다)의 공무원은 인문학 열풍이 개인의 성찰을 넘어 공동체의 개선에까지 긍정적인 영향을 미친다고 보고 있다.
ㄷ. (나)의 평론가와 (라)의 교수는 인문학 열풍이 인문학을 상품화한다는 시각에서 이 열풍을 부정적으로 바라보고 있다.

① ㄱ　　　　　　② ㄷ　　　　　　③ ㄱ, ㄴ
④ ㄴ, ㄷ　　　　⑤ ㄱ, ㄴ, ㄷ

문 22. 다음 글에서 밑줄 친 결론을 이끌어내기 위해 추가해야 할 전제만을 〈보기〉에서 모두 고르면?

이미지란 우리가 세계에 대해 시각을 통해 얻는 표상을 가리킨다. 상형문자나 그림문자를 통해서 얻은 표상도 여기에 포함된다. 이미지는 세계의 실제 모습을 아주 많이 닮았으며 그러한 모습을 우리 뇌 속에 복제한 결과이다. 그런데 우리의 뇌는 시각적 신호를 받아들일 때 시야에 들어온 세계를 한꺼번에 하나의 전체로 받아들이게 된다. 즉 대다수의 이미지는 한꺼번에 지각된다. 예를 들어 우리는 새의 전체 모습을 한꺼번에 지각하지 머리, 날개, 꼬리 등을 개별적으로 지각한 후 이를 머릿속에서 조합하는 것이 아니다.

표음문자로 이루어진 글을 읽는 것은 이와는 다른 과정이다. 표음문자로 구성된 문장에 대한 이해는 그 문장의 개별적인 문법적 구성요소들로 이루어진 특정한 수평적 연속에 의존한다. 문장을 구성하는 개별 단어들, 혹은 각 단어를 구성하는 개별 문자들이 하나로 결합되어 비로소 의미 전체가 이해되는 것이다. 비록 이 과정이 너무도 신속하고 무의식적으로 이루어지기는 하지만 말이다. 알파벳을 구성하는 기호들은 개별적으로는 아무런 의미도 가지지 않으며 어떠한 이미지도 나타내지 않는다. 일련의 단어군은 한꺼번에 파악될 수도 있겠지만, 표음문자의 경우 대부분 언어는 개별 구성 요소들이 하나의 전체로 결합되는 과정을 통해 이해된다.

남성적인 사고는, 사고 대상 전체를 구성요소 부분으로 분해한 후 그들 각각을 개별화시키고 이를 다시 재조합하는 과정으로 진행된다. 그에 비해 여성적인 사고는, 분해되지 않은 전체 이미지를 통해서 의미를 이해하는 특징을 지닌다. 그림문자로 구성된 글의 이해는 여성적인 사고 과정을, 표음문자로 구성된 글의 이해는 남성적인 사고 과정을 거친다. 여성은 대체로 여성적 사고를, 남성은 대체로 남성적 사고를 한다는 점을 고려할 때 <u>표음문자 체계의 보편화는 여성의 사회적 권력을 약화시키는 결과를 낳게 된다.</u>

〈보기〉
ㄱ. 그림문자를 쓰는 사회에서는 남성의 사회적 권력이 여성의 그것보다 우월하였다.
ㄴ. 표음문자 체계는 기능적으로 분화된 복잡한 의사소통을 가능하도록 하였다.
ㄷ. 글을 읽고 이해하는 능력은 사회적 권력에 영향을 미친다.

① ㄱ
② ㄴ
③ ㄷ
④ ㄱ, ㄴ
⑤ ㄴ, ㄷ

문 23. 그린 포럼의 일정을 조정하고 있는 A행정관이 고려해야 할 사항들이 다음과 같을 때, 반드시 참이라고는 할 수 없는 것은?

○ 포럼은 개회사, 발표, 토론, 휴식으로 구성하며, 휴식은 생략할 수 있다.
○ 포럼은 오전 9시에 시작하여 늦어도 당일 정오까지는 마쳐야 한다.
○ 개회사는 포럼 맨 처음에 10분 또는 20분으로 한다.
○ 발표는 3회까지 계획할 수 있으며, 각 발표시간은 동일하게 40분으로 하거나 동일하게 50분으로 한다.
○ 각 발표마다 토론은 10분으로 한다.
○ 휴식은 최대 2회까지 가질 수 있으며, 1회 휴식은 20분으로 한다.

① 발표를 2회 계획한다면, 휴식을 2회 가질 수 있는 방법이 있다.
② 발표를 2회 계획한다면, 오전 11시 이전에 포럼을 마칠 방법이 있다.
③ 발표를 3회 계획하더라도, 휴식을 1회 가질 수 있는 방법이 있다.
④ 각 발표를 50분으로 하더라도, 발표를 3회 가질 수 있는 방법이 있다.
⑤ 각 발표를 40분으로 하고 개회사를 20분으로 하더라도, 휴식을 2회 가질 수 있는 방법이 있다.

문 24. 다음 글의 ㉠을 설명하는 가설로 가장 적절한 것은?

한 개체의 발생은 한 개의 세포가 세포분열을 통해 여러 세포로 분열되면서 진행된다. 따라서 한 개체를 구성하는 모든 세포는 동일한 유전자를 가지고 있다. 하지만 발생 과정에서 발현되는 유전자의 차이 때문에 세포는 다른 형태의 세포로 분화된다. 이와 같은 유전자 발현의 차이는 다양한 원인에 의해 이루어지는데 ㉠ 애기장대 뿌리에서 일어나는 세포 분화를 그 예로 알아보자.

분화가 완료되어 성숙한 애기장대 뿌리의 표면에는 두 종류의 세포가 있는데 하나는 뿌리털세포이고 다른 하나는 털이 없는 분화된 표피세포이다. 하지만 애기장대 뿌리의 표면이 처음부터 이 두 세포 형태를 가지고 있었던 것은 아니다. 발생 과정에서 미분화된 애기장대 뿌리의 중심부에는 피층세포가 서로 나란히 연결되어 원형으로 구성된 한 층의 피층세포층이 있으며, 이 층과 접하여 뿌리의 바깥쪽에 원형으로 미분화된 표피세포로 구성된 한 층의 미분화 표피세포층이 있다.

미분화된 표피세포가 그 안쪽의 피층세포층에 있는 두 개의 피층세포와 접촉하는 경우엔 뿌리털세포로 분화되어 발달하지만, 한 개의 피층세포와 접촉하는 경우엔 분화된 표피세포로 발달한다. 한편 미분화된 표피세포가 서로 다른 형태의 세포로 분화되기 위해서는 유전자A의 발현에 차이가 있어야 하는데, 미분화된 표피세포에서 유전자A가 발현되지 않으면 그 세포는 뿌리털세포로 분화되며 유전자A가 발현되면 분화된 표피세포로 분화된다.

① 미분화 표피세포에서 유전자A의 발현 조절은 분화될 세포에 뿌리털이 있는지에 따라 결정된다.

② 미분화된 세포가 뿌리털세포나 분화된 표피세포로 분화되는 것은 그 세포가 어느 세포로부터 유래하였는지에 따라 결정된다.

③ 미분화 표피세포가 뿌리털세포 또는 분화된 표피세포로 분화되는 것은 미분화 표피세포가 유전자A를 가지고 있는지에 따라 결정된다.

④ 미분화 표피세포가 뿌리털세포 또는 분화된 표피세포로 분화가 되는 것은 미분화된 뿌리에서 미분화 표피세포층과 피층세포층의 위치에 의해 결정된다.

⑤ 미분화 표피세포가 어떤 세포로 분화될 것인지는 각 미분화 표피세포가 발생 중에 접촉하는 피층세포의 수에 따라 조절되는 유전자A의 발현에 의해 결정된다.

문 25. 다음 글의 (가)와 (나)에 들어갈 말을 〈보기〉에서 골라 가장 적절하게 짝지은 것은?

가설과 보조가설로부터 시험 명제 I를 연역적으로 이끌어 냈지만, I가 거짓임이 실험 결과로 밝혀졌다고 해보자. 이 실험 결과를 수용하려면 어느 쪽인가는 수정하여야 한다. 가설을 수정하거나 완전히 폐기할 수도 있고, 아니면 가설은 그대로 유지하면서 보조가설만을 적절히 변경할 수도 있다. 결국 가설이 심각하게 불리한 실험 결과에 직면했을 때조차도 원리상으로는 가설을 유지시킬 수 있는 가능성이 언제나 남아 있는 것이다.

과학사의 예를 하나 생각해 보자. 토리첼리가 대기층의 압력이라는 착상을 도입하기 전에는 단순 펌프의 기능이 자연은 진공을 싫어한다는 가설에 입각하여 설명되었다. 다시 말해 피스톤이 끌려 올라감으로써 펌프통 속에 진공이 생기는데, 자연은 진공을 싫어하기 때문에 그 진공을 채우려고 물이 올라온다는 것이다. 하지만 페리에는 산꼭대기에서 기압계의 수은주가 산기슭에서보다 3인치 이상 짧아진다는 실험 결과를 제시하였다. 파스칼은 이 실험 결과가 자연은 진공을 싫어한다는 가설을 반박한다고 주장하며 다음처럼 말한다. "만일 수은주의 높이가 산기슭에서의 높이보다 산꼭대기에서 짧아지는 현상이 일어난다면, 그것은 공기의 무게와 압력 때문이지 자연이 진공을 싫어하기 때문이 아니라는 결론이 따라 나오네. 왜냐하면 산꼭대기에 압력을 가하는 공기량보다 산기슭에 압력을 가하는 공기량이 훨씬 많으며, 누구도 자연이 산꼭대기에서보다 산기슭에서 진공을 더 싫어한다고 주장할 수는 없기 때문일세."

파스칼의 이런 언급은 진공에 대한 자연의 혐오라는 가설이 구제될 수 있는 실마리를 제공한다. 페리에의 실험 결과는, 자연이 진공을 싫어한다는 가설이 함께 전제하고 있는 보조가설들 가운데 ____(가)____ 를 반박하는 증거였다. 진공에 대한 자연의 혐오라는 가설과 페리에가 발견한 명백하게 불리한 증거를 수용하기 위해서는 앞의 보조가설 대신 ____(나)____ 를 보조가설로 끌어들이는 것으로 충분하다.

〈보기〉
ㄱ. 진공에 대한 자연의 혐오 강도는 고도에 구애받지 않는다
ㄴ. 진공에 대한 자연의 혐오가 고도의 증가에 따라 증가한다
ㄷ. 진공에 대한 자연의 혐오가 고도의 증가에 따라 감소한다

　　(가)　　(나)
① ㄱ　　　ㄴ
② ㄱ　　　ㄷ
③ ㄴ　　　ㄱ
④ ㄴ　　　ㄷ
⑤ ㄷ　　　ㄱ

약점 보완 해설집 p.104

문 1. 다음 글에서 알 수 있는 것만을 〈보기〉에서 모두 고르면?

공직의 기강은 상령하행(上令下行)만을 일컫는 것이 아니다. 법으로 규정된 직분을 지켜 위에서 명령하고 아래에서 따르되, 그 명령이 공공성에 기반한 국가 법제를 벗어나지 않았을 때 기강은 바로 설 수 있다. 만약 명령이 법 바깥의 사적인 것인데 그것을 수행한다면 이는 상령하행의 원칙을 잘못 이해한 것이다. 무릇 고위의 상급자라 하더라도 그가 한 개인으로서 하급자를 반드시 복종하게 할 권위가 있는 것은 아니다. 권위는 오직 그 명령이 국가의 법제를 충실히 따랐을 때 비로소 갖춰지는 것이다.

조선시대에는 6조의 수장인 판서가 공적인 절차와 내용에 따라 무엇을 행하라 명령하는데 아랫사람이 시행하지 않으면 사안의 대소에 관계없이 아랫사람을 파직하였다. 그러나 판서가 공적인 절차를 벗어나 법 외로 사적인 명령을 내리면 비록 미관말직이라 해도 이를 따르지 않는 것이 올바른 것으로 인정되었다. 이처럼 공적인 것에 반드시 복종하는 것이 기강이요, 사적인 것에 복종하지 않는 것도 기강이다. 만약 세력에 압도되고 이욕에 이끌려, 부당하게 직무의 분한(分限)을 넘나들며 간섭하고 간섭받게 된다면 공적인 지휘 체계는 혼란에 빠지고 기강은 무너질 것이다. 그러므로 기강을 확립할 때, 그 근간이 되는 상령하행과 공적 직분의 엄수는 둘이 아니라 하나이다. 공직의 기강은 곧 국가의 동맥이니, 이 맥이 찰나라도 끊어지면 어떤 지경에 이를 것인가? 공직자들은 깊이 생각해 보아야 할 것이다.

〈보기〉

ㄱ. 상급자의 직위가 높아야만 명령의 권위가 갖춰진다.
ㄴ. 조선시대에는 상령하행이 제대로 준수되지 않았다.
ㄷ. 하급자가 상급자의 명령을 언제나 수행해야 하는 것은 아니다.

① ㄱ
② ㄷ
③ ㄱ, ㄴ
④ ㄴ, ㄷ
⑤ ㄱ, ㄴ, ㄷ

문 2. 문맥상 다음 글에 이어질 내용으로 가장 적절한 것은?

테레민이라는 악기는 손을 대지 않고 연주하는 악기이다. 이 악기를 연주하기 위해 연주자는 허리 높이쯤에 위치한 상자 앞에 선다. 연주자의 오른손은 상자에 수직으로 세워진 안테나 주위에서 움직인다. 오른손의 엄지와 집게손가락으로 고리를 만들고 손을 흔들면서 나머지 손가락을 하나씩 펴면 안테나에 손이 닿지 않고서도 음이 들린다. 이때 들리는 음은 피아노 건반을 눌렀을 때 나는 것처럼 정해진 음이 아니고 현악기를 연주하는 것과 같은 연속음이며, 소리는 손과 손가락의 움직임에 따라 변한다. 왼손은 손가락을 펼친 채로 상자에서 수평으로 뻗은 안테나 위에서 서서히 오르내리면서 소리를 조절한다.

오른손으로는 수직 안테나와의 거리에 따라 음고(音高)를 조절하고 왼손으로는 수평 안테나와의 거리에 따라 음량을 조절한다. 따라서 오른손과 수직 안테나는 음고를 조절하는 회로에 속하고 왼손과 수평 안테나는 음량을 조절하는 또 다른 회로에 속한다. 이 두 회로가 하나로 합쳐지면서 두 손의 움직임에 따라 음고와 음량을 변화시킬 수 있다.

어떻게 테레민에서 다른 음고의 음이 발생되는지 알아보자. 음고를 조절하는 회로는 가청주파수 범위 바깥의 주파수를 갖는 서로 다른 두 개의 음파를 발생시킨다. 이 두 개의 음파 사이에 존재하는 주파수의 차이값에 의해 가청주파수를 갖는 새로운 진동이 발생하는데 그것으로 소리를 만든다. 가청주파수 범위 바깥의 주파수 중 하나는 고정된 주파수를 갖고 다른 하나는 연주자의 손 움직임에 따라 주파수가 바뀐다. 이렇게 발생한 주파수의 변화에 의해 진동이 발생되고 이 진동의 주파수는 가청주파수 범위 내에 있기 때문에 그 진동을 증폭시켜 스피커로 보내면 소리가 들린다.

① 수직 안테나에 손이 닿으면 소리가 발생하는 원리
② 왼손의 손가락의 모양에 따라 음고가 바뀌는 원리
③ 수평 안테나와 왼손 사이의 거리에 따라 음량이 조절되는 원리
④ 음고를 조절하는 회로에서 가청주파수의 진동이 발생하는 원리
⑤ 오른손 손가락으로 가상의 피아노 건반을 눌러 음량을 변경하는 원리

문 3. 다음 글의 전체 흐름과 맞지 않는 한 곳을 ㉠~㉤에서 찾아 수정하려고 할 때, 가장 적절한 것은?

소아시아 지역에 위치한 비잔틴 제국의 수도 콘스탄티노플이 이슬람교를 신봉하는 오스만인들에 의해 함락되었다는 소식이 인접해 있는 유럽 지역에까지 전해지자 그 곳 교회의 한 수도원 서기는 "㉠ 지금까지 이보다 더 끔찍했던 사건은 없었으며, 앞으로도 결코 없을 것이다."라고 기록했다. 1453년 5월 29일 화요일, 해가 뜨자마자 오스만 제국의 군대는 난공불락으로 유명한 케르코포르타 성벽의 작은 문을 뚫고 진군하기 시작했다. 해가 질 무렵, 약탈당한 도시에 남아있는 모든 것들은 그들의 차지가 되었다. 비잔틴 제국의 86번째 황제였던 콘스탄티노스 11세는 서쪽 성벽 아래에 있는 좁은 골목에서 전사하였다. 이것으로 ㉡ 1,100년 이상 존재했던 소아시아 지역의 기독교도 황제가 사라졌다.

잿빛 말을 타고 화요일 오후 늦게 콘스탄티노플에 입성한 술탄 메흐메드 2세는 우선 성소피아 대성당으로 갔다. 그는 이 성당을 파괴하는 대신 이슬람 사원으로 개조하라는 명령을 내렸고, 우선 그 성당을 철저하게 자신의 보호하에 두었다. 또한 학식이 풍부한 그리스 정교회 수사에게 격식을 갖추어 공석중인 총대주교직을 수여하고자 했다. 그는 이슬람 세계를 위해 ㉢ 기독교의 제단뿐만 아니라 그 이상의 것들도 활용했다. 역대 비잔틴 황제들이 제정한 법을 그가 주도하고 있던 법제화의 모델로 이용하였던 것이다. 이러한 행위들은 ㉣ 단절을 추구하는 정복왕 메흐메드 2세의 의도에서 비롯된 것이라고 할 수 있다.

그는 자신이야말로 지중해를 '우리의 바다'라고 불렀던 로마 제국의 진정한 계승자임을 선언하고 싶었던 것이다. 일례로 그는 한때 유럽과 아시아를 포함한 지중해 전역을 지배했던 제국의 정통 상속자임을 선언하면서, 의미심장하게도 자신의 직함에 '룸 카이세리', 즉 로마의 황제라는 칭호를 추가했다. 또한 그는 패권 국가였던 로마의 옛 명성을 다시 찾기 위한 노력의 일환으로 로마 사람의 땅이라는 뜻을 지닌 루멜리아에 새로 수도를 정했다. 이렇게 함으로써 그는 ㉤ 오스만 제국이 유럽으로 확대될 것이라는 자신의 확신을 보여주었다.

① ㉠을 '지금까지 이보다 더 영광스러운 사건은 없었으며'로 고친다.
② ㉡을 '1,100년 이상 존재했던 소아시아 지역의 이슬람 황제가 사라졌다'로 고친다.
③ ㉢을 '기독교의 제단뿐만 아니라 그 이상의 것들도 파괴했다'로 고친다.
④ ㉣을 '연속성을 추구하는 정복왕 메흐메드 2세의 의도에서 비롯된 것'으로 고친다.
⑤ ㉤을 '오스만 제국이 아시아로 확대될 것이라는 자신의 확신을 보여주었다'로 고친다.

문 4. 다음 '철학의 여인'의 논지를 따를 때, ㉠으로 적절한 것만을 〈보기〉에서 모두 고르면?

다음은 철학의 여인이 비탄에 잠긴 보에티우스에게 건네는 말이다.

"나는 이제 네 병의 원인을 알겠구나. 이제 네 병의 원인을 알게 되었으니 ㉠ 너의 건강을 회복할 수 있는 방법을 찾을 수 있게 되었다. 그 방법은 병의 원인이 되는 잘못된 생각을 바로잡아 주는 것이다.

너는 너의 모든 소유물을 박탈당했다고, 사악한 자들이 행복을 누리게 되었다고, 네 운명의 결과가 불의하게도 제멋대로 바뀌었다는 생각으로 비탄에 빠져 있다. 그런데 그런 생각은 잘못된 전제에서 비롯된 것이다. 네가 눈물을 흘리며 너 자신이 추방당하고 너의 모든 소유물들을 박탈당했다고 생각하는 것은 행운이 네게서 떠났다고 슬퍼하는 것과 다름없는데, 그것은 네가 운명의 본모습을 모르기 때문이다. 그리고 사악한 자들이 행복을 가졌다고 생각하는 것이나 사악한 자가 선한 자보다 더 행복을 누린다고 한탄하는 것은 네가 실로 만물의 목적이 무엇인지 모르고 있기 때문이다. 다시 말해 만물의 궁극적인 목적이 선을 지향하는 데 있다는 것을 모르고 있기 때문이다. 또한 너는 세상이 어떤 통치 원리에 의해 다스려지는지 잊어버렸기 때문에 제멋대로 흘러가는 것이라고 믿고 있다. 그러나 만물의 목적에 따르면 악은 결코 선을 이길 수 없으며 사악한 자들이 행복할 수는 없다. 따라서 세상은 결국에는 불의가 아닌 정의에 의해 다스려지게 된다. 그럼에도 불구하고 너는 세상의 통치 원리가 정의와는 거리가 멀다고 믿고 있다. 이는 그저 병의 원인일 뿐 아니라 죽음에 이르는 원인이 되기도 한다. 그러나 다행스럽게도 자연은 너를 완전히 버리지는 않았다. 이제 너의 건강을 회복할 수 있는 작은 불씨가 생명의 불길로 타올랐으니 너는 조금도 두려워할 필요가 없다."

〈보기〉
ㄱ. 만물의 궁극적인 목적이 선을 지향하는 데 있다는 것을 아는 것
ㄴ. 세상이 제멋대로 흘러가는 것이 아니라 정의에 의해 다스려진다는 것을 깨닫는 것
ㄷ. 자신이 박탈당했다고 여기는 모든 것들, 즉 재산, 품위, 권좌, 명성 등을 되찾을 방도를 아는 것

① ㄱ
② ㄴ
③ ㄱ, ㄴ
④ ㄴ, ㄷ
⑤ ㄱ, ㄴ, ㄷ

문 5. A사무관의 추론이 올바를 때, 다음 글의 빈 칸에 들어갈 진술로 적절한 것만을 〈보기〉에서 모두 고르면?

A사무관은 인사과에서 인사고과를 담당하고 있다. 그는 올해 우수 직원을 선정하여 표창하기로 했으니 인사고과에서 우수한 평가를 받은 직원을 후보자로 추천하라는 과장의 지시를 받았다. 평가 항목은 대민봉사, 업무역량, 성실성, 청렴도이고 각 항목은 상(3점), 중(2점), 하(1점)로 평가한다. A사무관이 추천한 표창 후보자는 갑돌, 을순, 병만, 정애 네 명이며, 이들이 받은 평가는 다음과 같다.

	대민봉사	업무역량	성실성	청렴도
갑돌	상	상	상	하
을순	중	상	하	상
병만	하	상	상	중
정애	중	중	중	상

A사무관은 네 명의 후보자에 대한 평가표를 과장에게 제출하였다. 과장은 "평가 점수 총합이 높은 순으로 선발한다. 단, 동점자 사이에서는 ▢▢▢▢▢▢"라고 하였다. A사무관은 과장과의 면담 후 이들 중 세 명이 표창을 받게 된다고 추론하였다.

〈보기〉
ㄱ. 두 개 이상의 항목에서 상의 평가를 받은 후보자를 선발한다.
ㄴ. 청렴도에서 하의 평가를 받은 후보자를 제외한 나머지 후보자를 선발한다.
ㄷ. 하의 평가를 받은 항목이 있는 후보자를 제외한 나머지 후보자를 선발한다.

① ㄱ
② ㄷ
③ ㄱ, ㄴ
④ ㄴ, ㄷ
⑤ ㄱ, ㄷ

문 6. 다음 글의 내용이 참일 때, 반드시 참인 것은?

도덕성에 결함이 있는 어떤 사람도 공무원으로 채용되지 않는다. 업무 능력을 검증받았고 인사추천위원회의 추천을 받았으며 공직관이 투철한, 즉 이 세 조건을 모두 만족하는 지원자는 누구나 올해 공무원으로 채용된다. 올해 공무원으로 채용되는 사람들 중에 봉사정신이 없는 사람은 아무도 없다. 공직관이 투철한 철수는 올해 공무원 채용 시험에 지원하여 업무 능력을 검증받았다.

① 만일 철수가 도덕성에 결함이 없다면, 그는 올해 공무원으로 채용된다.
② 만일 철수가 봉사정신을 갖고 있다면, 그는 올해 공무원으로 채용된다.
③ 만일 철수가 도덕성에 결함이 있다면, 그는 인사추천위원회의 추천을 받지 않았다.
④ 만일 철수가 올해 공무원으로 채용된다면, 그는 인사추천 위원회의 추천을 받았다.
⑤ 만일 철수가 올해 공무원으로 채용되지 않는다면, 그는 도덕성에 결함이 있고 또한 봉사정신도 없다.

문 7. 다음 〈원칙〉을 바르게 적용한 것만을 〈보기〉에서 모두 고르면?

〈원칙〉
○ 문장 X가 참일 경우 문장 Y는 반드시 참이지만 그 역은 성립하지 않는다면, 문장 Y의 확률은 문장 X의 확률보다 높다.
○ 문장 X의 확률이 문장 Y의 확률보다 낮다면, 문장 X가 담고 있는 정보의 양은 문장 Y가 담고 있는 정보의 양보다 많다.

〈보기〉
ㄱ. "정상적인 주사위를 던질 때 3이 나올 것이다."는 "정상적인 동전을 던질 때 앞면이 나올 것이다."보다 더 많은 정보를 담고 있다.
ㄴ. "월성 원자력 발전소에 문제가 생기거나 고리 원자력 발전소에 문제가 생긴다."는 "월성 원자력 발전소에 문제가 생긴다."보다 더 많은 정보를 담고 있다.
ㄷ. "내년 예산에서는 국가균형발전 예산, 복지 예산, 에너지절감 관련 기술개발 예산이 모두 늘어난다."는 "내년 예산에서는 국가균형발전 예산, 에너지절감 관련 기술개발 예산이 모두 늘어난다."보다 더 적은 정보를 담고 있다.

① ㄱ　　　　② ㄴ　　　　③ ㄱ, ㄷ
④ ㄴ, ㄷ　　　⑤ ㄱ, ㄴ, ㄷ

문 8. 다음 글의 빈 칸에 들어갈 내용으로 가장 적절한 것은?

다른 사람의 증언은 얼마나 신뢰할 만할까? 증언의 신뢰성은 두 가지 요인에 의해서 결정된다. 첫 번째 요인은 증언하는 사람이다. 만약 증언하는 사람이 거짓말을 자주 해서 신뢰하기 어려운 사람이라면 그의 말의 신뢰성은 떨어질 수밖에 없다. 두 번째 요인은 증언 내용이다. 만약 증언 내용이 우리의 상식과 상당히 동떨어져 있어 보인다면 증언의 신뢰성은 떨어질 수밖에 없다. 그렇다면 이 두 요인이 서로 대립하는 경우는 어떨까? 가령 매우 신뢰할 만한 사람이 기적이 일어났다고 증언하는 경우에 우리는 그 증언을 얼마나 신뢰해야 하는가?

이 질문에는 　　　　　는 원칙을 적용해서 답할 수 있다. 이 원칙을 기적에 대한 증언에 적용시키기 위해서는 먼저 기적에 대해서 생각해 볼 필요가 있다. 기적이란 자연법칙을 위반한 사건이다. 여기서 자연법칙이란 지금까지 우주의 전체 역사에서 일어났던 모든 사건들이 따랐던 규칙이다. 그렇다면 자연법칙을 위반하는 사건 즉 기적은 아직까지 한 번도 일어나지 않은 사건이다. 한편 우리는 충분히 신뢰할 만한 사람이 자신의 의지와 무관하게 거짓을 말하는 경우를 이따금 관찰할 수 있다. 따라서 그런 사건이 일어날 확률은 매우 신뢰할 만한 사람이 거짓 증언을 할 확률보다 작을 수밖에 없다. 결국 우리는 기적이 일어났다는 증언을 신뢰해서는 안 된다.

① 어떤 사람이 참인 증언을 할 확률이 그 증언 내용이 실제로 일어날 확률보다 작은 경우에만 증언을 신뢰해야 한다

② 어떤 사람이 거짓 증언을 할 확률이 그 증언 내용이 실제로 일어날 확률보다 작은 경우에만 증언을 신뢰해야 한다

③ 어떤 사람이 거짓 증언을 할 확률이 그 증언 내용이 실제로 일어나지 않을 확률보다 작은 경우에만 증언을 신뢰해야 한다

④ 어떤 사람이 제시한 증언 내용이 일어날 확률이 그것이 일어나지 않을 확률보다 더 큰 경우에만 그 증언을 신뢰해야 한다

⑤ 어떤 사람이 제시한 증언 내용이 일어날 확률이 그것이 일어나지 않을 확률보다 더 작은 경우에만 증언을 신뢰해야 한다

문 9. 다음 글의 〈연구결과〉에 대한 평가로 적절한 것만을 〈보기〉에서 모두 고르면?

콩 속에는 식물성 단백질과 불포화 지방산 등 건강에 이로운 물질들이 풍부하다. 약콩, 서리태 등으로 불리는 검은 콩 껍질에는 황색 콩 껍질에서 발견되지 않는 특수한 항암 물질이 들어 있다. 검은 콩은 항암 효과는 물론 항산화 작용 및 신장 기능과 시력 강화에도 좋은 것으로 알려져 있다. A~C팀은 콩의 효능을 다음과 같이 연구했다.

〈연구결과〉

○ A팀 연구진: 콩 속 제니스틴의 성인병 예방 효능을 실험을 통해 세계 최초로 입증했다. 또한 제니스틴은 발암 물질에 노출된 비정상 세포가 악성 종양 세포로 진행되지 않도록 억제하는 효능을 갖고 있다는 사실을 흰쥐 실험을 통해 밝혔다. 암이 발생하는 과정은 세포 내의 유전자가 손상되는 개시 단계와 손상된 세포의 분열이 빨라지는 촉진 단계로 나뉘는데 제니스틴은 촉진 단계에서 억제효과가 있다는 것이다.

○ B팀 연구진: 200명의 여성을 조사해 본 결과, 매일 흰 콩 식품을 섭취한 사람이 한 달에 세 번 이하로 섭취한 사람에 비해 폐암에 걸릴 위험이 절반으로 줄었다.

○ C팀 연구진: 식이요법으로 원형탈모증을 완치할 수 있을 것으로 보고 원형탈모증을 가지고 있는 쥐에게 콩기름에서 추출된 화합물을 투여해 효과를 관찰하는 실험을 했다. 실험 결과 콩기름에서 추출된 화합물을 각각 0.1ml, 0.5ml, 2.0ml씩 투여한 쥐에서 원형탈모증 완치율은 각각 18%, 39%, 86%를 기록했다.

〈보기〉

ㄱ. A팀의 연구결과는 콩이 암의 발생을 억제하는 효과가 있다는 것을 뒷받침한다.

ㄴ. C팀의 연구결과는 콩기름 함유가 높은 음식을 섭취할수록 원형탈모증 발생률이 높게 나타난다는 것을 뒷받침한다.

ㄷ. 세 팀의 연구결과는 검은 콩이 성인병, 폐암의 예방과 원형탈모증 치료에 효과가 있다는 것을 뒷받침한다.

① ㄱ

② ㄴ

③ ㄱ, ㄷ

④ ㄴ, ㄷ

⑤ ㄱ, ㄴ, ㄷ

문 10. 다음 글에서 추론할 수 있는 것은?

> 조선이 임진왜란 중 필사적으로 보존하고자 한 서적은 바로 조선왕조실록이다. 실록은 원래 서울의 춘추관과 성주·충주·전주 4곳의 사고(史庫)에 보관되었으나, 임진왜란 이후 전주 사고의 실록만 온전한 상태였다. 전란이 끝난 후 단 1벌 남은 실록을 다시 여러 벌 등서하자는 주장이 제기되었다. 우여곡절 끝에 실록 인쇄가 끝난 것은 1606년이었다. 재인쇄 작업의 결과 원본을 포함해 모두 5벌의 실록을 갖추게 되었다. 원본은 강화도 마니산에 봉안하고 나머지 4벌은 서울의 춘추관과 평안도 묘향산, 강원도의 태백산과 오대산에 봉안했다.
>
> 이 5벌 중에서 서울 춘추관의 것은 1624년 이괄의 난 때 불에 타 없어졌고, 묘향산의 것은 1633년 후금과의 관계가 악화되자 전라도 무주의 적상산에 사고를 새로 지어 옮겼다. 강화도 마니산의 것은 1636년 병자호란 때 청군에 의해 일부 훼손되었던 것을 현종 때 보수하여 숙종 때 강화도 정족산에 다시 봉안했다. 결국 내란과 외적 침입으로 인해 5곳 가운데 1곳의 실록은 소실되었고, 1곳의 실록은 장소를 옮겼으며, 1곳의 실록은 손상을 입었던 것이다.
>
> 정족산, 태백산, 적상산, 오대산 4곳의 실록은 그 후 안전하게 지켜졌다. 그러나 일본이 다시 여기에 손을 대었다. 1910년 조선 강점 이후 일제는 정족산과 태백산에 있던 실록을 조선총독부로 이관하고 적상산의 실록은 구황궁 장서각으로 옮겼으며 오대산의 실록은 일본 동경제국대학으로 반출했다. 일본으로 반출한 것은 1923년 관동대지진 때 거의 소실되었다. 정족산과 태백산의 실록은 1930년에 경성제국대학으로 옮겨져 지금까지 서울대학교에 보존되어 있다. 한편 장서각의 실록은 6·25전쟁 때 북으로 옮겨져 현재 김일성종합대학에 소장되어 있다.

① 재인쇄하였던 실록은 모두 5벌이다.
② 태백산에 보관하였던 실록은 현재 일본에 있다.
③ 현재 한반도에 남아 있는 실록은 모두 4벌이다.
④ 적상산에 보관하였던 실록은 일부가 훼손되었다.
⑤ 현존하는 가장 오래된 실록은 서울대학교에 있다.

문 11. 다음 글의 내용과 상충하는 것만을 〈보기〉에서 모두 고르면?

> 벼슬에 나아감과 물러남의 도리에 밝은 옛 군자는 조금이라도 관직에 책임을 다하지 못하거나 의리의 기준으로 보아 직책을 더 이상 수행할 수 없을 경우, 반드시 몸을 이끌고 급히 물러났습니다. 그들도 임금을 사랑하는 정(情)이 있기에 차마 물러나기 어려웠을 터이나, 정 때문에 주저하여 자신이 물러나야 할 때를 놓치지는 않았으니, 이는 정보다는 의리를 지키지 않을 수 없었기 때문입니다.
>
> 임금과 어버이는 일체이므로 모두 죽음으로 섬겨야 할 대상입니다. 그러나 부자관계는 천륜이어서 자식이 어버이를 봉양하는 데 한계가 없지만, 군신관계는 의리로 합쳐진 것이라, 신하가 임금을 받드는 데 한계가 있습니다. 한계가 없는 경우에는 은혜가 항상 의리에 우선하므로 관계를 떠날 수 없지만, 한계가 있는 경우에는 때때로 의리가 은혜보다 앞서기도 하므로 떠날 수 있는 상황이 생기는 것입니다. 의리의 문제는 사람과 때에 따라 같지 않습니다. 여러 공들의 경우는 벼슬에 나가는 것이 의리가 되지만 나에게 여러 공들처럼 하도록 요구해서는 안 되며, 내 경우는 물러나는 것이 의리가 되니 여러 공들에게 나처럼 하도록 바라서도 안 됩니다.

─── 〈보기〉 ───
ㄱ. 부자관계에서는 은혜가 의리보다 중요하다.
ㄴ. 군신관계에서 의리가 은혜에 항상 우선하는 것은 아니다.
ㄷ. 군신관계에서 신하들이 임금에 대해 의리를 실천하는 방식은 누구에게나 동일하다.

① ㄱ
② ㄷ
③ ㄱ, ㄴ
④ ㄴ, ㄷ
⑤ ㄱ, ㄴ, ㄷ

문 12. 다음 글의 내용과 부합하지 않는 것은?

고대 철학자인 피타고라스는 현이 하나 달린 음향 측정 기구인 일현금을 사용하여 음정 간격과 수치 비율이 대응하는 원리를 발견하였다. 이를 바탕으로 피타고라스는 모든 것이 숫자 또는 비율에 의해 표현될 수 있다고 주장하였다.

그를 신봉한 피타고라스주의자들은 수와 기하학의 규칙이 무질서하게 보이는 자연과 불가해한 가변성의 세계에 질서를 부여한다고 믿었다. 즉 피타고라스주의자들은 자연의 온갖 변화는 조화로운 규칙으로 환원될 수 있다고 믿었다. 이는 피타고라스주의자들이 물리적 세계가 수학적 용어로 분석될 수 있다는 현대 수학자들의 사고에 단초를 제공한 것이라고 할 수 있다.

그러나 피타고라스주의자들은 현대 수학자들과는 달리 수에 상징적이고 심지어 신비적인 의미를 부여했다. 피타고라스주의자들은 '기회', '정의', '결혼'과 같은 추상적인 개념을 특정한 수의 가상적 특징, 즉 특정한 수에 깃들어 있으리라고 추정되는 특징과 연계시켰다. 또한 이들은 여러 물질적 대상에 수를 대응시켰다. 예를 들면 고양이를 그릴 때 다른 동물과 구별되는 고양이의 뚜렷한 특징을 드러내려면 특정한 개수의 점이 필요했다. 이때 점의 개수는 곧 고양이를 가리키는 수가 된다. 이것은 세계에 대한 일종의 원자적 관점과도 관련된다. 이 관점에서는 단위(unity), 즉 숫자 1은 공간상의 한 물리적 점으로 간주되기 때문에 물리적 대상들은 수 형태인 단위 점들로 나타낼 수 있다. 이처럼 피타고라스주의자들은 수를 실재라고 여겼는데 여기서 수는 실재와 무관한 수가 아니라 실재를 구성하는 수를 가리킨다.

피타고라스의 사상이 수의 실재성이라는 신비주의적이고 형이상학적인 관념에 기반하고 있다는 점은 틀림없다. 그럼에도 불구하고 피타고라스주의자들은 자연을 이해하는 데 있어 수학이 중요하다는 점을 알아차린 최초의 사상가들임이 분명하다.

① 피타고라스는 음정 간격을 수치 비율로 나타낼 수 있다는 것을 발견하였다.

② 피타고라스주의자들은 자연을 이해하는 데 있어 수학의 중요성을 인식하였다.

③ 피타고라스주의자들은 물질적 대상뿐만 아니라 추상적 개념 또한 수와 연관시켰다.

④ 피타고라스주의자들은 물리적 대상을 원자적 관점에서 실재와 무관한 단위 점으로 나타낼 수 있다고 믿었다.

⑤ 피타고라스주의자들은 수와 기하학적 규칙을 통해 자연의 변화를 조화로운 규칙으로 환원할 수 있다고 믿었다.

문 13. 다음 글의 핵심 내용으로 가장 적절한 것은?

1948년에 제정된 대한민국 헌법은 공동체의 정치적 문제는 기본적으로 국민의 의사에 의해 결정된다는 점을 구체적인 조문으로 명시하고 있다. 그러나 이러한 공화제적 원리는 1948년에 이르러 갑작스럽게 등장한 것이 아니다. 이미 19세기 후반부터 한반도에서는 이와 같은 원리가 공공 영역의 담론 및 정치적 실천 차원에서 표명되고 있었다.

공화제적 원리는 1885년부터 발행되기 시작한 근대적 신문인 『한성주보』에서도 어느 정도 언급된 바 있지만 특히 1898년에 출현한 만민공동회에서 그 내용이 명확하게 드러난다. 독립협회를 중심으로 촉발되었던 만민공동회는 민회를 통해 공론을 형성하고 이를 국정에 반영하고자 했던 완전히 새로운 형태의 정치운동이었다. 이것은 전통적인 집단상소나 민란과는 전혀 달랐다. 이 민회는 자치에 대한 국민의 자각을 기반으로 공동생활의 문제들을 협의하고 함께 행동해나가려 하였다. 이것은 자신들이 속한 정치공동체에 대한 소속감과 연대감을 갖지 않고서는 불가능한 현상이었다. 즉 만민공동회는 국민이 스스로 정치적 주체가 되고자 했던 시도였다. 전제적인 정부가 법을 통해 제한하려고 했던 정치 참여를 국민들이 스스로 쟁취하여 정치체제를 변화시키고자 하였던 것이다.

19세기 후반부터 한반도에 공화제적 원리가 표명되고 있었다는 사례는 이뿐만이 아니다. 당시 독립협회가 정부와 함께 개최한 관민공동회에서 발표한 「헌의6조」를 살펴보면 제3조에 "예산과 결산은 국민에게 공표할 일"이라고 명시하고 있는 것을 확인할 수 있다. 이것은 오늘날의 재정운용의 기본원칙으로 여겨지는 예산공개의 원칙과 정확하게 일치하는 것으로 국민과 함께 협의하여 정치를 하여야 한다는 공화주의 원리를 보여주고 있다.

① 만민공동회는 전제 정부의 법적 제한에 맞서 국민의 정치 참여를 쟁취하고자 했다.

② 한반도에서 예산공개의 원칙은 19세기 후반 관민공동회에서 처음으로 표명되었다.

③ 예산과 결산이라는 용어는 관민공동회가 열렸던 19세기 후반에 이미 소개되어 있었다.

④ 만민공동회를 통해 대한민국 헌법에 공화제적 원리를 포함시키는 것이 결정되었다.

⑤ 한반도에서 공화제적 원리는 이미 19세기 후반부터 담론 및 실천의 차원에서 표명되고 있었다.

문 14. 다음 글의 A와 B의 견해에 대한 평가로 올바른 것만을 〈보기〉에서 모두 고르면?

여성의 사회 활동이 활발한 편에 속하는 미국에서조차 공과대학에서 여학생이 차지하는 비율은 20%를 넘지 않는다. 독일 대학의 경우도 전기 공학이나 기계 공학 분야의 여학생 비율이 2.3%를 넘지 않는다. 우리나라 역시 공과대학의 여학생 비율은 15%를 밑돌고 있고, 여교수의 비율도 매우 낮다.

여성주의자들 중 A는 기술에 각인된 '남성성'을 강조함으로써 이 현상을 설명하려고 한다. 그에 따르면, 지금까지의 기술은 자연과 여성에 대한 지배와 통제를 끊임없이 추구해 온 남성들의 속성이 반영된, 본질적으로 남성적인 것이다. 이에 반해 여성은 타고난 출산 기능 때문에 자연에 적대적일 수 없고 자연과 조화를 추구한다고 한다. 남성성은 공격적인 태도로 자연을 지배하려 하지만, 여성성은 순응적인 태도로 자연과 조화를 이루려 한다. 때문에 여성성은 자연을 지배하는 기술과 대립할 수밖에 없다. 이에 따라 A는 여성성에 바탕을 둔 기술을 적극적으로 개발해야만 비로소 여성과 기술의 조화가 가능해진다고 주장한다.

다른 여성주의자B는 여성성과 남성성 사이에 근본적인 차이가 존재하지 않는다고 주장한다. 그는 여성에게 주입된 성별 분업 이데올로기와 불평등한 사회 제도에 의해 여성의 능력이 억눌리고 있다고 생각한다. 그에 따르면, 여성은 '기술은 남성의 것'이라는 이데올로기를 어릴 적부터 주입 받게 되어 결국 기술 분야 진출을 거의 고려하지 않게 된다. 설령 소수의 여성이 기술 분야에 어렵게 진출하더라도 남성에게 유리한 각종 제도의 벽에 부딪치면서 자신의 능력을 사장시키게 된다. 이에 따라 B는 여성과 기술의 관계에 대한 인식을 제고하는 교육을 강화하고 여성의 기술 분야 진출과 승진을 용이하게 하는 제도적 장치를 마련해야 한다고 주장한다. 그래야만 기술 분야에서 여성이 겪는 소외를 극복하고 여성이 자기 능력을 충분히 발휘할 수 있는 여건이 만들어질 수 있다고 보기 때문이다.

〈보기〉
ㄱ. A에 따르면 여성과 기술의 조화를 위해서는 자연과 조화를 추구하는 기술을 개발해야 한다.
ㄴ. B에 따르면 여성이 남성보다 기술 분야에 많이 참여하지 않는 것은 신체적인 한계 때문이다.
ㄷ. A와 B에 따르면 한 사람은 남성성과 여성성을 동시에 갖고 있다.

① ㄱ
② ㄴ
③ ㄱ, ㄷ
④ ㄴ, ㄷ
⑤ ㄱ, ㄴ, ㄷ

문 15. 다음 글의 내용이 참일 때, 반드시 참인 것은?

A교육청은 관할지역 내 중학생의 학력 저하가 심각한 수준에 달했다고 우려하고 있다. A교육청은 이러한 학력 저하의 원인이 스마트폰의 사용에 있다고 보고 학력 저하를 방지하기 위한 방안을 마련하기로 하였다. 자료 수집을 위해 A교육청은 B중학교를 조사하였다. 조사 결과에 따르면, B중학교에서 스마트폰을 가지고 등교하는 학생들 중에서 국어 성적이 60점 미만인 학생이 20명, 영어 성적이 60점 미만인 학생이 20명이었다.

B중학교에 스마트폰을 가지고 등교하지만 학교에 있는 동안은 사용하지 않는 학생들 중에 영어 성적이 60점 미만인 학생은 없다. 그리고 B중학교에서 방과 후 보충 수업을 받아야 하는 학생 가운데 영어 성적이 60점 이상인 학생은 없다.

① 이 조사의 대상이 된 B중학교 학생은 적어도 40명 이상이다.
② B중학교 학생인 성열이의 영어 성적이 60점 미만이라면, 성열이는 방과 후 보충 수업을 받아야할 것이다.
③ B중학교 학생인 대석이의 국어 성적이 60점 미만이라면, 대석이는 학교에 있는 동안에 스마트폰을 사용할 것이다.
④ 스마트폰을 가지고 등교하더라도 학교에 있는 동안은 사용하지 않는 B중학교 학생 가운데 방과 후 보충 수업을 받아야 하는 학생은 없다.
⑤ B중학교에서 스마트폰을 가지고 등교하는 학생들 가운데 학교에 있는 동안은 스마트폰을 사용하지 않는 학생은 적어도 20명 이상이다.

문 16. 다음 글의 내용이 참일 때, 반드시 참인 것만을 〈보기〉에서 모두 고르면?

> 지혜로운 사람은 정열을 갖지 않는다. 정열을 가진 사람은 고통을 피할 수 없다. 정열은 고통을 수반하기 때문이다. 그런데 사랑을 원하는 사람은 정열을 가진 사람이다. 정열을 가진 사람은 행복하지 않다. 지혜롭지 않은 사람은 사랑을 원하면서 동시에 고통을 피하고자 한다. 그러나 지혜로운 사람만이 고통을 피할 수 있다.

〈보기〉

ㄱ. 지혜로운 사람은 행복하다.
ㄴ. 사랑을 원하는 사람은 행복하지 않다.
ㄷ. 지혜로운 사람은 사랑을 원하지 않는다.

① ㄱ
② ㄴ
③ ㄱ, ㄷ
④ ㄴ, ㄷ
⑤ ㄱ, ㄴ, ㄷ

문 17. 다음 글의 내용이 참일 때, 밑줄 친 결론을 이끌어내기 위해 추가해야 할 전제로 적절한 것은?

> A팀이 제작하는 운영체제를 C팀의 전산 시스템에 설치하면 C팀의 보안 시스템에 오류를 발생시킨다. B팀이 제작하는 전원 공급 장치는 5%의 결함률이 있다. 즉 B팀이 제작하는 전원 공급 장치 중 5%의 제품은 결함이 있고 나머지는 결함이 없다. C팀의 전산 시스템에는 반드시 B팀이 제작한 전원 공급 장치를 장착한다. 만일 C팀의 보안 시스템에 오류가 있거나 전원 공급 장치에 결함이 있다면, C팀의 전산 시스템에는 오류가 발생한다. 그러므로 C팀의 전산 시스템에는 반드시 오류가 발생한다.

① A팀이 제작하는 운영체제를 B팀의 전산 시스템에 설치한다.
② A팀이 제작하는 운영체제를 C팀의 전산 시스템에 설치하지 않는다.
③ B팀이 제작하여 C팀에 제공하는 전원 공급 장치에 결함이 있다.
④ B팀에서 제작한 결함이 없는 95%의 전원 공급 장치를 C팀의 전산 시스템에 장착한다.
⑤ C팀의 전산 시스템 오류는 다른 결함요인에 의해서도 발생한다.

문 18. 다음 논증에 대한 평가로 적절한 것은?

> 전제1: 절대빈곤은 모두 나쁘다.
> 전제2: 비슷하게 중요한 다른 일을 소홀히 하지 않고도 우리가 막을 수 있는 절대빈곤이 존재한다.
> 전제3: 우리가 비슷하게 중요한 다른 일을 소홀히 하지 않고도 나쁜 일을 막을 수 있다면, 우리는 그 일을 막아야 한다.
> 결론: 우리가 막아야 하는 절대빈곤이 존재한다.

① 모든 전제가 참이라고 할지라도 결론은 참이 아닐 수 있다.
② 전제1을 논증에서 뺀다고 하더라도, 전제2와 전제3만으로 결론이 도출될 수 있다.
③ 비슷하게 중요한 다른 일을 소홀히 해도 막을 수 없는 절대빈곤이 있다면, 결론은 도출되지 않는다.
④ 절대빈곤을 막는 일에 비슷하게 중요한 다른 일을 소홀히 하게 되는 경우가 많다면, 결론은 도출되지 않는다.
⑤ 비슷하게 중요한 다른 일을 소홀히 하지 않고도 막을 수 있는 나쁜 일이 존재한다는 것을 전제로 추가하지 않아도, 주어진 전제만으로 결론은 도출될 수 있다.

문 19. 다음 글의 실험 결과를 가장 잘 설명하는 가설은?

> 상추씨를 임의로 (가)~(라)군으로 나눈 후, (가)군에는 적색광을 1분간 조사(照射)했다. (나)군에는 (가)군과 같이 처리한 후 근적외선을 4분간 추가로 조사했다. (다)군에는 (나)군과 같이 처리한 후 적색광을 1분간 추가로 조사했다. (라)군에는 (다)군과 같이 처리한 후 근적외선을 2분간 추가로 조사했다. 광선의 조사가 끝난 각 군의 상추씨들은 바로 암실로 옮겨졌다. 다음날 상추씨의 발아율을 측정해 보니, (가)군과 (다)군의 발아율은 80% 이상이었으며, (나)군은 2%, (라)군은 3%로 나타났다. 처음부터 암실에 두고 광선을 전혀 조사하지 않은 대조군의 발아율은 3%였다.

① 상추씨의 발아율을 높이려면 근적외선을 조사해야 한다.

② 상추씨의 발아율을 높이려면 적색광을 마지막에 조사해야 한다.

③ 상추씨의 발아율을 높이려면 적색광과 근적외선을 번갈아 조사해야 한다.

④ 상추씨의 발아율을 높이려면 근적외선의 효과가 적색광의 효과를 상쇄해야 한다.

⑤ 상추씨의 발아율을 높이려면 적색광을 조사한 횟수가 근적외선을 조사한 횟수보다 더 적어야 한다.

문 20. 다음 글에서 추론할 수 있는 것만을 〈보기〉에서 모두 고르면?

> 의학이나 공학, 혹은 과학에서는 다양한 검사법을 사용한다. 가령, 의학에서 사용되는 HIV 감염 여부에 대한 진단은 HIV 항체 검사법에 크게 의존한다. 흔히 항체 검사법의 결과는 양성 반응과 음성 반응으로 나뉜다. HIV 양성 반응이라는 것은 HIV에 감염되었다는 검사 결과가 나왔다는 것을 말하며, HIV 음성 반응이라는 것은 HIV에 감염되지 않았다는 검사 결과가 나왔다는 것을 말한다.
>
> 이런 검사법의 품질은 어떻게 평가되는가? 가장 좋은 검사법은 HIV에 감염되었을 때는 언제나 양성 반응이 나오고, HIV에 감염되지 않았을 때는 언제나 음성 반응이 나오는 것이라고 할 수 있다. 하지만 여러 기술적 한계 때문에 그런 검사법을 만들기는 쉽지 않다. 많은 검사법은 HIV에 감염되었다고 하더라도 음성 반응이 나올 가능성, HIV에 감염되지 않아도 양성 반응이 나올 가능성을 가지고 있다. 이 두 가지 가능성이 높은 검사법은 좋은 검사법이라고 말할 수 없을 것이다.
>
> 반면 HIV에 감염되었을 때 양성 반응이 나올 확률과 HIV에 감염되지 않았을 때 음성 반응이 나올 확률이 매우 높은 검사법은 비교적 좋은 품질을 가지고 있다고 말할 수 있다. 통계학자들은 전자에 해당하는 확률을 '민감도'라고 부르며, 후자에 해당하는 확률을 '특이도'라고 부른다. 민감도는 '참 양성 비율'이라고 불리기도 하며, 이는 실제로 감염된 사람들 중 양성 반응을 보인 사람들의 비율이다. 마찬가지로 특이도는 '참 음성 비율'이라고 불리기도 하며, 이는 실제로는 감염되지 않은 사람들 중 음성 반응을 보인 사람들의 비율로 정의된다. 물론 '거짓 양성 비율'은 실제로 병에 걸리지 않은 사람들 중 양성 반응을 보인 사람들의 비율을 뜻하며, '거짓 음성 비율'은 실제로 병에 걸린 사람들 중 음성 반응을 보인 사람들의 비율을 가리킨다.

〈보기〉

ㄱ. 어떤 검사법의 민감도가 높을수록 그 검사법의 특이도도 높다.

ㄴ. 어떤 검사법의 특이도가 100%라면 그 검사법의 거짓 양성 비율은 0%이다.

ㄷ. 민감도가 100%인 HIV 항체 검사법을 이용해 어떤 사람을 검사한 결과 양성 반응이 나왔다면 그 사람이 HIV에 감염되었을 확률은 100%이다.

① ㄱ

② ㄴ

③ ㄷ

④ ㄱ, ㄴ

⑤ ㄴ, ㄷ

문 21. 다음 글의 내용과 부합하지 않는 것은?

정보화로 인해 폭발적으로 늘어난 큰 규모의 정보를 활용하는 빅데이터 분석이 샘플링과 설문조사 전문가들의 작업을 대체하고 있다. 이제 연구에 필요한 정보는 사람들이 평소대로 행동하는 동안 자동적으로 수집된다. 그 결과 샘플링과 설문지 사용에서 기인하는 편향이 사라졌다. 또한 휴대전화 통화 정보로 드러나는 인맥이나 트위터를 통해 알 수 있는 사람들의 정서처럼 전에는 수집이 불가능했던 정보의 수집이 가능해졌다. 그리고 가장 중요한 점은 샘플을 추출해야 할 필요성이 사라졌다는 사실이다.

네트워크 이론에 관한 세계적인 권위자 바라바시는 전체 인구의 규모에서 사람들 간의 소통을 연구하고 싶었다. 그래서 유럽의 한 국가 전체 인구의 1/5을 고객으로 하고 있는 무선통신 사업자로부터 4개월 치의 휴대전화 통화 내역을 제공받아 네트워크 분석을 행하였다. 그렇게 큰 규모로 통화기록을 분석하자 다른 방식으로는 결코 밝혀낼 수 없었을 사실을 알아냈다.

흥미롭게도 그가 발견한 사실은 더 작은 규모의 연구 결과들과 상반된 것이었다. 그는 한 커뮤니티 내에서 링크를 많이 가진 사람을 네트워크로부터 제거하면 네트워크의 질은 저하되지만, 기능이 상실되는 수준은 아님을 발견하였다. 반면 커뮤니티 외부와 링크를 많이 가진 사람을 네트워크에서 제거하면 갑자기 네트워크가 와해되어 버렸다. 구조가 허물어지는 것처럼 말이다. 이것은 기존 연구를 통해서는 예상할 수 없었던 중요한 결과였다. 네트워크 구조의 안정성이라는 측면에서 봤을 때, 친한 친구를 많이 가진 사람보다 친하지 않은 사람들과 연락을 많이 하는 사람이 훨씬 더 중요할 거라고 누가 생각이나 해보았겠는가? 이것은 사회나 그룹 내에서 중요한 것이 동질성보다는 다양성일 수 있다는 점을 시사한다.

사실 기존의 통계학적 샘플링은 만들어진 지 채 100년도 되지 않는 통계 기법으로서 기술적 제약이 있던 시대에 개발된 것이다. 이제 더 이상 그런 제약들은 그때와 같은 정도로 존재하지는 않는다. 빅데이터 시대에 무작위 샘플을 찾는 것은 자동차 시대에 말채찍을 드는 것과 같다. 특정한 경우에는 여전히 샘플링을 사용할 수 있겠지만 더 이상 샘플링이 사회현상 분석의 주된 방법일 수는 없다. 우리는 이제 샘플이 아닌 전체를 분석할 수 있게 되었기 때문이다.

① 빅데이터 분석이 설문조사 전문가들의 작업을 대체하고 있다.

② 샘플링 기법은 현재보다 기술적 제약이 컸던 시대의 산물이다.

③ 샘플링이나 설문지를 사용하는 연구의 경우에는 어느 정도의 편향이 발생한다.

④ 빅데이터 시대에 샘플링은 더 이상 사회현상 연구의 주된 방법으로 간주되지 않게 되었다.

⑤ 바라바시의 연구에 의하면 커뮤니티 외부와 링크를 많이 가진 사람을 네트워크에서 제거해도 네트워크가 와해되지는 않는다.

문 22. 다음 글의 내용이 참일 때, A부처의 공무원으로 채용될 수 있는 지원자들의 최대 인원은?

> 금년도 공무원 채용 시 A부처에서 요구되는 자질은 자유민주주의 가치확립, 건전한 국가관, 헌법가치 인식, 나라사랑이다. A부처는 이 네 가지 자질 중 적어도 세 가지 자질을 지닌 사람을 채용할 것이다. 지원자는 갑, 을, 병, 정이다. 이 네 사람이 지닌 자질을 평가했고 다음과 같은 정보가 주어졌다.
>
> ○ 갑이 지닌 자질과 정이 지닌 자질 중 적어도 두 개는 일치한다.
> ○ 헌법가치 인식은 병만 가진 자질이다.
> ○ 만약 지원자가 건전한 국가관의 자질을 지녔다면, 그는 헌법가치 인식의 자질도 지닌다.
> ○ 건전한 국가관의 자질을 지닌 지원자는 한 명이다.
> ○ 갑, 병, 정은 자유민주주의 가치확립이라는 자질을 지니고 있다.

① 0명
② 1명
③ 2명
④ 3명
⑤ 4명

문 23. 다음 A～C의 주장에 대한 평가로 적절한 것만을 〈보기〉에서 모두 고르면?

> A: 정당에 대한 충성도와 공헌도를 공직자 임용 기준으로 삼아야 한다. 이는 전쟁에서 전리품은 승자에게 속한다는 국제법의 규정에 비유할 수 있다. 즉 주기적으로 실시되는 대통령 선거에서 승리한 정당이 공직자 임용의 권한을 가져야 한다. 이러한 임용 방식은 공무원에 대한 정치 지도자의 지배력을 강화시켜 지도자가 구상한 정책 실현을 용이하게 할 수 있다.
>
> B: 공직자 임용 기준은 개인의 능력·자격·적성에 두어야 하며 공개경쟁 시험을 통해 공무원을 선발하는 것이 좋다. 그러면 신규 채용 과정에서 공개와 경쟁의 원칙이 준수되기 때문에 정실 개입의 여지가 줄어든다. 공개경쟁 시험은 무엇보다 공직자 임용에서 기회균등을 보장하여 우수한 인재를 임용함으로써 행정의 능률을 높일 수 있고 공무원의 정치적 중립을 통하여 행정의 공정성이 확보될 수 있다는 장점을 가지고 있다. 또한 공무원의 신분보장으로 행정의 연속성과 직업적 안정성도 강화될 수 있다.
>
> C: 사회를 구성하는 모든 지역 및 계층으로부터 인구 비례에 따라 공무원을 선발하고, 그들을 정부 조직 내의 각 직급에 비례적으로 배치함으로써 정부 조직이 사회의 모든 지역과 계층에 가능한 한 공평하게 대응하도록 구성되어야 한다. 공무원들은 가치중립적인 존재가 아니다. 그들은 자신의 출신 집단의 영향을 받은 가치관과 신념을 가지고 정책 결정과 정책 집행에 깊숙이 개입하고 있으며, 이 과정에서 자신의 견해나 가치를 반영하고자 노력한다.

〈보기〉

ㄱ. 공직자 임용의 정치적 중립성을 보장할 필요성이 대두된다면, A의 주장은 설득력을 얻는다.
ㄴ. 공직자 임용과정의 공정성을 높일 필요성이 부각된다면, B의 주장은 설득력을 얻는다.
ㄷ. 인구의 절반을 차지하는 비수도권 출신 공무원의 비율이 1/4에 그쳐 지역 편향성을 완화할 필요성이 제기된다면, C의 주장은 설득력을 얻는다.

① ㄱ
② ㄴ
③ ㄷ
④ ㄱ, ㄷ
⑤ ㄴ, ㄷ

문 24. 다음 ㉠과 ㉡에 들어갈 말을 바르게 나열한 것은?

이동통신이 유선통신에 비하여 어려운 점은 다중 경로에 의해 통신채널이 계속적으로 변화하여 통신 품질이 저하된다는 것이다. 다중 경로는 송신기에서 발생한 신호가 수신기에 어떠한 장애물을 거치지 않고 직접적으로 도달하기도 하고 장애물을 통과하거나 반사하여 간접적으로 도달하기도 하기 때문에 발생한다. 이 다중 경로 때문에 송신기에서 발생한 신호가 안테나에 도달할 때 신호들마다 시간 차이가 발생한다. 이렇게 하나의 송신 신호가 시시각각 수신기에 다르게 도달하기 때문에 이동통신 채널은 일반적으로 유선통신 채널에 비해 빈번히 변화한다. 일반적으로 거쳐 오는 경로가 길수록 수신되는 진폭은 작아지고 지연 시간도 길어지게 된다. 다중 경로를 통해 전파가 전송되어 오면 각 경로의 거리 및 전송 특성 등의 차이에 의해 수신기에 도달하는 시간과 신호 세기의 차이가 발생한다.

시간에 따라 변화하는 이동통신의 품질을 극복하기 위해 개발된 것이 A기술이다. 이 기술을 사용하면 하나의 송신기로부터 전송된 하나의 신호가 다중 경로를 통해 안테나에 수신된다. 이때 안테나에 수신된 신호들 중 일부 경로를 통해 수신된 신호의 크기가 작더라도 나머지 다른 경로를 통해 수신된 신호의 크기가 크면 수신된 신호들 중 가장 큰 것을 선택하여 안정적인 송수신을 이루려는 것이 A기술이다. A기술은 마치 한 종류의 액체를 여러 배수관에 동시에 흘려 보내 가장 빨리 나오는 배수관의 액체를 선택하는 것에 비유할 수 있다. 여기서 액체는 [㉠]에 해당하고, 배수관은 [㉡]에 해당한다.

	㉠	㉡
①	송신기	안테나
②	신호	경로
③	신호	안테나
④	안테나	경로
⑤	안테나	신호

문 25. 다음 글의 결론을 지지하지 않는 것은?

지구와 태양 사이의 거리와 지구가 태양 주위를 도는 방식은 인간의 생존에 유리한 여러 특징을 지니고 있다. 인간을 비롯한 생명이 생존하려면 행성은 액체 상태의 물을 포함하면서 너무 뜨겁거나 차갑지 않아야 한다. 이를 위해 행성은 태양과 같은 별에서 적당히 떨어져 있어야 한다. 이 적당한 영역을 '골디락스 영역'이라고 한다. 또한 지구가 태양의 중력장 주위를 도는 타원 궤도는 충분히 원에 가깝다. 따라서 연중 태양에서 오는 열에너지가 비교적 일정하게 유지될 수 있다. 만약 태양과의 거리가 일정하지 않았다면 지구는 여름에는 바다가 모두 끓어 넘치고 겨울에는 거대한 얼음 덩어리가 되는 불모의 행성이었을 것이다.

우리 우주에 작용하는 근본적인 힘의 세기나 물리법칙도 인간을 비롯한 생명의 탄생에 유리하도록 미세하게 조정되어 있다. 예를 들어 근본적인 힘인 강한 핵력이나 전기력의 크기가 현재 값에서 조금만 달랐다면, 별의 내부에서 탄소처럼 무거운 원소는 만들어질 수 없었고 행성도 만들어질 수 없었을 것이다. 최근 들어 물리학자들은 이들 힘을 지배하는 법칙이 현재와 다르다면 우주는 구체적으로 어떤 모습이 될지 컴퓨터 모형으로 계산했다. 그 결과를 보면 강한 핵력의 강도가 겨우 0.5% 다르거나 전기력의 강도가 겨우 4% 다를 경우에도 탄소나 산소는 우주에서 합성되지 않는다. 따라서 생명 탄생의 가능성도 사라진다. 결국 강한 핵력이나 전기력을 지배하는 법칙들을 조금이라도 건드리면 우리가 존재할 가능성은 사라지는 것이다.

결론적으로 지구 주위 환경뿐만 아니라 보편적 자연법칙까지도 인류와 같은 생명이 진화해 살아가기에 알맞은 범위 안에 제한되어 있다고 할 수 있다. 만일 그러한 제한이 없었다면 태양계나 지구가 탄생할 수 없었을 뿐만 아니라 생명 또한 진화할 수 없었을 것이다. 우리가 아는 행성이나 생명이 탄생할 가능성을 열어두면서 물리법칙을 변경할 수 있는 폭은 매우 좁다.

① 탄소가 없는 상황에서도 생명은 자연적으로 진화할 수 있다.

② 중력법칙이 현재와 조금만 달라도 지구는 태양으로 빨려 들어간다.

③ 원자핵의 질량이 현재보다 조금 더 크다면 우리 몸을 이루는 원소는 합성되지 않는다.

④ 별 주위의 '골디락스 영역'에 행성이 위치할 확률은 매우 낮지만 지구는 그 영역에 위치한다.

⑤ 핵력의 강도가 현재와 약간만 달라도 별의 내부에서 무거운 원소가 거의 전부 사라진다.

약점 보완 해설집 p.114

문 1. 다음 글의 내용과 부합하는 것은?

> 화랑도는 군사력 강화와 인재 양성을 위해 신라 진흥왕대에 공식화되었다. 화랑도는 신라가 삼국을 통일하기까지 국가가 필요로 하는 많은 인재를 배출하였다. 화랑도 내에는 여러 무리가 있었는데 각 무리는 화랑 한 명과 자문 역할의 승려 한 명 그리고 진골 이하 평민에 이르는 천 명 가까운 낭도들로 이루어졌다. 화랑은 이 무리의 중심인물로 진골 귀족 가운데 낭도의 추대를 받아 선발되었다. 낭도들은 자발적으로 화랑도에 가입하였으며 연령은 대체로 15세에서 18세까지였다. 수련 기간 동안 무예는 물론 춤과 음악을 익혔고, 산천 유람을 통해 심신을 단련하였다. 수련 중인 낭도들은 유사시에 군사 작전에 동원되기도 하였고, 수련을 마친 낭도들은 정규 부대에 편입되어 정식 군인이 되었다.
>
> 화랑도는 불교의 미륵 신앙과 결부되어 있었다. 진골 출신만이 될 수 있었던 화랑은 도솔천에서 내려온 미륵으로 여겨졌고 그 집단 자체가 미륵을 숭상하는 무리로 일컬어졌다. 화랑 김유신이 거느린 무리를 당시 사람들은 '용화향도'라고 불렀다. 용화라는 이름은 미륵이 인간세계에 내려와 용화수 아래에서 설법을 한다는 말에서 유래했으며, 향도는 불교 신앙 단체를 가리키는 말이다.
>
> 화랑도가 크게 활동하던 시기는 골품제라는 신분제도가 확립되고 확산되어 가던 시기였는데 화랑도는 신분 계층 사회에서 발생하기 쉬운 알력이나 갈등을 조정하는 데도 부분적으로 기여하였다. 이는 화랑도가 여러 신분 계층으로 구성되어 있으면서도 그 집단 자체가 하나의 목적과 가치를 공유하여 구성원 상호 간의 결속이 긴밀하게 이루어졌기 때문이다.

① 평민도 화랑이 될 수 있었다.
② 화랑도의 본래 이름은 용화향도였다.
③ 미륵이라고 간주되는 화랑은 여러 명이 있었다.
④ 낭도는 화랑의 추천을 거쳐 화랑도에 가입하였다.
⑤ 화랑도는 신라의 신분제도를 해체하는 데 기여하였다.

문 2. 다음 글의 내용과 부합하는 것은?

> 금군이란 왕과 왕실 및 궁궐을 호위하는 임무를 띤 특수 부대였다. 금군의 임무는 크게 국왕의 신변을 보호하는 시위 임무와 왕실 및 궁궐을 지키는 입직 임무로 나누어지는데, 시위의 경우 시립, 배종, 의장의 임무로 세분된다. 시립은 궁내의 행사 때 국왕의 곁에 서서 국왕의 신변을 보호하는 것이고, 배종은 어가가 움직일 때 호위하는 것이며, 의장은 왕이 참석하는 중요한 의식에서 병장기와 의복을 갖추고 격식대로 행동하는 것을 말한다.
>
> 조선 전기에 금군은 내금위, 겸사복, 우림위의 세 부대로 구성되었다. 이들 세 부대를 합하여 금군삼청이라 하였으며 왕의 친병으로 가장 좋은 대우를 받았다. 내금위는 1407년에 조직되었다. 190명의 인원으로 편성하였는데 왕의 가장 가까이에서 임무를 수행하였으므로 무예는 물론 왕의 신임이 중요한 선발 기준이었다. 이들은 주로 양반 자제들로 편성되었으며, 금군 중에서 가장 우대를 받았다. 1409년에는 50인으로 구성된 겸사복이 만들어졌는데, 금군 중 최고 정예 부대였다. 서얼과 양민에 이르기까지 두루 선발되었고 특별히 함경도, 평안도 지역 출신이 우대되었다. 겸사복은 기병이 중심이며 시립과 배종을 주로 담당하였다. 우림위는 1492년에 궁성 수비를 목적으로 서얼 출신 50인으로 편성되었다. 내금위와 겸사복의 다수가 변방으로 파견되자 이를 보충하기 위한 목적과 함께 서얼 출신의 관직 진출을 열어 주기 위한 목적도 가지고 있었다. 이들은 겸사복이나 내금위보다는 낮은 대우를 받았다. 하지만 중앙군 소속의 갑사보다는 높은 대우를 받았다.

① 양민은 원칙상 금군이 될 수 없었다.
② 갑사는 금군보다 높은 대우를 받았다.
③ 우림위가 겸사복보다 먼저 만들어졌다.
④ 내금위 병사들의 무예가 가장 뛰어났다.
⑤ 어가 호위는 겸사복의 주요 임무 중 하나였다.

문 3. 다음 글에서 알 수 있는 것은?

소설과 영화는 둘 다 '이야기'를 '전달'해 주는 예술 양식이다. 그래서 역사적으로 소설과 영화는 매우 가까운 관계였다. 초기 영화들은 소설에서 이야기의 소재를 많이 차용했으며, 원작 소설을 각색하여 영화의 시나리오로 만들었다.

하지만 소설과 영화는 인물, 배경, 사건과 같은 이야기 구성 요소들을 공유하고 있다 하더라도 이야기를 전달하는 방법에 뚜렷한 차이를 보인다. 예컨대 어떤 인물의 내면 의식을 드러낼 때 소설은 문자 언어를 통해 표현하지만, 영화는 인물의 대사나 화면 밖의 목소리를 통해 전달하거나 혹은 연기자의 표정이나 행위를 통해 암시적으로 표현한다. 또한 소설과 영화의 중개자는 각각 서술자와 카메라이기에 그로 인한 서술 방식의 차이도 크다. 가령 1인칭 시점의 원작 소설과 이를 각색한 영화를 비교해 보면, 소설의 서술자 '나'의 경우 영화에서는 화면에 인물로 등장해야 하므로 이들의 서술 방식은 달라진다.

이처럼 원작 소설과 각색 영화 사이에는 이야기가 전달되는 방식에서 큰 차이가 발생한다. 소설은 시공간의 얽매임을 받지 않고 풍부한 재현이나 표현의 수단을 가지고 있지만, 영화는 모든 것을 직접적인 감각성에 의존한 영상과 음향으로 표현해야 하기 때문에 재현이 어려운 심리적 갈등이나 내면 묘사, 내적 독백 등을 소설과 다른 방식으로 나타내야 하는 것이다. 요컨대 소설과 영화는 상호 유사한 성격을 지니고 있으면서도 각자 독자적인 예술 양식으로서의 특징을 지니고 있다.

① 영화는 소설과 달리 인물의 내면 의식을 직접적으로 표현하지 못한다.

② 소설과 영화는 매체가 다르므로 두 양식의 이야기 전달 방식도 다르다.

③ 매체의 표현 방식에도 진보가 있는데 영화가 소설보다 발달된 매체이다.

④ 소설과 달리 영화는 카메라의 촬영 기술과 효과에 따라 주제가 달라진다.

⑤ 문자가 영상의 기초가 되므로 영화도 소설처럼 문자 언어적 표현 방식에 따라 화면이 구성된다.

문 4. 다음 글의 내용과 부합하지 않는 것은?

> 오늘날 대부분의 경제 정책은 경제의 규모를 확대하거나 좀 더 공평하게 배분하는 것을 도모한다. 하지만 뉴딜 시기 이전의 상당 기간 동안 미국의 경제 정책은 성장과 분배의 문제보다는 '자치(self-rule)에 가장 적절한 경제 정책은 무엇인가?'의 문제를 중시했다.
>
> 그 시기에 정치인 A와 B는 거대화된 자본 세력에 대해 서로 다르게 대응하였다. A는 거대 기업에 대항하기 위해 거대 정부로 맞서기보다 기업 담합과 독점을 무너뜨려 경제권력을 분산시키는 것을 대안으로 내세웠다. 그는 산업 민주주의를 옹호했는데 그 까닭은 그것이 노동자들의 소득을 증진시키기 때문이 아니라 자치에 적합한 시민의 역량을 증진시키기 때문이었다. 반면 B는 경제 분산화를 꾀하기보다 연방 정부의 역량을 증가시켜 독점자본을 통제하는 노선을 택했다. 그에 따르면, 민주주의가 성공하기 위해서는 거대 기업에 대응할 만한 전국 단위의 정치권력과 시민 정신이 필요하기 때문이었다. 이렇게 A와 B의 경제 정책에는 차이점이 있지만, 둘 다 경제 정책이 자치에 적합한 시민 도덕을 장려하는 경향을 지녀야 한다고 보았다는 점에서는 일치한다.
>
> 하지만 뉴딜 후반기에 시작된 성장과 분배 중심의 정치경제학은 시민 정신 중심의 정치경제학을 밀어내게 된다. 실제로 1930년대 대공황 이후 미국의 경제 회복은 시민의 자치 역량과 시민 도덕을 육성하는 경제 구조 개혁보다는 케인즈 경제학에 입각한 중앙정부의 지출 증가에서 시작되었다. 그에 따라 미국은 자치에 적합한 시민 도덕을 강조할 필요가 없는 경제 정책을 펼쳐나갔다. 또한 모든 가치에 대한 판단은 시민 도덕에 의지하는 것이 아니라 개인이 알아서 해야 하는 것이며 국가는 그 가치관에 중립적이어야만 공정한 것이라는 자유주의 철학이 우세하게 되었다. 모든 이들은 자신이 추구하는 가치와 상관없이 일정 정도의 복지 혜택을 받을 권리를 가지게 되었다. 하지만 공정하게 분배될 복지 자원을 만들기 위해 경제 규모는 확장되어야 했으며, 정부는 거대화된 경제권력들이 망하지 않도록 국민의 세금을 투입하여 관리하기 시작했다. 그리고 시민들은 자치하는 자 즉 스스로 통치하는 자가 되기보다 공정한 분배를 받는 수혜자로 전락하게 되었다.

① A는 시민의 소득 증진을 위하여 경제권력을 분산시키는 방식을 택하였다.

② B는 거대 기업을 규제할 수 있는 전국 단위의 정치권력이 필요하다는 입장이다.

③ A와 B는 시민 자치 증진에 적합한 경제 정책이 필요하다는 입장이다.

④ A와 B의 정치경제학은 모두 1930년대 미국의 경제 위기 해결에 주도적 역할을 하지 못하였다.

⑤ 케인즈 경제학에 기초한 정책은 시민의 자치 역량을 육성하기 위한 경제 구조 개혁 정책이 아니었다.

문 5. 다음 글의 결론으로 가장 적절한 것은?

이론P에 따르면 복지란 다른 시민의 기본권을 침해하지 않는 한, 각 시민이 갖고 있는 현재의 선호들만 만족시키는 것이다. 현재 선호만을 만족시켜야 한다고 주장하는 근거는 크게 두 가지이다. 첫째, 지금은 사라진 그 어떤 과거 선호들보다 현재의 선호가 더 강렬하다는 것이다. 둘째, 어떤 사람이 지금 선호하지 않는 것을 그에게 지금 제공하는 것은 그에게 만족의 기쁨을 주지 못한다는 사실이다. 만일 이 근거들이 약점을 갖고 있다면 우리는 이론P를 받아들일 이유가 없다.

첫째 근거에 대해 이런 반론을 제기할 수 있다. 현재 선호와 과거 선호의 강렬함을 현재 시점에서 비교하는 것은 공정하지 않다. 시간에서 벗어나 둘을 비교한다면 현재의 선호보다 더 강렬했던 과거 선호가 있을 수 있다. 예컨대 10년 전 김씨가 자신의 고향인 개성에 방문하기를 바랐던 것이 일생에서 가장 강렬한 선호였을 수 있다. 둘째 근거에 대해서는 이런 반론을 제기할 수 있다. 선호하는 시점과 만족하는 시점은 대부분의 경우 시간차가 존재한다. 만일 사람들의 선호가 자주 바뀐다면 그들의 현재 선호가 그것이 만족되는 시점까지 지속하리라는 보장이 없다. 이것이 사실이라면 정부가 시민의 현재 선호를 만족시키려고 노력하는 것은 낭비를 낳는다. 이처럼 현재 선호만을 만족시켜야 한다는 주장을 뒷받침하는 근거들은 허점이 많다.

① 사람들의 선호는 시간이 지남에 따라 변하기 때문에 그의 현재 선호도 만족시킬 수 없다.

② 복지를 시민의 현재 선호를 만족시키는 것으로 보는 이론은 받아들이기 어렵다.

③ 어느 선호가 더 강렬한 선호인지를 결정하는 것은 중요하지 않다.

④ 복지 문제에서 과거 선호를 만족시키는 것도 중요하다.

⑤ 복지가 무엇인지 정의하는 것은 불가능하다.

문 6. 다음 글에서 알 수 있는 것은?

우리에게 입력된 감각 정보는 모두 저장되는 것이 아니라 극히 일부만 특정한 메커니즘을 통해 단기간 또는 장기간 저장된다. 신경과학자들은 장기 또는 단기기억의 저장 장소가 뇌의 어디에 존재하는지 연구해 왔고, 그 결과 두 기억은 모두 대뇌피질에 저장된다는 것을 알아냈다.

여러 감각 기관을 통해 입력된 감각 정보는 대부분 대뇌피질에서 인식된다. 인식된 일부 정보는 해마와 대뇌피질 간에 이미 형성되어 있는 신경세포 간 연결이 일시적으로 변화하는 과정에서 단기기억으로 저장된다. 해마와 대뇌피질 간 연결의 일시적인 변화가 대뇌피질 내에서 새로운 연결로 교체되어 영구히 지속되면 그 단기기억은 장기기억으로 저장된다. 해마는 입력된 정보를 단기기억으로 유지하고 또 새로운 장기기억을 획득하는 데 필수적이지만, 기존의 장기기억을 유지하거나 변형하는 부위는 아니다.

걷기, 자전거 타기와 같은 운동 기술은 반복을 통해서 학습되고, 일단 학습되면 잊혀지기 어렵다. 자전거 타기와 같은 기술에 관한 기억은 뇌의 성장과 발달에서 보이는 신경세포들 간에 새로운 연결이 이루어지는 메커니즘을 통해서 장기기억이 된다. 반면에 전화번호, 사건, 장소를 단기기억할 때는 새로운 연결이 생기는 대신 대뇌피질과 해마 간에 이미 존재하는 신경세포의 연결을 통한 신호 강도가 높아지고 그 상태가 수분에서 수개월까지 유지됨으로써 가능하다. 이처럼 신경세포 간 연결 신호의 강도가 상당 기간 동안 증가된 상태로 유지되는 '장기 상승 작용' 현상은 해마 조직에서 처음 밝혀졌으며, 이 현상에는 흥분성 신경 전달 물질인 글루탐산의 역할이 중요하다는 것이 추가로 밝혀졌다.

① 방금 들은 전화번호를 받아 적기 위한 기억에는 신경세포 간 연결의 장기 상승 작용이 중요하다.

② 해마가 손상되면 이미 습득한 자전거 타기와 같은 운동 기술을 실행할 수 없게 된다.

③ 장기기억은 대뇌피질에 저장되지만 단기기억은 해마에 저장된다.

④ 새로운 단기기억은 이전에 저장되었던 장기기억에 영향을 준다.

⑤ 글루탐산은 신경세포 간의 새로운 연결의 형성을 유도한다.

문 7. 다음 글의 ㉠을 〈보기〉에 올바르게 적용한 것은?

> 뇌의 특정 부위에 활동이 증가하면 산소를 수송하는 헤모글로빈의 비율이 그 부위에 증가한다. 헤모글로빈이 많이 공급된 부위는 주변에 비해 높은 자기 신호 강도를 갖는다. 우리는 피실험자가 지각, 운동, 언어, 기억, 정서 등 다양한 수행 과제에 관여하는 때와 그렇지 않을 때의 두뇌 각 부위의 자기 신호 강도를 비교 측정함으로써, 각 수행 과제를 관장하는 두뇌 영역을 추정할 수 있다. 이 방법을 '기능자기공명영상법' 즉 'fMRI'라 한다. 이 영상법을 이해하는 데 중요한 논리 중에 하나는 ㉠ 차감법이다. 피실험자가 과제 P를 수행할 때 두뇌의 자기 신호 강도 양상을 X라고 하자. 그 피실험자가 다른 사정이 같고 과제 P를 수행하지 않을 때 두뇌의 자기 신호 강도 양상을 Y라고 하자. 여기서 과제 P를 수행하지 않는다는 말, 예컨대 오른손으로 도구를 사용하는 과제를 수행하지 않는다는 말은 도구를 사용하지 않을 뿐만 아니라 오른손도 움직이지 않는다는 뜻이다. 이제 수행 과제 P를 관장하는 두뇌 영역을 알고 싶다면 우리는 양상 X에서 양상 Y를 차감하면 될 것이다.

〈보기〉

> 피실험자가 누워 아무 동작도 하지 않는 상태를 '알파'라고 하자. 그가 알파 상태에 있을 때 두뇌의 자기 신호 강도 양상은 A이다. 그가 알파 상태에서 벗어나 단순히 왼손만을 움직일 때 두뇌의 자기 신호 강도 양상은 B이다. 그가 알파 상태에서 벗어나 단순히 오른손만 움직일 때 두뇌의 자기 신호 강도 양상은 C이다. 그가 알파 상태에서 벗어나 왼손으로 도구를 사용하는 것만 할 때 두뇌의 자기 신호 강도 양상은 D이다.

① 피실험자가 손으로 도구를 사용하지도 않고 단순한 손동작도 하지 않을 때 두뇌의 자기 신호 강도는 0이다.

② 왼손의 단순한 움직임을 관장하는 두뇌 영역을 알고 싶다면 양상 C에서 양상 B를 차감하면 된다.

③ 오른손의 단순한 움직임을 관장하는 두뇌 영역을 알고 싶다면 양상 C에서 양상 A를 차감하면 된다.

④ 왼손으로 도구를 사용하는 과제를 관장하는 두뇌 영역을 알고 싶다면 양상 D에서 양상 B를 차감하면 된다.

⑤ 도구를 사용하는 과제를 관장하는 두뇌 영역을 알고 싶다면 양상 C에서 양상 D를 차감하면 된다.

문 8. 다음을 참이라고 가정할 때, 반드시 참인 것만을 〈보기〉에서 모두 고르면?

> ○ A, B, C, D 중 한 명의 근무지는 서울이다.
>
> ○ A, B, C, D는 각기 다른 한 도시에서 근무한다.
>
> ○ 갑, 을, 병 각각의 두 진술 중 하나는 참이고 다른 하나는 거짓이다.
>
> ○ 갑은 "A의 근무지는 광주이다."와 "D의 근무지는 서울이다." 라고 진술했다.
>
> ○ 을은 "B의 근무지는 광주이다."와 "C의 근무지는 세종이다." 라고 진술했다.
>
> ○ 병은 "C의 근무지는 광주이다."와 "D의 근무지는 부산이다." 라고 진술했다.

〈보기〉

> ㄱ. A의 근무지는 광주이다.
>
> ㄴ. B의 근무지는 서울이다.
>
> ㄷ. C의 근무지는 세종이다.

① ㄱ

② ㄷ

③ ㄱ, ㄴ

④ ㄴ, ㄷ

⑤ ㄱ, ㄴ, ㄷ

문 9. 다음 글의 ㉠의 사례로 보기 어려운 것은?

　　디지털 이미지는 사용자가 가장 손쉽게 정보를 전달할 수 있는 멀티미디어 객체이다. 일반적으로 디지털 이미지는 화소에 의해 정보가 표현되는데, M×N개의 화소로 이루어져 있다. 여기서 M과 N은 가로와 세로의 화소 수를 의미하며, M 곱하기 N을 한 값을 해상도라 한다.

　　무선 네트워크와 모바일 기기의 사용이 보편화되면서 다양한 스마트 기기의 보급이 진행되고 있다. 스마트 기기는 그 사용 목적이나 제조 방식, 가격 등의 요인에 의해 각각의 화면 표시 장치들이 서로 다른 해상도와 화면 비율을 가진다. 이에 대응하여 동일한 이미지를 다양한 화면 표시 장치 환경에 맞출 필요성이 발생했다. 하나의 멀티미디어의 객체를 텔레비전용, 영화용, 모바일 기기용 등 표준적인 화면 표시 장치에 맞추어 각기 독립적인 이미지 소스로 따로 제공하는 것이 아니라, 하나의 이미지 소스를 다양한 화면 표시 장치에 맞도록 적절히 변환하는 기술을 요구하고 있다.

　　이러한 변환 기술을 '이미지 리타겟팅'이라고 한다. 이는 A×B의 이미지를 C×D 화면에 맞추기 위해 해상도와 화면 비율을 조절하거나 이미지의 일부를 잘라 내는 방법 등으로 이미지를 수정하는 것이다. 이러한 수정에서 입력 이미지에 있는 콘텐츠 중 주요 콘텐츠는 그대로 유지되어야 한다. 즉 리타겟팅 처리 후에도 원래 이미지의 중요한 부분을 그대로 유지하면서 동시에 왜곡을 최소화하는 형태로 주어진 화면에 맞게 이미지를 변형하여야 한다. 이러한 조건을 만족하기 위해 ㉠ 다양한 접근이 일어나고 있는데, 이미지의 주요한 콘텐츠 및 구조를 분석하는 방법과 분석된 주요 사항을 바탕으로 어떤 식으로 이미지 해상도를 조절하느냐가 주요 연구 방향이다.

① 광고 사진에서 화면 전반에 걸쳐 흩어져 있는 콘텐츠를 무작위로 추출하여 화면을 재구성하는 방법

② 풍경 사진에서 전체 풍경에 대한 구도를 추출하고 구도가 그대로 유지될 수 있도록 해상도를 조절하는 방법

③ 인물 사진에서 얼굴 추출 기법을 사용하여 인물의 주요 부분을 왜곡하지 않고 필요 없는 부분을 잘라 내는 방법

④ 정물 사진에서 대상물의 영역은 그대로 두고 배경 영역에 대해서는 왜곡을 최소로 하며 이미지를 축소하는 방법

⑤ 상품 사진에서 상품을 충분히 인지할 수 있을 정도의 범위 내에서 가로와 세로의 비율을 화면에 맞게 조절하는 방법

문 10. 다음 글의 ㉠~㉤ 사이의 관계를 바르게 기술한 것은?

　　㉠ 지구에서 유전자가 자연발생할 확률은 $1/10^{100}$보다 작지만, 지구 외부 우주에서 유전자가 자연발생할 확률은 $1/10^{50}$보다 크다. 유전자가 자연발생하지 않았다면 생명체도 자연발생할 수 없다. 그런데 생명체가 자연발생하였다는 것이 밝혀졌다. 따라서 ㉡ 유전자는 자연발생했다. ㉢ 지구에서 유전자가 자연발생할 확률이 지구 외부 우주에서 유전자가 자연발생할 확률보다 작으며 유전자가 자연발생하였다면, 유전자가 우주에서 지구로 유입되었을 가능성이 크다. 이를 볼 때, ㉣ 유전자는 우주에서 지구로 유입되었을 가능성이 크다고 판단할 수 있다. 왜냐하면 ㉤ 지구에서 유전자가 자연발생할 확률은 지구 외부 우주에서 유전자가 자연발생할 확률보다 훨씬 작다는 것이 참이기 때문이다.

① ㉡이 참이면, ㉤은 반드시 참이다.

② ㉤이 참이면, ㉠은 반드시 참이다.

③ ㉠, ㉡이 모두 참이면, ㉢은 반드시 참이다.

④ ㉡, ㉣이 모두 참이면, ㉤은 반드시 참이다.

⑤ ㉠, ㉡, ㉢이 모두 참이면, ㉣은 반드시 참이다.

문 11. 다음 글의 논지로 가장 적절한 것은?

최근 다도해 지역을 해양사의 관점에서 새롭게 주목하는 논의가 많아졌다. 그들은 주로 다도해 지역의 해로를 통한 국제 교역과 사신의 왕래 등을 거론하면서 해로와 포구의 기능과 해양 문화의 개방성을 강조하고 있다. 한편 다도해는 오래전부터 유배지로 이용되었다는 사실이 자주 언급됨으로써 그동안 우리에게 고립과 단절의 이미지로 강하게 남아 있다. 이처럼 다도해는 개방성의 측면과 고립성의 측면에서 모두 조명될 수 있다. 이는 섬이 바다에 의해 격리되는 한편 그 바다를 통해 외부 세계와 연결되기 때문이다.

다도해의 문화적 특징을 말할 때 흔히 육지에 비해 옛 모습의 문화가 많이 남아 있다는 점이 거론된다. 섬이 단절된 곳이므로 육지에서는 이미 사라진 문화가 섬에는 아직 많이 남아 있다고 여기는 것이다. 또한 섬이라는 특수성 때문에 무속이 성하고 마을굿도 풍성하다고 생각하는 이들도 있다. 이런 견해는 다도해를 고립되고 정체된 곳이라고 생각하는 관점과 통한다. 실제로는 육지에도 무당과 굿당이 많은데도 관념적으로 섬을 특별하게 여기는 것이다.

이런 관점에서 '진도 다시래기'와 같은 축제식 장례 풍속을 다도해 토속 문화의 대표적인 사례로 드는 경우도 있다. 지금도 진도나 신안 등지에 가면 상가(喪家)에서 노래하고 춤을 추며 굿을 하는 것을 볼 수 있는데, 이런 모습은 고대 역사서의 기록과 흡사하므로 그 풍속이 고풍스러운 것은 분명하다. 하지만 기존 연구에서 밝혀졌듯이 진도 다시래기가 지금의 모습을 갖추게 된 데에는 육지의 남사당패와 같은 유희 유랑 집단에서 유입된 요소들의 영향도 적지 않다. 이런 연구 결과도 다도해의 문화적 특징을 일방적인 관점에서 접근해서는 안 된다는 점을 시사해 준다.

① 유배지로서의 다도해 역사를 제대로 이해해야 한다.

② 옛 모습이 많이 남아 있는 다도해의 문화를 잘 보존해야 한다.

③ 다도해의 문화적 특징을 논의할 때 개방성의 측면을 간과해서는 안 된다.

④ 다도해의 관념적 측면을 소홀히 해서는 그 풍속을 제대로 이해하기 어렵다.

⑤ 다도해의 토속 문화를 제대로 이해하기 위해서는 고전의 기록을 잘 살펴봐야 한다.

문 12. 다음 글에서 알 수 있는 것은?

유럽 국가들은 대부분 가장 먼저 철도를 개통한 영국의 규격을 채택하여 철로의 간격을 1.435m로 하였다. 이러한 이유로 영국의 철로는 '표준궤'로 불렸다. 하지만 일부 국가들은 전시에 주변 국가들이 철도를 이용해 침입할 것을 우려하여 궤간을 다르게 하였다. 또한 열차 속력과 운송량, 건설 비용 등을 고려하여 궤간을 조정하였다.

일본은 첫 해외 식민지였던 타이완에서는 자국의 철도와 같이 협궤(狹軌)를 설치하였으나 조선의 철도는 대륙 철도와의 연결을 고려하여 표준궤로 하고자 하였다. 청일전쟁 이후 러시아의 영향력이 강해져 조선의 철도 궤간으로 광궤(廣軌)를 채택할 것인지 아니면 표준궤를 채택할 것인지를 두고 러시아와 대립하기도 했지만 결국 일본은 표준궤를 강행하였다.

서구 열강이 중국에 건설한 철도는 기본적으로 표준궤였다. 하지만 만주 지역에 건설된 철도 중 러시아가 건설한 구간은 1.524m의 광궤였다. 러일전쟁 과정에서 일본은 자국의 열차를 그대로 사용하기 위해 러시아가 건설한 그 철도 구간을 협궤로 개조하는 작업을 시작했다. 그러다가 러일전쟁 이후 포츠머스 조약으로 일본이 러시아로부터 그 구간의 철도를 얻게 되자 표준궤로 개편하였다.

1911년 압록강 철교가 준공되자 표준궤를 채택한 조선 철도는 만주의 철도와 바로 연결이 가능해졌다. 1912년 일본 신바시에서 출발해 시모노세키 – 부산 항로를 건너 조선의 경부선과 경의선을 따라 압록강 대교를 통과해 만주까지 이어지는 철도 수송 체계가 구축되었다.

① 러일전쟁 당시 일본 국내의 철도는 표준궤였다.

② 부산에서 만주까지를 잇는 철도는 광궤로 구축되었다.

③ 러일전쟁 이전 만주 지역의 철도는 모두 광궤로 건설되었다.

④ 청일전쟁 이후 러시아는 조선의 철도를 광궤로 할 것을 주장하였다.

⑤ 영국의 표준궤는 유럽 국가들이 철도를 건설하는 데 경제적 부담을 줄여 주었다.

문 13. 다음 글의 내용과 부합하지 않는 것은?

　　한국 사회의 근대화 과정은 급속한 산업화와 도시화라는 특징을 가진다. 1960년대 이후 급속한 근대화에 따라 전통적인 농촌공동체를 떠나 도시로 이주하는 사람들이 급격하게 증가하였으며, 이로 인해 전통적인 사회구조가 해체되었다. 이 과정에서 직계가족이 가치판단의 중심이 되는 가족주의가 강조되었다. 이는 전통적 공동체가 힘을 잃은 상황에서 가족이 매우 중요한 역할을 담당했기 때문이다. 국가의 복지가 부실한 상황에서 가족은 노동력의 재생산 비용을 담당했다.

　　가족은 물질적 생존의 측면뿐만 아니라 정서적 생존을 위해서도 중요한 보호막으로 기능했다. 말하자면, 전통적 사회구조가 약화되면서 나타나는 사회적 긴장과 불안을 해소하는 역할을 해 왔다는 것이다. 서구 사회의 근대화 과정에서는 개인의 자율적 판단과 선택을 강조하는 개인주의 윤리나 문화가 그러한 사회적 긴장과 불안을 해소하는 역할을 담당했다. 하지만 한국 사회의 경우 근대화가 급속하게 압축적으로 이루어졌기 때문에 서구 사회와 같은 근대적 개인주의 문화가 제대로 정착하지 못했다. 그래서 한국 사회에서는 가족주의 문화가 근대화 과정의 긴장과 불안을 해소하는 역할을 담당하게 되었다.

　　한편, 전통적 공동체 문화는 학연과 지연을 매개로 하여 유사가족주의 형태로 나타났다. 1960년대 이후 농촌을 떠나온 사람들이 도시에서 만든 계나 동창회와 같은 것들이 유사가족주의의 단적인 사례이다.

① 근대화 과정을 거치면서 한국 사회에서는 가족주의가 강조되었다.

② 한국의 근대화 과정에서 전통적 공동체 문화는 유사가족주의로 변형되기도 했다.

③ 근대화 과정에서 한국의 가족주의 문화와 서구의 개인주의 문화는 유사한 역할을 수행했다.

④ 한국의 근대화 과정에서 서구의 개인주의 문화가 정착하지 못한 것은 가족주의 문화 때문이었다.

⑤ 한국의 근대화 과정에서 가족주의 문화는 급속한 산업화가 야기한 불안과 긴장을 해소하는 기제로 작용했다.

문 14. 다음 글의 내용과 부합하는 것을 〈보기〉에서 모두 고르면?

　　이슬람 금융 방식은 돈만 빌려주고 금전적인 이자만을 받는 행위를 금지하는 이슬람 율법에 따라 실물자산을 동반하는 거래의 대가로서 수익을 분배하는 방식을 말한다. 이슬람 금융 방식에는 '무라바하', '이자라', '무다라바', '무샤라카', '이스티스나' 등이 있다.

　　무라바하와 이자라는 은행이 채무자가 원하는 실물자산을 매입할 경우 그것의 소유권이 누구에게 있느냐에 따라 구별된다. 실물자산의 소유권이 은행에서 채무자로 이전되면 무라바하이고, 은행이 소유권을 그대로 보유하면 이자라이다. 무다라바와 무샤라카는 주로 투자 펀드나 신탁 금융에서 활용되는 방식으로서 투자자와 사업자의 책임 여부에 따라 구별된다. 사업 시 발생하는 손실에 대한 책임이 투자자에게만 있으면 무다라바이다. 양자의 협상에 따라 사업에 대한 이익을 배분하긴 하지만, 손실이 발생할 경우 사업자는 그 손실에 대한 책임을 가지지 않는다. 반면에 투자자와 사업자가 공동으로 사업에 대한 책임과 이익을 나누어 가지면 무샤라카이다. 이스티스나는 장기 대규모 건설 프로젝트에 활용되는 금융 지원 방식으로서 투자자인 은행은 건설 자금을 투자하고 사업자는 건설을 담당한다. 완공 시 소유권은 투자자에게 귀속되고, 사업자는 그 자산을 사용해서 얻은 수입으로 투자자에게 임차료를 지불한다.

〈보기〉

ㄱ. 사업에 대한 책임이 투자자가 아니라 사업자에게만 있으면 무다라바가 아니라 무샤라카이다.

ㄴ. 은행과 사업자가 공동으로 투자하여 사업을 수행하고 이익을 배분하면 무샤라카가 아니라 이스티스나이다.

ㄷ. 은행이 채무자가 원하는 부동산을 직접 매입 후 소유권 이전 없이 채무자에게 임대하면 무라바하가 아니라 이자라이다.

① ㄱ

② ㄷ

③ ㄱ, ㄴ

④ ㄴ, ㄷ

⑤ ㄱ, ㄴ, ㄷ

문 15. 다음 글의 논지로 가장 적절한 것은?

> 최근에 사이버공동체를 중심으로 한 시민의 자발적 정치 참여 현상이 많은 관심을 끌고 있다. 이러한 현상과 관련하여 A의 연구가 새삼 주목받고 있다. A의 연구에 따르면 공동체의 구성원이 됨으로써 얻게 되는 '사회적 자본'이 시민 사회의 성숙과 민주주의 발전을 가져오는 원동력이다. A의 이론에서는 공동체에 대한 자발적 참여를 통해 사회 구성원 간의 상호 의무감과 신뢰, 구성원들이 공유하는 규칙과 관행, 사회적 유대 관계와 같은 사회적 자본이 늘어나면, 사회 구성원 간의 협조적인 행위가 가능하게 된다고 보았다. 더 나아가 A는 자원봉사자와 같이 공동체 참여도가 높은 사람이 투표할 가능성이 높고 정부 정책에 대한 의견 개진도 활발해지는 등 정치 참여도가 높아진다고 주장하였다.
>
> 몇몇 학자들은 A의 이론을 적용하여 면대면 접촉에 따른 인간관계의 산물인 사회적 자본이 사이버공동체에서도 충분히 형성될 수 있다고 보았다. 그리고 사이버공동체에서 사회적 자본의 증가는 곧 정치 참여도 활성화시킬 것으로 기대했다. 하지만 이러한 기대와는 달리 정치 참여가 활성화되지 않았다. 요즘 젊은이들을 보면 각종 사이버공동체에 자발적으로 참여하는 수준은 높지만 투표나 다른 정치 활동에는 무관심하거나 심지어 정치를 혐오하기도 한다. 이런 측면에서 A의 주장은 사이버공동체가 활성화된 오늘날에는 잘 맞지 않는다.
>
> 이러한 이유 때문에 오늘날 사이버공동체를 중심으로 한 정치 참여를 더 잘 이해하기 위해서 '정치적 자본' 개념의 도입이 필요하다. 정치적 자본은 사회적 자본의 구성 요소와는 달리 정치 정보의 습득과 이용, 정치적 토론과 대화, 정치적 효능감 등으로 구성된다. 정치적 자본은 사회적 자본과 마찬가지로 공동체 참여를 통해서 획득되지만, 정치 과정에의 관여를 촉진한다는 점에서 사회적 자본과는 구분될 필요가 있다. 사회적 자본만으로 정치 참여를 기대하기 어렵고, 사회적 자본과 정치 참여 사이를 정치적 자본이 매개할 때 비로소 정치 참여가 활성화된다.

① 사이버공동체를 통해 축적된 사회적 자본에 정치적 자본이 더해질 때 정치 참여가 활성화된다.

② 사회적 자본은 정치적 자본을 포함하기 때문에 그 자체로 정치 참여의 활성화를 가져온다.

③ 사회적 자본이 많은 사회는 정치 참여가 활발하기 때문에 민주주의가 실현된다.

④ 사이버공동체의 특수성으로 인해 시민들의 정치 참여가 어렵게 되었다.

⑤ 사이버공동체에의 자발적 참여 증가는 정치 참여를 활성화시킨다.

문 16. 다음 글에서 알 수 있는 것은?

> 대부분의 컴퓨터 게임 프로그램은 컴퓨터의 무작위적 행동을 필요로 한다. 이것은 말처럼 그렇게 쉬운 일이 아니다. 모든 컴퓨터는 주어진 규칙과 공식에 따라 결과를 산출하도록 만들어질 수밖에 없기 때문이다.
>
> 비록 현재의 컴퓨터는 완전히 무작위적으로 수들을 골라내지는 못하지만, 무작위적인 것처럼 보이는 수들을 산출하는 수학 공식 프로그램을 내장하고 있다. 즉, 일련의 정확한 계산 결과로 만든 것이지만, 무작위적인 것처럼 보이는 수열을 만들어 낸다. 그러한 일련의 수들을 만들어 내는 방법은 수백 가지이지만, 모두 처음에 시작할 시작수의 입력이 필수적이다. 이 시작수는 사용자가 직접 입력할 수도 있고, 컴퓨터에 내장된 시계에서 얻을 수도 있다. 예컨대 자판을 두드리는 순간 측정된 초의 수치를 시작수로 삼는 것이다.
>
> 문제는 이렇게 만들어 낸 수열이 얼마나 완전히 무작위적인 수열에 가까운가이다. 완전히 무작위적인 수열이 되기 위해서는 다음의 두 가지 기준을 모두 통과해야 한다. 첫째, 모든 수가 다른 수들과 거의 같은 횟수만큼 나와야 한다. 둘째, 그 수열은 인간의 능력으로 예측이 가능한 어떤 패턴도 나타내지 않아야 한다. 수열 1, 2, 3, 4, 5, 6, 7, 8, 9, 0은 첫 번째 조건은 통과하지만, 두 번째 조건은 통과하지 못한다. 수열 5, 8, 3, 1, 4, 5, 9, 4, 3, 7, 0은 얼핏 두 번째 조건을 통과하는 것처럼 보이지만 그렇지 않다. 곰곰이 생각해 보면 0 다음의 수가 무엇이 될 것인지를 예측할 수 있기 때문이다. (앞의 두 수를 합한 값의 일의 자리 수를 생각해 보라.) 현재의 컴퓨터가 내놓는 수열들이 이 두 가지 기준 모두를 통과하는 것은 아니다. 즉, 완전히 무작위적인 수열을 아직 만들어 내지 못하고 있는 것이다. 그리고 컴퓨터의 작동 원리를 생각하면, 이는 앞으로도 불가능할 수밖에 없다.

① 인간은 완전히 무작위적인 규칙과 공식들을 컴퓨터에 입력할 수 있다.

② 완전히 무작위적인 수열이라면 같은 수가 5번 이상 연속으로 나올 수 없다.

③ 사용자가 시작수를 직접 입력하지 않았다면 컴퓨터는 어떤 수열도 만들어 낼 수 없다.

④ 컴퓨터가 만들어 내는 수열 중에는 인간의 능력으로 예측하기 어려운 것처럼 보이는 경우도 있다.

⑤ 어떤 수열의 패턴이 인간의 능력으로 예측 가능하다면 그 수열에는 모든 수가 거의 같은 횟수만큼 나올 수밖에 없다.

문 17. 다음 글에서 추론할 수 있는 것을 〈보기〉에서 모두 고르면?

　　　수학을 이해하기 위해서는 연역적인 공리적 증명 방법에 대해 정확히 이해할 필요가 있다. 우리는 2보다 큰 짝수들을 원하는 만큼 많이 조사하여 각각이 두 소수(素數)의 합이라는 것을 알아낼 수 있다. 그러나 이러한 과정을 통해 얻은 결과를 '수학적 정리'라고 말할 수 없다. 이와 비슷하게, 한 과학자가 다양한 크기와 모양을 가진 1,000개의 삼각형의 각을 측정하여, 측정 도구의 정확도 범위 안에서 그 각의 합이 180도라는 것을 알아냈다고 가정하자. 이 과학자는 임의의 삼각형의 세 각의 합이 180도가 확실하다고 결론 내릴 것이다. 그러나 이러한 측정의 결과는 근삿값일 뿐이라는 문제와, 측정되지 않은 어떤 삼각형에서는 현저하게 다른 결과가 나타날지도 모른다는 의문이 남는다. 이러한 과학자의 증명은 수학적으로 받아들일 수 없다. 반면에, 수학자들은 모두 의심할 수 없는 공리들로부터 시작한다. 두 점을 잇는 직선을 하나만 그을 수 있다는 것을 누가 의심할 수 있는가? 이와 같이 의심할 수 없는 공리들을 참이라고 받아들이면, 이로부터 연역적 증명을 통해 나오는 임의의 삼각형의 세 각의 합이 180도라는 것이 참이라는 것을 받아들여야만 한다. 이런 식으로 증명된 결론을 수학적 정리라고 한다.

〈보기〉
ㄱ. 연역적으로 증명된 것은 모두 수학적 정리이다.
ㄴ. 연역적으로 증명된 수학적 정리를 거부하려면, 공리 역시 거부해야 한다.
ㄷ. 어떤 삼각형의 세 각의 합이 오차 없이 측정되었다면, 그 결과는 수학적 정리로 받아들일 수 있다.

① ㄱ
② ㄴ
③ ㄱ, ㄷ
④ ㄴ, ㄷ
⑤ ㄱ, ㄴ, ㄷ

문 18. 복지사A의 결론을 이끌어내기 위해 추가해야 할 두 전제를 〈보기〉에서 고르면?

　　　복지사A는 담당 지역에서 경제적 곤란을 겪고 있는 아동을 찾아 급식 지원을 하는 역할을 담당하고 있다. 갑순, 을순, 병순, 정순이 급식 지원을 받을 후보이다. 복지사A는 이들 중 적어도 병순은 급식 지원을 받게 된다고 결론 내렸다. 왜냐하면 갑순과 정순 중 적어도 한 명은 급식 지원을 받는데, 갑순이 받지 않으면 병순이 받기 때문이었다.

〈보기〉
ㄱ. 갑순이 급식 지원을 받는다.
ㄴ. 을순이 급식 지원을 받는다.
ㄷ. 을순이 급식 지원을 받으면, 갑순은 급식 지원을 받지 않는다.
ㄹ. 을순과 정순 둘 다 급식 지원을 받지 않으면, 병순이 급식 지원을 받는다.

① ㄱ, ㄴ
② ㄱ, ㄹ
③ ㄴ, ㄷ
④ ㄴ, ㄹ
⑤ ㄷ, ㄹ

문 19. 다음 글의 ㉠으로 가장 적절한 것은?

> 골란드는 자신의 가설을 검증하기 위해서 20가구가 소유한 488곳의 밭에서 나온 연간 작물 수확량을 수십 년 동안 조사했다. 그는 수십 년 간 각 밭들의 1m²당 연간 수확량 자료를 축적했다. 이 방대한 자료를 토대로 그는 한 가구가 경작할 전체 면적은 매년 동일하지만, 경작할 밭들을 한 곳에 모아 놓았을 경우와 여러 곳으로 분산시켰을 경우에, 그 가구의 총 수확량이 어떻게 달라질지 계산해 보았다. 그 가구가 경작할 밭들이 여러 곳으로 따로 떨어져 있을수록 경작 및 추수 노동이 많이 들기 때문에, 단위면적당 연간 수확량의 수십 년 간 평균은 낮아졌다.
>
> 골란드가 Q라고 명명한 3인 가구를 예로 들어 보자. Q가 경작할 밭의 총면적을 감안하여, Q가 당해에 기아를 피하려면 1m²당 연간 334g 이상의 감자를 수확해야 했다. 그들이 한 구역에 몰려 있는 밭들에 감자를 심었다고 가정할 경우, 1m²당 연간 수확량의 수십 년간 평균은 상당히 높게 나왔다. 하지만 이와 같은 방식으로 경작할 경우, 1m²당 연간 수확량이 334g 미만으로 떨어진 해들이 자료가 수집된 전체 기간 중 1/3이 넘는 것으로 계산되었다. 어떤 해는 풍작으로 많이 수확하지만 어떤 해는 흉작으로 1m²당 연간 수확량이 334g 미만으로 떨어진다는 말이다. 총면적은 동일하게 유지하면서 6군데로 분산된 밭들에서 경작했을 때도 기아의 위험에서 완전히 자유롭지 않았다. 하지만 7군데 이상으로 분산했을 때 수확량은 매년 1m²당 연간 371g 이상이었다. 골란드는 구성원이 Q와 다른 가구들의 경우에도 같은 방식으로 추산해 보았다. 경작할 밭들을 몇 군데로 분산시켜야 기아를 피할 최소 수확량이 보장되는지에 대해서는 가구마다 다른 값들이 나왔지만, 연간 수확량들의 패턴은 Q의 경우와 크게 다르지 않았다. 이로써 골란드는 ㉠ 자신의 가설이 통계 자료들에 의해 뒷받침된다는 것을 보일 수 있었다.

① 넓은 면적을 경작하는 것은 기아의 위험에서 벗어나는 데 도움이 되지 못한다.

② 경작하는 밭들을 일정 군데 이상으로 분산시킨다면 기아의 위험을 피할 수 있다.

③ 경작할 밭들을 몇 군데로 분산시켜야 단위면적당 연간 수확량이 최대가 되는지는 가구마다 다르다.

④ 경작하는 밭들을 여러 군데로 분산시킬수록 단위면적당 연간 수확량의 평균이 증가하여 기아의 위험이 감소한다.

⑤ 경작하는 밭들을 여러 군데로 분산시킬수록 단위면적당 연간 수확량의 최댓값이 증가하여 기아의 위험이 감소한다.

문 20. 다음 빈 칸에 들어갈 말로 가장 적절한 것은?

> A국 정부는 유전 관리 부서 업무에 적합한 민간경력자 전문관을 한 명 이상 임용하려고 한다. 그런데 지원자들 중 갑은 경쟁국인 B국에 여러 번 드나든 기록이 있다. 그래서 정보당국은 갑의 신원을 조사했다. 조사 결과 갑이 부적격 판정을 받는다면, 그는 전문관으로 임용되지 못할 것이다. 한편, A국 정부는 임용 심사에서 지역과 성별을 고려한 기준도 적용한다. 동일 지역 출신은 두 사람 이상을 임용하지 않는다. 그리고 적어도 여성 한 명을 임용해야 한다. 이번 임용 시험에 응시한 여성은 갑과 을 둘밖에 없다. 또한 지원자들 중에서 병과 을이 동일 지역 출신이므로, 만약 병이 임용된다면 을은 임용될 수 없다. 그런데 [   ] 따라서 병은 전문관으로 임용되지 못할 것이다.

① 갑이 전문관으로 임용될 것이다.

② 을이 전문관으로 임용되지 못할 것이다.

③ 갑은 조사 결과 부적격 판정을 받을 것이다.

④ 병이 전문관으로 임용된다면, 갑도 전문관으로 임용될 것이다.

⑤ 갑이 조사 결과 적격 판정을 받는다면, 갑이 전문관으로 임용될 것이다.

문 21. 다음 갑~정의 주장에 대한 분석으로 적절한 것을 〈보기〉에서 모두 고르면?

북미 지역의 많은 불임 여성들이 체외수정을 시도하고 있다. 그런데 젊은 여성들의 난자를 사용한 체외수정의 성공률이 높기 때문에 젊은 여성의 난자에 대한 선호도가 높다. 처음에는 젊은 여성들이 자발적으로 난자를 기증하였지만, 이러한 자발적인 기증만으로는 수요를 감당할 수가 없게 되었다. 이 시점에 난자 제공에 대한 금전적 대가 지불에 대해 논란이 제기되었다.

갑: 난자 기증은 상업적이 아닌 이타주의적인 이유에서만 이루어져야 한다. 난자만이 아니라 정자를 매매하거나 거래하는 것도 불법화해야 한다는 데 동의한다. 물론 상업적인 대리모도 금지해야 한다.

을: 인간은 각자 본연의 가치가 있으므로 시장에서 값을 매길 수 없다. 또한 인간관계를 상업화하거나 난자 등과 같은 신체의 일부를 금전적인 대가 지불의 대상으로 만들어선 안 된다.

병: 불임 부부가 아기를 가질 기회를 박탈해선 안 된다. 그런데 젊은 여성들이 자발적으로 난자를 기증하는 것을 기대하기가 어렵다. 난자 기증은 여러 가지 부담을 감수해야 하기에 보상 없이 이루어지기에는 한계가 있다. 결과적으로 난자 제공에 대한 금전적 대가 지불을 허용하지 않을 경우에 난자를 얻을 수 없을 것이고, 불임 여성들은 원하는 아기를 가질 수 없게 될 것이다.

정: 난자 기증은 정자 기증과 근본적으로 다르다. 난자를 채취하는 것은 정자를 얻는 것보다 훨씬 복잡하고 어려운 일이며 위험을 감수해야 할 경우도 있다. 예컨대, 과배란을 유도하기 위해 여성들은 한 달 이상 매일 약을 먹어야 한다. 그 다음에는 가늘고 긴 바늘을 난소에 찔러 난자를 뽑아 내는 과정을 거쳐야 한다. 한 여성 경험자는 난소에서 난자를 뽑아낼 때마다 '누가 그 부위를 발로 차는 것 같은' 느낌을 받았다고 보고하였다. 이처럼 난자 제공은 고통과 위험을 감수해야 하는 일이다.

〈보기〉

ㄱ. 을은 갑의 주장을 지지한다.

ㄴ. 정의 주장은 병의 주장을 지지하는 근거로 사용될 수 있다.

ㄷ. 난자 제공에 대한 금전적 대가 지불에 대해서 을의 입장과 병의 입장은 양립 불가능하다.

① ㄱ

② ㄷ

③ ㄱ, ㄴ

④ ㄴ, ㄷ

⑤ ㄱ, ㄴ, ㄷ

문 22. 다음 글의 입장을 강화하는 내용으로 가장 적절한 것은?

고대사회를 정의하는 기준 중의 하나로 '생계경제'가 사용되곤 한다. 생계경제 사회란 구성원들이 겨우 먹고 살 수 있는 정도의 식량만을 확보하고 있어서 식량 자원이 줄어들게 되면 자동적으로 구성원 전부를 먹여 살릴 수 없게 되고, 심하지 않은 가뭄이나 홍수 등의 자연재해에 의해서도 유지가 어렵게 될 수 있는 사회를 의미한다. 그러므로 고대사회에서의 삶은 근근이 버텨가는 것이고, 그 생활은 기아와의 끊임없는 투쟁이다. 왜냐하면 그 사회에서는 기술적인 결함과 그 이상의 문화적인 결함으로 인해 잉여 식량을 생산할 수 없기 때문이다.

고대사회에 대한 이러한 견해보다 더 뿌리 깊은 오해도 없다. 소위 생계경제의 성격을 지닌 것으로 간주되는 많은 고대사회들, 예를 들어 남아메리카에서는 종종 공동체의 연간 필요 소비량에 맞먹는 잉여 식량을 생산했다는 점에 주의를 기울일 필요가 있다. 기아와의 끊임없는 투쟁을 의미하는 생계경제가 고대사회를 특징짓는 개념이라면 오히려 프롤레타리아가 기아에 허덕이던 19세기 유럽 사회야말로 고대사회라고 할 수 있을 것이다. 사실상 생계경제라는 개념은 서구의 근대적인 이데올로기의 영역에 속하는 것으로 결코 과학적 개념도구가 아니다. 민족학을 위시한 근대 과학이 이토록 터무니없는 기만에 희생되어 왔다는 것은 역설적이며, 더군다나 산업 국가들이 이른바 저발전 세계에 대한 전략의 방향을 잡는 데 기여했다는 사실은 두렵기까지 하다.

① 고대사회가 경제적으로 풍요로웠던 것은 생계경제 체제 때문이었다.

② 산업사회로 이행하면서 경제적 잉여가 발생하였고 계급이 형성되었다.

③ 자연재해나 전쟁으로 인해 고대사회는 항상 불안정한 상황에 처해 있었다.

④ 고대사회에서 존재하였던 축제는 경제적인 잉여를 해소하는 기제로 작용했다.

⑤ 유럽의 산업 국가들에 의한 문명화 과정을 통해 저발전된 아프리카의 생활 여건이 개선되었다.

문 23. 다음 글의 가설 A, B에 대한 평가로 가장 적절한 것은?

진화론에서는 인류 진화 계통의 초기인 약 700만 년 전에 인간에게 털이 거의 없어졌다고 보고 있다. 털이 없어진 이유에 대해서 학자들은 해부학적, 생리학적, 행태학적 정보들을 이용하는 한편 다양한 상상력까지 동원해서 이와 관련된 진화론적 시나리오들을 제안해 왔다.

가설 A는 단순하게 고안되어 1970년대 당시 많은 사람들이 고개를 끄덕였던 설명으로, 현대적 인간의 출현을 무자비한 폭력과 투쟁의 산물로 설명하던 당시의 모든 가설을 대체할 수 있을 정도로 매력적으로 보였다. 이 가설에 따르면 인간은 진화 초기에 수상생활을 시작하였다. 인간 선조들은 수영을 하고 물속에서 아기를 키우는 등 즐거운 활동을 하기 위해서 수상생활을 하였다. 오랜 물속 생활로 인해 고대 초기 인류들은 몸의 털이 거의 없어졌다. 그 대신 피부 아래에 지방층이 생겨났다.

그 이후에 나타난 가설 B는 인간의 피부에 털이 없으면 털에 사는 기생충들이 감염시키는 질병이 줄어들기 때문에 생존과 생식에 유리하다고 주장하였다. 털은 따뜻하여 이나 벼룩처럼 질병을 일으키는 체외 기생충들이 살기에 적당하기 때문에 신체에 털이 없으면 그러한 병원체들이 자리 잡기 어렵다는 것이다. 이 가설에 따르면 인간이 자신을 더 효과적으로 보호할 수 있는 의복이나 다른 수단들을 활용할 수 있었을 때 비로소 털이 없어지는 진화가 가능하다. 옷이 기생충에 감염되면 벗어서 씻어 내면 간단한데, 굳이 영구적인 털로 몸을 덮을 필요가 있겠는가?

① 인간 선조들의 화석이 고대 호수 근처에서 가장 많이 발견되었다는 사실은 가설 A를 약화한다.

② 털 없는 신체나 피하 지방 같은 현대 인류의 해부학적 특징들을 고래나 돌고래 같은 수생 포유류들도 가지고 있다는 사실은 가설 A를 약화한다.

③ 호수나 강에는 인간의 생존을 위협하는 수인성 바이러스가 광범위하게 퍼져 있었으며 인간의 피부에 그에 대한 방어력이 없다는 사실은 가설 A를 약화한다.

④ 열대 아프리카 지역에서 고대로부터 내려온 전통 생활을 유지하고 있는 주민들이 옷을 거의 입지 않는다는 사실은 가설 B를 강화한다.

⑤ 피부를 보호할 수 있는 옷이나 다른 수단을 만들 수 있는 인공물들이 사용된 시기는 인류 진화의 마지막 단계에 한정된다는 사실은 가설 B를 강화한다.

문 24. 다음 글의 '도덕적 딜레마 논증'에 대한 비판으로 적절한 것만을 〈보기〉에서 모두 고르면?

1890년대에 이르러 어린이를 의료 실험 대상에서 배제시켜야 한다는 주장이 대두되었다. 그 주장의 핵심적인 근거는 어린이가 의료 실험과 관련하여 제한적인 동의능력만을 가지고 있다는 것이었다. 여기서 동의능력이란, 충분히 자율적인 존재가 제안된 실험의 특성이나 위험성 등에 대한 적절한 정보를 인식하고 그것에 기초하여 그 실험을 자발적으로 받아들일 수 있는 능력을 일컫는다. 그렇기 때문에 어린이를 실험 대상으로 하는 연구는 항상 도덕적 논란을 불러일으켰고, 1962년 이후 미국에서는 어린이에 대한 실험이 거의 시행되지 않았다. 이러한 상황에서 1968년 미국의 소아 약물학자 셔키는 다음과 같은 '도덕적 딜레마 논증'을 제시하였다. 어린이를 실험 대상에서 배제시키면, 어린이 환자 집단에 대해 충분한 실험을 하지 않은 약품들로 어린이를 치료하게 되어 어린이를 더욱 커다란 위험에 몰아넣게 된다. 따라서 어린이를 실험 대상에서 배제시키는 것은 도덕적으로 올바르지 않다. 반면, 어린이를 실험 대상에서 배제시키지 않으면, 제한적인 동의능력만을 가진 존재를 실험 대상에 포함시키게 된다. 제한된 동의능력만을 가진 이를 실험 대상에 포함시키는 것은 도덕적으로 올바르지 않다. 따라서 어린이를 실험 대상에 포함시키는 것은 도덕적으로 올바르지 않다. 우리의 선택지는 어린이를 실험 대상에서 배제시키거나 배제시키지 않는 것뿐이다. 결국 어떠한 선택을 하든 도덕적인 잘못을 저지를 수밖에 없다.

〈보기〉

ㄱ. 어린이를 실험 대상으로 하는 연구는 그 위험성의 여부와는 상관없이 모두 거부되어야 한다. 왜냐하면 적합한 사전 동의 없이 행해지는 어떠한 실험도 도덕적 잘못이기 때문이다.

ㄴ. 동물실험이나 성인에 대한 임상 실험을 통해서도 어린이 환자를 위한 안전한 약물을 만들어낼 수 있다. 따라서 어린이를 실험 대상에 포함시키지 않더라도 어린이 환자가 안전하게 치료받지 못하는 위험에 빠지지 않을 수 있다.

ㄷ. 부모나 법정 대리인을 통해 어린이의 동의능력을 적합하게 보완할 수 있다. 어린이의 동의능력이 부모나 법정 대리인에 의해 적합하게 보완된다면 어린이를 실험 대상에 포함시켜도 도덕적 잘못이 아닐 수 있다. 따라서 이런 경우의 어린이를 실험 대상에 포함시켜도 도덕적 잘못이 아닐 수 있다.

① ㄱ　　　　② ㄴ　　　　③ ㄱ, ㄷ

④ ㄴ, ㄷ　　　　⑤ ㄱ, ㄴ, ㄷ

문 25. 다음 글의 (가)와 (나)에 들어가기에 가장 적절한 것을 ㉠~
㉤ 중 골라 알맞게 짝지은 것은?

　　일반적으로 결정론은 도덕적 책임과 양립할 수 없는 것으
로 간주된다. 그 이유는 다음과 같다. ㉠ 결정론이 참일 경우
우리의 실제 행동과는 다른 행동을 할 가능성이 없다. 그런데
㉡ 우리에게 실제로 행한 것과는 다른 행동을 할 가능성이 있
을 경우에만 우리는 행동의 자유를 가진 존재이다. 또한 ㉢ 우
리가 행동의 자유를 가진 존재가 아니라면, 우리는 도덕적 책
임을 가질 필요가 없다. 따라서 ㉣ 결정론이 참일 경우 우리는
행동의 자유를 가진 존재가 아니다. 결론적으로, ㉤ 결정론이
참일 경우 우리는 도덕적 책임을 가지는 존재가 아니다. 이런
주장에 대해서 철학자 A는 다음 〈사례〉를 통해 　(가)　 가
거짓이라고 보임으로써 　(나)　 를 반박하였다.

────────〈사례〉────────

　　차를 운전하고 있던 어느 날, 나는 우회전을 하기 위해서
차의 핸들을 오른쪽으로 돌리는 행동을 하였다. 이런 행동 이
후, 오른쪽으로 움직인 나의 차는 길을 가는 행인을 치는 사
고를 일으켰다. 당연히 나는 그 행인을 다치게 만든 것에 대
해 도덕적 책임을 느꼈다. 내가 핸들을 오른쪽으로 돌리는 행
동이 그 사고를 야기했기 때문이다. 그러나 사실 내 차의 핸
들은 오른쪽으로 돌리기 직전에 망가져서 핸들이 오른쪽으로
돌아갈 수밖에 없었고, 그 사고는 일어날 수밖에 없었다. 이
와 더불어 여러 다른 사정으로 나에게는 다른 행동의 가능성
이 전혀 없었으며, 이에 나에겐 행동의 자유가 존재하지 않았
던 것이다. 나는 이런 사실을 모른 채 핸들을 오른쪽으로 돌
리는 행동을 하였고 내 차는 오른쪽으로 움직였다. 그 핸들은
내 행동에 따라 움직였고, 내 차도 핸들에 아무런 문제가 없
었을 경우와 같이 움직인 뒤 행인을 치었던 것이다. 그렇기 때
문에 내 차의 핸들이 망가져 있다는 사실을 알고 난 후에도 나
는 행인을 친 것에 대한 도덕적 책임을 가져야 한다는 것을 당
연하게 생각했다.

　(가)　　(나)

① ㉠　　㉣

② ㉡　　㉣

③ ㉡　　㉤

④ ㉢　　㉣

⑤ ㉢　　㉤

약점 보완 해설집 p.122

문 1. 다음 글의 내용과 부합하는 것은?

중세 동아시아 의학의 특징은 강력한 중앙권력의 주도 아래 통치수단의 방편으로서 활용되었다는 점이다. 권력자들은 최상의 의료 인력과 물자를 독점적으로 소유함으로써 의료를 충성에 대한 반대급부로 삼았다. 이러한 특징은 국가 간의 관계에서도 나타나 중국의 황제는 조공국에게 약재를 하사함으로써 위세와 권위를 과시했다. 고려의 국왕 또한 가부장적 이데올로기에 입각하여 의료를 신민 지배의 한 수단으로 삼았다. 국왕은 일년 중 정해진 날에 종4품 이상의 신료에게 약재를 내렸는데, 이를 납약(臘藥)이라 하였다. 납약은 중세 국가에서 약재가 일종의 위세품(威勢品)으로 작용하였음을 잘 보여주는 사례이다.

역병이 유행하면 고려의 국왕은 이에 상응하는 약재를 분배하였다. 1018년 개경에 유행성 열병인 장역(瘴疫)이 유행하자 현종은 관의(官醫)에게 병에 걸린 문무백관의 치료를 명령하고 필요한 약재를 하사하였다. 하층 신민에 대해서는 혜민국과 구제도감 등 다양한 의료 기관을 설립하여 살피게 했다. 전염병이 유행하면 빈민들의 희생이 컸기에 소극적이나마 빈민을 위한 의료대책을 시행하지 않을 수 없었다. 1110년과 1348년 전염병이 유행하였을 때에는 개경 시내에 빈민의 주검이 많이 방치되어 있었고, 이는 전염병이 유행하게 되는 또 다른 요인이 되었다. 이들 빈민 환자를 한곳에 모아 관리해야 할 필요성에서 빈민의료가 시작되었다. 그러나 혜민국은 상설 기관이 아니라 전염병 유행과 같은 비상시에 주로 기능하는 임시 기관이었다. 애민(愛民) 정책 아래 만들어진 이들 기관의 실상은 치료보다는 통치를 위한 격리를 목적으로 하였다.

① 고려는 역병을 예방하기 위해 혜민국을 설치하였다.
② 고려 국왕은 병든 문무백관의 치료를 위해 납약을 하사하였다.
③ 가부장적 이데올로기는 고려시대 전염병의 발병률 감소에 기여하였다.
④ 중세 동아시아 의학은 상·하층 신민의 질병을 치료하기 위한 목적으로 발전하였다.
⑤ 중세 동아시아의 권력자는 의료 인력과 약재를 독점하여 신료의 충성을 유도하였다.

문 2. 다음 글의 내용과 부합하지 않는 것은?

컴퓨터 매체에 의존한 전자 심의가 민주정치의 발전을 가져올 수 있을까? 이 질문에 답하는 데 도움이 될 만한 실험들이 있었다. 한 실험에 따르면, 전자 심의에서는 시각적 커뮤니케이션이 없었지만 토론이 지루해지지 않았고 오히려 대면 심의에서는 드러나지 않았던 내밀한 내용들이 쉽게 표출되었다. 이것으로 미루어 보건대, 인터넷은 소극적이고 내성적인 사람들이 자신의 의견을 적극 표출하도록 만들 수 있다는 장점이 있다. 하지만 다른 실험은 대면 심의 집단이 질적 판단을 요하는 복합적 문제를 다루는 경우 전자 심의 집단보다 우월하다는 결과를 보여주었다.

이런 관점에서 보면 전자 심의는 소극적인 시민들의 생활에 숨어있는 다양한 의견들을 표출하기에 적합하며, 대면 심의는 책임감을 요하는 정치적 영역의 심의에 더 적합하다고 볼 수 있다. 정치적 영역의 심의는 복합적 성격의 쟁점, 도덕적 갈등 상황, 그리고 최종 판단의 타당성 여부가 불확실한 문제들과 깊이 관련되어 있기 때문이다. 어려운 정치적 결정일수록 참여자들 사이에 타협과 협상을 필요로 하는데, 그 타협은 일정 수준의 신뢰 등 '사회적 자본'이 확보되어 있을 때 용이해진다. 정치적 사안을 심의하려면 토론자들이 서로 간에 신뢰하고 있을 뿐 아니라 심의 결과에 대해 책임의식을 느끼고 있어야 하고, 이런 바탕 위에서만 이성적 심의나 분별력 있는 심의가 가능하다. 하지만 이것은 인터넷 공간에서는 확보되기 어려운 것으로 보인다.

① 인터넷을 통한 전자 심의는 내밀한 내용이 표출된다는 점에서 신뢰를 증진시킬 수 있다.
② 질적 판단을 요하는 복합적 문제를 다루는 데에는 대면 심의 집단이 우월한 경우가 있다.
③ 인터넷은 소극적이고 내성적인 사람들이 자신의 의견을 표출하도록 만들 수 있다는 장점이 있다.
④ 정치적 사안을 심의하려면 토론자들이 서로 신뢰하고 심의 결과에 대해 책임의식을 느껴야 한다.
⑤ 불확실성이 개입된 복합적 문제에 대한 정치적 결정에서는 참여자들 사이에 타협과 협상이 필요하다.

문 3. 다음 글에서 추론할 수 있는 것은?

　　원래 '문명'은 진보 사관을 지닌 18세기 프랑스 계몽주의자들이 착안한 개념으로, 무엇보다 야만성이나 미개성에 대비된 것이었다. 그러나 독일 낭만주의자들은 '문화'를 민족의 혼이나 정신적 특성으로 규정하면서, 문명을 물질적인 것에 국한시키고 비하했다. 또한 문화는 상류층의 고상한 취향이나 스타일 혹은 에티켓 등 지식인층의 교양을 뜻하기도 했다. 아놀드를 포함해서 빅토리아 시대의 지성인들은 대체로 이런 구분을 받아들였다. 그래서 문명이 외적이며 물질적인 것이라면, 문화는 내적이며 정신과 영혼의 차원에 속하는 것이었다. 따라서 문명이 곧 문화를 동반하는 것은 아니었다. 아놀드는 그 당시 산업혁명이 진행 중인 도시의 하층민과 그들의 저급한 삶을 비판적으로 바라보았다. 이를 치유하기 위해 그는 문화라는 해결책을 제시하였다. 그에 따르면 문화는 인간다운 능력의 배양에서 비롯되는 것이다.

　　한편 19세기 인문주의자들은 문화라는 어휘를 광범위한 의미에서 동물과 대비하여 인간이 후천적으로 습득한 지식이나 삶의 양식을 총체적으로 지칭하는 데 사용하였다. 인류학의 토대를 마련한 타일러도 기본적으로 이를 계승하였다. 그는 문화를 "인간이 사회 집단의 구성원으로서 습득한 지식, 믿음, 기술, 도덕, 법, 관습 그리고 그 밖의 능력이나 습관으로 구성된 복합체"라고 정의하였다. 그는 독일 낭만주의자들의 문화와 문명에 대한 개념적 구분을 배격하고, 18세기 프랑스 계몽주의자들이 야만성이나 미개성과 대비하기 위해 착안한 문명이라는 개념을 받아들였다. 즉 문화와 문명이 별개의 것이 아니라, 문명은 단지 문화가 발전된 단계로 본 것이다. 이것은 아놀드가 가졌던 문화에 대한 규범적 시각에서 탈피하여 원시적이든 문명적이든 차별을 두지 않고 문화의 보편적 실체를 확립했다는 점에서 의의가 있다.

① 독일 낭만주의자들의 시각에 따르면 문명은 문화가 발전된 단계이다.

② 타일러의 시각에 따르면 원시적이고 야만적인 사회에서도 문화는 존재한다.

③ 프랑스 계몽주의자들의 시각에 따르면 문화와 문명은 본질적으로 다른 것이다.

④ 아놀드의 시각에 따르면 문화의 다양성은 집단이 발전해 온 단계가 다른 데서 비롯된다.

⑤ 타일러의 시각에 따르면 문명은 고귀한 정신적 측면이 강조된다는 점에서 보편적 실체라고 할 수 없다.

문 4. 다음 글에서 추론할 수 있는 것은?

　　나균은 1,600개의 제 기능을 하는 정상 유전자와 1,100개의 제 기능을 하지 못하는 화석화된 유전자를 가지고 있다. 이에 반해 분류학적으로 나균과 가까운 종인 결핵균은 4,000개의 정상 유전자와 단 6개의 화석화된 유전자를 가지고 있다. 이는 화석화된 유전자의 비율이 결핵균보다 나균에서 매우 높다는 것을 보여준다. 왜 이런 차이가 날까?

　　결핵균과 달리 나균은 오로지 숙주세포 안에서만 살 수 있기 때문에 수많은 대사과정을 숙주에 의존한다. 숙주세포의 유전자들이 나균의 유전자가 수행해야 하는 온갖 일을 도맡아 해주다 보니, 나균이 가지고 있던 많은 유전자의 기능이 필요 없게 되었다. 이에 따라 세포 내에 기생하는 기생충과 병균처럼 나균에서도 유전자 기능의 대량 상실이 일어나게 되었다.

　　유전자의 화석화는 후손의 진화 방향에 중요한 영향을 미친다. 기능을 상실하기 시작한 유전자는 복합적인 결함을 일으키기 때문에, 한번 잃은 기능은 돌이킬 수 없게 된다. 즉 유전자 기능의 상실은 일방통행이다. 유전자의 화석화와 기능 상실은 특정 계통의 진화 방향에 제약을 가하는 것이다. 이는 아주 오랜 시간이 흘러 새로운 환경에 적응하기 위해 화석화된 유전자의 기능이 필요하다고 하더라도 이 유전자의 기능을 잃어버린 종은 그 기능을 다시 회복할 수 없다는 것을 의미한다.

① 결핵균은 과거에 숙주세포 없이는 살 수 없었을 것이다.

② 현재의 나균과 달리 기생충에서는 유전자의 화석화가 일어나지 않았을 것이다.

③ 숙주세포 유전자의 화석화는 나균 유전자의 소멸과 밀접한 관련이 있을 것이다.

④ 어떤 균의 화석화된 유전자는 이 균이 새로운 환경에 적응하는 데 기능할 것이다.

⑤ 화석화된 나균 유전자의 대부분은 나균이 숙주세포에 의존하는 대사과정과 관련된 유전자일 것이다.

문 5. 다음 글에서 알 수 있는 것은?

조선의 수령은 그가 다스리는 군현의 행정권과 사법권을 독점하는 존재로서 막강한 권력을 행사하였다. 수령은 범죄의 유형이나 정도에 상관없이 태형 50대 이하의 처벌은 언제나 실행할 수 있고 경우에 따라서는 최고 형벌인 사형도 내릴 수 있는 사법권을 가지고 있었다.

수령이 사법권을 행사할 때에는 법전의 규정에 따라 신중하게 실행할 것이 요구되었다. 하지만 이러한 원칙은 어디까지나 법전 속 문구에 지나지 않았다. 실제로 수령 중에는 죄인을 마음대로 처벌하는 남형(濫刑)이나 법규 이상으로 혹독하게 처벌하는 혹형(酷刑), 죄인을 함부로 죽이는 남살(濫殺)을 행사하는 이들이 많았다. 예를 들어 고령현감에 재직 중이던 김수묵은 자신을 모함했다는 이유로 향리 이진신을 비롯한 가족 3명을 잔혹하게 곤장으로 쳐 죽였다. 그는 그들의 숨이 끊어질 때까지 형벌을 가했지만 어떤 문책도 당하지 않았다. 오히려 해이해진 기강을 단속하여 백성을 잘 다스린다는 평가를 받는 수령들은 남형이나 혹형, 남살을 일삼는 경우가 많았다.

그런데 수령의 남형이나 혹형, 남살보다 더 큰 문제는 하급 관속이 백성들에게 사적인 형벌을 마구 휘둘렀던 데 있었다. 특히 도적 체포와 치안 유지를 위해 백성들과 직접 접촉을 했던 포교, 포졸, 관교 등의 비리나 폭력이 심각하였다. 범죄자를 잡는다거나 치안을 유지한다는 명목으로 이들이 죄 없는 백성들에 대해 자행한 불법적인 폭력은 수령의 과도한 사법권 행사와 함께 사회 불안을 조장하는 주요 요소였다.

① 포교의 비리보다 포졸의 비리가 더 많았다.
② 법적으로 허용된 수령의 처벌권은 50대 이하의 태형에 국한되었다.
③ 남형, 혹형, 남살을 일삼는 수령들이 유능하다는 평가를 받기도 하였다.
④ 법전에 규정된 수령의 사법권은 사회 불안을 조장하는 주요 요소였다.
⑤ 백성에게 비리와 폭력을 일삼는 하급 관속들은 법규에 따라 처벌되었다.

문 6. 다음 글에서 알 수 없는 것은?

공영(公營)방송은 세 번의 위기를 겪었다. 첫 번째는 사영(私營)방송의 등장이었다. 서유럽에서 방송은 1920년대 탄생 초기부터 공영으로 운영되는 것이 일반적이었는데 1950년대 이후 사영방송이라는 경쟁자가 나타나게 된 것이다. 그러나 이러한 사영방송의 등장은 공영방송에 '위협'이 되었을 뿐, 진정한 '위기'를 불러오지는 않았다. 경제적으로 꾸준히 발전하던 이 시기에 공영방송은 사영방송과 함께 시장을 장악했다.

두 번째 위기는 케이블 TV 등 다채널 방송의 등장이었다. 서구에서는 1980년대, 한국에서는 1990년대 후반에 시작한 다채널 서비스의 등장은 공영방송의 존재에 큰 회의를 품게 하였다. 다채널 방송은 공영방송이 제공해 온 차별적인 장르들, 즉 뉴스, 다큐멘터리, 어린이 프로그램들을 훨씬 더 전문적인 내용으로, 더 많은 시간 동안 제공하게 되었다. 공영방송은 양질의 프로그램 제작을 위해 상대적으로 더 많은 재원을 필요로 하게 되었고, 이를 위해 수신료 인상이 필요했지만, 시청자들은 이에 동의하지 않았다. 그러나 이러한 위기에도 불구하고 공영방송은 어느 정도의 시청률을 유지한 채 주류방송으로서의 지위를 굳건히 지켜냈다.

최근 들어 디지털 융합형 미디어의 발전이라는 세 번째 위기가 시작되었다. 이는 채널 제공 경쟁자가 늘어나는 것이 아니라 수용자의 미디어 소비 패턴 자체를 바꾸는 변화이기 때문에 훨씬 더 위협적이다. 디지털 미디어에 익숙한 젊은 시청자들은 채널을 통해 제공하는 일방향 서비스에 의존적이지 않다. 개별 국가의 정체성 형성을 담당하던 공영방송은 유튜브와 팟캐스트 등 국경을 넘나드는 새로운 플랫폼에 속수무책인 상황에 처하게 되었다.

① 공영방송은 일방향 서비스를 제공해왔다.
② 공영방송은 국가의 정체성과 관련되는 개념이다.
③ 다채널 방송 중에서는 공영방송의 프로그램과 동일한 장르의 채널도 존재하였다.
④ 새로운 플랫폼이 탄생하기 전에 공영방송이 주류방송의 위치를 차지하고 있었다.
⑤ 다채널 방송으로 경쟁 환경이 조성되면서 시청자들이 양질의 공영방송 프로그램을 즐기게 되었다.

문 7. 다음 글에서 추론할 수 있는 것만을 〈보기〉에서 모두 고르면?

아기를 키우다 보면 정확히 확인해야 할 것이 정말 많다. 육아 훈수를 두는 주변 사람들이 많은데 어디까지 믿어야 할지 헷갈리는 때가 대부분이다. 특히 아기가 먹는 음식에 관한 것이라면 난감하기 그지없다. 이럴 때는 전문가의 답을 들어 보는 것이 우리가 선택할 수 있는 최상책이다.

A박사는 아기 음식에 대한 권위자다. 미국 유명 어린이 병원의 진료 부장인 그의 저서에는 아기의 건강과 성장 등에 관한 200여 개 속설이 담겨 있고, 그것들이 왜 잘못된 것인지가 설명되어 있다. 다음은 A박사의 설명 중 대표적인 두 가지이다.

속설에 따르면 어떤 아기는 모유에 대해 알레르기 반응을 보인다. 하지만 이것은 사실이 아니다. 엄마의 모유에 대해서 알레르기 반응을 일으키는 아기는 없다. 이는 생물학적으로 불가능한 이야기이다. 어떤 아기가 모유를 뱉어낸다고 해서 알레르기가 있는 것은 아니다. A박사에 따르면 이러한 생각은 착각일 뿐이다.

또 다른 속설은 당분을 섭취하면 아기가 흥분한다는 것이다. 하지만 이것도 사실이 아니다. 아기는 생일 케이크의 당분 때문이 아니라 생일이 좋아서 흥분하는 것인데 부모가 이를 혼동하는 것이다. 이는 대부분의 부모가 믿고 있어서 정말로 부수기 어려운 속설이다. 당분을 섭취하면 흥분한다는 어떤 연구 결과도 보고된 바가 없다.

〈보기〉
ㄱ. 엄마가 갖지 않은 알레르기는 아기도 갖지 않는다.
ㄴ. 아기의 흥분된 행동과 당분 섭취 간의 인과적 관계는 확인된 바 없다.
ㄷ. 육아에 관한 주변 사람들의 훈수는 모두 비과학적인 속설에 근거하고 있다.

① ㄴ
② ㄷ
③ ㄱ, ㄴ
④ ㄱ, ㄷ
⑤ ㄱ, ㄴ, ㄷ

문 8. 다음 논증에 대한 평가로 적절한 것만을 〈보기〉에서 모두 고르면?

눈이나 귀에는 각각 고유의 기능이 있다. 그 기능을 잘 수행하는 상태가 훌륭한 상태이고, 그 기능을 잘 수행하지 못하는 상태가 나쁜 상태이다. 혼이나 정신은 다스리는 기능을 한다. 혼이나 정신도 눈이나 귀와 마찬가지로 훌륭한 상태에서 고유의 기능을 가장 잘 수행한다. 따라서 훌륭한 상태의 혼은 잘 다스리지만 나쁜 상태에 있는 혼은 잘못 다스린다.

올바름 혹은 도덕적임은 혼이나 정신의 훌륭한 상태이지만, 올바르지 못함은 혼이나 정신의 나쁜 상태이다. 올바른 혼과 정신을 가진 사람은 훌륭하게 살지만, 그렇지 못한 사람은 잘못 산다. 또한 훌륭하게 사는 사람, 즉 도덕적인 사람은 행복할 것이며, 행복한 것은 그에게 이익을 준다. 따라서 도덕적인 것은 이익이 되는 것이다.

〈보기〉
ㄱ. 도덕적으로 살고 있음에도 불행한 사람이 존재한다는 것은 이 논증을 약화한다.
ㄴ. 도덕적으로 살지 않는 것은 이익이 되지 않는다는 주장이 이 논증으로부터 추론된다.
ㄷ. 눈이나 귀가 고유의 기능을 잘 수행하더라도 눈이나 귀를 도덕적이라고 하지 않는 것은 이 논증을 강화한다.

① ㄱ
② ㄷ
③ ㄱ, ㄴ
④ ㄴ, ㄷ
⑤ ㄱ, ㄴ, ㄷ

2013 해커스PSAT 7급+민경채 PSAT 16개년 기출문제집 언어논리

문 9. 전제가 참일 때 결론이 반드시 참인 논증을 펼친 사람만을 모두 고르면?

> 영희: 갑이 A부처에 발령을 받으면, 을은 B부처에 발령을 받아. 그런데 을이 B부처에 발령을 받지 않았어. 그러므로 갑은 A부처에 발령을 받지 않았어.
>
> 철수: 갑이 A부처에 발령을 받으면, 을도 A부처에 발령을 받아. 그런데 을이 B부처가 아닌 A부처에 발령을 받았어. 따라서 갑은 A부처에 발령을 받았어.
>
> 현주: 갑이 A부처에 발령을 받지 않거나, 을과 병이 C부처에 발령을 받아. 그런데 갑이 A부처에 발령을 받았어. 그러므로 을과 병 모두 C부처에 발령을 받았어.

① 영희
② 철수
③ 영희, 철수
④ 영희, 현주
⑤ 철수, 현주

문 10. 다음 밑줄 친 결론을 이끌어내기 위해 추가해야 할 전제는?

> A국은 현실적으로 실행 가능한 대안만을 채택하는 합리적인 국가이다. A국의 외교는 B원칙의 실현을 목표로 하고 있으며 앞으로도 이 목표는 변하지 않는다. 그러나 문제는 B원칙을 실현하는 방안이다. B원칙을 실현하기 위해서는 적어도 하나의 전략이 실행되어야 한다. 최근 외교전문가들 간에 뜨거운 토론의 대상이 되었던 C전략은 B원칙을 실현하기에 충분한 방안으로 평가된다. 그러나 C전략의 실행을 위해서는 과다한 비용이 소요되기 때문에, A국이 C전략을 실행하는 것은 현실적으로 불가능하다. 한편 일부 전문가가 제시했던 D전략은 그 자체로는 B원칙을 실현하기에 충분하지 않다. 하지만 금년부터 A국 외교정책의 기조로서 일관성 있게 실행될 E정책과 더불어 D전략이 실행될 경우, B원칙은 실현될 것이다. 뿐만 아니라 E정책하에서 D전략의 실행 가능성도 충분하다. 그러므로 <u>A국의 외교정책에서 D전략이 채택될 것은 확실하다.</u>

① D전략은 C전략과 목표가 같다.
② A국의 외교정책상 C전략은 B원칙에 부합한다.
③ C전략과 D전략 이외에 B원칙을 실현할 다른 전략은 없다.
④ B원칙의 실현을 위해 C전략과 D전략은 함께 실행될 수 없다.
⑤ B원칙의 실현을 위해 C전략과 E정책은 함께 실행될 수 없다.

문 11. 다음 글의 내용과 부합하는 것은?

> 1876년 개항 이후 제당업은 많은 변화를 거치며 지금에 이르렀다. 처음 조선에 수입되기 시작한 영국 자본계 정제당은 1905년 러일전쟁 이후 일본정부가 정책적으로 지원한 일본의 정제당으로 교체되었다. 한말에는 일본제품이 유입되는 여러 경로가 있었으나 1907년에 '대일본제당(大日本製糖)'으로 단일화되었다. 제1차 세계대전 발발 후에도 세계적으로 설탕 시세가 고가를 유지하자 대일본제당은 제당업의 장래를 밝게 전망했다. 1920년대 후반 세계적인 설탕 가격 하락과 일본 내 과잉 공급으로 제당회사 간의 경쟁이 과열되었다. 이에 당업연합회는 설탕 가격 하락을 막기 위해 강력한 카르텔로 전환하여 가격 통제를 강화하였다.
>
> 대일본제당은 조선총독부의 후원 아래 독점적 제당회사인 대일본제당 조선지점을 설립하고, 1920년부터 원료비 절감을 위해 평안남도와 황해도 일대에 사탕무를 재배하기 시작하였다. 하지만 생산성이 매우 낮아 국제적인 경쟁력이 없는 것으로 판명되었다. 이에 대일본제당 조선지점은 1922년부터 원료당을 수입해 가공하는 정제당업으로 전환하여, 저렴한 자바 원료당을 조선에 독점적으로 공급하면서 생산 기반을 구축하였다. 또한 상품 시장인 만주와 지리적으로 근접한 이점을 활용하여 운송비를 절감함으로써 1930년대 후반까지 호황을 누렸다.
>
> 해방 후 한국은 일제 강점기의 제당업 생산체제와 단절되어 공급량이 줄었음에도 불구하고 설탕 소비는 계속 증가하였다. 사업 기회를 포착한 설탕 무역업자들이 정부로부터 생산 설비를 위한 자금을 지원받고, 미국이 원조하는 원료당의 배정에서도 특혜를 받으며 제당업에 뛰어들었다. 더구나 설탕은 가격 통제 대상이 아니었기 때문에 제당회사들은 설탕 가격을 담합하여 높은 가격을 유지했다. 제당회사들 간 과잉 투자로 후발업체가 도태되는 상황이 벌어져도 국내 설탕 가격은 하락하지 않았다.

① 개항 이후 제당업 성장의 배경에는 정책적 지원과 특혜가 있었다.
② 제1차 세계대전으로 인한 설탕 수급 불균형은 국제적인 설탕 가격 폭락을 초래하였다.
③ 대일본제당 조선지점은 설탕의 운송비를 절감하기 위해 정제당업으로 전환하였다.
④ 대일본제당은 조선을 설탕의 상품 시장이자 원료 공급지로 개발하여 큰 이득을 거두었다.
⑤ 해방 후 설탕에 대한 수요가 증가하자 정부는 제당회사들의 설탕 가격 담합을 단속하였다.

문 12. 다음 글의 내용과 부합하지 않는 것은?

2007년부터 시작되어 역사상 유례없는 전 세계의 동시 불황을 촉발시킨 금융 위기로 신자유주의의 권위는 흔들리기 시작했고, 향후 하나의 사조로서 신자유주의는 더 이상 주류적 지위를 유지하지 못하고 퇴조해갈 것이 거의 확실하다. 경제 정책으로서의 신자유주의 역시 앞으로 대부분의 국가에서 예전과 같은 지지를 받기는 어려울 것이다.

세계 각국은 금융 위기로부터의 탈출과 함께 조속한 경기 회복을 위한 대책을 강구하는 데 총력을 기울일 것이다. 이 과정에서 기존의 경제 시스템을 각국의 실정에 부합하도록 전환하기 위한 다양한 모색도 활발해질 것으로 보인다. 국가별로 내부 시스템의 전환을 위한 모색이 방향을 잡아감에 따라 새로운 국제 경제 질서에 대한 논의도 동시에 진행될 것이다.

그렇다면 각국은 내부 경제 시스템의 전환과 위기 탈출을 위해 어떤 선택을 할 수 있을까? 물론 모든 문제를 해결하는 보편적 해법은 없다. 변형된 신자유주의부터 1929년 대공황 이후 약 40간간 세계 경제를 지배했던 케인즈주의, 신자유주의의 이식 정도가 낮아서 금융 위기의 충격을 덜 받고 있는 북유럽 모델, 그리고 남미에서 실험되고 있는 21세기 사회주의까지 대단히 폭넓은 선택지를 두고 생존을 위한 실험이 시작될 것이다.

그렇다면 우리나라는 신자유주의 이후의 모델을 어디서부터 모색할 것인가? 해답은 고전적 문헌 속이나 기상천외한 이론에 있지 않다. 경제는 오늘과 내일을 살아가는 수많은 사람들의 삶의 틀을 규정하는 문제이기 때문이다. 새로운 모색은 현재 벌어지고 있는 세계적 금융 위기의 현실과 경제 침체가 고용대란으로 이어질 가능성마저 보이고 있는 우리 경제의 현실에서 이루어져야 한다.

① 신자유주의의 권위는 세계적 불황을 촉발시킨 금융 위기로 인해 위협받고 있다.

② 우리는 신자유주의의 후속 모델을 현재의 세계적 금융 위기의 현실에서 찾아야 한다.

③ 신자유주의의 이식 정도가 낮은 북유럽에서는 금융 위기에 의한 충격을 상대적으로 덜 받고 있다.

④ 각국은 경제 위기를 극복하기 위해 새로운 단일 경제체제를 공동 개발하는 방안을 활발히 논의하고 있다.

⑤ 경기 회복 대책 수립 과정에서 기존의 경제 시스템을 새로운 시스템으로 전환하는 방안이 활발하게 검토될 것이다.

문 13. 다음 글에서 추론할 수 없는 것은?

언뜻 보아서는 살쾡이와 고양이를 구별하기 힘들다. 살쾡이가 고양잇과의 포유동물이어서 고양이와 흡사하기 때문이다. 그래서인지 '살쾡이'란 단어는 '고양이'와 연관이 있다. '살쾡이'의 '쾡이'가 '괭이'와 연관이 있는데, '괭이'는 '고양이'의 준말이기 때문이다.

'살쾡이'는 원래 '삵'에 '괭이'가 붙어서 만들어진 단어이다. '삵'은 그 자체로 살쾡이를 뜻하는 단어였다. 살쾡이의 모습이 고양이와 비슷해도 단어 '삵'은 '고양이'와는 아무런 연관이 없다. 그런데도 '삵'에 고양이를 뜻하는 '괭이'가 덧붙게 되었다. 그렇다고 '살쾡이'가 '삵과 고양이', 즉 '살쾡이와 고양이'란 의미를 가지는 것은 아니다. 단지 '삵'에 비해 '살쾡이'가 후대에 생겨난 단어일 뿐이다. '호랑이'란 단어도 이런 식으로 생겨났다. '호랑이'는 '호'(虎, 범)와 '랑'(狼, 이리)으로 구성되어 있으면서도 '호랑이와 이리'란 뜻을 가진 것이 아니라 그 뜻은 역시 '범'인 것이다.

'살쾡이'는 '삵'과 '괭이'가 합쳐져 만들어진 단어이기 때문에 '삵괭이' 또는 '삭괭이'로도 말하는 지역이 있으며, '삵'의 'ㄱ' 때문에 뒤의 '괭이'가 된소리인 '꽹이'가 되어 '삭꽹이' 또는 '살꽹이'로 말하는 지역도 있다. 그리고 '삵'에 거센소리가 발생하여 '살쾡이'로 발음하는 지역도 있다. 주로 서울 지역에서 '살쾡이'로 발음하기 때문에 '살쾡이'를 표준으로 삼았다. 반면에 북한의 사전에서는 '살쾡이'를 찾을 수 없고 '살괭이'만 찾을 수 있다. 남한에서 '살괭이'를 '살쾡이'의 방언으로 처리한 것과는 다르다.

① '호랑이'는 '호'(虎, 범)보다 나중에 형성되었다.

② 두 단어가 합쳐져 하나의 대상을 지시할 수 있다.

③ '살쾡이'가 남·북한 사전 모두에 실려 있는 것은 아니다.

④ '살쾡이'는 가장 광범위하게 사용되기 때문에 표준어로 정해졌다.

⑤ '살쾡이'의 방언이 다양하게 나타나는 것은 지역의 발음 차이 때문이다.

문 14. 다음 글에서 추론할 수 있는 것만을 〈보기〉에서 모두 고르면?

하나의 세포가 표적세포로 신호를 전달하는 방법에는 여러 종류가 있다. 이 중 직접 결합 방법은 세포가 표적세포와 직접 결합하여 신호를 전달하는 방법이다. 또한 측분비 방법은 세포가 신호 전달 물질을 분비하여 근접한 거리에 있는 표적세포에 신호를 전달하는 방법이다. 그리고 내분비 방법은 세포가 신호 전달 물질의 일종인 호르몬을 분비하여 이 물질이 순환계를 통해 비교적 먼 거리를 이동한 후 표적세포에 신호를 전달하는 방법이다.

동물의 면역세포에서 분비되는 신호 전달 물질은 세포 사이에 존재하는 공간을 통해 확산되어 근거리에 위치한 표적세포에 작용한다. 특정 면역세포가 히스타민을 분비하여 알레르기 반응을 일으키는 것이 대표적인 예이다. 신경세포 사이의 신호 전달은 신경세포에서 분비되는 신경전달물질에 의해 일어난다. 신경전달물질은 세포 사이에 존재하는 공간을 통해 확산되어 근거리에 있는 표적세포에 작용한다.

내분비샘 세포에서 분비된 호르몬은 모세혈관으로 확산되어 혈액을 따라 이동하고 표적세포의 근처에 도달했을 때 혈관으로부터 빠져나와 표적세포에 작용한다. 따라서 표적세포에서 반응을 일으키는 데 걸리는 시간은 호르몬이 신경전달물질보다 더 오래 걸린다.

〈보기〉

ㄱ. 신경전달물질에 의한 신호 전달은 측분비 방법을 통해 이루어진다.

ㄴ. 내분비 방법이 측분비 방법보다 표적세포에서 더 빠른 반응을 일으킨다.

ㄷ. 하나의 세포가 표적세포로 신호를 전달하기 위해서는 신호 전달 물질의 분비가 필수적이다.

① ㄱ
② ㄷ
③ ㄱ, ㄴ
④ ㄴ, ㄷ
⑤ ㄱ, ㄴ, ㄷ

문 15. 다음 〈개요〉에 따라 보고서를 작성할 때, 현황 분석 부분에 들어갈 내용만을 〈보기〉에서 모두 고르면?

〈개요〉

Ⅰ. 서론: 정책 제안 배경
Ⅱ. 본론: 현황 분석과 정책 방안
　1. 현황 분석
　　ㅇ 연말정산 자동계산 프로그램 사용 방법의 복잡성과 그에 대한 설명 부재로 인해 이용자 불만 증가
　　ㅇ 연말정산 기간 중 세무서에 연말정산 자동계산 프로그램 사용 방법에 관한 상담 수요 폭증
　2. 정책 방안
　　ㅇ 문제점을 개선한 프로그램 개발과 활용 매뉴얼 보급
　　ㅇ 연말정산 자동 상담 시스템 개발
Ⅲ. 결론: 예상되는 효과 전망

〈보기〉

ㄱ. 연말정산 자동 상담 시스템을 개발할 경우 15%의 이용자 불만 감소 효과가 전망된다.

ㄴ. 연말정산 기간을 정확하게 알지 못해 마감 기한이 지나서 세무서를 방문하는 사람이 전년 대비 15% 증가하였다.

ㄷ. 연말정산 기간 중 세무서 전체 월 평균 상담 건수는 약 128만 건으로 평상시 11만 건보다 크게 증가했는데, 그 이유는 연말정산 자동계산 프로그램 사용 방법에 관한 문의 전화가 폭주했기 때문이다.

① ㄱ
② ㄷ
③ ㄱ, ㄴ
④ ㄴ, ㄷ
⑤ ㄱ, ㄴ, ㄷ

문 16. 다음 글에서 알 수 있는 것만을 〈보기〉에서 모두 고르면?

영국의 식민지였던 시기의 미국 남부와 북부 지역에서는 사회 형성과 관련하여 전혀 다른 상황이 전개되었다. 가난한 형편을 면하기 위해 남부로 이주한 영국 이주민들은 행실이 방정하지 못하고 교육도 받지 못한 하층민이었다. 이들 중에는 황금에 눈이 먼 모험가와 투기꾼 기질이 강한 사람들도 있었다. 반면에 뉴잉글랜드 해안에 정착한 북부 이주민들은 모두 영국에서 경제적으로 여유 있던 사람들로서, 새 보금자리인 아메리카에서 빈부귀천의 차이가 없는 특이한 사회 유형을 만들어냈다. 적은 인구에도 불구하고 그들은 거의 예외 없이 훌륭한 교육을 받았으며, 상당수는 뛰어난 재능과 업적으로 유럽 대륙에도 이미 널리 알려져 있었다.

북부 이주민들을 아메리카로 이끈 것은 순수한 종교적 신념과 새로운 사회에 대한 열망이었다. 그들은 청교도라는 별칭을 가진 교파에 속한 이들로, 스스로를 '순례자'로 칭했을 만큼 엄격한 규율을 지켰다. 이들의 종교적 교리는 민주공화이론과 일치했다. 뉴잉글랜드의 이주자들이 가족을 데리고 황량한 해안에 상륙하자마자 맨 먼저 한 일은 자치를 위한 사회 규약을 만드는 일이었다. 유럽인들이 전제적인 신분질서에 얽매여 있는 동안, 뉴잉글랜드에서는 평등한 공동사회가 점점 모습을 드러냈다. 반면에 남부 이주민들은 부양가족이 없는 모험가들로서 기존의 사회 체계를 기반으로 자신들의 사회를 건설하였다.

─〈보기〉─

ㄱ. 북부 이주민은 종교 규율과 사회 규약을 중시했다.

ㄴ. 남·북부 이주민 사이에 이주 목적의 차이가 있었다.

ㄷ. 북부 이주민은 남부 이주민보다 영국의 사회 체계를 유지하려는 성향이 강했다.

① ㄱ
② ㄷ
③ ㄱ, ㄴ
④ ㄴ, ㄷ
⑤ ㄱ, ㄴ, ㄷ

문 17. 다음 글에서 추론할 수 있는 것만을 〈보기〉에서 모두 고르면?

20세기 초만 해도 전체 사망자 중 폐암으로 인한 사망자의 비율은 극히 낮았다. 그러나 20세기 중반에 들어서면서, 이 병으로 인한 사망률은 크게 높아졌다. 이러한 변화를 우리는 어떻게 설명할 수 있을까? 여러 가지 가설이 가능한 것으로 보인다. 예를 들어 자동차를 이용하면서 운동 부족으로 사람들의 폐가 약해졌을지도 모른다. 또는 산업화 과정에서 증가한 대기 중의 독성 물질이 도시 거주자들의 폐에 영향을 주었을지도 모른다.

하지만 담배가 그 자체로 독인 니코틴을 함유하고 있다는 것이 사실로 판명되면서, 흡연이 폐암으로 인한 사망의 주요 요인이라는 가설은 다른 가설들보다 더 그럴듯해 보이기 시작한다. 담배 두 갑에 들어 있는 니코틴이 화학적으로 정제되어 혈류 속으로 주입된다면, 그것은 치사량이 된다. 이러한 가설을 지지하는 또 다른 근거는 담배 연기로부터 추출된 타르를 쥐의 피부에 바르면 쥐가 피부암에 걸린다는 사실에 기초해 있다. 이미 18세기 이후 영국에서는 타르를 함유한 그을음 속에서 일하는 굴뚝 청소부들이 다른 사람들보다 피부암에 더 잘 걸린다는 것이 정설이었다.

이러한 증거들은 흡연이 폐암의 주요 원인이라는 가설을 뒷받침해 주지만, 그것들만으로 이 가설을 증명하기에는 충분하지 않다. 의학자들은 흡연과 폐암을 인과적으로 연관시키기 위해서는 훨씬 더 많은 증거가 필요하다는 점을 깨닫고, 수십 가지 연구를 수행하고 있다.

─〈보기〉─

ㄱ. 화학적으로 정제된 니코틴은 폐암을 유발한다.

ㄴ. 19세기에 타르와 암의 관련성이 이미 보고되어 있었다.

ㄷ. 니코틴이 타르와 동시에 신체에 흡입될 경우 폐암 발생률은 급격히 증가한다.

① ㄱ
② ㄴ
③ ㄱ, ㄴ
④ ㄴ, ㄷ
⑤ ㄱ, ㄴ, ㄷ

문 18. 다음 글에서 추론할 수 있는 것만을 〈보기〉에서 모두 고르면?

> 빌케와 블랙은 얼음이 녹는점에 있다 해도 이를 완전히 물로 녹이려면 상당히 많은 열이 필요함을 발견하였다. 당시 널리 퍼진 속설은 얼음이 녹는점에 이르면 즉시 녹는다는 것이었다. 빌케는 쌓여있는 눈에 뜨거운 물을 끼얹어 녹이는 과정에서 이 속설에 오류가 있음을 알게 되었다. 눈이 녹는점에 있음에도 불구하고 많은 양의 뜨거운 물은 눈을 조금밖에 녹이지 못했기 때문이다.
>
> 블랙은 1757년에 이 속설의 오류를 설명할 수 있는 실험을 수행하였다. 블랙은 따뜻한 방에 두 개의 플라스크 A와 B를 두었는데, A에는 얼음이, B에는 물이 담겨 있었다. 얼음과 물은 양이 같고 모두 같은 온도, 즉 얼음의 녹는점에 있었다. 시간이 지남에 따라 B에 있는 물의 온도는 계속해서 올라갔다. 하지만 A에서는 얼음이 녹으면서 생긴 물과 녹고 있는 얼음의 온도가 녹는점에서 일정하게 유지되었는데 이 상태는 얼음이 완전히 녹을 때까지 지속되었다. 얼음을 녹이는 데 필요한 열량은 같은 양의 물의 온도를 녹는점에서 화씨 140도까지 올릴 수 있는 정도의 열량과 같았다. 블랙은 이 열이 실제로 온도계에 변화를 주지 않기 때문에 이를 '잠열(潛熱)'이라 불렀다.

― 〈보기〉 ―
ㄱ. A의 온도계로는 잠열을 직접 측정할 수 없었다.
ㄴ. 얼음이 녹는점에 이르러도 완전히 녹지 않는 것은 잠열 때문이다.
ㄷ. A의 얼음이 완전히 물로 바뀔 때까지, A의 얼음물 온도는 일정하게 유지된다.

① ㄱ
② ㄴ
③ ㄱ, ㄷ
④ ㄴ, ㄷ
⑤ ㄱ, ㄴ, ㄷ

문 19. 다음 밑줄 친 결론을 이끌어내기 위해 추가해야 할 전제는?

> 만약 국제적으로 테러가 증가한다면, A국의 국방비 지출은 늘어날 것이다. 그런데 A국 앞에 놓인 선택은 국방비 지출을 늘리지 않거나 증세 정책을 실행하는 것이다. 그러나 A국이 증세 정책을 실행한다면, 세계 경제는 반드시 침체한다. 그러므로 세계 경제는 결국 침체하고 말 것이다.

① 국제적으로 테러가 증가한다.
② A국이 감세 정책을 실행한다.
③ A국의 국방비 지출이 늘어나지 않는다.
④ 만약 A국이 증세 정책을 실행한다면, A국의 국방비 지출은 늘어날 것이다.
⑤ 만약 A국의 국방비 지출이 늘어난다면, 국제적으로 테러는 증가하지 않을 것이다.

문 20. 다음 글에 제시된 논리적 오류의 사례로 적절하지 않은 것은?

> 흔히 주변에서 암 검진 결과 암의 징후가 없다는 판정을 받은 후 암이 발견되면 검진이 엉터리였다고 비난하는 것을 본다. 우리 몸의 세포들을 모두 살펴보지 않은 이상 암세포가 없다고 결론지을 수 없다는 것은 논리적으로 명확한데 말이다. 우리는 1,000마리의 까마귀를 관찰하여 모두 까맣다고 해서 까맣지 않은 까마귀가 없다고 단정할 수는 없다고 학교에서 배웠다. 하지만 교실에서 범하지 않는 논리적 오류를 실생활에서는 흔히 범하곤 한다. 예를 들어, 1960년대에 의사들은 모유가 분유에 비해 이점이 있다는 증거를 찾지 못하였다. 그러자 당시 의사들은 모유가 특별한 이점이 없다고 결론지었다. 그 결과, 많은 사람들이 대가를 치러야만 했다. 수십 년이 지난 후에, 유아기에 모유를 먹지 않은 사람들은 특정 암을 비롯하여 여러 가지 질병에 걸릴 위험성이 높다는 사실이 밝혀진 것이다. 이와 같이 우리는 '증거의 없음'을 '없음의 증거'로 오인하곤 한다.

① 다양한 물질의 전기 저항을 조사한 결과 전기 저항이 0인 경우는 없었다. 따라서 전기 저항이 0인 물질은 없다.
② 어떤 사람이 술과 담배를 즐겼지만 몸에 어떤 이상도 발견되지 않았다. 따라서 그 사람에게는 술과 담배가 무해하다.
③ 경찰은 어떤 피의자가 확실한 알리바이가 있다는 것을 확인했다. 따라서 그 피의자는 해당 범죄 현장에 있지 않았다.
④ 주변에서 빛을 내는 것을 조사해보니 열 발생이 동반되지 않는 것이 없었다. 그러므로 열을 내지 않는 발광체는 없다.
⑤ 현재까지 수많은 노력에도 불구하고 외계 지적 생명체는 발견되지 않았다. 그러므로 외계 지적 생명체는 존재하지 않는다.

문 21. 다음 글의 핵심 주장을 강화하는 진술로 가장 적절한 것은?

뉴턴의 역학 이론은 아인슈타인의 상대성 이론으로부터 도출되는가? 상대성 이론의 핵심 법칙들을 나타내고 있는 진술들 E_1, E_2, … E_i, … E_n의 집합을 생각해 보자. 이 진술들은 공간적 위치, 시간, 질량 등을 나타내는 변수들을 포함하고 있다. 그리고 이 집합으로부터 관찰에 의해서 확인할 수 있는 것들을 포함하여 상대성 이론의 다양한 진술들을 도출할 수 있다. 그리고 변수들의 범위를 제약하는 진술들을 이용하면 상대성 이론이 어떤 특수한 경우에 적용될 때 성립하는 법칙들도 도출할 수 있다. 가령, 물체의 속도가 광속에 비하여 현저하게 느린 경우에는 계산을 통하여 뉴턴의 운동 법칙, 만유인력 법칙 등과 형태가 같은 진술들 N_1, N_2, … N_i, … N_m을 도출할 수 있다.

이런 점에서 몇몇 제약 조건을 붙임으로써 뉴턴의 역학은 아인슈타인의 상대성 이론으로부터 도출되는 것으로 보인다. 그렇지만 N_i는 상대성 이론의 특수 경우에 해당하는 법칙일 뿐이지 뉴턴 역학의 법칙들이 아니다. E_i에서 공간적 위치, 시간, 질량 등을 나타냈던 변수들이 N_i에서도 나타난다. 여기서 우리는 N_i에 있는 변수들이 가리키는 것은 뉴턴 이론의 공간적 위치, 시간, 질량 등이 아니라 아인슈타인 이론의 공간적 위치, 시간, 질량 등이라는 것을 주의해야 한다. 같은 이름을 가지고 있지만, 아인슈타인의 이론 속에서 변수들이 가리키는 물리적 대상이 뉴턴 이론 속에서 변수들이 가리키는 물리적 대상과 같은 것은 아니다. 따라서 N_i에 등장하는 변수들에 대한 정의를 바꾸지 않는다면, N_i는 뉴턴의 법칙에 속할 수 없다. 그것은 단지 아인슈타인 상대성 이론의 특수 사례일 뿐이다.

① 뉴턴 역학보다 상대성 이론에 의해 태양계 행성들의 공전 궤도를 더 정확히 계산할 수 있다.

② 어떤 물체의 속도가 광속보다 훨씬 느릴 때 그 물체의 운동의 기술에서 뉴턴 역학과 상대성 이론은 서로 양립 가능하다.

③ 일상적으로 만나는 물체들의 운동을 상대성 이론을 써서 기술하면 뉴턴 역학이 내놓는 것과 동일한 결론에 도달한다.

④ 뉴턴 역학에 등장하는 질량은 속도와 무관하지만 상대성 이론에 등장하는 질량은 에너지의 일종이므로 속도에 의존하여 변할 수 있다.

⑤ 매우 빠르게 운동하는 우주선(cosmic ray)의 구성 입자의 반감기가 길어지는 현상은 상대성 이론으로는 설명되지만 뉴턴 역학으로는 설명되지 않는다.

문 22. 다음 글을 통해 알 수 있는 소크라테스의 견해가 아닌 것은?

소크라테스: 그림에다 적합한 색과 형태들을 모두 배정할 수도 있고, 어떤 것들은 빼고 어떤 것들은 덧붙일 수도 있는 것이네. 그런데 적합한 색이나 형태들을 모두 배정하는 사람은 좋은 그림과 상(像)을 만들어내지만, 덧붙이거나 빼는 사람은 그림과 상을 만들어내기는 하나 나쁜 것을 만들어내는 것이겠지?

크라튈로스: 그렇습니다.

소크라테스: 같은 이치에 따라서 적합한 음절이나 자모를 모두 배정한다면 이름이 훌륭하겠지만, 조금이라도 빼거나 덧붙인다면 훌륭하지는 않겠지?

크라튈로스: 하지만 음절과 자모를 이름에 배정할 때 우리가 어떤 자모를 빼거나 덧붙인다면, 우리는 이름을 쓰기는 했지만 틀리게 쓴 것이 아니고 아예 쓰지 못한 것입니다.

소크라테스: 그런 식으로 보아서는 우리가 제대로 살펴보지 못한 것이네.

크라튈로스: 왜 그렇죠?

소크라테스: 수(數)의 경우에는 자네 말이 적용되는 것 같네. 모든 수는 자신과 같거나 자신과 다른 수일 수밖에 없으니까. 이를테면 10에서 어떤 수를 빼거나 더하면 곧바로 다른 수가 되어 버리지. 그러나 이것은 상 일반에 적용되는 이치는 아니네. 오히려 정반대로 상은, 그것이 상이려면, 상이 묘사하는 대상의 성질 모두를 상에 배정해서는 결코 안 되네. 예컨대 어떤 신이 자네가 가진 모든 것의 복제를 자네 곁에 놓는다고 해보세. 이때 크라튈로스와 크라튈로스의 상이 있는 것일까, 아니면 두 크라튈로스가 있는 것일까?

크라튈로스: 제가 보기에는 두 크라튈로스가 있을 것 같습니다.

소크라테스: 그렇다면 상이나 이름에 대해서는 다른 종류의 이치를 찾아야 하며, 무엇이 빠지거나 더해지면 더 이상 상이 아니라고 해서는 안 된다는 것을 알겠지? 상은 상이 묘사하는 대상과 똑같은 성질을 갖지 못한다는 것을 깨닫지 않았나?

이어서 →

① 어떤 사물과 완전히 일치하는 복제물은 상이 아니다.

② 훌륭한 이름에 자모 한 둘을 더하거나 빼더라도 그것은 여전히 이름이다.

③ 훌륭한 상에 색이나 형태를 조금 더하거나 빼더라도 그것은 여전히 상이다.

④ 이름에 자모를 더하거나 빼는 것과 수에 수를 더하거나 빼는 것은 같은 이치를 따른다.

⑤ 이름에 자모를 더하거나 빼는 것과 상에 색이나 형태를 더하거나 빼는 것은 같은 이치를 따른다.

문 23. (가)와 (나)에 대한 평가로 적절한 것만을 〈보기〉에서 모두 고르면?

(가) 어린 시절 과학 선생님에게 가을에 단풍이 드는 까닭을 물어본 적이 있다면, 단풍은 "나무가 겨울을 나려고 잎을 떨어뜨리다 보니 생기는 부수적인 현상"이라는 답을 들었을 것이다. 보통 때는 초록빛을 내는 색소인 엽록소가 카로틴, 크산토필 같은 색소를 가리므로 우리는 잎에서 다른 빛깔을 보지 못한다. 가을이 오면, 잎을 떨어뜨리고자 잎자루 끝에 떨켜가 생기면서 가지와 잎 사이의 물질 이동이 중단된다. 이에 따라 엽록소가 파괴되면서 감춰졌던 다른 색소들이 자연스럽게 드러나서 잎이 노랗거나 주홍빛을 띠게 된다. 요컨대 단풍은 나무가 월동 준비 과정에서 우연히 생기는 부산물이다.

(나) 생물의 내부를 들여다보면 화려한 색은 거의 눈에 띄지 않는다. 물론 척추동물의 몸 속에 흐르는 피는 예외이다. 상처가 난 당사자에게 피의 강렬한 색이 사태의 시급성을 알려 준다면, 피의 붉은 색깔은 특정한 목적을 가지고 진화적으로 출현했다고 볼 수 있다. 마찬가지로 타는 듯한 가을 단풍은 나무가 해충에 보내는 경계 신호라고 볼 수 있다. 진딧물처럼 겨울을 나기 위해 가을에 적당한 나무를 골라서 알을 낳는 곤충들을 향해 나무가 자신의 경계 태세가 얼마나 철저한지 알려 주는 신호가 가을 단풍이라는 것이다. 단풍의 색소를 만드는 데는 적지 않은 비용이 따르므로, 오직 건강한 나무만이 진하고 뚜렷한 가을 빛깔을 낼 수 있다. 진딧물은 이러한 신호들에 반응해서 가장 형편없이 단풍이 든 나무에 내려앉는다. 휘황찬란한 단풍은 나무와 곤충이 진화하면서 만들어 낸 적응의 결과물이다.

〈보기〉

ㄱ. 단풍이 드는 나무 중에서 떨켜를 만들지 않는 종이 있다는 연구 결과는 (가)의 주장을 강화한다.

ㄴ. 식물의 잎에서 주홍빛을 내는 색소가 가을에 새롭게 만들어진다는 연구 결과는 (가)의 주장을 강화한다.

ㄷ. 가을에 인위적으로 어떤 나무의 단풍색을 더 진하게 만들었더니 그 나무에 알을 낳는 진딧물의 수가 줄었다는 연구 결과는 (나)의 주장을 강화한다.

① ㄱ

② ㄷ

③ ㄱ, ㄴ

④ ㄴ, ㄷ

⑤ ㄱ, ㄴ, ㄷ

문 24. 다음 글의 밑줄 친 주장을 강화하는 사례만을 〈보기〉에서 모두 고르면?

　　최근에 트랜스 지방은 그 건강상의 위해 효과 때문에 주목받고 있다. 우리가 즐겨 먹는 많은 식품에는 트랜스 지방이 숨어 있다. 그렇다면 트랜스 지방이란 무엇일까?

　　지방에는 불포화 지방과 포화 지방이 있다. 식물성 기름의 주성분인 불포화 지방은 포화 지방에 비하여 수소의 함유 비율이 낮고 녹는점도 낮아 상온에서 액체인 경우가 많다.

　　불포화 지방은 그 안에 존재하는 이중 결합에서 수소 원자들의 결합 형태에 따라 시스(cis)형과 트랜스(trans)형으로 나뉘는데 자연계에 존재하는 대부분의 불포화 지방은 시스형이다. 그런데 조리와 보존의 편의를 위해 액체 상태인 식물성 기름에 수소를 첨가하여 고체 혹은 반고체 상태로 만드는 과정에서 트랜스 지방이 만들어진다. 그래서 대두, 땅콩, 면실유를 경화시켜 얻은 마가린이나 쇼트닝은 트랜스 지방의 함량이 높다. 또한 트랜스 지방은 식물성 기름을 고온으로 가열하여 음식을 튀길 때도 발생한다. 따라서 튀긴 음식이나 패스트푸드에는 트랜스 지방이 많이 들어 있다.

　　<u>트랜스 지방은 포화 지방인 동물성 지방처럼 심혈관계에 해롭다.</u> 트랜스 지방은 혈관에 나쁜 저밀도지방단백질(LDL)의 혈중 농도를 증가시키는 한편 혈관에 좋은 고밀도지방단백질(HDL)의 혈중 농도는 감소시켜 혈관벽을 딱딱하게 만들어 심장병이나 동맥경화를 유발하고 악화시킨다.

───────〈보기〉───────

ㄱ. 쥐의 먹이에 함유된 트랜스 지방 함량을 2% 증가시키자 쥐의 심장병 발병률이 25% 증가하였다.

ㄴ. 사람들이 마가린을 많이 먹는 지역에서 마가린의 트랜스 지방 함량을 낮추자 동맥경화의 발병률이 1년 사이에 10% 감소하였다.

ㄷ. 성인 1,000명에게 패스트푸드를 일정 기간 지속적으로 섭취하게 한 후 검사해 보니, HDL의 혈중 농도가 섭취 전에 비해 20% 감소하였다.

① ㄱ

② ㄴ

③ ㄱ, ㄷ

④ ㄴ, ㄷ

⑤ ㄱ, ㄴ, ㄷ

문 25. 갑~병의 논증에 대한 분석으로 적절한 것만을 〈보기〉에서 모두 고르면?

갑: 절대적으로 확실한 지식은 존재하지 않는다. 왜냐하면 그런 지식으로 인도해 줄 방법은 없기 때문이다. 첫째, 사람의 감각은 믿을 수가 없으며, 실제 외부세계의 본질에 대해서 아무것도 말해 주지 않는다. 둘째, 확실한 것으로 받아들여지는 논리적 방법도, 주어진 사실에 바탕을 두고 그것을 전제로 해서 새로운 사실을 결론짓는 것이므로, 결국 불확실한 것에 바탕을 두었을 따름이다.

을: 정상적인 감각기관을 통하여 얻어낸 감각 경험은 믿을 만하고, 우리는 이 감각 경험에 기초한 판단이 참인지 아닌지를 가릴 수 있다. 그러므로 감각 경험을 통해서 우리는 절대적으로 확실한 지식을 얻게 된다.

병: 나는 인간의 경험에 의존한 방법이나 이성적 추론을 통한 방법은 의심이 가능하며 믿을 수 없다고 생각했었다. 하지만 이런 의심을 거듭한 결과 나는 놀라운 결론에 이르렀다. 그것은 모든 것을 의심한다고 하더라도 의심할 수 없는 것이 있다는 사실이다. 그것은 바로 의심하는 내가 있다는 것이다. 결국 나는 거듭 의심하는 방법을 사용하여 절대적으로 확실한 지식을 발견하였다.

───────〈보기〉───────

ㄱ. 갑의 결론은 을의 결론과 양립 불가능하다.

ㄴ. 갑의 결론은 병의 결론과 양립 불가능하다.

ㄷ. 을과 병은 모두 절대적으로 확실한 지식이 있다고 주장한다.

① ㄱ

② ㄴ

③ ㄱ, ㄷ

④ ㄴ, ㄷ

⑤ ㄱ, ㄴ, ㄷ

약점 보완 해설집 p.132

문 1. 다음 글의 내용과 부합하는 것은?

우리는 음악을 일반적으로 감정의 예술로 이해한다. 아름다운 선율과 화음은 듣는 사람들의 마음속으로 파고든다. 그래서인지 음악을 수(數) 또는 수학(數學)과 연결시키기 어렵다고 생각하는 경우가 많다. 하지만 음악 작품은 다양한 화성과 리듬으로 구성되고, 이들은 3도 음정, 1도 화음, 3/4 박자, 8분 음표처럼 수와 관련되어 나타난다. 음악을 구성하는 원리로 수학의 원칙과 질서 등이 활용되는 것이다.

고대에도 음악과 수, 음악과 수학의 관계는 음악을 설명하는 중요한 사고의 틀로 작동했다. 중세 시대의 『아이소리듬 모테트』와 르네상스 시대 오케겜의 『36성부 카논』은 서양 전통 음악 장르에서 사용되는 작곡 기법도 수의 비율 관계로 설명할 수 있다는 것을 보여준다. 음정과 음계는 수학적 질서를 통해 음악의 예술적 특성과 음악의 미적 가치를 효과적으로 전달했다. 20세기에 들어와 음악과 수, 음악과 수학의 관계는 더욱 밀접해졌다. 피보나치 수열을 작품의 중심 모티브로 연결한 바르톡, 건축가 르 코르뷔지에와의 공동 작업으로 건축적 비례를 음악에 연결시킨 제나키스의 현대 음악 작품들은 좋은 사례이다. 12음 기법과 총렬음악, 분석 이론의 일종인 집합론을 활용한 현대 음악 이론에서도 음악과 수, 음악과 수학의 밀접한 관계는 잘 드러난다.

① 수학을 통해 음악을 설명하려는 경향은 현대에 생겨났다.
② 음악의 미적 가치는 수학적 질서를 통해 드러날 수 있다.
③ 건축학 이론은 현대 음악의 특성을 건축설계에 반영한다.
④ 음악은 감정의 예술이 아니라 감각의 예술로 이해해야 한다.
⑤ 수의 상징적 의미는 음악의 수학적 질서를 통해 구체화된다.

문 2. 다음 글의 철학자의 주장으로부터 추론할 수 없는 것은?

어떤 고대 그리스 철학자는 눈, 우박, 얼음의 생성에 대해 다음과 같이 주장했다. 특정한 구름이 바람에 의해 강력하고 지속적으로 압축될 때 그 구름에 구멍이 있다면, 작은 물 입자들이 구멍을 통해서 구름 밖으로 배출된다. 그리고 배출된 물은 하강하여 더 낮은 지역에 있는 구름 내부의 극심한 추위 때문에 동결되어 눈이 된다. 또는 습기를 포함하고 있는 구름들이 옆에 나란히 놓여서 서로 압박할 때, 이를 통해 압축된 구름 속에서 물이 동결되어 배출되면서 눈이 된다. 구름은 물을 응고시켜서 우박을 만드는데, 특히 봄에 이런 현상이 빈번하게 생긴다.

얼음은 물에 있던 둥근 모양의 입자가 밀려나가고 이미 물 안에 있던 삼각형 모양의 입자들이 함께 결합하여 만들어진다. 또는 밖으로부터 들어온 삼각형 모양의 물 입자가 함께 결합하여 둥근 모양의 물 입자를 몰아내고 물을 응고시킬 수도 있다.

① 구름의 압축은 바람에 의해 발생하는 경우도 있고, 구름들의 압박에 의해 발생하는 경우도 있다.
② 날씨가 추워지면 둥근 모양의 물 입자가 삼각형 모양의 물 입자로 변화한다.
③ 물에는 둥근 모양의 입자뿐 아니라 삼각형 모양의 입자도 있다.
④ 봄에는 구름이 물을 응고시키는 경우가 자주 발생한다.
⑤ 얼음에는 삼각형 모양의 물 입자들이 결합되어 있다.

문 3. 다음 글의 내용과 부합하지 않는 것은?

1970년대 이후 미국의 사회 규범과 제도는 소득 불균형을 심화시켰고 그런 불균형을 묵과했다고 볼 수 있다. 그 예로 노동조합의 역사를 보자. 한때 노동조합은 소득 불균형을 제한하는 역할을 하였고, 노동조합이 몰락하자 불균형을 억제하던 힘이 사라졌다.

제조업이 미국경제를 주도할 때 노동조합도 제조업 분야에서 가장 활발했다. 그러나 지금 미국경제를 주도하는 것은 서비스업이다. 이와 같은 산업구조의 변화는 기술의 발전이 주된 요인이지만 많은 제조업 제품을 주로 수입에 의존하게 된 것이 또 다른 요인이다. 이러한 사실에 기초하여 노동조합의 몰락은 산업구조의 변화가 그 원인이라는 견해가 지배적이었다. 그러나 노동조합이 전반적으로 몰락한 주요 원인을 제조업 분야의 쇠퇴에서 찾는 이러한 견해는 틀린 것으로 판명되었다.

1973년 전체 제조업 종사자 중 39%였던 노동조합원의 비율이 2005년에는 13%로 줄어들었을뿐더러, 새롭게 부상한 서비스업 분야에서도 조합원들을 확보하지 못했다. 예를 들어 대표적인 서비스 기업인 월마트는 제조업에 비해 노동조합이 생기기에 더 좋은 조건을 갖추고 있었다. 월마트 직원들이 더 높은 임금과 더 나은 복리후생 제도를 요구할 수 있는 노동조합에 가입되어 있었더라면, 미국의 중산층은 수십만 명 더 늘었을 것이다. 그런데도 월마트에는 왜 노동조합이 없는가?

1960년대에는 노동조합을 인정하던 기업과 이에 관련된 이해집단들이 1970년대부터는 노동조합을 공격하기 시작했다. 1970년대 말과 1980년대 초에는, 노동조합을 지지하는 노동자 20명 중 적어도 한 명이 불법적으로 해고되었다. 1970년대 중반 이후 기업들은 보수적 성향의 정치적 영향력에 힘입어서 노동조합을 압도할 수 있게 되었다. 소득의 불균형에 강력하게 맞섰던 노동조합이 축소된 것이다. 이처럼 노동조합의 몰락은 정치와 기업이 결속한 결과이다.

① 1973년부터 2005년 사이에 미국 제조업에서는 노동조합원의 비율이 감소하였다.

② 1970년대 중반 이후 노동조합의 몰락에는 기업뿐 아니라 보수주의적 정치도 일조하였다.

③ 미국에서 제조업 상품의 수입의존도 상승은 서비스업이 경제를 주도하는 산업 분야가 되는 요인 중 하나였다.

④ 미국 제조업 분야 내에서의 노동조합 가입률 하락은 산업구조의 변화로 인한 서비스업의 성장 때문이다.

⑤ 1970년대 말 이후 미국 기업이 노동조합을 지지하는 노동자들에게 행한 조치 중에는 합법적이지 못한 경우도 있었다.

문 4. 다음 글에서 알 수 없는 것은?

왕세자는 다음 왕위를 계승할 후계자로서 왕세자의 위상을 높이는 각종 통과의례를 거쳐야 했다. 책봉례(册封禮), 입학례(入學禮), 관례(冠禮), 가례(嘉禮)가 대표적인 의례이다. 책봉례는 왕세자가 왕의 후계자가 되는 가장 중요한 공식 의식으로, 왕이 왕세자로 책봉한다는 임명서를 수여하고 왕세자가 이를 하사받는 의식이다. 왕세자의 책봉을 위해 책례도감을 설치하였는데, 책례도감에서는 의장과 물품을 준비하고, 행사가 끝나면 책례도감의궤를 작성하였다. 왕세자는 적장자 세습 원칙에 따라 왕비 소생의 장자가 책봉되어야 하는 것이 원칙이었다. 그러나 실제로 조선시대를 통틀어 적장자로서 왕위에 오른 왕은 문종, 단종, 연산군, 인종, 현종, 숙종, 순종 이렇게 일곱 명에 불과했다. 적장자로 태어나 왕세자로 책봉은 되었지만 왕위에 오르지 못한 왕세자도 여러 명이었다. 덕종, 순회세자, 소현세자, 효명세자, 양녕대군, 연산군의 장자 등이 그들이다.

책봉례 후 왕세자는 조선시대 최고 교육기관인 성균관에서 입학례를 치렀다. 성균관에 입학하는 사대부 자녀와 마찬가지로 대성전에 있는 공자의 신위에 잔을 올리고, 명륜당에서 스승에게 예를 행하고 가르침을 받는 의식을 거쳐야 했다. 왕세자의 신분으로 입학례를 처음 치른 사람은 문종으로 8세가 되던 해에 성균관 입학례를 치렀다. 왕세자 입학례는 '차기의 태양'인 왕세자를 위한 중요한 통과의례였기에 기록화로 남겨졌다. 입학례 이후에 거행되는 관례는 왕세자가 성인이 되는 통과의례이다. 이것은 오늘날의 성년식과 같다. 관례를 치르면 상투를 틀고 관을 쓰기 때문에 관례라 하였다. 일반 사대부의 자녀는 보통 혼례를 치르기 전 15세에서 20세에 관례를 치르지만, 왕세자는 책봉된 후인 8세에서 12세 정도에 관례를 치렀다. 관례를 치르고 어엿한 성인이 된 왕세자는 곧이어 가례, 즉 혼례를 행하였다. 혼례식은 관례를 행한 직후에 이루어졌다. 관례가 8세에서 12세 정도에 이루어진 만큼 혼례식은 10세에서 13세 정도에 거행되었다. 왕이나 왕세자의 혼례식 전 과정은 가례도감의궤로 남겨졌다.

① 왕이 된 왕세자가 모두 적장자는 아니었다.

② 사대부 자녀도 입학례, 관례, 혼례의 통과의례를 거칠 수 있었다.

③ 왕세자의 통과의례가 거행될 때마다 행사의 내용을 의궤로 남겼다.

④ 왕세자의 대표적 통과의례 중 성인이 된 후 치른 의례는 가례였다.

⑤ 왕세자의 통과의례는 대개 책봉례, 입학례, 관례, 가례의 순서로 거행되었다.

문 5. (가)~(다)에 들어갈 예시를 〈보기〉에서 골라 알맞게 짝지은 것은?

첫째, 필요조건으로서 원인은 "어떤 결과의 원인이 없었다면 그 결과도 없다."는 말로 표현할 수 있다. 예를 들어 ____(가)____ 만일 원치 않는 결과를 제거하고자 할 때 그 결과의 원인이 필요조건으로서 원인이라면, 우리는 그 원인을 제거하여 결과가 일어나지 않게 할 수 있다.

둘째, 충분조건으로서 원인은 "어떤 결과의 원인이 있었다면 그 결과도 있다."는 말로 표현할 수 있다. 예를 들어 ____(나)____ 만일 특정한 결과를 원할 때 그것의 원인이 충분조건으로서 원인이라면, 우리는 그 원인을 발생시켜 그것의 결과가 일어나게 할 수 있다.

셋째, 필요충분조건으로서 원인은 "어떤 결과의 원인이 없다면 그 결과는 없고, 동시에 그 원인이 있다면 그 결과도 있다."는 말로 표현할 수 있다. 예를 들어 ____(다)____ 필요충분조건으로서 원인의 경우, 원인을 일으켜서 그 결과를 일으키고 원인을 제거해서 그 결과를 제거할 수 있다.

─────〈보기〉─────

ㄱ. 물체 속도 변화의 원인은 물체에 힘을 가하는 것이다. 물체에 힘이 가해지면 물체의 속도가 변하고, 물체에 힘이 가해지지 않는다면 물체의 속도는 변하지 않는다.

ㄴ. 뇌염모기에 물리는 것은 뇌염 발생의 원인이다. 뇌염모기에 물린다고 해서 언제나 뇌염에 걸리는 것은 아니다. 하지만 뇌염모기에 물리지 않으면 뇌염은 발생하지 않는다. 그래서 원인에 해당하는 뇌염모기를 박멸한다면 뇌염 발생을 막을 수 있다.

ㄷ. 콜라병이 총알에 맞는 것은 콜라병이 깨지는 원인이다. 콜라병을 깨뜨리는 원인은 콜라병을 맞히는 총알 이외에도 다양하다. 누군가 던진 돌도 콜라병을 깨뜨릴 수 있다. 하지만 콜라병이 총알에 맞는다면 그것이 깨지는 것은 분명하다.

	(가)	(나)	(다)
①	ㄱ	ㄴ	ㄷ
②	ㄱ	ㄷ	ㄴ
③	ㄴ	ㄱ	ㄷ
④	ㄴ	ㄷ	ㄱ
⑤	ㄷ	ㄴ	ㄱ

문 6. 다음 글에 서술된 연구결과에 대한 판단으로 가장 적절한 것은?

320여 년 전 아일랜드의 윌리엄 몰리눅스가 제기했던 이른바 '몰리눅스의 물음'에 답하기 위한 실험이 최근 이루어졌다. 몰리눅스는 철학자 로크에게 보낸 편지에서 다음과 같이 물었다. "태어날 때부터 시각장애인인 사람이 둥근 공 모양과 정육면체의 형태 등을 단지 손으로 만져서 알게 된 후 어느 날 갑자기 눈으로 사물을 볼 수 있게 된다면, 그 사람은 손으로 만져보지 않고도 눈앞에 놓인 물체가 공 모양인지 주사위 모양인지 알아낼 수 있을까요?"

경험론자들은 인간이 아무것도 적혀 있지 않은 '빈 서판' 같은 마음을 가지고 태어나며 모든 관념과 지식은 경험에 의해 형성된다고 주장한 반면, 생득론자들은 인간이 태어날 때 이미 외부의 정보를 처리하는 데 필요한 관념들을 가지고 있다고 주장했다. 만일 인간의 정신 속에 그런 관념들이 존재한다면, 눈으로 보든 손으로 만지든 상관없이 사람들은 해당되는 관념을 찾아낼 것이다. 따라서 몰리눅스의 물음이 명확히 답변될 수 있다면 이런 양 편의 주장에 대한 적절한 판정이 내려질 것이다.

2003년에 인도의 한 연구팀이 뉴델리의 슈로프 자선안과병원과 협력하여 문제의 실험을 수행하였다. 실험은 태어날 때부터 시각장애인이었다가 수술을 통해 상당한 시력을 얻게 된 8세부터 17세 사이의 남녀 환자 6명을 대상으로 진행되었다. 연구자들은 수술 후 환자의 눈에서 붕대를 제거한 후 주변이 환히 보이는지 먼저 확인하고, 레고 블록 같은 물건을 이용해서 그들이 세밀한 시각 능력을 충분히 회복했음을 확인했다. 또 그들이 여전히 수술 이전 수준의 촉각 능력을 갖고 있음도 확인했다. 이제 연구자들은 일단 환자의 눈을 가리고 특정한 형태의 물체를 손으로 만지게 한 뒤, 서로 비슷하지만 뚜렷이 구별될 만한 두 물체를 눈앞에 내놓고 조금 전 만졌던 것이 어느 쪽인지 말하도록 했다. 환자가 촉각을 통해 인지한 형태와 시각만으로 인지한 형태를 성공적으로 연결할 수 있는지를 시험한 것이다. 그런데 이 실험에서 각 환자들이 답을 맞힌 비율은 50%, 즉 둘 중 아무 것이나 마구 고른 경우와 거의 차이가 없었다. 한편 환자들은 눈으로 사물을 읽는 법을 빠르게 배우는 것으로 나타났다. 연구팀은 그들이 대략 한 주 안에 정상인과 똑같이 시각만으로 사물의 형태를 정확히 읽을 수 있게 되었다고 보고하였다. 이로 인해 경험론자들과 생득론자들의 견해 중 한 입장이 강화되었다.

① 몰리눅스의 물음에 부정적인 답변이 나와 경험론자들의 견해가 강화되었다.

② 몰리눅스의 물음에 부정적인 답변이 나와 생득론자들의 견해가 강화되었다.

③ 몰리눅스의 물음에 긍정적인 답변이 나와 경험론자들의 견해가 강화되었다.

④ 몰리눅스의 물음에 긍정적인 답변이 나와 생득론자들의 견해가 강화되었다.

⑤ 몰리눅스의 물음에 긍정적인 답변이 나왔지만, 어느 견해를 강화할 수 있는지는 판명되지 않았다.

문 7. 다음 글에서 추론할 수 있는 것은?

고려시대에 지방에서 의료를 담당했던 사람으로는 의학박사, 의사, 약점사가 있었다. 의학박사는 지방에 파견된 최초의 의관으로서, 12목에 파견되어 지방의 인재들을 뽑아 의학을 가르쳤다. 반면 의사는 지방 군현에 주재하면서 약재 채취와 백성의 치료를 담당하였다. 의사는 의학박사만큼 교육에 종사하기는 어려웠지만 의학교육의 일부를 담당했다. 의학박사에 비해 관품이 낮은 의사들은 실력이 뒤지거나 경력이 부족했으며 행정업무를 병행하기도 하였다.

한편 지방 관청에는 약점이 설치되었고, 그곳에 약점사를 배치하였다. 약점사는 향리들 중에서 임명하였는데, 향리가 없는 개경과 서경을 제외한 전국의 모든 고을에 있었다. 약점은 약점사들이 환자들을 치료하는 공간이자 약재의 유통 공간이었다. 지방 관청에는 향리들의 관청인 읍사가 있었다. 큰 고을은 100여 칸, 중간 크기 고을은 10여 칸, 작은 고을은 4~5칸 정도의 규모였다. 약점도 읍사 건물의 일부를 사용하였다. 약점사들이 담당한 여러 일 중 가장 중요한 것은 인삼, 생강, 백자인 등 백성들이 공물로 바치는 약재를 수취하고 관리하여 중앙정부에 전달하는 일이었다. 약점사는 국왕이 하사한 약재들을 관리하는 일과 환자들을 치료하는 일도 담당하였다. 지방마다 의사를 두지는 못하였으므로 의사가 없는 지방에서는 의사의 업무 모두를 약점사가 담당했다.

① 의사들 가운데 실력이 뛰어난 사람이 의학박사로 임명되었다.

② 약점사의 의학 실력은 의사들보다 뛰어났다.

③ 약점사가 의학교육을 담당할 수도 있었다.

④ 의사는 향리들 중에서 임명되었다.

⑤ 의사들의 진료 공간은 약점이었다.

문 8. 다음 (가)~(마) 각각의 논증에서 전제가 모두 참일 때, 결론
이 반드시 참인 것을 모두 고르면?

(가) 삼촌은 우리를 어린이대공원에 데리고 간다고 약속했다.
삼촌이 이 약속을 지킨다면, 우리는 어린이대공원에 갈
것이다. 우리는 어린이대공원에 갔다. 따라서 삼촌이 이
약속을 지킨 것은 확실하다.

(나) 내일 비가 오면, 우리는 박물관에 갈 것이다. 내일 날씨
가 좋으면, 우리는 소풍을 갈 것이다. 내일 비가 오거나
날씨가 좋을 것이다. 따라서 우리는 박물관에 가거나 소
풍을 갈 것이다.

(다) 영희는 학생이다. 그녀는 철학도이거나 과학도임이 틀림
없다. 그녀는 과학도가 아니라는 것이 밝혀졌다. 따라서
그녀는 철학도이다.

(라) 그가 나를 싫어하지 않는다면, 나를 데리러 올 것이다.
그는 나를 싫어한다. 따라서 그는 나를 데리러 오지 않
을 것이다.

(마) 그가 유학을 간다면, 그는 군대에 갈 수 없다. 그가 군대
에 갈 수 없다면, 결혼을 미루어야 한다. 그가 결혼을 미
룬다면, 그녀와 헤어지게 될 것이다. 따라서 그녀와 헤어
지지 않으려면, 그는 군대에 가서는 안 된다.

① (가), (나)
② (가), (라)
③ (나), (다)
④ (나), (마)
⑤ (다), (마)

문 9. 다음 글로부터 옳게 추론한 것을 〈보기〉에서 모두 고르면?

정상적인 애기장대의 꽃은 바깥쪽에서부터 안쪽으로 꽃받
침, 꽃잎, 수술 그리고 암술을 가지는 구조로 되어 있다. 이
꽃의 발생에 미치는 유전자의 영향에 대한 연구를 통해 유전
자A는 단독으로 꽃받침의 발생에 영향을 주고, 유전자A와 B
는 함께 작용하여 꽃잎의 발생에 영향을 준다는 것을 알아냈
다. 그리고 유전자B와 C는 함께 작용하여 수술의 발생에 영향
을 미치며, 유전자C는 단독으로 암술의 발생에 영향을 미치는
것을 알아냈다. 또한, 돌연변이로 유전자A가 결여된다면 유
전자A가 정상적으로 발현하게 될 꽃의 위치에 유전자C가 발
현하고, 유전자C가 결여된다면 유전자C가 정상적으로 발현
하게 될 꽃의 위치에 유전자A가 발현한다는 것을 알아냈다.

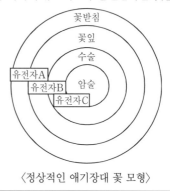

〈정상적인 애기장대 꽃 모형〉

〈보기〉

ㄱ. 유전자A가 결여된 돌연변이 애기장대는 가장 바깥쪽으로
부터 암술, 수술, 수술 그리고 암술의 구조를 가질 것이다.

ㄴ. 유전자B가 결여된 돌연변이 애기장대는 가장 바깥쪽으
로부터 꽃받침, 암술, 암술 그리고 꽃받침의 구조를 가
질 것이다.

ㄷ. 유전자C가 결여된 돌연변이 애기장대는 가장 바깥쪽으
로부터 꽃받침, 꽃잎, 꽃잎 그리고 꽃받침의 구조를 가
질 것이다.

ㄹ. 유전자A와 B가 결여된 돌연변이 애기장대는 수술과 암술
만 존재하는 구조를 가질 것이다.

① ㄱ, ㄴ
② ㄱ, ㄷ
③ ㄴ, ㄷ
④ ㄴ, ㄹ
⑤ ㄷ, ㄹ

문 10. 다음 글에 대한 평가로 적절한 것은?

> 김 과장은 아들 철수가 최근 출시된 '디아블로' 게임에 몰두한 나머지 학업을 소홀히 하고 있다는 것을 알았다. 그러던 중 컴퓨터 게임과 학업 성적에 대한 다음과 같은 연구 결과를 접하게 되었다. 그 연구 결과에 의하면, 하루 1시간 이내로 게임을 하는 아이들은 1시간 이상 게임을 하는 아이들보다 성적이 높았고 상위권에 속했으나, 하루 1시간 이상 게임을 하는 아이들의 경우 게임을 더 오래 하는 아이들이 성적이 더 낮은 것으로 나타났다. 연구보고서는 아이들이 게임을 하는 시간을 부모가 1시간 이내로 통제한다면, 아이들의 학교 성적이 상위권에서 유지될 것이라고 결론을 내리고 있다.

① 게임을 하는 시간보다 책 읽는 시간이 더 많은 아이들이 그렇지 않은 아이들보다 성적이 더 높았다면, 이는 위 글의 결론을 강화한다.

② 하루 1시간 이상 3시간 이내 게임을 하던 아이들의 게임 시간을 줄였으나 성적이 오르지 않았다면, 이는 위 글의 결론을 강화한다.

③ 하루에 게임을 하는 시간을 1시간 이내로 줄인 아이들이 여분의 시간을 책 읽는 데 썼다면, 이는 위 글의 결론을 약화한다.

④ 평균 이하의 성적을 보이는 아이들이 대부분 하루에 3시간 이상씩 게임을 하였다면, 이는 위 글의 결론을 약화한다.

⑤ 아이들의 게임 시간을 하루 1시간 이상으로 늘려도 성적에 변화가 없었다면, 이는 위 글의 결론을 약화한다.

문 11. 다음 글의 내용과 부합하는 것은?

> 대체재와 대안재의 구별은 소비자뿐만 아니라 판매자에게도 중요하다. 형태는 달라도 동일한 핵심 기능을 제공하는 제품이나 서비스는 각각 서로의 대체재가 될 수 있다. 대안재는 기능과 형태는 다르나 동일한 목적을 충족하는 제품이나 서비스를 의미한다.
>
> 사람들은 회계 작업을 위해 재무 소프트웨어를 구매하여 활용하거나 회계사를 고용해 처리하기도 한다. 회계 작업을 수행한다는 측면에서, 형태는 다르지만 동일한 기능을 갖고 있는 두 방법 중 하나를 선택할 수 있다.
>
> 이와는 달리 형태와 기능이 다르지만 같은 목적을 충족시켜주는 제품이나 서비스가 있다. 여가 시간을 즐기고자 영화관 또는 카페를 선택해야 하는 상황을 보자. 카페는 물리적으로 영화관과 유사하지도 않고 기능도 다르다. 하지만 이런 차이에도 불구하고 사람들은 여가 시간을 보내기 위한 목적으로 영화관 또는 카페를 선택한다.
>
> 소비자들은 구매를 결정하기 전에 대안적인 상품들을 놓고 저울질한다. 일반 소비자나 기업 구매자 모두 그러한 의사결정 과정을 갖는다. 그러나 어떤 이유에서인지 우리가 파는 사람의 입장이 됐을 때는 그런 과정을 생각하지 못한다. 판매자들은 고객들이 대안 산업군 전체에서 하나를 선택하게 되는 과정을 주목하지 못한다. 반면에 대체재의 가격 변동, 상품 모델의 변화, 광고 캠페인 등에 대한 새로운 정보는 판매자들에게 매우 큰 관심거리이므로 그들의 의사결정에 중요한 역할을 한다.

① 판매자들은 대안재보다 대체재 관련 정보에 민감하게 반응한다.

② 판매자들은 소비자들의 대안재 선택 과정을 잘 이해한다.

③ 재무 소프트웨어와 회계사는 서로 대안재의 관계에 있다.

④ 소비자들은 대안재보다 대체재를 선호하는 경향이 있다.

⑤ 영화관과 카페는 서로 대체재의 관계에 있다.

문 12. 다음 글에서 추론할 수 없는 것은?

조선시대의 궁궐은 남쪽에서 북쪽에 걸쳐 외전(外殿), 내전(內殿), 후원(後苑)의 순서로 구성되었다. 공간배치상 가장 앞쪽에 배치된 외전은 왕이 의례, 외교, 연회 등 정치 행사를 공식적으로 치르는 공간이며, 그 중심은 정전(正殿) 혹은 법전(法殿)이라고 부르는 건물이었다. 정전은 회랑(回廊)으로 둘러싸여 있는데, 그 회랑으로 둘러싸인 넓은 마당이 엄격한 의미에서 조정(朝庭)이 된다.

내전은 왕과 왕비의 공식 활동과 일상적인 생활이 이루어지는 공간으로서 위치상으로 궁궐의 중앙부를 차지할 뿐만 아니라 그 기능에서도 궁궐의 핵을 이루는 곳이다. 그 가운데서도 왕이 일상적으로 기거하는 연거지소(燕居之所)는 왕이 가장 많은 시간을 보내는 곳이다. 주요 인물들을 만나 정치 현안에 대해 의견을 나누는 곳으로 실질적인 궁궐의 핵심이라 할 수 있다. 왕비의 기거 활동 공간인 중궁전은 중전 또는 중궁이라고도 불렸는데 궁궐 중앙부의 가장 깊숙한 곳에 위치한다. 동궁은 차기 왕위 계승자인 세자의 활동 공간으로 내전의 동편에 위치한다. 세자도 동궁이라 불리기도 하였는데, 그이유는 다음 왕위를 이을 사람이기에 '떠오르는 해'라는 상징적 의미를 가졌기 때문이다. 내전과 동궁 일대는 왕, 왕비, 세자와 같은 주요 인물의 공간이다. 그들을 시중드는 사람들의 기거 활동 공간은 내전의 뒤편에 배치되었다. 이 공간은 내전의 연장으로 볼 수 있고, 뚜렷한 명칭이 따로 있지는 않았다.

후원은 궁궐의 북쪽 산자락에 있는 원유(苑囿)를 가리킨다. 위치 때문에 북원(北苑)으로 부르거나, 아무나 들어갈 수 없는 금단의 구역이기에 금원(禁苑)이라고도 불렀다. 후원은 일차적으로는 휴식 공간이었다. 또한 부차적으로는 내농포(內農圃)라는 소규모 논을 두고 왕이 직접 농사를 체험하며 농민들에게 권농(勸農)의 모범을 보이는 실습장의 기능도 가지고 있었다.

① 내농포는 금원에 배치되었다.
② 내전에서는 국왕의 일상생활과 정치가 병행되었다.
③ 궁궐 남쪽에서 공간적으로 가장 멀리 위치한 곳은 중궁전이다.
④ 외국 사신을 응대하는 국가의 공식 의식은 외전에서 거행되었다.
⑤ 동궁은 세자가 활동하는 공간의 이름이기도 하고 세자를 가리키는 별칭이기도 하였다.

문 13. 다음 글에서 추론할 수 없는 것은?

아래 표는 각각의 물체가 1g당 가지고 있는 에너지를 표시한 것이다.

구분	1g당 에너지 (단위: kcal)	TNT에 대한 에너지 상댓값
컴퓨터 충전기	0.1	0.15
TNT	0.65	1
초코칩 과자	5	8
우라늄-235	2천만	3천만

TNT(trinitrotoluene)와 초코칩 과자 모두는 원자들로 구성된다. 이들 원자 사이에는 힘이 작용하며 이 힘에는 에너지가 저장되어 있다. 이런 에너지를 화학적 에너지라고 부른다. 화학적 에너지는 우리에게 놀라운 사건을 보여줄 수 있다. TNT의 폭발이란, 원자들 사이의 힘이 원자들을 아주 빠른 속도로 밀어내는 것이다. 마치 용수철을 압축했다 놓으면 용수철이 갑자기 팽창하는 것과 같다.

위의 표에서 가장 놀라운 사실은 초코칩 과자에 저장된 에너지가 같은 질량의 TNT보다 8배나 많다는 것이다. 어떻게 이것이 가능한가? 왜 우리는 TNT 대신에 초코칩 과자로 건물을 날려 버릴 수 없는 것인가?

파괴하는 용도로 TNT가 유용한 이유는 TNT가 아주 빠르게 에너지를 방출하기 때문이다. 이 과정에서 발생하는 열은 매우 고온이므로, TNT는 순식간에 기체 상태로 팽창하여 주변에 있는 물체들을 밀면서 부수어 버린다. 1g의 TNT가 가지고 있는 에너지를 방출하는 데 걸리는 시간은 1백만분의 1초이다. 이런 갑작스런 에너지 방출은 매우 단단한 물질도 파괴할 수 있다. 에너지가 방출되는 빠르기를 '일률'이라 한다.

초코칩 과자가 같은 질량의 TNT보다 더 많은 에너지를 갖고 있지만, 물질 대사라는 화학 과정을 거쳐서 훨씬 더 느리게 에너지를 방출한다. 위에서 음식물을 산으로 섞거나 장에서 효소로 섞는 소화 과정은 화학적 변화들을 필요로 한다. 마지막으로 소화된 산물인 포도당은 세포 내에서, 폐에서 언어지고 혈액 세포에 의해 운반된 산소와 반응하여 에너지를 생산하는 데 쓰인다.

① 우라늄-235는 같은 질량의 초코칩 과자나 TNT보다 훨씬 많은 에너지를 갖고 있다.
② 동일한 양의 에너지를 저장하는 데 필요한 질량은 컴퓨터 충전기가 TNT보다 더 크다.
③ 어떤 물체에 화학적 에너지가 많이 저장되어 있다고 해서 빠르게 방출되는 것은 아니다.
④ 초코칩 과자를 에너지로 전환하더라도 일률이 낮아서 그 에너지는 같은 질량의 TNT가 가진 에너지보다 적다.
⑤ 초코칩 과자가 물질 대사를 통해 에너지를 방출하는 데 걸리는 시간은 TNT가 에너지를 방출하는 데 걸리는 시간보다 길다.

문 14. 다음 글의 문맥상 (가)~(라)에 들어가기에 가장 적절한 것을 〈보기〉에서 골라 알맞게 짝지은 것은?

플라톤은 아테네에서 진행되던 민주주의에 대해 탐탁하지 않게 생각했다. 플라톤은 지혜를 갖춘 전문가가 정치를 담당해야 한다고 보았다. 자격을 갖춘 능력 있는 소수를 뒷전으로 밀어내고 무능하고 무책임한 다수 대중에게 권력을 이양하는 민주주의의 정치 게임에 플라톤은 분노했다. 특히 플라톤은 궤변으로 떠들어대는 무능한 민주주의 정치 지도자들을 비판했다. [(가)]

이랬던 플라톤이 자신의 마지막 저서인 『법률』에서는 대중에게 적정한 수준에서 자유를 허용하는 체제, 즉 왕정과 민주정의 요소를 고루 내포한 혼합 체제의 필요성을 역설했다. 일정 정도의 자유와 정치 참여를 대중들에게 허용하면, 그들은 국가에 애착을 느끼고 필요하다면 자신을 희생하기도 한다고 플라톤은 강조했다. 대중들의 정치 참여가 국가의 발전 가능성을 높여준다고 생각한 것이다. [(나)]

그렇다고 해서 플라톤이 전적으로 민주주의에 투항한 것은 결코 아니다. 『법률』의 경우에도 여전히 민주주의를 찬양하는 대목보다 그것을 강경하게 비판하는 대목이 더 많이 눈에 띈다. 민주정과 왕정의 혼합 체제를 지향하기는 했지만, 플라톤에게 민주주의는 중심적 요소가 아닌 부차적 요소에 지나지 않았다. 플라톤이 지향한 혼합 체제는 대중들의 승인을 받은 귀족주의에 가까운 것이었다. 그에게 대중이란 주권자일 수는 있어도 결코 지배자가 될 수는 없는 존재였다. [(다)]

플라톤이 대중들의 정치 참여를 어느 정도 수용하면서도 민주주의를 인정하지 않았던 것은 의미심장한 대목이다. 해석하기에 따라, 플라톤의 태도는 대중들을 정치의 주인인 것처럼 착각하게 만든 후 그들의 충성을 끌어내고, 정치적 실권은 실상 소수 엘리트들에게 넘겨주는 '사이비' 민주주의 체제를 가능하게 한 것처럼 보이기 때문이다. [(라)]

〈보기〉

ㄱ. 생각해 보면 이는 일인 독재 정치 체제보다 더욱 기만적인 정치 체제일 수 있다.

ㄴ. 이것을 액면 그대로 받아들이면 플라톤이야말로 참여 민주주의의 원조 격이 아닐 수 없다.

ㄷ. 민주주의를 내세우지만 동시에 대중들의 정치 참여를 제한하는 것이 플라톤 정치 이론의 실체이다.

ㄹ. 플라톤은 민주주의를 이끄는 정치인들의 실체가 수술을 요하는 환자에게 메스 대신 비타민을 내미는 엉터리 의사와 같다고 생각했다.

	(가)	(나)	(다)	(라)
①	ㄱ	ㄹ	ㄴ	ㄷ
②	ㄴ	ㄱ	ㄹ	ㄷ
③	ㄴ	ㄹ	ㄱ	ㄷ
④	ㄹ	ㄱ	ㄷ	ㄴ
⑤	ㄹ	ㄴ	ㄷ	ㄱ

문 15. 다음 글에서 추론할 수 없는 것은?

> 목조 건축물에서 골조 구조의 가장 기본적인 양식은 기둥과 보가 결합된 것으로서 두 기둥 사이에 보를 연결한 구조이다. 두 개의 기둥 사이에 보를 연결하여 건물의 한 단면이 형성되고 이런 연결을 계속 반복하여 공간을 만들어 갈 수 있다. 이런 구조는 기둥에 대해 수직으로 작용하는 하중에는 강하지만 수평으로 가해지는 하중에는 취약하다. 따라서 기둥과 보 사이에 가새를 넣어 주어야 하며, 이를 통해 견고한 구조가 실현된다.
>
> 가새는 보와 기둥 사이에 대각선을 이루며 연결하는 부재(部材)이다. 기둥과 보 그리고 가새가 서로 연결되어 삼각형 형태를 이루면 목조 건축물의 골조는 더 안정된 구조를 이룰 수 있다. 이러한 삼각형 형태 때문에 보에 가해지는 수평 하중이 가새를 통해 기둥으로 전달된다. 대부분의 가새는 하나의 보와 이 보의 양 끝에 수직으로 연결된 두 기둥에 설치되므로 마주보는 짝으로 구성된다. 가새는 보에 가해지는 수직 하중의 일부도 기둥으로 전달하는 역할을 한다. 그러나 가새의 크기와 그것이 설치될 위치를 설계할 때에는 수평 하중의 영향만을 고려한다.

① 가새는 수직 하중에 약한 구조를 보완한다.

② 가새는 수직 하중의 일부를 기둥으로 보낸다.

③ 가새는 목조 골조 구조의 안정성을 향상시킨다.

④ 가새를 얼마나 크게 할지, 어디에 설치할지를 설계할 경우에 수평 하중의 영향만을 생각한다.

⑤ 가새는 대부분 하나의 보를 받치는 두 개의 기둥 각각에 설치되므로 한 쌍으로 이루어진다.

문 16. 다음 글에서 알 수 있는 것은?

> 1937년 영국에서 거행된 조지 6세의 대관식에 귀족들은 대부분 자동차를 타고 왔다. 대관식에 동원된 마차는 단 세 대밖에 없었을 정도로 의례에서 마차가 차지하는 비중이 작아졌다. 당시 마차에 관련된 서적에서 나타나듯이, 대귀족 가문들조차 더 이상 호화로운 마차를 사용하지 않았다. 당시 마차들은 조각이 새겨진 황금빛 왕실 마차와 같이 순전히 의례용으로 이용되는 경우를 제외하고는 거의 사용되지 않은 채 방치되었다.
>
> 제2차 세계대전 이후 전투기와 탱크와 핵폭탄이 세계를 지배하면서, 대중은 급격한 과학 기술의 발전에 두려움과 어지러움을 느끼게 되었다. 이런 배경에서 영국 왕실의 의례에서는 말과 마차와 검과 깃털 장식 모자의 장엄한 전통이 정치적으로 부활했다. 1953년 엘리자베스 2세의 대관식은 전통적인 방식으로 성대하게 치러졌다. 대관식에 참여한 모든 외국 왕족과 국가 원수를 마차에 태웠고, 이때 부족한 일곱 대의 마차를 한 영화사에서 추가로 임대할 정도였다.
>
> 왕실의 고풍스러운 의례가 전파로 송출되기 시작하면서, 급변하는 사회를 혼란스러워 하던 대중은 전통적 왕실 의례에서 위안을 찾았다. 국민의 환호와 열광 속에 화려한 마차를 타고 개선로를 통과하는 군주에게는 어수선한 시대의 안정적 구심점이라는 이미지가 부여되었다. 군주는 전후 경제적 피폐와 정치적 혼란의 양상을 수습하고 국가의 질서를 재건하는 상징적 존재로 부상하였다.

① 1953년 영국 왕실의 의전 행사 방식은 1937년의 그것과 같았다.

② 영국 왕실 의례는 영국의 지역 간 통합에 순기능으로 작동했다.

③ 영화는 영국 왕실 의례가 대중에 미치는 영향력을 잘 보여주었다.

④ 시대의 변화에 따라 영국 왕실 의례의 장엄함과 섬세함은 왕실 외부로 알려지지 않게 되었다.

⑤ 제2차 세계대전 이후 전통적 영국 왕실 의례의 부활은 대중들에게 위안과 안정을 주는 역할을 하였다.

문 17. (가), (나)에 들어갈 말을 올바르게 짝지은 것은?

> 갑: 예술가의 작업이란, 자신이 경험한 감정을 타인도 경험할 수 있도록 색이나 소리와 같이 감각될 수 있는 여러 형태로 표현하는 것이지.
>
> 을: 그렇다면 훌륭한 예술과 그렇지 못한 예술을 구별하는 기준은 무엇이지?
>
> 갑: 그것이야 예술가가 해야 할 작업을 성공적으로 수행하면 훌륭한 예술이고, 그런 작업에 실패한다면 훌륭하지 못한 예술이지. 즉 예술가가 경험한 감정이 잘 전달되어 감상자도 그런 감정을 느끼게 되는 예술을 훌륭한 예술이라고 할 수 있어.
>
> 을: 예술가가 느낀 감정 중에서 천박한 감정이 있을까? 아니면 예술가가 느낀 감정은 모두 고상하다고 할 수 있을까?
>
> 갑: 물론 여느 사람과 마찬가지로 예술가 역시 천박한 감정을 가질 수 있지. 만약 어떤 예술가가 남의 고통을 보고 고소함을 느꼈다면 이는 천박한 감정이라고 해야 할 텐데, 예술가라고 해서 모두 천박한 감정을 갖지 않는다고 할 수는 없어.
>
> 을: 그렇다면 천박한 감정을 느낀 예술가가 그 감정을 표현하여 감상자 역시 그런 감정을 느낀다면, 그런 예술이 훌륭한 예술인가?
>
> 갑: (가)
>
> 을: 너의 대답은 모순이야. 왜냐하면 네 대답은   (나)   때문이야.

	(가)	(나)
①	그렇다.	훌륭한 예술에 대한 너의 정의와 앞뒤가 맞지 않기
②	그렇다.	예술가의 작업에 대한 너의 정의와 앞뒤가 맞지 않기
③	그렇다.	예술가가 느낀 감정이 모두 고상하지는 않다는 너의 주장과 앞뒤가 맞지 않기
④	아니다.	훌륭한 예술에 대한 너의 정의와 앞뒤가 맞지 않기
⑤	아니다.	예술가가 느낀 감정이 모두 고상하지는 않다는 너의 주장과 앞뒤가 맞지 않기

문 18. 사무관A, B, C, D, E는 다음 조건에 따라 회의에 참석할 예정이다. 반드시 참이라고는 할 수 없는 것은?

> ○ A가 회의에 참석하면, B도 참석한다.
> ○ A가 참석하면 E도 참석하고, C가 참석하면 E도 참석한다.
> ○ D가 참석하면, B도 참석한다.
> ○ C가 참석하지 않으면, B도 참석하지 않는다.

① A가 참석하면, C도 참석한다.

② A가 참석하면, D도 참석한다.

③ C가 참석하지 않으면, D도 참석하지 않는다.

④ D가 참석하면, C도 참석한다.

⑤ E가 참석하지 않으면, B도 참석하지 않는다.

문 19. 다음 글의 밑줄 친 원리를 지지하는 진술을 〈보기〉에서 모두 고르면?

배리 반스와 데이빗 블로어 등이 주도한 강한 프로그램의 원리를 과학의 영역에 적용하면, 자연과학자들의 활동과 인문학자나 사회과학자들의 활동이 동일한 방식으로 설명되어야 한다. 그리고 자연과학과 인문·사회과학의 영역에서 동일한 설명방식을 사용하기 위해 수정해야 할 부분은 사회과학의 탐구에 대한 견해가 아니라 자연과학의 탐구에 대한 견해이다. 즉 강한 프로그램의 원리에 의하면, 우리는 자연과학이 제공하는 믿음이 특정 전문가 집단의 공동체적 활동에 의해 생산된다는 점에 유의해야 한다. 이런 공동체들은 저마다 특수한 역사와 사회적 특성을 갖고 있으며 또 그렇게 형성된 집단 내부의 의사결정 구조를 가지고 있다. 어떤 문제가 우선적으로 탐구되어야 할 중요한 문제인지, 그 문제를 어떤 방식으로 풀어야 옳은지 등에 대한 판단도 역시 이런 사회적 맥락 속에서 이루어진다. 그렇다면 주어진 문제에 대한 답으로 제안되는 이론들 가운데 어떤 것이 채택되고 당대의 정설로 자리 잡게 되는지도 마찬가지라는 것을 알 수 있다.

〈보기〉

ㄱ. 자연과학자들의 탐구조차도 과학자들의 공동체에서 이루어지는 활동의 산물이다.

ㄴ. 어떤 연구 주제가 중요한지, 어떤 이론을 선택할지 등은 사회적 맥락 속에서 결정된다.

ㄷ. 자연과학 이론은 사회과학 이론보다 더 객관적 사실에 근거하여 형성된다.

ㄹ. 전문 학술지에 발표되는 논문의 수로 분야별 생산성을 평가하자면 자연과학 분야의 연구들이 학문의 발전을 선도하고 있다.

① ㄱ, ㄴ

② ㄱ, ㄷ

③ ㄴ, ㄷ

④ ㄴ, ㄹ

⑤ ㄷ, ㄹ

문 20. 다음 글을 토대로 할 때, 흄이 반대하는 주장은?

의무와 합의의 관계에 대한 데이빗 흄의 생각이 시험대에 오르는 일이 발생했다. 흄은 집을 한 채 갖고 있었는데, 이 집을 자신의 친구에게 임대해 주었고, 그 친구는 이 집을 다시 다른 사람에게 임대했다. 이렇게 임대받은 사람은 집을 수리해야겠다고 생각했고, 흄과 상의도 없이 사람을 불러 일을 시켰다. 집을 수리한 사람은 일을 끝낸 뒤 흄에게 청구서를 보냈다. 흄은 집수리에 합의한 적이 없다는 이유로 지불을 거절했다. 그는 집을 수리할 사람을 부른 적이 없었다. 사건은 법정 공방으로 이어졌다. 집을 수리한 사람은 흄이 합의한 적이 없다는 사실을 인정했다. 그러나 집은 수리해야 하는 상태였기에 수리를 마쳤다고 그는 말했다. 집을 수리한 사람은 단순히 '그 일은 꼭 필요했다'고 주장했다. 흄은 "그런 논리라면, 에든버러에 있는 집을 전부 돌아다니면서 수리할 곳이 있으면 집주인과 합의도 하지 않은 채 수리를 해놓고 지금처럼 자기는 꼭 필요한 일을 했으니 집수리 비용을 달라고 하지 않겠는가."라고 주장했다.

① 공정한 절차를 거쳐 집수리에 대한 합의에 이르지 못했다면 집수리 비용을 지불할 의무는 없다.

② 집수리에 대한 합의가 없었다면 필요한 집수리를 했더라도 집수리 비용을 지불할 의무는 없다.

③ 집수리에 대한 합의가 있었더라도 필요한 집수리를 하지 않았다면, 집수리 비용을 지불할 의무는 없다.

④ 집수리에 대한 합의가 있었고 필요한 집수리를 했다면, 집수리 비용을 지불할 의무가 생겨난다.

⑤ 집수리에 대한 합의가 없었더라도 필요한 집수리를 했다면, 집수리 비용을 지불할 의무가 생겨난다.

문 21. 다음 글로부터 추론한 내용으로 가장 적절한 것은?

> 많은 재화나 서비스는 경합성과 배제성을 지닌 '사유재'이다. 여기서 경합성이란 한 사람이 어떤 재화나 서비스를 소비하면 다른 사람의 소비를 제한하는 특성을 의미하며, 배제성이란 공급자에게 대가를 지불하지 않으면 그 재화를 소비하지 못하는 특성을 의미한다. 반면 '공공재'란 사유재와는 반대로 비경합적이면서도 비배제적인 특성을 가진 재화나 서비스를 말한다.
>
> 그러나 우리 주위에서는 이렇듯 순수한 사유재나 공공재와는 또 다른 특성을 지닌 재화나 서비스도 많이 찾아볼 수 있다. 예를 들어 영화 관람이라는 소비 행위는 비경합적이지만 배제가 가능하다. 왜냐하면 영화는 사람들과 동시에 즐길 수 있으나 대가를 지불하지 않고서는 영화관에 입장할 수 없기 때문이다. 마찬가지로 케이블 TV를 즐기기 위해서는 시청료를 지불해야 한다.
>
> 비배제적이지만 경합적인 재화들도 찾아낼 수 있다. 예를 들어 출퇴근 시간대의 무료 도로를 생각해보자. 자가용으로 집을 출발해서 직장에 도달하는 동안 도로에 진입하는 데에 요금을 지불하지 않으므로 도로의 소비는 비배제적이다. 하지만 출퇴근 시간대의 체증이 심한 도로는 내가 그 도로에 존재함으로 인해서 다른 사람의 소비를 제한하게 된다. 따라서 출퇴근 시간대의 도로 사용은 경합적인 성격을 갖는다.
>
> 이상의 내용을 아래의 표에 분류해 보면 다음과 같다.

배제성\경합성	배제적	비배제적
경합적	a	b
비경합적	c	d

① 체증이 심한 유료 도로 이용은 a에 해당한다.

② 케이블 TV 시청은 b에 해당한다.

③ 사먹는 아이스크림과 같은 사유재는 b에 해당한다.

④ 국방 서비스와 같은 공공재는 c에 해당한다.

⑤ 영화 관람이라는 소비 행위는 d에 해당한다.

문 22. 다음 (가)~(라)의 주장 간의 관계를 바르게 파악한 사람을 〈보기〉에서 모두 고르면?

> (가) 도덕성의 기초는 이성이지 동정심이 아니다. 동정심은 타인의 고통을 공유하려는 선한 마음이지만, 그것은 일관적이지 않으며 때로는 변덕스럽고 편협하다.
>
> (나) 인간의 동정심은 신뢰할 만하지 않다. 예컨대, 같은 종류의 불행을 당했다고 해도 내 가족에 대해서는 동정심이 일어나지만 모르는 사람에 대해서는 동정심이 생기지 않기도 한다.
>
> (다) 도덕성의 기초는 이성이 아니라 오히려 동정심이다. 즉 동정심은 타인의 곤경을 자신의 곤경처럼 느끼며 타인의 고난을 위로해 주고 싶은 욕구이다. 타인의 고통을 나의 고통처럼 느끼고, 그로부터 타인의 고통을 막으려는 행동이 나오게 된다. 이렇게 동정심은 도덕성의 원천이 된다.
>
> (라) 동정심과 도덕성의 관계에서 중요한 문제는 어떻게 동정심을 함양할 것인가의 문제이지, 그 자체로 도덕성의 기초가 될 수 있는지 없는지의 문제가 아니다. 동정심은 전적으로 신뢰할 만한 것은 아니며 때로는 왜곡될 수도 있다. 그렇다고 그 때문에 도덕성의 기반에서 동정심을 완전히 제거하는 것은 도덕의 풍부한 원천을 모두 내다 버리는 것과 같다. 오히려 동정심이나 공감의 능력은 성숙하게 함양해야 하는 도덕적 소질에 가까운 것이다.

〈보기〉

갑: (가)와 (다)는 양립할 수 없는 주장이다.

을: (나)는 (가)를 지지하는 관계이다.

병: (가)와 (라)는 동정심의 도덕적 역할을 전적으로 부정하고 있다.

정: (나)와 (라)는 모순관계이다.

① 갑, 을

② 을, 정

③ 갑, 을, 병

④ 갑, 병, 정

⑤ 을, 병, 정

2012 해커스PSAT 7급+민경채 PSAT 16개년 기출문제집 언어논리

문 23. 다음 논증이 타당하기 위해서 괄호 안에 들어갈 진술로 가장 적절한 것은?

> 실천적 지혜가 있는 사람은 덕이 있는 성품을 가진 사람이다. 그런데 덕을 아는 것만으로 실천적 지혜가 있는 사람이 될 수는 없다. 실천적 지혜가 있는 사람은 덕을 알 뿐만 아니라 그것을 실행에 옮기는 사람이다. 그리고 그런 사람이 실천적 지혜가 있다고 할 수 있다. 그런데 (　　　) 따라서 실천적 지혜가 있는 사람은 자제력도 있다.

① 자제력이 없는 사람은 성품이 나약한 사람이다.

② 덕이 있는 성품을 가진 사람도 자제력이 없을 수 있다.

③ 덕이 있는 성품을 가진 사람은 실천적 지혜가 있는 사람이다.

④ 자제력이 없는 사람은 올바른 선택을 따르지 않는 사람이다.

⑤ 자제력이 없는 사람은 아는 덕을 실행에 옮기는 사람이 아니다.

문 24. 다음 내용이 참일 때, 반드시 참이라고는 할 수 없는 것은?

> 어떤 국가에 7개 행정구역 A, B, C, D, E, F, G가 있다.
> ○ A는 C 이외의 모든 구역들과 인접해 있다.
> ○ B는 A, C, E, G와만 인접해 있다.
> ○ C는 B, E와만 인접해 있다.
> ○ D는 A, G와만 인접해 있다.
> ○ E는 A, B, C와만 인접해 있다.
> ○ F는 A와만 인접해 있다.
> ○ G는 A, B, D와만 인접해 있다.
>
> 각 구역은 4개 정책 a, b, c, d 중 하나만 추진할 수 있고, 각 정책은 적어도 한 번씩은 추진된다. 또한 다음 조건을 만족해야 한다.
> ○ 인접한 구역끼리는 같은 정책을 추진해서는 안 된다.
> ○ A, B, C는 각각 a, b, c정책을 추진한다.

① E는 d정책을 추진할 수 있다.

② F는 b나 c나 d 중 하나의 정책만 추진할 수 있다.

③ D가 d정책을 추진하면, G는 c정책만 추진할 수 있다.

④ E가 d정책을 추진하면, G는 c정책만 추진할 수 있다.

⑤ G가 d정책을 추진하면, D는 b 혹은 c정책만 추진할 수 있다.

문 25. 다음 글에 의해 반박될 수 있는 주장을 〈보기〉에서 모두 고르면?

　　신약의 효능이나 독성을 검사할 때 동물 실험을 하는 것이 일반적이다. 이때 반드시 짚고 넘어가야 할 문제가 있다. 그것은 동물 실험 결과를 인간에게 적용할 수 있는가 하는 문제이다. 동물과 인간의 생리적 특성이 달라 동물 실험의 결과를 인간에게 적용할 수 없는 경우가 있기 때문이다. 따라서 임상 시험에 들어가기 전 동물 실험을 통해 효능이나 독성 검사를 하는 것이 과연 얼마나 의미가 있는지에 대한 물음이 제기되고 있다.

　　이와 관련한 대표적인 사례인 '탈리도마이드 사건'을 살펴보자. 탈리도마이드는 1954년 독일 회사가 합성해 4년 후부터 안정제로 판매되기 시작했다. 동물 실험 결과 이 약은 그 안전성을 인정받았다. 생쥐에게 엄청난 양(몸무게 1kg당 10g 정도까지 실험)을 투여해도 생명에 지장이 없었다. 그래서 입덧으로 고생하는 임신부들까지 이를 복용했고, 그 결과 1959년부터 1961년 사이에 팔다리가 형성되지 않은 기형아가 1만여 명이나 태어났다. 반대의 사례도 있는데, 항생제로 지금까지도 널리 사용되는 페니실린은 일부 설치류에게 치명적인 독성을 나타낸다.

　　이에 따라 기존에 동물 실험이나 임상 시험에서 독성이 나타나 후보 목록에서 제외되었던 물질이 최근 들어 재조명되는 사례가 늘고 있다. 동물에게 독성이 나타나더라도 사람에게 독성이 없는 것으로 판명되거나, 일부 사람에게는 독성이 나타나더라도 이에 내성이 있는 사람에게는 투여 가능한 경우도 있기 때문이다.

─────〈보기〉─────

ㄱ. 동물 실험 결과, 안전하다고 판단된 약물은 사람에게도 안전하다.

ㄴ. 어떤 약물이 사람에게 안전하다면, 동물에게도 안전하다.

ㄷ. 신약 개발을 위한 임상 시험에서 독성이 나타난 물질은 어느 누구에게도 투여해서는 안 된다.

ㄹ. 내성이 있는 사람에게 부작용이 나타난 약물은 모든 사람에게 부작용이 나타난다.

① ㄱ, ㄷ

② ㄴ, ㄹ

③ ㄱ, ㄴ, ㄷ

④ ㄴ, ㄷ, ㄹ

⑤ ㄱ, ㄴ, ㄷ, ㄹ

약점 보완 해설집 p.140

문 1. 다음 글에서 알 수 있는 것은?

고려시대에 철제품 생산을 담당한 것은 철소(鐵所)였다. 철소는 기본적으로 철산지나 그 인근의 채광과 제련이 용이한 곳에 설치되었다. 철소 설치에는 몇 가지 요소가 갖추어져야 유리하였다. 철소는 철광석을 원활하게 공급받을 수 있고, 철을 제련하는 데 필수적인 숯의 공급이 용이해야 하며, 채광, 선광, 제련 기술을 가진 장인 및 채광이나 숯을 만드는 데 필요한 노동력이 존재해야 했다. 또한 철 제련에 필요한 물이 풍부하게 있는 곳이어야 했다.

망이와 망소이가 반란을 일으킨 공주의 명학소는 철소였다. 하지만 다른 철소와 달리 그곳에서 철이 생산된 것은 아니었다. 철산지는 인근의 마현이었다. 명학소는 제련에 필요한 숯을 생산하고, 마현으로부터 가져온 철광석을 가공하여 철제품을 생산하는 곳이었다. 마현에서 채취된 철광석은 육로를 통해 명학소로 운반되었고, 이곳에서 생산된 철제품은 명학소의 갑천을 통해 공주로 납부되었다. 갑천의 풍부한 수량은 철제품을 운송하는 수로로 적합했을 뿐 아니라, 제련에 필요한 물을 공급하는 데에도 유용하였다.

하지만 명학소민의 입장에서 보면, 마현에서 철광석을 채굴하고 선광하여 명학소로 운반하는 작업, 철광석 제련에 필요한 숯을 생산하는 작업, 철제품을 생산하는 작업, 생산된 철제품을 납부하는 작업에 이르기까지 감당할 수 없는 과중한 부담을 지고 있었다. 이는 일반 군현민의 부담뿐만 아니라 다른 철소민의 부담과 비교해 보아도 훨씬 무거운 것이었다. 더군다나 명종 무렵에는 철 생산이 이미 서서히 한계를 드러내고 있었음에도 할당된 철제품의 양은 줄어들지 않았다. 이러한 것이 복합되어 망이와 망소이의 반란이 일어난 것이다.

① 모든 철소에서 철이 생산되었다.
② 명학소에서는 숯이 생산되지 않았다.
③ 망이와 망소이는 철제품 생산 기술자였다.
④ 명학소민은 다른 철소민보다 부담이 적었다.
⑤ 풍부한 물은 명학소에 철소를 설치하는 데 이점이었다.

문 2. 다음 글에서 알 수 있는 것은?

유토피아는 우리가 살고 있는 세계와는 다른 '또 다른 세계'이며, 나아가 전적으로 인간의 지혜로 설계된 세계이다. 유토피아를 설계하는 사람은, 완전히 뜯어고쳐야 할 만큼 이 세상이 잘못되어 있다고 생각한다. 또한 그는 새 세계를 만들고 관리할 능력이 인간에게 있다고 믿는다. 어떤 사람이 유토피아를 꿈꾸고 설계하는지 않는지는 그 사람이 세상을 대하는 태도와 밀접하게 연관되어 있다.

인간이 세상을 대하는 태도는 다음 세 가지로 나눌 수 있다. 첫째, 산지기의 태도이다. 산지기의 주요 임무는, 인위적인 간섭을 최소화하면서 맡겨진 땅을 지키는 것이다. 이른바 땅의 자연적 균형을 유지하는 것이 그의 목적이다. 신의 설계에 담긴 지혜와 조화, 질서를 인간이 다 이해할 수는 없으나, 삼라만상이 적재적소에 놓여 있는 신성한 존재의 사슬이라는 것이 산지기의 신념이다.

둘째, 정원사의 태도이다. 정원사는 자기가 끊임없이 보살피고 노력하지 않으면 이 세상이 무질서해질 것이라고 여긴다. 그는 우선 바람직한 배치도를 머리에 떠올린 후 정원을 그 이미지에 맞추어 개조한다. 그는 적합한 종류의 식물을 키우고 잡초들은 뽑아 버림으로써 자신이 생각해 놓은 대로 대지를 디자인한다.

셋째, 사냥꾼의 태도이다. 사냥꾼은 사물의 전체적인 균형에 대해서는 무관심하다. 사냥꾼이 하는 유일한 일은 사냥감으로 자기 자루를 최대한 채우는 것이다. 사냥이 끝난 후에 숲에 동물들이 남아 있도록 할 의무가 자기에게 있다고 생각하지 않는다.

① 유토피아는 인간이 지향하고 신이 완성한다.
② 정원사는 세상에 대한 인간의 적극적 개입을 지양한다.
③ 산지기는 인간과 자연이 조화되는 유토피아를 설계한다.
④ 사냥꾼은 세상을 바꾸는 일보다 이용하는 데에 관심이 있다.
⑤ 신이 부여한 정연한 질서가 세계에 있다는 믿음은 세 태도 중 둘에서 나타난다.

문 3. 다음 글의 문맥상 (가)~(라)에 가장 적절한 말을 〈보기〉에서 골라 알맞게 짝지은 것은?

심각한 수준의 멸종 위기에 처한 생태계를 보호하기 위해 생물다양성 관련 정책이 시행되고 있다. 먼저 보호지역 지정은 생물다양성을 보존하는 데 반드시 필요한 정책 수단이다. 이 정책 수단은 각국에 의해 빈번히 사용되었다. 그러나 보호지역의 숫자는 생물다양성의 보존과 지속가능한 이용 정책의 성공 여부를 피상적으로 알려주는 지표에 지나지 않으며,   (가)   없이는 생물다양성의 감소를 막을 수 없다. 세계자연보전연맹에 따르면, 보호지역으로 지정되었음에도 실제로는 최소한의 것도 실시되지 않는 곳이 많다. 보호지역 관리에 충분한 인력을 투입하는 것은 보호지역 수를 늘리는 것만큼이나 필요하다.

  (나)   은(는) 민간시장에서 '생물다양성 관련 제품과 서비스'가 갖는 가치와 사회 전체 내에서 그것이 갖는 가치 간의 격차를 해소하기 위해 도입된다. 이를 통해 생태계 훼손에 대한 비용 부담은 높이고 생물다양성의 보존, 강화, 복구 노력에 대해서는 보상을 한다. 상품으로서의 가치와 공공재로서의 가치 간의 격차를 좁히는 데에 원칙적으로 이 제도만큼 적합한 것이 없다.

생물다양성을 증가시키는 유인책 중에서   (다)   의 효과가 큰 편이다. 시장 형성이 마땅치 않아 이전에는 무료로 이용할 수 있었던 것에 대해 요금을 부과함으로써 생태계의 무분별한 이용을 억제하는 것이 이 제도의 골자이다. 최근 이 제도의 도입 사례가 증가하고 있으며 앞으로도 늘어날 전망이다.

생물다양성 친화적 제품 시장에 대한 전망에는 관련 정보를 지닌 소비자들이   (라)   을(를) 선택할 것이라는 가정이 전제되어야 한다. 친환경 농산물, 무공해 비누, 생태 관광 등에 대한 인기가 증대되고 있는 현상은 소비자들이 친환경 제품이나 서비스에 더 비싼 값을 지불할 수도 있다는 사실을 보여주는 사례이다.

─────〈보기〉─────
ㄱ. 생태계 사용료
ㄴ. 경제 유인책
ㄷ. 생물다양성 보호 제품
ㄹ. 보호조치

	(가)	(나)	(다)	(라)
①	ㄱ	ㄴ	ㄹ	ㄷ
②	ㄴ	ㄱ	ㄷ	ㄹ
③	ㄴ	ㄱ	ㄹ	ㄷ
④	ㄹ	ㄱ	ㄷ	ㄴ
⑤	ㄹ	ㄴ	ㄱ	ㄷ

문 4. 다음 글에서 알 수 있는 것은?

국내에서 벤처버블이 발생한 1999~2000년 동안 한국뿐 아니라 미국, 유럽 등 전 세계 주요 국가에서 벤처버블이 나타났다. 미국 나스닥의 경우 1999년 초 이후에 주가가 급상승하여 2000년 3월을 전후해서 정점에 이르렀는데, 이는 한국의 주가 흐름과 거의 일치한다. 또한 한국에서는 1998년 5월부터 외국인의 종목별 투자한도를 완전 자유화하였는데, 외환위기 이후 해외투자를 유치하기 위한 이런 주식시장의 개방은 주가 상승에 영향을 미쳤다. 외국인 투자자들은 벤처버블이 정점에 이르렀던 1999년 12월에 벤처기업으로 구성되어 있는 코스닥 시장에서 투자금액을 이전 달의 1조 4천억 원에서 8조 원으로 늘렸으며, 투자비중도 늘렸다.

또한 벤처버블 당시 국내에서는 인터넷이 급속히 확산되고 있었다. 초고속 인터넷 서비스는 1998년 첫해에 1만 3천 가구에 보급되었지만 1999년에는 34만 가구로 확대되었다. 또한 1997년 163만 명이던 인터넷 이용자는 1999년에 천만 명으로 폭발적으로 증가하였다. 이처럼 초고속 인터넷의 보급과 인터넷 사용인구의 급증은 뚜렷한 수익모델이 없는 업체라 할지라도 인터넷을 활용한 비즈니스를 내세우면 투자자들 사이에서 높은 잠재력을 가진 기업으로 인식되는 효과를 낳았다.

한편 1997년 8월에 시행된 벤처기업 육성에 관한 특별 조치법은 다음과 같은 상황으로 인해 제정되었다. 법 제정 당시 우리 경제는 혁신적 기술이나 비즈니스 모델에 의한 성장보다는 설비확장에 토대한 외형성장에 주력해 왔다. 그러나 급격한 임금상승, 공장용지와 물류 및 금융 관련 비용 부담 증가, 후발국가의 추격 등은 우리 경제가 하루빨리 기술과 지식을 경쟁력의 기반으로 하는 구조로 변화해야 할 필요성을 높였다. 게다가 1997년 말 외환위기로 30대 재벌의 절반이 부도 또는 법정관리에 들어가게 되면서 재벌을 중심으로 하는 경제성장 방식의 한계가 지적되었고, 이에 따라 우리 경제는 고용창출과 경제성장을 주도할 새로운 기업군을 필요로 하게 되었다. 이로 인해 시행된 벤처기업 육성 정책은 벤처기업에 세제 혜택은 물론, 기술개발, 인력공급, 입지공급까지 다양한 지원을 제공하면서 벤처기업의 폭증에 많은 영향을 주게 되었다.

① 해외 주식시장의 주가 상승은 국내 벤처버블 발생의 주요 원인이 되었다.

② 벤처버블은 한국뿐 아니라 전 세계 모든 국가에서 거의 비슷한 시기에 발생했다.

③ 국내의 벤처기업 육성책 실행은 한국 경제구조 변화의 필요성과 관련을 맺고 있다.

④ 국내 초고속 인터넷 서비스 확대는 벤처기업을 활성화 시켰으나 대기업 침체의 요인이 되었다.

⑤ 외환위기는 새로운 기업과 일자리 창출의 필요성을 불러왔고 해외 주식을 대규모로 매입하는 계기가 되었다.

문 5. 다음 글에서 알 수 있는 것을 〈보기〉에서 모두 고르면?

1964년 1월에 열린 아랍 정상회담의 결정에 따라 같은 해 5월 팔레스타인 사람들은 팔레스타인 해방기구(PLO)를 조직했다. 아랍연맹은 팔레스타인 해방기구를 팔레스타인의 유엔 대표로 인정하였으며, 팔레스타인 해방기구는 아랍 전역에 흩어진 난민들을 무장시켜 해방군을 조직했다. 바야흐로 주변 아랍국가들의 지원에 의지하던 팔레스타인 사람들이 자기 힘으로 영토를 되찾기 위해 총을 든 것이다. 그러나 팔레스타인 해방기구의 앞길이 순탄한 것은 결코 아니었다. 아랍국가 중 군주제 국가들은 이스라엘과 정면충돌할까 두려워 팔레스타인 해방기구를 자기 영토 안에 받아들이지 않으려 했고, 소련과 같은 사회주의 국가들과 이집트, 시리아만이 팔레스타인 해방기구를 지원했다.

1967년 6월 5일에 이스라엘의 기습공격으로 제 3차 중동전쟁이 시작되었다. 이 '6일 전쟁'에서 아랍연합군은 참패했고, 이집트는 시나이반도를 빼앗겼다. 참패 이후 팔레스타인 해방기구의 온건한 노선을 비판하며 여러 게릴라 조직들이 탄생하였다. 팔레스타인 해방인민전선(PFLP)을 비롯한 수많은 게릴라 조직들은 이스라엘은 물론이고 제국주의에 봉사하는 아랍국가들의 집권층, 그리고 미국을 공격 목표로 삼았다. 1970년 9월에 아랍민족주의와 비동맹운동의 기수였던 이집트 대통령 나세르가 사망함으로써 팔레스타인 해방운동은 더욱 불리해졌다. 왜냐하면 사회주의로 기울었던 나세르와 달리 후임 대통령 사다트는 국영기업을 민영화하고 친미 정책을 시행했기 때문이다.

〈보기〉

ㄱ. 팔레스타인 해방기구는 자신들의 힘으로 잃어버린 영토를 회복하려 하였다.

ㄴ. 중동전쟁으로 인해 이집트에는 팔레스타인 해방운동을 지지했던 정권이 무너지고 반 아랍민족주의 정권이 들어섰다.

ㄷ. 팔레스타인 해방기구와 달리 강경 노선을 취하는 게릴라 조직들은 아랍권 내 세력들도 공격 대상으로 삼았다.

ㄹ. 사회주의에 경도된 아랍민족주의는 군주제를 부정했기 때문에 아랍의 군주제 국가들이 팔레스타인 해방기구를 꺼려했다.

① ㄱ, ㄴ
② ㄱ, ㄷ
③ ㄱ, ㄴ, ㄷ
④ ㄴ, ㄷ, ㄹ
⑤ ㄱ, ㄴ, ㄷ, ㄹ

문 6. 다음 글의 핵심 논지로 가장 적절한 것은?

폴란은 동물의 가축화를 '노예화 또는 착취'로 바라보는 시각은 잘못이라고 주장한다. 그에 따르면, 가축화는 '종들 사이의 상호주의'의 일환이며 정치적이 아니라 진화론적 현상이다. 그는 "소수의, 특히 운이 좋았던 종들이 다윈식의 시행착오와 적응과정을 거쳐, 인간과의 동맹을 통해 생존과 번성의 길을 발견한 것이 축산의 기원"이라고 말한다. 예컨대 이러한 동맹에 참여한 소, 돼지, 닭은 번성했지만 그 조상뻘 되는 동물들 중에서 계속 야생의 길을 걸었던 것들은 쇠퇴했다는 것이다. 지금 북미 지역에 살아남은 늑대는 1만 마리 남짓인데 개들은 5천만 마리나 된다는 것을 통해 이 점을 다시 확인할 수 있다. 이로부터 폴란은 '그 동물들의 관점에서 인간과의 거래는 엄청난 성공'이었다고 주장한다. 그래서 스티븐 울프는 "인도주의에 근거한 채식주의 옹호론만큼 설득력 없는 논변도 없다. 베이컨을 원하는 인간이 많아지는 것은 돼지에게 좋은 일이다."라고 주장하기도 한다.

그런데 어떤 생명체가 태어나도록 하는 것이 항상 좋은 일인가? 어떤 돼지가 깨끗한 농장에서 태어나 쾌적하게 살다가 이른 죽음을 맞게 된다면, 그 돼지가 태어나도록 하는 것이 좋은 일이라고 한다면 돼지를 잘 기르는 농장에서 나온 돼지고기를 먹는 것은 그 돼지에게 나쁜 일이 아니라는 말이 된다. 아무도 고기를 먹지 않는다면 그 돼지는 태어날 수 없기 때문이다. 하지만 그 돼지를 먹기 위해서는 먼저 그 돼지를 죽여야 한다. 그렇다면 그 살해는 정당해야 한다. 폴란은 자신의 주장이 갖는 이런 함축에 불편함을 느껴야 한다. 이러한 불편함을 폴란은 해결하지 못할 것이다.

① 종 다양성을 보존하기 위한 목적으로 생명체를 죽이는 일은 지양해야 한다.

② 생명체를 죽이기 위해서 그 생명체를 태어나게 하는 일은 정당화되기 어렵다.

③ 어떤 생명체가 태어나서 쾌적하게 산다면 그 생명체를 태어나게 하는 것은 좋은 일이다.

④ 가축화에 대한 폴란의 진화론적 설명이 기초하는 '종들 사이의 상호주의'는 틀린 정보에 근거한다.

⑤ 어떤 생명체를 태어나게 해서 그 생명체가 속한 종의 생존과 번성에 도움을 준다면 이는 좋은 일이다.

문 7. 다음 글에서 이끌어낼 수 있는 것은?

현대의 과학사가들과 과학사회학자들은 지금 우리가 당연시하는 과학과 비과학의 범주가 오랜 시간에 걸쳐 구성된 범주임을 강조하면서 과학자와 대중이라는 범주의 형성에 연구의 시각을 맞출 것을 주장한다. 특히 과학 지식에 대한 구성주의자들은 과학과 비과학의 경계, 과학자와 대중의 경계 자체가 처음부터 고정된 경계가 아니라 오랜 역사적 투쟁을 통해서 만들어진 문화적 경계라는 점을 강조한다.

과학자와 대중을 가르는 가장 중요한 기준은 문화적 능력이라고 할 수 있는데 이것은 과학자가 대중과 구별되는 인지 능력이나 조작 기술을 가지고 있다는 것을 의미한다. 부르디외의 표현을 빌자면, 과학자들은 대중이 결여한 '문화 자본'을 소유하고 있다는 것이다. 이러한 문화 자본 때문에 과학자들과 대중 사이에 불연속성이 생겨난다. 여기서 중요한 것은 이러한 불연속성의 형태와 정도이다.

예를 들어 수리물리학, 광학, 천문학 등의 분야는 대중과 유리된 불연속성의 정도가 상대적으로 컸다. 고대부터 16세기 코페르니쿠스에 이르는 천문학자들이나 17세기 과학혁명 당시의 수리물리학자들은 그들의 연구가 보통의 교육을 받은 사람들을 대상으로 한 것이 아니고, 그들과 같은 작업을 하고 전문성을 공유하고 있던 사람들만을 위한 것이라는 점을 분명히 했다. 갈릴레오에 따르면 자연이라는 책은 수학의 언어로 쓰여 있으며 따라서 이 언어를 익힌 사람만이 자연의 책을 읽어낼 수 있다. 반면 유전학이나 지질학 등은 20세기 중반 전까지 대중 영역과 일정 정도의 연속성을 가지고 있었으며 거기서 영향을 받았던 것이 사실이다. 특히 20세기 초 유전학은 멘델 유전학의 재발견을 통해 눈부시게 발전할 수 있었는데 이러한 발전은 실제로 오랫동안 동식물을 교배하고 품종개량을 해왔던 육종가들의 기여 없이는 불가능했다.

① 과학과 비과학의 경계는 존재하지 않는다.
② 과학자들은 과학혁명 시기에 처음 '문화 자본'을 획득했다.
③ 과학과 비과학을 가르는 보편적 기준은 수학 언어의 유무이다.
④ 과학자와 대중의 불연속성은 동일한 정도로 나타나지 않는다.
⑤ 과학과 비과학의 경계는 수리물리학에서 가장 먼저 생겨났다.

문 8. 다음 글의 밑줄 친 주장을 강화하는 사례로 가장 적절한 것은?

어떤 집단의 특성을 드러내고, 집단들 사이의 특성을 비교하기 위해 흔히 사용되고 있는 것이 평균값이다. 이는 우리가 일상적으로 '평균 연령', '평균 신장', '평균 점수' 등의 용어를 자주 사용하고 있는 데에서 잘 드러난다. 예를 들어 우리는 어떤 지역 사람들의 평균 수명이 다른 지역 사람들의 평균 수명보다 월등하게 높다는 것을 이유로 '장수마을'이라는 명칭을 붙이기도 하고, 이 지역 사람들은 대체로 오래 살 것이라 생각한다. 이렇게 평균값을 사용하여 어떤 집단의 특성을 드러내는 것은 편리하고 유용한 방식이라고 할 수 있다. 그러나 <u>어떤 속성에 대한 평균값만으로 그 속성에 관한 집단의 실상을 드러내는 데에는 한계가 있다.</u>

① A지역 사람들은 대학진학률이 높지만, B지역 사람들은 취업률이 높다.
② C지역의 평균 소득은 매우 높지만, 그 지역 사람들 대부분은 빈곤하다.
③ D지역 사람들의 평균 신장은 크지만, 그 지역 사람들 대부분은 뚱뚱하지 않다.
④ E지역 사람들의 평균 수명은 짧지만, F지역 사람들의 평균 수명은 그렇지 않다.
⑤ G지역의 평균 기온은 25도 내외지만, 그 지역 사람들 대부분은 수영을 하지 못한다.

문 9. 다음 조건에 따라 A, B, C, D, E, F, G 일곱 도시를 인구 순위대로 빠짐없이 배열하려고 한다. 추가로 필요한 정보는?

○ 인구가 같은 도시는 없다.

○ C시의 인구는 D시의 인구보다 적다.

○ F시의 인구는 G시의 인구보다 적다.

○ C시와 F시는 인구 순위에서 바로 인접해 있다.

○ B시의 인구가 가장 많고, E시의 인구가 가장 적다.

○ C시의 인구는 A시의 인구와 F시의 인구를 합친 것보다 많다.

① A시의 인구가 F시의 인구보다 많다.

② C시와 D시는 인구 순위에서 바로 인접해 있다.

③ C시의 인구는 G시의 인구보다 적다.

④ D시의 인구는 F시의 인구보다 많고 B시의 인구보다 적다.

⑤ G시의 인구가 A시의 인구보다 많다.

문 10. 다음 글의 의사들이 오류를 범한 까닭으로 가장 적절한 것은?

로젠햄 교수의 연구원들은 몇몇 정신병원에 위장 입원했다. 연구원들은 병원의 의사들이 자신을 어떻게 대하는지 알아보았다. 그들은 모두 완벽하게 정상이었으며 정신병자인 것처럼 가장하지 않고 정상적으로 행동했음에도 불구하고, 다만 그들이 병원에 입원해 있다는 사실 하나만으로 그들에게 정신적인 문제가 있는 것으로 간주되었다. 다시 말해 이 가짜 환자들의 모든 행위가 입원 당시의 서류에 적혀 있는 정신병의 증상으로 해석되고 있었다. 연구원들이 자신은 환자가 아니라고 주장하는 것조차 오히려 정신병의 일종으로 해석되었다. 진짜 환자 중 한 명이 그들에게 이런 주의를 주었다. "절대로 의사에게 다 나았다는 말을 하지 마세요. 안 믿을 테니까요." 의사들 중 연구원들의 정체를 알아차린 사람은 한 명도 없었지만 진짜 환자들은 오히려 이들이 가짜 환자라는 사실을 간파하였다.

의사들은 한 행동이 정신병 증상인지 아닌지를 판정하는 기준에 대한 가설을 세우고, 이 가설하에서 모든 행동을 이해하려고 들었다. 모든 행위가 그 가설에 맞는 방식으로 해석되었다. 하지만 그 가설을 통해 사람들의 모든 행동을 나름대로 해석할 수 있다고 해서 그 가설이 옳다는 것이 증명된 것은 아니다. 누군가 '어미 코끼리는 소형 냉장고에 통째로 들어간다'라는 가설을 세웠다고 해보자. 우리는 이 가설이 참이 되는 상황과 거짓이 되는 상황을 명료하게 판정할 수 있다. 가령 우리가 어미 코끼리를 냉장고에 직접 넣어 본다고 해보자. 우리는 그 때 벌어진 상황이 어미 코끼리가 통째로 냉장고에 들어가 있는 상황인지 그렇지 않은 상황인지 잘 판별할 수 있다. 이럴 수 있는 가설이 좋은 가설이다. 의사들이 세웠던 가설은 좋은 가설이 갖는 이런 특성을 갖지 못했기 때문에 의사들은 가짜 환자들을 계속 알아볼 수 없었다.

① 의사들은 자신의 가설이 옳다는 것을 자각하지 못했다.

② 의사들의 가설은 진위 여부가 명료하게 판별되지 않는 가설이었다.

③ 의사들의 가설은 정신병이 치료될 수 있다는 사실을 반영하지 않았다.

④ 의사들은 자신의 가설이 정신병자의 주장과 부합되어야 한다는 점을 알지 못했다.

⑤ 의사들은 자신의 가설이 정상인의 행동을 해석하지 못한다는 점을 인정하지 못했다.

문 11. 다음 글의 내용과 부합하는 것을 〈보기〉에서 모두 고르면?

조선정부가 부과하던 세금 중에서 농민들을 가장 고통스럽게 했던 것은 공물(貢物)이었다. 공물은 지방의 특산물을 세금으로 바치는 것이다. 하지만 그 지방에서 생산되지 않는 물품을 바치도록 함으로써 공물을 준비하는 데 많은 어려움이 있었다. 이에 따라 공물을 대신 납부하고 농민들에게 대가를 받는 방납(防納)이 성행하였는데, 방납 과정에서 관료와 결탁한 상인들이 높은 대가를 농민들에게 부담시켰으므로 농민들의 부담은 가중되었다.

임진왜란과 병자호란을 거치는 동안 농촌경제는 파탄이 났고 정부는 재정적자에 시달렸다. 이러한 체제 위기를 수습하기 위한 대책으로 마련된 것이 대동법(大同法)이다. 대동법은 특산물 대신 쌀을 바치도록 하고, 과세 기준도 호(戶)에서 토지로 바뀌었다. 이에 따라 방납으로 인한 폐단이 줄어들고, 토지가 많은 양반들의 부담이 늘어난 반면 농민들의 부담은 감소되었다.

대동법의 시행과 더불어 동전으로 세금을 납부하는 대전납(代錢納)의 추세도 확대되었다. 대전납의 실시로 화폐의 수요가 급속히 늘어나 상평통보와 같은 동전이 다량으로 주조되었다. 체제 수호를 위해 실시된 대동법과 조세금납화는 상품화폐경제의 발달을 촉진하면서 상업이 성장할 수 있는 여건을 제공하였다.

1894년 갑오개혁을 계기로 조선에서는 현물인 쌀 대신에 금속 화폐인 동전으로 조세를 납부하는 것이 전면화되었다. 토지에 부과되던 원래의 세금 액수에 따라 납세액이 정해져 내야 하는 세금은 전에 비해 큰 차이가 없었다. 하지만 조세 수취 과정에서 발생했던 여러 잡세(雜稅)들은 없어지게 되었다. 갑오개혁에 부정적이었던 한말의 지사 황현(黃玹)조차 갑오정권의 조세금납화 정책에 대해 긍정적인 평가를 한 것은 "새로 개정된 신법이 반포되자 백성들은 모두 발을 구르고 손뼉을 치며 기뻐하여, 서양법을 따르든 일본법을 따르든 그들이 다시 태어난 듯 희색을 감추지 못하였"기 때문이었다.

〈보기〉

ㄱ. 백성들은 조세금납 전면화를 환영하였다.
ㄴ. 대동법 시행에 따라 방납과 잡세가 사라졌다.
ㄷ. 일본법과 서양법에 따라 조세금납화가 처음 시행되었다.
ㄹ. 대동법 시행에 따라 양반과 농민의 부담이 모두 감소되었다.

① ㄱ
② ㄱ, ㄷ
③ ㄴ, ㄹ
④ ㄷ, ㄹ
⑤ ㄱ, ㄴ, ㄷ

문 12. 다음 글에서 알 수 있는 것은?

1950년대 이후 부국이 빈국에 재정지원을 하는 개발원조계획이 점차 시행되었다. 하지만 그 결과는 그다지 좋지 못했다. 부국이 개발협력에 배정하는 액수는 수혜국의 필요가 아니라 공여국의 재량에 따라 결정되었고, 개발지원의 효과는 보잘 것 없었다. 원조에도 불구하고 빈국은 대부분 더욱 가난해졌다. 개발원조를 받았어도 라틴 아메리카와 아프리카의 많은 나라들이 부채에 시달리고 있다.

공여국과 수혜국 간에는 문화 차이가 있기 마련이다. 공여국은 개인주의적 문화가 강한 반면 수혜국은 집단주의적 문화가 강하다. 공여국 쪽에서는 실제 도움이 절실한 개인들에게 우선적으로 혜택이 가기를 원하지만, 수혜국 쪽에서는 자국의 경제 개발에 필요한 부문에 개발원조를 우선 지원하려고 한다.

개발협력의 성과는 두 사회 성원의 문화 간 상호 이해 정도에 따라 결정된다는 것이 최근 분명해졌다. 자국민 말고는 어느 누구도 그 나라를 효율적으로 개발할 수 없다. 그러므로 외국 전문가는 현지 맥락을 고려하여 자신의 기술과 지식을 이전해야 한다. 원조 내용도 수혜국에서 느끼는 필요와 우선순위에 부합해야 효과적이다. 이 일은 문화 간 이해와 원활한 의사소통을 필요로 한다.

① 공여국은 수혜국의 문화 부문에 원조의 혜택이 돌아가기를 원한다.
② 수혜국은 자국의 빈민에게 원조의 혜택이 우선적으로 돌아가기를 원한다.
③ 수혜국의 집단주의적 경향은 공여국의 개발원조계획 참여를 저조하게 만든다.
④ 개발원조에서 공여국과 수혜국이 생각하는 지원의 우선순위는 일치하지 않는다.
⑤ 라틴 아메리카와 아프리카의 많은 나라들이 시달리고 있는 부채위기는 원조정책에 기인한다.

문 13. 다음 글의 내용과 부합하는 것을 〈보기〉에서 모두 고르면?

묵자(墨子)의 '겸애(兼愛)'는 '차별이 없는 사랑' 그리고 '서로 간의 사랑'을 의미한다. 얼핏 묵자의 이런 겸애는 모든 사람이 평등한 지위에서 서로를 존중하고 사랑하는 관계를 뜻하는 듯 보이지만, 이는 겸애를 잘못 이해한 것이다. 겸애는 "남의 부모를 나의 부모처럼 여기고, 남의 집안을 내 집안처럼 여기고, 남의 국가를 나의 국가처럼 여기는 것"이다. 그것은 '나'와 '남'이라는 관점의 차별을 지양하자는 것이지 사회적 위계질서를 철폐하자는 것이 아니다. 겸애는 정치적 질서나 위계적 구조를 긍정한다는 특징을 지니고 있다. 이런 의미에서 묵자의 겸애는 평등한 사랑이라기보다 불평등한 위계질서 속에서의 사랑이라고 규정할 수 있다.

또 겸애의 개념에는 일종의 공리주의적 요소가 들어있다. 즉 묵자에게 있어 누군가를 사랑한다는 것은 그 사람을 현실적으로 이롭게 하겠다는 의지를 함축한다. 겸애는 단지 아끼고 사랑하는 마음이나 감정을 넘어선다. 묵자가 살았던 전국시대에 민중의 삶은 고통 그 자체였다. 묵자는 "굶주린 자가 먹을 것을 얻지 못하고, 추운 자가 옷을 얻지 못하며, 수고하는 자가 휴식을 얻지 못하는 것, 이 세 가지가 백성들의 커다란 어려움이다."라고 했다. 군주의 겸애는 백성을 향한 사랑의 마음만으로 결코 완성될 수 없다. 군주는 굶주린 백성에게 먹을 것을 주어야 하고, 추운 자에게 옷을 주어야 하며, 노동이나 병역으로 지친 자는 쉬게 해 주어야 한다. 이처럼 백성에게 요긴한 이익을 베풀 수 있는 사람이 바로 군주다. 이런 까닭에 묵자는 "윗사람을 높이 받들고 따라야 한다."는 이념을 세울 수 있었다. 군주는 그런 이익을 베풀 수 있는 재력과 힘을 지니고 있었기 때문이다.

─────〈보기〉─────
ㄱ. 이웃의 부모를 자기 부모처럼 여기는 것은 겸애이다.
ㄴ. 묵자의 겸애에는 상대방에게 실질적인 이익을 베푸는 것이 함축되어 있다.
ㄷ. 겸애는 군주와 백성이 서로를 사랑하고 섬기게 함으로써 만민평등이라는 이념의 실현을 촉진한다.

① ㄱ
② ㄴ
③ ㄱ, ㄴ
④ ㄱ, ㄷ
⑤ ㄱ, ㄴ, ㄷ

문 14. 다음 글의 내용과 상충하는 것을 〈보기〉에서 모두 고르면?

17, 18세기에 걸쳐 각 지역 양반들에 의해 서원이나 사당 건립이 활발하게 진행되었다. 서원이나 사당 대부분은 일정 지역의 유력 가문이 주도하여 자신들의 지위를 유지하고 지역사회에서 영향력을 행사하는 구심점으로 건립·운영되었다.

이러한 경향은 향리층에게도 파급되어 18세기 후반에 들어서면 안동, 충주, 원주 등에서 향리들이 사당을 신설하거나 중창 또는 확장하였다. 향리들이 건립한 사당은 양반들이 건립한 것에 비하면 얼마 되지 않는다. 하지만 향리들에 의한 사당 건립은 향촌사회에서 향리들의 위세를 짐작할 수 있는 좋은 지표이다.

향리들이 건립한 사당은 그 지역 향리 집단의 공동노력으로 건립한 경우도 있지만, 대부분은 향리 일족 내의 특정한 가계(家系)가 중심이 되어 독자적으로 건립한 것이었다. 이러한 사당은 건립과 운영에 있어서 향리 일족 내의 특정 가계의 이해를 반영하고 있는데, 대표적인 것으로 경상도 거창에 건립된 창충사(彰忠祠)를 들 수 있다.

창충사는 거창의 여러 향리 가운데 신씨가 중심이 되어 세운 사당이다. 영조 4년(1728) 무신란(戊申亂)을 진압하다가 신씨 가문의 다섯 향리가 죽는데, 이들을 추모하기 위해 무신란이 일어난 지 50년이 되는 정조 2년(1778)에 건립되었다. 처음에는 죽은 향리의 자손들이 힘을 모아 사적으로 세웠으나, 10년 후인 정조 12년에 국가에서 제수(祭需)를 지급하는 사당으로 승격하였다.

원래 무신란에서 죽은 향리 중 신씨는 일곱 명이며, 이들의 공로는 모두 비슷하였다. 하지만 두 명의 신씨는 사당에 모셔지지 않았고, 관직이 추증되지도 않았다. 창충사에 모셔진 다섯 명의 향리는 모두 그 직계 자손의 노력에 의한 것이었고, 국가로부터의 포상도 이들의 노력에 의한 것이었다. 반면 두 명의 자손들은 같은 신씨임에도 불구하고 가세가 빈약하여 향촌사회에서 조상을 모실 만큼 힘을 쓸 수 없었다. 향리사회를 주도해 가는 가계는 독점적인 위치를 확고하게 구축하려고 노력하였으며, 사당의 건립은 그러한 노력의 산물이었다.

─────〈보기〉─────
ㄱ. 창충사는 양반 가문이 세운 사당이다.
ㄴ. 양반보다 향리가 세운 사당이 더 많다.
ㄷ. 양반뿐 아니라 향리가 세운 서원도 존재하였다.
ㄹ. 창충사에 모셔진 신씨 가문의 향리는 다섯 명이다.

① ㄱ, ㄴ
② ㄱ, ㄹ
③ ㄷ, ㄹ
④ ㄱ, ㄴ, ㄷ
⑤ ㄴ, ㄷ, ㄹ

문 15. 다음 글의 내용과 부합하는 것은?

인간이 서로 협력하지 않을 수 없게 하는 힘은 무엇인가? 사회는 타인과 어울리고 싶어 하는 끊임없는 충동이나 노동의 필요 때문에 생겨나지 않았다. 인간이 협력하고 단합하는 원인은 다름 아닌 폭력의 경험이다. 사회란 공동체의 구성원들끼리 공동의 보호를 위해 만든 예방조치이다. 사회가 구성되면 모든 것이 허용되는 시절은 끝나게 된다. 무제약적으로 자유를 추구하던 시절이 끝나게 되는 것이다.

행동을 제한하는 규약이 없다면 도처에 수시로 간섭이나 침해가 이뤄질 수밖에 없다. 결국 살아남기 위한 투쟁이 불가피해진다. 그런데 이 말은 누구나 항상 폭력을 행사하고 무법천지의 상태를 만든다는 뜻이 아니라, 누구나 언제든지 의도적이건 의도적이지 않건 간에 주먹질을 할 가능성이 열려 있다는 뜻이다. 만인에 대한 만인의 투쟁 상태는 끊임없는 유혈 사태가 아니라 그런 사태가 일어날 가능성으로 인한 지속적인 불안감에서 비롯된다. 사회를 구성하는 동기와 근거는 바로 인간이 서로에 대해 느끼는 공포와 불안이다.

모든 인간은 신체를 갖고 있다는 점에서 동등하다. 사람들은 상처를 받을 수 있기 때문에, 그리고 자신의 몸에 발생할지도 모르는 고통의 가능성을 너무나 두려워하기 때문에 각종 계약을 맺어야 할 필요성을 느낀다. 상대방으로부터 안전을 확보하기 위해 서로 손을 잡고, 서로 관계를 맺음으로써 스스로를 보존한다. 결국 사회의 탄생은 인간이라는 존재의 육체적 속성에 뿌리를 두고 있다. 사회가 생겨난 근원은 신체상의 고통이다. 그래서 인간은 자신의 대인 기피증을 완화하며 동시에 자신의 신체를 방어하기 위해 다양한 사회 형태를 고안했다.

① 인간이 계약을 통해 고안해 낸 다양한 사회 형태는 상호 간의 폭력에 대한 불안을 완화시키지 못한다.

② 인간 행동에 대한 지나친 규제는 타인에 대한 간섭과 침해를 발생시켜 투쟁을 불가피하게 만든다.

③ 인간이 사회를 구성하는 원인은 공동체를 통해 타인과 어울리고 싶어하는 충동 때문이다.

④ 인간이 계약을 맺어 공동체를 만든 이유는 자유를 제약 없이 누리기 위해서이다.

⑤ 인간은 타인의 침해로 인한 신체적 고통을 피하기 위해 계약을 맺는다.

문 16. 다음 글을 통해 알 수 있는 로크의 견해가 아닌 것은?

18세기 양대 시민혁명인 미국혁명과 프랑스혁명에 직·간접적으로 크게 영향을 미친 시민사상은 존 로크의 정치 사상이다. 로크는 명예혁명을 이론적으로 옹호하기 위해 『시민 정부론』을 썼다. 이 책의 전반부에서 로크는 구세력인 왕당파의 정치 이론인 왕권신수설과 가족국가관을 논박하고 있다. 동서양을 막론하고 왕의 지배권은 신이 내린 것으로 여겨졌는데, 이는 지배를 정당화하는 수단이 되었고 동시에 왕에게 신성성을 부여했다. 또한 왕을 가장에 비유하여 어버이의 모습으로 내세움으로써 신민을 복종시켰고, 권력기구로서의 국가의 속성을 은폐했다. 로크는 이와 같은 종래 왕당파의 낡은 왕권 신격화 이론과 가부장제 사상을 부정했다.

책의 후반부는 왕권과 국가라는 권력기구가 왜 만들어졌는가, 그리고 어떠해야 하는가에 대해 쓰고 있다. 로크는 국가가 생겨나기 이전의 상태를 자연 상태라고 했다. 인간은 사교성이 있어서 서로 협조할 수 있으며, 이성을 지녀서 자연법을 인식할 수 있다. 실정법이 만들어지기 이전의 자연법은 생명, 자유 및 재산에 대한 권리인 천부인권을 내용으로 한다. 자연 상태에서 각 개인은 이 자연법의 질서에 따라 권리를 누려 왔다. 그런데 사회가 점점 복잡해지고 분업화되었다. 이 과정에서 화폐의 유통을 통해 많은 재물을 축적한 사람들과 그렇지 못한 사람들이 나누어지면서 갈등이 생겨나게 되었다. 이 갈등은 각자의 선의로 해결될 수 없기 때문에 사람들은 사회계약을 통해 권력기구를 만들기로 합의한다. 이렇게 만들어진 권력기구는 입법권을 담당하는 국회와 집행권을 담당하는 왕으로 구성된다. 이 권력기구의 목적은 신민의 자연권인 천부인권 보장에 있으므로, 만일 정부권력자가 본래의 약속을 어기고 신민의 인권을 침해·유린하면 신민들은 저항권을 행사하여 새로운 정부를 수립할 수 있다.

① 왕은 신성한 사람이 아니며, 신은 왕에게 통치권을 부여하지 않았다.

② 신민들의 자발적인 합의로 구성된 권력기구라 하더라도 해체될 수 있다.

③ 인간은 자연 상태에서 자유를 지키기 위해 분업화와 분권화를 추진했다.

④ 실정법이 만들어지기 이전에 인간은 자연법에 따라 천부인권을 누릴 수 있었다.

⑤ 인간은 복잡화된 사회에서 발생하는 갈등을 해결하기 위해서 권력기구를 만들었다.

문 17. 다음 글에서 이끌어낼 수 있는 것은?

인종차별주의는 사람을 인종에 따라 구분하고 이에 근거해 한 인종 집단의 이익이 다른 인종 집단의 이익보다 더 중요하다고 본다. 그 결과로 한 인종 집단의 구성원은 다른 인종 집단의 구성원보다 더 나은 대우를 받게 된다. 특정 종교에 대한 편견이나 민족주의도 이와 다르지 않다. 그러나 여기에는 심각한 문제가 있다. 왜냐하면 특정 집단들 사이의 차별 대우가 정당화되기 위해서는 그 집단들 사이에 합당한 차이가 있어야 하는데 그렇지 않기 때문이다. 인종차별주의, 종교적 편견, 민족주의에서는 합당한 차이를 찾을 수 없다. 물론 차별 대우가 정당화되는 경우는 있다. 예를 들어 국가에서 객관적인 평가를 통해 대학마다 차별적인 지원을 하기로 결정했다고 가정해 보자. 이 결정은 대학들 사이의 합당한 차이를 통해 정당화될 수 있다. 만약 어떤 대학이 국가에서 제시한 평가 기준에 부합하는 조건을 갖추고 있고 다른 대학은 그렇지 못하다면, 이에 근거해 국가의 차별적 지원은 정당화될 수 있다. 그렇지만 인종차별주의, 종교적 편견, 민족주의에 따른 차별 대우는 이렇게 정당화될 수 없다. 합당한 차이를 찾을 수 없기 때문이다.

① 특정 집단이 다른 집단보다 더 큰 이익을 획득해서는 안 된다.
② 특정 집단 내에서 구성원들 사이의 차별 대우는 정당화될 수 없다.
③ 특정 집단에 속한 구성원들은 다른 집단 구성원들의 이익을 고려해야 한다.
④ 특정 집단들 사이의 차별 대우가 정당화되기 위해서는 합당한 차이가 있어야 한다.
⑤ 특정 집단에 속한 구성원들 사이에 합당한 차이가 있더라도 차별 대우를 정당화해서는 안 된다.

문 18. 다음 글의 ㉠에 해당하는 것은?

시각도란 대상물의 크기가 관찰자의 눈에 파악되는 상대적인 각도이다. 대상의 윤곽선으로부터 관찰자 눈의 수정체로 선을 확장시킴으로써 시각도를 측정할 수 있는데, 대상의 위 아래 또는 좌우의 최외각 윤곽선과 수정체가 이루는 두 선 사이의 예각이 시각도가 된다. 시각도는 대상의 크기와 대상에서 관찰자까지의 거리 두 가지 모두에 의존하며, 대상이 가까울수록 그 시각도가 커진다. 따라서 ㉠ 다른 크기의 대상들이 동일한 시각도를 만들어 내는 사례들이 생길 수 있다.

작은 원이 관찰자에게 가까이 위치하도록 하고, 큰 원이 멀리 위치하도록 해서 두 원이 1도의 시각도를 유지하도록 하는 실험을 한다고 가정해 보자. 이 실험에서 눈과 원의 거리를 가늠할 수 있게 하는 모든 정보를 제거하면 두 원의 크기가 같다고 판단된다. 즉 두 원은 관찰자의 망막에 동일한 크기의 영상을 낳기 때문에 다른 정보가 없는 한 동일한 크기의 원으로 인식된다. 왜냐하면 관찰자의 크기 지각이 대상의 실제 크기에 의해 결정되지 않고 관찰자의 망막에 맺힌 영상의 크기에 의해 결정되기 때문이다.

① 어떤 물체의 크기가 옆에 같이 놓인 연필의 크기를 통해 지각된다.
② 고공을 날고 있는 비행기에서 지상에 있는 사물은 매우 작게 보인다.
③ 가까운 화분의 크기가 멀리 떨어진 고층 빌딩과 같은 크기로 지각된다.
④ 차창 밖으로 보이는 집의 크기를 이용해 차와 집과의 거리를 지각한다.
⑤ 빠르게 달리는 차 안에서 보면 가까이 있는 물체는 멀리 있는 물체에 비해 빠르게 지나간다.

문 19. A, B, C, D 네 개의 국책 사업 추진 여부를 두고, 정부가 다음과 같은 기본 방침을 정했다고 하자. 이를 따를 때 반드시 참이라고는 할 수 없는 것은?

> ○ A를 추진한다면, B도 추진한다.
> ○ C를 추진한다면, D도 추진한다.
> ○ A나 C 가운데 적어도 한 사업은 추진한다.

① 적어도 두 사업은 추진한다.

② A를 추진하지 않기로 결정한다면, 추진하는 사업은 정확히 두 개이다.

③ B를 추진하지 않기로 결정한다면, C는 추진한다.

④ C를 추진하지 않기로 결정한다면, B는 추진한다.

⑤ D를 추진하지 않기로 결정한다면, 다른 세 사업의 추진 여부도 모두 정해진다.

문 20. 다음 글에 나오는 답변에 대한 반박으로 적절한 것을 〈보기〉에서 모두 고르면?

> 물음: 신이 어떤 행위를 하라고 명령했기 때문에 그 행위가 착한 것인가, 아니면 오히려 그런 행위가 착한 행위이기 때문에 신이 그 행위를 하라고 명령한 것인가?
>
> 답변: 여러 경전에서 신은 우리에게 정직할 것을 명령한다. 우리가 정직해야 하는 이유는 단지 신이 정직하라고 명령했기 때문이다. 따라서 한 행위가 착한 행위가 되기 위해서는 신이 그 행위를 하라고 명령해야 한다. 다시 말해 만일 신이 어떤 행위를 하라고 명령하지 않는다면, 그 행위는 착한 것이 아니다.

> 〈보기〉
>
> ㄱ. 만일 신이 우리에게 정직하라고 명령하지 않았다면, 정직한 것은 착한 행위도 못된 행위도 아니다. 정직함을 착한 행위로 만드는 것은 바로 신의 명령이다.
>
> ㄴ. 만일 신이 이산화탄소 배출량을 줄이기 위해 재생에너지를 쓰라고 명령하지 않았다면 그 행위는 착한 행위가 될 수 없을 것이다. 하지만 신이 그렇게 명령한 적이 없더라도 그 행위는 착한 행위이다.
>
> ㄷ. 장기 기증은 착한 행위이다. 하지만 신이 장기 기증을 하라고 명령했다는 그 어떤 증거나 문서도 존재하지 않으며 신이 그것을 명령했다고 주장하는 사람도 없다.
>
> ㄹ. 어떤 사람은 원수를 죽이는 것이 신의 명령이라고 말하고 다른 사람은 원수를 죽이는 것이 신의 명령이 아니라고 말한다. 사람들이 신의 명령이라고 말한다고 해서 그것이 정말로 신의 명령인 것은 아니다.

① ㄷ
② ㄹ
③ ㄴ, ㄷ
④ ㄱ, ㄴ, ㄹ
⑤ ㄱ, ㄴ, ㄷ, ㄹ

문 21. 다음 글의 내용과 양립할 수 있는 것은?

자본주의 초기 독일에서 종교적 소수집단인 가톨릭이 영리활동에 적극적으로 참여하지 않았다는 것은 다음과 같은 일반적 인식과 배치된다. 민족적, 종교적 소수자는 자의건 타의건 정치적으로 영향력 있는 자리에서 배제되기 때문에 영리활동에 몰두하는 경향이 있다. 이 소수자 중 뛰어난 재능을 가진 자들은 관직에서 실현할 수 없는 공명심을 영리활동으로 만족시키려 한다. 이는 19세기 러시아와 프러시아 동부지역의 폴란드인들, 그 이전 루이 14세 치하 프랑스의 위그노 교도들, 영국의 비국교도들과 퀘이커 교도들, 그리고 2천 년 동안 이방인으로 살아온 유태인들에게 적용되는 것이다. 그러나 독일 가톨릭의 경우에는 그러한 경향이 전혀 없거나 뚜렷하게 나타나지 않는다. 이는 다른 유럽국가들의 프로테스탄트가 종교적 이유로 박해를 받을 때조차 적극적인 경제활동으로 사회의 자본주의 발전에 기여했던 것과 대조적이다. 이러한 현상은 독일을 넘어 유럽사회에 일반적인 현상이었다. 프로테스탄트는 정치적 위상이나 수적 상황과 무관하게 자본주의적 영리활동에 적극적으로 참여하는 뚜렷한 경향을 보였다. 반면 가톨릭은 어떤 사회적 조건에 처해있든 간에 이러한 경향을 나타내지 않았고 현재도 그러하다.

① 소수자이든 다수자이든 유럽의 종교집단은 사회의 자본주의 발전에 기여하지 못했다.

② 독일에서 가톨릭은 정치 영역에서 배제되었기 때문에 영리활동에 적극적으로 참여하였다.

③ 독일 가톨릭의 경제적 태도는 모든 종교적 소수집단에 폭넓게 나타나는 보편적인 경향이다.

④ 프로테스탄트와 가톨릭에 공통적인 금욕적 성격은 두 종교집단이 사회에서 소수자이든 다수자이든 동일한 경제적 행동을 하도록 추동했다.

⑤ 종교집단에 따라 경제적 태도에 차이가 나타나는 원인은 특정 종교집단이 처한 정치적, 사회적 상황이 아니라 종교 내적인 특성에 있다.

문 22. 다음 글의 주장에 대한 반박으로 가장 적절한 것은?

1880년 조지 풀맨은 미국 일리노이 주에 풀맨 마을을 건설했다. 이 마을은 그가 경영하는 풀맨 공장 노동자들을 위해 기획한 공동체이다. 이 마을의 소유자이자 경영자인 풀맨은 마을의 교회 수 및 주류 판매 여부 등을 결정했다. 1898년 일리노이 최고법원은 이런 방식의 마을 경영이 민주주의 정신과 제도에 맞지 않는다고 판결하고, 풀맨에게 공장 경영과 직접 관련되지 않은 정치적 권한을 포기할 것을 명령했다. 이 판결이 보여주는 것은 민주주의 사회에서 소유권을 인정하는 것이 자동적으로 정치적 권력에 대한 인정을 함축하지 않는다는 점이다. 즉 풀맨이 자신의 마을에서 모든 집과 가게를 소유하는 것은 적법하지만, 그가 노동자들의 삶을 통제하며 그 마을에서 민주적 자치의 방법을 배제했기 때문에 결과적으로 민주주의 정신을 위배했다는 것이다.

이 결정은 분명히 미국 민주주의 정신에 부합한다. 하지만 문제는 미국이 이와 비슷한 다른 사안에는 동일한 민주주의 정신을 적용하지 않았다는 것이다. 미국은 누군가의 소유물인 마을에서 노동자들이 민주적 결정을 하지 못하게 하는 소유자의 권력을 제지한 반면, 누군가의 소유물인 공장에서 노동자들이 민주적 의사결정을 도입하고자 하는 것에는 반대했다. 만약 미국의 민주주의 정신에 따라 마을에서 재산 소유권과 정치적 권력을 분리하라고 명령할 수 있다면, 공장 내에서도 재산 소유권과 정치적 권력은 분리되어야 한다고 명령할 수 있어야 한다. 공장 소유주의 명령이 공장 내에서 절대적 정치권력이 되어서는 안 된다는 것이다. 하지만 미국은 공장 내에서 소유주의 명령이 공장 운영에 대한 노동자의 민주적 결정을 압도하는 것을 묵인한다. 공장에서도 민주적 원리가 적용되어야만 미국의 민주주의가 일관성을 가진다.

① 미국의 경우 마을 운영과 달리 공장 운영에 관한 법적 판단은 주 법원이 아닌 연방 법원에서 다루어야 한다.

② 대부분의 미국 자본가들은 풀맨 마을과 같은 마을을 경영하지 않으므로 미국의 민주적 가치를 훼손하지 않는다.

③ 미국이 내세우는 민주적 가치는 모든 시민이 자신의 거주지 안에서 자유롭게 살 수 있는 권리를 가장 우선시한다.

④ 마을 운영이 정치적 문제에 속하는 것과 달리 공장 운영은 경제적 문제에 속하므로 전적으로 소유주의 권한에 속한다.

⑤ 공장에서 이루어지고 있는 소유와 경영의 분리는 공장뿐 아니라 마을 공동체 등 사회의 다른 영역에도 적용되어야 한다.

문 23. 다음 글에 나타난 논증에 대한 반박으로 적절하지 않은 것은?

쾌락과 관련된 사실에 대해서 충분한 정보를 갖고, 오랜 시간 숙고하여 자신의 선호를 합리적으로 판별할 수 있는 사람을 높은 수준의 합리적 사람이라고 한다. 이런 사람은 가치 수준이 다른 두 종류의 쾌락에 대해서 충분히 판단할 만한 위치에 있다. 그리하여 높은 수준의 합리적 사람이 선호하는 쾌락은 실제로 더 가치 있는 쾌락이다. 예컨대 그가 호떡 한 개를 먹고 느끼는 쾌락보다 수준 높은 시 한 편이 주는 쾌락을 선호한다면 시 한 편이 주는 쾌락이 더 가치 있다. 그것이 더 가치가 있는 것은 높은 수준의 합리적 사람이 더 선호하기 때문이다. 이런 방법으로 우리는 높은 수준의 합리적 사람이 선호하는 것을 통해서 쾌락의 가치 서열을 정할 수 있다. 나아가 우리는 최고 가치에 도달할 수 있다. 가령 높은 수준의 합리적 사람이 그 어떤 쾌락보다도 행복을 선호한다면, 이는 행복이 최고 가치라는 것을 뜻한다. 따라서 우리는 최고 가치가 무엇인지 알 수 있다.

① 대부분의 사람은 시 한 편과 호떡 한 개 중에서 호떡을 선택한다.

② 높은 수준의 합리적 개인들 사이에서도 쾌락의 선호가 다를 수 있다.

③ 높은 수준의 합리적 사람이 행복을 최고 가치로 여긴다고 해서 행복이 최고 가치인 것은 아니다.

④ 자신의 선호를 판별할 수 있는 높은 수준의 합리적 능력을 지닌 사람들은 실제로 존재하지 않는다.

⑤ 충분한 정보를 갖고 있고 오랜 시간 숙고한다 하더라도 질적 가치의 위계를 정할 수 있는 사람은 없다.

문 24. 다음 글의 논지에 대한 평가로 가장 적절한 것은?

팝아트는 대중문화를 찬양한다. 팝아트는 모든 사람이 늘 알고 있는 것을 예술로 변용시킨다. 나아가 팝아트는 순수 미술의 종언을 선언한다. 이것은 전통적 철학의 종언을 선언하는 분석철학과 유사하다. 분석철학이 플라톤에서부터 시작해 하이데거에 이르는 철학 전체와 맞섰다면, 팝아트는 일상 생활의 편에서 지금까지의 미술 전체에 맞선다.

그런데 순수 미술의 종언 이후에 예술은 어떠한 양상으로 전개되는가? 더 이상 미술이나 예술은 없는 것인가? 아니다. 어떤 목표를 추구했던 순수 미술의 역사가 종언을 고한 이후에 더 이상 일상에서 분리된 순수함이 강요될 필요는 없다. 이제 모든 것이 가능하며, 그 어떠한 것이라도 예술이 될 수 있다. 따라서 이러한 종언 이후의 예술작품은 더 이상 어떤 예술적 본질을 구현하는 것이 아니다. 가령 무엇을 모방 혹은 표현하는 본질적 기능을 수행하거나 미적 형식을 구현하기 때문에 어떤 것이 예술작품이 되는 것은 아니다. 더 이상 모든 예술작품에 공통적인 단 하나의 순수한 본질, 즉 가시적(可視的)인 어떤 본질은 요구되지 않는다.

그렇다면 예술작품에 고유한 미적 가치가 사라진 오늘날 예술작품의 기준이 무엇인가? 평범한 소변기를 『샘』이라는 제목으로 전시한 뒤샹의 예술작품은 외관상 실재 소변기와 식별 불가능하다. 그럼에도 뒤샹의 소변기는 예술작품이 된다. 분명히 뒤샹의 작품은 소변기가 갖고 있는 성질과 다른 무엇을 갖고 있어야 한다. 그것은 순수 미술이 추구했던 미적인 본질이 아니다. 그것은 오히려 뒤샹이 소변기에 부여하는 어떤 의미이다. 뒤샹의 소변기는 더 이상 소변기가 아니라 대담함, 뻔뻔함, 불경스러움, 재치 등을 담고 있는 의미 대상이다. 뒤샹의 소변기는 비가시적(非可視的) 의미 대상이기 때문에 한갓 일상적 대상이 아니라 예술작품이 되는 것이다. 따라서 미적 본질이 없기 때문에 그 어떤 일상 사물도 예술작품이 될 수 있고, 그럼에도 예술작품과 일상 사물이 구분된다는 것은 부정되지 않는다.

① 예술작품에 고유한 미적 본질이 없다는 것은 이 글의 논지를 약화시킨다.

② 소변기가 고유한 미적 가치를 갖고 있다는 것은 이 글의 논지를 강화시킨다.

③ 분석철학과 팝아트가 서로 다른 영역이라는 것은 이 글의 논지를 약화시킨다.

④ 순수 미술 대상과 일상적 대상이 명백하게 다르다는 것은 이 글의 논지를 약화시킨다.

⑤ 가시적 본질이 예술과 비예술의 구분 기준이 된다는 것은 이 글의 논지를 강화시킨다.

문 25. 다음 글에서 알 수 있는 것은?

> 소리를 내는 것, 즉 음원의 위치를 판단하는 일은 복잡한 과정을 거친다. 사람의 청각은 '청자의 머리와 두 귀가 소리와 상호작용하는 방식'을 단서로 음원의 위치를 파악한다.
>
> 음원의 위치가 정중앙이 아니라 어느 한쪽으로 치우쳐 있으면, 소리가 두 귀 중에서 어느 한쪽에 먼저 도달한다. 왼쪽에서 나는 소리는 왼쪽 귀가 먼저 듣고, 오른쪽에서 나는 소리는 오른쪽 귀가 먼저 듣는다. 따라서 소리가 두 귀에 도달하는 데 걸리는 시간차를 이용하면 소리가 오는 방향을 알아낼 수 있다. 소리가 두 귀에 도달하는 시간의 차이는 음원이 정중앙에서 한쪽으로 치우칠수록 커진다.
>
> 양 귀를 이용해 음원의 위치를 알 수 있는 또 다른 단서는 두 귀에 도달하는 소리의 크기 차이이다. 왼쪽에서 나는 소리는 왼쪽 귀에 더 크게 들리고, 오른쪽에서 나는 소리는 오른쪽 귀에 더 크게 들린다. 이런 차이는 머리가 소리 전달을 막는 장애물로 작용하기 때문이다. 하지만 이런 차이는 소리에 섞여 있는 여러 음파들 중 고주파에서만 일어나고 저주파에서는 일어나지 않는다. 따라서 소리가 저주파로만 구성되어 있는 경우 소리의 크기 차이를 이용한 위치 추적은 효과적이지 않다.
>
> 또 다른 단서는 음색의 차이이다. 고막에 도달하기 전에 소리는 머리와 귓바퀴를 지나는데 이때 머리와 귓바퀴의 굴곡은 소리를 변형시키는 필터 역할을 한다. 이 때문에 두 고막에 도달하는 소리의 음색 차이가 생겨난다. 이러한 차이를 통해 음원의 위치를 파악할 수 있다.

① 다른 조건이 같다면 고주파로만 구성된 소리가 저주파로만 구성된 소리보다 음원의 위치를 파악하기 쉽다.

② 두 귀에 도달하는 소리의 시간차가 클수록 청자와 음원의 거리는 멀다.

③ 저주파로만 구성된 소리의 경우 그 음원의 위치를 파악할 수 없다.

④ 머리가 소리를 막지 않는다면 음원의 위치를 파악할 수 없다.

⑤ 두 귀에 도달하는 소리의 음색 차이는 음원에서 발생한다.

약점 보완 해설집 p.150

5급 기출 재구성 모의고사

SPEED CHECK 답안지

✔ 5급 PSAT 기출문제 중 7급 및 민간경력자 PSAT 대비에 도움이 될 문제를 엄선하여 수록하였습니다.
✔ 문제풀이 시작과 종료 시각을 정하여 실전처럼 기출문제를 모두 푼 뒤, 문제풀이 시작 페이지 상단에 실제로 문제풀이에 소요된 시간과 맞힌 문항 수를 기록하여 시간 관리 연습을 하고, 약점 보완 해설집의 '취약 유형 분석표'로 자신의 취약한 유형을 파악해보시기 바랍니다.

문 1. 다음 글에서 알 수 있는 것은?   17 (가) 1번

> 일본이 조선을 지배하게 됨에 따라 삶이 힘들어진 조선인의 일본 본토로의 이주가 급격히 늘었다. 1911년에는 약 2,500명에 불과하던 재일조선인은 1923년에는 9만 명을 넘어섰다. 일본 정부는 재일조선인의 급증에 대해 조선인이 가장 많이 거주하던 오사카에 대책을 지시하였고, 이에 1923년 오사카내선협화회가 창립되었다. 이후 일본 각지에 협화회가 만들어졌고, 이들을 총괄하는 중앙협화회가 1938년에 만들어졌다. 협화란 협력하여 화합한다는 뜻이다.
>
> 재일조선인은 모두 협화회에 가입해야만 하였다. 협화회 회원증을 소지하지 않은 조선인은 체포되거나 조선으로 송환되었다. 1945년 재일조선인은 전시노동동원자를 포함하여 230만 명에 달했는데, 이들은 모두 협화회의 회원으로 편성되어 행동과 사상 일체에 대해 감시를 받았다. 조선에 거주하는 조선인이 군이나 면과 같은 조선총독부 하의 일반행정기관의 통제를 받았다면 재일조선인은 협화회의 관리를 받았다.
>
> 협화회는 민간단체였지만 경찰이 주체가 되어 조직한 단체였다. 지부장은 경찰서장이었고 각 경찰서 특별고등과 내선계가 관내의 조선인을 통제하는 구조였다. 재일조선인은 일본의 침략 전쟁에 비협력적 태도로 일관하였고, 임금과 주거 등의 차별에 계속 저항하였으며, 조선인들끼리 서로 협력하고 연락하는 단체를 1천여 개나 조직하고 있었다. 일본 정부는 이를 용납할 수 없었고, 전쟁에 비협조적이면서 임금문제를 둘러싸고 조직적으로 파업을 일으키는 조선인 집단을 척결대상으로 삼았다. 이것이 협화회를 조직하는 데 경찰이 주도적인 역할을 한 이유였다.
>
> 협화회는 재일조선인에 대한 감시와 사상 관리뿐 아니라 신사참배, 일본옷 강요, 조선어 금지, 강제예금, 창씨개명, 지원병 강제, 징병, 노동동원 등을 조선 본토보다 더 강압적으로 추진했다. 재일조선인은 압도적으로 다수인 일본인에 둘러싸여 있었고 협화회에서 벗어나기 어려웠다. 협화회는 재일조선인을 분열시키고 친일분자들을 증대시키기 위해 온갖 노력을 기울였다. 그 결과 학교에서 일본어와 일본사 등의 협화 교육을 받은 조선인 아이들이 조선어를 아예 모르는 경우까지도 생겨났다. 철저한 황민화였다. 하지만 재일조선인들은 집에서는 조선말을 하고 아리랑을 부르는 등 민족 정체성을 지키기 위하여 노력하였고, 일본이 항복을 선언한 후 조선에서와 마찬가지로 태극기를 만들어 축하 행진을 할 수 있었다.

① 협화회는 재일조선인에 대한 교육을 담당하였다.
② 협화회는 조선총독부와 긴밀한 협조체계를 유지하였다.
③ 협화회는 재일조선인 전시노동동원자에 대한 감시를 자행하였다.
④ 재일조선인은 협화회에 조직적으로 저항하며 민족 정체성을 유지하였다.
⑤ 일본의 민간인뿐만 아니라 일본 경찰에 협력한 조선인 친일분자들이 협화회 간부를 맡기도 하였다.

문 2. 다음 글에서 알 수 있는 것은? 15 (인) 21번

인삼은 한국 고유의 약용 특산물이었으며, 약재로서의 효능과 가치가 매우 높은 물건이었다. 중국과 일본에서는 조선 인삼에 대한 수요가 폭발적으로 증가하였다. 이에 따라 인삼을 상품화하여 상업적 이익을 도모하는 상인들이 등장하였다. 특히 개인 자본을 이용하여 상업 활동을 하던 사상(私商)들이 평안도 지방과 송도를 근거지로 하여 인삼 거래에 적극적으로 뛰어들었는데, 이들을 삼상(蔘商)이라고 하였다.

인삼은 매우 희귀한 물품이었으므로 조선 정부는 인삼을 금수품(禁輸品)으로 지정하여 자유로운 매매와 국외 유출을 억제하였다. 대신 삼상의 인삼 매매를 허가해 주고 그에 따른 세금을 거두어들였다. 또한 삼상의 특정 지역 출입을 엄격하게 통제하였다. 가령 평안도 강계부는 개마고원과 백두산 지역의 인삼이 모이는 거점이었는데, 삼상이 이곳에 출입하기 위해서는 먼저 일종의 여행증명서인 황첩(黃帖)을 호조에서 발급받아야 하였다. 그리고 강계부에 도착할 때까지 강계부를 관할하는 평안도 감영은 물론 평안도의 주요 거점에서 황첩을 제시해야 하였다. 강계부에 도착해서는 강계부의 관원에게 황첩을 확인받고, 이어 매입하려는 인삼량을 신고한 뒤 그에 따른 세금을 강계부에 선납한 후에야 비로소 인삼을 구매할 수 있었다. 강계부는 세금을 납부한 삼상들의 명단을 작성하고, 이들이 어느 지역의 어떤 사람과 거래하였는지, 그리고 거래량은 얼마인지를 일일이 파악하여 중앙의 비변사에 보고하였다. 황첩이 없거나 거래량을 허위로 신고한 삼상은 밀매업자인 잠상(潛商)으로 간주되어 처벌되었으며, 황첩이 없는 상인의 거래를 허가한 강계부사도 처벌되었다.

삼상은 이렇게 사들인 인삼을 경상도 동래의 왜관으로 가지고 와 왜인들에게 팔았다. 이때도 삼상은 동래부에 세금을 내야 하였으며, 인삼 판매도 매달 여섯 차례 열리는 개시(開市) 때만 가능했다. 정부는 개시에서 판매하는 인삼의 가격까지 통제하였으며, 숙종 6년에는 판매할 수 있는 상인의 수도 20명으로 제한하였다.

이렇듯 여러 가지 까다로운 절차와 세금, 인원수의 제한에 따라 많은 상인들이 합법적인 인삼 매매와 무역을 포기하고 잠상이 되었다. 더군다나 잠상은 합법적으로 인삼을 거래할 때보다 훨씬 많은 이윤을 얻을 수 있었다. 한양에서 70냥에 팔리는 인삼이 일본 에도에서는 300냥에 팔리기도 하였기 때문이다.

① 황첩을 위조하여 강계부로 잠입하는 잠상들이 많았다.

② 정부는 잠상을 합법적인 삼상으로 전환시키기 위해 노력하였다.

③ 상인들은 송도보다 강계부에서 인삼을 더 싸게 구입할 수 있었다.

④ 왜관에서의 인삼 거래는 한양에서의 거래보다 삼상에게 4배 이상의 매출을 보장해 주었다.

⑤ 중앙정부는 강계부에서 삼상에게 합법적으로 인삼을 판매한 백성이 어느 지역 사람인지를 파악할 수 있었다.

문 3. 다음 글의 내용과 부합하는 것은? 20 (나) 24번

미국의 건축물 화재안전 관리체제는 크게 시설계획기준을 제시하는 건축모범규준과 특정 시설의 화재안전평가 및 대안설계안을 결정하는 화재안전평가제 그리고 기존 건축물의 화재위험도를 평가하는 화재위험도평가제로 구분된다. 건축모범규준과 화재안전평가제는 건축물의 계획 및 시공단계에서 설계지침으로 적용되며, 화재위험도평가제는 기존 건축물의 유지 및 관리단계에서 화재위험도 관리를 위해 활용된다. 우리나라는 정부가 화재안전 관리체제를 마련하고 시행하는 데 반해 미국은 공신력 있는 민간기관이 화재 관련 모범규준이나 평가제를 개발하고 주 정부가 주 상황에 따라 특정 제도를 선택하여 운영하고 있다.

건축모범규준은 미국화재예방협회에서 개발한 것이 가장 널리 활용되는데 3년마다 개정안이 마련된다. 특정 주요 기준은 대부분의 주가 최근 개정안을 적용하지만, 그 외의 기준은 개정되기 전 규준의 기준을 적용하는 경우도 있다. 역시 미국화재예방협회가 개발하여 미국에서 가장 널리 활용되는 화재안전평가제는 공공안전성이 강조되는 의료, 교정, 숙박, 요양 및 교육시설 등 5개 용도시설에 대해 화재안전성을 평가하고 대안설계안의 인정 여부를 결정함에 목적이 있다. 5개 용도시설을 제외한 건축물의 경우에는 건축모범규준의 적용이 권고된다. 화재위험도평가제는 기존 건축물에 대한 데이터를 수집하여 화재안전을 효율적으로 평가·관리함에 목적이 있다. 이 중에서 뉴욕주 소방청의 화재위험도평가제는 공공데이터 공유 플랫폼을 이용하여 수집된 주 내의 모든 정부 기관의 정보를 평가자료로 활용한다.

① 건축모범규준이나 화재안전평가제에 따르면 공공안전성이 강조되는 건물에는 특정 주요 기준이 강제적으로 적용되고 있다.

② 건축모범규준, 화재안전평가제, 화재위험도평가제 모두 건축물의 설계·시공단계에서 화재안전을 확보하는 수단이다.

③ 건축모범규준을 적용하여 건축물을 신축하는 경우 반드시 가장 최근에 개정된 기준에 따라야 한다.

④ 미국에서는 민간기관인 미국화재예방협회가 건축모범규준과 화재안전평가제를 개발·운영하고 있다.

⑤ 뉴욕주 소방청은 화재위험도 평가에 타 기관에서 수집한 정보를 활용한다.

문 4. 두 과학자 진영 A와 B의 진술 내용과 부합하지 않는 것은? 08 (꿈) 3번

우리 은하와 비교적 멀리 떨어져 있는 은하들이 모두 우리 은하로부터 점점 더 멀어지고 있다는 사실이 확인되었다. 이 사실을 두고 우주의 기원과 구조에 대해 서로 다른 견해를 가진 두 진영이 다음과 같이 논쟁하였다.

A진영: 우주는 시간적으로 무한히 오래되었다. 우주가 팽창하는 것은 사실이다. 그렇다고 우리 견해가 틀렸다고 볼 필요는 없다. 우주는 팽창하지만 전체적으로 항상성을 유지한다. 은하와 은하가 멀어질 때 그 사이에서 물질이 연속적으로 생성되어 새로운 은하들이 계속 형성되기 때문이다. 비록 우주는 약간씩 변화가 있겠지만, 우주 전체의 평균 밀도는 일정하게 유지된다. 만일 은하 사이에서 새로 생성되는 은하를 관측한다면, 우리의 가설을 입증할 수 있다. 반면 우주가 자그마한 씨앗으로부터 대폭발에 의해 생겨났다는 주장은 터무니없다. 이처럼 방대한 우주의 물질과 구조가 어떻게 그토록 작은 점에 모여 있을 수 있겠는가?

B진영: A의 주장은 터무니없다. 은하 사이에서 새로운 은하가 생겨난다면 도대체 그 물질은 어디서 온 것이라는 말인가? 은하들이 우리 은하로부터 점점 더 멀어지고 있다는 사실은 오히려 우리 견해가 옳다는 것을 입증할 뿐이다. 팽창하는 우주를 거꾸로 돌린다면 우주가 시공간적으로 한 점에서 시작되었다는 결론을 얻을 수 있다. 만일 우주 안의 모든 물질과 구조가 한 점에 있었다면 초기 우주는 현재와 크게 달랐을 것이다. 대폭발 이후 우주의 물질들은 계속 멀어지고 있으며 우주의 밀도는 계속 낮아지고 있다. 대폭발 이후 방대한 전자기파가 방출되었는데, 만일 우리가 이를 관측한다면, 우리의 견해가 입증될 것이다.

① A에 따르면 물질의 총 질량이 보존되지 않는다.

② A에 따르면 우주는 시작이 없고, B에 따르면 우주는 시작이 있다.

③ A에 따르면 우주는 국소적인 변화는 있으나 전체적으로는 변화가 없다.

④ A와 B는 인접한 은하들 사이의 평균 거리가 커진다는 것을 받아들인다.

⑤ A와 B 모두 자신의 주장을 경험적으로 입증하기 위한 방법을 제안하고 있다.

문 5. 다음 글에서 알 수 없는 것은? 15 (인) 27번

> 대동법의 핵심 내용으로, 공물을 부과하는 기준이 호(戶)에서 토지[田結]로 바뀐 것과, 수취 수단이 현물에서 미(米)·포(布)로 바뀐 것을 드는 경우가 많다. 하지만 양자는 이미 대동법 시행 전부터 각 지방에서 광범위하게 시행되고 있었기 때문에 이를 대동법의 본질적 요소라고 볼 수는 없다. 대동법의 진정한 의미는 공물 부과 기준과 수취 수단이 법으로 규정됨으로써, 공납 운영의 원칙인 양입위출(量入爲出)※의 객관적 기준이 마련되었다는 점에 있다.
>
> 양입위출은 대동법 실시론자뿐만 아니라 공안(貢案) 개정론자도 공유하는 원칙이었으나, 공납제의 폐단을 두고 문제의 해법을 찾는 방식은 차이가 있었다. 공안 개정론자는 호마다 현물을 거두는 종래의 공물 부과 기준과 수취 수단을 유지하되 공물 수요자인 관료들의 절용을 강조함으로써 '위출'의 측면에 관심을 기울였다. 반면 대동법 실시론자들은 공물가를 한 번 거둔 후 다시 거두지 않도록 제도화할 것을 주장하여 '양입'의 측면을 강조하였다.
>
> 요컨대 양입위출에 대한 이런 강조점의 차이는 문제에 대한 해법을 개인적 도덕 수준을 제고하는 것으로 마련하는가, 아니면 제도적 보완이 필요하다고 보고 그 방안을 강구하는가의 차이였다. 공물 수취에 따른 폐해들을 두고 공안 개정론자는 공물 수요자 측의 사적 폐단, 즉 무분별한 개인적 욕망에서 비롯된 것으로 보았다. 반면 대동법 실시론자는 중앙정부 차원에서 공물세를 관리할 수 있는 합리적 근거와 기준이 미비하였기 때문이라고 보았다. 현물을 호에 부과하는 방식으로는 공납제 운영을 객관화하기 어려웠음에도 불구하고, 공안 개정론자는 공물 수요자의 자발적 절용을 강조하는 것 외에 그것을 강제할 수 있는 별도의 방법을 제시하지 못하였다. 이에 반해 대동법 실시론자는 공물 수요자 측의 절용이 필요하다고 보면서도 이들의 '사적 욕망'에서 빚어진 폐습을 극복하기 위해서는 이를 규제할 '공적 제도'가 필요하다고 믿었다.

※ 양입위출: 수입을 헤아려 지출을 행하는 재정 운영 방식

① 대동법 실시론자는 양입위출의 법적 기준을 마련하고자 하였다.

② 공안 개정론자와 대동법 실시론자는 양입위출의 원칙을 공유하였다.

③ 공안 개정론자는 절용을 통해 공물가의 수취 액수를 고정하는 데 관심을 기울였다.

④ 공안 개정론자와 대동법 실시론자는 공물 부과 기준과 수취 수단에 대한 주장이 달랐다.

⑤ 대동법 실시론자는 공물 수요자의 도덕적 수준을 높여야 한다는 공안 개정론자의 주장에 반대하지 않았다.

문 6. 다음 글의 논지로 가장 적절한 것은?   18 (나) 26번

> 베블런에 의하면 사치품 사용 금기는 전근대적 계급에 기원을 두고 있다. 즉, 사치품 소비는 상류층의 지위를 드러내는 과시소비이기 때문에 피지배계층이 사치품을 소비하는 것은 상류층의 안락감이나 쾌감을 손상한다는 것이다. 따라서 상류층은 사치품을 사회적 지위 및 위계질서를 나타내는 기호(記號)로 간주하여 피지배계층의 사치품 소비를 금지했다. 또한 베블런은 사치품의 가격 상승에도 그 수요가 줄지 않고 오히려 증가하는 이유가 사치품의 소비를 통하여 사회적 지위를 과시하려는 상류층의 소비행태 때문이라고 보았다.
>
> 그러나 소득 수준이 높아지고 대량 생산에 의해 물자가 넘쳐흐르는 풍요로운 현대 대중사회에서 서민들은 과거 왕족들이 쓰던 물건들을 일상생활 속에서 쓰고 있고 유명한 배우가 쓰는 사치품도 쓸 수 있다. 모든 사람들이 명품을 살 수 있는 돈을 갖고 있을 때 명품의 사용은 더 이상 상류층을 표시하는 기호가 될 수 없다. 따라서 새로운 사회의 도래는 베블런의 과시소비이론으로 설명하기 어려운 소비행태를 가져왔다. 이 때 상류층이 서민들과 구별될 수 있는 방법은 오히려 아래로 내려가는 것이다. 현대의 상류층에게는 차이가 중요한 것이지 사물 그 자체가 중요한 것이 아니기 때문이다. 월급쟁이 직원이 고급 외제차를 타면 사장은 소형 국산차를 타는 것이 그 예이다.
>
> 이와 같이 현대의 상류층은 고급, 화려함, 낭비를 과시하기보다 서민들처럼 소박한 생활을 한다는 것을 과시한다. 이것은 두 가지 효과가 있다. 사치품을 소비하는 서민들과 구별된다는 점이 하나이고, 돈 많은 사람이 소박하고 겸손하기까지 하여 서민들에게 친근감을 준다는 점이 다른 하나이다.
>
> 그러나 그것은 극단적인 위세의 형태일 뿐이다. 뽐냄이 아니라 남의 눈에 띄지 않는 겸손한 태도와 검소함으로 자신을 한층 더 드러내는 것이다. 이런 행동들은 결국 한층 더 심한 과시이다. 소비하기를 거부하는 것이 소비 중에서도 최고의 소비가 된다. 다만 그들이 언제나 소형차를 타는 것은 아니다. 차별화해야 할 아래 계층이 없거나 경쟁 상대인 다른 상류층 사이에 있을 때 그들은 마음 놓고 경쟁적으로 고가품을 소비하며 자신을 마음껏 과시한다. 현대사회에서 소비하지 않기는 고도의 교묘한 소비이며, 그것은 상류층의 표시가 되었다. 그런 점에서 상류층을 따라 사치품을 소비하는 서민층은 순진하다고 하지 않을 수 없다.

① 현대의 상류층은 낭비를 지양하고 소박한 생활을 지향함으로써 서민들에게 친근감을 준다.

② 현대의 서민들은 상류층을 따라 겸손한 태도로 자신을 한층 더 드러내는 소비행태를 보인다.

③ 현대의 상류층은 그들이 접하는 계층과는 무관하게 절제를 통해 자신의 사회적 지위를 과시한다.

④ 현대에 들어와 위계질서를 드러내는 명품을 소비하면서 과시적으로 소비하는 새로운 행태가 나타났다.

⑤ 현대의 상류층은 사치품을 소비하는 것뿐만 아니라 소비하지 않기를 통해서도 자신의 사회적 지위를 과시한다.

문 7. 다음 글의 ㉠과 ㉡에 들어갈 내용을 적절하게 짝지은 것은?
21 (가) 8번

우리는 전체 집단에서 특정 표본을 추출할 때 표본이 무작위로 선정되었을 것이라 기대하지만, 실제로 항상 그런 것은 아니다. 이 같은 표본 선정의 쏠림 현상, 즉 표본의 편향성은 종종 올바른 판단을 저해한다. 2차 세계대전 중 전투기의 보호 장비 개선을 위해 미국의 군 장성들과 수학자들 사이에서 이루어졌던 논의는 그 좋은 사례이다. 미군은 전투기가 격추되는 것을 막기 위해 전투기에 철갑을 둘렀다. 기체 전체에 철갑을 두르면 너무 무거워지기에 중요한 부분에만 둘러야 했다. 교전을 마치고 돌아온 전투기에는 많은 총알구멍이 있었지만, 기체 전체에 고르게 분포된 것은 아니었다. 총알구멍은 동체 쪽에 더 많았고 엔진 쪽에는 그다지 많지 않았다. 군 장성들은 철갑의 효율을 높일 수 있는 기회를 발견했다. _____㉠_____ 생각이었다.

반면, 수학자들은 이와 같은 장성들의 생각에 반대하면서 다음과 같은 주장을 펼쳤다. 만일 피해가 전투기 전체에 골고루 분포된다면 분명히 엔진 덮개에도 총알구멍이 났을 텐데, 돌아온 전투기의 엔진 부분에는 총알구멍이 거의 없었다. 왜 이러한 현상이 발생한 것일까? 총알구멍이 엔진에 난 전투기는 대부분 격추되어 돌아오지 못한다. 엔진에 총알을 덜 맞은 전투기가 많이 돌아온 것은, 엔진에 총알을 맞으면 귀환하기 어렵기 때문이다. 병원 회복실을 가보면, 가슴에 총상을 입은 환자보다 다리에 총상을 입은 환자가 더 많다. 이것은 가슴에 총상을 입은 사람들이 회복하지 못했기 때문이다.

이 사례에서 군 장성들은 자신도 모르게 복귀한 전투기에 관한 어떤 가정을 하고 있었다. 그것은 기지로 복귀한 전투기가 _____㉡_____ 것이었다. 군 장성들은 복귀한 전투기를 보호 장비 개선 연구를 위한 중요한 자료로 사용하고자 했다. 그러나 만약 잘못된 표본에 근거하여 정책을 결정한다면, 오히려 전투기의 생존율을 낮추는 결과를 초래할 수 있다.

① ㉠: 전투기에서 가장 중요한 엔진 쪽에만 철갑을 둘러도 충분한 보호 효과를 볼 수 있다는
㉡: 출격한 전투기 일부에서 추출된 편향된 표본이라는

② ㉠: 전투기에서 총알을 많이 맞는 동체 쪽에 철갑을 집중해야 충분한 보호 효과를 볼 수 있다는
㉡: 출격한 전투기 일부에서 추출된 편향된 표본이라는

③ ㉠: 전투기에서 가장 중요한 엔진 쪽에만 철갑을 둘러도 충분한 보호 효과를 볼 수 있다는
㉡: 출격한 전투기 전체에서 무작위로 추출된 표본이라는

④ ㉠: 전투기에서 총알을 많이 맞는 동체 쪽에 철갑을 집중해야 충분한 보호 효과를 볼 수 있다는
㉡: 출격한 전투기 전체에서 무작위로 추출된 표본이라는

⑤ ㉠: 전투기의 철갑 무게를 감당할 만큼 충분히 강력한 엔진을 달아야 한다는
㉡: 출격한 전투기 전체에서 무작위로 추출된 표본이라는

문 8. 다음 글의 흐름에 맞지 않는 곳을 ㉠~㉤에서 찾아 수정할 때 가장 적절한 것은?
21 (가) 7번

진화 과정에서 빛을 방출하는 일부 원생생물은 그렇지 않은 원생생물보다 어떤 점에서 생존에 더 유리했을까? 요각류라고 불리는 동물이 밤에 발광하는 원생생물인 와편모충을 먹는다는 사실은 이러한 의문을 풀어줄 실마리를 제공한다. 와편모충이 만든 빛은 요각류를 잡아먹는 어류를 유인할 수 있다. 이때 ㉠발광하는 와편모충을 잡아먹는 요각류가 발광하지 않는 와편모충만을 잡아먹는 요각류보다 그들의 포식자인 육식을 하는 어류에게 잡아먹힐 위험성이 더 높아질 것이다.

연구자들은 실험실의 커다란 수조 속에 요각류와 요각류의 포식자 중 하나인 가시고기를 같이 두어 이 가설을 검증하였다. 수조의 절반에는 발광하는 와편모충을 넣고 다른 절반에는 발광하지 않는 와편모충을 넣었다. 연구자들은 방을 어둡게 한 상태에서 요각류는 와편모충을, 그리고 가시고기는 요각류를 잡아먹게 하였다. 몇 시간 후 ㉡연구자들은 수조 속 살아남은 요각류의 수를 세었다.

그 결과는 예상과 같았다. 가시고기는 수조에서 ㉢빛을 내지 않는 와편모충이 있는 쪽보다 빛을 내는 와편모충이 있는 쪽에서 요각류를 더 적게 먹었다. 이러한 결과는 원생생물이 자신을 잡아먹는 동물에게 포식 위협을 증가시킴으로써 잡아먹히는 것을 회피할 수 있음을 시사한다. ㉣요각류에게는 빛을 내는 와편모충을 계속 잡는 것보다 도망치는 편이 더 이익이다. 이때 발광하는 와편모충은 요각류의 저녁 식사가 될 확률이 낮아지므로, 자연선택은 이들 와편모충에서 생물발광이 유지되도록 하였다.

만약 우리가 생물발광하는 원생생물이 자라고 있는 해변을 밤에 방문한다면 원생생물이 내는 불빛을 보게 될 것이다. 원생생물이 내는 빛은 ㉤포식자인 육식동물들에게 원생생물을 잡아먹는 동물이 근처에 있을 수 있다는 신호가 된다.

① ㉠을 "발광하지 않는 와편모충을 잡아먹는 요각류가 발광하는 와편모충만을 잡아먹는 요각류보다"로 고친다.

② ㉡을 "연구자들은 수조 속 살아남은 와편모충의 수를 세었다."로 고친다.

③ ㉢을 "빛을 내지 않는 와편모충이 있는 쪽보다 빛을 내는 와편모충이 있는 쪽에서 요각류를 더 많이 먹었다."로 고친다.

④ ㉣을 "요각류에게는 도망치는 것보다 빛을 내는 와편모충을 계속 잡는 편이 더 이익이다."로 고친다.

⑤ ㉤을 "포식자인 육식동물들에게 자신들의 먹이가 되는 원생생물이 많이 있음을 알려주는 신호가 된다."로 고친다.

문 9. 다음 글에서 추론할 수 있는 것은?   20 (나) 29번

두 국가에서 소득을 얻은 개인이 두 국가 모두의 거주자로 간주되면, 두 국가에서 벌어들인 소득 합계에 대한 세금을 두 국가 모두에 납부해야 한다. 이러한 이중 부과는 불합리하다. 이에, 다음 〈기준〉에 따라 〈사례〉의 개인 갑~정을 X국과 Y국 중 어느 국가의 거주자인지 결정하고자 한다. 갑~정의 국적은 각 하나씩이며, 네 명 모두 X국과 Y국에서만 소득을 얻는다. 〈기준〉의 각 항목은 거주국이 결정될 때까지 '첫째'부터 순서대로 적용하되, 항목에 명시된 '경우'에 해당하지 않으면 적용하지 않는다. 거주국이 결정되면 그 뒤의 항목들은 고려하지 않는다.

〈기준〉

첫째, 소득을 얻는 국가 중 한 국가에만 영구적인 주소가 있는 경우, 그 국가의 거주자로 본다. 둘째, 소득을 얻는 두 국가 모두에 영구적인 주소가 있는 경우, 더 중요한 이해관계를 가지는 쪽 국가의 거주자로 본다. 셋째, 소득을 얻는 두 국가 중 어느 쪽에도 영구적인 주소가 없거나 어느 쪽 국가에도 더 중요한 이해관계를 가지지 않는 경우에는 통상적으로 거주하는, 즉 1년의 50%를 초과하여 거주하는 국가의 거주자로 본다. 넷째, 소득을 얻는 두 국가 중 어느 쪽에도 통상적으로 거주하지 않는 경우, 국적에 따라 거주국을 결정한다.

〈사례〉

○ X국 국적자 갑은 X국 법인의 회장으로 재직하여 X국에 더 중요한 이해관계를 가지며, 어느 나라에도 영구적인 주소가 없으나 1년에 약 3개월은 X국에 거주하고 나머지는 Y국에 거주한다.

○ Z국 국적자 을은 Y국 법인의 이사로 재직하여 Y국에 더 중요한 이해관계를 가진다. 을은 Y국에 통상적으로 거주하며 그가 유일하게 영구적인 주소를 가진 X국에는 1년에 4개월 정도 거주하는데 그 기간에는 영상회의로 Y국 법인의 업무에 참여한다.

○ Y국 국적자 병은 X국과 Y국에 각각 영구적인 주소를 가지며 1년 중 X국에 1/4, Y국에 3/4을 체류한다. 병은 Y국에 체류할 때는 주로 휴식을 취하지만 X국에 체류하는 동안에는 X국의 공장을 운영하는 등, X국에 더 중요한 이해관계를 가진다.

○ Y국 국적자 정은 Z국에만 영구적인 주소를 가지나, 거주는 X국과 Y국에서 정확히 50%씩 한다. 정은 X국과 Y국 중 어느 쪽에도 더 중요한 이해관계를 가지지 않는다.

① 갑과 병은 거주국이 같다고 결정된다.
② 갑~정 중 거주국이 결정되지 않는 사람이 있다.
③ 갑~정 중 국적이 Z국인 사람은 Y국의 거주자로 결정된다.
④ 갑~정 중 Z국에 영구적인 주소를 가지는 사람의 거주국은 X국으로 결정된다.
⑤ 갑~정 중, X국의 거주자로 결정된 사람의 수와 Y국의 거주자로 결정된 사람의 수는 같다.

문 10. 다음 ㉠의 내용으로 가장 적절한 것은?   17 (가) 9번

> 인지부조화는 한 개인이 가지는 둘 이상의 사고, 태도, 신념, 의견 등이 서로 일치하지 않거나 상반될 때 생겨나는 심리적인 긴장상태를 의미한다. 인지부조화는 불편함을 유발하기 때문에 사람들은 이것을 감소시키려고 한다. 인지부조화를 감소시키는 방법은 서로 모순관계에 있어서 양립할 수 없는 인지들 가운데 하나 이상의 인지가 갖는 내용을 바꾸어 양립할 수 있게 만들거나, 서로 모순되는 인지들 간의 차이를 좁힐 수 있는 새로운 인지를 추가하여 부조화된 인지상태를 조화된 상태로 전환하는 것이다.
>
> 그런데 실제로 부조화를 감소시키는 행동은 비합리적인 면이 있다. 그 이유는 그러한 행동들이 사람들로 하여금 중요한 사실을 배우지 못하게 하고 자신들의 문제에 대해서 실제적인 해결책을 찾지 못하도록 할 수 있기 때문이다. 부조화를 감소시키려는 행동은 자기방어적인 행동이고, 부조화를 감소시킴으로써 우리는 자신의 긍정적인 이미지, 즉 자신이 선하고 현명하며 상당히 가치 있는 인물이라는 긍정적인 측면의 이미지를 유지하게 된다. 비록 자기방어적인 행동이 유용한 것으로 생각될 수 있지만, 이러한 행동은 부정적 결과를 초래할 수 있다.
>
> 한 실험에서 연구자는 인종차별 문제에 대해서 확고한 입장을 보이는 사람들을 선정하였다. 일부는 차별에 찬성하였고, 다른 일부는 차별에 반대하였다. 선정된 사람들에게 인종차별에 대한 찬성과 반대 의견이 실린 글을 모두 읽게 하였는데, 어떤 글은 지극히 논리적이고 그럴듯하였고, 다른 글은 터무니없고 억지스러운 것이었다. 실험에서는 참여자들이 과연 어느 글을 기억할 것인지에 관심이 있었다. 인지부조화 이론에 따르면, 사람들은 현명한 사람을 자기 편, 우매한 사람을 다른 편이라 생각할 때 마음이 편안해질 것이다. 그렇다면 이 실험에서 인지부조화 이론은 다음과 같은 ㉠결과를 예측할 것이다.

① 참여자들은 자신의 의견에 동의하는 논리적인 글과 반대편의 의견에 동의하는 논리적인 글을 기억한다.

② 참여자들은 자신의 의견에 동의하는 모든 글을 기억하고 반대편의 의견에 동의하는 모든 글을 기억하지 않는다.

③ 참여자들은 자신의 의견에 동의하는 논리적인 글과 반대편의 의견에 동의하는 터무니없고 억지스러운 글을 기억한다.

④ 참여자들은 자신의 의견에 동의하는 터무니없고 억지스러운 글과 반대편의 의견에 동의하는 논리적인 글을 기억한다.

⑤ 참여자들은 자신의 의견에 동의하는 모든 글을 기억하고 반대편의 의견에 동의하는 논리적인 글은 기억하지 않는다.

문 11. 다음 (가)와 (나)에 대한 평가로 적절한 것만을 〈보기〉에서 모두 고르면?   17 (가) 17번

> (가) 탄수화물은 우리 몸의 에너지원으로 쓰이는 필수 영양소이다. 건강한 신체 기능을 유지하기 위해서는 탄수화물 섭취 열량이 하루 총 섭취 열량의 55~70%가 되는 것이 이상적이다. 이에 해당하는 탄수화물의 하루 필요섭취량은 성인 기준 100~130g이다. 국민건강영양조사에 따르면, 우리나라 성인의 하루 탄수화물 섭취량은 평균 289.1g으로 필요섭취량의 약 2~3배에 가깝다. 이에 비추어 볼 때, 한국인은 탄수화물을 지나치게 많이 섭취하고 있다.
>
> (나) 우리가 탄수화물을 계속 섭취하지 않으면 우리 몸은 에너지로 사용되던 연료가 고갈되는 상태에 이르게 된다. 이 경우 몸은 자연스레 '대체 연료'를 찾기 위해 처음에는 근육의 단백질을 분해하고, 이어 내장지방을 포함한 지방을 분해한다. 지방 분해 과정에서 '케톤'이라는 대사성 물질이 생겨나면서 수분 손실이 나타나고 혈액 내의 당분이 정상보다 줄어들게 된다. 이 과정에서 체내 세포들의 글리코겐 양이 감소한다. 특히 이러한 현상은 간세포에서 두드러지게 나타난다. 이로 인해 혈액 및 소변 등의 체액과 인체조직에서는 케톤 수치가 높아지면서 신진대사 불균형이 초래된다. 이를 '케토시스 현상'이라 부른다. 케토시스 현상이 생기면 두통, 설사, 집중력 저하, 구취 등의 불편한 증상이 나타난다. 따라서 탄수화물을 극단적으로 제한하는 식단은 바람직하지 않다.

〈보기〉

ㄱ. 아시아의 경우 성인 기준 하루 300g 이상의 탄수화물 섭취가 필요하다는 연구결과는 (가)를 약화한다.

ㄴ. 우리나라 성인뿐 아니라 성인이 아닌 사람들의 탄수화물 섭취량 또한 과하다는 것이 밝혀지면 (가)의 설득력이 높아진다.

ㄷ. 우리 몸의 탄수화물이 충분한 상황에서 케토시스 현상이 나타나지 않는다는 연구결과는 (나)를 약화한다.

① ㄴ

② ㄷ

③ ㄱ, ㄴ

④ ㄱ, ㄷ

⑤ ㄱ, ㄴ, ㄷ

해커스PSAT 7급+민경채 PSAT 16개년 기출문제집 언어논리

문 12. 다음 글의 〈논증〉에 대한 분석으로 적절한 것만을 〈보기〉에서 모두 고르면?

22 (나) 13번

철학자 A에 따르면, "오늘 비가 온다."와 같이 참, 거짓을 판단할 수 있는 문장만 의미가 있다. A는 이러한 문장과 달리 신의 존재에 대한 문장은 진위를 판단할 수 없고 따라서 무의미하다고 말한다. 하지만 그는 자신이 무신론자도 불가지론자도 아니라고 한다. 다음은 이와 관련된 A의 논증이다.

〈논증〉

무신론자에 따르면 ㉠"신이 존재하지 않는다."가 참이다. 불가지론자는 신의 존재 여부를 알 수 없다고 말한다. 무신론자의 견해는 신의 존재를 주장하는 문장이 무의미하다는 것과 양립할 수 없다. ㉡"신이 존재한다."가 무의미하다면, "신이 존재하지 않는다."도 마찬가지로 무의미하다. 그 이유는 ㉢ 의미가 있는 문장이어야만 그 문장의 부정문도 의미가 있다는 것이 성립하기 때문이다. 따라서 "신이 존재한다."가 무의미하다면, "신이 존재하지 않는다."가 참이라는 무신론자의 주장은 받아들일 수 없다. 한편 불가지론자는 ㉣"신이 존재한다."가 참인지 거짓인지 알 수 없다고 주장한다. 이 주장은 "신이 존재한다."가 의미가 있다는 것을 전제하고 있다. 그러므로 불가지론자의 주장도 "신이 존재한다."가 무의미하다는 것과 양립할 수 없다.

〈보기〉

ㄱ. ㉡과 ㉢으로부터 "신이 존재하지 않는다."가 무의미하다는 것이 도출된다.

ㄴ. ㉡의 부정으로부터 ㉠과 ㉣ 중 적어도 하나가 도출된다.

ㄷ. "의미가 없는 문장은 참인지 거짓인지 알 수 없다."라는 전제가 추가되면 ㉡으로부터 ㉣이 도출된다.

① ㄴ

② ㄷ

③ ㄱ, ㄴ

④ ㄱ, ㄷ

⑤ ㄱ, ㄴ, ㄷ

※ 다음 글을 읽고 물음에 답하시오. [문 13.~문 14.]

13 (인) 39~40번

어떤 관찰 사례를 토대로 "모든 A는 B의 속성을 지녔다."라는 명제가 입증되었다고 하자. 이 경우 그 관찰 사례는 "모든 A는 B의 속성을 지녔다."라는 명제를 논리적으로 함축하는 다른 명제에 대해서는 어떤 관계를 지니는가? 어떤 명제가 다른 명제를 함축한다는 것은 앞의 명제가 참일 경우 뒤의 명제도 반드시 참이라는 것을 뜻한다. 과학적 명제들은 커다란 체계 안에서 논리적으로 서로 연관되어 있다고 보는 것이 타당하고, 한 사례가 단 하나의 명제에 대해서만 입증력을 갖는다고 볼 이유는 없다. 여기서 "모든 C는 B의 속성을 지닌다."라는 명제를 생각해보자. 만일 C가 A의 부분집합에 해당한다면, 앞서 언급한 그 관찰 사례는 "모든 C는 B의 속성을 지녔다."라는 명제 역시 입증할 것이라고 보는 것이 우리의 직관과 부합한다. 즉, 한 관찰 사례가 어떤 명제를 입증할 경우 그 사례는 그 명제가 논리적으로 함축하는 임의의 명제도 입증한다는 것이다. 이를 α 규칙이라고 부르자.

한편, A를 부분집합으로 갖는 집합 D에 대해서는 어떨까? 앞서 서술한 그 관찰의 사례는 "모든 D는 B의 속성을 지녔다."라는 명제를 입증할 것인가? 적잖은 이들이 이 물음에 대해서도 긍정의 대답을 제시한다. 예컨대 실험이나 관찰에 의해 "모든 구리는 도체다."라는 명제가 입증되었다면 "모든 금속은 도체다."라는 명제도 긍정적으로 평가되어야 한다는 생각이다. 이 경우를 일반화하여 말하면, 한 관찰 사례가 어떤 명제를 입증할 경우 그 사례는 그 명제를 논리적으로 함축하는 임의의 명제도 입증하리라고 생각할 수 있다. 이를 β 규칙이라고 부르자.

한 사례가 서로 연관된 두 명제에 대해 지니는 의미를 규정하는 위의 두 규칙은 모두 직관적 호소력을 지닌다. 그런데 문제는 α 규칙과 β 규칙을 모두 인정할 경우 곤혹스런 결론이 우리를 기다린다는 사실이다. 어떤 관찰 사례에 의해 어떤 명제 P가 입증되었다고 하자. 이 관찰 사례는 [　㉠　]에 의거하여 [　㉡　]라는 명제를 입증할 것이다. 이 명제에 포함되어 있는 Q가 어떤 내용인지는 아무런 상관이 없다. 왜냐하면 이 명제가 참일 경우 명제 P 역시 참일 수밖에 없다는 의미에서 이 명제는 P를 논리적으로 함축하고, 이렇게 판단하는 데에 Q가 어떤 내용의 명제인가는 고려되지 않기 때문이다. 이번에는 이 명제에 [　㉢　]을 적용해보자. 그러면 우리는 문제의 관찰 사례가 명제 Q도 입증한다고 평가하게 된다. 그런데 이미 강조했듯이 우리는 명제 Q의 내용에 대해 아무런 제약도 요구한 바 없다. 문제의 관찰 사례는 이제 임의의 명제 Q를 입증하게 된 셈이다. 물론 이것은 말도 안 되는 상황이다. 이렇게 해서 일견 합리적인 두 가지 규칙 α와 β 가운데 적어도 하나는 수용하기 어렵다는 결론에 도달하게 된다.

문 13. 위 글의 ㉠~㉢에 들어갈 말을 바르게 나열한 것은?

	㉠	㉡	㉢
①	α 규칙	"P이고 Q이다."	β 규칙
②	α 규칙	"P이지만 Q는 아니다."	β 규칙
③	α 규칙	"Q이면 P이다."	β 규칙
④	β 규칙	"P이고 Q이다."	α 규칙
⑤	β 규칙	"P이지만 Q는 아니다."	α 규칙

문 14. 위 글에서 추론할 수 없는 것은?

① α 규칙을 적용하면, "모든 A는 B의 속성을 지녔다."라는 명제를 입증하는 사례는, "모든 A는 B의 속성을 지녔다."라는 명제가 함축하는 모든 명제를 입증할 수 있다.

② β 규칙을 적용하면, "모든 A는 B의 속성을 지녔다."라는 명제를 입증하는 사례는, "모든 A는 B의 속성을 지녔다."라는 명제가 함축하지 않는 어떤 명제를 입증할 수 있다.

③ α 규칙을 적용하면, "모든 A는 B의 속성을 지녔다."라는 명제를 입증하는 사례는, A를 부분집합으로 갖는 집합 S에 관한 모든 명제를 입증할 수 있다.

④ β 규칙을 적용하면, "모든 A는 B의 속성을 지녔다."라는 명제를 입증하는 사례는, A를 부분집합으로 갖는 집합 S에 관한 어떤 명제를 입증할 수 있다.

⑤ α 규칙과 β 규칙을 모두 적용하면, "모든 A는 B의 속성을 지녔다."라는 명제를 입증하는 사례는, A를 부분집합으로 갖는 집합 S에 관한 어떤 명제를 입증할 수 있다.

문 15. 다음 갑~병의 견해에 대한 분석으로 적절한 것만을 〈보기〉에서 모두 고르면?   20 (나) 33번

갑: 인간과 달리 여타의 동물에게는 어떤 형태의 의식도 없다. 소나 개가 상처를 입었을 때 몸을 움츠리고 신음을 내는 통증 행동을 보이기는 하지만 실제로 통증을 느끼는 것은 아니다. 동물에게는 통증을 느끼는 의식이 없으므로 동물의 행동은 통증에 대한 아무런 느낌 없이 이루어지는 것이다. 우리는 늑대를 피해 도망치는 양을 보고 양이 늑대를 두려워한다고 말한다. 그러나 두려움을 느낀다는 것은 의식적인 활동이므로 양이 두려움을 느끼는 일은 일어날 수 없다. 양의 행동은 단지 늑대의 몸에서 반사된 빛이 양의 눈을 자극한 데 따른 반사작용일 뿐이다.

을: 동물이 통증 행동을 보일 때는 실제로 통증을 의식한다고 보아야 한다. 동물은 통증을 느낄 수 있으나 다만 자의식이 없을 뿐이다. 우리는 통증을 느낄 수 있는 의식과 그 통증을 '나의 통증'이라고 느낄 수 있는 자의식을 구별해야 한다. 의식이 있어야만 자의식이 있지만, 의식이 있다고 해서 반드시 자의식을 갖는 것은 아니다. 세 번의 전기충격을 받은 쥐는 그때마다 통증을 느끼지만, '내'가 전기충격을 세 번 받았다고 느끼지는 못한다. '나의 통증'을 느끼려면 자의식이 필요하며, 통증이 '세 번' 있었다고 느끼기 위해서도 자의식이 필요하다. 자의식이 없으면 과거의 경험을 기억하는 일은 불가능하기 때문이다.

병: 동물이 아무것도 기억할 수 없다는 주장을 인정하고 나면, 동물이 무언가를 학습할 수 있다는 주장은 아예 성립할 수 없을 것이다. 그렇게 되면 동물의 학습에 관한 연구는 무의미해질 것이다. 하지만 어느 이웃에게 한 번 발로 차인 개는 그를 만날 때마다 그 사실을 기억하고 두려움을 느끼며 몸을 피한다. 그렇다면 무언가를 기억하기 위해 자의식이 꼭 필요한 것일까. 그렇지는 않아 보인다. 실은 인간조차도 아무런 자의식 없이 무언가를 기억하여 행동할 때가 있다. 하물며 동물은 말할 것도 없을 것이다. 또한, 과거에 경험한 괴로운 사건은 '나의 것'이라고 받아들이지 않고도 기억될 수 있다.

〈보기〉

ㄱ. 갑과 병은 동물에게 자의식이 없다고 여긴다.

ㄴ. 갑과 을은 동물이 의식 없이 행동할 수 있다고 여긴다.

ㄷ. 을에게 기억은 의식의 충분조건이지만, 병에게 기억은 학습의 필요조건이다.

① ㄱ   ② ㄷ   ③ ㄱ, ㄴ

④ ㄴ, ㄷ   ⑤ ㄱ, ㄴ, ㄷ

문 16. 다음 글에서 추론할 수 있는 것만을 〈보기〉에서 모두 고르면?

16 (4) 5번

예술과 도덕의 관계, 더 구체적으로는 예술작품의 미적 가치와 도덕적 가치의 관계는 동서양을 막론하고 사상사의 중요한 주제들 중 하나이다. 그 관계에 대한 입장들로는 '극단적 도덕주의', '온건한 도덕주의', '자율성주의'가 있다. 이 입장들은 예술작품이 도덕적 가치판단의 대상이 될 수 있느냐는 물음에 각기 다른 대답을 한다.

극단적 도덕주의 입장은 모든 예술작품을 도덕적 가치판단의 대상으로 본다. 이 입장은 도덕적 가치를 가장 우선적인 가치이자 가장 포괄적인 가치로 본다. 따라서 모든 예술 작품은 도덕적 가치에 의해서 긍정적으로 또는 부정적으로 평가된다. 또한 도덕적 가치는 미적 가치를 비롯한 다른 가치들보다 우선한다. 이러한 입장을 대표하는 사람이 바로 톨스토이이다. 그는 인간의 형제애에 관한 정서를 전달함으로써 인류의 심정적 통합을 이루는 것이 예술의 핵심적 가치라고 보았다.

온건한 도덕주의는 오직 일부 예술작품만이 도덕적 판단의 대상이 된다고 보는 입장이다. 따라서 일부의 예술작품들에 대해서만 긍정적인 또는 부정적인 도덕적 가치판단이 가능하다고 본다. 이 입장에 따르면, 도덕적 판단의 대상이 되는 예술작품의 도덕적 가치와 미적 가치는 서로 독립적으로 성립하는 것이 아니다. 그것들은 서로 내적으로 연결되어 있기 때문에 어떤 예술작품이 가지는 도덕적 장점이 그 예술작품의 미적 장점이 된다. 또한 어떤 예술작품의 도덕적 결함은 그 예술작품의 미적 결함이 된다.

자율성주의는 어떠한 예술작품도 도덕적 가치판단의 대상이 될 수 없다고 보는 입장이다. 이 입장에 따르면, 도덕적 가치와 미적 가치는 서로 자율성을 유지한다. 즉, 도덕적 가치와 미적 가치는 각각 독립적인 영역에서 구현되고 서로 다른 기준에 의해 평가된다는 것이다. 결국 자율성주의는 예술작품에 대한 도덕적 가치판단을 범주착오에 해당하는 것으로 본다.

〈보기〉

ㄱ. 자율성주의는 극단적 도덕주의와 온건한 도덕주의가 모두 범주착오를 범하고 있다고 볼 것이다.

ㄴ. 극단적 도덕주의는 모든 도덕적 가치가 예술작품을 통해 구현된다고 보지만 자율성주의는 그렇지 않을 것이다.

ㄷ. 온건한 도덕주의에서 도덕적 판단의 대상이 되는 예술 작품들은 모두 극단적 도덕주의에서도 도덕적 판단의 대상이 될 것이다.

① ㄱ
② ㄴ
③ ㄱ, ㄷ
④ ㄴ, ㄷ
⑤ ㄱ, ㄴ, ㄷ

문 17. 다음 글의 내용이 참일 때 반드시 참인 것은?

21 (가) 36번

K 부처는 관리자 연수과정에 있는 연수생 중에 서류심사와 부처 면접을 통해 새로운 관리자를 선발하기로 하였다. 먼저 서류심사를 진행하여 서류심사 접수자 중 세 명만을 면접 대상자로 결정하고 나머지 접수자들은 탈락시킨다. 그리고 면접 대상자들을 상대로 면접을 진행하여, 두 명만 새로운 관리자로 선발한다. 서류심사 접수자는 갑, 을, 병, 정, 무 총 5명이다. 다음은 이들이 나눈 대화이다.

갑: 나는 면접 대상자로 결정되었고 병은 서류심사에서 탈락했어.

을: 나는 서류심사에서 탈락했지만 병은 면접 대상자로 결정되었어.

병: 무는 새로운 관리자로 선발되었어.

정: 나는 새로운 관리자로 선발되었고 면접에서 병과 무와 함께 있었어.

무: 나는 갑과 정이랑 함께 면접 대상자로 결정되었어.

대화 이후 서류심사 결과와 부처 면접 결과가 모두 공개되자, 이들 중 세 명의 진술은 참이고 나머지 두 명의 진술은 거짓인 것으로 밝혀졌다.

① 갑은 면접 대상자로 결정되었다.
② 을은 서류심사에서 탈락하였다.
③ 병은 면접 대상자로 결정되었다.
④ 정은 새로운 관리자로 선발되었다.
⑤ 무는 새로운 관리자로 선발되지 않았다.

문 18. 다음 글의 내용이 참일 때, 반드시 참인 것만을 〈보기〉에서 모두 고르면? 19 (가) 12번

A 부서에서는 새로운 프로젝트인 〈하늘〉을 진행할 예정이다. 이 부서에는 남자 사무관 가훈, 나훈, 다훈, 라훈 4명과 여자 사무관 모연, 보연, 소연 3명이 소속되어 있다. 아래의 조건을 지키면서 이들 가운데 4명을 뽑아 〈하늘〉 전담팀을 꾸리고자 한다.

○ 남자 사무관 가운데 적어도 한 사람은 뽑아야 한다.

○ 여자 사무관 가운데 적어도 한 사람은 뽑지 말아야 한다.

○ 가훈, 나훈 중 적어도 한 사람을 뽑으면, 라훈과 소연도 뽑아야 한다.

○ 다훈을 뽑으면, 모연과 보연은 뽑지 말아야 한다.

○ 소연을 뽑으면, 모연도 뽑아야 한다.

───〈보기〉───
ㄱ. 남녀 동수로 팀이 구성된다.

ㄴ. 다훈과 보연 둘 다 팀에 포함되지 않는다.

ㄷ. 라훈과 모연 둘 다 팀에 포함된다.

① ㄱ
② ㄷ
③ ㄱ, ㄴ
④ ㄴ, ㄷ
⑤ ㄱ, ㄴ, ㄷ

문 19. 다음 글의 내용이 모두 참일 때 반드시 참인 것만을 〈보기〉에서 모두 고르면? 18 (나) 33번

신생벤처기업 지원투자 사업이나 벤처기업 입주지원 사업이 10월에 진행된다면 벤처기업 대표자 간담회도 10월에 열려야 한다. 그런데 창업지원센터가 10월에 간담회 장소로 대관되지 않을 경우 벤처기업 입주지원 사업이 10월에 진행된다. 만일 대관된다면 벤처기업 입주지원 사업은 11월로 연기된다. 또한 기존 중소기업 지원 사업이 10월에 진행된다면 벤처기업 대표자 간담회는 11월로 연기된다. 벤처기업 대표자 간담회가 10월에 열릴 경우 창업지원센터는 간담회 장소로 대관된다. 벤처기업 대표자 간담회 외의 일로 창업지원센터가 대관되는 일은 없다. 이러한 상황에서 신생벤처기업 지원투자 사업과 기존 중소기업 지원 사업 중 한 개의 사업만이 10월에 진행된다는 것이 밝혀졌다.

───〈보기〉───
ㄱ. 벤처기업 입주지원 사업은 10월에 진행되지 않는다.

ㄴ. 벤처기업 대표자 간담회는 10월에 진행되지 않는다.

ㄷ. 신생벤처기업 지원투자 사업은 10월에 진행되지 않는다.

① ㄱ
② ㄷ
③ ㄱ, ㄴ
④ ㄴ, ㄷ
⑤ ㄱ, ㄴ, ㄷ

문 20. 다음 글에서 추론할 수 있는 것만을 〈보기〉에서 모두 고르면?

21 (가) 31번

　　　신경계는 우리 몸 안팎에서 일어나는 여러 자극을 전달하여 이에 대한 반응을 유발하는 기관계이며, 그 기본 구성단위는 뉴런이다. 신경계 중 소화와 호흡처럼 뇌의 직접적인 제어를 받지 않는 자율신경계는 교감신경과 부교감신경으로 구성되어 있다. 교감신경과 부교감신경은 눈의 홍채와 같은 다양한 표적기관의 기능을 조절한다.

　　　교감신경과 부교감신경 모두 일렬로 배열된 절전뉴런과 절후뉴런으로 구성되어 있다. 이 두 뉴런이 서로 인접해 있는 곳이 신경절이며, 절전뉴런은 신경절의 앞쪽에, 절후뉴런은 신경절의 뒤쪽에 있다. 절후뉴런의 끝은 표적기관과 연결된다. 교감신경이 활성화되면 교감신경의 절전뉴런 끝에서 신호물질인 아세틸콜린이 분비된다. 분비된 아세틸콜린은 교감신경의 절후뉴런을 활성화시키고, 절전뉴런으로부터 받은 신호를 표적기관에 전달하게 한다. 부교감신경 역시 활성화되면 부교감신경의 절전뉴런 끝에서 아세틸콜린이 분비된다. 아세틸콜린은 부교감신경의 절후뉴런을 활성화시킨다. 교감신경의 절후뉴런 끝에서는 노르아드레날린이, 부교감신경의 절후뉴런 끝에서는 아세틸콜린이 표적기관의 기능을 조절하기 위해 분비된다.

　　　눈에 있는 동공의 크기 조절은 자율신경계가 표적기관의 기능을 조절하는 좋은 사례이다. 동공은 수정체의 앞쪽에 위치해 있는 홍채의 가운데에 있는 구멍이다. 홍채는 동공의 직경을 조절함으로써 눈의 망막에 도달하는 빛의 양을 조절한다. 동공 크기 변화는 홍채에 있는 두 종류의 근육인 '돌림근'과 '부챗살근'의 수축에 의해 일어난다. 이 두 근육은 각각 근육층을 이루는데, 홍채의 안쪽에는 돌림근층이, 바깥쪽에는 부챗살근층이 있다. 어두운 곳에서 밝은 곳으로 이동하면 부교감신경이 활성화되고, 부교감신경의 절후뉴런 끝에 있는 표적기관인 홍채의 돌림근이 수축한다. 돌림근은 동공 둘레에 돌림고리를 형성하고 있어서, 돌림근이 수축하면 두꺼워지면서 동공의 크기가 줄어든다. 반대로 밝은 곳에서 어두운 곳으로 이동하면 교감신경이 활성화되고, 교감신경의 절후뉴런 끝에 있는 표적기관인 홍채의 부챗살근이 수축한다. 부챗살근은 자전거 바퀴의 살처럼 배열되어 있어서 수축할 때 부챗살근의 길이가 짧아지고 동공의 직경이 커진다. 이렇게 변화된 동공의 크기는 빛의 양에 변화가 일어날 때까지 일정하게 유지된다.

〈보기〉

ㄱ. 밝은 곳에서 어두운 곳으로 이동하면 교감신경의 절전뉴런 끝에서 아세틸콜린이 분비된다.

ㄴ. 어두운 곳에서 밝은 곳으로 이동하면 부교감신경의 절후뉴런 끝에서 아세틸콜린이 분비되고 돌림근이 두꺼워진다.

ㄷ. 노르아드레날린은 돌림근의 수축을 일으키는 반면 아세틸콜린은 부챗살근의 수축을 일으킨다.

① ㄴ

② ㄷ

③ ㄱ, ㄴ

④ ㄱ, ㄷ

⑤ ㄱ, ㄴ, ㄷ

문 21. 다음 글의 ㉠~㉢에 대한 평가로 적절한 것만을 〈보기〉에서 모두 고르면? 20 (나) 36번

종소리를 울린다고 개가 침을 흘리지는 않지만, 먹이를 줄 때마다 종소리를 내면 종소리만으로도 개가 침을 흘리게 된다. 이처럼 원래 반응을 일으키지 않는 '중립적 자극'과 무조건 반응을 일으키는 '무조건 자극'을 결합하여 중립적 자극만으로도 반응이 일어나게 되는 과정을 '조건화'라고 한다. 조건화의 특성에 관하여 다음과 같은 주장이 있다. 첫째, ㉠ 조건화가 이루어지려면 중립적 자극과 무조건 자극이 여러 차례 연결되어야 한다. 둘째, ㉡ 조건화가 이루어지려면 중립적 자극과 무조건 자극 간의 간격이 0~1초 정도로 충분히 짧아야 한다. 셋째, ㉢ 무조건 자극과 중립적 자극이 각각 어떤 종류의 자극인지는 조건화의 정도에 영향을 미치지 않는다.

조건화의 특성을 확인하기 위해 쥐를 가지고 두 가지 실험을 했다. 실험에는 사카린을 탄 '단물'과 빛을 쬐어 밝게 빛나는 '밝은 물'을 이용하였다. 방사능을 쬔 쥐는 무조건 반응으로 구토증을 일으키고, 전기 충격을 받은 쥐는 무조건 반응으로 쇼크를 경험한다.

〈실험 A〉

쥐들을 두 집단으로 나누어 실험군에 속한 쥐들에게는 단물을 주고 30분 후 한 차례 방사능에 노출했다. 한편, 대조군에 속한 쥐들에게는 맹물을 주고 30분 후 한 차례 방사능에 노출했다. 사흘 뒤 두 집단의 쥐들에게 단물을 주었더니 물맛을 본 실험군의 쥐들은 구토 증상을 나타냈지만 대조군의 쥐들은 그러지 않았다.

〈실험 B〉

쥐들을 네 집단으로 나누었다. 집단 1의 쥐들에게 단물을 주면서 방사능에 노출했고, 집단 2의 쥐들에게는 단물을 주면서 전기 충격을 가했다. 집단 3의 쥐들에게 밝은 물을 주면서 방사능에 노출했고, 집단 4의 쥐들에게는 밝은 물을 주면서 전기 충격을 가했다. 이런 과정을 여러 차례 반복하고 사흘 뒤 자극에 대한 반응을 조사했다. 단물을 주자 일부 쥐들에서 미미한 쇼크 반응이 나타난 집단 2와 달리 집단 1의 쥐들은 확연한 구토 반응을 보였다. 또 밝은 물을 주었을 때, 미미한 구토 반응을 보인 집단 3과 달리 집단 4의 쥐들은 몸을 떨며 쇼크에 해당하는 반응을 보였다.

〈보기〉

ㄱ. 〈실험 A〉는 ㉠을 약화하지만 ㉢을 약화하지 않는다.
ㄴ. 〈실험 B〉는 ㉠을 약화하지 않지만 ㉢을 약화한다.
ㄷ. 〈실험 A〉는 ㉡을 약화하지만 〈실험 B〉는 ㉡을 약화하지 않는다.

① ㄱ ② ㄴ ③ ㄱ, ㄷ
④ ㄴ, ㄷ ⑤ ㄱ, ㄴ, ㄷ

문 22. 다음 글의 논지를 강화하는 것만을 〈보기〉에서 모두 고르면? 20 (나) 38번

인간이 발전시켜온 생각이나 행동의 역사를 놓고 볼 때, 인간이 지금과 같이 놀라울 정도로 이성적인 방향으로 발전해 올 수 있었던 것은 이성적이고 도덕적 존재로서 자신의 잘못을 스스로 시정할 수 있는 능력 덕분이다. 인간은 토론과 경험에 힘입을 때에만 자신의 과오를 고칠 수 있다. 단지 경험만으로는 부족하다. 경험을 해석하기 위해서는 토론이 반드시 있어야 한다. 인간이 토론을 통해 내리는 판단의 힘과 가치는, 판단이 잘못되었을 때 그것을 고칠 수 있다는 사실로부터 비롯되며, 잘못된 생각과 관행은 사실과 논쟁 앞에서 점차 그 힘을 잃게 된다. 따라서 민주주의 국가에서는 자유로운 토론이 보장되어야 한다. 자유로운 토론이 없다면 잘못된 생각의 근거뿐 아니라 그러한 생각 자체의 의미에 대해서도 모르게 되기 때문이다.

어느 누구에게도 다른 사람들의 의사 표현을 통제할 권리는 없다. 다른 사람의 생각을 표현하지 못하게 억누르려는 권력은 정당성을 갖지 못한다. 가장 좋다고 여겨지는 정부일지라도 그럴 자격을 갖고 있지 않다. 흔히 민주주의 국가에서는 여론을 중시한다고 한다. 하지만 그 어떤 정부라 하더라도 여론의 힘을 빌려 특정 사안에 대한 토론의 자유를 제한하려 하는 행위를 해서는 안 된다. 그런 행위는 여론에 반(反)해 사회 구성원 대다수가 원하는 토론의 자유를 제한하려는 것만큼이나 나쁘다. 인류 전체를 통틀어 단 한 사람만이 다른 생각을 가지고 있다고 해도, 그 사람에게 침묵을 강요하는 것은 옳지 못하다. 이는 어떤 한 사람이 자신과 의견이 다른 나머지 사람 모두에게 침묵을 강요하는 것만큼이나 용납될 수 없는 일이다. 권력을 동원해서 억누르려는 의견은 옳은 것일 수도, 옳지 않은 것일 수도 있다. 그런데 정부가 자신이 옳다고 가정함으로써 다른 사람들이 그 의견을 들어볼 기회까지 봉쇄한다면 그것은 사람들이 토론을 통해 잘못을 드러내고 진리를 찾을 기회를 박탈하는 것이다. 설령 그 의견이 잘못된 것이라 하더라도 그 의견을 억압하는 것은 토론을 통해 틀린 의견과 옳은 의견을 대비시킴으로써 진리를 생생하고 명확하게 드러낼 수 있는 대단히 소중한 기회를 놓치는 결과를 낳게 된다.

〈보기〉

ㄱ. 축적된 화재 사고 기록들에 대해 어떠한 토론도 이루어지지 않았음에도 불구하고 화재 사고를 잘 예방하였다.
ㄴ. 정부가 사람들의 의견 표출을 억누르지 않는 사회에서 오히려 사람들이 가짜 뉴스를 더 많이 믿었다.
ㄷ. 갈릴레오의 저서가 금서가 되어 천문학의 과오를 드러내고 진리를 찾을 기회가 한동안 박탈되었다.

① ㄱ ② ㄷ ③ ㄱ, ㄴ
④ ㄴ, ㄷ ⑤ ㄱ, ㄴ, ㄷ

문 23. 다음 글의 빈칸에 들어갈 진술로 가장 적절한 것은?

15 (인) 11번

우리의 지각 경험은 우리 마음 밖에 있는 외부 세계의 존재에 대한 믿음을 정당화할 수 있는가? 회의주의자들은 그렇지 않다고 말한다. 당신은 눈 앞에 있는 무언가를 관찰하고 있다. 자세히 보니 당신 눈 앞에 있는 것은 손인 것처럼 보인다. 이런 경험, 즉 앞에 있는 대상이 손인 것처럼 보이는 지각 경험은 앞에 손이 있다는 믿음을 정당화하는가 회의주의자들에 따르면, 이 질문에 대한 답은 당신이 현재 가지고 있는 다른 믿음에 의존한다. 가령, "앞에 있는 것은 진짜 손이 아니라 잘 꾸며진 플라스틱 손이다.", 혹은 "그것은 정교한 홀로그램이다.", 혹은 (심지어) "당신은 통 속에서 전기 자극을 받고 있는 뇌일 뿐이다." 등과 같은 회의적 대안 가설들을 생각해 보자. 이런 회의적 대안 가설들이 거짓이라는 믿음은 정당화될 수 있는가? 이런 정당화는 무척 어려운 듯이 보인다. 우리는 손처럼 보이는 지각 경험을 설명해낼 수 있는 수많은 대안 가설들을 만들어낼 수 있으며, 그 모든 가설들이 거짓이라는 것에 대한 증거를 획득하기란 매우 어렵다. 이에, 모든 회의적 대안 가설이 거짓이라는 믿음은 정당화될 수 없다. 이런 점에 비추어, 회의주의자들은 손인 것처럼 보이는 지각 경험이 손이 있다는 것에 대한 믿음을 정당화하지 못한다고 주장한다. 이와 같은 회의주의자들의 논증은 다음을 추가로 전제하고 있다.

① 우리가 외부 세계의 존재에 대한 믿음을 가지고 있다면 외부 세계는 존재할 수밖에 없다.

② 외부 세계가 존재한다고 하더라도 모든 회의적 대안 가설이 참이라는 믿음은 정당화될 수 있다.

③ 외부 세계의 존재에 대한 믿음이 거짓이라는 것을 정당화하기 위해서 사용할 수 있는 방법에는 지각 경험이 유일하다.

④ 지각 경험을 통해 외부 세계의 존재에 대한 믿음을 정당화하기 위해서는 회의적 대안 가설에 대한 믿음과 외부 세계에 대한 믿음이 양립가능하다는 것이 증명되어야 한다.

⑤ 모든 회의적 대안 가설이 거짓이라는 믿음이 정당화될 수 없다면, 손인 것처럼 보이는 지각 경험은 손이 있다는 것에 대한 믿음을 정당화하지 못한다.

문 24. 다음 글의 논증에 대한 비판으로 적절하지 않은 것은?

16 (4) 35번

진화론자들은 지구상에서 생명의 탄생이 30억 년 전에 시작됐다고 추정한다. 5억 년 전 캄브리아기 생명폭발 이후 다양한 생물종이 출현했다. 인간 종이 지구상에 출현한 것은 길게는 100만 년 전이고 짧게는 10만 년 전이다. 현재 약 180만 종의 생물종이 보고되어 있다. 멸종된 것을 포함해서 5억 년 전 이후 지구상에 출현한 생물종은 1억 종에 이른다. 5억 년을 100년 단위로 자르면 500만 개의 단위로 나눌 수 있다. 이것은 새로운 생물종이 평균적으로 100년 단위마다 약 20종이 출현한다는 것을 의미한다. 하지만 지난 100년 간 생물학자들은 지구상에서 새롭게 출현한 종을 찾아내지 못했다. 이는 한 종에서 분화를 통해 다른 종이 발생한다는 진화론이 거짓이라는 것을 함축한다.

① 100년마다 20종이 출현한다는 것은 다만 평균일 뿐이다. 현재의 신생 종 출현 빈도는 그보다 훨씬 적을 수 있지만 언젠가 신생 종이 훨씬 많이 발생하는 시기가 올 수 있다.

② 5억 년 전 이후부터 지구상에 출현한 생물종이 1,000만 종 이하일 수 있다. 그러면 100년 내에 새로 출현하는 종의 수는 2종 정도이므로 신생 종을 발견하기 어려울 수 있다.

③ 생물학자는 새로 발견한 종이 신생 종인지 아니면 오래 전부터 존재했던 종인지 판단하기 어렵다. 따라서 신생 종의 출현이나 부재로 진화론을 검증하려는 시도는 성공할 수 없다.

④ 30억 년 전에 생물이 출현한 이후 5차례의 대멸종이 일어났으나 대멸종은 매번 규모가 달랐다. 21세기 현재, 알려진 종 중 사라지는 수가 크게 늘고 있어 우리는 인간에 의해 유발된 대멸종의 시대를 맞이하는 것으로 볼 수 있다.

⑤ 생물학자들이 발견한 몇몇 종은 지난 100년 내에 출현한 종이라고 판단할 이유가 있다. DNA의 구성에 따라 계통수를 그렸을 때 본줄기보다는 곁가지 쪽에 배치될수록 늦게 출현한 종임을 알 수 있기 때문이다.

문 25. 다음 A, B 학파에 대한 판단으로 적절하지 않은 것은?

18 (나) 6번

비정규 노동은 파트타임, 기간제, 파견, 용역, 호출 등의 근로형태를 의미한다. IMF 외환위기 이후 정규직과 비정규직 사이의 차별이 사회문제로 대두되었는데 그 중 가장 심각한 문제가 임금차별이다. 정규직과 비정규직 사이의 임금 수준 격차는 점차 커져 비정규직 임금이 2001년에는 정규직의 63% 수준이었다가 2016년에는 53.5% 수준으로 떨어졌다. 이 문제를 어떻게 해결할 것인가를 놓고 크게 두 가지 시각이 대립한다.

A 학파는 차별적 관행을 고수하는 기업들은 비차별적 기업들과의 경쟁에서 자연적으로 도태되기 때문에 기업 간 경쟁이 임금차별 완화의 핵심이라고 이야기한다. 기업이 노동자 개인의 능력 이외에 다른 잣대를 바탕으로 차별하는 행위는 비합리적이기 때문에, 기업들 사이의 경쟁이 강화될수록 임금차별은 자연스럽게 줄어들 수밖에 없다는 것이다. 예를 들어 정규직과 비정규직 가릴 것 없이 오직 능력에 비례하여 임금을 결정하는 회사는 정규직 또는 비정규직이라는 이유만으로 무능한 직원들을 임금 면에서 우대하고 유능한 직원들을 홀대하는 회사보다 경쟁에서 앞서나갈 것이다.

B 학파는 실제로는 고용주들이 비정규직을 차별한다고 해서 기업 간 경쟁에서 불리해지는 않는 현실을 근거로 A 학파를 비판한다. B 학파에 따르면 고용주들은 오직 사회적 비용이라는 추가적 장애물의 위협에 직면했을 때에만 정규직과 비정규직 사이의 임금차별 관행을 근본적으로 재고한다. 여기서 말하는 사회적 비용이란, 국가가 제정한 법과 제도를 수용하지 않음으로써 조직의 정당성이 낮아짐을 뜻한다. 기업의 경우엔 조직의 정당성이 낮아지게 되면 조직의 생존 가능성 역시 낮아지게 된다. 그래서 기업은 임금차별을 줄이는 강제적 제도를 수용함으로써 사회적 비용을 낮추는 선택을 하게 된다는 것이다. 따라서 B 학파는 법과 제도에 의한 규제를 통해 임금차별이 줄어들 것이라고 본다.

① A 학파에 따르면 경쟁이 치열한 산업군일수록 근로형태에 따른 임금 격차는 더 적어진다.

② A 학파는 시장에서 기업 간 경쟁이 약화되는 것을 방지하기 위한 보완 정책이 수립되어야 한다고 본다.

③ A 학파는 정규직과 비정규직 사이의 임금차별이 어떻게 줄어드는가에 대해 B 학파와 견해를 달리한다.

④ B 학파는 기업이 자기 조직의 생존 가능성을 낮춰가면서까지 임금차별 관행을 고수하지는 않을 것이라고 전제한다.

⑤ B 학파에 따르면 다른 조건이 동일할 때 기업의 비정규직에 대한 임금차별은 주로 강제적 규제에 의해 시정될 수 있다.

약점 보완 해설집 p.160

SPEED CHECK 답안지

답안지 활용 방법

1. 문제 풀이 시 답안 체크를 함께 하면서 실전 감각을 높이시기 바랍니다.
2. 채점 시 O, △, X로 구분하여 채점하시기 바랍니다. (O: 정확하게 맞음, △: 찍었는데 맞음, X: 틀림)

진행 날짜:

2024년 7급 기출문제

1	① ② ③ ④ ⑤	6	① ② ③ ④ ⑤	11	① ② ③ ④ ⑤	16	① ② ③ ④ ⑤	21	① ② ③ ④ ⑤
2	① ② ③ ④ ⑤	7	① ② ③ ④ ⑤	12	① ② ③ ④ ⑤	17	① ② ③ ④ ⑤	22	① ② ③ ④ ⑤
3	① ② ③ ④ ⑤	8	① ② ③ ④ ⑤	13	① ② ③ ④ ⑤	18	① ② ③ ④ ⑤	23	① ② ③ ④ ⑤
4	① ② ③ ④ ⑤	9	① ② ③ ④ ⑤	14	① ② ③ ④ ⑤	19	① ② ③ ④ ⑤	24	① ② ③ ④ ⑤
5	① ② ③ ④ ⑤	10	① ② ③ ④ ⑤	15	① ② ③ ④ ⑤	20	① ② ③ ④ ⑤	25	① ② ③ ④ ⑤

맞힌 개수 / 전체 개수 : _____ / 25   O: _____개,   △: _____개,   X: _____개

2023년 7급 기출문제

1	① ② ③ ④ ⑤	6	① ② ③ ④ ⑤	11	① ② ③ ④ ⑤	16	① ② ③ ④ ⑤	21	① ② ③ ④ ⑤
2	① ② ③ ④ ⑤	7	① ② ③ ④ ⑤	12	① ② ③ ④ ⑤	17	① ② ③ ④ ⑤	22	① ② ③ ④ ⑤
3	① ② ③ ④ ⑤	8	① ② ③ ④ ⑤	13	① ② ③ ④ ⑤	18	① ② ③ ④ ⑤	23	① ② ③ ④ ⑤
4	① ② ③ ④ ⑤	9	① ② ③ ④ ⑤	14	① ② ③ ④ ⑤	19	① ② ③ ④ ⑤	24	① ② ③ ④ ⑤
5	① ② ③ ④ ⑤	10	① ② ③ ④ ⑤	15	① ② ③ ④ ⑤	20	① ② ③ ④ ⑤	25	① ② ③ ④ ⑤

맞힌 개수 / 전체 개수 : _____ / 25   O: _____개,   △: _____개,   X: _____개

2022년 7급 기출문제

1	① ② ③ ④ ⑤	6	① ② ③ ④ ⑤	11	① ② ③ ④ ⑤	16	① ② ③ ④ ⑤	21	① ② ③ ④ ⑤
2	① ② ③ ④ ⑤	7	① ② ③ ④ ⑤	12	① ② ③ ④ ⑤	17	① ② ③ ④ ⑤	22	① ② ③ ④ ⑤
3	① ② ③ ④ ⑤	8	① ② ③ ④ ⑤	13	① ② ③ ④ ⑤	18	① ② ③ ④ ⑤	23	① ② ③ ④ ⑤
4	① ② ③ ④ ⑤	9	① ② ③ ④ ⑤	14	① ② ③ ④ ⑤	19	① ② ③ ④ ⑤	24	① ② ③ ④ ⑤
5	① ② ③ ④ ⑤	10	① ② ③ ④ ⑤	15	① ② ③ ④ ⑤	20	① ② ③ ④ ⑤	25	① ② ③ ④ ⑤

맞힌 개수 / 전체 개수 : _____ / 25   O: _____개,   △: _____개,   X: _____개

2021년 7급 기출문제

1	① ② ③ ④ ⑤	6	① ② ③ ④ ⑤	11	① ② ③ ④ ⑤	16	① ② ③ ④ ⑤	21	① ② ③ ④ ⑤
2	① ② ③ ④ ⑤	7	① ② ③ ④ ⑤	12	① ② ③ ④ ⑤	17	① ② ③ ④ ⑤	22	① ② ③ ④ ⑤
3	① ② ③ ④ ⑤	8	① ② ③ ④ ⑤	13	① ② ③ ④ ⑤	18	① ② ③ ④ ⑤	23	① ② ③ ④ ⑤
4	① ② ③ ④ ⑤	9	① ② ③ ④ ⑤	14	① ② ③ ④ ⑤	19	① ② ③ ④ ⑤	24	① ② ③ ④ ⑤
5	① ② ③ ④ ⑤	10	① ② ③ ④ ⑤	15	① ② ③ ④ ⑤	20	① ② ③ ④ ⑤	25	① ② ③ ④ ⑤

맞힌 개수 / 전체 개수 : _____ / 25   O: _____개,   △: _____개,   X: _____개

SPEED CHECK 답안지

답안지 활용 방법

1. 문제 풀이 시 답안 체크를 함께 하면서 실전 감각을 높이시기 바랍니다.
2. 채점 시 O, △, X로 구분하여 채점하시기 바랍니다. (O: 정확하게 맞음, △: 찍었는데 맞음, X: 틀림)

진행 날짜:

2020년 7급 모의평가

1	① ② ③ ④ ⑤	6	① ② ③ ④ ⑤	11	① ② ③ ④ ⑤	16	① ② ③ ④ ⑤	21	① ② ③ ④ ⑤
2	① ② ③ ④ ⑤	7	① ② ③ ④ ⑤	12	① ② ③ ④ ⑤	17	① ② ③ ④ ⑤	22	① ② ③ ④ ⑤
3	① ② ③ ④ ⑤	8	① ② ③ ④ ⑤	13	① ② ③ ④ ⑤	18	① ② ③ ④ ⑤	23	① ② ③ ④ ⑤
4	① ② ③ ④ ⑤	9	① ② ③ ④ ⑤	14	① ② ③ ④ ⑤	19	① ② ③ ④ ⑤	24	① ② ③ ④ ⑤
5	① ② ③ ④ ⑤	10	① ② ③ ④ ⑤	15	① ② ③ ④ ⑤	20	① ② ③ ④ ⑤	25	① ② ③ ④ ⑤

맞힌 개수 / 전체 개수 : _____ / 25   O: _____개,   △: _____개,   X: _____개

2021년 민경채 기출문제

1	① ② ③ ④ ⑤	6	① ② ③ ④ ⑤	11	① ② ③ ④ ⑤	16	① ② ③ ④ ⑤	21	① ② ③ ④ ⑤
2	① ② ③ ④ ⑤	7	① ② ③ ④ ⑤	12	① ② ③ ④ ⑤	17	① ② ③ ④ ⑤	22	① ② ③ ④ ⑤
3	① ② ③ ④ ⑤	8	① ② ③ ④ ⑤	13	① ② ③ ④ ⑤	18	① ② ③ ④ ⑤	23	① ② ③ ④ ⑤
4	① ② ③ ④ ⑤	9	① ② ③ ④ ⑤	14	① ② ③ ④ ⑤	19	① ② ③ ④ ⑤	24	① ② ③ ④ ⑤
5	① ② ③ ④ ⑤	10	① ② ③ ④ ⑤	15	① ② ③ ④ ⑤	20	① ② ③ ④ ⑤	25	① ② ③ ④ ⑤

맞힌 개수 / 전체 개수 : _____ / 25   O: _____개,   △: _____개,   X: _____개

2020년 민경채 기출문제

1	① ② ③ ④ ⑤	6	① ② ③ ④ ⑤	11	① ② ③ ④ ⑤	16	① ② ③ ④ ⑤	21	① ② ③ ④ ⑤
2	① ② ③ ④ ⑤	7	① ② ③ ④ ⑤	12	① ② ③ ④ ⑤	17	① ② ③ ④ ⑤	22	① ② ③ ④ ⑤
3	① ② ③ ④ ⑤	8	① ② ③ ④ ⑤	13	① ② ③ ④ ⑤	18	① ② ③ ④ ⑤	23	① ② ③ ④ ⑤
4	① ② ③ ④ ⑤	9	① ② ③ ④ ⑤	14	① ② ③ ④ ⑤	19	① ② ③ ④ ⑤	24	① ② ③ ④ ⑤
5	① ② ③ ④ ⑤	10	① ② ③ ④ ⑤	15	① ② ③ ④ ⑤	20	① ② ③ ④ ⑤	25	① ② ③ ④ ⑤

맞힌 개수 / 전체 개수 : _____ / 25   O: _____개,   △: _____개,   X: _____개

2019년 민경채 기출문제

1	① ② ③ ④ ⑤	6	① ② ③ ④ ⑤	11	① ② ③ ④ ⑤	16	① ② ③ ④ ⑤	21	① ② ③ ④ ⑤
2	① ② ③ ④ ⑤	7	① ② ③ ④ ⑤	12	① ② ③ ④ ⑤	17	① ② ③ ④ ⑤	22	① ② ③ ④ ⑤
3	① ② ③ ④ ⑤	8	① ② ③ ④ ⑤	13	① ② ③ ④ ⑤	18	① ② ③ ④ ⑤	23	① ② ③ ④ ⑤
4	① ② ③ ④ ⑤	9	① ② ③ ④ ⑤	14	① ② ③ ④ ⑤	19	① ② ③ ④ ⑤	24	① ② ③ ④ ⑤
5	① ② ③ ④ ⑤	10	① ② ③ ④ ⑤	15	① ② ③ ④ ⑤	20	① ② ③ ④ ⑤	25	① ② ③ ④ ⑤

맞힌 개수 / 전체 개수 : _____ / 25   O: _____개,   △: _____개,   X: _____개

진행 날짜:

2018년 민경채 기출문제

1	① ② ③ ④ ⑤	6	① ② ③ ④ ⑤	11	① ② ③ ④ ⑤	16	① ② ③ ④ ⑤	21	① ② ③ ④ ⑤
2	① ② ③ ④ ⑤	7	① ② ③ ④ ⑤	12	① ② ③ ④ ⑤	17	① ② ③ ④ ⑤	22	① ② ③ ④ ⑤
3	① ② ③ ④ ⑤	8	① ② ③ ④ ⑤	13	① ② ③ ④ ⑤	18	① ② ③ ④ ⑤	23	① ② ③ ④ ⑤
4	① ② ③ ④ ⑤	9	① ② ③ ④ ⑤	14	① ② ③ ④ ⑤	19	① ② ③ ④ ⑤	24	① ② ③ ④ ⑤
5	① ② ③ ④ ⑤	10	① ② ③ ④ ⑤	15	① ② ③ ④ ⑤	20	① ② ③ ④ ⑤	25	① ② ③ ④ ⑤

맞힌 개수 / 전체 개수 : _____ / 25   O: _____개,   △: _____개,   X: _____개

2017년 민경채 기출문제

1	① ② ③ ④ ⑤	6	① ② ③ ④ ⑤	11	① ② ③ ④ ⑤	16	① ② ③ ④ ⑤	21	① ② ③ ④ ⑤
2	① ② ③ ④ ⑤	7	① ② ③ ④ ⑤	12	① ② ③ ④ ⑤	17	① ② ③ ④ ⑤	22	① ② ③ ④ ⑤
3	① ② ③ ④ ⑤	8	① ② ③ ④ ⑤	13	① ② ③ ④ ⑤	18	① ② ③ ④ ⑤	23	① ② ③ ④ ⑤
4	① ② ③ ④ ⑤	9	① ② ③ ④ ⑤	14	① ② ③ ④ ⑤	19	① ② ③ ④ ⑤	24	① ② ③ ④ ⑤
5	① ② ③ ④ ⑤	10	① ② ③ ④ ⑤	15	① ② ③ ④ ⑤	20	① ② ③ ④ ⑤	25	① ② ③ ④ ⑤

맞힌 개수 / 전체 개수 : _____ / 25   O: _____개,   △: _____개,   X: _____개

2016년 민경채 기출문제

1	① ② ③ ④ ⑤	6	① ② ③ ④ ⑤	11	① ② ③ ④ ⑤	16	① ② ③ ④ ⑤	21	① ② ③ ④ ⑤
2	① ② ③ ④ ⑤	7	① ② ③ ④ ⑤	12	① ② ③ ④ ⑤	17	① ② ③ ④ ⑤	22	① ② ③ ④ ⑤
3	① ② ③ ④ ⑤	8	① ② ③ ④ ⑤	13	① ② ③ ④ ⑤	18	① ② ③ ④ ⑤	23	① ② ③ ④ ⑤
4	① ② ③ ④ ⑤	9	① ② ③ ④ ⑤	14	① ② ③ ④ ⑤	19	① ② ③ ④ ⑤	24	① ② ③ ④ ⑤
5	① ② ③ ④ ⑤	10	① ② ③ ④ ⑤	15	① ② ③ ④ ⑤	20	① ② ③ ④ ⑤	25	① ② ③ ④ ⑤

맞힌 개수 / 전체 개수 : _____ / 25   O: _____개,   △: _____개,   X: _____개

2015년 민경채 기출문제

1	① ② ③ ④ ⑤	6	① ② ③ ④ ⑤	11	① ② ③ ④ ⑤	16	① ② ③ ④ ⑤	21	① ② ③ ④ ⑤
2	① ② ③ ④ ⑤	7	① ② ③ ④ ⑤	12	① ② ③ ④ ⑤	17	① ② ③ ④ ⑤	22	① ② ③ ④ ⑤
3	① ② ③ ④ ⑤	8	① ② ③ ④ ⑤	13	① ② ③ ④ ⑤	18	① ② ③ ④ ⑤	23	① ② ③ ④ ⑤
4	① ② ③ ④ ⑤	9	① ② ③ ④ ⑤	14	① ② ③ ④ ⑤	19	① ② ③ ④ ⑤	24	① ② ③ ④ ⑤
5	① ② ③ ④ ⑤	10	① ② ③ ④ ⑤	15	① ② ③ ④ ⑤	20	① ② ③ ④ ⑤	25	① ② ③ ④ ⑤

맞힌 개수 / 전체 개수 : _____ / 25   O: _____개,   △: _____개,   X: _____개

SPEED CHECK 답안지

답안지 활용 방법

1. 문제 풀이 시 답안 체크를 함께 하면서 실전 감각을 높이시기 바랍니다.
2. 채점 시 O, △, X로 구분하여 채점하시기 바랍니다. (O: 정확하게 맞음, △: 찍었는데 맞음, X: 틀림)

진행 날짜:

2014년 민경채 기출문제

1	① ② ③ ④ ⑤	6	① ② ③ ④ ⑤	11	① ② ③ ④ ⑤	16	① ② ③ ④ ⑤	21	① ② ③ ④ ⑤
2	① ② ③ ④ ⑤	7	① ② ③ ④ ⑤	12	① ② ③ ④ ⑤	17	① ② ③ ④ ⑤	22	① ② ③ ④ ⑤
3	① ② ③ ④ ⑤	8	① ② ③ ④ ⑤	13	① ② ③ ④ ⑤	18	① ② ③ ④ ⑤	23	① ② ③ ④ ⑤
4	① ② ③ ④ ⑤	9	① ② ③ ④ ⑤	14	① ② ③ ④ ⑤	19	① ② ③ ④ ⑤	24	① ② ③ ④ ⑤
5	① ② ③ ④ ⑤	10	① ② ③ ④ ⑤	15	① ② ③ ④ ⑤	20	① ② ③ ④ ⑤	25	① ② ③ ④ ⑤

맞힌 개수 / 전체 개수 : _____ / 25   O: _____개,   △: _____개,   X: _____개

2013년 민경채 기출문제

1	① ② ③ ④ ⑤	6	① ② ③ ④ ⑤	11	① ② ③ ④ ⑤	16	① ② ③ ④ ⑤	21	① ② ③ ④ ⑤
2	① ② ③ ④ ⑤	7	① ② ③ ④ ⑤	12	① ② ③ ④ ⑤	17	① ② ③ ④ ⑤	22	① ② ③ ④ ⑤
3	① ② ③ ④ ⑤	8	① ② ③ ④ ⑤	13	① ② ③ ④ ⑤	18	① ② ③ ④ ⑤	23	① ② ③ ④ ⑤
4	① ② ③ ④ ⑤	9	① ② ③ ④ ⑤	14	① ② ③ ④ ⑤	19	① ② ③ ④ ⑤	24	① ② ③ ④ ⑤
5	① ② ③ ④ ⑤	10	① ② ③ ④ ⑤	15	① ② ③ ④ ⑤	20	① ② ③ ④ ⑤	25	① ② ③ ④ ⑤

맞힌 개수 / 전체 개수 : _____ / 25   O: _____개,   △: _____개,   X: _____개

2012년 민경채 기출문제

1	① ② ③ ④ ⑤	6	① ② ③ ④ ⑤	11	① ② ③ ④ ⑤	16	① ② ③ ④ ⑤	21	① ② ③ ④ ⑤
2	① ② ③ ④ ⑤	7	① ② ③ ④ ⑤	12	① ② ③ ④ ⑤	17	① ② ③ ④ ⑤	22	① ② ③ ④ ⑤
3	① ② ③ ④ ⑤	8	① ② ③ ④ ⑤	13	① ② ③ ④ ⑤	18	① ② ③ ④ ⑤	23	① ② ③ ④ ⑤
4	① ② ③ ④ ⑤	9	① ② ③ ④ ⑤	14	① ② ③ ④ ⑤	19	① ② ③ ④ ⑤	24	① ② ③ ④ ⑤
5	① ② ③ ④ ⑤	10	① ② ③ ④ ⑤	15	① ② ③ ④ ⑤	20	① ② ③ ④ ⑤	25	① ② ③ ④ ⑤

맞힌 개수 / 전체 개수 : _____ / 25   O: _____개,   △: _____개,   X: _____개

2011년 민경채 기출문제

1	① ② ③ ④ ⑤	6	① ② ③ ④ ⑤	11	① ② ③ ④ ⑤	16	① ② ③ ④ ⑤	21	① ② ③ ④ ⑤
2	① ② ③ ④ ⑤	7	① ② ③ ④ ⑤	12	① ② ③ ④ ⑤	17	① ② ③ ④ ⑤	22	① ② ③ ④ ⑤
3	① ② ③ ④ ⑤	8	① ② ③ ④ ⑤	13	① ② ③ ④ ⑤	18	① ② ③ ④ ⑤	23	① ② ③ ④ ⑤
4	① ② ③ ④ ⑤	9	① ② ③ ④ ⑤	14	① ② ③ ④ ⑤	19	① ② ③ ④ ⑤	24	① ② ③ ④ ⑤
5	① ② ③ ④ ⑤	10	① ② ③ ④ ⑤	15	① ② ③ ④ ⑤	20	① ② ③ ④ ⑤	25	① ② ③ ④ ⑤

맞힌 개수 / 전체 개수 : _____ / 25   O: _____개,   △: _____개,   X: _____개

5급 기출 재구성 모의고사

1	① ② ③ ④ ⑤	6	① ② ③ ④ ⑤	11	① ② ③ ④ ⑤	16	① ② ③ ④ ⑤	21	① ② ③ ④ ⑤
2	① ② ③ ④ ⑤	7	① ② ③ ④ ⑤	12	① ② ③ ④ ⑤	17	① ② ③ ④ ⑤	22	① ② ③ ④ ⑤
3	① ② ③ ④ ⑤	8	① ② ③ ④ ⑤	13	① ② ③ ④ ⑤	18	① ② ③ ④ ⑤	23	① ② ③ ④ ⑤
4	① ② ③ ④ ⑤	9	① ② ③ ④ ⑤	14	① ② ③ ④ ⑤	19	① ② ③ ④ ⑤	24	① ② ③ ④ ⑤
5	① ② ③ ④ ⑤	10	① ② ③ ④ ⑤	15	① ② ③ ④ ⑤	20	① ② ③ ④ ⑤	25	① ② ③ ④ ⑤

맞힌 개수 / 전체 개수 : _____ / 25   O: _____개,   △: _____개,   X: _____개

2025 대비 최신개정판

해커스PSAT

7급+민경채 PSAT 16개년 기출문제집 언어논리

개정 2판 1쇄 발행 2024년 9월 12일

지은이	조은정
펴낸곳	해커스패스
펴낸이	해커스PSAT 출판팀

주소	서울특별시 강남구 강남대로 428 해커스PSAT
고객센터	1588-4055
교재 관련 문의	gosi@hackerspass.com
	해커스PSAT 사이트(psat.Hackers.com) 1:1 문의 게시판
학원 강의 및 동영상강의	psat.Hackers.com

ISBN	979-11-7244-309-2 (13320)
Serial Number	02-01-01

PSAT 교육 1위,
해커스PSAT psat.Hackers.com

해커스PSAT

· 해커스PSAT 학원 및 인강(교재 내 인강 할인쿠폰 수록)

공무원 교육 1위,
해커스공무원 gosi.Hackers.com

해커스공무원

· 내 점수와 석차를 확인하는 **모바일 자동 채점 및 성적 분석 서비스**
· **공무원특강**, **1:1 맞춤 컨설팅**, **합격수기** 등 공무원 시험 합격을 위한 다양한 무료 콘텐츠

한경비즈니스 2024 한국품질만족도 교육(온·오프라인 PSAT학원) 1위
한경비즈니스 2024 한국품질만족도 교육(온·오프라인 공무원학원) 1위

한국사능력검정시험 1위* 해커스!

해커스 한국사능력검정시험
교재 시리즈

빈출 개념과 기출 분석으로
기초부터 문제 해결력까지
꽉 잡는 기본서

해커스 한국사능력검정시험
심화 [1·2·3급]

스토리와 마인드맵으로 개념잡고!
기출문제로 점수잡고!

해커스 한국사능력검정시험

2주 합격 심화 [1·2·3급] 기본 [4·5·6급]

시대별/회차별 기출문제로
한 번에 합격 달성!

해커스 한국사능력검정시험

시대별/회차별 기출문제집 심화 [1·2·3급]

개념 정리부터 실전까지!
한권완성 기출문제집

해커스 한국사능력검정시험

한권완성 기출 500제 기본 [4·5·6급]

빈출 개념과 기출 선택지로
빠르게 합격 달성!

해커스 한국사능력검정시험

초단기 5일 합격 심화 [1·2·3급]
기선제압 막판 3일 합격 심화 [1·2·3급]

2025 대비 최신개정판

해커스PSAT

7급+민경채
PSAT

16개년 기출문제집 언어논리

약점 보완 해설집

해커스PSAT

7급+민경채

PSAT

16개년 기출문제집 언어논리

약점 보완 해설집

해커스

취약 유형 공략 포인트

기출문제 풀이 후 취약 유형 분석표를 통해 본인의 취약한 유형을 파악하고, 취약한 유형은 유형별 공략 포인트를 확인하여 다시 복습해보세요.

독해의 원리

유형 1 개념 이해

개념 이해 취약형은 글의 세부적인 내용을 빠르고 정확하게 파악하는 능력이 부족한 경우입니다. 따라서 문제를 풀 때 핵심 키워드를 중심으로 주요 논지와 흐름을 파악하는 연습을 합니다.

유형 공략 포인트

지문을 읽기 전에 선택지를 먼저 읽고, 핵심어와 반복되는 단어가 무엇인지 확인한다. 지문의 모든 정보를 이해하는 데 매몰되지 말고, 선택지의 핵심어와 반복된 단어에 대한 설명을 중심으로 지문의 정보를 확인한다. '그러므로, 따라서, 하지만, 그러나' 등 접속사는 지문의 흐름을 결정하므로 접속사로 시작하는 문장에 주목한다.

유형 2 구조 판단

구조 판단 취약형은 글의 논리적 구조와 흐름을 정확히 파악하는 능력이 부족한 경우입니다. 따라서 문제를 풀 때 각 문단의 핵심 내용을 중심으로 핵심 키워드 간의 관계를 파악하도록 합니다. 또한 선택지를 잘 활용하면 글 전체를 읽지 않아도 답을 찾을 수 있는 경우가 있으므로, 접속어나 지시어 등을 통해 앞뒤 문맥을 정확히 파악하여 선택지 내용을 빠르게 찾아 비교하는 연습을 합니다.

유형 공략 포인트

지문을 읽기 전에 선택지를 먼저 읽어 반복되는 단어나 비교 표현이 있는지, 대조되는 단어나 비교 표현이 있는지 확인한다. 대조되는 단어가 보이는 지문의 경우, 대조되는 단어의 특징을 동그라미, 세모 등의 기호로 구별되게 체크하여 대조 개념의 특징을 하나의 '계열'로 정리한다. 선택지가 같은 '계열'의 단어끼리 매칭되었는지, 반대 '계열'의 단어끼리 매칭되었는지 여부로 정오를 판별한다.

유형 3 원칙 적용

원칙 적용 취약형은 새로운 사례에 적용하여 추론하는 능력이 부족한 경우입니다. 따라서 우선 글에 제시된 원리·원칙의 내용을 정확하게 파악하고, 제시된 내용과 적용하려는 상황 간의 공통점과 차이점을 비교하며 읽는 연습을 합니다.

유형 공략 포인트

선택지에서 조건이나 사례가 제시되면, 원리나 원칙을 적용하는 문제이다. 지문에 원리·원칙이 하나만 제시되어 있다면 원리·원칙의 구체적인 내용을 파악한 후 선택지나 <보기>의 사례와 비교하고, 두 개 이상 제시되어 있다면 원리·원칙 간의 차이점에 초점을 두고 지문의 정보를 파악한 후 선택지나 <보기>의 사례에 적용한다.

논증의 방향

유형 4 논지와 중심 내용

논지와 중심 내용 취약형은 지문의 큰 흐름을 파악하는 능력이 부족한 경우입니다. 따라서 지문에서 방향을 잡는 접속사를 중심으로 세부 내용보다는 글의 최종적인 결론에 집중하여 글을 읽는 연습을 합니다.

유형 공략 포인트

지문을 요약하듯이 빠르게 읽으면서 각 단락의 내용을 정리하는 가장 중요한 문장을 체크하고, 이후 단락별 중요 문장 중 가장 중요하거나 포괄적인 내용을 담고 있는 문장이 무엇인지 확인한다. 지문에서 체크한 문장을 선택지와 비교하여 가장 유사한 내용을 가진 선택지를 찾는다. '그러므로, 따라서, 요컨대' 등 결과를 나타내는 접속사로 시작하는 문장과 '그러나, 하지만' 등 역접의 접속사로 시작하는 문장 뒤에는 필자가 얘기하고자 하는 중요 내용이 정리되어 있을 가능성이 높다.

유형 5 견해 분석

견해 분석 취약형은 주장 간의 차이점을 파악하는 능력이 부족한 경우입니다. 따라서 각자의 주장을 파악하여 같은 편인지 반대편인지 빠르게 구분하는 연습을 합니다.

유형 공략 포인트

지문에 제시된 견해별로 가장 중요하거나 가장 포괄적인 내용을 담은 문장을 찾아 주장을 파악한다. 각 등장인물이 같은 주장을 하고 있는지, 다른 주장을 하고 있는지 구분하여 각 선택지나 <보기>에서 어떤 주장끼리 비교하는지 확인한다. 선택지나 <보기>에 '양립 가능성', '모순관계'와 같은 표현이 있는 경우, 두 주장이 동시에 참이 될 수 있는지 없는지를 중심으로 주장 간의 관계를 파악한다.

유형 6 논증의 비판과 반박

논증의 비판과 반박 취약형은 전제와 결론으로 구성된 논증의 구조를 파악하는 능력이 부족한 경우입니다. 따라서 접속사를 중심으로 논증의 결론을 빠르게 파악하고 그 결론을 지지하는 문장이나 단어를 선별하는 연습을 합니다.

유형 공략 포인트

비판과 반박의 대상이 논지인 경우, 지문에서 논증의 전제와 결론(논지)을 확인하고, 비판과 반박의 대상이 논지가 아닌 경우, 지문에서 세부 내용을 확인한다. 이후 선택지나 <보기>에서 비판의 대상과 방향성이 반대인 내용을 찾는다.

유형 7 논증 평가

논증 평가 취약형은 논증의 방향성을 판단하는 능력이 부족한 경우입니다. 따라서 논증의 방향성을 판단하는 기준이 되는 논증의 결론을 빠르게 찾고, 그 결론과 같은 방향의 진술, 반대 방향의 진술을 예측하는 연습을 합니다.

유형 공략 포인트

발문에서 평가의 대상이 무엇인지 찾고, 지문에서 그 내용을 확인한다. 평가의 대상이 논증이나 논지일 경우, 논증의 전제와 결론(논지)을 확인하고 그 외의 것일 경우, 그 대상을 찾아 내용을 확인한다. 선택지나 <보기>의 강화·약화나 평가의 대상이 되는 내용과 비교하여 어떤 '방향성'을 갖는지 파악한다. '강화하는·지지하는 진술'을 찾아야 하는 경우, 논증의 전제나 결론과 방향성이 같은지를 확인하고, '약화하는 진술'을 찾아야 하는 경우, 논증의 전제나 결론과 방향성이 반대인지를 확인한다.

문맥과 단서

유형 8 **빈칸 추론**	빈칸 추론 취약형은 글의 문맥을 파악하는 단서를 찾아내는 능력이 부족한 경우입니다. 따라서 빈칸 주변의 접속사를 위주로 문장의 흐름을 판단하고, 핵심 키워드를 바탕으로 빈칸에 들어갈 내용을 추론할 수 있는 단서를 잡아내는 연습을 합니다. 유형 공략 포인트 선택지나 〈보기〉를 읽기 전에, 빈칸 앞뒤 문장을 먼저 확인하여 내용 연결 흐름을 파악한다. 선택지나 〈보기〉 중 전반적인 지문의 흐름과 방향이 비슷하게 이어지는 것을 추리고, 예측한 빈칸의 내용과 비슷한 방향을 가지는 내용이나 가장 자연스러운 내용을 선택한다.
유형 9 **밑줄 추론**	밑줄 추론 취약형은 글의 전체적인 흐름을 바탕으로 구체적인 내용을 추론하는 능력이 부족한 경우입니다. 따라서 밑줄 그어진 단어나 구절 주변에서 그 의미를 추론할 수 있는 키워드에 집중하는 독해 연습을 합니다. 유형 공략 포인트 선택지나 〈보기〉를 읽기 전에 지문에서 밑줄 앞뒤의 문장을 먼저 읽는다. 밑줄의 내용을 나타내는 핵심어나 문장을 체크하여 밑줄의 의미를 추론할 수 있는 단서를 파악한 후, 선택지나 〈보기〉의 내용과 일치하는지 비교한다. 밑줄의 사례를 찾는 문제인 경우, 선택지나 〈보기〉에 구체적인 사례가 제시되므로 각 선택지나 〈보기〉의 핵심어를 체크하여 지문의 단서와 비교한다.
유형 10 **글의 수정**	글의 수정 취약형은 전체적인 글의 문맥에 비추어 부분적인 내용이 적절한지 파악하는 능력이 부족한 경우입니다. 따라서 처음부터 지문을 읽으면서 글의 전반적인 흐름을 잡고 부분과 전체를 비교하는 연습을 합니다. 유형 공략 포인트 밑줄 그어진 문장을 수정하는 문제인 경우, 지문을 읽으면서 밑줄이 나오면 앞뒤 문장의 핵심어를 통해 내용의 흐름을 파악한다. 밑줄이 나올 때마다 바로바로 해당 선택지를 확인하여 핵심어가 글의 흐름과 자연스러운지 판단한다. 지문에 제시된 기준에 따라 수정해야 하는 문제인 경우, 기준을 우선적으로 확인한 후 지문을 읽으며 어긋나는 부분을 찾으면 해당 선택지를 확인하여 기준에 따라 적절하게 수정되었는지 판단한다.

논리의 체계

유형 11 **논증의 타당성**	논증의 타당성 취약형은 논증의 전제와 결론 간의 형식적인 구조를 판단하는 능력이 부족한 경우입니다. 따라서 전제와 결론의 구조를 쉽게 파악할 수 있도록 기호화하여 내용이 아니라 논리 규칙에 따라 타당성 여부를 판단하는 연습을 합니다. 유형 공략 포인트 논증은 전제와 결론으로 이루어져 있으므로 논증의 전제가 되는 문장과 결론인 문장을 구별하여 간단히 기호화한다. '전건 긍정법, 후건 부정법, 선언지 제거법' 등의 논증 규칙이나 '전건 부정의 오류, 후건 긍정의 오류, 선언지 긍정의 오류' 등의 논리적 오류를 적용하여 기호화한 전제가 참일 때, 결론이 반드시 참이 되는지 확인한다. 전제가 참일 때 결론이 반드시 참으로 도출되면 타당한 논증이고, 전제가 참일 때 결론이 반드시 참으로 도출되지 않으면 타당하지 않은 논증이다.
유형 12 **논리 퀴즈**	논리 퀴즈 취약형은 논리 이론이나 규칙을 응용문제에 적용하는 능력이 부족한 경우입니다. 따라서 논리 명제를 빠르게 기호화하고, 퀴즈 문제에 많이 활용되는 모순이나 반대 개념을 숙지하여 문제에 적용하는 연습을 합니다. 유형 공략 포인트 발문과 지문을 읽고 참말과 거짓말에 대한 진술이 제시되는 '참 거짓 퀴즈'인지, 지문에 명제를 제시하여 연결고리를 파악하는 '명제 연결형 퀴즈'인지 판별한다. '참 거짓 퀴즈'의 경우, 제시된 지문에서 먼저 모순되는 진술이 있는지 찾고, 있다면 이를 기준으로 경우의 수를 파악한다. '명제 연결형 퀴즈'의 경우, 기호화 한 명제의 연결고리를 확인하고 명제를 연결하여 경우의 수를 파악한다.
유형 13 **독해형 논리**	독해형 논리 취약형은 글의 논리적인 구조를 파악하는 능력이 부족한 경우입니다. 따라서 지문의 내용을 이해하기보다는 제시된 논리 명제를 빠르게 기호화하여 문장 간의 논리적인 관계를 파악하는 연습을 합니다. 유형 공략 포인트 지문에서 정언 명제, 가언 명제 등 기호화가 필요한 논리 명제를 찾아 기호화한다. 선택지나 〈보기〉의 문장도 동일한 방식으로 기호화한다. 선택지나 〈보기〉의 정보의 참·거짓을 판단하는 문제의 경우, 지문에서 기호화한 문장을 연결하여 선택지나 〈보기〉를 기호화한 문장이 도출되는지 판별한다. 추가해야 할 전제를 찾는 문제의 경우, 지문의 기호화한 문장을 연결했을 때 결론 도출에 부족한 부분을 찾는다.

PSAT 전문가의 총평

· 2024년 7급 PSAT 기출문제는 '독해의 원리'에서 10문항, '논증의 방향'에서 4문항, '문맥과 단서'에서 6문항, '논리의 체계'에서 5문항이 출제되었습니다.

· 문제 유형과 비중을 보면 2024년 7급 공채 PSAT 언어논리는 2023년 7급 공채 기출과 유형은 유사하게 출제되었으나 유형별 비중에 변화가 있었습니다. 독해 문제 비중이 높아졌지만 난도는 평이하게 출제되었습니다. 반면 논증 문제는 비중이 줄었지만 작년보다 난도가 높은 문제들로 구성되었습니다. 또한 시간이 많이 걸릴 수 있는 유형인 실무 소재 문제가 올해 3문제 정도로 작년보다 비중이 줄었고, 문제 난도는 작년과 비슷했습니다. 종합적으로 논리 논증 문제의 비중이 높아졌고 난도 높게 출제되었기 때문에 전체적으로 작년보다 체감 난도가 높았다고 판단됩니다.

· 5급 공채와 유사한 패턴으로 출제되는 문제의 비중은 올해도 높았습니다. 특히 추론 문제와 실험 소재 문제, 추가 전제 찾기 문제의 출제 패턴은 눈여겨보아야 합니다. 추론 문제는 비중이 높아졌을 뿐만 아니라, 5급 공채 기출에서 보이는 다양한 형태의 문제들이 출제되었습니다. 원칙 적용형이나 표를 활용하는 도식적인 구조, 상관관계에 집중하는 과학 소재 지문, 실험 결과 추리 문제에서 5급 공채와 매우 유사한 패턴을 보이고 있습니다. 실험 소재 문제의 경우, 2024년 5급 공채 38번과 7급 공채 17번, 2024년 5급 공채 31번과 7급 공채 18번 문제는 매우 유사한 형태로 출제되었습니다. 이러한 출제 경향으로 볼 때, 최근 5급 공채 언어논리에서 전반적으로 강화되고 있는 유형에 주목해야 합니다. 더불어 실무적인 소재를 다루는 문제 유형의 응용 패턴에 대비해야 합니다.

정답

p.22

문1	③	개념 이해	문6	②	구조 판단	문11	②	독해형 논리	문16	②	구조 판단	문21	①	밑줄 추론
문2	④	개념 이해	문7	⑤	글의 수정	문12	③	논리 퀴즈	문17	⑤	논증 평가	문22	④	원칙 적용
문3	④	구조 판단	문8	①	빈칸 추론	문13	②	논리 퀴즈	문18	⑤	원칙 적용	문23	③	원칙 적용
문4	③	구조 판단	문9	⑤	빈칸 추론	문14	④	독해형 논리	문19	③	논증의 타당성	문24	②	견해 분석
문5	④	구조 판단	문10	②	빈칸 추론	문15	①	원칙 적용	문20	③	논증 평가	문25	③	견해 분석

취약 유형 분석표

유형별로 맞힌 문제 개수와 정답률, 틀린 문제 번호, 풀지 못한 문제 번호를 적고 나서 취약한 유형이 무엇인지 파악해 보세요. 그 후 약점 보완 해설집 p.2 [취약 유형 공략 포인트]에서 약점 보완 학습법을 확인하고, 틀린 문제와 풀지 못한 문제를 다시 한번 풀어보세요.

유형		맞힌 문제 개수	정답률	틀린 문제 번호	풀지 못한 문제 번호
독해의 원리	개념 이해	/2	%		
	구조 판단	/5	%		
	원칙 적용	/4	%		
논증의 방향	논지와 중심 내용	–	–		
	견해 분석	/2	%		
	논증의 비판과 반박	–	–		
	논증 평가	/2	%		
문맥과 단서	빈칸 추론	/3	%		
	밑줄 추론	/1	%		
	글의 수정	/1	%		
논리의 체계	논증의 타당성	/1	%		
	논리 퀴즈	/2	%		
	독해형 논리	/2	%		
TOTAL		/25	%		

해설

문1 개념 이해 난이도 하 정답 ③

문제풀이 핵심 포인트
한성전기회사의 설립 과정과 역할이 무엇이었는지가 지문의 주요 내용이 므로 이에 주목하고, 한미전기회사에 관한 정보와 구분해야 한다.

풀이

① (×) 첫 번째 단락에서 경인철도회사는 개항 직후에 설립되어 운영된 것이 고, 두 번째 단락에서 한성전기회사는 그 이후에 설립된 것임을 알 수 있 다. 따라서 한성전기회사가 경인철도회사보다 먼저 설립되었다는 것은 글 의 내용과 부합하지 않는다.

② (×) 두 번째 단락에서 한성전기회사는 당초 남대문에서 청량리까지 전차 노선을 부설하기로 했으나 계획을 수정해 서대문에서 청량리까지 부설하기 로 변경했다고 제시되어 있다. 따라서 전차 노선의 시작점은 원래 서대문이 었으나 나중에 남대문으로 바뀌었다는 것은 글의 내용과 부합하지 않는다.

③ (○) 세 번째 단락에서 전차 노선 부설에 필요한 공사비가 부족해지자 회사 재산을 담보로 콜브란으로부터 부족분을 빌려 공사를 마무리할 수 있었다 고 되어 있다. 따라서 한성전기회사가 전차 노선을 부설하는 데 부족한 자 금은 미국인 콜브란이 빌려주었다는 것은 글의 내용과 부합한다.

④ (×) 두 번째 단락에서 서울 시내에 처음으로 전차 노선을 부설한 회사는 한 성전기회사인데, 이는 김두승 등이 전기회사 설립 청원서를 농상공부에 제 출한 뒤 허가를 받아 한성전기회사를 설립했음을 알 수 있다. 따라서 서울 시내에 처음으로 전차 노선을 부설한 회사는 황실이 주도해 농상공부가 설 립하였다는 것은 글의 내용과 부합하지 않는다.

⑤ (×) 세 번째 단락에서 한성전기회사를 한미전기회사로 재편하였고, 한미 전기회사가 전차 및 전기등 사업을 이어받았으므로 서울 시내에서 전기등 설치 사업을 벌인 회사가 한미전기회사임은 글의 내용과 부합한다. 그러나 한미전기회사가 김두승과 이근배의 출자로 설립되었다는 것은 글의 내용 과 부합하지 않는다.

문2 개념 이해 난이도 하 정답 ④

문제풀이 핵심 포인트
사고를 관리하는 방식과 이와 관련하여 겸직사관의 역할, 포쇄가 무엇인 지 등이 지문의 주요 내용이므로 이에 주목한다.

풀이

① (×) 첫 번째 단락에 따르면 겸직사관은 사관을 보좌하기 위한 직책으로서 포쇄의 전문가 중에서 선발되었는지는 알 수 없다. 따라서 겸직사관은 포 쇄의 전문가 중에서 선발되어 포쇄의 효율성이 높았는지는 알 수 없다.

② (×) 세 번째 단락에서 중종은 사관을 보내는 것은 비용이 많이 드는 등의 폐 단이 있다고 주장하였다. 따라서 중종은 포쇄를 위해 사관을 파견하면 문헌 이 훼손되는 폐단이 생긴다고 주장했다는 것은 알 수 없다.

③ (×) 세 번째 단락에서 춘추관은 정식 사관이 아닌 겸직사관에게 포쇄를 맡 기는 것은 문헌 보관의 일을 가벼이 볼 수 있는 계기가 될 거라고 주장했다. 그러나 겸직사관의 폐지를 주장한 것은 아니다. 따라서 춘추관은 겸직사관 이 사고의 관리 책임을 맡으면 문헌 보관의 일을 경시할 수 있게 된다고 하 며 겸직사관의 폐지를 주장했다는 것은 알 수 없다.

④ (○) 두 번째 단락에서 사고 도서의 포쇄는 3년마다 정기적으로 실시되었 고, 네 번째 단락에서 포쇄 때는 반드시 포쇄 상황을 기록한 포쇄형지안이 작성되었다는 것을 알 수 있다. 따라서 사고 도서의 포쇄 상황을 기록한 포 쇄형지안은 3년마다 정기적으로 작성되었다는 것을 알 수 있다.

⑤ (×) 두 번째 단락에서 사고에 보관된 도서는 해충이나 곰팡이 피해를 입을 수 있었는데, 당시 도서를 보존, 관리하는 가장 효과적인 방법은 포쇄였다 는 것을 알 수 있다. 그러나 도서에 피해를 입히는 해충을 막기 위해 사고 안 에 약품을 살포했는지는 알 수 없다.

문3 구조 판단 난이도 하 정답 ④

문제풀이 핵심 포인트
대한민국 헌법에서의 '국민' 개념과 미국 헌법에서의 '사람들'의 개념, 그 리고 '인민'이라는 개념이 대비되고 있으므로 각 개념의 비교 포인트에 주 목한다.

풀이

① (×) 두 번째 단락에서 '인민'은 공산당의 용어인데 어째서 그러한 말을 쓰 려고 하느냐는 공박을 당했고, '인민'은 결국 제정된 제헌헌법에서 '국민'으 로 대체되었다. 따라서 대한민국 역사에서 '인민'은 분단 후 공산주의 사상 이 금기시되면서 사용되기 시작한 말이라는 것은 옳지 않다.

② (×) 네 번째 단락에서 대한민국으로 여행을 온 외국인은 국민에 해당하지 않지만 천부인권을 지닌 보편적 인간에 속하는 것이 명백하기에 헌법상의 평등권, 자유권 등 기본적 인권은 보장되는 것임을 알 수 있다. 따라서 대한 민국으로 여행을 온 외국인은 대한민국 헌법상의 자유권을 보장받지 못한 다는 것은 옳지 않다.

③ (×) 첫 번째 단락에서 미국 헌법에서 '사람들'은 보편적 인간을 의미한다. 따라서 미국 헌법에서 '사람들'은 보편적 인간이 아니라 미국 국적을 가진 자를 의미한다는 것은 옳지 않다.

④ (○) 세 번째 단락에서 법학자 유진오는 '국민'은 국가의 구성원이라는 점 이 강조된 국가 우월적 표현이기 때문에, 국가조차도 함부로 침범할 수 없 는 자유와 권리의 주체로서의 보편적 인간까지 함의하기에는 적절하지 못 하다고 비판했다. 따라서 법학자 유진오는 '국민'이 보편적 인간을 의미하 기에는 적절하지 않다고 비판했다는 것을 알 수 있다.

⑤ (×) 두 번째 단락에서 '인민'은 공산당의 용어인데 어째서 그러한 말을 쓰 려고 하느냐는 공박을 당했고, '인민'은 결국 제정된 제헌헌법에서 '국민'으 로 대체되었다. 따라서 대한민국 제헌헌법에서는 '인민'이 사용되었으나 비 판을 받아 이후의 개정을 통해 헌법에서 삭제되었다는 것은 옳지 않다.

문4 구조 판단 난이도 하 정답 ③

문제풀이 핵심 포인트
독서의 형태로서 공동체적 독서와 음독의 특성이 지문의 주요 내용이므 로 이에 주목하고, 전근대 사회와 근대 사회의 독서의 특성을 비교한다.

④ (×) ㉣ '이 문장을 기록한 제자의 개별적 특성'이라는 표현이 '이 문장의 기록만 드물게 들었을 수 있다.'라는 문장과 연결된다. 따라서 ㉣을 "『논어』를 편찬한 공자 제자들의 공통적 특성"으로 고치는 것은 적절하지 않다.

⑤ (○) ㉤ '이 문장을 기록한 시점 이후에'라는 표현이 '그리고 그 뒤 어느 시점부터 공자가 빈번하게 인에 대해 설파하기 시작했으며'라는 문장과 맞지 않는다. 따라서 ㉤을 "이 문장을 기록했던 시점까지"로 고치는 것이 적절하다.

문8 빈칸 추론   난이도 하   정답 ①

문제풀이 핵심 포인트
(가)와 (나)의 앞뒤 문장을 근거로 빈칸에 들어갔을 때 가장 흐름이 자연스러운 문장을 선택지에서 고른다.

풀이

(가) '좋아요'의 선택을 받기 위해 노력하다 보면 어느 순간 현실에 존재하는 '나'가 사라지고 만다는 내용과, 타인의 '좋아요'를 얻기 위해 현실에 존재하는 내가 사라지고 마는 아이러니를 직면한다는 부분이 단서가 된다. 따라서 (가)에는 '좋아요'를 얻기 위해 현실의 나와 다른 전시용 나를 제작하는 셈이라는 내용이 들어가는 것이 가장 적절하다.

(나) 같은 것을 좋아하고 긍정하는 '좋아요'의 공동체 안에서 각자의 '다름'은 점차 사라진다는 부분과, 이제 공동체에서 그러한 타자를 환대하거나 그의 말을 경청하려는 사람은 점점 줄어들고, '다름'은 '좋아요'가 용납하지 않는 별개의 언어가 된다는 부분이 단서가 된다. 따라서 (나)에는 '좋아요'를 거부하고 다른 의견을 내는 사람은 불편한 대상이자 배제의 대상이 된다는 내용이 들어가는 것이 가장 적절하다.

문9 빈칸 추론   난이도 하   정답 ⑤

문제풀이 핵심 포인트
빈칸이 들어가 있는 문장에서 더 이질적인 문화를 경험했을 때 우리의 뇌가 어떻게 작동하는지에 대한 내용을 찾는 것이 빈칸을 채우는 핵심 단서임을 알 수 있다.

풀이

① (×) 여행은 ACC를 자극하므로 'ACC를 덜 활성화시킨다'는 것은 빈칸에 들어가기에 적절하지 않다.

② (×) ACC는 자신이 가진 세계 모델을 기초로 앞으로 들어올 지각 정보의 기대치를 결정하고 새로 들어오는 지각 정보들을 추적한다. 따라서 '더 적은 정보를 처리한다'는 것은 빈칸에 들어가기에 적절하지 않다.

③ (×) 낯선 장소를 방문할 때 우리는 늘 어색함을 느끼므로 '주변 환경에 더 친숙해진다'는 것은 빈칸에 들어가기에 적절하지 않다.

④ (×) 새로 들어온 정보가 기대치에 맞지 않으면 ACC는 경보를 발령하고, 이 정보에 대한 판단을 지연시켜 새로운 정보를 분석할 시간을 제공한다. 따라서 '기존의 세계 모델을 더 확신한다'는 것은 빈칸에 들어가기에 적절하지 않다.

⑤ (○) 여행은 ACC를 자극하고, ACC의 경보 발령으로 우리는 신속한 판단이나 반사적 행동을 자제하게 된다. 더 이질적인 문화를 경험하는 것은 여행과 비슷한 경험이므로 빈칸에는 우리의 뇌는 '정보에 대한 판단을 더 지연시킨다.'는 내용이 들어가는 것이 가장 적절하다.

문10 빈칸 추론   난이도 중   정답 ②

문제풀이 핵심 포인트
빈칸에 들어갈 내용이 방법 C에 따랐을 때 S의 정합도를 측정하는 방법이므로 방법 C의 구체적인 내용을 찾는 것이 핵심이다.

풀이

② (○) 세 번째 단락에서 정보 집합의 정합도는 1이므로 이것으로는 S의 정합도를 정의하는 방식을 계산할 수 없다. 한편, 네 번째 단락에서 '그가 결혼하지 않았으며 아이가 있을 확률'은 '그가 결혼하지 않았거나 아이가 있을 확률'보다 낮다고 하였다. 이때 '그가 결혼하지 않았으며 아이가 있을 확률'이 S의 모든 정보가 참일 확률이고, '그가 결혼하지 않았거나 아이가 있을 확률'이 S의 정보 중 적어도 하나가 참일 확률이다. 방법 C에 따르면 을의 정보 집합의 정합도는 1보다 작다. 따라서 'S의 모든 정보가 참일 확률을 S의 정보 중 적어도 하나가 참일 확률로 나눈 값'이 S의 정합도의 정의로서 빈칸에 들어가기에 가장 적절하다.

문11 독해형 논리   난이도 중   정답 ②

문제풀이 핵심 포인트
밑줄 친 ㉠이 결론이므로 이를 이끌어내기 위해 지문에 제시되어 있는 전제를 찾아 조합하고, 이 전제로부터 ㉠이 도출되는 데 부족한 연결고리를 찾아줘야 한다.

풀이

지문에 제시된 전제를 찾아 정리하면 다음과 같다.

· 전제 1: 원인 → 관념 or 나의 마음 or 다른 마음
· 전제 2: ~관념
· 전제 3: ~나의 마음
· 전제 4: 원인 → 다른 마음
· 전제 5: 다른 마음 → 다른 사람 or 다른 존재
· 전제 6: ~다른 사람
· 전제 7: 다른 마음 → 다른 존재
· 결론: 원인 → 신의 마음

전제 1~7을 연결하면, '원인 → 다른 존재'가 도출된다. 여기서 결론이 도출되려면 '다른 존재 → 신의 마음'이라는 전제가 필요하다. 이와 관련된 내용으로 적절한 것은 '사람과 신 이외에 마음을 지닌 존재는 없다.'는 것이다.

문 12 논리 퀴즈 난이도 중   정답 ③

문제풀이 핵심 포인트
지문에 제시된 가언명제를 간단히 기호화하고 기호화한 문장들을 연결하여 선택지에 제시된 문장의 참, 거짓 여부를 판별한다.

풀이
지문에 제시된 명제를 기호화하면 다음과 같다.
- 명제 1 : 가은 → 나은 & 다은
- 명제 2 : ~나은 → 라은
- 명제 3 : 가은 or 마은

① (×) 명제 1에 따르면 나은이 프로젝트에 참여하지 않으면 가은이 프로젝트에 참여하지 않는다. 따라서 가은이 프로젝트에 참여하지 않으면 나은이 프로젝트에 참여한다는 것은 반드시 참이 아니다.

② (×) 다은이 프로젝트에 참여하면 마은이 프로젝트에 참여하는지는 알 수 없다.

③ (○) 명제 1에 따르면 다은이 프로젝트에 참여하지 않으면 가은은 프로젝트에 참여하지 않고, 명제 3에 따르면 가은이 프로젝트에 참여하지 않으면 마은이 프로젝트에 참여한다. 따라서 다은이 프로젝트에 참여하거나 마은이 프로젝트에 참여한다는 것은 반드시 참이다.

④ (×) 라은이 프로젝트에 참여하면 마은이 프로젝트에 참여하는지는 알 수 없다.

⑤ (×) 라은이 프로젝트에 참여하거나 마은이 프로젝트에 참여하는지는 알 수 없다.

실전에선 이렇게!
지문도 가언명제, 선택지도 가언명제로 구성되어 있으므로 기호화하여 명제들이 연결되는지 여부로 참, 거짓을 판단한다.

문 13 논리 퀴즈 난이도 중   정답 ②

문제풀이 핵심 포인트
지문에 제시된 명제를 간단히 기호화하고, 명제가 참인지 거짓인지 여부로 경우의 수를 나누어 판단한다.

풀이
지문에 제시된 명제를 기호화하면 다음과 같다.
- 명제 1: 갑-설탕 뽑기 & 무-징검다리
- 명제 2: 을-구슬치기 or 정-줄다리기
- 명제 3: ~을-구슬치기 & ~무-징검다리
- 명제 4: ~병 & 정-줄다리기
- 명제 5: 무-징검다리 or ~정-줄다리기

명제 1과 명제 3은 무에 대해 다르게 예측하고 있으므로 동시에 참일 수 없다. 따라서 명제 1과 명제 3 중 하나의 예측이 틀린 것이 되고, 명제 2, 4, 5의 예측은 참인 것으로 확정된다.

<경우 1> 명제 3의 예측이 틀린 경우

갑은 설탕 뽑기, 을은 구슬치기, 정은 줄다리기, 무는 징검다리에 선택되고, 병은 선택되지 않는다.

<경우 2> 명제 1의 예측이 틀린 경우

명제 4와 5에서 무는 징검다리에 선택될 수밖에 없으므로 명제 3의 내용과 상충된다. 따라서 이 경우의 수는 타당하지 않다.

따라서 을이 구슬치기에 선택되었다는 것은 반드시 참이다.

① (×) 갑이 어느 게임에도 선택되지 않았다는 것은 반드시 참이 아니다.

② (○) 을이 구슬치기에 선택되었다는 것은 반드시 참이다.

③ (×) 병이 줄다리기에 선택되었다는 것은 반드시 참이 아니다.

④ (×) 정이 징검다리 건너기에 선택되었다는 것은 반드시 참이 아니다.

⑤ (×) 무가 설탕 뽑기에 선택되었다는 것은 반드시 참이 아니다.

문 14 독해형 논리 난이도 상   정답 ④

문제풀이 핵심 포인트
빈칸 주변을 확인하면 전제 자리에 빈칸이 제시되어 있으므로 추가해야 할 전제를 찾는 문제이다. 따라서 결론을 내는 데 필요한 전제를 찾아 기호화하고 빠진 연결고리를 찾는 방식으로 접근한다.

풀이
기호화가 필요한 문장을 정리하면 다음과 같다.
- 전제 1: 강 주무관 & 남 주무관 → 폐기
- 전제 2: 폐기 or 도 주무관
- 전제 3: 강 주무관 or 남 주무관
- 전제 4: ~(강 주무관 & ~남 주무관)
- 전제 5: ~폐기
- 결론: 전제 중 거짓 있음

① (×) 빈칸에 '남 주무관은 업무 평가에서 S등급을 받았습니다'가 들어가면, 전제 중 거짓이 있다는 결론이 도출되지 않는다.

② (×) 빈칸에 '강 주무관은 업무 평가에서 S등급을 받지 못했습니다'가 들어가면, 전제 중 거짓이 있다는 결론이 도출되지 않는다.

③ (×) 빈칸에 '도 주무관이 전보 발령 대상이 아닌 경우, 문공 팀 제안서가 폐기됩니다'가 들어가면, 전제 중 거짓이 있다는 결론이 도출되지 않는다.

④ (○) 전제 1~전제 5를 모두 참이라고 가정하면, 전제 1, 4, 5로부터 '~강 주무관'이라는 결론이 도출되고, 전제 2로부터 '도 주무관', 전제 3으로부터 '남 주무관'이라는 결론이 도출된다. 따라서 빈칸에 '남 주무관이 업무 평가에서 S등급을 받은 경우, 도 주무관은 전보 발령 대상이 아닙니다'가 들어가면, 전제 중 거짓이 있다는 결론이 도출될 수 있다.

⑤ (×) 빈칸에 '강 주무관이 업무 평가에서 S등급을 받은 경우, 남 주무관도 업무 평가에서 S등급을 받습니다'가 들어가면, 전제 중 거짓이 있다는 결론이 도출되지 않는다.

문 15 원칙 적용 난이도 중 정답 ①

문제풀이 핵심 포인트
절연체가 어떤 상황에서 전하 사이에 작용하는 힘인 전기력에 의한 운동이 가능한지에 대한 답변을 찾는 것이 지문의 핵심 내용이다.

풀이

ㄱ. (O) 네 번째 단락에서 절연체 내부의 전하들은 외부에서 작용한 전기력에 의해 미세하게 이동할 수 있는데, 음전하는 양으로 대전된 물체와 가까워지는 방향으로, 양전하는 멀어지는 방향으로 이동하게 된다는 것을 알 수 있다. 따라서 절연체 내부 전하의 위치는 절연체 외부의 영향에 의해서 변할 수 있다고 추론할 수 있다.

ㄴ. (×) 네 번째 단락에서 대전된 물체는 절연체 내 음전하와 양전하를 일정한 방향으로 이동시킬 수 있지만, 그 구성 비율을 변화시킬 수 있는지는 추론할 수 없다.

ㄷ. (×) 세 번째, 네 번째 단락에는 양으로 대전된 물체에 의해서 절연체에 전기력이 작용하는 경우가 예시되어 있다. 이를 바탕으로 음으로 대전된 물체에 의해 전기력이 작용하는 경우를 추론하면, 대전된 물체의 음전하와 절연체의 양전하 간의 인력이 대전된 물체의 음전하와 절연체의 음전하 간의 척력보다 커져 절연체는 대전된 물체 방향으로 끌려가게 된다. 따라서 음으로 대전된 물체를 특정 무게 이하의 절연체에 가까이함으로써 절연체를 밀어내는 것이 가능하다는 것은 추론할 수 없다.

문 16 구조 판단 난이도 하 정답 ②

문제풀이 핵심 포인트
운동 신경 세포에서 아세틸콜린이 방출되는 것과 억제성 신경 세포에 의해 아세틸콜린 방출이 억제되는 과정이 대비되어 제시되고 있으므로 이에 주목한다.

풀이

① (×) 두 번째 단락에서 방출된 아세틸콜린은 근육 세포의 막에 있는 아세틸콜린 결합 단백질에 결합한다고 했으므로 근육 세포의 막에는 아세틸콜린 결합 단백질이 있다는 것을 추론할 수 있지만, 글리신 결합 단백질이 있는지는 추론할 수 없다.

② (O) 네 번째 단락에서 보툴리눔 독소는 운동 신경 세포에 작용하여 아세틸콜린이 방출되는 것을 막아 근육 세포가 이완된 상태로 있게 하여 근육 마비를 일으킨다. 따라서 보툴리눔 독소는 근육 세포의 수축이 일어나지 않게 하여 근육 마비를 일으킨다는 것을 추론할 수 있다.

③ (×) 운동 신경 세포에서 방출된 아세틸콜린과 억제성 신경 세포에서 글리신의 방출되는 것 사이의 연관성이 언급되어 있지 않으므로 운동 신경 세포에서 방출된 아세틸콜린은 억제성 신경 세포에서 글리신의 방출을 막는다는 것을 추론할 수 없다.

④ (×) 두 번째 단락에서 뇌의 운동피질에서 유래한 신호가 운동 신경 세포에 작용하여 운동 신경 세포에서 아세틸콜린이 방출되고, 방출된 아세틸콜린은 근육 세포가 수축되게 한다. 따라서 뇌의 운동피질에서 유래된 신호는 운동 신경 세포에서 아세틸콜린의 방출을 막아서 근육의 수축을 일으킨다는 것을 추론할 수 없다.

⑤ (×) 네 번째 단락에서 파상풍 독소는 억제성 신경 세포에 작용하여 글리신이 방출되는 것을 막아 근육 세포가 수축된 상태로 있게 하여 근육 마비를 일으킨다. 세 번째 단락에서 글리신은 운동 신경 세포에 작용하여 아세틸콜린의 방출을 막음으로써 근육 세포가 이완되게 한다. 따라서 파상풍 독소는 운동 신경 세포에서 방출된 아세틸콜린이 근육 세포의 막에 있는 결합 단백질에 결합할 수 없게 한다는 것은 추론할 수 없다.

문 17 논증 평가 난이도 중 정답 ⑤

문제풀이 핵심 포인트
실험 1의 내용과 가설 H1이 어떤 방향성을 가지는지, 실험 2의 내용과 가설 H2가 어떤 방향성을 가지는지가 빈칸에 들어갈 내용을 추론하는 핵심이다.

풀이

(가) 실험 1의 경우 기판 A의 밀도가 기판 B의 밀도보다 작은데도 단위 면적당 방출된 전자의 양은 기판 A와 기판 B가 같았다. 가설 H1은 나노 구조체의 밀도가 높을수록 단위 면적당 더 많은 양의 전자가 방출될 것이라고 본다. 따라서 실험 1은 가설 H1을 약화한다.

(나) 실험 2의 경우 밀도가 높을수록 방출되는 전자의 양이 많아지다가 일정 밀도가 넘어가면 오히려 전자의 양이 적어졌다. 가설 H2는 기판의 단위 면적당 방출되는 전자의 양은 나노 구조체의 밀도가 일정 수준 이상으로 높아지면 오히려 줄어들게 될 것이라고 본다. 따라서 실험 2는 가설 H2를 강화한다.

✏️ 실전에선 이렇게!

빈칸 추론 형태로 구성되어 있으나 선택지를 확인하면 결국 가설에 대한 평가 문제임을 알 수 있으므로 실험의 결과와 가설의 내용을 확인하여 방향성을 판단한다.

문 18 원칙 적용 난이도 상 정답 ⑤

문제풀이 핵심 포인트
선택지에서 실험의 결과와 관련하여 두 광검출기에서 검출할 수 있는 빛의 최소 세기와 광포화점을 비교하고 있으므로 이와 관련된 정보를 체크한다.

풀이

⑤ (O) 빛의 세기가 'C < D'인데, D는 I에서는 측정할 수 없지만 II에서는 측정할 수 있다. 암전류보다 작은 광전류가 발생한다면 이 빛의 세기는 광검출기에서 측정할 수 없다. 따라서 검출 가능한 빛의 최소 세기는 I이 II보다 크다. 또한 빛의 세기가 'A > B > C'인데, A는 I에서는 측정할 수 있지만 II에서는 측정할 수 없다. 광포화가 일어나기 위한 빛의 최소 세기를 광포화점이라 하고, 광검출기는 광포화점 이상의 세기를 갖는 서로 다른 빛에 대해서는 각각의 세기를 측정할 수 없다. 따라서 광포화점은 I이 II보다 크다.

ㄷ. (×) "우리가 p를 믿는다는 것이 자유롭게 선택할 수 있는 것이 아니더라도 우리에게 p를 믿어야 할 인식적 의무가 있다."는 것이 사실이면, '~자유롭게 선택 & 인식적 의무'가 참이다. 철학자 A는 자유주의 논제를 받아들이고, 철학자 B는 자유주의 논제를 거부하므로 위의 내용이 사실이면 철학자 A의 입장은 약화되지만, B의 입장은 약화되지 않는다.

문 19 논증의 타당성 난이도 상 정답 ③

문제풀이 핵심 포인트
㉠~㉣의 밑줄 친 문장을 간단히 기호화하여 논증을 구성하고, 각 문장을 전제로 할 때 다른 문장이 도출될 수 있는지 여부를 <보기>에 따라 판단한다.

풀이

밑줄 친 문장을 간단히 기호화하여 정리하면 다음과 같다.

㉠ 정당화 ↔ 믿어야 함

㉡ ~자유롭게 선택

㉢ ~자유롭게 선택 → ~인식적 의무

㉣ ~정당화

ㄱ. (○) ㉠과 ㉢을 연결하면 '~자유롭게 선택 → ~인식적 의무 → ~정당화'이다. 따라서 ㉠과 ㉢만으로는 ㉣이 도출되지 않는다.

ㄴ. (×) ㉡의 부정인 '자유롭게 선택'으로부터 ㉢의 부정인 '~자유롭게 선택 & 인식적 의무'가 도출되지 않는다.

ㄷ. (○) "'지금 비가 오고 있다.'를 믿는다는 것이 비의지적이다."를 간단히 기호화하면 '비의지적'이다. 이것과 ㉢을 연결하면 '~자유롭게 선택 → ~인식적 의무'에서 전건이 만족되므로 '~인식적 의무'라는 결론이 도출된다. 따라서 "우리에게 '지금 비가 오고 있다.'를 믿어야 할 인식적 의무가 없다."는 것이 도출된다는 분석은 적절하다.

문 20 논증 평가 난이도 상 정답 ③

문제풀이 핵심 포인트
<보기>에서 철학자 A와 B의 입장이 강화되는지 약화되는지 여부를 묻고 있으므로 철학자 A와 B의 입장이 어떠한지를 명확히 파악해야 한다.

풀이

철학자 A는 자유주의 논제와 비의지성 논제는 받아들이면서 의무론 논제를 거부하여 위 논증의 결론을 거부한다. 한편 철학자 B는 의무론 논제와 비의지성 논제는 받아들이면서 자유주의 논제를 거부하여 위 논증의 결론을 거부한다.

ㄱ. (○) "우리가 p를 믿는다는 것은 자유롭게 선택할 수 있는 것이다."는 것이 사실이면, p에 대한 믿음이 의지적이라는 것이다. 그러나 철학자 A는 비의지성 논제를 받아들이므로 위의 내용이 사실이면 철학자 A의 입장은 약화된다.

ㄴ. (○) "우리에게 p를 믿어야 할 인식적 의무가 있다면 우리의 p에 대한 믿음이 인식적으로 정당화된다."는 것이 사실이면 '인식적 의무 → 정당화'가 참이다. 철학자 B는 의무론 논제를 받아들이므로 위의 내용이 사실이면 철학자 B의 입장은 강화된다.

문 21 밑줄 추론 난이도 하 정답 ①

문제풀이 핵심 포인트
밑줄의 앞뒤 문장을 읽고, 밑줄의 구체적인 내용을 파악할 수 있는 핵심 어나 문장을 체크하는 것이 필요하다.

풀이

ㄱ. (○) 을은 아동학대로부터 제대로 보호 받지 못하는 피해자들이 여전히 많은 이유를 신속한 보호조치가 미흡하여 신고를 해 놓고 보호조치를 기다리는 동안 또다시 학대를 받는 아동이 많은 것이라고 보고 있다. 따라서 을의 주장을 뒷받침하기 위해, 신고가 접수된 시점과 아동학대 판단 후 보호조치가 시행된 시점 사이에 아동학대가 재발한 사례의 수를 조사하는 것은 을의 의견을 뒷받침할 수 있는 자료가 된다.

ㄴ. (×) 병은 아동학대로부터 제대로 보호 받지 못하는 피해자들이 여전히 많은 이유를 아동학대로 판단되지 않은 사례에 대해서는 보호조치가 취해지지 않는데, 당장은 직접적인 학대 정황이 포착되지 않아 아동학대로 판단되지 않았으나, 실제로는 아동학대였던 경우가 많았을 것이라고 본다. 따라서 병의 주장을 뒷받침하기 위해, 아동학대로 판단되지 않은 신고 사례 가운데 보호조치가 취해지지 않은 사례가 차지하는 비중을 조사하는 것은 병의 의견을 뒷받침할 수 있는 자료가 될 수 없다.

ㄷ. (×) 정은 아동학대로부터 제대로 보호 받지 못하는 피해자들이 여전히 많은 이유를 아동학대가 가까운 친인척에 의해 발생하여 신고 자체가 어려운 경우가 많다고 본다. 따라서 정의 주장을 뒷받침하기 위해, 아동학대 피해자 가운데 친인척과 동거하지 않으며 보호조치를 받지 못한 사례의 수를 조사하는 것은 정의 의견을 뒷받침할 수 있는 자료가 될 수 없다.

실전에선 이렇게!
의견을 뒷받침할 수 있는 자료를 찾아야 하므로 지문의 을, 병, 정 의견의 핵심을 명확히 체크하여 <보기>의 내용과 비교한다.

문 22 원칙 적용 난이도 중 정답 ④

문제풀이 핵심 포인트
고시 개정 이전과 이후의 주류 판매 유형에 따른 주문 방법 및 결제 방법, 수령 방법에 대한 원칙을 지문의 표를 통해 파악하는 것이 핵심이다.

풀이

① (×) 두 번째 단락에서 고시 개정 전 음식점을 운영하는 음식업자가 주문 받은 배달 음식과 함께 소량의 주류를 배달하는 경우에 예외적으로 주류의 완전 비대면 판매가 가능함을 알 수 있다. 따라서 고시 개정과 무관하게 음식업자는 주류만 완전 비대면으로 판매할 수 있다는 것은 추론할 수 없다.

② (×) 네 번째 단락에서 고시 개정 이전에는 슈퍼마켓, 편의점 등을 운영하는 주류 소매업자는 대면 및 예약 주문 방식으로만 주류를 판매할 수 있었음을 알 수 있다. 따라서 고시 개정 이전에는 슈퍼마켓을 운영하는 주류 소매업자는 온라인으로 주류 주문을 받을 수 없었다는 것은 추론할 수 없다.

③ (×) 두 번째 단락에서 고시 개정 전 음식점을 운영하는 음식업자가 주문 받은 배달 음식과 함께 소량의 주류를 배달하는 경우에 예외적으로 주류의 완전 비대면 판매가 가능했음을 알 수 있다. 따라서 고시 개정 이전에는 주류를 구매하는 소비자는 반드시 영업장을 방문하여 상품을 대면으로 수령해야 했다는 것은 추론할 수 없다.

④ (○) 네 번째 단락에서 고시 개정 이전에는 슈퍼마켓, 편의점 등을 운영하는 주류 소매업자는 대면 및 예약 주문 방식으로만 주류를 판매할 수 있었음을 알 수 있다. 표에 따르면 대면 및 예약 주문 방식은 모두 영업장을 방문하여 결제해야 한다. 따라서 고시 개정 이전에는 편의점을 운영하는 주류 소매업자는 주류 판매 대금을 온라인으로 결제 받을 수 없었다는 것을 추론할 수 있다.

⑤ (×) 고시 개정 이후에도 고시 개정 이전의 대면 및 예약 주문 방식의 주류 구매는 가능하다. 따라서 고시 개정 이후에는 전통주를 구매하는 소비자는 전통주 제조자의 영업장에 방문하여 주류를 구입할 수 없다는 것은 추론할 수 없다.

문 23 원칙 적용 난이도 중 정답 ③

문제풀이 핵심 포인트
<표>를 보면 기관 A, B의 연도별 보호수준 평가 결과가 항목별로 일부 제시되어 있다. 이 표의 비어 있는 부분인 ㉠~㉮을 채울 수 있는 원칙을 지문에서 확인하는 것이 핵심이다.

풀이
ㄱ. (○) 우수기관으로 지정되기 위해서는 당해 연도와 전년도에 각각 둘 이상의 항목에서 상 등급을 받고 당해 연도에는 하 등급을 받은 항목이 없어야 한다. 따라서 A기관은 2024년에 하 등급을 받은 항목이 있으므로 우수기관으로 지정될 수 없다. 또한 하 등급을 받은 항목의 수가 2년 연속 둘이라면, 그 기관은 취약기관으로 지정된다. A기관이 2024년에 취약기관으로 지정되려면, ㉠과 ㉢이 모두 하 등급이어야 한다. 따라서 ㉠과 ㉢이 다르면 A기관은 2024년에 우수기관으로도 취약기관으로도 지정되지 않는다는 것은 적절한 판단이다.

ㄴ. (×) 하 등급을 받은 항목의 수가 2년 연속 둘이라면, 그 기관은 취약기관으로 지정된다. B기관이 2024년에 취약기관으로 지정되려면 ㉤과 ㉥이 모두 '하'이고, ㉣도 '하'여야 한다. 따라서 ㉤과 ㉥이 모두 '하'라면 B기관은 2024년에 취약기관으로 지정된다는 것은 적절한 판단이 아니다.

ㄷ. (○) 2024년에 A기관이 취약기관으로 지정되었다면, ㉠, ㉡, ㉢이 모두 '하'여야 한다. 또한 2024년에 B기관이 우수기관으로 지정되었다면, ㉣, ㉤, ㉥이 모두 '상'이어야 한다. 따라서 2024년에 A기관은 취약기관으로 지정되었고 B기관은 우수기관으로 지정되었다면, ㉡과 ㉣은 같지 않다는 것은 적절한 판단이다.

문 24 견해 분석 난이도 중 정답 ②

문제풀이 핵심 포인트
대화에 대한 분석 문제는 등장인물들의 견해가 대비되어 있으므로 문제되는 A시 조례에 대한 갑~무의 견해 간에 차이점이 무엇인지에 집중한다.

풀이
① (○) ㉠은 "출산일 기준으로 12개월 전부터 신청일 현재까지 계속하여 A시에 주민등록을 둔 산모"이다. 이에 대해 갑은 민원인이 2023년 8월 30일부터 2023년 9월 8일까지 다른 지역으로 주민등록을 옮겨서 거주한 일이 있어서 지원 대상이 될 수 없다는 입장이고, 병은 당해 조항이 계속성을 요구한다고 보아 민원인이 지원 대상이 될 수 없다는 입장이다. 그러나 무는 계속성을 유연하게 해석할 수 있다고 본 근로관계에 대한 판례를 근거로 민원인이 지원 대상이 될 수 있다는 입장이다. 따라서 갑은 민원인이 ㉠을 갖추었는지 여부에 대한 판단에서 병과는 같고 무와는 다르다는 것은 적절한 분석이다.

② (×) 을은 ㉡에 "계속하여"라는 문구가 없다는 점을 근거로 민원인에 대해 출산장려금을 지원해야 한다는 입장이다. 그러나 을은 ㉠에 관한 조항에 나오는 "계속하여"라는 문구의 의미에 관해 얘기하고 있지 않다. 따라서 을은 ㉠에 관한 조항에 나오는 "계속하여"라는 문구의 의미를 갑, 병과 달리 이해한다는 것은 적절하지 않은 분석이다.

③ (○) 병은 ㉡을 근거로 한 을의 주장에 대해, ㉢이 A시 조례 제7조와 같은 취지와 형식의 문구로 되어 있으면서 계속성을 명시하고 있으며, 다른 지방자치단체들의 조례도 마찬가지라고 주장하고 있다. 따라서 병은 ㉢에서처럼 주민등록의 계속성을 명시하는 것이 ㉡과 같은 경우보다 일반적이라고 이해한다는 것은 적절한 분석이다.

④ (○) 정은 B시 조례에서 출산 전 주민등록의 기간이 짧다는 점을 고려하여 ㉡과 ㉢을 동일 선상에 놓고 보아서는 안 된다고 본다. 따라서 정이 조문의 해석에서 ㉢에서의 주민등록 기간이 ㉡에서와 다르다는 점을 고려할 수 있다고 본다는 것은 적절한 분석이다.

⑤ (○) 무는 갱신되거나 반복된 근로계약에서는 그 사이 일부 공백 기간이 있더라도 근로관계의 계속성을 인정해야 한다는 판결과 A시 조례가 일맥상통한다고 본다. 따라서 무가 ㉠과 관련하여 일시적인 단절이 있어도 계속성의 요건이 충족될 수 있다고 본다는 것은 적절한 분석이다.

문 25 견해 분석 난이도 중 정답 ③

문제풀이 핵심 포인트
쟁점별 상황이 각기 다르므로 각 쟁점에 대한 갑과 을의 주장을 파악하고, 쟁점을 판단하기 위해 적용할 수 있는 주거법 규정을 확인한다.

풀이
ㄱ. (○) 쟁점 1과 관련하여, 을이 이중처벌 금지가 하나의 범죄행위에 대해 동일한 국가가 형벌권을 거듭 행사해서는 안 된다는 의미라고 해석하는 것이라면, 을은 외국에서 받은 형 집행에 대해 이중처벌 금지 원칙과 무관하다고 볼 것이고, 현행 조항이 이중처벌 금지 원칙과 무관하다고 볼 것이다. 따라서 이는 갑과 을 사이의 주장 불일치를 설명할 수 있다.

ㄴ. (O) 쟁점 2와 관련하여, 갑은 현행 조항은 신체의 자유를 과도하게 제한하
는 위헌적 조문으로 보지만, 을은 현재 K국 법원은 법률상의 재량을 합리적
으로 행사하여 위헌의 사례 없다고 본다. 따라서 갑은 현행 조항으로 말미
암아 헌법상 신체의 자유가 침해될 것이라고 전망하지만, 을은 그러한 전
망에 동의하지 않는다는 것은 적절한 분석이다.

ㄷ. (×) '외국에서 형의 집행을 받은 피고인에게 K국 법원이 형을 선고할 때에
는 이미 집행된 형량을 공제해야 한다.'는 내용으로 K국 의회가 현행 조항
을 개정한다면, 이중처벌 금지의 원칙에 따르면 외국에서 받은 형 집행은 K
국에서 반드시 반영되어야 한다고 주장하는 갑은 개정에 찬성할 것이다. 따
라서 갑과 을은 개정에 반대할 것이라는 분석은 적절하지 않다.

✏️ 실전에선 이렇게!

<보기>에서 각각 쟁점 1, 2에 대해 차례대로 묻고 있으므로 지문의 <논쟁>
을 먼저 읽기보다는 <보기> 판단 시에 지문의 <논쟁>을 읽고 내용을 파악하
는 순서로 접근한다.

7급 2023년 기출문제

PSAT 전문가의 총평

· 2023년 7급 PSAT 기출문제는 '독해의 원리'에서 8문항, '논증의 방향'에서 7문항, '문맥과 단서'에서 7문항, '논리의 체계'에서 3문항이 출제되었습니다.

· 2023년 7급 공채는 2022년 7급 공채와 유사한 형태로 출제되었습니다. 또한 2020년 모의평가에서부터 2022년 기출까지 한 번씩 출제된 경력이 있는 문제 유형들이 출제되어 익숙한 유형의 문제들로 구성되었고, 이로 인해 시험장에서의 체감 난도가 크게 높지 않았을 것으로 보입니다. 또한 시간이 많이 걸릴 수 있는 유형인 실무 소재 문제가 올해 5문제 정도로 작년보다 비중이 늘었지만, 문제 난이도는 작년에 비해 어렵지 않았습니다. 오히려 작년보다 논리 문제 비중은 낮아졌고, 논증 문제도 작년과 같은 실험 평가 문제가 배제되었기 때문에 문제 구성을 보았을 때 작년보다 난도가 높지 않았다고 판단됩니다.

· 작년에도 그러했듯이 7급 공채 문제가 5급 공채와 유사한 패턴으로 출제되는 양상은 올해도 계속되었습니다. 특히 추론 문제와 실험 소재 문제의 출제 패턴은 눈여겨보아야 합니다. 추론 문제는 비중이 높아졌을 뿐만 아니라, 원칙 적용형이나 표를 활용하는 도식적인 구조, 상관관계에 집중하는 과학 소재 지문 구성에서 5급 공채와 매우 유사한 패턴을 보이고 있습니다. 실험 소재 문제의 경우, 실험의 결론을 묻는 19번 문제는 2023년 5급 공채 36번과 매우 유사한 형태로 출제되었습니다. 이러한 출제 경향으로 볼 때, 내년 시험에 대비해서 7급 공채 기출만이 아니라 5급 공채 기출도 중요하게 다루어야 합니다. 최근 5급 공채 언어논리에서 전반적으로 강화되고 있는 유형인 추론, 실험 소재, 전제 찾기와 같은 유형에 주목해야 합니다. 더불어 7급 공채 기출만의 특성이 보이는 문제들 중 실무적인 소재를 다루는 문제 유형에는 철저하게 대비해야 합니다.

정답

p.36

문1	②	개념 이해	문6	③	구조 판단	문11	①	원칙 적용	문16	⑤	논리 퀴즈	문21	⑤	견해 분석
문2	①	개념 이해	문7	④	글의 수정	문12	④	견해 분석	문17	④	구조 판단	문22	③	논증 평가
문3	②	논지와 중심 내용	문8	②	밑줄 추론	문13	①	원칙 적용	문18	②	구조 판단	문23	①	원칙 적용
문4	③	논지와 중심 내용	문9	④	빈칸 추론	문14	③	독해형 논리	문19	④	원칙 적용	문24	⑤	빈칸 추론
문5	③	개념 이해	문10	④	빈칸 추론	문15	⑤	독해형 논리	문20	⑤	논증 평가	문25	②	밑줄 추론

취약 유형 분석표

유형별로 맞힌 문제 개수와 정답률, 틀린 문제 번호, 풀지 못한 문제 번호를 적고 나서 취약한 유형이 무엇인지 파악해 보세요. 그 후 약점 보완 해설집 p.2 [취약 유형 공략 포인트]에서 약점 보완 학습법을 확인하고, 틀린 문제와 풀지 못한 문제를 다시 한번 풀어보세요.

유형		맞힌 문제 개수	정답률	틀린 문제 번호	풀지 못한 문제 번호
독해의 원리	개념 이해	/3	%		
	구조 판단	/3	%		
	원칙 적용	/4	%		
논증의 방향	논지와 중심 내용	/2	%		
	견해 분석	/2	%		
	논증의 비판과 반박	–	–		
	논증 평가	/2	%		
문맥과 단서	빈칸 추론	/3	%		
	밑줄 추론	/2	%		
	글의 수정	/1	%		
논리의 체계	논증의 타당성	–	–		
	논리 퀴즈	/1	%		
	독해형 논리	/2	%		
TOTAL		/25	%		

해설

문 1 개념 이해 난이도 하   정답 ②

문제풀이 핵심 포인트
순검군이 설치된 이유와 그 역할이 무엇인지가 지문의 주요 내용이므로 이에 주목하고, 이전부터 있었던 개경의 군사 조직과의 관계도 확인해야 한다.

풀이

① (×) 두 번째 단락에서 개경의 도시화가 진전됨에 따라 전문적인 치안 기구의 필요성이 증대되었음을 알 수 있지만, 개경이 고려의 다른 어떤 지역보다 범죄 행위가 많이 발생한 곳이었는지는 알 수 없다.

② (○) 두 번째 단락에서 순검군의 설치는 도성을 방위하고 국왕을 지키는 군대의 기능과 도성의 치안 유지를 위한 경찰의 기능이 분리되고 전문화된 것을 의미한다는 것을 알 수 있다. 따라서 순검군이 설치된 이후에도 도성의 성문을 지키는 임무는 위숙군에게 있었다는 것을 알 수 있다.

③ (×) 세 번째 단락에서 급한 공무나 질병, 출생 등 부득이한 경우에만 사전 신고를 받고 야간에 통행하도록 하였다는 것을 알 수 있으나, 야간에 급한 용무로 시내를 통행하려는 사람은 먼저 시가지를 담당하는 검점군에 신고를 하였는지는 알 수 없다.

④ (×) 두 번째 단락에서 순검군은 개경 시내를 순찰하고 검문을 실시하는 전문적인 치안 조직임을 알 수 있다. 따라서 순검군이 야간 통행이 금지되는 저녁부터 새벽 시간까지 순찰 활동을 하며 성문 방어에도 투입되었다는 것은 알 수 없다.

⑤ (×) 두 번째 단락에서 순검군의 설치는 도성을 방위하고 국왕을 지키는 군대의 기능과 도성의 치안 유지를 위한 경찰의 기능이 분리되고 전문화된 것을 의미한다는 것을 알 수 있다. 따라서 순검군의 설치 이후에 간수군을 비롯한 개경의 세 군사 조직이 군대의 기능과 경찰의 기능을 모두 수행하였다는 것은 알 수 없다.

문 2 개념 이해 난이도 중   정답 ①

문제풀이 핵심 포인트
고려의 동북 9성과 관련하여 선택지에 제시된 인물인 오연총, 윤관, 척준경 등의 행동에 주목하여 지문을 읽는다. 위치에 대한 정보도 확인해야 한다.

풀이

① (○) 세 번째 단락에 따르면 고려는 동북 9성에 대한 방비를 강화하였지만, 전투가 거듭될수록 병사들이 계속 희생되었고 물자 소비도 점점 많아졌다. 그래서 예종 4년에 여진이 강화를 요청했을 때 고려는 이를 받아들이고 여진에 동북 9성 지역을 돌려주기로 하였다. 따라서 고려는 동북 9성을 방어하는 과정에서 병사들이 계속 희생되고 물자 소비도 늘어났기 때문에 여진의 강화 요청을 받아들였다는 것은 글의 내용과 부합한다.

② (×) 두 번째 단락에 따르면 윤관은 가한촌에서 큰 위기를 맞이하였지만 척준경이 10여 명의 결사대를 이끌고 분전한 덕분에 영주로 탈출할 수 있었다. 그러나 오연총이 웅주에 있던 윤관이 여진군에 의해 고립된 사실을 알고 길주로부터 출정하여 그를 구출하였다는 것은 글의 내용과 부합하지 않는다.

③ (×) 두 번째 단락에 따르면 윤관은 여진의 끈질긴 공격을 물리치면서 함주, 공험진, 의주, 통태진, 평융진에도 성을 쌓아 총 9개의 성을 완성하였다. 그러나 윤관이 여진군과의 끈질긴 전투 끝에 가한촌을 점령하고 그곳에 성을 쌓아 동북 9성을 완성하였다는 것은 글의 내용과 부합하지 않는다.

④ (×) 두 번째 단락에 따르면 척준경은 가한촌 전투에서 큰 위기를 맞이한 윤관을 도와 영주로 탈출할 수 있게 했다. 그러나 척준경이 패배한 고려군을 이끌고 길주로 후퇴하였다는 것은 글의 내용과 부합하지 않는다.

⑤ (×) 첫 번째 단락에 따르면 신기군과 신보군, 경궁군이 포함된 별무반은 숙종의 허락을 받아 윤관이 창설하였다. 따라서 예종이 즉위하고 다음 해에 신기군과 신보군, 경궁군이 창설되었다는 것은 글의 내용과 부합하지 않는다.

✏️ **실전에선 이렇게!**

역사 소재 지문은 사건의 전체적인 흐름을 잡아내는 것이 중요한 정보로 제시되는 경우가 있으므로 지문 전체의 시간적 흐름을 놓치지 않도록 지문을 읽는다.

문 3 논지와 중심 내용 난이도 하   정답 ②

문제풀이 핵심 포인트
글의 핵심 논지는 지문에서 필자가 하고자 하는 가장 중요한 말이므로 세부적인 정보보다는 물음에 대한 답변에 주목한다.

풀이

① (×) 윤리적으로 잘 먹기 위해서는 육식을 지양해야 한다는 것은 글에서 알 수 없는 내용이므로 핵심 논지가 될 수 없다.

② (○) 세 번째 단락에서 '잘 먹는다'는 것의 윤리적 차원은 다른 사람들, 동물들, 식물들, 서식지, 토양 등과 관계를 맺는 행위임을 인식하기 시작할 때 비로소 드러난다고 하고, 마지막 단락에서 이러한 관계들은 먹는 행위를 윤리적 반성의 대상으로 끌어 올린다고 한다. 따라서 먹는 행위에 대해서도 윤리적 차원을 고려하여야 한다는 것이 글의 핵심 논지로 가장 적절하다.

③ (×) 두 번째 단락에서 건강 증진이나 취향 만족을 위한 먹는 행위는 개인적 차원의 평가 대상일 뿐이라고 볼 수 있지만, 이것은 글의 핵심 논지가 아니다.

④ (×) 세 번째 단락에서 먹는 행위는 동물, 식물, 토양 등의 비인간 존재와 인간 사이의 관계를 만들어낸다는 것을 알 수 있지만, 이것은 글의 핵심 논지가 아니다.

⑤ (×) 먹는 행위를 평가할 때에는 먹거리의 소비자보다 생산자의 윤리적 책임을 더 고려하여야 한다는 것은 글에서 알 수 없는 내용이므로 핵심 논지가 될 수 없다.

✏️ **실전에선 이렇게!**

"먹는 일에도 윤리적 책임이 동반된다고 생각해 볼 수 있지 않을까?"라는 문제 제기에 대한 답변을 찾는다.

문 4 논지와 중심 내용 난이도 하 정답 ③

문제풀이 핵심 포인트
지역문화콘텐츠의 성공을 위해 글에서 제시하고 있는 문제점과 이를 해결하기 위한 방안에 주목한다.

풀이
① (×) 향유의 지속성을 고려해야 한다는 것이 글의 논지이므로 중앙정부와 지방자치단체의 협력을 통해 지역문화콘텐츠의 경쟁력을 강화해야 한다는 것은 글의 핵심 논지로 적절하지 않다.

② (×) 그동안 지역문화 정책과 사업이 새로운 콘텐츠를 발굴·제작하는 데만 주력해 온 탓에 향유의 지속성 측면을 고려하지 못했다고 언급하고 있으므로 새로운 콘텐츠의 발굴과 제작을 통해 지역문화콘텐츠의 생명력을 연장하고 활성화해야 한다는 것은 글의 핵심 논지로 적절하지 않다.

③ (○) 이미 만들어진 우수한 지역문화콘텐츠의 생명력을 연장하고 콘텐츠 향유의 활성화를 꾀하기 위해 향유자에 의한 콘텐츠의 공유와 확산이 활발하게 이루어지는 향유, 아울러 향유자가 콘텐츠의 소비·매개·재생산의 주체가 되는 향유를 위한 방안이 개발되어야 한다는 것이 글의 논지이다. 따라서 지역문화콘텐츠를 향유자와 연결하고 향유자의 향유 경험을 지속하게 할 방안을 마련해야 한다는 것이 글의 핵심 논지로 가장 적절하다.

④ (×) 글에서는 향유자 개인의 역할을 제시하고 있지 않으므로 지역문화콘텐츠 향유자 스스로 자신이 콘텐츠의 소비·매개·재생산의 주체임을 인식해야 한다는 것은 글의 핵심 논지로 적절하지 않다.

⑤ (×) 지역문화콘텐츠의 성공은 지역 산업의 동력이 될 뿐 아니라 지역민의 문화향유권 확장에 이바지한다는 점에서 주목할 만하지만, 이를 위해 중앙정부의 경제적 지원이 증대되어야 한다는 내용은 글에서 확인할 수 없다.

문 5 개념 이해 난이도 하 정답 ③

문제풀이 핵심 포인트
갈등영향분석의 실시 기준과 필수적인 단계 및 각 단계의 주체에 대한 구체적인 정보가 제시되어 있으므로 해당 정보에 주목하여 지문을 읽는다.

풀이
① (○) 두 번째 단락에서 해당 사업을 수행하는 기관장은 예비타당성 조사 실시 기준인 총사업비를 판단 지표로 활용하여 갈등영향분석의 실시 여부를 판단한다고 제시되어 있다. 따라서 정부가 갈등영향분석 실시 여부를 판단할 때 예비타당성 조사 실시 기준인 총사업비를 판단 지표로 활용한다는 것은 글의 내용과 부합한다.

② (○) 세 번째 단락에서 해당 사업을 수행하는 기관장은 대상 시설이 기피 시설인지 여부를 판단할 때, 단독으로 판단하지 말고 지역 주민 관점에서 검토할 수 있도록 민간 갈등관리전문가 등의 자문을 거쳐야 한다고 제시되어 있다. 따라서 기피 시설 여부를 판단할 때 해당 사업을 수행하는 기관장이 별도 절차 없이 단독으로 판단해서는 안 된다는 것은 글의 내용과 부합한다.

③ (×) 네 번째 단락에서 갈등관리심의위원회의 자문을 거쳐 해당 사업과 관련된 주요 이해당사자들이 중립적이라고 인정하는 전문가가 갈등영향분석서를 작성하여야 한다고 제시되어 있다. 따라서 갈등영향분석서는 정부가 주관하여 중립적 전문가의 자문하에 해당 기관장이 작성하여야 한다는 것은 글의 내용과 부합하지 않는다.

④ (○) 네 번째 단락에서 작성된 갈등영향분석서는 반드시 모든 이해당사자들의 회람 후에 해당 기관장에게 보고되고 갈등관리심의위원회에서 심의되어야 한다고 제시되어 있다. 따라서 갈등영향분석서를 작성한 후에는 이해당사자가 회람하는 절차가 있어야 한다는 것은 글의 내용과 부합한다.

⑤ (○) 두 번째 단락에서 경제적 규모가 실시 기준 이상이라도 갈등 발생 여지가 없거나 미미한 경우에는 갈등관리심의위원회 심의를 거쳐 갈등영향분석을 실시하지 않을 수 있다고 제시되어 있다. 따라서 갈등관리심의위원회는 갈등영향분석 실시 여부의 판단에 관여할 수 있다는 것은 글의 내용과 부합한다.

문 6 구조 판단 난이도 하 정답 ③

문제풀이 핵심 포인트
초·중학교 기초학력 부진학생의 기초학력 향상을 위한 3단계의 체계적인 지원체계가 제시되어 있으므로 단계별 주요 키워드에 주목하여 지문을 읽는다.

풀이
① (×) 세 번째 단락에서 ○○시에 총 5곳이 설치되어 있는 것은 학습종합클리닉센터가 아니라 권역학습센터임을 알 수 있다.

② (×) 세 번째 단락에서 기초학력 부진 판정을 받은 학생 중 복합요인 기초학력 부진학생을 대상으로 학습멘토 프로그램을 운영한다는 것을 알 수 있다. 따라서 기초학력 부진학생으로 판정된 학생은 학습멘토 프로그램에 참여할 수 없다는 것은 알 수 없다.

③ (○) 네 번째 단락에서 복합요인 기초학력 부진학생 중 주의력결핍 과잉행동장애 또는 난독증 등의 문제로 학습에 어려움을 겪는 학생을 대상으로 소아정신과 전문의 등으로 이루어진 의료지원단을 구성하여 의료적 도움을 줄 수 있음을 알 수 있다. 따라서 복합요인 기초학력 부진학생으로 판정된 학생 중 의료지원단의 의료적 도움을 받는 학생이 있을 수 있다는 것을 알 수 있다.

④ (×) 세 번째 단락에서 학습멘토 프로그램에 참여하는 지원 인력은 ○○시의 인증을 받은 학습상담사임을 알 수 있지만, 전문학습클리닉 프로그램에 참여하는 지원 인력의 인증 여부는 알 수 없다. 따라서 학습멘토 프로그램 및 전문학습클리닉 프로그램에 참여하는 지원 인력은 ○○시의 인증을 받지 않아도 된다는 것은 알 수 없다.

⑤ (×) 네 번째 단락에서 3단계 지원은 복합요인 기초학력 부진학생 중 주의력결핍 과잉행동장애 또는 난독증 등의 문제로 학습에 어려움을 겪는 학생을 대상으로 ○○시 학습종합클리닉센터에서 이루어진다는 것을 알 수 있다. 따라서 난독증이 있는 학생은 기초학력 부진 판정을 받지 않았더라도 ○○시 학습종합클리닉센터에서 운영하는 프로그램에 참여할 수 있다는 것은 알 수 없다.

문7 글의 수정　난이도 하　　　　　정답 ④

문제풀이 핵심 포인트
㉠에 해당하는 '오늘 회의에서 논의된 내용' 중 〈안내〉에 언급된 사항과 관련된 내용에 집중한다.

풀이

① (○) 단순히 A시에서 생활하는 사람이 아닌 A시에 주민으로 등록한 사람이라는 점이 명확하게 드러나야 한다는 내용을 반영하면, 가입 대상을 'A시에 주민으로 등록한 사람 누구나'로 수정하는 것은 적절하다.

② (○) 보험 기간 내에 발생한 사고에 대해서 사고 발생 시점을 기준으로 할 때 보험금을 언제까지 청구할 수 있는지에 대한 안내가 추가되면 좋을 것 같다는 내용을 반영하면, 보험 기간을 '2024. 1. 1.~2024. 12. 31. (보험 기간 내 사고발생일로부터 3년 이내 보험금 청구 가능)'로 수정하는 것은 적절하다.

③ (○) 보장 항목을 안내하면서 새롭게 추가된 두 가지 항목인 개 물림 사고와 사회재난 사망 사고를 포함하면 좋겠다는 내용을 반영하면, 보장 항목을 '대중교통 이용 중 상해·후유장애, 개 물림 사고, 사회재난 사망 사고 등 총 10종의 사고 보장'으로 수정하는 것은 적절하다.

④ (×) 연락처 정보만으로는 부족하고, 안내문에 보험금 청구에 필요한 대표적인 서류들을 제시하자는 내용이 제시되었으므로 청구 방법을 '청구 절차 및 필요 서류는 B보험사 통합상담센터(Tel. 15xx–xxxx)로 문의'로 수정하는 것은 적절하지 않다.

⑤ (○) A시 누리집뿐만 아니라 코리아톡 앱을 통해서도 A시 시민안전보험에 관한 정보를 확인할 수 있게 되었다는 점을 안내할 계획이라는 내용을 반영하면, 참고 사항을 '자세한 관련 내용은 A시 누리집 및 코리아톡 앱을 통해서도 확인 가능'으로 수정하는 것은 적절하다.

🖋 **실전에선 이렇게!**

밑줄 친 ㉠에 따라 〈안내〉의 내용을 수정해야 하는 문제이므로 지문을 처음부터 읽으면서 〈안내〉에 표시된 가입 대상, 보험 기간, 보장 항목, 청구 방법, 참고 사항 등에 대한 내용이 나오면 〈안내〉의 내용과 선택지를 동시에 확인하는 방식으로 접근한다.

문8 밑줄 추론　난이도 하　　　　　정답 ②

문제풀이 핵심 포인트
밑줄의 앞뒤 문장을 읽고, 밑줄의 의미를 파악할 수 있는 핵심어나 문장을 체크하는 것이 필요하다.

풀이

ㄱ. (×) 을이 문제 삼는 것은 원동기 면허가 없는 사람들도 개인형 이동장치를 많이 이용한다는 것이다. 미성년자 중 원동기 면허 취득 비율과 19세 이상 성인 중 원동기 면허 취득 비율은 이와는 직접적인 관련성이 없으므로 의견을 검증하기 위해 필요한 자료라고 볼 수 없다.

ㄴ. (○) 경음기가 부착된 개인형 이동장치 1대당 평균 사고 발생 건수와 경음기가 부착되지 않은 개인형 이동장치 1대당 평균 사고 발생 건수는 경음기 부착 여부가 사고 발생에 유의미한 영향을 미친다고 보는 병의 의견을 검증하기 위해 필요한 자료가 될 수 있다.

ㄷ. (×) 개인형 이동장치 등록 대수가 가장 많은 지역의 개인형 이동장치 사고 발생 건수와 개인형 이동장치 등록 대수가 가장 적은 지역의 개인형 이동장치 사고 발생 건수는 의견을 검증하기 위해 필요한 자료라고 볼 수 없다.

🖋 **실전에선 이렇게!**

의견을 검증하기 위해 필요한 자료를 찾아야 하므로 지문의 을, 병, 정 의견의 핵심을 명확히 체크하여 〈보기〉의 내용과 비교한다.

문9 빈칸 추론　난이도 중　　　　　정답 ④

문제풀이 핵심 포인트
A국과 B국의 행복 정도를 비교하는 예시 부분에 빈칸 (가)와 (나)가 배치되어 있으므로 행복 정도의 비교에 대한 기본 원칙이 제시된 부분에 주목해야 한다.

풀이

(가) 갑은 국민 개인의 삶의 질을 1부터 10까지의 수치로 평가하고 이 수치를 모두 더해 한 국가의 행복 정도를 정량화하여 어느 국가가 더 행복한 국가인지 비교할 수 있다고 주장한다. 하지만 필자는 갑의 주장은 일반적인 직관과 충돌하는 결론이 나오기 때문에 받아들이기 어렵다고 본다. 따라서 (가)에는 행복한 국가라면 그 국가의 대다수 국민이 높은 삶의 질을 누리고 있다고 보는 일반적 직관과 충돌하는 사례가 들어가야 한다. (가) 뒤쪽에 'B국에서 가장 높은 삶의 질을 지닌 국민이 A국에서 가장 낮은 삶의 질을 지닌 국민보다 삶의 질 수치가 낮다.'는 문장이 제시되어 있으므로 (가)에 들어갈 말로 가장 적절한 것은 'B국의 행복 정도가 A국의 행복 정도보다 더 크지만'이다.

(나) (나)에는 위 사례에 대한 갑의 주장이 들어가야 하고, (나) 뒤쪽에 '그러나 이러한 결론에 동의할 사람은 거의 없을 것이다.'라는 문장이 제시되어 있으므로 (나)에 들어갈 말로 가장 적절한 것은 'B국이 A국보다 더 행복한 국가라고 말해야 할 것이다'이다.

문10 빈칸 추론　난이도 중　　　　　정답 ④

문제풀이 핵심 포인트
(가)는 A가 사용한 행복 개념이 무엇인지에 대한 단서를 찾는 것이 필요하고, (나)는 주관적 심리 상태가 행복의 필수 조건임을 부정할 수 없다는 A의 견해와 방향성이 같은 문장을 〈보기〉에서 찾아야 한다.

풀이

(가) A가 사용한 행복 개념은 행복이 주관적 심리 상태만으로는 충분하지 않고, 그런 심리 상태를 뒷받침하는 객관적 조건이 반드시 갖추어져 있어야 한다는 것이다. 따라서 (가)에 들어갈 말은 주관적인 심리 상태를 만족했음에도 불구하고 행복하지 않은 경우에 해당할 것이다. 〈보기〉 중 이와 가장 유사한 내용은 '자신이 행복하다고 느끼고 있으면서도 행복하지 않은 경우가 있을 수 있다'는 ㄴ이다.

(나) A는 행복이 주관적 심리 상태만으로는 충분하지 않다고 하더라도, 주관적 심리 상태가 행복의 필수 조건임은 부정할 수 없다고 보고 있으므로 (나)에 들어갈 말은 주관적인 심리 상태가 만족해야만 행복한 경우에 해당할 것이다. 〈보기〉 중 이와 가장 유사한 내용은 '자신이 행복하지 않다고 느끼고 있으면서도 행복한 경우란 있을 수 없다'는 ㄷ이다.

📍 실전에선 이렇게!

빈칸이 두 개 주어졌고, 선택지는 〈보기〉를 매칭하는 형태이다. 각 빈칸 주변에서 어떤 단서를 잡을 수 있는지 지문에서 확인하고, 〈보기〉의 문장을 대입하면서 옳지 않은 선택지를 소거하는 방식으로 접근한다.

문11 원칙 적용 [난이도 중] 정답 ①

문제풀이 핵심 포인트
〈보기〉에 투여된 약이 증상 치유에 긍정적인지 부정적인지 여부가 언급되어 있으므로 이를 판단할 수 있는 기준을 지문에서 찾아야 한다.

풀이

ㄱ. (○) 지문에 제시된 사례에서는 항생제 투여 없이 그대로 자연 치유에 맡기는 경우 치유될 확률이 20%라고 했을 때 그보다 확률이 높아지면 치유에 긍정적인 효과가 있는 것이고 거꾸로 확률이 낮아지면 치유에 부정적인 효과가 있다고 보고 있다. 더불어 두 경우 모두 치유에 투여된 약 이외의 다른 요인이 개입하지 않았다는 점이 보장되어야 한다고 제시되어 있다. 따라서 투여된 약이 증상의 치유에 어떠한 효과도 없다는 것을 보이기 위해서는, 약을 투여하더라도 증상이 치유될 확률에 변화가 없을 뿐 아니라 약의 투여 이외의 다른 요인이 개입되지 않았다는 것이 밝혀져야 한다는 것은 추론할 수 있다.

ㄴ. (×) 지문에 제시된 사례에 따르면 투여된 약이 증상의 치유에 긍정적인 효과가 있다는 것을 보이기 위해서는 증상이 치유될 확률이 약의 투여 이전보다 이후에 더 높아야 하고, 치유에 투여된 약 이외의 다른 요인이 개입하지 않았다는 점이 보장되어야 한다. 따라서 투여된 약이 증상의 치유에 긍정적인 효과가 있다는 것을 보이기 위해서는 증상이 치유될 확률이 약의 투여 이전보다 이후에 더 높아지는 것을 보이는 것으로 충분하다는 것은 적절하지 않다.

ㄷ. (×) 약 투여 이외의 다른 요인이 개입되지 않았다고 전제할 경우에, 투여된 약이 증상의 치유에 긍정적인 효과가 없다는 것을 보이기 위해서는 증상이 치유될 확률이 약의 투여 이전보다 이후에 더 낮아지는 것을 보이거나 확률의 변화가 없다는 것을 보이면 된다. 따라서 증상이 치유될 확률이 약의 투여 이전보다 이후에 더 낮아지는 것을 보이는 것이 필요하다는 것은 적절하지 않다.

문12 견해 분석 [난이도 중] 정답 ④

문제풀이 핵심 포인트
논쟁에 대한 분석 문제는 등장인물들의 견해가 대비되어 있으므로 도덕적 지위를 갖는 기준에 대한 갑~정의 견해 간에 차이점이 무엇인지에 집중한다.

풀이

ㄱ. (×) 을은 인공지능 로봇은 기계이므로 의식을 갖는 것이 가능하지 않다고 본다. 그러나 정은 인공지능 로봇이 의식을 갖지 않는 경우라 해도 도덕적 지위를 부여해야 하는 경우가 있다고 주장하지만, 인공지능 로봇에게 의식이 없다고 주장하지 않는다.

ㄴ. (○) 병은 인공지능 로봇에게 의식이 있을 수도 있겠지만 인간의 필요에 의해서 만든 도구적 존재에게 도덕적 지위를 부여할 수 없다고 본다. 따라서 인공지능 로봇에게 의식이 있어도 도덕적 지위를 부여할 수 없다고 생각하는 사람이 있다는 것은 적절한 분석이다.

ㄷ. (○) 을은 인공지능 로봇은 기계이므로 의식을 갖는 것이 가능하지 않기 때문에 인공지능 로봇에게 도덕적 지위를 부여할 수 없다고 생각한다. 따라서 인공지능 로봇에게 실제로 의식이 있다고 밝혀진다면, 을은 인공지능 로봇에게 도덕적 지위를 부여해야 하는가에 대한 입장을 바꿔야 한다.

문13 원칙 적용 [난이도 중] 정답 ①

문제풀이 핵심 포인트
〈표〉에 제시된 위기단계별 조치 사항과 각 위기단계의 기준을 확인하는 것이 선택지를 판단하는 원칙이 된다.

풀이

ㄱ. (○) 예비전력이 50만 kW일 때는 심각단계이므로 모든 공공기관은 실내조명을 완전 소등하여야 한다. 예비전력이 180만 kW일 때는 경계단계이고, 조치 사항에는 그 전 위기단계까지의 조치 사항이 포함되므로 50% 이상 소등하여야 한다.

ㄴ. (×) 공공기관은 냉방 온도를 25℃ 이상으로 설정해야 하므로 취약계층 보호시설에 해당하지 않는 공공기관은 예비전력이 280만 kW일 때나 750만 kW일 때 모두 냉방 온도를 24℃로 설정할 수 없다.

ㄷ. (×) 장애인 승강기는 전력수급 위기단계와 관계없이 상시 가동하여야 하므로 전력수급 위기단계가 심각단계일 때 취약계층 보호시설에 해당하는 공공기관뿐만 아니라 취약계층 보호시설에 해당하지 않는 공공기관도 장애인 승강기를 가동할 수 있다.

📍 실전에선 이렇게!

표가 제시된 지문은 지문의 정보를 표에 표기하여 정리해 놓으면 선택지를 판단할 때 실수할 위험을 줄일 수 있다.

문 14 독해형 논리 난이도 중 정답 ③

문제풀이 핵심 포인트
지문이 줄글 형태로 제시된 '독해형 논리' 유형이므로 지문에서 기호화할 필요가 있는 문장을 골라 빠르게 기호화하여 선택지의 참과 거짓 여부를 판별한다.

풀이
지문에서 기호화가 필요한 문장을 정리하면 다음과 같다.
- 공직 자세 → 리더십
- 글로벌 → 직무 ∧ 전문성
- ~리더십 ∨ ~전문성

ㄱ. (O) 위의 세 문장을 연결하면 '공직 자세 → ~글로벌'이 도출된다. 따라서 갑은 〈공직 자세 교육과정〉을 이수하지 않거나 〈글로벌 교육과정〉을 이수하지 않는다는 것은 반드시 참이다.

ㄴ. (O) 두 번째 명제의 대우명제는 '~직무 ∨ ~전문성 → ~글로벌'이다. 따라서 갑이 〈직무 교육과정〉을 이수하지 않는다면 〈글로벌 교육과정〉도 이수하지 않는다는 것은 반드시 참이다.

ㄷ. (×) 갑이 〈공직 자세 교육과정〉을 이수하지 않는다는 것은 주어진 정보로는 알 수 없다.

문 15 독해형 논리 난이도 상 정답 ⑤

문제풀이 핵심 포인트
주어진 조건에 새롭게 입수한 '정보'를 더해 결론이 도출되어야 하므로 그 정보는 결론을 도출하는 '전제'의 역할을 하는 것이다.

풀이
지문에 제시된 문장을 기호화하면 다음과 같다.
- 명제 1: 월 → 수
- 명제 2: 화 → ~수
- 명제 3: 수 ∧ 목
- 결론: ~월 ∧ 목

명제 1, 2, 3을 연결하면 다음과 같다.

월 → 수 ∧ 목 → ~화

결론으로 '~월 ∧ 목'이 도출되려면 '수 ∧ 목' 영역이 '월' 영역과 겹치지 않아야 한다. 따라서 새롭게 입수한 정보로 적절한 것은 "월요일에 참석한 시험위원 중에는 목요일에 참석한 시험위원은 없다."는 것이다.

문 16 논리 퀴즈 난이도 상 정답 ⑤

문제풀이 핵심 포인트
지문에서 기호화 가능한 논리 명제와 정보를 제시하는 사실 명제가 섞여 있으므로 사실 정보와 논리 명제를 연결하여 확정적인 정보를 찾아내는 것이 핵심이다.

풀이
지문에 제시된 명제 중 기호화 가능한 명제를 정리하면 다음과 같다.
- 명제 2: A → B
- 명제 4: ~B ∨ ~D
- 명제 6: D → C

5명의 대표자를 임의로 갑, 을, 병, 정, 무로 설정한다. 이때 명제 1에 따라 A에 찬성하는 대표자를 갑과 을이라 하고, 명제 5에 따라 D에 찬성하는 대표자를 병과 정이라 한다.

ㄱ. (O) 명제 1에 따라 A에 찬성하는 대표자를 갑과 을이라 하고, 명제 5에 따라 D에 찬성하는 대표자를 병과 정이라 하면 무는 A에 반대하고 D에도 반대한다. 또한 명제 3에 따라 B에 찬성하는 대표자 수는 짝수일 수밖에 없으므로 무는 B에도 반대한다. 따라서 3개 정책에 반대하는 대표자가 있다는 것은 반드시 참이다.

ㄴ. (O) 명제 1과 2에 따라 B에 찬성하는 대표자는 갑과 을이고, D에 찬성하는 병과 정은 명제 4에 따라 B에 반대한다. 또한 명제 3에 따라 B에 찬성하는 대표자 수는 짝수일 수밖에 없으므로 무는 B에 반대한다. 따라서 B에 찬성하는 대표자는 2명이라는 것은 반드시 참이다.

ㄷ. (O) 명제 3에 따라 갑과 을 둘 중 한 명은 C에 찬성하고, 병, 정은 명제 6에 의해, 무는 하나 이상의 정책에 찬성해야 한다는 조건에 따라 C에 찬성한다. 따라서 C에 찬성하는 대표자가 가장 많다는 것은 반드시 참이다.

문 17 구조 판단 난이도 중 정답 ④

문제풀이 핵심 포인트
폐가 형성되고, 이후 출산이 일어나는 데 영향을 미치는 요소와 단계가 제시되어 있으므로 그 단계별 흐름을 정리하는 것이 중요하다.

풀이
ㄱ. (×) 첫 번째 단락에 따르면 폐포가 정상적으로 기능을 발휘하려면 충분한 양의 계면 활성제가 필요하다. 폐포 세포가 분비하는 계면 활성제는 임신 기간이 거의 끝날 때쯤 충분히 폐포에 분비되어 비로소 호흡할 수 있는 폐가 형성된다. 두 번째 단락에 따르면 태아의 폐가 정상 기능을 하게 되면 곧이어 출산이 일어나는데, 물질 A는 그 과정에 작용한다. 따라서 태아 시기 쥐의 폐포에서 물질 A가 충분히 발견되지 않는다면, 그 쥐의 폐는 정상적으로 기능을 발휘할 수 없다는 것은 적절한 추론이 아니다.

ㄴ. (O) 두 번째 단락에 따르면 효소 B는 자궁 근육 안에서 물질 C가 만들어지게 하는데, 물질 C는 효소 B가 없으면 만들어지지 않는다. 이렇게 만들어진 물질 C가 일정 수준의 농도가 되면 자궁 근육을 수축하게 하여 쥐의 출산이 일어나게 한다. 따라서 임신 초기부터 효소 B가 모두 제거된 상태로 유지된 암쥐는 출산 시기가 되어도 자궁 근육의 수축이 일어나지 않는다는 것은 글에서 추론할 수 있다.

ㄷ. (O) 두 번째 단락에 따르면 물질 C가 일정 수준의 농도가 되면 자궁 근육을 수축하게 하여 쥐의 출산이 일어나게 하는데, 물질 C가 일정 수준의 농도에 이르지 않으면 자궁 근육의 수축이 일어나지 않는다. 따라서 출산을 며칠 앞둔 암쥐의 자궁 근육에 물질 C를 주입하여 물질 C가 일정 수준의 농도에 이르게 되면 출산이 유도된다는 것은 글에서 추론할 수 있다.

④ (O) 외부 양자효율은 X의 굴절률에 의해서만 결정되며, 굴절률이 클수록 외부 양자효율은 낮아진다. 실험에서 A와 B의 굴절률은 서로 같았지만, 모두 C의 굴절률보다는 작았다. 실험 결과, 방출되는 광자의 개수는 A가 가장 많았고 B와 C는 같았다. 이를 정리하면 다음과 같다.

굴절률	A = B < C
외부 양자효율	A = B > C
내부 양자효율	A > B < C
방출되는 광자 개수	A > B = C

X에서 방출되는 광자의 개수는 외부 양자효율과 내부 양자효율을 곱한 값이 클수록 많아진다. 따라서 내부 양자효율은 'A > B < C', 즉 A가 B보다 높고, C가 B보다 높아야 한다.

📌 실전에선 이렇게!

실험 소재는 과학 소재가 많이 출제되고, 생소하고 어려운 용어가 제시될 확률이 높으므로 지문의 내용을 이해하려고 애쓰기보다는 선택지를 활용해 지문에서 주목해야 할 정보를 확인하여 그 부분에만 집중하는 것이 효율적이다.

문 18 구조 판단 | 난이도 중 | 정답 ②

문제풀이 핵심 포인트
선택지에 부글래기, 왕눈 등의 수경의 종류가 언급되어 있고, 지문도 수경의 종류별 특성을 단락별로 언급하고 있으므로 수경의 종류별 특성에 집중하여 글을 읽는다.

풀이

① (O) 첫 번째 단락에 따르면 수경을 쓰면 빛이 공기에서 각막으로 굴절되어 망막에 들어오므로 상이 망막에 선명하게 맺혀서 물체를 뚜렷하게 볼 수 있다. 따라서 수경인 부글래기를 쓰고 잠수하면 빛이 공기에서 각막으로 굴절되어 망막에 들어와 물체를 뚜렷하게 볼 수 있다는 것은 글에서 추론할 수 있다.

② (×) 두 번째 단락에 따르면 초기 형태의 수경은 수경 내부 공기의 부피는 변하지 않으므로 수경 내의 공기압인 수경 내압은 변하지 않는다. 네 번째 단락에 따르면 큰눈은 잠수 시 수압에 의하여 폐가 압축되어 수압과 수경 내압이 같아질 때까지 폐의 공기가 기도와 비강을 거쳐 수경 내로 들어온다. 따라서 수경 내압은 큰눈을 쓰고 잠수했을 때보다 초기 형태의 수경을 쓰고 잠수했을 때가 더 크다는 것은 적절한 추론이 아니다.

③ (O) 세 번째 단락에 따르면 수경 '부글래기'는 잠수 시 나타날 수 있는 결막 출혈을 방지하는데, 우리나라에서는 모슬포 지역의 해녀들이 부글래기를 사용한 적이 있다. 따라서 잠수 시 결막 출혈을 방지할 수 있는 수경이 모슬포 지역에서 사용된 적이 있다는 것은 글에서 추론할 수 있다.

④ (O) 네 번째 단락에 따르면 왕눈은 잠수 시 수압에 의하여 폐가 압축되어 수압과 수경 내압이 같아질 때까지 폐의 공기가 기도와 비강을 거쳐 수경 내로 들어온다. 따라서 왕눈을 쓰고 잠수하면 수경 내압과 체내 압력이 같아진다는 것은 글에서 추론할 수 있다.

⑤ (O) 두 번째 단락에 따르면 잠수 시 수압에 의해 신체가 압박되어 신체의 부피가 줄어들면서 체내 압력이 커져 수압과 같아지게 된다. 따라서 체내 압력은 잠수하기 전보다 잠수했을 때가 더 크다는 것은 글에서 추론할 수 있다.

문 19 원칙 적용 | 난이도 상 | 정답 ④

문제풀이 핵심 포인트
선택지에서 실험의 결과와 관련하여 불순물 함유율과 내부 양자효율의 대소 비교를 언급하고 있으므로 그 부분에 집중하여 지문의 정보를 체크한다.

풀이

①, ② (×) 불순물 함유율이 낮을수록 내부 양자효율은 높아지므로 불순물 함유율은 'A < B < C'가 되어야 한다. 따라서 B가 가장 높지만, A와 C 중 어느 것이 가장 낮은지는 알 수 없다.

문 20 논증 평가 | 난이도 중 | 정답 ⑤

문제풀이 핵심 포인트
〈보기〉에서 이 논증이 강화되는지 약화되는지 여부를 물어보고 있으므로 논증의 결론과 전제에 주목하여 지문을 읽는 것이 필요하다.

풀이

ㄱ. (O) 논증에 따르면 침팬지 이와 사람 머릿니 사이의 염기서열 차이는 550만 년 동안 누적된 변화이고 이로부터 1만 년당 이의 염기서열이 얼마나 변화하는지 계산할 수 있다고 보고 있다. 따라서 염기서열의 변화가 일정한 속도로 축적되는 것이 사실이라면 550만 년 동안의 변화로부터 1만 년당 염기서열의 변화를 추론하는 지문의 논증은 강화된다.

ㄴ. (O) 논증에 따르면 침팬지 이와 사람 머릿니 사이의 염기서열 차이는 550만 년 동안 누적된 변화이고, 사람 몸니와 사람 머릿니의 염기서열 차이는 사람이 옷을 입기 시작한 시점인 약 12만 년 전 이후부터 나타난 것이다. 따라서 침팬지 이와 사람 머릿니의 염기서열의 차이가 사람 몸니와 사람 머릿니의 염기서열의 차이보다 작다면 이 논증은 약화된다.

ㄷ. (O) 논증에 따르면 침팬지와 사람이 공통 조상에서 분기되면서 침팬지 이와 사람 머릿니도 공통 조상에서 분기되었다고 볼 수 있고, 화석학적 증거에 따르면 침팬지와 사람의 분기 시점이 약 550만 년 전이므로, 침팬지 이와 사람 머릿니 사이의 염기서열 차이는 550만 년 동안 누적된 변화로 볼 수 있다. 그런데 염기서열 비교를 통해 침팬지와 사람의 분기 시점이 침팬지 이와 사람 머릿니의 분기 시점보다 50만 년 뒤였음이 밝혀진다면, 침팬지 이와 사람 머릿니 사이의 염기서열 차이는 550만 년 동안 누적된 변화로 볼 수 없게 되므로 논증은 약화된다.

문 21 견해 분석 [난이도 중] 정답 ⑤

풀이

ㄱ. (O) A에 따르면, 갑과 마찬가지로 을도 도덕적 잘못을 저질렀다는 것이 일반적인 직관이므로 을이 태어난 아이에게 해악을 끼쳤다고 볼 수 없다는 B의 주장은 수용하기 어렵다. 따라서 A의 주장에 따르면, 을의 행위는 도덕적으로 옳은 행위가 아니라고 보는 것은 적절한 분석이다.

ㄴ. (O) 대체가능성 논제를 수용하는 A뿐만 아니라 대체가능성 논제를 수용하지 않는 B의 입장에서도 갑은 이미 태어난 아이에게 해악을 끼쳤다고 판단된다. 따라서 갑의 행위에 대한 B의 도덕적 평가는 대체가능성 논제의 수용 여부에 따라 달라지지 않는다는 것은 적절한 분석이다.

ㄷ. (O) B는 을이 태어난 아이에게 해악을 끼쳤다고 평가하려면 그 아이가 건강하게 태어날 수도 있었다는 전제가 필요한데, 만일 을이 3개월을 기다려 임신했다면 그 아이가 아닌 다른 아이가 잉태되었을 것이기 때문에 을이 태어난 아이에게 해악을 끼쳤다고 볼 수 없다고 주장한다. 따라서 B의 주장에 따르면, 을의 행위에 대한 도덕적 평가를 할 때 잉태되지 않은 존재의 쾌락이나 고통을 고려해서는 안 된다는 것은 적절한 분석이다.

문 22 논증 평가 [난이도 중] 정답 ③

풀이

㉠은 B의 주장에 대한 A의 비판이다. 즉, 현세대가 미래세대를 고려하여 기존과 다른 삶의 방식을 취하게 되면, 현세대가 기존 방식을 고수했을 때와는 다른 구성원으로 이루어진 미래세대가 생겨나기 때문에 현세대는 미래세대가 겪는 고통에 대해 도덕적 책임이 없다고 말하는 것은 옳지 않다는 것이다.

ㄱ. (O) 미래세대 구성원이 달라질 경우 미래세대가 누릴 행복의 총량이 변한다고 해도, 현세대가 미래세대가 겪는 고통에 대해 도덕적 책임이 없다고 말하는 것은 옳지 않다는 ㉠의 주장과는 관련이 없다. 따라서 ㉠은 약화되지 않는다.

ㄴ. (×) 아직 현실에 존재하지 않는다는 이유로 미래세대를 도덕적 고려에서 배제하는 것이 불합리하다면, B의 주장을 공격하는 것이 되므로 ㉠은 강화된다.

ㄷ. (O) A는 일반적인 직관에 반하는 결론이 도출된다는 이유로 B를 비판하고 있다. 따라서 일반적인 직관에 반하는 결론이 도출된다고 해도 그러한 직관이 옳은지의 여부가 별도로 평가되어야 한다면, A의 주장인 ㉠은 약화된다.

문 23 원칙 적용 [난이도 하] 정답 ①

풀이

ㄱ. (O) A에 '신청인이 같은 내용의 민원이나 국민제안을 제출한 적이 있는지 여부'가 들어가면 (가)와 (나)는 모두 제출한 적 있으므로 ㉠과 ㉡이 같다.

ㄴ. (×) ㉠과 ㉢이 서로 다르다면, A에 '신청인이 이전에 제출한 민원의 거부 또는 국민제안의 불채택 사유가 근거 법령의 미비나 불명확에 해당하는지 여부'가 들어가야 한다. 따라서 B에는 '신청인이 같은 내용의 민원이나 국민제안을 제출한 적이 있는지 여부'가 들어간다.

ㄷ. (×) ㉢과 ㉧이 같다면 B에 '신청인이 같은 내용의 민원이나 국민제안을 제출한 적이 있는지 여부'가 들어간 것이므로, ㉦과 ㉤은 같지 않다.

문 24 빈칸 추론 [난이도 중] 정답 ⑤

풀이

①, ② (×) 도의회에 관한 기능연속성계획이 수립되어야 하는지는 재난 발생 상황에서도 도의회가 연속성 있게 수행할 필요가 있는 핵심 기능이 있다고 판단되는지 여부에 따라 달라진다. 따라서 '재난 상황이 발생하면 A도의회의 핵심 기능 유지를 위해 A도지사의 판단을 거쳐 신속하게 기능연속성계획을 수립해야 하겠군요'나 'A도의회는 재난 발생 시에도 수행해야 할 핵심 기능이 있기에 자체적으로 기능연속성계획을 수립해야 하겠군요'는 빈칸에 들어가기에 적절하지 않다.

③ (×) 도의회는 그 자체로 「재난안전법」에 명시된 재난관리책임기관이 아니므로 'A도의회는 재난관리책임기관이므로 A도의회 의장이 재난에 대비한 기능연속성계획을 수립해야 하겠군요'는 빈칸에 들어가기에 적절하지 않다.

④ (×) A도의회가 국회 같은 차원의 의결기능을 갖고 있지 않은 것은 기능연속성계획을 수립해야 하는지 여부와 관련이 없으므로 'A도의회는 국회 같은 차원의 의결기능을 갖고 있지 않으므로 기능연속성계획을 수립할 일이 없겠군요'는 빈칸에 들어가기에 적절하지 않다.

⑤ (○) 도의회에 관한 기능연속성계획이 수립되어야 하는지는 재난 발생 상황에서도 도의회가 연속성 있게 수행할 필요가 있는 핵심 기능이 있다고 판단되는지가 관건이고, 「재난안전법」상 그것을 판단할 권한은 해당 지방자치단체의 장에게 있다. 따라서 'A도의회에 관한 기능연속성계획이 수립되어야 하는지 여부는 A도지사의 판단에 따라 결정되겠군요'는 빈칸에 들어가기에 적절하다.

문 25 밑줄 추론 난이도 중 정답 ②

문제풀이 핵심 포인트
갑과 을 중 한 명은 A시와 B시 어디에서도 교복 구입비 지원을 받을 수 없는 상황을 해결하기 위해 조례의 일부를 개정하려는 것이므로 각 시의 조례에 따를 때 교복 구입비 지원을 받을 수 없는 학생이 누구인지를 먼저 확인한다.

풀이

현재 「A시 교복 지원 조례」에 따르면 A시 관내에 있는 고등학교에 입학하는 을은 교복 구입비 지원을 받을 수 있지만, B시 관내에 있는 고등학교에 입학하는 갑은 교복 구입비 지원을 받을 수 없다. 또한 「B시 교복 지원 조례」에 따르면 B시에 주민등록을 두고 거주하는 을은 교복 구입비 지원을 받을 수 있지만, A시에 주민등록을 두고 거주하는 갑은 교복 구입비 지원을 받을 수 없다.

ㄱ. (×) 「A시 교복 지원 조례」 제2조제1호의 '학교 중 A시 관내 중·고등학교'를 '학교'로, 제4조제1호의 '교복을 입는 학교에 신입생으로 입학하는 1학년 학생'을 'A시에 주민등록이 되어 있고, 교복을 입는 A시 관내 학교에 입학하는 신입생'으로 개정하면, B시에 주민등록을 두고 거주하는 을과 B시 관내에 있는 고등학교에 입학하는 갑 모두 교복비 지원을 받을 수 없다.

ㄴ. (×) 「A시 교복 지원 조례」 제4조제1호의 '교복을 입는 학교에 신입생으로 입학하는 1학년 학생'을 'A시에 주민등록이 되어 있고, 교복을 입는 학교에 신입생으로 입학하는 1학년 학생'으로 개정하더라도, 갑은 B시 관내에 있는 고등학교에 입학하므로 제2조에 해당되지 않아 여전히 교복 구입비 지원을 받을 수 없다.

ㄷ. (○) 「B시 교복 지원 조례」 제4조제1항의 'B시에 주민등록이 되어 있고, 중·고등학교에 입학하는 학생'을 'B시 관내 중·고등학교에 입학하는 학생'으로 개정하면, B시 관내에 있는 고등학교에 입학하는 갑은 교복 구입비 지원을 받을 수 있다.

PSAT 전문가의 총평

· 2022년 7급 PSAT 기출문제는 '독해의 원리'에서 8문항, '논증의 방향'에서 7문항, '문맥과 단서'에서 6문항, '논리의 체계'에서 4문항이 출제되었습니다.

· 2022년 7급 공채는 2021년보다 오히려 2020년 모의평가와 더 유사한 형태로 출제되었습니다. 2021년 첫 7급 PSAT 시험이 기존 5급이나 민간경력자 PSAT와는 다른 7급 PSAT만의 특성을 드러내려 했던 경향이 강했다면, 2022년 시험은 5급이나 민간경력자 PSAT와 유사하게 출제되었습니다. 2021년 시험에서 7급 PSAT만의 특성으로 꼽혔던 실무 소재를 바탕으로 하는 문제 유형은 3문항으로 비중이 크게 줄었고, 2021년에 거의 출제되지 않았던 일반적인 독해 문제 비중이 2022년에는 5급이나 민간경력자 PSAT 수준으로 높아졌습니다. 더불어 최근 5급 PSAT에서 꾸준히 출제되고 있는 실험 추리 문제와 실험 평가 문제, 원칙 적용 문제도 빠짐없이 출제되었습니다.

· 전체 문제의 난도는 2021년보다 낮아졌습니다. 시간이 많이 걸릴 수 있는 실무 소재의 문맥형 문제 비중이 줄고, 전년도 기출에서 유난히 비중이 높았던 논리 문제 비중은 적정 수준으로 조절되었기 때문입니다. 독해 문제도 일반적인 개념 이해형 문제의 비중이 늘어 난도가 높지 않았습니다. 그러나 최근 강조되고 있는 실험 평가 문제나 정언논리형 퀴즈 문제의 비중이 늘었고, 해당 유형은 난도가 높기 때문에 출제 비중이 늘어날 경우 전체적인 시험 난도가 높아질 수 있습니다. 따라서 변별력을 높이는 이런 유형의 문제들에 꼼꼼히 대비해야 합니다. 또한 실무 소재의 지문으로 빈칸을 추론하는 유형이나 여러 개의 쟁점에 대한 논쟁을 제시하여 견해의 방향성을 판단하는 유형은 2020년 모의평가부터 3년 연속 출제되었으므로 유형화되었다고 보고 철저하게 대비해야 합니다.

정답

p.50

문1	⑤	개념 이해	문6	⑤	논지와 중심 내용	문11	④	논증 평가	문16	⑤	원칙 적용	문21	④	논증 평가
문2	①	개념 이해	문7	①	빈칸 추론	문12	⑤	논증의 타당성	문17	④	논리 퀴즈	문22	⑤	논증 평가
문3	①	개념 이해	문8	⑤	글의 수정	문13	③	빈칸 추론	문18	③	논리 퀴즈	문23	②	빈칸 추론
문4	②	개념 이해	문9	①	원칙 적용	문14	②	견해 분석	문19	④	독해형 논리	문24	⑤	빈칸 추론
문5	②	개념 이해	문10	③	글의 수정	문15	②	견해 분석	문20	③	구조 판단	문25	④	견해 분석

취약 유형 분석표

유형별로 맞힌 문제 개수와 정답률, 틀린 문제 번호, 풀지 못한 문제 번호를 적고 나서 취약한 유형이 무엇인지 파악해 보세요. 그 후 약점 보완 해설집 p.2 [취약 유형 공략 포인트]에서 약점 보완 학습법을 확인하고, 틀린 문제와 풀지 못한 문제를 다시 한번 풀어보세요.

유형		맞힌 문제 개수	정답률	틀린 문제 번호	풀지 못한 문제 번호
독해의 원리	개념 이해	/5	%		
	구조 판단	/1	%		
	원칙 적용	/2	%		
논증의 방향	논지와 중심 내용	/1	%		
	견해 분석	/3	%		
	논증의 비판과 반박	–	–		
	논증 평가	/3	%		
문맥과 단서	빈칸 추론	/4	%		
	밑줄 추론	–	–		
	글의 수정	/2	%		
논리의 체계	논증의 타당성	/1	%		
	논리 퀴즈	/2	%		
	독해형 논리	/1	%		
TOTAL		/25	%		

해설

문1 개념 이해 <난이도 하> 정답 ⑤

문제풀이 핵심 포인트
고려가 송과 거란 사이에서 사용한 외교적 전략과 여진족을 몰아내고 강동 6주를 확보하는 과정이 통시적으로 제시되어 있는 역사 소재 지문이므로 사건의 시간적인 흐름에 주목하여 지문을 읽는다.

풀이

① (×) 두 번째 단락에서 압록강 하류 유역에 살고 있던 여진족은 발해의 지배를 받았었지만, 발해가 거란에 의해 멸망한 후에는 어느 나라에도 속하지 않은 채 독자적 세력을 이루고 있었음을 알 수 있다. 따라서 거란이 압록강 유역에 살던 여진족이 고려의 백성이라고 주장하였다는 것은 글의 내용에 부합하지 않는다.

② (×) 두 번째 단락에서 압록강 하류 유역에 살고 있던 여진족은 발해의 지배를 받았었지만, 발해가 거란에 의해 멸망한 후에는 어느 나라에도 속하지 않은 채 독자적 세력을 이루고 있었음을 알 수 있다. 따라서 여진족이 발해의 지배에서 벗어나기 위해 거란과 함께 고려를 공격하였다는 것은 글의 내용에 부합하지 않는다.

③ (×) 세 번째 단락에서 소손녕은 압록강 하류의 여진족 땅을 고려가 지배할 수 있게 묵인해 달라는 서희의 요구를 수용한 것일 뿐, 이후 압록강 하류의 여진족 땅까지 밀고 들어가 영토를 넓히고 그 지역에 강동 6주를 둔 것은 고려임을 알 수 있다. 따라서 소손녕이 압록강 유역의 여진족 땅을 빼앗아 강동 6주를 둔 후 그곳을 고려에 넘겼다는 것은 글의 내용에 부합하지 않는다.

④ (×) 첫 번째 단락에서 고려는 거란을 공격하기 위해 원병을 요청한 송 태종의 요청에 응하지 않았음을 알 수 있다. 따라서 고려가 압록강 하류 유역에 있는 여진족의 땅으로 세력을 확대한 거란을 공격하고자 송 태종과 군사동맹을 맺었다는 것은 글의 내용에 부합하지 않는다.

⑤ (○) 두 번째 단락에서 서희는 소손녕이 보낸 서신의 내용은 핑계일 뿐이라고 주장하고, 고려가 병력을 동원해 거란을 치는 일이 없도록 하겠다는 언질을 주면 소손녕이 철군할 것이라고 말했다. 따라서 서희는 고려가 거란에 군사적 적대 행위를 하지 않겠다고 약속하면 소손녕이 군대를 이끌고 돌아갈 것이라고 보았다는 것은 글의 내용에 부합한다.

문2 개념 이해 <난이도 하> 정답 ①

문제풀이 핵심 포인트
태종과 이종무가 대마도의 왜구를 대상으로 대마도주의 귀순을 받아낸 과정에 주목하여 지문을 읽는다. 특히 위치에 대한 정보를 놓치지 않는 것이 필요하다.

풀이

① (○) 첫 번째 단락에 따르면 황해도 해주 앞바다에 나타나 조선군과 교전을 벌인 왜구는 요동반도 방향으로 북상했고, 그 후 이종무는 왜구가 본거지로 되돌아가기 전에 대마도를 정벌하라는 태종의 명령에 따라 군사를 모아 대마도 정벌에 나섰다. 따라서 해주 앞바다에 나타나 조선군과 싸운 대마도의 왜구가 요동반도를 향해 북상한 뒤 이종무의 군대가 대마도로 건너갔다는 것을 알 수 있다.

② (×) 첫 번째 단락에서 황해도 해주 앞바다에서 조선군과 교전을 벌인 왜구가 명의 땅인 요동반도 방향으로 북상했다는 것은 알 수 있으나, 조선이 왜구의 본거지인 대마도를 공격하기로 하자 명의 군대도 대마도까지 가서 정벌에 참여하였다는 것은 알 수 없다.

③ (×) 이종무가 세종이 대마도에 보내는 사절단에 포함되어 대마도를 여러 차례 방문하였는지는 알 수 없다.

④ (×) 태종이 이종무에게 대마도 정벌을 명한 것은 알 수 있으나, 태종이 대마도 정벌을 준비하였지만 세종의 반대로 뜻을 이루지 못하였는지는 알 수 없다.

⑤ (×) 두 번째 단락에서 조선군이 대마도주를 사로잡기 위해 상륙하였다가 패배한 곳은 견내량이 아니라 니로임을 알 수 있다.

🖋️ 실전에선 이렇게!
역사 소재 지문은 사건의 전체적인 흐름을 잡아내는 것이 중요한 정보로 제시되는 경우가 있으므로 지문 전체의 시간적 흐름을 놓치지 않도록 지문을 읽는다.

문3 개념 이해 <난이도 하> 정답 ①

문제풀이 핵심 포인트
혐오의 대상, 혐오의 감정, 인간에 대한 혐오 등 '혐오'가 지문의 중심 소재이므로 이와 관련된 정보에 집중하여 지문을 읽는다.

풀이

① (○) 세 번째 단락에 따르면 히틀러는 유대인을 혐오스러운 적대자로 설정함으로써 자신의 야욕을 달성하려고 했고, 대다수의 독일인은 이러한 야만적인 정치적 선동에 동의를 표했다. 따라서 혐오가 정치적 선동의 도구로 이용되지 않았다는 것은 옳지 않다.

② (×) 첫 번째 단락에서 혐오의 감정이 특정 개인과 집단을 배척하기 위한 강력한 무기로 이용되었다는 것을 알 수 있고, 세 번째 단락에 유대인 집단이 혐오의 대상이 된 사례가 제시되어 있다. 따라서 개인뿐만 아니라 집단도 혐오의 대상이 될 수 있다는 것을 알 수 있다.

③ (×) 세 번째 단락에 따르면 유대인을 암세포, 종양, 세균 등으로 묘사하면서 이들을 비인간적 존재로 전락시키는 의학적 담론이 유행하기도 했다. 따라서 혐오의 대상이 되는 집단은 비인간적으로 묘사되기도 한다는 것을 알 수 있다.

④ (×) 첫 번째 단락에 따르면 인간에 대한 혐오의 감정을 사회 안정의 도구로 활용해야 한다거나 법적 판단의 근거로 삼아야 한다는 주장은 영미법의 오래된 역사에서 그리 낯설지 않다. 따라서 혐오의 감정을 법적 판단의 근거로 삼아야 한다는 입장이 있었다는 것을 알 수 있다.

⑤ (×) 두 번째 단락에 따르면 혐오는 특정 집단을 오염물인 것처럼 취급하고 자신은 오염되지 않은 쪽에 속함으로써 얻게 되는 심리적인 우월감 및 만족감과 연결되어 있다. 따라서 인간에 대한 혐오의 감정은 타자를 혐오함으로써 주체가 얻을 수 있는 심리적인 만족감과 연관되어 있다는 것을 알 수 있다.

문 4 개념 이해 | 난이도 하 | 정답 ②

문제풀이 핵심 포인트
'계획적 진부화'의 개념, 이유, 생산자와 소비자 입장에서 계획적 진부화에 대한 평가 등 단락별로 제시된 계획적 진부화의 특성에 집중하여 지문을 읽는다.

풀이

① (○) 세 번째 단락에서 계획적 진부화는 소비자 입장에서 크게 다를 것 없는 신제품 구입으로 불필요한 지출과 실질적인 손실이 발생할 수 있어 부정적으로 인식됨을 알 수 있다.

② (×) 두 번째 단락에서 기업이 새로운 제품을 출시하면, 중고품 시장에서 판매되는 기존 제품은 진부화되고 그 경쟁력도 하락함을 알 수 있다. 따라서 계획적 진부화는 기존 제품과 동일한 중고품의 경쟁력을 높인다고 볼 수 없다.

③ (○) 두 번째 단락에서 소비자들의 취향이 급속히 변화하는 상황에서 계획적 진부화로 소비자들의 만족도를 높일 수 있음을 알 수 있다. 따라서 계획적 진부화는 소비자들의 요구에 대응하기 위하여 수행되기도 한다고 볼 수 있다.

④ (○) 두 번째 단락에서 기업이 기존 제품의 가격을 인상하기 곤란한 경우, 신제품을 출시한 뒤 여기에 인상된 가격을 매길 수 있음을 알 수 있다. 따라서 계획적 진부화를 통해 기업은 기존 제품보다 비싼 신제품을 출시할 수 있다.

⑤ (○) 첫 번째 단락과 세 번째 단락에서 '계획적 진부화'는 의도적으로 수명이 짧은 제품이나 서비스를 생산함으로써 소비자들이 새로운 제품을 구매하도록 유도하는 마케팅 전략으로서 기존 제품이 사용 가능한 상황에서도 신제품에 대한 소비자들의 수요를 자극하는 것임을 알 수 있다. 따라서 계획적 진부화로 인하여 제품의 실제 사용 기간은 물리적으로 사용 가능한 수명보다 짧아질 수 있다.

실전에선 이렇게!
선택지의 주어 부분에 하나의 단어가 집중적으로 제시되는 경우, 지문에서 설명하고 있는 그 단어의 개념 정의, 특징, 목적 등의 정보에 주목하여 지문을 읽어야 한다.

문 5 개념 이해 | 난이도 하 | 정답 ②

문제풀이 핵심 포인트
'비경합적', '비배제적'의 개념을 파악하여 선택지의 사례에 적용할 수 있어야 한다.

풀이

① (○) 유료 공연에서 일정한 돈을 지불하지 않은 사람의 공연장 입장을 차단한다는 것은 그 공연이 배제적이라는 것을 의미한다. 따라서 그 공연은 배제적으로 소비될 수 있다는 것을 알 수 있다.

② (×) 국방 서비스를 소비하는 모든 국민에게 그 비용을 지불하도록 한다는 것은 배제적인 성격을 가지게 된다. 그러나 배제적이라고 해서 비경합적으로 소비될 수 없다는 의미는 아니다.

③ (○) 이용할 수 있는 수가 한정된 여객기 좌석은 경합적인 성격을 가지므로 그 좌석이 경합적으로 소비될 수 있다는 것을 알 수 있다.

④ (○) 세 번째 단락에 따르면 무임승차를 쉽게 방지할 수 없는 국방 서비스의 경우 시장에서 과소 생산될 수 있다. 따라서 무임승차를 쉽게 방지할 수 없는 재화나 용역은 과소 생산될 수 있다는 것을 알 수 있다.

⑤ (○) 첫 번째 단락에서 라디오 방송 서비스는 여러 사람이 비경합적으로 소비할 수 있는 사례로 제시되고 있다.

문 6 논지와 중심 내용 | 난이도 하 | 정답 ⑤

문제풀이 핵심 포인트
글의 핵심 논지는 지문에서 최종적으로 하고자 하는 말이므로 '따라서', '그러므로', '이처럼' 등으로 시작하는 결론적인 문장에 집중한다.

풀이

① (×) 세 번째 단락에서 자유총선거에서 동독 주민들은 점진적 통일보다 급속한 통일을 지지하는 모습을 보여주었다는 것을 알 수 있지만, 이것이 글의 핵심 논지는 아니다.

② (×) 첫 번째 단락에서 '흡수 통일'은 동독이 일방적으로 서독에 흡수되었다는 인상을 주고, 이는 통일 과정에서 동독 주민들이 보여준 행동을 고려하면 오해의 여지를 주는 용어일 수 있다고 주장한다. 따라서 동독이 일방적으로 서독에 흡수되었다는 점에서 독일 통일을 흡수 통일이라고 부른다는 것은 글의 핵심 논지가 아니다.

③ (×) 독일 통일은 분단국가가 합의된 절차를 거쳐 통일을 이루었다는 점에서 의의가 있다는 것은 글에서 알 수 없는 내용이므로 핵심 논지가 아니다.

④ (×) 독일 통일 전부터 서독의 정당은 물론 개인도 동독의 선거에 개입할 수 있었다는 것은 글에서 알 수 없는 내용이므로 핵심 논지가 아니다.

⑤ (○) 마지막 단락에서 독일 통일의 과정에서 동독 주민들의 주체적인 참여를 확인할 수 있으며, 독일 통일을 단순히 흡수 통일이라고 부를 수 없다는 것이 지문의 논지임을 확인할 수 있다. 따라서 독일 통일의 과정에서 동독 주민들의 주체적 참여가 큰 역할을 하였다는 것이 글의 핵심 논지이다.

실전에선 이렇게!
독일 통일을 지칭하는 '흡수 통일'이라는 용어에 대한 지문의 평가가 부정적이라는 점에 주목한다.

문7 빈칸 추론 | 난이도 중 | 정답 ①

문제풀이 핵심 포인트
빈칸이 두 개 주어졌으므로 각 빈칸 주변에서 어떤 단서를 잡을 수 있는지 지문에서 확인하고, 선택지에 배치된 내용을 확인하여 옳지 않은 선택지를 소거하는 방식으로 접근한다.

풀이

(가) (가)에 들어갈 내용은 기본 기하 도형으로 건축물을 디자인하면 '인체 비례에 숨겨진 신의 진리를 구현할 수 있다'고 생각했는지, 아니면 '신의 진리를 넘어서는 인간의 진리를 구현할 수 있다'고 생각했는지 둘 중 하나이다. 첫 번째 단락에서 서양 사람들은 옛날부터 신이 자연 속에 진리를 감추어 놓았다고 믿고 그 진리를 찾기 위해 노력했으며 신이 자연물에 숨겨 놓은 수많은 진리 중에서도 인체 비례야말로 가장 아름다운 진리의 정수로 여겼다고 했으므로 르네상스 시대 건축가들은 신의 진리를 구현하는 데 관심이 있었다는 것을 알 수 있다. 따라서 (가)에는 '인체 비례에 숨겨진 신의 진리를 구현한'이 들어가는 것이 적절하다.

(나) (나)에 들어갈 말은 동일한 비례를 아름다움의 기준으로 삼은 점이 동서양의 '조형미에 대한 안목'이 유사한 것인지, '건축물에 대한 공간 활용법'이 유사한 것인지, '인체 실측에 대한 계산법'이 동일한 것인지 중 하나이다. 두 번째 단락에서 건축에서 미적 표준으로 인체 비례를 활용하는 조형적 안목은 서양뿐 아니라 동양에서도 찾을 수 있다고 했으므로 동서양의 조형적 안목의 공통점임을 알 수 있다. 따라서 (나)에는 '조형미에 대한 동서양의 안목이 유사하였다'가 들어가는 것이 적절하다.

✏ 실전에선 이렇게!
(가)는 르네상스 시대의 건축가들이 어떤 건물을 위대한 건물로 생각했는지에 대한 단서를 찾는 것이 필요하고, (나)는 동서양이 동일한 비례를 아름다움의 기준으로 삼았다는 것이 어떤 측면에서의 유사성을 보여주고 있는지에 대한 단서를 찾아야 한다.

문8 글의 수정 | 난이도 중 | 정답 ⑤

문제풀이 핵심 포인트
밑줄 친 ㉠~㉤ 문장이 각각 글의 문맥과 일치하는지 확인하기 위해 글의 세부 정보보다는 전체적인 흐름을 파악하는 것이 중요하다.

풀이

① (×) ㉠ '갑작스럽게 외부로부터 도입한 자본주의 시스템에 적응하는 일'이라는 표현이 '동유럽 국가들은 자연스럽게 자본주의 시장경제를 받아들였는데'라는 문장과 연결된다. 따라서 ㉠을 "자본주의 시스템을 갖추지 않고 지원을 받는 일"로 수정하는 것은 적절하지 않다.

② (×) ㉡ '자본주의 시스템 도입을 적극적으로 지지했던'이라는 표현은 '경제 체제의 변화와는 관련이 없다는 것이다.'라는 문장과 연결된다. 따라서 ㉡을 "자본주의 시스템 도입을 적극적으로 반대했던"으로 수정하는 것은 적절하지 않다.

③ (×) ㉢ '동유럽 지역 남성들의 과도한 음주와 흡연, 폭력과 살인 같은 비경제적 요소'라는 표현은 '경제 체제의 변화와는 관련이 없다는 것이다.'라는 문장과 연결된다. 따라서 ㉢을 "수출입과 같은 국제 경제적 요소"로 수정하는 것은 적절하지 않다.

④ (×) ㉣ 'IMF의 자금 지원을 받은 국가와 다른 기관에서 자금 지원을 받은 국가'라는 표현은 '해당 국가들의 건강 지표가 IMF의 자금 지원 전후로 어떻게 달라졌는지를 살펴보았다.'는 문장과 연결된다. 따라서 ㉣을 "IMF의 자금 지원 직후 경제 성장률이 상승한 국가와 하락한 국가"로 수정하는 것은 적절하지 않다.

⑤ (○) ㉤ '실시 이전부터 결핵 발생률이 크게 증가했던 것'이라는 표현은 'IMF 구조조정 프로그램의 실시 여부는 국가별 결핵 사망률과 일정한 상관관계가 있었던 것이다.'라는 문장과 맞지 않는다. 따라서 ㉤을 "실시 이후부터 결핵 사망률이 크게 증가했던 것"으로 수정하는 것이 적절하다.

✏ 실전에선 이렇게!
지문의 밑줄 친 ㉠~㉤ 문장을 읽을 때 해당 선택지에서 수정한 내용을 함께 확인하여 정오를 판단하는 방식으로 접근한다.

문9 원칙 적용 | 난이도 중 | 정답 ①

문제풀이 핵심 포인트
〈표〉에 제시된 수험생의 유형과 증상 및 시험장에 따라 지켜야 하는 마스크 착용 기준이 무엇인지 확인하는 것이 선택지를 판단하는 원칙이 된다.

풀이

① (×) 일반 수험생이 시험을 치르는 소형 강의실과 중대형 강의실에서는 각각 KF99와 KF94 마스크 착용을 권장하지만 의무 사항은 아니다. 따라서 일반 수험생 중 유증상자는 KF80 마스크를 착용하더라도 시험을 치를 수 있다고 추론할 수 있다.

② (○) 일반 수험생이 시험을 치르는 소형 강의실과 중대형 강의실에서는 각각 KF99와 KF94 마스크 착용을 권장하지만 의무 사항은 아니다. 따라서 일반 수험생 중 무증상자는 KF80 마스크를 착용하고 시험을 치를 수 있다고 추론할 수 있다.

③ (○) 자가격리 수험생이 시험을 치르는 특별 방역 시험장에서는 KF99 마스크를 의무적으로 착용해야 한다. 따라서 자가격리 수험생 중 유증상자는 KF99 마스크를 착용하고 시험을 치를 수 있다고 추론할 수 있다.

④ (○) 자가격리 수험생이 시험을 치르는 특별 방역 시험장에서는 KF99 마스크를 의무적으로 착용해야 한다. 또한 마스크 착용 규정에서 특정 등급의 마스크 의무 착용을 명시한 경우, 해당 등급보다 높은 등급의 마스크 착용은 가능하지만 낮은 등급의 마스크 착용은 허용되지 않는다. 따라서 자가격리 수험생 중 무증상자는 KF94 마스크를 착용하고 시험을 치를 수 없다고 추론할 수 있다.

⑤ (○) 확진 수험생이 시험을 치르는 생활치료센터에서는 각 센터장이 내린 지침을 의무적으로 따라야 한다. 따라서 확진 수험생은 생활치료센터장이 허용하는 경우 KF80 마스크를 착용하고 시험을 치를 수 있다고 추론할 수 있다.

문 10 글의 수정 난이도 중 정답 ③

문제풀이 핵심 포인트

〈표〉에 제시된 고병원성 AI, 저병원성 AI, 검사 중, 바이러스 미분리 항목의 정오를 판단할 수 있는 근거를 찾는 데 집중한다.

풀이

ㄱ. (O) 최근 야생 조류 고병원성 AI 바이러스 검출 사례는 2020년 10월 25일부터 11월 21일까지 경기도에서 3건, 충남에서 2건이 발표되었고, 가금류 고병원성 AI 바이러스 검출 사례는 전국에서 총 3건이 발표되었다. 그런데 〈표〉에 제시된 바이러스 검출 현황은 '야생 조류 AI 바이러스' 검출 현황이므로 가금류의 검출 현황은 제외되어야 한다. 따라서 〈표〉의 고병원성 AI 항목의 "8건"을 "5건"으로 수정하는 것은 적절하다.

ㄴ. (×) 야생 조류 AI 바이러스가 검출되고 나서 고병원성 여부를 확인하기 위해 정밀 검사를 하는 데 상당한 기간이 소요되므로, 아직 검사 중인 것이 9건이다. 따라서 〈표〉의 검사 중 항목의 "9건"은 옳은 내용이므로 이를 "8건"으로 수정하는 것은 적절하지 않다.

ㄷ. (O) 야생 조류 AI 바이러스 검출 현황은 고병원성 AI, 저병원성 AI, 검사 중으로 분류하고 바이러스 미분리는 야생 조류 AI 바이러스 검출 현황에 포함하지 않는다. 따라서 〈표〉의 "바이러스 미분리" 항목을 삭제하는 것은 적절하다.

실전에선 이렇게!

〈표〉의 각 항목을 수정하는 것이 〈보기〉의 내용이므로 〈보기〉에 제시된 표의 항목을 우선 확인하고, 그 근거가 되는 부분을 지문에서 발췌독하는 방식으로 접근한다.

문 11 논증 평가 난이도 중 정답 ④

문제풀이 핵심 포인트

인간의 존엄성에 대해 A~C가 주장하는 내용이 평가의 대상이므로 각 주장을 찾는 데 집중하고, 주장 간의 차이점과 공통점을 확인한다.

풀이

ㄱ. (×) A의 주장은 인간 존엄성은 그 의미가 무엇인지에 대해 사람마다 생각이 달라서 불명료할 뿐 아니라 무용한 개념이라는 것이다. 그리고 그 사례로 존엄성이 존엄사를 옹호하거나 반대하는 논증 모두에서 각각의 주장을 정당화하는 데 사용된다는 점을 들고 있다. 따라서 많은 논란에도 불구하고 존엄사를 인정한 연명의료결정법의 시행은 A의 주장을 약화시키는 사례라고 볼 수 없다.

ㄴ. (O) C의 주장은 인간 존엄성은 인간종이 그 자체로 다른 종이나 심지어 환경 자체보다 더 큰 가치가 있다고 생각하는 종족주의의 한 표현에 불과하다는 것이다. 이런 생각은 인간이라면 결코 용납하지 않았을 폭력적 처사를 인간 외의 존재에 정당화하는 근거로 활용된다고 본다. 따라서 이러한 C의 주장은 화장품의 안전성 검사를 위한 동물실험의 금지를 촉구하는 캠페인의 근거로 활용될 수 있다.

ㄷ. (O) B는 인간 존엄성을 신이 인간에게 부여한 독특한 지위로 생각함으로써 인간이 스스로를 지나치게 높게 보도록 하는 오만을 낳았다고 비판하고 있고, C는 인간 존엄성은 인간종이 그 자체로 다른 종이나 심지어 환경 자체보다 더 큰 가치가 있다고 생각하는 종족주의의 한 표현에 불과하다고 비판한다. 따라서 B와 C는 인간에게 특권적 지위를 부여하는 인간 중심적인 생각을 비판한다는 점에서 공통적이다.

문 12 논증의 타당성 난이도 상 정답 ⑤

문제풀이 핵심 포인트

〈보기〉에서 밑줄 친 문장에 새로운 전제를 추가하면 다른 밑줄 친 문장을 도출해낼 수 있는지 묻고 있으므로 전제가 참일 때 결론이 참임을 판단하는 타당성 판단 문제이다.

풀이

ㄱ. (O) ㉠은 "내가 더 일찍 태어나는 것은 상상할 수 없다."는 것이다. 그 근거로 나를 있게 하는 것은 특정한 정자와 난자의 결합이고, 내 부모님이 10년 앞서 임신할 수 있었다고 해도 그랬다면 내가 아니라 나의 형제가 태어났을 것이라는 점을 제시한다. 그런데 냉동 보관된 정자와 난자가 수정되어 태어난 사람의 경우를 고려하면, 그 정자와 난자는 나를 태어나게 하는 특정한 것이고, 냉동 보관의 방식으로 내가 더 일찍 태어날 수 있는 가능성이 있게 된다. 따라서 이러한 경우를 고려하면 ㉠이 거짓이라는 것은 적절한 분석이다.

ㄴ. (O) "어떤 사건이 가능하면, 그것의 발생을 상상할 수 있다."라는 전제는 "어떤 사건의 발생을 상상할 수 없으면, 그 사건은 가능하지 않다."와 동일한 의미이다. 따라서 "내가 더 일찍 태어나는 것은 상상할 수 없다."는 ㉠에 "어떤 사건이 가능하면, 그것의 발생을 상상할 수 있다."라는 전제를 추가하면, "내가 더 일찍 태어나는 것은 가능하지 않다."는 결론이 도출된다. 이는 곧 ㉡의 내용이므로 ㉠에 "어떤 사건이 가능하면, 그것의 발생을 상상할 수 있다."라는 전제를 추가하면, ㉡을 이끌어 낼 수 있다는 것은 적절한 분석이다.

ㄷ. (O) "태어나기 이전의 비존재는 나쁘다."는 ㉢에 "태어나기 이전의 비존재가 나쁘다면, 내가 더 일찍 태어나는 것이 가능하다."라는 전제를 추가하면, "내가 더 일찍 태어나는 것이 가능하다."라는 결론이 도출된다. 이는 "내가 더 일찍 태어나는 것은 불가능하다."는 ㉡의 부정이 된다. 따라서 ㉢에 "태어나기 이전의 비존재가 나쁘다면, 내가 더 일찍 태어나는 것이 가능하다."라는 전제를 추가하면, ㉡의 부정을 이끌어 낼 수 있다는 것은 적절한 분석이다.

실전에선 이렇게!

논증의 타당성은 내용이 아니라 형식적으로 판단해야 하므로 밑줄 친 문장 위주로 기호화가 가능한 문장은 기호화하여 논증의 구조를 단순화한다.

문13 빈칸 추론 _{난이도} 중 　　　　　　정답 ③

문제풀이 핵심 포인트
(가)는 생물 다양성을 보존할 의무와 필요성이 있다는 결론을 이끌어 내는 데 필요한 전제가 들어갈 자리이고, (나)는 모든 종은 보존되어야 한다는 결론을 지지하는 전제가 들어갈 자리이다.

풀이

(가) 빈칸 (가)는 A가 제시하는 결론의 두 번째 전제이다. A가 제시하는 첫 번째 전제는 생물 다양성 보존이 우리가 원하는 이익을 얻는 최선의 수단이라는 것이다. 그리고 이 전제들로부터 우리에게는 생물 다양성을 보존할 의무와 필요성이 있다는 결론이 나온다. 즉, (가)에는 '최선의 수단'으로부터 '의무와 필요성'으로 이어질 수 있는 연결고리가 들어가야 한다. 따라서 (가)에는 '어떤 것이 우리가 원하는 이익을 얻는 최선의 수단이라면 우리에게는 그것을 실행할 의무와 필요성이 있다'는 내용이 들어가는 것이 가장 적절하다.

(나) 빈칸 (나) 앞에 있는 '왜냐하면'이라는 접속사로부터 (나)에는 앞 문장인 결론을 지지하는 전제가 들어가야 함을 알 수 있다. C는 "내재적 가치를 지니는 것은 모두 보존되어야 한다."는 것으로부터 "모든 종은 보존되어야 한다."는 결론을 도출한다. 이때 '내재적 가치'란 본래부터 갖고 있다고 인정되는 고유한 가치를 의미한다. 따라서 (나)에는 '모든 종은 그 자체가 본래부터 고유의 가치를 지니기' 때문이라는 내용이 들어가는 것이 가장 적절하다.

문14 견해 분석 _{난이도} 중 　　　　　　정답 ②

문제풀이 핵심 포인트
A, B, C의 주장을 찾고, 주장 간의 차이점과 공통을 확인해야 〈보기〉에 제시된 주장 간의 비교, 비판 내용, 양립 가능성 여부를 판단할 수 있다.

풀이

ㄱ. (×) A는 생물 다양성을 보존할 의무와 필요성이 있다는 결론을 도출하고 있으므로 생물 다양성을 보존해야 한다고 주장한다. 이에 대해 B는 A가 제시하는 도구적 정당화에 근거하여 생물 다양성을 보존하자고 주장하는 것은 옹호될 수 없다고 주장하여 A의 전제를 비판하고 있을 뿐, 생물 다양성을 보존하지 않아도 된다고 주장하고 있지는 않다.

ㄴ. (×) B는 A가 제시하는 도구적 정당화에 근거하여 생물 다양성을 보존하자고 주장하는 것은 옹호될 수 없다고 주장하여 A의 전제가 참이 아니라고 비판하고 있다. 따라서 A의 두 전제가 참이더라도 A의 결론이 반드시 참이 되지는 않는다고 비판하는 것은 아니다.

ㄷ. (○) A는 자연적으로 존재하는 생명체를 보존해야 하는 근거로 도구적 정당화를 제시하고 있고, C는 생명체는 도구적 가치와 내재적 가치를 모두 갖는다고 주장한다. 따라서 자연적으로 존재하는 생명체가 도구적 가치를 가지느냐에 대한 A와 C의 평가가 양립할 수 있다는 것은 적절한 분석이다.

🖋 실전에선 이렇게!

양립할 수 있다는 것은 동시에 참이 될 수 있다는 의미이므로 한편의 주장이 참일 때 다른 편의 주장이 참이 될 수 있는지를 판단한다.

문15 견해 분석 _{난이도} 상 　　　　　　정답 ②

문제풀이 핵심 포인트
갑과 을의 견해가 대비되어 있으므로 입증에 대한 갑과 을의 견해 간에 차이점이 무엇인지에 집중한다.

풀이

ㄱ. (×) 갑은 증거 발견 후 가설의 확률 증가분이 있다면, 증거가 가설을 입증한다는 입장이다. 따라서 갑의 입장에서, 증거 발견 후 가설의 확률 증가분이 없는 경우는 가정하고 있지 않으므로 그 경우에 그 증거가 해당 가설을 입증하지 못한다고 분석하는 것은 적절하지 않다.

ㄴ. (×) 을은 증거 발견 후 가설의 확률 증가분이 있고 증거 발견 후 가설이 참일 확률이 1/2보다 크다면, 그리고 그런 경우에만 증거가 가설을 입증한다는 입장이다. 즉 증거 발견 후를 가정하고 입증에 대한 정의를 내리고 있다. 따라서 을의 입장에서, 어떤 증거가 주어진 가설을 입증할 경우 그 증거 획득 이전에 해당 가설이 참일 확률이 1/2보다 크다고 분석하는 것은 적절하지 않다.

ㄷ. (○) 갑은 증거 발견 후 가설의 확률 증가분이 클수록 증거가 가설을 입증하는 정도가 더 커진다고 본다. 따라서 갑의 입장에서 어떤 증거가 주어진 가설을 입증하는 정도가 작더라도, 그 증거 발견 후 가설의 확률 증가분이 있다는 것이고, 그에 더해 증거 발견 후 가설이 참일 확률이 1/2보다 크다면, 을의 입장에서 그 증거가 해당 가설을 입증할 수 있다. 따라서 해당 분석은 적절하다.

🖋 실전에선 이렇게!

논쟁에 대한 분석 문제에서 핵심은 각 입장의 주장이므로 입증에 대한 갑과 을의 주장 외에 예시나 다른 구체적인 정보는 크게 집중하지 않는다.

문16 원칙 적용 _{난이도} 중 　　　　　　정답 ⑤

문제풀이 핵심 포인트
선택지에서 ISBN-10의 첫 번째, 두 번째, 세 번째 숫자에 대한 언급이 주요 내용을 이루고 있으므로 그 부분에 집중하여 지문의 정보를 체크한다.

풀이

① (×) ISBN-10의 첫 번째 부분에 있는 숫자는 출판된 국가 또는 언어 권역을 나타낸다. 따라서 ISBN-10의 첫 번째 부분에 있는 숫자가 같으면 언어 권역이 같은 것일 수도 있으므로 반드시 같은 나라에서 출판된 책이라고 확정할 수 없다.

② (×) 2007년부터는 13자리의 숫자로 구성된 ISBN인 ISBN-13이 부여되고 있지만, 2006년까지 출판된 도서에는 10자리의 숫자로 구성된 ISBN인 ISBN-10이 부여되었다. 따라서 임의의 책의 ISBN-10에 숫자 3자리를 추가하더라도 그 책의 ISBN-13을 얻는다고 볼 수는 없다.

③ (×) ISBN-10의 세 번째 부분은 출판사에서 그 책에 임의로 붙인 번호이다. 따라서 ISBN-10이 '0-285-00424-7'인 책은 해당 출판사에서 424번째로 출판한 책이라고 볼 수 없다.

④ (×) ISBN-10의 두 번째 부분은 국가별 ISBN 기관에서 그 국가에 있는 각 출판사에 할당한 번호를 나타낸다. 따라서 ISBN-10의 두 번째 부분에 있는 숫자가 같은 서로 다른 두 권의 책이 다른 국가에서 출판되었다면 반드시 동일한 출판사에서 출판된 책이라고 볼 수 없다.

⑤ (○) 부여된 ISBN-10이 유효한 것이라면 이 ISBN-10의 열 개 숫자에 각각 순서대로 10, 9, …, 2, 1의 가중치를 곱해서 각 곱셈의 값을 모두 더한 값이 반드시 11로 나누어 떨어져야 한다. 그런데 확인 숫자 앞의 아홉 개의 숫자에 정해진 가중치를 곱하여 합한 값이 이미 11의 배수이고 확인 숫자에 들어갈 숫자는 0에서 10까지의 숫자 중 하나가 되어야 하므로 이 ISBN-10이 유효하다면, 그 확인 숫자는 반드시 0이어야 한다.

문 17 논리 퀴즈 난이도 중 정답 ④

문제풀이 핵심 포인트
지문을 보면 가언명제가 조건으로 제시되어 있는 '명제 연결형 퀴즈'임을 알 수 있다. 따라서 주어진 명제를 기호화하여 연결고리를 파악하고 반드시 수강하게 되는 과목을 판단한다.

풀이

지문에 제시된 조건을 기호화하면 다음과 같다.
· 명제 1: A → ~B → ~C
· 명제 2: ~D → C
　　　　 ~A → ~E
· 명제 3 : ~E → ~C

기호화한 명제를 하나로 연결하면 'C → E → A → ~B → ~C → D'이고, '~C'가 확정된다. 따라서 반드시 수강해야 할 과목은 D이다.

문 18 논리 퀴즈 난이도 상 정답 ③

문제풀이 핵심 포인트
지문을 보면 정언명제가 조건으로 제시되어 있는 '명제 연결형 퀴즈'임을 알 수 있다. 따라서 주어진 명제를 기호화하여 연결고리를 파악하고 자격증을 가지고 있는 후보자의 상황을 파악한다.

풀이

지문에 제시된 명제를 기호화하면 다음과 같다.
· 명제 1: A ∧ D
· 명제 2: ~ B ∨ ~D
· 명제 3: A ∨ B → ~C
· 명제 4: ~(A → ~B) = A ∧ B

ㄱ. (○) 명제 1과 명제 4에 따르면 A를 가진 후보자는 B나 D를 가지고 있을 수 있으나, 명제 2에 따라 B를 가지고 있으면 D를 가지고 있지 않다. 또한 명제 3에 따르면 A나 B를 가지고 있으면 C는 가지고 있지 않으므로 네 종류 중 세 종류의 자격증을 가지고 있는 후보자는 없다는 것은 반드시 참이다.

ㄴ. (○) 어떤 후보자는 B를 가지고 있지 않고, 또 다른 후보자는 D를 가지고 있지 않다는 것은 결국 B 가지지 않거나 D를 가지지 않는다는 의미이다. 따라서 B와 D를 둘 다 가진 후보자는 없다는 명제 2에 따라 반드시 참이다.

ㄷ. (✕) D를 가지고 있지 않은 후보자는 누구나 C를 가지고 있지 않다면, C를 가지고 있는 후보자는 누구나 D를 가지고 있다는 의미가 된다. 그러나 네 종류 중 한 종류의 자격증만 가지고 있는 후보자가 있는지는 알 수 없다.

문 19 독해형 논리 난이도 상 정답 ④

문제풀이 핵심 포인트
지문이 줄글 형태로 제시된 '독해형 논리' 유형이므로 지문에서 기호화할 필요가 있는 문장을 골라 빠르게 기호화하여 선택지의 참과 거짓 여부를 판별한다.

풀이

지문에서 기호화가 필요한 문장을 정리하면 다음과 같다.
· 민원 → 홍보
· 인사만 선호
· ~민원 ∧ ~인사
· ~세 개 이상 선호
· 갑: 기획
· 을: 민원

ㄱ. (✕) 민원, 홍보, 인사, 기획 업무 중 갑은 기획 업무를 선호하고, 을은 민원 업무를 선호하므로 갑도 을도 선호하지 않을 수 있는 업무는 홍보나 인사이다. 첫 번째 명제에 따르면 을은 홍보 업무도 선호하므로 갑도 을도 선호하지 않는 어떤 업무는 인사가 될 수 있다. 그런데 세 번째 명제에 따라 을이 인사 업무를 선호하지 않는 것은 알 수 있지만, 갑이 인사 업무를 선호하지 않는지는 주어진 조건만으로는 알 수 없다. 따라서 어떤 업무는 갑도 을도 선호하지 않는다는 것이 반드시 참이라고 할 수는 없다.

ㄴ. (○) 첫 번째 명제와 여섯 번째 명제에 따라 을은 홍보 업무를 선호한다. 또한 첫 번째 명제에서 '그 역은 성립하지 않는다'고 했으므로 민원 업무는 선호하지 않고 홍보 업무만 선호하는 사람이 적어도 한 명이 있다. 따라서 적어도 두 명 이상의 신입사원이 홍보 업무를 선호한다는 것은 반드시 참이다.

ㄷ. (○) 민원, 홍보, 인사, 기획 업무 중 갑은 기획 업무를 선호하고, 을은 민원 업무와 홍보 업무를 선호한다. 또한 두 번째 명제에 따라 인사 업무만 선호하는 사원이 있다. 따라서 조사 대상이 된 업무 중에, 어떤 신입사원도 선호하지 않는 업무는 없다는 것은 반드시 참이다.

문 20 구조 판단 난이도 상 정답 ③

문제풀이 핵심 포인트
공변세포의 부피에 변화를 일으키는 요인이 두 번째 단락, 세 번째 단락, 네 번째 단락에 하나씩 제시되어 있는 병렬 구조이므로 이를 기준으로 지문의 주요 정보를 파악한다.

풀이

ㄱ. (○) 두 번째 단락에서 햇빛이 있는 낮에, 햇빛 속에 있는 청색광이 공변세포에 있는 양성자 펌프를 작동시키고 이것이 공변세포 밖에 있는 칼륨이온과 염소이온을 안으로 들어오게 한다는 것을 알 수 있다. 따라서 한 식물의 동일한 공변세포 안에 있는 칼륨이온의 양을 비교한다면, 햇빛이 있는 낮에 햇빛의 청색광만 차단하는 필름으로 식물을 덮은 경우가 칼륨이온의 양이 적을 것이므로 필름을 덮지 않은 경우보다 적다는 것을 추론할 수 있다.

ㄴ. (✕) 세 번째 단락에서 수분스트레스를 받으면 햇빛이 있더라도 기공이 열리지 않는다는 것을 알 수 있고, 두 번째 단락에서 양성자 펌프를 작동시키면 기공이 열린다는 것을 알 수 있다. 그러나 수분스트레스를 받은 식물에 양성자 펌프의 작동을 못하게 하면 햇빛이 있는 낮에 기공이 열린다는 것은 추론할 수 없다.

ㄷ. (O) 세 번째 단락에서 수분스트레스를 받은 식물은 호르몬 A를 분비하고 이 경우 햇빛이 있더라도 기공이 열리지 않는다는 것을 알 수 있고, 네 번째 단락에서 식물을 감염시킨 병원균 α는 양성자 펌프를 작동시키는 독소 B를 만들고 이는 기공을 계속 열리게 한다는 것을 알 수 있다. 따라서 호르몬 A를 분비하는 식물이 햇빛이 있는 낮에 보이는 기공은 닫혀 있고 병원균 α에 감염된 식물이 햇빛이 없는 밤에 보이는 기공은 열려 있으므로 개폐 상태는 다르다고 추론할 수 있다.

문 21 논증 평가 난이도 ❸ 정답 ④

문제풀이 핵심 포인트
〈보기〉에서 ㉠과 ㉡이 강화되는지 강화되지 않는지 여부를 물어보고 있으므로 지문을 읽을 때 ㉠과 ㉡의 차이점을 명확하게 파악하는 것이 필요하다.

풀이
ㄱ. (×) 상황 1에서 암컷에게 들려준 소리가 A, B인 경우 암컷이 A로 이동했다면, A는 B보다 울음소리의 톤이 더 일정하고 빈도도 더 높으므로 배우자 선택의 기준은 울음소리의 톤일 수도 있고 빈도일 수도 있다. 따라서 상황 2에서 C로 이동했다면, 배우자 선택의 기준이 울음소리의 톤일 경우 ㉠은 강화될 가능성이 있다. 따라서 ㉠은 강화되지 않지만 ㉡은 강화된다는 것은 적절한 평가가 아니다.

ㄴ. (O) 상황 1에서 암컷에게 들려준 소리가 B, C인 경우 암컷이 B로 이동했다면, B는 C보다 울음소리의 빈도가 더 높으므로 배우자 선택의 기준은 울음소리의 빈도일 것이다. 그런데 상황 2에서 A로 이동했다면, 배우자 선택의 기준이 여전히 울음소리의 빈도인 것이므로 ㉠은 강화되지만 ㉡은 강화되지 않는다.

ㄷ. (O) 상황 1에서 암컷에게 들려준 소리가 A, C인 경우 암컷이 C로 이동했다면, C는 A보다 울음소리의 톤이 더 일정하므로 배우자 선택의 기준은 울음소리의 톤일 것이다. 그런데 상황 2에서 A로 이동했다면, 배우자 선택의 기준이 울음소리의 빈도로 변화한 것이므로 ㉠은 강화되지 않지만 ㉡은 강화된다.

실전에선 이렇게!
평가 문제의 선택지를 판단할 때 '강화되지 않는다'는 약화되거나 평가의 대상과 무관한 경우를 모두 포함한다.

문 22 논증 평가 난이도 ❸ 정답 ⑤

문제풀이 핵심 포인트
〈보기〉에서 ㉠과 ㉡이 강화되는지 강화되지 않는지 여부를 물어보고 있으므로 지문을 읽을 때 ㉠과 ㉡의 구체적인 내용과 차이점을 명확하게 파악하는 것이 필요하다.

풀이
ㄱ. (O) 색깔이 같은 두 빛이 각각 경로 1과 2를 통과했을 때, 경로 1을 통과한 빛이 경로 2를 통과한 빛보다 스크린의 오른쪽에 맺힌다는 것은 물속에서 빛의 속도가 더 빠르다는 것을 의미한다. 따라서 ㉠은 강화되고 ㉡은 약화된다.

ㄴ. (O) 색깔이 다른 두 빛 중 하나는 경로 1을, 다른 하나는 경로 2를 통과했을 때, 경로 1을 통과한 빛이 경로 2를 통과한 빛보다 스크린의 왼쪽에 맺힌다는 것은 어떤 색깔의 빛이든 물속에서의 빛의 속도가 더 느리다는 것을 의미한다. 따라서 ㉠은 약화되고 ㉡은 강화된다.

ㄷ. (O) 색깔이 다른 두 빛이 모두 경로 1을 통과했을 때, 두 빛이 스크린에 맺힌 위치가 다르다는 것은 색깔에 따라 빛의 속도가 달라진다는 것을 의미한다. 따라서 ㉠은 약화되고 ㉡은 강화된다.

실전에선 이렇게!
평가의 대상이 실험과 관련되어 있는 경우에는 실험의 설계, 실험의 결과에서 차이가 나는 부분을 잘 살펴보아야 한다.

문 23 빈칸 추론 난이도 ❷ 정답 ②

문제풀이 핵심 포인트
지문이 대화체로 구성되어 있으므로 대화 마지막에 제시된 빈칸에 들어갈 내용을 찾기 위해서는 지문을 전체적으로 읽어주어야 한다.

풀이
② (O) 민원인은 2021년에 A보조금을 수령하였으므로 A보조금과 같은 B보조금의 기본적인 신청 자격은 갖춘 것으로 볼 수 있다. 따라서 추가로 확인할 사항은 민원인이 다른 제한 사항에 해당하지 않는지 여부, 즉 전년도에 A보조금을 부정한 방법으로 수령했는지 여부이다. 이와 관련하여 부정한 방법으로 수령했다고 판정되었더라도 이의 제기를 할 수 있고 이의 제기 심의 기간에는 부정한 방법으로 수령하지 않은 것으로 본다. 따라서 민원인이 부정 수령 판정을 받는지 여부, 여기에 대해 민원인이 이의 제기를 했는지 여부를 확인해야 하고, 이의 제기 기각 건에 민원인이 제기한 건이 포함되었는지 여부를 확인해야 한다. 기각 건에 포함되지 않았다면 B보조금 신청자격이 된다고 판단할 수 있기 때문이다.

③, ⑤ (×) 민원인은 2021년에 A보조금을 수령하였으므로 A보조금과 같은 B보조금의 기본적인 신청 자격은 갖춘 것으로 볼 수 있다. 따라서 민원인의 농업인 및 농지 등록 여부는 추가로 확인할 사항에 포함되지 않는다.

실전에선 이렇게!
빈칸을 채우기 위해서는 다른 사유를 확인하지 않고서도 민원인이 현재 B보조금 신청 자격이 되는지를 알 수 있는 추가 확인 자료가 무엇인지를 찾아야 한다. 따라서 B보조금 신청 자격과 민원인의 현재 상황 등에 주목하여 지문을 읽어야 한다.

문제풀이 핵심 포인트
빈칸이 대화에서 을에 해당하는 부분이므로 전체적으로 을이 어떠한 입장인지를 파악해야 한다.

풀이

① (×) 을은 교육법 제8조제1항의 목적은 학교의 자율과 책임을 당연히 존중하는 것이라고 말하고 있으므로 '학칙의 제정을 통하여 학교 운영의 자율과 책임뿐 아니라 학생들의 학습권과 개성을 실현할 권리가 제한될 수 있습니다'는 빈칸에 들어갈 내용으로 적절하지 않다.

② (×) 을은 교육법 제8조제1항에서의 법령에는 조례가 포함된다고 해석하고 있으므로 '법령에 조례가 포함된다고 해석할 여지는 없지만 교육법의 체계상 「학생인권조례」를 따라야 합니다'는 빈칸에 들어갈 내용으로 적절하지 않다.

③ (×) 을은 교육법 제10조제2항의 조례는 법령의 위임을 받아 제정되는 위임 입법이라고 보고 있다. 따라서 '교육법 제10조제2항에 따라 조례는 입법 목적이나 취지와 관계없이 법령에 포함됩니다'는 빈칸에 들어갈 내용으로 적절하지 않다.

④ (×) 을은 학생들의 학습권, 개성을 실현할 권리 등은 헌법에 보장된 기본권에서 나오고 교육법 제18조의4에서도 학생의 인권을 보장하도록 규정하고 있다고 말하고 있다. 따라서 '「학생인권조례」에는 교육법에 어긋나는 규정이 있지만 학칙은 이 조례를 따라야 합니다'는 빈칸에 들어갈 내용으로 적절하지 않다.

⑤ (○) 을은 교육법 제8조제1항에서의 법령에는 조례가 포함된다고 해석하고 있으며, 이 경우에 제10조제2항의 조례와는 그 성격이 다르다고 보고 있으므로 도 의회에서 제정한 「학생인권조례」가 법령에 포함된다는 입장이다. 또한 을은 학교에서 학칙을 제정하고자 할 때는 교육법에 어긋나지 않는 범위에서 제정이 이루어져야 한다고 말하고 있으므로 '법령의 범위에 있는 「학생인권조례」의 내용에 반하는 학칙은 교육법에 저촉됩니다'는 을이 대화에서 말할 수 있는 내용으로 적절하다.

문제풀이 핵심 포인트
〈보기〉에서 각각 쟁점 1, 2, 3에 대해 차례대로 묻고 있으므로 지문의 〈논쟁〉을 먼저 읽기보다는 〈보기〉 판단 시에 지문의 〈논쟁〉을 읽고 내용을 파악하는 순서로 접근한다. 쟁점별 상황이 각기 다르므로 각 쟁점에 대한 갑과 을의 주장을 파악하고, 쟁점을 판단하기 위해 적용할 수 있는 주거법 규정을 확인한다.

풀이

ㄱ. (×) 쟁점 1과 관련하여, 일시 귀국하여 체재한 '3개월 이내의 기간'이 귀국할 때마다 체재한 기간의 합으로 확정된다면, 주거법 제○○조 제1항 제2호에 따라 A가 귀국하여 체재한 기간이 일본 체재 기간에 포함되지 않게 되므로 A의 일본 체재 기간이 2년 미만이 될 수 있다. 이 경우 A는 △△국 비거주자로 구분되지 않을 것이므로 갑의 주장은 그르고 을의 주장은 옳다.

ㄴ. (○) 쟁점 2와 관련하여, 갑이 B를 △△국 국민이라고 생각한다면, 주거법 제○○조 제1항 제1호에 따라 B를 △△국 비거주자로 구분할 것이다. 한편 을이 B를 외국인이라고 생각한다면, 주거법 제○○조 제2항에 따라 B는 외국에서 3개월 이상 체재 중인 사람이 아니므로 B를 △△국 비거주자로 구분하지 않을 것이다. 따라서 갑은 B를 △△국 국민이라고 생각하지만 을은 외국인이라고 생각한다는 것은 갑과 을 사이의 주장 불일치를 설명할 수 있다.

ㄷ. (○) 쟁점 3과 관련하여, D의 길거리 음악 연주가 영업활동이 아닌 것으로 확정된다면, 주거법 제○○조 제1항 제1호에 해당하지 않으므로 제1항 제3호를 적용해야 한다. 이 경우 D는 배우자의 국적국에 6개월 이상 체재한 사람이 아니므로 △△국 비거주자로 구분되지 않을 것이다. 따라서 갑의 주장은 그르고 을의 주장은 옳다.

7급 2021년 기출문제

PSAT 전문가의 총평

· 2021년 7급 PSAT 기출문제는 '독해의 원리'에서 8문항, '논증의 방향'에서 7문항, '문맥과 단서'에서 6문항, '논리의 체계'에서 4문항이 출제되었습니다.

· 처음 치러진 7급 PSAT인 2021년 시험은 2020년 모의평가와 동일하게 문제 해결력에 초점이 맞춰졌습니다. 이에 따라 전형적인 독해 문제는 3문항 정도 출제되었고, 대부분의 문제가 지문에서 몇 가지 원칙이나 기준을 찾아 선택지에 적용하여 옳고 그름을 판단하는 형태로 출제되었습니다. 세부적인 정보를 찾고 내용을 이해하는 '독해력'이 아니라, 지문의 구조와 방향성, 추론을 위한 단서를 찾아낼 수 있는 '해결력'을 평가하는 데 초점이 있었습니다. 2021년 시험에서 주목해야 할 점은 5급이나 민간경력자 PSAT와는 다른 7급 PSAT 시험만의 특성이 보이는 문제 유형들이 유형화되었다는 것입니다. '판단'이라는 발문으로 구조적인 지문이나 원리·원칙을 제시하여 적용하게 만드는 유형, 실무 소재의 지문으로 빈칸을 추론하게 하거나 법령을 수정하게 만드는 유형, 여러 개의 쟁점에 대한 논쟁을 제시하여 견해의 방향성을 판단하는 기준을 여러 개 제시하는 유형 등이 대표적입니다. 더불어 최근 언어논리에서 전반적으로 강조되고 있는 유형인 <실험>의 결과를 평가하거나 추론하는 유형 및 단순한 논리 이론을 논증형 발문에 접목시키는 문제 유형도 주목해야 할 필요가 있습니다.

· 유형별 문제 비중이 크게 달라지지 않았음에도 불구하고 2021년 기출의 난도는 2020년 모의평가보다 높습니다. 지문 길이가 길어지고, 처음 접해본 수험생이 많았을 논리 문제 비중도 모의평가 때보다 높아졌기 때문입니다. 기존의 언어 시험에서는 생소한 논리 문제의 비중이 높아진 탓에 시험장에서의 체감 난도는 더 높았을 것입니다.

정답

p.64

문1	④	구조 판단	**문6**	①	독해형 논리	**문11**	③	논증 평가	**문16**	⑤	글의 수정	**문21**	①	빈칸 추론
문2	①	빈칸 추론	**문7**	③	논리 퀴즈	**문12**	④	논증의 타당성	**문17**	③	빈칸 추론	**문22**	②	논증 평가
문3	①	구조 판단	**문8**	④	독해형 논리	**문13**	⑤	논증의 타당성	**문18**	③	원칙 적용	**문23**	⑤	빈칸 추론
문4	④	원칙 적용	**문9**	③	논리 퀴즈	**문14**	②	논증 평가	**문19**	③	밑줄 추론	**문24**	④	밑줄 추론
문5	⑤	구조 판단	**문10**	②	원칙 적용	**문15**	④	원칙 적용	**문20**	①	개념 이해	**문25**	③	견해 분석

취약 유형 분석표

유형별로 맞힌 문제 개수와 정답률, 틀린 문제 번호, 풀지 못한 문제 번호를 적고 나서 취약한 유형이 무엇인지 파악해 보세요. 그 후 약점 보완 해설집 p.2 [취약 유형 공략 포인트]에서 약점 보완 학습법을 확인하고, 틀린 문제와 풀지 못한 문제를 다시 한번 풀어보세요.

유형		맞힌 문제 개수	정답률	틀린 문제 번호	풀지 못한 문제 번호
독해의 원리	개념 이해	/5	%		
	구조 판단	/1	%		
	원칙 적용	/2	%		
논증의 방향	논지와 중심 내용	/1	%		
	견해 분석	/3	%		
	논증의 비판과 반박	–	–		
	논증 평가	/3	%		
문맥과 단서	빈칸 추론	/4	%		
	밑줄 추론	–	–		
	글의 수정	/2	%		
논리의 체계	논증의 타당성	/1	%		
	논리 퀴즈	/2	%		
	독해형 논리	/1	%		
TOTAL		/25	%		

해설

문1 구조 판단　난이도 상　　　정답 ④

문제풀이 핵심 포인트
선택지에 통리교섭사무아문이 배포한 기, 이응준이 만든 기, 오늘날의 태극기, 박영효가 그린 기 등 태극기의 종류에 따라 4괘의 문양에 관해 비교하는 내용이 제시되어 있으므로 이에 대한 정보에 주목한다.

풀이

① (✕) 두 번째 단락에서 미국 해군부가 만든 『해상 국가들의 깃발들』에 수록된 기는 이응준이 그린 것으로 짐작되는 '조선의 기'라는 이름의 기로서, 통리교섭사무아문이 각국 공사관에 배포한 조선 국기와는 다르다.

② (✕) 두 번째 단락에서 태극 문양을 그린 기는 개항 이전에도 여러 개 있었다는 것을 알 수 있다. 따라서 조미수호조규 체결을 위한 회담 장소에서 사용하고자 이응준이 만든 기는 태극 문양이 담긴 최초의 기라고 볼 수 없다.

③ (✕) 세 번째 단락에서 통리교섭사무아문이 배포한 기의 우측 상단에 있는 괘는 '감'이고, '조선의 기'의 좌측 하단에 있는 괘는 '곤'이므로 상징하는 것이 같다고 볼 수 없다.

④ (○) 첫 번째 단락에서 오늘날의 태극기의 우측 하단에 있는 괘는 '곤'이고 이는 땅을 상징한다는 것을 알 수 있고, 세 번째 단락에서 고종이 조선 국기로 채택한 기의 우측 하단에 있는 괘도 '곤'이므로 땅을 상징한다는 것을 알 수 있다. 따라서 오늘날 태극기의 우측 하단에 있는 괘와 고종이 조선 국기로 채택한 기의 우측 하단에 있는 괘는 모두 땅을 상징한다는 것은 글에서 알 수 있는 내용이다.

⑤ (✕) 세 번째 단락에서 박영효가 그린 기의 좌측 상단에 있는 괘는 '건'이므로 하늘을 상징하고, 이응준이 그린 기의 좌측 상단에 있는 괘는 '감'이므로 물을 상징한다.

문2 빈칸 추론　난이도 중　　　정답 ①

문제풀이 핵심 포인트
빈칸에 들어갈 문장은 A시의 조례 제정 비율과 관련하여 알 수 있는 것이 무엇인지에 대한 답변이 될 것이므로 지문을 전체적으로 읽으면서 A시의 조례 제정 비율에 대한 정보를 찾는다.

풀이

① (○) 1월 1일부터 7월 10일 현재까지 법률에서 조례를 제정하도록 위임한 사항은 10건인데, A시는 이 중 7건을 조례로 제정하였으며 조례로 제정하기 위하여 입법 예고 중인 것은 2건이다. 따라서 A시의 조례 제정 비율과 관련하여 현재 조례로 제정하기 위하여 입법 예고가 필요한 것은 1건이라는 사실을 알 수 있다.

②, ③, ⑤ (✕) 올해는 1월 1일부터 7월 10일 현재까지의 정보만 알 수 있으므로 올 한 해의 조례 제정 비율이 작년보다 높아질지, 올 한 해 총 9건의 조례를 제정하게 될지, 올 한 해 법률에서 조례를 제정하도록 위임 받은 사항이 작년보다 줄어들지 여부는 알 수 없다.

④ (✕) 현재까지 법률에서 조례를 제정하도록 위임한 사항은 10건인데, A시는 이 중 7건을 조례로 제정하였으며 조례로 제정하기 위하여 입법 예고 중인 것은 2건이다. 그런데 현재 입법 예고 중인 2건의 제정 가능성은 단정하기 어려우므로 현재 시점을 기준으로 평가를 받으면 조례 제정 비율은 70%이다.

문3 구조 판단　난이도 중　　　정답 ①

문제풀이 핵심 포인트
지문에 표로 정리되어 있는 A~C 모형의 특성과 선택지에 제시된 모형의 특성을 연결할 수 있어야 한다.

풀이

① (○) 표에서 외부 참여 가능성이 높은 모형은 C이고, C는 관료제의 영향력이 작고 통제가 약한 분야에서 주로 작동한다. 따라서 외부 참여 가능성이 높은 모형은 관료제의 영향력이 작고 통제가 약한 분야에서 나타나기 쉽다는 것은 적절한 판단이다.

② (✕) 표에서 상호 의존성이 보통인 모형은 B이고, 배타성이 강한 모형은 A이다. 따라서 상호 의존성이 보통인 모형에서는 배타성이 강해 다른 이익집단의 참여를 철저하게 배제한다는 것은 적절한 판단으로 볼 수 없다.

③ (✕) 표에서 합의 효율성이 높은 모형은 A이고, A보다 더 효과적으로 정책 목표를 달성할 수 있는 것은 B이다. 따라서 합의 효율성이 높은 모형이 가장 효과적으로 정책 목표를 달성할 수 있다는 것은 적절한 판단으로 볼 수 없다.

④ (✕) A에 참여하는 이익집단의 정책 결정 영향력이 B에 참여하는 이익집단의 정책 결정 영향력보다 큰지 여부는 제시된 글의 내용만으로 판단할 수 없다.

⑤ (✕) C에서는 참여자가 많아 합의가 어려워 결국 정부가 위원회나 청문회를 활용하여 의견을 조정하려는 경우가 종종 발생한다는 것을 알 수 있지만, 참여자의 수가 많아질수록 네트워크의 지속성이 높아지는지는 제시된 글의 내용만으로 판단할 수 없다.

문 4 원칙 적용 난이도 상 정답 ④

문제풀이 핵심 포인트
〈보기〉에서 두 개의 입자에 대해 양자 상태의 가짓수에 따라 경우의 수가 어떻게 되는지 묻고 있으므로 이 부분에 집중하여 지문을 읽어야 한다.

풀이

ㄱ. (×) BE 방식은 두 입자가 구별되지 않고 하나의 양자 상태에 여러 개의 입자가 있을 수 있으므로, 두 개의 입자에 대해 양자 상태가 두 가지이면 BE 방식에서 경우의 수는 2가 아니라 3임을 추론할 수 있다.

ㄴ. (○) FD 방식은 두 입자가 구별되지 않고 하나의 양자 상태에 하나의 입자만 있을 수 있으므로, 두 개의 입자에 대해 양자 상태의 가짓수가 많아지면 두 입자가 서로 다른 양자 상태에 각각 있는 경우의 수는 커진다는 것을 추론할 수 있다.

ㄷ. (○) BE 방식은 두 입자가 구별되지 않고 하나의 양자 상태에 여러 개의 입자가 있을 수 있고, MB 방식은 두 입자가 구별 가능하고 하나의 양자 상태에 여러 개의 입자가 있을 수 있으므로, 두 개의 입자에 대해 양자 상태가 두 가지 이상이면 경우의 수는 BE 방식에서보다 MB 방식에서 언제나 크다는 것을 추론할 수 있다.

실전에선 이렇게!

〈보기〉에서 조건이 반복되고 있으면 원리나 원칙을 적용하는 문제일 가능성이 높으므로 원칙 적용 유형의 접근법에 따라 문제를 해결한다.

문 5 구조 판단 난이도 중 정답 ⑤

문제풀이 핵심 포인트
학습된 공포 반응을 일으키는 경우와 학습된 안정 반응을 일으키는 경우의 실험 결과가 대비되고 있으므로 그 차이점에 집중한다.

풀이

① (×) 네 번째 단락에서 선조체에서 반응이 세게 나타나면 안정감을 느끼게 되어 학습된 안정 반응을 일으킨다는 것을 알 수 있다. 따라서 중핵에서 만들어진 신호의 세기가 강한 경우에 학습된 안정 반응이 나타난다는 것은 옳지 않다.

② (×) 네 번째 단락에서 선조체에서 반응이 세게 나타나면 안정감을 느끼게 되어 학습된 안정 반응을 일으킨다는 것을 알 수 있다. 그러나 학습된 공포 반응을 일으키지 않는 소리 자극이 선조체에서 약한 반응이 일어나게 하는지는 추론할 수 없다.

③ (×) 네 번째 단락에서 선조체에서 반응이 세게 나타나면 안정감을 느끼게 되어 학습된 안정 반응을 일으킨다는 것을 알 수 있다. 그러나 학습된 공포 반응을 일으키는 소리 자극이 청각시상에서 선조체로 전달되는 자극 신호를 억제하는지는 추론할 수 없다.

④ (×) 세 번째 단락에서 학습된 공포 반응을 일으키는 경우 청각시상으로 전달된 소리 자극 신호는 학습을 수행하기 전 상태에서 전달되는 것보다 훨씬 센 강도의 신호로 증폭되어 측핵으로 전달되는 것을 알 수 있고, 네 번째 단락에서 학습된 안정 반응을 일으키는 경우 청각시상에서 만들어진 신호가 측핵으로 전달되는 것이 억제되기 때문에 측핵에 전달된 신호는 매우 미약해진다는 것을 알 수 있다. 그러나 학습된 안정 반응을 일으키는 청각시상에서 받는 소리 자극 신호가 학습된 공포 반응을 일으키는 청각시상에서 받는 소리 자극 신호보다 약한지는 추론할 수 없다.

⑤ (○) 세 번째 단락에서 학습된 공포 반응을 일으키는 경우 청각시상으로 전달된 소리 자극 신호는 학습을 수행하기 전 상태에서 전달되는 것보다 훨씬 센 강도의 신호로 증폭되어 측핵으로 전달된다는 것을 알 수 있다. 또한 네 번째 단락에서 학습된 안정 반응을 일으키는 경우 청각시상에서 만들어진 신호가 측핵으로 전달되는 것이 억제되기 때문에 측핵에 전달된 신호는 매우 미약해진다는 것을 알 수 있다. 따라서 학습된 안정 반응을 일으키는 경우와 학습된 공포 반응을 일으키는 경우 모두, 청각시상에서 측핵으로 전달되는 신호의 세기가 학습하기 전과 달라진다는 것을 추론할 수 있다.

문 6 독해형 논리 난이도 상 정답 ①

문제풀이 핵심 포인트
전제가 제시되는 자리에 빈칸이 있으므로 추가해야 할 전제를 찾는 문제이다. 따라서 결론을 내는 데 필요한 전제를 찾아 기호화하고 빠진 연결 고리를 찾는 방식으로 접근한다.

풀이

기호화가 필요한 문장을 정리하면 다음과 같다.

· 전제 1: 민간 문화
· 전제 2: 민간 문화 → ~정부 관료 수석
· 전제 3: 민간 문화 ∧ ~정부 관료 수석 → 고전음악 ∨ 대중음악
· 전제 4: 정부 관료 → ~고전음악 ∧ ~대중음악
· 전제 5: 전체 세대
· 전제 6: 갑 ∨ 을 → A
· 결론: A

① (○) A가 공연 예술단에 참가한다는 결론이 도출되기 위해서는 갑이나 을이 수석대표를 맡는다는 전제가 만족되어야 한다. 그런데 수석대표가 되기 위해서는 전제 5에 따라 전체 세대를 아우를 수 있어야 하고, 전제 1과 전제 2에 따라 정부 관료가 아니어야 한다. 전제 4에 따를 때 고전음악 지휘자이거나 대중음악 제작자이면 정부 관료가 아니므로 빈칸에는 갑이나 을이 고전음악 지휘자이거나 대중음악 제작자이고, 전체 세대를 아우를 수 있다는 전제가 들어가면 된다. 따라서 빈칸에 들어갈 내용으로 가장 적절한 것은 '갑은 고전음악 지휘자이며 전체 세대를 아우를 수 있기'이다.

② (×) 갑이나 을이 대중음악 제작자 또는 고전음악 지휘자라고 해도, 전체 세대를 아우를 수 있다는 조건을 만족하지 않으므로 갑이나 을이 수석대표를 맡는다고 보장할 수 없다.

③ (×) 갑과 을이 둘 다 정부 관료가 아니며 전체 세대를 아우를 수 있다고 해도, 고전음악 지휘자나 대중음악 제작자라는 조건을 만족하지 못하므로 갑이나 을이 수석대표를 맡는다고 보장할 수 없다.

④ (×) 을이 대중음악 제작자가 아니라면 전체 세대를 아우를 수 없을 것이라고 해도, 이 조건만으로는 갑이나 을이 수석대표를 맡는다고 보장할 수 없다.

⑤ (×) 대중음악 제작자나 고전음악 지휘자라면 누구나 전체 세대를 아우를 수 있다고 해도, 이 조건만으로는 갑이나 을이 수석대표를 맡는다고 보장할 수 없다.

문7 논리 퀴즈 [난이도 상]

정답 ③

문제풀이 핵심 포인트
네 명 중 한 명만 범인이라는 단서를 기준으로 참말을 한 사람과 거짓말을 한 사람으로 가능한 경우의 수를 나눈다.

풀이

제시된 진술 중 범인이 누구인지에 대한 것만 기호화하여 정리하면 다음과 같다.

· 바다: ~다은
· 다은: 은경 ∨ 경아
· 은경: ~경아
· 경아: 바다

네 명 중 한 명만 범인이므로 다은의 진술과 경아의 진술은 동시에 참이 될 수 없다. 따라서 경우의 수는 다은이 참말을 하고 경아가 거짓말을 하는 경우, 다은이 거짓말을 하고 경아가 참말을 하는 경우, 다은과 경아가 모두 거짓말을 하는 경우 세 가지로 나뉜다.

〈경우 1〉 다은이 참말을 하고 경아가 거짓말을 하는 경우

범인은 '은경 ∨ 경아'이므로 바다의 진술은 참이 되고, 은경의 진술은 참이 될 수도 있고 거짓이 될 수도 있다. 이때 네 명의 첫 번째 진술을 판단해보면, 바다, 다은, 은경의 진술은 동시에 참이 가능하고, 경아의 진술은 거짓이 된다. 따라서 경우 1은 가능하다.

〈경우 2〉 다은이 거짓말을 하고 경아가 참말을 하는 경우

범인은 '바다'이므로 바다의 진술과 은경의 진술은 참이 된다. 이때 네 명의 첫 번째 진술을 판단해보면, 은경과 경아의 진술은 동시에 참이 될 수 없다. 따라서 경우 2는 가능하지 않다.

〈경우 3〉 다은과 경아가 모두 거짓말을 하는 경우

범인은 '다은'이므로 바다의 진술은 거짓이 되고 은경의 진술은 참이 된다. 이때 네 명의 첫 번째 진술을 판단해보면, 바다, 다은, 경아의 진술은 동시에 거짓이 가능하고, 경아의 진술은 참이 가능하다. 따라서 경우 3은 가능하다.

ㄱ. (O) 경우 1에서 바다와 은경의 말이 모두 참일 수 있다.
ㄴ. (X) 경우 1에서 다은과 은경의 말이 모두 참인 것은 가능하다.
ㄷ. (O) 용의자 중 거짓말한 사람이 단 한 명이면, 경우 1에 해당하므로 은경이 범인이다.

문8 독해형 논리 [난이도 상]

정답 ④

문제풀이 핵심 포인트
발문에 '다음 글의 내용이 참일 때'라고 되어 있으므로 줄글 형태의 지문이라도 논리 문제로 접근한다.

풀이

지문에서 기호화가 필요한 문장을 정리하면 다음과 같다.

· 개인건강정보 → 보건정보
· 국민건강 재편 → 개인건강정보 ∧ 보건정보
· 개인건강정보 ∧ 최팀장 → 손공정
· 보건정보 → 국민건강 재편 ∨ 보도자료 수정
· ~(최팀장 → 손공정)

ㄱ. (X) 세 번째 명제와 다섯 번째 명제에서 '~개인건강정보'가 참으로 확정된다. 그러나 '~보건정보'가 참인지는 알 수 없다. 따라서 '~개인건강정보 ∧ ~보건정보'는 반드시 참이라고는 할 수 없다.
ㄴ. (O) 다섯 번째 명제에서 '최팀장 ∧ ~손공정'이 참으로 확정되므로 이 팀의 최팀장이 다음 주 정책 브리핑을 총괄한다는 것은 반드시 참이다. 또한 이와 함께 두 번째 명제와 세 번째 명제에 따라 '~국민건강 재편'이 참으로 확정된다. 따라서 '~국민건강 재편 ∧ 최팀장'은 반드시 참이다.
ㄷ. (O) ㄴ에서 '~국민건강 재편'이 참으로 확정되었으므로 이를 네 번째 명제에 적용하면 '보건정보 → 보도자료 수정'은 반드시 참이다.

🖋 실전에선 이렇게!
독해형 논리 문제는 지문의 내용에 집착하지 말고, 기호화할 필요가 있는 문장을 골라 빠르게 기호화하여 선택지의 참과 거짓 여부를 판별한다.

문9 논리 퀴즈 [난이도 상]

정답 ③

문제풀이 핵심 포인트
지문에 제시된 정보 중 논리명제는 기호화하고 단순 정리가 필요한 것은 간단한 표로 정리한 후, 두 정보를 연결하여 새로운 정보를 도출한다.

풀이

제시된 명제를 정리하면 다음과 같다.

· 명제 1: 여러 해석 존재. 각각 하나의 해석만
· 명제 2: 5명만 상태 오그라듦 가설
· 명제 3: 상태 오그라듦 가설 → 코펜하겐 해석 ∨ 보른 해석
· 명제 4: 코펜하겐 해석 ∨ 보른 해석 → 상태 오그라듦 가설
· 명제 5: B - 코펜하겐 해석, C - 보른 해석
· 명제 6: A, D - 상태 오그라듦 가설
· 명제 7: 아인슈타인 해석

명제 3과 명제 4에 따르면 '상태 오그라듦 가설 ↔ 코펜하겐 해석 ∨ 보른 해석'이 된다. 명제 5에 따르면 B와 C는 상태 오그라듦 가설을 받아들인다. 이상의 정보를 매트릭스로 정리하면 다음과 같다. 이때 학회 참석인원이 총 8명이므로 임의로 A~H로 설정한다.

구분	A	B	C	D	E	F	G	H
상태 오그라듦	○	○	○	○				
코펜하겐		○						
보른			○					
아인슈타인	×	×	×					

① (X) 적어도 한 명이 많은 세계 해석을 받아들이는지는 주어진 정보만으로 알 수 없다.
② (X) A와 D가 동일하게 코펜하겐 해석을 받아들여도 E~H 중 한 명이 보른 해석을 받아들이면 보른 해석을 받아들이는 이가 두 명이 될 수 있다.
③ (O) 명제 3에 따라 A와 D가 받아들이는 해석이 다르다면, A와 D는 코펜하겐 해석과 보른 해석 중 다른 것을 받아들여야 한다. 이미 B가 코펜하겐 해석을 받아들이고 있으므로 적어도 두 명이 코펜하겐 해석을 받아들인다는 것은 반드시 참이다.

④ (×) 명제 1에 따르면 해석은 여러 가지가 있으므로 오직 한 명만이 많은 세계 해석을 받아들인다 해도 아인슈타인 해석을 받아들이는 이가 두 명이라고 단정할 수 없다.

⑤ (×) A와 D가 모두 코펜하겐 해석을 받아들여도 코펜하겐 해석을 받아들이는 이가 세 명이 될 수 있다.

문 10 원칙 적용 _{난이도 중} 정답 ②

문제풀이 핵심 포인트

각 실험군의 차이점을 바탕으로 〈실험 결과〉에서 나타난 결과의 차이점을 정리해야 한다.

풀이

① (×) 학습 위주의 경험을 하도록 훈련시킨 실험군 1의 쥐에서는 대뇌 피질의 지각 영역에서 구조 변화가 나타났고, 운동 위주의 경험을 하도록 훈련시킨 실험군 2의 쥐에서는 대뇌 피질의 운동 영역과 더불어 운동 활동을 조절하는 소뇌에서 구조 변화가 나타났다. 그러나 대뇌 피질의 구조 변화가 학습 위주 경험보다 운동 위주 경험에 더 큰 영향을 받는지는 추론할 수 없다.

② (○) 학습 위주의 경험을 하도록 훈련시킨 실험군 1의 쥐에서는 뇌 신경세포 한 개당 시냅스의 수가 크게 증가했고, 운동 위주의 경험을 하도록 훈련시킨 실험군 2의 쥐에서는 뇌 신경세포 한 개당 모세혈관의 수가 크게 증가했다. 따라서 학습 위주 경험은 뇌의 신경세포당 시냅스의 수에, 운동 위주 경험은 뇌의 신경세포당 모세혈관의 수에 영향을 미친다는 것을 추론할 수 있다.

③ (×) 학습 위주의 경험을 하도록 훈련시킨 실험군 1의 쥐와 운동 위주의 경험을 하도록 훈련시킨 실험군 2의 쥐에서 어떤 부위의 뇌 구조를 변화시키는 차이는 있었지만, 학습 위주 경험과 운동 위주 경험이 뇌의 특정 부위에 있는 신경세포의 수를 늘려 그 부위의 뇌 구조를 변하게 하는지는 추론할 수 없다.

④ (×) 특정 형태의 경험으로 인해 뇌의 특정 영역에서 구조 변화가 발생하고, 뇌의 신경세포당 모세혈관 또는 시냅스의 수가 변화되는 결과가 나왔지만, 뇌의 구조 변화와 특정 형태의 경험으로 인해 뇌의 특정 영역에 발생한 구조 변화가 뇌의 신경세포당 모세혈관 또는 시냅스의 수를 변화시킨다고 추론할 수는 없다.

⑤ (×) 실험의 결과는 특정 형태의 경험이 신경세포당 모세혈관 또는 시냅스의 수를 변화시키고, 뇌의 특정 영역에서 구조를 변화시킨다는 것을 보여준다. 그러나 이것만으로 뇌가 영역별로 특별한 구조를 갖는 것이 그 영역에서 신경세포당 모세혈관 또는 시냅스의 수를 변화시켜 특정 형태의 경험을 더 잘 수행할 수 있게 한다고 추론할 수는 없다.

문 11 논증 평가 _{난이도 상} 정답 ③

문제풀이 핵심 포인트

각 방에서의 실험 결과를 비교하여 그 결과가 각 〈보기〉에 제시된 가설을 강화하는지 여부를 묻고 있으므로 방에서의 실험 설계 및 결과의 차이에 집중해야 한다.

풀이

ㄱ. (○) 방 1과 2 중 X가 음탐지 방법이 방해를 받는 환경은 방 2인데, 여기에서 울음주머니가 있는 A는 공격했지만 울음주머니가 없는 B는 공격하지 않았다. 반면 방 1에서는 A와 B를 모두 공격하였다. 따라서 방 1과 2의 〈실험 결과〉는, X가 음탐지 방법이 방해를 받는 환경에서는 초음파탐지 방법을 사용한다는 가설을 강화한다.

ㄴ. (○) 방 2에서는 A는 공격했지만 B는 공격하지 않았고, 방 3에서는 A와 B 모두 공격했고 시간상 유의미한 차이도 없었다. 두 방의 차이는 로봇개구리가 있는 곳과 다른 위치에서 로봇개구리와 같은 소리가 추가로 들리는지 전혀 다른 소리가 추가로 들리는지의 차이이므로 방 2와 3의 〈실험 결과〉는, X가 소리의 종류를 구별할 수 있다는 가설을 강화한다.

ㄷ. (×) 수컷 개구리의 울음소리와 전혀 다른 소리가 들리는 환경에서 X가 초음파탐지 방법을 사용한다면 방 3에서 A는 공격하되 B는 공격해서는 안 된다. 따라서 방 1과 3의 〈실험 결과〉는, 수컷 개구리의 울음소리와 전혀 다른 소리가 들리는 환경에서 X가 초음파탐지 방법을 사용한다는 가설을 강화한다고 볼 수 없다.

실전에선 이렇게!

실험의 내용과 결과가 제시된 지문은 실험 설계에서의 차이와 그로 인한 결과의 차이에 초점을 두고 정보를 정리한다.

문 12 논증의 타당성 _{난이도 상} 정답 ④

문제풀이 핵심 포인트

〈보기〉를 보면 지문에 제시된 〈논증〉의 전제를 추가하거나 바꾸었을 때 결론이 도출될 수 있는지를 묻는 문제이므로 논증의 타당성을 판단하는 것에 초점을 둔다.

풀이

지문의 〈논증〉을 간단히 기호화하면 다음과 같다.

(1) 첫째 ∨ 둘째

(2) ~첫째 ∧ ~둘째

(3) ~첫째 ∧ ~둘째 → ~인식론

(4) ~인식론

(5) ~인식론 → 심리학

(6) 심리학

ㄱ. (×) 지문의 논증은 전통적 인식론의 목표 중 (1)의 '두 가지 목표'를 달성할 수 없을 때를 전제로 결론인 (6)을 도출하고 있다. 따라서 전통적 인식론의 목표에 (1)의 '두 가지 목표' 외에 "세계에 관한 믿음이 형성되는 과정을 규명하는 것"이 추가되어도 논증에 영향을 미치지 못하므로 위 논증에서 (6)은 도출된다.

ㄴ. (○) 원래의 (2)인 "전통적 인식론은 첫째 목표도 달성할 수 없고 둘째 목표도 달성할 수 없다."는 '~첫째 ∧ ~둘째'로, 바뀐 (2)인 "전통적 인식론은 첫째 목표를 달성할 수 없거나 둘째 목표를 달성할 수 없다."는 '~첫째 ∨ ~둘째'로 기호화되므로, 원래의 (2)가 참일 때 바뀐 (2)도 참이 된다. 따라서 (2)를 "전통적 인식론은 첫째 목표를 달성할 수 없거나 둘째 목표를 달성할 수 없다."로 바꾸어도 위 논증에서 (6)은 도출된다.

ㄷ. (○) (4)는 (2)와 (3)을 전제로 할 때 도출되는 결론이고, (5)와 함께 (6)을 도출하는 전제이기도 하다. 따라서 (4)는 논증 안의 어떤 진술들로부터 나오는 결론일 뿐만 아니라 논증 안의 다른 진술의 전제이기도 하다.

논증의 타당성을 판단하는 문제는 논증의 내용이 아니라 논증의 형식을 판단하는 방식으로 접근해야 한다. 따라서 주어진 논증을 간단히 기호화하여 〈보기〉의 조건에 따라 형식적으로 타당한 논증인지를 판단한다.

문13 논증의 타당성 <난이도 상> 정답 ⑤

문제풀이 핵심 포인트
'A이거나 B'의 형식을 가진 문장이 거짓이면 A도 B도 모두 반드시 거짓이라는 원리, 어떤 가정 하에서 같은 문장의 긍정과 부정이 모두 성립하는 경우 그 가정의 부정은 반드시 참이라는 원리, 'A이거나 B'라는 형식의 참인 문장에서 A가 거짓인 경우 B는 반드시 참이라는 원리가 의미하는 바를 알고 있어야 한다.

풀이

지문의 (1)을 간단히 기호화하면 다음과 같다.
(1) 제안자가 10만 원 돌려줌 ∨ ⓐ 내가 10억 원을 지불

ㄱ. (O) (1)이 거짓이면 제안자는 10만 원을 돌려주고 호화 여행도 제공한다고 했으므로 그는 당신에게 10만 원을 돌려준다. 그런데 (1)이 거짓이라고 가정하면 '제안자가 10만 원 돌려줌'과 ⓐ '내가 10억 원을 지불'이 모두 거짓이 되므로 ㉠ '그는 당신에게 10만 원을 돌려주지 않는다.'라는 결론이 나온다. 따라서 ㉠을 추론하는 데 'A이거나 B'의 형식의 문장이 거짓이면 A와 B 모두 반드시 거짓이라는 원리가 사용되었다는 것은 적절한 분석이다.

ㄴ. (O) ㄱ과 같은 추론 방식에 따르면 (1)을 거짓으로 가정하면 '제안자가 10만 원 돌려줌'은 동시에 참도 되고 거짓도 되므로 모순되는 상황이다. 결국 (1)을 거짓으로 가정하면 안 되므로 ㉡ '(1)은 참일 수밖에 없다.'라는 결론이 나온다. 따라서 ㉡을 추론하는 데는 어떤 가정 하에서 같은 문장의 긍정과 부정이 모두 성립하는 경우 그 가정의 부정은 반드시 참이라는 원리가 사용되었다는 것은 적절한 분석이다.

ㄷ. (O) (1)이 참이면 제안자는 10만 원을 돌려주지 않고 호화 여행은 제공하므로 그는 당신에게 10만 원을 돌려주지 않는다. 그런데 선언지인 (1)이 참이 되기 위해서는 적어도 둘 중의 하나는 참이어야 하므로 '제안자가 10만 원 돌려줌'이 거짓이라면 'ⓐ 내가 10억 원을 지불'은 참이 되어야 한다. 즉, ㉢ 당신은 그에게 10억 원을 지불한다. 따라서 ㉢을 추론하는 데는 'A이거나 B'라는 형식의 참인 문장에서 A가 거짓인 경우 B는 반드시 참이라는 원리가 사용되었다는 것은 적절한 분석이다.

문14 논증 평가 <난이도 중> 정답 ②

문제풀이 핵심 포인트
평가의 대상인 ㉠과 ㉡의 내용을 파악하고 그 차이점에 집중한다. 특히 ㉠의 '철학'보다 ㉡의 '모든 지적 작업'의 범주가 넓다는 사실에 주목한다.

풀이

ㄱ. (×) 과학의 탐구가 귀납적 방법에 의해 진행된다는 주장을 부정하는 것이 포퍼의 철학인데, 포퍼의 철학은 ㉡의 사례 중 하나이다. 따라서 과학의 탐구가 귀납적 방법에 의해 진행된다는 주장은 ㉠이 아니라 ㉡을 반박한다.

ㄴ. (O) 첫 번째 단락에서 철학은 지적 작업 중 하나에 해당하고, 두 번째 단락에서 귀추법은 귀납적 방법에 해당한다는 것을 알 수 있다. 따라서 철학의 일부 논증에서 귀추법의 사용이 불가피하다는 것은 지적 작업에서 귀납적 방법이 필요하다는 의미이므로 모든 지적 작업에서 귀납적 방법의 필요성을 부정하는 ㉡을 반박한다.

ㄷ. (×) 연역 논리와 경험적 가설 모두에 의존하는 지적 작업이 있다는 주장은 모든 지적 작업에서 귀납적 방법의 필요성을 부정하는 ㉡을 반박하지만, 철학에 귀납적 방법이 불필요하다는 ㉠과는 관련이 없다.

문15 원칙 적용 <난이도 상> 정답 ④

문제풀이 핵심 포인트
(2)를 타당한 논증이라고 잘못 판단하는 이유에 대한 갑, 을, 병의 입장을 명확히 파악하고 이를 〈보기〉의 사례에 적용할 수 있어야 한다.

풀이

ㄱ. (×) 갑은 사람들이 (2)를 타당한 논증으로 판단하는 이유로 '모든 A는 B이다'를 '모든 B는 A이다'로 잘못 바꾸기 때문이라는 것을 든다. 따라서 대다수의 사람이 "어떤 과학자는 운동선수이다. 어떤 철학자도 과학자가 아니다."라는 전제로부터 "어떤 철학자도 운동선수가 아니다."를 타당하게 도출할 수 있는 결론이라고 응답했다는 심리 실험 결과는, '모든 A는 B이다'를 '모든 B는 A이다'로 잘못 바꾼 것이 아니기 때문에 갑에 의해 설명된다고 판단할 수 없다.

ㄴ. (O) 을은 사람들이 (2)를 타당한 논증으로 판단하는 이유로 '모든 A는 B이다'를 약한 의미로 이해해야 하는데도 'A와 B가 동일하다'라는 강한 의미로 이해하기 때문이라는 것을 든다. 따라서 대다수의 사람이 "모든 적색 블록은 구멍이 난 블록이다. 모든 적색 블록은 삼각 블록이다."라는 전제로부터 "모든 구멍이 난 블록은 삼각 블록이다."를 타당하게 도출할 수 있는 결론이라고 응답했다는 심리 실험 결과는, 적색 블록과 구멍이 난 블록을 동일하게 보고 적색 블록과 삼각 블록을 동일하게 보았기 때문에 나온 결론이므로 을에 의해 설명된다.

ㄷ. (O) 병은 사람들이 (2)를 타당한 논증으로 판단하는 이유로 전제 가운데 하나가 '어떤 A는 B이다'라는 형태의 명제로 이루어진 것일 경우에는 결론도 그런 형태이기만 하면 타당하다고 생각하기 때문이라는 것을 든다. 따라서 대다수의 사람이 "모든 물리학자는 과학자이다. 어떤 컴퓨터 프로그래머는 과학자이다."라는 전제로부터 "어떤 컴퓨터 프로그래머는 물리학자이다."를 타당하게 도출할 수 있는 결론이라고 응답했다는 심리 실험 결과는, 전제 가운데 하나가 '어떤 컴퓨터 프로그래머는 과학자이다.'이고 이로부터 결론도 '어떤 컴퓨터 프로그래머는 물리학자이다.'라는 형태로 나온 것이므로 병에 의해 설명된다.

📝 실전에선 이렇게!

'판단'이라는 발문은 다양하게 출제될 수 있으므로 선택지를 통해 어떤 것을 판단하는 문제인지 파악한 후 지문에서 필요한 정보를 찾는 방식으로 접근한다.

문 16 글의 수정 난이도 중 정답 ⑤

문제풀이 핵심 포인트
㉠에 해당하는 '오늘 회의에서 나온 의견' 중 〈계획안〉에 언급된 사항과 관련된 의견에 집중한다.

풀이
① (O) A시의 유명 공공 건축물을 활용해서 A시를 홍보하고 관심을 끌 수 있는 주제의 강의가 있으면 좋겠다는 의견을 반영하면, 강의 주제에 "건축가협회 선정 A시의 유명 공공 건축물 TOP3"를 추가하는 것은 적절한 수정이다.

② (O) 온라인 강의는 편안한 시간에 접속하여 수강하게 하고, 수강 가능한 기간을 명시해야 한다는 의견을 반영하면, 일시 항목을 "○ 기간: 7. 12.(월) 06:00~7. 16.(금) 24:00"으로 바꾸는 것은 적절한 수정이다.

③ (O) 코로나19 상황을 고려해 대면 교육보다 온라인 교육이 좋겠다는 의견을 반영하면, 장소 항목을 "○ 교육방식: 코로나19 확산 방지를 위해 온라인 교육으로 진행"으로 바꾸는 것은 적절한 수정이다.

④ (O) 온라인으로 진행하면 교육 대상을 A시 시민만이 아닌 모든 희망자로 확대하는 장점이 있다는 의견을 반영하면, 대상을 "A시 공공 건축에 관심 있는 사람 누구나"로 바꾸는 것은 적절한 수정이다.

⑤ (✕) 시 홈페이지에서 신청 게시판을 찾아가는 방법을 안내할 필요는 있다고 하였으므로 신청 방법을 "A시 공식 어플리케이션을 통한 A시 공공 건축 교육 과정 간편 신청"으로 바꾸는 것은 적절한 수정이 아니다.

실전에선 이렇게!
밑줄 친 ㉠에 따라 〈계획안〉을 수정해야 하는 문제이므로 지문을 처음부터 읽으면서 〈계획안〉에 표시된 강의 주제, 일시, 장소, 대상, 신청 방법 등에 대한 내용이 나오면 〈계획안〉과 선택지를 동시에 확인하는 방식으로 접근한다.

문 17 빈칸 추론 난이도 중 정답 ③

문제풀이 핵심 포인트
글의 내용을 바탕으로 ㉠~㉥에 들어갈 내용을 채울 수 있어야 한다.

풀이

① (✕) 위의 도표에 따르면 개선 이후 ㉠에 해당하는 기관인 ○○도 산하 공공 기관이 주관하는 채용 업무 중 채용 공고, 원서 접수, 필기시험이 제외되었으므로 업무의 양은 이전과 동일하다고 볼 수 없다.

② (✕) 위의 도표에 따르면 ㉤에 해당하는 기관인 ○○도 산하 공공 기관과 같은 주관 기관이 들어가는 것은 ㉰이 아니라 ㉱이다.

③ (O) 위의 도표에 따르면 ㉡과 ㉱에는 '서류 심사'라는 같은 채용 절차가 들어간다.

④ (✕) 위의 도표에 따르면 ㉢과 ㉰에는 모두 필기시험이 들어가지만, ○○도는 기존의 필기시험 과목인 영어·한국사·일반상식을 국가직무능력표준 기반 평가로 바꾸어 기존과 달리 실무 능력을 평가해서 인재를 선발할 수 있도록 제도를 보완하였으므로 지원자들이 평가받는 능력이 같다고 볼 수 없다.

⑤ (✕) 위의 도표에 따르면 ㉣과 ㉲에 해당하는 면접시험을 주관하는 기관은 ○○도 산하 공공 기관으로 동일하다.

문 18 원칙 적용 난이도 중 정답 ③

문제풀이 핵심 포인트
〈표〉를 보면 기준 A, B에 대해 조례안 (가), (나), (다)의 특성이 분류되어 있다. 따라서 지문에 따라 입법 예고를 완료하였는지 여부와 과거에 입안을 지원하였던 조례안 중에 최근에 접수된 조례안과 내용이 유사한 사례가 있는지 여부를 기준으로 각 조례의 특성을 정리해야 한다.

풀이
ㄱ. (O) A에 유사 사례의 유무를 따지는 기준이 들어가면, B는 입법 예고 완료 여부를 따지는 기준이 들어갈 것이므로 ㉣은 부정, ㉤도 부정이 되어서 같다고 판단할 수 있다.

ㄴ. (O) 첫 번째 단락에 따르면 유사 사례가 존재하지 않는 경우에만 갑이 을에게 보고하므로, B에 따라 을에 대한 갑의 보고 여부가 결정된다면 B는 유사 사례 유무가 될 것이고, A는 입법 예고 완료 여부가 될 것이다. 따라서 ㉠과 ㉢은 모두 긍정으로 같다고 판단할 수 있다.

ㄷ. (✕) ㉣과 ㉤이 같은 경우, 즉 (가)와 (나)가 같은 경우는 유사 사례의 유무이므로 B가 유사 사례 유무, A가 입법 예고 완료 여부가 될 것이다. 이때 ㉠은 부정, ㉡은 긍정이므로 같다고 판단할 수 없다.

실전에선 이렇게!
〈보기〉에서 A와 B에 들어갈 기준에 따라 ㉠~㉤에 들어갈 내용이 같은지 여부를 묻고 있으므로 A와 B에 들어갈 기준을 임의로 설정하여 표를 채워 놓은 상태에서 〈보기〉를 판단한다.

문 19 밑줄 추론 난이도 중 정답 ③

문제풀이 핵심 포인트
밑줄의 앞뒤 문장을 읽고, 밑줄의 의미를 파악할 수 있는 핵심어나 문장을 체크하는 것이 필요하다.

풀이
ㄱ. (O) 장애인 및 비장애인 각각의 인구 대비 '스포츠강좌 지원사업' 가맹 시설 수는 장애인의 수에 비해 장애인 대상 가맹 시설의 수가 비장애인의 경우보다 턱없이 적음을 확인하기 위해 필요한 자료가 될 수 있다.

ㄴ. (O) 장애인과 비장애인 각각 '스포츠강좌 지원사업'에 참여하기 위해 본인이 부담해야 하는 금액은 바우처 지원액이 너무 적어 바우처를 사용한다 해도 자기 부담금이 여전히 크다는 것을 확인하기 위해 필요한 자료가 될 수 있다.

ㄷ. (✕) 만 50세에서 만 64세까지의 장애인 중 스포츠강좌 수강을 희망하는 인구와 만 50세에서 만 64세까지의 비장애인 중 스포츠강좌 수강을 희망하는 인구는 회의에서 논의된 내용과 직접적인 관련성이 없으므로 회의에서 논의된 내용을 확인하기 위해 필요한 자료라고 볼 수 없다.

✏️ 실전에선 이렇게!

회의에서 논의된 내용을 확인하기 위해 필요한 자료를 찾아야 하므로 지문에 체크한 핵심 문장과 〈보기〉의 내용을 비교한다.

문 20 개념 이해 난이도 중 정답 ①

문제풀이 핵심 포인트
지문은 대화체로 구성되어 있고 조출생률과 합계 출산율에 대한 개념 정의와 각각의 특성이 제시되어 있으므로 이러한 정보에 주목해서 전체적으로 지문을 읽어주어야 한다.

풀이

ㄱ. (O) 첫 번째 갑의 진술에서 조출생률은 인구 1천 명당 출생아 수를 의미한다는 것을 알 수 있다. 따라서 조출생률의 개념은 전체 인구수가 기준이 될 뿐 전체 인구 대비 여성의 비율은 고려하지 않는다.

ㄴ. (✕) 두 나라의 인구수와 조출생률에 차이가 없다면, 두 나라의 출생아 수가 동일함을 알 수 있다. 그러나 합계 출산율은 여성 한 명이 평생 동안 낳을 것으로 예상되는 출생아 수로서 조출생률과는 관련이 없으므로 두 나라의 인구수와 조출생률에 차이가 없다고 해서 합계 출산율에 차이가 없는지는 추론할 수 없다.

ㄷ. (✕) 합계 출산율은 여성 한 명이 평생 동안 낳을 것으로 예상되는 출생아 수이다. 이는 15세~49세의 각각의 연령대 출산율을 모두 합해서 구하는 것이지, 한 명의 여성이 일생 동안 출산한 출생아의 수를 집계한 자료를 바탕으로 산출하는 것이 아니다.

문 21 빈칸 추론 난이도 중 정답 ①

문제풀이 핵심 포인트
빈칸 주변의 정보를 보면 빈칸에 들어갈 내용은 A 주장의 둘째 근거인 예측의 오류와 관련된 구체적인 사례임을 알 수 있다. 따라서 두 번째 단락에 제시된 A의 주장의 내용을 바탕으로 '예측의 오류'가 의미하는 바가 무엇인지 찾아주어야 한다.

풀이

(가), (나) 두 번째 단락의 마지막 문장을 보면, 재범을 저지른 사람이든 그렇지 않은 사람이든, 흑인은 편파적으로 고위험군으로 분류된 반면 백인은 편파적으로 저위험군으로 분류되었다고 했으므로 빈칸에 들어갈 단어로 구성된 문장도 그와 동일한 내용을 가져야 한다. 우선 (가)와 (나)의 경우, '잘못 분류되었던 사람의 비율은 흑인의 경우 45%인 반면 백인은 23%에 불과했고'라는 표현을 보았을 때 흑인 쪽이 비율이 높은 것이므로 고위험군이 아님에도 고위험군으로 분류된 사례가 들어가는 것이 적절하다. 따라서 (가)에는 '저지르지 않은', (나)에는 '고위험군'이 들어가는 것이 적절하다.

(다), (라) '잘못 분류되었던 사람의 비율은 흑인의 경우 28%인 반면 백인은 48%로 훨씬 컸다.'라는 표현을 보았을 때 흑인 쪽이 비율이 낮은 것이므로 고위험군임에도 고위험군으로 분류되지 않은 사례가 들어가는 것이 적절하다. 따라서 (나)에는 '저지른', (나)에는 '고위험군'이 들어가는 것이 적절하다.

✏️ 실전에선 이렇게!

빈칸 추론 문제는 지문을 전체적으로 읽기 전에 빈칸 주변에서 빈칸에 들어갈 내용을 추론할 수 있는 단서를 찾는 것이 효율적이다.

문 22 논증 평가 난이도 중 정답 ②

문제풀이 핵심 포인트
㉠~㉢에 대한 강화·약화 여부를 평가하는 문제이므로 ㉠~㉢의 내용을 확인하고 선택지에 제시된 사례가 ㉠~㉢에 대해 어떠한 방향성을 가지는지 파악한다.

풀이

ㄱ. (✕) ㉠은 A의 주장으로서 양형 보조 프로그램인 X가 흑인과 백인을 차별한다는 것이다. X는 유죄가 선고된 범죄자를 대상으로 재범 확률을 추정하여 위험지수로 평가하는 프로그램이므로 강력 범죄자 중 위험지수가 10으로 평가된 사람의 비율이 흑인과 백인 사이에 차이가 없다는 것은 ㉠과 직접적인 관련이 없는 내용이다. 따라서 ㉠이 강화된다고 볼 수 없다.

ㄴ. (✕) ㉡은 B의 주장으로서 A가 언급한 예측의 오류는 흑인의 기저재범률과 백인의 기저재범률보다 높기 때문이고, X가 편파적으로 흑인과 백인의 위험지수를 평가하지 않는다는 것이다. 따라서 흑인의 기저재범률이 높을수록 흑인에 대한 X의 재범 가능성 예측이 더 정확해진다면, ㉡은 강화된다.

ㄷ. (O) ㉢은 기저재범률의 문제점을 지적하면서 이를 바탕으로 한 X의 지속적인 사용은 미국 사회의 인종차별을 고착화한다는 것이다. 기저재범률의 문제점 중 하나는 나와 상관없는 다른 사람들이 만들어낸 기저재범률이 나의 형량에 영향을 준다는 것인데, X가 특정 범죄자의 재범률을 평가할 때 사용하는 기저재범률이 동종 범죄를 저지른 사람들로부터 얻은 것이라 해도 여전히 타인의 기저재범률이 상관없는 이의 형량에 영향을 미치는 것이므로 ㉢은 강화되지 않는다.

문 23 빈칸 추론 [난이도 중] 정답 ⑤

문제풀이 핵심 포인트
빈칸에 들어갈 내용으로 선택지에 제시된 내용이 지문의 청탁금지법을 바탕으로 타당한지 여부를 판단해주어야 하므로 청탁금지법의 구체적인 내용에 초점을 두고 지문을 읽어야 한다.

풀이

① (×) 청탁금지법에 따르면 여러 행위가 계속성 또는 시간적·공간적 근접성이 있다고 판단되면, 합쳐서 1회로 간주될 수 있으므로 시간적·공간적 근접성은 청탁을 한 사람이 동일인인지를 판단하는 기준이 된다. 그런데 X회사로부터 받은 접대는 이미 1인당 1만 2천 원씩 총 90명에게 제공되어 명목에 상관없이 1회 100만 원을 초과하는 금품이나 접대를 받을 수 없다는 청탁금지법에 위반된다. 따라서 X회사로부터 받은 접대는 시간적·공간적 근접성으로 보아 청탁금지법을 위반한 향응을 받은 것이 된다는 것은 빈칸에 들어갈 내용으로 적절하지 않다.

② (×) Y회사의 임원인 B가 관급 공사 입찰을 도와달라고 청탁하면서 100만 원을 건넨 것은 청탁금지법상의 금품이므로, Y회사로부터 받은 제안의 내용이 금품이라고는 할 수 없지만 향응에는 포함될 수 있다는 것은 빈칸에 들어갈 내용으로 적절하지 않다.

③ (×) 청탁금지법상 한 공직자에게 여러 사람이 동일한 부정 청탁을 하며 금품을 제공하려 하였을 때에도 이들의 출처가 같다고 볼 수 있다면 '동일인'으로 해석되는데, A와 C가 갑에게 동일한 부정 청탁을 한 것은 아니므로 둘이 동일인으로서 부정 청탁을 한 것이 된다는 것은 빈칸에 들어갈 내용으로 적절하지 않다.

④ (×) 청탁금지법에 따르면 공직자는 동일인으로부터 명목에 상관없이 1회 100만 원을 초과하는 금품이나 접대를 받을 수 없다. 그런데 B는 100만 원, C는 200만 원을 주려고 했으므로 직무 관련성이 없다면 B와 C가 제시한 금액은 청탁금지법상의 허용 한도를 벗어나지 않는다는 것은 빈칸에 들어갈 내용으로 적절하지 않다.

⑤ (○) 청탁금지법에 따르면 공직자가 부정 청탁을 받았을 때는 명확히 거절 의사를 표현해야 하고, 그랬는데도 상대방이 이후에 다시 동일한 부정 청탁을 해 온다면 소속 기관의 장에게 신고해야 한다. 현재 C가 찾아와 X회사 공장 부지의 용도 변경에 힘써 달라며 200만 원을 주려고 해서 단호히 거절한 상태이고 이후 C가 같은 청탁을 하지는 않은 상태이다. 따라서 현재는 청탁금지법상 C의 청탁을 신고할 의무가 생기지 않지만, C가 같은 청탁을 다시 한다면 신고해야 한다는 것은 빈칸에 들어갈 내용으로 적절하다.

문 24 밑줄 추론 [난이도 중] 정답 ④

문제풀이 핵심 포인트
갑의 민원을 검토한 A시 의회는 관련 규정의 보완이 필요하다고 인정하여 조례 제9조를 개정하였으며, B카페는 이에 근거한 지원금을 받아 전기차 충전 시설을 설치하게 되었다. 따라서 선택지 중 B카페 전기차 충전 시설 지원금을 받을 수 있는 개정 사항에 해당할 수 있는 것을 찾는다.

풀이

① (×) 제1항 제3호로 "다중이용시설(극장, 음식점, 카페, 주점 등 불특정다수인이 이용하는 시설을 말한다)"을 신설하여도 B카페는 '주차단위구획 100개 이상을 갖춘' 시설에 해당되지 않으므로 ㉠에 해당하는 내용으로 적절하지 않다.

② (×) 제1항 제3호로 "교통약자(장애인·고령자·임산부·영유아를 동반한 사람, 어린이 등 일상생활에서 이동에 불편을 느끼는 사람을 말한다)를 위한 시설"을 신설하여도 B카페는 '주차단위구획 100개 이상을 갖춘' 시설에 해당되지 않으므로 ㉠에 해당하는 내용으로 적절하지 않다.

③ (×) 제4항으로 "시장은 제2항에 따른 지원을 할 때 교통약자(장애인·고령자·임산부·영유아를 동반한 사람, 어린이 등 일상생활에서 이동에 불편을 느끼는 사람을 말한다)를 위한 시설을 우선적으로 지원하여야 한다."를 신설하여도 제2항에 따른 지원은 제1항의 설치대상에 대한 것이고, B카페는 제1항의 설치대상에 해당하지 않으므로 ㉠에 해당하는 내용으로 적절하지 않다.

④ (○) B카페는 주차구획이 50개이므로 조례 제9조 제1항과 제2항에 해당되지 않고 제3항은 설치 권고만 할 수 있을 뿐이다. 따라서 제4항으로 "시장은 제3항의 권고를 받아들이는 사업장에 대하여는 설치비용의 60퍼센트를 지원하여야 한다."를 신설하면 B카페는 이에 근거한 지원금을 받아 전기차 충전 시설을 설치할 수 있게 된다.

⑤ (×) 제4항으로 "시장은 전기자동차 충전시설의 의무 설치대상으로서 조기 설치를 희망하는 사업장에는 설치 비용의 전액을 지원할 수 있다."를 신설하여도 B카페는 기자동차 충전시설의 의무 설치대상이 아니므로 ㉠에 해당하는 내용으로 적절하지 않다.

문 25 견해 분석 [난이도 상] 정답 ③

문제풀이 핵심 포인트
지문에서 쟁점이 되는 규정은 하나이지만, 갑과 을이 하나의 쟁점에 대해 논쟁하고 있는 것이 아니라 3개의 각기 다른 쟁점에 대해 논쟁하고 있으므로 각 쟁점 안에서 갑과 을의 견해 차이를 구별해서 파악해야 한다.

풀이

ㄱ. (○) 쟁점 1과 관련하여, 갑이 위원으로서의 임기가 종료되면 위원장으로서의 자격도 없는 것으로 생각한다면 위원을 한 차례 역임한 A가 규정을 어기고 있다고 볼 것이고, 을이 위원장이 되는 경우에는 그 임기나 연임 제한이 새롭게 산정된다고 생각한다면 A가 규정을 어기지 않았다고 볼 것이다. 따라서 갑과 을 사이의 주장 불일치를 설명할 수 있다는 것은 적절한 분석이다.

ㄴ. (○) 쟁점 2와 관련하여, 갑이 위원장이 부적법한 절차로 당선되었더라도 그것이 연임 횟수에 포함된다고 생각한다면 B가 선출될 경우 「위원회의 운영에 관한 규정」 제8조 제2항을 어겨 규정을 어기게 된다고 볼 것이고, 을이 위원장이 부적법한 절차로 당선되었더라도 그것이 연임 횟수에 포함된다고 생각하지 않는다면 B가 선출되어도 규정을 어기지 않는다고 볼 것이다. 따라서 갑과 을 사이의 주장 불일치를 설명할 수 있다는 것은 적절한 분석이다.

ㄷ. (×) 쟁점 3과 관련하여, 위원장 연임 제한의 의미가 '단절되는 일 없이 세 차례 연속하여 위원장이 되는 것만을 막는다'는 것으로 확정된다면, C가 선출되어도 단절되는 일 없이 세 차례 연속하여 위원장이 되는 것이 아니므로 갑의 주장은 그르고, 을의 주장은 옳다고 볼 수 있다.

🔦 실전에선 이렇게!
〈보기〉에서 각각 쟁점 1, 2, 3에 대해 차례대로 묻고 있으므로 지문의 〈논쟁〉을 먼저 읽기보다는 〈보기〉 판단 시에 지문의 〈논쟁〉을 읽고 내용을 파악하는 순서로 접근한다.

PSAT 전문가의 총평

- 2020년 7급 PSAT 모의평가는 '독해의 원리'에서 8문항, '논증의 방향'에서 6문항, '문맥과 단서'에서 7문항, '논리의 체계'에서 4문항이 출제되었습니다.

- 2020년 모의평가는 언어논리가 독해력을 테스트하는 시험이 아니라 문제 해결력을 테스트하는 시험이라는 특성을 보여주었습니다. 25개의 문제 중 독해 문제가 총 8문항 출제되었는데, 그중에서 개념 이해 문제는 3문항이었고, 나머지 5문항은 원칙 적용 문제였습니다. 또한 단순한 독해력이 아니라 지문에서 문맥을 파악하거나 핵심이 되는 단서를 찾아내야 하는 유형인 빈칸 추론 문제와 밑줄 추론 문제의 비중이 높게 출제되었습니다. 전반적으로 독해력보다는 원칙을 찾아 적용하는 전략적인 접근법이 중요하게 다뤄졌습니다. 논증과 논리 문제에서는 강화와 약화, 평가, 분석 등의 발문을 가진 논증 문제들이 총 6문항 출제되어 단일 유형으로 가장 비중이 높았습니다. 언어논리는 언어력과 논리력을 동시에 평가하는 시험이고, 이러한 출제 취지에 가장 맞는 문제 유형이 논증이므로 이 유형의 비중은 줄지 않을 것으로 보입니다. 논리는 총 4문항 출제되었는데, 이 중 퀴즈 문제가 3문항을 차지했습니다. 기존의 5급이나 민간경력자 PSAT처럼 논리는 퀴즈의 형태로 출제되는 것이 가장 일반적인 출제 패턴일 것으로 보입니다. 또한 퀴즈 문제의 유형도 이미 5급 PSAT에서 자리 잡은 유형이 그대로 출제되었음을 주목할 필요가 있습니다.

- 민간경력자 PSAT와 유사하게 난도는 평이하였습니다. 다만 일부 문제에서 과학, 철학, 법 지문이 출제되며 어려운 내용을 비교적 꼼꼼히 파악하여야 해서 난도가 상대적으로 높았습니다. 그림이 제시되거나 법조문이 출제되는 등 기존과는 다른 문제 형태가 출제되기도 하였습니다. 특히 주목할 점은 지문 소재에 있어서 실무적인 내용을 다루는 글이나 법령 등의 비중이 높았다는 것입니다.

정답

p.80

문1	⑤	개념 이해	문6	⑤	빈칸 추론	문11	①	원칙 적용	문16	③	논리 퀴즈	문21	③	논증 평가
문2	③	구조 판단	문7	①	글의 수정	문12	②	독해형 논리	문17	①	논리 퀴즈	문22	①	논증 평가
문3	④	논지와 중심 내용	문8	④	원칙 적용	문13	①	빈칸 추론	문18	③	밑줄 추론	문23	①	견해 분석
문4	④	빈칸 추론	문9	②	원칙 적용	문14	④	원칙 적용	문19	⑤	견해 분석	문24	④	밑줄 추론
문5	⑤	개념 이해	문10	①	빈칸 추론	문15	⑤	논리 퀴즈	문20	②	원칙 적용	문25	②	견해 분석

취약 유형 분석표

유형별로 맞힌 문제 개수와 정답률, 틀린 문제 번호, 풀지 못한 문제 번호를 적고 나서 취약한 유형이 무엇인지 파악해 보세요. 그 후 약점 보완 해설집 p.2 [취약 유형 공략 포인트]에서 약점 보완 학습법을 확인하고, 틀린 문제와 풀지 못한 문제를 다시 한번 풀어보세요.

유형		맞힌 문제 개수	정답률	틀린 문제 번호	풀지 못한 문제 번호
독해의 원리	개념 이해	/2	%		
	구조 판단	/1	%		
	원칙 적용	/5	%		
논증의 방향	논지와 중심 내용	/1	%		
	견해 분석	/3	%		
	논증의 비판과 반박	–	–		
	논증 평가	/2	%		
문맥과 단서	빈칸 추론	/4	%		
	밑줄 추론	/2	%		
	글의 수정	/1	%		
논리의 체계	논증의 타당성	–	–		
	논리 퀴즈	/3	%		
	독해형 논리	/1	%		
TOTAL		**/25**	**%**		

해설

문 1 개념 이해 <small>난이도 중</small> 정답 ⑤

문제풀이 핵심 포인트
대한민국 임시정부와 관련하여 어떤 과정을 통해 대한민국임시헌장이 공포되었고 대동단결선언이 만들어졌으며, 한국이라는 명칭이 언제부터 사용되었는지 묻고 있으므로 지문에 제시된 용어의 시간적인 흐름에 주목하여 지문을 읽는다.

풀이

① (×) 세 번째 단락에서 건국강령은 1941년에 발표되었고, 첫 번째 단락에서 대한민국임시헌장은 임시정부를 만들기 위한 첫걸음으로 채택한 것임을 알 수 있으므로 대한민국 임시정부가 건국강령을 통해 대한민국임시헌장을 공포했다는 것은 옳지 않다.

② (×) 두 번째 단락에서 대동단결선언은 조소앙이 3·1운동 이전에 발표한 것임을 알 수 있으므로 대한민국 임시정부의 요청을 받아들여 대동단결선언을 만들었다고 볼 수 없다.

③ (×) 대한민국임시헌장이 공포되기 전에 '한국'이라는 명칭을 사용한 독립운동가가 없었는지는 알 수 없다.

④ (×) 세 번째 단락에서 제헌국회는 대한민국임시헌장에 담긴 정신을 계승했고 제헌헌법에 우리나라의 명칭을 '대한민국'이라고 했음을 알 수 있지만, 대한제국의 정치 제도를 계승하기 위해 '대한민국'이라는 국호를 사용했는지는 알 수 없다.

⑤ (○) 세 번째 단락에서 조소앙의 주장은 대한민국 임시정부에 참여한 독립운동가들로부터 열렬한 지지를 받았다는 것을 알 수 있고, 첫 번째 단락에서 조소앙의 주장 중 대한민국은 민주공화제로 한다는 것이 포함되어 있음을 알 수 있다. 따라서 대한민국 임시정부를 만드는 데 참여한 독립운동가들은 민주공화제를 받아들이는 데 합의했다는 것을 알 수 있다.

> 🖋 **실전에선 이렇게!**
>
> 역사 소재로 지문이 구성되면 생소한 용어가 많이 등장하고, 시간의 흐름에 따라 어떤 사건이 제시되는지가 중요 정보가 될 수 있으므로 이 부분에 주목하여 정보를 체크한다.

문 2 구조 판단 <small>난이도 중</small> 정답 ③

문제풀이 핵심 포인트
선택지에 여러 명의 이름이 제시되어 있으므로 각 사람의 견해를 찾아 대조하는 데 초점을 두고 지문을 읽는다.

풀이

① (×) 첫 번째 단락에서 최명길은 명을 섬겨야 한다는 김상헌의 주장에는 동의하지만, 그보다 나라를 보존하는 것이 우선이라고 말했음을 알 수 있다. 따라서 최명길이 중화 중심의 세계관에서 벗어나야 한다는 생각에서 주화론을 주장했다는 것은 옳지 않다.

② (×) 세 번째 단락에서 효종은 청에 복수하겠다는 북벌론을 내세웠음을 알 수 있으나, 송시열의 주장에 따라 청군의 항복 요구를 받아들이지 않기로 결정했는지는 알 수 없다.

③ (○) 첫 번째 단락에서 김상헌은 청에 항복하는 것은 있을 수 없는 일이라며 끝까지 저항하자고 했으며, 중화인 명을 버리고 오랑캐와 화의를 맺는 일은 군신의 의리를 버리는 것이라고 말했음을 알 수 있다. 따라서 김상헌이 명에 대한 군신의 의리를 지켜야 한다고 주장하면서 주화론에 맞섰다는 것은 옳은 내용이다.

④ (×) 두 번째 단락에 따르면 인조는 최명길의 입장을 받아들여 청에 항복하는 길을 선택했으나 인조가 청에 항복한 후 척화론을 받아들였다고 볼 수 없고, 세 번째 단락에서 인조 때에는 척화론을 주장했던 사람들이 정국을 주도하지 못했기 때문에 주화론을 내세웠던 사람들이 정계에서 쫓겨나가는 일은 벌어지지 않았다는 것을 알 수 있다. 따라서 주화론자들을 정계에서 내쫓았다는 것은 옳지 않다.

⑤ (×) 세 번째 단락에 따르면 노론 세력은 송시열 사후에 나타났으므로 인조를 설득했다는 것은 옳지 않다. 또한 노론 세력은 최명길의 주장에 동조했던 사람들의 후손이 요직에 오르지 못하게 막았으므로 주화론이 아닌 척화론을 받아들이는 입장이었다.

문 3 논지와 중심 내용 <small>난이도 하</small> 정답 ④

문제풀이 핵심 포인트
글의 논지를 찾는 문제이므로 지문에서 가장 중요한 한 문장을 찾는 데 집중한다.

풀이

① (×) 병균이나 바이러스로 인한 신체적 이상 증상은 가정이나 지역사회에 위기를 야기할 수 있기에 중요한 사회적 문제라는 것은 지문의 내용에 부합하는 내용일 수는 있지만 논지라고 볼 수는 없다.

② (×) 한 사람의 몸은 개인적 영역인 동시에 사회적 영역이기에 발병의 책임을 질병에 걸린 사람에게만 묻는 것은 옳지 않다는 것은 지문의 내용에 부합하는 내용일 수는 있지만 논지라고 볼 수는 없다.

③ (×) 질병으로 인한 신체적 고통보다 질병에 대한 사회적 편견으로 인한 고통이 더 큰지 여부는 지문에서 알 수 없는 내용이므로 이에 대한 사회적 대책이 필요하다는 것은 논지라고 볼 수 없다.

④ (○) 첫 번째 단락의 마지막 문장인 '따라서 어떤 질병의 성격을 파악할 때 질병의 발생이 개인적 요인뿐만 아니라 계층이나 직업 등의 요인과도 관련될 수 있음을 고려해야 한다.'와 두 번째 단락의 마지막 문장인 '요컨대 질병의 치료가 개인적 영역을 넘어서서 사회적 영역과 관련될 수밖에 없다는 것은 질병의 대처 과정에서 사회적 요인을 반드시 고려해야 한다는 점을 잘 보여준다.'를 종합하면 "질병의 성격을 파악하고 질병에 대처하기 위해서는 사회적인 측면을 고려해야 한다."는 것이 글의 논지로 가장 적절하다.

⑤ (×) 질병의 치료를 위해서 개인적 차원보다 사회적 차원의 노력이 더 중요하다는 것은 지문에서 알 수 없는 내용이므로 이에 대한 사회적 대책이 필요하다는 것은 논지라고 볼 수 없다.

문4 빈칸 추론 [난이도 중] 정답 ④

문제풀이 핵심 포인트
빈칸 앞에 "그러므로 '공범 원리'에 따른다면"이라고 되어 있으므로 '공범 원리'가 무엇인지 확인해야 하고, 그 공범 원리에 따를 때 최종적인 결론이 될 수 있는 내용이 빈칸에 들어가야 한다.

풀이
① (×) 공범 원리는 타인의 악행에 가담한 경우 결과에 얼마나 영향을 주었는지와 무관하게 도덕적 책임이 있다는 것이므로 갑훈이 두 번째 저지른 약탈 행위에 대해서 더 큰 죄책감을 느껴야 한다는 것은 빈칸에 들어갈 내용으로 적절하지 않다.

② (×) 공범 원리는 해악의 크기와 도덕적 책임의 크기의 관계에 대해 말하고 있지 않으므로 전체 해악의 크기가 커질수록 해악에 가담한 사람들의 도덕적 책임도 커진다는 것은 빈칸에 들어갈 내용으로 적절하지 않다.

③ (×) 갑훈은 첫 번째 약탈에서 을훈의 콩 100알을 빼앗았고, 두 번째 약탈에서는 한 알을 빼앗았으므로 첫 번째 약탈과 두 번째 약탈에서 갑훈이 을훈에게 입힌 해악에 차이가 없다는 것은 빈칸에 들어갈 내용으로 적절하지 않다.

④ (○) 〈사례〉에서 갑훈은 두 번의 약탈을 행했는데, 한 사람에게 콩 100알을 빼앗았는지, 100 사람에게 콩 한 개씩을 빼앗았는지에 차이가 있었다. 그러나 공범 원리에 따르면 약탈에 가담했다는 것만으로도 갑훈에게는 도덕적 책임이 있으므로 '갑훈에게 도덕적 책임이 있다는 점에서 첫 번째 약탈과 두 번째 약탈은 차이가 없다.'는 것은 빈칸에 들어가기에 가장 적절한 내용이다.

⑤ (×) 공범 원리에 따를 때 갑훈이 져야 할 도덕적 책임이 있다는 점에서는 차이가 없지만, 두 차례 약탈에서 갑훈이 빼앗은 전체 콩알의 수가 같기 때문에 그러한 것은 아니므로 두 차례 약탈에서 갑훈이 빼앗은 전체 콩알의 수가 같기 때문에 갑훈이 져야 할 도덕적 책임에는 차이가 없다는 것은 빈칸에 들어갈 내용으로 적절하지 않다.

🖊 실전에선 이렇게!
'공범 원리'를 받아들이는 사람들은 타인의 악행에 가담한 경우 결과에 얼마나 영향을 주었는지와 무관하게 도덕적 책임이 있다고 주장한다. 즉, 단지 그 해악의 공범이라는 이유만으로 그에 따른 도덕적 책임을 져야 한다는 것이 공범 원리의 내용임을 주목한다.

문5 개념 이해 [난이도 중] 정답 ⑤

문제풀이 핵심 포인트
실무적인 내용을 다루는 소재가 지문에 제시되는 경우 대화체 형태로 구성될 확률이 높다. 이러한 경우 선택지를 통해 어떤 실무에 대한 것인지를 먼저 파악하고 그 부분에 집중하여 글을 읽어주어야 한다. 선택지에 시기에 대한 언급과 함께 연명의료 실행과 관련하여 사전연명의료의향서 제출과 접수에 대한 내용이 제시되어 있으므로 이에 주목하여 지문을 읽는다.

풀이
① (×) 2018년 2월부터 사전연명의료의향서를 제출하는 제도가 도입되었음을 알 수 있으나 전국 모든 보건소에서 사전연명의료의향서를 접수하기 시작한 것은 2020년 4월부터이고, 이를 연명의료 전문 상담사가 접수한 것인지는 알 수 없다.

② (×) 사전연명의료의향서를 제출해야 하는 것은 연명의료 거부 의사를 표명한 사람이지 병원이 아니므로 2020년 4월부터 연명의료를 실행하지 않고자 하는 병원은 보건소에 사전연명의료의향서를 제출해야 한다는 것은 옳지 않다.

③ (×) 연명의료 전문 상담사 배치가 어려운 보건소의 직원들을 대상으로 연명의료 관련 기본 필수교육을 실시하는 것이지, 연명의료를 받고자 하는 사람이 주소지 관할 보건소가 지정한 연명의료 전문 상담사로부터 기본 필수교육을 받아야 하는 것인지는 알 수 없다.

④ (×) 연명의료 전문 상담사 배치가 어려운 보건소를 이용하는 민원인들이 보건소 직원으로부터 설명을 들은 후 그 자리에서 전화로 연명의료 전문 상담사로부터 구체적인 내용을 상담받을 수 있도록 하는 것이지, 연명의료 전문 상담사의 상담을 받으려는 사람이 전화예약 시스템을 이용해야 하는 것은 아니다.

⑤ (○) 갑은 연명의료 거부의사가 있는 사람은 지금까지 한 것처럼 전문 상담사의 상담을 받게 하는 조치를 유지해 달라고 하고 있다. 따라서 연명의료 거부 의사가 있는 사람이 연명의료 전문 상담사의 상담을 받지 않은 상태에서 작성한 사전연명의료의향서는 받아들여지지 않을 것임을 알 수 있다.

문6 빈칸 추론 [난이도 중] 정답 ⑤

문제풀이 핵심 포인트
지문이 대화체로 구성되어 있으므로 대화 마지막에 제시된 빈칸에 들어갈 내용을 찾기 위해서는 지문을 전체적으로 읽어야 한다.

풀이
소상공인 및 자영업자에게 주는 지원금을 신청할 수 있는 경우는 다음 세 가지이다. 1) 사회적 거리두기 2단계의 실시로 출입이 금지된 집합금지 및 집합제한업종의 자영업자, 2) 사회적 거리두기 2.5단계부터 운영이 제한된 수도권의 카페나 음식점, 3) 집합금지 및 집합제한업종에 속하지 않더라도 연 매출 4억 원 이하라는 사실을 증명할 수 있는 자료와 함께 코로나19 확산으로 매출이 감소했음을 증빙하는 자료를 제출

① (×) 일반 업종에 해당해야만 긴급재난지원금을 신청할 수 있는 것이 아니므로 문구점은 일반 업종에 해당하지 않아 긴급재난지원금을 신청할 수 없다는 것은 빈칸에 들어갈 내용으로 적절하지 않다.

② (×) 지난 5월에 긴급재난지원금을 받았다는 사실은 긴급재난지원금을 신청할 수 있는 조건이 아니므로 지난 5월에 긴급재난지원금을 받았다는 사실을 증명하는 서류를 제출해야 한다는 것은 빈칸에 들어갈 내용으로 적절하지 않다.

③ (×) 문구점이 집합금지 및 집합제한업종에 해당하지 않는 것으로 확인되었더라도 지원받을 수 있는 다른 경우에 해당할 수 있으므로 문구점이 집합금지 및 집합제한업종에 해당하지 않는 것으로 확인되었기 때문에 지원금을 받을 수 없다는 것은 빈칸에 들어갈 내용으로 적절하지 않다.

④ (×) 사회적 거리두기 2.5단계부터 운영이 제한되거나 금지된 업종이 아니라도 긴급재난지원금을 받을 수 있는 경우가 있으므로 사회적 거리두기 2.5단계부터 운영이 제한되거나 금지된 업종이 아니면 긴급재난지원금을 받을 수 없다는 것은 빈칸에 들어갈 내용으로 적절하지 않다.

⑤ (○) 민원인 A의 경우 문구점을 운영하고 있으므로 1)과 2)에 해당되지 않는다. 따라서 연 매출 4억 원에 미치지 못하고 코로나19로 매출이 감소한 자영업자라면 증빙서류를 갖추어 신청할 수 있다는 것이 빈칸에 들어갈 수 있는 답변 내용으로 가장 적절하다.

문 7 글의 수정 난이도 중

정답 ①

문제풀이 핵심 포인트

㉠에 해당하는 '오늘 회의에서 논의된 내용' 중 〈계획안〉에 언급된 사항과 관련된 내용을 파악하는 것이 핵심이다.

풀이

① (×) 정은 보고 대상이 명시적으로 드러날 수 있도록 주제를 더 구체적으로 표현하는 것이 필요하다고 주장한다. 그러나 주제를 '효율적 정보 제시를 위한 보고서 작성 기법'으로 변경하면 보고 대상이 드러나 있지 않으므로 ㉠에 따라 〈계획안〉을 수정한 것으로 적절하지 않다.

② (O) 을은 특강을 평일에 개최하되 참석 시간을 근무시간으로 인정해 준다면 참석률이 높아질 것이라고 주장한다. 따라서 일시를 '2021. 11. 10.(수) 10:00~12:00(특강 참여 시 근무시간으로 인정)'으로 변경하는 것은 ㉠에 따라 〈계획안〉을 수정한 것으로 적절하다.

③ (O) 병은 특강 참석 대상이 누구인가에 따라 장소를 조정할 필요가 있고, 중앙부처 소속 공무원에게는 세종시가 접근성이 더 좋다고 주장한다. 갑은 이번 특강은 현직 중앙부처 소속 공무원을 대상으로 진행한다고 언급하고 있으므로 장소를 '정부세종청사 6동 대회의실'로 변경하는 것은 ㉠에 따라 〈계획안〉을 수정한 것으로 적절하다.

④ (O) 갑은 이번 특강은 현직 중앙부처 소속 공무원을 대상으로 진행한다고 언급하고 있으므로 대상을 '보고서 작성 능력을 키우고 싶은 현직 중앙부처 공무원'으로 변경하는 것은 ㉠에 따라 〈계획안〉을 수정한 것으로 적절하다.

⑤ (O) 무는 별도 비용이 있는지 등의 특강과 관련된 정보가 부족하다고 보고, 갑은 특강 수강 비용이 무료라고 언급하고 있다. 따라서 특강을 듣기 위한 별도 부담 비용이 없다고 안내하는 항목을 추가하는 것은 ㉠에 따라 〈계획안〉을 수정한 것으로 적절하다.

실전에선 이렇게!

밑줄 친 ㉠에 따라 〈계획안〉을 수정해야 하는 문제이므로 지문을 처음부터 읽으면서 〈계획안〉에 표시된 강의 주제, 일시, 장소, 대상 등에 대한 내용이 나오면 〈계획안〉과 선택지를 동시에 확인하는 방식으로 풀이한다.

문 8 원칙 적용 난이도 중

정답 ④

문제풀이 핵심 포인트

선택지에서 조건에 따라 지문에 주어진 표의 ㉠~㉥에 어떤 내용이 들어가는지를 묻고 있으므로 표를 채우는 기준인 원칙을 지문에서 찾아 이를 적용하여 판단한다. 지문에 제시된 기준에 따라 뼈대근육, 내장근육, 심장근육의 특성을 구분하는 데 초점을 맞추어 글을 읽는다.

풀이

ㄱ. (×) ㉡과 ㉢이 같은 특징이라면, 내장근육과 심장근육의 같은 특성인 '의식적으로 통제할 수 없는 근육'이라는 것이므로 A에는 의식적으로 통제할 수 있는지를 따지는 기준이 들어간다고 판단할 수 있다.

ㄴ. (O) ㉣과 ㉥이 다른 특징이라면, 뼈대근육은 의식적으로 통제할 수 있는 근육이고 심장근육은 의식적으로 통제할 수 없는 근육이라는 내용이 들어갈 것이므로 B에는 의식적으로 통제할 수 있는지를 따지는 기준이 들어간다고 판단할 수 있다.

ㄷ. (O) ㉠에 '수의근'이 들어간다면, A에는 의식적으로 통제할 수 있는지를 따지는 기준이 들어갈 것이고 B에는 줄무늬가 있는지 여부를 따지는 기준이 들어갈 것이므로 ㉤에는 '민무늬근'이 들어가야 한다고 판단할 수 있다.

실전에선 이렇게!

〈보기〉에서 A와 B에 들어갈 기준에 따라 ㉠~㉥에 들어갈 내용이 같은지를 묻고 있으므로, A와 B에 들어갈 기준을 임의로 설정하여 〈표〉를 채워 놓은 상태에서 〈보기〉를 판단한다.

문 9 원칙 적용 난이도 중

정답 ②

문제풀이 핵심 포인트

㉠~㉤에 해당하는 시험관이 지문에 설명된 세균의 종류 중 어떤 것과 매칭되는지 확인해야 선택지 판단이 가능하다. 지문에 그림이 제시된 경우 지문의 내용과 그림을 연결시키는 기준이나 원리를 지문에서 찾는 과정이 선행되어야 한다.

풀이

① (×) ㉠은 세균이 산소 농도가 높은 시험관 위쪽에만 살아 있다. 따라서 ㉠은 산소에 대한 내성이 있고 대사 과정에서 산소 호흡을 하기 때문에 산소의 농도가 높은 곳에서 잘 자라는 절대 호기성 세균이 자란 시험관이다.

② (O) ㉡은 세균이 산소 농도가 낮은 시험관 아래쪽에 살아 있으므로 ㉡에서 자란 세균은 절대 혐기성 세균에 해당한다. 절대 혐기성 세균은 혐기성 세균의 한 종류이고, 혐기성 세균은 산소 호흡을 할 수 없는 세균으로 발효 과정만을 통해 에너지를 만들어낸다. 따라서 ㉡에서 자란 세균이 발효 과정으로 에너지를 만들어 낸다는 것은 적절한 설명이다.

③ (×) ㉢은 세균이 산소 농도가 높은 시험관 위쪽과 산소 농도가 낮은 시험과 아래쪽에 모두 살아 있고, 특히 산소 농도가 높은 시험관 위쪽 환경에서 더 잘 자라므로 통성 세균에 해당한다. 통성 세균은 산소에 대한 내성이 있으므로 ㉢에서 자란 세균은 산소에 대한 내성이 있다.

④ (×) ㉣은 세균이 ㉠에 해당하는 절대 호기성 세균보다 조금 낮은 쪽, 즉 산소 농도가 더 낮은 쪽에 살아 있으므로 미세 호기성 세균에 해당한다. 미세 호기성 세균은 산소 호흡을 하므로 ㉣에서 자란 세균은 산소 호흡을 할 수 있다.

⑤ (×) ㉤은 시험관 전반에 걸쳐 세균이 살고 있으므로 생장 여부가 산소 농도와는 무관한 내기 혐기성 세균에 해당한다. 그러나 ㉣은 미세 호기성 세균에 해당하므로 혐기성 세균이 자란 시험관이라 볼 수 없다.

문 10 빈칸 추론 _{난이도} 중   정답 ①

문제풀이 핵심 포인트

빈칸이 두 개 주어졌으므로 각 빈칸 주변에서 어떤 단서를 잡을 수 있는지 지문에서 확인하고, 선택지에 배치된 내용을 확인하여 옳지 않은 선택지를 소거하는 방식으로 풀이한다.

풀이

㉠: B학파는 다른 모든 종류의 상품과 마찬가지로 토지 문제 역시 수요·공급의 법칙에 따라 시장이 자율적으로 조정하도록 맡겨 두면 된다고 주장한다. 또한 ㉠ 바로 뒤의 문장에서 토지가 귀금속, 주식, 채권, 은행 예금만큼이나 좋은 투자 대상이라고 제시되어 있다. 따라서 ㉠에 들어갈 문장은 '토지에 대한 투자는 상품 투자의 일종으로 이해된다.'는 것이 가장 적절하다. '토지에 대한 투자는 상품 생산의 수단으로 활용된다.'거나 '토지 투자와 상품 투자는 거시경제적인 관점에서 상호 보완적 역할을 수행한다.'는 것은 지문의 내용으로 추론할 수 없으므로 문맥상 ㉠에 들어갈 내용으로 적절하다고 볼 수 없다.

㉡: '그러나'라는 역접의 접속사로 시작하고 있으므로 앞 문장과 ㉡에 들어갈 문장의 내용은 반대 방향이 될 것임을 추론할 수 있다. ㉡의 앞 문장에서는 상품 투자의 특성을 설명하면서 상품 투자에는 내재적 한계가 있기 마련이라는 내용이 제시되어 있으므로 ㉡에는 토지에 대한 투자는 상품 투자와는 달리 내재적 한계가 없다는 내용이 들어가는 것이 적절하다. 따라서 ㉡에 들어갈 문장은 '토지 공급은 한정되어 있으므로 토지 투자는 상품 투자의 경우와는 달리 제어장치가 없다.'는 것이 가장 적절하다. '토지 투자는 다른 상품의 생산 비용을 상승시켜 상품의 가격 상승으로 이어진다.'는 것은 지문의 내용으로 추론할 수 없으므로 문맥상 ㉡에 들어갈 내용으로 적절하다고 볼 수 없다.

> **실전에선 이렇게!**
>
> 빈칸에 들어갈 내용을 추론하기 위해 빈칸 주변에서 단서를 잡는 것이 필요하다. ㉠은 B학파의 관점에 따른 것이라는 점에 주목해야 하고, ㉡은 '그러나'로 시작하고 있으므로 앞 문장의 내용과 반대되는 내용이 들어갈 확률이 높다는 것에 주목해야 한다.

문 11 원칙 적용 _{난이도} 중   정답 ①

문제풀이 핵심 포인트

선택지에 제시된 각 경우에 응집 반응이 일어나는지 여부를 묻고 있으므로 어떤 경우에 응집 반응이 일어나는지와 관련된 원리를 지문에서 찾아야 한다.

풀이

① (○) A형 응집원만을 선택적으로 제거한 A형 적혈구를 B형인 사람에게 수혈해도 응집소 α와 결합하여 응집 반응을 일으킬 A형 응집원이 없으므로 응집 반응이 일어나지 않는다는 것을 추론할 수 있다.

② (×) B형 응집원만을 선택적으로 제거한 AB형 적혈구를 A형인 사람에게 수혈하면 응집소 β와 결합하여 응집 반응을 일으킬 B형 응집원이 없으므로 응집 반응이 일어나지 않는다는 것을 추론할 수 있다.

③ (×) 응집소 β를 선택적으로 제거한 O형 혈장을 A형인 사람에게 수혈하면 A형 응집원과 응집소 α가 결합하여 응집 반응이 일어난다는 것을 추론할 수 있다.

④ (×) AB형인 사람은 A형 응집원과 B형 응집원을 모두 가지고 있으므로 A형, B형, O형인 혈액을 수혈 받을 경우 응집 반응이 일어난다는 것을 추론할 수 있다.

⑤ (×) O형인 사람은 응집소 α와 응집소 β를 모두 가지고 있으므로 A형, B형, AB형 적혈구를 수혈 받을 경우 응집 반응이 일어난다는 것을 추론할 수 있다.

> **실전에선 이렇게!**
>
> 선택지에 일정한 조건이 제시되어 있으면 원리나 원칙을 적용하여 추론하는 문제일 확률이 높으므로 지문에서 원리나 원칙을 찾는 데 주목한다.

문 12 독해형 논리 _{난이도} 중   정답 ②

문제풀이 핵심 포인트

첫 번째 단락에서 네 조건을 모두 충족시키는 방안이 있다면, 정부는 그 방안을 추진해야 한다고 언급했으므로 각 방안이 주어진 조건을 만족하는지 여부를 알려주는 정보에 주목한다.

풀이

① (×) 고교 평준화 강화는 가장 많은 국민이 선호하는 방안이라는 것은 이미 지문에 제시되어 있으므로 ㉠을 이끌어내기 위해 추가해야 할 전제로 적절하지 않다.

② (○) 고교 평준화 강화는 네 가지 조건 중 세 가지를 만족하고 첫 번째 조건의 일부만 만족하므로 첫 번째 조건의 나머지 일부를 만족하면 모든 조건을 만족하게 된다. 따라서 ㉠을 이끌어내기 위해 추가해야 할 전제는 '고교 평준화 강화는 교육의 수월성을 이룩할 수 있는 방안이다.'이다.

③ (×) 고교 평준화 강화는 가계의 교육 부담을 줄일 수 있는 방안이라는 것은 이미 지문에 제시되어 있으므로 ㉠을 이끌어내기 위해 추가해야 할 전제로 적절하지 않다.

④ (×) 고교 평준화 강화는 정부의 기존 교육 재정만으로도 실행될 수 있는 방안이라는 것은 이미 지문에 제시되어 있으므로 ㉠을 이끌어내기 위해 추가해야 할 전제로 적절하지 않다.

⑤ (×) 정부가 고교 평준화 강화 방안을 추진하지 않아도 된다면, 그 방안은 공정한 기회 균등과 교육의 수월성을 함께 이룩할 수 없는 방안이라는 전제가 추가되어도 ㉠을 이끌어낼 수 없으므로 추가해야 할 전제로 적절하지 않다.

문 13 빈칸 추론 난이도 중   정답 ①

문제풀이 핵심 포인트
빈칸 주변 문장을 통해 빈칸에는 개정 근로기준법과는 다른 기존 판례의 입장에 대한 의문이 제기되어 있다는 것을 알 수 있다. 또한 빈칸 뒤에 그 이유가 제시되어 있으므로 이를 바탕으로 선택지 중 가장 적절한 물음을 선택한다.

풀이

① (○) 빈칸 뒤에 제시된 이유를 보면, 기존 판례가 연장근로를 소정근로의 연장으로 보았고, 1주의 최대 소정근로시간을 정할 때 기준이 되는 1주를 5일에 입각해 보았기 때문이라고 되어 있다. 이는 휴일근로가 연장근로가 될 수 없는 이유가 된다. 따라서 '휴일근로가 연장근로가 아니라고 보았을까?'라는 물음은 빈칸에 들어가기에 적절하다.

② (×) 토요일에 연장근로를 할 수 있다고 본 것은 기존 판례의 입장이 아니므로 '토요일에 연장근로를 할 수 있다고 보았을까?'라는 물음은 빈칸에 들어가기에 적절하지 않다.

③ (×) 기존 판례 역시 1주의 최대 소정근로시간을 52시간으로 보았으므로 '1주의 최대 소정근로시간을 40시간으로 인정하였을까?'라는 물음은 빈칸에 들어가기에 적절하지 않다.

④ (×) 기존 판례 역시 1일의 최대 소정근로시간은 8시간을 초과할 수 없다고 보았으나, 이는 빈칸 뒤에 제시된 이유와 맞지 않으므로 '1일의 최대 소정근로시간은 8시간을 초과할 수 없다고 보았을까?'라는 물음은 빈칸에 들어가기에 적절하지 않다.

⑤ (×) 휴일에는 근로자의 합의가 없는 한 연장근로를 할 수 없다고 본 것은 기존 판례의 입장이 아니므로 '휴일에는 근로자의 합의가 없는 한 연장근로를 할 수 없다고 보았을까?'라는 물음은 빈칸에 들어가기에 적절하지 않다.

문 14 원칙 적용 난이도 상   정답 ②

문제풀이 핵심 포인트
개정 및 기존 근로기준법의 소정근로시간, 연장근로시간, 휴일근로시간의 최대 가능 시간을 확인하여 선택지에 적용할 판단 기준을 확인한다.

풀이

갑: (×) 개정 근로기준법에 의하면, 1일 최대 소정근로시간은 8시간이므로 1주 중 3일 동안 하루 15시간씩 일한 사람의 경우, 3일 동안 21시간의 연장근로를 한 셈이다. 그러나 연장근로는 1주에 12시간까지만 허용되어 있으므로 총 근로시간이 45시간으로 52시간보다 적더라도 최대 연장근로시간을 초과하였으므로 법에 어긋난다고 보아야 한다.

을: (○) 개정 근로기준법에 의하면, 월요일부터 목요일까지 매일 10시간씩 일한 사람의 경우, 4일 동안 8시간의 연장근로를 한 셈이다. 따라서 금요일에 허용되는 최대 근로시간은 1일 최대 소정근로시간인 8시간에 남아있는 연장근로시간 4시간을 합하여 12시간이다.

병: (×) 기존 근로기준법에 의하면, 이미 52시간을 근로한 근로자에게 휴일에 1일 8시간을 넘는 근로를 시킬 수 없다. 따라서 일요일 12시간을 일한 경우 그 근로자가 이미 52시간을 근로했다면 12시간 중 8시간만 휴일근로시간이 될 수 있다.

문 15 논리 퀴즈 난이도 중   정답 ⑤

문제풀이 핵심 포인트
지문에 제시된 문장이 모두 가언명제이므로 간단히 기호화한다. 기호화한 문장들을 연결하면 선택지의 정보에 대해 참, 거짓 여부를 판별할 수 있다.

풀이

제시된 명제를 기호화하면 다음과 같다.

· 명제 1: 치석 ∧ 커피 → 60% 이상
· 명제 2: 치석 ∧ 흡연자 → 80% 이상
· 명제 3: 치석 ∧ 커피 ∧ 흡연자 → 90% 이상
· 명제 4: ~치석 → 20% 미만

① (×) 갑돌은 매일 커피를 마시는 흡연자이지만, 이 정보만으로 갑돌의 이가 노랄 확률이 80% 이상인지는 알 수 없다.

② (×) 을순은 매년 치석을 없앤다. 따라서 명제 4에 따르면 을순의 이가 노랗지 않을 확률은 80% 이상이다.

③ (×) 병돌은 매년 치석을 없앤다. 따라서 명제 4에 따르면 병돌이 흡연자라면, 그의 이가 노랄 확률은 20% 미만이다.

④ (×) 병돌은 매년 치석을 없앤다. 따라서 명제 4에 따르면 병돌이 매일 커피를 마신다면, 그의 이가 노랄 확률은 20% 미만이다.

⑤ (○) 정순은 매일 커피를 마시는 흡연자이다. 따라서 명제 3에 따라 정순이 치석을 매년 없애지 않는다면 그의 이가 노랄 확률은 90% 이상이라는 것은 반드시 참이다.

문 16 논리 퀴즈 난이도 하   정답 ③

문제풀이 핵심 포인트
지문에 제시된 가언명제를 간단히 기호화하고, 기호화한 문장들을 연결하여 〈보기〉에 제시된 문장의 참, 거짓 여부를 판별한다.

풀이

지문에 제시된 명제를 기호화하면 다음과 같다.

· 명제 1: A → B ∧ C
· 명제 2: ~C
· 명제 3: D → A ∨ E

ㄱ. (○) 안건은 3개 구 이상의 찬성으로 승인되는데, 이미 명제 2와 명제 1에 의해 C와 A는 찬성하지 않는다. 따라서 B가 찬성하지 않는다면 안건은 승인되지 않는다는 것은 반드시 참이다.

ㄴ. (×) 안건은 3개 구 이상의 찬성으로 승인되는데, B가 찬성하는 경우 E도 찬성한다고 해도 D가 찬성하는지는 알 수 없다. 따라서 B가 찬성하는 경우 E도 찬성한다면 안건은 승인된다는 것은 반드시 참이라고 할 수 없다.

ㄷ. (○) 명제 2와 명제 1에 의해 A는 찬성하지 않는다. 이때 E가 찬성하지 않는다면 명제 3에 의해 D도 찬성하지 않으므로 E가 찬성하지 않는다면 D도 찬성하지 않는다는 것은 반드시 참이다.

✏ 실전에선 이렇게!

지문에 제시된 명제 중 확정적인 정보를 제시하는 명제는 문제 해결의 시작점이 될 수 있으므로 반드시 확인해야 한다.

문 17 논리 퀴즈 [난이도 중] 정답 ①

문제풀이 핵심 포인트
지문에 제시된 명제를 간단히 기호화하고, 명제가 참인지 거짓인지 여부로 경우의 수를 나누어 판단한다. 지문에 제시된 예측 중 한 명의 예측만 틀렸다는 정보를 통해, 한 명만 거짓을 말했다는 확정적인 정보를 확인하여 이를 바탕으로 가능한 참과 거짓의 경우의 수를 나누어 풀이한다.

풀이
지문에 제시된 명제를 기호화하면 다음과 같다.
- 가인: 을현-행정안전부 ∧ 병천-보건복지부
- 나운: 을현-행정안전부 → 갑진-고용노동부
- 다은: ~을현-행정안전부 → 병천-행정안전부
- 라연: 갑진-고용노동부 ∧ 병천-행정안전부

가인의 예측과 라연의 예측은 행정안정부에 배치되는 사람을 다르게 예측하고 있으므로 동시에 참일 수 없다. 따라서 가인과 라연 중 한 명의 예측이 틀린 것이 되고, 나운과 다은의 예측은 참인 것으로 확정된다.

〈경우 1〉 가인의 예측이 틀린 경우
라연의 예측에 따라 갑진은 고용노동부에, 병천은 행정안전부에 배치되고, 을현은 나머지 보건복지부에 배치된다. 이때 모순되는 부분 없이 각자의 부서가 배치되므로 이 경우는 타당한 경우이다.

〈경우 2〉 라연의 예측이 틀린 경우
가인의 예측에 따라 을현은 행정안전부에, 병천은 보건복지부에 배치되고, 갑진은 나머지 고용노동부에 배치된다. 이때 모순되는 부분 없이 각자의 부서가 배치되므로 이 경우 역시 타당한 경우이다.

ㄱ. (○) 두 경우 모두 갑진은 고용노동부에 배치되므로 반드시 참이다.

ㄴ. (×) 〈경우 2〉에서 을현은 행정안전부에 배치되지만, 〈경우 1〉에서는 보건복지부에 배치되므로 반드시 참이라고 볼 수 없다.

ㄷ. (×) 〈경우 1〉에서는 라연의 예측이 옳았으므로 반드시 참이라고 볼 수 없다.

문 18 밑줄 추론 [난이도 중] 정답 ③

문제풀이 핵심 포인트
선택지를 보면 각각의 경우에 구매율이나 마케팅 만족도에 대해 비교하여 판단해야 하는 문제임을 알 수 있으므로 지문에 제시된 실험의 결과를 구매율과 마케팅 만족도를 기준으로 구체적으로 정리한다.

풀이
ㄱ. (○) 할인 기회를 제공한 경우는 E, F, G, H이고, 제공하지 않은 경우는 A, B, C, D인데, 이때 E와 F의 구매율은 b, G와 H의 구매율도 b이고, A와 B의 구매율은 d, C와 D의 구매율은 c이다. 따라서 할인 기회를 제공한 경우가 제공하지 않은 경우보다 구매율이 높다는 것은 적절한 판단이다.

ㄴ. (○) 광고를 할 때, 사후 서비스를 한 경우는 C, G이고, 사후 서비스를 하지 않은 경우는 D, H인데, 이때 C의 마케팅 만족도는 b, G의 마케팅 만족도는 a이고, D의 마케팅 만족도는 c, H의 마케팅 만족도는 b이다. 따라서 광고를 할 때, 사후 서비스를 한 경우가 하지 않은 경우보다 마케팅 만족도가 낮지 않다는 것은 적절한 판단이다.

ㄷ. (×) 사후 서비스를 하지 않을 때, 광고를 한 경우는 D, H이고, 광고를 하지 않은 경우는 B, F인데, 이때 D의 마케팅 만족도는 c, H의 마케팅 만족도는 b이고, B의 마케팅 만족도는 d, F의 마케팅 만족도는 b이다. 따라서 사후 서비스를 하지 않을 때, 광고를 한 경우가 하지 않은 경우보다 마케팅 만족도가 높다는 것은 적절한 판단이 아니다.

문 19 견해 분석 [난이도 상] 정답 ⑤

문제풀이 핵심 포인트
갑, 을, 병의 견해가 대조적으로 제시되어 있으므로 각각의 주장을 찾아 차이점을 확인하는 것이 핵심이다.

풀이
ㄱ. (○) 첫 번째 단락에서 A라는 성질을 가진 대상이 존재할 때, U가 언제 참이고 언제 거짓인지에 대한 어떤 의견 차이도 없다는 것을 알 수 있다. A라는 성질을 가진 대상이 존재할 때, 그 대상들 중 B라는 성질을 가지지 않는 대상이 있다면 U는 거짓이다. 따라서 갑과 을이 'A인 대상이 존재하지만 B인 대상이 존재하지 않는다면, U는 거짓이다.'라는 것에 동의한다는 것은 적절한 분석이다.

ㄴ. (○) 을은 'A인 대상이 존재하지 않는다면, U 역시 거짓이다.'라고 주장하고, 병은 'A인 대상이 존재하지 않는다면, U는 참도 거짓도 아니다.'라고 주장한다. 따라서 을과 병이 'U가 참이라면, A인 대상이 존재한다.'는 것에 동의한다는 것은 적절한 분석이다.

ㄷ. (○) 갑은 'A인 대상이 존재하지 않는 경우, U는 참이다.'라고 주장하고, 병은 'A인 대상이 존재하지 않는다면, U는 참도 거짓도 아니다.'라고 주장한다. 따라서 갑과 병이 'U가 거짓이라면, A인 대상이 존재한다.'는 것에 동의한다는 것은 적절한 분석이다.

문 20 원칙 적용 [난이도 중] 정답 ②

문제풀이 핵심 포인트
지문에 제시된 귀납논증의 종류별로 차이점을 확인하여 그 특징을 선택지에 제시된 사례에 적용할 수 있어야 한다. 적용 문제이므로 지문의 내용을 이해하는 것보다는 각 논증의 특징에 주목하여 선택지의 사례에 각 특징이 제대로 매치되어 있는지를 도식적으로 판단하는 것이 중요하다.

풀이
① (×) '우리나라 공무원 중 여행과 음악을 모두 좋아하는 이들의 비율은 전체의 80%를 넘지 않는다. 따라서 우리나라 공무원 중 여행을 좋아하는 이들의 비율은 전체의 80%를 넘지 않을 것이다.'는 전제의 참이 결론의 참을 100% 보장하지 않으므로 타당한 논증으로 분류될 수 없다.

② (○) '우리나라 전체 공무원 중 100명을 조사한 것'이 보편적 일반화의 n에 해당하고, '이들이 업무의 70% 이상을 효과적으로 수행하고 있다는 것'이 속성 P에 해당한다. 따라서 '우리나라 전체 공무원들은 업무의 70% 이상을 효과적으로 수행하고 있을 것이다.'는 '유형 I에 속하는 모든 개체들은 속성 P를 가질 것이다.'라고 결론을 내리는 보편적 일반화에 해당한다.

③ (×) '우리나라 공무원 중 30%'는 m/n에 해당하고, '그들이 운동을 좋아한다는 것'은 속성 P에 해당한다. 그러나 '따라서 우리나라 20대 공무원 중 30%는 운동을 좋아할 것이다.'는 통계적 일반화의 '유형 I에 속하는 모든 개체 중 m/n이 속성 P를 가질 것이다.'에 해당하지 않는다. '우리나라 20대 공무원'은 '유형 I에 속하는 개체 a'를 가리킨다고 보는 것이 적절하므로 통계적 삼단논법으로 분류되는 것이 적절하다.

④ (×) '해외연수를 다녀온 공무원의 95%가 정부 정책을 지지한다. 공무원 갑은 정부 정책을 지지하고 있다. 따라서 갑은 해외연수를 다녀왔을 것이다.'가 통계적 삼단논법으로 분류되려면, '공무원 갑은 정부 정책을 지지하고 있다.'가 아니라 '공무원 갑이 해외연수를 다녀온 공무원이다.'라는 전제가 필요하므로 적절하지 않다.

⑤ (×) '임신과 출산으로 태어난 을과 그를 복제하여 만든 병은 유전자와 신경구조가 똑같다. 따라서 을과 병은 둘 다 80세 이상 살 것이다.'가 유비추론으로 분류되려면 '을은 80세 이상 살 것이다. 따라서 병도 80세 이상 살 것이다.'로 논의가 전개되어야 하므로 적절하지 않다.

문 21 논증 평가 난이도 중   정답 ③

문제풀이 핵심 포인트
실험 결과가 강화하는 것을 찾는 문제이므로 지문의 실험 결과의 구체적인 내용을 파악하는 것이 핵심이다.

풀이

ㄱ. (○) 자극 X가 있으면 없을 때보다 신경교세포의 수와 신경전달물질 a의 분비량이 많아진다는 것은 지문의 실험 결과와 같은 내용이므로 실험 결과가 강화하는 내용이다.

ㄴ. (○) 자극 X가 있으면 없을 때보다 전체 뇌 무게에 대한 대뇌피질의 무게 비율이 높아지고 대뇌피질이 촘촘해진다는 것은 대뇌피질이 무겁고 치밀해진다는 것이므로 실험 결과가 강화하는 내용이다.

ㄷ. (×) 자극 X가 있을 때 뇌 신경세포의 크기와 수가 늘어난다는 것이 실험 결과이므로 자극 X가 없으면 있을 때보다 뇌 신경세포의 크기와 수가 늘어난다는 것은 실험 결과가 강화하는 내용이라 볼 수 없다.

📝 실전에선 이렇게!
강화·약화의 대상이 '실험 결과' 등으로 제시되어 있는 경우 실험 결과에 해당하는 모든 내용을 지문에서 찾아주어야 하므로 지문을 꼼꼼하게 읽어주어야 한다.

문 22 논증 평가 난이도 중   정답 ①

문제풀이 핵심 포인트
㉠을 강화하는 내용을 찾아야 하므로 '이것은 합당한 비판이 아니다'라는 ㉠의 내용과 같은 방향의 내용을 〈보기〉에서 찾아야 한다.

풀이

ㄱ. (○) 세 번째 단락에서 그렇게 많은 쥐를 이용해서 실험하는 것은 불가능하기 때문에 택하는 전형적인 전략이 실험 대상의 수를 줄이고 발암물질의 투여량을 늘리는 것이라 하고 있으며, 이것이 ㉠을 지지하는 근거가 된다. 따라서 인간이든 쥐든 암이 발생하는 사례의 수는 발암물질의 섭취량에 비례한다는 것은 ㉠을 지지하는 근거와 같은 방향의 진술이므로 ㉠을 강화한다.

ㄴ. (×) ㉠이 지지하는 실험은 쥐를 이용하여 인간에 대한 결론을 내고 있다. 그런데 쥐에게 다량 투입하였을 때 암을 일으킨 물질 중에는 인간에게 발암물질이 아닌 것이 있다는 것은 쥐와 인간의 차이점을 언급함으로써 실험 설계가 바람직하지 않음을 보여줄 수 있는 내용이므로 ㉠을 강화하지 않는다.

ㄷ. (×) ㉠의 내용은 발암물질의 유효성이 작기 때문에 실험 대상 수를 늘려야 하는데 그것이 어려우므로 발암물질 투여량을 높여야 한다는 것이다. 따라서 발암물질의 유효성이 크다면 실험 대상이 많이 필요 없으므로 발암물질의 유효성이 클수록 더 많은 수의 실험 대상을 확보해야 유의미한 실험 결과를 얻을 수 있다는 것은 ㉠을 강화하지 않는다.

📝 실전에선 이렇게!
㉠의 내용은 실험의 내용에 대한 비판이 합당하지 않다는 것이므로 실험의 내용 및 그 비판 내용을 확인하여 실험의 내용이 타당하다는 방향성을 가지는 〈보기〉를 찾아주어야 한다.

문 23 견해 분석 난이도 중   정답 ①

문제풀이 핵심 포인트
논쟁을 분석하는 문제이므로 지문에 제시된 A, B, C의 견해가 명백히 대비되고 있음을 알 수 있다. 따라서 각자의 견해를 찾아 차이점에 주목한다.

풀이

ㄱ. (○) A는 종 차별주의가 옳지 않다는 주장과 종 평등주의가 옳다는 말이 같다고 하므로 종 차별주의와 종 평등주의가 서로 모순된다고 보지만, B는 종 차별주의를 거부하는 것과 종 평등주의를 받아들이는 것은 별개라고 하므로 종 차별주의와 종 평등주의가 서로 모순된다고 보지 않는다.

ㄴ. (×) C는 모든 인간이 동일한 존엄성과 무한한 생명 가치를 가진다는 것은 거부할 수 없는 윤리의 대전제라고 보는 입장이므로 모든 인간이 동일한 존엄성과 무한한 생명 가치를 가진다는 견해에 동의하지만, B는 그런 언급을 하고 있지 않다.

ㄷ. (×) C는 의식을 이용하여 종 사이의 차별을 정당화한다면 이런 윤리의 대전제를 부정할 수밖에 없다는 입장이어서 오히려 인간과 인간이 아닌 것 사이의 차별적 대우를 정당화하는 근거가 있다는 것에 동의하지 않는 입장으로 보아야 한다. 한편 A는 종 평등주의에 반대하는 입장이다.

📝 실전에선 이렇게!
〈보기〉에 '그렇지 않다'는 표현을 써서 두 사람 간의 견해 차이를 묻는 것뿐만 아니라 '동의한다'는 표현을 써서 두 사람의 견해가 일치하는 부분을 묻고 있으므로 각 견해의 차이점과 공통점을 모두 파악해야 한다.

문제풀이 핵심 포인트

갑의 신청을 검토한 ○○구는 조례와 운영규정이 불일치한다는 문제를 발견하였고, 이에 운영규정과 조례 중 무엇도 위반하지 않고 갑이 30만 원 이하의 본인 부담금만으로 해당 서비스를 이용할 수 있도록 조례 또는 운영규정을 일부 개정한 내용이 ㉠의 구체적인 내용이 된다. 따라서 갑의 상황을 기준으로 조례와 운영규칙에서 불일치하는 부분이 무엇인지 확인해야 한다.

풀이

① (✕) 운영규정 제21조제3항과 조례 제8조제3항으로 '신청일은 출산일 기준 10일을 경과할 수 없다.'를 신설해도 이는 조례와 운영규정이 불일치하는 부분이 아니므로 ㉠의 내용으로 적절하지 않다.

② (✕) 운영규정 제21조제1항의 '실제로 ○○구에 거주하고'와 '실제로 ○○구에 체류하고'를 삭제해도 이는 조례와 운영규정이 불일치하는 부분이 아니므로 ㉠의 내용으로 적절하지 않다.

③ (✕) 운영규정 제21조제2항의 '본인 부담금'을 '30만 원 이하의 본인 부담금'으로 개정하는 것만으로 갑이 해당서비스를 이용할 수 있다는 보장이 없으므로 이는 ㉠의 내용으로 적절하지 않다.

④ (○) 조례와 운영규정에서 불일치하는 부분은 조례 제8조제1항의 '구청장은 출산 예정일 또는 출산일을 기준으로 6개월 전부터 계속하여 ○○구에 주민등록을 두고 있는 산모' 부분과 운영규정 제21조제1항1호의 '출산일을 기준으로 6개월 전부터 계속하여 ○○구에 주민등록을 두고 실제로 ○○구에 거주하고 있는 산모' 부분이다. 갑은 2020년 1월 1일에 ○○구에 주민등록을 두고 있었으므로 출산 예정일인 2020년 7월 2일을 기준으로 하면 6개월 전부터 계속하여 ○○구에 주민등록을 두고 있는 것이 되어 ○○구 건강관리센터 산모·신생아 건강관리 서비스를 이용할 수 있지만, 출산일인 2020년 6월 28일을 기준으로 하면 6개월 전부터 계속하여 ○○구에 주민등록을 두고 있는 조건을 만족하지 못하므로 ○○구 건강관리센터 산모·신생아 건강관리 서비스를 이용할 수 없게 된다. 따라서 운영규정과 조례 중 무엇도 위반하지 않고 갑이 30만 원 이하의 본인 부담금만으로 해당 서비스를 이용할 수 있도록 조례 또는 운영규정을 일부 개정하려면, 운영규정 제21조제1항의 '출산일'을 모두 '출산 예정일 또는 출산일'로 개정해야 한다.

⑤ (✕) 조례 제8조제1항의 '1년'을 '6개월'로 개정해도 이는 조례와 운영규정이 불일치하는 부분이 아니므로 ㉠의 내용으로 적절하지 않다.

문제풀이 핵심 포인트

갑과 을이 하나의 법에 대한 두 개의 쟁점에 대해 논쟁하고 있으므로 각 쟁점의 내용과 더불어 각 쟁점 안에서 갑과 을의 견해 차이를 구별해서 파악해야 한다.

풀이

ㄱ. (✕) 쟁점 1과 관련하여, 법인 A에는 비상근 손해사정사가 2명 근무하고 있지만 이들이 수행하는 업무의 종류가 다르다는 사실이 밝혀진다고 해도 제00조제1항의 상근 손해사정사를 두어야 한다는 것과는 관련이 없다. 따라서 갑의 주장은 옳지만 을의 주장은 옳지 않다고 분석하는 것은 적절하지 않다.

ㄴ. (○) 쟁점 2와 관련하여, 법인 B의 지점에 근무하는 손해사정사가 비상근일 경우에, 갑은 제00조제2항의 '손해사정사'가 반드시 상근이어야 한다고 생각한다면 법인 B가 「보험업법」 제00조제2항을 어기고 있다고 주장할 것이고, 을은 비상근이어도 무방하다고 생각한다면 법인 B가 「보험업법」 제00조제2항을 어기고 있지 않다고 주장할 것이다. 따라서 법인 B에 대한 갑과 을 사이의 주장 불일치를 설명할 수 있다는 것은 적절한 분석이다.

ㄷ. (✕) 법인 A 및 그 지점 또는 사무소에 근무하는 손해사정사와 법인 B 및 그 지점 또는 사무소에 근무하는 손해사정사가 모두 상근이라면, 법인 A와 법인 B는 보험업법 제00조제1항과 제00조제2항을 어기고 있지 않다. 따라서 을의 주장이 쟁점 1과 쟁점 2 모두에서 옳지 않다는 분석은 적절하지 않다.

실전에선 이렇게!

〈보기〉에서 각각 쟁점 1, 2에 대해 차례대로 묻고 있으므로 지문의 〈논쟁〉을 먼저 읽기보다는 〈보기〉 판단 시에 지문의 〈논쟁〉을 읽고 내용을 파악하는 순서로 접근한다.

모바일 자동 채점 및
성적 분석 서비스

PSAT 전문가의 총평

· 2021년 민간경력자 PSAT 기출문제는 '독해의 원리'에서 10문항, '논증의 방향'에서 4문항, '문맥과 단서'에서 5문항, '논리의 체계'에서 6문항이 출제되었습니다.

· 2021년 기출은 민간경력 선발시험 문제에 7급 공채 시험 문제가 일부 포함되어 출제되었습니다. 민간경력 선발 시험에 단독으로 출제된 1~10번 문제는 독해 4문항, 논증 2문항, 문맥 4문항이 출제되었고 문제별 난이도는 2020년과 비슷했습니다. 11~25번 문제는 2021년 처음 시행된 7급 공채 기출 문제 1~15번과 동일하게 출제되었습니다. 독해 문제의 경우 '구조 판단' 유형이 집중적으로 출제되었고, '판단'이라는 발문으로 구조적인 지문이나 원리원칙을 제시하여 적용하게 만드는 유형, 실험 추리 문제 등이 난도 높게 출제되었습니다. 문맥 문제의 경우 7급 공채 문제와 통합되면서 실무소재를 활용하는 빈칸 추론 문제가 다수 출제되었고 이 문제의 난도가 높았습니다. 논리 문제의 경우 논리 퀴즈, 논리 이론 적용 문제가 매우 난도 높게 출제되었습니다.

정답

p.96

문1	③	개념 이해	문6	⑤	글의 수정	문11	④	구조 판단	문16	①	독해형 논리	문21	③	논증 평가
문2	③	구조 판단	문7	⑤	빈칸 추론	문12	①	빈칸 추론	문17	③	논리 퀴즈	문22	④	논증의 타당성
문3	①	구조 판단	문8	①	빈칸 추론	문13	①	구조 판단	문18	④	독해형 논리	문23	⑤	논증의 타당성
문4	②	구조 판단	문9	③	견해 분석	문14	④	원칙 적용	문19	③	논리 퀴즈	문24	②	논증 평가
문5	④	빈칸 추론	문10	②	논증 평가	문15	⑤	구조 판단	문20	②	원칙 적용	문25	④	원칙 적용

취약 유형 분석표

유형별로 맞힌 문제 개수와 정답률, 틀린 문제 번호, 풀지 못한 문제 번호를 적고 나서 취약한 유형이 무엇인지 파악해 보세요. 그 후 약점 보완 해설집 p.2 [취약 유형 공략 포인트]에서 약점 보완 학습법을 확인하고, 틀린 문제와 풀지 못한 문제를 다시 한번 풀어보세요.

유형		맞힌 문제 개수	정답률	틀린 문제 번호	풀지 못한 문제 번호
독해의 원리	개념 이해	/1	%		
	구조 판단	/6	%		
	원칙 적용	/3	%		
논증의 방향	논지와 중심 내용	–	–		
	견해 분석	/1	%		
	논증의 비판과 반박	–	–		
	논증 평가	/3	%		
문맥과 단서	빈칸 추론	/4	%		
	밑줄 추론	–	–		
	글의 수정	/1	%		
논리의 체계	논증의 타당성	/2	%		
	논리 퀴즈	/2	%		
	독해형 논리	/2	%		
TOTAL		/25	%		

해설

문1 개념 이해 난이도 중 정답 ③

문제풀이 핵심 포인트
지문에 고려시대 '향도'라는 조직에 대한 특성이 시기별로 설명되어 있으므로 그 차이점에 주목한다.

풀이

① (×) 첫 번째 단락에 따르면 고려 초기에는 지방 향리들이 향도를 만들어 운영하는 것이 일반적이었으므로 고려 왕조가 불교 진흥을 위해 지방 각 군현에 향도를 조직하였다는 것은 글의 내용과 부합하지 않는다.

② (×) 첫 번째 단락에 따르면 향도는 향나무를 갯벌에 묻어두는 매향이라는 일을 했지만, 향도가 매향으로 얻은 침향을 이용해 향을 만들어 판매하는 일을 하였다는 것은 글의 내용과 부합하지 않는다.

③ (○) 두 번째 단락에 따르면 고려 후기에는 마을마다 향도가 만들어졌고, 이런 향도들은 마을 사람들이 관혼상제를 치를 때 그것을 지원했다. 따라서 고려 후기에는 구성원이 장례식을 치를 때 그것을 돕는 일을 하는 향도가 있었다는 것은 글의 내용과 부합한다.

④ (×) 두 번째 단락에 따르면 고려 후기에는 마을마다 만들어진 향도가 자기 마을 사람들을 위해 하천을 정비하거나 다리를 놓는 등의 일까지 했다. 따라서 고려 초기에는 지방 향리들이 자신이 관할하는 군현의 하천 정비를 위해 향도를 조직하였다는 것은 글의 내용과 부합하지 않는다.

⑤ (×) 두 번째 단락에 따르면 12세기에 접어들어 향도가 주도하는 공사의 규모가 이전에 비해 작아지고 매향과 석탑 조성 공사의 횟수도 줄었다. 따라서 고려 후기로 갈수록 석탑 조성 공사의 횟수가 늘었으며 그로 인해 같은 마을 주민을 구성원으로 하는 향도가 나타났다는 것은 글의 내용과 부합하지 않는다.

문2 구조 판단 난이도 상 정답 ③

문제풀이 핵심 포인트
지문에 '조일통상장정'과 '조일통어장정'에 대한 설명이 제시되어 있으므로 그 차이점에 주목한다.

풀이

① (×) 첫 번째 단락에 따르면 조선해통어조합은 조일통상장정 체결 직후 조선 어장에 대한 정보를 제공하기 시작했다. 따라서 조선해통어조합이 '어업에 관한 협정'에 따라 일본인의 어업 면허 신청을 대행하는 업무를 보았다는 것은 알 수 없다.

② (×) 두 번째 단락에 따르면 조일통어장정에는 일본인이 조일통상장정 제41관에 적시된 지방의 해안선으로부터 3해리 이내 해역에서 어업 활동을 하고자 할 때는 조업하려는 지방의 관리로부터 어업준단을 발급받아야 한다는 내용이 있다. 따라서 조일통어장정에는 제주도 해안선으로부터 3해리 밖에서 조선인이 어업 활동을 하는 것을 모두 금한다는 조항이 있다는 것은 알 수 없다.

③ (○) 두 번째 단락에 따르면 조일통어장정에 따라 어업준단을 발급받고자 하는 자는 소정의 어업세를 먼저 내야 했고, 일본은 조선해통어조합연합회를 만들어 자국민의 어업준단 발급 신청을 지원하게 했다. 따라서 조선해통어조합연합회가 만들어져 활동하던 당시에 어업준단을 발급받고자 하는 일본인은 어업세를 내도록 되어 있었다는 것을 알 수 있다.

④ (×) 두 번째 단락에 따르면 조선해통어조합연합회는 조일통어장정 체결 직후에 일본이 만든 것이다. 따라서 조일통상장정에 조선해통어조합연합회를 조직해 일본인이 한반도 연해에서 조업할 수 있도록 지원한다는 내용이 있다는 것은 알 수 없다.

⑤ (×) 두 번째 단락에 따르면 조일통어장정에는 일본인이 조일통상장정 제41관에 적시된 지방의 해안선으로부터 3해리 이내 해역에서 어업 활동을 하고자 할 때는 조업하려는 지방의 관리로부터 어업준단을 발급받아야 한다는 내용이 있다. 따라서 한반도 해역에서 조업하는 일본인이 조일통상장정 제41관에 따라 조선해통어조합으로부터 어업 면허를 발급받아야 하였다는 것은 알 수 없다.

문3 구조 판단 난이도 중 정답 ①

문제풀이 핵심 포인트
지문에 '프레카리아트'와 '긱 노동자'에 대한 설명이 비교되어 있으므로 그 차이점과 공통점에 주목한다.

풀이

① (○) 두 번째 단락에 따르면 긱 노동자들은 고용주가 누구든 간에 자신이 보유한 고유의 직업 역량을 고용주에게 판매하면서, 자신의 직업을 독립적인 '프리랜서' 또는 '개인 사업자' 형태로 인식한다. 따라서 긱 노동자가 자신의 직업 형태에 대해 갖는 인식은 자신을 고용한 기업에 따라 달라지지 않는다는 것을 알 수 있다.

② (×) 두 번째 단락에 따르면 정보통신 기술의 발달은 긱을 더욱더 활성화한다. 그러나 정보통신 기술의 발달이 프레카리아트 계급을 확산시키는지는 알 수 없다.

③ (×) 긱 노동자 집단이 확산하면 프레카리아트 계급은 축소되는지는 글에서 알 수 없다.

④ (×) 첫 번째 단락에 따르면 프레카리아트는 불안정한 고용 상태에 놓여 있는 사람들을 의미한다. 따라서 '위험한 계급'이 겪는 부정적인 경험이 적은 프레카리아트일수록 정규직 근로자로 변모할 가능성이 크다는 것은 알 수 없다.

⑤ (×) 첫 번째 단락에 따르면 비정규직 근로자들이 늘어나면서 '프레카리아트'라고 불리는 새로운 계급이 형성되고 있으므로 비정규직 근로자에 대한 노동 보장의 강화는 프레카리아트 계급을 축소시킬 수 있다. 하지만 이것이 긱 노동자 집단을 확산시키는지는 알 수 없다.

문 4 구조 판단 난이도 중

정답 ②

문제풀이 핵심 포인트
지문에 르베리에가 해왕성의 존재를 예측하여 증명하는 과정과 이와 비슷하게 '불칸'의 존재를 예측하는 과정이 제시되어 있으므로 그 유사점에 주목한다.

풀이

① (O) 세 번째 단락에 따르면 르베리에는 수성의 궤도에 대한 관찰 결과가 뉴턴의 중력 법칙으로 예측한 궤도와 차이가 있음을 제일 먼저 밝힌 뒤, 천왕성 – 해왕성의 경우와 마찬가지로 수성의 궤도에 미지의 행성이 영향을 끼치기 때문이라는 가설을 세운다. 따라서 르베리에에 의하면 수성의 궤도를 정확하게 설명하기 위해서는 뉴턴의 중력 법칙을 대신할 다른 법칙이 필요하지 않다는 것을 알 수 있다.

② (×) 두 번째 단락에 따르면 천왕성보다 더 먼 위치에 다른 행성이 존재할 경우에만 천왕성의 궤도에 대한 관찰 결과가 뉴턴의 중력 법칙에 따라 설명될 수 있다는 생각에 따라 르베리에는 관찰을 통해 얻은 천왕성의 궤도와 뉴턴의 중력 법칙에 따라 산출한 궤도 사이의 차이를 수학적으로 계산하여 해왕성의 위치를 예측했다. 따라서 르베리에에 의하면 천왕성의 궤도를 정확하게 설명하기 위해서는 뉴턴의 중력 법칙을 대신할 다른 법칙이 필요하다는 것은 알 수 없다.

③ (O) 세 번째 단락에 따르면 르베리에의 가설에 따라 이 행성을 발견했다고 주장하는 천문학자까지 나타났으므로 수성의 궤도에 대한 르베리에의 가설에 기반하여 연구한 천문학자가 있었다는 것을 알 수 있다.

④ (O) 두 번째 단락에 따르면 르베리에는 관찰을 통해 얻은 천왕성의 궤도와 뉴턴의 중력 법칙에 따라 산출한 궤도 사이의 차이를 수학적으로 계산하여 해왕성의 위치를 예측했으므로 해왕성의 위치를 수학적으로 계산하여 추정하였음을 알 수 있다.

⑤ (O) 첫 번째 단락에 따르면 르베리에가 불칸을 예측하는 데 사용한 방식이 해왕성을 성공적으로 예측하는 데 사용한 방식과 동일했으므로 르베리에는 불칸의 존재를 수학적으로 계산하여 추정하였다는 것을 알 수 있다.

문 5 빈칸 추론 난이도 하

정답 ④

문제풀이 핵심 포인트
빈칸이 지문 마지막 문장에 배치되어 있으므로 지문 전체의 맥락에 주목하여 빈칸의 내용을 추론할 수 있는 단서를 파악한다.

풀이

④ (O) 빈칸은 지문 전체의 내용을 정리한 내용이 들어가야 한다. 앞 단락에서 서구사회의 기독교적 전통 하에서 이 전통에 속하지 않는 이들인 적그리스도, 이교도들, 나병과 흑사병에 걸린 환자들은 모두 추악하고 흉측한 모습으로 형상되어 있다는 공통점을 가지고 있다. 따라서 빈칸에 들어가기에 가장 적절한 말은 '서구의 기독교적 전통 하에서 추악한 형상은 그 전통에 속하지 않는 이들을 전통에 속한 이들과 구분 짓기 위해 활용되었다.'는 것이다.

🖊️ 실전에선 이렇게!

빈칸 추론은 문맥을 잡는 문제이므로 빈칸 앞의 접속사나 부사어를 확인하면 빈칸에 들어갈 내용이 어떤 방향성을 가지고 있는지 판단하는 데 유리하다.

문 6 글의 수정 난이도 하

정답 ⑤

문제풀이 핵심 포인트
밑줄 친 문장이 글의 흐름에 맞는지 확인하는 것이 핵심이므로 지문의 세부적인 내용보다는 밑줄 친 부분에 전체 맥락에 어긋나는 키워드가 있는지를 확인하는 것이 중요하다.

풀이

① (×) ㉠은 '둘째는 그 그룹의 모든 구성원이 미래에도 여전히 동일해야 한다는 것이다.'라는 내용과 연결되므로 이를 '질적으로 다양해야 하며'로 고치는 것은 적절하지 않다.

② (×) ㉡은 '에르고딕 이론에 따르면 그룹의 평균을 활용해 개인에 대한 예측치를 이끌어낼 수 있는데'라는 내용과 연결되므로 이를 '개인의 특성을 종합하여 집단의 특성에 대한 예측'으로 고치는 것은 적절하지 않다.

③ (×) ㉢은 '평균주의의 유혹에 속아 집단의 평균에 의해 개인을 파악함으로써'라는 내용과 연결되므로 이를 '실재하는 그룹 간 편차를 모조리 무시'로 고치는 것은 적절하지 않다.

④ (×) ㉣은 '그 결과 평균적으로 타이핑 속도가 더 빠를수록 오타 수가 더 적은 것으로 나타났다고 하자.'라는 내용과 연결되므로 이를 '타이핑을 더 느린 속도로 해야 한다'로 고치는 것은 적절하지 않다.

⑤ (O) ㉤은 '사실 타이핑 속도가 빠른 사람들은 대체로 타이핑 실력이 뛰어난 편이며 그만큼 오타 수는 적을 수밖에 없다.'라는 내용과 맞지 않는다. 따라서 이를 '타이핑 실력이라는 요인이 통제되지 않은 상태에서'로 고치는 것이 적절하다.

🖊️ 실전에선 이렇게!

밑줄 친 ㉠~㉤을 전체 흐름과 맞게 고쳐야 하는 문제이므로 지문을 처음부터 읽으면서 밑줄 친 ㉠~㉤ 부분을 읽을 때 선택지를 함께 확인하며 읽는다.

문 7 빈칸 추론 난이도 상

정답 ⑤

문제풀이 핵심 포인트
빈칸에 들어갈 문장은 외부 자문위원의 자료를 전달 받아 내부용 PC에 저장하기 위한 방법이므로 대화에 제시된 방법의 종류와 조건을 찾는다.

풀이

① (×) 외부 자문위원의 자료를 전달 받아 내부용 PC에 저장하기 위해서는 자료 공유 프로그램을 이용하는 두 번째 방법을 써야 하는데 이 프로그램을 사용할 때는 보안을 위해 프로젝트 팀장이 비밀번호를 입력해 주어야만 한다. 따라서 "굳이 프로젝트 팀장이 비밀번호를 입력할 필요가 없겠군요."는 빈칸에 들어가기에 적절하지 않다.

② (×) 두 번째 방법의 경우 예외적으로 필요한 경우에 한해 보안 부서에 공문으로 요청하여 승인을 받으면, 일반 이메일 계정에 접속하여 자료를 보내거나 받을 수 있다. 따라서 "사전에 보안 부서에 요청하여 외부용 PC로 일반 이메일 계정에 접속할 수 있는 권한을 부여받는 방법밖에 없겠네요."는 빈칸에 들어가기에 적절하지 않다.

③ (×) 외부 자문위원의 자료를 전달 받아 내부용 PC에 저장하기 위해서는 내부용 PC와 외부용 PC에 설치된 자료 공유 프로그램을 이용하는 두 번째 방법을 써야 한다. 따라서 "외부 자문위원의 PC에서 ○○메일 계정으로 자료를 보낸 뒤, 내부용 PC로 ○○메일 계정에 접속하여 자료를 내려받으면 되겠군요."는 빈칸에 들어가기에 적절하지 않다.

④ (×) 두 번째 방법의 경우 예외적으로 필요한 경우에 한해 보안 부서에 공문으로 요청하여 승인을 받으면, 일반 이메일 계정에 접속하여 자료를 보내거나 받을 수 있다. 따라서 "외부 자문위원의 PC에서 일반 이메일 계정으로 자료를 보낸 뒤, 사전에 보안 부서의 승인을 받아 내부용 PC로 일반 이메일 계정에 접속하여 자료를 내려받으면 되겠네요."는 빈칸에 들어가기에 적절하지 않다.

⑤ (○) 외부 자문위원의 자료를 전달 받아 내부용 PC에 저장하기 위해서는 내부용 PC와 외부용 PC에 설치된 자료 공유 프로그램을 이용하는 두 번째 방법을 써야 한다. 따라서 "외부 자문위원의 PC에서 ○○메일 계정으로 자료를 보낸 뒤, 외부용 PC로 ○○메일 계정에 접속해 자료를 내려받아 자료 공유 프로그램을 이용하여 내부용 PC로 보내면 되겠네요."는 빈칸에 들어가기에 적절하다.

문8 빈칸 추론   난이도 중   정답 ①

문제풀이 핵심 포인트
〈그림〉에 제시되어 있는 '젠트리피케이션'의 의미를 파악하여 ㉠~㉣에 들어갈 말의 단서를 찾아내는 것이 중요하다.

풀이

㉠, ㉡: 젠트리피케이션은 지역 역량이 강화되지 않은 채 지역 가치만 상승하는 현상을 의미한다. 따라서 ㉠에 들어갈 말은 '지역 역량'이 되고, ㉡에 들어갈 말은 '지역 가치'가 된다.

㉢: 공동체 역량 강화 과정을 통해 지역 가치와 지역 역량이 모두 낮은 상태에서 일단 지역 역량을 키워 지역 기반의 사회적 자본을 형성하게 된다. 따라서 ㉢에 들어갈 말은 '공동체 역량 강화'가 된다.

㉣: 전문화 과정은 민간의 전문성과 창의성을 적극적으로 활용함으로써, 강화된 지역 역량의 토대 위에서 지역 가치 제고를 이끌어낸다. 따라서 ㉣에 들어갈 말은 '전문화'가 된다.

🖊️ 실전에선 이렇게!

빈칸이 여러 개 제시되어 있으므로 선택지를 먼저 확인하여 빈칸에 대입하고 답이 될 수 없는 선택지를 제거하는 방식으로 접근한다.

문9 견해 분석   난이도 중   정답 ③

문제풀이 핵심 포인트
지문에 (가)와 (나)의 견해가 제시되어 있으므로 각 견해를 파악하여 〈보기〉의 사례가 어떤 견해와 일치하는지 여부를 판단한다.

풀이

ㄱ. (○) (가)는 가능한 모든 결과들의 목록을 완전하게 작성한다면, 그 결과들 중 하나는 반드시 나타난다고 주장한다. 따라서 로또 복권 1장을 살 경우 1등에 당첨될 확률은 낮지만, 모든 가능한 숫자의 조합을 모조리 샀을 때 추첨이 이루어진다면 무조건 당첨된다는 사례는 (가)로 설명할 수 있다.

ㄴ. (○) (나)는 한 사람에게 특정한 사건이 발생할 확률이 매우 낮더라도, 충분히 많은 사람에게는 그 사건이 일어날 확률이 매우 높을 수 있다고 주장한다. 따라서 어떤 사람이 교통사고를 당할 확률은 매우 낮지만, 대한민국에서 교통사고는 거의 매일 발생한다는 사례는 (나)로 설명할 수 있다.

ㄷ. (×) 주사위를 수십 번 던졌을 때 1이 연속으로 여섯 번 나올 확률은 매우 낮지만, 수십만 번 던졌을 때는 이런 사건을 종종 볼 수 있다는 사례는 한 사람에게 특정한 사건이 발생할 확률이 매우 낮더라도, 충분히 많은 사람에게는 그 사건이 일어날 확률이 매우 높을 수 있다는 (나)의 사례가 될 수 있다.

문10 논증 평가   난이도 중   정답 ②

문제풀이 핵심 포인트
지문에 A와 B의 주장이 대화체로 제시되어 있으므로 A와 B의 주장을 파악하고 〈보기〉의 사례가 어떤 주장을 강화하거나 약화하는지 여부를 판단한다.

풀이

ㄱ. (×) A는 과학 연구에 공공 자원을 배분하는 기준으로는 무엇보다 연구 성과가 우선되어야 한다는 B의 주장에 반대하는 입장이다. 따라서 공공 자원을 연구 성과에 따라 배분하지 않으면 도덕적 해이가 발생할 가능성이 커진다는 사실은 A의 주장을 강화하지 않는다.

ㄴ. (×) B는 과학 연구에 공공 자원을 배분하는 기준으로는 무엇보다 연구 성과가 우선되어야 한다고 주장한다. 따라서 연구 성과에 대한 평가가 시간이 지나 뒤집히는 경우가 자주 있다는 사실은 B의 주장을 강화하지 않는다.

ㄷ. (○) A는 과학 연구에 공공 자원을 배분하는 기준으로는 무엇보다 연구 성과가 우선되어야 한다는 B의 주장에 반대하는 입장이다. 따라서 성과만을 기준으로 연구자들을 차등 대우하면 연구자들의 사기가 저하되어 해당 분야 전체의 발전이 저해된다는 사실은 A의 주장을 강화하지만 B의 주장은 강화하지 않는다.

문11 구조 판단   난이도 상   정답 ④

문제풀이 핵심 포인트
선택지에 통리교섭사무아문이 배포한 기, 이응준이 만든 기, 오늘날의 태극기, 박용효가 그린 기 등 태극기의 종류에 따라 4괘의 문양에 관해 비교하는 내용이 제시되어 있으므로 이에 대한 정보에 주목한다.

풀이

① (×) 두 번째 단락에서 미국 해군부가 만든 『해상 국가들의 깃발들』에 수록된 기는 이응준이 그린 것으로 짐작되는 '조선의 기'라는 이름의 기로서, 통리교섭사무아문이 각국 공사관에 배포한 조선 국기와는 다르다.

② (×) 두 번째 단락에서 태극 문양을 그린 기는 개항 이전에도 여러 개 있었다는 것을 알 수 있다. 따라서 조미수호조규 체결을 위한 회담 장소에서 사용하고자 이응준이 만든 기는 태극 문양이 담긴 최초의 기라고 볼 수 없다.

③ (×) 세 번째 단락에서 통리교섭사무아문이 배포한 기의 우측 상단에 있는 괘는 '감'이고, '조선의 기'의 좌측 하단에 있는 괘는 '곤'이므로 상징하는 것이 같다고 볼 수 없다.

④ (○) 첫 번째 단락에서 오늘날의 태극기의 우측 하단에 있는 괘는 '곤'이고 이는 땅을 상징한다는 것을 알 수 있고, 세 번째 단락에서 고종이 조선 국기로 채택한 기의 우측 하단에 있는 괘도 '곤'이므로 땅을 상징한다는 것을 알 수 있다. 따라서 오늘날 태극기의 우측 하단에 있는 괘와 고종이 조선 국기로 채택한 기의 우측 하단에 있는 괘는 모두 땅을 상징한다는 것은 글에서 알 수 있는 내용이다.

⑤ (×) 세 번째 단락에서 박영효가 그린 기의 좌측 상단에 있는 괘는 '건'이므로 하늘을 상징하고, 이응준이 그린 기의 좌측 상단에 있는 괘는 '감'이므로 물을 상징한다.

📝 실전에선 이렇게!

1번에 출제되는 독해 문제는 지문의 내용이 길고 복잡하게 제시될 확률이 높다. 따라서 선택지에 제시된 핵심적인 단어를 기준으로 지문에서 어떤 정보에 집중해야 할지를 판단하는 것이 필요하다.

문12 빈칸 추론 · 난이도 중 · 정답 ①

문제풀이 핵심 포인트
빈칸에 들어갈 문장은 A시의 조례 제정 비율과 관련하여 알 수 있는 것이 무엇인지에 대한 답변이 될 것이므로 지문을 전체적으로 읽으면서 A시의 조례 제정 비율에 대한 정보를 찾는다.

풀이

① (○) 1월 1일부터 7월 10일 현재까지 법률에서 조례를 제정하도록 위임한 사항은 10건인데, A시는 이 중 7건을 조례로 제정하였으며 조례로 제정하기 위하여 입법 예고 중인 것은 2건이다. 따라서 A시의 조례 제정 비율과 관련하여 현재 조례로 제정하기 위하여 입법 예고가 필요한 것은 1건이라는 사실을 알 수 있다.

②, ③, ⑤ (×) 올해는 1월 1일부터 7월 10일 현재까지의 정보만 알 수 있으므로 올 한 해의 조례 제정 비율이 작년보다 높아질지, 올 한 해 총 9건의 조례를 제정하게 될지, 올 한 해 법률에서 조례를 제정하도록 위임 받은 사항이 작년보다 줄어들지 여부는 알 수 없다.

④ (×) 현재까지 법률에서 조례를 제정하도록 위임한 사항은 10건인데, A시는 이 중 7건을 조례로 제정하였으며 조례로 제정하기 위하여 입법 예고 중인 것은 2건이다. 그런데 현재 입법 예고 중인 2건의 제정 가능성은 단정하기 어려우므로 현재 시점을 기준으로 평가를 받으면 조례 제정 비율은 70%이다.

📝 실전에선 이렇게!

실무 소재를 활용한 빈칸 추론 문제는 지문이 대화체로 구성된 경우가 많다. 대화체 지문은 빠트리는 부분 없이 전체 맥락을 모두 파악해 주어야 한다.

문13 구조 판단 · 난이도 중 · 정답 ①

문제풀이 핵심 포인트
지문에 표로 정리되어 있는 A~C 모형의 특성과 선택지에 제시된 모형의 특성을 연결할 수 있어야 한다.

풀이

① (○) 표에서 외부 참여 가능성이 높은 모형은 C이고, C는 관료제의 영향력이 작고 통제가 약한 분야에서 주로 작동한다. 따라서 외부 참여 가능성이 높은 모형은 관료제의 영향력이 작고 통제가 약한 분야에서 나타나기 쉽다는 것은 적절한 판단이다.

② (×) 표에서 상호 의존성이 보통인 모형은 B이고, 배타성이 강한 모형은 A이다. 따라서 상호 의존성이 보통인 모형에서는 배타성이 강해 다른 이익집단의 참여를 철저하게 배제한다는 것은 적절한 판단으로 볼 수 없다.

③ (×) 표에서 합의 효율성이 높은 모형은 A이고, A보다 더 효과적으로 정책 목표를 달성할 수 있는 것은 B이다. 따라서 합의 효율성이 높은 모형이 가장 효과적으로 정책 목표를 달성할 수 있다는 것은 적절한 판단으로 볼 수 없다.

④ (×) A에 참여하는 이익집단의 정책 결정 영향력이 B에 참여하는 이익집단의 정책 결정 영향력보다 큰지 여부는 제시된 글의 내용만으로 판단할 수 없다.

⑤ (×) C에서는 참여자가 많아 합의가 어려워 결국 정부가 위원회나 청문회를 활용하여 의견을 조정하려는 경우가 종종 발생한다는 것을 알 수 있지만, 참여자의 수가 많아질수록 네트워크의 지속성이 높아지는지는 제시된 글의 내용만으로 판단할 수 없다.

📝 실전에선 이렇게!

A~C 모형이 대비되고 있는 구조이므로 각 모형의 대조되는 특성을 확인하는 것에 주목하여 글을 읽어야 한다.

문14 원칙 적용 · 난이도 상 · 정답 ④

문제풀이 핵심 포인트
〈보기〉에서 두 개의 입자에 대해 양자 상태의 가짓수에 따라 경우의 수가 어떻게 되는지 묻고 있으므로 이 부분에 집중하여 지문을 읽어야 한다.

풀이

ㄱ. (×) BE 방식은 두 입자가 구별되지 않고 하나의 양자 상태에 여러 개의 입자가 있을 수 있으므로, 두 개의 입자에 대해 양자 상태가 두 가지이면 BE 방식에서 경우의 수는 2가 아니라 3임을 추론할 수 있다.

ㄴ. (○) FD 방식은 두 입자가 구별되지 않고 하나의 양자 상태에 하나의 입자만 있을 수 있으므로, 두 개의 입자에 대해 양자 상태의 가짓수가 많아지면 두 입자가 서로 다른 양자 상태에 각각 있는 경우의 수는 커진다는 것을 추론할 수 있다.

ㄷ. (○) BE 방식은 두 입자가 구별되지 않고 하나의 양자 상태에 여러 개의 입자가 있을 수 있고, MB 방식은 두 입자가 구별 가능하고 하나의 양자 상태에 여러 개의 입자가 있을 수 있으므로, 두 개의 입자에 대해 양자 상태가 두 가지 이상이면 경우의 수는 BE 방식에서보다 MB 방식에서 언제나 크다는 것을 추론할 수 있다.

📝 실전에선 이렇게!

〈보기〉에서 조건이 반복되고 있으면 원리나 원칙을 적용하는 문제일 가능성이 높으므로 원칙 적용 유형의 접근법에 따라 문제를 해결한다.

문 15 구조 판단 <난이도 중> 정답 ⑤

풀이

① (×) 네 번째 단락에서 선조체에서 반응이 세게 나타나면 안정감을 느끼게 되어 학습된 안정 반응을 일으킨다는 것을 알 수 있다. 따라서 중핵에서 만들어진 신호의 세기가 강한 경우에 학습된 안정 반응이 나타난다는 것은 옳지 않다.

② (×) 네 번째 단락에서 선조체에서 반응이 세게 나타나면 안정감을 느끼게 되어 학습된 안정 반응을 일으킨다는 것을 알 수 있다. 그러나 학습된 공포 반응을 일으키지 않는 소리 자극이 선조체에서 약한 반응이 일어나게 하는지는 추론할 수 없다.

③ (×) 네 번째 단락에서 선조체에서 반응이 세게 나타나면 안정감을 느끼게 되어 학습된 안정 반응을 일으킨다는 것을 알 수 있다. 그러나 학습된 공포 반응을 일으키는 소리 자극이 청각시상에서 선조체로 전달되는 자극 신호를 억제하는지는 추론할 수 없다.

④ (×) 세 번째 단락에서 학습된 공포 반응을 일으키는 경우 청각시상으로 전달된 소리 자극 신호는 학습을 수행하기 전 상태에서 전달되는 것보다 훨씬 센 강도의 신호로 증폭되어 측핵으로 전달되는 것을 알 수 있고, 네 번째 단락에서 학습된 안정 반응을 일으키는 경우 청각시상에서 만들어진 신호가 측핵으로 전달되는 것이 억제되기 때문에 측핵에 전달된 신호는 매우 미약해진다는 것을 알 수 있다. 그러나 학습된 안정 반응을 일으키는 청각시상에서 받는 소리 자극 신호가 학습된 공포 반응을 일으키는 청각시상에서 받는 소리 자극 신호보다 약한지는 추론할 수 없다.

⑤ (○) 세 번째 단락에서 학습된 공포 반응을 일으키는 경우 청각시상으로 전달된 소리 자극 신호는 학습을 수행하기 전 상태에서 전달되는 것보다 훨씬 센 강도의 신호로 증폭되어 측핵으로 전달된다는 것을 알 수 있다. 또한 네 번째 단락에서 학습된 안정 반응을 일으키는 경우 청각시상에서 만들어진 신호가 측핵으로 전달되는 것이 억제되기 때문에 측핵에 전달된 신호는 매우 미약해진다는 것을 알 수 있다. 따라서 학습된 안정 반응을 일으키는 경우와 학습된 공포 반응을 일으키는 경우 모두, 청각시상에서 측핵으로 전달되는 신호의 세기가 학습하기 전과 달라진다는 것을 추론할 수 있다.

문 16 독해형 논리 <난이도 상> 정답 ①

풀이

기호화가 필요한 문장을 정리하면 다음과 같다.

· 전제 1: 민간 문화
· 전제 2: 민간 문화 → ~정부 관료 수석
· 전제 3: 민간 문화 ∧ ~정부 관료 수석 → 고전음악 ∨ 대중음악
· 전제 4: 정부 관료 → ~고전음악 ∧ ~대중음악
· 전제 5: 전체 세대

· 전제 6: 갑 ∨ 을 → A
· 결론: A

① (○) A가 공연 예술단에 참가한다는 결론이 도출되기 위해서는 갑이나 을이 수석대표를 맡는다는 전제가 만족되어야 한다. 그런데 수석대표가 되기 위해서는 전제 5에 따라 전체 세대를 아우를 수 있어야 하고, 전제 1과 전제 2에 따라 정부 관료가 아니어야 한다. 전제 4에 따를 때 고전음악 지휘자이거나 대중음악 제작자이면 정부 관료가 아니므로 빈칸에는 갑이나 을이 고전음악 지휘자이거나 대중음악 제작자이고, 전체 세대를 아우를 수 있다는 전제가 들어가면 된다. 따라서 빈칸에 들어갈 내용으로 가장 적절한 것은 '갑은 고전음악 지휘자이며 전체 세대를 아우를 수 있기'이다.

② (×) 갑이나 을이 대중음악 제작자 또는 고전음악 지휘자라고 해도, 전체 세대를 아우를 수 있다는 조건을 만족하지 않으므로 갑이나 을이 수석대표를 맡는다고 보장할 수 없다.

③ (×) 갑과 을이 둘 다 정부 관료가 아니며 전체 세대를 아우를 수 있다고 해도, 고전음악 지휘자나 대중음악 제작자라는 조건을 만족하지 못하므로 갑이나 을이 수석대표를 맡는다고 보장할 수 없다.

④ (×) 을이 대중음악 제작자가 아니라면 전체 세대를 아우를 수 없을 것이라고 해도, 이 조건만으로는 갑이나 을이 수석대표를 맡는다고 보장할 수 없다.

⑤ (×) 대중음악 제작자나 고전음악 지휘자라면 누구나 전체 세대를 아우를 수 있다고 해도, 이 조건만으로는 갑이나 을이 수석대표를 맡는다고 보장할 수 없다.

문 17 논리 퀴즈 <난이도 상> 정답 ③

풀이

제시된 진술 중 범인이 누구인지에 대한 것만 기호화하여 정리하면 다음과 같다.

· 바다: ~다은
· 다은: 은경 ∨ 경아
· 은경: ~경아
· 경아: 바다

네 명 중 한 명만 범인이므로 다은의 진술과 경아의 진술은 동시에 참이 될 수 없다. 따라서 경우의 수는 다은이 참말을 하고 경아가 거짓말을 하는 경우, 다은이 거짓말을 하고 경아가 참말을 하는 경우, 다은과 경아가 모두 거짓말을 하는 경우 세 가지로 나뉜다.

〈경우 1〉 다은이 참말을 하고 경아가 거짓말을 하는 경우

범인은 '은경 ∨ 경아'이므로 바다의 진술은 참이 되고, 은경의 진술은 참이 될 수도 있고 거짓이 될 수도 있다. 이때 네 명의 첫 번째 진술을 판단해보면, 바다, 다은, 은경의 진술은 동시에 참이 가능하고, 경아의 진술은 거짓이 된다. 따라서 경우 1은 가능하다.

〈경우 2〉 다은이 거짓말을 하고 경아가 참말을 하는 경우

범인은 '바다'이므로 바다의 진술과 은경의 진술은 참이 된다. 이때 네 명의 첫 번째 진술을 판단해보면, 은경과 경아의 진술은 동시에 참이 될 수 없다. 따라서 경우 2는 가능하지 않다.

〈경우 3〉 다은과 경아가 모두 거짓말을 하는 경우

범인은 '다은'이므로 바다의 진술은 거짓이 되고 은경의 진술은 참이 된다. 이때 네 명의 첫 번째 진술을 판단해보면, 바다, 다은, 경아의 진술은 동시에 거짓이 가능하고, 경아의 진술은 참이 가능하다. 따라서 경우 3은 가능하다.

ㄱ. (O) 경우 1에서 바다와 은경의 말이 모두 참일 수 있다.

ㄴ. (X) 경우 1에서 다은과 은경의 말이 모두 참인 것은 가능하다.

ㄷ. (O) 용의자 중 거짓말한 사람이 단 한 명이면, 경우 1에 해당하므로 은경이 범인이다.

문 18 독해형 논리 난이도 ❸ 정답 ④

문제풀이 핵심 포인트
발문에 '다음 글의 내용이 참일 때'라고 되어 있으므로 줄글 형태의 지문이라도 논리 문제로 접근한다.

풀이

지문에서 기호화가 필요한 문장을 정리하면 다음과 같다.

· 개인건강정보 → 보건정보
· 국민건강 재편 → 개인건강정보 ∧ 보건정보
· 개인건강정보 ∧ 최팀장 → 손공정
· 보건정보 → 국민건강 재편 ∨ 보도자료 수정
· ~(최팀장 → 손공정)

ㄱ. (X) 세 번째 명제와 다섯 번째 명제에서 '~개인건강정보'가 참으로 확정된다. 그러나 '~보건정보'가 참인지는 알 수 없다. 따라서 '~개인건강정보 ∧ ~보건정보'는 반드시 참이라고 할 수 없다.

ㄴ. (O) 다섯 번째 명제에서 '최팀장 ∧ ~손공정'이 참으로 확정되므로 이 팀의 최팀장이 다음 주 정책 브리핑을 총괄한다는 것은 반드시 참이다. 또한 이와 함께 두 번째 명제와 세 번째 명제에 따라 '~국민건강 재편'이 참으로 확정된다. 따라서 '~국민건강 재편 ∧ 최팀장'은 반드시 참이다.

ㄷ. (O) ㄴ에서 '~국민건강 재편'이 참으로 확정되었으므로 이를 네 번째 명제에 적용하면 '보건정보 → 보도자료 수정'은 반드시 참이다.

실전에선 이렇게!

독해형 논리 문제는 지문의 내용에 집착하지 말고, 기호화할 필요가 있는 문장을 골라 빠르게 기호화하여 선택지의 참과 거짓 여부를 판별한다.

문 19 논리 퀴즈 난이도 ❸ 정답 ③

문제풀이 핵심 포인트
지문에 제시된 정보 중 논리명제는 기호화하고 단순 정리가 필요한 것은 간단한 표로 정리한 후, 두 정보를 연결하여 새로운 정보를 도출한다.

풀이

제시된 명제를 정리하면 다음과 같다.

· 명제 1: 여러 해석 존재. 각각 하나의 해석만
· 명제 2: 5명만 상태 오그라듦 가설
· 명제 3: 상태 오그라듦 가설 → 코펜하겐 해석 ∨ 보른 해석
· 명제 4: 코펜하겐 해석 ∨ 보른 해석 → 상태 오그라듦 가설

· 명제 5: B – 코펜하겐 해석, C – 보른 해석
· 명제 6: A, D – 상태 오그라듦 가설
· 명제 7: 아인슈타인 해석

명제 3과 명제 4에 따르면 '상태 오그라듦 가설 ↔ 코펜하겐 해석 ∨ 보른 해석'이 된다. 명제 5에 따르면 B와 C는 상태 오그라듦 가설을 받아들인다. 이상의 정보를 매트릭스로 정리하면 다음과 같다. 이때 학회 참석인원이 총 8명이므로 임의로 A~H로 설정한다.

구분	A	B	C	D	E	F	G	H
상태 오그라듦	○	○	○	○				
코펜하겐		○						
보른			○					
아인슈타인	×	×	×					

① (X) 적어도 한 명이 많은 세계 해석을 받아들이는지는 주어진 정보만으로 알 수 없다.

② (X) A와 D가 동일하게 코펜하겐 해석을 받아들여도 E~H 중 한 명이 보른 해석을 받아들이면 보른 해석을 받아들이는 이가 두 명이 될 수 있다.

③ (O) 명제 3에 따라 A와 D가 받아들이는 해석이 다르다면, A와 D는 코펜하겐 해석과 보른 해석 중 다른 것을 받아들여야 한다. 이미 B가 코펜하겐 해석을 받아들이고 있으므로 적어도 두 명이 코펜하겐 해석을 받아들인다는 것은 반드시 참이다.

④ (X) 명제 1에 따르면 해석은 여러 가지가 있으므로 오직 한 명만이 많은 세계 해석을 받아들인다 해도 아인슈타인 해석을 받아들이는 이가 두 명이라고 단정할 수 없다.

⑤ (X) A와 D가 모두 코펜하겐 해석을 받아들여도 코펜하겐 해석을 받아들이는 이가 세 명이 될 수 있다.

문 20 원칙 적용 난이도 ❸ 정답 ②

문제풀이 핵심 포인트
각 실험군의 차이점을 바탕으로 〈실험 결과〉에서 나타난 결과의 차이점을 정리해야 한다.

풀이

① (X) 학습 위주의 경험을 하도록 훈련시킨 실험군 1의 쥐에서는 대뇌 피질의 지각 영역에서 구조 변화가 나타났고, 운동 위주의 경험을 하도록 훈련시킨 실험군 2의 쥐에서는 대뇌 피질의 운동 영역과 더불어 운동 활동을 조절하는 소뇌에서 구조 변화가 나타났다. 그러나 대뇌 피질의 구조 변화가 학습 위주 경험보다 운동 위주 경험에 더 큰 영향을 받는지는 추론할 수 없다.

② (O) 학습 위주의 경험을 하도록 훈련시킨 실험군 1의 쥐에서는 뇌 신경세포 한 개당 시냅스의 수가 크게 증가했고, 운동 위주의 경험을 하도록 훈련시킨 실험군 2의 쥐에서는 뇌 신경세포 한 개당 모세혈관의 수가 크게 증가했다. 따라서 학습 위주 경험은 뇌의 신경세포당 시냅스의 수에, 운동 위주 경험은 뇌의 신경세포당 모세혈관의 수에 영향을 미친다는 것을 추론할 수 있다.

③ (X) 학습 위주의 경험을 하도록 훈련시킨 실험군 1의 쥐와 운동 위주의 경험을 하도록 훈련시킨 실험군 2의 쥐에서 어떤 부위의 뇌 구조를 변화시키는 차이는 있었지만, 학습 위주 경험과 운동 위주 경험이 뇌의 특정 부위에 있는 신경세포의 수를 늘려 그 부위의 뇌 구조를 변하게 하는지는 추론할 수 없다.

④ (×) 특정 형태의 경험으로 인해 뇌의 특정 영역에서 구조 변화가 발생하고, 뇌의 신경세포당 모세혈관 또는 시냅스의 수가 변화되는 결과가 나왔지만, 뇌의 구조 변화와 특정 형태의 경험으로 인해 뇌의 특정 영역에 발생한 구조 변화가 뇌의 신경세포당 모세혈관 또는 시냅스의 수를 변화시킨다고 추론할 수는 없다.

⑤ (×) 실험의 결과는 특정 형태의 경험이 신경세포당 모세혈관 또는 시냅스의 수를 변화시키고, 뇌의 특정 영역에서 구조를 변화시킨다는 것을 보여준다. 그러나 이것만으로 뇌가 영역별로 특별한 구조를 갖는 것이 그 영역에서 신경세포당 모세혈관 또는 시냅스의 수를 변화시켜 특정 형태의 경험을 더 잘 수행할 수 있게 한다고 추론할 수는 없다.

문 21 논증 평가 　난이도 상 　　　　정답 ③

문제풀이 핵심 포인트
각 방에서의 실험 결과를 비교하여 그 결과가 각 〈보기〉에 제시된 가설을 강화하는지 여부를 묻고 있으므로 방에서의 실험 설계 및 결과의 차이에 집중해야 한다.

풀이

ㄱ. (○) 방 1과 2 중 X가 음탐지 방법이 방해를 받는 환경은 방 2인데, 여기에서 울음주머니가 있는 A는 공격했지만 울음주머니가 없는 B는 공격하지 않았다. 반면 방 1에서는 A와 B를 모두 공격하였다. 따라서 방 1과 2의 〈실험 결과〉는, X가 음탐지 방법이 방해를 받는 환경에서는 초음파탐지 방법을 사용한다는 가설을 강화한다.

ㄴ. (○) 방 2에서는 A는 공격했지만 B는 공격하지 않았고, 방 3에서는 A와 B 모두 공격했고 시간상 유의미한 차이도 없었다. 두 방의 차이는 로봇개구리가 있는 곳과 다른 위치에서 로봇개구리와 같은 소리가 추가로 들리는지 전혀 다른 소리가 추가로 들리는지의 차이이므로 방 2와 3의 〈실험 결과〉는, X가 소리의 종류를 구별할 수 있다는 가설을 강화한다.

ㄷ. (×) 수컷 개구리의 울음소리와 전혀 다른 소리가 들리는 환경에서 X가 초음파탐지 방법을 사용한다면 방 3에서 A는 공격하되 B는 공격해서는 안 된다. 따라서 방 1과 3의 〈실험 결과〉는, 수컷 개구리의 울음소리와 전혀 다른 소리가 들리는 환경에서는 X가 초음파탐지 방법을 사용한다는 가설을 강화한다고 볼 수 없다.

> 🖊 **실전에선 이렇게!**
>
> 실험의 내용과 결과가 제시된 지문은 실험 설계에서의 차이와 그로 인한 결과의 차이에 초점을 두고 정보를 정리한다.

문 22 논증의 타당성 　난이도 상 　　　　정답 ④

문제풀이 핵심 포인트
〈보기〉를 보면 지문에 제시된 〈논증〉의 전제를 추가하거나 바꾸었을 때 결론이 도출될 수 있는지를 묻는 문제이므로 논증의 타당성을 판단하는 것에 초점을 둔다.

풀이

지문의 〈논증〉을 간단히 기호화하면 다음과 같다.

(1) 첫째 ∨ 둘째
(2) ~첫째 ∧ ~둘째
(3) ~첫째 ∧ ~둘째 → ~인식론
(4) ~인식론
(5) ~인식론 → 심리학
(6) 심리학

ㄱ. (×) 지문의 논증은 전통적 인식론의 목표 중 (1)의 '두 가지 목표'를 달성할 수 없을 때를 전제로 결론인 (6)을 도출하고 있다. 따라서 전통적 인식론의 목표에 (1)의 '두 가지 목표' 외에 "세계에 관한 믿음이 형성되는 과정을 규명하는 것"이 추가되어도 논증에 영향을 미치지 못하므로 위 논증에서 (6)은 도출된다.

ㄴ. (○) 원래의 (2)인 "전통적 인식론은 첫째 목표도 달성할 수 없고 둘째 목표도 달성할 수 없다."는 '~첫째 ∧ ~둘째'로, 바뀐 (2)인 "전통적 인식론은 첫째 목표를 달성할 수 없거나 둘째 목표를 달성할 수 없다."는 '~첫째 ∨ ~둘째'로 기호화되므로, 원래의 (2)가 참일 때 바뀐 (2)도 참이 된다. 따라서 (2)를 "전통적 인식론은 첫째 목표를 달성할 수 없거나 둘째 목표를 달성할 수 없다."로 바꾸어도 위 논증에서 (6)은 도출된다.

ㄷ. (○) (4)는 (2)와 (3)을 전제로 할 때 도출되는 결론이고, (5)와 함께 (6)을 도출하는 전제이기도 하다. 따라서 (4)는 논증 안의 어떤 진술들로부터 나오는 결론일 뿐만 아니라 논증 안의 다른 진술의 전제이기도 하다.

> 🖊 **실전에선 이렇게!**
>
> 논증의 타당성을 판단하는 문제는 논증의 내용이 아니라 논증의 형식을 판단하는 방식으로 접근해야 한다. 따라서 주어진 논증을 간단히 기호화하여 〈보기〉의 조건에 따라 형식적으로 타당한 논증인지를 판단한다.

문 23 논증의 타당성 　난이도 상 　　　　정답 ⑤

문제풀이 핵심 포인트
'A이거나 B'의 형식을 가진 문장이 거짓이면 A도 B도 모두 반드시 거짓이라는 원리, 어떤 가정 하에서 같은 문장의 긍정과 부정이 모두 성립하는 경우 그 가정의 부정은 반드시 참이라는 원리, 'A이거나 B'라는 형식의 참인 문장에서 A가 거짓인 경우 B는 반드시 참이라는 원리가 의미하는 바를 알고 있어야 한다.

풀이

지문의 (1)을 간단히 기호화하면 다음과 같다.

(1) 제안자가 10만 원 돌려줌 ∨ ⓐ 내가 10억 원을 지불

ㄱ. (○) (1)이 거짓이면 제안자는 10만 원을 돌려주고 호화 여행도 제공한다고 했으므로 그는 당신에게 10만 원을 돌려준다. 그런데 (1)이 거짓이라고 가정하면 '제안자가 10만 원 돌려줌'과 ⓐ '내가 10억 원을 지불'이 모두 거짓이 되므로 ㉠ '그는 당신에게 10만 원을 돌려주지 않는다.'라는 결론이 나온다. 따라서 ㉠을 추론하는 데 'A이거나 B'의 형식의 문장이 거짓이면 A와 B 모두 반드시 거짓이라는 원리가 사용되었다는 것은 적절한 분석이다.

ㄴ. (○) ㄱ과 같은 추론 방식에 따르면 (1)을 거짓으로 가정하면 '제안자가 10만 원 돌려줌'은 동시에 참도 되고 거짓도 되므로 모순되는 상황이다. 결국 (1)을 거짓으로 가정하면 안 되므로 ⓒ '(1)은 참일 수밖에 없다.'라는 결론이 나온다. 따라서 ⓒ을 추론하는 데는 어떤 가정 하에서 같은 문장의 긍정과 부정이 모두 성립하는 경우 그 가정의 부정은 반드시 참이라는 원리가 사용되었다는 것은 적절한 분석이다.

ㄷ. (○) (1)이 참이면 제안자는 10만 원을 돌려주지 않고 호화 여행은 제공하므로 그는 당신에게 10만 원을 돌려주지 않는다. 그런데 선언지인 (1)이 참이 되기 위해서는 적어도 둘 중의 하나가 참이어야 하므로 '제안자가 10만 원 돌려줌'이 거짓이라면 'ⓐ 내가 10억 원을 지불'은 참이 되어야 한다. 즉, ⓒ 당신은 그에게 10억 원을 지불한다. 따라서 ⓒ을 추론하는 데는 'A이거나 B'라는 형식의 참인 문장에서 A가 거짓인 경우 B는 반드시 참이라는 원리가 사용되었다는 것은 적절한 분석이다.

문 24 논증 평가 난이도 중 정답 ②

문제풀이 핵심 포인트
평가의 대상인 ⓒ과 ⓒ의 내용을 파악하고 그 차이점에 집중한다. 특히 ⓒ의 '철학'보다 ⓒ의 '모든 지적 작업'의 범주가 넓다는 사실에 주목한다.

풀이

ㄱ. (×) 과학의 탐구가 귀납적 방법에 의해 진행된다는 주장을 부정하는 것이 포퍼의 철학인데, 포퍼의 철학은 ⓒ의 사례 중 하나이다. 따라서 과학의 탐구가 귀납적 방법에 의해 진행된다는 주장은 ⓒ이 아니라 ⓒ을 반박한다.

ㄴ. (○) 첫 번째 단락에서 철학은 지적 작업 중 하나에 해당하고, 두 번째 단락에서 귀추법은 귀납적 방법에 해당한다는 것을 알 수 있다. 따라서 철학의 일부 논증에서 귀추법의 사용이 불가피하다는 것은 지적 작업에서 귀납적 방법이 필요하다는 의미이므로 모든 지적 작업에서 귀납적 방법의 필요성을 부정하는 ⓒ을 반박한다.

ㄷ. (×) 연역 논리와 경험적 가설 모두에 의존하는 지적 작업이 있다는 주장은 모든 지적 작업에서 귀납적 방법의 필요성을 부정하는 ⓒ을 반박하지만, 철학에 귀납적 방법이 불필요하다는 ⓒ과는 관련이 없다.

문 25 원칙 적용 난이도 상 정답 ④

문제풀이 핵심 포인트
(2)를 타당한 논증이라고 잘못 판단하는 이유에 대한 갑, 을, 병의 입장을 명확히 파악하고 이를 〈보기〉의 사례에 적용할 수 있어야 한다.

풀이

ㄱ. (×) 갑은 사람들이 (2)를 타당한 논증으로 판단하는 이유로 '모든 A는 B이다'를 '모든 B는 A이다'로 잘못 바꾸기 때문이라는 것을 든다. 따라서 대다수의 사람이 "어떤 과학자는 운동선수이다. 어떤 철학자도 과학자가 아니다."라는 전제로부터 "어떤 철학자도 운동선수가 아니다."를 타당하게 도출할 수 있는 결론이라고 응답했다는 심리 실험 결과는, '모든 A는 B이다'를 '모든 B는 A이다'로 잘못 바꾼 것이 아니기 때문에 갑에 의해 설명된다고 판단할 수 없다.

ㄴ. (○) 을은 사람들이 (2)를 타당한 논증으로 판단하는 이유로 '모든 A는 B이다'를 약한 의미로 이해해야 하는데도 'A와 B가 동일하다'라는 강한 의미로 이해하기 때문이라는 것을 든다. 따라서 대다수의 사람이 "모든 적색 블록은 구멍이 난 블록이다. 모든 적색 블록은 삼각 블록이다."라는 전제로부터 "모든 구멍이 난 블록은 삼각 블록이다."를 타당하게 도출할 수 있는 결론이라고 응답했다는 심리 실험 결과는, 적색 블록과 구멍이 난 블록을 동일하게 보고 적색 블록과 삼각 블록을 동일하게 보았기 때문에 나온 결론이므로 을에 의해 설명된다.

ㄷ. (○) 병은 사람들이 (2)를 타당한 논증으로 판단하는 이유로 전제 가운데 하나가 '어떤 A는 B이다'라는 형태의 명제로 이루어진 것일 경우에는 결론도 그런 형태이기만 하면 타당하다고 생각하기 때문이라는 것을 든다. 따라서 대다수의 사람이 "모든 물리학자는 과학자이다. 어떤 컴퓨터 프로그래머는 과학자이다."라는 전제로부터 "어떤 컴퓨터 프로그래머는 물리학자이다."를 타당하게 도출할 수 있는 결론이라고 응답했다는 심리 실험 결과는, 전제 가운데 하나가 '어떤 컴퓨터 프로그래머는 과학자이다.'이고 이로부터 결론도 '어떤 컴퓨터 프로그래머는 물리학자이다.'라는 형태로 나온 것이므로 병에 의해 설명된다.

✏️ 실전에선 이렇게!

'판단'이라는 발문은 다양하게 출제될 수 있으므로 선택지를 통해 어떤 것을 판단하는 문제인지 파악한 후 지문에서 필요한 정보를 찾는 방식으로 접근한다.

모바일 자동 채점 및
성적 분석 서비스

PSAT 전문가의 총평

· 2020년 민간경력자 PSAT 기출문제는 '독해의 원리'에서 9문항, '논증의 방향'에서 5문항, '문맥과 단서'에서 6문항, '논리의 체계'에서 5문항이 출제되었습니다.

· 2020년 기출은 민간경력 선발시험으로 단독 출제된 마지막 문제였습니다. 독해 문제의 비중이 줄어 최근 7급 공채 기출 문제 정도의 비중으로 출제되었습니다. 논증 문제의 경우도 2019년과 출제 비중과 문제 유형이 유사하게 출제되었고, '논증 평가'와 '논증 분석' 유형이 강화되었습니다. 특히 독해와 논증 문제에서 '실험 결과를 가장 잘 설명하는 가설'이나 '실험에 대한 분석'처럼 실험을 소재로 하는 지문이 출제되었다는 점이 중요합니다. 이는 최근 7급 공채 기출문제에서도 유지되고 있는 특성이므로 주목해야 합니다. 문맥 문제는 비중이 다시 높아졌고, 빈칸과 밑줄을 활용한 문제가 다양하게 출제되었습니다. 특히 밑줄을 활용한 '글의 수정' 문제가 다시 등장했습니다. 논리 문제의 경우 논리 퀴즈가 다양한 형태로 출제되었고, 전제 찾기 문제도 꾸준히 출제되고 있음을 확인할 수 있습니다.

정답

p.112

문1	③	개념 이해	문6	⑤	견해 분석	문11	①	독해형 논리	문16	③	글의 수정	문21	②	독해형 논리
문2	①	개념 이해	문7	④	빈칸 추론	문12	②	논리 퀴즈	문17	①	빈칸 추론	문22	②	논증 평가
문3	①	개념 이해	문8	②	구조 판단	문13	③	구조 판단	문18	⑤	밑줄 추론	문23	③	논증 평가
문4	⑤	개념 이해	문9	②	구조 판단	문14	③	구조 판단	문19	④	논리 퀴즈	문24	②	논증 평가
문5	④	구조 판단	문10	④	빈칸 추론	문15	④	빈칸 추론	문20	③	논리 퀴즈	문25	⑤	견해 분석

취약 유형 분석표

유형별로 맞힌 문제 개수와 정답률, 틀린 문제 번호, 풀지 못한 문제 번호를 적고 나서 취약한 유형이 무엇인지 파악해 보세요. 그 후 약점 보완 해설집 p.2 [취약 유형 공략 포인트]에서 약점 보완 학습법을 확인하고, 틀린 문제와 풀지 못한 문제를 다시 한번 풀어보세요.

유형		맞힌 문제 개수	정답률	틀린 문제 번호	풀지 못한 문제 번호
독해의 원리	개념 이해	/4	%		
	구조 판단	/5	%		
	원칙 적용	–	–		
논증의 방향	논지와 중심 내용	–	–		
	견해 분석	/2	%		
	논증의 비판과 반박	–	–		
	논증 평가	/3	%		
문맥과 단서	빈칸 추론	/4	%		
	밑줄 추론	/1	%		
	글의 수정	/1	%		
논리의 체계	논증의 타당성	–	–		
	논리 퀴즈	/3	%		
	독해형 논리	/2	%		
TOTAL		**/25**	**%**		

해설

문 1 개념 이해 `난이도 하` 　　　　　정답 ③

문제풀이 핵심 포인트
정부 조직과 직책에 대한 정보가 단락 별로 나열되어 있으므로 각 단락의 중심 소재를 명확히 파악하여 선택지의 정보를 빠르게 찾아가는 것이 필요하다.

풀이

① (O) 첫 번째 단락에서 행정부에는 국무총리, 행정각부, 감사원 등이 있으며, 이들은 모두 대통령 소속 하에 있다는 것을 알 수 있다. 따라서 감사원은 대통령 소속 하에 있는 기관이라는 것은 글의 내용과 부합한다.

② (O) 두 번째 단락에 따르면 우리나라 국무회의는 정부의 중요 정책에 대한 최고 심의기관으로서 의결기관인 영국 의원내각제의 내각과 법적 성격이 다르고, 세 번째 단락에 따르면 단순한 자문기관도 아니다. 따라서 국무회의는 의결기관도 단순 자문기관도 아닌 심의기관이라는 것은 글의 내용과 부합한다.

③ (×) 세 번째 단락에 따르면 대통령이 국무회의 심의 결과에 구속되지 않는다는 점에서 국무회의는 자문기관과 큰 차이가 없다. 따라서 국무회의 심의 결과는 대통령을 구속한다는 점에서 국가의사를 표시한다는 것은 글의 내용과 부합하지 않는다.

④ (O) 세 번째 단락에 따르면 국무회의는 심의 사항이 헌법에 명시되어 있다. 따라서 우리나라 헌법은 국무회의에서 반드시 심의하여야 할 사항을 규정하고 있다는 것은 글의 내용과 부합한다.

⑤ (O) 네 번째 단락에 따르면 국무위원으로서 행정각부의 장은 대통령, 국무총리와 법적으로 동등한 지위를 갖는다. 따라서 국무총리와 행정각부의 장은 국무회의 심의 석상에서는 국무위원으로서 법적으로 동등한 지위를 갖는다는 것은 글의 내용과 부합한다.

문 2 개념 이해 `난이도 중` 　　　　　정답 ①

문제풀이 핵심 포인트
지문에는 '유향소'라는 기구와 관련하여 '향안', '입록', '삼향', '권점' 등의 용어에 대한 설명이 제시되어 있으므로 단어의 개념과 특성에 주목한다.

풀이

① (O) 두 번째 단락에 따르면 입록은 향안에 이름이 오르는 것을 의미하고, 첫 번째 단락에 따르면 향안에 이름이 오른 사람은 유향소의 장인 좌수나 별감을 선출하는 선거에 참여할 수 있었다. 따라서 향안에 입록된 사람은 해당 지역 유향소의 별감이나 좌수를 뽑는 데 참여할 수 있었다는 것은 글의 내용과 부합한다.

② (×) 두 번째 단락에 따르면 17세기에는 삼향의 조건을 갖추지 않았다는 이유로 향안 입록을 거부하는 유향소가 크게 줄었다. 그러나 각 지역 유향소들이 아전의 부정행위를 막기 위해 17세기에 향안 입록 조건을 완화하였던 것은 아니다.

③ (×) 세 번째 단락에 따르면 권점은 향안에 입록할지를 결정하는 투표이므로 유향소 회의에 참여할 자격을 얻기 위해서는 향안에 입록된 후에 다시 권점을 통과해야 하였던 것은 아니다.

④ (×) 세 번째 단락에 따르면 서얼 가문과 혼인한 사람은 시대에 상관없이 향안에 입록될 수 없었다. 따라서 16세기에는 서얼 가문과 혼인한 사람이 향안에 입록될 수 없었으나, 17세기에는 입록될 수 있었다는 것은 글의 내용과 부합하지 않는다.

⑤ (×) 두 번째 단락에 따르면 삼향이라는 조건을 거두어들이는 유향소가 늘어나 17세기에는 삼향의 조건을 갖추지 않았다는 이유로 향안 입록을 거부하는 유향소가 크게 줄었다. 따라서 17세기에 새로이 유향소 회원이 된 사람들은 모두 삼향의 조건을 갖추고 권점을 통과한 인물이었다는 것은 글의 내용과 부합하지 않는다.

문 3 개념 이해 `난이도 중` 　　　　　정답 ①

문제풀이 핵심 포인트
지문에 '초조대장경', '재조대장경', '팔만대장경' 등 대장경의 종류와 『무구정광대다라니경』, 『상정고금예문』 등의 문서가 언급되어 있으므로 각 단어의 특성과 관계에 주목한다.

풀이

① (O) 두 번째 단락에 따르면 재조대장경판은 몽골이 침략해 들어오자 제작 사업에 돌입했는데, 그 규모가 무척 커서 제작을 시작한 지 16년 만에 완성할 수 있었다. 세 번째 단락에 따르면 몽골의 1차 고려 침략이 시작된 해에 세계 최초로 금속활자를 이용한 『상정고금예문』이 고려에서 발간되었다고 알려져 있다. 따라서 재조대장경판의 제작이 완료되기 전에 금속활자로 『상정고금예문』을 발간한 일이 있었던 것으로 전해진다는 것을 알 수 있다.

② (×) 첫 번째 단락에서 고려 현종 때 외적의 침입을 막고자 거란에서 들어온 대장경을 참고해 만든 것은 재조대장경이 아니라 초조대장경임을 알 수 있다.

③ (×) 두 번째 단락에서 고려 시대에 만들어진 대장경판으로서 현재 남아있는 것 중 가장 오래된 것은 초조대장경판이 아니라 재조대장경판임을 알 수 있다.

④ (×) 세 번째 단락에서 『무구정광대다라니경』은 통일신라 경덕왕 때 목판으로 찍어낸 것임을 알 수 있고, 두 번째 단락에서 재조대장경 역시 목판으로 찍어낸 것을 알 수 있다.

⑤ (×) 첫 번째 단락에서 고려 시대에 만들어진 최초의 대장경은 팔만대장경이 아니라 초조대장경임을 알 수 있다. 또한 팔만대장경이 불교 진흥을 위해 만들어진 것인지도 알 수 없다.

문 4 개념 이해 `난이도 중` 　　　　　정답 ⑤

문제풀이 핵심 포인트
지문에 소년사법 제도와 관련하여 영국의 관습법과 우리나라의 소년법이 제시되어 있으므로 소년사법 제도의 특성 및 국가별 특성과 차이점에 주목한다.

풀이

① (×) 세 번째 단락에서 범죄를 저지르지 않은 소년까지도 사법의 대상으로 하는 소년사법은 국가가 궁극적 보호자로서 아동을 양육하고 보호해야 한다는 국친 사상에 근거를 둔다는 것을 알 수 있다. 따라서 국친 사상은 소년사법의 대상 범위를 축소하는 철학적 기초임을 볼 수 없다.

② (×) 세 번째 단락에서 국친 사상은 소년사법의 철학적 기초임을 알 수 있다. 따라서 성인범도 국친 사상의 대상이 되어 범행할 가능성이 있으면 처벌을 받는다는 것은 글에서 알 수 없다.

③ (×) 두 번째 단락에서 우리나라 소년법상 촉법소년은 10세 이상 14세 미만의 소년 중 형벌 법령에 저촉되는 행위를 한 자로서, 범죄 의도를 소유할 수 없는 것으로 간주되는 9세 이하의 소년과는 구별된다.

④ (×) 첫 번째 단락에서 영국의 관습법상 7세의 소년은 범죄 의도를 소유할 능력이 없는 것으로 간주된다는 것을 알 수 있다.

⑤ (○) 두 번째 단락에서 우리나라 소년법상 10세 이상 19세 미만의 소년 중 이유 없는 가출을 하거나 술을 마시는 행동을 하는 등 그대로 두면 장래에 범법행위를 할 우려가 있는 소년을 우범소년으로 규정하여 소년사법의 대상으로 하고 있음을 알 수 있다.

문5 구조 판단 난이도 중 정답 ④

문제풀이 핵심 포인트
지문에 언어를 '랑그', '스틸', '에크리튀르'로 구분해 설명하고 있으므로 단락별로 제시된 각 언어의 특성과 차이점 및 공통점에 주목한다.

풀이

① (×) 두 번째 단락과 네 번째 단락에서 랑그는 우리에게 선택권이 없지만, 에크리튀르는 선택이 가능하다는 것을 알 수 있다. 그러나 세 번째 단락에 따르면 스틸은 자유롭게 선택할 수 없다.

② (×) 네 번째 단락에서 에크리튀르는 '사회방언'에 해당하고, '지역방언'은 랑그로 분류된다는 것을 알 수 있다. 개인의 호오 감각은 스틸과 관련되므로 방언에 대한 선택은 언어에 대한 개인의 호오 감각에 기인한다는 것은 알 수 없다.

③ (×) 네 번째 단락에서 에크리튀르는 '사회방언'에 해당하고, '지역방언'은 랑그로 분류된다는 것을 알 수 있다. 따라서 동일한 에크리튀르를 사용하는 사람들은 같은 지역 출신이라는 것은 알 수 없다.

④ (○) 첫 번째 단락에서 모어는 랑그에 해당하고, 세 번째 단락에서 스틸은 개인적 호오의 감각에 해당한다는 것을 알 수 있다. 따라서 같은 모어를 사용하는 형제라도 스틸은 다를 수 있다.

⑤ (×) 네 번째 단락에서 스틸은 내적인 규제이고, 에크리튀르는 외적인 규제와 내적인 규제의 중간에 위치한다는 것을 알 수 있다. 따라서 스틸과 에크리튀르는 언어 규제상 성격이 같다고 볼 수 없다.

🖊 실전에선 이렇게!
선택지에 제시된 '랑그', '에크리튀르', '스틸'의 특징이 어떤 점에서 대조되고 있는지를 지문에서 빠르게 확인하는 것이 필요하다.

문6 견해 분석 난이도 중 정답 ⑤

문제풀이 핵심 포인트
지문에 정서주의의 언어 사용 목적과 이에 대한 정서주의자들의 견해가 제시되어 있으므로 각 목적에 대한 정서주의자들의 견해에 주목한다.

풀이

① (×) 세 번째 단락에서 정서주의자들에 따르면 태도를 표현하는 목적으로 도덕적 언어를 사용하는 것은 태도를 보고하는 것이 아니라는 것을 알 수 있다. 참 혹은 거짓을 판단할 수 있는 정보를 전달하는 문장은 태도를 보고하는 것이므로 정서주의에 따르면 화자의 태도를 표현하는 문장은 참이거나 거짓이라는 것은 글에서 알 수 없다.

② (×) 세 번째 단락에서 정서주의자들에 따르면 태도를 표현하는 목적으로 도덕적 언어를 사용하는 것은 태도를 보고하는 것이 아니라는 것을 알 수 있다. 따라서 정서주의에 따르면 도덕적 언어는 화자의 태도를 보고하는 데 사용된다는 것은 글에서 알 수 없다.

③ (×) 세 번째 단락에서 정서주의자들에 따르면 태도를 보고하는 것은 참 혹은 거짓을 판단할 수 있는 정보를 전달하는 문장이다. 따라서 "세종대왕은 한글을 창제하였다."는 문장은 정보를 전달하는 문장이므로 정서주의에 따르면 참도 거짓도 아니라는 것은 글에서 알 수 없다.

④ (×) 두 번째 단락에서 정서주의자들은 도덕적 언어를 정보 전달의 목적으로 사용하는 것이 아니라, 사람의 행위에 영향을 주거나 자신의 태도를 표현하는 목적으로 사용한다고 말한다. 따라서 정서주의에 따르면 언어 사용의 가장 중요한 목적은 정보를 전달하는 것임은 글에서 알 수 없다.

⑤ (○) 두 번째 단락에서 정서주의자들은 도덕적 언어를 정보 전달의 목적으로 사용하는 것이 아니라, 사람의 행위에 영향을 주거나 자신의 태도를 표현하는 목적으로 사용한다고 말한다. 이때 사람의 행위에 영향을 주는 것은 명령하는 것이므로 정서주의에 따르면 도덕적 언어의 사용은 명령을 하거나 화자의 태도를 표현하기 위한 것이다.

문7 빈칸 추론 난이도 하 정답 ④

문제풀이 핵심 포인트
빈칸이 지문 마지막 문장에 배치되어 있으므로 마지막 단락의 문장 흐름에 주목하여 빈칸의 내용을 추론할 수 있는 단서를 파악하는 것이 중요하다.

풀이

④ (○) 세 번째 단락의 '사람들은 결코 알고리즘을 신뢰하지 않을 거라고 결론 내릴 수도 있다. 하지만' 부분에서 알고리즘에 대해 긍정적인 결론이 내려질 것임을 알 수 있다. 또한 "민주주의는 세상에서 가장 나쁜 정치 체제. 다른 모든 체제를 제외하면."은 현재 존재하는 체제 중 민주주의가 가장 최선임을 의미한다. 빈칸 앞 문장인 '알고리즘에 대해서도 마찬가지로 다음과 같은 결론을 내릴 수 있다.'는 빈칸에 알고리즘에 대해 들어갈 내용이 민주주의와 유사할 것임을 알 수 있는 단서가 된다. 따라서 빈칸에 들어가기에 가장 적절한 문장은 '실수를 범하기는 하지만 현실적으로 알고리즘보다 더 신뢰할 만한 대안을 찾기 어렵다.'는 것이다.

🖊 실전에선 이렇게!
빈칸 추론은 문맥을 잡는 문제이므로 빈칸 주변 문장이 어떤 방향성을 가지고 있는지를 확인하면 선택지를 소거하는 데 유리하다.

문 8 구조 판단 [난이도 중] 정답 ②

문제풀이 핵심 포인트
지문에 '정서적으로 안정된 창조적 개인으로 키우려면, 아이를 엄격한 방식보다는 너그러운 방식으로 키우는 것이 더 좋다.'는 문장과 '아이를 엄격한 방식보다는 너그러운 방식으로 키우는 것이 더 좋다.'는 문장이 대비되어 제시되어 있으므로 그 차이점에 주목한다.

풀이

① (○) 두 번째 단락에서 경험적 진술에 해당하는 것은 아이를 엄격한 방식보다는 너그러운 방식으로 키우는 것이 더 좋다는 것이 아니라, 정서적으로 안정된 창조적 개인으로 키우려면, 아이를 엄격한 방식보다는 너그러운 방식으로 키우는 것이 더 좋다는 것임을 추론할 수 있다.

② (×) 두 번째 단락에서 아이를 엄격한 방식보다는 너그러운 방식으로 키우는 것이 더 좋다는 것은 상대적인 가치판단이 아니라 절대적인 가치판단을 표현한다는 것을 추론할 수 있다.

③ (○) 두 번째 단락에 따르면 아이를 엄격한 방식보다는 너그러운 방식으로 키우는 것이 더 좋다는 것은 과학적 테스트를 통한 입증의 대상이 될 수 없다. 따라서 아이를 엄격한 방식보다는 너그러운 방식으로 키우는 것이 더 좋다는 것은 과학적 연구에 의해 객관적으로 입증될 수 있는 주장이 아님을 추론할 수 있다.

④ (○) 두 번째 단락에서 정서적으로 안정된 창조적 개인으로 키우려면, 아이를 엄격한 방식보다는 너그러운 방식으로 키우는 것이 더 좋다는 것은 상대적인 가치판단을 나타낸다는 것을 추론할 수 있다.

⑤ (○) 두 번째 단락에서 정서적으로 안정된 창조적 개인으로 키우려면, 아이를 엄격한 방식보다는 너그러운 방식으로 키우는 것이 더 좋다는 것은 객관적인 과학적 테스트가 가능하다는 것을 추론할 수 있다.

문 9 구조 판단 [난이도 상] 정답 ②

문제풀이 핵심 포인트
지문에서 다른 실험 집단을 대상으로 하는 두 가지 실험 내용이 제시되어 있으므로 각 실험에서 변수의 차이와 이로 인해 결과에 어떤 차이가 나타나는지 주목한다.

풀이

① (×) 개미의 이동 거리는 다리 길이에 비례한다는 것은 1~3그룹 개미의 실험 결과만 설명할 수 있으므로 적절하지 않다.

② (○) 두 번째 단락에서 1~3그룹 개미의 경우, 먹이통으로 가게 한 후 다리 길이를 조절하였고, 이때 다리 길이에 비례해 돌아오는 경로에서 이동 거리가 달라졌다. 세 번째 단락에서 4~6그룹 개미의 경우, 먹이통으로 출발하기 전 다리 길이를 조절하였고, 이때 먹이통까지 갔다 돌아오는 거리는 모두 동일했다. 따라서 개미는 걸음 수에 따라서 이동 거리를 판단한다는 것이 이 실험 결과를 가장 잘 설명하는 가설로 적절하다.

③ (×) 개미의 다리 끝 분절은 개미의 이동에 필수적인 부위라는 것은 모든 다리의 끝 분절을 제거하여 다리 길이를 줄인 1그룹과 4그룹이 둥지로 되돌아온 결과를 설명하지 못한다. 따라서 실험 결과를 설명하는 가설로 적절하지 않다.

④ (×) 개미는 다리 길이가 조절되고 나면 이동 거리를 측정하지 못한다는 것은 다리 길이를 조절한 4그룹과 5그룹이 둥지까지 돌아온 결과를 설명하지 못한다. 따라서 실험 결과를 설명하는 가설로 적절하지 않다.

⑤ (×) 개미는 먹이를 찾으러 갈 때와 둥지로 되돌아올 때, 이동 거리를 측정하는 방법이 다르다면 다리 길이가 달라져도 둥지까지 돌아오는 거리를 정확히 측정할 가능성이 있다. 그러나 실험의 결과는 거리를 판단하는 데 다리 길이에 따른 걸음 수를 기준으로 한다는 것을 보여준다. 따라서 이는 실험 결과를 설명하는 가설로 적절하지 않다.

✏️ 실전에선 이렇게!
실험의 결과를 가장 잘 설명하는 가설을 추론하는 문제는 실험의 내용을 별도로 정리해두는 것이 선택지를 판단할 때 효율적이다.

문 10 빈칸 추론 [난이도 중] 정답 ④

문제풀이 핵심 포인트
빈칸에 들어갈 일반 원칙으로 선택지에 제시되어 있는 A, B, C의 내용을 명확히 파악하는 것이 중요하다.

풀이

㉠ (4) '갑은 선한 사람이 아니고 을은 병을 싫어하지 않는다.'는 (3) '갑은 선한 사람이거나 을은 병을 싫어한다.'를 부정하는 주장이다. 따라서 (3)이 도덕과 무관한 주장이므로 (4)도 도덕과 무관한 주장이라고 하려면, '어떤 주장이 도덕과 무관한 주장이라면, 그 주장의 부정도 도덕과 무관한 주장이다.'라는 일반 원칙 B에 따라야 한다. 그러므로 ㉠에 들어갈 원칙으로 가장 적절한 것은 B이다.

㉡ (5) '갑은 선한 사람이 아니다.'는 (4) '갑은 선한 사람이 아니고 을은 병을 싫어하지 않는다.'로부터 도출된 주장이다. 따라서 (4)가 도덕과 무관한 주장이므로 (4)로부터 도출되는 (5)도 도덕과 무관한 주장이라고 하려면, '도덕과 무관한 주장으로부터 도출된 것은 모두 도덕과 무관한 주장이다.'라는 일반 원칙 C에 따라야 한다. 그러므로 ㉡에 들어갈 원칙으로 가장 적절한 것은 C이다.

㉢ 우리는 (1) '갑은 선한 사람이다.'가 도덕적 주장이라는 점을 받아들였으므로 (1)을 부정한 것인 (5)가 도덕적 주장이라고 하려면, '어떤 주장이 도덕적 주장이라면, 그 주장의 부정도 도덕적 주장이다.'라는 일반 원칙 A에 따라야 한다. 그러므로 ㉢에 들어갈 원칙으로 가장 적절한 것은 A이다.

✏️ 실전에선 이렇게!
빈칸이 여러 개 제시되어 있으므로 선택지를 먼저 확인하여 빈칸에 대입하고 답이 될 수 없는 선택지를 제거하는 방식으로 접근한다.

문 11 독해형 논리 [난이도 상] 정답 ①

문제풀이 핵심 포인트
지문에 제시된 두 개의 빈칸이 논증의 전제와 결론 부분에 해당하므로 빈칸에 들어갈 말을 찾기 위해서는 논증의 구조를 논리적으로 정리해놓는 것이 중요하다.

풀이

지문에 제시된 문장을 기호화하여 정리하면 다음과 같다.

- 전제 1: 신입직원 ∧ 봉사활동
- 전제 2: ㉠

- 결론: ~하계연수 ∧ 신입직원
- 전제 1: 신입직원 ∧ 봉사활동
- 전제 2: 봉사활동 → 하계연수

- 결론: ㉡

㉠ '신입직원 ∧ 봉사활동'을 받아들인 상태에서 '~하계연수 ∧ 신입직원'이라는 결론이 도출되려면 '봉사활동'이면서 '~하계연수'인 영역이 필요하다. 따라서 ㉠에 들어갈 말로 가장 적절한 것은 '하계연수 참여자 가운데 봉사활동에 지원했던 사람이 없습니다.'이다.

㉡ '신입직원 ∧ 봉사활동'과 '봉사활동 → 하계연수'를 받아들이면, '신입직원'이면서 '하계연수'인 영역이 존재하게 된다. 따라서 ㉡에 들어갈 말로 가장 적절한 것은 '신입직원 가운데 하계연수 참여자가 있다.'이다.

문 12 논리 퀴즈 난이도 상 정답 ②

문제풀이 핵심 포인트
지문에 제시된 조건 명제를 기호화하여 연결고리를 파악하고 대책회의에 참석하는 전문가의 최대 인원 수를 판단한다.

풀이

지문에 제시된 조건을 기호화하면 다음과 같다.

- 명제 1: A ∧ B ∧ C → D ∨ E
- 명제 2: C ∧ D → F
- 명제 3: ~E
- 명제 4: F ∨ G → C ∧ E
- 명제 5: H → ~F ∨ ~G

명제 3에서 '~E'가 참으로 확정되었으므로 명제 4에 의해 '~F ∧ ~G'가 참으로 확정된다. '~F'가 참으로 확정되었으므로 명제 2에 의해 '~C ∨ ~D'가 참으로 확정된다. 이때 참석하는 최대 인원 수를 구하기 위해서는 C와 D 중 한 명만 참석하지 않는 경우의 수를 가정한다. 이에 따라 경우의 수를 나누어 참석하는 최대 인원 수를 파악하면 다음과 같다.

〈경우 1〉 C가 참석하지 않는 경우

명제 1에 따라 A와 B 모두 참석하는 경우의 수를 가정한다. 이 경우 참석 가능한 최대 인원 수는 4명이다.

〈경우 2〉 D가 참석하지 않는 경우

명제 1에 따라 A나 B 중 한 명은 참석하지 않아야 한다. 이 경우 참석 가능한 최대 인원 수는 3명이다.

따라서 대책회의에 참석하는 전문가의 최대 인원 수는 4명이다.

문 13 구조 판단 난이도 중 정답 ③

문제풀이 핵심 포인트
현종, 효종, 광해군, 인조 등 각 왕별로 지문에 제시되어 있는 대동법과 관련된 정책 내용에 주목한다.

풀이

① (✕) 세 번째 단락에서 현종은 전라도 전역에 대동법을 확대 시행했음을 알 수 있다. 따라서 현종은 방납의 폐단을 없애기 위해 대동법을 전국 모든 지역에 시행하였다는 것은 글의 내용과 부합하지 않는다.

② (✕) 세 번째 단락에서 김육의 주장을 받아들인 것은 인조이며, 인조의 뒤를 이은 효종은 전라도 일부 지역과 충청도 지역들에 대동법을 다시 시행했다. 따라서 효종은 김육의 요청대로 충청도, 전라도, 경상도에 대동법을 적용하였다는 것은 글의 내용과 부합하지 않는다.

③ (○) 두 번째 단락에서 광해군 즉위 초에 경기도에 한해 대동법을 시행하였음을 알 수 있다. 대동법은 쌀을 공물로 거두는 것이므로 광해군이 국왕으로 재위할 때 공물을 쌀로 내게 하는 조치가 경기도에 취해졌다는 것은 글의 내용과 부합한다.

④ (✕) 두 번째 단락과 세 번째 단락에 따르면 이원익 등의 제안으로 경기도에 한해 방납 대신 대동법이 시행되기 시작한 것은 광해군 즉위 초이고, 그 후 인조는 김육의 주장을 받아들여 강원도, 충청도, 전라도까지 대동법을 확대 시행했다. 따라서 인조는 이원익 등의 제안대로 방납이라는 방식으로 공물을 납부하는 행위를 전면 금지하였다는 것은 글의 내용과 부합하지 않는다.

⑤ (✕) 두 번째 단락에 따르면 한백겸은 백성들이 부과된 공물을 상인으로 하여금 생산지에서 구매해 대납하게 했던 '방납'의 폐단을 지적하였음을 알 수 있다. 따라서 한백겸은 상인이 관청의 의뢰를 받아 특산물을 생산지에서 구매해 대납하는 것은 부당하다고 하였다는 것은 글의 내용과 부합하지 않는다.

실전에선 이렇게!
역사 소재 지문에서는 하나의 주제에 대해 왕별로 특징이 언급된 구조를 가지는 경우가 많으므로 왕 이름을 기준으로 잡아 정보를 확인하는 것이 효율적이다.

문 14 구조 판단 난이도 중 정답 ③

문제풀이 핵심 포인트
지문에 시대별로 정혜사, 수선사, 백련사 등의 신앙결사와 더불어 이와 연관된 승려의 이름 및 불교 종파 이름이 제시되어 있으므로 이들의 관계에 주목한다.

풀이

① (✕) 첫 번째 단락에서 화엄종 계통의 승려들은 수도에 대규모 신앙결사를 만들어 놓고 불교신앙에 관심을 가진 귀족들을 대상으로 불교 수행법을 전파했고, 세 번째 단락에서 지눌의 수선사는 불교에 대한 이해가 높은 사람들을 대상으로 다소 난해한 돈오점수 사상을 전파하는 데 주력했음을 알 수 있다. 따라서 화엄종은 돈오점수 사상을 전파하고자 신앙결사를 만들어 활동하였다는 것은 옳지 않다.

② (✕) 두 번째 단락에서 조계선이라는 수행 방법을 강조한 것은 지눌의 정혜사이고, 지눌은 순천에서 정혜사라는 명칭을 수선사로 바꾸어 활동했음을 알 수 있다. 따라서 백련사는 수선사와는 달리 조계선이라는 수행 방법을 고수해 주목받았다는 것은 옳지 않다.

③ (○) 두 번째 단락에서 요세는 지눌이 만든 신앙결사에 참여해 함께 수행하는 승려였고, 무신집권자 최충헌이 명종을 쫓아내고 신종을 국왕으로 옹립한 해에 독립했다는 것을 알 수 있다. 따라서 요세는 무신이 권력을 잡고 있던 시기에 불교 신앙결사를 만들어 활동하였다는 것을 알 수 있다.

④ (×) 두 번째 단락에서 순천으로 옮겨 간 지눌은 그곳에서 정혜사라는 명칭을 수선사로 바꾸어 활동했고, 요세는 강진에서 백련사라는 결사를 새로 만들어 활동했다는 것을 알 수 있다. 따라서 정혜사는 강진에서 조직되었던 반면 백련사는 순천에 근거지를 두고 활동하였다는 것은 옳지 않다.

⑤ (×) 세 번째 단락에서 요세는 지눌과 달리 불교 지식을 갖추지 못한 평민도 쉽게 수행할 수 있도록 간명하게 수행법을 제시한 천태종을 중시했다는 것을 알 수 있다. 따라서 지눌은 정토종 출신의 승려인 요세가 정혜사에 참여하자 그를 설득해 천태종으로 끌어들였다는 것은 옳지 않다.

문 15 빈칸 추론 난이도 하   정답 ④

문제풀이 핵심 포인트
빈칸 앞쪽 접속사인 '따라서'를 보면 빈칸에 들어갈 내용은 글의 결론에 해당하는 내용임을 알 수 있으므로 빈칸 뒤에서 결론의 구체적 내용을 찾는 데에 주목한다.

풀이

① (×) 분쟁 해결에 대한 사회적 관심을 높이도록 유도해야 한다는 것은 빈칸에 들어갈 글의 결론으로 적절하지 않다.

② (×) 재판이 추구하는 목표와 ADR이 추구하는 목표는 서로 다르지 않다는 것은 빈칸에 들어갈 글의 결론으로 적절하지 않다.

③ (×) 법원으로 폭주하는 사건 수를 줄이는 방안을 강구하는 것이 글의 결론은 아니므로 이를 위해 시민들의 준법의식을 강화하여야 한다는 것은 빈칸에 들어갈 내용으로 적절하지 않다.

④ (○) 빈칸 뒤쪽에서 법원은 본연의 임무인 재판을 통해 당사자의 응어리를 풀어주겠다는 의식으로 접근해야 하고, 그것이 현재 법원의 실정으로 어렵더라도 국민의 동의를 구해 법원의 인프라를 확충하고 판례를 충실히 쌓아가면, 민간형 ADR도 활성화될 것이라고 결론 내리고 있다. 따라서 '법원은 재판에 주력하여야 하며 그것이 결과적으로 민간형 ADR의 활성화에도 도움이 된다.'는 것이 빈칸에 들어갈 내용으로 가장 적절하다.

⑤ (×) 법원이 본연의 임무인 재판을 하는 것이 글의 결론에 해당하는 내용이므로 민간형 ADR 기관의 전문성을 제고하여 분쟁 당사자들이 굳이 법원에 가지 않더라도 신속하게 분쟁을 해결할 수 있게 만들어야 한다는 것은 빈칸에 들어갈 내용으로 적절하지 않다.

문 16 글의 수정 난이도 하   정답 ③

문제풀이 핵심 포인트
밑줄 친 문장이 글의 흐름에 맞는지 확인하는 것이 핵심이므로 지문의 세부적인 내용보다는 밑줄 친 부분에 전체 맥락에 어긋나는 키워드가 있는지를 확인하는 것이 중요하다.

풀이

① (×) ㉠은 첫 번째 단락의 '고대사회의 대농장에서 일하던 노예들에게 관심을 갖는 종교는 없었다.'는 내용과 연결되므로 이를 "고대 종교에서는 주요한 세력이자 포섭 대상이었다."로 수정하는 것은 적절하지 않다.

② (×) ㉡은 두 번째 단락의 '공인되지 않은 종파적 종교성에 기우는 경우가 매우 흔하였다.'는 내용과 연결되므로 이를 "종교나 정치와는 괴리된 삶을 살았다."로 수정하는 것은 적절하지 않다.

③ (○) ㉢은 세 번째 단락의 '근대에 형성된 프롤레타리아트는 자신의 처지가 주술적 힘, 신이나 우주의 섭리와 같은 것에 종속되어 있다는 견해에는 부정적이었다.'는 내용과 맞지 않는다. 따라서 ㉢을 "종교에 우호적이지도 관심이 많지도 않았다."로 수정하는 것이 적절하다.

④ (×) ㉣은 네 번째 단락의 '비종교적인 이념들이 삶을 지배하는 경향이 훨씬 우세했기 때문이다.'는 내용과 연결되므로 이를 "특정 종교 이념을 창출한 경우가 많았다."로 수정하는 것은 적절하지 않다.

⑤ (×) ㉤은 네 번째 단락의 '특히 이들을 포섭한 많은 종교는 원초적 주술을 사용하거나, 아니면 주술적·광란적 은총 수여에 대한 대용물을 제공했다.'는 내용과 연결되므로 이를 "종교보다는 정치집단의 포섭 대상이 되었다."로 수정하는 것은 적절하지 않다.

✏️ 실전에선 이렇게!
밑줄 친 ㉠~㉤을 전체 흐름과 맞게 고쳐야 하는 문제이므로 지문을 처음부터 읽으면서 밑줄 친 ㉠~㉤ 부분을 읽을 때 선택지를 함께 확인하며 읽는다.

문 17 빈칸 추론 난이도 하   정답 ①

문제풀이 핵심 포인트
빈칸 앞쪽의 '이 실험을 통해'와 빈칸 뒤쪽의 '결론에 이르렀다'는 문장을 보면 빈칸에 들어갈 내용은 실험의 결론에 해당하는 내용임을 알 수 있으므로 이를 찾는 데에 주목한다.

풀이

첫 실험에서 말벌은 솔방울들이 치워진 그 둥지로 가지 않고 원형으로 배치된 솔방울들의 중심으로 날아갔고, 이에 말벌이 방향을 찾을 때 솔방울이라는 물체의 재질에 의존한 것인지 혹은 솔방울들로 만든 모양에 의존한 것인지를 알아내기 위해 다시 실험한 결과, 돌아온 말벌이 원형으로 배치된 돌멩이들의 중심으로 날아가는 것을 관찰할 수 있었다. 따라서 이 실험을 통해 A는 먹이를 찾으러 간 말벌이 둥지로 돌아올 때, '물체의 재질보다 물체로 만든 모양에 의존하여 방향을 찾는다'는 결론에 이르렀다는 것이 가장 적절하다.

문 18 밑줄 추론 난이도 중   정답 ⑤

문제풀이 핵심 포인트
지문은 겨울철에도 해녀들이 잠수 장갑을 끼지 않는 이유를 알아보는 것이므로 ㉠과 관련하여 장갑 착용 여부와 손의 열손실과의 상관관계에 주목한다.

풀이

① (○) 첫 번째 단락에 따르면 손의 온도가 떨어지면 움직임이 둔해지고 정확도가 떨어지므로 물속에서의 작업 수행 능력이 감소된다. 따라서 손의 온도는 해녀의 작업 수행 능력에 영향을 준다는 것은 ㉠에 대한 진술로 적절하다.

② (O) 두 번째 단락에 따르면 입수 초기에는 손의 열손실이 장갑을 낄 때보다 안 낄 때 더 빠르게 증가하고, 입수 초기가 지나면 손의 열손실은 장갑을 낄 때보다 안 낄 때 더 빠르게 감소한다. 또한 세 번째 단락에 따르면 팔의 열손실은 장갑을 낄 때보다 안 낄 때 더 빠르게 감소한다. 따라서 장갑 착용 여부는 손과 팔의 열손실에 영향을 준다는 것은 ㉠에 대한 진술로 적절하다.

③ (O) 두 번째 단락에 따르면 입수 초기에는 손의 열손실이 장갑을 낄 때보다 안 낄 때 더 빠르게 증가한다. 따라서 입수 초기에는 장갑을 낄 때보다 안 낄 때 손의 열손실이 더 빠르게 증가한다는 것은 ㉠에 대한 진술로 적절하다.

④ (O) 세 번째 단락에 따르면 입수 후 손의 열절연도는 장갑을 낄 때보다 안 낄 때 더 빠르게 증가한다. 따라서 입수 후 시간이 지남에 따라 손의 열절연도는 장갑을 낄 때보다 안 낄 때 더 빠르게 증가한다는 것은 ㉠에 대한 진술로 적절하다.

⑤ (✕) 두 번째 단락에 따르면 입수 초기에는 장갑을 낄 때나 안 낄 때나 손의 열손실이 증가하는데 장갑을 낄 때보다 안 낄 때 더 빠르게 증가한다. 그런데 입수 초기가 지나면 손의 열손실은 시간에 따라 점차 감소하는데 장갑을 낄 때보다 안 낄 때 더 빠르게 감소한다. 따라서 정도의 차이만 있을 뿐 장갑을 낄 때나 안 낄 때나 손의 열손실은 시간이 지남에 따라 증가한 후 감소하므로 장갑을 낄 때는 그렇지 않다는 진술은 적절하지 않다.

문 19 논리 퀴즈 난이도 중 정답 ④

문제풀이 핵심 포인트
지문에 주어진 조건을 서로 연결하여 A, B, C, D, E 다섯 명의 관람 종목을 확정할 수 있는 정보를 끌어내는 것이 핵심이다.

풀이
주어진 조건을 간단히 정리하면 다음과 같다.
· 명제 1: A, B, C, D, E-서로 다른 종목 관람
· 명제 2: A, B-다른 지역에서 열리는 종목 관람
· 명제 3: C-스키
· 명제 4: B-쇼트트랙 → D-봅슬레이
· 명제 5: E-쇼트트랙 ∨ 아이스하키 → A-봅슬레이

ㄱ. (✕) A가 봅슬레이를 관람하면, B는 컬링이나 아이스하키를 관람한다는 것만 알 수 있을 뿐 D가 아이스하키를 관람하는지는 알 수 없다. 따라서 A가 봅슬레이를 관람하면, D는 아이스하키를 관람한다는 것은 반드시 참이라고 할 수 없다.

ㄴ. (O) 지문에 따르면 각자 한 종목을 관람하고, 스키와 봅슬레이는 산악지역에서 열리며, 나머지 종목은 해안지역에서 열린다. 명제 3에 따라 C는 스키를 관람하는 것으로 확정되고, 명제 2에 따르면 A와 B는 다른 지역에서 열리는 종목을 관람하므로 봅슬레이는 A나 B 중 한 명이 관람한다. 따라서 명제 4에 따라 B는 쇼트트랙을 관람하지 않는다는 것은 반드시 참이다.

ㄷ. (O) 명제 5에 따르면 'E-쇼트트랙 → A-봅슬레이'이므로 B는 컬링이나 아이스하키를 관람할 수밖에 없다. 따라서 E가 쇼트트랙을 관람하면, B는 컬링이나 아이스하키를 관람한다는 것은 반드시 참이다.

✏️ 실전에선 이렇게!
논리 퀴즈 문제에서는 'C는 스키를 관람한다.'와 같은 확정적인 정보가 나머지 정보의 참 거짓을 확정하는 주요 단서가 될 수 있으므로 이를 놓치지 않도록 주의해야 한다.

문 20 논리 퀴즈 난이도 중 정답 ③

문제풀이 핵심 포인트
지문에 주어진 조건을 서로 연결하여 갑, 을, 병, 정, 무와 관련된 확정적인 정보를 끌어내는 것이 핵심이다.

풀이
① (✕) 갑이 유물이 발견된 지역에 거주한다면 서구에 사는 것이고, 서구에 산다고 부유하지 않다고 볼 수는 없다. 따라서 갑이 유물이 발견된 지역에 거주한다면, 그는 부유하지 않다는 것은 반드시 참이라고 할 수 없다.

② (✕) 을이 동구의 경제특화지역에 거주하면 부유하다고 볼 수 있지만, 을이 부유하다면 경제특화지역에 거주하고 있는지는 알 수 없다. 따라서 을이 부유하다면, 그는 경제특화지역에 거주하고 있다는 것은 반드시 참이라고 할 수 없다.

③ (O) 병이 아파트에 살지는 않으면 동구에 사는 것이고, 동구의 경제특화지역에 거주한다면, 그는 부유하다. 따라서 병이 아파트에 살지는 않지만 경제특화지역에 거주한다면, 그는 부유하다는 것은 반드시 참이다.

④ (✕) 정이 아파트에 살지 않는다면 동구에 사는 것이지만, 동구에 산다고 유물이 발견되지 않은 지역에 거주한다고 볼 수는 없다. 따라서 정이 아파트에 살지 않는다면, 그는 유물이 발견되지 않은 지역에 거주한다는 것은 반드시 참이라고 할 수 없다.

⑤ (✕) 무가 문화특화지역에 거주하더라도 서구에 거주한다면 아파트에 산다. 따라서 무가 문화특화지역에 거주한다면, 그는 아파트에 살지 않는다는 것은 반드시 참이라고 할 수 없다.

문 21 독해형 논리 난이도 중 정답 ②

문제풀이 핵심 포인트
지문에 주어진 첫째, 둘째, 셋째 명제를 참이라고 받아들인 후 어떤 명제를 추가했을 때 주관적 판단에 의존하는 규범은 어느 것도 도덕 규범이 아니라는 결론이 도출되는지 판단하는 것이 핵심이다.

풀이
주어진 문장을 기호화하여 간단히 정리하면 다음과 같다.
· 전제 1: 주관적 판단 → 우연적 요소
· 전제 2: 우연적 요소 → ~보편적 적용
· 전제 3: ~보편적 적용 → ~객관성
· 전제 4: ㉠ 하나의 명제
· 결론: 주관적 판단 → ~도덕 규범

① (✕) '우연적 요소 ∧ 도덕 규범'이 추가되어도 '주관적 판단 → ~도덕 규범'이라는 결론이 도출되지 않는다. 따라서 우연적 요소에 좌우되는 도덕 규범이 있다는 것은 ㉠으로 적절하지 않다.

② (O) 전제 1, 전제 2, 전제 3을 연결하면 '주관적 판단 → ~객관성'이므로 '주관적 판단 → ~도덕 규범'이라는 결론이 나오기 위해서는 '~객관성 → ~도덕 규범'이라는 연결고리가 필요하다. 따라서 ㉠으로 적절한 것은 객관성이 보장되지 않는 규범은 어느 것도 도덕 규범이 아니라는 것이다.

③ (✕) '객관성 → 보편적 적용'이 추가되어도 '주관적 판단 → ~도덕 규범'이라는 결론이 도출되지 않는다. 따라서 객관성이 보장되는 규범은 그것이 무엇이든 보편적으로 적용된다는 것은 ㉠으로 적절하지 않다.

④ (×) '보편적 적용 → ~우연적 요소'가 추가되어도 '주관적 판단 → ~도덕 규범'이라는 결론이 도출되지 않는다. 따라서 보편적으로 적용되는 규범은 어느 것도 우연적 요소에 좌우되지 않는다는 것은 ㉠으로 적절하지 않다.

⑤ (×) '주관적 판단 ∧ ~보편적 적용 ∧ 도덕 규범'이 추가되어도 '주관적 판단 → ~도덕 규범'이라는 결론이 도출되지 않는다. 따라서 주관적 판단에 의존하면서 보편적으로 적용되지 않는 도덕 규범이 있다는 것은 ㉠으로 적절하지 않다.

문 22 논증 평가　난이도 중　　　　　　　정답 ②

문제풀이 핵심 포인트
지문에 갑, 을, 병의 주장이 단락 별로 제시되고 있으므로 각 주장의 차이점에 주목한다.

풀이

ㄱ. (×) 갑은 법이 불공정하거나 악법이라고 해도 그 나라의 시민은 그것을 준수해야 하는 것이 의무라고 주장한다. 따라서 예외적인 경우에 약속을 지키지 않아도 된다면 이는 갑의 주장과 반대 방향의 진술이므로 이 경우 갑의 주장은 약화된다.

ㄴ. (○) 을은 공정한 법에 대해서만 선별적으로 준수의 의무를 부과하는 것이 타당하다고 주장한다. 따라서 법의 공정성을 판단하는 별도의 기준이 없다면 공정한 법에 대해서만 준수 의무를 부과하고자 하는 을의 주장과 반대 방향의 진술이므로 이 경우 을의 주장은 약화된다.

ㄷ. (×) 병은 법의 선별적 준수는 전체 법체계의 유지에 큰 혼란을 불러올 우려가 있으므로 받아들여서는 안 된다고 주장한다. 그러나 이민자를 차별하는 법이 존재한다는 것은 법이 존재하는 것일 뿐 법의 선별적 준수와는 관련이 없으므로 이 경우 병의 주장은 약화된다고 볼 수 없다.

문 23 논증 평가　난이도 중　　　　　　　정답 ③

문제풀이 핵심 포인트
〈실험〉에 제시된 가설 1과 가설 2가 지문의 영가설, 대립가설과 어떻게 관련되는지 판단해야 〈실험〉의 결론과 〈보기〉의 방향성을 평가할 수 있다.

풀이

ㄱ. (○) 영가설이란 취해진 조치가 조치의 대상에 아무런 영향을 주지 않는다는 가설이고, 대립가설이란 영향을 준다는 가설이다. 따라서 강제조치가 다음 번 행동에 영향을 준다는 가설 1은 대립가설이고, 강제조치가 다음 번 행동에 영향을 주지 않는다는 가설 2는 영가설이다.

ㄴ. (○) 〈실험〉에서 미로에 들어간 쥐가 갈림길에 도달하면 쥐가 한 쪽 방향으로 가도록 강제조치했는데, 다시 미로 입구에 놓여진 대부분의 쥐들은 갈림길에서 이전에 가지 않았던 방향으로 갔다. 이는 강제조치가 다음 번 행동에 영향을 준 것이므로 〈실험〉의 결과는 대립가설을 강화한다는 것은 적절한 분석이다.

ㄷ. (×) 〈실험〉에서 미로에 처음 들어간 쥐들에게 갈림길에서 50마리의 쥐들은 왼쪽 방향으로, 나머지 50마리는 오른쪽 방향으로 가도록 실험자가 강제조치하였다는 사실이 밝혀진다 해도, 그 강제조치가 다음 번 행동에 영향을 준 것은 변함이 없다. 따라서 영가설은 강화되지 않는다.

문 24 논증 평가　난이도 상　　　　　　　정답 ②

문제풀이 핵심 포인트
지문에서 ㉠의 구체적인 의미가 무엇인지 확인하여 〈보기〉에 제시된 사례가 이에 해당하는지 여부를 판단한다.

풀이

ㄱ. (×) ㉠의 내용은 식역 이하의 반복 점화는 언어적, 문화적 관습과 같은 추상적인 수준에서 나타나는 것으로 보인다는 것이다. 따라서 같은 낱말을 식역 이하로 반복하여 여러 번 눈앞에 제시해도 피험자들은 그 낱말을 인지하지 못하였다는 것은 ㉠의 내용과 관련이 없다.

ㄴ. (×) 샛별이 금성이라는 것을 아는 사람에게 프라임으로 '금성'을 식역 이하로 제시한 후 타깃으로 '샛별'을 의식적으로 볼 수 있을 만큼 제시하는 것은 언어적, 문화적 관습과 같은 추상적인 수준에서 나타나는 것과 관련이 없다. 따라서 이때 점화 효과가 나타나지 않았다는 것은 ㉠을 강화하지 않는다.

ㄷ. (○) 한국어와 영어에 능숙한 사람에게 'five'만을 의식적으로 볼 수 있을 만큼 제시한 경우보다 프라임으로 '다섯'을 식역 이하로 제시한 후 타깃으로 'five'를 의식적으로 볼 수 있을 만큼 제시했을 때, 'five'에 대한 반응이 더 빨랐다는 것은 식역 이하의 반복 점화가 언어적, 문화적 관습과 같은 추상적인 수준에서 나타나는 것에 해당한다. 따라서 이 사례는 ㉠을 강화한다.

문 25 견해 분석　난이도 중　　　　　　　정답 ⑤

문제풀이 핵심 포인트
지문에 갑, 을, 병, 정의 견해가 단락 별로 제시되어 있으므로 각자의 견해의 차이점과 공통점에 주목한다.

풀이

ㄱ. (○) 갑은 우리가 알게 된 과학 지식의 수는 누적적으로 증가하고 있다는 점에서 과학은 성장한다고 보고, 병은 해결된 문제의 수가 증가하고 있다는 이유에서 과학은 성장한다고 본다. 따라서 갑과 병은 모두 과학의 성장 여부를 평가할 수 있는 어떤 기준이 있다는 것을 인정한다는 것은 적절한 분석이다.

ㄴ. (○) 갑은 우리가 알게 된 과학 지식의 수는 누적적으로 증가하고 있다는 점에서 과학은 성장한다고 보는 데 반해, 을은 과학 지식의 수는 누적적으로 증가하고 있지 않다고 본다. 따라서 을이 과학 지식의 수가 실제로 누적적으로 증가하지 않는다는 이유로 갑을 비판한다는 것은 적절한 분석이다.

ㄷ. (○) 병은 해결된 문제의 수가 증가하고 있다는 이유에서 과학은 성장한다고 보지만, 정은 우리가 어떤 과학 이론을 받아들이냐에 따라서 해결해야 할 문제가 달라지고, 해결된 문제의 수가 증가했는지 판단할 수도 없기 때문에 병의 견해가 옳지 않다고 본다. 따라서 정이 과학의 성장 여부를 말할 수 있는 근거의 진위를 판단할 수 없다는 점을 들어 병을 비판한다는 것은 적절한 분석이다.

실전에선 이렇게!
〈보기〉에 '인정한다', '비판한다'는 표현이 반복되어 있으므로 갑, 을, 병, 정의 견해를 확인하되 각 견해의 방향이 같은지 다른지도 판단해 두어야 한다.

PSAT 전문가의 총평

· 2019년 민간경력자 PSAT 기출문제는 '독해의 원리'에서 12문항, '논증의 방향'에서 4문항, '문맥과 단서'에서 3문항, '논리의 체계'에서 6문항
이 출제되었습니다.

· 독해 문제의 비중이 2018년과 비슷하게 출제되었고, 지문 길이도 비슷하게 출제되었습니다. '개념 이해'와 '구조 판단' 유형의 비중이 조화롭게
출제된 것도 유사합니다. 논증 문제의 경우도 2018년과 출제 비중 패턴 모두 유사합니다. 밑줄을 활용한 평가, 약화, 비판 문제가 출제되었습니
다. 문맥 문제는 비중이 작아졌는데, 주로 빈칸 추론 유형으로 출제되었습니다. 논리 문제의 경우 비중이 늘었고, 2018년과 유사하게 논리 퀴즈
보다 독해형 논리 문제 비중이 높았습니다. 또한 밑줄을 활용한 논증의 타당성 문제도 다시 출제되었습니다.

정답

p.126

문1	⑤	빈칸 추론	문6	①	빈칸 추론	문11	⑤	개념 이해	문16	③	독해형 논리	문21	④	구조 판단
문2	①	개념 이해	문7	①	논증 평가	문12	⑤	개념 이해	문17	⑤	논증의 비판과 반박	문22	②	논증 평가
문3	①	구조 판단	문8	③	논증의 타당성	문13	⑤	구조 판단	문18	②	논증 평가	문23	①	개념 이해
문4	②	개념 이해	문9	③	독해형 논리	문14	②	개념 이해	문19	④	독해형 논리	문24	③	개념 이해
문5	④	개념 이해	문10	③	논리 퀴즈	문15	③	개념 이해	문20	④	독해형 논리	문25	⑤	빈칸 추론

취약 유형 분석표

유형별로 맞힌 문제 개수와 정답률, 틀린 문제 번호, 풀지 못한 문제 번호를 적고 나서 취약한 유형이 무엇인지 파악해 보세요. 그 후 약점 보완 해설집 p.2 [취약 유형 공략 포인트]에서 약점 보완 학습법을 확인하고, 틀린 문제와 풀지 못한 문제를 다시 한번 풀어보세요.

유형		맞힌 문제 개수	정답률	틀린 문제 번호	풀지 못한 문제 번호
독해의 원리	개념 이해	/9	%		
	구조 판단	/3	%		
	원칙 적용	–	–		
논증의 방향	논지와 중심 내용	–	–		
	견해 분석	–	–		
	논증의 비판과 반박	/1	%		
	논증 평가	/3	%		
문맥과 단서	빈칸 추론	/3	%		
	밑줄 추론	–	–		
	글의 수정	–	–		
논리의 체계	논증의 타당성	/1	%		
	논리 퀴즈	/1	%		
	독해형 논리	/4	%		
TOTAL		**/25**	**%**		

해설

문 1 빈칸 추론 `난이도 하`   정답 ⑤

문제풀이 핵심 포인트
빈칸 주변의 문장에서 제시하고 있는 정보를 파악하여 전체적인 글의 흐름을 잡는 데 주목한다.

풀이

① (O) '바른말을 써야 하는 아나운서가 방언을 써서는 안 된다'는 것은 방언을 비표준어로서 낮잡아 보는 인식이 담겨 있으므로 (가)에 들어갈 내용으로 적절하다.

② (O) 방언이나 사투리가 '표준어가 아닌, 세련되지 못하고 격을 갖추지 못한 말'을 일컫는다는 데에는 방언이 표준어보다 열등하다는 오해와 편견이 포함되어 있다고 볼 수 있으므로 (나)에 들어갈 내용으로 적절하다.

③ (O) '사투리를 많이 쓰는 사람과는 의사소통이 어렵다'고 할 때의 사투리는, 표준어에는 없는, 그 지역 특유의 언어 요소만을 일컫는 경우에 해당하므로 (다)에 들어갈 내용으로 적절하다.

④ (O) 언어학에서의 방언은 한 언어를 형성하고 있는 하위 단위로서의 언어 체계 전부를 일컫는 말로 사용되므로 나머지 지역의 방언들은 '한국어라는 한 언어의 하위 단위이기 때문에 방언이다'는 (라)에 들어갈 내용으로 적절하다.

⑤ (×) 언어학에서의 방언은 한 언어를 형성하고 있는 하위 단위로서의 언어 체계 전부를 일컫는 말로 사용되고, 이때 '충청도 방언'은 충청도의 토박이들이 전래적으로 써 온 한국어 전부를 가리킨다. 따라서 '표준어와 지역 방언의 공통부분을 지칭하는 개념이다'라는 것은 (마)에 들어갈 내용으로 적절하지 않다.

🖋️ 실전에선 이렇게!
빈칸이 5개 제시되어 있고, 각 빈칸에 들어갈 내용이 선택지에 하나씩 배치되어 있으므로 지문에서 각 빈칸 주변을 확인하고 바로 해당 선택지를 확인하는 방식으로 접근한다.

문 2 개념 이해 `난이도 중`   정답 ①

문제풀이 핵심 포인트
'남대가'를 기준으로 숭인문, 선의문, 수륙교, 십자가, 유시 골목, 저시 골목 등의 위치가 구체적으로 제시되어 있으므로 각 지점들의 위치 정보에 주목한다.

풀이

① (O) 남대가는 십자가로부터 광화문까지 난 거리이고, 십자가는 숭인문과 선의문을 동서로 잇는 큰 길이 광화문으로부터 도성 남쪽 출입문 방향으로 나 있는 도로와 만나는, 도로와의 교차점이다. 따라서 남대가의 북쪽 끝에 궁궐의 출입문, 즉 광화문이 자리잡고 있었다는 것을 알 수 있다.

② (×) 세 번째 단락에 따르면 십자가에서 숭인문 방향으로 몇백 미터를 걸어가면 그 도로 북쪽 편에 자남산이 있었고, 십자가와 선의문 사이를 잇는 길의 중간 지점에 수륙교가 있었다. 따라서 수륙교가 있던 곳으로부터 서북쪽 방향에 자남산이 있었다는 것은 옳지 않다.

③ (×) 세 번째 단락에 따르면 십자가와 선의문 사이를 잇는 길의 중간 지점에 수륙교라는 다리가 있었는데, 그 옆에 종이만 파는 저시 골목이 있었다. 따라서 숭의문과 경시서의 중간 지점에 저시 골목이 위치해 있었다는 것은 옳지 않다.

④ (×) 세 번째 단락에 따르면 십자가에서 남쪽으로 이어진 길에 접한 서쪽면에 돼지고기만 따로 파는 저전들이 있었다. 따라서 선의문과 십자가를 연결하는 길의 중간 지점에 저전이 모여 있었다는 것은 옳지 않다.

⑤ (×) 세 번째 단락에 따르면 십자가와 선의문 사이를 잇는 길의 중간 지점에 수륙교가 있었고, 십자가에서 숭인문 방향으로 몇백 미터를 걸어가면 그 도로 북쪽 편에 자남산이 있었는데 그 산과 남대가 사이의 공간에 기름만 취급하는 시전들이 따로 모인 유시 골목이 있었다. 따라서 십자가에서 유시 골목으로 가는 길의 중간 지점에 수륙교가 위치해 있었다는 것은 옳지 않다.

문 3 구조 판단 `난이도 중`   정답 ①

문제풀이 핵심 포인트
지문에 A효과와 B효과와 관련하여 최초진입기업, 후발진입기업 등의 용어가 대비되고 있으므로 이에 주목한다.

풀이

① (×) 두 번째 단락에 따르면 후발진입기업의 경우, 절감된 비용을 마케팅 등에 효과적으로 투자할 수 있지만, 최초진입기업이 후발진입기업에 비해 매년 더 많은 마케팅 비용을 사용하는지는 알 수 없다.

② (O) 두 번째 단락에 따르면 후발진입기업의 모방 비용은 최초진입기업이 신제품 개발에 투자한 비용 대비 65% 수준이다. 따라서 후발진입기업의 모방 비용은 최초진입기업이 신제품 개발에 투자한 비용보다 적다는 것을 알 수 있다.

③ (O) 세 번째 단락에 따르면 최초진입기업은 후발진입기업에 비해 적어도 인지도 측면에서는 월등한 우위를 확보하는데, 첫 번째 단락에 따르면 A효과란 기업이 시장에 최초로 진입하여 무형 및 유형의 이익을 얻는 것을 의미한다. 따라서 최초진입기업이 후발진입기업에 비해 인지도 측면에서 우위에 있다는 것은 A효과에 해당한다.

④ (O) 두 번째 단락에 따르면 후발진입기업의 경우, 절감된 비용을 마케팅 등에 효과적으로 투자하여 최초진입기업의 시장 점유율을 단기간에 빼앗아 오는 것이 성공의 핵심 조건이다. 따라서 후발진입기업이 성공하려면 절감된 비용을 효과적으로 투자하여 최초진입기업의 시장점유율을 단기간에 빼앗아 와야 한다는 것을 알 수 있다.

⑤ (O) 첫 번째 단락에 따르면 B효과는 후발진입기업이 최초진입기업과 동등한 수준의 기술 및 제품을 보다 낮은 비용으로 개발할 수 있을 때만 가능하다. 따라서 후발진입기업이 최초진입기업과 동등한 수준의 기술 및 제품을 보다 낮은 비용으로 개발할 수 없다면 B효과를 얻을 수 없음을 알 수 있다.

🖋️ 실전에선 이렇게!
최초진입기업과 후발진입기업은 대조되는 단어이므로 지문을 읽을 때 각 단어의 특징에서 대조되는 키워드 중심으로 정보를 확인한다.

문4 개념 이해 [난이도 하]　정답 ②

문제풀이 핵심 포인트
미국과 EU가 제소한 한국의 소주와 위스키의 주세율에 대한 WTO 패널의 판정 내용과 이에 따른 한국의 주세법 개정 내용에 주목한다.

풀이

① (✕) 두 번째 단락에 따르면 소주와 위스키가 직접적인 경쟁 관계에 있고 동시에 대체 관계가 존재하므로 국산품인 소주에 비해 수입품인 위스키에 높은 주세율을 적용하고 있는 한국의 주세 제도가 WTO 협정의 내국민대우 조항에 위배된다는 것이 패널의 판정이었으나, 이로부터 WTO 협정에 따르면, 제품 간 대체 관계가 존재하면 세율이 같아야 한다는 것을 알 수는 없다.

② (○) 첫 번째 단락에 따르면 희석식 소주의 주세율은 35%이고 위스키의 주세율은 100%였는데, 2000년 주세법 개정 결과 소주의 주세율은 올리고 위스키의 주세율은 내려서 똑같이 72%로 맞추었다. 따라서 2000년 주세법 개정 결과 희석식 소주가 증류식 소주보다 주세율 상승폭이 컸다는 것을 알 수 있다.

③ (✕) 2000년 주세법 개정 이후 소주와 위스키의 세금 총액이 개정 전에 비해 증가하였는지는 알 수 없다.

④ (✕) 첫 번째 단락에 따르면 일본과의 WTO 분쟁 판정 결과를 근거로 한국에서도 주세율을 조정하고자 한 나라는 미국과 EU이다.

⑤ (✕) 두 번째 단락에 따르면 소주와 위스키가 직접적인 경쟁 관계에 있고 동시에 대체 관계가 존재하므로 국산품인 소주에 비해 수입품인 위스키에 높은 주세율을 적용하고 있는 한국의 주세 제도가 WTO 협정의 내국민대우 조항에 위배된다는 것이 패널의 판정이었으나, 한국의 소주와 위스키의 주세율을 일본과 동일하게 하라는 권고가 WTO 패널의 판정에 포함되어 있는지는 알 수 없다.

문5 개념 이해 [난이도 하]　정답 ④

문제풀이 핵심 포인트
지문에 유전자 변형 작물을 재배하기 시작하면서 살충제 및 제초제의 사용량에 어떤 변화가 나타났는지 제시되어 있으므로 이에 주목한다.

풀이

① (✕) 두 번째 단락에 따르면 유전자 변형 작물을 재배하는 지역에서는 제초제 사용은 증가했지만, 살충제 소비는 줄었으므로 모든 종류의 농약 사용이 증가했다고 볼 수는 없다.

② (✕) 세 번째 단락에 따르면 M사의 제초제인 글리포세이트에 내성을 가진 유전자 변형 작물을 재배하기 시작한 지역에서는 글리포세이트에 대해 내성을 가진 잡초가 생겨났지만, 유전자 변형 작물을 도입한 해부터 그 작물을 재배하는 지역에 슈퍼잡초가 나타났는지는 알 수 없다.

③ (✕) 두 번째 단락에 따르면 유전자 변형 작물을 재배하는 지역에서는 살충제 소비가 줄었다. 따라서 유전자 변형 작물을 도입한 후 일반 작물 재배의 경우에도 살충제의 사용이 증가했는지는 알 수 없다.

④ (○) 세 번째 단락에 따르면 유전자 변형 작물 재배로 슈퍼잡초가 발생한 지역에서는 슈퍼잡초를 제거하기 위해서 제초제를 더 자주 사용하거나 여러 제초제를 섞어서 사용하거나 아니면 새로 개발된 제초제를 사용해야 해서 농부들은 더 많은 비용을 지불할 수밖에 없었다. 따라서 유전자 변형 작물 재배로 슈퍼잡초가 발생한 지역에서는 작물 생산 비용이 증가했음을 알 수 있다.

⑤ (✕) 유전자 변형 작물을 재배하는 지역과 일반 작물을 재배하는 지역에서 슈퍼잡초의 발생 정도가 비슷했는지는 알 수 없다.

문6 빈칸 추론 [난이도 중]　정답 ①

문제풀이 핵심 포인트
빈칸에 들어갈 내용을 추론하기 위해 빈칸 주변에서 단서를 잡는 것이 필요하다. 빈칸 앞에 '하지만'으로 시작하고 있는 문장이 있으므로 이에 주목한다.

풀이

① (○) 알레르기와 상관관계를 가지는 항목으로 제시된 것이 함께 자란 형제자매의 수와 가족 관계에서 차지하는 서열이고, 이를 바탕으로 S는 가족 구성원이 많은 집에 사는 아이들이 장기적으로는 알레르기 예방에 오히려 유리하다고 주장한다. 따라서 빈칸에 들어갈 문장으로 가장 적절한 것은 '알레르기는 유년기에 병원균 노출의 기회가 적을수록 발생 확률이 높아진다.'는 것이다.

② (✕) 알레르기는 가족 관계에서 서열이 높은 가족 구성원에게 더 많이 발생한다는 것은 알레르기와 상관관계를 가지는 두 번째 항목에만 관련된 것이므로 빈칸에 들어가기에 적절하지 않다.

③ (✕) 알레르기가 성인과 유년기의 아이들 중 누구에게 더 많이 발생하는지는 지문에 제시되어 있지 않으므로 알레르기는 성인보다 유년기의 아이들에게 더 많이 발생한다는 것은 빈칸에 들어가기에 적절하지 않다.

④ (✕) 알레르기는 도시화에 따른 전염병의 증가로 인해 유발된다는 것은 전통적인 이론에 해당하므로 새로운 가설인 빈칸에 들어갈 내용으로 적절하지 않다.

⑤ (✕) 알레르기는 형제가 많을수록 발생 확률이 낮아진다는 것은 알레르기와 상관관계를 가지는 첫 번째 항목에만 관련된 것이므로 빈칸에 들어가기에 적절하지 않다.

문7 논증 평가 [난이도 중]　정답 ①

문제풀이 핵심 포인트
평가의 대상이 논지를 강화하는지 약화하는지 여부이므로 논지를 찾는 데 주목하고, 이를 바탕으로 선택지의 방향성을 판단한다.

풀이

① (✕) 대부분의 사람이 행복 기계에 들어가는 편을 택한다는 것은, 사람들이 행복 기계에 들어가는 것을 선택하지 않는 이유를 제시하고 있는 지문의 논지와 반대 방향의 진술이다. 따라서 논지는 강화되는 것이 아니라 약화된다.

② (○) 행복 기계가 현실에 존재하는지 여부는 논지와 직접적인 관련성이 없으므로 행복 기계가 현실에 존재하지 않는다는 사실이 논지를 약화하지는 않는다.

③ (○) 치료를 위해 신체의 고통을 기꺼이 견디는 사람들이 있다는 것은 사람들이 행복 기계에 들어가는 것을 선택하지 않는 이유와 직접적인 관련성이 없으므로 논지는 약화되지 않는다.

④ (○) 행복 기계에 들어가지 않는 유일한 이유가 참과 무관한 실용적 이익임이 확인될 경우, 참인 믿음을 선호하기 때문에 행복 기계에 들어가지 않는 것이라는 논지는 약화된다.

⑤ (○) 실용적 이익이 없음에도 불구하고 우리가 수학적 참인 정리를 믿는 것을 선호한다는 사실은 다른 것에 대한 선호로는 설명될 수 없는 기초 선호에 해당하는 것이므로 논지를 강화한다.

문8 논증의 타당성 <난이도 상> 정답 ③

문제풀이 핵심 포인트
밑줄 친 문장을 기호화하여 각 문장을 연결함으로써 선택지에서처럼 일정 문장들을 전제로 보았을 때 특정 문장이 결론으로 도출되는지 여부를 판단한다.

풀이
밑줄 친 문장을 간단히 기호화하여 정리하면 다음과 같다.
㉠ 인간 고통 ∧ ~좀비 고통
㉡ 좀비 고통행동
㉢ ~동일 존재
㉣ 동일 존재 → ~인간 고통
㉤ 마음 = 행동성향
㉥ 행동주의 → 동일 존재
㉦ ~행동주의

① (○) ㉠에서 철학적 좀비는 고통을 느끼지 못한다는 것과 ㉡에서 철학적 좀비도 압정을 밟으면 인간과 마찬가지로 비명을 지르며 상처 부위를 부여잡을 것이라는 것은 관련이 없는 문장이므로 동시에 참일 수 있다.

② (○) 위의 기호화로 정리한 바에 따르면 ㉠ '인간 고통 ∧ ~좀비 고통'과 ㉣ '동일 존재 → ~인간 고통'을 연결하면, ㉢ '~동일 존재'라는 결론이 나온다. 따라서 ㉠과 ㉣이 모두 참이면, ㉢도 반드시 참이다.

③ (×) 위의 기호화로 정리한 바에 따르면 ㉡ '좀비 고통행동'과 ㉥ '행동주의 → 동일 존재'가 모두 참이라고 해도 두 문장은 관련이 없는 내용이어서 연결되지 않으므로 이를 전제로 ㉤ '마음 = 행동성향'이라는 결론이 도출되지 않는다. 따라서 ㉡과 ㉥이 모두 참이면, ㉤도 반드시 참이라는 것은 적절하지 않은 분석이다.

④ (○) 위의 기호화로 정리한 바에 따르면 ㉢ '~동일 존재'와 ㉥ '행동주의 → 동일 존재'를 연결하면 ㉦ '~행동주의'라는 결론이 나온다. 따라서 ㉢과 ㉥이 모두 참이면, ㉦도 반드시 참이다.

⑤ (○) 마음은 특정 자극에 따라 이러저러한 행동을 하려는 성향이라는 ㉤은 행동주의의 내용이다. 그러므로 ㉤이 거짓이라면 행동주의를 옳지 않다고 보는 ㉦은 참이 된다. 따라서 ㉤과 ㉦은 동시에 거짓일 수 없다.

실전에선 이렇게!
밑줄 처리되어 있는 문장의 의미가 추상적이므로 기호화하는 방식으로 문장을 도식화해 접근하는 것이 효율적이다.

문9 독해형 논리 <난이도 상> 정답 ③

문제풀이 핵심 포인트
지문에서 기호화될 수 있는 논리명제를 기호화하여 연결고리를 파악하고 이를 통해 확정적인 정보를 도출한다.

풀이
주어진 문장을 기호화하면 다음과 같다.
· 명제 1: 샤펠식 과정 → 의사결정트리 방식
· 명제 2: 지도학습 ∨ 비지도학습 (배타적)
· 명제 3: 샤펠식 과정 → 지도학습
· 명제 4: 강화학습 → 비지도학습
· 명제 5: 의사결정트리 방식 ∧ 강화학습

ㄱ. (○) 명제 5에 따르면 '의사결정트리 방식 ∧ 강화학습'인데, 명제 4에 따르면 '강화학습 → 비지도학습'이므로 의사결정트리 방식을 적용한 모든 사례는 지도학습의 사례라는 것은 거짓이다.

ㄴ. (○) 명제 1에 따르면 '샤펠식 과정 → 의사결정트리 방식'인데, 명제 5에 따르면 '의사결정트리 방식 ∧ 강화학습'이고, 명제 4에 따르면 '강화학습 → 비지도학습'이므로 샤펠식 과정의 적용 사례가 아니면서 의사결정트리 방식을 적용한 경우가 존재한다는 것은 참이다.

ㄷ. (×) 명제 5에 따르면 '의사결정트리 방식 ∧ 강화학습'이지만, 강화학습을 활용하는 머신러닝 사례들 가운데 의사결정트리 방식이 적용되지 않은 경우가 없는지는 알 수 없다.

문10 논리 퀴즈 <난이도 상> 정답 ③

문제풀이 핵심 포인트
지문에 제시된 명제를 기호화하여 연결고리를 파악하고 이를 통해 특구로 선정되는 도시에 대한 확정적인 정보를 도출한다.

풀이
주어진 문장을 기호화하면 다음과 같다.
· 명제 1: A → B
· 명제 2: ~B ∨ ~C
· 명제 3: B ∨ D
· 명제 4: ~C → ~B

ㄱ. (○) 명제 2와 명제 4에서 '~B'라는 결론이 도출되므로 반드시 참이다.

ㄴ. (×) 명제 2와 명제 4에서 '~B'라는 결론이 도출되므로 B가 선정되지 않는 것은 참이다. 그러나 C가 선정되지 않는지는 알 수 없으므로 반드시 참이라 할 수 없다.

ㄷ. (○) 명제 3에서 'D'라는 결론이 도출되므로 반드시 참이다.

문11 개념 이해 <난이도 하> 정답 ⑤

문제풀이 핵심 포인트
지문에 원시 수메르어 문자 체계의 특성이 나열되고 있고, 이와 비교되는 문자 체계로 완전한 문자 체계의 특성이 제시되어 있으므로 이 부분에 주목한다.

풀이
① (○) 두 번째 단락에 따르면 원시 수메르어 문자 체계는 구어로서는 하지 못할 일을 하기 위해 쓰였으므로 구어를 보완하는 도구였다.

② (O) 두 번째 단락에 따르면 원시 수메르어 문자 체계는 자기 마음을 표현하는 시를 적고 싶었더라도 그는 그렇게 할 수 없었다. 따라서 감정을 표현하는 일에 적합하지 않았다.

③ (O) 두 번째 단락에 따르면 원시 수메르어 문자 기호를 읽고 쓸 줄 아는 사람은 얼마 되지 않았으므로 당시 모든 구성원이 사용할 줄 아는 것은 아니었다.

④ (O) 첫 번째 단락에 따르면 원시 수메르어 문자 체계는 두 종류의 기호를 사용했는데, 한 종류는 숫자를 나타냈고, 다른 종류의 기호는 사람, 동물, 사유물, 토지 등을 나타냈다. 따라서 원시 수메르어 문자는 사물과 숫자를 나타내는 데 상이한 종류의 기호를 사용하였다.

⑤ (×) 두 번째 단락에 따르면 고대 이집트 상형문자는 완전한 문자 체계이므로 구어의 범위를 포괄한다.

📌 실전에선 이렇게!

'불완전한 문자 체계'와 '완전한 문자 체계'처럼 대조되는 개념을 가진 정보를 구분해 놓으면 선택지의 정오를 판별하는 데 도움이 된다.

문 12 개념 이해 난이도 하 정답 ⑤

문제풀이 핵심 포인트
지문에 각 왕 대에 승려가 되기 위해 필요한 기준이 제시되어 있으므로 그 차이점에 초점을 맞추어 정보를 확인한다.

풀이

① (×) 두 번째 단락에서 태종은 도첩을 위조해 승려가 된 자를 색출한 것은 맞지만, 면포 30필을 내게 했는지는 알 수 없다.

② (×) 첫 번째 단락에서 태조는 국왕이 되자마자 승려가 되려는 자들에게 면포 150필을 일괄적으로 거두어들였음을 알 수 있다.

③ (×) 세 번째 단락에서 세조는 수 년 후 담당 관청이 작성한 방안을 바탕으로 새 규정을 시행하였는데, 이 방침에는 불교 경전인 심경, 금강경, 살달타를 암송하는 자에게만 도첩을 준다는 내용이 있었다. 따라서 세조가 즉위한 해부터 심경, 금강경, 살달타를 암송한 자에게만 도첩을 발급한다는 규정이 시행되었다고 볼 수는 없다.

④ (×) 세 번째 단락에서 성종은 예종 때 만들어진 규정을 그대로 유지하였는데, 예종 때는 도첩 신청자가 납부해야 할 면포 수량을 세조 때의 30필보다 20필 더 늘리고, 암송할 불경에 법화경을 추가하였다. 따라서 성종은 법화경을 암송할 수 있다는 사실을 인정받은 자가 면포 20필을 납부할 때에만 도첩을 내주게 했다는 것은 옳지 않다.

⑤ (O) 두 번째 단락에서 세종은 태조가 세운 방침을 준수했으므로 도첩 신청자가 내도록 규정된 면포 수량은 150필이고, 세 번째 단락에서 예종 때 도첩 신청자가 내도록 규정된 면포 수량은 세조 때의 30필보다 20필 더 늘렸다고 되어 있다. 따라서 세종 때 도첩 신청자가 내도록 규정된 면포 수량은 예종 때 도첩 신청자가 내도록 규정된 면포 수량보다 많았다는 것을 알 수 있다.

문 13 구조 판단 난이도 중 정답 ⑤

문제풀이 핵심 포인트
지문에 충격 사건을 겪은 경찰관이 경험하는 심리현상과 충격 사건에서 총기를 발사한 경찰관이 경험하는 심리증상이 단락별로 제시되어 있으므로 이에 주목한다.

풀이

① (×) 두 번째 단락에 따르면 충격 사건 중에 경험하는 지각왜곡 중에서 가장 빈번하게 나타나는 것은 63%가 겪는 청각왜곡이 아니라, 83%가 경험하는 시간왜곡이다.

② (×) 첫 번째 단락에 따르면 대부분의 미국 경찰관은 충격 사건을 경험하지 않고 은퇴하므로 전체 미국 경찰관 중 충격 사건을 경험하는 사람이 경험하지 않는 사람보다 많다고 볼 수 없다.

③ (×) 세 번째 단락에 제시된 '충격 피해자가 사망했을 경우'와 두 번째 단락에 제시된 '청각왜곡' 사이의 연관성을 알 수 없다. 따라서 총격 피해자가 사망했을 경우 경찰관이 경험하는 청각왜곡은 그렇지 않은 경우보다 심각할 것임을 알 수 없다.

④ (×) 세 번째 단락에 제시된 '위험 지각, 분노 등의 심리증상'과 두 번째 단락에 제시된 '지각왜곡' 사이의 연관성을 알 수 없다. 따라서 충격 사건 후 경찰관이 느끼는 높은 위험 지각, 분노 등의 심리증상은 지각왜곡의 정도에 의해 영향을 받는다는 것을 알 수 없다.

⑤ (O) 세 번째 단락에 따르면 경찰관이 총격 사건 후 경험하는 심리증상의 정도는 총격 사건이 발생한 상황에서 경찰관 자신의 총기 사용이 얼마나 정당했는가와 반비례한다. 따라서 범죄자가 경찰관보다 강력한 무기로 무장한 것은 경찰관의 총기 사용의 정당성을 높이므로 반대의 경우보다 심리증상이 약할 것이라고 볼 수 있다.

문 14 개념 이해 난이도 중 정답 ②

문제풀이 핵심 포인트
지문에서 탁주의 특성을 설명하면서 청주와의 비교 및 대표적인 탁주로서 막걸리의 특성이 제시되어 있으므로 이에 주목한다.

풀이

① (×) 첫 번째 단락에 따르면 청주의 탁도는 18ebc 이하이며, 탁주 중에 막걸리는 탁도가 1,500ebc 이상인 술이므로 청주와 막걸리의 탁도는 다르다. 또한 청주는 탁주에 비해 알코올 농도가 높다고 되어 있으므로 청주와 탁주인 막걸리의 알코올 농도는 같다고 볼 수 없다.

② (O) 두 번째 단락에 따르면 당화과정과 발효과정 중에 나오는 에너지로 인하여 열이 발생하게 되며, 이 열로 술독 내부의 온도인 품온이 높아진다. 그런데 당화과정과 발효과정을 통해 지에밥의 녹말이 알코올로 바뀌게 되므로 지에밥의 녹말이 알코올로 변하면서 발생하는 열이 품온을 높인다는 것을 알 수 있다.

③ (×) 두 번째 단락에 따르면 누룩곰팡이가 지닌 아밀라아제는 녹말을 잘게 잘라 엿당이나 포도당으로 분해하는 역할을 한다. 엿당이나 포도당을 알코올로 분해하는 것은 효모이다.

④ (×) 지문에 청주와 막걸리를 구분하여 만드는 방법이 제시되어 있지 않으므로 술독에 넣는 효모의 양을 조절하면 청주와 막걸리를 구분하여 만들 수 있는지는 알 수 없다.

⑤ (×) 두 번째 단락에 따르면 막걸리를 만들 때, 술독에서는 미생물에 의한 당화과정과 발효과정이 거의 동시에 일어난다. 따라서 술독 안의 당화과정은 발효과정이 완료된 이후에 시작된다는 것은 옳지 않다.

문 15 개념 이해 [난이도 중] 정답 ③

문제풀이 핵심 포인트
ⓐ '사적(私的) 한계순생산가치'와 ⓑ '사회적 한계순생산가치'의 차이점에 주목한다.

풀이
ㄱ. (O) 두 번째 단락에 따르면 사적 한계순생산가치란 한 기업이 생산과정에서 투입물 1단위를 추가할 때 그 기업에 직접 발생하는 순생산가치의 증가분이고, 생산과정에서 부가적으로 발생하는 사회적 비용이나 편익에는 그 기업의 사적 한계순생산가치가 포함되지 않는다. 따라서 ⓐ의 크기는 기업의 생산이 사회에 부가적인 편익을 발생시키는지의 여부와 무관하게 결정된다는 것은 추론할 수 있다.

ㄴ. (O) 두 번째 단락에 따르면 사회적 한계순생산가치란 한 기업이 투입물 1단위를 추가할 때 발생하는 사적 한계순생산가치에 그 생산에 의해 부가적으로 발생하는 사회적 비용을 빼고 편익을 더한 것이다. 따라서 어떤 기업이 투입물 1단위를 추가할 때 사회에 발생하는 부가적인 편익이나 비용이 없는 경우, 이 기업이 야기하는 ⓐ와 ⓑ의 크기는 같다는 것을 추론할 수 있다.

ㄷ. (×) 두 번째 단락에 따르면 사회적 한계순생산가치란 한 기업이 투입물 1단위를 추가할 때 발생하는 사적 한계순생산가치에 그 생산에 의해 부가적으로 발생하는 사회적 비용을 빼고 편익을 더한 것이다. 따라서 기업 A와 기업 B가 동일한 투입물 1단위를 추가했을 때 각 기업에 의해 사회에 부가적으로 발생하는 비용이 같을 경우에도 두 기업의 편익을 알 수 없는 상태에서는 두 기업이 야기하는 ⓑ의 크기는 같다고 추론할 수 없다.

✏ 실전에선 이렇게!
밑줄 처리된 용어가 두 개 제시되어 있는 경우 두 용어 간에는 대조되는 부분이 있으므로 그 특성을 확인하는 것이 필요하다.

문 16 독해형 논리 [난이도 상] 정답 ③

문제풀이 핵심 포인트
문맥을 통해 빈칸 ⓐ에 들어갈 내용은 논증의 '이유'에 해당하고, ⓑ에 들어갈 내용은 논증의 '최종 결론'에 해당한다는 것을 파악해야 한다.

풀이
지문에 주어진 논증을 정리하면 다음과 같다.
· 전제 1: ~귀납 사용 → ~바람직한 방향 ∨ 실패
· 전제 2: ~바람직한 방향 → ~정당화
· 전제 3: 실패 → 잘못된 이론
· 전제 4: ⓐ
· 전제 5: ~바람직한 방향 ∨ 실패
· 결론: ⓑ

ⓐ 전제 5는 전제 1, 2, 3, 4에서 도출된 결론이다. 전제 5가 도출되기 위해서는 전제 1에 따라 '~귀납 사용'이라는 전제가 필요하다. 따라서 〈보기〉에서 ⓐ에 들어갈 내용으로 적절한 것은 '과학의 역사에서 귀납이 사용된 경우는 드물다'이다.

ⓑ (5) 전제 4에 '~귀납 사용'이 들어가면, 전제 1, 2, 3, 4, 5에 따라 '~정당화 ∨ 잘못된 이론'이라는 결론이 도출된다. 따라서 〈보기〉에서 ⓑ에 들어갈 내용으로 적절한 것은 '귀납주의가 과학적 탐구 방법에 대한 잘못된 이론이 아니라면, 귀납주의에서는 수많은 과학적 지식을 정당화되지 않은 것으로 간주해야 한다'이다.

문 17 논증의 비판과 반박 [난이도 중] 정답 ⑤

문제풀이 핵심 포인트
비판의 대상이 ㉠이므로 ㉠에 해당하는 '진리성 논제'의 주요 내용을 확인하여 그것을 공격하는 내용을 선택지에서 찾아 주어야 한다.

풀이
① (×) '정보'라는 표현이 일상적으로 사용되는 사례가 모두 적절한 것은 아니라는 것은 ㉠의 내용과 동일한 내용이므로 비판이 될 수 없다.

② (×) 올바른 문법 형식을 갖추지 못한 자료는 정보라는 지위에 도달할 수 없다는 것은 ㉠의 내용과 동일한 내용이므로 비판이 될 수 없다.

③ (×) 사실과 다른 내용의 자료를 숙지하고 있는 사람은 정보를 안다고 볼 수 없다는 것은 ㉠의 내용과 동일한 내용이므로 비판이 될 수 없다.

④ (×) 내용이 거짓인 자료를 토대로 행동을 하는 사람은 자신이 의도한 결과에 도달할 수 없다는 것은 ㉠의 내용과 관련이 없으므로 비판이 될 수 없다.

⑤ (O) 거짓으로 밝혀질 자료도 그것을 믿는 사람의 인지 행위에서 분명한 역할을 한다면 정보라고 볼 수 있다는 것은, 거짓이더라도 정보가 될 수 있다는 내용이다. 따라서 정보란 올바른 문법 형식을 갖춘, 의미 있고 참인 자료라는 ㉠에 대한 비판이 된다.

✏ 실전에선 이렇게!
밑줄 처리된 용어가 비판의 대상인 경우, 그 용어의 의미나 주장하는 바를 명확히 찾는 것이 문제를 해결하는 첫 번째 단계이다.

문 18 논증 평가 [난이도 중] 정답 ②

문제풀이 핵심 포인트
지문에 제시된 논증은 인간 본성을 일부라도 인위적으로 변경하면 이는 불가피하게 전체의 통일성을 무너뜨리게 하므로, 우리는 인간 본성을 구성하는 어떠한 특성에 대해서도 그것을 인위적으로 개선하려는 시도에 반대해야 한다는 것이다.

풀이
ㄱ. (×) 인간 본성은 인간이 갖는 도덕적 지위와 존엄성의 궁극적 근거라는 것은 논증의 내용과 관련이 없는 진술이므로 논증을 약화하는 진술로 볼 수 없다.

ㄴ. (×) 모든 인간은 자신을 포함하여 인간 본성을 지닌 모든 존재가 지금의 상태보다 더 훌륭하게 되길 희망한다는 것은 논증의 내용과 관련이 없는 진술이므로 논증을 약화하는 진술로 볼 수 없다.

ㄷ. (O) 인간 본성의 하부 체계는 상호 분리된 모듈들로 구성되어 있기 때문에 인간 본성의 특정 부분을 인위적으로 변경하더라도 그 변화는 모듈 내로 제한된다는 것은 인간 본성을 일부라도 인위적으로 변경하면 이는 불가피하게 전체의 통일성을 무너지게 한다는 논증의 내용을 약화하는 진술이다.

문 19 독해형 논리 <u>난이도 상</u> 정답 ④

문제풀이 핵심 포인트
지문에서 기호화할 필요가 있는 문장을 골라 빠르게 기호화하여 선택지의 참과 거짓 여부를 판별한다.

풀이
주어진 문장을 기호화하여 간단히 정리하면 다음과 같다.
· 명제 1: 폭탄 ∨ 전투 → ~정비
· 명제 2: 비행 → ~전투
· 명제 3: 최소 두 가지 이상
· 명제 4: 정비
· 명제 5: A - 비행 ∧ 폭탄
· 명제 6: 언론 - A 선정 예측

ㄱ. (×) 결론적으로 '정비'와 '비행'을 만족하는 전투기가 도입되므로, A가 제안한 '비행 ∧ 폭탄' 기종은 선정될 수 없다. 따라서 언론의 예측은 옳았다는 것은 반드시 참이 아니다.

ㄴ. (O) 명제 1과 명제 4에서 '~폭탄'과 '~전투'가 확정된다. 명제 3에 의할 때 '비행'이 확정되므로 공군이 도입한 기종은 비행시간이 길다는 것은 반드시 참이 된다.

ㄷ. (O) 명제 2에서 '전투 → ~비행'이므로 입찰한 업체의 기종이 공대공 전투능력이 높다면, 그 기종은 비행시간이 짧다는 것은 반드시 참이 된다.

문 20 독해형 논리 <u>난이도 상</u> 정답 ④

문제풀이 핵심 포인트
㉠에 해당하는 내용이 'B만 선호한 사람이 적어도 한 명 있겠군.'이라는 결론을 내리는 데 필요한 전제라는 점에 주목한다.

풀이
주어진 문장을 기호화하여 간단히 정리하면 다음과 같다.
· 전제 1: ~A ∨ ~B
· 전제 2: C → A ∨ B
· 전제 3: ~A ∧ B
· 전제 4: ㉠ 종범이 말한 것
· 결론: B ∧ ~A ∧ ~C

① (×) 결론은 '~A'이므로 A를 선호하는 사람은 모두 C를 선호한다는 것은 ㉠의 내용으로 적절하지 않다.

② (×) 결론은 '~A'이므로 A를 선호하는 사람은 누구도 C를 선호하지 않는다는 것은 ㉠의 내용으로 적절하지 않다.

③ (×) 결론은 'B ∧ ~C'이므로 B를 선호하는 사람은 모두 C를 선호한다는 것은 ㉠의 내용으로 적절하지 않다.

④ (O) 전제 3에 따르면 '~A ∧ B'는 확정이다. 따라서 결론의 'B ∧ ~A' 부분은 도출된다. 그러나 이것만으로는 결론의 '~C' 부분이 도출되지 않으므로 ㉠에는 '~C'가 도출될 수 있는 내용이 들어가야 한다. 따라서 B를 선호하는 사람은 누구도 C를 선호하지 않는다, 즉 'B → ~C'가 들어가면 결론이 도출될 수 있다.

⑤ (×) 결론은 '~C'이므로 C를 선호하는 사람은 모두 B를 선호한다는 것은 ㉠의 내용으로 적절하지 않다.

문 21 구조 판단 <u>난이도 중</u> 정답 ④

문제풀이 핵심 포인트
지문에 몽골군의 침입 과정이 순서대로 제시되어 있고, 각 단계에 침입한 장수의 이름 및 그 당시 고려에서 집권하고 있던 사람의 이름이 제시되어 있으므로 시기별 정보를 확인한다.

풀이
① (×) 몽골군은 최우가 집권한 이후 모두 일곱 차례 고려를 침입하였음을 알 수 있다.

② (×) 두 번째 단락에 따르면 자랄타이가 고려를 처음으로 침입한 때는 1254년이고 당시에는 최항이 집권하고 있었음을 알 수 있다. 세 번째 단락에 따르면 최의가 집권한 것은 자랄타이가 두 번째 침입한 시기와 맞물린다.

③ (×) 세 번째 단락에 따르면 김준과 유경이 무신 집권자 최의를 죽인 것은 알 수 있으나, 고려 국왕에게 권력을 되돌려 주었는지는 알 수 없다.

④ (O) 두 번째 단락에 따르면 최항이 집권하던 시기인 1253년에 몽골은 예쿠라는 장수를 보내 또 침입해 충주성까지 공격했으나, 충주성의 천민들은 관군의 도움 없이 몽골군에 맞서 끝까지 성을 지켜냈다. 따라서 최항이 집권한 시기에 예쿠가 이끄는 몽골군은 충주성을 공격했으나 점령하지 못했다는 것을 알 수 있다.

⑤ (×) 첫 번째 단락에 따르면 최우가 개경에서 강화도로 수도를 옮기자 살리타가 고려를 침입했고, 그 후 처인성에서 살리타가 사망하였음을 알 수 있다.

실전에선 이렇게!
역사 소재 지문의 경우, 시간의 흐름에 따른 통시적인 서술이 빈출되는 지문의 형식이므로 시간 순서를 기준으로 정보를 파악하는 것이 필요하다.

문 22 논증 평가 <u>난이도 하</u> 정답 ②

문제풀이 핵심 포인트
지문에 제시된 ㉠과 ㉡의 구체적인 내용을 확인하고 그 차이점에 주목하여 선택지의 방향성을 판단한다.

풀이
① (O) ㉠의 이중기준론은 수정헌법 제1조가 보호하는 표현과 그렇지 않은 표현을 구분하는 것이므로 시민을 보호하기 위해 제한해야 할 만큼 저속한 표현의 기준을 정부가 정하는 것은 ㉠과 상충하지 않는다.

② (×) ㉠의 이중기준론은 수정헌법 제1조가 보호하는 표현과 그렇지 않은 표현을 구분하여 추잡하고 음란한 말, 신성 모독적인 말, 인신공격이나 타인을 모욕하는 말, 즉 발언만으로도 누군가에게 해를 입히거나 사회의 양속을 해칠 말은 보호 대상이 되는 표현에 포함되지 않는다고 본다. 따라서 음란물이 저속하고 부도덕하다는 이유에서 음란물 유포를 금하는 법령은 ㉠과 상충하지 않는다.

③ (○) ㉡의 내용중립성 원칙은 정부가 어떤 경우에도 표현되는 내용에 대한 평가에 근거하여 표현을 제한해서는 안 된다는 것이다. 다시 말해 정부는 표현되는 사상이나 주제나 내용을 이유로 표현을 제한할 수 없다. 따라서 어떤 영화의 주제가 나치즘 찬미라는 이유에서 상영을 금하는 법령은 ㉡에 저촉된다.

④ (○) ㉡의 내용중립성 원칙은 정부가 어떤 경우에도 표현되는 내용에 대한 평가에 근거하여 표현을 제한해서는 안 된다는 것이다. 따라서 경쟁 기업을 비방하는 내용의 광고라는 이유로 광고의 방영을 금지하는 법령은 ㉡에 저촉된다.

⑤ (○) 인신공격하는 표현으로 특정 정치인을 힐난하는 내용의 기획물이라는 이유로 TV 방송을 제재할 것인지에 관해 ㉠은 찬성할 것이고 ㉡은 반대할 것이다. 따라서 ㉠과 ㉡은 상반되게 답할 것이라는 것은 적절한 평가이다.

문 23 개념 이해 [난이도 중] 정답 ①

문제풀이 핵심 포인트
지문에 통화 채널당 할당된 주파수 대역을 재사용하는 기술과 통화량을 늘릴 수 있는 방법이 제시되어 있으므로 이에 주목한다.

풀이

① (×) 두 번째 단락에 따르면 기지국의 전파 강도를 조절하는 것은 셀의 반지름을 줄여 수용 가능한 통화량을 증가시키기 위해서이다. 따라서 주파수 재사용률을 높이기 위해 기지국의 전파 강도를 높여 이동 통신 서비스를 제공한다는 것은 알 수 없다.

② (○) 첫 번째 단락에 따르면 인접하지 않은 셀에서는 이미 사용하고 있는 주파수 대역을 다시 사용하는 방법으로 제한된 수의 주파수 대역으로 넓은 지역에 이동 통신 서비스를 제공할 수 있다.

③ (○) 첫 번째 단락에 따르면 주파수 간섭 문제를 피하기 위해 인접한 셀들은 서로 다른 주파수 대역을 사용한다. 따라서 인접 셀에서 같은 주파수 대역을 사용하면 주파수 간섭 문제가 발생할 수 있다.

④ (○) 두 번째 단락에 따르면 시스템 설계자는 평소 통화량이 많은 곳은 셀의 반지름을 줄이고 통화량이 적은 곳은 셀의 반지름을 늘려 서비스 효율성을 높인다. 따라서 시스템 설계자는 서비스 지역의 통화량에 따라 셀의 반지름을 정한다는 것을 알 수 있다.

⑤ (○) 두 번째 단락에 따르면 셀의 반지름을 반으로 줄일 경우 동일한 지역에는 셀의 수가 약 4배가 되고, 수용 가능한 통화량도 약 4배로 증가하게 된다. 따라서 기지국 수를 늘리면 수용 가능한 통화량이 증가한다는 것을 알 수 있다.

✏️ 실전에선 이렇게!
지문에 그림이나 도표 등이 등장하는 경우에는 지문의 내용을 읽을 때 그림이나 도표로 내용을 확인하는 것이 개념을 잡는 데 도움이 된다.

문 24 개념 이해 [난이도 중] 정답 ③

문제풀이 핵심 포인트
지문에 제시된 티코 브라헤의 견해, 즉 코페르니쿠스 체계에 대한 티코브라헤의 반증 과정에 주목한다.

풀이

ㄱ. (○) 세 번째 단락에 따르면 연주시차가 관찰될 수 없을 만큼 별들이 멀리 떨어져 있다는 생각은 아리스토텔레스의 자연학과 양립할 수 없었기 때문에 티코 브라헤는 결국 별이 그토록 멀리 떨어져 있다는 가능성을 부정할 수밖에 없었다. 따라서 티코 브라헤는 기술적 한계 때문에 연주시차가 관찰되지 않았을 가능성을 당시 천체 운동을 설명하던 이론에 근거하여 부정하였다는 것을 알 수 있다.

ㄴ. (×) 두 번째 단락에 따르면 티코 브라헤는 연주시차가 관찰되는지를 오랜 시간에 걸쳐 꼼꼼하게 조사했는데, 연주시차는 전혀 관찰되지 않았고, 논리적 절차에 따라 코페르니쿠스 체계를 반증했다. 따라서 티코 브라헤는 반증 과정에서 관찰 내용에 대한 최선의 이론적 설명이 아니라 종교적 편견에 따른 비합리적 설명을 선택함으로써 오류에 빠지게 되었다는 것은 옳지 않다.

ㄷ. (○) 두 번째 단락에 나타난 코페르니쿠스 체계에 대한 티코 브라헤의 반증은, '코페르니쿠스 체계가 옳다면 연주시차가 관찰된다. 연주시차는 관찰되지 않았다. 따라서 코페르니쿠스 체계는 옳지 않다.'의 절차로 재구성할 수 있다.

문 25 빈칸 추론 [난이도 상] 정답 ⑤

문제풀이 핵심 포인트
빈칸에 들어갈 내용은 세셀리아초파리가 땀 냄새가 연상되는 프로피온산 냄새를 맡을 수 있다는 발견이 중요한 이유이므로 빈칸 주변 문장에서 그 단서를 찾는 것이 중요하다.

풀이

① (×) 세셀리아초파리가 주로 먹는 노니의 열매는 프로피온산 냄새가 나지 않기 때문이라는 것은 지문의 내용과 관련이 없다.

② (×) 프로피온산 냄새를 담당하는 후각수용체 단백질은 Ir75a 유전자와 상관이 없기 때문이라는 것은 빈칸 뒤의 결론과 상충하는 내용이다.

③ (×) 노랑초파리에서 프로피온산 냄새를 담당하는 후각수용체 유전자는 위유전자가 되었기 때문이라는 것은 빈칸 뒤의 결론과 상충하는 내용이다.

④ (×) 세셀리아초파리와 노랑초파리에서 Ir75a 유전자가 만드는 후각수용체 단백질이 똑같기 때문이라는 것은 빈칸 앞에서 세셀리아초파리는 Ir75a 유전자를 가지고 있지만 아세트산 냄새를 못 맡는다는 전제와 어긋난다.

⑤ (○) 세셀리아초파리는 노랑초파리와 동일하게 Ir75a 유전자를 가지고 있지만 아세트산 냄새를 못 맡기 때문에 세셀리아초파리의 Ir75a 유전자는 해당 단백질을 만들지 못하는 '위유전자'라고 여겨졌다. 그런데 스위스 로잔대 연구진은 세셀리아초파리가 땀 냄새가 연상되는 프로피온산 냄새를 맡을 수 있다는 사실을 발견했고, 이 발견이 가지는 중요한 이유로 인해 세셀리아초파리의 Ir75a 유전자도 후각수용체 단백질을 만든다는 결론을 내리고 있다. 따라서 이 발견이 중요한 이유로 가장 적절한 것은 '노랑초파리에서 프로피온산 냄새를 담당하는 후각수용체 단백질을 만드는 것이 Ir75a 유전자이기 때문'이라는 것이다. 그래야만 세셀리아초파리의 프로피온산 냄새를 담당하는 후각수용체 단백질을 만드는 것도 Ir75a 유전자일 것이라는 결론으로 연결될 수 있다.

민경채 2018년 기출문제

PSAT 전문가의 총평

· 2018년 민간경력자 PSAT 기출문제는 '독해의 원리'에서 12문항, '논증의 방향'에서 4문항, '문맥과 단서'에서 6문항, '논리의 체계'에서 3문항이 출제되었습니다.

· 독해 문제의 비중이 2017년과 비슷하게 출제되어 중요하게 다뤄졌습니다. 그러나 지문 길이가 길지 않았고 '개념 이해'와 '구조 판단' 유형의 비중이 조화롭게 출제되어 체감 난도는 2017년에 비해 높지 않았습니다. 다만 추론 문제는 난도 높은 문제가 출제되었으므로 이에 주목해야 합니다. 논증 문제의 경우 2017년보다 비중이 줄었고, 대표적인 발문인 평가와 강화 문제와 더불어 '견해 부합'이라는 새로운 발문이 등장하였습니다. 문맥 문제는 비중이 높아졌고, 작년에 출제 비중이 작았던 빈칸 추론 문제가 다양한 형태로 출제되었습니다. 글의 순서를 묻는 새로운 문제 형태가 등장한 점도 특징입니다. 논리 문제의 경우 2017년과 비슷한 비중으로 출제되었고, 논리 퀴즈보다 독해형 논리 문제가 강화되었습니다.

정답

p.140

문1	④	빈칸 추론	문6	④	개념 이해	문11	①	개념 이해	문16	①	구조 판단	문21	⑤	구조 판단
문2	④	글의 수정	문7	②	빈칸 추론	문12	③	글의 수정	문17	①	논증 평가	문22	④	원칙 적용
문3	③	개념 이해	문8	③	견해 분석	문13	②	개념 이해	문18	①	견해 분석	문23	②	구조 판단
문4	⑤	개념 이해	문9	④	구조 판단	문14	⑤	개념 이해	문19	③	빈칸 추론	문24	⑤	빈칸 추론
문5	②	구조 판단	문10	③	독해형 논리	문15	②	논증 평가	문20	④	독해형 논리	문25	②	논리 퀴즈

취약 유형 분석표

유형별로 맞힌 문제 개수와 정답률, 틀린 문제 번호, 풀지 못한 문제 번호를 적고 나서 취약한 유형이 무엇인지 파악해 보세요. 그 후 약점 보완 해설집 p.2 [취약 유형 공략 포인트]에서 약점 보완 학습법을 확인하고, 틀린 문제와 풀지 못한 문제를 다시 한번 풀어보세요.

유형		맞힌 문제 개수	정답률	틀린 문제 번호	풀지 못한 문제 번호
독해의 원리	개념 이해	/6	%		
	구조 판단	/5	%		
	원칙 적용	/1	%		
논증의 방향	논지와 중심 내용	–	–		
	견해 분석	/2	%		
	논증의 비판과 반박	–	–		
	논증 평가	/2	%		
문맥과 단서	빈칸 추론	/4	%		
	밑줄 추론	–	–		
	글의 수정	/2	%		
논리의 체계	논증의 타당성	–	–		
	논리 퀴즈	/1	%		
	독해형 논리	/2	%		
TOTAL		**/25**	**%**		

해설

문 1 빈칸 추론 난이도 하 정답 ④

문제풀이 핵심 포인트

빈칸이 지문 마지막 문장에 배치되어 있으므로 마지막 단락의 문장 흐름에 주목하여 빈칸의 내용을 추론할 수 있는 단서를 파악하는 것이 중요하다.

풀이

④ (O) 두 번째 단락에서 A는 조선 후기에 다수의 양반이 광작을 통해 부농이 되었다는 주장을 근거가 없다고 비판한다. 장자를 제외한 사람들은 영세한 소작인으로 전락했다는 것이 그의 주장이다. 세 번째 단락에서 A는 조선 후기의 대다수 농민은 소작인이었으며, 그나마 이들이 소작할 수 있는 땅도 적었다고 주장한다. 이를 정리하면 빈칸에 들어갈 진술로 가장 적절한 것은 "조선 후기에는 양반이든 농민이든 부농으로 성장할 수 있는 가능성이 높지 않았다"이다.

실전에선 이렇게!

빈칸이 들어간 문장을 먼저 확인하면, 빈칸에 들어갈 문장은 A의 주장이어야 함을 알 수 있으므로 논지 문제처럼 지문에서 A의 주장을 찾는 것에 집중한다.

문 2 글의 수정 난이도 하 정답 ④

문제풀이 핵심 포인트

밑줄 친 문장이 글의 흐름에 맞는지 확인하는 것이 핵심이므로 지문의 세부적인 내용보다는 밑줄 친 부분에 전체 맥락에 어긋나는 키워드가 있는지를 확인하는 것이 중요하다.

풀이

① (×) ⊙은 '자급자족 형태의 농업과 달리'라는 표현과 연결되므로 이를 "개인적인 소비를 위해 경작하는 농업"으로 고치는 것은 적절하지 않다.

② (×) ⓒ은 '인간적이었던 관계'라는 표현과 연결되므로 이를 "농장주와 농장 노동자의 이질적이고 사용 관계에 가까웠던 관계"로 고치는 것은 적절하지 않다.

③ (×) ⓒ은 '대량 판매 시장을 위한'이라는 표현과 연결되므로 이를 "기술적 전문성이 점점 더 강조되면서 인간이 기계를 대체"로 고치는 것은 적절하지 않다.

④ (O) ⓔ은 다음 문장의 '농장주와 농장 노동자 간의 소득 격차는 갈수록 벌어졌고'라는 표현과 맞지 않는다. 따라서 이 부분을 "계급의 양극화가 나타난 것이다."로 고치는 것이 적절하다.

⑤ (×) ⓜ은 '수익을 얻기 위한 토지 매매가 본격화되면서'라는 표현과 연결되므로 이를 "재산권은 개별화되기보다는 사회 구성원 내에서 공유되었다."로 고치는 것은 적절하지 않다.

실전에선 이렇게!

밑줄 친 ⊙~ⓜ을 전체 흐름과 맞게 고쳐야 하는 문제이므로 지문을 처음부터 읽으면서 밑줄 친 ⊙~ⓜ 부분을 읽을 때 선택지를 함께 확인하며 읽는다.

문 3 개념 이해 난이도 중 정답 ③

문제풀이 핵심 포인트

지문에 '민주공화국', '공화국', '자유민주주의', '고전적 자유주의', '공공성', '개인주의' 등의 단어가 제시되어 있으므로 각 단어들의 관련성에 주목한다.

풀이

① (×) 첫 번째 단락에 따르면 냉전 체제의 고착화로 인해 반공이 국시가 되면서 '공화국'보다는 오히려 '자유민주주의'라는 용어가 훨씬 더 널리 사용되었는데, 이때에도 민주주의보다는 자유가 강조되었다. 따라서 한국 사회에서 자유민주주의라는 용어는 공화국의 이념을 충실하게 수용한 것이라고 볼 수 없다.

② (×) 첫 번째 단락에 따르면 임시 정부에서 민주공화국이라는 용어를 사용한 것은 맞지만, 그것이 자유주의 전통에 따른 것이라 볼 수는 없다. 두 번째 단락에 따르면 해방 이후 한국 사회에 유포된 자유의 개념이 대체로 서구의 고전적 자유주의 전통에서 비롯된 것일 뿐이다. 따라서 임시 정부에서 민주공화국이라는 용어를 사용한 것은 자유주의 전통에 따른 것이라고 볼 수 없다.

③ (O) 두 번째 단락에 따르면 해방 이후 한국 사회에 유포된 자유의 개념은 대체로 서구의 고전적 자유주의 전통에서 비롯된 것인데, 이 같은 자유 개념에 기초하고 있는 자유민주주의에서는 개인의 자유를 강조할수록 사회적 공공성은 약화될 수밖에 없다. 따라서 고전적 자유주의에서 비롯된 자유 개념을 강조할수록 사회적 공공성이 약화될 수 있다.

④ (×) 첫 번째 단락에 따르면 냉전 체제의 고착화로 인해 반공이 국시가 되면서 '공화국'보다는 오히려 '자유민주주의'라는 용어가 훨씬 더 널리 사용되었는데, 이때에도 민주주의보다는 자유가 강조되었다. 따라서 반공이 국시가 된 이후 국가 공동체에 대한 충성을 강조한 결과 공공성에 대한 관심이 증대되었다고 볼 수 없다.

⑤ (×) 세 번째 단락에 따르면 자유민주주의가 1960년대 이후 급속히 팽배하기 시작한 개인주의와 결합하면서 사회적 공공성은 더욱 후퇴하였다. 따라서 1960년대 이후 개인주의와 자유민주주의의 결합은 공동체 전체의 번영이라는 사회적 결과를 낳았다고 볼 수 없다.

문 4 개념 이해 난이도 중 정답 ⑤

문제풀이 핵심 포인트

지문에 '구글의 디지털도서관'과 '구글의 지식 통합 작업' 등에 대한 정보가 제시되어 있으므로 그 부분에 주목한다.

풀이

① (×) 두 번째 단락에 따르면 구글과 출판업계의 합의안을 연방법원에서 거부하였고 저작권자도 소송에 참여하라고 주문하였으므로 구글과 저작권자의 갈등은 소송을 통해 해결되었다고 볼 수 없다.

② (×) 세 번째 단락에 따르면 지식 통합 작업을 통한 지식의 독점은 한쪽 편이 상대방보다 훨씬 많은 지식을 가지는 지식의 비대칭성을 강화하여 사회계약의 토대 자체가 무너질 수 있다. 따라서 구글의 지식 통합 작업은 사회계약의 전제조건을 더 공고하게 할 것이라고 볼 수 없다.

③ (×) 세 번째 단락에 따르면 사람들이 알아도 될 것과 그렇지 않은 것을 결정하는 막강한 권력을 구글이 갖게 되는 상황이 초래될 수 있으므로 독자들과 구글 사이에 불평등한 권력 관계가 성립될 여지가 크다. 따라서 구글의 지식 통합 작업은 독자들과 구글 사이에 평등한 권력 관계를 확대할 것이라고 볼 수 없다.

④ (×) 첫 번째 단락에 따르면 구글의 디지털도서관은 지금까지 1,500만 권의 책을 스캔한 것은 맞지만, 그 중 저작권 보호 기간이 지난 책들을 무료로 서비스하고 있다. 따라서 구글의 디지털도서관은 지금까지 스캔한 1,500만 권의 책을 무료로 서비스하고 있다고 볼 수 없다.

⑤ (○) 세 번째 단락에 따르면 지식 통합 작업은 지식을 수집하여 독자들에게 제공하고자 하는 것이지만, 더 나아가면 지식의 수집뿐만 아니라 선별하고 배치하는 편집 권한까지 포함하게 된다. 따라서 구글의 지식 통합 작업은 지식의 수집에서 편집권을 포함하는 것까지 확대될 수 있다.

문5 구조 판단 난이도 중   정답 ②

문제풀이 핵심 포인트
지문에 체험사업의 체험과 경험이 대비되고 있으므로 각 단어의 특성과 차이점 및 공통점에 주목한다.

풀이

① (×) 첫 번째 단락에 따르면 장기간의 반복적 일상은 체험사업에서 제공될 수 없다.

② (○) 두 번째 단락에 따르면 타자들로 가득한 현실을 경험함으로써 인간은 스스로 변화하는 동시에 현실을 변화시킬 동력을 얻는다고 제시되어 있다. 따라서 현실을 변화시킬 수 있는 동력은 체험이 아닌 현실을 경험함으로써 얻게 된다는 것을 알 수 있다.

③ (×) 두 번째 단락에 따르면 가상현실은 실제와 가상의 경계를 모호하게 할 뿐만 아니라 우리를 현실에 순응하도록 이끈다고 제시되어 있다. 따라서 가상현실은 실제와 가상 세계의 경계를 구분하여 자기 자신을 체험할 수 없도록 한다는 것은 옳지 않다.

④ (×) 두 번째 단락에 따르면 타자들로 가득한 현실을 경험하는 것은 경험의 특징이므로 체험을 하게 하는 체험사업은 아이들에게 타자와의 만남을 경험하게 해준다고 볼 수 없다.

⑤ (×) 첫 번째 단락에 따르면 디지털 가상현실 기술은 아이들에게 미리 짜놓은 현실이나 치밀하게 계산된 현실을 체험하게 하는 것이지, 현실을 경험하게 하는 것이 아니다.

🖊 실전에선 이렇게!

선택지에 제시되어 있는 '체험사업', '현실', '가상현실' 등의 단어가 어떤 점에서 대조되고 있는지를 지문에서 빠르게 확인하는 것이 필요하다.

문6 개념 이해 난이도 중   정답 ④

문제풀이 핵심 포인트
지문에 '지구 자전축', '자기 나침반' 등의 단어와 함께 캐롤라인 주민들의 방위 파악 방법이 제시되어 있으므로 그 부분에 주목한다.

풀이

① (○) 첫 번째 단락에 따르면 고대에는 별이 뜨고 지는 것을 통해 방위를 파악했는데, 최근까지 서태평양 캐롤라인 제도의 주민은 별을 나침반처럼 이용하여 여러 섬을 찾아다녔다. 따라서 고대에 사용되었던 방위 파악 방법 중에는 최근까지 이용된 것도 있다는 것을 알 수 있다.

② (○) 세 번째 단락에 따르면 남십자성이 천구의 남극점 주위를 돌고 있어서 캐롤라인 제도의 주민이 남쪽을 파악하는 데는 큰 어려움이 없다. 따라서 캐롤라인 제도의 주민은 밤하늘에 있는 남십자성을 이용하여 남쪽을 알아낼 수 있었다는 것을 알 수 있다.

③ (○) 두 번째 단락에 따르면 천구의 북극점은 지구 자전축의 북쪽 연장선상에 있기 때문에 천구의 북극점에 있는 별은 공전을 하지 않고 정지된 것처럼 보인다. 따라서 지구 자전축의 연장선상에 별이 있다면, 밤하늘을 보았을 때 그 별은 정지된 것처럼 보인다는 것을 알 수 있다.

④ (×) 세 번째 단락에 따르면 북극성은 자기(磁氣) 나침반보다 더 정확하게 천구의 북극점을 가리킨다. 따라서 자기 나침반을 이용하면 북극성을 이용할 때보다 더 정확히 천구의 북극점을 찾을 수 있다는 것은 옳지 않다.

⑤ (○) 두 번째 단락에 따르면 천구의 북극점에 있는 별을 제외하고 북극성을 포함한 별이 천구의 북극점을 중심으로 공전하는 것처럼 보이는 것은 지구가 자전하기 때문이다. 따라서 캐롤라인 제도의 주민이 관찰한 별이 천구의 북극점을 중심으로 공전하는 것처럼 보이는 이유는 지구가 자전하기 때문이라고 볼 수 있다.

문7 빈칸 추론 난이도 중   정답 ②

문제풀이 핵심 포인트
ⓐ와 ⓑ는 각 논증의 전제를 구성하고 있으므로 논증의 구조를 명확히 파악하는 것이 중요하다.

풀이

ⓐ (가), (나), (다)를 타당한 논증으로 만들기 위해 필요한 (가)의 문장을 <보기> ㄱ과 ㄴ 중 찾아야 한다. 각 문장을 간단히 정리하면 다음과 같다.

(가) _____
(나) 달 따라다님
(다) ∴ ~지구 공전

따라서 (가)에 들어갈 문장은 '달 따라다님 → ~지구 공전'이어야 하고, <보기> ㄱ이 이와 동일하므로 ⓐ에 들어갈 문장은 ㄱ이다.

ⓑ (라), (마), (바)의 구조를 보면, 망원경에 의한 관찰 자료를 신뢰할 수 있도록 만드는 것을 찾아야 하는데, 그것이 빛 번짐 현상을 없애는 것과 관련되어 있음을 알 수 있다. 이를 바탕으로 세 번째 단락을 확인해 보면, 육안으로 금성을 관찰할 경우 낮에 관찰하는 것이 더 정확하고, 낮에 관찰한 결과 연중 금성의 외견상 크기가 변한다는 것을 알 수 있다. 따라서 밤에 금성을 관찰할 때 망원경을 사용하면 빛 번짐 현상을 없앨 수 있다는 점을 강조하려면 낮에 육안으로 금성을 관찰한 결과와 밤에 망원경으로 금성을 관찰한 결과가 같으면 된다. 결국 ⓑ에 들어갈 문장은 ㅁ이다.

문 8 견해 분석 _{난이도} 中 정답 ③

문제풀이 핵심 포인트

지문에 '윤리적으로 옳은 행위가 무엇인가?'라는 문제가 제기되어 있으므로 이에 대한 답을 찾는 데 주목한다.

풀이

ㄱ. (O) 두 번째 단락에 따르면 응급환자를 태우고 병원 응급실로 달려가던 중 신호를 위반하고 질주하는 행위는 맥락에 따라 윤리적으로 정당화할 수 있는 행위라고 판단될 것이다. 따라서 어떤 행위는 그 행위가 이루어진 맥락에 따라 윤리적으로 허용되는지의 여부가 결정된다는 것은 적절한 분석이다.

ㄴ. (×) 적극적인 윤리적 의무에 대해서만 주목하지 말고 해당 행위가 해야 하는 행위인지, 권장되는 행위인지, 혹은 허용되는 행위인지 따져볼 필요가 있다는 것이 지문의 논지이다. 따라서 '윤리적으로 옳은 행위가 무엇인가?'라는 질문에 답하기 위해서는 적극적인 윤리적 의무에만 주목해야 한다는 것은 적절한 분석이 아니다.

ㄷ. (O) 두 번째 단락에 따르면 윤리적으로 권장되는 행위나 윤리적으로 허용되는 행위에 대해 옳음이나 그름이라는 윤리적 가치 속성을 부여한다면, 이 행위들에는 윤리적으로 옳음이라는 속성이 부여될 것이다. 따라서 윤리적으로 권장되는 행위와 윤리적으로 허용되는 행위에 대해서는 윤리적으로 옳음이라는 가치 속성이 부여될 수 있다는 것은 적절한 분석이다.

문 9 구조 판단 _{난이도} 中 정답 ④

문제풀이 핵심 포인트

지문에 '인간, 이성, 도덕적 명령, 의무'라는 키워드와 '심리적 성향, 도덕성과 무관, 감정과 욕구'라는 키워드가 대조적으로 제시되어 있으므로 이에 주목한다.

풀이

① (O) 첫 번째 단락에서 동물의 행동을 선하다거나 악하다고 평가할 수 없는 이유에 대해 말하고 있으므로 동물의 행위는 도덕적 평가의 대상이 아님을 추론할 수 있다.

② (O) 세 번째 단락에서 감정이나 욕구에 따른 행위는 상대적이기 때문에 시공간을 넘어 모든 인간에게 적용될 수 있는 보편적인 도덕의 원리가 될 수 없다고 언급되어 있으므로 추론할 수 있다.

③ (O) 두 번째 단락에서 심리적 성향에서 비롯된 행위는 도덕성과 무관하다고 언급되어 있으므로 심리적 성향에서 비롯된 행위는 도덕적 행위일 수 없다고 추론할 수 있다.

④ (×) 이성의 명령에 따른 행위는 도덕적 행위이고, 심리적 성향에 따른 행위는 도덕과 무관하다. 그러나 이성의 명령에 따른 행위가 심리적 성향에 따른 행위와 일치하는 경우는 없다고 추론할 수는 없다.

⑤ (O) 두 번째 단락에서 인간의 행위 중에는 의무에서 비롯된 행위가 있고, 그게 아니라면 심리적 성향에서 비롯된 것이라고 언급되어 있으므로 인간의 행위 중에는 심리적 성향에서 비롯된 것도 있고 의무에서 나온 것도 있다고 추론할 수 있다.

실전에선 이렇게!

선택지에 제시된 핵심적인 단어인 '동물의 행위'와 '인간의 행위', '이성의 명령'과 '심리적 성향'이 대비되고 있으므로 구조적인 부분에 집중할 필요가 있다.

문 10 독해형 논리 _{난이도} 上 정답 ③

문제풀이 핵심 포인트

지문에 제시된 조건 명제를 기호화하여 연결고리를 파악하고, 정보들을 조합하여 최종 선정되는 단체를 판단할 수 있는 확정적인 정보를 도출한다.

풀이

지문에 제시된 조건을 기호화하면 다음과 같다.

· 명제 1: 지원 → ~최종 후보
· 명제 2: 올림픽 > 엔테테인먼트
· 명제 3: ~A ∧ ~C → B ∨ E
· 명제 4: D → ~A
· 명제 5: 최하 부가가치 → ~최종 후보

명제 1에 의해 B, 명제 5에 의해 E가 최종 후보에서 제외된다. 명제 3에 의해 A나 C 중 하나가 최종 선정되어야 한다. 명제 2에 의해 C가 선정된다.

따라서 최종 선정되는 단체는 C이다.

문 11 개념 이해 _{난이도} 下 정답 ①

문제풀이 핵심 포인트

지문에 삼국시대 사찰의 구조 및 탑, 회랑 등의 건축물에 대한 특성이 제시되어 있으므로 이에 주목한다.

풀이

① (O) 세 번째 단락에서 남문·중문·탑·금당·강당·승방 등이 남북으로 일직선상에 놓였다고 제시되어 있으므로 삼국시대의 사찰에서 탑은 중문과 강당 사이에 위치한다는 것은 알 수 있다.

② (×) 두 번째 단락에서 예배의 중심은 탑에서 불상을 모신 금당으로 자연스럽게 옮겨갔다고 되어 있지만, 진신사리를 모시는 곳이 탑에서 금당의 불상으로 바뀌었는지는 알 수 없다.

③ (×) 두 번째 단락에서 진신사리는 그 수가 한정되어 있었기 때문에 삼국시대 말기에는 사리를 대신하여 작은 불상이나 불경을 모셨다고 제시되어 있으므로 삼국시대 말기에 진신사리가 부족하여 탑 안을 비워두었다는 것은 알 수 없다.

④ (×) 세 번째 단락에서 삼국시대 사찰은 후대의 산사와 달리 도심 속 평지 사찰이었기 때문에 회랑이 필수적이었다는 것을 알 수 있으나, 삼국시대 이후에 평지 사찰과 산사를 막론하고 회랑을 세우지 않았는지는 알 수 없다.

⑤ (×) 두 번째 단락에서 탑은 석가모니의 분신을 모신 곳으로 간주되어 사찰의 중심에 놓였다고 제시되어 있으므로 탑을 사찰의 중심에 세웠던 것이 사찰이 성역임을 나타내기 위해서였는지는 알 수 없다.

문 12 글의 수정 _{난이도} 하   정답 ③

문제풀이 핵심 포인트

문단을 배열하기 위해서 앞뒤 문단을 연결해 주는 핵심적인 단서를 찾아 내용의 흐름을 잡는 데에 주목한다.

풀이

③ (O) 중심 소재인 회전문이 맨 처음 언급된 부분이 (나)의 "그 대표적인 예가 회전문이다."이므로 (나)가 제일 처음에 올 단락으로 확정된다. 첫 번째 단락인 (나)의 마지막 문장에서 회전문이 어떤 식으로 열리고 닫히는지에 대한 언급이 나와 있으므로 그 방식이 구체적으로 제시된 (가)가 두 번째에 올 단락으로 확정된다. (다)와 (라) 중 (라)가 '또한'으로 시작하면서 (가)에서 언급된 회전문의 작동 방식에 대한 또 다른 구체적인 언급이 나와 있다. 따라서 세 번째 단락은 (라)이다. (다)는 (가)와 (라)의 내용을 종합하여 회전문의 작동 방식에 대해 평가를 내리고 있으므로 가장 마지막에 올 단락이다.

✏ **실전에선 이렇게!**

선택지에서 맨 첫 단락으로 (가)와 (나)가 두 번씩 제시되어 있으므로 이 두 단락을 먼저 확인한다.

문 13 개념 이해 _{난이도} 중   정답 ②

문제풀이 핵심 포인트

지문에서 유교 전통의 특징에 대해 설명하고 있으므로 이에 주목한다.

풀이

① (×) 세 번째 단락에 따르면 유교 전통에서 문사 계층은 갈등 자체가 발생하지 않도록 하였지만, 사회적 갈등을 원활히 관리하지 못하는 군주가 교체될 수 있었는지는 알 수 없다.

② (O) 세 번째 단락에 따르면 유교 전통에서 문사 계층은 서구의 계몽사상가들처럼 기존의 유교적 질서와 다른 정치적 대안을 제시할 수는 없었다. 따라서 유교 전통에서 문사 계층은 기존 유교적 질서와 다른 정치적 대안을 제시하지는 못했다는 것은 글의 내용에 부합한다.

③ (×) 첫 번째 단락에 따르면 유교 전통은 조화를 이상으로 생각했지만, 갈등하는 세력들 간의 공존을 위한 정치나 정치제도에는 관심을 두지 않았고, 이런 측면이 동아시아에서의 민주주의의 실현 가능성을 제한하였다. 따라서 유교 전통에서는 서구의 민주주의와 다른 새로운 유형의 민주주의가 등장하였다는 것은 글의 내용에 부합하지 않는다.

④ (×) 세 번째 단락에 따르면 유교 전통 하에서 실질적 국가운영을 맡았던 것은 문사 계층이었고, 이들은 갈등 자체가 발생하지 않도록 힘썼다. 따라서 군주의 주도로 갈등하는 세력이 공존하는 정치가 유지될 수 있었다는 것은 글의 내용에 부합하지 않는다.

⑤ (×) 세 번째 단락에 따르면 문사 계층이 유교 윤리에서 벗어난 군주의 그릇된 행위를 비판하기도 하였지만, 이로 인해 동아시아에서 민주주의가 발전하지는 않았다. 따라서 군주의 통치 행위에 대해 다양하게 비판할 수 있었던 유교 전통으로 인해 동아시아에서 민주주의가 발전하였다는 것은 글의 내용에 부합하지 않는다.

문 14 개념 이해 _{난이도} 중   정답 ⑤

문제풀이 핵심 포인트

지문에서 '루머'와 '사회적 동조'에 대해 설명하고 있으므로 두 개념의 관련성에 주목한다.

풀이

① (O) 첫 번째 단락에 따르면 사람들이 사회적·개인적 불안감을 해소하기 위한 수단으로 루머에 의지한다.

② (O) 두 번째 단락과 세 번째 단락에 따르면 사회적 동조는 루머가 사실로 인식되고 대중적으로 수용되는 과정에서 큰 영향력을 행사하고, 개인이 어떤 정보에 대해 판단하거나 그에 대한 태도를 결정하는 데 정당성을 제공한다. 따라서 사회적 동조는 개인이 루머를 사실로 받아들이는 결정을 함에 있어 정당성을 제공한다는 것을 알 수 있다.

③ (O) 네 번째 단락에 따르면 소속된 집단으로부터 소외되지 않기 위해서 다수에 의해 지지되는 의견을 따라가는 현상은 개인주의 문화권보다는 집단주의 문화권에 있는 사람들에게서 더 잘 나타난다. 따라서 집단주의 문화권에서는 개인주의 문화권보다 사회적 동조가 루머의 확산에 미치는 영향이 더 크게 나타난다는 것을 알 수 있다.

④ (O) 세 번째 단락에 따르면 루머에 대한 지지 댓글을 많이 본 사람들은 루머에 대한 반박 댓글을 많이 본 사람들에 비해 루머를 사실로 믿는 경향이 더욱 강한 것으로 나타난다.

⑤ (×) 세 번째 단락에 따르면 사회적 동조가 있는 상태에서는 개인의 성향과 상관없이 루머를 사실이라고 믿는 경우가 많았다. 따라서 충동적인지 여부와 상관없이 루머를 사실이라고 믿어야 한다.

문 15 논증 평가 _{난이도} 중   정답 ②

문제풀이 핵심 포인트

지문에서 (가), (나), (다)의 논지가 무엇인지 확인하여 〈보기〉에 제시된 사실들이 각 논지를 강화하는지 약화하는지 판단한다.

풀이

ㄱ. (×) 현재의 정보기술은 덜 숙련된 노동자보다 숙련된 노동자를 선호하고, 노동자보다 자본가에게 돌아가는 수익을 늘린다는 사실은 기술의 발전이 경제적 격차를 가져온다는 내용이므로 (가)의 논지를 약화하지 않는다.

ㄴ. (O) 기술의 발전이 전 세계의 가난한 사람들에게도 도움을 주며, 휴대전화와 같은 혁신사례들이 모든 사람들의 소득과 기타 행복의 수준을 개선한다는 연구결과는, 기술의 발전에 따른 풍요의 사례이다. 따라서 기술의 발전에 따른 풍요가 더 중요한 현상이라는 (나)의 논지와 같은 방향의 사례이므로 (나)의 논지를 강화한다.

ㄷ. (×) 기술의 발전이 가져온 경제적 풍요가 엄청나게 벌어진 격차를 보상할 만큼은 아니라는 것을 보여주는 자료는 기술의 발전에 따른 격차에 초점을 맞추어야 한다는 (다)의 논지를 약화하지 않는다.

✏ **실전에선 이렇게!**

〈보기〉의 구성을 보면 각 〈보기〉에서 (가), (나), (다)의 강화 약화 여부를 하나씩만 다루고 있으므로 〈보기〉에 제시된 순서에 따라 지문을 발췌독한다.

문 16 구조 판단 난이도 중 정답 ①

문제풀이 핵심 포인트
지문에서 '지도 학습'과 '자율 학습'이 비교되고 있으므로 두 학습 방법의 차이점과 공통점에 주목한다.

풀이

ㄱ. (O) 두 번째 단락에 따르면, 사전 학습 데이터가 반드시 제공되어야 하는 것은 지도 학습 방식이다. 따라서 지도 학습 방식을 사용하여 컴퓨터가 사물을 분별하기 위해서는 사전 학습 데이터가 주어져야 한다는 것은 글에서 알 수 있다.

ㄴ. (×) 세 번째 단락에 따르면, 자율 학습을 응용한 딥러닝은 고도의 연산 능력이 요구된다. 따라서 자율 학습은 지도 학습보다 학습의 단계가 단축되었기에 낮은 연산 능력으로도 수행 가능하다는 것은 글에서 알 수 없다.

ㄷ. (×) 세 번째 단락에 따르면, 딥러닝 기술의 활용 범위는 새로운 알고리즘 개발 때문에 넓어졌다. 따라서 딥러닝 기술의 활용 범위는 새로운 알고리즘 개발보다는 고성능 CPU 등장 때문에 넓어졌다는 것은 글에서 알 수 없다.

문 17 논증 평가 난이도 상 정답 ①

문제풀이 핵심 포인트
지문에 물체와의 거리를 판단하는 기준에 대한 주장이 제시되어 있으므로 이를 기준으로 〈보기〉의 사례가 주장을 강화하는지 여부를 판단한다.

풀이

ㄱ. (O) 100미터 떨어진 지점에 민수가 한 번도 본 적이 없는 대상만 보이도록 두고 다른 사물들은 보이지 않도록 민수의 시야 나머지 부분을 가리는 경우, 민수는 경험을 통한 추론을 할 수 없는 상황이다. 따라서 민수가 그 대상을 보고도 얼마나 떨어져 있는지 판단하지 못한다는 것은 물체까지의 거리 판단은 경험을 통한 추론에 의해서 이루어진다는 글의 주장을 강화한다.

ㄴ. (×) 아무것도 보이지 않는 캄캄한 밤에 안개 속의 숲길을 걷다가 앞쪽 멀리서 반짝이는 불빛을 발견한 태훈이가 불빛이 있는 곳까지의 거리를 어렵잖게 짐작한다는 것은 경험을 통한 추론을 하지 못하는 상황에서도 거리에 대해 판단한 것이다. 따라서 물체까지의 거리 판단은 경험을 통한 추론에 의해서 이루어진다는 글의 주장을 강화한다고 볼 수 없다.

ㄷ. (×) 태어날 때부터 한쪽 눈이 실명인 영호는 두 눈을 사용할 수 없는 상태이다. 따라서 영호가 30센티미터 거리에 있는 낯선 물체 외엔 어떤 것도 보이지 않는 상황에서 그 물체까지의 거리를 옳게 판단한다는 것은, 물체가 손이 닿을 정도로 아주 가까이에 있는 경우 두 눈과 대상이 위치한 한 점을 연결하는 두 직선이 이루는 각의 크기를 감지함으로써 물체까지의 거리를 알게 된다는 글의 주장을 강화한다고 볼 수 없다.

문 18 견해 분석 난이도 중 정답 ①

문제풀이 핵심 포인트
'나'의 견해와 부합하는 진술을 찾기 위해서는 지문에서 '나'의 견해를 찾고 〈보기〉의 내용 중 '나'의 견해와 일치하는 진술을 찾는다.

풀이

ㄱ. (O) '나'의 견해는 동물실험은 인간과 동물이 유사한 것을 전제로 하지만, 실험에 동물을 이용해도 되는 이유로 인간과 동물이 다르다는 것을 들고 있는 것은 모순이라는 것이다. 따라서 동물실험은 동물이 인간과 유사하면서도 유사하지 않다고 가정하는 모순적 상황에 놓여 있다는 것은 '나'의 견해와 부합한다.

ㄴ. (×) 인간과 동물 간 생리적 유사성에도 불구하고 심리적 유사성이 불확실하기 때문에 동물실험은 모순적 상황에 있다는 것은 '나'의 견해가 얘기하는 모순에 해당하지 않는다. 따라서 '나'의 견해와 부합하지 않는다.

ㄷ. (×) 인간과 원숭이 간에 심리적 유사성이 존재하기 때문에 인간의 우울증 연구를 위해 아기 원숭이를 정서적으로 고립시키는 실험은 윤리적으로 정당화된다는 것은 '나'의 견해와 무관하다. 따라서 '나'의 견해와 부합하지 않는다.

✏️ 실전에선 이렇게!
견해와 부합하는 것은 견해와 동일한 방향성을 가지는 것이므로 세부적인 지문의 정보보다는 견해를 찾는 데 집중하는 것이 효율적이다.

문 19 빈칸 추론 난이도 하 정답 ③

문제풀이 핵심 포인트
빈칸 주변 글의 흐름을 파악하여 빈칸에 들어갈 내용이 '이 틈새'가 존재할 수 있는 이유와 관련되어 있음을 알아야 한다.

풀이

③ (O) 빈칸에 들어갈 진술을 추론하기 위해서는 '일정한 틈새'가 무엇을 의미하는지 알아야 한다. 빈칸 뒤의 문장을 보면 모든 사람들이 사기꾼이라서 사기를 칠 가능성이 사라지게 되는 것이 일정한 틈새가 없는 상태임을 알 수 있다. 즉, 이 틈새는 사기를 치지 않고, 다른 사람에게 협조하는 사람들이 존재하는 것이라 볼 수 있다. 따라서 빈칸에 들어갈 진술은 '많은 사람이 진정으로 협조하기'가 가장 적절하다.

문 20 독해형 논리 난이도 상 정답 ④

문제풀이 핵심 포인트
지문에 제시된 정보를 정리하고 연결하여 지문에 직접적으로 제시되지 않은 확정적인 정보를 파악하는 것이 중요하다.

풀이

지문에 주어진 중요 정보를 정리하면 다음과 같다.

1) 두 명 또는 세 명으로 구성된 팀 단위로 출장
2) 네 팀이 구성되어 네 지역에 각각 한 팀씩 출장
3) 신임 사무관: 한 명, 유일하게 한 지역의 출장에만 참가

4) 총괄하는 사무관: 한 명, 네 지역 모두의 출장에 참가

5) 을은 갑과 단둘이 가는 한 번의 출장 이외에 다른 어떤 출장도 가지 않음

6) 병과 정이 함께 출장을 가는 경우는 단 한 번

7) 단 두 명의 사무관만이 두 광역시 모두에 출장을 감

① (O) 4)와 5)에 따르면 갑은 이번 출장 업무를 총괄하는 사무관이다.

② (O) 3)과 5)에 따르면 을은 신임 사무관이므로 7)에 따를 때 광역시에 출장을 가지 않는다.

③ (O) 3)에 따르면 신임 사무관 외 나머지 사무관은 모두 두 지역 이상 출장을 간다. 따라서 6)과 갑이 총괄 사무관이라는 사실에 따를 때 병이 갑, 무와 함께 출장을 가는 지역이 있다.

④ (✕) 3)과 6)에 따를 때 정은 총 두 곳에 출장을 간다.

⑤ (O) 무는 갑, 병과 출장 가는 지역과 갑, 정과 출장 가는 지역 총 두 곳에 출장을 간다.

✏️ 실전에선 이렇게!

지문에 제시된 문장에는 기호화가 필요한 논리 명제와 함께 단순히 정보를 제공하는 문장이 다수 포함되어 있으므로 정보를 가시적으로 정리하는 것이 효율적이다.

문21 구조 판단 [난이도 상]   정답 ⑤

문제풀이 핵심 포인트

지문에 '물류 거점', '축산 거점' 및 지역명이 언급되어 있으므로 이에 주목한다.

풀이

① (O) 세 번째 단락에 따르면 회령의 유선탄광에서 폭약이 터진 사건이 있었는데, 〈아리랑〉의 감독 겸 주연이었던 나운규의 고향이 회령이다. 따라서 영화 〈아리랑〉 감독의 고향에서 탄광 폭발사고가 발생하였다는 것을 추론할 수 있다.

② (O) 두 번째 단락에 따르면 무산·회령·종성·온성은 조선의 최북단 지역인데, 이 지역의 개발이 촉진되어 근대적 도시로 발전하였다. 따라서 조선 최북단 지역의 몇몇 작은 읍들은 근대적 도시로 발전하였다는 것을 추론할 수 있다.

③ (O) 두 번째 단락에 따르면 일본은 대륙 종단의 시발점이 되는 항구를 조선 북부에서 확보한 공업 원료와 식량 자원을 자국으로 수송하기 위한 물류 거점으로 중시했고, 두만강을 통해 바로 만주로 진출할 수 있는 축산 거점을 두었다. 그리고 일본은 이러한 자원들을 일본으로 수송하기 위한 철도를 부설하였다. 따라서 축산 거점에서 대륙 종단의 시발점이 되는 항구까지 부설된 철도가 있었음을 추론할 수 있다.

④ (O) 첫 번째 단락에 따르면 조선의 북부 지역에서 약탈한 광물과 목재, 콩 등이 군수산업 원료이고, 두 번째 단락에 따르면 일본은 만주와 함경도에서 생산된 광물자원과 콩, 두만강변 원시림의 목재를 일본으로 수송하기 위해 함경선을 부설하였다. 따라서 군수산업 원료를 일본으로 수송하는 것이 함경선 부설의 목적 중 하나였다는 것을 추론할 수 있다.

⑤ (✕) 두 번째 단락에 따르면 일본의 정책들은 함경도를 만주와 같은 경제권으로 묶음으로써 조선의 다른 지역과 경제적으로 분리시켰다. 따라서 일본은 함경도를 포함하여 한반도와 만주를 같은 경제권으로 묶는 정책을 폈다는 것은 추론할 수 없다.

문22 원칙 적용 [난이도 상]   정답 ④

문제풀이 핵심 포인트

지문에 '진술 A'와 '진술 B'라는 믿음을 표현하는 두 가지 방식이 제시되어 있으므로 그 차이점에 주목한다.

풀이

ㄱ. (✕) 진술 A는 영희가 교통사고를 일으켰다고 믿는 것일 뿐 영희가 민호의 아내인지 아닌지 여부로 철수가 무엇을 믿고 있지 않는지는 도출될 수 없다. 따라서 "영희는 민호의 아내가 아니다."라고 가정한다면, 진술 A로부터 "철수는 민호의 아내가 교통사고를 일으켰다고 믿지 않는다."가 도출된다는 것은 추론할 수 없다.

ㄴ. (O) 첫 번째 단락에 따르면, "영희는 민호의 아내다."라고 가정해도 철수는 영희가 민호의 아내라는 것을 모를 수도 있기 때문에 진술 A로부터 "철수는 민호의 아내가 교통사고를 일으켰다고 믿는다."가 참이라는 것이 반드시 도출되지 않는다. 그러나 "영희가 초보운전자이고 철수가 이 사실을 알고 있다."라고 가정한다면, 진술 A로부터 "철수는 어떤 초보운전자가 교통사고를 일으켰다고 믿는다."가 도출된다고 추론할 수 있다.

ㄷ. (O) 두 번째 단락에 따르면, "영희는 민호의 아내다."라고 가정하는 경우 '교통사고를 일으켰다고 철수가 믿고 있는 사람'이 가리키는 것은 '민호의 아내'가 가리키는 것과 동일하기 때문에 진술 B로부터 "교통사고를 일으켰다고 철수가 믿고 있는 사람은 민호의 아내다."가 도출된다. 따라서 "영희가 동철의 엄마이지만 철수는 이 사실을 모르고 있다."라고 가정하더라도 진술 B는 철수가 알고 있는지 여부와 관련 없이 가정된 바를 적용하여 도출될 수 있으므로 진술 B로부터 "교통사고를 일으켰다고 철수가 믿고 있는 사람은 동철의 엄마다."가 도출된다고 추론할 수 있다.

문23 구조 판단 [난이도 중]   정답 ②

문제풀이 핵심 포인트

지문에 '주주 자본주의'와 '이해관계자 자본주의'가 비교되어 서술되고 있으므로 두 단어의 차이점에 주목한다.

풀이

① (✕) 첫 번째 단락에 따르면 주주 자본주의는 주주의 이윤을 극대화하는 것을 회사 경영의 목표로 하는 시스템이므로 주주 자본주의에서 주주의 이익과 사회적 공헌이 상충할 때 기업은 사회적 공헌을 우선적으로 선택한다는 것은 옳지 않다.

② (O) 첫 번째 단락에 따르면 주식회사가 생기기 이전에는 노동자가 생산수단들을 소유할 수 없었지만 이제는 거의 모든 생산수단이 잘게 쪼개져 누구나 그 일부를 구입할 수 있다. 따라서 주주 자본주의에서는 과거에 생산수단을 소유할 수 없었던 이들이 그것을 부분적으로 소유할 수 있게 되었다는 것을 알 수 있다.

③ (✕) 두 번째 단락에 따르면 이해관계자 자본주의는 기업과 연계되어 있는 이해관계자들 전체, 즉 노동자, 소비자, 지역사회 등을 고려해야 한다고 주장한다. 하지만 지역사회의 일반 주민까지 기업 경영의 전반적 영역에서 주도적인 역할을 담당하는 것은 아니다.

④ (✕) 세 번째 단락에 따르면 주주 자본주의와 이해관계자 자본주의가 혼합되면 기업은 기부와 봉사 등 사회적 활동을 하기 위해 노력하기도 한다. 따라서 기업의 사회적 공헌활동은 주주 자본주의에서보다 약화될 것이라 볼 수 없다.

⑤ (×) 세 번째 단락에 따르면 주주 자본주의와 이해관계자 자본주의가 혼합되면 기업은 주주의 이익을 최우선적으로 고려하지만, 노조 활동을 인정하고, 지역과 환경에 투자하며, 기부와 봉사 등 사회적 활동을 위해 노력하기도 한다. 따라서 주주 자본주의와 이해관계자 자본주의가 혼합된 형태의 기업은 여전히 주주의 이익을 최우선적으로 고려할 것이므로 지역사회의 이익을 높이는 것을 최우선적으로 고려한다는 것은 옳지 않다.

문 24 빈칸 추론 난이도 ⑤   정답 ⑤

문제풀이 핵심 포인트

㉠은 B가 A보다 몇 옥타브 낮은 음을 내는지, 높은 음을 내는지를 판단해야 하고, ㉡은 C가 A보다 몇 옥타브 낮은 음을 내는지, 높은 음을 내는지를 판단해야 한다.

풀이

㉠ 모양과 두께가 같은 동일 재질의 원형 판이 진동할 때 발생하는 진동수는 판 지름의 제곱에 반비례하고, 진동수가 두 배가 될 때 한 옥타브 높은 음이 난다. 따라서 진동수가 4A = B이므로 B는 A보다 '두 옥타브 높은' 음을 낸다.

㉡ 지름과 모양이 같은 동일 재질의 원형 판이 진동할 때 발생하는 진동수는 두께에 비례하고, 진동수가 두 배가 될 때 한 옥타브 높은 음이 난다. 따라서 진동수가 2A = C이므로 C는 A보다 '한 옥타브 높은' 음을 낸다.

✎ **실전에선 이렇게!**

빈칸이 두 개 이상 제시된 문제에서는 선택지를 먼저 확인하면 빈칸을 채우기 위해 지문에서 찾아야 할 단서가 무엇인지 예측할 수 있다.

문 25 논리 퀴즈 난이도 ⑤   정답 ②

문제풀이 핵심 포인트

지문에 제시된 조건을 바탕으로 A, B, C의 참·거짓 여부에 대한 경우의 수를 나누어 가해자 여부를 판단한다.

풀이

지문에서 A의 진술과 B의 진술은 동시에 참이 될 수 없다. 즉, A의 진술이 참일 경우 B의 진술은 거짓이 되고, B의 진술이 참일 경우 A의 진술은 거짓이 되지만, A와 B 둘 다 거짓일 수도 있는 관계이다. 이를 기준으로 경우의 수를 나누면 다음과 같다.

〈경우 1〉 A: 참, B: 거짓

C는 참말을 하는 것이 되고, 거짓말하고 있는 사람은 B이다. 타당한 경우의 수이다.

〈경우 2〉 A: 거짓, B: 참

C는 참말을 하는 것이 되고, 거짓말하고 있는 사람은 A밖에 없다. 그런데 이 경우 B의 진술에 어긋나므로 타당하지 않은 경우의 수이다.

〈경우 3〉 A: 거짓, B: 거짓

C는 거짓말을 하는 것이 되고, 거짓말하고 있는 사람은 A, B, C가 된다. 타당한 경우의 수이다.

〈경우 1〉과 〈경우 3〉에서 거짓말만 하여 가해자인 것이 확실한 사람은 B이다. 한편 참말만 하는 사람은 없으므로 가해자가 아닌 것이 확실한 사람은 없다.

모바일 자동 채점 및
성적 분석 서비스

PSAT 전문가의 총평

· 2017년 민간경력자 PSAT 기출문제는 '독해의 원리'에서 11문항, '논증의 방향'에서 8문항, '문맥과 단서'에서 3문항, '논리의 체계'에서 3문항이 출제되었습니다.

· 독해 문제의 비중이 다시 늘어났고, 지문 길이는 2016년보다 더 길어졌기 때문에 체감 난도가 높았습니다. 특히 '구조 판단'보다는 '개념 이해' 유형의 문제가 늘어 세부 정보를 봐야 하는 문제 비중이 늘어 더 어려웠습니다. 논증 문제의 경우에도 2016년보다 비중이 늘었고 지문의 길이도 길어져 난도가 높아졌습니다. 강화되어 오던 문맥 문제는 오히려 비중이 작아졌는데, 빈칸 추론보다 밑줄 추론 문제가 더 강조되었습니다. 논리 문제의 경우 비중이 줄었지만, 매년 출제되는 대표적인 유형인 논리 퀴즈와 독해형 논리 문제가 출제되었습니다.

정답

p.154

문1	②	개념 이해	문6	②	논리 퀴즈	문11	③	개념 이해	문16	①	독해형 논리	문21	③	논증 평가
문2	③	개념 이해	문7	⑤	개념 이해	문12	⑤	개념 이해	문17	④	논증 평가	문22	④	원칙 적용
문3	⑤	논지와 중심 내용	문8	②	논증 평가	문13	③	개념 이해	문18	③	논증 평가	문23	②	구조 판단
문4	④	개념 이해	문9	①	개념 이해	문14	⑤	빈칸 추론	문19	⑤	밑줄 추론	문24	④	논리 퀴즈
문5	②	밑줄 추론	문10	①	논증 평가	문15	⑤	구조 판단	문20	②	견해 분석	문25	①	논증 평가

취약 유형 분석표

유형별로 맞힌 문제 개수와 정답률, 틀린 문제 번호, 풀지 못한 문제 번호를 적고 나서 취약한 유형이 무엇인지 파악해 보세요. 그 후 약점 보완 해설집 p.2 [취약 유형 공략 포인트]에서 약점 보완 학습법을 확인하고, 틀린 문제와 풀지 못한 문제를 다시 한번 풀어보세요.

유형		맞힌 문제 개수	정답률	틀린 문제 번호	풀지 못한 문제 번호
독해의 원리	개념 이해	/8	%		
	구조 판단	/2	%		
	원칙 적용	/1	%		
논증의 방향	논지와 중심 내용	/1	%		
	견해 분석	/1	%		
	논증의 비판과 반박	–	–		
	논증 평가	/6	%		
문맥과 단서	빈칸 추론	/1	%		
	밑줄 추론	/2	%		
	글의 수정	–	–		
논리의 체계	논증의 타당성	–	–		
	논리 퀴즈	/2	%		
	독해형 논리	/1	%		
TOTAL		**/25**	**%**		

해설

문 1 개념 이해 [난이도 중] 정답 ②

풀이

① (×) 첫 번째 단락에 따르면 황국신민화의 논리는 조선인이 황국의 진정한 신민으로 거듭난다면 일왕과 신민의 관계가 군신 관계에서 부자 관계로 변화하여 일대가족국가를 이루게 된다는 것이므로 군신 관계가 강화된다는 것은 옳지 않다.

② (○) 두 번째 단락에 따르면 친일파는 황국신민화의 이상이 실현되면 조선인과 일본인 그 누구도 우월한 지위를 가질 수 없다는 일제의 주장을 맹신하였고 이러한 단계에 도달하기 위해서는 먼저 조선인 스스로 진정한 '일본인'이 되기 위한 노력을 다해야 한다고 선동하였다. 따라서 친일파는 조선인들이 노력하기에 따라 일본인과 같은 황민이 될 수 있다고 믿었다는 것을 알 수 있다.

③ (×) 황국신민화 정책이 친일파를 제외한 조선인이 독립운동의 필요성을 자각하는 계기가 되었다는 것은 지문에서 알 수 없다.

④ (×) 두 번째 단락에 따르면 친일파는 내선의 차별을 해소하기 위해 오히려 제국의 황민으로 인정받겠다는 조선인의 자각과 노력이 우선되어야 한다고 보았을 뿐, 일본이 조선인에게 참정권을 허용해야 한다는 주장은 하지 않았다.

⑤ (×) 첫 번째 단락에 따르면 황국신민화의 구호는 조선인의 민족의식과 저항정신을 상실케 하려는 일제의 기만적 통치술이었다. 따라서 일제는 황국신민화의 논리로써 일본인과 조선인이 중심부와 주변부의 관계로 위계화된 현실을 극복하고자 하였다는 것은 옳지 않다.

문 2 개념 이해 [난이도 중] 정답 ③

풀이

① (×) 천연두에 대한 스페인의 면역력이 아스텍인들과의 싸움에서 우위를 점할 수 있는 원인이 되었지만, 그것이 스페인의 호전성을 높여주었는지는 알 수 없다.

② (×) 아스텍 제국의 저항을 무력화하는 원동력은 군사력이 아니라 천연두라는 전염병이었다고 보는 것이 옳다.

③ (○) 두 번째 단락에 따르면 유럽의 총칼에 의해 전쟁터에서 목숨을 잃은 아메리카 원주민보다 유럽에서 온 전염병에 의해 목숨을 잃은 원주민 수가 훨씬 많았으며, 이 전염병은 대부분의 원주민들과 그 지도자들을 죽이고 생존자들의 사기를 떨어뜨림으로써 그들의 저항을 약화시켰다. 따라서 아메리카 원주민의 수가 급격히 감소한 주된 원인은 전염병 감염이라는 것을 알 수 있다.

④ (×) 면역력의 차이가 전투에 영향을 미친 것은 1519년의 전투가 아니라, 그 이후의 전투에서이므로 유럽인과 아메리카 원주민의 면역력 차이가 스페인과 아스텍 제국의 1519년 전투 양상을 변화시켰다고 볼 수 없다.

⑤ (×) 아스텍 황제가 죽은 것은 코르테즈가 다시 침입하고 난 이후이므로 코르테즈가 다시 침입했을 때 아스텍인들이 격렬히 저항한 것은 아스텍 황제의 죽음에 분노했기 때문이라고 볼 수 없다.

문 3 논지와 중심 내용 [난이도 하] 정답 ⑤

풀이

① (×) 한 국가의 교육은 당대의 직업구조의 영향을 받는다는 것은 지문의 내용에 부합하지만, 가장 중요한 중심 내용이라 볼 수는 없다.

② (×) 미래에는 현존하는 직업 중 대부분이 사라지는 큰 변화가 있을 것이라는 것은 지문의 내용에 부합하지만, 가장 중요한 중심 내용이라 볼 수는 없다.

③ (×) 세계 여러 국가는 변화하는 세상에 대응하여 전통적인 교육을 개편하고 있다는 것은 지문의 내용에 부합하지만, 가장 중요한 중심 내용이라 볼 수는 없다.

④ (×) 빠르게 변하는 불확실성의 세계에서는 미래의 유망 직업을 예측하는 일이 중요하다는 것은 지문의 내용과 부합하지만, 지문에서 가장 중요한 중심 내용이라 볼 수는 없다.

⑤ (○) '학교는 우리 아이들에게 무엇을 가르쳐야 할까?'에 대한 질문에 답이 될 수 있는 부분이 교육은 변화하는 직업 환경에 성공적으로 대응하는 능력에 초점을 맞추어야 한다는 것이다. 따라서 교육은 다음 세대가 사회 환경의 변화에 대응하는 데 필요한 역량을 함양하는 방향으로 변해야 한다는 것은 글의 중심 내용으로 적절하다.

문 4 개념 이해 [난이도 중] 정답 ④

풀이

① (○) 두 번째 단락에서 시클로포스파미드가 면역세포인 T세포의 수를 감소시켜 쥐의 면역계 기능을 억제한다는 사실이 언급되어 있으므로 쥐에게 시클로포스파미드를 투여하면 T세포 수가 감소한다는 것을 알 수 있다.

② (○) 두 번째 단락에 따르면 애더의 실험 결과는 시클로포스파미드가 아닌 사카린 용액이라는 조건자극이 T세포 수의 감소라는 반응을 일으킨 것을 의미한다는 것을 알 수 있다.

③ (○) 네 번째 단락에 따르면 면역계에서도 학습이 이루어진다는 것을 보여준 애더의 실험은 중추신경계와 면역계가 독립적이지 않으며 어떤 방식으로든 상호작용한다는 것을 말해준다는 것을 알 수 있다.

④ (×) 첫 번째 단락에 따르면 애더의 실험 이전에는 학습이란 뇌와 같은 중추신경계에서만 일어날 수 있을 뿐 면역계에서는 일어날 수 없다고 생각했다. 따라서 중추신경계가 아니라 면역계에서 학습이 가능하다는 것이 알려지지 않은 것이다.

⑤ (○) T세포는 면역 세포이므로 사카린 용액을 먹은 쥐의 T세포 수가 감소하는 것은 면역계의 반응이라 할 수 있다. 따라서 애더의 실험에서 사카린 용액을 먹은 쥐의 T세포 수가 감소하는 것은 면역계의 반응이라는 것을 알 수 있다.

문5 밑줄 추론 [난이도 중] 정답 ②

문제풀이 핵심 포인트
지문에서 ㉠에 해당하는 '기관 간 약정'의 구체적인 특징이 무엇인지 파악해야 하므로 기관 간 약정을 설명할 수 있는 키워드에 주목한다.

풀이

ㄱ. (×) ㉠은 해당 기관의 장의 위임을 받은 해당 기관의 고위직 인사가 서명 가능한데, 이 경우 전권위임장 제출은 적절하지 않다. 따라서 A국 산업통상자원부 장관 명의의 전권위임장을 제출한 산업통상자원부 차관과 B국 기업에너지산업전략부 장관 간에 '에너지산업협력 약정'이 체결된 사례는 ㉠이 적절하게 이루어진 사례가 아니다.

ㄴ. (○) ㉠은 우편이나 외교통상부 재외공관을 통해 서명문서 교환이 가능하므로, 국외출장이 어려운 상황에서 시급한 약정의 조속한 체결을 위해 A국 산업통상자원부 장관과 B국 자원개발부 장관 간에 우편으로 서명문서를 교환한 사례는 ㉠이 적절하게 이루어진 사례이다.

ㄷ. (×) ㉠은 양국 정상이 임석하는 것은 부적절하므로 A국 대통령의 B국 방문을 계기로 양국 정상의 임석 하에 A국 기술무역부 장관과 B국 과학기술부 장관 간에 '과학기술협력에 관한 약정'이 체결된 사례는 ㉠이 적절하게 이루어진 사례가 아니다.

실전에선 이렇게!
내용 자체의 완벽한 이해에 치중하는 것보다는 밑줄 친 구절의 특징을 나타낼 수 있는 키워드와 선택지에 제시된 키워드가 매칭되는지 여부로 옳고 그름을 판단하는 것이 효율적이다.

문6 논리 퀴즈 [난이도 중] 정답 ②

문제풀이 핵심 포인트
지문에 제시된 조건 명제를 기호화하여 연결고리를 파악하고, 정보들을 조합하여 면접위원으로 위촉되는 사람을 판단할 수 있는 확정적인 정보를 도출한다.

풀이
지문에 제시된 문장을 기호화하면 다음과 같다.

· 명제 1: 갑 ∧ 을 → 병
· 명제 2: 병 → 정
· 명제 3: ~정

명제 3에서 정이 위촉되지 않는 것이 확정된다. 명제 2에 의해 정이 위촉되지 않으면 병도 위촉되지 않는 것이 확정된다. 명제 1에 의해 병이 위촉되지 않으면 갑이 위촉되지 않거나 을이 위촉되지 않아야 한다.

ㄱ. (×) 병은 위촉되지 않으므로 갑과 병 모두 위촉된다는 것은 참이 아니다.

ㄴ. (×) 을이 위촉되지 않는지는 알 수 없으므로 정과 을 누구도 위촉되지 않는다는 것은 참이 아니다.

ㄷ. (○) 갑~정 중 적어도 한 명은 위촉되어야 하고, 병과 정은 위촉되지 않으므로 갑이 위촉되지 않으면 을은 반드시 위촉되어야 한다.

실전에선 이렇게!
조건 명제가 제시된 논리 퀴즈 문제는 주어진 명제 중 확정적인 정보를 제시하는 명제부터 연결한다.

문7 개념 이해 [난이도 하] 정답 ⑤

문제풀이 핵심 포인트
지문에 '충동억제회로'와 '탈억제'에 대한 설명이 제시되어 있으므로 각 단어의 의미와 특징, 단어 간의 관련성에 주목한다.

풀이

ㄱ. (○) 탈억제는 사람들이 부정적인 감정을 느낄 때 훨씬 더 잘 일어나므로 부정적인 감정을 조절하는 교육 프로그램은 탈억제 현상을 감소시키는 데 도움이 될 것이다.

ㄴ. (○) 탈억제는 전전두엽 피질에서 상대방에게 무례하게 행동하거나 분노를 표출하려는 충동을 억제하는 역할을 하는 조절기제가 잘 작동하지 않아 충동이 억제에서 풀려나는 현상이다. 따라서 전전두엽의 충동억제회로에 이상이 생기면 상대방에게 무례한 응답을 할 가능성이 높아질 것이다.

ㄷ. (○) 충동억제회로가 잘 작동하기 위해서는 얼굴을 맞대고 대화하면서 실시간으로 피드백을 받을 수 있어야 하는데 인터넷에서는 그러한 피드백을 허용하지 않기 때문에 탈억제 현상이 발생한다. 따라서 기술의 발전으로 인터넷상에서도 면대면 실시간 대화의 효과를 낼 수 있다면, 인터넷에서 탈억제 현상이 감소할 수 있다.

실전에선 이렇게!
'탈억제'가 중심 소재이지만, 이와 대비되는 '충동억제회로'라는 개념이 제시되어 있으므로 이에 대한 정보도 놓치지 말아야 한다.

문8 논증 평가 [난이도 중] 정답 ②

문제풀이 핵심 포인트
지문에서 (가), (나), (다)의 중심 견해가 무엇인지 확인하여 각 견해가 대비되는지, 혹은 일치하는 부분이 있는지 그 방향성 판단에 주목한다.

해커스PSAT 7급+민경채 PSAT 16개년 기출문제집 언어논리

풀이

ㄱ. (×) (가)는 '공동선을 증진하는 결과를 가져온다면 일반적인 도덕률을 벗어난 공직자의 행위도 정당화될 수 있다.'고 주장하고, (나)는 '공직자의 행위를 평가함에 있어 결과의 중요성을 과장해서는 안 된다.'고 주장한다. 결국 (가)와 (나) 모두 공직자가 공동선의 증진을 위해 일반적인 도덕률을 벗어난 행위를 하는 경우가 사실상 일어날 수 있다는 것을 전제하고 있다.

ㄴ. (○) (가)는 '공동선을 증진하는 결과를 가져온다면 일반적인 도덕률을 벗어난 공직자의 행위도 정당화될 수 있다.'고 주장하고, (다)는 '민주사회에서 공직자의 모든 공적 행위는 정당화될 수 있다.'고 주장한다. 따라서 어떤 공직자가 일반적인 도덕률을 어기면서 공적 업무를 수행하여 공동선을 증진했을 경우, (가)와 (다) 모두 그 행위는 정당화될 수 있다고 주장할 것이다.

ㄷ. (×) (나)는 공직자 역시 일반적인 도덕률을 공유하는 일반 시민 중 한 사람이라고 보고 있지만, (다)의 경우는 공직자들이 시민을 대리한다고 하여 공직자와 일반 시민을 다르게 보고 있다.

문9 개념 이해 난이도 중 정답 ①

문제풀이 핵심 포인트
지문에는 '공갈못설화'에 대한 설명이 제시되어 있으므로 '공갈못설화의 기록'에 주목한다.

풀이

① (○) 첫 번째 단락에 따르면 전설은 현장과 증거물을 중심으로 엮은 역사적인 이야기이고, 두 번째 단락에 따르면 공갈못의 생성은 과거 우리의 농경사회에서 중요한 역사적 사건이므로 공갈못설화는 전설에 해당한다.

② (×) 첫 번째 단락에 따르면 설화 속에는 원(願)도 있고 한(恨)도 있으며 아름답고 슬픈 사연도 있으므로 설화가 기록되기 위해서는 원이나 한이 배제되어야 한다는 것은 옳지 않다.

③ (×) 삼국의 사서에 농경생활 관련 사건이 기록되어 있지 않은지는 지문의 내용으로는 알 수 없다.

④ (×) 세 번째 단락에서 한국의 3대 저수지 중 하나인 공갈못 관련 기록이 조선시대에 와서야 발견된 것을 알 수 있지만, 이것이 조선시대에 처음 기록되었다고 추론할 수는 없다.

⑤ (×) 세 번째 단락에서 일본이 고대 역사를 제대로 정리한 기록이 없는데도 주변에 흩어진 기록과 구전을 모아 『일본서기』라는 그럴싸한 역사책을 완성하였다는 것은 알 수 있으나, 이를 근거로 조선과 일본의 역사기술 방식의 차이가 전설에 대한 기록 여부에 있는지는 알 수 없다.

문10 논증 평가 난이도 중 정답 ①

문제풀이 핵심 포인트
지문에서 ㉠, ㉡, ㉢의 구체적인 내용을 확인하고 〈정보〉의 (가)~(라)와 ㉠~㉢ 사이의 방향성을 판단하는 데 주목한다.

풀이

① (○) ㉢에 따르면 인구 약 900만인 뉴욕시에 가면 뉴욕시에 900만 마리쯤의 쥐가 있어야 하므로, 뉴욕시에 약 30만 마리의 쥐가 있는 것으로 추정된다는 (가)는 ㉢을 약화한다.

② (×) 런던의 주거 밀집 지역에는 가구당 평균 세 마리의 쥐가 있는 것은 1에이커(약 4천 제곱미터)에 쥐 한 마리쯤 있다는 ㉠의 내용과 관련이 없다. 따라서 (나)는 ㉠을 강화한다고 볼 수 없다.

③ (×) 사람들이 자기 집에 있다고 생각하는 쥐의 수는 실제 조사를 통해 추정된 쥐의 수보다 20% 정도 더 많다는 사실은 세상 어디에나 인구 한 명당 쥐도 한 마리쯤 있다는 ㉡의 내용과 무관하다. 따라서 (다)는 ㉡을 강화한다고 볼 수 없다.

④ (×) 다양한 방법으로 쥐의 개체수를 조사한 결과가 서로 높은 수준의 일치를 보인다는 사실은 영국에 쥐가 4천만 마리쯤 있다는 ㉢의 내용과 관련이 없다. 따라서 (라)는 ㉢을 약화한다고 볼 수 없다.

⑤ (×) 20세기 초의 한 통계조사에 의하면 런던의 주거 밀집 지역에는 가구당 평균 세 마리의 쥐가 있었다는 것과 사람들이 자기 집에 있다고 생각하는 쥐의 수는 실제 조사를 통해 추정된 쥐의 수보다 20% 정도 더 많다는 것이 참인 경우에도, 영국에 쥐가 4천만 마리쯤 있으리라는 ㉢이 참인지 여부는 알 수 없다.

실전에선 이렇게!
선택지의 구성을 보면 〈정보〉의 (가)~(라)와 ㉠~㉢의 강화 약화 여부를 묻고 있으므로 〈정보〉는 미리 읽지 말고 선택지에 제시된 순서에 따라 발췌독한다.

문11 개념 이해 난이도 중 정답 ③

문제풀이 핵심 포인트
지문에 '야별초', '우별초', '좌별초', '삼별초' 등의 단어가 제시되어 있으므로 각 단어의 관련성 및 특징에 주목한다.

풀이

① (○) 두 번째 단락에 따르면 최우는 다수의 반대를 무릅쓰고 강화도 천도를 결행하였으나 이는 지배세력 내의 불만을 증폭시켰으며 백성들에게는 권력자들의 안전만을 도모하는 일종의 배신행위로 받아들여졌다. 따라서 최우의 강화도 천도는 국왕과 문신 및 백성들의 지지를 얻지 못하였음을 알 수 있다.

② (○) 첫 번째 단락에 따르면 민란을 일으킨 백성들은 당시 사료에 도적으로 일컬어졌는데, 최우가 집권 후 조직한 야별초는 백성들의 민란을 진압하는 데 동원되었다. 따라서 야별초가 주로 상대한 도적은 지배층의 수탈에 저항하던 백성들이었음을 알 수 있다.

③ (×) 세 번째 단락에 따르면 삼별초의 난에는 서로 다른 두 가지 성격이 양립하고 있었다. 하나는 무너진 무인 정권을 회복하고 눈앞에 닥친 정치적 보복에서 벗어나기 위해 몽고와 고려 정부에 항쟁하던 삼별초의 반란이고, 다른 하나는 새로운 권력층과 침략자의 결탁 속에서 가중되는 수탈에 저항하던 백성들이 때마침 삼별초의 난을 만나 이에 합류하는 형태로 일으킨 민란이었다. 따라서 삼별초의 난에서 삼별초와 일반 백성들은 항전의 대상과 목적은 달랐다고 볼 수 있다.

④ (○) 삼별초는 무인 정권의 주력 부대로서 무너진 무인 정권을 회복하고 눈앞에 닥친 정치적 보복에서 벗어나기 위해 몽고와 고려 정부에 항쟁하였으므로 설립 이후 진압될 때까지 무인 정권을 옹호하는 성격을 지닌 집단이었음을 알 수 있다.

⑤ (O) 삼별초는 무인 정권의 주력 부대로서 무너진 무인 정권을 회복하고 눈 앞에 닥친 정치적 보복에서 벗어나기 위해 몽고와 고려 정부에 항쟁하였으므로 삼별초는 개경의 중앙 정부에 반대하고 몰락한 무인 정권을 회복하기 위해 반란을 일으켰다는 것을 알 수 있다.

문12 개념 이해 [난이도 중] 정답 ⑤

문제풀이 핵심 포인트
지문에서 '진나라'와 '부계', '성' 등의 단어가 제시되어 있으므로 진나라의 성과 관련된 정보에 주목한다.

풀이
① (×) 중국에 부계전통이 있었던 것은 맞지만, 부계전통이 중국에서 처음으로 확립되었는지는 알 수 없다.

② (×) 두 번째 단락에 따르면 진나라는 세금 부과, 노역, 징집 등에 이용하기 위해 백성 대다수에게 성을 부여했다. 그러나 모든 백성에게 성을 부여했는지는 알 수 없으며, 새로운 100개의 성을 부여했는지도 알 수 없다.

③ (×) 네 번째 단락에 따르면 예로부터 중국에 부계전통이 있었지만, 진나라 이전에는 몇몇 지배 계층의 가문 및 그 일족을 제외한 백성은 성이 없었다. 따라서 중국의 부계전통은 진나라 이전에도 있었으므로 중국의 부계전통은 진나라가 부계 성 정책을 시행함에 따라 만들어졌다고 할 수 없다.

④ (×) 진나라의 부계 성 정책이 몇몇 지배 계층의 기존 성을 확산하려는 시도였는지는 지문에서 알 수 없다.

⑤ (O) 세 번째 단락에서 국민을 효율적으로 통치하기 위한 성의 세습은 시기적으로 일찍 발전한 국가에서 나타났는데, 그 사례로 진나라가 거론되고 있다. 대략 기원전 4세기에 진나라는 세금 부과, 노역, 징집 등에 이용하기 위해 백성 대다수에게 성을 부여한 다음 그들의 호구를 파악했다. 따라서 진나라가 백성에게 성을 부여한 목적은 통치의 효율성을 높이고자 한 것이었음을 알 수 있다.

문13 개념 이해 [난이도 중] 정답 ③

문제풀이 핵심 포인트
지문에서 '도가', '향도계', '검계', '왈짜' 등의 생소한 단어가 여러 개 제시되어 있으므로 단어들 간의 관련성에 주목한다.

풀이
① (×) 향도계를 관리하는 조직이 도가였다는 것은 알 수 있으나, 이로부터 도가의 장이 향도계의 장을 겸임하였는지는 추론할 수 없다.

② (×) 도계를 관리하는 조직이 도가이고 그 도가의 비밀 조직이 검계일 뿐, 그로부터 향도계의 구성원 중에 검계 출신이 많았는지는 추론할 수 없다.

③ (O) 향도계는 장례를 치르기 위해 결성된 계로서 서울 시내 백성들에게 널리 퍼져 있었지만, 검계는 도가 내부의 비밀조직이었다. 따라서 향도계는 공공연한 조직이었지만 검계는 비밀조직이었다고 추론할 수 있다.

④ (×) 검계의 일당은 모두 몸에 칼자국을 내어 구별의 징표로 삼았으므로 몸에 칼자국이 없는 검계의 구성원은 없었다. 따라서 몸에 칼자국이 없으면서 검계의 구성원인 왈짜도 있었다는 것은 옳지 않다.

⑤ (×) 김홍연은 무예에 탁월했지만 지방 출신이라는 점이 출세하는 데 장애가 될 것을 염려하여 무과를 포기하고 왈짜가 된 것이지, 지방 출신이었기 때문에 검계의 일원이 되지 못하고 왈짜에 머물렀던 것은 아니다. 따라서 김홍연이 검계의 일원이 되지 못하고 왈짜에 머물렀던 것은 지방 출신이었기 때문이라고 추론할 수 없다.

🔔 실전에선 이렇게!
지문에 제시된 단어의 종류가 많으므로 각 단어들의 개념 정의뿐만 아니라 단어들 간의 관계를 확인하는 것이 필요하다.

문14 빈칸 추론 [난이도 중] 정답 ⑤

문제풀이 핵심 포인트
빈칸에 들어갈 문장을 〈보기〉에서 찾아내기 위해 빈칸 주변의 문장과 〈보기〉에 제시된 문장 간에 연결될 수 있는 단서에 주목한다.

풀이
(가) 예술가는 특정 예술 제도 속에서 예술의 사례들을 경험하고, 예술적 기술의 훈련이나 교육을 받음으로써 예술에 대한 배경지식을 얻게 된다는 내용이 〈보기〉 ㄷ의 '예술교육'과 연결된다.

(나) 어린 아이들의 그림이나 놀이조차도 문화의 진공 상태에서 이루어지지 않는다는 내용이 〈보기〉 ㄴ의 '문화의 영향을 받을 수밖에 없다'와 연결된다.

(다) 예술가는 아무 맥락 없는 진공 상태에서 창작하지 않는다는 내용이 〈보기〉 ㄱ의 '예술작품이 무엇인가에 대한 개념'과 연결된다.

🔔 실전에선 이렇게!
빈칸이 세 개 주어져 있고 〈보기〉도 세 개 주어져 있으므로 각 빈칸 주변에서 단서를 잡아 〈보기〉와 1:1로 매칭하는 방식으로 접근한다.

문15 구조 판단 [난이도 중] 정답 ⑤

문제풀이 핵심 포인트
지문에 '군주정', '귀족정', '제헌정', '참주정', '과두정', '민주정' 등의 정치체제가 비교되고 있으므로 각 정치체제의 특성에 주목한다.

풀이
① (×) 정치체제의 형태는 군주정, 귀족정, 제헌정(금권정), 참주정, 과두정, 민주정 여섯 가지이다.

② (×) 군주정은 최선의 정치체제이고, 민주정은 최악의 정치체제인 제헌정의 타락한 형태이므로 군주정이 민주정보다 나쁜 정치체제라고 할 수 없다.

③ (×) 제헌정, 참주정, 귀족정, 과두정 중에서 최악의 정치체제는 제헌정이 아니라, 타락한 정체체제 중에서도 최악인 참주정이라고 볼 수 있다.

④ (×) 금권정에서 타락한 형태의 정치체제는 민주정인데, 민주정이 타락한 정치체제 중에서는 가장 덜 나쁜 것이므로 과두정보다 더 나쁜 정치체제라고 할 수 없다.

⑤ (○) 두 번째 단락에서 군주정과 군주정의 타락한 형태인 참주정은 모두 일인 통치 체제임을 알 수 있고, 네 번째 단락에서 제헌정과 제헌정의 타락한 형태인 민주정은 다수가 통치하는 체제임을 알 수 있다.

문16 독해형 논리 　난이도 ❸　　　　정답 ①

문제풀이 핵심 포인트
지문에 제시된 문장을 기호화하여 연결고리를 파악하고, 글의 결론을 이끌어내는 데 필요한 연결고리가 무엇인지 파악한다.

풀이

주어진 문장을 기호화하여 정리하면 다음과 같다.
· 전제 1: (젊음 ∧ 섬세 ∧ 유연) → 아름
· 전제 2: 아테네 → 섬세 ∧ 유연
· 전제 3: 아름 ∧ ~훌륭
· 전제 4: 덕 → 훌륭
· 전제 5: 아테나 → 덕
· 전제 6: 아름 ∧ 훌륭 → 행복
· 결론: 아테나 → 행복

전제 4와 전제 5에 따르면 '아테나 → 훌륭'이 된다. 전제 6에 따라 결론이 '아테나 → 행복'이려면 '아름'을 갖추는 것이 필요하다. 전제 2에 따르면 아테네는 '섬세 ∧ 유연'을 가지고 있으므로 전제 1에 따라 '젊음'이 있으면 된다. 따라서 추가로 필요한 전제는 '아테네는 젊다.'이다.

문17 논증 평가 　난이도 ❺　　　　정답 ④

문제풀이 핵심 포인트
과학과 예술에 대한 글의 논지를 확인하고, 〈보기〉의 진술 중 논지를 뒷받침하는 내용이 무엇인지 판단한다.

풀이

ㄱ. (×) 과학자 왓슨과 크릭이 없었더라도 누군가 DNA 이중나선 구조를 발견하였겠지만, 셰익스피어가 없었다면 『오셀로』는 결코 창작되지 못하였을 것이라는 사실은 과학과 예술 간의 차이점을 언급하고 있으므로 글의 논지를 지지한다고 볼 수 없다.

ㄴ. (○) 물리학자 파인만이 주장했듯이 과학에서 이론을 정립하는 과정은 가장 아름다운 그림을 그려나가는 예술가의 창작 작업과 흡사하다는 것은 예술과 과학이 관련성이 있음을 언급하고 있으므로 글의 논지를 지지하는 진술이다.

ㄷ. (○) 입체파 화가들은 수학자 푸앵카레의 기하학 연구를 자신들의 그림에 적용하고자 하였으며, 이런 의미에서 피카소는 "내 그림은 모두 연구와 실험의 산물이다."라고 말하였다는 것은 예술과 과학이 관련성이 있음을 언급하고 있으므로 글의 논지를 지지하는 진술이다.

✏️ **실전에선 이렇게!**

지지 여부를 판단하기 위해서는 선택지에 제시된 문장의 내용을 단순화했을 때 논지와 동일한 방향을 갖는지를 판단해야 한다.

문18 논증 평가 　난이도 ❺　　　　정답 ③

문제풀이 핵심 포인트
지문에서 지지의 대상인 ㉠의 내용을 확인하고, 〈보기〉의 진술 중 ㉠을 뒷받침하는 내용이 무엇인지 판단한다.

풀이

ㄱ. (○) 봄이 시작될 무렵부터 조금씩 양을 늘려가면서 어린 암컷 카나리아에게 물질 B를 주사하였더니 결국 종 특유의 소리로 지저귀게 되었다는 것은, 결국 카나리아의 수컷만 종 특유의 소리로 지저귀는 이유가 수컷의 몸에서만 분비되는 물질 B 때문이라는 것이다. 따라서 ㉠을 지지한다.

ㄴ. (○) 어린 수컷 카나리아의 뇌에 물질 B의 효과를 억제하는 성분의 약물을 꾸준히 투여하였더니 성체가 되어도 종 특유의 울음소리를 내지 못하였다는 것은, 물질 B 때문에 카나리아의 수컷만 종 특유의 소리로 지저귀는 것이라는 의미가 된다. 따라서 ㉠을 지지한다.

ㄷ. (×) 물질 B는 기관 A에서 분비되는 것이므로, 둥지를 떠나기 직전에 어린 수컷 카나리아의 기관 A를 제거하였으면 물질 B가 분비되지 못한다. 하지만 다음 봄에 종 특유의 소리로 지저귈 수 있다는 것은, 카나리아의 수컷만 종 특유의 소리로 지저귀는 이유가 물질 B 때문이 아니라는 의미가 된다. 따라서 ㉠을 지지하지 않는다.

문19 밑줄 추론 　난이도 ❶　　　　정답 ⑤

문제풀이 핵심 포인트
㉠은 '이런 추론'이 가지고 있는 오류에 해당하므로 지문에서 '이런 추론'의 구체적 내용을 파악하여 그 추론의 문제점이 무엇인지 확인하는 것이 중요하다.

풀이

① (×) 비행 이후보다는 비행 이전에 칭찬을 해야 한다는 점을 깨닫지 못하는 오류는 ㉠의 내용과 관련이 없다.

② (×) 비행을 잘한 훈련생에게는 칭찬보다는 비판이 유효하다는 것은 저조한 비행 성과는 비판하되 뛰어난 성과에 대해서는 칭찬하지 않는 게 바람직하다는 내용과 같은 의미이므로 오류의 내용으로 적절하지 않다.

③ (×) 훈련에 충분한 시간을 투입하면 훈련생의 비행 실력은 향상된다는 점을 깨닫지 못하는 오류는 ㉠의 내용과 관련이 없다.

④ (×) 훈련생의 비행에 대한 과도한 칭찬과 비판이 역효과를 낼 수 있다는 것은 저조한 비행 성과는 비판하되 뛰어난 성과에 대해서는 칭찬하지 않는 게 바람직하다는 내용과는 관련이 없다.

⑤ (○) '칭찬과 비판 여부에 상관없이 어느 조종사가 유난히 비행을 잘하거나 못했다면 그 다음 번 비행에서는 평균적인 수준으로 돌아갈 확률이 높다.', '어떤 사건이 극단적일 때에 같은 종류의 다음 번 사건은 그만큼 극단적이지 않기 마련이다.'와 같은 문장에 주목하면 ㉠의 의미로 가장 적절한 것은 '뛰어난 비행은 평균에서 크게 벗어난 사례라서 연속해서 발생하기 어렵다.'는 것이다.

✏️ **실전에선 이렇게!**

지문을 꼼꼼히 읽는 접근법보다는 오류의 구체적인 내용을 찾는 방식으로 발췌독하는 것이 답을 찾는 데 효율적이다.

문 20 견해 분석 <u>난이도</u> 상 　　　　　　　　　　정답 ②

문제풀이 핵심 포인트
지문에 갑, 을, 병의 주장이 대화체로 제시되고 있으므로 각 주장의 차이점과 공통점에 주목한다.

풀이

ㄱ. (×) 갑은 시각적 특성을 강조하고, 을은 예술적 가치로서의 창의성을 강조하지만, 둘 다 예술적 가치로서의 창의성은 시각적 특성으로 드러나야 한다는 주장을 하고 있지는 않다.

ㄴ. (○) 갑과 병은 진품과 위조품을 구별할 수 있는 기준으로 시각적 특성을 들고 있으므로, 시각적 특성만으로는 그 누구도 진품과 위조품을 구별할 수 없다면 이 둘의 예술적 가치가 같을 수 있다는 데 동의할 것이다.

ㄷ. (×) 을은 메헤렌의 위조품이 결코 예술적 가치를 가질 수 없다고 보므로, 메헤렌의 위조품이 고가에 거래되는 이유가 그 작품의 예술적 가치에 있다는 데 동의할 수 없다.

문 21 논증 평가 <u>난이도</u> 상 　　　　　　　　　　정답 ③

문제풀이 핵심 포인트
지문에서 약화의 대상인 ㉠의 내용을 확인하고, 선택지에 제시된 사례 중 ㉠의 내용을 거짓으로 만들 수 있는 것이 무엇인지 판단한다.

풀이

① (×) 서역에서 온 다라니경 원전을 처음으로 한역(漢譯)한 사람이 측천무후 시대의 중국의 국사(國師)였던 법장임이 밝혀졌다면, 이는 다라니경에 포함되어 있던 측천무후가 최초로 사용한 12개의 특이한 한자가 신라에서 쓰이지 않았다는 증거가 될 수 있다. 따라서 이는 ㉠을 약화하는 증거로 적절하지 않다.

② (×) 두 번째 단락에 따르면 신라에서도 측천무후가 죽은 뒤에는 특이한 한자들을 사용하지 않았을 것이므로 측천무후 사후에 나온 신라의 문서들에 측천무후가 발명한 한자가 쓰이지 않았음이 밝혀졌다는 것은 ㉠과 직접적인 관련성이 없어 이를 약화하는 증거로 적절하지 않다.

③ (○) 두 번째 단락에 따르면 측천무후가 만든 한자들이 그녀의 사후에 중국에서 사용된 사례는 발견되지 않았다. 그런데 측천무후 즉위 이후 중국의 문서에 쓸 수 없었던 글자가 다라니경에서 쓰인 것이 발견되었다면, 이는 다라니경이 중국 인쇄물이 아니라는 증거가 될 수 있으므로 ㉠과 반대 방향의 진술이다. 따라서 이는 ㉠을 약화하는 증거로 적절하다.

④ (×) 두 번째 단락에 따르면 다라니경이 늦어도 705년경에 인쇄되었다고 판단된다. 그런데 705년경에 중국에서 제작된 문서들이 다라니경과 같은 종이를 사용한 것이 발견되었다면, 이는 ㉠을 강화하는 증거가 될 수 있다.

⑤ (×) 두 번째 단락에 따르면 다라니경이 늦어도 705년경에 인쇄되었다고 판단된다. 따라서 다라니경의 서체는 705년경부터 751년까지 중국에서 유행하였던 것으로 밝혀졌다는 것은 ㉠과 직접적인 관련성이 없어 이를 약화하는 증거로 적절하지 않다.

문 22 원칙 적용 <u>난이도</u> 중 　　　　　　　　　　정답 ④

문제풀이 핵심 포인트
지문에 장치 A가 신용카드 거래를 정당한 거래와 사기 거래로 판단하는 기준과 확률이 구체적으로 제시되어 있으므로 이에 주목한다.

풀이

ㄱ. (×) A가 정당한 거래로 판정한 거래 중 1건은 사기 거래이다.

ㄴ. (○) 무작위로 10만 건의 거래를 검사했을 때, A가 사기 거래를 정당한 거래라고 오판하는 건수는 1건이고, 정당한 거래를 사기 거래라고 오판하는 건수는 999건이므로 A가 사기 거래를 정당한 거래라고 오판하는 건수는 정당한 거래를 사기 거래라고 오판하는 건수보다 적을 것이다.

ㄷ. (○) A에 의해 카드 사용이 정지된 사례가 오판에 의한 카드 정지 사례일 확률이 50%보다 크면, A는 폐기되어야 한다. 위 표에 따르면, A에 의해 카드 사용이 정지된 사례가 오판에 의한 카드 정지 사례일 확률은 999 / 999 + 99 × 100이므로 50%보다 크다. 따라서 A는 폐기되어야 한다.

실전에선 이렇게!
A가 폐기되어야 하는지 판단하기 위해서는 A가 거래를 판단하는 과정을 정리해 두는 것이 좋다.

문 23 구조 판단 <u>난이도</u> 상 　　　　　　　　　　정답 ②

문제풀이 핵심 포인트
지문에서 '심플리치오', '사그레도', '살비아티'라는 이름이 제시되어 있으므로 각 사람의 견해를 찾고 그 차이점에 주목한다.

풀이

① (○) 첫 번째 단락에 따르면 심플리치오는 아리스토텔레스의 자연철학을 대변하는 인물임을 알 수 있고, 네 번째 단락에 따르면 심플리치오는 지동설을 반박하므로 지구가 공전하지 않음을 주장한다는 것을 알 수 있다.

② (×) 세 번째 단락에 따르면 사그레도는 항성의 시차에 대해 언급하지 않았다. 따라서 사그레도가 항성의 시차에 관한 기하학적 예측에 근거하여 코페르니쿠스의 지동설을 받아들인다는 것은 옳지 않다.

③ (○) 두 번째 단락에 따르면 사그레도는 지동설을 지지하는 근거로 행성의 겉보기 운동을 제시하고 있으며, 세 번째 단락에 따르면 살비아티 역시 지구의 공전을 입증하기 위한 첫 번째 단계로 지구의 공전을 전제로 한 코페르니쿠스의 이론이 행성의 겉보기 운동을 얼마나 간단하고 조화롭게 설명할 수 있는지를 보여준다. 따라서 둘 다 행성의 겉보기 운동을 근거로 하여 코페르니쿠스의 지동설을 옹호한다는 것을 알 수 있다.

④ (○) 네 번째 단락에 따르면 심플리치오는 지동설에 대한 반박 근거로 공전에 의한 항성의 시차가 관측되지 않음을 지적한다. 따라서 심플리치오는 관측자에게 항성의 시차가 관측되지 않았다는 사실에 근거하여 코페르니쿠스의 지동설을 반박한다는 것을 알 수 있다.

⑤ (○) 세 번째 단락에 따르면 살비아티는 지구의 공전을 전제로 할 때, 공전 궤도의 두 맞은편 지점에서 관측자에게 보이는 항성의 위치가 달라지는 현상, 곧 항성의 시차를 기하학적으로 설명한다. 따라서 그는 지구가 공전한다면 공전궤도상의 지구의 위치에 따라 항성의 시차가 존재할 수밖에 없다고 예측한다는 것을 알 수 있다.

문 24 논리 퀴즈 [난이도 상]   정답 ④

문제풀이 핵심 포인트
지문에 제시된 명제를 기호화하여 연결고리를 파악하고, 모든 명제를 거 짓이라고 가정하고 있는 것에 주목한다.

풀이

주어진 명제를 기호화하면 다음과 같다.

· 명제 1: (A → ~B) ∨ (~A ∧ ~B)
· 명제 2: (B ∨ C) ∧ ~D
· 명제 3: ~C ∧ ~D

명제 1이 거짓이므로 A와 B는 모두 전시되고, 명제 2가 거짓이므로 D는 전시 되지 않는 것이 확정된다. 그리고 명제 3이 거짓이므로 C는 반드시 전시된다. 따라서 A~D 중 전시되는 유물의 총 개수는 3개이다.

문 25 논증 평가 [난이도 중]   정답 ①

문제풀이 핵심 포인트
지문에서 약화의 대상인 A의 가설의 내용을 확인하고, 〈보기〉에 제시된 사례 중 A의 가설을 거짓으로 만들 수 있는 것이 무엇인지 판단한다.

풀이

ㄱ. (○) 실제 말에 대한 말파리의 행동반응이 말 모형에 대한 말파리의 행동 반응과 다르다는 연구결과는 말 모형으로 실험한 A의 실험을 부정하는 것 이므로 A의 가설과 반대 방향의 내용이 된다. 따라서 A의 가설을 약화하 는 내용이 될 수 있다.

ㄴ. (×) 말파리가 실제로 흡혈한 피의 99% 이상이 검은색이나 진한 갈색 몸 통을 가진 말의 것이라는 연구결과는 A의 연구결과를 지지하는 내용이 될 수 있다.

ㄷ. (×) 얼룩말 고유의 무늬 때문에 초원 위의 얼룩말이 사자 같은 포식자 눈에 잘 띈다는 연구결과는 말파리의 행동과 얼룩무늬 간의 관련성에 대한 A의 가설을 약화하는 것이 아니다.

PSAT 전문가의 총평

· 2016년 민간경력자 PSAT 기출문제는 '독해의 원리'에서 8문항, '논증의 방향'에서 6문항, '문맥과 단서'에서 6문항, '논리의 체계'에서 5문항이 출제되었습니다.

· 독해 문제의 비중은 2015년과 동일하게 유지되었지만 지문 길이가 길어졌기 때문에 체감 난도는 높았습니다. 문제는 '개념 이해' 유형과 '구조 판단' 유형의 비중이 적절히 조화되어 출제되었습니다. 논증 문제의 경우에도 2015년과 유사한 비중, 유사한 출제 패턴을 보입니다. 특히 '논증 평가' 발문이 강화되었고, 실험의 가설과 관련된 지문이 여전히 중요하게 출제되었다는 점이 중요합니다. 문맥 문제는 비중도 비슷하게 유지되었고, 빈칸과 밑줄을 활용하는 형태로 다양하게 출제되었습니다. 논리 문제의 경우 2015년보다는 비중이 줄었지만, 논증의 타당성, 퀴즈, 독해형 논리 문제가 다양하게 출제되었습니다. 특히 논리 퀴즈의 경우 전형적인 명제 퀴즈가 아닌 정보정리형 퀴즈가 출제된 점이 특징적입니다.

정답

p.168

문1	④	개념 이해	문6	④	논리 퀴즈	문11	⑤	논지와 중심 내용	문16	④	독해형 논리	문21	②	견해 분석
문2	④	개념 이해	문7	④	구조 판단	문12	③	개념 이해	문17	②	빈칸 추론	문22	③	독해형 논리
문3	③	구조 판단	문8	②	논증 평가	문13	②	구조 판단	문18	④	구조 판단	문23	④	논리 퀴즈
문4	⑤	빈칸 추론	문9	①	논증의 비판과 반박	문14	②	빈칸 추론	문19	⑤	논증 평가	문24	⑤	밑줄 추론
문5	①	구조 판단	문10	④	논증의 타당성	문15	①	밑줄 추론	문20	③	견해 분석	문25	②	빈칸 추론

취약 유형 분석표

유형별로 맞힌 문제 개수와 정답률, 틀린 문제 번호, 풀지 못한 문제 번호를 적고 나서 취약한 유형이 무엇인지 파악해 보세요. 그 후 약점 보완 해설집 p.2 [취약 유형 공략 포인트]에서 약점 보완 학습법을 확인하고, 틀린 문제와 풀지 못한 문제를 다시 한번 풀어보세요.

유형		맞힌 문제 개수	정답률	틀린 문제 번호	풀지 못한 문제 번호
독해의 원리	개념 이해	/3	%		
	구조 판단	/5	%		
	원칙 적용	–	–		
논증의 방향	논지와 중심 내용	/1	%		
	견해 분석	/2	%		
	논증의 비판과 반박	/1	%		
	논증 평가	/2	%		
문맥과 단서	빈칸 추론	/4	%		
	밑줄 추론	/2	%		
	글의 수정	–	–		
논리의 체계	논증의 타당성	/1	%		
	논리 퀴즈	/2	%		
	독해형 논리	/2	%		
TOTAL		/25	%		

해설

문1 개념 이해 난이도 중 정답 ④

문제풀이 핵심 포인트
지문에 '청렴'과 관련된 정약용의 견해가 구체적으로 제시되어 있으므로 그와 관련된 정보에 주목한다.

풀이

① (×) 두 번째 단락에서 정약용은 청렴을 당위의 차원에서 주장하는 기존의 학자들과는 다른 입장을 취하고 있으므로 정약용이 청렴이 목민관이 반드시 지켜야 할 덕목임을 당위론 차원에서 정당화하였다는 것은 글의 내용에 부합하지 않는다.

② (×) 두 번째 단락에서 정약용은 공자의 말을 빌려 지혜로운 자는 청렴함을 이롭게 여긴다고 하였지만, 탐욕을 택하는 것보다 청렴을 택하는 것이 이롭다고 하지 않았으며, 그것이 공자의 뜻을 계승한 것도 아니다.

③ (×) 두 번째 단락에서 정약용은 지혜롭고 욕심이 큰 사람은 청렴을 택한다고 하였으므로 청렴한 사람이 욕심이 작기 때문에 재물에 대한 탐욕에 빠지지 않는다는 것은 글의 내용에 부합하지 않는다.

④ (○) 세 번째 단락에서 청렴이 백성에게 이로움을 준다는 것은 청렴의 효과 중 첫째 부분에 부합하고, 목민관 자신에게도 이로운 행위라는 것은 청렴의 효과 중 두 번째 부분에 부합한다. 따라서 정약용은 청렴이 백성에게 이로움을 줄 뿐 아니라 목민관 자신에게도 이로운 행위라고 보았다는 것은 글의 내용에 부합한다.

⑤ (×) 첫 번째 단락에서 이황과 이이는 청렴을 사회 규율이자 개인 처세의 지침으로 강조하였으므로 그들이 청렴을 개인의 처세에 있어 주요 지침으로 여겼으나 사회 규율로는 보지 않았다는 것은 글의 내용에 부합하지 않는다.

문2 개념 이해 난이도 중 정답 ④

문제풀이 핵심 포인트
지문에 유럽과 중국에서 금화, 지폐 같은 화폐의 사용에 관한 내용이 제시되어 있으므로 그 차이점에 주목한다.

풀이

① (×) 두 번째 단락에 따르면 중국과 달리 유럽에서는 금화가 비교적 자유롭게 사용되어 대중들 사이에 널리 유통되었지만, 지폐가 사람들의 신뢰를 얻기까지는 중국보다 오랜 시간이 필요했다. 따라서 유럽에서 금화의 대중적 확산이 지폐가 널리 통용되는 결정적인 계기가 되었다고 볼 수 없다.

② (×) 두 번째 단락에 따르면 유럽에서 지폐가 사람들의 신뢰를 얻기까지는 중국보다 오랜 시간과 성숙된 환경이 필요했으므로 중국에 비해 지폐가 일찍부터 통용되었다고 볼 수 없다.

③ (×) 첫 번째 단락에 따르면 네모난 구멍이 뚫린 원형 엽전의 형태를 지닌 것은 청동 엽전이고, 최초의 화폐는 청동전이므로 중국에서 청동으로 만든 최초의 화폐는 네모난 구멍이 뚫린 원형 엽전의 형태였다고 볼 수 없다.

④ (○) 네 번째 단락에 따르면 내재적 가치가 없는 지폐가 화폐로 받아들여지고 사용되기 위해서는 신뢰가 필수적인데, 중국은 강력한 왕권이 이 신뢰를 담보할 수 있었으므로 중국에서 지폐 거래의 신뢰를 확보할 수 있었던 것은 강력한 국가 권력이 있었기 때문이라는 것을 알 수 있다.

⑤ (×) 두 번째 단락에 따르면 아시아의 통치자들은 비천한 사람들이 화폐로 사용하기에는 금이 너무 소중하다고 여겼지만, 유럽에서는 비교적 금화가 자유롭게 사용되었다.

문3 구조 판단 난이도 중 정답 ③

문제풀이 핵심 포인트
지문에 근대 이후, 고대 그리스, 프랑스 혁명 이후 유럽, 우리나라의 광장에 대한 정보가 단락별로 제시되어 있으므로 이에 주목한다.

풀이

① (○) 네 번째 단락에서 근대 이후 광장은 권력의 의지가 발현되는 공간이면서 동시에 시민에게는 그것을 넘어서고자 하는 자유의 열망이 빚어지는 장이라고 했으므로 근대 이후 광장은 시민의 자유에 대한 열망이 모이는 장이었음을 알 수 있다.

② (○) 첫 번째 단락에서 호메로스 작품에 나오는 고대 그리스의 아고라는 물리적 장소만이 아니라 사람들이 모여서 하는 각종 활동과 모임도 의미하므로 고대 그리스의 아고라는 사람들이 모이는 장소 이상의 의미를 가짐을 알 수 있다.

③ (×) 두 번째 단락에서 르네상스 이후 광장은 유럽의 여러 제후들이 도시를 조성할 때 일차적으로 고려하는 사항이 되는데, 그 이유는 광장이 제후들이 권력 의지를 실현하는 데 중요한 역할을 할 수 있었기 때문이라고 했으나, 유럽의 여러 제후들이 광장을 중요시한 것이 거주민의 의견을 반영하기 위해서였는지 알 수 없다.

④ (○) 세 번째 단락에서 프랑스 혁명 이후 근대 유럽에서는 광장이 저항하는 대중의 연대와 소통의 장이라는 의미도 갖게 되었음을 알 수 있다.

⑤ (○) 세 번째 단락에서 우리나라의 역사적 경험에서도 광장은 유럽에서의 광장과 같은 의미로 일상생활의 통행과 회합, 교환의 장소이자 동시에 권력과 그 의지를 실현하는 장이고 저항하는 대중의 연대와 소통의 장이었음을 알 수 있다.

문4 빈칸 추론 난이도 중 정답 ⑤

문제풀이 핵심 포인트
빈칸에 들어갈 문장을 찾아내기 위해 빈칸 주변의 문장들의 연결 구조에 주목한다.

풀이

⑤ (○) 지문의 마지막 문장인 결론에서 조수 현상의 원인이 지구의 물과 달 사이에 작용하는 인력이라고 되어 있다. 빈칸에는 이러한 결론이 도출되기 위해 필요한 전제가 들어가야 한다. 위에 제시된 조수 현상의 원인 세 가지 중 지구 전체의 흔들거림 때문에 조수가 생긴다는 설명보다 지구와 달 사이의 물질이 지구를 누르기 때문에 조수가 생긴다는 설명이 더 낫다는 내용이 제시되어 있으므로 빈칸에 들어갈 내용은 '지구와 달 사이의 물질이 지구를 누르기 때문에 조수가 생긴다는 설명보다 지구의 물과 달 사이에 인력 때문에 조수가 생긴다는 설명이 더 낫다.'가 가장 적절하다.

문5 구조 판단 난이도 **하** 정답 ①

문제풀이 핵심 포인트

지문에 허용형 어머니, 방임형 어머니, 독재형 어머니 간의 비교가 제시되어 있으므로 각 어머니의 특성과 그 아래에서 양육된 아이의 특성에 주목한다.

풀이

ㄱ. (O) 허용형 어머니는 오로지 아이의 욕망에만 관심을 가지며, 방임형 어머니 역시 아이의 욕망에 무관심하므로, 허용형 어머니는 방임형 어머니에 비해 아이의 욕망에 높은 관심을 갖는다고 추론할 수 있다.

ㄴ. (×) 허용형 어머니의 아이는 도덕적 책임 의식이 결여된 경우가 많으므로 독재형 어머니의 아이보다 도덕적 의식이 높은 경우가 많다는 것은 추론할 수 없다.

ㄷ. (×) 방임형 어머니의 아이는 어머니의 욕망을 파악하지 못하기 때문에 독재형 어머니의 아이보다 어머니의 욕망을 더 잘 파악한다고 추론할 수 없다.

문6 논리 퀴즈 난이도 **중** 정답 ④

문제풀이 핵심 포인트

지문에 제시된 명제를 기호화하여 연결고리를 파악하고, 회의를 반드시 개최해야 하는 날의 수를 구한다.

풀이

주어진 명제를 기호화하면 다음과 같다.
· 명제 1: 다음 주
· 명제 2: ~월
· 명제 3: (화 ∧ 목) ∨ 월
· 명제 4: ~금 → (~화 ∧ ~수)

명제 2에 의해 월요일에 회의를 개최하지 않는 것이 확정된다. 따라서 명제 3에 의해 화요일과 목요일에는 회의를 개최해야 한다. 이때 화요일에 회의를 개최하는 것이 확정되었으므로 명제 4에서 금요일에도 회의가 개최되는 것이 확정된다. 결국 회의를 반드시 개최하는 날의 수는 화요일, 목요일, 금요일 총 3일이다.

문7 구조 판단 난이도 **중** 정답 ④

문제풀이 핵심 포인트

지문에 신경교 세포에 관한 설명 및 A 연구팀의 신경교 세포에 관한 실험 내용이 제시되었으므로 이에 주목한다.

풀이

① (×) 인간의 신경교 세포를 쥐에게 주입했을 때, 쥐의 뉴런이 전기 신호를 전달하지 못할 것이라는 내용은 지문에서 추론할 수 없다.

② (×) 인간의 뉴런 세포를 쥐에게 주입하면 어떤 일이 일어날지는 지문에 언급되어 있지 않으므로 그 결과를 추론할 수 없다.

③ (×) 인간의 뉴런 세포를 쥐에게 주입하면 어떤 일이 일어날지는 지문에 언급되어 있지 않으므로 그 결과를 추론할 수 없다.

④ (O) 세 번째 단락에서 인간의 신경교 세포를 갓 태어난 생쥐의 두뇌에 주입했을 때 생쥐의 뉴런과 완벽하게 결합되어 더 뛰어난 학습능력을 가지도록 작용함을 알 수 있다. 따라서 쥐에게 주입된 인간의 신경교 세포가 쥐의 뉴런을 보다 효과적으로 조정할 것임을 추론할 수 있다.

⑤ (×) 세 번째 단락에서 쥐에 주입된 인간의 신경교 세포는 그 기능을 그대로 간직함을 추론할 수 있다.

문8 논증 평가 난이도 **중** 정답 ②

문제풀이 핵심 포인트

지문에서 강화의 대상인 〈가설〉의 내용을 확인하고, 〈보기〉에 제시된 사례 중 〈가설〉을 참으로 만들 수 있는 것이 아닌 것을 판단한다.

풀이

ㄱ. (×) 〈가설〉에서 물질 A와 물질 C의 비율은 단백질 '가'와 단백질 '나'의 비율과 동일하다고 하였으므로 단백질 '나'가 많다는 것은 물질 C가 많다는 것과 동일한 의미이다. 수컷의 경우 물질 C가 물질 A보다 많다는 것이 가설의 내용이므로, 수컷만 생산하는 온도에서 부화되고 있는 알은 단백질 '가'보다 훨씬 많은 양의 단백질 '나'를 가지고 있다는 것은 가설을 강화하는 사례이다.

ㄴ. (O) 물질 B의 농도는 파충류의 성별 결정에 영향을 미치지 않으며 관련도 없다. 따라서 물질 B의 농도는 수컷만 생산하는 온도에서 부화되고 있는 알보다 암컷만 생산하는 온도에서 부화되고 있는 알에서 더 높다는 것은 가설을 강화하는 사례라고 볼 수 없다.

ㄷ. (×) 수컷만 생산하는 온도에서 부화되고 있는 알에 고농도의 물질 A를 투여하여 물질 C보다 그 농도를 높였더니 암컷이 생산되었다는 것은 물질 A가 많을 경우 암컷이 된다는 의미이므로 가설을 강화하는 사례이다.

문 9 논증의 비판과 반박 　난이도 중　 　정답 ①

문제풀이 핵심 포인트
지문에서 비판의 대상인 논지를 확인하고, 선택지에 제시된 진술 중 논지를 공격할 수 있는 내용을 판단한다.

풀이

① (O) 미리 적어 놓은 메모는 지문의 스마트폰과 동일한 역할을 하는 것이므로 K가 자신이 미리 적어 놓은 메모를 참조해서 기억력 시험 문제에 답한다면 K가 그 문제의 답을 기억한다고 인정해야 한다. 그러나 선택지는 누구도 K가 그 문제의 답을 기억한다고 인정하지 않는다고 하고 있으므로 이는 논지를 비판하는 진술이 된다.

② (X) 종이와 연필의 도움을 받은 연산 능력 역시 K 자신의 인지 능력으로 인정해야 한다는 것은 논지를 지지하는 내용이다.

③ (X) 스마트폰을 손에 가지고 있는 것과 다름없는지 여부는 K 자신의 인지 능력이라고 볼 수 있는지와 직접적인 관련이 없다.

④ (X) 두뇌 속에서 작동하게 하는 것과 두뇌 밖에서 작동하게 하는 것의 비교는 K 자신의 인지 능력이라고 볼 수 있는지와 직접적인 관련이 없다.

⑤ (X) 스마트폰에 저장된 전화번호 목록을 보면서 그 사람의 이름을 상기하고 전화번호를 알아낼 수 있다는 것은 K 자신의 인지 능력이라고 볼 수 있는지와 직접적인 관련이 없다.

문 10 논증의 타당성 　난이도 상　 　정답 ④

문제풀이 핵심 포인트
지문에 밑줄 친 문장을 기호화하여 연결고리를 파악하고, 각 문장이 참일 경우 다른 문장이 참으로 도출될 수 있는지 판단한다.

풀이

밑줄 친 문장을 기호화하여 정리하면 다음과 같다.

㉠ 윤리 → 보편
㉡ 이성 → 보편
㉢ 합리 → 보편
㉣ 합리 → 이성
㉤ 윤리 → 합리

ㄱ. (X) '1 + 1 = 2'와 같은 수학적 판단은 보편적으로 수용될 수 있는 것이지만 수학적 판단이 윤리적 판단은 아니라는 것은 보편적으로 수용될 수 있는 판단이라고 해서 윤리적 판단이라고 볼 수 없다는 것이다. 이는 '보편 → 윤리'에 대한 비판이 될 수 있을 뿐, ㉠ '윤리 → 보편'의 비판이 되지 않는다. 따라서 ㉠을 받아들일 수 없다는 이유가 될 수 없다.

ㄴ. (O) ㉡과 ㉣이 참이면, ㉣과 ㉡을 연결하여 '합리 → 이성 → 보편'이 되므로 ㉢ '합리 → 보편'이 참이 된다. 따라서 ㉡과 ㉣이 참일 경우 ㉢은 반드시 참이 된다는 것은 옳다.

ㄷ. (O) ㉠과 ㉢이 참이라고 해도 ㉠과 ㉢은 연결되지 않으므로 ㉤ '윤리 → 합리'가 반드시 참이라고 볼 수 없다. 따라서 ㉠과 ㉢이 참이라고 할지라도 ㉤이 반드시 참이 되는 것은 아니라는 것은 옳다.

✍️ 실전에선 이렇게!

선택지에서 참과 거짓 여부를 묻고 있으므로 논리 문제로 판단하고, 밑줄 친 문장들을 간단하게 기호화하는 방법이 효율적이다.

문 11 논지와 중심 내용 　난이도 하　 　정답 ⑤

문제풀이 핵심 포인트
글의 중심 주제는 지문에서 얘기하고자 하는 바의 핵심이므로 최종적인 글의 결론에 주목한다.

풀이

① (X) 인류사회는 자연의 한계를 극복하려는 인위적 노력에 의해 발전해 왔다는 것은 피해야 할 두 개의 암초 중 첫 번째에 해당하므로 중심 주제가 될 수 없다.

② (X) 싹이 스스로 성장하도록 그대로 두는 것이 수확량을 극대화 하는 방법이라는 것은 피해야 할 두 개의 암초 중 두 번째에 해당하므로 중심 주제가 될 수 없다.

③ (X) 어떤 일을 진행할 때 가장 중요한 것은 명확한 목적성을 설정하는 것이라는 내용은 지문의 중심 주제가 될 수 없다.

④ (X) 자연의 순조로운 운행을 방해하는 인간의 개입은 예기치 못한 화를 초래할 것이라는 내용은 중심 주제가 될 수 없다.

⑤ (O) 마지막 단락의 '기다리지 못함도 삼가고 아무것도 안 함도 삼가야 한다. 작동 중에 있는 자연스런 성향이 발휘되도록 기다리면서도 전력을 다할 수 있도록 돕는 노력도 멈추지 말아야 한다.'가 필자가 하고자 하는 말이다. 따라서 '잠재력을 발휘하도록 하려면 의도적 개입과 방관적 태도 모두를 경계해야 한다.'는 것이 글의 주제로 가장 적절하다.

✍️ 실전에선 이렇게!

중심 주제를 찾는 문제는 중심 내용이나 핵심 논지를 찾는 것과 동일하게 지문에서 가장 중요한 한 문장을 찾는 방법으로 접근한다.

문 12 개념 이해 　난이도 중　 　정답 ③

문제풀이 핵심 포인트
지문에 왕과 왕실의 일원들에 대한 호칭이나 칭호가 제시되어 있으므로 이에 주목한다.

풀이

① (X) 세 번째 단락에서 적실의 딸은 왕비의 딸이 되므로 세자가 왕이 되면 적실의 딸은 옹주로 호칭이 바뀔 것임을 알 수 있다.

② (X) 두 번째 단락에서 명나라 천자로부터 부여받은 것은 묘호가 아니라 시호이므로 조선시대 왕의 묘호에는 명나라 천자로부터 부여받은 것이 있다는 것은 알 수 없다.

③ (O) 세 번째 단락에서 부원군은 경우에 따라 책봉된 공신에게도 붙여졌으므로 왕비의 아버지가 아님에도 부원군이라는 칭호를 받은 신하가 있음을 알 수 있다.

④ (X) 첫 번째 단락에서 우리가 조선시대 왕을 지칭할 때 사용하는 일반적인 칭호는 존호가 아니라 묘호임을 알 수 있다.

⑤ (X) 세 번째 단락에서 살아 있을 때 대원군의 칭호를 받은 이는 고종의 아버지 흥선대원군 한 사람뿐이었다는 부분을 보면, 오히려 대원군의 칭호는 살아있지 않을 때 부여받는 것이 일반적이었음을 알 수 있다.

문 13 구조 판단 [난이도 중] 정답 ②

문제풀이 핵심 포인트
지문에서 환경세 부과와 근로소득세 경감의 효과가 제시되어 있으므로 환경세 부과와 근로소득세 경감 간의 관계 및 그 효과에 대해 주목한다.

풀이

① (×) 세 번째 단락에서 환경세는 환경오염을 유발하는 상품의 가격을 인상시킴으로써 가계의 경제적 부담을 늘려 실질소득을 떨어뜨리는 측면이 있지만, 환경세의 환경오염 억제 효과는 근로소득세 경감에 의해 상쇄된다는 것은 알 수 없다.

② (○) 세 번째 단락에 따르면 환경세 세수만큼 근로소득세를 경감하게 되면 근로자의 실질소득이 증대되고, 그 증대효과는 환경세 부과로 인한 상품가격 상승효과를 넘어설 정도로 크다. 따라서 환경세를 부과하더라도 그만큼 근로소득세를 경감할 경우, 근로자의 실질소득은 늘어난다.

③ (×) 네 번째 단락에 따르면 환경세는 노동자원보다는 환경자원의 가격을 인상시켜 상대적으로 노동을 저렴하게 하는 효과가 있으므로 기업의 노동수요가 늘어난다. 따라서 환경세를 부과할 경우 근로소득세 경감이 기업의 고용 증대에 미치는 효과가 나타나지 않는다고 볼 수 없다.

④ (×) 환경세를 부과하더라도 노동집약적 상품의 상대가격이 낮아진다면 기업의 고용은 늘어나지 않는다는 것은 지문에서 알 수 없다.

⑤ (×) 세 번째 단락에 따르면, 환경세 세수만큼 근로소득세를 경감하게 되면 근로자의 실질소득이 증대되고, 그 증대효과는 환경세 부과로 인한 상품가격 상승효과를 넘어설 정도로 크다. 따라서 환경세 부과로 인한 상품가격 상승효과는 근로소득세 경감으로 인한 근로자의 실질소득 상승효과보다 크다고 볼 수 없다.

문 14 빈칸 추론 [난이도 중] 정답 ②

문제풀이 핵심 포인트
빈칸 주변의 문장 흐름을 파악하여 각 빈칸에 들어갈 내용의 단서가 될 수 있는 부분에 주목한다.

풀이

㉠: '이러한 상황'은 '두수를 늘린 농부의 경우 그의 이익이 기존보다 조금 늘어난다. 손실을 만회하기 위해 다른 농부들도 사육 두수를 늘리고자 할 것이다.'이므로, ㉠에 들어갈 말로 적절한 것은 '농부들의 총이익은 기존보다 감소할 것이다.'이다.

㉡: 아담 스미스의 '보이지 않는 손'에 시장을 맡겨 둘 경우는 '목초지의 수용 한계를 넘어 양을 키울 경우, 목초가 줄어들어 그 목초지에서 양을 키워 얻을 수 있는 전체 생산량이 줄어든다. 나아가 수용 한계를 과도하게 초과할 정도로 사육 두수가 늘어날 경우 목초지 자체가 거의 황폐화된다.'는 결과가 초래되므로, ㉡에 들어갈 말로 적절한 것은 '한 사회의 전체 이윤이 감소하는 결과가 나타날 것이다.'이다.

문 15 밑줄 추론 [난이도 중] 정답 ①

문제풀이 핵심 포인트
밑줄 친 알고리즘A와 알고리즘B의 의미를 파악하는 단서를 확인하고, 정렬성, 결합성, 확장성, 분리성의 의미도 확인한다.

풀이

㉠: 알고리즘A는 페로몬이 많은 쪽의 경로를 선택하여 이동하는 것으로 설명되는데, 이것은 각 개체가 다수의 개체들이 선택하는 경로를 이용하여 자신의 이동 방향을 결정하는 특성인 '정렬성'과 연결된다.

㉡: 알고리즘B는 상대방의 반짝거림에 맞춰 결국엔 한 마리의 거대한 반딧불이처럼 반짝거리는 것을 지속하는 것으로 설명되는데, 이것은 각 개체가 주변 개체들과 동일한 행동을 하는 특성인 '결합성'과 연결된다.

> ✏️ **실전에선 이렇게!**
>
> 알고리즘A와 알고리즘B의 특징적인 키워드를 체크하고, 정렬성, 결합성, 확장성, 분리성 중 그 키워드와 연결될 수 있는 것을 찾는 방식으로 접근한다.

문 16 독해형 논리 [난이도 상] 정답 ④

문제풀이 핵심 포인트
지문에 제시된 대화의 흐름에 따라 빈칸에 들어갈 내용을 추론하기 위해 논증의 논리적인 구조를 확인하는 데 주목한다.

풀이

주어진 문장을 간단히 기호화하면 다음과 같다.

1) 갑: (A ∧ B) → C
2) 을: ~C
3) 갑: ~A ∨ ~B
4) 을: A ∨ D
5) 갑: ∴ A
6) 을: ∴   ㉠
7) 갑: ∴ (E ∧ F)
8) 을: ∴   ㉡

㉠: 2)가 확정적인 정보이므로 이를 1)의 대우 명제와 연결하면 '~A ∨ ~B', 즉 3)이 도출된다. ㉠에 들어갈 내용은 3)과 4)와 함께 5)의 결론을 이끌어내기 위해 필요한 전제 중 하나가 된다. 4)에서 ~D가 되면 A가 되고 3)에서 ~B가 된다. 따라서 ㉠에 들어갈 말은 '~D'나 '~B ∧ ~D'가 모두 가능하다.

㉡: A, ~B, ~C, ~D가 확정된 상태에서 ㉡은 7)의 결론이 나오기 위해서 필요한 전제이다. ㉡에는 '(A ∨ ~B ∨ ~C ∨ ~D) → (E ∧ F)'가 들어가면 되므로 '~B → (E ∧ F)'가 들어가면 적절하다.

문 17 빈칸 추론 | 난이도 상 | 정답 ②

문제풀이 핵심 포인트
빈칸 주변의 문장의 흐름을 파악하여, 각 팀의 대조군에 대한 비판, 칼로리와 체중 간의 관계 등 각 빈칸에 들어갈 내용의 단서가 될 수 있는 부분에 주목한다.

풀이
② (O) A의 대조군 설계에 대한 B 연구팀의 비판은 '영양분을 정확하게 맞추기 위해 칼로리가 높은 사료를 먹인 데다가 대조군은 식사 제한이 없어 사실상 칼로리 섭취량이 높아 건강한 상태가 아니기 때문에 칼로리 제한군이 건강하게 오래 사는 건 당연하다.'는 것이다. 반면 B의 대조군 설계에 대한 A 연구팀의 비판은 '대조군에게 마음대로 먹게 하는 대신 정량을 줬는데, 그 양이 보통 원숭이가 섭취하는 칼로리보다 낮기 때문에 사실상 대조군도 칼로리 제한을 약하게라도 한 셈이다.'라는 것이다. 그런데 지문 마지막 문장에서 체중과 칼로리 섭취량이 비례한다는 사실에 입각했을 때, 서로의 대조군 설계에 대한 A 연구팀과 B 연구팀의 비판이 모두 설득력이 있는 것으로 밝혀진 셈이라고 언급되어 있다. 따라서 ㉠에는 '붉은털원숭이의 평균 체중은 A 연구팀의 대조군 원숭이의 평균 체중보다 덜 나갔다.'가 들어가야 적절하고, ㉡에는 '붉은털원숭이의 평균 체중은 B 연구팀의 대조군 원숭이의 평균 체중보다 더 나갔다.'는 내용이 들어가야 적절하다.

실전에선 이렇게!
빈칸이 두 개 이상 제시된 문제에서는 선택지를 먼저 확인하면 빈칸을 채우기 위해 지문에서 찾아야 할 단서가 무엇인지 미리 예측할 수 있다.

문 18 구조 판단 | 난이도 중 | 정답 ④

문제풀이 핵심 포인트
지문에서 혈당이 낮아질 때와 높아질 때, 분비되는 호르몬의 종류와 단계가 제시되어 있으므로 그 흐름에 주목한다.

풀이
① (O) 혈당이 낮아지면 혈중 L의 양이 줄어들고, 혈중 L의 양이 줄어들면 호르몬 B가 분비되고, 호르몬 B가 분비되면 호르몬 D가 분비되고, 호르몬 D는 식욕을 증가시킨다.

② (O) 혈당이 높아지면 혈중 L의 양이 늘어나고, 혈중 L의 양이 늘어나면 호르몬 A가 분비되고, 호르몬 A가 분비되면 호르몬 D가 억제되고, 호르몬 D가 억제되면 식욕이 감소한다.

③ (O) 혈당이 높아지면 혈중 L의 양이 늘어나고, 혈중 L의 양이 늘어나면 호르몬 A가 분비되고, 호르몬 A가 분비되면 호르몬 C가 분비되고, 호르몬 C는 물질대사를 증가시킨다.

④ (×) 혈당이 낮아지면 혈중 L의 양이 줄어들고, 혈중 L의 양이 줄어들면 호르몬 B가 분비되고, 호르몬 B가 분비되면 시상하부 감마 부분에서 호르몬 D가 분비된다. 따라서 혈당이 낮아지면, 시상하부 감마 부분에서 호르몬의 분비가 억제된다는 것은 옳지 않다.

⑤ (O) 혈당이 높아지면 혈중 L의 양이 늘어나고, 혈중 L의 양이 늘어나면 시상하부 알파 부분에서 호르몬 A가 분비되고, 호르몬 A가 분비되면 시상하부 베타 부분에서 호르몬 C가 분비된다.

실전에선 이렇게!
선택지가 혈당이 높아지거나 낮아졌을 때 나타나는 결과를 묻고 있으므로 지문에 주어진 정보를 바탕으로 연결고리를 잡아놓는 것이 효율적이다.

문 19 논증 평가 | 난이도 중 | 정답 ⑤

문제풀이 핵심 포인트
지문에서 평가의 대상인 논증의 결론을 확인하고, <보기>에 제시된 사실들이 결론이 참이 될 확률을 높이는지, 낮추는지 여부를 판단한다.

풀이
ㄱ. (O) 설문조사에 응한 회사 A의 직원들 중 회사물품에 대한 사적 사용 정도를 실제보다 축소하여 답한 직원들이 많다는 사실은 더 많은 직원들이 공공 물품을 사적으로 사용했다는 의미이므로 위 논증의 결론을 강화한다.

ㄴ. (O) M시에 있는 또 다른 대표적 회사 B에서 동일한 설문조사를 했는데 회사 A에서와 거의 비슷한 결과가 나왔다는 사실은 A회사의 결과가 대표성이 있다는 의미이므로 위 논증의 결론을 강화한다.

ㄷ. (O) M시에 있는 대부분의 회사들에 비해 회사 A의 직원들이 회사물품을 사적으로 사용한 정도가 심했던 것으로 밝혀졌다는 사실은 A회사의 결과가 대표성이 없다는 의미이므로 위 논증의 결론을 약화한다.

문 20 견해 분석 | 난이도 하 | 정답 ③

문제풀이 핵심 포인트
지문에서 갑, 을, 병의 주장을 찾고, 각각의 주장 간의 차이점과 공통점에 주목한다.

풀이
ㄱ. (O) 갑의 주장은 자살은 공동체에 해악을 끼치므로 어떠한 경우에도 옳지 않은 행위라는 것이고, 을의 주장은 자살하는 사람은 사회에 해악을 끼치는 것이 아니라, 단지 선을 행하는 것을 멈추는 것일 뿐이라는 것이므로 갑과 을의 주장은 양립할 수 없다.

ㄴ. (O) 병은 자살이 도덕적 비판의 대상이 된다면 자살이 타인에게 해악을 주는 경우라고 주장하므로 자살하는 사람은 사회에 해악을 끼치는 것이 아니라, 단지 선을 행하는 것을 멈추는 것일 뿐이라는 을의 주장은 병의 주장과 양립할 수 있다.

ㄷ. (×) 갑의 주장은 자살이 옳지 않다는 것이고, 병의 주장은 타인에게 해악을 주는 행위만이 도덕적 비판의 대상이 된다는 것이다. 따라서 자살이 자신에게만 관련된 행위라면 병은 자살을 옳지 않은 것으로 보는 갑의 주장에 찬성한다고 볼 수 없다.

문 21 견해 분석   난이도 하   정답 ②

문제풀이 핵심 포인트
지문에서 (가)~(라)는 각각 인문학 열풍을 바라보는 시각들이므로 그 시각을 나타내는 대표적인 문장에 주목한다.

풀이
ㄱ. (×) 인문학 열풍이 교양 있는 삶에 대한 동경을 지닌 시민들 중심으로 일어난 자발적 현상이라 보는 것은 (가)의 PD의 견해이고, (나)의 평론가의 입장은 아니다.

ㄴ. (×) 인문학 열풍이 개인의 성찰을 넘어 공동체의 개선에까지 긍정적인 영향을 미친다고 보는 것은 (다)의 공무원의 견해이지만, (가)의 PD의 입장은 아니다.

ㄷ. (O) 인문학 열풍이 인문학을 상품화한다는 시각에서 이 열풍을 부정적으로 바라보는 것은 (나)의 평론가와 (라)의 교수의 공통된 견해이다.

문 22 독해형 논리   난이도 중   정답 ③

문제풀이 핵심 포인트
지문에 제시된 결론을 이끌어낼 수 있는 전제들을 파악하고 부족한 부분을 확인하여 추가해야 할 전제를 추론한다.

풀이
ㄱ. (×) 그림문자를 쓰는 사회에서는 남성의 사회적 권력이 여성의 그것보다 우월하였다는 것은 밑줄 친 결론을 이끌어내는 데 관련이 없다.

ㄴ. (×) 표음문자 체계는 기능적으로 분화된 복잡한 의사소통을 가능하도록 하였다는 것은 밑줄 친 결론을 이끌어내는 데 관련이 없다.

ㄷ. (O) 결론에 나온 표음문자가 남성적인 사고에 해당한다는 것은 지문에 언급되어 있으나, 사회적 권력과의 관계에 대한 언급은 제시되어 있지 않다. 따라서 '글을 읽고 이해하는 능력은 사회적 권력에 영향을 미친다.'는 것은 밑줄 친 결론을 이끌어내기 위해 추가해야 할 전제이다.

✏️ 실전에선 이렇게!
추가해야 할 전제를 찾는 문제는 지문에 제시된 전제만으로 결론을 도출하는 데 부족한 부분을 이어주는 내용을 찾는 방식으로 접근한다.

문 23 논리 퀴즈   난이도 상   정답 ④

문제풀이 핵심 포인트
지문에 포럼의 단계별 소요 시간이 제시되어 있으므로 이를 기준으로 선택지에 제시된 경우의 수가 가능한지 시간을 배분한다.

풀이
주어진 명제를 기호화하면 다음과 같다.
1) 포럼 = 개회사 + 발표 + 토론(+ 휴식)
2) 포럼은 오전 9시에 시작, 총 180분 가능

3) 개회사: 포럼 맨 처음에 10분 or 20분
　　　→ 발표 + 토론(+ 휴식) = 최대 170분
4) 발표: 최대 3회, 시간은 동일하게 40분 or 50분
5) 토론: 각 발표마다 10분
　　　→ 발표 + 토론 = 최소 50분, 최대 60분
6) 휴식: 최대 2회, 각 20분

① (O) 발표를 2회 계획한다면, 발표 80분, 개회사 10분, 토론 20분을 진행하여 총 110분이 소요된다. 따라서 휴식을 2회 가져도 180분 내에 진행 가능하다.

② (O) 발표를 2회 계획한다면, 발표 80분, 개회사 10분, 토론 20분을 진행하여 최소 총 110분이 소요되므로 오전 11시 이전에 포럼을 마칠 수 있다.

③ (O) 발표를 3회 계획하더라도, 발표 120분, 개회사 10분, 토론 30분을 진행하여 총 160분 소요되므로 휴식을 1회 가져도 180분 내에 진행 가능하다.

④ (×) 각 발표를 50분으로 하면, 발표를 3회 하는 경우, 발표 150분, 개회사 10분, 토론 30분을 진행하여 190분이 소유되므로 180분 내에 진행 가능하지 않다.

⑤ (O) 각 발표를 40분으로 하고 개회사를 20분으로 하더라도, 발표 40분, 개회사 20분, 토론 10분을 진행하여 총 70분이 소요되므로 휴식을 2회 가져도 180분 내에 진행 가능하다.

✏️ 실전에선 이렇게!
선택지를 보면 발표 회수와 시간이 기준이 되고 있으므로 이를 바탕으로 가능한 시간 배분을 정리하는 것이 효율적이다.

문 24 밑줄 추론   난이도 중   정답 ⑤

문제풀이 핵심 포인트
지문에서 애기장대 뿌리에서 일어나는 세포 분화에 대해 설명하고 있는 부분에 주목한다.

풀이
① (×) 미분화 표피세포에서 유전자 A의 발현 조절은 분화될 세포에 뿌리털이 있는지에 따라 결정된다는 것은 애기장대 뿌리에서 일어나는 세포 분화의 과정과 관련이 없다.

② (×) 미분화된 세포가 뿌리털세포나 분화된 표피세포로 분화되는 것은 그 세포가 어느 세포로부터 유래하였는지에 따라 결정된다는 것은 애기장대 뿌리에서 일어나는 세포 분화의 과정과 관련이 없다.

③ (×) 미분화 표피세포가 뿌리털세포 또는 분화된 표피세포로 분화되는 것은 미분화 표피세포가 유전자 A를 가지고 있는지에 따라 결정된다는 것은 애기장대 뿌리에서 일어나는 세포 분화의 과정과 관련이 없다.

④ (×) 미분화 표피세포가 뿌리털세포 또는 분화된 표피세포로 분화가 되는 것은 미분화된 뿌리에서 미분화 표피세포층과 피층세포층의 위치에 의해 결정된다는 것은 애기장대 뿌리에서 일어나는 세포 분화의 과정과 관련이 없다.

⑤ (○) 세 번째 단락에 따르면 미분화된 표피세포가 그 안쪽의 피층세포층에 있는 두 개의 피층세포와 접촉하는 경우엔 뿌리털세포로 분화되어 발달하지만, 한 개의 피층세포와 접촉하는 경우엔 분화된 표피세포로 발달한다. 한편 미분화된 표피세포가 서로 다른 형태의 세포로 분화되기 위해서는 유전자 A의 발현에 차이가 있어야 하는데, 미분화된 표피세포에서 유전자 A가 발현되지 않으면 그 세포는 뿌리털세포로 분화되며 유전자 A가 발현되면 분화된 표피세포로 분화된다. 결국 미분화 표피세포가 발생 중에 접촉하는 피층세포의 수와 유전자 A의 발현 여부에 따라 뿌리털세포로 분화될지, 표피세포로 분화될지가 결정된다는 것을 알 수 있다. 따라서 '미분화 표피세포가 어떤 세포로 분화될 것인지는 각 미분화 표피세포가 발생 중에 접촉하는 피층세포의 수에 따라 조절되는 유전자 A의 발현에 의해 결정된다'는 것이 ㉠을 설명하는 가설로 가장 적절하다.

문 25 빈칸 추론 [난이도 상] 정답 ②

문제풀이 핵심 포인트
빈칸 주변의 문장 흐름을 파악하여, 파스칼의 언급, 페리에의 실험 결과, 진공에 대한 자연의 혐오 가설 등 각 빈칸에 들어갈 내용의 단서가 될 수 있는 부분에 주목한다.

풀이

(가) 페리에의 실험 결과에 따르면 고도가 높아질수록 진공에 대한 자연의 혐오가 줄어든다는 결론이 나오지만, 누구도 자연이 산꼭대기에서보다 산 기슭에서 진공을 더 싫어한다고 주장할 수는 없기 때문에 이 실험 결과는 '자연은 진공을 싫어한다'는 가설을 반박한다. 그런데 이것이 진공에 대한 자연의 혐오라는 가설이 구제될 수 있는 실마리를 제공한다고 했으므로 (가)에는 페리에의 실험 결과가 반박하는 보조가설이 들어가야 한다. 따라서 ㄱ의 '진공에 대한 자연의 혐오 강도는 고도에 구애받지 않는다'는 내용이 들어가는 것이 가장 적절하다.

(나) 마지막 단락의 문맥에 따를 때 (나)에는 페리에의 실험결과가 진공에 대한 자연 혐오 가설을 지지하게 만드는 보조가설이 들어가야 한다. 따라서 ㄷ의 '진공에 대한 자연의 혐오가 고도의 증가에 따라 감소한다'는 내용이 들어가는 것이 가장 적절하다.

민경채 2015년 기출문제

PSAT 전문가의 총평

· 2015년 민간경력자 PSAT 기출문제는 '독해의 원리'에서 7문항, '논증의 방향'에서 6문항, '문맥과 단서'에서 5문항, '논리의 체계'에서 7문항이 출제되었습니다.

· 독해 문제의 비중이 최근 7급 공채 기출문제 수준으로 출제되었습니다. 비중도 줄었고 지문 길이도 길지 않았기 때문에 전반적인 난도는 높지 않았습니다. 이는 논증 문제의 경우에도 마찬가지입니다. 그러나 원칙 적용형 추론 문제가 출제되고 실험과 연구와 관련된 지문이 출제된 점은 최근 기출 경향과 유사한 특성이므로 주목해야 합니다. 문맥 문제는 비중이 더 늘었고, 2014년에 이어 빈칸과 밑줄을 활용하는 형태로 다양하게 출제되었습니다. 논리 문제의 경우 시험 도입 이후 가장 높은 비중을 보여주었습니다. 특히 전제 찾기나 반드시 참 등의 '독해형 논리' 문제 비중이 높아졌다는 점이 특성입니다. 논증의 타당성 문제는 새로운 형태로 출제되었고, 전제 찾기 문제는 빈칸과 밑줄을 활용하여 다양하게 출제되었습니다.

정답

p.182

문1	②	개념 이해	문6	③	독해형 논리	문11	②	구조 판단	문16	④	독해형 논리	문21	⑤	구조 판단
문2	③	구조 판단	문7	①	원칙 적용	문12	④	구조 판단	문17	③	독해형 논리	문22	②	논리 퀴즈
문3	④	글의 수정	문8	②	빈칸 추론	문13	⑤	논지와 중심 내용	문18	⑤	논증의 타당성	문23	⑤	논증 평가
문4	③	밑줄 추론	문9	①	논증 평가	문14	①	견해 분석	문19	②	구조 판단	문24	②	빈칸 추론
문5	①	독해형 논리	문10	⑤	구조 판단	문15	④	독해형 논리	문20	②	원칙 적용	문25	①	논증 평가

취약 유형 분석표

유형별로 맞힌 문제 개수와 정답률, 틀린 문제 번호, 풀지 못한 문제 번호를 적고 나서 취약한 유형이 무엇인지 파악해 보세요. 그 후 약점 보완 해설집 p.2 [취약 유형 공략 포인트]에서 약점 보완 학습법을 확인하고, 틀린 문제와 풀지 못한 문제를 다시 한번 풀어보세요.

유형		맞힌 문제 개수	정답률	틀린 문제 번호	풀지 못한 문제 번호
독해의 원리	개념 이해	/1	%		
	구조 판단	/6	%		
	원칙 적용	/2	%		
논증의 방향	논지와 중심 내용	/1	%		
	견해 분석	/1	%		
	논증의 비판과 반박	–	–		
	논증 평가	/3	%		
문맥과 단서	빈칸 추론	/2	%		
	밑줄 추론	/1	%		
	글의 수정	/1	%		
논리의 체계	논증의 타당성	/1	%		
	논리 퀴즈	/1	%		
	독해형 논리	/5	%		
TOTAL		/25	%		

해설

문 1 개념 이해 난이도 하   정답 ②

문제풀이 핵심 포인트
지문에 조선시대 공직 기강과 관련하여 상령하행 등의 원칙이 제시되어 있으므로 이에 주목한다.

풀이

ㄱ. (×) 첫 번째 단락에서 권위는 오직 그 명령이 국가의 법제를 충실히 따랐을 때 비로소 갖춰지는 것이라 했으므로 상급자의 직위가 높아야만 명령의 권위가 갖춰지는 것이 아니라, 국가의 법제를 충실히 따랐을 때 가능하다.

ㄴ. (×) 두 번째 단락에서 조선시대에는 6조의 수장인 판서가 공적인 절차와 내용에 따라 무엇을 행하라 명령하는데 아랫사람이 시행하지 않으면 사안의 대소에 관계없이 아랫사람을 파직하였다고 했으므로 조선시대에는 상령하행이 제대로 준수되지 않았다고 볼 수 없다.

ㄷ. (○) 두 번째 단락에서 공적인 것에 반드시 복종하는 것이 기강이요, 사적인 것에 복종하지 않는 것도 기강이라고 했으므로 하급자가 상급자의 명령을 언제나 수행해야 하는 것은 아니라는 것을 알 수 있다.

문 2 구조 판단 난이도 하   정답 ③

문제풀이 핵심 포인트
지문 다음에 이어질 내용을 추론해야 하므로 지문의 단락별 흐름과 전체적인 글의 구조에 주목한다.

풀이

③ (○) 두 번째 단락에서 오른손으로 음고를 조절하고, 왼손으로 음량을 조절한다는 내용이 있고, 세 번째 단락에서 오른손으로 음고를 조절하는 원리가 구체적으로 제시되어 있으므로, 이어질 네 번째 단락에서는 왼손으로 음량이 조절되는 원리가 제시될 것임을 알 수 있다.

🖊 실전에선 이렇게!

문맥상 지문에 제시된 내용 뒤에 이어질 내용을 찾아야 하므로 글의 구체적인 내용보다는 전체적인 글의 구조를 잡는 것이 필요하다.

문 3 글의 수정 난이도 하   정답 ④

문제풀이 핵심 포인트
밑줄 친 문장이 글의 흐름에 맞는지 확인하는 것이 핵심이므로 지문의 세부적인 내용보다는 밑줄 친 부분에 전체 맥락에 어긋나는 키워드가 있는지를 확인하는 것이 중요하다.

풀이

① (×) ㉠은 첫 번째 단락의 '이슬람교를 신봉하는 오스만인들에 의해 함락되었다는 소식'과 연결되므로 이를 "지금까지 이보다 더 영광스러운 사건은 없었으며"로 고치는 것은 적절하지 않다.

② (×) ㉡은 첫 번째 단락의 '비잔틴 제국의 황제였던 콘스탄티노스 11세는 전사하였다.'는 내용과 연결되므로 이를 "1,100년 이상 존재했던 소아시아 지역의 이슬람 황제가 사라졌다."로 고치는 것은 적절하지 않다.

③ (×) ㉢은 두 번째 단락의 '역대 비잔틴 황제들이 제정한 법을 그가 주도하고 있던 법제화의 모델로 이용하였던 것이다.'라는 내용과 연결되므로 이를 "기독교의 제단뿐만 아니라 그 이상의 것들도 파괴했다."로 고치는 것은 적절하지 않다.

④ (○) ㉣은 두 번째 단락의 '역대 비잔틴 황제들이 제정한 법을 그가 주도하고 있던 법제화의 모델로 이용하였던 것이다.'라는 내용과 맞지 않는다. 따라서 이를 "연속성을 추구하는 정복왕 메흐메드 2세의 의도에서 비롯된 것"으로 고치는 것이 적절하다.

⑤ (×) ㉤은 세 번째 단락의 '로마 제국의 진정한 계승자임을 선언하고 싶었던 것이다.'라는 내용과 연결되므로 이를 "오스만 제국이 아시아로 확대될 것이라는 자신의 확신을 보여주었다."로 고치는 것은 적절하지 않다.

🖊 실전에선 이렇게!

밑줄 친 ㉠~㉤을 전체 흐름과 맞게 고쳐야 하는 문제이므로 지문을 처음부터 읽으면서 밑줄 친 ㉠~㉤ 부분을 읽을 때 선택지를 함께 확인하며 읽는다.

문 4 밑줄 추론 난이도 중   정답 ③

문제풀이 핵심 포인트
㉠ 너의 건강을 회복할 수 있는 방법은 병의 원인이 되는 잘못된 생각을 바로잡아 주는 것이므로 철학의 여인이 병의 원인으로 지목한 부분에 주목한다.

풀이

ㄱ. (○) 철학의 여인이 지목한 '네 병의 원인' 중에 '만물의 궁극적인 목적이 선을 지향하는 데 있다는 것을 모르고 있다'는 것이 있다. 따라서 '만물의 궁극적인 목적이 선을 지향하는 데 있다는 것을 아는 것'은 ㉠으로 적절하다.

ㄴ. (○) 철학의 여인이 지목한 '네 병의 원인' 중에 '세상은 결국에는 불의가 아닌 정의에 의해 다스려지게 된다는 것을 잊어버리고 있다'는 것이 있다. 따라서 '세상이 제멋대로 흘러가는 것이 아니라 정의에 의해 다스려진다는 것을 깨닫는 것'은 ㉠으로 적절하다.

ㄷ. (×) 자신이 박탈당했다고 여기는 모든 것들, 즉 재산, 품위, 권좌, 명성 등을 되찾을 방도를 아는 것은 철학의 여인이 지목한 '네 병의 원인' 중에 포함되지 않으므로 ㉠으로 적절하지 않다.

🖊 실전에선 이렇게!

밑줄의 의미가 무엇인지 추론해야 하므로 밑줄 주변에서 어떤 단서를 찾아야 할지를 확인하는 것이 중요하다.

문5 독해형 논리 [난이도 중] 정답 ①

문제풀이 핵심 포인트
빈칸에 들어갈 내용은 세 명이 표창을 받게 되는 결과를 도출하는 데 필요한 조건이므로 주어진 정보를 바탕으로 총점을 계산한다.

풀이
상, 중, 하에 배치된 점수대로 총점을 계산하면 다음과 같다.

	대민봉사	업무역량	성실성	청렴도	총점
갑돌	3	3	3	1	10
을순	2	3	1	3	9
병만	1	3	3	2	9
정애	2	2	2	3	9

ㄱ. (O) 평가 점수 총합이 높은 순으로 선발하므로 갑돌은 10점이어서 표창을 받는 것이 확정된다. 을순, 병만, 정애는 동점이므로 세 명 중 두 명을 추려낼 수 있는 조건을 찾아야 한다. 이때 '두 개 이상의 항목에서 상의 평가를 받은 후보자를 선발한다.'를 빈칸에 넣으면, 을순, 병순만 해당하므로 적절한 조건이 된다.

ㄴ. (×) '청렴도에서 하의 평가를 받은 후보자를 제외한 나머지 후보자를 선발한다.'를 빈칸에 넣으면, 아무도 제외되지 않으므로 적절하지 않다.

ㄷ. (×) '하의 평가를 받은 항목이 있는 후보자를 제외한 나머지 후보자를 선발한다.'를 빈칸에 넣으면, 정애만 해당하므로 적절하지 않다.

문6 독해형 논리 [난이도 상] 정답 ③

문제풀이 핵심 포인트
지문에 제시된 조건 명제를 기호화하여 연결고리를 파악하고, 정보들을 조합하여 선택지에 제시된 정보가 도출되는지 확인한다.

풀이
지문에 제시된 문장을 기호화하면 다음과 같다.
· 명제 1: 도덕성에 결함 → ~공무원 채용
· 명제 2: (업무 능력 ∧ 인사추천위원회 ∧ 공직관) → 공무원 채용
· 명제 3: 공무원 채용 → 봉사정신
· 명제 4: 철수 공직관 ∧ 업무 능력

① (×) 만일 철수가 도덕성에 결함이 없다면, 그는 올해 공무원으로 채용되는지는 알 수 없다.

② (×) 만일 철수가 봉사정신을 갖고 있다면, 그는 올해 공무원으로 채용되는지는 알 수 없다.

③ (O) 명제 1과 명제 2에 따르면 '도덕성에 결함 → ~공무원 채용 → (~업무 능력 ∨ ~인사추천위원회 ∨ ~공직관)'인데, 명제 4에 따르면 철수는 '공직관 ∧ 업무 능력'이므로 '~인사추천위원회'라는 결론에 도달하여 반드시 참이다.

④ (×) 만일 철수가 올해 공무원으로 채용된다면, 그는 인사추천위원회의 추천을 받았는지는 알 수 없다.

⑤ (×) 만일 철수가 올해 공무원으로 채용되지 않는다면, 그는 도덕성에 결함이 있고 또한 봉사정신도 없는지는 알 수 없다.

실전에선 이렇게!

지문은 일반 줄글 형태이지만 발문이 '다음 글의 내용이 참일 때'로 시작하고 있으므로 논리 문제로 판단하고 문장을 기호화하는 방식으로 접근한다.

문7 원칙 적용 [난이도 하] 정답 ①

문제풀이 핵심 포인트
〈원칙〉을 연결하여 〈보기〉에 제시된 정보량 비교를 판단할 수 있는 기준을 확립하는 것이 필요하다.

풀이
ㄱ. (O) "정상적인 주사위를 던질 때 3이 나올 것이다"의 확률은 1/6이고, "정상적인 동전을 던질 때 앞면이 나올 것이다"의 확률은 1/2이므로 전자가 후자보다 더 많은 정보를 담고 있다.

ㄴ. (×) "월성 원자력 발전소에 문제가 생기거나 고리 원자력 발전소에 문제가 생긴다"의 확률이 "월성 원자력 발전소에 문제가 생긴다"의 확률보다 더 크므로 전자가 후자보다 많은 정보를 담고 있다는 것은 옳지 않다.

ㄷ. (×) "내년 예산에서는 국가균형발전 예산, 복지 예산, 에너지 절감 관련 기술개발 예산이 모두 늘어난다"의 확률이 "내년 예산에서는 국가균형발전 예산, 에너지절감 관련 기술개발 예산이 모두 늘어난다"의 확률보다 작으므로 전자가 후자보다 더 적은 정보를 담고 있다는 것은 옳지 않다.

문8 빈칸 추론 [난이도 중] 정답 ②

문제풀이 핵심 포인트
빈칸 주변의 문장을 확인하여 '매우 신뢰할 만한 사람이 기적이 일어났다고 증언하는 경우에 우리는 그 증언을 얼마나 신뢰해야 하는가?'라는 질문에 대해 답할 수 있는 원칙을 찾는다.

풀이
② (O) 빈칸에 들어가야 할 내용은 위의 질문에 답할 수 있는 원칙이다. 원칙의 내용은 기적이 일어날 확률은 매우 신뢰할 만한 사람이 거짓 증언을 할 확률보다 작을 수밖에 없으므로 우리는 기적이 일어났다는 증언을 신뢰해서는 안 된다는 것이다. 즉, 기적이 일어날 확률이 매우 신뢰할 만한 사람이 거짓 증언을 할 확률보다 작으면 기적이 일어났다는 증언을 신뢰해서는 안 된다는 것이다. 따라서 빈칸에 들어갈 내용은 '어떤 사람이 거짓 증언을 할 확률이 그 증언 내용이 실제로 일어날 확률보다 작은 경우에만 증언을 신뢰해야 한다.'가 가장 적절하다.

문9 논증 평가 [난이도 중] 정답 ①

문제풀이 핵심 포인트
지문에 콩의 효능에 대한 A, B, C팀의 연구결과가 제시되어 있으므로 각 연구결과가 〈보기〉에 제시된 결과를 뒷받침할 수 있는지 여부를 판단한다.

풀이

ㄱ. (○) A팀 연구진은 제니스틴이 발암 물질에 노출된 비정상 세포가 악성 종양 세포로 진행되지 않도록 억제하는 효능을 갖고 있다는 사실을 흰쥐 실험을 통해 밝혔다. 따라서 A팀의 연구결과는 콩이 암의 발생을 억제하는 효과가 있다는 것을 뒷받침한다.

ㄴ. (×) C팀의 연구결과는 콩기름 함유가 높은 음식을 섭취할수록 원형탈모증 발생률이 높게 나타나는 것이 아니라 완치율이 높게 나타난다는 것을 뒷받침한다.

ㄷ. (×) B팀의 연구는 흰 콩을 가지고 한 것이므로 세 팀의 연구결과는 검은 콩이 성인병, 폐암의 예방과 원형탈모증 치료에 효과가 있다는 것을 뒷받침한다는 것은 옳지 않다.

문 10 구조 판단 난이도 중   정답 ⑤

문제풀이 핵심 포인트
지문에 실록이 보관된 위치가 제시되어 있으므로 원본과 재인쇄본의 보관 장소가 변경되는 것에 주목한다.

풀이

① (×) 첫 번째 단락에 따르면 원본 포함해 모두 5벌의 실록을 갖추게 되었으므로 재인쇄하였던 실록은 모두 4벌이다.

② (×) 세 번째 단락에 따르면 태백산에 보관하였던 실록은 현재 서울대학교에 보존되어 있으므로 일본이 아니라, 서울에 있다.

③ (×) 세 번째 단락에 따르면 현재 한반도에 남아 있는 실록은 서울대학교에 남아있는 2벌과 김일성종합대학에 남아있는 1벌을 합쳐 모두 3벌이다.

④ (×) 세 번째 단락에 따르면 적상산에 보관하였던 실록은 현재 김일성종합대학에 보관되어 있다. 일부 훼손된 것은 강화도 마니산의 것이다.

⑤ (○) 세 번째 단락에 따르면 원본은 지금까지 서울대학교에 보존되어 있으므로 현존하는 가장 오래된 실록은 서울대학교에 있다는 것을 추론할 수 있다.

문 11 구조 판단 난이도 하   정답 ②

문제풀이 핵심 포인트
지문에 부자관계와 군신관계에 대한 특징이 제시되어 있으므로 두 관계의 차이점에 주목한다.

풀이

ㄱ. (×) 두 번째 단락에서 부자관계는 한계가 없는 관계라고 했으므로 부자관계에서는 은혜가 의리보다 중요하다는 것은 글의 내용과 상충하지 않는다.

ㄴ. (×) 두 번째 단락에서 군신관계는 한계가 있는 관계이고, 한계가 있는 경우 때때로 의리가 은혜보다 앞서기도 한다고 하였으므로 군신관계에서 의리가 은혜에 항상 우선하는 것은 아니라는 것은 글의 내용과 상충하지 않는다.

ㄷ. (○) 두 번째 단락에서 의리의 문제는 사람과 때에 따라 같지 않다고 했으므로 군신관계에서 신하들이 임금에 대해 의리를 실천하는 방식은 누구에게나 동일하다는 것은 글의 내용과 상충한다.

글의 내용과 상충하는 것을 찾으라는 문제는 글의 내용과 맞지 않는 내용을 찾으라는 것이므로 글의 내용을 바탕으로 '옳지 않은' 선택지를 골라주면 된다.

문 12 구조 판단 난이도 중   정답 ④

문제풀이 핵심 포인트
지문에 피타고라스와 피타고라스주의자들의 견해가 제시되어 있으므로 견해의 내용과 견해 간의 차이점에 주목한다.

풀이

① (○) 첫 번째 단락에 따르면 피타고라스는 현이 하나 달린 음향 측정 기구인 일현금을 사용하여 음정 간격과 수치 비율이 대응하는 원리를 발견하였다.

② (○) 두 번째 단락에 따르면 피타고라스주의자들은 수와 기하학의 규칙이 무질서하게 보이는 자연과 불가해한 가변성의 세계에 질서를 부여한다고 믿었다. 따라서 피타고라스주의자들이 자연을 이해하는 데 있어 수학의 중요성을 인식하였다는 것은 글의 내용과 부합한다.

③ (○) 세 번째 단락에 따르면 피타고라스주의자들은 추상적인 개념을 특정한 수의 가상적 특징과 연계시켰고, 여러 물질적 대상에 수를 대응시켰다. 따라서 피타고라스주의자들이 물질적 대상뿐만 아니라 추상적 개념 또한 수와 연관시켰다는 것은 글의 내용과 부합한다.

④ (×) 세 번째 단락에 따르면 피타고라스주의자들은 수를 실재라고 여겼는데 여기서 수는 실재와 무관한 수가 아니라 실재를 구성하는 수를 가리킨다. 따라서 피타고라스주의자들이 물리적 대상을 원자적 관점에서 실재와 무관한 단위 점으로 나타낼 수 있다고 믿었다는 것은 글의 내용과 부합하지 않는다.

⑤ (○) 두 번째 단락에 따르면 피타고라스주의자들은 수와 기하학의 규칙이 무질서하게 보이는 자연과 불가해한 가변성의 세계에 질서를 부여한다고 믿었다. 따라서 피타고라스주의자들이 수와 기하학적 규칙을 통해 자연의 변화를 조화로운 규칙으로 환원할 수 있다고 믿었다는 것은 글의 내용과 부합한다.

문 13 논지와 중심 내용 난이도 하   정답 ⑤

문제풀이 핵심 포인트
지문에 공화제적 원리에 대한 내용이 제시되어 있으므로 이와 관련하여 가장 중요한 내용이 무엇인지 확인한다.

풀이

① (×) 만민공동회는 전제 정부의 법적 제한에 맞서 국민의 정치 참여를 쟁취하고자 했다는 것은 글의 핵심 내용이 아니다.

② (×) 한반도에서 예산공개의 원칙은 19세기 후반 관민공동회에서 처음으로 표명되었다는 것은 글에서 알 수 없는 내용이다.

③ (×) 예산과 결산이라는 용어는 관민공동회가 열렸던 19세기 후반에 이미 소개되어 있었다는 것은 글의 핵심 내용이 아니다.

④ (×) 만민공동회를 통해 대한민국 헌법에 공화제적 원리를 포함시키는 것이 결정되었다는 것은 글에서 알 수 없는 내용이다.

⑤ (O) 첫 번째 단락에서 공화제적 원리는 갑작스럽게 등장한 것이 아니라 이미 19세기 후반부터 한반도에서는 공공 영역의 담론 및 정치적 실천 차원에서 표명되고 있었다고 언급되어 있고, 두 번째 단락과 세 번째 단락에서는 사례가 제시되어 있다. 따라서 한반도에서 공화제적 원리는 이미 19세기 후반부터 담론 및 실천의 차원에서 표명되고 있었다는 것은 글의 핵심 내용으로 가장 적절하다.

✏️ 실전에선 이렇게!

핵심 내용은 지문에서 말하고자 하는 가장 중요한 문장에 해당하므로 세부 정보보다는 가장 중요한 한 문장이 무엇인지 찾는 방식으로 접근한다.

문 14 견해 분석   난이도 중   정답 ①

문제풀이 핵심 포인트
평가의 대상으로 제시된 A와 B의 견해를 확인하고, 그 차이점과 공통점에 주목한다.

풀이

ㄱ. (O) A에 따르면 기술은 남성적이어서 자연에 대해 지배적이지만 여성은 자연과의 조화를 추구하므로, 여성과 기술의 조화를 위해서는 자연과 조화를 추구하는 기술을 개발해야 한다는 것은 올바른 평가이다.

ㄴ. (×) B는 여성성과 남성성 사이에 근본적인 차이가 존재하지 않는다고 주장하므로 여성이 남성보다 기술 분야에 많이 참여하지 않는 것은 신체적인 한계 때문이라는 것은 올바른 평가가 아니다.

ㄷ. (×) A는 남성성과 여성성에 차이가 있다고 보고 있고, B는 둘 사이에 근본적인 차이가 존재하지 않는다고 보고 있을 뿐이지, A와 B가 한 사람이 남성성과 여성성을 동시에 갖고 있다고 주장하고 있지는 않으므로 올바른 평가가 아니다.

문 15 독해형 논리   난이도 상   정답 ④

문제풀이 핵심 포인트
지문에 제시된 문장을 정리하여 연결고리를 잡고, 이를 바탕으로 선택지의 참 거짓 여부를 판단한다.

풀이

주어진 정보를 간단히 정리하면 다음과 같다.
1) (스마트폰 등교 ∧ 국어 60점 미만) = 20명
2) (스마트폰 등교 ∧ 영어 60점 미만) = 20명
3) (스마트폰 등교 ∧ ~사용) → 영어 60점 이상
4) 보충 수업 → 영어 60점 미만

① (×) 1)과 2)에서 B중학교에서 스마트폰을 가지고 등교하는 학생들 중 국어 성적이 60점 미만인 학생이 20명, 영어 성적이 60점 미만인 학생이 20명 있지만 국어 성적이 60점 미만이면서 영어 성적이 60점 미만인 학생도 있을 수 있으므로 무조건 B중학교 학생이 40명 이상이라고 할 수는 없다.

② (×) 4)에서 보충 수업을 받는 학생들의 영어 성적이 모두 60점 미만인 것이지, 영어 성적이 60점 미만이라면 반드시 보충 수업을 받아야 하는 것은 아니다.

③ (×) 2)에서 스마트 폰을 들고 등교하는 학생들 중 국어 성적이 60점 미만인 학생이 있는 것이지, 국어 성적이 60점 미만이라고 해서 학교에 있는 동안 반드시 스마트 폰을 사용한다고 볼 수는 없다.

④ (O) 3)에서 스마트폰을 가지고 등교하더라도 학교에 있는 동안은 사용하지 않는 B중학교 학생은 모두 영어 성적이 60점 이상이고, 4)에서 보충 수업을 받아야 하는 학생은 모두 영어 성적이 60점 미만이다. 따라서 스마트폰을 가지고 등교하더라도 학교에 있는 동안은 사용하지 않는 B중학교 학생 가운데 방과 후 보충 수업을 받아야 하는 학생은 없다는 것은 반드시 참이다.

⑤ (×) 지문에서 B중학교에서 스마트폰을 가지고 등교하는 학생들 가운데 학교에 있는 동안은 스마트폰을 사용하지 않는 학생의 수는 추론할 수 없다.

문 16 독해형 논리   난이도 중   정답 ④

문제풀이 핵심 포인트
지문에 제시된 문장을 정리하여 연결고리를 잡고, 이를 바탕으로 〈보기〉에 제시된 문장이 도출되는지 여부를 판단한다.

풀이

주어진 문장을 간단히 정리하면 다음과 같다.
1) 지혜 → ~정열
2) 정열 → 고통
3) 사랑 → 정열
4) 정열 → ~행복
5) ~지혜 → (사랑 ∧ ~고통)
6) ~고통 → 지혜

ㄱ. (×) 지혜로운 사람은 행복하다는 것이 반드시 참인지는 알 수 없다.

ㄴ. (O) 3)과 4)를 연결하면, 사랑을 원하는 사람은 행복하지 않다는 것은 반드시 참이다.

ㄷ. (O) 1)과 3)을 연결하면, 지혜로운 사람은 사랑을 원하지 않는다는 것은 반드시 참이다.

✏️ 실전에선 이렇게!

지문은 일반 줄글 형태이지만 발문이 '다음 글의 내용이 참일 때'로 시작하고 있으므로 논리 문제로 판단하고 문장을 기호화하는 방식으로 접근한다.

문 17 독해형 논리   난이도 중   정답 ③

문제풀이 핵심 포인트
지문에 제시된 전제를 찾고 그 전제들로부터 밑줄 친 결론을 이끌어내는 데 부족한 연결고리가 무엇인지 확인한다.

풀이

주어진 문장을 간단히 정리하면 다음과 같다.
· 전제 1: A 운영체제 → C팀 보안 시스템 오류
· 전제 2: B 전원 공급 장치 → 5%의 결함률
· 전제 3: C 전산 시스템 = B 전원 공급 장치
· 전제 4: (C 보안 시스템 오류 ∨ 전원 공급 장치 결함) → C 전산 시스템 오류

- 결론: C 전산 시스템 오류
③ (O) C팀의 전산 시스템 오류가 발생하기 위해서는 C팀의 보안 시스템에 오류가 있거나 전원 공급 장치 결함이 있어야 한다. 따라서 A팀의 운영체제가 C팀의 전산 시스템에 설치되거나, B팀의 전원 공급 장치에 결함이 있어야 한다. 따라서 'B팀이 제작하여 C팀에 제공하는 전원 공급 장치에 결함이 있다.'를 추가하면 밑줄 친 결론을 이끌어낼 수 있다.

문 18 논증의 타당성 난이도 중 정답 ⑤

문제풀이 핵심 포인트
지문에 제시된 논증의 논리적 구조를 파악하여 타당한 논증인지 여부를 판단한다.

풀이
주어진 논증을 간단히 정리하면 다음과 같다.
- 전제 1: 절대빈곤 → 나쁜 일
- 전제 2: ~소홀히 ∧ 막을 수 있는 절대빈곤 존재
- 전제 3: (~소홀히 ∧ 막을 수 있는 나쁜 일 존재) → 막아야
- 결론: 막아야 하는 절대빈곤 존재

① (×) 이 논증은 전제 1, 2, 3이 참이면 결론 역시 참이 되는 구조의 타당한 연역논증이다.
② (×) 모든 전제가 참일 때 결론이 반드시 참이 되는 구조이므로, 전제 1을 논증에서 빼면 전제 2와 전제 3만으로는 결론이 도출될 수 없다.
③ (×) 논증에서는 비슷하게 중요한 다른 일을 소홀히 하지 않고도 막을 수 있는 절대빈곤이 존재함을 전제로 하므로 비슷하게 중요한 다른 일을 소홀히 해도 막을 수 없는 절대빈곤이 있다고 해서 결론이 도출되지 않는다고 볼 수 없다.
④ (×) 논증에서는 비슷하게 중요한 다른 일을 소홀히 하지 않고도 막을 수 있는 절대빈곤이 존재함을 전제로 하므로, 절대빈곤을 막는 일에 비슷하게 중요한 다른 일을 소홀히 하게 되는 경우가 많다고 해서 결론이 도출되지 않는다고 볼 수 없다.
⑤ (O) 이 논증은 전제 1, 2, 3이 참이면 결론 역시 참이 되는 구조의 타당한 연역논증이다. 따라서 다른 전제를 추가하지 않아도 주어진 전제만으로 결론은 타당하게 도출될 수 있다.

문 19 구조 판단 난이도 중 정답 ②

문제풀이 핵심 포인트
실험 결과를 잘 설명하는 가설을 세우는 문제이므로 지문에 제시된 실험의 설계와 결과에 주목한다.

풀이
① (×) 근적외선을 조사해도 발아율이 높지 않은 경우가 있으므로 '상추씨의 발아율을 높이려면 근적외선을 조사해야 한다.'는 것은 실험 결과를 설명하는 가설로 적절하지 않다.
② (O) (가)~(라) 중 발아율이 높은 (가)와 (다)의 공통점은 마지막에 적색광을 1분 조사했다는 점이고, 이 부분이 발아율이 낮은 (나), (라)와의 차이점이다. 따라서 '상추씨의 발아율을 높이려면 적색광을 마지막에 조사해야 한다.'는 것이 실험 결과를 가장 잘 설명하는 가설이다.

③ (×) 적색광과 근적외선을 번갈아 조사해도 발아율이 높지 않은 경우가 있으므로 '상추씨의 발아율을 높이려면 적색광과 근적외선을 번갈아 조사해야 한다.'는 것은 실험 결과를 설명하는 가설로 적절하지 않다.
④ (×) '상추씨의 발아율을 높이려면 근적외선의 효과가 적색광의 효과를 상쇄해야 한다.'는 것은 실험 내용과 상관이 없으므로 실험 결과를 설명하는 가설로 적절하지 않다.
⑤ (×) 적색광을 조사한 횟수가 근적외선을 조사한 횟수보다 더 많았을 때 발아율이 높았으므로 '상추씨의 발아율을 높이려면 적색광을 조사한 횟수가 근적외선을 조사한 횟수보다 더 적어야 한다.'는 것은 실험 결과를 설명하는 가설로 적절하지 않다.

✏️ 실전에선 이렇게!
가설의 초점이 상추씨의 발아율을 높이려면 어떻게 해야 하는지에 있으므로 이와 관련된 실험의 정보를 정리하는 것이 필요하다.

문 20 원칙 적용 난이도 중 정답 ②

문제풀이 핵심 포인트
지문에 '민감도', '특이도', '거짓 양성 비율', '거짓 음성 비율' 등의 단어가 제시되어 있으므로 그 개념을 확인하는 데 주목한다.

풀이
ㄱ. (×) 민감도와 특이도는 상관관계를 판단할 수 없으므로 어떤 검사법의 민감도가 높을수록 그 검사법의 특이도도 높다는 것을 추론할 수 없다.
ㄴ. (O) 특이도와 거짓 양성 비율은 합쳐서 100%가 되어야 하므로 어떤 검사법의 특이도가 100%라면 그 검사법의 거짓 양성 비율은 0%임을 추론할 수 있다.
ㄷ. (×) 민감도는 실제감염자가 양성이 나올 확률이므로 민감도가 100%라고 해서 양성 반응이 나온 사람이 HIV에 감염되었을 확률이 100%라 볼 수는 없다.

문 21 구조 판단 난이도 중 정답 ⑤

문제풀이 핵심 포인트
지문에 '빅데이터'와 '샘플링'에 대한 정보가 제시되어 있으므로 두 개념 간의 차이점에 주목한다.

풀이
① (O) 첫 번째 단락에 따르면 정보화로 인해 폭발적으로 늘어난 큰 규모의 정보를 활용하는 빅데이터 분석이 샘플링과 설문조사 전문가들의 작업을 대체하고 있다. 따라서 빅데이터 분석이 설문조사 전문가들의 작업을 대체하고 있다는 것은 글의 내용과 부합한다.
② (O) 네 번째 단락에 따르면 기존의 통계학적 샘플링은 만들어진 지 채 100년도 되지 않는 통계 기법으로서 기술적 제약이 있던 시대에 개발된 것이다. 따라서 샘플링 기법은 현재보다 기술적 제약이 컸던 시대의 산물이라는 것은 글의 내용과 부합한다.

③ (O) 첫 번째 단락에 따르면 빅데이터 분석에서 연구에 필요한 정보는 사람들이 평소대로 행동하는 동안 자동적으로 수집되고, 그 결과 샘플링과 설문지 사용에서 기인하는 편향이 사라졌다. 따라서 샘플링이나 설문지를 사용하는 연구의 경우에는 어느 정도의 편향이 발생한다는 것은 글의 내용과 부합한다.

④ (O) 첫 번째 단락에 따르면 빅데이터 분석에서는 샘플을 추출해야 할 필요성이 사라졌다. 따라서 빅데이터 시대에 샘플링은 더 이상 사회현상 연구의 주된 방법으로 간주되지 않게 되었다는 것은 글의 내용과 부합한다.

⑤ (×) 세 번째 단락의 바라바시의 연구 결과에 따르면 커뮤니티 외부와 링크를 많이 가진 사람을 네트워크에서 제거하면 갑자기 네트워크가 와해되어 버렸다. 따라서 바라바시의 연구에 의하면 커뮤니티 외부와 링크를 많이 가진 사람을 네트워크에서 제거해도 네트워크가 와해되지는 않는다는 것은 글의 내용과 부합하지 않는다.

문 22 논리 퀴즈 [난이도 중] 정답 ②

문제풀이 핵심 포인트
지문에 제시된 정보를 조합하여 확정적인 정보를 도출해냄으로써 A부처 공무원으로 채용될 수 있는 지원자들의 최대 인원을 판단한다.

풀이
주어진 정보를 정리하면 다음과 같다.

	자유 민주주의	건전한 국가관	헌법가치 인식	나라 사랑
갑	○	×	×	○
을		×	×	
병	○	○	○	
정	○	×	×	○

② (O) 표의 빈칸은 주어진 조건으로 확정될 수 없는 부분이다. 지문에 따르면 A부처는 네 가지 자질 중 적어도 세 가지 자질을 지닌 사람을 채용할 것이므로 A부처의 공무원으로 채용될 수 있는 사람은 '병'뿐이다. 따라서 A부처의 공무원으로 채용될 수 있는 지원자들의 최대 인원은 1명이다.

문 23 논증 평가 [난이도 중] 정답 ⑤

문제풀이 핵심 포인트
지문이 A, B, C 형태로 구성되어 있으므로 A~C 각각의 주장을 찾는 데 주목한다.

풀이
ㄱ. (×) A는 정당에 대한 충성도와 공헌도를 공직자 임용 기준으로 삼아야 한다고 본다. 따라서 공직자 임용의 정치적 중립성을 보장할 필요성이 대두된다면, A의 주장은 설득력을 얻지 못한다.

ㄴ. (O) B는 공개경쟁 시험을 통해 공무원을 선발하는 것이 좋으며, 이를 통해 행정의 공정성이 확보될 수 있다고 본다. 따라서 공직자 임용과정의 공정성을 높일 필요성이 부각된다면, B의 주장은 설득력을 얻는다.

ㄷ. (O) C는 사회를 구성하는 모든 지역 및 계층으로부터 인구 비례에 따라 공무원을 선발하고, 그들을 정부 조직 내의 각 직급에 비례적으로 배치함으로써 정부 조직이 사회의 모든 지역과 계층에 가능한 한 공평하게 대응하도

록 구성되어야 한다고 본다. 따라서 인구의 절반을 차지하는 비수도권 출신 공무원의 비율이 1/4에 그쳐 지역 편향성을 완화할 필요성이 제기된다면, C의 주장은 설득력을 얻는다.

문 24 빈칸 추론 [난이도 하] 정답 ②

문제풀이 핵심 포인트
빈칸 주변의 정보를 확인하여 '액체'와 '배수관'이라는 단어가 선택지의 어떤 단어와 비유되어 있는지 판단한다.

풀이
② (O) 빈칸에 들어갈 단어를 찾아내기 위해서는 A기술과 한 종류의 액체를 여러 배수관에 동시에 흘려보내는 것과의 비유를 정확히 알아야 한다. A기술은 마치 한 종류의 액체를 여러 배수관에 동시에 흘려보내 가장 빨리 나오는 배수관의 액체를 선택하는 것에 비유할 수 있다. 또한 'A기술을 사용하면 하나의 송신기로부터 전송된 하나의 신호가 다중 경로를 통해 안테나에 수신된다.'는 부분과 'A기술은 수신된 신호들 중 가장 큰 것을 선택하여 안정적인 송수신을 이루려는 것이다.'라는 부분에서, '한 종류의 액체'에 비유되는 것이 ⊙, '여러 배수관'과 비유되는 것이 ⓒ임을 알 수 있다. 그러므로 ⊙은 '신호', ⓒ은 '경로'가 들어가는 것이 적합하다.

문 25 논증 평가 [난이도 중] 정답 ①

문제풀이 핵심 포인트
지지의 대상이 글의 결론이므로 지문에서 결론과 그 결론을 지지하는 전제를 찾는 데 주목한다.

풀이
① (×) 탄소가 없는 상황에서도 생명이 자연적으로 진화할 수 있다는 것은 '핵력, 전기력, 탄소나 산소' 등 보편적 자연법칙이 지금과 같지 않아도 인간이 생존할 수 있다는 것이므로 글의 결론과 반대 방향이다. 따라서 글의 결론을 지지하지 않는다.

② (O) 중력법칙이 현재와 조금만 달라도 지구는 태양으로 빨려 들어간다는 것은 현재와 환경이나 자연법칙이 다르면 인류가 생존할 수 없다는 것이므로 글의 결론을 지지한다.

③ (O) 원자핵의 질량이 현재보다 조금 더 크다면 우리 몸을 이루는 원소는 합성되지 않는다는 것은 현재와 환경이나 자연법칙이 다르면 인류가 생존할 수 없다는 것이므로 글의 결론을 지지한다.

④ (O) 별 주위의 '골디락스 영역'에 행성이 위치할 확률은 매우 낮지만 지구는 그 영역에 위치한다는 것은 지구가 인류와 같은 생명이 진화해 살아가기에 알맞은 범위 안에 제한되어 있다는 것이므로 글의 결론을 지지한다.

⑤ (O) 핵력의 강도가 현재와 약간만 달라도 별의 내부에서 무거운 원소가 거의 전부 사라진다는 것은 현재와 환경이나 자연법칙이 다르면 인류가 생존할 수 없다는 것이므로 글의 결론을 지지한다.

PSAT 전문가의 총평

· 2014년 민간경력자 PSAT 기출문제는 '독해의 원리'에서 10문항, '논증의 방향'에서 7문항, '문맥과 단서'에서 4문항, '논리의 체계'에서 4문항이 출제되었습니다.

· 독해 문제의 비중이 여전히 높지만 2011~2012년보다는 줄었고, 대신 논증이나 문맥 문제 비중이 늘어났습니다. 독해 문제의 경우 '개념 이해' 유형과 '구조 판단' 문제의 비중이 적절히 조화되게 출제되었습니다. '추론' 문제도 다양한 형태로 출제되었습니다. 논증 문제의 경우 비중은 2013년과 동일하지만 가장 기본적인 형태인 '논지' 문제가 2문항이나 출제되어 난도는 높지 않았습니다. 문맥 문제는 비중이 늘었고, 빈칸과 밑줄을 활용하는 형태로 다양하게 출제되었습니다. 논리 문제의 경우 퀴즈, 논증의 타당성, 전제 찾기 등의 문제가 계속 출제되어 유형화된 특성을 보입니다. 특히 논증의 타당성 문제가 새로운 형태로 출제되었고, 빈칸을 활용한 전제 찾기 문제가 출제되었습니다.

정답

p.194

문1	③	개념 이해	문6	①	구조 판단	문11	③	논지와 중심 내용	문16	④	구조 판단	문21	⑤	견해 분석
문2	⑤	구조 판단	문7	③	원칙 적용	문12	④	구조 판단	문17	②	개념 이해	문22	④	논증 평가
문3	②	구조 판단	문8	⑤	논리 퀴즈	문13	④	개념 이해	문18	③	독해형 논리	문23	③	논증 평가
문4	①	구조 판단	문9	①	밑줄 추론	문14	②	개념 이해	문19	②	밑줄 추론	문24	④	논증의 비판과 반박
문5	②	논지와 중심 내용	문10	⑤	논증의 타당성	문15	①	논지와 중심 내용	문20	③	독해형 논리	문25	⑤	빈칸 추론

취약 유형 분석표

유형별로 맞힌 문제 개수와 정답률, 틀린 문제 번호, 풀지 못한 문제 번호를 적고 나서 취약한 유형이 무엇인지 파악해 보세요. 그 후 약점 보완 해설집 p.2 [취약 유형 공략 포인트]에서 약점 보완 학습법을 확인하고, 틀린 문제와 풀지 못한 문제를 다시 한번 풀어보세요.

유형		맞힌 문제 개수	정답률	틀린 문제 번호	풀지 못한 문제 번호
독해의 원리	개념 이해	/4	%		
	구조 판단	/6	%		
	원칙 적용	/1	%		
논증의 방향	논지와 중심 내용	/3	%		
	견해 분석	/1	%		
	논증의 비판과 반박	/1	%		
	논증 평가	/2	%		
문맥과 단서	빈칸 추론	/1	%		
	밑줄 추론	/2	%		
	글의 수정	–	–		
논리의 체계	논증의 타당성	/1	%		
	논리 퀴즈	/1	%		
	독해형 논리	/2	%		
TOTAL		/25	%		

해설

문1 개념 이해 [난이도 하] 정답 ③

문제풀이 핵심 포인트
지문에 화랑도와 화랑, 낭도에 대한 특성이 제시되어 있으므로 이에 주목한다.

풀이

① (×) 첫 번째 단락에 따르면 평민은 화랑도에 가입할 수 있었으나 그 무리를 이끄는 화랑은 진골 출신만이 될 수 있었다. 따라서 평민도 화랑이 될 수 있었다는 것은 글의 내용과 부합하지 않는다.

② (×) 두 번째 단락에 따르면 화랑 김유신이 거느린 무리를 당시 사람들은 '용화향도'라고 불렀던 것이지, 화랑도의 본래 이름이 용화향도인 것은 아니다. 따라서 화랑도의 본래 이름이 용화향도였다는 것은 글의 내용과 부합하지 않는다.

③ (○) 두 번째 단락에 따르면 화랑은 도솔천에서 내려온 미륵으로 여겨졌고, 첫 번째 단락에 따르면 화랑도 내에 여러 무리가 있었다. 따라서 미륵이라고 간주되는 화랑은 여러 명 있었다는 것은 글의 내용과 부합한다.

④ (×) 첫 번째 단락에 따르면 낭도들은 자발적으로 화랑도에 가입하였지, 화랑의 추천을 거쳐 가입한 것은 아니다. 따라서 낭도는 화랑의 추천을 거쳐 화랑도에 가입하였다는 것은 글의 내용과 부합하지 않는다.

⑤ (×) 세 번째 단락에 따르면 화랑도는 신분 계층 사회에서 발생하기 쉬운 알력이나 갈등을 조정하는 데 부분적으로 기여하였던 것이지, 신분제도를 해체하는 데 기여한 것은 아니다. 따라서 화랑도는 신라의 신분제도를 해체하는 데 기여하였다는 것은 글의 내용과 부합하지 않는다.

문2 구조 판단 [난이도 중] 정답 ⑤

문제풀이 핵심 포인트
지문에 조선시대 금군을 구성하는 세 부대인 우림위, 겸사복, 내금위에 대한 특성이 제시되어 있으므로 이에 주목한다.

풀이

① (×) 두 번째 단락에서 금군 중 겸사복은 서얼과 양민에 이르기까지 두루 선발되었다고 제시되어 있으므로 양민은 원칙상 금군이 될 수 없었다는 것은 글의 내용에 부합하지 않는다.

② (×) 두 번째 단락에서 금군 준 우림위는 중앙군 소속의 갑사보다는 높은 대우를 받았다고 제시되어 있으므로, 갑사는 금군보다 높은 대우를 받았다는 것은 글의 내용에 부합하지 않는다.

③ (×) 두 번째 단락에 따르면 우림위는 1492년에, 겸사복은 1409년에 만들어졌으므로 우림위가 겸사복보다 먼저 만들어졌다는 것은 글의 내용에 부합하지 않는다.

④ (×) 두 번째 단락에 따르면 겸사복이 금군 중 최고 정예 부대였으므로 내금위 병사들의 무예가 가장 뛰어났다는 것은 글의 내용에 부합하지 않는다.

⑤ (○) 두 번째 단락에서 겸사복은 시립과 배종을 주로 담당하였다고 제시되어 있고, 첫 번째 단락에서 배종은 어가가 움직일 때 호위하는 것이라고 제시되어 있으므로, 어가 호위는 겸사복의 주요 임무 중 하나였다는 것은 글의 내용과 부합한다.

실전에선 이렇게!

선택지에 '~보다'와 같은 비교급 표현이 제시되어 있으므로 각 단어 간의 비교에 초점을 두고 정보를 체크하는 것이 효율적이다.

문3 구조 판단 [난이도 중] 정답 ②

문제풀이 핵심 포인트
지문에 소설과 영화의 특성이 비교되고 있으므로 그 차이점과 공통점에 주목한다.

풀이

① (×) 두 번째 단락에 따르면 어떤 인물의 내면 의식을 드러낼 때 소설은 문자 언어를 통해 표현하므로 소설 역시 인물의 내면 의식을 직접적으로 표현하지 못한다.

② (○) 두 번째 단락에 따르면 소설과 영화의 중개자는 각각 서술자와 카메라이기에 그로 인한 서술 방식의 차이도 크다. 따라서 소설과 영화는 매체가 다르므로 두 양식의 이야기 전달 방식도 다르다는 것을 알 수 있다.

③ (×) 매체의 표현 방식에도 진보가 있는데 영화가 소설보다 발달된 매체라는 것은 글에서 알 수 없는 내용이다.

④ (×) 두 번째 단락에 따르면 소설과 영화의 중개자는 각각 서술자와 카메라이기에 그로 인한 서술 방식의 차이도 크다. 따라서 소설과 달리 영화는 카메라의 촬영 기술과 효과에 따라 주제가 달라지는 것이 아니라 서술 방식이 달라지는 것이다.

⑤ (×) 세 번째 단락에 따르면 소설과 달리 영화는 모든 것을 직접적인 감각성에 의존한 영상과 음향으로 표현해야 한다. 따라서 문자가 영상의 기초가 되므로 영화도 소설처럼 문자 언어적 표현 방식에 따라 화면이 구성된다는 것은 글에서 알 수 없는 내용이다.

문4 구조 판단 [난이도 중] 정답 ①

문제풀이 핵심 포인트
지문에 정치인 A와 B의 입장과 케인즈 경제학의 특성이 비교되고 있으므로 그 차이점과 공통점에 주목한다.

풀이

① (×) 두 번째 단락에 따르면 A가 경제권력을 분산시키는 방식을 택한 것은 시민의 소득 증진을 위해서가 아니라 거대 기업에 대항하기 위해서였다. 따라서 A는 시민의 소득 증진을 위하여 경제권력을 분산시키는 방식을 택하였다는 것은 글의 내용과 부합하지 않는다.

② (○) 두 번째 단락에 따르면 B는 민주주의가 성공하기 위해서는 거대 기업에 대응할 만한 전국 단위의 정치권력과 시민 정신이 필요하다고 보았다. 따라서 B는 거대 기업을 규제할 수 있는 전국 단위의 정치권력이 필요하다는 입장이다.

③ (O) 두 번째 단락에 따르면 A와 B 둘 다 경제 정책이 자치에 적합한 시민 도덕을 장려하는 경향을 지녀야 한다고 보았다는 점에서 일치한다. 따라서 A와 B는 시민 자치 증진에 적합한 경제 정책이 필요하다는 입장이다.

④ (O) 세 번째 단락에 따르면 1930년대 대공황 이후 미국의 경제 회복은 시민의 자치 역량과 시민 도덕을 육성하는 경제 구조 개혁보다는 케인즈 경제학에 입각한 중앙정부의 지출 증가에서 시작되었다. 따라서 A와 B의 정치경제학은 모두 1930년대 미국의 경제 위기 해결에 주도적 역할을 하지 못하였다.

⑤ (O) 세 번째 단락에 따르면 시민의 자치 역량과 시민 도덕을 육성하는 경제 구조 개혁과 케인즈 경제학에 입각한 중앙정부의 지출 증가가 대비되고 있다. 따라서 케인즈 경제학에 기초한 정책은 시민의 자치 역량을 육성하기 위한 경제 구조 개혁 정책이 아니었다.

✎ **실전에선 이렇게!**

선택지에 A와 B의 입장을 비교하거나 공통점을 물어보는 내용이 포함되어 있으므로 A와 B의 견해를 찾는 데 초점을 두고 지문을 읽는 것이 효율적이다.

문5 논지와 중심 내용   난이도 하   정답 ②

문제풀이 핵심 포인트
글의 결론을 찾는 문제이므로 논지나 중심 내용을 찾는 문제와 같이 지문 전체에서 말하고자 하는 최종적인 문장에 주목한다.

풀이

② (O) 이론 P에 따르면 복지란 다른 시민의 기본권을 침해하지 않는 한, 각 시민이 갖고 있는 현재의 선호들만 만족시키는 것이다. 이에 대해 글에서는 두 가지 근거를 들어 반론을 제기한다. 따라서 글의 결론으로 가장 적절한 것은 이론 P에 대한 반론에 해당하는 내용인 '현재 선호만을 만족시켜야 한다는 주장을 뒷받침하는 근거들은 허점이 많다.'는 것이다.

✎ **실전에선 이렇게!**

지문의 내용은 어떤 주장과 그에 대한 반론으로 구성되어 있고, 글의 결론은 그 반론이 될 가능성이 높으므로 이 부분에 초점을 두는 것이 효율적이다.

문6 구조 판단   난이도 상   정답 ①

문제풀이 핵심 포인트
지문에 '장기기억'과 '단기기억'에 대한 특성이 제시되어 있으므로 특성 간의 차이점과 공통점에 주목한다.

풀이

① (O) 방금 들은 전화번호를 받아 적기 위한 기억은 단기기억을 의미하고, 신경세포 간 연결의 장기 상승 작용이 중요하다는 것은 단기기억의 주요 특징이므로 지문에서 알 수 있는 내용이다.

② (×) 두 번째 단락에서 해마는 기존의 장기기억을 유지하거나 변형하는 부위는 아니라고 제시하고 있으므로, 해마가 손상되면 이미 습득한 자전거 타기와 같은 운동 기술을 실행할 수 없게 된다는 것은 지문에서 알 수 없는 내용이다.

③ (×) 첫 번째 단락에서 장기기억과 단기기억 모두 대뇌피질에 저장된다고 제시하고 있으므로 장기기억은 대뇌피질에 저장되지만, 단기기억은 해마에 저장된다는 것은 지문에서 알 수 없는 내용이다.

④ (×) 새로운 단기기억은 이전에 저장되었던 장기기억에 영향을 준다는 것은 지문에 언급되어 있지 않으므로 알 수 없는 내용이다.

⑤ (×) 세 번째 단락에서 보면 글루탐산은 단기기억에 중요한 역할을 하는 것이므로, 글루탐산이 신경세포 간의 새로운 연결의 형성을 유도한다는 것은 지문에서 알 수 없는 내용이다.

문7 원칙 적용   난이도 상   정답 ③

문제풀이 핵심 포인트
'차감법'의 내용을 알아야 이를 〈보기〉에 적용할 수 있으므로 수행 과제 P를 관장하는 두뇌 영역을 알고 싶은 경우 양상 X에서 양상 Y를 차감한다는 차감법의 원칙에 주목한다.

풀이

① (×) 피실험자가 손으로 도구를 사용하지도 않고 단순한 손동작도 하지 않을 때는 알파 상태를 의미하므로 두뇌의 자기 신호 강도 양상은 A이다.

② (×) 왼손의 단순한 움직임을 관장하는 두뇌 영역을 알고 싶다면, 알파 상태에서 벗어나 단순히 왼손만을 움직일 때 두뇌의 자기 신호 강도 양상인 B에서 알파 상태에 있을 때 두뇌의 자기 신호 강도 양상인 A를 차감하면 된다.

③ (O) 오른손의 단순한 움직임을 관장하는 두뇌 영역을 알고 싶다면, 알파 상태에서 벗어나 단순히 오른손만 움직일 때 두뇌의 자기 신호 강도 양상인 C에서 알파 상태에 있을 때 두뇌의 자기 신호 강도 양상인 A를 차감하면 된다.

④ (×) 왼손으로 도구를 사용하는 과제를 관장하는 두뇌 영역을 알고 싶다면, 알파 상태에서 벗어나 왼손으로 도구를 사용하는 것만 할 때 두뇌의 자기 신호 강도 양상인 D에서 알파 상태에 있을 때 두뇌의 자기 신호 강도 양상인 A를 차감하면 된다.

⑤ (×) 도구를 사용하는 과제를 관장하는 두뇌 영역을 알고 싶다면, 알파 상태에서 벗어나 왼손으로 도구를 사용하는 것만 할 때 두뇌의 자기 신호 강도 양상인 D에서 알파 상태에서 벗어나 단순히 왼손만을 움직일 때 두뇌의 자기 신호 강도 양상인 B와 알파 상태에 있을 때 두뇌의 자기 신호 강도 양상인 A를 차감하면 된다.

✎ **실전에선 이렇게!**

문제에서 요구하는 것은 '차감법'의 내용을 선택지에 적용하는 것이므로 지문을 읽을 때 차감법의 개념 정의만 찾으면 충분하다.

문 8 논리 퀴즈 난이도 중 정답 ⑤

문제풀이 핵심 포인트
갑~병의 각각의 두 진술 중 하나는 참이고 하나는 거짓이라는 조건이 제시되어 있으므로 갑~병의 진술을 참일 때와 거짓일 때를 기준으로 경우의 수를 나눈다.

풀이

갑을 기준으로 경우의 수를 나누면 다음과 같다.

(1) 갑의 처음 진술이 참인 경우

을의 첫 번째 진술이 거짓이 되고 두 번째 진술은 참이 된다. 따라서 병의 첫 번째 진술은 거짓이 되고 두 번째 진술은 참이 된다. 이에 따라 A, B, C, D의 근무지는 다음과 같이 확정된다.

A	B	C	D
광주	서울	세종	부산

(2) 갑의 두 번째 진술이 참인 경우

병의 두 번째 진술이 거짓이 되고 첫 번째 진술이 참이 된다. 따라서 을의 두 번째 진술이 거짓이 되고 첫 번째 진술이 참이 되어야 하는데, 병의 첫 번째 진술이 참이므로 을의 첫 번째 진술은 참이 될 수 없다. 따라서 이 경우의 수는 타당하지 않다.

ㄱ. (○) A의 근무지는 광주이다.

ㄴ. (○) B의 근무지는 서울이다.

ㄷ. (○) C의 근무지는 세종이다.

문 9 밑줄 추론 난이도 중 정답 ①

문제풀이 핵심 포인트
㉠의 '다양한 접근'의 특성이 될 수 있는 구체적인 단서를 찾는 데 집중한다.

풀이

① (×) 광고 사진에서 화면 전반에 걸쳐 흩어져 있는 콘텐츠를 무작위로 추출하여 화면을 재구성하는 방법은 주요 콘텐츠는 그대로 유지한다는 ㉠의 특성에 어긋나므로 ㉠의 사례로 볼 수 없다.

② (○) 풍경 사진에서 전체 풍경에 대한 구도를 추출하고 구도가 그대로 유지될 수 있도록 해상도를 조절하는 방법은 주요 콘텐츠는 그대로 유지한다는 ㉠의 특성과 일치하므로 ㉠의 사례로 볼 수 있다.

③ (○) 인물 사진에서 얼굴 추출 기법을 사용하여 인물의 주요 부분을 왜곡하지 않고 필요 없는 부분을 잘라 내는 방법은 주요 콘텐츠는 그대로 유지하고 왜곡을 최소화한다는 ㉠의 특성과 일치하므로 ㉠의 사례로 볼 수 있다.

④ (○) 정물 사진에서 대상물의 영역은 그대로 두고 배경 영역에 대해서는 왜곡을 최소로 하며 이미지를 축소하는 방법은 왜곡을 최소화한다는 ㉠의 특성과 일치하므로 ㉠의 사례로 볼 수 있다.

⑤ (○) 상품 사진에서 상품을 충분히 인지할 수 있을 정도의 범위 내에서 가로와 세로의 비율을 화면에 맞게 조절하는 방법은 주어진 화면에 맞게 이미지를 변형한다는 ㉠의 특성과 일치하므로 ㉠의 사례로 볼 수 있다.

문 10 논증의 타당성 난이도 상 정답 ⑤

문제풀이 핵심 포인트
지문에 밑줄 친 문장들 중 일부가 참일 경우 다른 문장이 반드시 참이 되는지 판단하기 위해 밑줄 친 문장들의 논리 구조에 주목한다.

풀이

① (×) 유전자는 자연발생했다는 것이 참이라고 해서, 지구에서 유전자가 자연발생할 확률은 지구 외부 우주에서 유전자가 자연발생할 확률보다 훨씬 작다는 것이 반드시 참이 되지는 않는다. 따라서 ㉢이 참이면, ㉤은 반드시 참이라는 것은 옳지 않다.

② (×) 지구에서 유전자가 자연발생할 확률은 지구 외부 우주에서 유전자가 자연발생할 확률보다 훨씬 작다는 것이 참이라고 해서, 지구에서 유전자가 자연발생할 확률은 $1/10^{100}$보다 작지만, 지구 외부 우주에서 유전자가 자연발생할 확률은 $1/10^{50}$보다 크다는 것이 반드시 참이 되지는 않는다. 따라서 ㉤이 참이면, ㉠은 반드시 참이라는 것은 옳지 않다.

③ (×) 지구에서 유전자가 자연발생할 확률은 $1/10^{100}$보다 작지만, 지구 외부 우주에서 유전자가 자연발생할 확률은 $1/10^{50}$보다 크다는 것과 유전자는 자연발생했다는 것이 모두 참이면, ㉢의 전건만이 참이 된다. 따라서 ㉠, ㉡이 모두 참이면, ㉢은 반드시 참이라는 것은 옳지 않다.

④ (×) 유전자는 자연발생했다는 것과 유전자는 우주에서 지구로 유입되었을 가능성이 크다는 것이 모두 참이라고 해도 지구에서 유전자가 자연발생할 확률은 지구 외부 우주에서 유전자가 자연발생할 확률보다 훨씬 작다는 것이 반드시 참이 되지는 않는다. 따라서 ㉡, ㉣이 모두 참이면, ㉤은 반드시 참이라는 것은 옳지 않다.

⑤ (○) ㉠, ㉡이 참이면 ㉢의 전건이 참이고, ㉢이 참이면 ㉢의 후건도 참이 되므로 '유전자가 우주에서 지구로 유입되었을 가능성이 크다.'가 참이다. 이는 ㉣의 내용과 동일하다. 따라서 ㉠, ㉡, ㉢이 모두 참이면, ㉣은 반드시 참이 된다는 것을 알 수 있다.

실전에선 이렇게!
선택지에서 문장의 참 거짓 여부를 물어보고 있으므로 문장의 내용보다는 논리적 구조에 주목하여 접근하는 것이 효율적이다.

문 11 논지와 중심 내용 난이도 중 정답 ③

문제풀이 핵심 포인트
지문에서 다도해의 특성을 개방성의 측면과 고립성의 측면에서 다루고 있으므로 이 중 글에서 강조하고 있는 관점이 무엇인지에 주목한다.

풀이

①, ② (×) 유배지로서의 다도해 역사나 옛 모습이 많이 남아 있는 다도해의 문화는 고립성 부분만 강조된 것이므로 논지가 될 수 없다.

③ (○) 지문의 논지는 다도해의 문화적 특징을 일방적인 관점에서 접근해서는 안 된다는 것이고 여기서 일방적인 관점이란 고립성의 측면에서만 접근하는 관점을 의미한다. 따라서 '다도해의 문화적 특징을 논의할 때 개방성의 측면을 간과해서는 안 된다.'는 것이 글의 논지로 가장 적절하다.

④, ⑤ (×) 다도해의 관념적 측면으로 그 풍속을 제대로 이해하는 것이나 토속 문화를 제대로 이해하는 것은 다도해의 문화적 특징을 일방적인 관점에서 접근해서는 안 된다는 내용과 관련성이 없으므로 논지가 될 수 없다.

문 12 구조 판단 <난이도 중> 정답 ④

문제풀이 핵심 포인트
지문에 영국, 일본, 러시아, 조선 등 여러 국가의 철도 간격과 관련하여 '표준궤', '협궤', '광궤' 등이 비교되어 있으므로 이에 주목한다.

풀이

① (×) 세 번째 단락에 따르면 러일전쟁 과정에서 일본은 자국의 열차를 그대로 사용하기 위해 러시아가 건설한 그 철도 구간을 협궤로 개조하는 작업을 시작했다. 따라서 러일전쟁 당시 일본 국내의 철도는 표준궤가 아니라 협궤였다.

② (×) 네 번째 단락에 따르면 1911년 압록강 철교가 준공되자 표준궤를 채택한 조선철도는 만주의 철도와 바로 연결이 가능해졌고, 1912년 일본 신바시에서 출발해 시모노세키─부산 항로를 건너 조선의 경부선과 경의선을 따라 압록강 대교를 통과해 만주까지 이어지는 철도 수송 체계가 구축되었다. 따라서 부산에서 만주까지를 잇는 철도는 광궤가 아니라 표준궤로 구축되었다.

③ (×) 세 번째 단락에 따르면 만주 지역에 건설된 철도 중 러시아가 건설한 구간은 광궤였다. 따라서 러일전쟁 이전 만주 지역의 철도는 모두 광궤로 건설되었다는 것은 옳지 않다.

④ (O) 두 번째 단락에 따르면 일본은 표준궤를 주장하였는데, 러시아의 영향력이 강해져 광궤로 할 것인지 표준궤로 할 것인지 대립이 있었으므로 러시아는 광궤를 주장했음을 알 수 있다.

⑤ (×) 첫 번째 단락에 따르면 영국의 철로는 '표준궤'로 불렸지만, 일부 국가들은 열차 속력과 운송량, 건설 비용 등을 고려하여 궤간을 조정하였다. 따라서 영국의 표준궤는 유럽 국가들이 철도를 건설하는 데 경제적 부담을 줄여 주었다고 볼 수 없다.

문 13 개념 이해 <난이도 중> 정답 ④

문제풀이 핵심 포인트
지문에 한국의 근대화 과정에서 나타난 변화가 제시되어 있으므로 그 내용에 주목한다.

풀이

① (O) 첫 번째 단락에 따르면 1960년대 이후 급속한 근대화에 따라 전통적인 사회구조가 해체되는 과정에서 직계가족이 가치판단의 중심이 되는 가족주의가 강조되었다. 따라서 근대화 과정을 거치면서 한국 사회에서는 가족주의가 강조되었다는 것은 글의 내용과 부합한다.

② (O) 세 번째 단락에 따르면 한국의 전통적 공동체 문화는 학연과 지연을 매개로 하여 유사가족주의 형태로 나타났다. 따라서 한국의 근대화 과정에서 전통적 공동체 문화는 유사가족주의로 변형되기도 했다는 것은 글의 내용과 부합한다.

③ (O) 두 번째 단락에 따르면 서구 사회의 근대화 과정에서는 개인의 자율적 판단과 선택을 강조하는 개인주의 윤리나 문화가 그러한 사회적 긴장과 불안을 해소하는 역할을 담당했지만, 한국 사회에서는 가족주의 문화가 근대화 과정의 긴장과 불안을 해소하는 역할을 담당하게 되었다. 따라서 근대화 과정에서 한국의 가족주의 문화와 서구의 개인주의 문화는 유사한 역할을 수행했다는 것은 글의 내용과 부합한다.

④ (×) 두 번째 단락에 따르면 한국의 근대화 과정에서 서구의 개인주의 문화가 정착하지 못한 것은 근대화가 급격히 이루어졌기 때문이지, 가족주의 문화 때문이 아니다. 오히려 가족주의 문화는 서구의 개인주의가 담당했던 역할을 담당했다. 따라서 한국의 근대화 과정에서 서구의 개인주의 문화가 정착하지 못한 것은 가족주의 문화 때문이었다는 것은 글의 내용과 부합하지 않는다.

⑤ (O) 두 번째 단락에 따르면 한국 사회에서는 가족주의 문화가 근대화 과정의 긴장과 불안을 해소하는 역할을 담당하게 되었다. 따라서 한국의 근대화 과정에서 가족주의 문화는 급속한 산업화가 야기한 불안과 긴장을 해소하는 기제로 작용했다는 것은 글의 내용과 부합한다.

문 14 개념 이해 <난이도 중> 정답 ②

문제풀이 핵심 포인트
지문에서 이슬람의 금융 방식과 관련하여 '무라바하', '이자라', '무다라바', '무샤라카', '이스티스나' 등의 용어가 제시되어 있으므로 각 개념의 차이에 주목한다.

풀이

ㄱ. (×) 사업에 대한 책임이 투자자에게만 있으면 무다라바이지만, 사업자에게만 있는 경우는 규정되어 있지 않다. 따라서 사업에 대한 책임이 투자자가 아니라 사업자에게만 있으면 무다라바가 아니라 무샤라카라는 것은 글의 내용과 부합하지 않는다.

ㄴ. (×) 투자자와 공동으로 사업에 대한 책임과 이익을 나누어 가지면 무샤라카이므로 은행과 사업자가 공동으로 투자하여 사업을 수행하고 이익을 배분하면 무샤라카가 아니라 이스티스나라는 것은 글의 내용과 부합하지 않는다.

ㄷ. (O) 은행이 소유권을 그대로 보유하면 이자라이므로 은행이 채무자가 원하는 부동산을 직접 매입 후 소유권 이전 없이 채무자에게 임대하면 무라바하가 아니라 이자라라는 것은 글의 내용과 부합한다.

실전에선 이렇게!

<보기>에서 '~가 아니라 …이다'라는 표현이 반복되어 있으므로 각 단어의 개념을 명확히 체크하는 것이 필요하다.

문 15 논지와 중심 내용 <난이도 하> 정답 ①

문제풀이 핵심 포인트
지문에서 A의 연구 내용과 이에 대한 글쓴이의 비판과 관련하여 '사회적 자본'과 '정치적 자본'이라는 개념이 제시되어 있으므로 이에 주목하여 글쓴이의 주장을 파악한다.

풀이

① (O) 지문의 논지는 지문의 마지막 문장인 '사회적 자본만으로 정치 참여를 기대하기 어렵고, 사회적 자본과 정치 참여 사이를 정치적 자본이 매개할 때 비로소 정치 참여가 활성화된다.'는 부분에서 잘 나타난다. 따라서 '사이버공동체를 통해 축적된 사회적 자본에 정치적 자본이 더해질 때 정치 참여가 활성화된다.'는 것이 글의 논지로 가장 적절하다.

문16 구조 판단 _{난이도 중} 정답 ④

문제풀이 핵심 포인트
지문에서 완전히 무작위적인 수열이 되기 위한 두 가지 조건이 제시되어 있으므로 이에 주목한다.

풀이

① (×) 지문의 내용은 컴퓨터가 완전히 무작위적인 수열을 만들어내지 못하고 있고 앞으로도 어려울 것이라는 것이다. 따라서 지문에서 인간은 완전히 무작위적인 규칙과 공식들을 컴퓨터에 입력할 수 있는지는 글에서 알 수 없다.

② (×) 완전히 무작위적인 수열이라면 같은 수가 5번 이상 연속으로 나올 수 없는지는 글에서 알 수 없다.

③ (×) 두 번째 단락에 따르면 시작수는 사용자가 직접 입력할 수도 있고 컴퓨터에 내장된 시계에서 얻을 수도 있으므로, 사용자가 시작수를 직접 입력하지 않았다면 컴퓨터는 어떤 수열도 만들어 낼 수 없다는 것은 글에서 알 수 없다.

④ (○) 세 번째 단락에 따르면 단수열 5, 8, 3, 1, 4, 5, 9, 4, 3, 7, 0은 얼핏 두 번째 조건을 통과하는 것처럼 보이고, '인간의 능력으로 예측하기 어려운 것'은 완전한 무작위적인 수열이 되기 위한 두 번째 조건에 해당한다. 따라서 컴퓨터가 만들어 내는 수열 중에는 인간의 능력으로 예측하기 어려운 것처럼 보이는 경우도 있음을 글에서 알 수 있다.

⑤ (×) 세 번째 단락에서 어떤 수열의 패턴이 인간의 능력으로 예측 가능하지 않아야 한다는 것과 모든 수가 거의 같은 횟수만큼 나와야 한다는 것은 완전히 무작위적인 수열이 되기 위한 두 가지 조건이지만, 어떤 수열의 패턴이 인간의 능력으로 예측 가능하다면 그 수열에는 모든 수가 거의 같은 횟수만큼 나올 수밖에 없는지는 글에서 알 수 없다.

문17 개념 이해 _{난이도 중} 정답 ②

문제풀이 핵심 포인트
지문에서 어떤 것을 '수학적 정리'라고 볼 수 있는지 제시되어 있으므로 그 개념과 특성에 주목한다.

풀이

ㄱ. (×) 수학적 정리는 의심할 수 없는 공리를 바탕으로 연역하는 것이므로 연역적으로 증명된 것이 무조건 수학적 정리인 것은 아니다.

ㄴ. (○) 수학적 정리는 의심할 수 없는 공리를 바탕으로 연역하는 것이므로 수학적 정리를 거부하려면, 공리 역시 거부해야 한다.

ㄷ. (×) 수학적 정리는 오차 없이 측정되는 것과 관련되는 개념이 아니라 공리를 바탕으로 연역적 증명을 통해 결론을 내리는 것이다. 따라서 어떤 삼각형의 세 각의 합이 오차 없이 측정되었다면, 그 결과는 수학적 정리로 받아들일 수 있다는 것은 글에서 추론할 수 없다.

문18 독해형 논리 _{난이도 중} 정답 ③

문제풀이 핵심 포인트
지문에 제시된 정보를 기호화하여 연결고리를 파악하고, A의 결론이 도출되는 데 부족한 내용이 무엇인지를 확인한다.

풀이

지문에 제시된 문장을 기호화하면 다음과 같다.
- 전제 1: 갑순 ∨ 을순 ∨ 병순 ∨ 정순
- 전제 2: 갑순 ∨ 정순
- 전제 3: ~갑순 → 병순
- 결론: 병순

결론이 '병순'이 나오기 위해서는 '~갑순'이 충족되어야 한다. 〈보기〉에서 '~갑순'이라는 표현이 들어가 있는 것을 찾으면 "ㄷ. 을순이 급식 지원을 받으면, 갑순은 급식 지원을 받지 않는다."이고, 여기서 '~갑순'이 도출되기 위해서는 "ㄴ. 을순이 급식 지원을 받는다."가 필요하다.

> ✏️ **실전에선 이렇게!**
>
> 추가해야 할 전제를 찾는 문제는 결론을 먼저 찾고 그 결론이 나오기 위해 어떤 전제가 필요한지를 판단한다.

문19 밑줄 추론 _{난이도 중} 정답 ②

문제풀이 핵심 포인트
㉠은 통계 자료들에 뒷받침되는 것이므로 통계 자료의 구체적인 내용에 주목한다.

풀이

① (×) 넓은 면적을 경작하는 것은 기아의 위험에서 벗어나는 데 도움이 되지 못한다는 것은 ㉠의 내용과 관련이 없다.

② (○) 통계 자료의 내용은 '6군데로 분산된 밭들에서 경작했을 때도 기아의 위험에서 완전히 자유롭지 않았다.', '7군데 이상으로 분산했을 때 수확량은 매년 $1m^2$당 연간 371g 이상이었다.'는 것이다. 기아를 피하려면 $1m^2$당 연간 334g 이상의 감자를 수확해야 하므로 ㉠의 내용으로 가장 적절한 것은 '일정 군데 이상으로 분산시키면 기아의 위험을 피할 수 있다.'는 것이다.

③ (×) 경작할 밭들을 몇 군데로 분산시켜야 단위면적당 연간 수확량이 최대가 되는지는 가구마다 다른 값들이 나왔지만, 가설이 되는 내용은 연간 수확량의 패턴이 Q의 경우와 크게 다르지 않았다는 것이므로 이것이 ㉠의 내용이 될 수 없다.

④ (×) 경작하는 밭들을 여러 군데로 분산시킬수록 단위면적당 연간 수확량의 평균이 증가하여 기아의 위험이 감소하는 것이 아니라, 7군데 이상으로 분산했을 경우에 비로소 기아의 위험이 감소하는 것이므로 ㉠의 내용으로 적절하지 않다.

⑤ (×) 경작하는 밭들을 여러 군데로 분산시킬수록 단위면적당 연간 수확량의 최댓값이 증가하여 기아의 위험이 감소하는 것이 아니라, 7군데 이상으로 분산했을 경우에 비로소 기아의 위험이 감소하는 것이므로 ㉠의 내용으로 적절하지 않다.

문 20 독해형 논리 난이도 중 정답 ③

문제풀이 핵심 포인트
지문에 제시된 정보를 기호화하여 연결고리를 파악하고, 글의 결론이 도출되기 위해 빈칸에 들어갈 내용이 무엇인지를 확인한다.

풀이
지문에 제시된 문장을 기호화하면 다음과 같다.
· 전제 1: 부적격 → ~갑
· 전제 2: 병 → ~을
· 전제 3: 갑 ∨ 을
· 결론: ~병

결론인 '~병'이 나오기 위해서는 전제 2에서 '을'이 충족되어야 한다. '을'이 충족되기 위해서는 전제 3에서 '~갑'이 되어야 하는데, '~갑'이 되기 위해서는 전제 1에서 '부적격'이 만족되어야 한다. 따라서 빈칸에 들어가야 할 말은 '갑은 조사 결과 부적격 판정을 받을 것이다.'이다.

🖋 실전에선 이렇게!
빈칸 추론 형태의 문제이지만 빈칸이 들어가 있는 위치가 '따라서'로 시작되는 문장의 앞이므로 전제 역할을 하는 내용이 빈칸에 들어가야 한다.

문 21 견해 분석 난이도 중 정답 ⑤

문제풀이 핵심 포인트
지문에 갑, 을, 병, 정의 주장이 단락별로 제시되어 있으므로 각 주장의 차이점과 공통점에 주목한다.

풀이
ㄱ. (O) 을의 주장은 난자 등과 같은 신체의 일부를 금전적인 대가 지불의 대상으로 만들어선 안 된다는 것이므로 난자 기증은 상업적이 아닌 이타주의적인 이유에서만 이루어져야 한다는 갑의 주장을 지지한다.
ㄴ. (O) 정은 난자 제공이 고통과 위험을 감수해야 하는 일임을 강조하고 있으므로 난자 제공에 대한 금전적 대가 지불을 허용하지 않을 경우에 난자를 얻을 수 없을 것이라는 병의 주장을 지지하는 근거로 사용될 수 있다.
ㄷ. (O) 을과 병은 서로 반대의 주장을 하고 있으므로 을의 입장과 병의 입장은 동시에 참이 될 수 없다. 따라서 을의 입장과 병의 입장은 양립 불가능하다.

문 22 논증 평가 난이도 중 정답 ④

문제풀이 핵심 포인트
강화의 대상이 글의 입장이므로 지문에서 글쓴이의 주장을 찾는 데 주목한다.

풀이
① (×) 글에서 생계경제 체제는 경제적 잉여가 없는 것이므로 고대사회가 경제적으로 풍요로웠던 것은 생계경제 체제 때문이라는 것은 글의 입장과 동일한 내용이 아니다.
② (×) 산업사회로 이행하면서 경제적 잉여가 발생하였고 계급이 형성되었다는 것은 글의 입장과 동일한 내용이 아니다.
③ (×) 자연재해나 전쟁으로 인해 고대사회는 항상 불안정한 상황에 처해 있었다는 것은 글에서 오해라고 말하고 있는 부분이므로 글의 입장과 동일한 내용이 아니다.
④ (O) 고대사회의 축제가 경제적인 잉여를 해소하는 기제로 작용했다는 것은 고대사회에 경제적 잉여가 존재했다는 의미이다. 이는 고대사회가 생계경제에 따랐다는 것이 옳지 않다는 글의 입장과 동일하므로 강화하는 내용으로 적절하다.
⑤ (×) 유럽의 산업 국가들에 의한 문명화 과정을 통해 저발전된 아프리카의 생활 여건이 개선되었다는 것은 글의 입장과 동일한 내용이 아니다.

문 23 논증 평가 난이도 중 정답 ③

문제풀이 핵심 포인트
평가의 대상이 가설 A, B이므로 지문에서 가설 A와 B의 구체적인 내용에 주목한다.

풀이
① (×) 인간 선조들의 화석이 고대 호수 근처에서 가장 많이 발견되었다는 사실은, 인간이 오랜 물속 생활을 했다는 가설 A의 내용을 지지한다고 볼 수 있으므로 가설 A를 약화한다고 볼 수 없다.
② (×) 털 없는 신체나 피하 지방 같은 현대 인류의 해부학적 특징들을 고래나 돌고래 같은 수생 포유류들도 가지고 있다는 사실은, 인간이 오랜 물속 생활을 했다는 가설 A의 내용을 지지한다고 볼 수 있으므로 가설 A를 약화한다고 볼 수 없다.
③ (O) 호수나 강에는 인간의 생존을 위협하는 수인성 바이러스가 광범위하게 퍼져 있었으며 인간의 피부에 그에 대한 방어력이 없다는 사실은, 인간이 오랜 물속 생활을 했다는 가설 A의 내용에 대한 공격이 될 수 있으므로 가설 A를 약화한다.
④ (×) 열대 아프리카 지역에서 고대로부터 내려온 전통 생활을 유지하고 있는 주민들이 옷을 거의 입지 않는다는 사실은, 인간이 자신을 더 효과적으로 보호할 수 있는 의복이나 다른 수단들을 활용할 수 있었을 때 비로소 털이 없어지는 진화가 가능하다는 가설 B의 내용을 지지한다고 볼 수 없으므로 가설 B를 강화한다고 볼 수 없다.
⑤ (×) 피부를 보호할 수 있는 옷이나 다른 수단을 만들 수 있는 인공물들이 사용된 시기는 인류 진화의 마지막 단계에 한정된다는 사실은, 인류 진화 계통의 초기인 약 700만 년 전에 인간에게 털이 거의 없어졌다고 보고 있는 지문의 내용과 다르므로 가설 B를 강화한다고 볼 수 없다.

🖋 실전에선 이렇게!
가설 A와 가설 B의 강화 약화 여부를 동시에 묻는 선택지는 없으므로 각 가설의 내용을 따로 확인하여 해당 선택지만 먼저 판단한다.

문 24 논증의 비판과 반박 [난이도 상] 정답 ④

문제풀이 핵심 포인트
비판의 대상이 '도덕적 딜레마 논증'이므로 지문에 제시된 '도덕적 딜레마 논증'의 전제와 결론을 확인하여 〈보기〉의 내용이 그에 대한 공격인지 판단한다.

풀이

ㄱ. (×) '도덕적 딜레마 논증'은 어린이를 실험 대상에 포함시키면 도덕적으로 잘못이라고 주장한다. 따라서 적합한 사전 동의 없이 행해지는 어떠한 실험도 도덕적 잘못이기 때문에 어린이를 실험 대상으로 하는 연구는 그 위험성의 여부와는 상관없이 모두 거부되어야 한다는 것은 도덕적 딜레마 논증에 대한 비판이 아니라 오히려 도덕적 딜레마 논증과 같은 방향의 진술일 수 있다.

ㄴ. (○) '도덕적 딜레마 논증'은 어린이를 실험 대상에서 배제시키면, 어린이 환자 집단에 대해 충분한 실험을 하지 않은 약품들로 어린이를 치료하게 되어 어린이를 더욱 커다란 위험에 몰아넣게 된다는 점을 들어 어린이를 실험 대상에서 배제시키는 것은 도덕적으로 올바르지 않다고 주장한다. 그러나 동물실험이나 성인에 대한 임상 실험을 통해서도 어린이 환자를 위한 안전한 약물을 만들어 낼 수 있다는 것은 이에 대한 반대 방향의 진술이 될 수 있다. 따라서 어린이를 실험 대상에 포함시키지 않더라도 어린이 환자가 안전하게 치료받지 못하는 위험에 빠지지 않을 수 있다는 것은 도덕적 딜레마 논증에 대한 비판으로 적절하다.

ㄷ. (○) '도덕적 딜레마 논증'은 어린이를 실험 대상에서 배제시키지 않으면, 제한적인 동의능력만을 가진 존재를 실험 대상에 포함시키게 된다는 점을 들어 제한된 동의능력만을 가진 이를 실험 대상에 포함시키는 것은 도덕적으로 올바르지 않다고 주장한다. 그러나 부모나 법정 대리인을 통해 어린이의 동의능력을 적합하게 보완할 수 있다는 것은 이에 대한 반대 방향의 진술이 될 수 있다. 따라서 어린이의 동의능력이 부모나 법정 대리인에 의해 적합하게 보완된다면 어린이를 실험 대상에 포함시켜도 도덕적 잘못이 아닐 수 있고, 이런 경우의 어린이를 실험 대상에 포함시켜도 도덕적 잘못이 아닐 수 있다는 것은 도덕적 딜레마 논증에 대한 비판으로 적절하다.

문 25 빈칸 추론 [난이도 상] 정답 ⑤

문제풀이 핵심 포인트
빈칸에 들어갈 문장이 ㉠~㉤ 중 하나이므로 ㉠~㉤의 논리적 구조를 확인하는 데 주목한다.

풀이

(가) 〈사례〉에 따르면 철학자 A는 내 차의 핸들이 망가져 있어 나에겐 행동의 자유가 존재하지 않았지만, 그럼에도 불구하고 나는 행인을 친 것에 대한 도덕적 책임을 가져야 한다는 것을 당연하게 생각했다. 이는 우리가 행동의 자유를 가진 존재가 아니라면, 우리는 도덕적 책임을 가질 필요가 없다는 ㉢과 모순되는 내용이다. 따라서 철학자 A는 〈사례〉를 통해 ㉢이 거짓이라고 보이고 있음을 추론할 수 있다.

(나) ㉠~㉤은 ㉠~㉣을 전제로 하고 ㉤을 결론으로 하는 논증을 이루고 있으므로 철학자 A가 ㉢이 거짓이라고 보임으로써 반박하려는 주장은 최종 주장인 ㉤이라고 추론할 수 있다.

민경채 2013년 기출문제

PSAT 전문가의 총평

· 2013년 민간경력자 PSAT 기출문제는 '독해의 원리'에서 14문항, '논증의 방향'에서 6문항, '문맥과 단서'에서 1문항, '논리의 체계'에서 4문항이 출제되었습니다.

· 독해 문제의 비중이 여전히 높고, 단순한 독해 문제인 '개념 이해' 유형과 구조적인 지문을 제시하는 '구조 판단' 문제의 비중이 적절히 조화되게 출제되었습니다. 2012년에 이어 '추론' 문제는 다양한 형태로 출제되었습니다. 지문의 길이가 점차 길어지는 경향을 보이는 것도 특성입니다. 논증 문제 역시 비중과 난이도 모두 2012년과 비슷하게 출제되었고, 지문 길이가 길어지는 경향을 보입니다. 문맥 문제는 비중이 더 줄었는데, <보고서> 양식을 활용한 새로운 문제 형태가 출제되었다는 것이 특징적입니다. 논리 문제의 경우 퀴즈, 논증의 타당성, 전제 찾기 등의 문제가 2012년과 유사하게 출제되었습니다. 2013년 기출문제는 2012년과 난이도나 특성이 유사하게 출제된 것으로 보입니다.

정답

p.208

문1	⑤	개념 이해	문6	⑤	구조 판단	문11	①	개념 이해	문16	③	구조 판단	문21	④	논증 평가
문2	①	구조 판단	문7	①	구조 판단	문12	④	개념 이해	문17	②	개념 이해	문22	④	견해 분석
문3	②	구조 판단	문8	①	논증 평가	문13	④	개념 이해	문18	⑤	개념 이해	문23	②	논증 평가
문4	⑤	구조 판단	문9	④	논증의 타당성	문14	①	구조 판단	문19	①	독해형 논리	문24	⑤	논증 평가
문5	③	개념 이해	문10	③	독해형 논리	문15	②	원칙 적용	문20	③	논증의 타당성	문25	⑤	견해 분석

취약 유형 분석표

유형별로 맞힌 문제 개수와 정답률, 틀린 문제 번호, 풀지 못한 문제 번호를 적고 나서 취약한 유형이 무엇인지 파악해 보세요. 그 후 약점 보완 해설집 p.2 [취약 유형 공략 포인트]에서 약점 보완 학습법을 확인하고, 틀린 문제와 풀지 못한 문제를 다시 한번 풀어보세요.

유형		맞힌 문제 개수	정답률	틀린 문제 번호	풀지 못한 문제 번호
독해의 원리	개념 이해	/7	%		
	구조 판단	/7	%		
	원칙 적용	/1	%		
논증의 방향	논지와 중심 내용	–	–		
	견해 분석	/2	%		
	논증의 비판과 반박	–	–		
	논증 평가	/4	%		
문맥과 단서	빈칸 추론	–	–		
	밑줄 추론	–	–		
	글의 수정	–	–		
논리의 체계	논증의 타당성	/2	%		
	논리 퀴즈	–	–		
	독해형 논리	/2	%		
TOTAL		/25	%		

해설

문1 개념 이해   난이도 중   정답 ⑤

문제풀이 핵심 포인트
지문에 중세 동아시아 의학의 특징과 고려 의학의 특징이 제시되어 있으므로 그 내용에 주목한다.

풀이

① (×) 두 번째 단락에 따르면 혜민국은 전염병 예방과 같은 비상시에 기능하는 임시 기관이므로 고려는 역병을 예방하기 위해 혜민국을 설치하였다는 것은 글의 내용과 부합하지 않는다.

② (×) 첫 번째 단락에 따르면 납약은 일종의 위세품으로 내려진 약재이므로 고려 국왕이 병든 문무백관의 치료를 위해 납약을 하사하였다는 것은 글의 내용과 부합하지 않는다.

③ (×) 첫 번째 단락에 따르면 고려의 국왕은 가부장적 이데올로기에 입각하여 의료를 신민 지배의 한 수단으로 삼았지만, 가부장적 이데올로기가 고려 시대 전염병의 발병률 감소에 기여하였다는 것은 글의 내용과 부합하지 않는다.

④ (×) 첫 번째 단락에 따르면 중세 동아시아 의학은 통치수단의 방편으로 활용된 것이 특징이므로 중세 동아시아 의학은 상·하층 신민의 질병을 치료하기 위한 목적으로 발전하였다는 것은 글의 내용과 부합하지 않는다.

⑤ (○) 첫 번째 단락에 따르면 권력자들은 최상의 의료 인력과 물자를 독점적으로 소유함으로써 의료를 충성에 대한 반대급부로 삼았다. 따라서 중세 동아시아의 권력자는 의료 인력과 약재를 독점하여 신료의 충성을 유도하였다는 것은 글의 내용과 부합한다.

문2 구조 판단   난이도 중   정답 ①

문제풀이 핵심 포인트
지문에 전자 심의와 대면 심의를 비교하여 설명하고 있으므로 그 차이점과 공통점에 주목한다.

풀이

① (×) 첫 번째 단락에 따르면 전자 심의는 내밀한 내용이 표출될 수 있지만, 신뢰를 증진시킬 수 있는 것은 대면 심의의 특성이므로 인터넷을 통한 전자 심의는 내밀한 내용이 표출된다는 점에서 신뢰를 증진시킬 수 있다는 것은 글의 내용과 부합하지 않는다.

② (○) 첫 번째 단락에서 대면 심의 집단이 질적 판단을 요하는 복합적 문제를 다루는 경우 전자 심의 집단보다 우월하다는 결과를 보여준 실험이 있다고 언급되어 있으므로 질적 판단을 요하는 복합적 문제를 다루는 데에는 대면 심의 집단이 우월한 경우가 있다는 것은 글의 내용과 부합한다.

③ (○) 첫 번째 단락에서 인터넷은 소극적이고 내성적인 사람들이 자신의 의견을 적극 표출하도록 만들 수 있다는 장점이 있다고 언급되어 있으므로 인터넷은 소극적이고 내성적인 사람들이 자신의 의견을 표출하도록 만들 수 있다는 장점이 있다는 것은 글의 내용과 부합한다.

④ (○) 두 번째 단락에서 정치적 사안을 심의하려면 토론자들이 서로 간에 신뢰하고 있을 뿐 아니라 심의 결과에 대해 책임의식을 느끼고 있어야 한다고 되어 있으므로 정치적 사안을 심의하려면 토론자들이 서로 신뢰하고 심의 결과에 대해 책임의식을 느껴야 한다는 것은 글의 내용과 부합한다.

⑤ (○) 두 번째 단락에서 어려운 정치적 결정일수록 참여자들 사이에 타협과 협상을 필요로 한다고 되어 있으므로 불확실성이 개입된 복합적 문제에 대한 정치적 결정에서는 참여자들 사이에 타협과 협상이 필요하다는 것은 글의 내용과 부합한다.

문3 구조 판단   난이도 중   정답 ②

문제풀이 핵심 포인트
지문에 문화와 문명에 대한 '프랑스 계몽주의자', '독일 낭만주의자', '아놀드', '타일러'의 견해가 대비되어 있으므로 각 사람들의 견해에 주목한다.

풀이

① (×) 첫 번째 단락에서 문명을 문화가 발전된 단계로 보는 것은 프랑스 계몽주의자이므로 독일 낭만주의자들의 시각에 따르면 문명은 문화가 발전된 단계라는 것은 추론할 수 없다.

② (○) 두 번째 단락에서 타일러는 원시적이든 문명적이든 차별을 두지 않고 문화의 보편적 실체를 확립했으므로 타일러의 시각에 따르면 원시적이고 야만적인 사회에서도 문화는 존재한다는 것을 추론할 수 있다.

③ (×) 첫 번째 단락에서 프랑스 계몽주의자들은 문명을 문화가 발전된 단계로 보므로 문화와 문명은 본질적으로 다르지 않다고 생각하므로 프랑스 계몽주의자들의 시각에 따르면 문화와 문명은 본질적으로 다른 것이라는 것은 추론할 수 없다.

④ (×) 두 번째 단락에서 문화의 다양성은 집단이 발전해 온 단계가 다른 데서 비롯된다는 것은 타일러의 시각이므로 아놀드의 시각에 따르면 문화의 다양성은 집단이 발전해 온 단계가 다른 데서 비롯된다는 것은 추론할 수 없다.

⑤ (×) 두 번째 단락에서 타일러의 관점은 문화의 보편적 실체를 확립했다는 점에서 의의가 있으므로 타일러의 시각에 따르면 문명은 고귀한 정신적 측면이 강조된다는 점에서 보편적 실체라고 할 수 없다는 것은 추론할 수 없다.

🖊 실전에선 이렇게!
선택지에 '~의 시각에 따르면'이라는 표현이 반복되어 있으므로 독일 낭만주의자, 타일러, 프랑스 계몽주의자, 아놀드의 견해를 찾는 문제로 접근한다.

문4 구조 판단   난이도 중   정답 ⑤

문제풀이 핵심 포인트
지문에 유전자의 화석화와 관련해 나균과 결핵균이 비교되어 있으므로 단어 간의 관련성에 주목한다.

풀이

① (×) 과거에 숙주세포 없이는 살 수 없었던 것은 나균이므로 결핵균이 과거에 숙주세포 없이는 살 수 없었을 것임은 추론할 수 없다.

② (×) 기생충은 나균처럼 숙주세포에 의존하므로 유전자의 화석화가 일어났을 것이므로 현재의 나균과 달리 기생충에서는 유전자의 화석화가 일어나지 않았을 것임은 추론할 수 없다.

③ (×) 유전자의 화석화는 숙주세포에 의존하는 나균에서 일어나는 것이지, 숙주세포에서 일어나는 것이 아니므로 숙주세포 유전자의 화석화는 나균 유전자의 소멸과 밀접한 관련이 있을 것임은 추론할 수 없다.

④ (×) 화석화된 유전자의 특징은 새로운 환경에 적응하기 위해 필요하다고 하더라도 그 기능을 다시 회복할 수 없다는 것이므로 어떤 균의 화석화된 유전자는 이 균이 새로운 환경에 적응하는 데 기능할 것임은 추론할 수 없다.

⑤ (○) 첫 번째 단락에서 나균이 화석화된 유전자가 많은 이유는 나균이 오로지 숙주세포 안에서만 살 수 있을 정도로 숙주세포에 대한 의존도가 높기 때문이라고 설명되어 있으므로 화석화된 나균 유전자의 대부분은 나균이 숙주세포에 의존하는 대사과정과 관련된 유전자일 것임을 추론할 수 있다.

④ (○) 새로운 플랫폼은 디지털 융합형 미디어를 의미하는데, 이것의 등장이 공영방송의 진정한 위기가 되므로 새로운 플랫폼이 탄생하기 전에 공영방송은 주류방송의 위치를 차지하고 있었음을 알 수 있다.

⑤ (×) 다채널 방송으로 경쟁 환경이 조성되면서 시청자들이 양질의 공영방송 프로그램을 즐기게 되었는지는 글에서 알 수 없다.

🖋 실전에선 이렇게!

첫 번째, 두 번째, 세 번째 위기가 차례로 나열되어 있으므로 각 위기의 중심 내용만 체크해 두고, 선택지의 세부 정보에 대한 판단은 지문을 발췌독하는 방식으로 접근한다.

문5 개념 이해 <난이도 중> 정답 ③

문제풀이 핵심 포인트
지문에 조선시대 수령의 사법권과 관련하여 남형, 혹형, 남살 등의 단어가 제시되어 있으므로 각 단어의 특성에 주목한다.

풀이

① (×) 포교의 비리보다 포졸의 비리가 더 많았는지는 글에서 알 수 없다.

② (×) 첫 번째 단락에 따르면 수령은 범죄의 유형이나 정도에 상관없이 태형 50대 이하의 처벌은 언제나 실행할 수 있고 경우에 따라서는 최고 형벌인 사형도 내릴 수 있는 사법권을 가지고 있었다. 따라서 법적으로 허용된 수령의 처벌권은 50대 이하의 태형에 국한되었다는 것은 알 수 없다.

③ (○) 두 번째 단락에 따르면 해이해진 기강을 단속하여 백성을 잘 다스린다는 평가를 받는 수령들은 남형이나 혹형, 남살을 일삼는 경우가 많았다. 따라서 남형, 혹형, 남살을 일삼는 수령들이 유능하다는 평가를 받기도 하였다는 것을 알 수 있다.

④ (×) 글에서 법전에 규정된 사법권을 벗어나는 남형, 혹형, 남살 등의 불법적인 폭력이 문제됨을 얘기하고 있으므로 법전에 규정된 수령의 사법권은 사회 불안을 조장하는 주요 요소였다는 것은 알 수 없다.

⑤ (×) 백성에게 비리와 폭력을 일삼는 하급 관속들은 법규에 따라 처벌되었다는 것은 글에서 알 수 없다.

문7 구조 판단 <난이도 하> 정답 ①

문제풀이 핵심 포인트
지문에 아기가 먹는 음식에 관한 두 가지 속설이 제시되어 있으므로 이에 대한 A박사의 평가에 주목한다.

풀이

ㄱ. (×) 두 번째 단락에서 아기가 엄마의 모유에 대해 알레르기를 갖지 않는다는 설명은 언급되어 있으나 엄마가 갖지 않은 알레르기에 대해서는 지문에 언급된 바 없으므로 엄마가 갖지 않은 알레르기는 아기도 갖지 않는다는 것은 추론할 수 없다.

ㄴ. (○) 세 번째 단락에서 당분을 섭취하면 아기가 흥분한다는 속설에 대해 사실이 아니라고 설명하고 있으므로 아기의 흥분된 행동과 당분 섭취 간의 인과적 관계는 확인된 바 없다는 것을 추론할 수 있다.

ㄷ. (×) A박사의 설명은 육아에 관한 속설 중 사실이 아닌 것이 있다는 것이지, 육아에 관한 주변 사람들의 훈수는 모두 비과학적인 속설에 근거하고 있다는 것은 아니므로 육아에 관한 주변 사람들의 훈수는 모두 비과학적인 속설에 근거하고 있다는 것은 추론할 수 없다.

문6 구조 판단 <난이도 중> 정답 ⑤

문제풀이 핵심 포인트
지문에 공영방송의 세 번의 위기에 대한 내용이 단락별로 제시되어 있으므로 그 내용에 주목한다.

풀이

① (○) 세 번째 단락에서 공영방송의 진정한 위기에 해당하는 디지털 융합형 미디어의 특성이 일방향 서비스에 의존적이지 않은 것이라는 점에서 공영방송은 일방향 서비스를 제공해왔음을 알 수 있다.

② (○) 세 번째 단락에서 개별 국가의 정체성 형성을 담당하던 공영방송이라고 언급되어 있으므로 공영방송은 국가의 정체성과 관련되는 개념이라는 것을 알 수 있다.

③ (○) 두 번째 단락에서 다채널 방송은 공영방송이 제공해 온 차별적인 장르들을 훨씬 더 전문적인 내용으로, 더 많은 시간 동안 제공하게 되었다고 하므로 다채널 방송 중에서는 공영방송의 프로그램과 동일한 장르의 채널도 존재하였다는 것을 알 수 있다.

문8 논증 평가 <난이도 중> 정답 ①

문제풀이 핵심 포인트
지문에 제시된 논증의 결론과 구조를 확인하여 <보기>의 진술이 논증을 강화하거나 약화하는지 판단한다.

풀이

ㄱ. (○) 논증에서는 도덕적인 사람은 행복할 것이라고 주장하고 있으므로 도덕적으로 살고 있음에도 불행한 사람이 존재한다는 것은 이 논증을 약화한다.

ㄴ. (×) 논증에서는 도덕적인 것은 이익이 되는 것이라고 주장하고 있으므로 도덕적으로 살지 않는 것은 이익이 되지 않는다는 주장은 이 논증으로부터 추론된다고 볼 수 없다.

ㄷ. (×) 논증에서는 기능을 잘 수행하는 상태가 훌륭한 상태이고, 도덕적임은 혼이나 정신의 훌륭한 상태라고 주장한다. 따라서 눈이나 귀가 고유의 기능을 잘 수행하더라도 눈이나 귀를 도덕적이라고 하지 않는 것은 이 논증을 강화한다고 볼 수 없다.

문 9 논증의 타당성 [난이도 중]   정답 ④

문제풀이 핵심 포인트
지문에 제시된 논증을 기호화하여 전제로부터 결론이 연결될 수 있는지를 파악한다.

풀이

지문에 제시된 논증을 기호화하여 정리하면 다음과 같다.

· 영희: 갑 A → 을 B
     ~을 B
     ∴ ~갑 A
     전제가 참일 때 결론이 반드시 참이다.

· 철수: 갑 A → 을 A
     을 A
     ∴ 갑 A
     전제가 참일 때 결론이 반드시 참이라고 할 수 없다.

· 현주: ~갑 A ∨ 을+병 C
     갑 A
     ∴ 을+병 C
     전제가 참일 때 결론이 반드시 참이다.

✏️ 실전에선 이렇게!

전제가 참일 때 결론이 반드시 참이 되는 논증은 타당한 논증이므로 전제와 결론을 간단히 기호화하여 전제로부터 결론이 연결되는지 여부로 타당성 여부를 판단한다.

문 10 독해형 논리 [난이도 상]   정답 ③

문제풀이 핵심 포인트
지문에 제시된 논증을 기호화하여 전제를 연결했을 때 결론을 도출하는 데 부족한 고리를 파악한다.

풀이

지문에 제시된 조건을 기호화하면 다음과 같다.

· 전제 1: B
· 전제 2: C → B
· 전제 3: ~C
· 전제 4: (D ∧ E) → B
· 전제 5: E
· 결론: D

① (×) 'D전략은 C전략과 목표가 같다.'를 전제로 추가해도 결론은 도출되지 않는다.

② (×) 'A국의 외교정책상 C전략은 B원칙에 부합한다.'를 전제로 추가해도 결론은 도출되지 않는다.

③ (○) 'C전략과 D전략 이외에 B원칙을 실현할 다른 전략은 없다.'를 추가하면, 전제 3에 의해 C전략은 실행될 수 없어 D전략이 실행될 것이므로 D전략이 채택될 것이 확실하다는 결론이 도출된다.

④ (×) 'B원칙의 실현을 위해 C전략과 D전략은 함께 실행될 수 없다.'를 전제로 추가해도 결론은 도출되지 않는다.

⑤ (×) 'B원칙의 실현을 위해 C전략과 E정책은 함께 실행될 수 없다.'를 전제로 추가해도 결론은 도출되지 않는다.

문 11 개념 이해 [난이도 중]   정답 ①

문제풀이 핵심 포인트
지문에 개항 이후 제당업과 관련하여 대일본제당에 대한 설명이 제시되어 있으므로 시기별 특성에 주목한다.

풀이

① (○) 세 번째 단락에서 사업 기회를 포착한 설탕 무역업자들이 정부로부터 생산설비를 위한 자금을 지원받고, 미국이 원조하는 원료당의 배정에서도 특혜를 받으며 제당업에 뛰어들었다고 되어 있으므로 개항 이후 제당업 성장의 배경에는 정책적 지원과 특혜가 있었다는 것은 글의 내용과 부합한다.

② (×) 첫 번째 단락에서 제1차 세계대전 발발 후에도 세계적으로 설탕 시세가 고가를 유지했다고 되어 있으므로 제1차 세계대전으로 인한 설탕 수급 불균형은 국제적인 설탕 가격 폭락을 초래하였다는 것은 글의 내용과 부합하지 않는다.

③ (×) 두 번째 단락에서 대일본제당 조선지점은 1922년부터 원료당을 수입해 가공하는 정제당업으로 전환하였고, 만주와 지리적으로 근접한 이점을 활용하여 운송비를 절감함으로써 1930년대 후반까지 호황을 누렸다고 되어 있다. 따라서 일본제당 조선지점은 설탕의 운송비를 절감하기 위해 정제당업으로 전환하였다는 것은 글의 내용과 부합하지 않는다.

④ (×) 두 번째 단락에서 1920년부터 원료비 절감을 위해 평안남도와 황해도 일대에 사탕무를 재배하기 시작하였지만, 생산성이 매우 낮아 국제적인 경쟁력이 없는 것으로 판명되었다고 되어 있으므로 대일본제당이 조선을 설탕의 상품 시장이자 원료 공급지로 개발하여 큰 이득을 거두었다는 것은 글의 내용과 부합하지 않는다.

⑤ (×) 세 번째 단락에서 설탕은 가격 통제 대상이 아니었다고 되어 있으므로 해방 후 설탕에 대한 수요가 증가하자 정부는 제당회사들의 설탕 가격 담합을 단속하였다는 것은 글의 내용과 부합하지 않는다.

문 12 개념 이해 [난이도 중]   정답 ④

문제풀이 핵심 포인트
지문에 신자유주의 모델의 위기와 관련하여 각국의 위기 탈출을 위한 선택에 대한 문제가 제기되어 있으므로 이에 대한 답변에 주목한다.

풀이

① (○) 첫 번째 단락에 따르면 금융 위기로 신자유주의의 권위는 흔들리기 시작했고 향후 하나의 사조로서 신자유주의는 더 이상 주류적 지위를 유지하지 못하고 퇴조해갈 것이 거의 확실하다. 따라서 신자유주의의 권위는 세계적 불황을 촉발시킨 금융 위기로 인해 위협받고 있다는 것은 글의 내용과 부합한다.

② (○) 네 번째 단락에 따르면 새로운 모색은 현재 벌어지고 있는 세계적 금융 위기의 현실과 경제 침체가 고용대란으로 이어질 가능성마저 보이고 있는 우리 경제의 현실에서 이루어져야 한다. 따라서 우리는 신자유주의의 후속 모델을 현재의 세계적 금융 위기의 현실에서 찾아야 한다는 것은 글의 내용과 부합한다.

③ (O) 세 번째 단락에 따르면 북유럽 모델은 신자유주의의 이식 정도가 낮아서 금융 위기의 충격을 덜 받고 있으므로 신자유주의의 이식 정도가 낮은 북유럽에서는 금융 위기에 의한 충격을 상대적으로 덜 받고 있다는 것은 글의 내용과 부합한다.

④ (×) 세 번째 단락에 따르면 모든 문제를 해결하는 보편적 해법은 없으므로 각국은 경제 위기를 극복하기 위해 새로운 단일 경제체제를 공동 개발하는 방안을 활발히 논의하고 있다는 것은 글의 내용과 부합하지 않는다.

⑤ (O) 두 번째 단락에 따르면 경기 회복 대책 수립 과정에서 기존의 경제 시스템을 새로운 시스템으로 전환하는 방안이 활발하게 검토될 것이라는 것은 글의 내용과 부합한다.

문 13 개념 이해 난이도 下 정답 ④

문제풀이 핵심 포인트
지문에서 '살쾡이'라는 용어에 대해 설명하면서 고양이, 호랑이와 연관 지어 설명하고 있으므로 그 차이점과 공통점에 주목한다.

풀이

① (O) 두 번째 단락에서 '삵'에 비해 '살쾡이'가 후대에 생겨난 단어인 것과 같은 방식으로 '호랑이'란 단어도 생겨났다고 한다. 따라서 '호랑이'는 '호'(虎, 범)보다 나중에 형성되었다는 것을 추론할 수 있다.

② (O) 지문에 제시된 '살쾡이'나 '호랑이'라는 단어가 두 단어가 합쳐져 하나의 대상을 지시하는 것의 예시가 될 수 있으므로 두 단어가 합쳐져 하나의 대상을 지시할 수 있다는 것을 추론할 수 있다.

③ (O) 세 번째 단락에서 북한의 사전에서는 '살쾡이'를 찾을 수 없고 '살괭이'만 찾을 수 있다고 하므로 '살쾡이'가 남·북한 사전 모두에 실려 있는 것은 아니라는 것을 추론할 수 있다.

④ (×) 세 번째 단락에 따르면 주로 서울 지역에서 '살쾡이'로 발음하기 때문에 '살쾡이'를 표준어로 삼은 것이지, 가장 광범위하게 사용되기 때문에 표준어로 정해진 것은 아니다. 따라서 '살쾡이'는 가장 광범위하게 사용되기 때문에 표준어로 정해졌다는 것을 추론할 수 없다.

⑤ (O) 세 번째 단락에 따르면 '살쾡이'의 방언이 다양하게 나타나는 것은 지역의 발음 차이 때문이라는 것을 추론할 수 있다.

문 14 구조 판단 난이도 下 정답 ①

문제풀이 핵심 포인트
지문에서 세포가 표적세포로 신호를 전달하는 방법으로 '직접 결합 방법', '측분비 방법', '내분비 방법'이 제시되어 있으므로 각 방법의 차이점과 공통점에 주목한다.

풀이

ㄱ. (O) 두 번째 단락에서 신경세포 사이의 신호 전달은 신경전달물질에 의해 이루어지는데, 이 신경전달물질은 세포 사이에 존재하는 공간을 통해 확산되어 근거리에 있는 표적세포에 작용하므로 측분비 방법을 통해 이루어진다는 것을 추론할 수 있다.

ㄴ. (×) 두 번째 단락에서 표적세포에 반응을 일으키는 데 걸리는 시간은 호르몬이 신경전달물질보다 더 오래 걸린다고 제시되어 있으므로, 내분비 방법이 측분비 방법보다 표적세포에서 더 느린 반응을 일으킨다고 추론할 수 있다.

ㄷ. (×) 하나의 세포가 표적세포로 신호를 전달하기 위한 방법으로는 신호 전달 물질의 분비가 필수적인 측분비 방법과 내분비 방법 외에 신호 전달 물질의 분비가 필요하지 않은 직접 결합 방법도 제시되어 있으므로 옳지 않다.

문 15 원칙 적용 난이도 中 정답 ②

문제풀이 핵심 포인트
〈개요〉의 현황 분석 부분에 제시된 내용은 연말정산 자동계산 프로그램 사용 방법에 대한 문의이므로 이와 관련이 있는 〈보기〉의 내용에 주목한다.

풀이

ㄱ. (×) 연말정산 자동 상담 시스템을 개발할 경우 15%의 이용자 불만 감소 효과가 전망된다는 것은 연말정산 자동계산 프로그램 사용 방법과 관련이 없으므로 현황 분석 부분에 들어갈 내용으로 적절하지 않다.

ㄴ. (×) 연말정산 기간을 정확하게 알지 못해 마감 기한이 지나서 세무서를 방문하는 사람이 전년 대비 15% 증가하였다는 것은 연말정산 자동계산 프로그램 사용 방법과 관련이 없으므로 현황 분석 부분에 들어갈 내용으로 적절하지 않다.

ㄷ. (O) 연말정산 기간 중 세무서 전체 월 평균 상담 건수는 약 128만 건으로 평상시 11만 건보다 크게 증가했는데, 그 이유는 연말정산 자동계산 프로그램 사용 방법에 관한 문의 전화가 폭주했기 때문이라는 내용은 연말정산 자동계산 프로그램 사용 방법과 관련이 있으므로 현황 분석 부분에 들어갈 내용으로 적절하다.

실전에선 이렇게!
문제에서 묻고 있는 것은 현황 분석 부분에 들어갈 내용이므로 그 부분의 정보에 먼저 집중하여 〈보기〉를 판별하는 것이 효율적이다.

문 16 구조 판단 난이도 下 정답 ③

문제풀이 핵심 포인트
지문에서 미국 남부 이주민과 북부 이주민의 특성이 비교되어 있으므로 그 차이점과 공통점에 주목한다.

풀이

ㄱ. (O) 두 번째 단락에서 북부 이주민은 종교적 신념을 가지고 있었고, 사회 규약을 만드는 것을 중요하게 생각했으므로 북부 이주민은 종교 규율과 사회 규약을 중시했다는 것을 알 수 있다.

ㄴ. (O) 남부 이주민의 목적은 가난을 면하기 위해서였고, 북부 이주민의 목적은 새로운 사회를 건설하기 위해서였으므로 남·북부 이주민 사이에 이주 목적의 차이가 있었다는 것을 알 수 있다.

ㄷ. (×) 두 번째 단락에 따르면 북부 이주민은 새로운 사회에 대한 열망을 가지고 있었으므로 북부 이주민이 남부 이주민보다 영국의 사회 체계를 유지하려는 성향이 강했다는 것은 옳지 않다.

실전에선 이렇게!
〈보기〉에서 남부 이주민과 북부 이주민 간의 비교가 들어가 있으므로 대조 지문으로 판단하고 핵심 키워드를 체크하는 것이 효율적이다.

문 17 개념 이해 <u>난이도 중</u>　　　　　　정답 ②

풀이

ㄱ. (×) 두 번째 단락에서 담배 두 갑에 들어 있는 니코틴이 화학적으로 정제되
어 혈류 속으로 주입된다면, 그것은 치사량이 된다고 언급되어 있지만, 화
학적으로 정제된 니코틴이 폐암을 유발하는지는 추론할 수 없다.

ㄴ. (○) 두 번째 단락에서 이미 18세기 이후 영국에서는 타르를 함유한 그을음
속에서 일하는 굴뚝 청소부들이 다른 사람보다 피부암에 더 잘 걸린다는
것이 정설이었다고 언급되어 있으므로 19세기에 타르와 암의 관련성이 이
미 보고되어 있었다는 것은 추론할 수 있다.

ㄷ. (×) 니코틴과 타르 모두 지문에 언급된 용어이지만, 동시에 신체에 흡입될
경우 폐암 발생률은 급격히 증가하는지는 추론할 수 없다.

문 18 개념 이해 <u>난이도 중</u>　　　　　　정답 ⑤

풀이

ㄱ. (○) 두 번째 단락에서 실제로 온도계에 변화를 주지 않기 때문에 '잠열'이
라 불렸다고 되어 있으므로 A의 온도계로는 잠열을 직접 측정할 수 없었다
는 것을 추론할 수 있다.

ㄴ. (○) 두 번째 단락에 따르면 A에서는 얼음이 녹으면서 생긴 물과 녹고 있는
얼음의 온도가 녹는점에서 일정하게 유지되었는데 이 상태는 얼음이 완전
히 녹을 때까지 지속되었고, 이를 잠열이라 했으므로 얼음이 녹는점에 이
르러도 완전히 녹지 않는 것은 잠열 때문이라고 추론할 수 있다.

ㄷ. (○) 두 번째 단락에 따르면 A에서는 얼음이 녹으면서 생긴 물과 녹고 있는
얼음의 온도가 녹는점에서 일정하게 유지되었는데 이 상태는 얼음이 완전
히 녹을 때까지 지속되었다. 따라서 A의 얼음이 완전히 물로 바뀔 때까지,
A의 얼음물 온도는 일정하게 유지된다고 추론할 수 있다.

문 19 독해형 논리 <u>난이도 중</u>　　　　　　정답 ①

풀이

지문에 제시된 논증을 기호화하여 정리하면 다음과 같다.

· 전제 1: 테러 → 국방비

· 전제 2: ~국방비 ∨ 증세

· 전제 3: 증세 → 침체

· 결론: 침체

전제 3에 따르면 '침체'라는 결론이 도출되기 위해서는 '증세'가 필요하다. '증
세'가 만족되려면 전제 2에 의해 '국방비'가 만족되어야 하고, '국방비'가 만족
되기 위해서는 전제 1에 따라 '테러'가 만족되어야 한다. 따라서 추가해야 할
전제는 '테러', 즉 '국제적으로 테러가 증가한다.'는 것이다.

문 20 논증의 타당성 <u>난이도 중</u>　　　　　　정답 ③

풀이

① (○) '전기 저항이 0인 경우는 없었다'는 것으로부터 '전기 저항이 0인 물질
은 없다'고 판단하는 것은 '증거의 없음'을 '없음의 증거'로 오인하는 사례
에 해당한다.

② (○) '몸에 어떤 이상도 발견되지 않았다'는 것으로부터 '술과 담배가 무해하
다'고 판단하는 것은 '증거의 없음'을 '없음의 증거'로 오인하는 사례에 해당
한다.

③ (×) 확실한 알리바이가 있다는 것은 곧 해당 범죄 현장에 있지 않았다는 의
미와 동일하므로 이는 논리적 오류에 해당하지 않는다. 따라서 '경찰은 어
떤 피의자가 확실한 알리바이가 있다는 것을 확인했다. 따라서 그 피의자
는 해당 범죄 현장에 있지 않았다.'는 것은 글에 제시된 논리적 오류의 사례
로 적절하지 않다.

④ (○) '빛을 내는 것을 조사해 보니 열 발생이 동반되지 않는 것이 없었다'는
것으로부터 '열을 내지 않는 발광체는 없다'고 판단하는 것은 '증거의 없음'
을 '없음의 증거'로 오인하는 사례에 해당한다.

⑤ (○) '외계 지적 생명체는 발견되지 않았다'는 것으로부터 '외계 지적 생명체
는 존재하지 않는다'고 판단하는 것은 '증거의 없음'을 '없음의 증거'로 오인
하는 사례에 해당한다.

문 21 논증 평가 <u>난이도 상</u>　　　　　　정답 ④

풀이

① (×) 뉴턴 역학보다 상대성 이론에 의해 태양계 행성들의 공전 궤도를 더 정
확히 계산할 수 있다는 것은 글의 핵심 주장과 직접적인 관련이 없는 진술
이므로 글의 핵심 주장을 강화하는 진술이라고 볼 수 없다.

② (×) 어떤 물체의 속도가 광속보다 훨씬 느릴 때 그 물체의 운동의 기술에
서 뉴턴 역학과 상대성 이론은 서로 양립 가능하다는 것은 글의 핵심 주장
을 강화하는 진술이라고 볼 수 없다.

③ (x) 일상적으로 만나는 물체들의 운동을 상대성 이론을 써서 기술하면 뉴턴 역학이 내놓는 것과 동일한 결론에 도달한다는 것은 글의 핵심 주장을 강화하는 진술이라고 볼 수 없다.

④ (O) 뉴턴 역학에 등장하는 질량은 속도와 무관하지만 상대성 이론에 등장하는 질량은 에너지의 일종이므로 속도에 의존하여 변할 수 있다는 것은 아인슈타인의 이론 속에서 변수들이 가리키는 물리적 대상이 뉴턴 이론 속에서 변수들이 가리키는 물리적 대상과 같은 것은 아니라는 글의 핵심 주장을 강화하는 진술이다.

⑤ (x) 매우 빠르게 운동하는 우주선(cosmic ray)의 구성 입자의 반감기가 길어지는 현상은 상대성 이론으로는 설명되지만 뉴턴 역학으로는 설명되지 않는다는 것은 글의 핵심 주장과 직접적인 관련이 없으므로 글의 핵심 주장을 강화하는 진술이라고 볼 수 없다.

문 22 견해 분석 난이도 상 정답 ④

문제풀이 핵심 포인트
지문에 상과 이름, 수에 대한 소크라테스와 크라튈로스의 견해가 제시되어 있으므로 그 차이점에 주목한다.

풀이

① (O) 소크라테스는 상이 상이려면, 상이 묘사하는 대상의 성질 모두를 상에 배정해서는 결코 안 된다고 언급하고 있으므로 어떤 사물과 완전히 일치하는 복제물은 상이 아니라는 것은 소크라테스의 견해이다.

② (O) 소크라테스는 이름이나 상은 무엇이 빠지거나 더해지면 더 이상 상이나 이름이 아니라고 해서는 안 된다고 언급하고 있으므로 훌륭한 이름에 자모 한 둘을 더하거나 빼더라도 그것은 여전히 이름이라는 것은 소크라테스의 견해이다.

③ (O) 소크라테스는 이름이나 상은 무엇이 빠지거나 더해지면 더 이상 상이나 이름이 아니라고 해서는 안 된다고 언급하고 있으므로 훌륭한 상에 색이나 형태를 조금 더하거나 빼더라도 그것은 여전히 상이라는 것은 소크라테스의 견해이다.

④ (x) 이름이나 상은 무엇이 빠지거나 더해지면 더 이상 상이나 이름이 아니라고 해서는 안 되지만, 수는 무엇이 빠지거나 더해지면 더 이상 똑같은 수가 아니기 때문에 이름이나 상과는 다른 이치를 따른다. 따라서 이름에 자모를 더하거나 빼는 것과 수에 수를 더하거나 빼는 것은 같은 이치를 따른다는 것은 소크라테스의 견해가 아니다.

⑤ (O) 소크라테스는 이름이나 상은 무엇이 빠지거나 더해지면 더 이상 상이나 이름이 아니라고 해서는 안 된다고 언급하고 있으므로 이름에 자모를 더하거나 빼는 것과 상에 색이나 형태를 더하거나 빼는 것은 같은 이치를 따른다는 것은 소크라테스의 견해이다.

실전에선 이렇게!
지문이 대화체로 구성되어 있지만 문제에서 물어보는 것은 소크라테스의 견해이므로 크라튈로스의 견해는 찾을 필요가 없다.

문 23 논증 평가 난이도 중 정답 ②

문제풀이 핵심 포인트
지문에 단풍이 드는 원인에 대한 (가)와 (나)의 주장이 대조되어 있으므로 각 주장의 차이점에 주목한다.

풀이

ㄱ. (x) 단풍이 드는 나무 중에서 떨켜를 만들지 않는 종이 있다는 연구 결과는 떨켜가 생기면서 감춰졌던 색소들이 드러나는 것이 단풍이라고 보는 (가)의 주장과 다르므로 (가)의 주장을 약화한다.

ㄴ. (x) 식물의 잎에서 주홍빛을 내는 색소가 가을에 새롭게 만들어진다는 연구 결과는 감춰졌던 색소들이 드러나는 것이 단풍이라고 보는 (가)의 주장과 다르므로 (가)의 주장을 약화한다.

ㄷ. (O) 가을에 인위적으로 어떤 나무의 단풍색을 더 진하게 만들었더니 그 나무에 알을 낳는 진딧물의 수가 줄었다는 연구 결과는 타는 듯한 단풍은 나무에 알을 낳으려는 곤충에게 보내는 나무의 경계신호라는 (나)의 주장과 일치하므로 (나)의 주장을 강화한다.

문 24 논증 평가 난이도 하 정답 ⑤

문제풀이 핵심 포인트
강화의 대상이 되는 주장은 트랜스 지방이 심혈관계에 해롭다는 것이므로 이를 기준으로 <보기>에 제시된 사례가 글의 주장을 강화하는지 여부를 판단한다.

풀이

ㄱ. (O) 쥐의 먹이에 함유된 트랜스 지방 함량을 2% 증가시키자 쥐의 심장병 발병률이 25% 증가하였다는 것은 트랜스 지방이 심혈관계에 해롭다는 글의 주장과 일치하므로 주장을 강화한다.

ㄴ. (O) 사람들이 마가린을 많이 먹는 지역에서 마가린의 트랜스 지방 함량을 낮추자, 동맥경화의 발병률이 1년 사이에 10% 감소하였다는 것은 트랜스 지방이 심혈관계에 해롭다는 글의 주장과 일치하므로 주장을 강화한다.

ㄷ. (O) 성인 1,000명에게 패스트푸드를 일정 기간 지속적으로 섭취하게 한 후 검사해 보니, HDL의 혈중 농도가 섭취 전에 비해 20% 감소하였다는 것은 트랜스 지방이 심혈관계에 해롭다는 글의 주장과 일치하므로 주장을 강화한다.

문 25 견해 분석 난이도 하 정답 ⑤

문제풀이 핵심 포인트
지문에 절대적으로 확실한 지식이 존재하는지에 대한 갑, 을, 병의 견해가 단락별로 대조되어 있으므로 각 주장의 차이점과 공통점에 주목한다.

풀이

ㄱ. (O) 절대적으로 확실한 지식은 존재하지 않는다는 갑의 결론은 감각 경험을 통해서 우리는 확실한 지식을 얻게 된다는 을의 결론과 대립되므로 양립 불가능하다.

ㄴ. (O) 절대적으로 확실한 지식은 존재하지 않는다는 갑의 결론은 거듭 의심하는 방법을 사용하여 절대적으로 확실한 지식을 발견하였다는 병의 결론과 대립되므로 양립 불가능하다.

ㄷ. (O) 을과 병은 절대적으로 확실한 지식을 획득하는 방법이 다를 뿐 모두 절대적으로 확실한 지식이 있다고 주장한다.

실전에선 이렇게!
견해 분석 문제에서 양립 불가능한 관계는 주장하는 바가 반대여서 동시에 참이 될 수 없는 관계이므로 주장이 대립하는지 여부를 빠르게 파악해야 한다.

PSAT 전문가의 총평

· 2012년 민간경력자 PSAT 기출문제는 '독해의 원리'에서 12문항, '논증의 방향'에서 6문항, '문맥과 단서'에서 3문항, '논리의 체계'에서 4문항 이 출제되었습니다.

· 독해 문제의 비중이 여전히 높지만, 2011년과 다르게 단순한 독해 문제인 '개념 이해' 유형보다는 구조적인 지문을 제시하는 '구조 판단' 문제 의 비중이 높아졌습니다. 특히 '추론' 문제가 다양한 형태로 출제되기 시작했습니다. 논증 문제도 2011년과 비슷한 비중을 유지하였으나 지문 길이가 길어져 체감 난도가 높게 느껴졌을 수 있습니다. 문맥 문제는 빈칸을 활용한 문제가 주로 출제되었고, 비중은 2011년과 유사했습니다. 논리 문제의 경우 비중이 늘었고, 문제 유형도 퀴즈, 논증의 타당성, 전제 찾기 등 다양하게 출제되었습니다. 2012년 기출문제는 2011년에 비 해 전반적으로 문제 난도가 올라가고 문제 유형도 자리를 잡아가는 특성이 보입니다.

정답

p.220

문1	②	개념 이해	문6	①	견해 분석	문11	①	구조 판단	문16	⑤	개념 이해	문21	①	원칙 적용
문2	②	개념 이해	문7	③	구조 판단	문12	③	구조 판단	문17	④	빈칸 추론	문22	①	견해 분석
문3	④	개념 이해	문8	③	논증의 타당성	문13	④	원칙 적용	문18	②	논리 퀴즈	문23	⑤	독해형 논리
문4	③	구조 판단	문9	②	원칙 적용	문14	⑤	빈칸 추론	문19	①	논증 평가	문24	④	논리 퀴즈
문5	④	빈칸 추론	문10	⑤	논증 평가	문15	①	개념 이해	문20	⑤	논증의 비판과 반박	문25	③	논증의 비판과 반박

취약 유형 분석표

유형별로 맞힌 문제 개수와 정답률, 틀린 문제 번호, 풀지 못한 문제 번호를 적고 나서 취약한 유형이 무엇인지 파악해 보세요. 그 후 약점 보완 해설집 p.2 [취약 유형 공략 포인트]에서 약점 보완 학습법을 확인하고, 틀린 문제와 풀지 못한 문제를 다시 한번 풀어보세요.

유형		맞힌 문제 개수	정답률	틀린 문제 번호	풀지 못한 문제 번호
독해의 원리	개념 이해	/5	%		
	구조 판단	/4	%		
	원칙 적용	/3	%		
논증의 방향	논지와 중심 내용	–	–		
	견해 분석	/2	%		
	논증의 비판과 반박	/2	%		
	논증 평가	/2	%		
문맥과 단서	빈칸 추론	/3	%		
	밑줄 추론	–	–		
	글의 수정	–	–		
논리의 체계	논증의 타당성	/1	%		
	논리 퀴즈	/2	%		
	독해형 논리	/1	%		
TOTAL		/25	%		

해설

문1 개념 이해 난이도 하   정답 ②

문제풀이 핵심 포인트
지문에 음악과 수, 수학의 관계가 설명되어 있으므로 그 특징에 주목한다.

풀이

① (×) 두 번째 단락에 따르면 고대에도 음악과 수, 음악과 수학의 관계는 음악을 설명하는 중요한 사고의 틀로 작동했다. 따라서 수학을 통해 음악을 설명하려는 경향은 현대에 생겨났다는 것은 글의 내용과 부합하지 않는다.

② (○) 두 번째 단락에 따르면 음정과 음계는 수학적 질서를 통해 음악의 예술적 특성과 음악의 미적 가치를 효과적으로 전달했다. 따라서 음악의 미적 가치는 수학적 질서를 통해 드러날 수 있다는 것은 글의 내용과 부합한다.

③ (×) 두 번째 단락에서 건축가 르 코르뷔지에와의 공동 작업으로 건축적 비례를 음악에 연결시킨 제나키스의 현대 음악 작품들의 사례에 따르면, 현대 음악 중에 건축적 비례를 음악에 연결시킨 작품들이 있다. 그러나 건축학 이론은 현대 음악의 특성을 건축설계에 반영한다는 것은 글의 내용과 부합하지 않는다.

④ (×) 첫 번째 단락에 따르면 우리는 음악을 일반적으로 감정의 예술로 이해한다. 그러나 음악을 감정의 예술이 아니라 감각의 예술로 이해해야 한다는 것은 글의 내용과 부합하지 않는다.

⑤ (×) 두 번째 단락에 따르면 음악을 구성하는 원리로 수학적 질서가 활용되는 것이지, 수의 상징적 의미가 음악의 수학적 질서를 통해 구체화되는 것이 아니므로 수의 상징적 의미는 음악의 수학적 질서를 통해 구체화된다는 것은 글의 내용과 부합하지 않는다.

문2 개념 이해 난이도 하   정답 ②

문제풀이 핵심 포인트
지문에 눈, 우박, 얼음의 생성에 대한 철학자의 주장이 제시되어 있으므로 그 구체적인 주장의 내용에 주목한다.

풀이

① (○) 첫 번째 단락에서 '구름이 바람에 의해 강력하고 지속적으로 압축될 때', 또는 '습기를 포함하고 있는 구름들이 옆에 나란히 놓여서 서로 압박할 때'를 제시하고 있다. 따라서 구름의 압축은 바람에 의해 발생하는 경우도 있고, 구름들의 압박에 의해 발생하는 경우도 있다는 것은 철학자의 주장으로부터 추론할 수 있다.

② (×) 애초에 물에는 둥근 모양의 물 입자와 삼각형 모양의 물 입자가 모두 존재하며, 둥근 모양의 물 입자가 밀려나가거나 몰아내어 삼각형 모양의 물 입자가 둥근 모양의 물 입자를 몰아내어 얼음이 만들어지는 것이지, 물 입자의 모양이 둥근 모양에서 삼각형 모양으로 변화하는 것은 아니다. 따라서 날씨가 추워지면 둥근 모양의 물 입자가 삼각형 모양의 물 입자로 변화한다는 것은 철학자의 주장으로부터 추론할 수 없다.

③ (○) 두 번째 단락에 따르면 얼음은 물에 있던 둥근 모양의 입자가 밀려나가고 이미 물 안에 있던 삼각형 모양의 입자들이 함께 결합하여 만들어진다. 따라서 물에는 둥근 모양의 입자뿐 아니라 삼각형 모양의 입자도 있다는 것은 철학자의 주장으로부터 추론할 수 있다.

④ (○) 첫 번째 단락에 따르면 구름은 물을 응고시켜서 우박을 만드는데, 특히 봄에 이런 현상이 빈번하게 생긴다. 따라서 봄에는 구름이 물을 응고시키는 경우가 자주 발생한다는 것은 철학자의 주장으로부터 추론할 수 있다.

⑤ (○) 두 번째 단락에 따르면 얼음은 물에 있던 둥근 모양의 입자가 밀려나가고 이미 물 안에 있던 삼각형 모양의 입자들이 함께 결합하여 만들어진다. 따라서 얼음에는 삼각형 모양의 물 입자들이 결합되어 있다는 것은 철학자의 주장으로부터 추론할 수 있다.

문3 개념 이해 난이도 중   정답 ④

문제풀이 핵심 포인트
지문에 1970년대 이후 미국의 산업구조 변화와 노동조합에 관한 내용이 제시되어 있으므로 시기에 따른 특성에 주목한다.

풀이

① (○) 세 번째 단락에 따르면 1973년 전체 제조업 종사자 중 39%였던 노동조합원의 비율이 2005년에는 13%로 줄어들었다. 따라서 1973년부터 2005년 사이에 미국 제조업에서는 노동조합원의 비율이 감소하였다는 것은 글의 내용과 부합한다.

② (○) 네 번째 단락에 따르면 1970년대 중반 이후 기업들은 보수적 성향의 정치적 영향력에 힘입어서 노동조합을 압도할 수 있게 되었다. 따라서 1970년대 중반 이후 노동조합의 몰락에는 기업뿐 아니라 보수주의적 정치도 일조하였다는 것은 글의 내용과 부합한다.

③ (○) 두 번째 단락에 따르면 미국경제를 주도하는 것이 서비스업으로 변화한 이유는 기술의 발전이 주된 요인이지만 제조업 제품을 수입에 의존하게 된 것이 또 다른 요인이다. 따라서 미국에서 제조업 상품의 수입의존도 상승은 서비스업이 경제를 주도하는 산업 분야가 되는 요인 중 하나였다는 것은 글의 내용과 부합한다.

④ (×) 두 번째 단락에 따르면 노동조합의 몰락은 산업구조의 변화가 그 원인이라는 견해가 지배적이었으나 노동조합이 전반적으로 몰락한 주요 원인을 제조업 분야의 쇠퇴에서 찾는 이러한 견해는 틀린 것으로 판명되었다. 따라서 미국 제조업 분야 내에서의 노동조합 가입률 하락은 산업구조의 변화로 인한 서비스업의 성장 때문이라는 것은 글의 내용과 부합하지 않는다.

⑤ (○) 네 번째 단락에 따르면 1970년대 말과 1980년대 초에는, 노동조합을 지지하는 노동자 20명 중 적어도 한 명이 불법적으로 해고되었다. 따라서 1970년대 말 이후 미국 기업이 노동조합을 지지하는 노동자들에게 행한 조치 중에는 합법적이지 못한 경우도 있었다는 것은 글의 내용과 부합한다.

실전에선 이렇게!
선택지에서 구체적인 시기에 대해 물어보고 있으므로 지문을 읽을 때 시기에 대한 정보를 체크해 두는 것이 중요하다.

문 4 구조 판단 난이도 중 정답 ③

문제풀이 핵심 포인트
지문에 왕세자가 거쳐야 하는 통과의례로 '책봉례', '입학례', '관례', '가례'의 특성이 차례로 제시되어 있으므로 그 특성에 주목한다.

풀이
① (O) 첫 번째 단락에 따르면 실제로 조선시대를 통틀어 적장자로서 왕위에 오른 왕은 문종, 단종, 연산군, 인종, 현종, 숙종, 순종 이렇게 일곱 명에 불과했으므로 왕이 된 왕세자가 모두 적장자는 아니었다는 것을 알 수 있다.

② (O) 두 번째 단락의 '성균관에 입학하는 사대부 자녀와 마찬가지로'와 '일반 사대부의 자녀는 보통 혼례를 치르기 전 15세에서 20세에 관례를 치르지만'이라는 표현에서 사대부 자녀도 입학례, 관례, 혼례의 통과의례를 거칠 수 있었다는 것을 알 수 있다.

③ (×) 책봉례에서는 책례도감의궤를 작성하였고, 가례에서는 가례도감의궤를 남겼으나 다른 통과의례에서는 이에 대한 언급이 없다. 따라서 왕세자의 통과의례가 거행될 때마다 행사의 내용을 의궤로 남겼다는 것은 글에서 알 수 없다.

④ (O) 통과의례의 순서에 따르면 성인이 된 후, 즉 관례를 치르고 난 후에 치르는 의례는 가례이므로 왕세자의 대표적 통과의례 중 성인이 된 후 치른 의례는 가례였다는 것을 알 수 있다.

⑤ (O) 지문 전체적으로 왕세자의 통과의례는 책봉례, 입학례, 관례, 가례의 순서로 거행되었음을 알 수 있다.

문 5 빈칸 추론 난이도 중 정답 ④

문제풀이 핵심 포인트
빈칸에 들어갈 내용이 예시이므로 지문에 제시된 주요 개념인 '필요조건으로서의 원인', '충분조건으로서의 원인', '필요충분조건으로서의 원인'의 개념에 주목한다.

풀이
(가) 필요조건으로서 원인은 "어떤 결과의 원인이 없었다면 그 결과도 없다"는 말로 표현할 수 있다. 따라서 (가)에 들어갈 예시로 가장 적절한 것은 '뇌염모기에 물리지 않으면 뇌염은 발생하지 않는다.'는 ㄴ이다.

(나) 충분조건으로서 원인은 "어떤 결과의 원인이 있었다면 그 결과도 있다"는 말로 표현할 수 있다. 따라서 (나)에 들어갈 예시로 가장 적절한 것은 '콜라병이 총알에 맞는다면 그것이 깨지는 것은 분명하다.'는 ㄷ이다.

(다) 필요충분조건으로서 원인은 "어떤 결과의 원인이 없다면 그 결과는 없고, 동시에 그 원인이 있다면 그 결과도 있다"는 말로 표현할 수 있다. 따라서 (다)에 들어갈 예시로 가장 적절한 것은 '물체에 힘이 가해지면 물체의 속도가 변하고, 물체에 힘이 가해지지 않는다면 물체의 속도는 변하지 않는다.'는 ㄱ이다.

문 6 견해 분석 난이도 중 정답 ①

문제풀이 핵심 포인트
지문에 제시된 몰리눅스의 물음에 대한 실험 결과와 경험론자들의 견해, 생득론자들의 견해 간의 차이점에 주목한다.

풀이
① (O) 몰리눅스의 물음은 '태어날 때부터 시각장애인인 사람이 둥근 공 모양과 정육면체의 형태 등을 단지 손으로 만져서 알게 된 후 어느 날 갑자기 눈으로 사물을 볼 수 있게 된다면, 그 사람은 손으로 만져보지 않고도 눈앞에 놓인 물체가 공 모양인지 주사위 모양인지 알아낼 수 있을까요?'이다. 이에 대한 실험 결과, 각 환자들이 답을 맞힌 비율은 50%, 즉 둘 중 아무 것이나 마구 고른 경우와 거의 차이가 없었고, 따라서 인간이 태어날 때 이미 외부의 정보를 처리하는 데 필요한 관념들을 가지고 있는 것은 아니라는 결론이 도출되었다. 경험론자의 견해는 '모든 관련과 지식은 경험에 의해 형성된다.'는 것이고, 생득론자들의 견해는 '인간이 태어날 때 이미 외부의 정보를 처리하는 데 필요한 관념들을 가지고 있다.'이므로 몰리눅스의 물음에 부정적인 답변이 나와 경험론자들의 견해가 강화되었다고 볼 수 있다.

> 🖋 **실전에선 이렇게!**
>
> 선택지를 보면 몰리눅스의 물음과 경험론자들의 견해와 생득론자들의 견해가 반복적으로 언급되어 있으므로 이들의 견해를 찾아주는 문제라 판단하고 접근하는 것이 좋다.

문 7 구조 판단 난이도 중 정답 ③

문제풀이 핵심 포인트
지문에 '의학박사', '의사', '약점사'의 특징이 비교되어 있으므로 그 차이점에 주목한다.

풀이
① (×) 첫 번째 단락에 따르면 의학박사에 비해 관품이 낮은 의사들은 실력이 뒤지거나 경력이 부족했으며 행정업무를 병행하기도 하였다. 따라서 의사들 가운데 실력이 뛰어난 사람이 의학박사로 임명되었다는 것은 글에서 추론할 수 없다.

② (×) 글에서 의학박사와 의사의 실력에 대한 비교는 있으나, 약점사와 의사 간의 실력에 대한 비교는 언급된 바 없으므로 약점사의 의학 실력은 의사들보다 뛰어났다는 것은 글에서 추론할 수 없다.

③ (O) 두 번째 단락에 따르면 의사가 없는 지방에서는 의사의 업무 모두를 약점사가 담당했는데, 의사의 업무 중 의학교육이 있으므로 약점사가 의학교육을 담당할 수도 있었다는 것은 글에서 추론할 수 있다.

④ (×) 두 번째 단락에 따르면 약점사가 향리들 중에서 임명되었으므로 의사가 향리들 중에서 임명되었다는 것은 글에서 추론할 수 없다.

⑤ (×) 두 번째 단락에 따르면 약점은 약점사들이 환자들을 치료하는 공간이자 약재의 유통 공간이었다. 따라서 의사들의 진료 공간은 약점이었다는 것은 글에서 추론할 수 없다.

문8 논증의 타당성 난이도 하　　　　정답 ③

문제풀이 핵심 포인트
지문에 제시된 논증을 기호화하여 전제로부터 결론이 연결될 수 있는지를 파악한다.

풀이

지문에 제시된 논증을 기호화하여 정리하면 다음과 같다.

(가) 약속
　　약속 → 대공원
　　대공원
　　∴ 약속
　　전제가 모두 참이라고 해도 결론이 반드시 참이 되지 않는다.

(나) 비 → 박물관
　　좋음 → 소풍
　　비 or 좋음
　　∴ 박물관 or 소풍
　　전제가 모두 참일 때, 결론이 반드시 참이 된다.

(다) 철학도 or 과학도
　　~과학도
　　∴ 철학도
　　전제가 모두 참일 때, 결론이 반드시 참이 된다.

(라) ~싫어 → 데리러
　　싫어
　　∴ ~데리러
　　전제가 모두 참이라고 해도 결론이 반드시 참이 되지 않는다.

(마) 유학 → ~군대
　　~군대 → ~결혼
　　~결혼 → 헤어짐
　　∴ ~헤어짐 → ~군대
　　전제가 모두 참이라고 해도 결론이 반드시 참이 되지 않는다.

> **실전에선 이렇게!**
>
> 전제가 모두 참일 때 결론이 반드시 참인 것을 찾는 것은 논증의 타당성을 판단하는 문제이므로 전제와 결론을 도식적으로 기호화하여 접근하는 것이 효율적이다.

문9 원칙 적용 난이도 중　　　　정답 ②

문제풀이 핵심 포인트
지문에 정상적인 애기장대 꽃 모형과 돌연변이 애기장대 꽃 모형이 함께 설명되어 있으므로 그 차이점에 주목한다.

풀이

ㄱ. (O) 유전자 A가 결여된다면 유전자 C가 발현되므로 C-B-C 구조를 가질 것이다. 따라서 유전자 A가 결여된 돌연변이 애기장대는 가장 바깥쪽으로부터 암술, 수술, 수술 그리고 암술의 구조를 가질 것이다.

ㄴ. (×) 유전자 B가 결여된 돌연변이 애기장대는 A-C의 구조를 가질 것이므로 가장 바깥쪽으로부터 꽃받침, 암술의 구조를 가질 것이다.

ㄷ. (O) 유전자 C가 결여된다면 유전자 A가 발현되므로 A-B-A 구조를 가질 것이다. 따라서 유전자 C가 결여된 돌연변이 애기장대는 가장 바깥쪽으로부터 꽃받침, 꽃잎, 꽃잎 그리고 꽃받침의 구조를 가질 것이다.

ㄹ. (×) 유전자 A와 B가 결여된 돌연변이 애기장대는 암술만 존재하는 구조를 가질 것이다.

문10 논증 평가 난이도 중　　　　정답 ⑤

문제풀이 핵심 포인트
평가의 대상인 글의 결론을 확인하고 이를 기준으로 선택지에 제시된 사례의 강화 약화 여부를 판단한다.

풀이

① (×) 게임을 하는 시간과 책 읽는 시간 중 어느 시간이 더 많은지는 위 글의 결론과 관련이 없으므로 이는 위 글의 결론을 강화하지 못한다.

② (×) 하루 1시간 이상 3시간 이내 게임을 하던 아이들의 게임 시간을 줄였으나 성적이 오르지 않았다면, 이는 위 글의 결론과 일치하지 않으므로 강화한다고 볼 수 없다.

③ (×) 하루에 게임을 하는 시간을 1시간 이내로 줄인 아이들이 여분의 시간을 책 읽는 데 썼다는 것은 게임 시간을 통제하면 성적에 영향을 미칠 수 있다는 글의 결론과 직접적인 관련성이 없으므로 위 글의 결론을 약화한다고 볼 수 없다.

④ (×) 평균 이하의 성적을 보이는 아이들이 대부분 하루에 3시간 이상씩 게임을 하였다면, 게임 시간을 통제하면 성적에 영향을 미칠 수 있다는 글의 결론을 강화하는 사례가 될 수 있다.

⑤ (O) 아이들의 게임 시간을 하루 1시간 이상으로 늘려도 성적에 변화가 없다는 것은, 게임 시간을 통제하면 성적에 영향을 미칠 수 있다는 글의 결론과 반대되는 사례이므로 글의 결론을 약화한다.

문11 구조 판단 난이도 하　　　　정답 ①

문제풀이 핵심 포인트
지문에 대체재와 대안재의 특성이 비교되어 제시되고 있으므로 그 차이점과 공통점에 주목한다.

풀이

① (O) 세 번째 단락에 따르면 대체재의 가격 변동, 상품 모델의 변화, 광고 캠페인 등에 대한 새로운 정보는 판매자들에게 매우 큰 관심거리이므로 판매자들은 대안재보다 대체재 관련 정보에 민감하게 반응한다는 것은 글의 내용과 부합한다.

② (×) 세 번째 단락에 따르면 소비자들은 구매를 결정하기 전에 대안적인 상품들을 놓고 저울질하는데, 파는 사람의 입장이 됐을 때는 그런 과정을 생각하지 못한다. 따라서 판매자들은 소비자들의 대안재 선택 과정을 잘 이해한다는 것은 글의 내용과 부합하지 않는다.

③ (×) 두 번째 단락에 따르면 재무 소프트웨어와 회계사는 서로 대안재가 아니라 대체재의 관계에 있다.

④ (×) 세 번째 단락에 따르면 소비자들은 구매를 결정하기 전에 대안적인 상품들을 놓고 저울질한다. 그러나 소비자들은 대안재보다 대체재를 선호하는 경향이 있다는 것은 글의 내용과 부합하지 않는다.

⑤ (×) 두 번째 단락에 따르면 영화관과 카페는 서로 대체재가 아니라 대안재의 관계에 있다.

🔖 실전에선 이렇게!

대안재와 대체재라는 개념이 대비되고 있는 구조이므로 각 모형의 대조되는 특성을 확인하는 것에 주목하여 글을 읽어야 한다.

문 12 구조 판단 난이도 중 정답 ③

문제풀이 핵심 포인트
지문에 외전, 내전, 후원 등 궁궐의 구조와 연거지소, 중궁전, 동궁 등 궁궐의 건물 이름이 제시되어 있으므로 이에 주목한다.

풀이

① (○) 세 번째 단락에 따르면 후원에는 내농포가 있었는데, 후원을 금원이라고도 불렀으므로 내농포는 금원에 배치되었다고 추론할 수 있다.

② (○) 두 번째 단락에 따르면 내전은 왕과 왕비의 공식 활동과 일상적인 생활이 이루어지는 공간이었고, 왕이 일상적으로 기거하는 연거지소는 왕이 주요 인물들을 만나 정치 현안에 대해 의견을 나누는 곳이었다. 따라서 내전에서는 국왕의 일상생활과 정치가 병행되었다는 것을 추론할 수 있다.

③ (×) 첫 번째 단락에 따르면 궁궐 남쪽에서 공간적으로 가장 멀리 위치한 곳은 중궁전이 아니라 궁궐 북쪽 산자락에 위치한 후원이다. 따라서 궁궐 남쪽에서 공간적으로 가장 멀리 위치한 곳이 중궁전이라는 것은 추론할 수 없다.

④ (○) 첫 번째 단락에 따르면 외전은 왕이 의례, 외교, 연회 등 정치 행사를 공식적으로 치르는 공간이므로 외국 사신을 응대하는 국가의 공식 의식은 외전에서 거행되었다는 것을 추론할 수 있다.

⑤ (○) 두 번째 단락에 따르면 동궁은 차기 왕위 계승자인 세자의 활동 공간인데, 세자는 다음 왕위를 이을 사람이기에 '떠오르는 해'라는 상징적 의미를 가졌기 때문에 동궁이라 불리기도 하였다고 언급되어 있다. 따라서 동궁은 세자가 활동하는 공간의 이름이기도 하고 세자를 가리키는 별칭이기도 하였음을 추론할 수 있다.

문 13 원칙 적용 난이도 상 정답 ④

문제풀이 핵심 포인트
지문의 표에 제시된 정보가 선택지를 판단하는 원칙이 될 수 있으므로 이에 주목한다.

풀이

① (○) 지문의 표의 1g당 에너지 부분을 보면 우라늄 – 235는 2천만이고, 초코칩 과자는 5, TNT는 0.65이다. 따라서 우라늄 – 235는 같은 질량의 초코칩 과자나 TNT보다 훨씬 많은 에너지를 갖고 있다는 것을 추론할 수 있다.

② (○) 동일한 양의 에너지를 저장하는 데 필요한 질량은 지문의 표의 1g당 에너지 부분에 표시된 수치의 역수이므로 동일한 양의 에너지를 저장하는 데 필요한 질량은 컴퓨터 충전기가 TNT보다 더 크다고 추론할 수 있다.

③ (○) 초코칩 쿠키의 사례에서 어떤 물체에 화학적 에너지가 많이 저장되어 있다고 해서 빠르게 방출되는 것은 아니라는 것을 추론할 수 있다.

④ (×) 일률은 에너지가 방출되는 빠르기와 관련된 것으로 에너지의 크기와는 관련 없는 개념이다. 따라서 초코칩 과자를 에너지로 전환하더라도 일률이 낮아서 그 에너지는 같은 질량의 TNT가 가진 에너지보다 적다고 추론할 수 없다.

⑤ (○) 물질 대사를 통해 에너지를 방출하는 데 걸리는 시간이 일률인데, TNT가 에너지를 방출하는 데 걸리는 시간이 매우 빠르다고 제시되어 있다. 따라서 초코칩 과자가 물질 대사를 통해 에너지를 방출하는 데 걸리는 시간이 TNT가 에너지를 방출하는 데 걸리는 시간보다 길다고 추론할 수 있다.

🔖 실전에선 이렇게!

지문에 표가 제시되어 있다면 이를 활용하여 정보를 정리하고 선택지를 판단하는 것이 효율적이다.

문 14 빈칸 추론 난이도 중 정답 ⑤

문제풀이 핵심 포인트
빈칸이 각 단락의 마지막에 배치되어 있으므로 각 단락에서 말하고자 하는 결론이 무엇인지 앞 문장에서 단서를 찾는다.

풀이

(가) '플라톤은 궤변으로 떠들어대는 무능한 민주주의 정치 지도자들을 비판했다.'는 부분과 '플라톤은 민주주의를 이끄는 정치인들의 실체가 수술을 요하는 환자에게 메스 대신 비타민을 내미는 엉터리 의사와 같다고 생각했다.'는 부분이 연결된다. 따라서 (가)에는 ㄹ이 들어가는 것이 적절하다.

(나) '대중들의 정치 참여가 국가의 발전 가능성을 높여준다고 생각한 것이다.'라는 부분과 '이것을 액면 그대로 받아들이면 플라톤이야말로 참여민주주의의 원조 격이 아닐 수 없다.'는 부분이 연결된다. 따라서 (나)에는 ㄴ이 들어가는 것이 적절하다.

(다) '그에게 대중이란 주권자일 수는 있어도 결코 지배자가 될 수는 없는 존재였다.'는 부분과 '민주주의를 내세우지만 동시에 대중들의 정치 참여를 제한하는 것이 플라톤 정치 이론의 실체이다.'라는 부분이 연결된다. 따라서 (다)에는 ㄷ이 들어가는 것이 적절하다.

(라) '정치적 실권은 실상 소수 엘리트들에게 넘겨주는 사이비 민주주의 체제를 가능하게 한 것처럼 보이기 때문이다.'라는 부분과 '생각해 보면 이는 일인 독재 정치 체제보다 더욱 기만적인 정치 체제일 수 있다.'는 부분이 연결된다. 따라서 (라)에는 ㄱ이 들어가는 것이 적절하다.

문 15 개념 이해 난이도 하 정답 ①

문제풀이 핵심 포인트
지문에 '가새'라는 생소한 용어에 대한 설명이 제시되어 있으므로 그 특성에 주목한다.

풀이

① (×) 첫 번째 단락에 따르면 가새는 수평 하중에 취약한 구조를 보완하기 위해 기둥과 보 사이에 넣어주는 것이다. 따라서 가새는 수직 하중에 약한 구조를 보완한다는 것은 글에서 추론할 수 없다.

② (○) 두 번째 단락에 따르면 가새는 보에 가해지는 수직 하중의 일부도 기둥으로 전달하는 역할을 한다는 것을 추론할 수 있다.

③ (○) 두 번째 단락에 따르면 기둥과 보 그리고 가새가 서로 연결되어 삼각형 형태를 이루면 목조 건축물의 골조는 더 안정된 구조를 이룰 수 있다. 따라서 가새는 목조 골조 구조의 안정성을 향상시킨다고 추론할 수 있다.

④ (○) 두 번째 단락에 따르면 가새의 크기와 그것이 설치될 위치를 설계할 때에는 수평 하중의 영향만을 고려한다는 것을 추론할 수 있다.

⑤ (○) 두 번째 단락에 따르면 가새는 하나의 보와 이 보의 양 끝에 수직으로 연결된 두 기둥에 설치되므로 마주보는 짝으로 구성된다. 따라서 가새는 대부분 하나의 보를 받치는 두 개의 기둥 각각에 설치되므로 한 쌍으로 이루어진다는 것을 추론할 수 있다.

문 16 개념 이해 [난이도 하] 정답 ⑤

문제풀이 핵심 포인트
지문에서 1937년과 1953년 영국 왕실의 의전 형식의 변화를 설명하고 있으므로 그 변화의 방향과 결과에 주목한다.

풀이

① (×) 1953년에는 마차를 탔고, 1937년에는 자동차를 탔으므로 1953년 영국 왕실의 의전 행사 방식은 1937년의 그것과 같았다고 할 수 없다.

② (×) 영국 왕실 의례는 영국의 지역 간 통합에 순기능으로 작동했다는 것은 글에서 알 수 없는 내용이다.

③ (×) 영화는 영국 왕실 의례가 대중에 미치는 영향력을 잘 보여주었다는 것은 글에서 알 수 없는 내용이다.

④ (×) 시대의 변화에 따라 영국 왕실 의례의 장엄함과 섬세함은 왕실 외부로 알려지지 않게 되었다는 것은 글에서 알 수 없는 내용이다.

⑤ (○) 두 번째 단락에 따르면 왕실의 고풍스러운 의례가 전파로 송출되기 시작하면서, 급변하는 사회를 혼란스러워하던 대중은 전통적 왕실 의례에서 위안을 찾았다. 따라서 제2차 세계대전 이후 전통적 영국 왕실 의례의 부활은 대중들에게 위안과 안정을 주는 역할을 하였다는 것을 알 수 있다.

문 17 빈칸 추론 [난이도 중] 정답 ④

문제풀이 핵심 포인트
빈칸이 두 개 주어졌으므로 각 빈칸 주변에서 어떤 단서를 잡을 수 있는지 우선적으로 확인하는 것이 필요하다.

풀이

(가) '천박한 감정을 느낀 예술가가 그 감정을 표현하여 감상자 역시 그런 감정을 느낀다면, 그런 예술이 훌륭한 예술인가?'라는 을의 질문에 대한 갑의 답변에 대해 을이 '너의 대답은 모순이야.'라고 말하고 있으므로 기존의 갑의 견해와 동시에 참이 될 수 없는 내용이 (가)에 들어가야 한다. 훌륭한 예술에 대한 기존의 갑의 견해는 '예술가가 경험한 감정이 잘 전달되어 감상자도 그런 감정을 느끼게 되는 예술을 훌륭한 예술이라고 할 수 있어.'이다. 따라서 (가)에는 '아니다.'가 들어가는 것이 적절하다.

(나) 갑의 대답을 모순이라고 평가한 이유가 들어가야 하므로, '훌륭한 예술에 대한 너의 정의와 앞뒤가 맞지 않기' 때문이라는 내용이 들어가는 것이 적절하다.

실전에선 이렇게!
대화체로 구성되어 있는 빈칸 추론 문제는 우선 빈칸 주변에서 단서를 찾되, 지문을 전체적으로 읽어줘야 빈칸의 내용을 추론할 수 있다.

문 18 논리 퀴즈 [난이도 중] 정답 ②

문제풀이 핵심 포인트
지문에 제시된 조건 명제를 기호화하여 연결고리를 파악하고, 선택지에 제시된 정보의 참 거짓 여부를 판단한다.

풀이

지문에 제시된 조건을 기호화하면 다음과 같다.

· 명제 1: A → B
· 명제 2: A → E
　　　　　C → E
· 명제 3: D → B
· 명제 4: ~C → ~B

① (○) 명제 1과 명제 4에 의해 A가 참석하면 C도 참석한다는 것은 반드시 참이다.

② (×) A가 참석하면 D도 참석한다는 것은 반드시 참이라 할 수 없다.

③ (○) 명제 3과 명제 4에 의해 C가 참석하지 않으면 D도 참석하지 않는다는 것은 반드시 참이다.

④ (○) 명제 3과 명제 4에 의해 D가 참석하면 C도 참석한다는 것은 반드시 참이다.

⑤ (○) 명제 2와 명제 4에 의해 E가 참석하지 않으면 B도 참석하지 않는다는 것은 반드시 참이다.

문 19 논증 평가 [난이도 중] 정답 ①

문제풀이 핵심 포인트
지지의 대상이 밑줄 친 원리인 '강한 프로그램의 원리'이므로 그 구체적인 특성을 찾아 〈보기〉의 진술이 그 특성과 일치하는지 여부를 판단한다.

풀이

ㄱ. (○) '자연과학자들의 탐구조차도 과학자들의 공동체에서 이루어지는 활동의 산물'이라는 표현이 강한 프로그램의 원리의 특성인 '특정 전문가 집단의 공동체적 활동'이라는 표현과 연결되므로 강한 프로그램의 원리를 지지한다.

ㄴ. (○) '어떤 연구 주제가 중요한지, 어떤 이론을 선택할지 등은 사회적 맥락 속에서 결정된다'는 표현이 강한 프로그램의 원리의 특성인 '사회적 맥락 속에서 이루어진다'는 표현과 연결되므로 강한 프로그램의 원리를 지지한다.

ㄷ. (×) 자연과학 이론은 사회과학 이론보다 더 객관적 사실에 근거하여 형성된다는 것은 강한 프로그램의 원리를 적용하면 자연과학자들의 활동과 인문학자나 사회과학자들의 활동이 동일한 방식으로 설명되어야 한다는 것과 일치하지 않으므로 강한 프로그램의 원리를 지지한다고 볼 수 없다.

ㄹ. (×) 전문 학술지에 발표되는 논문의 수로 분야별 생산성을 평가하자면 자연과학 분야의 연구들이 학문의 발전을 선도하고 있다는 것은 강한 프로그램의 원리를 적용하면 자연과학자들의 활동과 인문학자나 사회과학자들의 활동이 동일한 방식으로 설명되어야 한다는 것과 일치하지 않으므로 강한 프로그램의 원리를 지지한다고 볼 수 없다.

문 20 논증의 비판과 반박 난이도 하   정답 ⑤

문제풀이 핵심 포인트
지문에서 흄과 흄의 집을 수리한 사람의 주장이 대비되고 있으므로 주장의 차이에 주목한다.

풀이

① (×) 공정한 절차를 거쳐 집수리에 대한 합의에 이르지 못했다면 집수리 비용을 지불할 의무는 없다는 것은 집주인과 합의하지 않은 집수리에 대해서는 비용을 지불할 의무가 없다는 흄의 주장과 동일하다.

② (×) 집수리에 대한 합의가 없었다면 필요한 집수리를 했더라도 집수리 비용을 지불할 의무는 없다는 것은 집주인과 합의하지 않은 집수리에 대해서는 비용을 지불할 의무가 없다는 흄의 주장과 동일하다.

③, ④ (×) 집주인과 합의하지 않은 집수리에 대해서는 비용을 지불할 의무가 없다는 것이 흄의 주장이므로 집수리에 대한 합의가 있는 경우 집수리 비용을 지불할 의무에 대한 주장은 흄의 주장과 관련이 없다.

⑤ (○) 흄이 반대하는 주장은 집을 수리한 사람의 주장이 된다. 집수리에 대한 합의가 없더라도 필요한 집수리를 했다면 집수리 비용을 지불해야 한다는 것은 집을 수리한 사람의 주장이므로 흄이 반대하는 주장이 된다.

실전에선 이렇게!
흄이 반대하는 주장은 흄과 대비되는 주장을 하고 있는 집수리공의 주장일 것이므로 그의 주장을 찾으면 흄이 반대하는 주장을 쉽게 찾을 수 있다.

문 21 원칙 적용 난이도 하   정답 ①

문제풀이 핵심 포인트
지문에서 경합성과 비경합성, 배제성과 비배제성의 개념에 따라 a, b, c, d가 배치되는 원리를 확인하는 데 주목한다.

풀이

① (○) 체증이 심한 유료 도로 이용은 경합적이고 배제적이므로 a에 해당한다.

② (×) 케이블 TV 시청은 비경합적이고 배제적이므로 c에 해당한다.

③ (×) 사먹는 아이스크림과 같은 사유재는 경합적이고 배제적이므로 a에 해당한다.

④ (×) 국방 서비스와 같은 공공재는 비경합적이고 비배제적이므로 d에 해당한다.

⑤ (×) 영화 관람이라는 소비 행위는 비경합적이고 배제적이므로 c에 해당한다.

문 22 견해 분석 난이도 중   정답 ①

문제풀이 핵심 포인트
지문에 도덕성의 기초에 관한 (가), (나), (다), (라)의 주장이 제시되어 있으므로 각 주장의 차이점과 공통점에 주목한다.

풀이

갑: (○) 도덕성의 기초는 이성이지 동정심이 아니라는 (가)와 도덕성의 기초는 이성이 아니라 오히려 동정심이라는 (다)는 동시에 참이 될 수 없는 주장이므로 양립할 수 없는 주장이다.

을: (○) 인간의 동정심은 신뢰할 만하지 않다는 (나)는 도덕성의 기초는 이성이지 동정심이 아니라는 (가)를 뒷받침하므로 지지하는 관계이다.

병: (×) 동정심과 도덕성의 관계에서 중요한 문제는 어떻게 동정심을 함양할 것인가의 문제이지, 그 자체로 도덕성의 기초가 될 수 있는지 없는지의 문제가 아니라는 (라)는 동정심의 도덕적 역할을 전적으로 부정하고 있다고 볼 수 없다.

정: (×) 인간의 동정심은 신뢰할 만하지 않다는 (나)와 동정심과 도덕성의 관계에서 중요한 문제는 어떻게 동정심을 함양할 것인가의 문제이지, 그 자체로 도덕성의 기초가 될 수 있는지 없는지의 문제가 아니라는 (라)는 동시에 참이 될 수 없고, 동시에 거짓이 될 수 없는 관계가 아니므로 모순관계라 볼 수 없다.

실전에선 이렇게!
양립할 수 없는 주장은 서로 동시에 참이 될 수 없는 주장이므로 반대되는 주장을 하고 있는지를 판단하면 된다.

문 23 독해형 논리 난이도 중   정답 ⑤

문제풀이 핵심 포인트
지문에 제시된 논증을 기호화하여 전제를 연결했을 때 결론을 도출하는 데 부족한 고리를 파악한다.

풀이

지문에 제시된 조건을 기호화하면 다음과 같다.

· 전제 1: 지혜 → 덕 ∧ 실행
· 전제 2: 덕 ∧ 실행 → 지혜
· 결론: 지혜 → 자제력

① (×) '자제력이 없는 사람은 성품이 나약한 사람이다.'는 괄호 안에 들어가도 결론이 도출되지 않는다.

② (×) '덕이 있는 성품을 가진 사람도 자제력이 없을 수 있다.'는 괄호 안에 들어가도 결론이 도출되지 않는다.

③ (×) '덕이 있는 성품을 가진 사람은 실천적 지혜가 있는 사람이다.'는 괄호 안에 들어가도 결론이 도출되지 않는다.

④ (×) '자제력이 없는 사람은 올바른 선택을 따르지 않는 사람이다.'는 괄호 안에 들어가도 결론이 도출되지 않는다.

⑤ (○) 전제 1과 전제 2를 연결하면 '지혜 ↔ 덕 ∧ 실행'이다. 여기서 '지혜 → 자제력'이라는 결론이 도출되기 위해서는 '덕 ∧ 실행 → 자제력'이라는 전제가 필요하다. 따라서 '자제력이 없는 사람은 아는 덕을 실행에 옮기는 사람이 아니다.'는 괄호 안에 들어갈 진술로 타당하다.

문제풀이 핵심 포인트
지문에 제시된 정보를 정리하여 서로 연결함으로써 선택지에 제시된 조건 명제가 도출될 수 있는지 참 거짓 여부를 판단한다.

풀이

① (O) E는 A, B, C와 모두 인접하므로 a, b, c 정책은 추진할 수 없고 d 정책만 추진할 수 있다. 따라서 E는 d 정책을 추진할 수 있다는 것은 반드시 참이다.

② (O) F는 A와 인접하므로 a 정책을 제외한 b, c, d 중 하나를 추진할 수 있다. 따라서 F는 b나 c나 d 중 하나의 정책만 추진할 수 있다는 것은 반드시 참이다.

③ (O) G는 A, B, D와 인접하므로 a, b 정책은 추진할 수 없고, 따라서 D가 d 정책을 추진하면, G는 c 정책만 추진할 수 있다. 따라서 D가 d 정책을 추진하면, G는 c 정책만 추진할 수 있다는 것은 반드시 참이다.

④ (×) G는 A, B, D와 인접하므로 a, b 정책은 추진할 수는 없다. 그러나 E와는 인접하지 않으므로 c와 d 정책 중 하나를 추진할 수 있다. 따라서 E가 d 정책을 추진하면, G는 c 정책만 추진할 수 있다는 것은 반드시 참이라고 볼 수 없다.

⑤ (O) D는 A, G와 인접하므로 a 정책은 추진할 수 없고, 따라서 G가 d 정책을 추진하면, D는 b 혹은 c 정책만 추진할 수 있다. 따라서 G가 d 정책을 추진하면, D는 b 혹은 c 정책만 추진할 수 있다는 것은 반드시 참이다.

문 25 논증의 비판과 반박   난이도 중   정답 ③

문제풀이 핵심 포인트
글에 의해 반박될 수 있는 주장을 찾는 문제이므로 지문의 주장이 무엇인지 찾고, 〈보기〉의 주장 중 이와 일치하지 않는 주장이 무엇인지 판단한다.

풀이

ㄱ. (O) 지문은 동물 실험에서 안전하다고 판단된 약물이 사람에게는 부작용을 일으키는 사례를 언급하며 동물 실험의 결과를 인간에게 적용하는 데 부정적이다. 따라서 동물 실험의 결과 안전하다고 판단된 약물은 사람에게도 안전하다는 것은 지문에 의해 반박될 수 있는 주장이다.

ㄴ. (O) 지문은 사람에게 안전한 약물이 동물에게는 부작용을 일으키는 사례를 언급하며 동물 실험의 결과를 인간에게 적용하는 데 부정적이다. 따라서 어떤 약물이 사람에게 안전하다면 동물에게도 안전하다는 것은 지문에 의해 반박될 수 있는 주장이다.

ㄷ. (O) 지문에는 일부 사람에게는 독성이 나타나더라도 이에 내성이 있는 사람에게는 투여 가능한 경우도 있다고 언급되어 있다. 따라서 신약 개발을 위한 임상 시험에서 독성이 나타난 물질은 어느 누구에게도 투여해서는 안 된다는 것은 지문에 의해 반박될 수 있는 주장이다.

ㄹ. (×) 지문에서는 일부 사람에게는 독성이 나타나더라도 이에 내성이 있는 사람에게는 투여 가능한 경우도 있다고 언급하고 있을 뿐이다. 내성이 있는 사람에게 부작용이 나타난 약물은 모든 사람에게 부작용이 나타난다는 것은 지문에 의해 반박될 수 있는 주장이 아니다.

실전에선 이렇게!

'글에 의해 반박될 수 있는 주장'은 글의 주장과 반대되는 내용을 가질 것이므로 '글의 주장을 반박하는 내용'을 찾는 것과 유사한 방식으로 접근하면 된다.

모바일 자동 채점 및
성적 분석 서비스

PSAT 전문가의 총평

· 2011년 민간경력자 PSAT 기출문제는 '독해의 원리'에서 14문항, '논증의 방향'에서 7문항, '문맥과 단서'에서 2문항, '논리의 체계'에서 2문항이 출제되었습니다.
· 2011년은 민간경력 선발시험에 PSAT가 처음 도입되는 해였습니다. 가장 일반적인 언어 문제라고 인식되는 독해 문제의 비중이 월등히 높았고, 특정 개념을 설명하는 지문으로 구성되는 '개념 이해' 유형의 출제 비중이 높았습니다. 지문 길이도 길지 않아 난도는 높지 않았습니다. 논증 문제의 경우 기존 5급 공채 기출문제에서 출제되었던 유형과 동일한 문제들이 출제되었고, 특히 '논증의 비판과 반박' 유형 비중이 높게 출제되었습니다. 문맥 문제와 논리 문제의 경우 비중이 높지 않았고, 각 파트에서 가장 기본적인 유형이 출제되었습니다. 그리고 '상충, 양립, 이끌어낼 수 있는, 오류' 등 매우 다양한 형태의 발문이 출제되었다는 것도 특징적입니다.

정답

p.234

문1	⑤	개념 이해	문6	②	논지와 중심 내용	문11	①	개념 이해	문16	③	구조 판단	문21	⑤	논증 평가
문2	④	구조 판단	문7	④	개념 이해	문12	④	개념 이해	문17	④	개념 이해	문22	④	논증의 비판과 반박
문3	⑤	빈칸 추론	문8	②	논증 평가	문13	③	개념 이해	문18	③	밑줄 추론	문23	①	논증의 비판과 반박
문4	③	구조 판단	문9	②	독해형 논리	문14	①	개념 이해	문19	②	논리 퀴즈	문24	④	논증 평가
문5	②	개념 이해	문10	②	개념 이해	문15	⑤	구조 판단	문20	③	논증의 비판과 반박	문25	①	구조 판단

취약 유형 분석표

유형별로 맞힌 문제 개수와 정답률, 틀린 문제 번호, 풀지 못한 문제 번호를 적고 나서 취약한 유형이 무엇인지 파악해 보세요. 그 후 약점 보완 해설집 p.2 [취약 유형 공략 포인트]에서 약점 보완 학습법을 확인하고, 틀린 문제와 풀지 못한 문제를 다시 한번 풀어보세요.

유형		맞힌 문제 개수	정답률	틀린 문제 번호	풀지 못한 문제 번호
독해의 원리	개념 이해	/9	%		
	구조 판단	/5	%		
	원칙 적용	–	–		
논증의 방향	논지와 중심 내용	/1	%		
	견해 분석	–	–		
	논증의 비판과 반박	/3	%		
	논증 평가	/3	%		
문맥과 단서	빈칸 추론	/1	%		
	밑줄 추론	/1	%		
	글의 수정	–	–		
논리의 체계	논증의 타당성	–	–		
	논리 퀴즈	/1	%		
	독해형 논리	/1	%		
TOTAL		/25	%		

해설

문1 개념 이해 · 난이도 하 · 정답 ⑤

문제풀이 핵심 포인트
지문에 고려시대 '철소'와 철소 중 하나인 '명학소'에 대한 설명이 제시되어 있으므로 이에 주목한다.

풀이
① (×) 두 번째 단락에서 명학소에서는 철이 생산되지 않았으므로 모든 철소에서 철이 생산되었다는 것은 알 수 없다.

② (×) 두 번째 단락에서 명학소는 제련에 필요한 숯을 생산하였으므로 명학소에서는 숯이 생산되지 않았다는 것은 알 수 없다.

③ (×) 두 번째 단락에서 망이와 망소이가 철소인 명학소에서 반란을 일으켰지만, 이들이 철제품 생산 기술자였는지는 알 수 없다.

④ (×) 세 번째 단락에서 명학소민은 다른 철소민보다도 훨씬 무거운 부담을 지고 있었음을 알 수 있다.

⑤ (○) 두 번째 단락에 따르면 마현에서 채취된 철광석은 육로를 통해 명학소로 운반되었고 이곳에서 생산된 철제품은 명학소의 갑천을 통해 공주로 납부되었는데, 갑천의 풍부한 수량은 철제품을 운송하는 수로로 적합했을 뿐 아니라 제련에 필요한 물을 공급하는 데에도 유용하였다. 따라서 풍부한 물은 명학소에 철소를 설치하는 데 이점이었다는 것을 알 수 있다.

문2 구조 판단 · 난이도 중 · 정답 ④

문제풀이 핵심 포인트
지문에 유토피아와 관련해 '산지기', '정원사', '사냥꾼' 세 태도가 설명되어 있으므로 그 차이점에 주목한다.

풀이
① (×) 첫 번째 단락에서 유토피아는 전적으로 인간의 지혜로 설계된 세계이므로 유토피아는 인간이 지향하고 신이 완성한다는 것은 알 수 없다.

② (×) 세 번째 단락에서 정원사는 자신이 생각해 놓은 대로 대지를 디자인하므로 정원사가 세상에 대한 인간의 적극적 개입을 지양한다는 것은 알 수 없다.

③ (×) 두 번째 단락에서 산지기의 주요 임무는 인위적인 간섭을 최소화하면서 맡겨진 땅을 지키는 것이므로 산지기가 인간과 자연이 조화되는 유토피아를 설계한다는 것은 알 수 없다.

④ (○) 네 번째 단락에서 사냥꾼은 사물의 전체적인 균형에 대해서는 무관심하고, 사냥꾼이 하는 유일한 일은 사냥감으로 자기 자루를 최대한 채우는 것이므로 사냥꾼이 세상을 바꾸는 일보다 이용하는 데에 관심이 있다는 것은 알 수 있다.

⑤ (×) 두 번째 단락에서 산지기는 신의 설계에 담긴 지혜와 조화, 질서에 대해 삼라만상이 적재적소에 놓여 있는 신성한 존재의 사슬이라는 신념을 가지고 있으므로, 신이 부여한 정연한 질서가 세계에 있다는 믿음을 가지고 있다. 그러나 정원사는 자신이 생각해 놓은 대로 대지를 디자인하려고 하고, 사냥꾼에게는 이와 관련한 믿음이 보이지 않으므로 신이 부여한 정연한 질서가 세계에 있다는 믿음은 세 태도 중 하나에서 나타난다.

문3 빈칸 추론 · 난이도 하 · 정답 ⑤

문제풀이 핵심 포인트
빈칸에 들어갈 내용이 문장이 아니라 단어로 제시되어 있으므로 빈칸 주변에서 〈보기〉의 단어를 선택할 수 있는 단서를 찾는 데 주목한다.

풀이
(가) '(가) 없이는 생물다양성의 감소를 막을 수 없다.'는 부분과 '보호지역 관리에 충분한 인력을 투입하는 것은 보호지역 수를 늘리는 것만큼이나 필요하다.'는 부분에 따르면, (가)에 들어갈 말로 가장 적절한 것은 '보호조치'이다.

(나) '이를 통해 생태계 훼손에 대한 비용 부담은 높이고 생물다양성의 보존, 강화, 복구 노력에 대해서는 보상을 한다.'라는 부분에 따르면, (나)에 들어갈 말로 가장 적절한 것은 '경제 유인책'이다.

(다) '요금을 부과함으로써 생태계의 무분별한 이용을 억제하는 것이 이 제도의 골자이다.'라는 부분에 따르면, (다)에 들어갈 말로 가장 적절한 것은 '생태계 사용료'이다.

(라) '생물다양성 친화적 제품 시장에 대한 전망'이라는 부분에 따르면, (라)에 들어갈 말로 가장 적절한 것은 '생물다양성 보호 제품'이다.

문4 구조 판단 · 난이도 중 · 정답 ③

문제풀이 핵심 포인트
지문에 국내 벤처버블의 시기와 원인, 특징 등이 설명되어 있으므로 이에 주목한다.

풀이
① (×) 첫 번째 단락에 따르면 국내에서 벤처버블은 1999~2000년 동안 발생했고, 미국 나스닥은 1999년 초 이후에 주가가 급상승하여 2000년 3월을 전후해서 정점에 이르렀다. 그러나 해외 주식시장의 주가 상승이 국내 벤처버블 발생의 주요 원인이 되었는지 알 수 없다.

② (×) 첫 번째 단락에서 국내에서 벤처버블이 발생한 비슷한 시기에 전세계 주요 국가에서 벤처버블이 발생했다고 되어 있지만, 벤처버블이 한국뿐 아니라 전세계 모든 국가에서 거의 비슷한 시기에 발생했는지는 알 수 없다.

③ (O) 세 번째 단락에 따르면 급격한 임금상승, 공장용지와 물류 및 금융 관련 비용 부담 증가, 후발국가의 추격 등은 우리 경제가 하루 빨리 기술과 지식을 경쟁력의 기반으로 하는 구조로 변화해야 할 필요성을 높였고, 이로 인해 시행된 벤처기업 육성 정책은 벤처기업에 세제 혜택은 물론, 기술개발, 인력공급, 입지공급까지 다양한 지원을 제공하면서 벤처기업의 폭증에 많은 영향을 주게 되었다. 따라서 국내의 벤처기업 육성책 실행은 한국 경제구조 변화의 필요성과 관련을 맺고 있다는 것을 알 수 있다.

④ (×) 두 번째 단락에서 벤처버블 당시 국내에서 인터넷이 급속히 확산되고 있었다는 점은 언급하고 있으나, 국내 초고속 인터넷 서비스의 확대가 벤처기업 활성화와 대기업 침체의 요인이 되었는지는 알 수 없다.

⑤ (×) 세 번째 단락에서 외환위기가 새로운 기업과 일자리 창출의 필요성을 불러왔다는 것은 알 수 있으나, 그것이 해외 주식을 대규모로 매입하는 계기가 되었는지는 알 수 없다.

문 5 개념 이해 난이도 (중) 정답 ②

문제풀이 핵심 포인트
지문에 팔레스타인 해방기구에 대한 설명이 제시되어 있으므로 그 특성에 주목한다.

풀이

ㄱ. (O) 첫 번째 단락에서 팔레스타인 해방기구는 아랍 전역에 흩어진 난민들을 무장시켜 해방군을 조직했는데, 이를 주변 아랍국가들의 지원에 의지하던 팔레스타인 사람들이 자기 힘으로 영토를 되찾기 위해 총을 든 것으로 평가하고 있다. 따라서 팔레스타인 해방기구는 자신들의 힘으로 잃어버린 영토를 회복하려 하였다는 것을 알 수 있다.

ㄴ. (×) 두 번째 단락에 따르면 이집트에는 팔레스타인 해방운동을 지지했던 정권이 무너지고 반 아랍민족주의 정권이 들어선 원인은 중동전쟁이 아니라, 나세르가 사망한 후 후임 대통령 사다트가 국영기업을 민영화하고 친미 정책을 시행한 것임을 알 수 있다.

ㄷ. (O) 두 번째 단락에 따르면 팔레스타인 해방기구의 온건한 노선을 비판하며 탄생한 게릴라 조직들은 이스라엘은 물론이고 제국주의에 봉사하는 아랍국가들의 집권층, 그리고 미국을 공격 목표로 삼았다는 것을 알 수 있다.

ㄹ. (×) 첫 번째 단락에 따르면 아랍의 군주제 국가들이 팔레스타인 해방기구를 꺼린 이유는 사회주의에 경도된 아랍민족주의는 군주제를 부정했기 때문이 아니라 이스라엘과 정면충돌할까 두려웠기 때문이다.

실전에선 이렇게!
선택지에 원인과 결과를 묻는 내용이 제시되어 있으므로 원인 결과를 판단할 수 있는 분명한 근거를 지문에서 찾아줘야 한다.

문 6 논지와 중심 내용 난이도 (중) 정답 ②

문제풀이 핵심 포인트
지문에 폴란의 주장이 제시되어 있으므로 이에 대한 필자의 평가가 어떠한지에 주목한다.

풀이

① (×) 글의 주장이 생명체를 죽이는 일에 부정적인 것은 맞지만, 종 다양성을 보존하기 위한 목적으로 생명체를 죽이는 일은 지양해야 한다는 것이 글의 주장인 것은 아니다.

② (O) '어떤 생명체가 태어나도록 하는 것이 항상 좋은 일인가?'라는 문제 제기에 대해 '하지만 그 돼지를 먹기 위해서는 먼저 그 돼지를 죽여야 한다. 그렇다면 그 살해는 정당해야 한다. 폴란은 자신의 주장이 갖는 이런 함축에 불편함을 느껴야 한다. 이러한 불편함을 폴란은 해결하지 못할 것이다.'라고 부정적인 답변을 하고 있다. 따라서 글의 핵심 논지로 가장 적절한 것은 '생명체를 죽이기 위해서 그 생명체를 태어나게 하는 일은 정당화되기 어렵다.'는 것이다.

③ (×) 어떤 생명체가 태어나서 쾌적하게 산다면 그 생명체를 태어나게 하는 것은 좋은 일이라는 것은 폴란의 주장을 지지하는 것이므로 글의 핵심 논지가 될 수 없다.

④ (×) 가축화에 대한 폴란의 진화론적 설명이 기초하는 '종들 사이의 상호주의'는 틀린 정보에 근거한다는 것은 폴란의 주장에 대한 반박의 근거는 될 수 있지만, 이것이 글의 핵심 논지라고 할 수는 없다.

⑤ (×) 어떤 생명체를 태어나게 해서 그 생명체가 속한 종의 생존과 번성에 도움을 준다면 이는 좋은 일이라는 것은 폴란의 주장을 지지하는 것이므로 글의 핵심 논지가 될 수 없다.

문 7 개념 이해 난이도 (중) 정답 ④

문제풀이 핵심 포인트
지문에 과학과 비과학의 경계, 과학자와 대중의 경계에 대한 내용이 제시되어 있으므로 이에 주목한다.

풀이

① (×) 과학과 비과학의 경계는 존재하지 않는다는 것은 글의 주장에 어긋나므로 글에서 이끌어낼 수 없다.

② (×) 두 번째 단락에서 부르디외의 표현을 빌자면, 과학자들은 대중이 결여한 '문화 자본'을 소유하고 있다고 볼 수 있지만, 과학자들이 과학혁명 시기에 처음 '문화 자본'을 획득했다는 것은 글에서 이끌어낼 수 없다.

③ (×) 첫 번째 단락에 따르면 과학 지식에 대한 구성주의자들은 과학과 비과학의 경계, 과학자와 대중의 경계 자체가 처음부터 고정된 경계가 아니라 오랜 역사적 투쟁을 통해서 만들어진 문화적 경계라는 점을 강조한다. 따라서 과학과 비과학을 가르는 보편적 기준은 수학 언어의 유무라는 것은 글에서 이끌어낼 수 없다.

④ (O) 세 번째 단락에 따르면 수리물리학, 광학, 천문학 등의 분야는 대중과 유리된 불연속성의 정도가 상대적으로 컸던 반면 유전학이나 지질학 등은 20세기 중반 전까지 대중 영역과 일정 정도의 연속성을 가지고 있었다. 따라서 과학자와 대중의 불연속성은 동일한 정도로 나타나지 않는다는 것은 글에서 이끌어낼 수 있다.

⑤ (×) 과학과 비과학의 경계가 수리물리학에서 가장 먼저 생겨났다는 것은 글에서 이끌어낼 수 없다.

문 8 논증 평가 [난이도 하]   정답 ②

문제풀이 핵심 포인트
강화의 대상인 밑줄 친 주장을 확인하고 이를 기준으로 선택지에 제시된 사례의 강화 약화 여부를 판단한다.

풀이

① (×) A지역 사람들은 대학진학률이 높지만, B지역 사람들은 취업률이 높다는 것은 서로 다른 지역의 서로 다른 속성을 비교한 것이므로 밑줄 친 주장의 내용을 강화하는 사례가 될 수 없다.

② (O) C지역의 평균 소득이 높아도 그 지역 사람들 대부분이 빈곤할 수 있다는 것은 평균 소득이 빈곤의 정도를 나타낼 수 없다는 의미이다. 따라서 어떤 속성에 대한 평균값만으로 그 속성에 관한 집단의 실상을 완벽히 드러낼 수 없다는 밑줄 친 주장을 강화하는 사례이다.

③ (×) D지역 사람들의 평균 신장은 크지만, 그 지역 사람들 대부분은 뚱뚱하지 않다는 것은 어떤 속성에 대한 평균값과 그 속성에 관한 집단의 실상에 대한 내용이 아니므로 밑줄 친 주장의 내용을 강화하는 사례가 될 수 없다.

④ (×) E지역 사람들의 평균 수명은 짧지만, F지역 사람들의 평균 수명은 그렇지 않다는 것은 서로 다른 지역의 서로 다른 속성을 비교한 것이므로 밑줄 친 주장의 내용을 강화하는 사례가 될 수 없다.

⑤ (×) G지역의 평균 기온은 25도 내외지만, 그 지역 사람들 대부분은 수영을 하지 못한다는 것은 어떤 속성에 대한 평균값과 그 속성에 관한 집단의 실상에 대한 내용이 아니므로 밑줄 친 주장의 내용을 강화하는 사례가 될 수 없다.

문 9 독해형 논리 [난이도 중]   정답 ②

문제풀이 핵심 포인트
지문에 제시된 정보를 간단히 정리하여 연결고리를 파악하고, 일곱 도시를 인구 순위대로 배정하는 데 부족한 부분이 무엇인지 확인한다.

풀이

지문에 제시된 정보를 정리하면 다음과 같다.
· 정보 1: 인구 같은 도시 없음
· 정보 2: D > C
· 정보 3: G > F
· 정보 4: CF ∨ FC
· 정보 5: B 1위, E 7위
· 정보 6: C > A + F

② (O) 정보 2와 정보 6을 연결하면 'D > C > A + F'가 되고, 정보 4에서 'CF' 순서가 확정된다. 정보 5에 의해 B와 E의 순위는 결정되어 있으므로 이를 정리하면 가능한 순서는 'B-D-G-C-F-A-E'와 'B-G-D-C-F-A-E' 두 가지이다. 즉, 2위와 3위의 자리가 결정되면 도시를 인구 순위대로 빠짐없이 배열할 수 있으므로 선택지에서 이를 확정지을 수 있는 정보를 찾는다. 따라서 'C시와 D시는 인구 순위에서 바로 인접해 있다.'가 추가로 필요한 정보가 된다.

🖊 실전에선 이렇게!
'추가로 필요한 정보'를 찾는 문제는 '추가해야 할 전제'를 찾는 문제와 유사하므로 주어진 정보를 연결했을 때 결론으로 가는 데 부족한 연결고리를 찾아주는 방식으로 접근한다.

문 10 개념 이해 [난이도 중]   정답 ②

문제풀이 핵심 포인트
문제에서 의사들이 오류를 범한 까닭을 묻고 있으므로 의사들의 행동과 그 행동의 문제점에 주목한다.

풀이

② (O) 두 번째 단락에 따르면 의사들은 한 행동이 정신병 증상인지 아닌지를 판정하는 기준에 대한 가설을 세우고, 이 가설하에서 모든 행동을 이해하려고 들었고, 모든 행위가 그 가설에 맞는 방식으로 해석되었다. 하지만 그 가설을 통해 사람들의 모든 행동을 나름대로 해석할 수 있다고 해서 그 가설이 옳다는 것이 증명된 것은 아니다. 따라서 '의사들의 가설은 진위 여부가 명료하게 판별되지 않는 가설이었다.'는 것이 의사들이 오류를 범한 까닭으로 가장 적절하다.

문 11 개념 이해 [난이도 중]   정답 ①

문제풀이 핵심 포인트
지문에 대동법 시행에 따른 변화의 내용이 서술되어 있으므로 그 결과에 주목한다.

풀이

ㄱ. (O) 네 번째 단락에서 금속 화폐인 동전으로 조세를 납부하는 것이 전면화되었고, 이렇게 새로 개정된 신법이 반포되자 백성들은 모두 발을 구르고 손뼉을 치며 기뻐하였다고 제시되어 있다. 따라서 백성들은 조세금납 전면화를 환영하였다는 것은 글의 내용과 부합한다.

ㄴ. (×) 네 번째 단락에서 대동법 시행에 따라 잡세가 사라진 것은 맞지만, 두 번째 단락에서 방납은 그 폐단이 줄어들었을 뿐 사라진 것은 아니다. 따라서 대동법 시행에 따라 방납과 잡세가 사라졌다는 것은 글의 내용과 부합하지 않는다.

ㄷ. (×) 네 번째 단락에 따르면 조세금납화가 시행되자 백성들은 서양법을 따르든 일본법을 따르든 그들이 다시 태어난 듯 희색을 감추지 못하였지만, 일본법과 서양법에 따라 조세금납화가 처음 시행되었다는 것은 글의 내용과 부합하지 않는다.

ㄹ. (×) 두 번째 단락에 따르면 대동법 시행에 따라 토지가 많은 양반들의 부담이 늘어난 반면 농민들의 부담은 감소되었다. 따라서 대동법 시행에 따라 양반과 농민의 부담이 모두 감소되었다는 것은 글의 내용과 부합하지 않는다.

문 12 개념 이해   난이도 하   정답 ④

문제풀이 핵심 포인트

지문에서 개발원조 계획과 관련하여 수혜국과 원조국의 입장이 비교되고 있으므로 그 차이점에 주목한다.

풀이

① (×) 공여국은 수혜국에서 실제 도움이 절실한 개인들에게 우선적으로 혜택이 가기를 원하는 것이지, 문화 부문에 원조의 혜택이 돌아가기를 원하는지는 알 수 없다.

② (×) 두 번째 단락에서 따르면 수혜국 쪽에서는 자국의 경제 개발에 필요한 부문에 개발원조를 우선 지원하려고 하므로 수혜국은 자국의 빈민에게 원조의 혜택이 우선적으로 돌아가기를 원한다는 것은 알 수 없다.

③ (×) 공여국은 개인주의적 문화가 강한 반면 수혜국은 집단주의적 문화가 강하기는 하지만, 이것이 공여국의 개발원조계획 참여를 저조하게 만드는지는 알 수 없다.

④ (○) 두 번째 단락에서 따르면 공여국 쪽에서는 실제 도움이 절실한 개인들에게 우선적으로 혜택이 가기를 원하지만, 수혜국 쪽에서는 자국의 경제 개발에 필요한 부문에 개발원조를 우선 지원하려고 한다. 따라서 개발원조에서 공여국과 수혜국이 생각하는 지원의 우선순위는 일치하지 않는다는 것을 알 수 있다.

⑤ (×) 개발원조를 받았어도 라틴 아메리카와 아프리카의 많은 나라들이 부채에 시달리고 있지만, 그 위기가 원조정책에서 기인하는지는 알 수 없다.

문 13 개념 이해   난이도 하   정답 ③

문제풀이 핵심 포인트

지문에 묵자의 '겸애'에 대한 설명이 제시되어 있으므로 겸애의 개념 정의 및 그 특성에 주목한다.

풀이

ㄱ. (○) 겸애는 나와 남이라는 관점의 차별을 지양하는 것이므로 이웃의 부모를 자기 부모처럼 여기는 것이 겸애라는 것은 글의 내용에 부합한다.

ㄴ. (○) 누군가를 사랑한다는 것은 그 사람을 현실적으로 이롭게 하겠다는 의지를 함축하므로 묵자의 겸애에는 상대방에게 실질적인 이익을 베푸는 것이 함축되어 있다는 것은 글의 내용에 부합한다.

ㄷ. (×) 묵자의 겸애는 평등한 사랑이라기보다 불평등한 위계질서 속에서의 사랑이므로 겸애는 군주와 백성이 서로를 사랑하고 섬기게 함으로써 만민 평등이라는 이념의 실현을 촉진한다는 것은 글의 내용에 부합하지 않는다.

문 14 개념 이해   난이도 하   정답 ①

문제풀이 핵심 포인트

지문에 향리와 양반에 의해 건립된 사당에 대한 설명이 제시되어 있으므로 그 특성에 주목한다.

풀이

ㄱ. (○) 네 번째 단락에 따르면 창충사는 거창의 여러 향리 가운데 신씨가 중심이 되어 세운 사당이므로 창충사는 양반 가문이 세운 사당이라는 것은 글의 내용과 상충한다.

ㄴ. (○) 두 번째 단락에 따르면 향리들이 건립한 사당은 양반들이 건립한 것에 비하면 얼마 되지 않으므로 양반보다 향리가 세운 사당이 더 많다는 것은 글의 내용과 상충한다.

ㄷ. (×) 두 번째 단락에서 '이러한 경향은 향리층에도 파급되어 18세기 후반에 들어서면 안동, 충주, 원주 등에서 향리들이 사당을 신설하거나 중창 또는 확장하였다.'고 하고, '이러한 경향'이란 첫 번째 단락에 언급된 '17, 18세기에 걸쳐 각 지역 양반들에 의해 서원이나 사당 건립이 활발하게 진행되었다.'는 것이다. 따라서 양반뿐 아니라 향리가 세운 서원도 존재했다는 것은 글의 내용과 상충하지 않는다.

ㄹ. (×) 다섯 번째 단락에서 무신란에서 죽은 향리 중 신씨는 일곱 명이며, 이 중에서 두 명의 신씨는 사당에 모셔지지 않았고, 창충사에 모셔진 향리는 다섯 명이라고 되어 있다. 따라서 창충사에 모셔진 신씨 가문의 향리는 다섯 명이라는 것은 글의 내용과 상충하지 않는다.

> ✎ **실전에선 이렇게!**
>
> '글의 내용과 상충하는 것'은 글의 내용과 일치하지 않는 것을 의미하므로 지문을 바탕으로 옳다고 판단할 수 없는 선택지를 고르는 방식으로 접근한다.

문 15 구조 판단   난이도 중   정답 ⑤

문제풀이 핵심 포인트

'인간이 서로 협력하지 않을 수 없게 하는 힘은 무엇인가?'라는 문제를 제기에 대한 답을 찾는 데 주목한다.

풀이

① (×) 첫 번째 단락에 따르면 인간이 협력하고 단합하는 원인은 폭력의 경험이고, 사회란 공동체의 구성원들끼리 공동의 보호를 위해 만든 예방조치이다. 따라서 인간이 계약을 통해 고안해 낸 다양한 사회 형태는 상호 간의 폭력에 대한 불안을 완화시키지 못한다는 것은 글의 내용과 부합하지 않는다.

② (×) 두 번째 단락에 따르면 행동을 제한하는 규약이 없다면 도처에 수시로 간섭이나 침해가 이뤄질 수밖에 없고, 결국 살아남기 위한 투쟁이 불가피해진다. 따라서 인간 행동에 대한 지나친 규제는 타인에 대한 간섭과 침해를 발생시켜 투쟁을 불가피하게 만든다는 것은 글의 내용과 부합하지 않는다.

③ (×) 두 번째 단락에 따르면 사회를 구성하는 동기와 근거는 바로 인간이 서로에 대해 느끼는 공포와 불안이다. 따라서 인간이 사회를 구성하는 원인은 공동체를 통해 타인과 어울리고 싶어하는 충동 때문이라는 것은 글의 내용과 부합하지 않는다.

④ (×) 첫 번째 단락에 따르면 사회가 구성되면 무제약적으로 자유를 추구하던 시절이 끝나게 된다. 따라서 인간이 계약을 맺어 공동체를 만든 이유는 자유를 제약 없이 누리기 위해서라는 것은 글의 내용과 부합하지 않는다.

⑤ (○) 세 번째 단락에 따르면 사회가 생겨난 근원은 신체상의 고통이다. 따라서 인간은 타인의 침해로 인한 신체적 고통을 피하기 위해 계약을 맺는다는 것은 글의 내용과 부합한다.

문16 구조 판단 [난이도 중] 정답 ③

문제풀이 핵심 포인트
지문에 로크가 저술한 『시민 정부론』의 전반부와 후반부 내용이 제시되어 있으므로 이를 바탕으로 로크의 주장에 주목한다.

풀이

① (O) 첫 번째 단락에 따르면 로크는 구세력인 왕당파의 정치 이론인 왕권신수설과 가족국가관을 논박하였다. 따라서 왕은 신성한 사람이 아니며 신이 왕에게 통치권을 부여하지 않았다는 것은 로크의 견해이다.

② (O) 두 번째 단락에 따르면 로크는 만일 정부권력자가 본래의 약속을 어기고 신민의 인권을 침해·유린하면 신민들은 저항권을 행사하여 새로운 정부를 수립할 수 있다고 보았다. 따라서 신민들의 자발적인 합의로 구성된 권력기구라 하더라도 해체될 수 있다는 것은 로크의 견해이다.

③ (×) 두 번째 단락에 따르면 인간은 자연 상태에서 자유를 지키기 위해 분업화와 분권화를 추진한 것이 아니라, 자연법의 질서에 따라 권리를 누려왔던 자연 상태를 지나 사회가 복잡해지면서 분업화되었음을 알 수 있다. 따라서 인간은 자연 상태에서 자유를 지키기 위해 분업화와 분권화를 추진했다는 것은 로크의 견해가 아니다.

④ (O) 두 번째 단락에 따르면 실정법이 만들어지기 이전의 자연법은 생명, 자유 및 재산에 대한 권리인 천부인권을 내용으로 하고, 자연 상태에서 각 개인은 이 자연법의 질서에 따라 권리를 누려 왔다. 따라서 실정법이 만들어지기 이전에 인간은 자연법에 따라 천부인권을 누릴 수 있었다는 것은 로크의 견해이다.

⑤ (O) 두 번째 단락에 따르면 인간의 갈등은 각자의 선의로 해결될 수 없기 때문에 사람들은 사회계약을 통해 권력기구를 만들기로 합의한다. 따라서 인간은 복잡화된 사회에서 발생하는 갈등을 해결하기 위해서 권력기구를 만들었다는 것은 로크의 견해이다.

문17 개념 이해 [난이도 하] 정답 ④

문제풀이 핵심 포인트
지문에 특정 집단들 사이의 차별 대우가 정당화되기 위한 조건이 제시되어 있으므로 이에 주목한다.

풀이

① (×) 특정 집단이 다른 집단보다 더 큰 이익을 획득해서는 안 된다는 것은 글에서 이끌어낼 수 없다.

② (×) 글에서는 특정 집단들 사이의 차별 대우가 정당화되기 위한 조건을 제시하고 있으므로 특정 집단 내에서 구성원들 사이의 차별 대우는 정당화될 수 없다는 것을 글에서 이끌어낼 수 없다.

③ (×) 특정 집단에 속한 구성원들은 다른 집단 구성원들의 이익을 고려해야 한다는 것은 글에서 이끌어낼 수 없다.

④ (O) 글에서는 특정 집단들 사이의 차별 대우가 정당화되기 위한 조건으로 합당한 차이를 제시하고 있는데, 인종차별주의, 종교적 편견, 민족주의에 따른 차별대우는 이를 만족시키고 있지 못하기 때문에 정당화될 수 없다고 주장하고 있다. 따라서 특정 집단들 사이의 차별 대우가 정당화되기 위해서는 합당한 차이가 있어야 한다는 것을 글에서 이끌어낼 수 있다.

⑤ (×) 글에서는 특정 집단들 사이의 차별 대우가 정당화되기 위해서는 합당한 차이가 있어야 한다고 주장하므로 특정 집단에 속한 구성원들 사이에 합당한 차이가 있더라도 차별 대우를 정당화해서는 안 된다는 것은 글에서 이끌어낼 수 없다.

🖋️ **실전에선 이렇게!**

'글에서 이끌어낼 수 있는 것'은 글의 내용과 일치하는 것을 의미하므로 지문을 바탕으로 옳다고 판단할 수 있는 선택지를 고르는 방식으로 접근한다.

문18 밑줄 추론 [난이도 중] 정답 ③

문제풀이 핵심 포인트
밑줄 친 부분에 해당하는 사례를 찾아야 하므로 밑줄 친 부분에서 '시각도'의 의미가 무엇인지에 주목한다.

풀이

① (×) 어떤 물체의 크기가 옆에 같이 놓인 연필의 크기를 통해 지각된다는 것은 다른 크기의 대상들이 동일한 시각도를 만들어 내는 사례에 해당하지 않는다.

② (×) 고공을 날고 있는 비행기에서 지상에 있는 사물은 매우 작게 보인다는 것은 다른 크기의 대상들이 동일한 시각도를 만들어 내는 사례에 해당하지 않는다.

③ (O) 시각도란 대상물의 크기가 관찰자의 눈에 파악되는 상대적인 각도를 의미하므로 밑줄 친 부분에 해당하는 사례를 찾기 위해서는 다른 크기의 대상들이 동일한 시각도를 만들어 내는 사례를 찾아야 한다. 가까운 화분의 크기가 멀리 떨어진 고층 빌딩과 같은 크기로 지각된다는 것은 다른 크기의 대상이 동일한 시각도를 가지는 사례에 해당한다.

④ (×) 차창 밖으로 보이는 집의 크기를 이용해 차와 집과의 거리를 지각한다는 것은 다른 크기의 대상들이 동일한 시각도를 만들어 내는 사례에 해당하지 않는다.

⑤ (×) 빠르게 달리는 차 안에서 보면 가까이 있는 물체는 멀리 있는 물체에 비해 빠르게 지나간다는 것은 다른 크기의 대상들이 동일한 시각도를 만들어 내는 사례에 해당하지 않는다.

문19 논리 퀴즈 [난이도 하] 정답 ②

문제풀이 핵심 포인트
지문에 제시된 조건 명제를 기호화하여 연결고리를 파악하고, 선택지에 제시된 정보의 참·거짓 여부를 판단한다.

풀이

지문에 제시된 조건을 기호화하면 다음과 같다.

· 명제 1: A → B
· 명제 2: C → D
· 명제 3: A ∨ C

① (O) 명제 3에서 A를 추진하면 B를 추진하고, C를 추진하면 D를 추진하게 되므로 적어도 두 사업은 추진한다는 것은 반드시 참이다.

② (×) A를 추진하지 않기로 결정한다면, 명제 3에서 C를 추진하고 명제 2에서 D를 추진하지만, B도 추진될 수 있으므로 추진하는 사업이 정확히 두 개라는 것은 반드시 참이라고 할 수 없다.

③ (O) B를 추진하지 않기로 결정한다면, 명제 1에서 A를 추진하지 않고 명제 3에서 C는 추진한다.

④ (O) C를 추진하지 않기로 결정한다면, 명제 3에서 A를 추진하고 명제 1에서 B는 추진한다.

⑤ (O) D를 추진하지 않기로 결정한다면, 명제 2에서 C를 추진하지 않고 명제 3에서 A를 추진하고 명제 1에서 B를 추진하므로 다른 세 사업의 추진 여부도 모두 정해진다.

문 20 논증의 비판과 반박 난이도 중 정답 ③

문제풀이 핵심 포인트
반박의 대상이 '답변'이므로 답변의 내용을 확인하고, 〈보기〉에 제시된 내용 중 답변을 공격하는 내용이 될 수 있는 것을 판단한다.

풀이

ㄱ. (×) 정직함을 착한 행위로 만드는 것은 바로 신의 명령이라는 진술은 답변의 내용과 동일한 내용이므로 반박이 될 수 없다.

ㄴ. (O) 신이 이산화탄소 배출량을 줄이기 위해 재생에너지를 쓰라고 명령한 적이 없더라도 그 행위는 착한 행위라는 것은 신의 명령이 없더라도 착한 행위라는 내용이다. 따라서 '한 행위가 착한 행위가 되기 위해서는 신이 그 행위를 하라고 명령해야 한다.'는 답변에 대한 반박으로 적절하다.

ㄷ. (O) 장기 기증은 착한 행위지만 신이 장기 기증을 하라고 명령했다는 그 어떤 증거나 문서도 존재하지 않으며 신이 그것을 명령했다고 주장하는 사람도 없다는 것은 신의 명령은 없지만 착한 행위의 사례가 된다. 따라서 '한 행위가 착한 행위가 되기 위해서는 신이 그 행위를 하라고 명령해야 한다.'는 답변에 대한 반박으로 적절하다.

ㄹ. (×) 사람들이 신의 명령이라고 말한다고 해서 그것이 정말로 신의 명령인 것은 아니라는 것은 답변의 내용과 관련이 없으므로 답변에 대한 반박으로 적절하지 않다.

문 21 논증 평가 난이도 중 정답 ⑤

문제풀이 핵심 포인트
지문에서 민족적, 종교적 소수자의 영리활동 경향과 이런 경향이 나타나지 않는 독일 가톨릭을 비교하고 있으므로 이에 주목한다.

풀이

① (×) 소수자이든 다수자이든 유럽의 종교집단은 사회의 자본주의 발전에 기여하지 못했다는 것은 민족적, 종교적 소수자는 영리활동에 몰두하는 경향이 있다는 글의 내용과 양립할 수 없다.

② (×) 독일에서 가톨릭은 정치 영역에서 배제되었기 때문에 영리활동에 적극적으로 참여하였다는 것은 독일 가톨릭은 영리활동을 하지 않았다는 글의 내용과 양립할 수 없다.

③ (×) 독일 가톨릭의 경제적 태도는 모든 종교적 소수집단에 폭넓게 나타나는 보편적인 경향이라는 것은 독일 가톨릭의 경우에는 다른 종교적 소수집단에서 나타나는 영리활동 경향이 전혀 없거나 뚜렷하게 나타나지 않는다는 글의 내용과 양립할 수 없다.

④ (×) 프로테스탄트와 가톨릭에 공통적인 금욕적 성격은 두 종교집단이 사회에서 소수자이든 다수자이든 동일한 경제적 행동을 하도록 추동했다는 것은 독일 가톨릭의 경우에는 다른 종교적 소수집단에서 나타나는 영리활동 경향이 전혀 없거나 뚜렷하게 나타나지 않는다는 글의 내용과 양립할 수 없다.

⑤ (O) 글에서는 종교집단에 따라 경제적 태도에 차이가 나타나는 원인을 특정 종교집단이 처한 정치적, 사회적 상황이라고 보고 있지 않으므로 종교집단에 따라 경제적 태도에 차이가 나타나는 원인은 특정 종교집단이 처한 정치적, 사회적 상황이 아니라 종교 내적인 특성에 있다는 것은 글의 내용과 양립할 수 있다.

✏️ 실전에선 이렇게!
'양립'이란 동시에 참이 될 수 있는 것을 의미하므로 지문 전체의 주장을 찾고 그와 다른 방향의 진술이 아닌 것을 찾는 방식으로 접근한다.

문 22 논증의 비판과 반박 난이도 중 정답 ④

문제풀이 핵심 포인트
반박의 대상이 글의 주장이므로 주장을 확인하고, 선택지에 제시된 내용 중 글의 주장을 공격하는 내용이 될 수 있는 것을 판단한다.

풀이

① (×) 공장 운영에 관한 법적 판단이 어느 법원에서 이루어져야 하는지는 글의 주장과 직접적 관련이 없으므로 글의 주장에 대한 반박이라 볼 수 없다.

② (×) 대부분의 미국 자본가들은 풀맨 마을과 같은 마을을 경영하지 않으므로 미국의 민주적 가치를 훼손하지 않는다는 것은 글의 주장과 직접적인 관련이 없으므로 글의 주장에 대한 반박이라 볼 수 없다.

③ (×) 미국이 내세우는 민주적 가치는 모든 시민이 자신의 거주지 안에서 자유롭게 살 수 있는 권리를 가장 우선시한다는 것은 글의 주장과 직접적인 관련이 없으므로 글의 주장에 대한 반박이라 볼 수 없다.

④ (O) 글이 주장이 공장과 마을에 동일한 원리가 적용되어야 한다는 것인데, 마을 운영이 정치적 문제에 속하는 것과 달리 공장 운영은 경제적 문제에 속하므로 전적으로 소유주의 권한에 속한다는 것은 마을과 공장에 다른 원리가 적용될 수 있음을 나타내는 것이다. 따라서 글의 주장에 대한 반박으로 적절하다.

⑤ (×) 지문의 주장은 마을 공동체에서 적용되는 소유와 경영의 분리가 공장에서도 적용되어야 한다는 것이지, 공장에서 이루어지고 있는 소유와 경영의 분리가 공장뿐 아니라 마을 공동체 등 사회의 다른 영역에도 적용되어야 한다는 것이 아니므로 글의 주장에 대한 반박이라 볼 수 없다.

문 23 논증의 비판과 반박 난이도 중   정답 ①

문제풀이 핵심 포인트
반박의 대상이 논증이므로 논증의 전제와 결론을 확인하고, 선택지에 제시된 내용 중 논증의 전제와 결론을 공격하는 내용이 될 수 있는 것을 판단한다.

풀이

① (×) 대부분의 사람은 시 한 편과 호떡 한 개 중에서 호떡을 선택한다는 것은, 논증의 내용과 직접적인 관련성이 없으므로 논증에 대한 반박으로 적절하지 않다.

② (○) 높은 수준의 합리적 개인들 사이에서도 쾌락의 선호가 다를 수 있다는 것은, 높은 수준의 합리적 사람이 선호하는 것을 통해서 쾌락의 가치 서열을 정할 수 있다는 논증의 전제를 반박한다.

③ (○) 높은 수준의 합리적 사람이 행복을 최고 가치로 여긴다고 해서 행복이 최고 가치인 것은 아니라는 것은, 높은 수준의 합리적 사람이 그 어떤 쾌락보다도 행복을 선호한다면, 이는 행복이 최고 가치라는 것을 뜻한다는 논증의 전제를 반박한다.

④ (○) 자신의 선호를 판별할 수 있는 높은 수준의 합리적 능력을 지닌 사람들은 실제로 존재하지 않는다는 것은, 높은 수준의 합리적 사람이 존재한다는 논증의 전제를 반박한다.

⑤ (○) 충분한 정보를 갖고 있고 오랜 시간 숙고한다 하더라도 질적 가치의 위계를 정할 수 있는 사람은 없다는 것은, 높은 수준의 합리적 사람이 선호하는 것을 통해서 쾌락의 가치 서열을 정할 수 있다는 논증의 전제를 반박한다.

실전에선 이렇게!
'논증에 대한 반박'은 논증의 결론뿐만 아니라 전제도 반박의 대상이 되므로 지문에서 전제도 놓치지 않고 찾아주어야 한다.

문 24 논증 평가 난이도 중   정답 ④

문제풀이 핵심 포인트
평가의 대상이 논지이므로 글의 논지를 확인하고, 선택지에 제시된 내용이 논지를 강화하거나 약화하는지 여부를 판단한다.

풀이

① (×) 미적 본질이 없다는 것이 글의 논지이므로 예술작품에 고유한 미적 본질이 없다는 것은 글의 논지를 약화시킨다고 볼 수 없다.

② (×) 지문에서 소변기는 고유한 미적 가치를 갖고 있지 않다고 하므로 이는 글의 논지를 강화시킨다고 볼 수 없다.

③ (×) 분석철학과 팝아트가 서로 다른 영역이라는 것은 글의 논지와 직접적인 관련성이 없으므로 글의 논지를 약화시킨다고 볼 수 없다.

④ (○) 미적 본질이 없기 때문에 그 어떤 일상 사물도 예술작품이 될 수 있다는 것이 글의 논지이므로 순수 미술 대상과 일상적 대상이 명백하게 다르다는 것은 글의 논지를 약화시킨다.

⑤ (×) 가시적 본질은 요구되지 않으므로 가시적 본질이 예술과 비예술의 구분 기준이 된다는 것은 글의 논지를 강화시킨다고 볼 수 없다.

문 25 구조 판단 난이도 중   정답 ①

문제풀이 핵심 포인트
지문에 음원의 위치를 파악하는 단서가 제시되어 있으므로 이에 주목한다.

풀이

① (○) 세 번째 단락에 따르면 음원의 위치를 파악하는 단서인 소리의 크기 차이는 고주파에서만 일어나고 저주파에서는 일어나지 않는다. 따라서 고주파로만 구성된 소리가 저주파로만 구성된 소리보다 음원의 위치를 파악하는 방법이 적어도 하나는 더 있는 셈이므로 다른 조건이 같다면 고주파로만 구성된 소리가 저주파로만 구성된 소리보다 음원의 위치를 파악하기 쉽다는 것을 알 수 있다.

② (×) 두 번째 단락에 따르면 두 귀에 도달하는 소리의 시간차와 청자와 음원의 거리는 관련이 없으므로 두 귀에 도달하는 소리의 시간차가 클수록 청자와 음원의 거리는 멀다는 것은 알 수 없다.

③ (×) 세 번째 단락에 따르면 저주파로만 구성된 소리는 두 번째 단서만 적용할 수 없을 뿐이지 모든 단서가 적용되지 않는 것은 아니므로 저주파로만 구성된 소리의 경우 그 음원의 위치를 파악할 수 없다는 것은 알 수 없다.

④ (×) 세 번째 단락에 따르면 머리가 소리 전달을 막는 장애물로 작용하기 때문에 왼쪽에서 나는 소리는 왼쪽 귀에 더 크게 들리고 오른쪽에서 나는 소리는 오른쪽 귀에 더 크게 들리지만, 머리가 소리를 막지 않는다면 음원의 위치를 파악할 수 없다는 것은 알 수 없다.

⑤ (×) 네 번째 단락에 따르면 머리와 귓바퀴의 굴곡은 소리를 변형시키는 필터 역할을 하고, 이 때문에 두 고막에 도달하는 소리의 음색 차이가 생겨난다. 따라서 두 귀에 도달하는 소리의 음색 차이는 음원에서 발생한다는 것은 알 수 없다.

5급 기출 재구성 모의고사

모바일 자동 채점 및
성적 분석 서비스

정답

p.250

문1	③	개념 이해	문6	⑤	논지와 중심 내용	문11	③	논증 평가	문16	③	구조 판단	문21	⑤	논증 평가
문2	⑤	개념 이해	문7	④	빈칸 추론	문12	④	논증의 타당성	문17	②	논리 퀴즈	문22	②	논증 평가
문3	⑤	구조 판단	문8	③	글의 수정	문13	④	빈칸 추론	문18	⑤	논리 퀴즈	문23	⑤	독해형 논리
문4	④	구조 판단	문9	⑤	원칙 적용	문14	④	구조 판단	문19	①	독해형 논리	문24	④	논증의 비판과 반박
문5	③	구조 판단	문10	③	밑줄 추론	문15	②	견해 분석	문20	③	구조 판단	문25	②	견해 분석

취약 유형 분석표

유형별로 맞힌 문제 개수와 정답률, 틀린 문제 번호, 풀지 못한 문제 번호를 적고 나서 취약한 유형이 무엇인지 파악해 보세요. 그 후 약점 보완 해설집 p.2 [취약 유형 공략 포인트]에서 약점 보완 학습법을 확인하고, 틀린 문제와 풀지 못한 문제를 다시 한번 풀어보세요.

유형		맞힌 문제 개수	정답률	틀린 문제 번호	풀지 못한 문제 번호
독해의 원리	개념 이해	/2	%		
	구조 판단	/6	%		
	원칙 적용	/1	%		
논증의 방향	논지와 중심 내용	/1	%		
	견해 분석	/2	%		
	논증의 비판과 반박	/1	%		
	논증 평가	/3	%		
문맥과 단서	빈칸 추론	/2	%		
	밑줄 추론	/1	%		
	글의 수정	/1	%		
논리의 체계	논증의 타당성	/1	%		
	논리 퀴즈	/2	%		
	독해형 논리	/2	%		
TOTAL		**/25**	**%**		

문1 개념 이해 [난이도 중] 정답 ③

문제풀이 핵심 포인트
선택지에 '협화회'와 '재일조선인'이 연계되어 제시되어 있으므로 두 단어 간의 관련성에 주목하여 지문의 정보를 파악하는 것이 중요하다.

풀이

① (×) 네 번째 단락에서 협화회는 재일조선인에 대한 감시와 사상 관리뿐 아니라 신사참배, 조선어 금지 등 전반적인 영역에서 강압적인 관리를 해왔음을 알 수 있다. 그러나 그것으로 협화회가 재일조선인에 대한 교육을 담당하였다고 볼 수 있을지는 알 수 없다.

② (×) 두 번째 단락에서 조선에 거주하는 조선인은 조선총독부 하 기관의 통제를 받았고, 재일조선인은 협화회의 관리를 받았다는 것을 알 수 있다. 그러나 이것만으로 협화회가 조선총독부와 긴밀한 협조체계를 유지하였는지는 알 수 없다.

③ (○) 두 번째 단락에서 1945년 재일조선인은 전시노동동원자를 포함하여 230만 명에 달했는데, 이들은 모두 협화회의 회원으로 편성되어 행동과 사상 일체에 대해 감시를 받았음을 알 수 있다. 따라서 협화회는 재일조선인 전시노동동원자에 대한 감시를 자행하였다는 것을 알 수 있다.

④ (×) 세 번째 단락에서 재일조선인이 차별에 계속 저항하였고 조선인들끼리 연락하는 단체를 조직했다는 것은 알 수 있지만, 이를 통해 협화회에 조직적으로 저항하며 민족 정체성을 유지하였는지는 알 수 없다.

⑤ (×) 세 번째 단락에서 협화회는 민간단체였지만 경찰이 주체가 되어 조직한 단체이기 때문에 지부장이 경찰서장이었다는 것은 알 수 있지만, 협화회의 간부를 일본의 민간인과 조선인 친일분자가 맡기도 했다는 사실은 알 수 없다.

✏️ 실전에선 이렇게!

'알 수 있는' 것을 찾는 문제에서는 지문에 제시되어 있지 않은 내용이 선택지로 제시되는데, 이러한 방식으로 구성되는 오답의 유형에 주목해야 한다.

문2 개념 이해 [난이도 상] 정답 ⑤

문제풀이 핵심 포인트
특별한 구조가 없이 인삼과 관련된 정보가 나열되어 있는 지문이므로 선택지에 제시된 단어 중심으로 지문의 정보를 꼼꼼하게 확인해주어야 한다.

풀이

① (×) 두 번째 단락에서 황첩이 없거나 거래량을 허위로 신고한 삼상은 밀매업자인 잠상으로 간주되어 처벌되었으며, 황첩이 없는 상인의 거래를 허가한 강계부사도 처벌되었다는 것을 알 수 있으나, 황첩을 위조하여 강계부로 잠입하는 잠상들이 많았는지는 지문에 언급되어 있지 않으므로 알 수 없다.

② (×) 두 번째 단락에서 황첩이 없거나 거래량을 허위로 신고한 삼상은 밀매업자인 잠상으로 간주되었다는 것은 알 수 있으나, 정부가 잠상을 합법적인 삼상으로 전환시키기 위해 노력하였다는 것은 지문에 제시되어 있지 않으므로 알 수 없다.

③ (×) 첫 번째 단락에서 사상들이 평안도 지방과 송도를 근거지로 하여 인삼 거래에 적극적으로 뛰어들었다는 것을 알 수 있으나, 송도와 강계부가 비교될 만한 근거가 지문에 제시되지 않으므로 상인들이 송도보다 강계부에서 인삼을 더 싸게 구입할 수 있었는지는 알 수 없다.

④ (×) 네 번째 단락에서 한양에서 70냥에 팔리는 인삼이 일본 에도에서는 300냥에 팔리기도 하였다는 것을 알 수 있으나, 일본 에도에서 팔린 것을 왜관에서의 거래라 볼 수 없으므로 왜관에서의 인삼 거래는 한양에서의 거래보다 삼상에게 4배 이상의 매출을 보장해 주었다는 것은 알 수 없다.

⑤ (○) 두 번째 단락에서 강계부는 세금을 납부한 삼상들의 명단을 작성하고, 이들이 어느 지역의 어떤 사람과 거래하였는지, 그리고 거래량은 얼마인지를 일일이 파악하여 중앙의 비변사에 보고하였다는 것을 알 수 있다. 따라서 중앙정부는 강계부에서 삼상에게 합법적으로 인삼을 판매한 백성이 어느 지역 사람인지를 파악할 수 있었다는 것을 알 수 있다.

문3 구조 판단 [난이도 중] 정답 ⑤

문제풀이 핵심 포인트
지문에서 미국의 건축물 화재안전 관리체제로 건축모범규준, 화재안전평가제, 화재위험도평가제 세 가지가 제시되고 있으므로 개념이 대조되고 있는 구조임을 알 수 있다.

풀이

① (×) 두 번째 단락에 따르면 화재안전평가제는 공공안전성이 강조되는 의료, 교정, 숙박, 요양 및 교육시설 등 5개 용도시설에 대해 화재안전성을 평가하고, 5개 용도시설을 제외한 건축물의 경우에는 건축모범규준의 적용이 권고된다. 따라서 건축모범규준이 아니라 화재안전평가제에 따를 때 공공안전성이 강조되는 건물에는 특정 주요 기준이 강제적으로 적용되는 것이다.

② (×) 첫 번째 단락에 따르면 건축모범규준과 화재안전평가제는 건축물의 계획 및 시공단계에서 설계지침으로 적용되며, 화재위험도평가제는 기존 건축물의 유지 및 관리단계에서 화재위험도 관리를 위해 활용된다. 따라서 건축물의 설계·시공단계에서 화재안전을 확보하는 수단에 화재위험도평가제는 포함되지 않는다.

③ (×) 두 번째 단락에 따르면 특정 주요 기준은 대부분의 주가 최근 개정안을 적용하지만, 그 외의 기준은 개정되기 전 규준의 기준을 적용하는 경우도 있다. 따라서 건축모범규준을 적용하여 건축물을 신축하는 경우 반드시 가장 최근에 개정된 기준에 따라야 하는 것은 아니다.

④ (×) 첫 번째 단락에 따르면 미국은 공신력 있는 민간기관이 화재 관련 모범규준이나 평가제를 개발하고 주 정부가 주 상황에 따라 특정 제도를 선택하여 운영하고 있다. 따라서 미국에서는 민간기관인 미국화재예방협회가 건축모범규준과 화재안전평가제를 개발하고 있지만 운영한다고 볼 수는 없다.

⑤ (○) 두 번째 단락에 따르면 뉴욕주 소방청의 화재위험도평가제는 공공데이터 공유 플랫폼을 이용하여 수집된 주 내의 모든 정부 기관의 정보를 평가자료로 활용한다. 따라서 뉴욕주 소방청은 화재위험도 평가에 타 기관에서 수집한 정보를 활용한다는 것은 글의 내용에 부합한다.

선택지를 먼저 훑어보면, '건축모범규준', '화재안전평가제', '화재위험도평가제'가 반복되어 제시되고 있으므로 그 제도들 사이의 차이점과 공통점에 집중하여 지문을 읽어준다.

문4 구조 판단 [난이도 상] 정답 ④

문제풀이 핵심 포인트
'A : B' 형태의 대조 지문은 A와 B가 서로 대립되는 주장을 펼치는 경우가 많으므로 각자의 차이점에 집중하여 지문을 읽는다. 또한 부합 문제는 지문의 표현이 선택지에 적절한 유의어와 동의어의 형태로 표현되는 경우가 많으므로 지문과 선택지의 표현 차이에 유의해야 한다.

풀이

① (O) A는 은하와 은하가 멀어질 때 그 사이에서 물질이 연속적으로 생성되어 새로운 은하들이 계속 형성된다고 주장한다. 따라서 A에 따르면 물질의 총 질량이 보존되지 않는다.

② (O) A는 우주가 자그마한 씨앗으로부터 대폭발에 의해 생겨났다는 주장은 터무니없다고 하였고, B는 팽창하는 우주를 거꾸로 돌린다면 우주가 시공간적으로 한 점에서 시작되었다는 결론을 얻을 수 있다고 하였다. 따라서 A에 따르면 우주는 시작이 없고, B에 따르면 우주는 시작이 있다.

③ (O) A는 약간씩 변화는 있겠지만 우주 전체의 평균밀도는 일정하게 유지된다고 주장한다. 따라서 A에 따르면 우주는 국소적인 변화는 있으나 전체적으로는 변화가 없다.

④ (×) A는 은하와 은하가 멀어질 때 그 사이에서 물질이 연속적으로 생성되어 새로운 은하들이 계속 형성된다고 보기 때문에 인접한 은하들 사이에 평균거리가 커진다는 것을 받아들인다고 볼 수 없다. 반면 B는 은하 사이에 새로운 은하가 생겨난다면 도대체 그 물질은 어디서 온 것이라는 말이냐고 하여 인접한 은하들 사이에 평균거리가 커진다는 것을 받아들인다고 볼 수 있다. 따라서 A와 B가 인접한 은하들 사이의 평균 거리가 커진다는 것을 받아들인다는 것은 지문의 내용에 부합하지 않는다.

⑤ (O) A는 은하 사이에서 새로 생성되는 은하를 관측한다면 우리의 가설을 입증할 수 있다고 하였고, B는 대폭발 이후 방출된 방대한 전자기파를 관측한다면 우리의 견해가 입증될 것이라고 하였다. 따라서 A와 B 모두 자신의 주장을 경험적으로 입증하기 위한 방법을 제안하고 있다.

문5 구조 판단 [난이도 상] 정답 ③

문제풀이 핵심 포인트
대동법 실시론자와 공안 개정론자의 견해가 대비되고 있는 지문이므로 각 주장의 차이점과 공통점에 주목하여 지문을 읽는다.

풀이

① (O) 첫 번째 단락에서 대동법의 진정한 의미는 공물 부과 기준과 수취 수단이 법으로 규정됨으로써, 공납 운영의 원칙인 양입위출의 객관적 기준이 마련되었다는 점에 있다는 것을 알 수 있다. 따라서 대동법 실시론자가 양입위출의 법적 기준을 마련하고자 하였다는 것은 지문에서 알 수 있는 내용이다.

② (O) 두 번째 단락에서 양입위출은 대동법 실시론자뿐만 아니라 공안 개정론자도 공유하는 원칙이었다는 것을 알 수 있다. 따라서 공안 개정론자와 대동법 실시론자가 양입위출의 원칙을 공유하였다는 것은 지문에서 알 수 있는 내용이다.

③ (×) 공물가의 수취 액수를 고정하는 것은 지출을 행하는 위출보다는 수입을 헤아리는 양입의 측면에 해당하므로 위출의 측면을 강조하는 공안 개정론자가 이에 관심을 기울였다고 볼 수 없다. 따라서 공안 개정론자가 절용을 통해 공물가의 수취 액수를 고정하는 데 관심을 기울였다는 것은 지문에서 알 수 없는 내용이다.

④ (O) 첫 번째 단락에서 대동법의 핵심 내용으로, 공물을 부과하는 기준이 호에서 토지로 바뀐 것과, 수취 수단이 현물에서 미·포로 바뀐 것을 드는 경우가 많다고 언급하고 있고, 두 번째 단락에서 공안 개정론자는 호마다 현물을 거두는 종래의 공물 부과 기준과 수취 수단을 유지했다고 언급되어 있다. 따라서 공안 개정론자와 대동법 실시론자는 공물 부과 기준과 수취 수단에 대한 주장이 달랐다는 것을 알 수 있다.

⑤ (O) 세 번째 단락에서 공안 개정론자는 공물 수취에 따른 폐해를 공물 수요자 측의 사적 폐단에서 비롯된 것으로 보아 공물 수요자의 자발적 절용을 강조하였고, 대동법 실시론자는 공물 수요자 측의 절용이 필요하다고 보면서도 이를 규제할 공적 제도가 필요하다고 믿었다는 것을 알 수 있다. 따라서 대동법 실시론자는 공물 수요자의 도덕적 수준을 높여야 한다는 공안 개정론자의 주장에 반대하지 않았다는 것을 알 수 있다.

문6 논지와 중심 내용 [난이도 중] 정답 ⑤

문제풀이 핵심 포인트
글의 논지를 찾는 문제이므로 지엽적이고 세부적인 정보보다는 글 전체에서 필자가 최종적으로 주장하고자 하는 내용이 무엇인지에 집중한다.

풀이

① (×) 현대의 상류층은 낭비를 지양하고 소박한 생활을 지향함으로써 서민들에게 친근감을 주지만, 논지는 이것을 극단적인 위세라고 보는 것이다. 따라서 현대의 상류층은 낭비를 지양하고 소박한 생활을 지향함으로써 서민들에게 친근감을 준다는 것은 글의 논지로 적절하지 않다.

② (×) 글의 논지는 현대의 상류층에 대한 내용이므로 현대의 서민들은 상류층을 따라 겸손한 태도로 자신을 한층 더 드러내는 소비행태를 보인다는 것은 글의 논지로 적절하지 않다.

③ (×) 현대의 상류층은 차별화해야 할 아래 계층이 없거나 경쟁 상대인 다른 상류층 사이에 있을 때는 마음 놓고 경쟁적으로 고가품을 소비하며 자신을 마음껏 과시한다. 따라서 현대의 상류층이 그들이 접하는 계층과는 무관하게 절제를 통해 자신의 사회적 지위를 과시한다는 것은 글의 논지로 적절하지 않다.

④ (×) 위계질서를 드러내는 명품을 소비하면서 과시적으로 소비하는 것은 과거의 소비행태이므로 현대에 들어와 위계질서를 드러내는 명품을 소비하면서 과시적으로 소비하는 새로운 행태가 나타났다는 것은 글의 논지로 적절하지 않다.

⑤ (O) 현대의 상류층은 고급, 화려함, 낭비를 과시하기보다 서민들처럼 소박한 생활을 한다는 것을 과시하지만 현대사회에서 소비하지 않기는 고도의 교묘한 소비이며, 그것은 상류층의 표시라는 것이 글의 논지이다. 따라서 현대의 상류층은 사치품을 소비하는 것뿐만 아니라 소비하지 않기를 통해서도 자신의 사회적 지위를 과시한다는 것이 글의 논지로 가장 적절하다.

문 7 빈칸 추론   난이도 중   정답 ④

문제풀이 핵심 포인트
빈칸에 들어갈 내용을 채우기 위해서는 빈칸 주변에서 단서를 잡아야 하고, 이를 바탕으로 선택지에 제시된 내용을 판단하여 소거해 나간다.

풀이
㉠: 총알구멍은 동체 쪽에 더 많았고 엔진 쪽에는 그다지 많지 않았고, 이를 통해 군 장성들은 철갑의 효율을 높일 수 있는 기회를 발견했다. 따라서 ㉠에 들어갈 내용으로 가장 적절한 것은 교전을 마치고 돌아온 전투기를 기준으로 판단한 내용이다. 따라서 '전투기에서 총알을 많이 맞는 동체 쪽에 철갑을 집중해야 충분한 보호 효과를 볼 수 있다는'이 가장 적절하다. '전투기에서 가장 중요한 엔진 쪽에만 철갑을 둘러도 충분한 보호 효과를 볼 수 있다는' 것은 총알구멍이 동체 쪽에 더 많았고 엔진 쪽에는 그다지 많지 않았다는 ㉠ 앞의 내용과 배치되므로 ㉠에 들어갈 내용으로 적절하지 않다.

㉡: 군 장성들은 자신도 모르게 복귀한 전투기에 관한 어떤 가정을 하고 있었고, 바로 그 가정이 ㉡에 들어갈 내용이다. 그러한 장성들의 생각에 대해 수학자들은 엔진에 총알을 덜 맞은 전투기가 많이 돌아온 것은, 엔진에 총알을 맞으면 귀환하기 어렵기 때문이라고 주장하며 반박한다. 따라서 ㉡에 들어갈 내용은 '출격한 전투기 전체에서 무작위로 추출된 표본이라는'이 가장 적절하다. 기지로 복귀한 전투기가 '출격한 전투기 일부에서 추출된 편향된 표본이라는' 것이 군 장성들의 가정이었다면 ㉠에서 '전투기에서 총알을 많이 맞는 동체 쪽에 철갑을 집중해야 충분한 보호 효과를 볼 수 있다는' 생각을 하지 않았을 것이다. 따라서 이는 ㉡에 들어갈 내용으로 적절하지 않다.

문 8 글의 수정   난이도 중   정답 ③

문제풀이 핵심 포인트
글의 흐름에 맞지 않는 곳을 수정해야 하는 문제는 전체적인 지문의 흐름을 잡는 것이 중요하다. 전체적으로 지문을 읽으면서 밑줄 친 문장을 선택지와 비교 확인하는 과정을 병행한다.

풀이
① (×) ㉠ '발광하는 와편모충을 잡아먹는 요각류가 발광하지 않는 와편모충만을 잡아먹는 요각류보다'는 표현은 세 번째 단락의 '그 결과는 예상과 같았다.', '이러한 결과는 원생생물이 자신을 잡아먹는 동물에게 포식 위협을 증가시킴으로써 잡아먹히는 것을 회피할 수 있음을 시사한다.'라는 글의 흐름과 일치한다. 따라서 ㉠을 "발광하지 않는 와편모충을 잡아먹는 요각류가 발광하는 와편모충만을 잡아먹는 요각류보다"로 고치는 것은 적절하지 않다.

② (×) ㉡ '연구자들은 수조 속 살아남은 요각류의 수를 세었다.'는 것이 가시고기가 어느 쪽 요각류를 더 많이 먹었는지 판단하는 기준이 될 것이다. 따라서 ㉡을 "연구자들은 수조 속 살아남은 와편모충의 수를 세었다."로 고치는 것은 적절하지 않다.

③ (○) 세 번째 단락에 따르면 발광하는 와편모충을 잡아먹는 요각류가 발광하지 않는 와편모충만을 잡아먹는 요각류보다 그들의 포식자인 육식을 하는 어류에게 잡아먹힐 위험성이 더 높아질 것이다. 따라서 ㉢을 "빛을 내지 않는 와편모충이 있는 쪽보다 빛을 내는 와편모충이 있는 쪽에서 요각류를 더 많이 먹었다."로 고치는 것이 글의 흐름상 적절하다.

④ (×) ㉣ '요각류에게는 빛을 내는 와편모충을 계속 잡는 것보다 도망치는 편이 더 이익이다.'는 것이 '이때 발광하는 와편모충은 요각류의 저녁 식사가 될 확률이 낮아지므로, 자연선택은 이들 와편모충에서 생물발광이 유지되도록 하였다.'는 내용과 흐름이 일치한다. 따라서 ㉣을 "요각류에게는 도망치는 것보다 빛을 내는 와편모충을 계속 잡는 편이 더 이익이다."로 고치는 것은 적절하지 않다.

⑤ (×) ㉤ '포식자인 육식동물들에게 원생생물을 잡아먹는 동물이 근처에 있을 수 있다는 신호가 된다.'는 원생생물이 내는 빛이 어떤 신호가 될 수 있는지를 나타내므로 적절하다. 따라서 ㉤을 "포식자인 육식동물들에게 자신들의 먹이가 되는 원생생물이 많이 있음을 알려주는 신호가 된다."로 고치는 것은 적절하지 않다.

문 9 원칙 적용   난이도 상   정답 ⑤

문제풀이 핵심 포인트
갑~정의 거주국을 결정하는 원칙 적용형 추론 문제이므로 결정 기준을 지문에서 찾아 사례에 적용하는 것이 가장 중요한 포인트이다. 국적은 주어진 〈기준〉에 따라 판단되고, 〈기준〉의 각 항목을 적용하는 원칙이 첫 단락에 제시되어 있으므로 그 부분을 놓치지 않아야 한다.

풀이
① (×) 갑은 어느 나라에도 영구적인 주소가 없으나 1년에 약 3개월은 X국에 거주하고 나머지는 Y국에 거주하여 Y국에 1년의 50%를 초과하여 거주하므로 셋째 기준에 따라 갑의 거주국은 Y이다. 한편 병은 X국과 Y국에 각각 영구적인 주소를 가지며 X국에 더 중요한 이해관계를 가지므로 둘째 기준에 따라 병의 거주국은 X이다. 따라서 갑과 병은 거주국이 같지 않다.

② (×) 갑과 정은 Y, 을과 병은 X로 거주국이 모두 결정되므로 갑~정 중 거주국이 결정되지 않는 사람이 있다는 것은 옳지 않다.

③ (×) 갑~정 중 국적이 Z국인 사람은 을인데, 을은 X국에 유일하게 영구적인 주소를 가지므로 첫째 기준에 따라 거주국은 X이다.

④ (×) 갑~정 중 Z국에 영구적인 주소를 가지는 사람은 정인데, 정은 첫째, 둘째, 셋째 기준을 만족하지 않으므로 넷째 기준에 따라 Y국 국적자이므로 거주국은 Y국이 된다.

⑤ (○) 갑~정 중 X국의 거주자로 결정된 사람은 을과 병 2명이고, Y국의 거주자로 결정된 사람은 갑과 정 2명이므로 갑~정 중 X국의 거주자로 결정된 사람의 수와 Y국의 거주자로 결정된 사람의 수는 같다.

문 10 밑줄 추론   난이도 중   정답 ③

문제풀이 핵심 포인트
㉠의 내용은 실험에서 인지부조화 이론이 예측하는 결과이므로 실험의 구체적인 내용 및 인지부조화 이론이 무엇을 의미하는지를 지문에서 확인해야 한다.

풀이

③ (O) ㉠은 인지부조화 이론이 이 실험에서 예측한 결과이므로 '인지부조화 이론'의 입장이 무엇인지, '이 실험'이 어떤 실험인지 확인해야 한다. 세 번째 단락에서 인지부조화 이론에 따르면, 사람들은 현명한 사람을 자기 편, 우매한 사람을 다른 편이라 생각할 때 마음이 편안해질 것이다. 또한 실험에서는 선정된 사람들에게 인종차별에 대한 글을 읽게 하였는데 어떤 글은 지극히 논리적이고 그럴듯하였고, 다른 글은 터무니없고 억지스러운 것이었다. 결국 인지부조화 이론에 따르면 논리적인 글과 터무니없는 억지스러운 글 중에서 참여자들은 자신의 의견에 동의하는 논리적인 글과 반대편에 동의하는 터무니없고 억지스러운 글을 기억할 것이다. 따라서 참여자들은 자신의 의견에 동의하는 논리적인 글과 반대편의 의견에 동의하는 터무니없고 억지스러운 글을 기억한다는 것이 ㉠의 내용으로 가장 적절하다.

📝 **실전에선 이렇게!**

밑줄 추론 문제에서 밑줄의 의미를 파악하는 가장 직접적인 단서는 밑줄 주변의 문장에 있는 경우가 많다. 따라서 밑줄 친 ㉠이 들어가 있는 단락을 먼저 읽어 보는 것이 좋다.

문 11 논증 평가 난이도 중 정답 ③

문제풀이 핵심 포인트
〈보기〉에 제시된 사례가 (가)와 (나)의 내용을 강화하는지 약화하는지 여부를 평가하는 문제이므로 (가)와 (나)의 핵심 내용을 찾아 방향성 판단의 기준으로 잡는다.

풀이

ㄱ. (O) (가)는 우리나라 성인의 하루 탄수화물 섭취량은 평균 289.1g으로 한국인은 탄수화물을 지나치게 많이 섭취하고 있다고 주장한다. 따라서 아시아의 경우 성인 기준 하루 300g 이상의 탄수화물 섭취가 필요하다는 연구결과는 289.1g 섭취는 탄수화물 과다 섭취가 아니라는 의미가 되므로 (가)를 약화한다.

ㄴ. (O) (가)는 우리나라 성인의 하루 탄수화물 섭취량이 높다는 것을 근거로 한국인 전체의 탄수화물 섭취량이 많다고 주장한다. 따라서 우리나라 성인뿐 아니라 성인이 아닌 사람들의 탄수화물 섭취량 또한 과하다는 것이 밝혀지면 (가)의 설득력이 높아진다.

ㄷ. (X) (나)는 탄수화물을 극단적으로 제한하면 케토시스 현상이 일어날 수 있다고 주장한다. 따라서 우리 몸의 탄수화물이 충분한 상황에서 케토시스 현상이 나타나지 않는다는 연구결과는 (나)와 같은 방향의 내용이므로 (나)를 약화한다고 볼 수 없다.

📝 **실전에선 이렇게!**

지문은 (가)와 (나)로 구분되어 있고, 〈보기〉의 ㄱ과 ㄴ은 (가)에 대해서, ㄷ은 (나)에 대해서만 평가하고 있으므로 지문의 (가), (나)를 나눠서 읽고, 그에 해당하는 〈보기〉를 먼저 확인하는 방식으로 접근한다.

문 12 논증의 타당성 난이도 상 정답 ④

문제풀이 핵심 포인트
〈보기〉를 보면 밑줄 친 ㉠~㉣ 중 일부 문장으로부터 다른 문장이 도출되는지 여부를 묻고 있다. 이는 전제가 참일 때 결론이 도출되는지를 판단하는 타당성 문제이므로 밑줄 친 문장을 간단히 기호화하거나 정리하여 기계적으로 접근한다.

풀이

〈논증〉에서 밑줄 친 문장들을 간단히 정리하면 다음과 같다.

㉠ ~신

㉡ 신 → ~의미

㉢ 부정문 의미 → 의미

㉣ 신 → ?

ㄱ. (O) ㉡과 ㉢을 연결하면, '신 → ~의미 → ~부정문 의미'가 된다. 즉 "신이 존재한다."의 부정문인 "신이 존재하지 않는다."가 무의미하다는 것이 도출된다.

ㄴ. (X) ㉡의 부정은 "신이 존재한다."가 의미가 있다는 것이다. 그러나 ㉠과 ㉣은 "신이 존재하지 않는다."와 "신이 존재한다."의 참 거짓 여부를 언급하고 있으므로 "신이 존재한다."가 의미가 있다는 것으로부터 도출되지 않는다.

ㄷ. (O) "의미가 없는 문장은 참인지 거짓인지 알 수 없다."라는 전제가 추가되면, '~의미 → ?'이 추가되는 것이다. 이를 ㉡과 연결하면 '신 → ~의미 → ?'가 되므로 ㉣에 해당하는 '신 → ?'이 도출된다.

문 13 빈칸 추론 난이도 상 정답 ④

문제풀이 핵심 포인트
선택지를 통해 α 규칙이나 β 규칙을 적용했을 때 어떤 명제가 입증될 수 있는지를 판단해야 하는 문제임을 확인하고, 지문에서 이 부분의 정보에 주목한다.

풀이

㉠: 세 번째 단락에서 "이 명제가 참일 경우 명제 P 역시 참일 수밖에 없다는 의미에서 이 명제는 P를 논리적으로 함축하고"라고 제시되어 있다. 어떤 명제를 논리적으로 함축하는 것과 관련된 규칙은 α 규칙이 아니라 β 규칙이므로 ㉠에 들어갈 말은 'β 규칙'이다.

㉡: 세 번째 단락에서 "우리는 문제의 관찰 사례가 명제 Q도 입증한다고 평가하게 된다"라고 제시되어 있다. "Q는 아니다."처럼 Q가 부정되고 있는 명제인 경우 Q가 입증될 수는 없기 때문에 "P이고 Q이다."와 "P이지만 Q는 아니다." 중 어떤 사례에 의해 Q가 입증될 수 있는 경우는 "Q이다."이다. 따라서 ㉡에 들어가기에 가장 적절한 것은 "P이고 Q이다."이다.

㉢: 지문에 제시된 규칙은 α 규칙과 β 규칙 두 개인데, 그 중 β 규칙이 이미 적용되었으므로 "이번에 이 명제에 적용"될 규칙은 α 규칙으로 보는 것이 적절하다. 따라서 ㉢에 들어가기에 가장 적절한 것은 "α 규칙"이다.

문 14 구조 판단 [난이도 상] 정답 ③

문제풀이 핵심 포인트
선택지에서 α 규칙과 β 규칙이 적용하는 경우의 상황을 반복적으로 묻고 있으므로 두 규칙 간의 차이점에 주목한다.

풀이
① (O) α 규칙은 한 관찰 사례가 어떤 명제를 입증할 경우 그 사례는 그 명제가 논리적으로 함축하는 임의의 명제도 입증한다는 것이다. 따라서 α 규칙을 적용하면, "모든 A는 B의 속성을 지녔다."라는 명제를 입증하는 사례는, "모든 A는 B의 속성을 지녔다."라는 명제가 함축하는 모든 명제를 입증할 수 있다.

② (O) β 규칙은 A를 부분집합으로 갖는 집합 D에 대해서 한 관찰 사례가 어떤 명제를 입증할 경우 그 사례는 그 명제를 논리적으로 함축하는 임의의 명제도 입증한다는 것이다. 이때 A를 부분집합으로 갖는 집합 D는 "모든 A는 B의 속성을 지녔다."라는 명제가 함축하지 않는 어떤 명제에 해당한다. 따라서 β규칙을 적용하면, "모든 A는 B의 속성을 지녔다."라는 명제를 입증하는 사례는, "모든 A는 B의 속성을 지녔다."라는 명제가 함축하지 않는 어떤 명제를 입증할 수 있다.

③ (x) α 규칙이란 한 관찰 사례가 어떤 명제를 입증할 경우 그 사례는 그 명제가 논리적으로 함축하는 임의의 명제도 입증한다는 것을 의미한다. 즉, "모든 C는 B의 속성을 지닌다."라는 명제의 경우, 만일 C가 A의 부분집합에 해당한다면, "모든 A는 B의 속성을 지녔다."라는 명제는 "모든 C는 B의 속성을 지녔다."라는 명제 역시 입증할 것이라고 보는 것이다. 따라서 α규칙은 A의 부분집합인 C에 적용되는 규칙이므로 α 규칙을 적용하면, "모든 A는 B의 속성을 지녔다."라는 명제를 입증하는 사례는, A를 부분집합으로 갖는 집합 S에 관한 모든 명제를 입증할 수 있다는 것은 추론할 수 없다.

④ (O) β 규칙은 A를 부분집합으로 갖는 집합 D에 대해서 한 관찰 사례가 어떤 명제를 입증할 경우 그 사례는 그 명제를 논리적으로 함축하는 임의의 명제도 입증한다는 것이다. 따라서 β 규칙을 적용하면, "모든 A는 B의 속성을 지녔다."라는 명제를 입증하는 사례는, A를 부분집합으로 갖는 집합 S에 관한 어떤 명제를 입증할 수 있다.

⑤ (O) A를 부분집합으로 갖는 집합 S에 관한 어떤 명제는 β 규칙에 의해 입증될 수 있다. 따라서 α 규칙과 β 규칙을 모두 적용하면, "모든 A는 B의 속성을 지녔다."라는 명제를 입증하는 사례는, A를 부분집합으로 갖는 집합 S에 관한 어떤 명제를 입증할 수 있다.

문 15 견해 분석 [난이도 상] 정답 ②

문제풀이 핵심 포인트
〈보기〉에 '충분조건'과 '필요조건'이라는 논리적인 용어가 제시되어 있으므로 그 개념을 명확히 알아야 한다. 충분조건은 있으면 항상 어떤 일이 발생하게 되는 조건이고, 필요조건은 어떤 일이 발생하기 위해 있어야 하는 조건이다.

풀이
ㄱ. (x) 갑은 동물에게는 어떤 형태의 의식도 없다고 보므로 동물에게 자의식이 없다고 여긴다. 한편 병은 동물이 무언가를 기억하기 위해 자의식이 꼭 필요한 것은 아니라고 보지만 이를 통해 병이 동물에게 자의식이 없다고 여기는지는 알 수 없다.

ㄴ. (x) 갑은 동물에게는 어떤 형태의 의식도 없지만 통증 행동을 보이기는 한다고 보므로 동물이 의식 없이 행동할 수 있다고 여긴다. 한편 을은 동물이 통증 행동을 보일 때는 실제로 통증을 의식한다고 보아야 한다고 여기지만, 이로부터 동물이 의식 없이 행동할 수 있다고 여기는지는 알 수 없다.

ㄷ. (O) 을은 의식이 있어야만 자의식이 있고, 자의식이 없으면 과거의 경험을 기억하는 일은 불가능하다고 보므로 을에게 기억은 의식의 충분조건이다. 한편 병은 동물이 아무것도 기억할 수 없다는 주장을 인정하고 나면, 동물이 무언가를 학습할 수 있다는 주장은 아예 성립할 수 없다고 보므로 병에게 기억은 학습의 필요조건이다.

문 16 구조 판단 [난이도 상] 정답 ③

문제풀이 핵심 포인트
각 단락별로 극단적 도덕주의, 온건한 도덕주의, 자율성주의의 세 가지 입장이 대비되고 있는 구조이므로 각 입장의 핵심적인 주장과 키워드를 확인하는 것이 중요하다.

풀이
ㄱ. (O) 자율성주의는 모든 예술작품이 도덕적 가치판단의 대상이 될 수 없다고 보는 입장이다. 따라서 자율성주의는 극단적 도덕주의와 온건한 도덕주의가 범주착오, 즉 예술작품에 대한 도덕적 가치판단을 하는 착오를 범하고 있다고 볼 것이라고 추론할 수 있다.

ㄴ. (x) 지문에 제시된 입장들은 예술작품이 도덕적 가치판단의 대상이 될 수 있느냐에 대한 것이고, 도덕적 가치가 예술작품을 통해 구현되는지 여부는 주어진 것과 관련이 없다. 따라서 극단적 도덕주의는 모든 도덕적 가치가 예술작품을 통해 구현된다고 보지만 자율성주의는 그렇지 않을 것이라는 것은 추론할 수 없다.

ㄷ. (O) 극단적 도덕주의는 모든 예술작품을 도덕적 가치판단의 대상으로 보는 입장이다. 따라서 온건한 도덕주의에서 도덕적 판단의 대상이 되는 예술 작품들은 모두 극단적 도덕주의에서도 도덕적 판단의 대상이 될 것이라고 추론할 수 있다.

실전에선 이렇게!
지문의 아래로 내려갈수록 예술작품이 도덕적 가치판단의 대상이 될 수 있는지에 대해 부정적으로 평가하고 있다는 구조를 파악한다면 선택지를 조금 더 쉽게 판단할 수 있다.

문 17 논리 퀴즈 [난이도 상] 정답 ②

문제풀이 핵심 포인트
각 진술을 간단히 기호화하고, 참과 거짓을 말한 명수에 따라 경우의 수를 나누어 접근한다.

풀이
제시된 명제를 기호화하여 정리하면 다음과 같다.

갑: 갑 & ~병

을: ~을 & 병

병: 무 선발

정: 정 선발 & 병 & 무

무: 갑 & 정 & 무

갑과 을의 진술은 동시에 참이 될 수 없고, 정과 무의 진술도 동시에 참이 될 수 없다. 지문에 따르면 갑~무 중 세 명의 진술은 참이고 나머지 두 명의 진술은 거짓인 것으로 밝혀졌으므로 병의 진술은 참일 수밖에 없다. 따라서 경우의 수는 갑의 진술이 참이고 을의 진술이 거짓인 경우와 갑의 진술이 거짓이고 을의 진술이 참인 경우로 나뉜다.

〈경우 1〉 갑의 진술이 참이고 을의 진술이 거짓인 경우

'~병'이 참이 되므로 정의 진술이 거짓이 되고, 무의 진술이 참이 된다.

〈경우 2〉 갑의 진술이 거짓이고 을의 진술이 참인 경우

'병'이 참이 되므로 정의 진술이 참이 되고, 무의 진술이 거짓이 된다.

각 경우 면접 대상자와 관리자로 선발된 사람은 다음과 같다.

구분	면접 대상자					관리자 선발자
	갑	을	병	정	무	
〈경우 1〉	○			○	○	무
〈경우 2〉			○	○	○	정, 무

① (×) 갑은 〈경우 1〉에만 면접 대상자로 결정되었으므로 반드시 참이라고 볼 수 없다.

② (○) 을은 두 경우 모두 서류심사에서 탈락하였으므로 을이 서류심사에서 탈락하였다는 것은 반드시 참이다.

③ (×) 병은 〈경우 1〉에만 면접 대상자로 결정되었으므로 반드시 참이라고 볼 수 없다.

④ (×) 정은 〈경우 1〉에만 새로운 관리자로 선발되었으므로 반드시 참이라고 볼 수 없다.

⑤ (×) 무는 새로운 관리자로 선발되었으므로 반드시 거짓이다.

문 18 논리 퀴즈   난이도 상   정답 ⑤

문제풀이 핵심 포인트
지문에 제시된 명제를 연결할 시작점이 주어지지 않은 문제이므로 시작점인 확정적인 정보를 찾는 것이 핵심 포인트이다.

풀이
주어진 5개의 조건 중 기호화 가능한 조건을 정리하면 다음과 같다.

조건3: (가훈 or 나훈) → (라훈 & 소연)

조건4: 다훈 → (~모연 & ~보연)

조건5: 소연 → 모연

조건1과 조건2를 조합하면 남자 사무관은 적어도 2명 이상 뽑아야 하고, 여자 사무관은 최대 2명만 뽑을 수 있다는 것을 알 수 있다. 조건4와 조건5를 연결하면 다훈이 뽑히는 경우 여자 사무관이 한 명도 뽑히지 않게 되어 남자 사무관으로만 전담팀이 구성되어야 하는데, 이는 조건3과 모순된다. 따라서 다훈은 전담팀에 포함되지 않고, 가훈, 나훈, 라훈 중 적어도 2명이 전담팀에 포함된다.

이 경우 가훈과 나훈 중 적어도 한명은 전담팀에 포함될 수밖에 없고, 따라서 조건3의 전건은 무조건 만족된다. 따라서 라훈과 소연은 전담팀에 포함되는 것이 확정된다. 그리고 조건5에 의해 모연도 전담팀에 포함된다. 여자 사무관 중 2명이 전담팀에 포함되었으므로 조건2에 의해 보연은 뽑히지 않는다. 이를 바탕으로 뽑히는 사람을 ○, 뽑히지 않는 사람을 ×로 하여 가능한 경우의 수를 정리하면 다음과 같다.

남자 사무관				여자 사무관		
가훈	나훈	다훈	라훈	모연	보연	소연
○	×	×	○	○	×	○
×	○	×	○	○	×	○

ㄱ. (○) 남녀 동수로 팀이 구성된다는 것은 반드시 참이다.

ㄴ. (○) 다훈과 보연 둘 다 팀에 포함되지 않는다는 것은 반드시 참이다.

ㄷ. (○) 라훈과 모연 둘 다 팀에 포함된다는 것은 반드시 참이다.

문 19 독해형 논리   난이도 상   정답 ①

문제풀이 핵심 포인트
〈보기〉에서 '10월에 진행되지 않는다'는 확정적인 정보의 참·거짓 여부를 묻고 있으므로 지문의 정보를 연결하여 확정적인 정보를 도출해내는 것이 중요하다.

풀이
지문의 문장을 기호화 하면 다음과 같다.

1) 신생벤처기업 지원투자 사업이나 벤처기업 입주지원 사업이 10월에 진행된다면 벤처기업 대표자 간담회도 10월에 열려야 한다.

: 신생벤처 지원 or 입주지원 → 간담회

2) 창업지원센터가 10월에 간담회 장소로 대관되지 않을 경우 벤처기업 입주지원 사업이 10월에 진행된다.

: ~창업지원센터 대관 → 입주지원

3) 만일 대관된다면 벤처기업 입주지원 사업은 11월로 연기된다.

: 창업지원센터 대관 → ~입주지원

4) 기존 중소기업 지원 사업이 10월에 진행된다면 벤처기업 대표자 간담회는 11월로 연기된다.

: 중소기업 지원 → ~간담회

5) 벤처기업 대표자 간담회가 10월에 열릴 경우 창업지원센터는 간담회 장소로 대관된다.

: 간담회 → 창업지원센터 대관

6) 벤처기업 대표자 간담회 외의 일로 창업지원센터가 대관되는 일은 없다.

: 창업지원센터 대관 → 간담회

7) 이러한 상황에서 신생벤처기업 지원투자 사업과 기존 중소기업 지원 사업 중 한 개의 사업만이 10월에 진행된다는 것이 밝혀졌다.

: 신생벤처 지원 or 중소기업 지원

ㄱ. (○) 1)에서 '입주지원'을 가정하여 5)와 3)을 연결하면 '~입주지원'이라는 결과가 도출되므로 '~입주지원'이 참으로 확정된다. 따라서 벤처기업 입주지원 사업은 10월에 진행되지 않는다는 것은 반드시 참이다.

ㄴ. (×) '~입주지원'이 참으로 확정되면, 2)와 6)에 의해 '간담회'가 참으로 확정된다. 따라서 벤처기업 대표자 간담회는 10월에 진행되지 않는다는 것은 거짓이다.

ㄷ. (×) '~입주지원'이 참으로 확정되면, 2), 4), 7)에 의해 '신생벤처 지원'이 참으로 확정된다. 따라서 신생벤처기업 지원투자 사업은 10월에 진행되지 않는다는 것은 거짓이다.

🖋 실전에선 이렇게!

실험이 평가의 대상으로 제시되어 있는 문제는 실험의 구체적인 내용을 정리해주어야 강화나 약화 여부를 실수 없이 판단할 수 있으므로 시간을 충분히 두고 차분히 실험의 내용을 파악하는 것이 좋다.

🖋 실전에선 이렇게!

'다음 글의 내용이 모두 참일 때'로 시작하는 문제는 지문의 문장 중 기호화가 가능한 문장을 간단히 기호화하여 논리로 접근하는 것이 효율적이다.

문 20 구조 판단 난이도 상 정답 ③

문제풀이 핵심 포인트
선택지에서 밝은 곳과 어두운 곳, 교감신경과 부교감신경, 절전뉴런과 절후뉴런, 돌림근과 부챗살근 등 대비되는 단어들이 나열되어 있으므로 대비되는 개념에 주목한다.

풀이

ㄱ. (○) 세 번째 단락에서 밝은 곳에서 어두운 곳으로 이동하면 교감신경이 활성화되고, 두 번째 단락에 따르면 교감신경이 활성화되면 교감신경의 절전뉴런 끝에서 신호물질인 아세틸콜린이 분비된다는 것을 알 수 있다. 따라서 밝은 곳에서 어두운 곳으로 이동하면 교감신경의 절전뉴런 끝에서 아세틸콜린이 분비된다는 것을 추론할 수 있다.

ㄴ. (○) 세 번째 단락에서 어두운 곳에서 밝은 곳으로 이동하면 부교감신경이 활성화되고, 돌림근이 수축하여 두꺼워진다는 것을 알 수 있다. 또한 두 번째 단락에서 부교감신경이 활성화되면 부교감신경의 절후뉴런 끝에서 아세틸콜린이 분비된다는 것을 알 수 있다. 따라서 어두운 곳에서 밝은 곳으로 이동하면 부교감신경의 절후뉴런 끝에서 아세틸콜린이 분비되고 돌림근이 두꺼워진다는 것을 추론할 수 있다.

ㄷ. (×) 두 번째 단락과 세 번째 단락에서 교감신경이 활성화되면 교감신경의 절후뉴런 끝에서는 노르아드레날린이 분비되고, 부챗살근이 수축한다는 것을 알 수 있다. 반면 부교감신경이 활성화되면 부교감신경의 절후뉴런 끝에서는 아세틸콜린이 분비되고, 돌림근이 수축한다.

문 21 논증 평가 난이도 상 정답 ⑤

문제풀이 핵심 포인트
〈보기〉를 보면 각 실험이 ⊙~ⓒ을 강화하는지 약화하는지 여부를 평가하는 것이 핵심이므로 평가의 대상인 ⊙~ⓒ을 확인하고 이를 기준으로 각 실험의 내용을 정리한다.

풀이

ㄱ. (○) 〈실험 A〉는 30분 후 한 차례 방사능에 노출했으므로 중립적 자극과 무조건 자극이 여러 차례 연결되어야 한다는 ⊙을 만족하지 않지만 실험군의 쥐들이 구토증상을 나타냈으므로 ⊙을 약화한다. 그러나 중립적 자극과 무조건 자극이 단물과 방사능 노출 하나로만 진행되었으므로 무조건 자극과 중립적 자극이 각각 어떤 종류의 자극인지가 조건화에 영향을 미치는지 여부를 확인할 수는 없으므로 ⓒ을 약화하지 않는다.

ㄴ. (○) 〈실험 B〉는 중립적 자극과 무조건 자극을 주는 과정을 여러 차례 반복했으므로 ⊙을 약화하지 않는다. 또한 실험군 중 일부에서만 구토와 쇼크가 나타났으므로 무조건 자극과 중립적 자극이 각각 어떤 종류인지가 조건화에 영향을 미치고 있음을 확인할 수 있으므로 ⓒ을 약화한다.

문 22 논증 평가 난이도 중 정답 ②

문제풀이 핵심 포인트
강화의 대상이 '논지'이므로 지문의 논지를 찾는 것이 가장 중요하고, 이를 기준으로 〈보기〉에 제시된 내용이 동일한 방향성을 가지는지 판단한다.

풀이

ㄱ. (×) 지문의 논지는 토론의 필요성을 긍정하는 것이다. 그런데 축적된 화재 사고 기록들에 대해 어떠한 토론도 이루어지지 않았음에도 불구하고 화재 사고를 잘 예방하였다는 긍정적인 결론이 나온 것은 토론의 자유를 중시하는 논지의 방향과 동일하다고 볼 수 없다. 따라서 논지를 강화하지 않는다.

ㄴ. (×) 정부가 사람들의 의견 표출을 억누르지 않는 사회는 지문의 논지가 지향하는 사회인데, 그 사회에서 오히려 사람들이 가짜 뉴스를 더 많이 믿었다는 것은 논지에 따랐을 때 부정적인 결과가 나올 수 있음을 나타낸다. 따라서 정부가 사람들의 의견 표출을 억누르지 않는 사회에서 오히려 사람들이 가짜 뉴스를 더 많이 믿었다는 것은 논지를 강화하지 않는다.

ㄷ. (○) 금서가 되었다는 것은 토론의 기회가 없어진 것을 의미하고, 이 경우 진리를 찾을 기회가 박탈되었으므로 논지에 따르지 않은 경우 부정적인 결과가 도출될 수 있음을 나타낸다. 따라서 갈릴레오의 저서가 금서가 되어 천문학의 과오를 드러내고 진리를 찾을 기회가 한동안 박탈되었다는 것은 논지를 강화한다.

문 23 독해형 논리 난이도 상 정답 ⑤

문제풀이 핵심 포인트
빈칸 앞 문장의 '다음을 추가로 전제하고 있다.'는 부분에서 빈칸에 들어갈 내용이 추가 전제임을 알 수 있다. 따라서 전제에서 결론으로 연결되는 논증의 구조를 살펴보는 것이 중요하다.

풀이

지문의 논증의 결론은 "손인 것처럼 보이는 지각 경험이 손이 있다는 것에 대한 믿음을 정당화하지 못한다."는 것이고, 이 결론을 지지하는 전제로 "모든 회의적 대안 가설이 거짓이라는 믿음은 정당화 될 수 없다."가 제시되어 있다. 이를 정리하면 다음과 같다.

- 전제1: ~회의적 대안 가설이 거짓이라는 믿음
- 전제2: _____
- 결론: ~손이 있다는 것에 대한 믿음

⑤ (○) 전제1에서 결론이 도출되기 위해서는 '~회의적 대안 가설이 거짓이라는 믿음 → ~손이 있다는 것에 대한 믿음'이라는 연결고리가 필요하다. 이 연결고리가 빈칸에 들어갈 내용이 된다. 따라서 빈칸에 들어갈 진술로 가장 적절한 것은 "모든 회의적 대안 가설이 거짓이라는 믿음은 정당화 될 수 없다면, 손인 것처럼 보이는 지각 경험이 손이 있다는 것에 대한 믿음을 정당화하지 못한다."이다.

🗿 실전에선 이렇게!

추가해야 할 전제를 찾는 문제는 필요한 문장을 기호화 한 후, 주어진 결론을 체크하고, 그 결론이 나오는 데에 빠져있는 연결고리를 찾아주는 방식으로 접근한다.

문24 논증의 비판과 반박 [난이도 중] 정답 ④

문제풀이 핵심 포인트
논증에 대해 비판하는 진술로 적절하지 않은 것을 찾아야 하므로 우선 논증의 전제와 결론을 찾아야 한다. 그 후 논증의 전제와 결론과 반대 방향의 진술이 아닌 것을 찾아주면 해당 진술이 논증을 비판하는 진술이다.

풀이

① (○) 100년마다 20종이 출현한다는 것이 다만 평균일 뿐이라는 것은 새로운 생물종이 평균적으로 100년 단위마다 약 20종이 출현한다는 논증의 내용과 반대 방향의 진술이므로 논증에 대한 비판으로 적절하다.

② (○) 5억 년 전 이후부터 지구상에 출현한 생물종이 1,000만 종 이하일 수 있다는 것은 5억 년 전 이후 지구상에 출현한 생물종은 1억 종에 이른다는 논증의 내용에 대한 반대 방향의 진술이므로 논증에 대한 비판으로 적절하다.

③ (○) 생물학자는 새로 발견한 종이 신생 종인지 아니면 오래 전부터 존재했던 종인지 판단하기 어렵다는 것은 지난 100년간 생물학자들이 지구상에서 새롭게 출현한 종을 찾아내지 못했다는 논증의 내용과 반대 방향의 진술이므로 논증에 대한 비판으로 적절하다.

④ (×) 지문에 제시된 논증의 주요 소재는 새롭게 출현한 생물종에 대한 것이므로, 30억 년 전에 생물이 출현한 이후 5차례의 대멸종이 일어났으나 대멸종은 매번 규모가 달랐다는 것은 지문의 논증과는 직접적인 관련성이 없는 내용이다. 따라서 논증에 대한 비판으로 적절하지 않다.

⑤ (○) 생물학자들이 발견한 몇몇 종은 지난 100년 내에 출현한 종이라고 판단할 이유가 있다는 것은 지난 100년간 생물학자들이 지구상에서 새롭게 출현한 종을 찾아내지 못했다는 논증의 내용과 반대 방향의 진술이므로 논증에 대한 비판으로 적절하다.

문25 견해 분석 [난이도 상] 정답 ②

문제풀이 핵심 포인트
'판단' 문제는 선택지를 먼저 확인하여 어떤 유형의 문제인지 확인하고 지문을 읽는 것이 좋다. 이 문제의 경우 선택지를 보면, A 학파와 B 학파의 견해가 대비되고 있는 견해 분석 문제임을 알 수 있다. 따라서 지문을 읽을 때 두 학파 간의 견해 차이에 초점을 맞춘다.

풀이

① (○) A 학파는 기업들 사이의 경쟁이 강화될수록 임금차별은 자연스럽게 줄어들 수밖에 없다고 본다. 따라서 A 학파에 따르면 경쟁이 치열한 산업군일수록 근로형태에 따른 임금 격차는 더 적어진다는 판단은 적절하다.

② (×) A 학파는 차별적 관행을 고수하는 기업들은 비차별적 기업들과의 경쟁에서 자연적으로 도태되기 때문에 기업 간 경쟁이 임금차별 완화의 핵심이라고 이야기한다. 따라서 시장에서 기업 간 경쟁이 약화되는 것을 방지하기 위한 보완 정책이 수립되어야 한다고 보는 것은 A 학파보다는 법과 제도에 의한 규제를 강조하는 B 학파의 견해라고 보는 것이 적절하다.

③ (○) A 학파는 기업 간 경쟁을 통해 정규직과 비정규직 사이의 임금차별이 줄어들 수 있다고 보고, B 학파는 법과 제도에 의한 규제를 통해 정규직과 비정규직 사이의 임금차별이 줄어들 수 있다고 본다. 따라서 A 학파는 정규직과 비정규직 사이의 임금차별이 어떻게 줄어드는가에 대해 B 학파와 견해를 달리한다는 판단은 적절하다.

④ (○) B 학파는 기업의 경우 조직의 정당성이 낮아지게 되면 조직의 생존 가능성 역시 낮아지게 되기 때문에 기업은 임금차별을 줄이는 강제적 제도를 수용함으로써 사회적 비용을 낮추는 선택을 하게 된다고 본다. 따라서 B 학파는 기업이 자기 조직의 생존 가능성을 낮춰가면서까지 임금차별 관행을 고수하지는 않을 것이라고 전제한다는 판단은 적절하다.

⑤ (○) B 학파는 법과 제도에 의한 규제를 통해 임금차별이 줄어들 것이라고 본다. 따라서 B 학파에 따르면 다른 조건이 동일할 때 기업의 비정규직에 대한 임금차별은 주로 강제적 규제에 의해 시정될 수 있다는 판단은 적절하다.

해커스PSAT psat.Hackers.com

해커스공무원 gosi.Hackers.com

PSAT 학원 · PSAT 인강

모바일 자동 채점 및 성적 분석 서비스

목표 점수 단번에 달성,
지텔프도 역시 해커스!

해커스 지텔프 교재 시리즈

유형 + 문제				
32점+	43점+	47~50점+	65점+	75점+

목표 점수에 맞는 교재를 선택하세요! ◀▶ : 교재별 학습 가능 점수대

한 권으로 끝내는
해커스 지텔프 32-50+
(Level 2)

해커스 지텔프 문법
정답 찾는 공식 28
(Level 2)

2주 만에 끝내는
해커스 지텔프 문법
(Level 2)

2주 만에 끝내는
해커스 지텔프 독해
(Level 2)

보카

해커스 지텔프
기출 보카

기출 · 실전

지텔프 기출문제집
(Level 2)

지텔프 공식
기출문제집 7회분
(Level 2)

해커스 지텔프
최신기출유형
실전문제집 7회
(Level 2)

해커스 지텔프
실전모의고사
문법 10회
(Level 2)

해커스 지텔프
실전모의고사
독해 10회
(Level 2)

해커스 지텔프
실전모의고사
청취 5회
(Level 2)

노베이스 초시생도
PSAT 단기합격

7급 감사직 합격생

김*상

자료해석은 수능수학과는 엄연히 다르다는 것을 깨달아야 합니다. 김용훈 선생님께서 이러한 점을 깨우쳐주신 것 같습니다. 정확한 계산이 필요한 것이 아니라 대략적, 유효숫자를 설정하는 것이 중요하다는 것을 인지하지 못했다면 합격하지 못했을 것입니다. 선생님께서 알려주시는 것을 거르지 않고 받아들이려고 노력한 것이 도움이 되었습니다.

7급 보건직 합격생

김*연

조은정 선생님께서 문제 유형별로 나누어 설명해주셨고 직접 기출 문제 예시를 통해 배운 스킬을 적용해보면서 배울 수 있어서 좋았습니다. 선생님의 강의 덕분에 PSAT 세 과목 중 언어논리에서 최고점을 받았습니다.

7급 일반행정직 합격생

고*우

저는 자료해석에서 풀이법은 알지만 실수가 잦아 점수가 잘 나오지 않았었는데, 이러한 부분을 기출문제 질문이나 시험지상담 등에서 바로바로 캐치해서 김용훈 쌤이 피드백을 주셨던 부분이 자료해석 점수에 가장 많은 도움이 되었습니다. 그렇게 받은 피드백을 바탕으로 실수 유형을 정리하고 그렇게 하나하나 줄여나가다 보니 합격점수에 도달하게 되었습니다.
